“十三五”国家重点出版物出版规划项目

经济科学译丛

# 高级宏观经济学基础

（第二版）

本·J. 海德拉（Ben J. Heijdra）著

王立勇　余经纬　王正炜　陈　强　石　颖　亓　欣　译

王立勇　校

# Foundations of Modern Macroeconomics

(Second Edition)

中国人民大学出版社

·北京·

# 《经济科学译丛》总序

中国是一个文明古国，有着几千年的辉煌历史。近百年来，中国由盛而衰，一度成为世界上最贫穷、落后的国家之一。1949 年中国共产党领导的革命，把中国从饥饿、贫困、被欺侮、被奴役的境地中解放出来。1978 年以来的改革开放，使中国真正走上了通向繁荣富强的道路。

中国改革开放的目标是建立一个有效的社会主义市场经济体制，加速发展经济，提高人民生活水平。但是，要完成这一历史使命绝非易事，我们不仅需要从自己的实践中总结教训，也要从别人的实践中获取经验，还要用理论来指导我们的改革。市场经济虽然对我们这个共和国来说是全新的，但市场经济的运行在发达国家已有几百年的历史，市场经济的理论亦在不断发展完善，并形成了一个现代经济学理论体系。虽然许多经济学名著出自西方学者之手，研究的是西方国家的经济问题，但他们归纳出来的许多经济学理论反映的是人类社会的普遍行为，这些理论是全人类的共同财富。要想迅速稳定地改革和发展我国的经济，我们必须学习和借鉴世界各国包括西方国家在内的先进经济学的理论与知识。

本着这一目的，我们组织翻译了这套经济学教科书系列。这套译丛的特点是：第一，全面系统。除了经济学、宏观经济学、微观经济学等基本原理之外，这套译丛还包括了产业组织理论、国际经济学、发展经济学、货币金融学、公共财政、劳动经济学、计量经济学等重要领域。第二，简明通俗。与经济学的经典名著不同，这套丛书都是国外大学通用的经济学教科书，大部分都已发行了几版或十几版。作者尽可能地用简明通俗的语言来阐述深奥的经济学原理，并附有案例与习题，对于初学者来说，更容易理解与掌握。

经济学是一门社会科学，许多基本原理的应用受各种不同的社会、政治或经济体制的影响，许多经济学理论是建立在一定的假设条件上的，假设条件不同，结论也就不一定成立。因此，正确理解掌握经济分析的方法而不是生搬硬套某些不同条件下产生的结论，才是我们学习当代经济学的正确方法。

本套译丛于 1995 年春由中国人民大学出版社发起筹备并成立了由许多经济学专家学者组织的编辑委员会。中国留美经济学会的许多学者参与了原著的推荐工作。中国人民大学出版社向所有原著的出版社购买了翻译版权。北京大学、中国人民大学、复旦大学以及中国社会科学院的许多专家教授参与了翻译工作。前任策划编辑梁晶女士为本套译丛的出版做出了重要贡献，在此表示衷心的感谢。在中国经济体制转轨的历史时期，我们把这套译丛献给读者，希望为中国经济的深入改革与发展作出贡献。

**《经济科学译丛》编辑委员会**

# 序　言

## 这本书能给你带来什么？

与本书的第一版相比，新版试图呈现给大家一个平稳的现代宏观经济理论的概观。然而与第一版不同，现行版本的封面上将不再有 Frederick van der Ploeg 的名字。自从他经过八年的荷兰政界生涯再回到学术界后，他的兴趣就从宏观经济学转移到了对资源禀赋型国家经济的研究。于是我们决定停止我们于 1993 年在阿姆斯特丹大学就开始的关于这个特殊项目的合作。非常感谢 Frederick 在第一版的合作，也诚挚地祝福他在牛津资源禀赋型经济分析中心获得成功。我们将在这个令人振奋的与政策相关的领域继续我们的研究。

在编写第二版时，我结合了第一版序言中提到的两个指导原则。首先，我采取了一个较为折中的办法，即不仅阐述现在的大多数观点，也对这个领域中不再受欢迎的观点投以关注。通过这种方法，我希望给学生提供一个现在与过去关于宏观经济理论争论的更好的概观。只要我们愿意去学习，历史总能给我们有用的建议！举个例子，我选择了关于 IS－LM 模型的讨论、适应性预期假说和索洛-斯旺增长模型（略提一二）。尽管这些理论现在不那么受欢迎了（甚至像某些经济学家所说的那样，这些理论已经“过时了”），但我个人仍然坚持认为这些仍能提供重要的观点。比如，如果想了解理性预期假说的重要性，对于适应性预期假说（理性预期假说的前身）的良好理解是不可或缺的。同样，如果要理解经济学家对实际经济周期（RBC）所做的贡献，那么对 IS－LM 模型的牢固理解非常重要。另外，对索洛-斯旺模型的掌握也能够有助于对 20 世纪八九十年代形成的拉姆齐模型和内生增长模型的理解。

当然，如谚语“古老的习惯很难消失”所述，人们对 IS－LM 模型的使用实际上仍然很广泛，正如 Blanchard 所指出的，大多数人甚至不知道他们正在使用它（2000，p. 1405）。

第二个指导原则关系到本书的阐述风格。除了从词语角度介绍不同理论之外，我还想成功发展现代宏观经济中的“贸易工具”，从该角度来看，这本书与 Allen（1967）那本出色的宏观经济学工具书有一定的联系，所以在这里我不是只给学生提供关于知识点的字面或者直观上的理解（实际上这样做也足够了），我还对现代宏观经济学中的一些基本建模技巧做了解释，从而使得关于模型和模型解答中所需要的所有细节都能得到呈现。那些掌握本书知识的学生在阅读近期宏观经济学方面的期刊文献时几乎不会存在太大问题。

## 如何使用本书?

参照学生的不同背景，本书能够在本科生和研究生课程中使用。本书的第一部分，即第 1～10 章，能够在本科生的中级宏观经济学课程中使用，例如，我在格罗宁根大学的学士培养计划中的第三年宏观经济学课程中使用了第 1～10 章。这门课的学生已经在第一年学习了 Mankiw（2007），在第二年学习了 Gärtner（2006）。另外，这些学生可能还学习了一些基本的数学方法，比如 Hoy et al.（2001）。

本书的第二部分，即第 11～17 章，适合硕士生和博士生起初阶段的学习。在研究生课程中，本书能够作为第一学期宏观经济学课程的主要教材或者作为进阶研究生宏观课程的补充书目。例如在格罗宁根大学，我在硕士培养计划的半学期的宏观经济学课程中使用了第 13～17 章。本书也适合此前没有接受过（或没有充分接受过）宏观经济理论学习的博士生。第 13～17 章的部分内容也在多种本科课程中有所涉及，我就曾在 NAKE、丁伯根研究中心、CESifo 和继续学习中心（维也纳）中使用过相关内容。

## 关于插叙

本书包含相当数量的插叙。我们这里用“插叙”的表达方式表现出一种不同寻常的感受。回忆一下，音乐作品的插曲是指一个大型音乐作品中的表演或演奏的一个小片段。本书中，插叙并不会产生任何声音，但如同音乐中的插曲一样，它们是大基调中的小部分。它们有一系列目的。首先，它们保证首次使用的学生不会被复杂的技术方法分散注意力。其次，它们能够给理论宏观经济学中的一系列重要结果提供更深层次的覆盖。再次，与章后附录和书后的数学附录相比较，它们提供了一个完整的覆盖所有技术需求的关于现代宏观经济学的理解。附录主要针对数学结果，而插叙更多地关注数学方法和理论宏观经济学之间的薄弱环节。最后，插叙还可以作为那些试图重新获得曾学习过但已被遗忘的知识的学生使用的参考工具。

## 新版的改动

本书的修订工作用了几年时间。与第一版相比，大概有四分之一的内容都有所改动，而且删掉了其中一章。主要的改动如下：

- 现行版本包括 31 个插叙，其中 12 个都是新的。所有插叙都已经在一定程度上被检查并简化了。为了使交叉引用更为方便，这些插叙都进行了编号。编号的第一个数字代表插叙所在的章。新的插叙是插叙 2.1、插叙 4.2、插叙 5.2、插叙 5.3、插叙 6.1、插叙 11.1、插叙 13.1、插叙 13.2、插叙 13.3、插叙 14.1、插叙 16.1 和插叙 17.1。
- 第一版中的一章已经全部删除，其章题是“宏观经济学的数量约束”。我在自己的教学过程中已经停止使用该章一段时间了，它涵盖的知识面已经不再是宏观经济学的任何一个现行思潮的基础（如果有人仍然想使用该章请联系我）。
- 新的第 5 章的大部分内容已被重写。现在它包含关于内生劳动力供给的两期模型的探讨，也对小型开放经济中的李嘉图等价提供了一个更好的解释。另外，它还讨论了税收的福利成本的一些特征。
- 在第 6 章中，经验数据已经更新以便更好地反映过去三十年劳动力市场的发展。它还包括一些关于三要素生产模型的内容。
- 第 8 章现在包括一个关于搜寻和匹配模型效率特性的简短讨论。它还描写了关于 Hosios 条件的一些细节特征。第一次阅读时最好跳过（或者浏览）这个附录，在学完第 15 章中的实际经济周期理论后再回过头来学习。
- 第 10 章已经被完全重写，尤其是关于扩展后的蒙代尔-弗莱明模型、冲击在两个国家间的转移和国际政策协调的内容。另外，通过对两国模型的可比数据进行数理分析，它还对 Aoki 变换提供了一个简短的附录型说明。
- 将无限期界模型和相关附录去掉之后，第 11 章的内容在一定程度上减少了。这就是本书中“错误的地方出现了错误的内容”的情况。
- 第一版中题为“经济增长理论”的章已经被分成两个独立的章。第 13 章着重阐述外生增长理论。它在拉姆齐模型的求解过程中添加了新的关于调整速度和最优控制方法的内容。
- 第 14 章主要讨论了内生增长理论。第一版中的内容基本被重写。它更多地包括关于 AK 模型和内生增长理论中的动态变化过程的讨论。另外，该章还包括经济增长模型中质量梯度模型的一些新内容。
- 第 16 章已经被全部重写。此版本中它包括关于实际人口增长的 Yaari 模型可视化的新内容（年金包含与否的情况都考虑在内）、内生经济增长和有限人口、小型开放经济以及生命周期中关于劳动力供给和退休决策等内容。
- 第 17 章也被重写了。我去掉了文中关于代际核算的内容，添加了关于一个家庭生育决策的内生影响因素的新内容。

● 数学附录已经被简化。关于动态优化的章节已经被扩充并包括关于拉格朗日乘数方法和最优控制理论的最大化原则之间关系的讨论。

## 可以看到的支持方法

编写这种规模的教材完全没有错误几乎是不可能的。无须赘言，当我发现错误和别字时一定会将其刊登出来。我将在我的主页（http://www.heijdra.org）上创立一个错误文件夹。所以，如果你发现错误，请告知我。这是你为本书的完善所做的贡献。联系地址是：info@heijdra.org。作为（小小的）回报我将在网站上提到你的名字以示感谢（这是为公众做贡献）。当然，你的名字也会出现在本书将来版本中的鸣谢部分。

网站中还包括备用的关于所有章节的幻灯片，以 PDF 格式保存。如果有教师想自己或在软件平台上使用这些幻灯片，可以下载 LATEX2ε 代码和所有数据（EPS 和 EMF 格式）。

我与 Laurie Reijnders 和 Ward Romp 共同编写的练习与解答手册也将由牛津大学出版社出版。该练习册包括大量题目和模型求解。这些习题可以让感兴趣的学生更好地开发他们的技巧。

## 鸣 谢

在第一版的准备过程中，我收到了来自以下同仁的良好建议：Jaap Abbring，Leon Bettendorf，Lans Bovenberg，Peter Broer，Erik Canton，Robert Dur，Switgard Feuerstein，Christian Groth，Albert van der Horst，Thijs Knaap，Jan-Peter Kooiman，Jenny Ligthart 和 Partha Sen。对第一版中的错误和别字提供帮助的有 Gunnar Bårdsen，Holger Bluhm，Brandon Chen，Katharina Dvoskina，Paul Gaggl，Janko Gorter，Michael Haliassos，Daniel Hawellek，Jose-Antonio Hernández，Fernando Hoces De La Guardia，Manfred Jäger，Willemien Kets，Marcel Klok，Esma Kor，Freek van der Linden，Adriana Lojschová，Andreas Ludwig，Ed McKenna，Gerard van der Meijden，Jochen Mierau，Konrad Mierendorff，Hirofumi Morishita，Bastiaan Overvest，Laurie Reijnders，Ferdinand Rolwes，Ward Romp，Graeme Wells，Paul Yang，Paul Younger，Min Zhang 和 Floris Zoutman。我还收到来自 Remko Algera，Vitor Gaspar，Christian Groth 和 Sjak Smulders 的一些关于本书章节的详细评论。

在第二版的准备过程中，我在与一些过去和现在的优秀学生的联系中获益匪浅。我过去的博士生 Jenny Ligthart 和 Ward Romp 随后也成为我的一些学术论文的合作者。我们工作的一部分在新版中也提到了。我现在的博士生 Jochen Mierau 阅读了整本手稿并在很多方面给出了有用的建议。本书完成于 2008 年夏天。其间我的助手是 Laurie Reijnders，她提供了很大帮助。Laurie 在格罗宁根大学的经济和计量专业中都获得了 A++的成绩。她的优秀表现也使她成为本书的“超级参考资料”。一方面，Laurie 的专业能力很强，另一方面，在格罗宁根大学时她未曾学习过使用本书的那门课程。这样看来难度加倍了。除了对细节具有敏锐的观察力外，她恰好就是本书所面向的顾客！简而言之，她是查找在表达、无前提的推论以及一些作者很容易忽略的关于教材的其他特征问题上所存在缺点的完美人选。在此感谢她的努力。

Siep Kroonenberg、Jan Jacobs 和 Erik Frambach 也帮助了我，并在本书的 LATEX2ε 代码的一些更为复杂的方面提供过帮助。当然，在此也感谢 Leslie Lamport 和 Donald E. Knuth 在 LATEX2ε 和 TEX 的编写中作出的努力。Ward Romp 在所有计算机领域（硬件和软件）中都向我提供了帮助。

这些年来，牛津大学出版社的朋友 Andrew Schuller、Rebecca Bryant、Sarah Dobson、Jennifer Wilkinson 和 Sarah Caro 也在本书的出版和发行过程中提供了大量帮助。在本书的编校过程中，我得到了 Aimee Wright 和 T. W. Bartel 的巨大帮助。感谢他们所有人的努力。

我要将本书新版献给我的妻子 Jitka E. Vavra，并感谢她过去 27 年的相伴。在我们之前从加拿大到澳大利亚（1984 年）随后又从澳大利亚到荷兰（1991 年）的长途奔波中她一直陪伴左右。如果这个世界上的所有人都能贡献出她的能力、毅力和幽默感的百分之一，这个世界一定会变得更加美好！

**本·J. 海德拉**

荷兰格罗宁根大学

2008 年 10 月

# 目　录

## 第一部分　中级宏观经济学

# 第一部分

# 中级宏观经济学

# 第1章 宏观经济学中的基本要素*

本章的目标是讨论以下问题：

1. 研究针对产出、就业、利率和价格水平的货币政策、财政政策的有效性。
2. 介绍宏观经济学过去和现在最重要的学派的不同观点。
3. 对初级的宏观经济学知识进行部分更新和扩展。

为了达到这些目标，我们首先讨论和总劳动力供给市场以及货币需求相关的基础概念，并证明（大部分）古典主义和凯恩斯主义经济学家观点之间的差别可以追溯到他们各自对劳动力市场、预期形成以及货币需求的不同观点。



## 1.1 总劳动力市场

本章对劳动力市场的讨论是非常基础的。在第6～8章中，我们会更细致地讨论这个话题。通常对劳动力市场的说明会用到劳动力的总供给和总需求的工具进行分析。

### 1.1.1 劳动力的需求

劳动力需求的基础分析的中心要素是生产函数。在短期内固定的资本约束下，完全竞争的追求利润最大化的厂商利用生产函数决定生产。生产函数是：

$$Y=F(N,\bar{K}), \tag{1.1}$$

其中，$Y$ 是实际产出，$\bar{K}$ 是固定资本（机器、计算机、汽车等），$N$ 是雇用的劳动总量，$F(\cdot,\cdot)$ 是生产函数。劳动和资本的边际产出分别被表示为 $F_N\equiv\partial F(N,\bar{K})/$

* 本书是在第一版基础上完成的，其他译者还有张略钊、顾晓波、林榕等。

$\partial N$ 和 $F_K \equiv \partial F(N,\bar{K})/\partial\bar{K}$。此外，我们假定劳动（资本）的边际产出随着雇佣劳动（资本）的增加而减少，即 $F_{NN} \equiv \partial^2 F(N,\bar{K})/\partial N^2 < 0(F_{KK} \equiv \partial^2 F(N,\bar{K})/\partial\bar{K}^2 < 0)$。正如谚语所说，"厨子多了，煮坏了汤"。我们还假定一种要素的增加会使另一种要素的边际产出也增加$(\partial^2 F(N,\bar{K})/\partial\bar{K}\,\partial N \equiv F_{KN} = F_{NK} \equiv \partial^2 F(N,\bar{K})/\partial N\,\partial K > 0)$，正如在厨房里增加机械搅拌器会提高厨师的效率一样。最后，我们假定规模报酬不变，所以决定产出的所有要素扩大一倍会导致产出也扩大一倍。确切地说，$F(\lambda N,\lambda\bar{K}) = \lambda F(N,\bar{K})$，$\lambda$ 是正的常数。

短期利润被定义为收益减去工资：

$$\Pi \equiv PY - WN, \tag{1.2}$$

其中，$\Pi$ 是名义利润，$P$ 是厂商制定的价格，$W$ 是名义工资水平。用文字表述就是，收益（$PY$）中扣除以工资形式支付给可变生产要素劳动的部分被认为是利润。利润被认为是资本获得的报酬（注意这个时候我们忽略了税收）。

我们假定总产品市场是完全竞争的，所以单个厂商不能对它为自身产品所收取的价格施加影响。因而，短期内单个厂商唯一能够决定的是选择产出（$Y$）和雇用的劳动总量（$N$）来使得利润最大化。将生产函数代入利润的定义，我们看到一旦劳动总量被确定下来，产出也自动被确定下来，因而问题变成厂商确定 $N$ 来最大化利润 $\Pi$：

$$\max_{\{N\}}\Pi \equiv PF(N,\bar{K}) - WN。 \tag{1.3}$$

厂商的最优决策遵循以下决策规则：

$$\frac{d\Pi}{dN} = 0: \qquad PF_N(N,\bar{K}) - W = 0, \tag{1.4}$$

其中，二阶条件表示式（1.4）描述的是一个最大值：$d^2\Pi/dN^2 = PF_{NN} < 0$（因为根据假定有 $P>0$ 和 $F_{NN}<0$）。对式（1.4）的解释很明显：厂商要一直增加雇佣劳动量直到劳动的边际产出处于恰好得失相当的那一点（即边际工人生产出的额外产出带来的收益恰好等于付给该工人的工资）。用图 1—1 表示，利润最大化出现在 A 点（在点 B 和点 C 厂商的利润为零）。

式（1.4）表示的决策规则在宏观经济学劳动力市场理论中极其重要，同时它也是相对争议较小的：事实上，所有宏观经济学家都相信某种形式的式（1.4）。我们可以轻易地把式（1.4）变成劳动需求的形式，可以表示在给定的工资水平上厂商愿意雇用多少劳动。正式地，我们可以把式（1.4）视为 $N^D$（上标"$D$"代表需求）和实际工资（$W/P$）、给定资本水平之间的隐式关系。可以用隐函数的方法获得这种隐式关系的偏导数。首先，我们对式（1.4）求全微分

$$dF_N(N^D,\bar{K}) = d(W/P) \quad \Rightarrow \quad F_{NN}dN^D + F_{NK}d\bar{K} = d(W/P), \tag{1.5}$$

或者，移项整理得

$$dN^D = -\frac{F_{NK}}{F_{NN}}d\bar{K} + \frac{1}{F_{NN}}d(W/P)。 \tag{1.6}$$

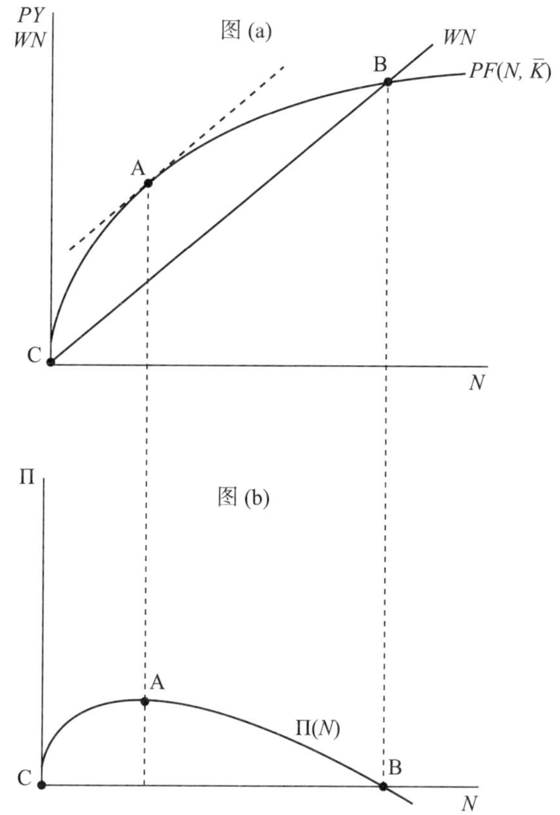


**图 1—1　短期利润最大化**



由于 $F_{NN}<0$，随着雇佣劳动的增多，劳动的边际产出减少。因此，式（1.6）在其他条件不变（即保持 $\bar{K}$ 不变）的前提下，实际工资［$d$（$W/P$）$>0$］的增加减少了劳动需求。因而，式（1.6）中的系数（$1/F_{NN}$）的含义是 $N^D$ 和（$W/P$，$\bar{K}$）之间的隐函数关于实际工资（$W/P$）的偏导数。

用同样的方法可以求得关于资本的偏导数（等于 $-F_{NK}/F_{NN}>0$）。由于方程中资本和劳动是协同的生产要素，因而增加资本会增加劳动的边际产出。这样，对于一个给定的实际工资，利润最大化的厂商会雇用更多劳动力。

概括起来，我们可以写出以下式子：

$$N^D=N^D(W/P,\bar{K}),\quad N^D_{W/P}\equiv\frac{1}{F_{NN}}<0,\quad N^D_{\bar{K}}\equiv-\frac{F_{NK}}{F_{NN}}>0。\tag{1.7}$$

根据图 1—2，改变实际工资意味着沿着给定的劳动力需求曲线的移动，同时增加资本存量会使需求曲线向右移动。劳动力的成本增加或者资本存量减少迫使劳动的边际生产率提高，因而降低对劳动的需求。

## □ 1.1.2　劳动力的供给

在前面的部分我们隐含地假定厂商可以自由观察到实际价格水平和实际工资。

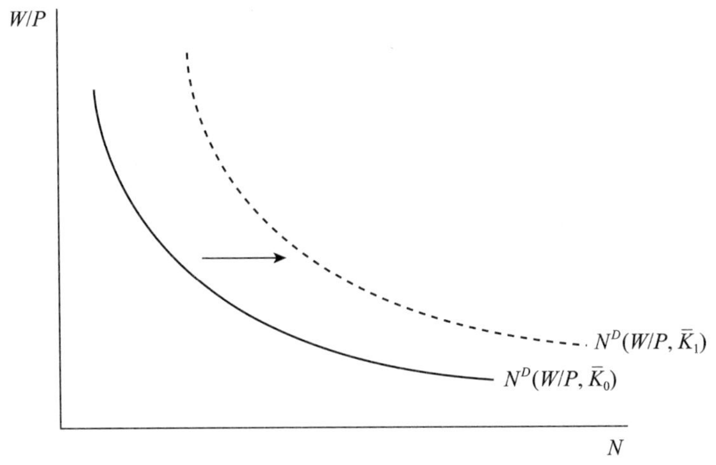


**图 1—2　劳动需求**

这是符合现实的，因为每个厂商必须注意自己的价格和支付给其工人的工资。

针对家庭的情况要相对复杂一点，家庭是我们典型的劳动力市场的解释中的劳动供给者。确实，在关于消费和劳动供给的决策中，家庭可能确切地知道自己的名义工资，但是他们可能不确定工资的实际购买力。家庭必须估计一篮子商品的价格，这项任务自然比单个厂商遇到的问题要困难。最简单的引入这种信息不对称的方法是假定家庭形成了对总物价水平的估计，用 $P^e$ 表示（上标 $e$ 表示预期）。

家庭从商品消费（用 $C$ 表示）和闲暇（$1-N^S$）中获得了效用。每个家庭"拥有"一单位的时间，其中 $N^S$ 单位用于工作，所以能够用来享受闲暇的时间等于 $1-N^S$。我们把一般形式的效用函数写为 $U(C,1-N^S)$，并且假定存在为正但是递减的边际效用：$U_C>0$，$U_{1-N}>0$，$U_{CC}<0$，$U_{1-N,1-N}<0$。人们希望消费更多商品和更长的闲暇时间，但是当一个人的消费和闲暇已经足够多时，吸引力就会减少。其中，我们假定无差异曲线是凸向原点的，$U_{CC}U_{1-N,1-N}-U_{C,1-N}^2>0$。

给定预期价格水平（$P^e$）和（预期的）约束条件 $P^eC=WN^S$，家庭选择 $C$ 和 $1-N^S$的组合来获得最大的满足[用效用函数 $U(\cdot,\cdot)$度量]。我们假定除了工资外家庭没有其他收入。正式地，我们把家庭面临的问题用如下方程写出

$$\max_{\{C,NS\}} U\equiv U(C,1-N^S)\quad \text{s. t.}\quad P^eC=WN^S。\tag{1.8}$$

这个问题看似很难求解，但是我们可以通过将用预算约束表示的消费水平代入效用函数来求解。家庭只要决定需要提供的劳动水平。

$$\max_{\{NS\}} U\equiv U[(W/P^e)N^S,1-N^S]。\tag{1.9}$$

该方程生成了家庭面临的明确的决策规则：

$$\frac{dU}{dN^S}=0:\quad (W/P^e)U_C-U_{1-N}=0。\tag{1.10}$$

左边第一项［即$(W/P^e)U_C$］衡量了向劳动力市场提供一单位劳动的边际收益。工作时间越长，家庭就能够获得越高的收入和越多的消费，特别是在实际工资水平很高时。

第二项（即$U_{1-N}$）衡量了增加劳动时间的边际成本。通过提供更多的劳动，家庭牺牲了宝贵的闲暇时间。效用最大时，家庭选择增加单位劳动的边际收益等于边际成本。

理论上，我们现在可以继续研究当预期价格水平变化时劳动力供给和消费的变动情况。数学上，这和劳动力需求的方程关系更密切，所以我们首先从对劳动力供给的图形分析中得到基本的直观印象。(劳动力供给的数学推导将在第 6 章给出。)

在图 1—3 中，我们将消费绘制在纵轴上，将闲暇绘制在横轴上。最初的预期工资为（$W/P^e$）$_0$，预算线经过 $C$ 轴（纵轴）上的 $\bar{C}_0[\equiv(W/P^e)_0]$ 点和（$1-N^S$）轴上的 1 点。最佳的消费—闲暇选择是无差异曲线和预算线相切的点。该点是 $E_0$，该处的消费是 $C_0$，闲暇时间是 $1-N_0^S$，效用水平是 $U_0$。通过将劳动力供给的（$N_0^S$）与预期实际工资绘制在图 1—4 中，我们获得了劳动力供给曲线的第一个点。

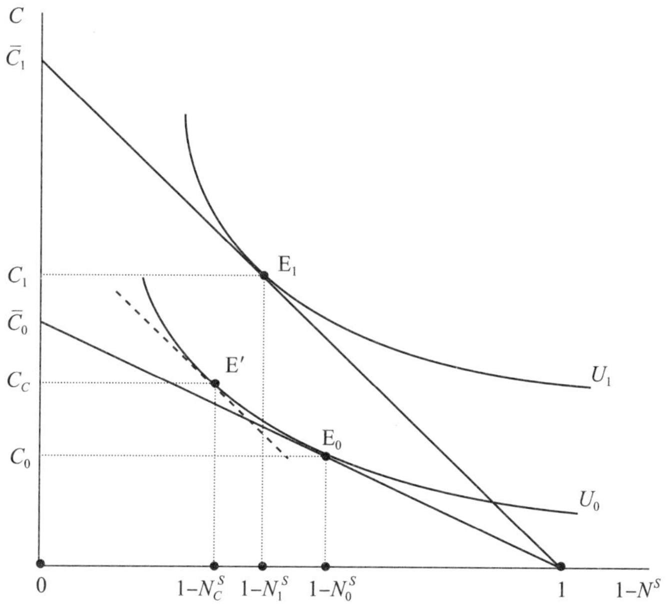


**图 1—3　消费—闲暇选择**

现在假设实际预期工资略微增加为（$W/P^e$）$_1$，在图 1—3 中这表示约束线围绕横轴交点顺时针旋转。约束线与纵轴的新交点为 $\bar{C}_1[\equiv(W/P^e)_1]$。如图所示，新的最优选择出现在 $E_1$ 点，在最初的 $E_0$ 点的左上方。$E_1$ 处的消费是 $C_1$，闲暇是 $1-N_1^S$，效用水平是 $U_1$。通过将劳动力供给与实际工资绘制在图 1—4 中，我们获得了劳动力供给曲线的第二个点。连接已经获得的两个点我们得到了劳动力供给曲线，记作$N^S(W/P^e)$，在这个例子中劳动力供给曲线向上倾斜。

与一直向下倾斜的劳动力需求曲线不同，劳动力供给曲线的斜率不总是正的。原因是当预期工资水平上升时，家庭受两种潜在的互相抵消的效应的影响。第一种效应称为纯替代效应。为了确定这种效应，我们探究在以某种方式限制使得最初效用水平 $U_0$ 不变、预期工资水平更高时，家庭会选择怎样的消费和闲暇组合。如图 1—3 所示，我们发现家庭会选择点 E′，该点处消费是 $C_C$，闲暇是 $1-N_C^S$，提供的劳动是$N_C^S$（下标 $C$ 代表补偿）。从最初的 $E_0$ 移动到（假设的）补偿点 $E'$ 组成了纯粹的替代效应（即 $SE$）。直观上，纯粹的替代效应表明家庭会减少购买价格上升的物品。预期工资水平的提高意味着闲暇的价格上升，必然地，家庭会减少闲暇时间。这给了我们一个有趣的结论：补偿性劳动力供给曲线总是向上倾斜的［见图 1—4 中的$N^S(W/P^e,U_0)$］。

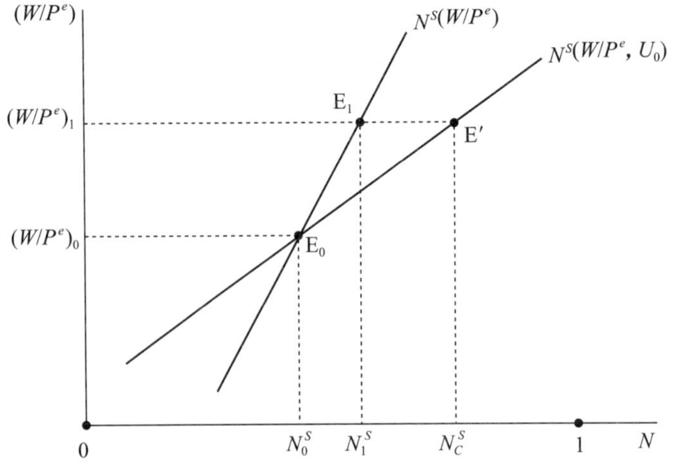


**图 1—4　劳动力供给**

第二种效应称为收入效应。它指的是，对于给定的最初劳动力供给 $N_0^S$，更高的实际工资意味着更高的实际收入，或 $(W/P^e)_1N_0^S>(W/P^e)_0N_0^S$。假设闲暇是正常物品，家庭对更高收入的反应是享受更多闲暇而不是减少闲暇。因而，收入效应（$IE$）表示为从 $E'$ 到 $E_1$ 的移动，与纯替代效应的效果方向相反。在图 1—3 所示的例子中，替代效应的影响恰好大于收入效应，因而劳动力供给曲线向上倾斜。在其他例子中，不能由于这里的经验而否定相反的情况有可能发生，这只能具体问题具体分析（参见第 7 章）。

在数学上，我们可以把劳动力供给的通用形式写为

$$W/P^e=g(N^S), \qquad g_N\gtreqless 0 \quad \Leftrightarrow \quad SE\gtreqless |IE|, \tag{1.11}$$

式中，$|IE|$ 是收入效应的绝对值，$SE$ 表示替代效应。因而更高的工资水平对劳动力供给有两种影响。一方面，它使得闲暇的成本变高，因而促使家庭减少闲暇，延长工作时间（$SE$）。另一方面，更高的工资水平增加了家庭的收入，使得他们倾向于偷懒和减少工作时间（$IE$）。

方程（1.11）可以写为更方便的形式：

$$W/P=(P^e/P)g(N^S)。 \tag{1.12}$$

含义很简单：如果家庭高估了工资水平（即 $P^e>P$），与正确估计相比，对于给定的劳动力供给，他们需要更高的实际工资。这正是我们将在第 3 章讨论的卢卡斯供给曲线背后的机制。

### □ 1.1.3 产品市场上的总供给：适应性预期

我们现在来完成由方程（1.7）和方程（1.12）构成的总的劳动力市场的逻辑一致的描述。我们现在必须假定家庭形成预期的方式。由于在第 3、4 章中我们会更详细地探讨这个问题，因而我们现在简单地要求关于预期价格水平的相对立的两个假设：(1) 适应性预期假设（adaptive expectations hypothesis，AEH）和（2）完美预期假设（perfect foresight hypothesis，PFH）。

在适应性预期假设下，短期中价格水平是给定的，但是会缓慢纠正过去的预期的偏差。用 $t$ 作为时间的指标（例如年份），AEH 的机制如下：

$$P_{t+1}^{e}=P_{t}+(1-\lambda)[P_{t}^{e}-P_{t}],\quad 0<\lambda<1。\tag{1.13}$$

这个方程表明如果家庭的预期在当期是正确的，则他们会预期 $t+1$ 期的价格等于当前 $t$ 期的实际工资水平。相反，如果家庭对当期价格水平的估计有偏差（$P_{t}^{e}\neq P_{t}$），他们就在当期对未来的预期中包含部分预期误差，以进行修正，式中的 $\lambda$ 表示家庭修正他们价格预期的速度。我们可以用缩写更方便地表示 AEH：

$$\Delta P_{t+1}^{e}=\lambda[P_{t}-P_{t}^{e}],\quad 0<\lambda<1,\quad (\text{AEH}),\tag{1.14}$$

式中，$\Delta$ 算子代表变量从一期到下一期的变化，即 $\Delta P_{t+1}^{e}\equiv P_{t+1}^{e}-P_{t}^{e}$。方程（1.14）记录了预期对价格水平的滞后调整。

与之相反的是，对于预期的 PFH 假设，它简单假设家庭预期价格水平实际为

$$P_{t}^{e}=P_{t},\quad (\text{PFH})。\tag{1.15}$$

PFH 被视作第 3 章中讨论的理性预期假设（rational expectations hypothesis，REH）的对等物。

将劳动力市场同 AEH 或者 PFH 结合起来，便可以描述总产品市场上的供给曲线（AS）。显然，总供给曲线的形状取决于具体选择何种假设。我们首先考虑 AEH 下的总供给曲线，如图 1—5 所示。假定最初的价格水平是 $P_0$，并且预期价格水平与之相等，即 $P_0^e=P_0$。在这种情况下，家庭没有预期误差，提供了"合宜"数量的劳动，劳动力市场的均衡决定了恰当数量的劳动和适宜的实际工资，产出（由短期生产函数得到）等于所谓的潜在产出 $Y^*$。在图 1—5 左上的区域中，劳动力供给方程（1.11）为 $W=P_0^e g(N^S)$，劳动力需求方程（1.7）为 $W=P_0F_N(N^D,\bar{K})$（注意纵轴表示的是名义工资）。均衡名义工资是 $W_0$，就业水平是 $N^*$，所以 $Y^*=F(N^*,\bar{K})$。现在考虑一个更高的实际均衡工资水平 $P_1$。预期价格水平仍然等于 $P_0^e$，劳动力供给曲线没有变化。劳动需求增加，达到 $W=P_1F_N(N^D,\bar{K})$，所以劳动力市场均衡在 A 点，名义工资水平为 $W_1$，雇用的劳动为 $N_1$（大于 $N^*$），产出是 $Y_1$（大于 $Y^*$）。这样就达到了总供给曲线上的第二个点。就业和产出增加，因为实际工资水平降低。这是由于家庭低估了工资水平因而高估了他们的实际工资。B 点对应一个较低的实际工资水平，商品总供给较低，该点的推导和 A 点类似。从图 1 –5 右上的区域中我们可以看到，$AS_{AEH}$ 曲

线向上倾斜并依次通过点 B、$E_0$ 和 A。

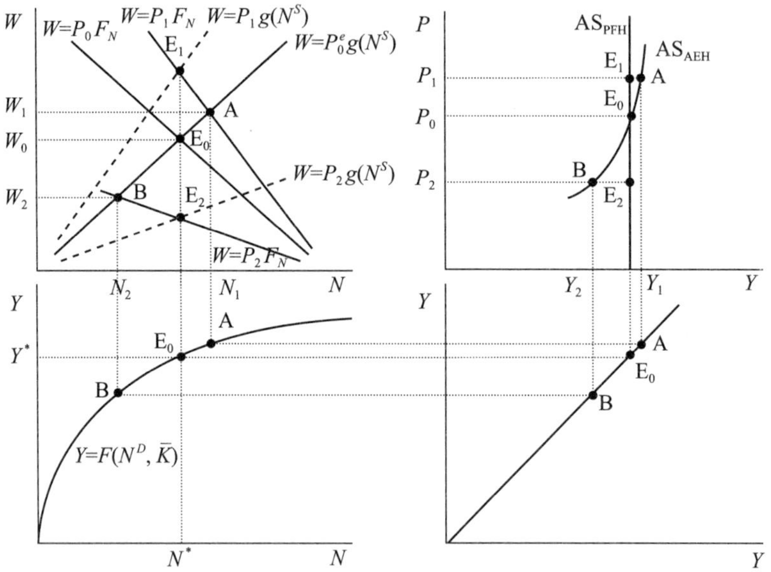


**图 1—5　总供给和预期**

PFH 下的总供给曲线更容易获得。预期和实际价格水平总是相符，所以劳动力供给总是基于正确的信息（劳动力需求相同），就业水平固定在 $N^*$，产出等于 $Y^*$，总供给曲线垂直。如图 1—5 所示，点 $E_1$ 和 $E_2$ 即为与给定的 $P_1$ 和 $P_2$ 分别对应的均衡点。

在我们继续讲解下文以前，对总供给曲线做一个引申分析是有益的。可以将总需求和总供给曲线写成弹性的形式：

$$\frac{dN^D}{N^D}=\frac{d\bar{K}}{\bar{K}}-\varepsilon_D\left[\frac{dW}{W}-\frac{dP}{P}\right], \tag{1.16}$$

$$\frac{dN^S}{N^S}=\varepsilon_S\left[\frac{dW}{W}-\frac{dP^e}{P^e}\right], \tag{1.17}$$

式中，$\varepsilon_D\equiv-F_N/(NF_{NN})$ 和 $\varepsilon_S\equiv g(N)/(Ng_N)$ 分别表示工资的劳动力需求弹性（用绝对值来表示）和劳动力供给弹性。[①] 我们假设替代效应大于收入效应，所以 $\varepsilon_S>0$。我们进一步假设劳动力市场处于均衡，$N=N^D=N^S$，所以上述关于劳动力供给和需求的阐述可以用来解出实际工资：

$$\frac{dW}{W}-\frac{dP}{P}=\frac{1}{\varepsilon_D+\varepsilon_S}\left[\frac{d\bar{K}}{\bar{K}}-\varepsilon_S\left(\frac{dP}{P}-\frac{dP^e}{P^e}\right)\right]。 \tag{1.18}$$

如果我们将这个结果代入劳动力需求函数，然后代入变形后的生产函数，

$$\frac{dY}{Y}=\frac{F_N}{Y}dN+\frac{F_K}{Y}d\bar{K}=\omega_N\frac{dN}{N}+(1-\omega_N)\frac{d\bar{K}}{\bar{K}}, \tag{1.19}$$

① 在导出式（1.16）的过程中，我们用到了线性齐次方程的性质：$KF_{NK}=-NF_{NN}$。关于生产理论的更多性质，见本书第 4 章的插叙 4.3。

式中，$\omega_N \equiv WN/PY$ 代表国民收入中工资所占比重；我们得到了商品总供给相对变化的一种表示：

$$\frac{dY}{Y}=\frac{\omega_N\varepsilon_D\varepsilon_S}{\varepsilon_D+\varepsilon_S}\left(\frac{dP}{P}-\frac{dP^e}{P^e}\right)+\frac{(1-\omega_N)\varepsilon_D+\varepsilon_S}{\varepsilon_D+\varepsilon_S}\frac{d\bar{K}}{\bar{K}}。\text{(AS)} \tag{1.20}$$

在其他条件不变的情况下，资本增加提高了劳动的边际生产率，因而提高了实际工资。这减弱了商品总供给的增加幅度。预期的价格变化（$dP^e/P^e=dP/P$）不会影响实际价格、就业或者产品的总供给。然而，未预期的价格变化会影响这些变量。例如，如果实际价格高于预期价格水平，实际工资下降，因而就业和总供给增加。

式（1.20）和图 1—5 中得到的 AS 曲线相符。由上文推导可知，在 PFH 假设下，如果资本存量增加，则垂直的 AS 曲线向右移动。在 AEH 假设下，预期价格水平在短期内是固定的，所以 AS 曲线向上倾斜。在这种情况下，当资本存量增加时，AS 曲线同样向右移动。一段时间后，关于价格水平的预期的调整导致了 AS 曲线的移动。例如，在任何一段时间，实际价格水平高于预期水平，在随后的一段时间内预期价格水平会向上调整。这使得家庭的工资的预期购买力下降，所以家庭决定减少工作时间，结果总产出减少。这个论证表明了预期价格水平的上升使得 AS 曲线向左移动的原因。

### □ 1.1.4 名义工资刚性

由上文可知，AEH 成立的假定可确保名义价格水平对经济总供给有影响。我们现在考虑另外一种替代假设。Modigliani（1944）证明了即使采用 PFH 假设，也可以推导出（部分）向上倾斜的总供给曲线。莫迪利安尼（Modigliani）假设名义工资水平不能下降，但是非常容易上升。工人厌恶工资减少，但是喜欢增加。在图 1—6

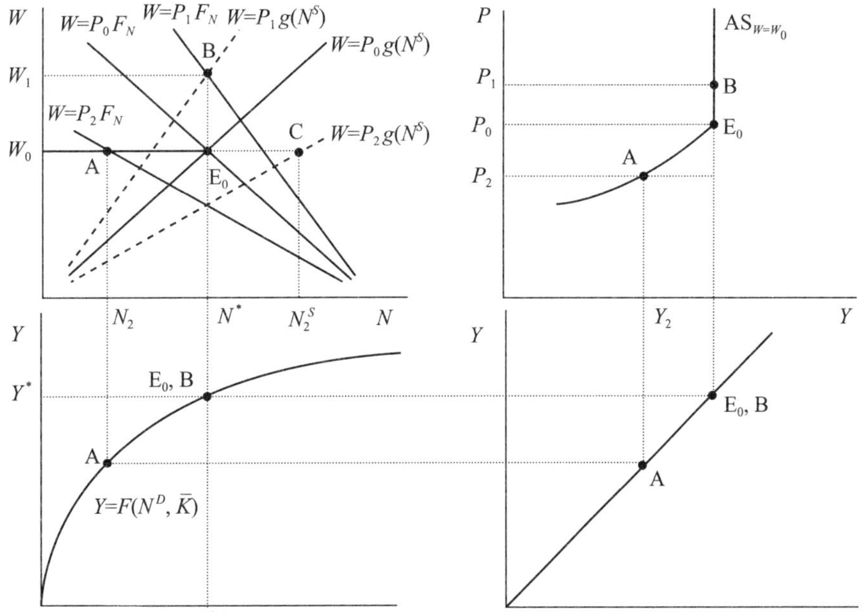


**图 1—6 名义工资刚性向下时的总供给**

中，我们假定刚性名义工资等于 $W_0$，实现完全就业时的价格水平是 $P_0$。我们假设 PFH 式（1.15）成立。价格水平高于 $P_0$ 时的情形是容易推导的。名义工资上升使得实际工资水平保持不变并保持充分就业。然而，价格水平低于 $P_0$ 时的情形有所不同。例如，如果 $P=P_2$，劳动需求为$W=P_2F_N(N^D,\overline{K})$，但是有效的劳动力供给是水平部分 $W_0C$。由于我们假设名义工资水平不能下降，就业等于 $N_2(<N^*)$，出现 $N_2^S-N_2$ 的失业。由于名义工资不能下降，部分家庭从劳动力市场退出。

## 1.2 总需求：回顾 IS－LM 模型

从初级的宏观经济学课程可知，经济中的需求可以用 IS－LM 模型来描绘。对于一个封闭经济而言，模型可以写为

$$Y=C+I+G, \tag{1.21}$$

$$C=C(Y-T), \quad 0<C_{Y-T}<1, \tag{1.22}$$

$$I=I(R), \quad I_R<0, \tag{1.23}$$

$$T=T(Y), \quad 0<T_Y<1, \tag{1.24}$$

$$M/P=l(Y,R), \quad l_Y>0,l_R\leqslant 0, \tag{1.25}$$

式中，$I$ 是投资，$G$ 是政府支出，$T$ 是税收，$R$ 是利率。方程（1.21）是一般的国民收入账户的特征，方程（1.22）是消费函数，表示 $C$ 是可支配收入（$Y-T$）的函数，$C_{Y-T}$表示对可支配收入的边际消费倾向。方程（1.23）是投资函数，其中利率上升代表资本的价格上升，这导致厂商降低投资水平。方程（1.24）表明税收收入取决于经济中的产出；$T_Y$ 代表边际税率。方程（1.21）到方程（1.24）隐含地推导出 IS 曲线，即存在消费均衡时的 $R$ 和 $Y$ 组合。最后，方程（1.25）是货币市场均衡条件，使实际货币供给（$M/P$）和实际货币需求相等。最后一个说法一直是宏观经济学不同流派发生争论的原因，因而我们需要对它进行进一步的探讨。

### □ 1.2.1 货币需求

既然持有货币不会获得利息收入，人们为什么还要持有货币？这是宏观经济理论中未解决的问题之一。几个世纪以来，经济学领域最有智慧的人们曾绞尽脑汁来回答这个问题，其中的一些答案确实值得肯定。凯恩斯表示，他在《就业、利息和货币通论》一书中提出的货币理论和他同时代的理解有着根本不同。在该部分我们将探讨凯恩斯的结论在何种意义下成立。

人们出于两种主要的动机持有货币：交易动机和投机动机。交易行为的过程是这样的：人们有规则地在一段时间（例如一个月）内不断购买商品，但是一个月或一周只能获得一笔收入。由于很多交易中使用现金作为支付手段，人们除了使用支票支付外，需要持有一定数量的现金。人们当然也可把自己的收入存在可以获得利

息的银行账户里，然后每天（每小时，每分钟，每秒）从账户里取出一部分用于日常支付，但是这样会去银行很多次，并且有交易成本和宝贵的闲暇时间的损失。假定一个更合理的办法是决定一个最优的理财办法：选择去银行的次数使得储蓄账户的边际成本和边际收益相等。由于利率代表了持有现金财富时放弃的收入，通过这种货币管理，我们一定会得到货币需求的利率敏感性。同样可以认为货币的交易需求正相关于实际中家庭选择的交易量。在整个经济层面上，可以用式（1.25）的形式规范地表示交易需求对实际货币需求的影响。

**插叙 1.1** ☞

## 鲍莫尔货币需求的交易理论

令 $k$ 表示一段时间（月或周）内交易的次数，因此人们的平均货币持有量为 $M/P=\frac{1}{2}Y/k$。家庭决定交易的数量，进而通过最小化持有现金的利息（机会成本）和交易成本来确定持有现金的多少：$\frac{1}{2}RY/k+ck$，其中 $c$ 表示每笔交易的成本（银行成本和闲暇时间的成本）。通过最小化可得一阶条件：

$$-\frac{RY}{2k^2}+c=0,$$

二阶条件是 $RY/k^3>0$，表明最优值是最小值。一阶条件表明如下最优交易数量和货币需求：

$$k=\sqrt{\frac{RY}{2c}},\quad \frac{M}{P}=\frac{Y}{2k}=\sqrt{\frac{cY}{2R}}。$$

因而，每笔交易的成本 $c$ 越高，持有现金的机会成本 $R$ 越低，均衡时需要的现金量就越大。现金需求和收入的平方根成正比，并且和价格水平成正比。

---

另一个持有货币的动机是被凯恩斯强调的所谓投机动机（莫迪利安尼称之为"把货币作为财产的需求"）。货币具有两重属性：它具有很强的流动性，在没有通货膨胀的情况下，货币是没有风险的（一欧元明天仍然是一欧元）；其他类型的资产如股份和债券都具有风险，同时流动性较差。Keynes 和 Modigliani（1944）提出了作为流动性偏好依据的回归的期望。原理如下，如果利率很低，则债券的价格很高[一只支付 1 欧元的永续债券的价格为 $P_B=(1+R)^{-1}+(1+R)^{-2}+\cdots=1/R$，因而，债券价格和利率向相反方向变动]。投资者预期债券不能永远保持高价格，因而认定债券价格会下降（$P_B$ 下降，或 $R$ 上升）。换句话说，投资者预期债券会贬值，这就推动他们以货币的形式持有大部分财富（我们考虑到货币和债券的不同风险来避免人们选择角点解的结论：或者全为现金，或者全为债券）。因而，货币的投机动机和利率负相关，即 $l_R\leqslant 0$。

凯恩斯提出，对于一个给定的产出水平 $Y$，流动性偏好函数 $l(Y, R)$ 具有图 1—7 的形式。如果利率水平非常高（$R\geqslant R^{MAX}$），由于投机动机，家庭不愿意持有任何现金。债券价格非常低，人们预期会从债券上获利。为什么会持有货币呢？因为另一方面，凯恩斯认为，如果利率很低（$R\leqslant R^{MIN}$），人们对于以现金还是债券的形式持有财富没有偏好。流动性偏好函数在利率水平最低时有很强的弹性。这称为流动性陷阱。下面将研究它的效果。

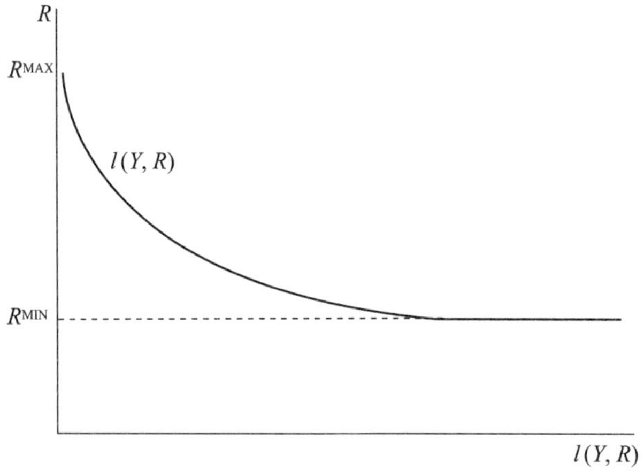


**图 1—7　流动性偏好函数**

## □ 1.2.2　IS－LM 模型

货币市场由方程（1.25）表示，LM 曲线表示了货币市场均衡时的产出 $Y$ 和利率 $R$ 的所有组合。正式地，LM 曲线的性质可以通过隐函数法则表示出来：

$$d(M/P)=l_Y dY+l_R dR \quad \Rightarrow \quad dR=\frac{d(M/P)-l_Y dY}{l_R}。 \tag{1.26}$$

LM 曲线的斜率是 $-l_Y/l_R\geqslant 0$，同时实际货币供给对利率的影响为 $1/l_R\leqslant 0$。LM 曲线可以由图 1—8 获得。[①] 图 1—8 表明，代入不同的利率水平会形成密集分布的无数矩形，从而得到图中右上方的 LM 曲线。例如，当利率无限大时，相关矩形即由点 $A_1A_2A_3A_4$ 组成。

我们用方程（1.26）表明，典型的 LM 曲线是向上倾斜的，如果实际货币余额增加，曲线向右移动；利率升高会降低货币需求，所以国民收入增加使得货币需求回到改变前的水平。货币供给增加或价格水平降低会提高债券价格，因而降低利率。我们注意到在很高的利率水平下，LM 曲线是竖直的，在低利率的情况下，LM 曲线是水平的（如果我们接受图 1—7 中凯恩斯的流动性偏好函数）。

IS 曲线表示了总支出均衡时的产出 $Y$ 和利率 $R$ 的组合。通过方程（1.21）至方程（1.24）我们得到如下 IS 曲线：

$$\begin{aligned} &Y=C(Y-T(Y))+I(R)+G \quad \Rightarrow \\ &dY=C_{Y-T}(1-T_Y)dY+I_R dR+dG, \end{aligned} \tag{1.27}$$

或者，移项整理得

① 对于货币需求可分离的特殊情况，方程可以写为 $k(Y)+l(R)$。这个假定让我们能够将 $k(Y)$ 和 $l(R)$ 置于图 1—8 中的各个不同部分进行分析，从而帮助我们用图形推导出 LM 曲线。

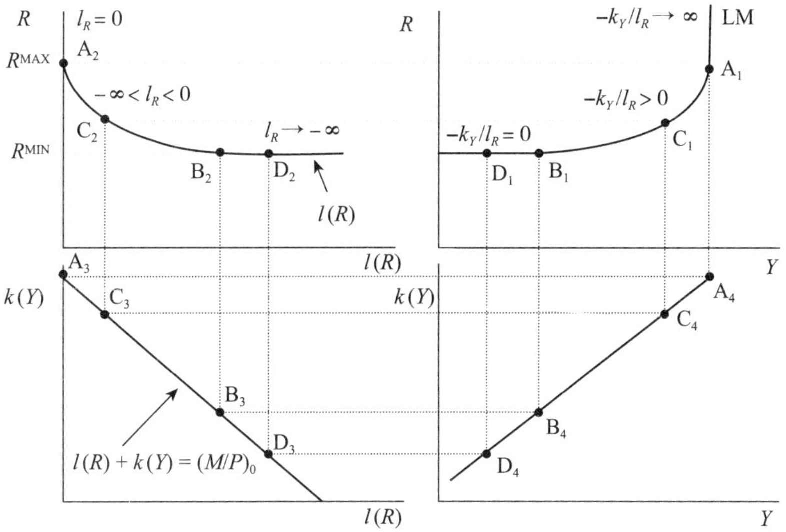


**图 1—8　LM 曲线的推导**

$$dY=\frac{dG+I_R dR}{1-C_{Y-T}(1-T_Y)}。\tag{1.28}$$

增加政府购买会在一个给定的利率水平上刺激产出。学生们可以通过类似方法画出 IS 曲线。

## □ 1.2.3　AD 曲线

如宏观经济学的初级课程中学到的那样，如果产品市场和货币市场同时达到均衡，经济的需求方就会达到均衡。这种供给均衡处在 IS 曲线和 LM 曲线的交点上，并且由 AD 曲线描述，AD 曲线是货币和产品市场均衡时的产出 $Y$ 和价格 $P$ 的组合。通过方程（1.26）和方程（1.28）得到 AD 曲线的表达式：

$$dY=\frac{dG+(I_R/l_R)(M/P)[dM/M-dP/P]}{1-C_{Y-T}(1-T_Y)+l_Y I_R/l_R},(\text{AD})。\tag{1.29}$$

AD 曲线也可以由图形获得，推导过程作为作业留给读者。直觉上，价格水平升高侵蚀了货币余额的真实价值，因而对利率产生了上升的压力。增加公共支出或增加名义货币供给推动了总需求，并使得 AD 曲线移动。前者使利率上升，后者使利率下降。

## □ 1.2.4　财政政策和货币政策的效果

方程（1.28）给出了公共支出的产出乘数等于收入的边际储蓄倾向加上边际税率，然后取倒数，即$1/[1-C_{Y-T}(1-T_Y)]$，结果大于 1。[①] 当利率外生（比如我们

---

① 因为 $C_{Y-T}$ 和 $T_Y$ 均位于 0 和 1 之间，即 $0<C_{Y-T}(1-T_Y)<1$，所以乘数大于 1。总储蓄被定义为 $S(Y)\equiv Y-C(Y-T(Y))-T(Y)$，因而，收入的边际储蓄为 $S_Y\equiv(1-T_Y)(1-C_{Y-T})$，显然满足 $0<S_Y<1$。储蓄的特征进一步表明 $(1-T_Y)C_{Y-T}\equiv1-(S_Y+T_Y)$，而式中 $0<S_Y+T_Y<1$，因此，乘数可以被写作 $dY/dG=1/(S_Y+T_Y)$。

仅仅考虑 IS 曲线时）或投资不取决于利率时，这个乘数是重要的，它是由约翰·梅纳德·凯恩斯的一位同事理查德·卡恩（Richard Kahn）于 1931 年提出的。可以把该乘数写成如下形式：

$$\frac{dY}{dG}=1+C_{Y-T}(1-T_Y)+C_{Y-T}^2(1-T_Y)^2+C_{Y-T}^3(1-T_Y)^3+\cdots$$

$$=\frac{1}{1-C_{Y-T}(1-T_Y)}。\qquad(1.30)$$

我们假设边际消费倾向为 75%($C_{Y-T}=\frac{3}{4}$)，产出的边际税率为 1/3($T_Y=\frac{1}{3}$)的情况。公共支出领域增加 100 万欧元的债券，将使总需求和国民收入增加 100 万欧元。国民收入账户中增加的 100 万欧元的 1/6 作为储蓄，另外 1/3 作为税款；其余的 50 万欧元被消费，并对国民收入产生了第二轮乘数效应。第二轮增加的 50 万欧元中，100 万欧元的 1/12 被储蓄，1/6 作为税款；25 万欧元剩余，并产生了对国民收入的第三轮促进。这种乘数过程持续到无限，导致国民收入实际总的增加量为 200 万欧元，与等于 2（即 1＋0.5＋0.25＋0.125＋…）的卡恩乘数相对应。所以，对于政府支出的每一欧元，国民收入都增加两欧元。

若储蓄和税收漏出量较大，卡恩乘数会比较小，即边际消费倾向较小，而边际税率较高。例如，边际税率是 0，乘数是 4 而不是 2。对于一个小型开放经济，若进口漏出量较大，这个乘数也会较小（见第 10 章）。

式（1.29）表明在利率内生（比如我们同时考虑 IS 和 LM 曲线时）且价格水平是刚性的情况下，公共支出领域的债券筹资的凯恩斯乘数（至少在短期内）变大。该乘数只有在黏性价格的假设下才起作用。考虑挤出私人投资，凯恩斯乘数小于式（1.30）表示的卡恩乘数。这是因为凯恩斯乘数分母中有额外的正项 $l_y I_R/l_R$。直觉上的解释如下：公共支出领域债券筹资的增加导致政府债券供给的增加，因而对债券价格产生向下的压力，对利率产生向上的压力。这导致私人投资的下降，以及总需求和就业的下降，所以凯恩斯乘数小于卡恩乘数。如果私人投资对利率变化很敏感（$|I_R|$ 较大），同时货币需求对利率变化不是十分敏感（$|l_R|$ 较小），但对国民收入较为敏感（$l_Y$ 较大），那么挤出私人投资的程度更加显著。

## 1.3 宏观经济学中的流派

我们现在已经掌握了用来辨识宏观经济学中不同流派的全部要素。我们简略地将不同流派区分为：（1）古典经济学家，（2）凯恩斯主义者，（3）新古典综合学派，（4）货币主义者，（5）新古典经济学家，（6）供给学派，以及排在最后却并非最无足轻重的（7）新凯恩斯主义者。

### □ 1.3.1 古典经济学家

提到古典经济学家，自然会提及亚当·斯密（Adam Smith）、大卫·休谟（David Hume）、大卫·李嘉图（David Ricardo）、约翰·S. 穆勒（John S. Mill）、克努特·威克塞尔（Knut Wicksell）和欧文·费雪（Irving Fisher），以及1930年发表《货币论》时的凯恩斯。我们可以简要通过他们对货币数量论的观点来辨识出古典经济学家。在我们的模型中，LM曲线（1.25）被货币需求不取决于利率的特例代替：

$$M=kPY。\tag{1.31}$$

因而，没有必要因为投机动机而持有货币（$l_R\equiv 0$），且货币流通速度 $1/k$ 保持不变。古典经济学家非常相信市场和价格机制在经济供给部分的作用。在我们的模型中，这表明了灵活调整的工资和价格、完美预期、劳动力市场出清和垂直的总供给曲线，如图1—9所示。因而，财政和货币政策不能影响就业和产出水平。

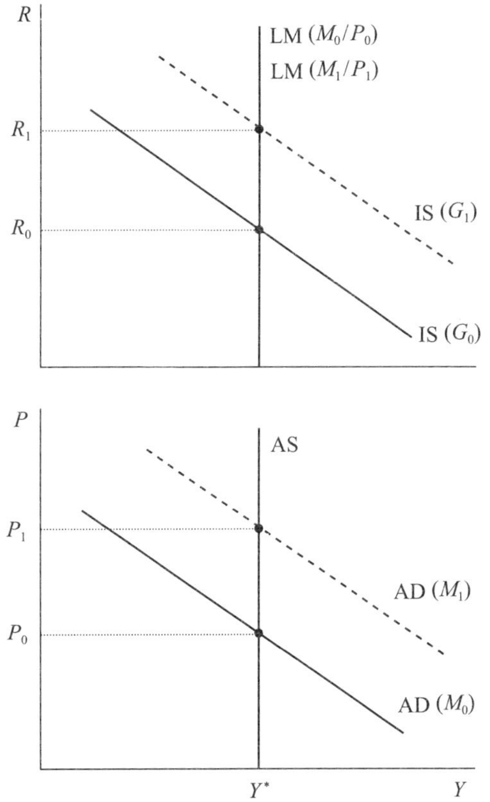


**图1—9 古典模型中的货币和财政政策**

古典模型可以被视为上文推导的IS-LM-AS模型的一个特例，保持 $l_Y=k$ 不变，$l_R$ 为0。这表明LM曲线是竖直的，所以财政政策无法影响就业和产出。增加政府购买导致高利率并且完全挤出私人投资。另外，货币政策无法影响经济的真实领域，只会提高价格水平。这种特征被称为货币政策中性。因而，古典主义经济学家相信二分法：真实部分和货币部分应该被分开考虑。影响需求一侧的政策只影响利率或价格水平，而影响供给一侧的政策影响实际工资、就业和产出。

### □ 1.3.2 凯恩斯主义者

我们知道凯恩斯写《就业、利息和货币通论》时的真正用意吗？也许答案是否定的，但是我们可以从莫迪利安尼 1944 年对凯恩斯主要贡献的概括中略知一二，莫迪利安尼认为凯恩斯的主要创新包括：流动性偏好和名义工资固定的假设。

关于货币的流动性偏好理论，凯恩斯把古典经济学家作为替罪羊。通过这种方式，凯恩斯提出了流动性陷阱这一改进之处。凯恩斯认为，假设利率足够低，使得经济处在 LM 曲线的水平部分；再假设，在该利率水平下，支出过少，不足以使生产要素得到充分利用，同时价格和工资水平是变化的。在图 1—10 中，利率是 $R^{MIN}$，产出是 $Y_0<Y^*$。因而凯恩斯得出了惊人的结论：在这种情形中古典模型是无效的。总供给在 $Y=Y^*$ 处垂直，总需求减少，小于 $Y^*$，并且物价和工资不会减少并重新回到均衡。古典模型的特征，即市场的自我纠正机制不能正常运行。

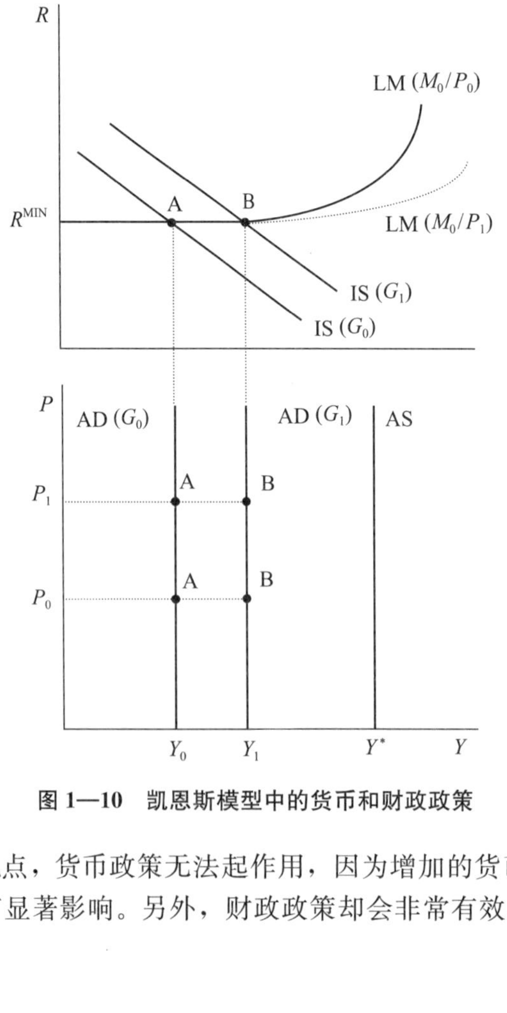


**图 1—10 凯恩斯模型中的货币和财政政策**

根据凯恩斯的观点，货币政策无法起作用，因为增加的货币供给会被投资者吸收，对利率水平没有显著影响。另外，财政政策却会非常有效。在图 1—10 中，增加政府购买会刺激总需求（图中 IS 曲线移动），因而产出和就业增加。

如今，流动性陷阱是人们了解凯恩斯观点的一种很好的途径。事实上，凯恩斯的同僚、和他同时代的 A. C. 庇古（A. C. Pigou）很早就指出，财富效应一旦引入消费函数，凯恩斯主义理论中前后不一致的结论就会失效。在这种情况下，IS 曲线的位置将会取决于实际货币余额 $M/P$，AD 曲线向下倾斜（并非凯恩斯认为的竖直），在给定价格和货币浮动的情况下，充分就业会自动恢复。

### □ 1.3.3 新古典综合学派

新古典综合学派是由新古典主义经济学家提出的，他们认为短期内经济符合凯恩斯学派理论，长期内符合古典主义观点。新古典综合学派包括了古典经济学派和凯恩斯主义元素。新古典综合学派的支持者有：弗兰克·莫迪利安尼（Franco Modigliani）、保罗·萨缪尔森（Paul Samuelson）、詹姆斯·托宾（James Tobin）、罗伯特·索洛（Robert Solow）。实际上 20 世纪 50 年代和 60 年代，除了米尔顿·弗里德曼（Milton Friedman）外所有的宏观经济学家几乎都是新古典综合学派的支持者；他们只是在有关劳动力市场的假设方面观点稍有不同。第一种观点认为［如 Modigliani（1944）］，名义工资具有向下的刚性。这解释了失业的存在以及 AS 曲线向上倾斜的部分（见 1.1.4 节以及图 1—6）。为了引入时间调整，我们向这个模型添加菲利普斯曲线，即 $\dot{W}=\alpha u(\alpha<0)$，其中 $u$ 是失业率，定义为 $u\equiv(N^S-N)/N^S$。添加菲利普斯曲线使得名义工资依赖失业的数量而变化。这样，一段时间后会回到充分就业的状态。

新古典综合学派的第二种观点假设名义工资是完全可变的，同时适应性预期假设成立使得预期价格水平是一个缓慢变化的量。这个观点符合新古典综合学派的模型，并且和 AS 曲线（1.20）、AD 曲线（1.29）、AEH 假设（1.14）一致。最终，均衡也会再次达到，并且取决于人们对预期错误的调整。图 1—11 解释了财政政策和货币政策的效果。发行关于公共支出的债券使得 $G_0$ 上升为 $G_1$，使得 IS 曲线和 AD 曲线向外移动。债券发行后，虽然利率上升对私人投资有挤出作用，产出还是会上升为 $Y^*$。实际上，这种效应的乘数比式（1.29）中的凯恩斯乘数要小。原因是由于公共支出增加导致总需求增加，使得价格水平由 $P_0$ 上升为 $P_1$［沿着起初的总供给曲线 AS($P^e=P_0$) 向上移动］。价格水平越高，实际货币余额供给的收缩就越大，因为利率上升，总供给下降（同时 LM 曲线向内移动）。结果，短期乘数要小于凯恩斯乘数。因而我们可以总结出，如果储蓄、税收、进口漏出量较大，考虑挤出私人投资的因素，价格水平会上升，这样在公共支出领域增加债券发行导致的就业和产出乘数作用就会减小。AD 曲线较为平坦，AS 曲线较为陡峭，那么对就业和产出领域内的短期效果较小，对价格水平的影响比较大。在中期，家庭修正了他们对价格水平上升的预期，这会降低预期实际工资和劳动力供给。因而，AS 曲线随着时间的推移向内移动，直到产出和就业回到它们的均衡水平。因而，扩张的财政政策的长期效果只会导致价格水平的上升，对就业和产出没有影响。

图 1—11 也可以用来研究在适应性预期假设 AEH 下，由 $M_0$ 至 $M_1$ 增加名义货

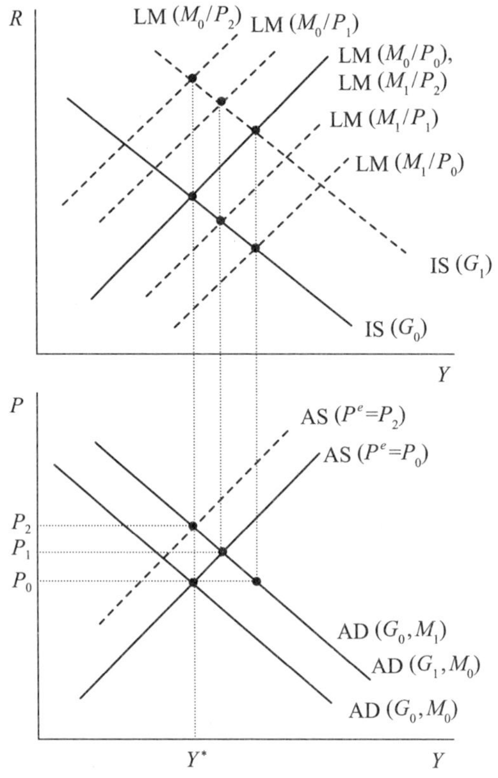


**图 1—11　新古典综合模型中的货币和财政政策**

币供给的效果。LM 曲线向外移动，利率下降，总需求上升，结果，AD 曲线向外移动。此时，价格水平也会上升，使得名义收入上升的效果变弱。一段时间后，预期价格水平向上调整，AS 曲线左移，再次达到原有的产出和就业均衡。因而，在短期内，扩张的货币政策使得就业和产出出现繁荣，利率下降；但是在长期内，产出和就业不受影响，价格水平与货币扩张同比例上升。尽管在短期内货币不是中性的，但在长期内货币中性成立。

## □ 1.3.4　货币主义者

货币主义者是指米尔顿·弗里德曼和他的支持者。他们假设投资的利率敏感性非常大（即 $|I_R|$ 很大），所以 IS 曲线非常平坦。结果，财政政策对私人投资有很强的挤出作用。进一步地，货币主义者如同古典经济学家一样，十分推崇揭示了陡峭得近乎垂直的 LM 曲线的货币数量论。与古典经济学家相反，弗里德曼不接受理性预期假设（REH），而是采用适应性预期假设。这就是货币主义者激烈反对凯恩斯主义者在经济衰退时主张政府对企业注资的原因。

毫无疑问，货币主义者的假设表明，货币政策对经济有实际影响。当然，从数量论我们得到 $M=kPY$，所以 $dM>0$ 表明 $dPY=(1/k)dM>0$。总效果（$dPY$）中的实际效果（$dY$）和名义效果（$dP$）取决于劳动力市场和形成预期的假设。在

AEH 假设下，货币政策对实际产出有暂时性效果，因而政策制定者会尝试用扩张的货币政策来对抗失业。然而，根据货币学派，政策制定者一般不善于安排货币政策的时间。在人们意识到一个宏观经济问题出现或者政策产生实际效果之前，存在长期而且多变的滞后。结果，货币政策实际上加剧了经济周期波动（例如，经济政策制定滞后）。这就是 Friedman（1968）建议中央银行应该追求货币总量的稳定增长，而不是为了试图影响总需求和就业而不断调整货币政策的原因。

### □ 1.3.5 新古典经济学家

代表人物：罗伯特·卢卡斯（Robert Lucas）、托马斯·萨金特（Thomas Sargent）和罗伯特·巴罗（Robert Barro）、爱德华·普雷斯科特（Edward Prescott）。这些当代经济学家强调数学技巧的应用，并且被称为“淡水派”经济学家，因为他们在（或曾经在）中西部大湖附近的大学（芝加哥大学、卡内基梅隆大学和明尼阿波利斯大学）工作，和他们形成对比的是在东海岸的大学（哈佛大学、麻省理工大学、耶鲁大学和普林斯顿大学）工作的、被称为“咸水派”的凯恩斯主义经济学家。

这些新古典经济学家比货币学派更加背离新古典综合学派的观点，坚定地回归到传统的观点，诸如可变的价格和工资、理性预期、对未来的完美预期、市场有效、完全就业等。我们观察到的经济中所有的波动都是理性的人们对已知结果作出的反应，而不是刚性的名义水平。他们坚决支持理性预期和用微观理论解释宏观关系，例如消费函数、投资函数和劳动力市场。早期他们吸引学界注意的一个发现是所谓的政策无效命题，根据这个命题政策制定者既不能（强政策无效）也不应该（弱政策无效）实行反周期的政策——也可见 1.3.1 节结尾部分有关新古典主义的货币政策中性主张的讨论。我们将在第 3 章中对这个学派的思想做细致的讨论。

### □ 1.3.6 供给学派

代表人物：阿瑟·拉弗（Arthur Laffer）和罗伯特·蒙代尔（Robert Mundell）。供给学派是保守主义者当中的激进派，他们反对政府对市场的干预，并且强调税收的扭曲作用。Krugman（1994）对这些政策作出了中肯的评论。供给学派的主张十分简单：减轻税负并因此刺激经济。他们主张无须减少政府支出，因为减税使得政府收支平衡。里根总统喜欢这个理论，特别是它提出你能吃自己做的蛋糕：无须限制国防方面的公共支出，同时有理由大大降低税率。

供给学派的核心元素是所谓的拉弗曲线，它最初被写在信封的背面。拉弗曲线可以由我们的劳动力市场模型的一个小的调整得来，即方程（1.7）和方程（1.12）。假设只有一个税种，并且对劳动所得征税，由家庭来支付，表示为 $t_L$；存在完美预期（所以 $P^e=P$）。劳动力市场模型写为

$$(1-t_L)W/P=g(N^S),\quad W/P=F_N(N^D,\bar{K}),\quad N^D=N^S=N。\qquad(1.32)$$

由方程（1.12）容易发现 $1-t_L$ 与总供给曲线方程（1.20）中 $P/P^e$ 的作用相同，忽略税收对资本积累的潜在影响，并假定 $d\bar{K}/\bar{K}=0$，因而，名义收入的相对变化可以表

示为

$$\frac{dY}{Y}=-\frac{\omega_N\varepsilon_D\varepsilon_S}{\varepsilon_D+\varepsilon_S}\frac{dt_L}{1-t_L}。\tag{1.33}$$

这个表达式可以用来求出对劳动收入征税时实际收入的相对变化（即 $T\equiv t_LWN/P=t_L\omega_NY$）：

$$\frac{dT}{Y}\equiv\omega_N\left(dt_L+t_L\frac{dY}{Y}\right)=\omega_N\left[dt_L-t_L\frac{\omega_N\varepsilon_D\varepsilon_S}{\varepsilon_D+\varepsilon_S}\frac{dt_L}{1-t_L}\right],\tag{1.34}$$

其中我们假设在增加值（$\omega_N$）中劳动力的份额不变（即 $d\omega_N=0$），即柯布-道格拉斯生产函数中的形式。等式右边方括号中的第一项表示在给定的收入水平下劳动所得税的直接收益（也叫作税收比率）效应。等式右边方括号中的第二项表示税基效应。如果对劳动收入征收的税率提高，劳动力供给曲线的斜率增加（$\varepsilon_S>0$），那么劳动力供给和就业减少。因而，劳动收入的税收收益会减少。我们注意到，税率较低（$t_L\approx0$）时，与（负的）税基效应相比，（正的）税率效应占主导地位，所以总的税收收益随着税率上升而上升。

然而，对于较高的税率，（负的）税基效应超过（正的）税率效应，特别是当劳动力需求和劳动力供给弹性很大时。在这种情况下，税收收入随着税率上升而减少。相反，降低税率会使得税收收入增加。类似的推理使得拉弗认为税收收益函数的形状类似于抛物线：在高税率的条件下，税收的抑制作用会使得税收收入减少。这发生在图 1—12中的 A 点之后，在 A 点税收收入达到最大值。如果税率较低，例如 B 点，提高税率会增加税收收入；在 A 点之后，例如 C 点，降低税率会提高税收收入。显然，当税率为 0 时，税收收入为 0。

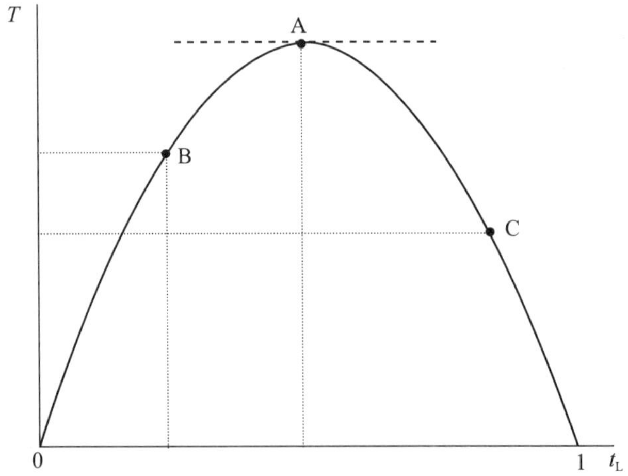


**图 1—12　拉弗曲线**

尽管拉弗的主张本身在逻辑上是正确的，并且对一厢情愿的空想家很有吸引力，但这种观点在现实中不适用：美国的经济处于图 1—12 中的 B 点。结果，尽管里根时代政府试图降低利率，但仍然存在巨大的赤字和不断上升的高额政府负债。

### □ 1.3.7 新凯恩斯主义者

代表人物：（20 世纪 70 年代）乔治·阿克洛夫（George Akerlof）、埃德蒙·费尔普斯（Edmund Phelps）、约翰·B. 泰勒（John B. Taylor）、斯坦利·费希尔（Stanley Fischer）；（20 世纪 80 年代）奥利维尔·让·布兰查德（Olivier Jean Blanchard）和格雷戈里·曼昆（Gregory Mankiw）。他们都是从约翰·梅纳德·凯恩斯的著作中获得灵感的“咸水派”经济学家。早期的新凯恩斯主义经济学家认为市场可能没有古典经济学家想象的那样完美，他们接受 REH 假设，但是强调名义刚性的存在，例如多期名义工资合同。这种刚性表明新古典经济学家的“政策无效命题”不成立。因而，新凯恩斯主义经济学家建议政府即使在 REH 假设下，也能够而且应当制定政策，使经济稳定运行。

新凯恩斯主义经济学的最新趋势是更加侧重于微观基础。强调占据主导地位的不完全竞争、协调失败、信贷限制。尽管现在对这个学派下结论为时尚早，但可以肯定这是一个非常有前景的研究方向。第 12 章给出了这个学派的一些细节。

## 1.4 小 结

在一个封闭经济中，可以借助 IS - LM 模型探究总需求效应（开放经济问题将在第 10 章学习）。公共支出的增加产生了乘数过程，并使得国民收入进一步增加。而这种乘数效应的作用会被储蓄和税收减弱。而且，在利率水平较高时，对私人投资有挤出作用。名义货币供给的扩张或者总价格水平的下降也会促进总需求和就业。在这种情况下，利率下降，所以私人投资上升。

总供给是由劳动力市场的均衡决定的。如果实际工资水平下降或者资本存量增加，劳动力的需求就上升。如果替代效应大于收入效应，劳动力供给的弹性就是正数；而当收入效应大于替代效应时，劳动力供给会向相反的方向变化。由于信息不对称，厂商能够观察到付给工人的工资，而家庭在决定劳动力供给时，只能根据当时的价格水平来形成预期。因而，当资本存量增加、劳动所得税减少，或者当预期价格水平上升时，均衡时的就业和商品总供给上升。

当总供给和总需求相等时达到宏观经济的均衡。最早的例子是古典主义经济学家的假设：所有市场迅速出清，并且未来是可以完美预期的。在这种情况下，货币政策是中性的，因为它在短期和长期都不影响实际工资、就业和产出。货币供给增加一倍仅仅使得总价格水平增加一倍。财政的扩张挤出了同等数量的私人投资，同时使得利率上升，所以就业和产出都不受影响。因而，只有供给方的政策，例如改变资本存量或税率，才能够影响就业和产出。古典主义的现代版本是新古典经济学家提出的，他们也被称为“淡水派”经济学家，强调在随机环境中的理性预期和宏观关系的微观经济学基础。一个相关的宏观经济学派别是供给学派，他们相信减税能够提高税收收入并且减小政府支出的压力。供给学派在 20 世纪 80 年代很有影响力，但是现在已经失去了当时的地位。

年长一些的凯恩斯主义经济学家假设短期内价格是黏性的，所以短期内就业和产出主要由总需求决定。新凯恩斯主义者通过强调不完全竞争、协调失败、信贷限制来加强学说的微观基础。新古典综合学派通过引入根据价格水平调整预期的假设，在短期内支持凯恩斯主义观点，在长期内支持古典主义观点。这就导致了实际货币余额的收缩、利率的进一步上升、总需求上升的减少。一段时间后，人们向上修正自己的预期。结果，总供给和就业下降，直到再次达到最初的均衡。因而，政府支出的长期产出和就业乘数为零，因为总需求的任何扩张都被由利率上升引起的私人投资的减少所抵消。

货币主义者的观点介于古典经济学家和凯恩斯主义者之间。他们承认适应性预期，但是坚持财政政策无效，以及使用货币政策促进总需求存在潜在危害。货币主义者认为货币政策存在时间上的长期滞后，因而支持稳定增长的货币供给。显然，货币主义者对使用财政政策来对抗失业也存在深深的怀疑。

## 延伸阅读

IS－LM 模型的经典表述由 Hicks（1937）提出。20 世纪 70 年代出版的教科书中，对 IS－LM 模型进行数学处理的有 Branson（1972）、Burrows 和 Hitiris（1974）以及 Turnovsky（1977）。即使在现在，很多中级教科书对这一模型也有详细的描述，其中较为有名的一些包括：Burda 和 Wyplosz（2005）、Mankiw（2007）、Blanchard（2006）、Carlin 和 Soskice（2006）以及 Abel 和 Bernanke（2005）。扩大预期的菲利普斯曲线是由 Friedman（1968）和 Phelps（1967）独立提出的。Phelps et al.（1970）收录了用微观基础解释宏观经济的第一批经典论文。Gordon（1974）对货币主义者弗里德曼与其批评者之间的争论进行了非常好的综述。对货币数量论的历史感兴趣的学生可以参阅 Laidler（1991）。Feldstein（1986）对供给学派经济学进行了有趣的讨论。Mankiw 和 Romer（1991）包括了新凯恩斯学派的一系列重要文章。为迎接新世纪的到来，出现了很多有趣的回顾总结 20 世纪宏观经济学发展的文章，见 Blanchard（2000）和 Woodford（1999）。Snowdon、Vane 和 Wynarczyk（1994）也对不同学派做了综述。Klamer（1984）记录了与几个重要的新古典主义经济学家和评论家的访谈。对整个劳动力供给理论的发展感兴趣的学生可以查阅 Hamermesh（1993）。最近，又有大量关于预期形成的文献得到了发展，其中较高级的优秀教科书是由 Evans 和 Honkapoja（2001）编写的。

# 第2章 总需求和总供给中的动态

本章有四个目标，都与 IS－LM 模型所呈现的（或可以轻易加入的）动态属性有关。特别地，我们将学习以下四个问题：

1. 适应性预期假设以及在新古典综合学派假设下 IS－LM－AS 模型的稳定性。

2. 当模型中均衡状态的失业由过去的失业所决定，以及暂时性冲击具有永久性效果时，模型中的滞后现象或路径依赖的概念。

3. 在投资和资本存量相互作用下的投资和隐含资本流的理论。

4. 初步探讨政府的预算约束以及政府赤字或债务相互作用下存量和流量之间隐含的相互作用，从而使得增加政府支出的货币政策和财政政策的稳定性和有效性可以相互比较。

在各种情况下，稳定性的概念会起到重要的作用。一个稳定的系统会被定义为当一个或多个外生变量受到冲击后能再次达到同一个均衡状态（也被称为稳态）的系统。显然，使用这一概念时，我们对每一个例子都要精确地说清楚我们的均衡指的是什么，什么变量是外生变量。如果存在这样的唯一的稳定均衡，我们就将这个均衡称为稳态，将这个系统称为稳定系统。

经济学家倾向于关注稳定系统的原因在于不稳定的系统令人不快：不稳定的系统对理解整个经济没有什么帮助。这样的系统可能有一个或几个不稳定的均衡，但是系统在任一时间可能不处于任何一个这样的位置。确实，即使这样一个系统始于一个均衡位置，一个小的冲击也会使系统永远偏离原始的均衡。然而，只有在纯偶然的情况下，系统会处于均衡位置。由于经济学家对均衡的了解比对非均衡的了解要多得多，他们偏好研究会沿均衡路径趋近稳定均衡的模型（同样的情况出现在第4章）。要注意的是，这种均衡的概念可以扩展到不确定的环境中，例如随机稳定状态的例子（见第 3 章）。

从方法上来说，一个非常有用的建议是所谓的一致性原则，这是保罗·萨缪尔森（Paul Samuelson）于 1947 年出版的优秀著作《经济分析基础》中由物理学移植到经济学的方法。从文字上理解，一致性原则表明，我们应该承认并且使用唯一的稳定系统。由此导出，信奉这一原则会在比较静态分析（甚至是比较动态分析）中产生重要的信息。更精确地说，稳定系统的数学条件使得经济学家能定义政策变动和其他外生变量变化的一个稳态乘数。在这一章中，我们将多次给出一致性原则的应用。

在这一章中，我们局限在只有一种特定形式稳态的模型中，了解物理学的学生对这种模型是很熟悉的。本章中的所有模型都属于后视稳定的类型。在某一个特定的时间，模型中的内生变量是外生变量和前定状态变量的函数。广义上，历史（即稳定的变量）决定了现在的状况。这种后视的模型是非常机械化的，很像打开机器的开关会导致现在和将来的变化，但是机器不会出于未来的预期自己启动。在第 4 章中，我们将会探讨完全不同的稳定性模型，即前瞻稳定。在这个模型里，历史和未来一起决定现在的状况。这种模型在本章中不加以讨论。这种模型出现于经济心理学起作用的情况。例如，厂商在获悉未来的投资补贴被取消时的投资决策，消费者预期未来销售税上升时冲向商场购物的行为，以及小男孩在被允诺购买切尔西点心时咽口水的举动。

我们在本章的第 2 节中也考察非唯一定义的稳态的宏观经济模型，其中经济最终的均衡取决于历史路径，即经济均衡是路径依赖的。尽管这种属性对历史学家和其他社会学者来说似乎是合理的，但需要强调的是大多数经济稳态均衡不取决于历史路径。数学上，路径依赖系统的特征是，在连续时间情况下，雅可比矩阵的特征值为 0；或在离散情况下，单位根为 0。更多内容可以查阅数学附录。这种模型的一个有趣的特征是滞后效应，即暂时的冲击会有长久的影响。例如，在劳动力市场上一个暂时的负冲击会导致失业率的持续上升。

## 2.1　适应性预期和稳定性

在第 1 章中，通过假设预期价格符合适应性预期假设，我们得到新古典综合模型的一个变形，它可以在浮动工资和价格下推出。模型可以被写为如下形式：

$$Y=AD(G,\ M/P), \tag{2.1}$$

$$Y=Y^*+\phi[P-P^e],\quad \phi>0, \tag{2.2}$$

$$\dot{P}^e=\lambda[P-P^e],\quad \lambda>0。 \tag{2.3}$$

方程（2.1）是总需求曲线，总结了同时存在的货币市场均衡和产品市场均衡。AD 曲线取决于两个外生变量，即政府购买 $G$（通过 IS 曲线产生影响），以及名义货币

供给 $M$（通过 LM 曲线产生影响）。AD 曲线对一个变量的偏导数已在第 1 章中推导出：

$$AD_G \equiv \frac{1}{1-C_{Y-T}(1-T_Y)+l_Y I_R/l_R} > 0, \qquad (2.4)$$

$$AD_{M/P} \equiv \frac{I_R/l_R}{1-C_{Y-T}(1-T_Y)+l_Y I_R/l_R} > 0, \qquad (2.5)$$

其中 $C_{Y-T}$ 是边际消费倾向，$T_Y$ 是边际税率，$I_R$ 是投资的利率敏感系数，而 $l_Y$ 和 $l_R$ 分别为货币需求的收入和利率敏感系数。通过回顾第 1 章我们知道，$0<C_{Y-T}<1$，$0<T_Y<1$，$I_R<0$，$l_Y>0$ 和 $l_R<0$。显然，当政府支出增加或实际货币余额上升时，总需求增加。在图 2—1 的下方，AD 曲线向下倾斜，即 $AD_P \equiv -(M/P^2) \cdot AD_{M/P}<0$。

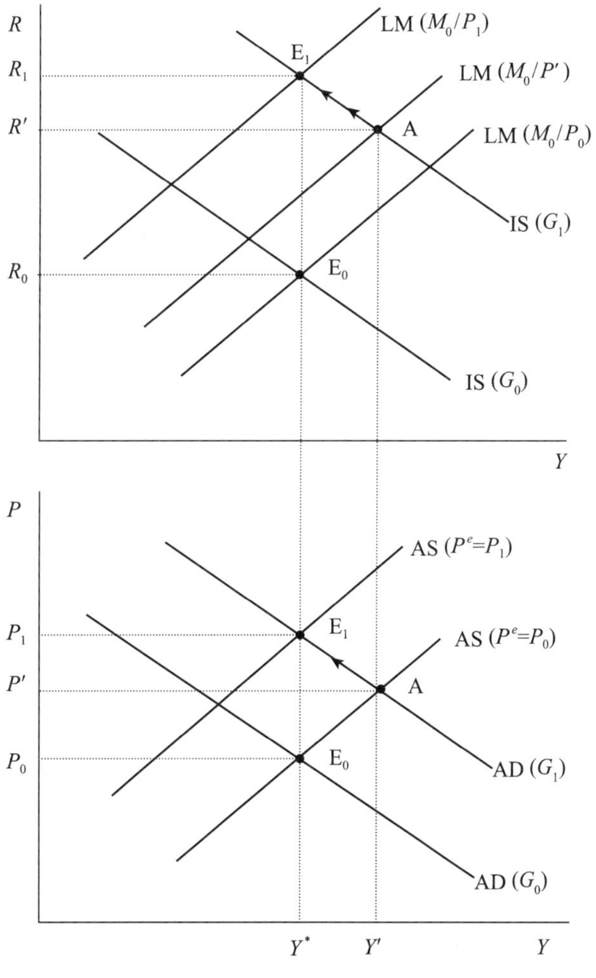


**图 2—1　适应性预期下的财政政策**

方程（2.2）说明了产品市场总供给。潜在产出，也被称为充分就业情况下的产出（$Y^*$），取决于供给方的变量。例如，潜在产出是资本存量的增函数，见方程（1.20）。由于现实中在适应性预期假设下，预期和实际价格水平不总是相等的，劳动力供给和产出（在短期内）与各自的充分就业水平不相等。由 AS 曲线方程（1.20）得到参数 $\phi$：

$$\phi \equiv AS_P = \frac{\omega_N \varepsilon_D \varepsilon_S}{\varepsilon_D + \varepsilon_S} \frac{Y}{P} > 0, \tag{2.6}$$

其中 $\omega_N$ 是工资在国民收入中的份额，而 $\varepsilon_D$ 和 $\varepsilon_S$ 分别定义劳动力需求弹性和供给弹性。回顾第 1 章我们得到 $0<\omega_N<1$ 且 $\varepsilon_D>0$。而再回想得仔细一些，我们知道，劳动力需求曲线是向下倾斜的，而 $\varepsilon_D$ 是由绝对值形式计算的。另外，由于劳动力供给中替代效应大于收入效应，我们还可以知道劳动力供给曲线是向上倾斜的，即 $\varepsilon_S>0$。因而，参数 $\phi$ 决定了短期 AS 曲线的斜率——$\phi$ 的值越大，短期 AS 曲线越平坦，当总需求移动时，产出的波动越大。实际上，如果将式（2.2）通过某一方式重新表述，AS 曲线可以表示为

$$P = P^e + \frac{1}{\phi}[Y - Y^*], \tag{2.7}$$

从该公式很容易得到 $(dP/dY)_{P^e=P_0} = 1/\phi$。在图 2—1 的底部，AS($P^e=P_0$) 曲线描绘的是当预期价格与 $P_0$ 相等时的短期总供给曲线。注意到充分就业时的产出和实际产出之间的差值 $Y^*-Y$，有时被称为奥肯缺口（Okun's gap）。这也是对（非自愿）失业的一种衡量。

最终，方程（2.3）是 AEH 的表达式（1.14）的连续形式。如果存在实际和预期价格水平的不一致，人们会根据价格水平修正自己的预期。参数 $\lambda$ 表示人们调整自己预期的速度（即修正自己错误的速度）。AEH 假设中重要的一部分是，预期价格水平是不改变的量，这意味着它的值是在特定的瞬间给定的。因而，在 AEH 假设下的预期价格水平 $P^e$ 被视作和资本存量一样，是由历史情况决定的。假设我们要计算某个特殊时点 $t$ 时的 $P^e$ 水平。正如资本存量取决于过去的投资支出一样，预期价格水平 $P^e(t)$ 也取决于从时期 $t$ 到过去某个时点的实际价格水平。为了阐述这一点，我们对方程（2.3）求微分来获得预期价格水平的如下解释：

$$P^e(t) = \int_{-\infty}^{t} \lambda P(\tau) e^{-\lambda(t-\tau)} d\tau。 \tag{2.8}$$

时期 $t$ 时的预期价格水平［用 $P^e(t)$ 表示］取决于（指数加权的）过去的所有价格水平。由于贴现的影响，较远时间的价格对当前价格水平的影响较小。

**插叙 2.1**

### AEH（适应性预期假设）下的预期价格水平

如果认识到对时间 $\tau$ 的依赖性，方程（2.3）可以被写成一阶常系数差分方程的形式，其中常系数是 $\lambda$，而 $P(\tau)$ 是随时间变化的变量：

$$\dot{P}^e(\tau) + \lambda P^e(\tau) = \lambda P(\tau)。 \tag{a}$$

将方程（a）两边同时乘以积分因子 $e^{\lambda\tau}$，我们可以得到：

$$
\begin{aligned}
&[\dot{P}^e(\tau)+\lambda P^e(\tau)]e^{\lambda\tau}=\lambda P(\tau)e^{\lambda\tau} \quad \Leftrightarrow \\
&\frac{d}{d\tau}P^e(\tau)e^{\lambda\tau}=\lambda P(\tau)e^{\lambda\tau} \quad \Leftrightarrow \\
&dP^e(\tau)e^{\lambda\tau}=\lambda P(\tau)e^{\lambda\tau}d\tau。
\end{aligned} \tag{b}
$$

再将方程两边同时在 $\tau\in(-\infty,t]$上进行积分，可以得到：

$$
\begin{aligned}
\int_{-\infty}^{t} dP^e(\tau)e^{\lambda\tau} &=\lambda\int_{-\infty}^{t} P(\tau)e^{\lambda\tau}d\tau \\
P^e(\tau)e^{\lambda\tau}\Big|_{-\infty}^{t} &=\lambda\int_{-\infty}^{t} P(\tau)e^{\lambda\tau}d\tau \\
P^e(t)e^{\lambda t}-\lim_{\tau\to-\infty}P^e(\tau)e^{\lambda\tau} &=\lambda\int_{-\infty}^{t} P(\tau)e^{\lambda\tau}d\tau。
\end{aligned} \tag{c}
$$

由于 $\lim_{\tau\to-\infty}P^e(\tau)e^{\lambda\tau}=0$，因而将 $e^{\lambda t}$ 移项至另一边，并利用方程（2.8）中给出的 $P^e(t)$的表达式，我们就可以改写方程（c）。Sargent（1987b，pp. 117－118）曾研究过，根据 AEH（适应性预期假设），相对于预期价格水平，预期通货膨胀率更容易得到调整。

---

方程（2.1）至方程（2.3）表示的新古典综合的总供给和总需求模型可以用来很容易地描述短期、中期和长期。图形描述已经在第 1 章中进行了讨论，这里再次给出图 2—1。最初的点是 $P_0$，该处产出等于潜在产出（$Y=Y^*$），利率等于 $R_0$，价格水平为 $P_0$。现在考虑如下实验来讨论模型的稳定性：经济在经历冲击后（比如政府购买的增加）是否会自发回到均衡？很容易通过图表的帮助得到肯定的答案。随着政府购买的增加（$dG>0$），IS 曲线和 AD 曲线都向右移动。短期的预期形成，经济沿着通过 $E_0$ 的短期总供给曲线移动。在 A 点处，价格水平由 $P_0$ 上升至 $P'$，产出增加到 $Y'$。A 点是否存在均衡，或者更精确地说，A 点是否为一个稳定点？显然，AD 曲线和短期 AS 曲线的交点是一个均衡点。给定价格预期，家庭愿意提供一定数量的劳动，所有市场出清。但是给定预期，存在非均衡：在 A 点，家庭是基于 $P_0$ 的价格水平作出的预期，而实际价格水平 $P'$高于 $P_0$。AEH 假设表明这种不一致会随着时间的推移逐渐消失。因此，A 点不是一个稳定点。随着预期价格水平的升高，短期 AS 曲线向左上方移动，经济沿着新的 AD 曲线移动到点 $E_1$。点 $E_1$ 是一个完全均衡点，因为所有市场出清，预期价格水平和实际价格水平相等。所以，点 $E_1$ 既是经济的均衡点，也是一个稳定点；IS－LM－AD 模型是稳定的。

用图示的方式并非总能轻易证明稳定性，所以我们要采用更加正式的方法。回忆短期内，预期价格水平 $P^e$ 是事先决定的量，我们可以用方程（2.1）和方程（2.2）来表示短期均衡时的产出 $Y$，价格水平 $P$，假定变量 $G$、$Y^*$、$M$ 是外生变量，同时，$P^e$ 是前定变量。对方程（2.1）和方程（2.2）求全微分，得到：

$$dY=AD_G dG+(1/P)AD_{M/P}dM-\alpha dP, \tag{2.9}$$

$$dY=dY^*+\phi[dP-dP^e], \tag{2.10}$$

其中 $\alpha\equiv(M/P^2)AD_{M/P}>0$ 是一个复合参数。这两个方程联立可以解得价格水平的变化量 $dP$ 以及产出的变化量 $dY$：

$$dP=\frac{\phi dP^e+AD_G dG+(1/P)AD_{M/P}dM-dY^*}{\phi+\alpha}, \tag{2.11}$$

$$dY=\frac{-\alpha\phi dP^e+\phi AD_G dG+(\phi/P)AD_{M/P}dM+\alpha dY^*}{\phi+\alpha}。 \tag{2.12}$$

由于 $\phi$ 和 $\alpha$ 都是正数，方程（2.11）和方程（2.12）的分子一定是正数。因而，方程（2.11）表明 $P$ 是 $P^e$，$G$ 和 $M$ 的增函数，是 $Y^*$ 的减函数。表达式（2.12）表明，当价格是黏性的时，凯恩斯乘数是相关的，即 $AD_G$ 在价格水平上升时是减小的，在实际货币余额收缩时也是减小的。减小的程度由系数 $\phi/(\phi+\alpha)$（一个小于 1 的正数）来表示。可以看到 AS 曲线越平坦，即由总供给变动造成的价格水平变化越小（$\phi$ 越大），价格的上升越小，短期凯恩斯乘数的抑制越小。AS 曲线陡峭（$\phi$ 较小）表明政府支出的上升对价格产生较大的促进作用，对就业和产出的促进较小。

方程（2.11）对稳定性分析很有用，因为它包括了在特定时点上影响价格水平 $P$ 的所有因素。事实上，对方程（2.3）求全微分，代入方程（2.11）可以得到：

$$\begin{aligned}d\dot{P}^e&=\lambda[dP-dP^e]\\&=-\frac{\lambda\alpha}{\phi+\alpha}dP^e+\frac{\lambda AD_G dG+(\lambda/P)AD_{M/P}dM-\lambda dY^*}{\phi+\alpha}。\end{aligned} \tag{2.13}$$

对方程（2.13）的解释如下：方程（2.1）至方程（2.3）给出的模型表明了一种隐含的函数关系，$\dot{P}^e=\Omega(P^e,G,M,Y^*)$。与预期价格水平对价格水平和外生变量的时间变化率有关，隐函数的偏导数由方程（2.13）等号右边的系数给出，表明 $\Omega_{P^e}<0$，$\Omega_G>0$，$\Omega_M>0$，$\Omega_{Y^*}<0$。

我们现在来讨论上面提到的稳定性试验。我们保持除政府购买之外的其他外生变量不变（即 $dM=dY^*=0$ 且 $dG>0$），然后考察预期价格水平的"情绪影响"。作为结果的分阶段图见图 2—2。从式（2.13）的表述中我们知道 $\dot{P}^e=\Omega$［·］显然是 $P^e$ 的减函数（因为 $\Omega_{P^e}<0$）。最终的稳态或均衡点是 $E_0$。如果政府购买增加，$\dot{P}^e$ 向右上方移动（因为 $\Omega_G>0$）。尽管在短期内 $P^e$ 是固定的，但 $\dot{P}^e$ 突然上升为一个正值（点 A）。预期价格水平开始上升，表示为沿着新的 $\dot{P}^e$ 直线的箭头。最终，经济到达 $E_1$ 点，这是一个稳定的新均衡。这个实验表明，稳定的关键性质是预期价格水平的变化是逐渐减少的。更正式地，稳定表示为 $\partial\dot{P}^e/\partial P^e\equiv\Omega_{P^e}<0$。如果这种稳定的状态能够保持，显然模型在其他外生变量变化的情况下也保持稳定。

为了检查对上文的理解，可以推导新古典综合学派的另一种模型，即名义工资对于劳动力市场的变化的反应是迟缓的情况下的模型，留作练习。

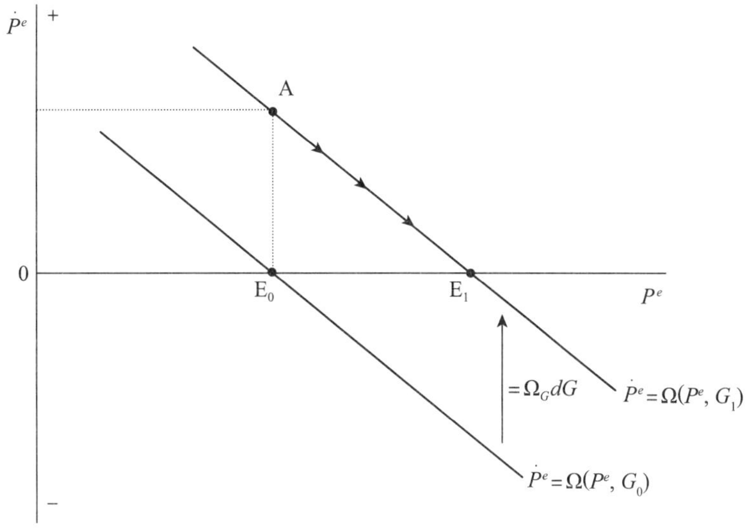


**图 2—2　稳定性和适应性预期**

## 2.2　滞后性简介

我们现在考虑一类有滞后属性的特殊的模型。[①] 我们所说的滞后作用是指系统并没有给出稳态，但是稳定取决于经济中过去的状态。数学上，我们将证明，这种性质表明连续时间系统的雅可比矩阵除了“稳定”的特征值外（即实部为负数），有一个特征值为 0；对于一个不连续的系统，存在一个单位根，而其他特征值的绝对值小于 1（见数学附录）。存在滞后性的系统可以被视为处在稳定和不稳定系统之间的过渡地带。这种系统在宏观经济学中很重要，因为它使我们摆脱僵硬、传统的均衡框架。滞后效应的最好例子是人们在失业足够长的时间后就会脱离劳动者队伍。

### □ 2.2.1　失业的转化

到目前为止，我们已经得出均衡、稳态或潜在的产出（$Y^*$）取决于（外生的）资本存量和供给方的政策（如劳动所得税税率）。与潜在产出联系在一起的是均衡、稳态或者自然状态下的失业。内在的自然失业是一个不变的量，即它会取决于税收等，但是不取决于过去的历史情况。现在我们讨论一个不同的总供给模型。为了达到这个目的，我们认为失业不再和历史情况无关。[②] 我们假设一个离散时间系统。为了准备接下来的讨论，我们将离散时间系统对应的方程（2.11）和方程（2.12）分别写成以下简化形式：

$$dP_t=\frac{\phi dP_t^e+d\delta_t-dY_t^*}{\phi+\alpha},\tag{2.14}$$

---

① 这一部分的内容相对于本章的其他内容在原理上更为高深一点，初次阅读可以跳过。

② 这种假设的效果已经出现在 Phelps（1972，pp. 76－78）的分析中。

$$dY_t=\frac{-\alpha\phi dP_t^e+\phi d\delta_t+\alpha dY_t^*}{\phi+\alpha},\tag{2.15}$$

其中 $\alpha$ 是由方程（2.10）定义的，而 $d\delta_t\equiv AD_G dG_t+$（$1/P$）$AD_{M/P}dM_t$ 是指 $t$ 时期的总需求冲击量。同样地，AEH 的离散时间形式可以写为

$$dP_{t+1}^e=(1-\lambda)dP_t^e+\lambda dP_t,\tag{2.16}$$

其中预期的调整系数满足 $0<\lambda<1$。

这种特殊的想法很简单：失业的人们离开劳动者队伍，不再去找工作，也不再被算作潜在的劳动力。可能的解释是，长时间的失业使得劳动者失去工作的能力。因此，长时间的失业人口不再对工资产生向下的压力，并成为自然失业率的一部分。我们假设在任意时点的自然失业是由过去的失业率决定的。一种简洁的表达这种假设的方法是假设在 $t+1$ 时的潜在（自然）产出 $Y_{t+1}^*$ 是由 $t$ 时的实际产出 $Y_t$ 减去 $t$ 时一个外生的反向供给波动值 $\sigma_t$ 决定的。用全微分方程表示的话我们可以得到 $dY_{t+1}^*=dY_t-d\sigma_t$。因而，我们可以用表达式（2.15）来把下一阶段的潜在产出写成现阶段潜在产出、预期价格水平、供给冲击、政府支出、货币供给的函数：

$$dY_{t+1}^*=\frac{\phi d\delta_t-\alpha\phi dP_t^e+\alpha dY_t^*-(\phi+\alpha)d\sigma_t}{\phi+\alpha},\tag{2.17}$$

所以，由总需求方面的货币政策和财政政策造成的衰退会使潜在产出下降，并导致相应的自然失业率上升。

运用方程（2.14）和方程（2.16），我们可以得到离散时间恒等式，它将下一阶段的预期价格水平表达成现阶段预期价格、潜在产出、政府支出和货币供给的函数：

$$dP_{t+1}^e=\frac{\lambda d\delta_t-\lambda dY_t^*+[(1-\lambda)\alpha+\phi]dP_t^e}{\phi+\alpha}。\tag{2.18}$$

### □ 2.2.2 历史是起作用的

由方程（2.17）和方程（2.18）定义的系统产生了动态的潜在产出水平 $Y_t^*$ 和预期价格水平 $P_t^e$，它可以用一个简单矩阵的方式表达：

$$\begin{bmatrix}dY_{t+1}^*\\dP_{t+1}^e\end{bmatrix}=J\cdot\begin{bmatrix}dY_t^*\\dP_t^e\end{bmatrix}+\frac{1}{\phi+\alpha}\begin{bmatrix}\phi d\delta_t-(\phi+\alpha)d\sigma_t\\\lambda d\delta_t\end{bmatrix},\tag{2.19}$$

其中 $J$ 是指雅可比矩阵，它由以下形式定义：

$$J=\frac{1}{\alpha+\phi}\begin{bmatrix}\alpha & -\phi\alpha\\-\lambda & (1-\lambda)\alpha+\phi\end{bmatrix}。\tag{2.20}$$

从上式容易写出雅可比矩阵的两个特征值，分别是 $\mu_1=1$ 和 $\mu_2=\alpha(1-\lambda)/(\phi+\alpha)$。①

---

① 最简单的检验方法如下，我们知道 $J$ 的两个特征值的乘积是由其行列式给出的，即 $\mu_1\mu_2=|J|=\alpha(1-\lambda)/(\alpha+\phi)$，而两个特征值的和等于矩阵的迹，即 $\mu_1+\mu_2=\mathrm{tr}(J)=[(2-\lambda)\alpha+\phi]/(\alpha+\phi)$。文中提到的方法同时满足这两个等式要求，即命题得证。

另外一个需要注意的重点是 $0<\mu_2<1$，即单位根是具有平稳性的。

为了更细致地分析这个系统的动态特征，我们用一个技巧把雅可比矩阵写为 $JS=S\Lambda$，其中 $\Lambda$ 是特征值对角矩阵：

$$\Lambda \equiv \begin{bmatrix} 1 & 0 \\ 0 & \frac{\alpha(1-\lambda)}{\phi+\alpha} \end{bmatrix}, \tag{2.21}$$

而矩阵 $S$ 的列向量是 $J$ 的特征向量。[①] 容易写出 $S$ 和它的逆 $S^{-1}$：

$$S=\begin{bmatrix} -\alpha & \phi \\ 1 & \lambda \end{bmatrix} \quad 和 \quad S^{-1}=\frac{1}{\alpha\lambda+\phi}\begin{bmatrix} -\lambda & \phi \\ 1 & \alpha \end{bmatrix}。 \tag{2.22}$$

接下来，我们在式（2.19）两边同时左乘 $S^{-1}$，并将改写后的公式写为

$$Z_{t+1}=\Lambda Z_t+\Xi_t, \tag{2.23}$$

其中辅助变量 $Z_t$ 和 $\Xi_t$ 的定义如下：

$$Z_t \equiv \begin{bmatrix} Z_{1,t} \\ Z_{2,t} \end{bmatrix} \equiv S^{-1} \cdot \begin{bmatrix} dY_t^* \\ dP_t^e \end{bmatrix}, \tag{2.24}$$

$$\begin{aligned} \Xi_t &\equiv \frac{1}{\alpha+\phi}S^{-1} \cdot \begin{bmatrix} \phi d\delta_t-(\phi+\alpha)d\sigma_t \\ \lambda d\delta_t \end{bmatrix} \\ &= \frac{1}{\alpha+\phi}\begin{bmatrix} 0 \\ 1 \end{bmatrix} d\delta_t+\frac{1}{\alpha\lambda+\phi}\begin{bmatrix} \lambda \\ -1 \end{bmatrix} d\sigma_t。 \end{aligned} \tag{2.25}$$

因为 $\Lambda$ 是对角阵（而 $J$ 却不是），并且没有同时性效应，改写的式（2.23）比原来的形式（2.19）更易于分析。变形后的方程组实质上由两个一阶差分方程组成。

#### 2.2.2.1　总需求冲击

首先我们仅仅关注需求冲击，如果对所有 $t$ 设定 $d\sigma_t=0$，我们可以从式（2.23）中得出：

$$Z_{1,t}=Z_{1,t-1}, \tag{2.26}$$

$$Z_{2,t}=\mu_2 Z_{2,t-1}+\frac{1}{\phi+\alpha}d\delta_{t-1}。 \tag{2.27}$$

需求冲击并不影响关于 $Z_{1,t}$ 的差分方程，而从式（2.26）我们可以得到对所有 $t$ 都有

---

① 由于 $J$ 有相异的特征根，它的特征向量是线性无关的，所以 $J$ 可以被对角化为 $S^{-1}JS=\Lambda$（Strang，1988，pp. 254 - 260）。通过在方程的两边同时乘 $S$，我们得到了文章中的结果。也可见 Azariadis（1993，pp. 34 -38）和数学附录。

$Z_{1,t}=0$。[①] 方程（2.27）是一个平稳的差分方程（$0<\mu_2<1$），因而它能够用重复替代法求解，经过 $T-1$ 次替代我们可以得到：

$$Z_{2,t}=\mu_2^T+\frac{1}{\phi+\alpha}[d\delta_{t-1}+\mu_2 d\delta_{t-2}+\mu_2^2 d\delta_{t-3}+\cdots+\mu_2^{T-1}d\delta_{t-T}]。\qquad (2.28)$$

然而，若令 $T\to\infty$，我们发现式（2.28）右边的第一个式子趋向于 0（由于 $0<\mu_2<1$，所以 $\mu_2^T\to 0$），所以我们只剩下：

$$Z_{2,t}=\frac{1}{\alpha+\phi}\sum_{i=0}^{\infty}\left[\frac{\alpha(1-\lambda)}{\alpha+\phi}\right]^i d\delta_{t-1-i},\qquad (2.29)$$

其中我们已经将式（2.20）下方描述的关于 $\mu_2$ 的表达式进行了替换。而将 $Z_{1,t}=0$ 和方程（2.29）代入方程（2.24）时我们可以得到对最初的尚未改写的变量的求解办法：

$$\begin{bmatrix}dY_t^*\\dP_t^e\end{bmatrix}=SZ_t=\begin{bmatrix}-\alpha & \phi\\1 & \lambda\end{bmatrix}\begin{bmatrix}0\\Z_{2,t}\end{bmatrix}=\begin{bmatrix}\phi\\\lambda\end{bmatrix}\frac{1}{\alpha+\phi}\sum_{i=0}^{\infty}\left[\frac{\alpha(1-\lambda)}{\alpha+\phi}\right]^i d\delta_{t-1-i}。\qquad (2.30)$$

因而，与不存在滞后作用的系统不同的是，供给方的政策在短期和长期对经济都有实际效果。例如，容易得到政府持续增加支出的长期效果（即 $dM_t=0$，$d\delta_t\equiv AD_G dG$）对实际和潜在产出的影响为[②]

$$\left(\frac{dY^*}{dG}\right)^{LR}=\frac{\phi}{\alpha+\phi}\sum_{i=0}^{\infty}\left[\frac{\alpha(1-\lambda)}{\alpha+\phi}\right]^i AD_G=\frac{\phi}{\alpha\lambda+\phi}AD_G。\qquad (2.31)$$

很明显，对产品总需求的短暂冲击不会使产出有永久变化。使用式（2.30）可以推导出以往的需求冲击对当期潜在产出的影响：

$$\frac{dY_t^*}{d\delta_{t-j}}=\frac{\phi}{\alpha+\phi}\left[\frac{\alpha(1-\lambda)}{\alpha+\phi}\right]^{j-1}。\qquad (2.32)$$

从上式中明显可以看出，随着 $j$ 变大，方程右边方括号里的式子会趋向于 0，也就是说冲击效应会逐渐消失。

#### 2.2.2.2 总供给冲击

为了表明在现有的假设中总供给的短暂冲击会导致产出和自然失业率的永久变

---

① 原则上，$Z_{1,t}=\bar{Z}_1$，其中 $\bar{Z}_1$ 不为 0，这样也可以解出式（2.26）。我们假定，在过去的某些时间 $t^*<t$，系统处于一个稳定的状态。显然，在 $t^*$ 时我们同时得到 $dY_t^*=dP_t^e=0$，因而 $Z_{1,t}=0$，从而唯一可行的方法就是 $\bar{Z}_1=0$。

② 这里我们利用了 $0<\mu_2<0$ 时无穷和收敛的事实，即：

$$\sum_{i=0}^{\infty}\left[\frac{\alpha(1-\lambda)}{\alpha+\phi}\right]^i=\sum_{i=0}^{\infty}\mu_2^i=\frac{1}{1-\mu_2}=\frac{\alpha+\phi}{\alpha\lambda+\phi}。$$

化，我们在对总供给 $d\delta_t$ 冲击为负时解差分方程组（另外，此时没有需求冲击，即对所有 $t$ 都有 $d\delta_t=0$）。采取与以前同样的步骤，对改写过的变量我们有以下解形式：

$$z_t=\frac{1}{\alpha\lambda+\phi}\left[\lambda\sum_{i=0}^{\infty}d\sigma_{t-1-i}-\sum_{i=0}^{\infty}\left[\frac{\alpha(1-\lambda)}{\alpha+\phi}\right]^i d\sigma_{t-1-i}\right]。\tag{2.33}$$

由式（2.24）我们可以得到 $dY_t^*$ 和 $dP_t^e$ 的解形式：

$$\begin{bmatrix}dY_t^*\\ dP_t^e\end{bmatrix}=SZ_t=\frac{1}{\alpha\lambda+\phi}\begin{bmatrix}-\alpha & \phi\\ 1 & \lambda\end{bmatrix}\left[\lambda\sum_{i=0}^{\infty}d\sigma_{t-1-i}-\sum_{i=0}^{\infty}\left[\frac{\alpha(1-\lambda)}{\alpha+\phi}\right]^i d\sigma_{t-1-i}\right]。\tag{2.34}$$

而我们立即观察到总供给冲击和总需求冲击的一个本质区别：尽管总需求暂时冲击的作用随时间推移而减弱，但总供给冲击的效果是永久的。因而，$j$ 期以前的总供给对当期潜在产出的影响可以通过下式算出：

$$\frac{dY_t^*}{d\sigma_{t-j}}=-\frac{1}{\alpha\lambda+\phi}\left[\alpha\lambda+\phi\left(\frac{\alpha(1-\lambda)}{\alpha+\phi}\right)^{j-1}\right]。\tag{2.35}$$

方括号中的第二项随着 $j$ 的增加而变小，但是第一项保持不变，这就是暂时冲击产生永久效果的原因。

## 2.3 投资、资本存量和稳定性



在本章的第一部分我们看到了关于预期的稳定性分析的一个例子。在该部分和下一部分，我们探讨强调存量和流量交互作用的系统中的稳定性。关于存量和流量的交互作用的一个突出的例子是资本存量水平和投资率的交互作用。交互作用通常在IS-LM 模型里会被忽略，这使得 IS-LM 模型在解释瞬时或长期的情形时不那么有用。这种特别方法的一个著名例子是由 Tobin 和 Buiter（1976）以及 Sargent（1987b）得出的。在开始研究投资—资本动态中的稳定性问题之前，我们首先简要地介绍一下（代表性厂商的）基于微观经济学的投资理论。这个理论在第 4 章中会被拓展，此处用于推导考虑动态情况的投资函数。

### □ 2.3.1 调整成本和投资

厂商投资是为了增加他们已有的资本存量并且替代已经折旧的部分。它们这样做的目的是使得生产最有效率。在第 1 章中，我们已经描绘了一个基本的静态的生产厂商行为模型。我们现在要做的是把静态的模型扩展到动态中去。这样，就可以得到最优投资计划。

对于一个代表性的厂商我们作出如下假设。首先，厂商对于各种价格水平和利率有着固定的预期；其次，技术水平不发生变化；再次，厂商的投入和产出是完全竞争的；最后，投资的过程有调整成本。添加新的机器设备会造成生产过程的混乱，并导致利润下降。对于较低的投资水平，这种成本也是较低的，但是成本上升的比例比投资水平上升的比例要大。调整成本函数假设为（简化形式）二次式：$bP^I I^2$，其中 $b$ 是正的常数，$P^I$ 是新机器的价格，$I$ 是厂商总的投资水平。调整成本函数可以表示为图 2—3。生产函数仍然写为 $Y=F(N, K)$ 并且性质与第 1 章中所述的相同。

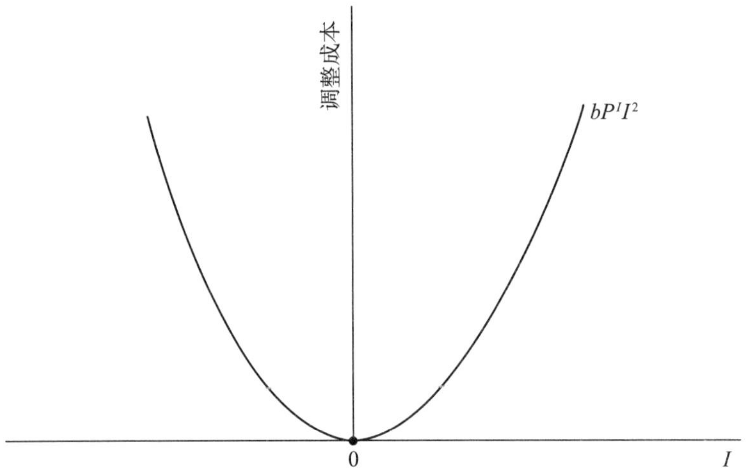


**图 2—3　投资的调整成本**

最后，我们假设厂商在生产函数和资本积累方程的约束下，最大化它们支付给资本所有者（即股份所有者）的报酬的现值。债券的市场利率被作为贴现因子。在本章的插叙 2.2 中我们证明这个假设在市场分散、资本充分发挥作用的前提下成立。

由于讨论厂商的动态问题，所以所有变量都要添加时间指标。为了得到最简单的表达形式，我们在离散时间上推导。$t$ 期开始时的名义现金流 $\Pi_t$ 被定义为

$$\Pi_t = PF(N_t, K_t) - WN_t - P^I I_t - bP^I I_t^2, \tag{2.36}$$

其中，$N_t$ 是 $t$ 期的就业，$K_t$ 是 $t$ 期开始时的资本存量，$I_t$ 是 $t$ 期的投资水平。注意到商品和劳务的价格（$P$，$P^I$，$W$）是没有时间指标的，因为我们假设厂商预期这些变量不随时间变化。式（2.36）右边的前两项代表了销售收入减去支付的工资；它们和第 1 章中一致。第三项代表了新的投资商品的花费，第四项代表了调整成本。在离散时间情形下连接投资率和资本存量的等式是

$$K_{t+1} - K_t = I_t - \delta K_t, \quad 0 < \delta < 1, \tag{2.37}$$

其中，$\delta$ 表示资本存量由于使用而出现的不变的物质磨损率。

在 0 期（即“现在”）厂商的目标函数，即现在和未来的现金流的现值，可以写为

$$\bar{V}_0 \equiv \sum_{t=0}^{\infty} \left(\frac{1}{1+R}\right)^t \Pi_t$$

$$=\sum_{t=0}^{\infty}\left(\frac{1}{1+R}\right)^{t}[PF(N_t, K_t)-WN_t-P^I I_t-bP^I I_t^2]。\quad (2.38)$$

由于问题的动态本质，厂商必须考虑根据现在生产还是在无限的未来（$Y_t$，$t=0$，1，2，…，∞）生产来制定计划。厂商的做法是，选择使得满足式（2.37）约束下的式（2.38）取得最大值的就业（$N_t$）、投资（$I_t$）和资本存量（$K_{t+1}$）（在时期 $t=0$，1，2，…，∞）的变化路径。

插叙 2.2

### 资本的成本

厂商应该设定多大的现在和未来的收益的贴现率？厂商的分红政策对其在股市上的估值有影响吗？这些以及一些相关问题首先在 Modigliani 和 Miller（1958）、Miller 和 Modigliani（1961）以及 Miller（1977）的有着高度影响力的大量论文中得到了分析。Miller 和 Modigliani（1961，p. 413）考虑了如下情景：假设一个厂商决定投资价值 100 美元的机器设备，他应该如何为这项投资筹资呢——是减少分红（因而依靠留存收益）还是发行新的股份？他们的令人惊讶的回答是，在一个有着完美的资本市场、理性行为以及完全确定性的理想的经济体中，厂商的分红政策是不起作用的。这就是著名的莫迪利安尼-米勒定理（Modigliani-Miller Theorem，以后简记为 MM 定理）。这个定理同时能够解决我们关于厂商的贴现率的问题。

在给出 MM 定理的证明之前，有必要强调一下定理的假设（Miller and Modigliani，1961，p. 412）。完美资本市场是指股票的买方和卖方都没有市场势力，不存在经纪费用、交易费用和税收扭曲。理性行为是指投资者偏好更多财富，并且不关心财富增加的形式（即现金增加或估值增加）。最后，完全确定性表明所有投资者充分知晓所有未来的投资项目和每一个公司的未来收益。可能是因为这些假设过于严格，莫迪利安尼本人在讨论 MM 定理的有效性时据说经常添加条件——“近似地”（Blanchard and Fischer，1989，p. 314 fn. 35）。

假设存在很多厂商（用 $i$ 标记），技术和调整成本相同，且这些厂商的所有股份都在股票市场上交易。进一步假设，除了持有不同公司的股票，投资者还可以持有一期的政府债券，持有该债券每期支付（$1+R$）欧元。我们假设这些厂商不（合伙）发行债券，且现期和将来的利率、工资和价格不变。在这些假设之下，根据估值的基本原则，不同金融资产的每一欧元的投资收益必须相等：

$$\frac{d_t^i+p_{t+1}^i-p_t^i}{p_t^i}=R, \quad (a)$$

其中，$d_t^i$ 是厂商 $i$ 在 $t$ 期结束时支付的每股分红，$p_t^i$ 是厂商 $i$ 在 $t$ 期开始时的每股价格（不包括 $t-1$ 期的分红）。式（a）的左边表示投资 1 美元在 $i$ 公司的股票的收益，包括分红加上用该公司股票价格表示的资本收益。式（b）的右边表明每股收益必须等于一期政府债券的收益。

注意式（a）可以被写为

$$p_t^i=\frac{1}{1+R}[d_t^i+p_{t+1}^i]。 \tag{b}$$

这个表达式可以通过定义 $V_t^i \equiv p_t^i n_t^i$ 写成公司的整体价值的形式，其中 $n_t^i$ 是厂商 $i$ 在 $t$ 期开始时的股份数量：

$$\begin{aligned} V_t^i &= \frac{1}{1+R}[n_t^i d_t^i + n_t^i p_{t+1}^i] \\ &= \frac{1}{1+R}[n_t^i d_t^i + (n_t^i + n_{t+1}^i - n_{t+1}^i) p_{t+1}^i] \\ &= \frac{1}{1+R}\left[D_t^i + V_{t+1}^i - m_{t+1}^i p_{t+1}^i\right], \end{aligned} \tag{c}$$

其中，$D_t^i \equiv n_t^i d_t^i$ 是 $t$ 期结束时支付给 $n_t^i$ 位"旧"股票持有人的全部分红；而 $m_{t+1}^i \equiv n_{t+1}^i - n_t^i$ 是 $t$ 期内以无股息收盘价格 $p_{t+1}^i$ 出售的新股票的数量。假设 $P^I I_t^i(1+bI_t^i)$ 是给定厂商的投资水平（包括调整成本），而 $X_t^i \equiv PF(K_t^i, N_t^i) - WN_t^i$ 是厂商的总收益，两者都在 $t$ 期开始时计算。厂商在 $t+1$ 期开始时需要为投资计划筹资的外部成本是

$$m_{t+1}^i p_{t+1}^i = p^I I_{t+1}^i(1+bI_{t+1}^i) + D_t^i - X_{t+1}^i。 \tag{d}$$

将式 (d) 代入式 (c) 我们得到如下的厂商价值在 $t$ 期开始时的表达式：

$$V_t^i = \frac{1}{1+R}[X_{t+1}^i - P^I I_{t+1}^i(1+bI_{t+1}^i) + V_{t+1}^i]。 \tag{e}$$

需要注意的至关重要的一点是分红的水平对式 (e) 没有任何影响！因此，公司的现值和它当前的分红策略是独立的。通过反复替换项 $V_{t+1}^i$ 和 $V_{t+2}^i$ 等解出式 (e)，经过 $T$ 次代换我们得到 $V_t^i$ 的如下表达式：

$$V_t^i = \sum_{s=t+1}^{t+T}\left(\frac{1}{1+R}\right)^{s-t}\Pi_s^i + \left(\frac{1}{1+R}\right)^T V_{t+T}^i, \tag{f}$$

其中，我们用到了现金流 $\Pi_s^i$ 的定义［比较式 (2.36) 中给出的形式］。通过使式 (f) 中 $T \to \infty$ 我们得到：

$$V_t^i = \sum_{s=t+1}^{\infty}\left(\frac{1}{1+R}\right)^{s-t}\Pi_s^i。 \tag{g}$$

如同 Auerbach (1979b, p. 437) 所指出的，(g) 的表达式表明给定公司的价值以低于 $R$ 的速度增长，得到式 (f) 中的 $\lim_{T\to\infty}(1+R)^{-T}V_{t+T}^i=0$。这就是所谓的非蓬齐博弈 (NPG) 条件，它通过支持仅仅对新发行的股票分红，从而禁止厂商作出"连锁信计划"。(我们会在全书的不同部分遇到 NPG 条件。)

现在不再考虑已经失去作用的指数 $i$，并注意到厂商在 $t$ 期开始时也有一些现金收入，我们得到厂商的目标函数可以写为

$$\bar{V}_t \equiv V_t + \Pi_t = \sum_{s=t}^{\infty}\left(\frac{1}{1+R}\right)^{s-t}\Pi_s。 \tag{h}$$

通过定义 $t=0$ 期的计划，我们得到了正文中的表达式 (2.38)。现金流应当按照资本的

价格贴现，在目前的设定下，等于政府债券的回报率。

在过去的 40 年中 MM 定理已经被广泛扩展和归纳。宏观经济学中有用的设定可以参考 Auerbach（1979b）、Sinn（1987）以及 Turnovsky（1995，ch. 10）。这些作者关注现实世界中税收的作用和 MM 定理的有效性。

---

在企业最优组合方面有两个问题值得注意。首先，投资和资本存量的选择不是独立的，因为式（2.37）中的资本积累特征表明一旦投资路径被确定，资本积累路径也就被确定了。其次，$t=0$ 时厂商现在已有现存的资本，所以 $K_0$ 不是厂商可以选择的变量。最大化问题可以由拉格朗日乘子法求解。拉格朗日函数为

$$\mathcal{L}_0 \equiv \sum_{t=0}^{\infty}\left(\frac{1}{1+R}\right)^t [PF(N_t,\ K_t)-WN_t-P^I I_t-bP^I I_t^2] \\ -\sum_{t=0}^{\infty}\left(\frac{1}{1+R}\right)^t \cdot \lambda_t \cdot [K_{t+1}-(1-\delta)K_t-I_t], \quad (2.39)$$

其中，$\lambda_t$ 是 $t$ 期资本积累约束的拉格朗日乘子（为了简化表达式，这些乘数用贴现因子的形式表达）。一阶条件是（对于 $t=0$，…，$\infty$）：

$$\frac{\partial \mathcal{L}_0}{\partial N_t}=\left(\frac{1}{1+R}\right)^t [PF_N(N_t,K_t)-W]=0, \quad (2.40)$$

$$\frac{\partial \mathcal{L}_0}{\partial K_{t+1}}=\left(\frac{1}{1+R}\right)^t \left[\frac{PF_K(N_{t+1},K_{t+1})+\lambda_{t+1}(1-\delta)}{1+R}-\lambda_t\right]=0, \quad (2.41)$$

$$\frac{\partial \mathcal{L}_0}{\partial I_t}=\left(\frac{1}{1+R}\right)^t [-P^I-2bP^I I_t+\lambda_t]=0。 \quad (2.42)$$

（要注意资本的一阶条件中拉格朗日乘子的时间指标！）

尽管式（2.40）～式（2.42）看上去十分复杂，但事实上它们很容易求解。注意到 $(1+R)^{-t}>0$，所以式（2.40）～式（2.42）右边方括号内的式子必须为 0，这样才能满足一阶条件。首先，式（2.40）等于劳动投入［已在静态的例子里讨论过，见式（1.4）］的边际产出。直觉上这两个一阶条件显然是同时发生的：劳动是产出的完全可变因素，而决定雇用多少劳动不是一个动态问题。

式（2.41）和式（2.42）可以合起来得到投资的最优路径的表达式。首先，由式（2.42）可得到 $\lambda_t$ 和 $\lambda_{t+1}$ 的表达式：

$$\lambda_t=P^I[1+2bI_t],\quad \lambda_{t+1}=P^I[1+2bI_{t+1}]。 \quad (2.43)$$

将这些表达式代入式（2.41），我们得到了投资的一阶条件：

$$PF_K(N_{t+1},K_{t+1})+\lambda_{t+1}(1-\delta)-\lambda_t(1+R)=0\Rightarrow \\ PF_K(N_{t+1},K_{t+1})+(1-\delta)P^I[1+2bI_{t+1}]-(1+R)P^I[1+2bI_t]=0\Rightarrow \\ I_{t+1}-\frac{1+R}{1-\delta}I_t+\frac{PF_K(N_{t+1},K_{t+1})-P^I(R+\delta)}{2bP^I(1-\delta)}=0。 \quad (2.44)$$

由于 $I_t$ 的系数大于单位 1，这是一个投资的非稳定差分方程。通过令 $\Delta I_{t+1}=0$ 或

$I_{t+1}=I_t=I$ 得到了投资的稳定解：

$$I=\frac{1}{2b}\left[\frac{PF_K(N,K)}{P^I(R+\delta)}-1\right]。\tag{2.45}$$

式（2.45）背后的道理很简单，如果资本的边际产出大于资本的租赁价格（即资本的机会成本加上折旧，$(R+\delta)\ P^I$），厂商就应当投资。注意，在缺少调整成本的情况下（$b=0$），厂商没有符合定义的最优投资决策。在那样的情况下，式（2.45）简化为$PF_K=P^I(R+\delta)$，这是一个决定厂商的最优资本存量的静态均衡。所以，在调整成本较少的情况下，厂商有无穷大的投资速度，并且能将资本存量立即调整到最优水平。

在第 4 章中，我们将更正式地证明稳态投资计划式（2.45）也是厂商最大化问题的最优解。直觉上，在投资较大时，厂商选择最平滑的投资路径来避免较高的调整成本。一个不均匀的投资计划（例如先低后高的投资）起初调整成本较低，但是后期调整成本很高。由于调整成本函数是凸的（如二次函数），后来较高的成本大于起初较低的成本。

对式（2.45）的最后一个评论考虑的是投资品的价格 $P^I$。由于 IS－LM 模型是一个足够好的模型，所以可以认为投资品的价格和商品的价格相等，即 $P\equiv P^I$。即使在这个设定中，也存在会使得两个价格不同的原因：假设政府决定刺激投资，它可以补贴投资品。在这种情况下，厂商面对的投资品的价格等于 $P^I\equiv(1-s_I)P$，其中 $s_I$ 是补贴。式（2.45）改写为

$$I=\frac{1}{2b}\left[\frac{F_K(N,K)}{(1-s_I)(R+\delta)}-1\right]。\tag{2.46}$$

从这个表达式可看出投资补贴显然刺激了投资：$\partial I/\partial s_I>0$。在第 4 章中我们将回到政府政策如何刺激私人投资这一重要问题上来。

## □ 2.3.2 稳定性

前一部分的投资理论可以被总结为一个一般形式的投资函数：

$$I=I(R,K,Y),\quad I_R<0,\quad I_K<0,\quad I_Y>0,\tag{2.47}$$

其中，我们假设没有投资补贴（所以 $P^I=P$）。我们还假设资本的边际产出［出现在式（2.46）中］与 $Y$ 正相关，与 $K$ 负相关。例如，对于柯布-道格拉斯生产函数，$Y=N^\alpha K^{1-\alpha}$（其中 $0<\alpha<1$），$F_K=(1-\alpha)Y/K$，$\partial F_K/\partial Y>0$和 $\partial F_K/\partial K<0$。对于投资关系的另一个更加特别的推导是所谓的投资加速理论。这个过程假设一个资本存量的需求量 $K^D(Y,R)$，其中 $K_Y^D>0$ 且 $K_R^D<0$，同时假设投资过程缩小了资本存量需求量和实际量之间的差距，即 $I=b(K^D-K)$，其中 $b$ 是调整的速率。显然，这种加速投资的观点也可以视为一般的投资方程的一个特例。

为了考察 IS－LM 模型的稳定性，我们首先简单假设价格水平是固定的，即我们假设在给定的价格水平上 AS 曲线具有完全弹性，其中我们将价格水平标准化为一

单位($P=1$)。在整个章节中我们将货币供给设为常数。因而，动态资本存量的总需求方程可以写为

$$Y=C(Y-T(Y))+I(R,K,Y)+G, \tag{2.48}$$
$$M=l(Y,R), \tag{2.49}$$
$$\dot{K}=I(R,K,Y)-\delta K。 \tag{2.50}$$

式（2.48）是 IS 曲线，式（2.49）是 LM 曲线，式（2.50）是在时间保持连续性的情形下改写并用式（2.47）替代后得到的资本积累等式（2.37），即$0<C_{Y-T}(1-T_Y)+I_Y<1$。

短期内的资本存量被事先确定，所以 IS－LM 模型式（2.48）～式（2.49）共同决定产出 $Y$ 和利率 $R$ 的均衡值，这里用 $K$ 和 $G$ 来表示：

$$Y=AD(\underset{-}{K},\underset{+}{G}),\quad R=H(\underset{-}{K},\underset{+}{G}), \tag{2.51}$$

这里的加和减体现了与 IS－LM 模型相联系的偏导数的符号，这里用标准形式写出。例如，支出乘数由下式给出：

$$AD_G=\frac{1}{1-C_{Y-T}\ (1-T_Y)\ -I_Y+I_R l_Y/l_R}>0。 \tag{2.52}$$

正的投资产出影响($I_Y>0$)保证了这里的乘数比它在标准 IS－LM 模型［见式（2.4）］中对应的部分要大。根据图 2—4，政府购买的增加会使 IS 曲线右移，并使均衡点从 $E_0$ 点移到 A 点。其他偏导数如下：

$$AD_K=I_K AD_G<0,\qquad H_G=-\frac{l_Y}{l_R}AD_G>0,\qquad H_K=-\frac{l_Y I_K}{l_R}AD_G<0。 \tag{2.53}$$

有兴趣的读者可以尝试证明图 2—4 中从点 $E_0$ 到点 A 的移动可以解释 $AD_G$ 和 $H_G$ 的符号，同时，从点 $E_0$ 到点 B 的移动可以解释 $AD_K$ 和 $H_K$ 的符号。显然，财政的紧缩和一个更高的资本冲击会导致利率降低，并增加总需求和总产出。

很明显这个假设下的稳定性问题比 AEH 假设下价格预期的例子要难。事实上，式（2.50）表明 $\dot{K}$ 直接取决于 $K$，并间接取决于 $Y$ 和 $R$。在式（2.50）中利用式（2.51）我们发现将 $\dot{K}$ 用 $K$ 和 $G$ 表示的函数可以写作：

$$\dot{K}=I(H(K,G),K,AD(K,G))-\delta K\equiv\Psi(K,G), \tag{2.54}$$

其中 $\Psi(K,G)$的偏微分如下给出：

$$\Psi_K\equiv I_R H_K+I_K+I_Y AD_K-\delta, \tag{2.55}$$
$$\Psi_G\equiv I_R H_G+I_Y AD_G。 \tag{2.56}$$

回忆一下，稳定性的要求是资本存量的变化必须逐渐减少，即保持 $\partial\dot{K}/\partial K\equiv\Psi_K<0$。但 $\Psi_K$ 是负数吗？可以查看式（2.55），由于 $I_K<0$，$I_Y AD_K<0$ 和$-\delta<0$，所以稳定性的影响存在。更高的资本存量和（此时）更低的总需求水平都表明资本的总

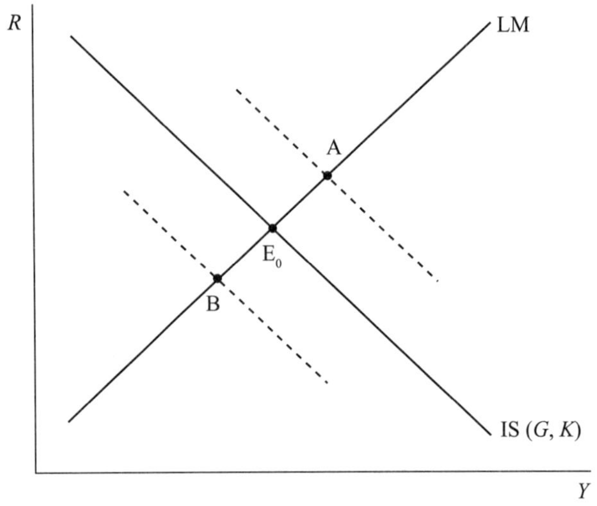


**图 2—4　IS－LM 模型中的比较静态效应**

投资较少。而且，更高的资本存量表明资本的折旧率较高。因而，净投资处在较低的水平上，这样在未来资本的存量会下降到均衡水平上。然而，$I_R H_K > 0$ 明显是一个不稳定的影响。直觉上，不稳定的效果是因为较高的资本存量导致了较低的利率（因为 $H_K < 0$）并刺激了投资（因为 $I_R < 0$）。

在稳定性不能保持的情况下，一个有过良好训练的经济学家会怎么做？一般而言，他会根据萨缪尔森的一致性原则，简单假设稳定性存在，即假定不稳定的效应 $I_R H_K > 0$ 小于稳定的效应$(I_K + I_Y AD_K - \delta) < 0$。所以 $\Psi_K$ 是负数且图 2—5 中表示 $\dot{K}$ 的线是向下倾斜的。我们在这里采用同样的做法。

假定我们承认稳定性存在，如果政府增加在商品和服务上的投入会怎样（$dG > 0$）？方程（2.54）表明曲线会依据 $\partial \dot{K} / \partial G \equiv \Psi_G$（回顾一下，$I_R H_G$ 是负数而 $I_Y AD_G$ 是正数）的符号向上或向下移动。一个典型的货币主义者（见第 1 章）认为利率对投资的影响较大（$|I_R|$ 较大），同时政府支出增加对利率影响较大，对总产出增加的影响较小（$H_G$ 较大，$AD_G$ 较小）。结果，货币主义者认为 $\Psi_G$ 是负的，如图 2—5 所示。根据货币主义者的观点，$\dot{K}$ 曲线向下倾斜，在长期资本存量会被政府支出挤出。

典型的凯恩斯主义者的观点相反：$|I_R|$ 较小，$H_G$ 较小，$AD_G$ 较大，所以 $\Psi_G > 0$。这表明 $\dot{K}$ 曲线向右上方倾斜，所以在长期随着政府支出的增加，资本存量会上升。图 2—6 是凯恩斯主义关于利率和产出的效应图。在短期内，资本存量是固定的（在 $K_0$），同时作为政府消费增加的结果，IS 曲线从点 IS($K_0$，$G_0$)移动到 IS($K_0$，$G_1$)。经济从 $E_0$ 点移动到 A 点，产出和就业增加。尽管利率上升，厂商仍然愿意增加资本存量，即在 A 点的净投资额是正的（$\dot{K} > 0$）。一段时间以后资本存量增加，IS 曲线又逐渐左移。而在新的稳定状态 $\dot{K} = 0$，资本存量等于 $K_1$，IS($K_1$，$G_1$)是与该点相关的 IS 曲线，此时的均衡点是 $E_1$。

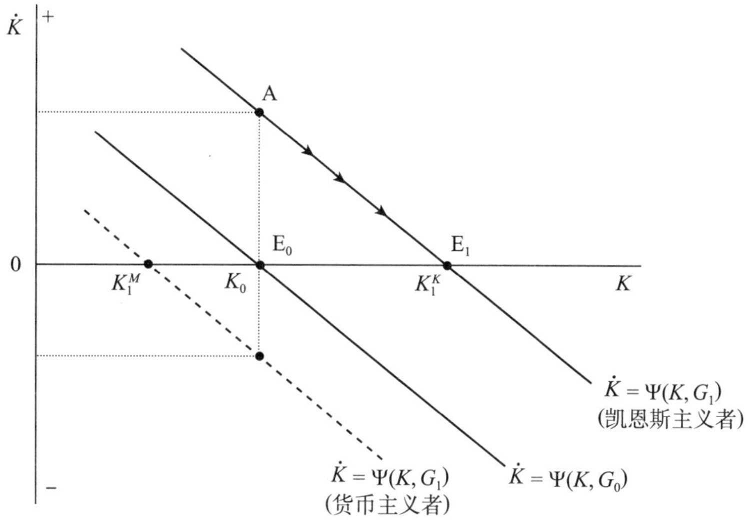


**图 2—5　公共支出增加对资本的影响**

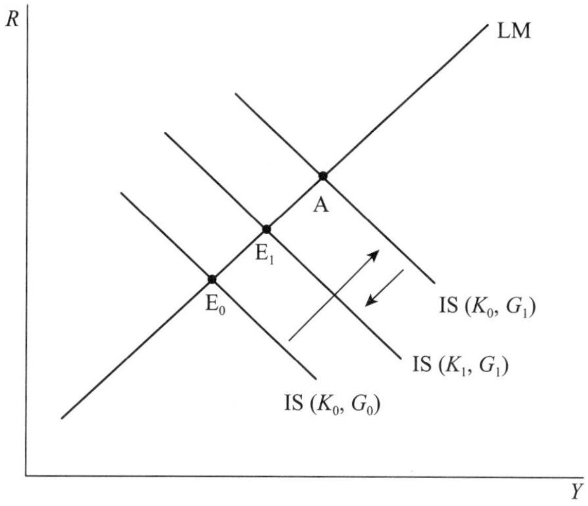


**图 2—6　资本积累和财政政策的凯恩斯效应**

对产出的长期影响是正值（在凯恩斯的消费观点下）。这可以如下解释。在长期中有 $\dot{K}^{LR}=\Psi(K^{LR},G)=0$，上标 $LR$ 表示长期价值，因而，我们得出资本存量的长期影响为

$$\left(\frac{dK}{dG}\right)^{LR}=\frac{\Psi_G}{-\Psi_K},\tag{2.57}$$

其中，稳定性保证分母是正值。凯恩斯主义者认为，增加的政府支出“挤入”资本存量，分子是正值；货币主义者的观点恰好相反。通过式（2.57）表示的长期资本存量效应和长期 AD 曲线方程 $Y^{LR}=AD(K^{LR},G)$，我们得到了如下长期产出乘数：

$$\left(\frac{dY}{dG}\right)^{LR}=AD_K\left(\frac{dK}{dG}\right)^{LR}+AD_G$$
$$=AD_G\left[I_K\left(\frac{dK}{dG}\right)^{LR}+1\right]$$
$$=\frac{(\delta-I_K)\ AD_G}{-\Psi_K}>0, \tag{2.58}$$

这里，我们用式（2.53）和式（2.56）来简化该表达式。在这个稳定状态下（$-\Psi_K>0$）萨缪尔森的一致性原则在分母的符号上产生了有用的结论。由于式（2.58）中的分子也会是正的（因为 $I_K<0$ 且 $AD_G>0$），长期中产出会增加。凯恩斯主义的分析表明投资对利率不是特别敏感，但是货币需求对利率非常敏感（IS 曲线陡峭，LM 曲线平坦），同时投资对产出的影响作用非常大。在这样的情况下，对私人投资的挤出相对于投资的产出效应是较小的。因而政府支出增加时，产出和资本都增加。货币主义者的结论恰恰相反（LM 曲线陡峭，IS 曲线平坦，产出对投资的影响较小）。因而，增加公共支出会减少投资，长期中产出的增加较少。

这个例子不能进行严格的讨论，因为在现实中 AS 曲线是不可能如假设中那样是水平的。这个例子只是用来解释关于资本存量和投资之间存量和流量相互作用的稳定性问题。

## 2.4 福利效应和政府预算约束

存量与流量交互作用的另一个例子是考虑消费中的财富效应，以及考虑当政府增发债券或通过多发行货币以填补财政赤字时的货币需求时，IS－LM 模型中的内在动态。Blinder 和 Solow（1973）证明这个问题可以在固定价格水平下借助 IS－LM 模型解决，再次将固定的价格水平标准化为 1（即 $P=1$）。IS－LM 模型的这个扩展是重要的，因为课本上的 IS－LM 模型有某种独特的结构，它在一个图表里同时刻画了流量（通过 IS 曲线）和存量（LM 曲线）两个概念。课本中的 IS－LM 模型不能解答财政扩张的效果如何依赖于政府的财政决策。因此，我们现在考察私人财富和政府财政预算约束中的动态这个关键问题。

政府能够发行（从发行时到以后）支付固定报酬的永续债券（一种只支付利息不归还本金的债券）。这种永续债券是受经济学家欢迎的“大礼”，因为每次获得固定支付的利息都可以增加收入。如果利率是 $R$，那么投资者愿意为这种债券支付多少本金？显然，这种债券的价格 $P_B$ 等于从债券中获得的收入流的现值，或者在连续时间内为

$$P_B=\int_0^{\infty}1\cdot e^{-R\tau}d\tau=-\frac{1}{R}\cdot e^{-R\tau}\Big|_0^{\infty}=\frac{1}{R}。 \tag{2.59}$$

如果政府过去发行的永续债券的总额为 $B$，那么每一期政府的支付为 $B$ 乘以 1 欧元。

因此，$B$ 既是向公众直接发行的债券数量，也是政府向公众支付的利息。如果政府新发行了债券（$\dot{B}>0$），它从出售债券中获得的收益为 $P_B\dot{B}$。进一步，政府可以通过多发行货币（$\dot{M}>0$）来支付债券。商品价格水平固定为 1，政府的预算约束为

$$G+B=T+\dot{M}+(1/R)\dot{B}。\tag{2.60}$$

左边是政府的名义支出，包括向私人支付的债券利息（息票）。右边是政府可以选择的财政手段，即税收、货币政策和债券政策。

税收收入（$T$）取决于家庭获得的所有收入，即包括利息收入 $B$ 在内：

$$T=T\ (Y+B),\quad 0<T_{Y+B}<1,\tag{2.61}$$

其中 $T_{Y+B}$ 是边际税率。经济中的实际私人金融福利 $A$ 是固定资本存量 $\overline{K}$、实际货币供给和公众持有的债券的实际价值之和：

$$A\equiv\overline{K}+M+B/R。\tag{2.62}$$

作为最后的修改，Blinder 和 Solow（1973）证明消费和货币需求都正相关于福利水平：

$$C=C(Y+B-T,A),\quad 0<C_{Y+B-T}<1,\quad C_A>0,\tag{2.63}$$

$$M=l(Y,R,A),\quad l_Y>0,\ l_R<0,\ 0<l_A<1,\tag{2.64}$$

其中 $C_A$ 和 $l_A$ 分别代表消费水平和货币需求的福利敏感水平。式（2.63）是两种理论上的观点的混合。如我们将在第 6 章中所见的，消费的前瞻理论要求家庭能够无障碍地进入完美的资本市场。这表明私人消费应该取决于总福利（即金融福利加上人力福利和终生收入的现值），以及利率。此外，债券不应算作私人福利的一部分。与之相对，凯恩斯主义的消费理论指出了现期收入的一个重要作用。然而，我们将在第 6 章中发现，式（2.63）存在着一个经验上看似合理的原理。现在，我们只应用式（2.63）而不做进一步的评论，把其中的一些内容留到第 6 章讨论。

式（2.64）右边给出的货币需求也与式（1.25）中给出的不同。这个货币需求函数的依据是资产组合模型。家庭在模型内的三种金融资产——债券、物质资本所有权和现金之间分配总的金融福利 $A$。假设债券和物质资本所有权可以完全替换，资产的回报率一定相等（等于 $R$）。这解释了为什么只有 $R$ 出现在式（2.64）中。显然，如果福利增加，人们会预期资产组合的各个部分都增加，包括现金的需求。这就解释了货币需求中的福利效应。

### □ 2.4.1 宏观经济在短期内的均衡

在短期内，货币供给和政府债券水平是事先确定的变量。结合式（2.61）～式（2.63）以及标准投资函数 $I=I(R)$和封闭经济中的国民收入等式 $Y=C+I+G$，我们得到 IS 曲线：

$$Y=C(Y+B-T(Y+B),\overline{K}+M+B/R)+I(R)+G。\tag{2.65}$$

LM 曲线由式（2.64）给出。将 $\overline{K}$ 保持不变（$d\overline{K}=0$），对式（2.64）和式（2.65）求全微分，并结合式（2.62），我们可以得到：

$$dY=\frac{dG+[C_{Y+B-T}(1-T_{Y+B})+C_A/R]dB+C_A dM}{1-C_{Y+B-T}(1-T_{Y+B})}+\frac{[I_R-C_A B/R^2]dB}{1-C_{Y+B-T}(1-T_{Y+B})},\tag{2.66}$$

$$dR=\frac{-(l_A/R)dB+(1-l_A)dM-l_Y dY}{l_R-l_A B/R^2}。\tag{2.67}$$

如同基本 IS-LM 模型一样，IS 曲线是向下倾斜的而 LM 曲线是向上倾斜的。短期均衡时的产出值 $Y$ 和利率 $R$ 再一次可以用前定变量和外生变量给定：

$$Y=AD(\underset{+}{G},\underset{?}{B},\underset{+}{M}),\quad R=H(\underset{+}{G},\underset{+}{B},\underset{?}{M})。\tag{2.68}$$

运用式（2.66）和式（2.67），可以用常规形式得到偏微分的表达，对于 AD 曲线我们有：

$$AD_G=\frac{1}{1-C_{Y+B-T}(1-T_{Y+B})+\zeta l_Y}>0,\tag{2.69}$$

$$AD_B=\frac{C_{Y+B-T}(1-T_{Y+B})+C_A/R-\zeta l_A/R}{1-C_{Y+B-T}(1-T_{Y+B})+\zeta l_Y}\gtreqless 0,\tag{2.70}$$

$$AD_M=\frac{C_A+\zeta(1-l_A)}{1-C_{Y+B-T}(1-T_{Y+B})+\zeta l_Y}>0,\tag{2.71}$$

同时，对于利率的影响我们有：

$$H_G=\frac{l_Y}{l_A B/R^2+|l_R|}AD_G>0,\tag{2.72}$$

$$H_B=\frac{(l_A/R)[1-C_{Y+B-T}(1-T_{Y+B})]}{l_A B/R^2+|l_R|}AD_G+\frac{l_Y[C_{Y+B-T}(1-T_{Y+B})+C_A/R]}{l_A B/R^2+|l_R|}AD_G>0,\tag{2.73}$$

$$H_M=\frac{l_Y C_A-(1-l_A)[1-C_{Y+B-T}(1-T_{Y+B})]}{l_A B/R^2+|l_R|}AD_G\gtreqless 0。\tag{2.74}$$

对于这些表达式，$\zeta$ 是一个正的综合参数，由 $\zeta\equiv[C_A B/R^2+|I_R|]/[l_A B/R^2+|l_R|]>0$定义。这些偏导数可以借助图 2—7 至图 2—9 来理解。例如，在图 2—7 的上图中政府支出的增加使得 IS 曲线由 IS($G_0$，$M_0$)移动到 IS($G_1$，$M_0$)。A 点因为存在过量货币需求（存在过量债券供给），收入比以前高。这使得债券价格下跌，即利率上升，经济移动到 E′点。在图 2—7 中，产出和利率都更高，因此 $AD_G>0$，$H_G>0$。（表示 $M$ 和 $B$ 变化的偏导数将在后面讨论。）

在图 2—7 中我们已经表明了短期的政府支出的增加导致产出和利率增加。这并没有结束，因为我们还没有考虑政府的预算约束。Blinder 和 Solow（1973）考虑了两个极端的例子。在第一个例子中，政府发行新货币来维持增加的政府支出。结果，

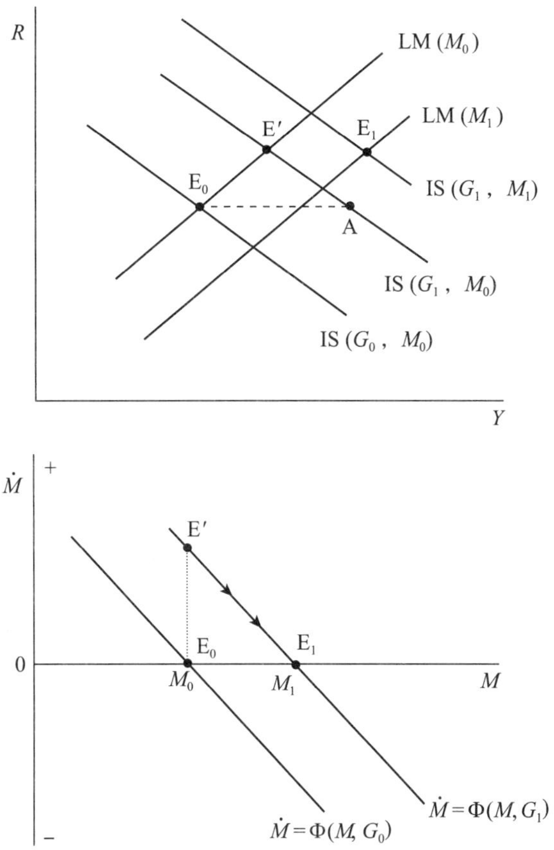


**图 2—7　货币筹资下的财政政策的效应**



随着时间的推移，货币存量发生变化以平衡政府的开支，即 $\dot{M}\neq 0$，$\dot{B}=0$。在第二个例子中，政府通过发行额外的债券来平衡账目，即 $\dot{M}=0$，$\dot{B}\neq 0$。问题可以分析如下：(1) 在两种财政政策下模型都稳定吗？(2) 对于两种不同的财政政策，不同政府的支出乘数之间有什么关系。首先，我们忽略财富效应，认为政府支出中的货币筹资对产出增加的作用大于债券筹资，因为前者与利率下降有关，因而促进了总货币供给，使得 LM 曲线外移。然后，当考虑消费中的财富效应时，这样的思路就不一定正确了，因为货币需求也会影响乘数。下面我们进行更详细的分析。

### □ 2.4.2　货币筹资

在使用货币筹资时，政府的预算约束为 $\dot{M}=G+B-T(Y+B)$，其中 $B$ 给定，政府的预算约束表示了 $\dot{M}$ 关于政府支出 $G$ 和产出 $Y$ 的函数。而产出本身由 $G$ 和 $M$ 通过 AD 曲线的关系式 (2.68) 决定，所以 $\dot{M}$、$G$ 和 $M$ 中隐含的关系可以写为

$$\dot{M}=G+B-T(AD(G,B,M)+B)\equiv\Phi(M,G), \tag{2.75}$$

在这个筹资方案中，我们将 $\Phi(M,G)$ 函数形式中的变量 ($B$) 设定为常数。那么，$\Phi(M,G)$ 函数的偏微分形式如下：

$$\Phi_M \equiv -T_{Y+B}AD_M < 0, \tag{2.76}$$

$$\Phi_G \equiv 1 - T_{Y+B}AD_G = \frac{(1-C_{Y+B-T})(1-T_{Y+B})+\zeta l_Y}{1-C_{Y+B-T}(1-T_{Y+B})+\zeta l_Y} > 0, \tag{2.77}$$

其中，我们在式（2.77）的第二个等式中用到了式（2.69）。显然，这个模型在货币筹资的情况下是稳定的。事实上，我们有 $\partial\dot{M}/\partial M \equiv \Phi_M < 0$，所以货币存量的变化随着时间的推移逐渐减少。此外，财政刺激最初会导致预算赤字，即 $\partial\dot{M}/\partial G \equiv \Phi_G > 0$。增加的政府支出中的货币筹资导致的冲击、移动和长期影响如图 2—7 所示。在图底部，稳定调节路径包括了一开始从 $E_0$ 到 $E'$ 的变动，以及转变过程中从 $E'$ 到 $E_1$ 的一个渐近性移动。而长期中货币供给从 $M_0$ 到 $M_1$ 的增长同样不会令人惊讶。从图中可以明显看出，货币筹资对产出的长期效果大于短期效果（点 $E_1$ 在点 $E'$ 的右边）。通过在式（2.60）之上设定 $\dot{B}=\dot{M}=0$，我们可以得到稳定的政府预算约束。我们发现 $G+B=T(Y^{LR}+B)$，从这个式子我们可以轻松推导出长期产出乘数：

$$\left(\frac{dY}{dG}\right)_{MF}^{LR} \equiv \frac{1}{T_{Y+B}} > AD_G \equiv \left(\frac{dY}{dG}\right)_{MF}^{SR}, \tag{2.78}$$

其中，下标的 MF 表示货币筹资。在货币筹资导致稳定调整的过程中，IS 曲线和 LM 曲线向外移动，导致产出和税收收入扩张，所以政府赤字减少，直到达到预算约束并重新回到稳定状态。产出增加恰好产生足够支付政府支出的税收。这就是货币财政导致的长期产出乘数等于边际税率的原因。

### □ 2.4.3 债券筹资

在使用债券筹资时，政府的预算约束为 $(1/R)\dot{B}=G+B-T(Y+B)$，其中 $M$ 给定。但 $Y$ 和 $R$ 都由 $G$ 和 $B$ 通过式（2.68）决定，而此处，$\dot{B}$、$B$ 和 $G$ 之间表现出一种相对复杂的隐性关系：

$$\begin{aligned}\dot{B} &= R\cdot[G+B-T(Y+B)]\\ &= H(G,B,M)\cdot[G+B-T(AD(G,B,M)+B)]\\ &\equiv \Lambda(B,G),\end{aligned} \tag{2.79}$$

这里我们再一次将变量设定为常数（这个方案中的变量为 $M$）。然而估计一个稳定状态时，关于 $\Lambda(B,G)$ 函数的偏微分并不太复杂，关系式如下①：

$$\Lambda_B \equiv R[1-T_{Y+B}(1+AD_B)] \gtreqless 0, \tag{2.80}$$

$$\Lambda_G \equiv R[1-T_{Y+B}AD_G] > 0, \tag{2.81}$$

从式（2.80）我们可得出，在债券筹资的情形下，并不能明显看出模型是稳定的。回顾一下，（当且仅）当债务变化率最终随着时间的推移下降，即 $\partial\dot{B}/\partial B \equiv \Lambda_B$ 是负数时，模型才是稳定的。一致性法则告诉我们只能使用稳定的模型，所以我们有必

① 其中，当 $\dot{B}=0$ 时，对式（2.79）中第一行求全微分可以得到这些偏微分方程。这些暗示了 $[G+B-T]\,dR=0$，从而式(2.80)～式（2.81）只能表现出通过 AD 曲线可以反映出的效应。

要利用这个（充分且必要的）稳定性条件：

$$\Lambda_B \equiv \frac{\partial \dot{B}}{\partial B} < 0 \Leftrightarrow 1 - T_{Y+B}(1+AD_B) < 0 \Leftrightarrow AD_B > \frac{1-T_{Y+B}}{T_{Y+B}} > 0。\tag{2.82}$$

这个条件要求财富效应对总需求 $AD_B$ 的影响一定是正的，并且在数量上足够大。然而，在式（2.70）中，我们已经证明 $AD_B$ 不能先验地确定正负性。这是因为负债增加会增加个人的财富和消费，并增加总需求和产出（IS 曲线向外移动）；但是这也增加了货币需求，并减少了总需求和产出（LM 曲线向内移动）。正如 Blinder 和 Solow（1976a，p. 184）所述的，一个充分（非必要）的稳定性条件是加权后消费的财富敏感度 $C_A|l_R|$ 要超过加权后货币需求的财富敏感度 $l_A|I_R|$。假设出现异常情况，如果$C_A|l_R|<l_A|I_R|$，则稳定性条件式（2.82）就不能够满足。为了证明这个相当巧妙的结论，我们用式(2.69)～式（2.70）并且利用式（2.74）中描述的定义进行替代，我们会发现：

$$\frac{T_{Y+B}}{1-T_{Y+B}}AD_B = C_{Y+B-T}T_{Y+B}AD_G + \frac{T_{Y+B}}{1-T_{Y+B}}AD_G\,\frac{C_A|l_R| - l_A|I_R|}{l_A B/R + R|l_R|}。\tag{2.83}$$

显然，式（2.83）右边第一个式子是处于 0 到 1 之间的（因为 $0<C_{Y+B-T}<1$ 且 $0<T_{Y+B}AD_G<1$）。如果 $C_A|l_R|<l_A|I_R|$，则第二个式子小于 0，所以式（2.83）左边的部分肯定小于 1，而这违反了稳态条件式（2.82）。①

但暗示着 $AD_B$ 大于 0 的条件式 $C_A|l_R|>l_A|I_R|$，并不是稳定性的必要条件，因为增加的负债也额外增加了政府的债务利息支出，并增加了政府债务不断自发扩大的风险。最终，政府的利息支出必须通过增加税收收入的方式偿还，否则政府的账簿无法平衡（即最终 $\dot{B}=0$）。这就是边际税率在充分且必要的稳定性条件式（2.82）中起关键作用的原因。更精确地说，边际税率提高，一定的产出扩张下的税收收入增加，因而赤字会逐渐减少，增加的政府债务最终被偿还（即再次达到稳定）。

在稳定状态下，政府通过发行债券来扩大支出的影响、变化、长期效应如图 2—8所示。根据图示，显然对产出的长期效应大于短期效应，即点 $E_1$ 位于点 $E'$ 的右边。从数学上来看，我们可以如此推导出长期产出乘数。首先，对稳定状态政府预算约束方程 $G+B=T(AD(G,B,M)+B)$ 求全微分，从 $G$ 和 $B$ 的角度去找对政府债务的长期效应：

$$\left(\frac{dB}{dG}\right)_{BF}^{LR} = \frac{\Lambda_G}{-\Lambda_B} = \frac{1-T_{Y+B}AD_G}{T_{Y+B}(1+AD_B)-1} > 0,\tag{2.84}$$

其中的符号由式（2.81）和稳定状态方程（2.82）得出。然后，我们对 AD 曲线方程 $Y=AD(G,B,M)$ 求全微分，从 $Y$、$G$ 和 $B$ 的角度分析，并替换式（2.84）。再进

① 这个情况可以这么分析，注意到，

$$\frac{T_{Y+B}}{1-T_{Y+B}}AD_B < 1 \quad \Leftrightarrow \quad AD_B < \frac{1-T_{Y+B}}{T_{Y+B}},$$

显然可以发现第二个不等式违反了稳态条件式（2.82）。

第 2 章 总需求和总供给中的动态

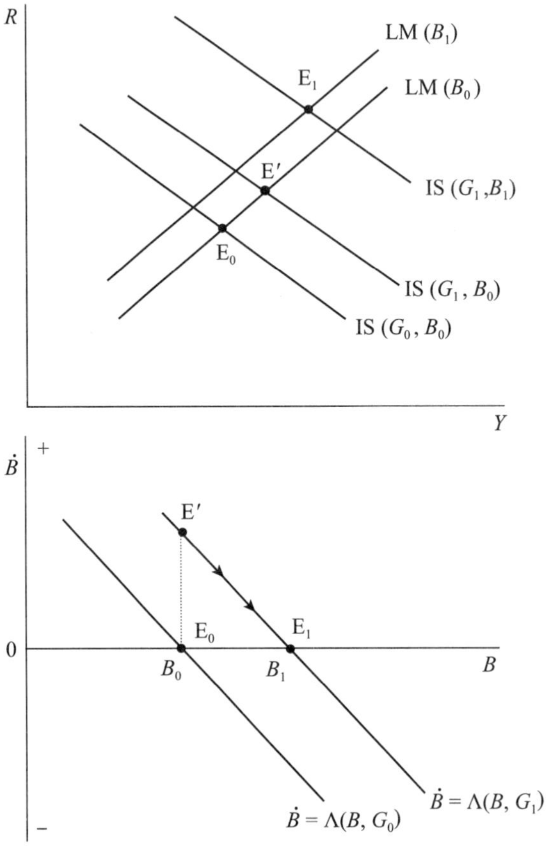


**图 2—8 （稳定）债券筹资下的财政政策**



行一些直接的运算，我们就能得到长期产出乘数：

$$\left(\frac{dY}{dG}\right)^{LR}_{BF}\equiv AD_G+AD_B\,\frac{1-T_{Y+B}AD_G}{T_{Y+B}(1+AD_B)-1}>AD_G\equiv\left(\frac{dY}{dG}\right)^{SR}_{BF}。\tag{2.85}$$

这个不等式可以由 $AD_B$ 大于 0［见式（2.82）］和长期政府债务上升［见式（2.84）］这两个事实简单地推出。

作为总结，考虑两种筹资手段下的支出乘数。给定稳态条件式（2.82）不变，根据式（2.78）和式（2.85），显然有债券筹资的产出乘数大于货币筹资的产出乘数：

$$\left(\frac{dY}{dG}\right)^{LR}_{BF}>\left(\frac{dY}{dG}\right)^{LR}_{MF}。\tag{2.86}$$

直觉上理解很简单。债券筹资下产出的增加一定超过货币筹资下产出的增加，因为额外的利息支出必须通过增加税收来支付，这就要求增加稳定状态下的国民收入。这一点表示在图 2—9 中。图 2—9 中点 $E_0$ 表示最初的均衡，点 E′代表政府消费上升后即可得到的新的均衡（冲击效应，这是两个融资模型的共同之处），点 $E_M$ 和点 $E_B$ 分别表示货币筹资和债券筹资下的长期结果。图 2—9 清楚地表明尽管利率上升，债券筹资比货币筹资（假定它是稳定的）产生更大的产出乘数。IS 曲线和 LM 曲线的移动以及税收的变化留作练习。

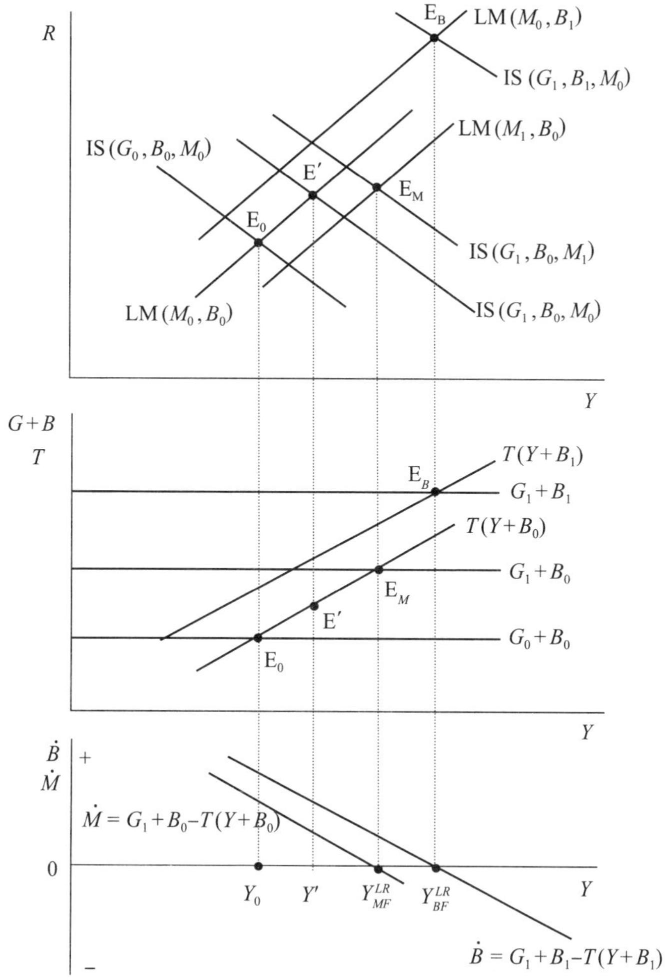


**图 2—9　不同筹资模式下财政政策的长期效应**

## 2.5 小　结

我们通过向 IS - LM - AS 模型加入一些动态因素来处理适应性预期、资本积累和政府债务增加的问题。总供给中的适应性预期使得财政和货币政策有短期的实际效应。这就是模型符合新古典综合学派的原因（即在短期中符合凯恩斯学派，在长期中符合古典学派）。因而，需求的扩张在短期和中期会导致产出的增加，但是随着预期价格水平逐渐和实际价格水平一致，这种增量在长期最终会消失。因而，货币在长期是中性的。预期调整过程具有稳定性。

我们还讨论了时滞性，即稳态的路径依赖，得到产出的自然水平取决于上一期的产出水平。另外，自然失业率被认为依赖于过去的失业率。这反映了长期失业者退出劳动力市场、停止寻找新工作，并因此不再对工资水平产生向下的压力的现象。我们从这种分析中获得两种启示：首先，财政和货币政策的永久变化会对产出和就业有持久的影响；其次，只要考虑供给方的政策和冲击，暂时的变化会对产出和就业都有持久的影响。暂时减少产出的冲击会导致持久的高失业。

考虑到投资的有限增长速度、资本存量调整的滞后，引入投资的调整成本是有意义的。在这种情况下，雇佣劳动仍然遵循公认的边际产出等于实际工资的条件，但是资本的边际产出不再等于资本的使用成本（资本的使用成本为租金加折旧费）。相反，如果边际生产率和使用成本的差距较大，投资就会上升。这一点总结为一个投资方程，表明当资本存量或利率降低且产出增加时，厂商会增加投资。当考虑加速投资的观点时，这个结论也成立。向基本模型中引入这个结论和资本加速积累的特征，并不能推导出不稳定性。根据凯恩斯的假设（即投资不是十分敏感，但是货币需求对利率敏感），公共支出的增加导致了更多资本和产出。然而，根据货币主义者的假设（即投资十分敏感，但是货币需求对利率不敏感），公共支出的增加会挤出私人资本，并在长期中使得产出减少。

对 IS－LM－AS 模型动态化的最后一个扩展是在消费和货币需求中加入财富效应。这种扩展是必要的，因为在原始的 IS－LM 模型中，像比较苹果和橘子一样，把描述流量概念的 IS 曲线和描述存量概念的 LM 曲线进行比较。不考虑时间维度，在存量和流量概念中求均衡是根本错误的。考虑到时间维度，我们假设如果财富（物质资本、实际货币余额和政府债券的组合）增加，消费和货币需求上升。消费还取决于可支配收入，其中对产出和利息征税。政府预算约束表明，政府财政赤字，即公共支出加债券利息减税收收入，必须通过发行货币或债券的形式填补。由于货币筹资增加政府支出并产生利率下行的压力，而债券筹资增加政府支出的同时产生利率上行的压力，乍一看会认为货币筹资的扩张性较大。奇怪的是，长期中情况往往并非这样。事实上，假定债务是动态稳定的。长期债券筹资乘数大于货币筹资乘数，因为国民收入必须增加以获得足够的税收收入，这样才能满足政府支出和政府债券的利息支出。货币筹资乘数仅仅等于边际税率，而债券筹资乘数比前者大。随着货币的扩张，政府的财政赤字逐渐减小，货币筹资自动逐渐趋于稳定，利率下降，国民收入和税收收入上升。相反，如果发行更多的政府债券，货币需求上升并推动利率上升，以致国民收入和税收收入下降；债券筹资会导致政府债券的无止境扩张，结果是政府财政赤字不断扩大。只有在消费的财富效应足够强时，这种不稳定状态才会停止，即私人财富和消费的扩张使得政府赤字逐渐减小。因而，在债券筹资情况下的财富效应要大于货币筹资情况下的财富效应。根据萨缪尔森交叉准则，保证长期内债务稳定时，可以推导出一个简单的稳定状况。

## 延伸阅读

关于投资的调整成本的重要资料是 Eisner 和 Strotz（1963）、Lucas（1967）、Gould（1968）以及 Treadway（1969）。Abel（1990）对此进行过综述。政府预算约束方面的经典文献是 Blinder 和 Solow（1973，1976a，1976b）。也可查阅 Tobin 和 Buiter（1976）、Turnovsky（1977）以及 Scarth（1988）。关于宏观问题的动态方法的早期应用，读者可以查阅 Samuelson（1947）、Baumol（1959）以及 Allen（1967）。关于滞后性假设可以查阅 Cross（1988）。

# 第 3 章 理性预期和经济政策

本章的目标是讨论以下问题：

1. 理性预期（也被称为模型一致预期）是什么意思？

2. 制定经济政策的理性预期假设有什么含义？所谓的政策无效命题有什么意义？

3. 我们在说明和应用宏观经济模型时的理性预期假设有什么含义？什么是卢卡斯批判？

4. 理性预期革命有什么贡献？



## 3.1 什么是理性预期

### 3.1.1 基本思想

30 多年前，约翰·穆特（John Muth）发表了一篇论文，其中他强烈建议经济学家应该特别关注他们的指示性假设，特别是他们对预期进行建模的方法。借助在第 2 章中讨论的适应性预期假设下新古典综合学派的方法，我们可以理解 Muth (1961) 的观点。考虑图 3—1，它给出了货币政策在不同时间的效果。最初的均衡点是 $E_0$，该处的产出等于 $Y^*$，价格水平为 $P_0$。该处存在预期的均衡，因为在 $E_0$ 点，$P=P^e$。如果货币政策当局增加货币供给（为了刺激经济），则总需求被加强（AD 曲线移动到 $AD_1$），经济移动到点 A，产出增加到 $Y'$，价格水平上升为 $P'$。在 A 点，预期价格水平和实际价格水平之间不一致。通过适应性预期机制［即方程 (1.14)］，这种不一致被逐渐上升的预期价格水平弥补。在图中表示为沿着新 AD 曲线向新的均衡点 $E_1$ 点的缓慢移动。

然而，预期的调整路径很奇特，因为人们（例如提供劳动的家庭）沿着这条路

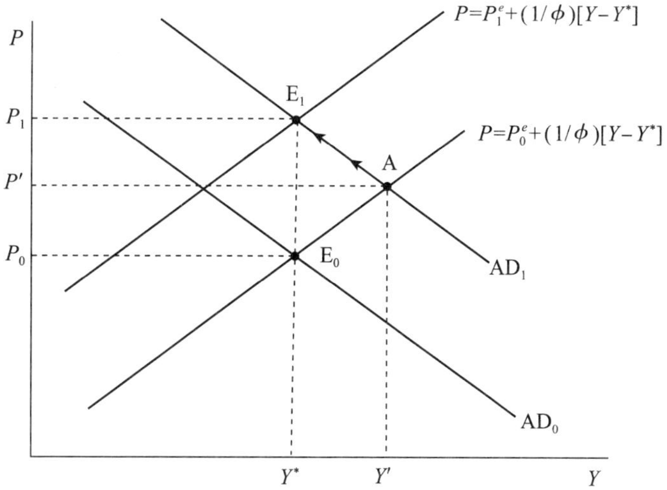


**图 3—1　适应性预期下的货币政策**

径会犯系统性错误。图 3—2 表示了实际和预期价格水平随时间推移而变化的路径，预期偏差为（$P^e-P$）。最初的冲击引起的预期偏差随着时间的推移逐渐减小。在调整过程中，这个偏差是负的并保持负值，即人们一直猜错。

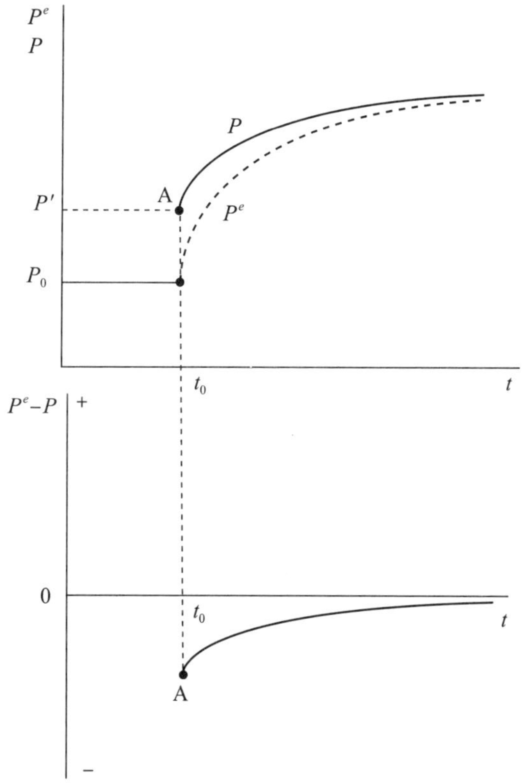


**图 3—2　适应性预期下的预期偏差**

穆特认为这种说法不令人满意，因为这与经济学家在经济学的其他分支里诠释人类行为的模型完全相反。在其他分支中，（约束条件下的）理性决策的说法居于中心地位，但是这一点并没有体现在 AEH 里。作为结论，穆特指出：“预期行为必须和经济学里其他相关的预测相同，因为它们是人们对未来事件形成的预测”（1961，p. 316）。

考虑图 3—1 里所述的模型，这意味着人们在 $t_0$ 点发现货币供给由 $M_0$ 点上升到 $M_1$ 点［方程（2.1）～方程（2.2）］，根据其他分支的预期理论，人们会在新的货币供给下将价格水平修正为 $P_1$，并调整在新的货币供给下的预期（$P_1^e=P_1$），然后提供相应数量的劳动。结果，经济从 $E_0$ 点跳跃到 $E_1$ 点，产出等于 $Y^*$，价格水平为 $P_1$。当然，这种调整接近于政策无效命题下的 PFH。由于模型中没有不确定性，对于人们来说预测没有难度。他们知道更高的货币供给量会产生更高的价格水平以及更高的工资。结果，实际工资、就业和产出不受影响。

现实中出现的各种事件可能有重要的作用，如在宏观经济背景下的各种随机事件，诸如气候异常、自然灾害、世界贸易冲击（德国统一、石油供应冲击、海湾战争）等。在这样的情况下，预测充满了困难。Muth（1961）提出了理性预期假设（REH）来解决随机事件起作用的情况。理性预期假设的基本假定是：(1) 信息是稀缺的，经济系统不会浪费信息；(2) 预期的形成依赖于指定的描述经济的系统结构。

为了弄清楚这些假设，考虑如下关于与外界隔离的非可贮藏商品市场的例子（在这个例子中，不能根据存货清单进行预测）。这个系统由如下线性模型描述：

$$Q_t^D=a_0-a_1P_t,\quad a_1>0, \tag{3.1}$$

$$Q_t^S=b_0+b_1P_t^e+U_t,\quad b_1>0, \tag{3.2}$$

$$Q_t^D=Q_t^S\quad [\equiv Q_t], \tag{3.3}$$

其中，$P_t$ 是 $t$ 期商品的价格，$Q_t^D$ 是商品的需求量，$Q_t^S$ 是商品的供给量，$P_t^e$ 是股票市场上的卖家在 $t-1$ 期预期的 $t$ 期的价格水平。随机变量 $U_t$ 代表了冲击供给曲线的各种随机因素。例如，如果假设中的商品是农产品，$U_t$ 可以表示影响供给决策的因素，包括气候、农作物歉收、动物疾病、虫灾等。

方程（3.1）表明了需求取决于商品的实际价格水平。换句话说，人们了解商品的价格，市场的需求方不受随机因素影响，即没有突然的偏好改变、收入波动等。方程（3.2）指出生产滞后性的存在：生产者必须在精确知道商品的售价之前决定自己生产多少该种商品。他们基于各种已知的信息作出生产决定。在这个模型里，他们在 $t-1$ 期获得的信息由所谓的信息集 $\Omega_{t-1}$ 给出：

$$\Omega_{t-1}\equiv\{P_{t-1},P_{t-2},\cdots;Q_{t-1},Q_{t-2},\cdots;a_0,a_1,b_0,b_1;U_t\sim N(0,\sigma^2)\} \tag{3.4}$$

这个式子表示什么？第一，人们知道 $t-1$ 期之前所有的价格和产量的信息（他们没有忽略之前的相关信息）。显然，信息集 $\Omega_{t-1}$ 中不包含 $P_t$、$Q_t$、$U_t$。第二，人们知道他们自己所参与操作的市场结构（回忆：人们会运用“相关的经济理论”），因而人们掌握模型的参数 $a_0$、$a_1$、$b_0$、$b_1$，以及方程（3.1）～方程（3.3）给出的模型。第三，尽管人们并不了解 $t$ 期随机误差项 $U_t$ 的具体值，但是人们知道它的概率分布。为了简化，我们假定 $U_t$ 服从正态分布，期望值为0［$E(U_t)=0$］，不存在自相关性［$E(U_tU_s)=0, t\neq s$］，方差不变，为 $\sigma^2[\equiv E(U_t-E(U_t))^2]$，其中 $E(\cdot)$是非条件期望算子。这种分布的假设可以简记为 $N(0,\sigma^2)$。回忆统计学的课程，正态分布具有图 3—3 所示的对称的钟形曲线。第四，过去的错误是已知信息。人们可以根据 $Q_{t-i}$ 和 $P_{t-i}$ 以及模型(3.1) ～ (3.3)来预测冲击可能产生的效果（即 $U_{t-i}$）。

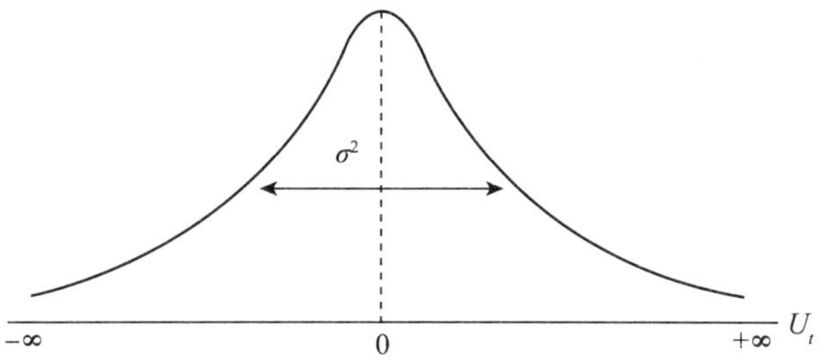


**图 3—3　正态分布**

理性预期假设可以被简化为

$$P_t^e=E(P_t \mid \Omega_{t-1})\equiv E_{t-1}P_t, \tag{3.5}$$

$E_{t-1}$是 $E(\cdot \mid \Omega_{t-1})$的简写，表示条件期望算子。方程（3.5）表明 $t$ 期的主观预期的价格水平是人们在给定 $t-1$ 期信息集 $\Omega_{t-1}$的情形下对 $P_t$ 的条件客观期望。

在我们的简单模型里 REH 是怎样应用的呢？首先，计算均衡结果。所以，将方程（3.3）代入方程（3.1）和方程（3.2），解出用参数和期望价格 $P_t^e$ 表示的 $P_t$ 和 $Q_t$：

$$P_t=\frac{a_0-b_0-b_1P_t^e-U_t}{a_1}, \tag{3.6}$$

$$Q_t=b_0+b_1P_t^e+U_t。 \tag{3.7}$$

方程（3.6）很关键，它指出 $t$ 期的价格水平取决于该期的期望价格水平以及随机冲击的影响。更精确地说，更高的价格预期或者正的冲击（较大的 $P_t^e$ 和 $U_t$）增加了商品的供给，因而均衡价格下降使得货物出清。REH 假定人们能够计算出方程（3.6）并能解出 $P_t$ 的条件期望：

$$\begin{aligned}E_{t-1}P_t &=E_{t-1}\left[\frac{a_0-b_0-b_1P_t^e-U_t}{a_1}\right]\\&=\frac{a_0-b_0}{a_1}-\frac{b_1}{a_1}E_{t-1}P_t^e-\frac{1}{a_1}E_{t-1}U_t。\end{aligned} \tag{3.8}$$

依次考虑方程（3.8）右边的三项。第一项的含义很明显：常数的条件期望仍然是这个常数。第二项可以类似解释：$P_t^e$ 是事先知道的常数，所以 $E_{t-1}P_t^e=P_t^e$。第三项可以用我们关于 $U_t$ 分布的知识解释：由于 $U_t$ 不存在自相关，它的条件期望等于其无条件期望，即 $E_{t-1}U_t=0$。根据这些简化，$E_{t-1}P_t$ 可以写为

$$E_{t-1}P_t=\frac{a_0-b_0}{a_1}-\frac{b_1}{a_1}P_t^e。 \tag{3.9}$$

但是根据式（3.5），REH 表明客观期望 $E_{t-1}P_t$ 和主观预期 $P_t^e$ 同时发生。因而将 $E_{t-1}P_t=P_t^e$ 代入式（3.9），解得 $P_t^e$：

$$P_t^e=\frac{a_0-b_0}{a_1}-\frac{b_1}{a_1}P_t^e \Rightarrow P_t^e=E_{t-1}P_t=\frac{a_0-b_0}{a_1+b_1}。\tag{3.10}$$

最终的表达式是预期价格水平的理性预期解。实际价格水平 $P_t$ 是随机的（因为它取决于随机供给冲击 $U_t$）。将式（3.10）代入式（3.6），$P_t$ 的表达式为

$$P_t=\frac{a_0-b_0}{a_1+b_1}-\frac{1}{a_1}U_t=\bar{P}-\frac{1}{a_1}U_t,\tag{3.11}$$

其中，$\bar{P}\equiv(a_0-b_0)/(a_1+b_1)$ 是市场中不存在随机因素时得出的均衡价格。方程（3.11）说明 $P_t$ 围绕 $\bar{P}$ 随机波动。预期误差等于 $P_t-E_{t-1}P_t=-(1/a_1)U_t$，没有可以预知的形式。同样，这个误差的均值为 0，所以人们没有犯系统性错误。如果存在负的供给冲击，例如农业灾害，价格水平会上升。

在适应性预期假设下的情况是怎样的呢？我们是否能够在适应性预期假设下为 $P_t$ 推导一个方程，然后我们与表达式（3.11）中的理性预期假设做一个比较？答案是“当然可以”，但需要使用一些技术上的手段去掉 $P_t^e$ 和 $P_{t-1}^e$。现在我们开始证明，显然，在 AEH 下，预期误差存在可以预测的形式。根据方程（1.14）回忆，AEH 指出预期价格水平被写为上一期价格水平和上一期预期价格水平的加权平均：

$$P_t^e=\lambda P_{t-1}+(1-\lambda)P_{t-1}^e,\quad 0<\lambda<1。\tag{3.12}$$

利用方程（3.6），对 $P_t$ 和 $P_{t-1}$，我们有：

$$P_t=\frac{a_0-b_0-b_1P_t^e-U_t}{a_1},\tag{3.13}$$

$$P_{t-1}=\frac{a_0-b_0-b_1P_{t-1}^e-U_{t-1}}{a_1}。\tag{3.14}$$

现在使用技巧：对式（3.14）两边同乘以 $1-\lambda$ 并从式（3.13）中减去得到的结果，我们可以得到：

$$P_t-(1-\lambda)P_{t-1}=\frac{\lambda(a_0-b_0)}{a_1}-\frac{b_1}{a_1}[P_t^e-(1-\lambda)P_{t-1}^e]-\frac{1}{a_1}[U_t-(1-\lambda)U_{t-1}]。\tag{3.15}$$

但是，根据方程（3.12），右边方括号内的式子等于 $\lambda P_{t-1}$，所以通过合并同类项我们可以将方程（3.15）改写为

$$P_t=\frac{\lambda(a_0-b_0)}{a_1}+\mu P_{t-1}-\frac{1}{a_1}[U_t-(1-\lambda)U_{t-1}],\tag{3.16}$$

其中 $\mu\equiv1-\lambda\ \dfrac{a_1+b_1}{a_1}$。这个技巧起作用了！即使去除随机项 $U_t$ 和 $U_{t-1}$，在适应性预期假设下的任一种情况下，价格水平的微分方程对这个模型都是稳定的（回忆一下

一致性原则)。特别地,这个稳定性情形要求 $\mu$ 的绝对值比 1 小。用适应性预期参数 $\lambda$ 的形式来表达,这个稳定性情形的条件是 $0<\lambda<\min[1, 2a_1/(a_1+b_1)]$。①

对于方程(3.16)还需要注意的一个关键所在是均衡价格 $P_t$ 给出了适应性预期假设下的一个明显可识别的形式:$P_t$ 取决于它自身的滞后项 $P_{t-1}$,而干扰项也呈现自相关。不难看出适应性预期假设下的预期误差能够写成如下形式:

$$P_t^e-\bar{P}=-\frac{\lambda}{a_1}\sum_{i=0}^{\infty}\mu^i U_{t-1-i}\text{。} \tag{3.17}$$

为了帮助理解式(3.17),考虑 $t-1$ 期中一个单独的供给冲击的影响,比如,设定对于 $i\geqslant 1$,$U_{t-1-i}=0$。重复使用式(3.17)可以显示该冲击能够对 $t$ 期之后的预期误差产生影响,即 $P_t^e-\bar{P}=-(\lambda/a_1)U_{t-1}$,$P_{t+1}^e-\bar{P}=-(\lambda\mu/a_1)U_{t-1}$,$P_{t+2}^e-\bar{P}=-(\lambda\mu^2/a_1)U_{t-1}$,等等。当然,由于模型是稳定的,$U_{t-1}$ 的影响最终会消失,但消失的过程毕竟需要取决于 $\mu$ 的大小,可能需要较长时间。

这个问题可以借助图 3—4 和图 3—5 来进一步解释,图 3—4 和图 3—5 分别展示了在 REH 和 AEH 下,价格水平和预期误差的路径图。这两幅图是这样绘制的:首先,电脑算出服从均值为 0、方差为 $\sigma^2=0.01$ 的正态分布的 100 个(准)随机数,这些随机数代表模型中的供给冲击(即 $U_t$,$t=1$,…,100)。需求和供给的参数为 $a_0=3$,$a_1=1$,$b_0=1$,$b_1=1$;决定的均衡价格为 $\bar{P}=1$。显然,由方程(3.10)我们发现在 REH 下,$P_t^e=\bar{P}=1$。这是图 3—4 中的虚线。在 REH 假设下的实际价格水平由方程(3.11)给出,是图中随机围绕虚线波动的实线。在图 3—5 中,期望和实际价格水平根据同一个随机项 $U_t$ 绘成。毫不奇怪,期望价格水平明显滞后于实际价格水平[如方程(3.12)所示]。



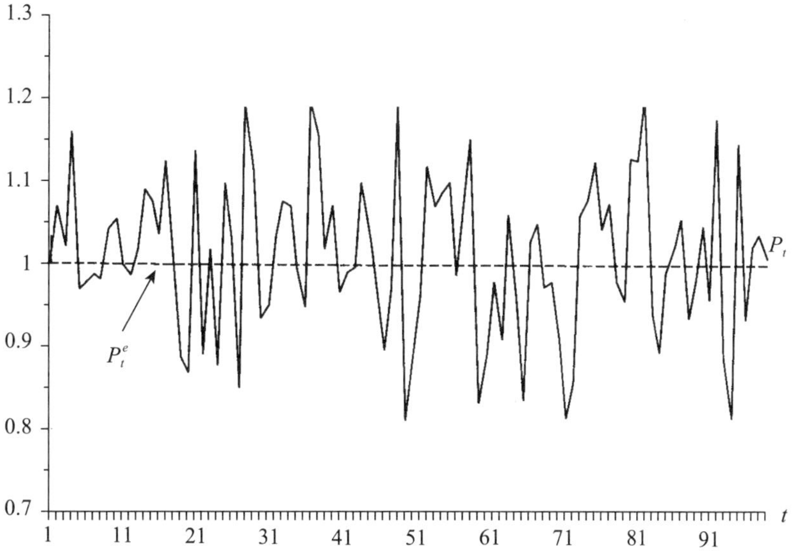


**图 3—4 REH 下的实际和期望价格**

① $\min[x,y]$是较小值函数,即当 $x\leqslant y$ 时,$\min[x,y]=x$,当 $x>y$ 时,$\min[x,y]=y$。

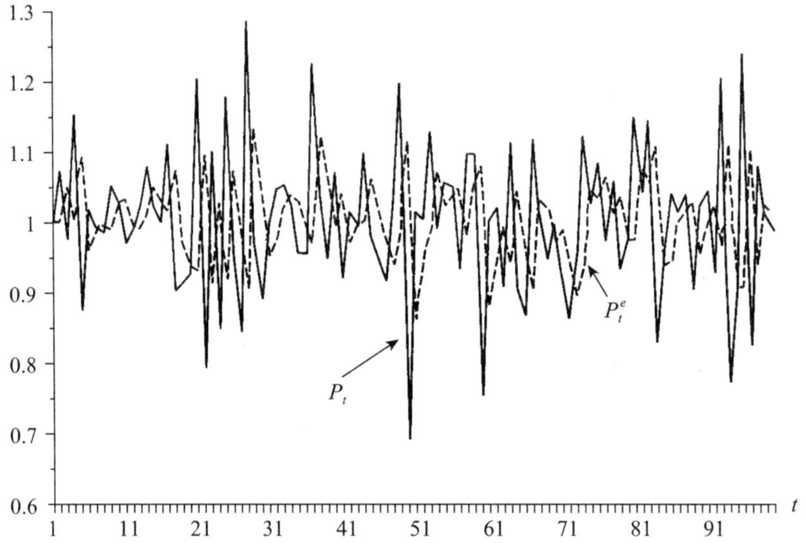


**图 3—5 AEH 下的实际和期望价格**

### □ 3.1.2 我们确实相信这个观点吗

在前面的部分我们假定 REH 具有式（3.5）的形式。Muth（1961）为条件期望和主观预期相等提供了一种直觉上的证明。首先，如果基于模型（$E_{t-1}P_t$）的价格水平的条件期望被认为比主观预期 $P_t^e$ 要好，那么对于灵敏的“知情人”就有获得超额利润的机会，即有人会用模型中的信息获利。这个知情者可以通过开办自己的企业、从事存货投机（使用可贮存商品）或专门向供给企业提供咨询服务来获利。

事实证明，这样的“信息市场”的模型很难成立。原因如下：(i) 信息的收集需要成本；(ii) 信息至少部分是公共产品。获得信息的人们会通过他们的行为，无意间向不知情者泄露信息，使得信息市场上存在很多“搭便车者”。根据这种论据，Grossman 和 Stiglitz（1980）认为信息市场不可能有效率。其他学者则研究人们是否能形成理性预期，比如 Friedman（1979）、DeCanio（1979）和 Pesaran（1987），结论是理性预期的情况并不总是成立。引用德卡尼奥（DeCanio）的一句话，即“信息的经济利用并不总是产生理性预期”（1979，p. 55）。

所以，有理由相信“信息需要成本”的分析不能为 REH 辩护。然而，现在很多经济学家接受 REH 作为一个基本假设，使得宏观模型存在不确定性。这种广泛认同的原因仍然具有一致性。由于我们很难了解实际的预期过程，而 REH 描述了一种均衡的情况，它几乎是最为贴近实际的假设。当然，REH 模型所描述的均衡也是内在随机的。因此，模型的 REH 解被认为是随机稳态解。

## 3.2 理性预期假设在宏观经济学中的应用

在十年时间里，理性预期观点背后的想法一直未被应用，直到新古典经济学家如罗伯特·卢卡斯(Robert Lucas)、托马斯·萨金特(Thomas Sargent)、尼尔·华莱士(Neil Wallace)、罗伯特·巴罗(Robert Barro)才开始被应用到宏观经济讨论中。他们主要是受到 Friedman (1968) 在美国经济学协会上发表的主席致辞的启发，并因此开始注意理性预期假设下货币政策的作用。

他们的基本观点可以阐述为一个简单的对数线性模型，由 Sargent 和 Wallace (1975) 提出：

$$y_t=\alpha_0+\alpha_1(p_t-E_{t-1}p_t)+u_t,\quad \alpha_1>0, \tag{3.18}$$

$$y_t=\beta_0+\beta_1(m_t-p_t)+\beta_2E_{t-1}(p_{t+1}-p_t)+v_t,\quad \beta_1>0,\beta_2>0, \tag{3.19}$$

$$m_t=\mu_0+\mu_1m_{t-1}+\mu_2y_{t-1}+e_t, \tag{3.20}$$

其中，$y_t\equiv\ln Y_t$，$m_t\equiv\ln M_t$，$p_t\equiv\ln P_t$，分别为产出、货币供给和价格水平，都用对数来表示。随机项设为 $u_t\sim N(0,\sigma_U^2)$，$v_t\sim N(0,\sigma_V^2)$，$e_t\sim N(0,\sigma_E^2)$，并假定它们在时间上与自身独立，即对任意 $t\neq s$ 都有 $E(u_tu_s)=E(v_tv_s)=E(e_te_s)=0$，并各自独立，即 $E(u_te_t)=E(u_tv_t)=E(v_te_t)=0$。

方程 (3.18) 基于短期总供给曲线的期望，即它是对应于方程 (2.2) 的随机对数线性形式。如果人们低估了价格水平 ($p_t>E_{t-1}p_t$)，则他们将会提供过量的劳动，使得产出扩大。注意，系数 $\alpha_0$ 的含义是潜在产出，$\alpha_0=y_t^*\equiv\ln Y^*$。方程 (3.19) 是 AD 曲线。实际余额项 $m_t-p_t$ 反映了 LM 曲线的影响，即凯恩斯效应，以及预期的通货膨胀率 $E_{t-1}(p_{t+1}-p_t)$ 代表托宾效应。[①] 投资取决于实际利率，所以对于给定的名义利率水平，通货膨胀率上升表明实际利率降低，投资增加，因而总需求增加。这个解释嵌套了两个有趣的特例：(i) 一个像弗里德曼的货币主义者认为货币供给不变（由于模型中没有实际的增长)，并给定 $\mu_1=\mu_2=0$，所以 $m_t=\mu_0e_t$；(ii) 凯恩斯主义者（如托宾）会支持反周期的经济政策，即 $\mu_1=0$，但 $\mu_2<0$。如果产出在前一期较低（例如与潜在产出相比)，货币主义者会通过提高这一期的货币供给来刺激经济。货币供给规则中存在误差项，并不意味着货币主义者故意使货币供给随机变化，而是中央银行不能完美地控制货币总量。我们也可以使货币供给取决于信息集中的其他元素，即 $p_{t-1}$，$p_{t-2}$，…，$m_{t-2}$，$m_{t-3}$，…，$y_{t-2}$，$y_{t-3}$，…，但是这并不影响我们关于货币政策有效性的任何定性的结论。

如何求解方程 (3.18) ～方程 (3.20) 中的模型？以前章节用过的解法也可以

① 为了表明 $p_{t+1}-p_t$ 代表通货膨胀率，我们先得留意 $p_{t+1}-p_t\equiv\ln(P_{t+1}/P_t)$，然后需要注意对于靠近 $x_0=1$ 的点 $x$ 的值，我们有 $\ln x\approx x-1$，因而可以得到通胀率的最后表达式 $\ln(P_{t+1}/P_t)\approx P_{t+1}/P_t-1=\Delta P_{t+1}/P_t$。

用于这个模型。首先，我们使总供给方程（3.18）和总需求方程（3.19）相等，并解出此时的价格水平：

$$p_t=\frac{\beta_0-\alpha_0+\beta_1 m_t+\alpha_1 E_{t-1}p_t+\beta_2 E_{t-1}(p_{t+1}-p_t)+v_t-u_t}{\alpha_1+\beta_1}。\tag{3.21}$$

然后，我们在信息集 $\Omega_{t-1}$ 上求 $p_t$ 的条件期望：

$$E_{t-1}p_t=\frac{\beta_0-\alpha_0+\beta_1 E_{t-1}m_t+\alpha_1 E_{t-1}E_{t-1}p_t}{\alpha_1+\beta_1}+\frac{\beta_2 E_{t-1}E_{t-1}(p_{t+1}-p_t)+E_{t-1}(v_t-u_t)}{\alpha_1+\beta_1}。\tag{3.22}$$

条件期望的条件期望是其本身，即我们只需要在方程（3.22）右边写一个 $E_{t-1}$。随机项 $v_t$ 和 $u_t$ 不是自相关的，所以它们的条件期望是 0，即 $E_{t-1}v_t=0$，$E_{t-1}u_t=0$。换句话说，人们掌握上一期的随机项的效果，并不能预测出本期这些项的效果。把这些代入方程（3.22），我们可以得到简化的 $E_{t-1}p_t$ 的表达式：

$$E_{t-1}p_t=\frac{\beta_0-\alpha_0+\beta_1 E_{t-1}m_t+\alpha_1 E_{t-1}p_t+\beta_2 E_{t-1}(p_{t+1}-p_t)}{\alpha_1+\beta_1}。\tag{3.23}$$

从式（3.21）中减去式（3.23），我们可以得到价格超出预期的一个简单表达形式：

$$p_t-E_{t-1}p_t=\frac{\beta_1}{\alpha_1+\beta_1}(m_t-E_{t-1}m_t)+\frac{1}{\alpha_1+\beta_1}(v_t-u_t)。\tag{3.24}$$

只有对 AD 和 AS 曲线的未预期冲击以及对货币政策的未预期调整才会使人们意外。显然，方程（3.20）表明 $m_t-E_{t-1}m_t=e_t$，所以方程（3.24）和方程（3.18）表明了产出的如下式子：

$$y_t=y^*+\frac{\alpha_1\beta_1 e_t+\alpha_1 v_t+\beta_1 u_t}{\alpha_1+\beta_1},\tag{3.25}$$

我们这里利用了 $\alpha_0=y^*$ 的事实，这与方程（3.11）和方程（3.25）的类似之处是显然的。方程（3.25）表示了产出的随机稳态解。给定模型和理性预期假设，产出根据方程（3.25）波动。

方程（3.25）的一个解释使得 20 世纪 70 年代早期很多经济学家备受困扰。它表明货币政策对产出没有影响（因而对就业没有影响）：不论政府采用什么政策（被动的货币主义政策或积极的凯恩斯主义政策），方程（3.25）中的产出都不受政府政策的限制。简单地说，这就是政策无效命题（PIP）的基本信息。引述萨金特和华莱士的话如下：

> 在这个系统中，当局采用逆周期的政策是没有用的，因为根据菲利普斯曲线，这只是某种对公众的愚弄。基于“预期是理性的”这个假设的优点是：政府无法使用反馈法则，也不能通过系统的方法来愚弄公众。这意味着，即便在一期内，政府也不能使用菲利普斯曲线。(1976，p. 177)

当然，政策无效命题在经济学家中引起了震动，因为它似乎证明了宏观经济学是无用的。如果宏观经济需求控制是无效的，那么社会为什么要出资让经济学家撰写冗长的关于稳定政策的学术论文呢？

在这种观点登峰造极之时，新古典经济学派发表了对此前居主导地位的凯恩斯主义政策导向的宏观经济学的抨击。卢卡斯声称当时有名的（带有很强的凯恩斯主义倾向的）大型宏观经济模型对解决实际应用的问题，也就是对不同类型经济政策的效果的评估，是没有帮助的。这个所谓的卢卡斯批判可以用我们的模型解释。假设经济在方程（3.20）的描述下运行，人们掌握这一事实，并且经济处在随机稳态中，所以随机过程的产出是方程（3.25）的结果。

由方程（3.20）解出 $e_t$ 并代入方程（3.25），显然产出可以写为如下形式：

$$y_t=\phi_0+\phi_1 y_{t-1}+\phi_2 m_t+\phi_3 m_{t-1}+\zeta_t, \tag{3.26}$$

其中，

$$\phi_0\equiv y^*-\frac{\mu_0\alpha_1\beta_1}{\alpha_1+\beta_1}, \quad \phi_1\equiv-\frac{\mu_2\alpha_1\beta_1}{\alpha_1+\beta_1}, \quad \phi_2\equiv\frac{\alpha_1\beta_1}{\alpha_1+\beta_1}, \tag{3.27}$$

$$\phi_3\equiv-\frac{\mu_1\alpha_1\beta_1}{\alpha_1+\beta_1}, \quad \zeta_t\equiv\frac{\alpha_1 v_t+\beta_1 u_t}{\alpha_1+\beta_1}。 \tag{3.28}$$

试图估计参数 $\phi$ 的值的计量经济学家会对方程（3.26）做回归并发现模型拟合得很好。在理性预期和给定的货币政策下，目前的产出水平与滞后产出以及现期和滞后供给之间将会有一个稳定的联系。但是否政策制定者会使用关于这种联系的知识去刺激经济呢？一个无知但流行的解释是扩张的货币政策会导致产出增加和就业上升（因为 $\phi_2$ 的估计值毋庸置疑是正的），事实上很多人模仿计量经济模型来给出政策建议。然而卢卡斯指出，这种模拟政策的模型是没有意义的，因为在理性预期假设下模型的系数并非常数，即参数 $\phi$ 是结构性参数（比如参数 $\alpha$，$\beta$）和政策规则参数（参数 $\mu$）的混合值。事实上，假设政府由一个消极政策转向一个强有力的反周期政策，即 $\mu_2$ 从 0 变成一个绝对值更大的负数，现有模型的基于已经存在的参数 $\phi$ 的估计会严重偏离这种政策转变的实际效果，这是因为，事实上参数 $\phi$ 的值是会变化的。例如，$|\mu_2|$ 的值变大时，会使得 $|\phi_1|$ 的值增加。

当然，卢卡斯在原理上是正确的。如果只比较随机稳态，确实会得到他预计的结论。但是在实践中，卢卡斯批判可能不那么正确，特别是在短期。如我们前面所提到的，对于人们形成理性预期的过程，我们知之甚少，方程（3.26）和方程（3.20）可能都会给出错误的答案。这就是包含理性预期假设的完整模型比较少见的原因。

## 3.3 我们应当承认政策无效命题吗

在萨金特和华莱士 1976 年的论文沉重打击了（凯恩斯主义的）反周期政策后不

久，出现了一个争论，内容是：政策无效命题并不是理性预期假设所导致的不可避免的结果（这当然使很多凯恩斯主义者高兴起来，并使得理性预期假设更易于被人们接受）。政策无效命题的重要反例是新凯恩斯主义经济学家 Stanley Fischer（1977）提出的。在前人已有研究的基础上，特别是基于 Modigliani（1944）对凯恩斯主义贡献的解释，他的观点是可以预测的。如果货币工资是刚性的，例如存在名义工资合同，那么政策无效命题会有什么变化？

### □ 3.3.1 一期名义工资合同

Fischer（1977）的模型非常简单。AD 曲线本质上是货币主义观点的：

$$y_t = m_t - p_t + v_t, \tag{3.29}$$

这可以被视作方程（3.19）的一个特例，其中 $\beta_0 = \beta_2 = 0$，$\beta_1 = 1$。宏观经济的供给由签订一期或两期合同的工人组成，签订合同后对劳动的需求决定了实际的就业。我们首先考虑一期合同的例子。假设工人的目的是（并且固定在）签订一个他们下一期能充分就业的名义工资合同，这可以用图 3—6 表示。工人们掌握劳动力的供给和需求的信息，并能估计出市场出清的工资水平 $\gamma$。由于合同是在知道 $t$ 期价格之前签订的，所以工人们用预期价格水平来确定使市场出清的实际工资。如果价格预期是 $p_t^e$，那么预期在 $E_0$ 点实现完全就业。如果 $t$ 期的实际价格水平较高($p_t^0 > p_t^e$)，那么充分就业发生于 A 点，因为准确的实际工资率 $w_t - p_t^0$ 要低于充分就业时的实际工资率 $\gamma$，所以就业比充分就业 $n_t^*$ 要高。与此相反，当 $p_t^1 < p_t^e$ 时，实际工资率过高，此时经济处于点 $B$。

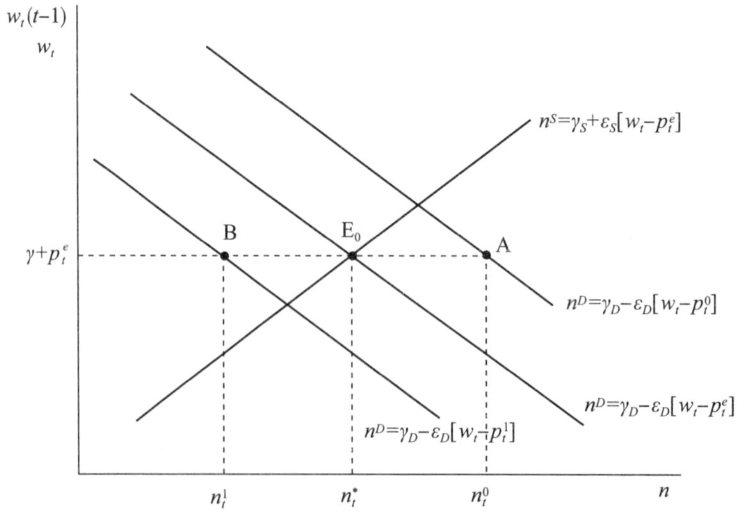


**图 3—6 一期合同下的工资决定**

用 $w_t(t-1)$表示 $t-1$ 期结束时的名义工资（对数），并在 $t$ 期保持，由于劳动力市场出清的实际工资水平是 $\gamma$，之后 $w_t(t-1)$等于：

$$w_t(t-1)=\gamma+E_{t-1}p_t,\tag{3.30}$$

其中，我们可以通过令 $\gamma=0$ 来简化分析，产出的供给取决于实际工资水平：

$$y_t=[p_t-w_t(t-1)]+u_t,\tag{3.31}$$

所以由方程（3.30）和方程（3.31）可以得到一个卢卡斯类型的供给曲线：

$$y_t=[p_t-E_{t-1}p_t]+u_t。\tag{3.32}$$

注意方程（3.32）是方程（3.18）在 $\alpha_0=0$ 和 $\alpha_1=1$ 时的特例。

我们假设制定政策时的规则如下：

$$m_t=\sum_{i=1}^{\infty}\mu_{1i}u_{t-i}+\sum_{i=1}^{\infty}\mu_{2i}v_{t-i}。\tag{3.33}$$

因而，假设政策制定者在总供给和总需求中对以前的冲击有所反映（在下文我们将会发现事实上对冲击的反应滞后一期或两期是充分条件，即 $\mu_{1i}=\mu_{2i}=0$，$i=3$，4，…，$\infty$）。

毫不奇怪的是，用类似于我们前面模型的观点来看，费希尔（Fischer）的一期合同模型证明政策无效命题是成立的。求理性预期假设的解如下：首先，从方程（3.29）和方程（3.32）中解出 $p_t$：

$$p_t=\frac{1}{2}[m_t+v_t-u_t+E_{t-1}p_t]。\tag{3.34}$$

这是当 AD 曲线与卢卡斯供给曲线相交时的价格水平。两边取条件期望，方程（3.34）变成：

$$E_{t-1}p_t=\frac{1}{2}[E_{t-1}m_t+E_{t-1}v_t-E_{t-1}u_t+E_{t-1}p_t]。\tag{3.35}$$

方程（3.34）减方程（3.35），得到预期误差：

$$p_t-E_{t-1}p_t=\frac{1}{2}[(m_t-E_{t-1}m_t)+(v_t-E_{t-1}v_t)-(u_t-E_{t-1}u_t)]。\tag{3.36}$$

现在假设冲击项有自相关性，即：

$$u_t=\rho_U u_{t-1}+\varepsilon_t,\quad |\rho_U|<1,\quad v_t=\rho_V v_{t-1}+\eta_t,\quad |\rho_V|<1,\tag{3.37}$$

其中，$\varepsilon_t\sim N(0,\sigma_\varepsilon^2)$ 和 $\eta_t\sim N(0,\sigma_\eta^2)$ 是不相关的白噪声序列。

式（3.36）中的预期误差有什么特征？首先，式（3.33）表明人们一旦知道了滞后信息就会立即知道 $t$ 时期的货币供给（政策制定中不存在随机因素）。因而，$m_t-E_{t-1}m_t=0$。其次，冲击是自相关的这个事实表明，人们会利用过去的有关冲击的信息（即 $v_{t-1}$ 和 $u_{t-1}$）来预测 $t$ 时期的冲击：

$$E_{t-1}u_t=\rho_U u_{t-1},\quad E_{t-1}v_t=\rho_V v_{t-1}。\tag{3.38}$$

利用方程（3.36）的预测，并将其代入式（3.32），可以获得理性预期假设下的解：

$$y_t=\frac{1}{2}[\eta_t-\varepsilon_t]+u_t。\tag{3.39}$$

政策制定的系数（即$\mu_{1i}$和$\mu_{2i}$）不影响产出的变化，所以政策无效命题成立。换句话说，预期的货币政策不能使产出背离潜在水平。

### □ 3.3.2 交叠的工资合同

现在考虑签订两期名义合同的例子。我们继续假定名义工资固定，这样实际工资就与失业量有关。因而，在 $t$ 时期存在两期名义工资合同。一半工人基于 $t-1$ 期的工资签订合同（在 $t$ 期和 $t+1$ 期内有效），另一半工人的合同是在 $t-2$ 期签订的（在 $t-1$ 期和 $t$ 期有效）。用符号表示为

$$w_t(t-1)\equiv E_{t-1}p_t,\quad w_t(t-2)\equiv E_{t-2}p_t。\tag{3.40}$$

注意两类合同的信息集的不同。经济是完全竞争的，所以只有一个产出价格，总供给等于：

$$y_t=\frac{1}{2}[p_t-w_t(t-1)+u_t]+\frac{1}{2}[p_t-w_t(t-2)+u_t],\tag{3.41}$$

其中等式右边括号中的第一项是那些雇用处在第一年合同的工人的厂商的产出，第二项是雇用处在第二年（将到期）合同的工人的厂商的产出。将方程（3.40）代入方程（3.41），我们得到了两期合同情形下的总供给曲线：

$$y_t=\frac{1}{2}[p_t-E_{t-1}p_t]+\frac{1}{2}[p_t-E_{t-2}p_t]+u_t。\tag{3.42}$$

因此，这个总供给曲线有两个预期误差项，它们基于不同的信息集。模型的其他部分由总需求曲线方程（3.29）和货币供给方程（3.33）构成。

模型可以通过反复迭代求解。衍生形式有些琐碎，这里我们给出一些细节。首先，由方程（3.29）和方程（3.42）可以解出 $p_t$：

$$p_t=\frac{1}{2}\left[m_t+v_t-u_t+\frac{1}{2}(E_{t-1}p_t+E_{t-2}p_t)\right]。\tag{3.43}$$

对式（3.43）的两端在 $t-2$ 期的信息集上求条件期望，我们得到：

$$E_{t-2}p_t=\frac{1}{2}\left[E_{t-2}m_t+E_{t-2}v_t-E_{t-2}u_t+\frac{1}{2}(E_{t-2}E_{t-1}p_t+E_{t-2}E_{t-2}p_t)\right]。\tag{3.44}$$

我们已经知道 $E_{t-2}E_{t-2}p_t=E_{t-2}p_t$，然而 $E_{t-2}E_{t-1}p_t$ 的含义是什么？它表示人们在 $t-1$期（利用 $t-2$ 期的信息）预测 $t$ 期的价格水平，但是稍加考虑就可以知道这和人们用 $t-2$ 期的信息预测没有区别，即 $E_{t-2}E_{t-1}p_t\equiv E_{t-2}p_t$。这是期望迭代法则的应用。这个法则的含义是事先你并不知道你会怎样改变想法。只有真正的新信息才会让你改变期望，因而可以由方程（3.44）解出 $E_{t-2}p_t$：

$$E_{t-2}p_t=E_{t-2}m_t+E_{t-2}v_t-E_{t-2}u_t。\tag{3.45}$$

类似地，对方程（3.43）两边基于 $t-1$ 期信息求条件期望，我们得到：

$$E_{t-1}p_t=\frac{1}{2}\left[E_{t-1}m_t+E_{t-1}v_t-E_{t-1}u_t+\frac{1}{2}(E_{t-1}E_{t-1}p_t+E_{t-1}E_{t-2}p_t)\right]。\tag{3.46}$$

显然，$E_{t-1}E_{t-1}p_t=E_{t-1}p_t$，那么 $E_{t-1}E_{t-2}p_t$ 的含义是什么？它表示人们在 $t-2$ 期（利用 $t-1$ 期的信息）预测 $t$ 期的价格水平。但是 $E_{t-2}p_t$ 在 $t-1$ 期是已知的，所以 $E_{t-1}E_{t-2}p_t=E_{t-2}p_t$（常数的期望是常数本身）。将式（3.45）代入式（3.46），解得 $E_{t-1}p_t$：

$$E_{t-1}p_t=\frac{2}{3}E_{t-1}m_t+\frac{1}{3}E_{t-2}m_t+\frac{2}{3}[E_{t-1}v_t-E_{t-1}u_t]+\frac{1}{3}[E_{t-2}v_t-E_{t-2}u_t]。\tag{3.47}$$

我们现在将式（3.45）和式（3.47）代入式（3.43），得到价格水平的理性预期解：

$$p_t=\frac{2}{3}E_{t-1}m_t+\frac{1}{3}E_{t-2}m_t+\frac{1}{2}(v_t-u_t)+\frac{1}{6}E_{t-1}(v_t-u_t)+\frac{1}{3}E_{t-2}(v_t-u_t)。\tag{3.48}$$

将这个解代入 AD 曲线方程（3.29）得到 $y_t$ 的表达式：

$$y_t=\frac{1}{3}(m_t-E_{t-2}m_t)-\frac{1}{2}(v_t-u_t)-\frac{1}{6}E_{t-1}(v_t-u_t)-\frac{1}{3}E_{t-2}(v_t-u_t)+v_t,\tag{3.49}$$

其中我们用到了 $E_{t-1}m_t=m_t$ 这个等式关系。

现在考虑货币的预期误差$(m_t-E_{t-2}m_t)$。应用式（3.33），我们得到：

$$m_t=\mu_{11}u_{t-1}+\mu_{21}v_{t-1}+\sum_{i=2}^{\infty}\mu_{1i}u_{t-i}+\sum_{i=2}^{\infty}\mu_{2i}v_{t-i},\tag{3.50}$$

且

$$\begin{aligned}E_{t-2}m_t&=\mu_{11}E_{t-2}u_{t-1}+\mu_{21}E_{t-2}v_{t-1}+\sum_{i=2}^{\infty}\mu_{1i}E_{t-2}u_{t-i}+\sum_{i=2}^{\infty}\mu_{2i}E_{t-2}v_{t-i}\\&=\rho_U\mu_{11}u_{t-2}+\rho_V\mu_{21}v_{t-2}+\sum_{i=2}^{\infty}\mu_{1i}u_{t-i}+\sum_{i=2}^{\infty}\mu_{2i}v_{t-i}。\end{aligned}\tag{3.51}$$

我们用到了式（3.38），注意 $E_{t-2}u_{t-i}=u_{t-i}$，$E_{t-2}v_{t-i}=v_{t-i}(i=1,2,3,\cdots)$。式（3.37）得到的结论是 $E_{t-2}u_{t-1}=\rho_U u_{t-2}$ 和 $E_{t-2}v_{t-1}=\rho_V v_{t-2}$。由式（3.50）和式（3.51）我们得到：

$$\begin{aligned}m_t-E_{t-2}m_t&=\mu_{11}[u_{t-1}-\rho_U u_{t-2}]+\mu_{21}[v_{t-1}-\rho_V v_{t-2}]\\&=\mu_{11}\varepsilon_{t-1}+\mu_{21}\eta_{t-1}。\end{aligned}\tag{3.52}$$

方程（3.52）可以用非常直观的方式理解。人们可以完美预期到下一期的货币供给

（即 $E_{t-1}m_t=m_t$），但是不能预测两期之后的情况。这是因为政策制定者会对 $t-1$ 期需求和供给冲击中发生的新变化（分别等于 $\varepsilon_{t-1}$ 和 $\eta_{t-1}$）作出反应（给定 $\mu_{11}\neq 0$ 和 $\mu_{21}\neq 0$）。换句话说，在 $t-2$ 期订立合同的人们无法预测 $t-1$ 期的新变化。

若将式（3.52）代入式（3.49），可获得产出的最终表达式为①

$$\begin{aligned} y_t &= \frac{1}{3}[\mu_{11}\varepsilon_{t-1}+\mu_{21}\eta_{t-1}]+\frac{1}{2}(v_t+u_t)-\frac{1}{6}E_{t-1}(v_t-u_t)-\frac{1}{3}E_{t-2}(v_t-u_t) \\ &= \frac{1}{3}[\mu_{11}\varepsilon_{t-1}+\mu_{21}\eta_{t-1}]+\frac{1}{2}(\rho_V v_{t-1}+\eta_t+\rho_U u_{t-1}+\varepsilon_t) \\ &\quad -\frac{1}{6}(\rho_V v_{t-1}-\rho_U u_{t-1})-\frac{1}{3}(\rho_V^2 v_{t-2}-\rho_U^2 u_{t-2}) \\ &= \frac{1}{2}[\eta_t+\varepsilon_t]+\frac{1}{3}[\mu_{11}+2\rho_U]\varepsilon_{t-1}+\frac{1}{3}[\mu_{21}+\rho_V]\eta_{t-1}+\rho_U^2 u_{t-2}。 \end{aligned} \tag{3.53}$$

这是政策无效命题的重要反例。方程（3.53）包含了政策参数 $\mu_{11}$ 和 $\mu_{21}$，所以即使在理性预期下产出也会受货币政策的影响。如费希尔所述，他的结论的直观原因是："……在两年期合同签订后和到期前一年这段时间内，货币政策制定者有时间根据最近的经济波动的新信息作出调整"（1977，p. 269）。因为这个两期合同，半数工人会自动选择将合同工资定在"静态"的信息上。

但是费希尔带给新古典经济学家的以下冲击更强烈。显然，产出可能受到货币政策的影响。但产出是否应该受到影响？如果可以，又将如何影响？式（3.53）表明产出随机波动，所以，一段时间中产出必然有一定程度的波动。一种合适的度量是 $y_t$ 的渐近方差，记为 $\sigma_Y^2$（见插叙 3.1）。直觉上，渐近方差度量了产出波动的程度。应用标准（但是某种程度上较为冗长）方法，式（3.53）表示的产出变动的渐近方差可以写为

$$\sigma_Y^2 \equiv \sigma_\varepsilon^2\left[\frac{1}{4}+\frac{\rho_U^4}{1-\rho_U^2}+\frac{1}{9}(\mu_{11}+2\rho_U)^2\right]+\sigma_\eta^2\left[\frac{1}{4}+\frac{1}{9}(\mu_{21}+\rho_V)^2\right]。 \tag{3.54}$$

所以，在一定程度上，产出的波动是经济福利损失的很好的代替，政策制定者通过正确选择自己的反应系数 $\mu_{11}$ 和 $\mu_{21}$ 来减小产出的渐近方差。结果得到这两个系数的最优值为

$$\mu_{11}=-2\rho_U,\quad \mu_{21}=-\rho_V。 \tag{3.55}$$

直觉上，政策参数应该抵消发生在 $t-1$ 期的冲击的影响。根据方程（3.53），方程（3.55）中的系数符合这一要求。当然，不是所有的产出冲击都可以被政策制定者抵消。这是因为方程（3.53）右边的第一项和第四项不受政策制定者的控制。对于第

① 从第一行到第二行，我们利用了方程（3.37）到方程（3.38），并且注意到 $E_{t-2}v_t=\rho_V^2 v_{t-2}$ 和 $E_{t-2}u_t=\rho_U^2 u_{t-2}$。而从第二行到第三行，我们利用了 $v_{t-1}=\rho_V v_{t-2}+\eta_{t-1}$ 和 $u_{t-1}=\rho_U u_{t-2}+\varepsilon_{t-1}$，而我们做这些替换的原因是我们想将这些产出方式尽可能地用现期和滞后期（$\varepsilon_{t-i}$ 和 $\eta_{t-i}$）的形式来表达，这样我们就可以知道其中的数据特性。

一项，政策制定者不比公众有更多的关于现阶段发生事件的信息；对于第四项，因为当 $t-2$ 期签订最早的合同后，$u_{t-2}$成为已知，因而被包含在这一期合同中。

Chadha（1989）应用 Calvo（1982）的观点（将在第 13 章中详细讨论）扩展了 Fischer（1977）对多阶段交叠合同的分析。在这个模型中，他能够分析任意时长的合同（不仅仅局限于费希尔模型中的一期或两期合同）。因而，他得到以合同长度为变量的产出的渐近方差。图 3—7 展示了这一函数。结论让人十分惊讶：存在一个最优合同期数 $T^*>0$，查达哈（Chadha）估计美国经济的这个值约为 3.73（1989，p. 492）。因而，直觉上，合同起到了经济的"冲击吸收器"的作用。

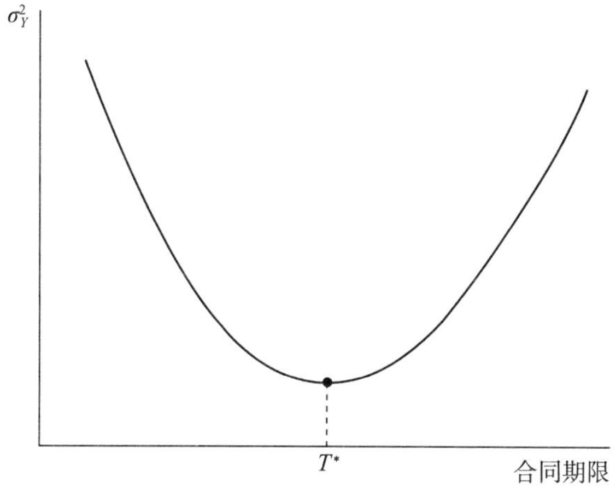


**图 3—7　合同最优期限**

有趣的是，Buiter（1980）认为还有很多原因导致政策无效命题失效。例如，个人可能没有理性预期，或者名义价格具有黏性。因而，即使预期的货币政策可能不能使产出偏离自然水平，预期的货币政策也会影响自然水平本身。一个理论上的例子（即使实证上不十分贴切）是蒙代尔-托宾效应（Mundell-Tobin effect）：较高的货币增长率降低了实际利率，同时加速了资本积累，提高了产出的自然水平。

**插叙 3.1**

## 渐近方差

理性预期理论经常用渐近方差作为福利的度量。直觉上，渐近方差度量了产出随时间波动的程度。波动剧烈（平稳）的经济有着较高（低）的渐近方差值。假设如下的方程给出了产出的变化：

$$y_t=\lambda y_{t-1}+x_t+\varepsilon_t, \quad |\lambda|<1, \tag{a}$$

其中，$y_t$ 是产出，$x_t$ 是一些具有决定性的外生变量（用向量表示），$t$ 是均值为 0、方差为 $\sigma_\varepsilon^2$ 的白噪声随机误差项。一个火星人在不知道产出和误差项，但是掌握方程（a）的形式和随机误差项的分布的情况下，如何判断产出的波动？答案是他可以计算渐近方差：

$$\sigma_Y^2 \equiv E_{t-\infty}[y_t-E_{t-\infty}y_t]^2, \tag{b}$$

其中记号 $E_{t-\infty}$ 表明没有关于之前情况的信息。火星人好像是在时间的起点做判断。

方程 (a) 表示的过程的渐近方差的计算如下。首先，我们写出 $E_{t-\infty}y_t=\lambda E_{t-\infty}y_{t-1}+x_t$，求平方得：

$$
\begin{aligned}
[y_t-E_{t-\infty}y_t]^2&=[\lambda y_{t-1}+x_t+\varepsilon_t-\lambda E_{t-\infty}y_{t-1}-x_t]^2\\
&=[\lambda(y_{t-1}-E_{t-\infty}y_{t-1})+\varepsilon_t]^2\\
&=\lambda^2[y_{t-1}-E_{t-\infty}y_{t-1}]^2+\varepsilon_t^2+2\lambda\varepsilon_t[y_{t-1}-E_{t-\infty}y_{t-1}],
\end{aligned}
\tag{c}
$$

其中我们使用了如下两个事实：$E_{t-\infty}x_t=x_t$ 和 $E_{t-\infty}\varepsilon_t=0$。对 (c) 的两边求期望得：

$$
\begin{aligned}
E_{t-\infty}[y_t-E_{t-\infty}y_t]^2=&\lambda^2E_{t-\infty}[y_{t-1}-E_{t-\infty}y_{t-1}]^2+E_{t-\infty}\varepsilon_t^2\\
&+2\lambda E_{t-\infty}\varepsilon_t[y_{t-1}-E_{t-\infty}y_{t-1}]。
\end{aligned}
\tag{d}
$$

方程右边的第二项是误差项的方差($\sigma_\varepsilon^2\equiv E_{t-\infty}\varepsilon_t^2$)；第三项是零，因为误差项独立于滞后的产出。方程左边是 $y_t$ 的渐近方差，右边是 $y_{t-1}$ 的渐近方差的 $\lambda^2$ 倍。由于在方程 (a) 中，过程是平稳的 ($|\lambda|<1$)，两个渐近方差相等。综上，渐近方差的最终表达式为

$$
\sigma_Y^2=\lambda^2\sigma_Y^2+\sigma_\varepsilon^2\Rightarrow\sigma_Y^2=\frac{\sigma_\varepsilon^2}{1-\lambda^2}。\tag{e}
$$

直观上，由于滞后的持续性效果，产出的渐近方差是误差方差的乘数。若 $\lambda$ 接近于 1，滞后作用非常强且该乘数非常大。

## 3.4 小 结

对于大多数经济学家而言，适应性预期假设（AEH）让人不满意之处在于它认为在从最初到最终均衡的整个过程中，人们会犯系统性错误。20 世纪 60 年代早期，约翰·穆特认为这样的结论与经济学之前的主流观点不符，即人们理性地使用稀缺资源（如信息）。他提出了理性预期假设（REH），即在人们知道信息集的情况下，对一个特定变量的主观预期等于该变量的客观期望。

20 世纪 70 年代早期，穆特的观点被大量新兴的新古典经济学家引入宏观经济学文献。他们认为在 REH 假设下，货币政策是无效的（对总产出和就业而言），因为人们不会犯提供过多或过少的劳动这类系统性错误。这就是所谓的政策无效命题（PIP），这个命题在 20 世纪 70 年代中期的宏观经济学家中产生了很大的轰动。REH 的另一个意义是，根据卢卡斯批判，之前居于主流地位的宏观经济计量模型无法评估不同宏观经济政策的效果。

如同很快由新凯恩斯学派的支持者指出的那样，REH 不足以表明政策无效命题的有效性。斯坦利·费希尔(Stanley Fischer) 指出，如果超过一期的名义工资事先确定（并且不存在指数化），那么即使在理性预期下货币政策也能够（而且应当）用来稳定经济运行。因而，政策无效命题的有效性不那么依赖于 REH，而更依赖于选

择的模型。在古典模型中引入 REH 会得到古典的解释，在凯恩斯模型中引入 REH 会得到凯恩斯理论的解释。

众所周知的是，除非专门进行进一步讨论的极端情形，否则政策无效命题不能完全当真。此外，费希尔和其他人所展示的事实表明 REH 不一定能导出政策无效命题，因而人们通常会接受 REH 作为模型的一部分。卢卡斯批判是成立的，但是理论经济学家（Favero and Hendry，1992）和政策制定者普遍从实证上质疑它的短期效果。这种部分的承认是由于缺少关于人们如何对新政策作出反应的理论。

## 延伸阅读

宏观经济学教材中涉及理性预期的经典文献是 Lucas（1972，1973）、Sargent（1973）、Sargent 和 Wallace（1975，1976）以及 Barro（1976）。强调工资和价格黏性的论文有 Fischer（1977）、Phelps 和 Taylor（1977）、Barro（1977）、Gray（1976，1978）以及 Taylor（1979，1980）。对这些理性预期文献的较好的研究可以参阅 Shiller（1978），McCallum（1980），Maddock 和 Carter（1982）以及 Attfield、Demery 和 Duck（1985）。关于线性理性预期模型一般解决办法的探讨，有 Blanchard 和 Kahn（1980）以及 McCallum（1998）。关于理性预期的几篇关键文章是 Lucas 和 Sargent（1981）以及 Miller（1994）和 Hoover（1992）。有兴趣的读者可以进一步查阅 Lucas（1981）和 Sargent（1993）的论文集。同时见 Frydman 和 Phelps（1983）关于理性预期的研究的论文集。而关于线性理性预期模型的一般性论述，可以参见 Blanchard 和 Kahn（1980，p. 1308）以及 McCallum（1983a，1999）。

如卢卡斯自己所承认的，卢卡斯批判最初的陈述来自 Marschak（1953）。理性预期假设在金融学中的早期应用见 Samuelson（1965）。McCallum（1983b）提出了流动性陷阱的模型，并发现了理性预期解。Turnovsky（1977，chs. 13—14）给出了理性预期理论被提出之前有关最佳稳态政策的文献。也可以参见 Poole（1970）在随机 IS－LM 模型下关于最优政策选择模型的经典分析。关于理性预期假设下经济政策的早期分析见 Fischer（1980b）。

# 第 4 章 预期效应和经济政策

本章的目标是讨论以下问题：

1. 完成我们在第 2 章中开始的厂商投资的动态理论。

2. 运用投资理论决定政府如何运用税收激励（例如投资补贴）来刺激资本积累。这是政府通过财政政策改变相对价格来产生替代效应的一个例子。

3. 加深对 IS－LM 框架下的投资理论的认识。预期效应是如何影响传统预算政策的？

## 4.1 动态投资理论

在第 2 章中，我们简要描述了基于前瞻行为和投资成本调整的厂商投资理论。为了在直觉上更清楚，模型采用了离散时间。然而，事实上连续时间的情况更容易从数学的角度说明。所以我们的第一个任务就是在连续时间的情况下重新建立和导出这一模型。

### 4.1.1 基本模型

假定一个代表性厂商的实际利润是收益减去支付的劳动力成本和资本的花费：

$$\pi(t) \equiv F(N(t), K(t)) - w(t)N(t) - p^I(t)[1-s_I(t)]\Phi(I(t)), \tag{4.1}$$

其中，$\pi(t)$ 是 $t$ 时期的利润，$F(\cdot, \cdot)$ 是规模报酬不变的生产函数，$w(t)$ 是实际工资水平 $[\equiv W(t)/P(t)]$，$p^I(t)$ 是投资品的相对价格 $[\equiv P^I(t)/P(t)]$，$s_I(t)$

是投资补贴，$\Phi(\cdot)$是调整成本函数，且 $\Phi_I>0$，$\Phi_{II}>0$。通过假设厂商购买的商品和投资品等价（所谓的单一商品假设），我们得到简化式 $p^I(t)=1$。在一些例子中，可以出于简化，假设成本函数为二次的：

$$\Phi(I(t))=I(t)+b[I(t)]^2, \quad b>0。 \tag{4.2}$$

资本积累方程为

$$\dot{K}(t)=I(t)-\delta K(t), \quad \delta>0。 \tag{4.3}$$

厂商作出使得自己利润的现值最大的选择。由于式（4.1）定义了实际价格，相应的贴现率就是不同金融资产的实际利率。这个实际利率表示为 $r$ 并在本章中假设是不随时间推移而变化的。在这些假设下，现在和未来的收益流的净现值为

$$\begin{aligned} V(0) &\equiv \int_0^{\infty} \pi(t)e^{-rt}dt \\ &= \int_0^{\infty} [F(N(t), K(t))-w(t)N(t)-[1-s_I(t)]\Phi(I(t))]e^{-rt}dt。\end{aligned} \tag{4.4}$$

在资本市场的层面上，公司的股票在市场上交易，股价是基于公司的基本情况，而不是对公司的臆想或者非理性的货币波动，所以公司的实际股价等于 $V(0)$，名义股价为 $P(0)V(0)$。

厂商在式（4.3）的约束下最大化式（4.4）。借助最大化原理我们很容易求出解。① 现值的汉密尔顿函数可以写为

$$\begin{aligned} \mathcal{H}_C(t) \equiv & F(N(t),K(t))-w(t)N(t)-[1-s_I(t)]\Phi(I(t)) \\ & +q(t)[I(t)-\delta K(t)]。\end{aligned} \tag{4.5}$$

正式地，$q(t)$ 表示资本积累约束的拉格朗日乘子。$q(t)$ 的经济学解释是直观的，即$q(0)$代表固定资本 $K(0)$的影子价格。换句话说，$q(0)$ 表示如果最初资本价格略微增加 $[dK(0)]$，厂商的现值将增加 $[dV(0)]$，即 $q(0)\equiv dV(0)/dK(0)$（见下文插叙 4.1 关于托宾 $q$ 的讨论）。

厂商可以在每个瞬间自由选择投入的劳动和资本，所以如下一阶条件($t\in[0, \infty]$)是符合直觉的：

$$\frac{\partial \mathcal{H}_C(t)}{\partial N(t)}=F_N(N(t),K(t))-w(t)=0, \tag{4.6}$$

$$\frac{\partial \mathcal{H}_C(t)}{\partial I(t)}=q(t)-[1-s_I(t)]\Phi_I(I(t))=0。 \tag{4.7}$$

方程（4.6）的解释是常见的：厂商必须选择使得边际产出等于实际工资的雇佣劳动量。注意，方程（4.7）表明了一个简单的投资函数：

---

① 注意，这里概述的方法是第 2 章中用到的拉格朗日乘子法。最大化原则在纯经济直觉上的应用见 Dorfman（1969），另外还有 Dixit（1990）和 Intriligator（1971）。也可查阅数学附录。

$$[1-s_I(t)]\Phi_I(I(t))=q(t)\Rightarrow I(t)\equiv I(q(t),s_I(t)),\tag{4.8}$$

其中，$I_q\equiv 1/[(1-s_I)\Phi_{II}]>0$且 $I_s\equiv\Phi_I/[(1-s_I)\Phi_{II}]>0$。即较高的 $q$ 和 $s_I$ 值都产生了较高的投资。显然，对于二阶调整成本函数式（4.2），投资函数具有简单的形式：

$$\Phi_I(I(t))=1+2bI(t)=\frac{q(t)}{1-s_I(t)}\Rightarrow I(t)=\frac{1}{2b}\left[\frac{q(t)}{1-s_I(t)}-1\right]。\tag{4.9}$$

注意该式和第 2 章中的结论有类似的解释［即方程（2.46）］。我们已经用到了 $q$ 值：这里导出的投资理论被称为托宾的 $q$ 理论，以发明者詹姆斯·托宾（1969）的名字命名。

方程（4.8）的第一个表达式确定了简单的投资的最优条件。它引导厂商使得投资的边际成本［等于$(1-s_I)\Phi_I$］与资本的影子价格（即投资的边际产出）相等。换句话说，今天增加投资能够使你的公司升值。这种升值被计入影子价格。

方程（4.6）～方程（4.7）是“边际成本等于边际收益”的必要静态条件。真正意义上的跨期部分能够通过选择最优影子价格解决。这种选择的一阶条件为

$$\dot q(t)-rq(t)=\left[-\frac{\partial\mathcal{H}_C(t)}{\partial K(t)}\equiv\right]-[F_K(N(t),K(t))-\delta q(t)]。\tag{4.10}$$

该条件可以写为很多形式，其中两个是：

$$\dot q(t)=(r+\delta)q(t)-F_K(N(t),K(t)),\tag{4.11}$$

$$\frac{\dot q(t)+F_K(N(t),K(t))}{q(t)}=r+\delta。\tag{4.12}$$

方程（4.12）有一个直觉上的解释。物质资本的占有和使用的影子回报是资本的影子收益［$\dot q(t)$］和资本的边际产出［$F_K(N(t),K(t))$］之和，用影子价格的形式表示（使其作为一种回报比率）。这种影子回报率必须等于其他金融资产（完全替代股份）的市场回报率。折旧成本必须被考虑，因为资本随着时间推移而折旧，不论厂商是否用它来生产。因而，在决定 $q(t)$ 的最优选择时，厂商考虑内在套利方程（4.12）。

在这一部分，我们得到了托宾关于投资的边际 $q$ 理论。在本章的插叙 4.1 中对这一问题有更细致的讨论，我们将对调整成本函数给出具体的假设，托宾的平均 $q$ 理论和边际 $q$ 理论一致。厂商的平均 $q$ 被定义为 $q(0)\equiv V(0)/K(0)$。换言之，$q$ 表示资本市场把厂商的资本均分到每一单位中去的值（重置成本，见插叙）。

这是这一模型最精彩的部分。理论上，人们可以在报纸上读到厂商的资本市场价值，然后将它除以它的资本存量的重置价值（工作量略大），并计算出厂商的 $q$ 值。$q$ 值的理论推导（根据资本市场参与者）反映了对于特定厂商来说意义重大的相关信息［更多的评价见 Hayashi（1982）］。

**插叙 4.1**

### 托宾的投资 $q$ 理论

在这个插叙中我们将证明在特定情况下，托宾的平均 $q$ 值和边际 $q$ 值相等。这个证

明是由 Hayashi (1982) 推导出的。假设调整成本函数中引入现存的资本存量，从而使方程（4.1）中的利润函数变为

$$\pi(t) \equiv F(N(t), K(t)) - w(t)N(t) - [1 - s_I(t)]\Phi(I(t), K(t)), \tag{a}$$

其中，$\pi(t)$ 是实际利润，$w(t)$ 是实际工资水平 $[\equiv W(t)/P(t)]$，$s_I(t)$ 是投资补贴。调整成本函数中的 $I(t)$ 和 $K(t)$ 是一阶齐次的，所以 $\Phi = \Phi_I I + \Phi_K K$（见插叙 4.3），而由 $\Phi(\cdot)$ 衍生出的一些偏微分的性质有 $\Phi_I > 0$，$\Phi_K < 0$，$\Phi_{II} > 0$，$\Phi_{IK} < 0$ 和 $\Phi_{KK} > 0$。因而调整成本是资本存量的减函数。在给定的投资水平下，规模较大的厂商遭受的损失比小厂商要小。

假设厂商最大化未来收益的现值，用（随时间推移而变化的）利率 $r(t)$ 作为贴现因子。方程（4.4）改写为

$$V(0) \equiv \int_0^\infty \Big[F(N(t), K(t)) - w(t)N(t) - [1 - s_I(t)]\Phi(I(t), K(t))\Big]e^{-R(t)}dt, \tag{b}$$

其中 $V(0)$ 是厂商在资本市场上的实际价值，$R(t)$ 是贴现因子，取决于截止到时期 $t$ 的所有利率：

$$R(t) \equiv \int_0^t r(\tau)d\tau \Rightarrow \frac{dR(t)}{dt} = r(t)。 \tag{c}$$

正如一句谚语所说，多样性是生活的调料，所以我们用常规的（而不是现值的）汉密尔顿法（见关于这两者之间差别的数学附录）解决最优化问题。常规的汉密尔顿法公式如下：

$$\mathcal{H}(t) \equiv \Big[F(N(t), K(t)) - w(t)N(t) - [1 - s_I(t)]\Phi(I(t), K(t))\Big]e^{-R(t)} + \lambda(t)[I(t) - \delta K(t)],$$

其中 $\lambda(t)$ 是常态变量。一阶条件为

$$\frac{\partial \mathcal{H}(t)}{\partial N(t)} = 0: \quad F_N(N(t), K(t)) = w(t), \tag{d}$$

$$\frac{\partial \mathcal{H}(t)}{\partial I(t)} = 0: \quad \lambda(t)e^{R(t)} = [1 - s_I(t)]\Phi_I(I(t), K(t)), \tag{e}$$

$$\frac{d\lambda(t)}{dt} = -\frac{\partial \mathcal{H}(t)}{\partial K(t)}: \Leftrightarrow$$

$$[\dot{\lambda}(t) - \delta\lambda(t)]e^{R(t)} = -F_K(N(t), K(t)) + [1 - s_I(t)]\Phi_K(I(t), K(t)), \tag{f}$$

其中我们已经从表达式（d）中删去了非零指数项 $e^{-R(t)}$。如果定义 $q(t) \equiv \lambda(t)e^{R(t)}$，则有 $\dot{q}(t) \equiv e^{R(t)}\dot{\lambda}(t) + r(t)q(t)$，我们发现表达式（e）和（f）可以被改写为

$$q(t) = [1 - s_I(t)]\Phi_I(I(t), K(t)), \tag{g}$$

$$\dot{q}(t) = (r(t) + \delta)q(t) - F_K(\cdot) + [1 - s_I(t)]\Phi_K(\cdot)。 \tag{h}$$

表达式（d）、式（g）和式（h）将式（4.6）、式（4.7）和式（4.10）推广到了线性

齐次、利率随时间推移而变化的情况。

回顾一下，$t=0$ 是计划初期。我们想在一个追求价值最大化的企业的实际股票市场价值 $V(0)$ 和计划初期分期付款资本量 $K(0)$ 之间建立一个联系，注意到方程 (b) 中 $V(0)$ 是由方程 (a) 定义的现金流 $\pi(t)$ 的现值。则 $t$ 时期的现金流可以被写为

$$\begin{aligned}\pi(t)&=F(N(t),K(t))-w(t)N(t)-[1-s_I(t)]\Phi(I(t),K(t))\\&=F_N(\cdot)N(t)+F_K(\cdot)K(t)-w(t)N(t)-[1-s_I(t)]\Phi(\cdot)\\&=F_K(\cdot)K(t)-[1-s_I(t)]\Phi(I(t),K(t)),\end{aligned}\tag{i}$$

这里我们使用了 $F$ 的线性齐次式（即欧拉定理，$F=F_NN+F_KK$）以及表达式 (d)。然后我们注意到：

$$\begin{aligned}\frac{d}{dt}[q(t)K(t)]&\equiv q(t)\dot{K}(t)+K(t)\dot{q}(t)\\&=q(t)I(t)+[r(t)q(t)-F_K(\cdot)+[1-s_I(t)]\Phi_K(\cdot)]K(t)\\&=[1-s_I(t)]\Phi_I(\cdot)I(t)+r(t)q(t)K(t)-F_K(\cdot)K(t)\\&\quad+[1-s_I(t)]\Phi_K(\cdot)K(t),\end{aligned}\tag{j}$$

这里从第一行到第二行的变换我们利用了式 (4.3) 和式 (h)，而从第二行到第三行的变换我们利用了式 (g)。但是 $\Phi$ 的线性齐次式表明 $\Phi=\Phi_I I+\Phi_K K$，所以式 (j) 可以被进一步简化：

$$\begin{aligned}\frac{d}{dt}[q(t)K(t)]&=r(t)q(t)K(t)-F_K(\cdot)K(t)+[1-s_I(t)]\Phi(\cdot)\\&=r(t)q(t)K(t)-\pi(t),\end{aligned}\tag{k}$$

而在推导最后一个表达式的过程中，我们使用了式 (i)。对式 (k) 两边同时乘以 $e^{-R(t)}$ 我们可以得到：

$$\frac{d}{dt}[q(t)K(t)e^{-R(t)}]=-\pi(t)e^{-R(t)}。\tag{l}$$

将 $dt$ 移项至另外一边，并对 $t\in[0,\infty)$进行积分，我们有：

$$\begin{aligned}&\int_0^\infty d[q(t)K(t)e^{-R(t)}]=-\int_0^\infty \pi(t)e^{-R(t)}dt\equiv -V(0)\Rightarrow\\&\lim_{t\to\infty}q(t)K(t)e^{-R(t)}-q(0)K(0)=-V(0)\Rightarrow\\&V(0)=q(0)K(0),\end{aligned}\tag{m}$$

注意此时 $R(0)=0$（所以 $e^{-R(t)}=1$），而根据 $\lim_{t\to\infty}q(t)K(t)e^{-R(t)}=0$，横向推导上述公式可以得到最后的表达式。表达式 (m) 是我们之后得到的。它表明一个在 $t=0$ 时期分期付款资本为 $K(0)$ 的企业，将会有 $q(0)$ 乘以 $K(0)$ 的股票市场价值。因此，$q(0)$ 代表着一单位分期付款资本成本的股票市场价值。最终我们注意到，式 (m) 还表明了这种情况下托宾"$q$"的边际和平均值。托宾的边际 $q$ 值是由企业的分期付款资本量稍微变动时企业的股票市场价值的变动情况，即$dV(0)/dK(0)$来度量

的。托宾的平均 $q$ 值度量了每单位资本所带来的股票市场价值，即$V(0)/K(0)$。在这个模型中，这两个概念基本一致。Hayashi (1982) 讨论了不是该情形时的情况。

### □ 4.1.2 财政政策：投资补贴

模型现在可以用来研究政府刺激投资政策的短期、中期和长期效果。忽略时间指数（现在几乎是多余的），模型包括方程（4.3）［或者方程（4.6）作为替代］、方程（4.8）和方程（4.11）：

$$\dot{K}=I(q,s_I)-\delta K, \tag{4.13}$$

$$\dot{q}=(r+\delta)q-F_K(N,K), \tag{4.14}$$

$$w=F_N(N,K)。 \tag{4.15}$$

模型尽管简单，但是包含了在相同的框架内几个有趣的变化。显然，在方程（4.15）中，对实际工资水平 $w$ 必须作出假设。至少能够区分出三种劳动力市场假设：(i) 在厂商层面解释模型，并且假设工资水平是外生给定的（保持不变的）；在总的经济层面上解释模型。(ii) 假定劳动力充分就业。(iii) 增加一个宏观经济劳动力供给方程［如方程（1.11)，其中 $P^e=P$］。我们将依次考察这三种情况。

#### 4.1.2.1 不变的实际工资水平

如果实际工资水平是不变的，商品市场完全竞争的假设（以及生产函数内在的齐次性）使得模型非常简单。当然，除了以上的微观经济解释，这种情况也适用于整个经济中实际工资刚性的情况。由于生产函数是线性齐次的（回报率不变），劳动和资本的边际产出是零阶齐次的（见插叙 4.3）。这表明 $F_N(N,K)$可以写为 $F_N(1,K/N)$，仅仅取决于资本劳动比率。方程（4.15）表明 $w=F_N(1,K/N)$，对于厂商，只取决于 $K/N$ 的比值，由于 $w$ 不随时间推移而变化，$K/N$ 的比值不变。这也表明了资本的边际产出不变，因为 $F_K(N,K)=F_K(1,K/N)=F_K$ 保持不变。

通过假设工资水平不变，可以忽略劳动力需求方程，模型包含方程（4.13）和方程（4.14)。模型的定性含义可以通过图 4—1 的形式总结出来。直线 $\dot{K}=0$ 代表了资本存量均衡条件下的各种 $K$ 和$q$ 的组合。根据方程（4.13)，总投资恰等于沿着直线$\dot{K}=0$ 的替代投资。正式地，我们从方程（4.13）中得到：

$$d\dot{K}=I_q dq+I_s ds_I-\delta dK, \quad I_q>0,\ I_s>0。 \tag{4.16}$$

表明直线 $\dot{K}=0$ 的斜率是：

$$\left(\frac{\partial q}{\partial K}\right)_{\dot{K}=0}=\frac{\delta}{I_q}>0。 \tag{4.17}$$

即较高的资本存量水平需要较高的稳态总投资，同时要求较高的 $q$ 值。

方程（4.16）也表明增加投资补贴使得直线 $\dot{K}=0$ 向右下方移动：

$$\left(\frac{\partial q}{\partial s_I}\right)_{\dot{K}=0}=-\frac{I_s}{I_q}<0。\tag{4.18}$$

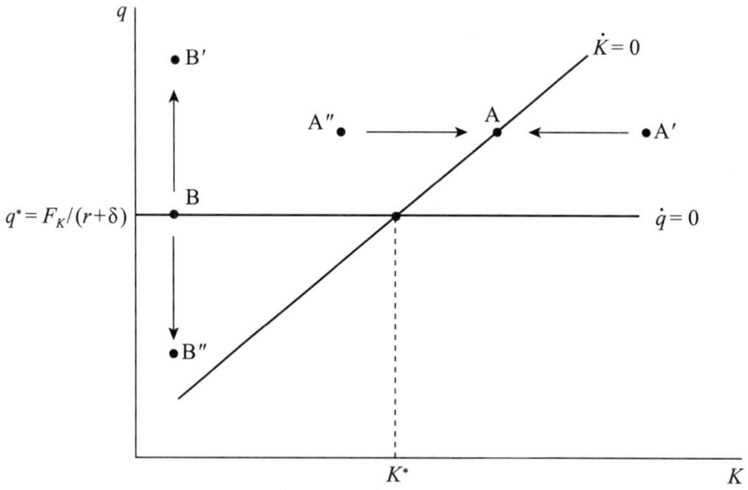


**图 4—1　不变实际工资下的投资**

补贴后投资的成本下降，厂商在较低的 $q$ 值下愿意进行相同数量的投资。

对于不在直线 $\dot{K}=0$ 上的点，资本存量的动态变化也可以用方程（4.16）表示：

$$\frac{\partial \dot{K}}{\partial K}=-\delta<0。\tag{4.19}$$

图形解释如下。在 A 点资本存量处于均衡状态。如果 $K$ 略微增加（即达到点 A 右边的点 A′），方程（4.19）表明折旧速度超过了投资速度，所以资本存量随着时间的推移减少，即 $\dot{K}<0$。这种动态效应用图中指向直线 $\dot{K}=0$ 的箭头表示。显然，对于直线 $\dot{K}=0$ 左侧的点，箭头的方向相反（见点 A″）。基本的结论是，资本积累的过程是自我纠正的，即对于给定的 $q$ 值，$K$ 有自动回归到直线 $\dot{K}=0$ 的趋势。

直线 $\dot{q}=0$ 代表厂商投资计划的所有均衡点。通过对方程（4.14）求微分，我们得到：

$$d\dot{q}=(r+\delta)dq+qdr,\tag{4.20}$$

其中我们用到了资本边际产出不变的事实。根据方程（4.20），直线 $\dot{q}=0$ 明显是水平的：

$$\left(\frac{\partial q}{\partial K}\right)_{\dot{q}=0}=0。\tag{4.21}$$

这个解释是直观的：由于利率和资本的边际产出都是不变的（同时 $K$ 是独立的），$q$ 本身也是不变的，同时在稳定状态和 $K$ 无关。如果（外生）利率上升，未来的资本边际产出大幅下降，那么 $q$ 的稳定状态值减小：

$$\left(\frac{\partial q}{\partial r}\right)_{\dot{q}=0}=-\frac{q}{r+\delta}<0。\tag{4.22}$$

对于不在直线 $\dot{q}=0$ 上的点，同样可以由方程（4.20）得到 $q$ 的动态情况：

$$\frac{\partial \dot{q}}{\partial q}=r+\delta>0。\tag{4.23}$$

图形解释如下。在点 B，$q$ 值等于均衡时的投资计划。现在略微增加 $q$ 的值，即使得点 B 移动到正上方的点 B′。显然，在 $r$ 和 $F_K$ 都为定值的情况下，若（影子）资本回报被预期（即 $\dot{q}>0$），这个更大的 $q$ 值只能满足套利方程（4.12）。相对的情况出现在直线 $\dot{q}=0$ 以下的点（点 B″，如图 4—1 中箭头所示）。因而，直觉上，动态 $q$ 不是内在稳定的。略微偏离直线 $\dot{q}=0$ 的趋势并不会自动纠正，而是逐渐远离。

通过结合动态 $K$ 和动态 $q$ 的信息，图 4—1 中不同区域的点受到的推动力用箭头表示。例如，在点 B′，（$q$，$K$）组合向东北方向移动。在图 4—2 中，画出了一些有代表性的轨迹。特别注意那些穿过直线 $\dot{K}=0$ 的轨迹。例如，点 A 向西南方向移动，距离直线 $\dot{K}=0$ 越来越近。当点 A 与直线 $\dot{K}=0$ 相交（交点是 A′）时，$q$ 值不断变小，总投资水平过低，以至无法使得资本存量保持在给定的水平上。结果轨迹向西南方向偏移到达点 A″的位置。

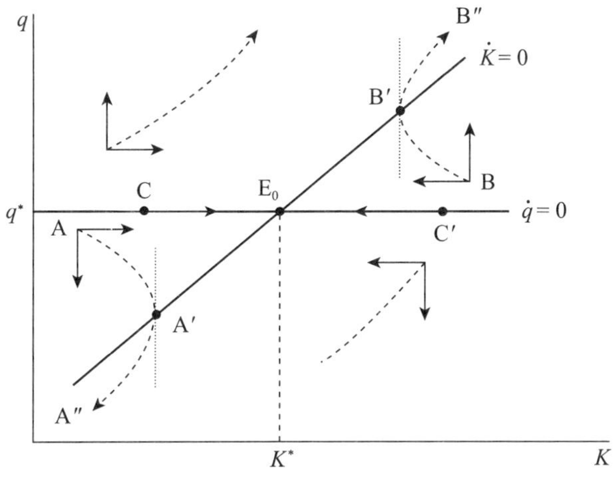


**图 4—2　鞍路径的推导**

从图 4—2 中的不同轨迹可以知道模型是非常不稳定的：所有轨迹似乎都远离 $E_0$ 这一稳定均衡。然而，有一个路径是向稳态调整的，即直线 $\dot{q}=0$ 本身。例如考虑点 C。点 C 处在直线 $\dot{q}=0$ 上（所以没有力量使得 $q$ 的值随时间推移而变化），但是点 C 在直线 $\dot{K}=0$ 的左侧。动态 $K$ 是稳定的，所以资本存量自动上升到 $E_0$ 的水平。C′处的结论类似。

综上所述，对于每一个给定的资本存量的初始水平，都存在唯一趋向稳态的均衡路径。这一点是有益的，因为避免了出现太多选择的情况。事实上，假设模型是处处稳定的，所以“条条大路通罗马”，即所有的（$q$，$K$）组合最终都会回到初始的点 $E_0$。这会导致非常麻烦的结论，资本（$q$）的影子价格在任意点都不能及时确定。

模型例证的均衡被称为鞍点均衡：系统受到冲击后，仅存在一条均衡路径（被称为鞍路径）。从技术上说，要求经济系统处于鞍路径上的理由虽然站得住脚但不够便利。最终，人们认为这种解不符合他们自己的利益，所以他们减少了对鞍点解的关注。本章的余下部分将证明包含鞍点均衡稳定性的模型中值得关注的推测内容。

考虑一个未预期的投资补贴永久增加的例子。这意味着在某时期 $t_A$ 政府宣布 $s_I$ "从本日"开始上升。为了以后备查，政策生效日期记为 $t_I$。因此，这一未预期冲击的宣布日期和生效日期相同，即 $t_A = t_I$。这一政策的效果可以借助图 4—3 上面部分组图的帮助得到。我们已经知道 $s_I$ 的增加使得直线 $\dot{K}=0$ 向右移动，所以最终的均衡点是点 $E_1$。这种调整是怎样出现的？非常简单。因为点 $E_0$ 在直线 $\dot{q}=0$ 上（同时也是该模型的鞍路径），补贴的增加使得总投资上升（因为 $I_S > 0$），从 $E_0$ 到 $E_1$ 沿着鞍路径调整。注意，由于不均匀的投资计划的调整成本很高，所以资本存量的调整是平滑的。图 4—3 也展示了随着时间推移而变化的调整。

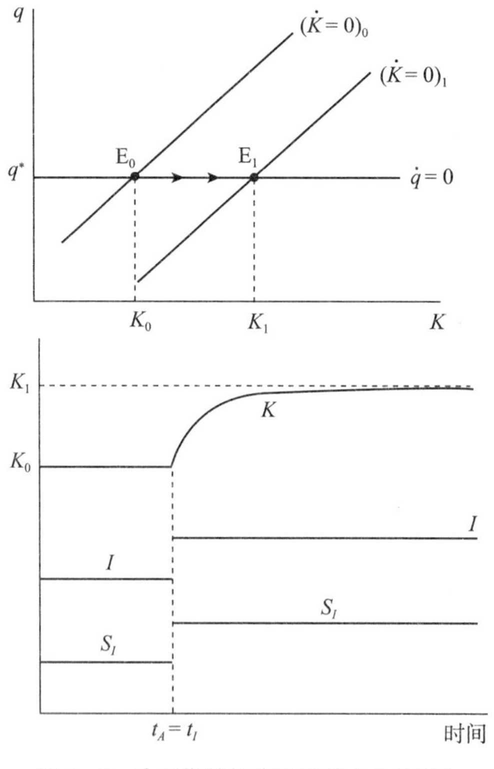


**图 4—3　未预期的投资补贴的永久性增加**

作为模型的第二个"手指练习"，考虑图 4—4 表示的外生变量 $r$ 的一个未预期的永久增加。方程（4.22）表明，由于资本边际产出的贴现率变大，这种冲击使得直线 $\dot{q}=0$ 向下移动。这种调整路径是什么样的？显然，新的均衡点是 $E_1$，并且唯一的路径是通过该点的鞍路径。由于在短期内 $K$ 是固定的，唯一稳定的调整路径是在冲击出现的时候有"金融纠正"的路径：点 $q$ 从 $E_0$ 向下跳跃到正下方的点 A。这种金融纠正直觉的依据可以通过给定 $q$ 的不定式微分方程获得，如此前方程（4.14）

所示，插叙 4.2 给出了一般过程的推导：

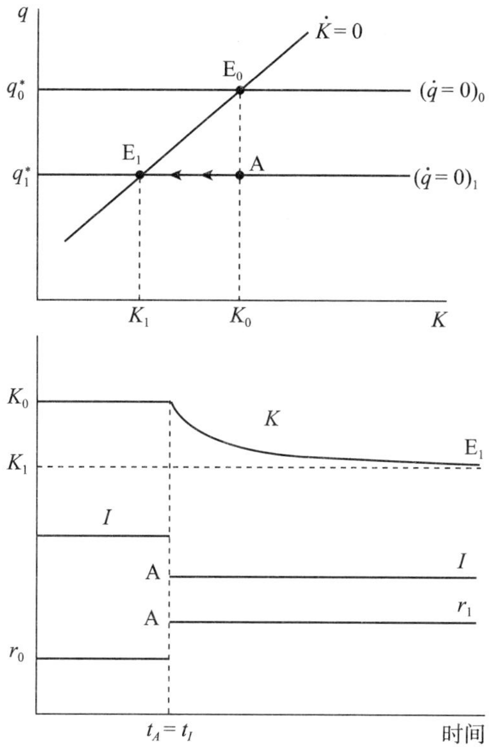


**图 4—4　未预期的利率的永久增加**

$$q(t)\equiv\int_t^{\infty}F_K(\tau)\exp\left[-\int_t^{\tau}[r(s)+\delta]ds\right]d\tau。\tag{4.24}$$

正如我们在上文所指出的，$q$ 代表了现在和未来资本的边际产出的贴现率，所以（现在或未来）$r$ 增加立即导致资本回报率的增加。在出现这种即时的金融纠正后，系统沿着鞍路径平滑地调整到稳态均衡点 $E_1$。



**插叙 4.2**

## 托宾 $q$ 值

认识到可能存在利率和资本边际产出的时间依赖性，我们将托宾 $q$ 值的微分方程写为

$$\dot{q}(\tau)-[r(\tau)+\delta]q(\tau)=-F_K(\tau)。\tag{a}$$

由于 $r(\tau)+\delta$ 被假设为正的，显然可以得知，方程（a）是一个不定式微分方程。然而，我们仍然能够计算出这个表达式的前瞻性解答。从技术上来看，这里使用的技巧与在插叙 2.1 中使用的技巧十分相似，即我们找到一个合适的积分因子并用积分的方法来解这个微分方程。经验告诉我们，正确的积分因子是 $e^{-\bar{R}(t,\tau)}$，其中 $\bar{R}(t,\tau)$ 的定义如下：

$$\bar{R}(t,\tau)\equiv\int_t^{\tau}[r(s)+\delta]ds。\tag{b}$$

从这个表达式中我们很容易推导出 $\bar{R}(t, t)=0$ 和 $d\bar{R}(t, \tau)/d\tau=r(\tau)+\delta$。下面是与插叙 2.1 中使用的方法类似的步骤。我们这样推导：

$$\begin{aligned}[\dot{q}(\tau)-[r(\tau)+\delta]q(\tau)]e^{-\bar{R}(t,\tau)}&=-F_K(\tau)e^{-\bar{R}(t,\tau)} \quad \Leftrightarrow\\ \frac{d}{d\tau}q(\tau)e^{-\bar{R}(t,\tau)}&=-F_K(\tau)e^{-\bar{R}(t,\tau)} \quad \Leftrightarrow\\ dq(\tau)e^{-\bar{R}(t,\tau)}&=-F_K(\tau)e^{-\bar{R}(t,\tau)}d\tau。\end{aligned} \tag{c}$$

对式（c）在 $\tau\in[t, \infty)$ 上进行积分可以得到：

$$\begin{aligned}&\int_t^{\infty}dq(\tau)e^{-\bar{R}(t,\tau)}=-\int_t^{\infty}F_K(\tau)e^{-\bar{R}(t,\tau)}d\tau\\ &q(\tau)e^{-\bar{R}(t,\tau)}\Big|_t^{\infty}=-\int_t^{\infty}F_K(\tau)e^{-\bar{R}(t,\tau)}d\tau\\ &\lim_{\tau\to\infty}q(\tau)e^{-\bar{R}(t,\tau)}-q(t)e^{-\bar{R}(t,t)}=-\int_t^{\infty}F_K(\tau)e^{-\bar{R}(t,\tau)}d\tau。\end{aligned} \tag{d}$$

但是横向情形表明 $\lim_{\tau\to\infty}q(\tau)e^{-\bar{R}(t,\tau)}=0$，即我们着重关注分期付款资本的基础替代品。另外，我们有 $\bar{R}(t, t)=0$。将这些结果代入式（d），我们就可以得到方程（4.24）。

---

作为模型运行的最后一个例子，考虑厂商在 $t_A$ 时刻知悉在未来 $t_I$ 时刻利率会永久上升。这是预期冲击的一个例子。正式地说，未预期的冲击是知道未来某时发生的冲击。显然，$t_A$ 时刻厂商知道了唯一正确的信息，这一时刻之后会发生的所有冲击都是已知的。从方程（4.24）中可以获得 $q$ 值将发生的所有变化。利率实际上升后资本边际产出的贴现率（与冲击前相比）变大，即 $t\geqslant t_I$。因而，在获悉这一消息后，$q$ 值一定会减小。但是减小多少？这可以通过图 4—5 得到很好的解释。考虑如下直观的求解原理：得到信息后（即在 $t_A$ 时刻）$q$ 值会出现一个突然的调整，并且不会在 $t_A$ 之后继续调整。直观上，一个 $q$ 值的预期的跳跃表示了一个无限的（影子）资本收益或损失（由于在极短的时间范围内 $q$ 值存在有限的变化）。因而，求解原理要求（在 $t_A$）真正未预期的冲击发生时会出现跳跃。显然，在 $t_A$ 存在无限的资本损失，但这是未预期的。

借助这一解法，可以从时刻 $t_I$ 开始我们的研究任务再到时刻 $t_A$，这样反过来推导出调整路径。利率上升时（$q$，$K$）组合必须在新的鞍路径上，即点 B 在直线 $\dot{q}=0$ 上。如果过早（比如在时刻 $t<t_I$）或过晚（比如在时刻 $t>t_I$）到达点 B，均衡就不能达到，除非点 $q$ 发生跳跃，而这是不存在的。在 $t_A$ 和 $t_I$ 之间决定 $q$ 和 $K$ 的动态因素是与旧均衡点 $E_0$ 有关的因素（如箭头所示）。在进行反向推导时，存在唯一的在 $t_A$ 时刻始于点 A，并在合适的时刻 $t_I$ 到达点 B 的路径。因而，冲击后重新达到均衡的独特路径由不同阶段组成，首先是 $t_A$ 时刻从点 $E_0$ 到点 A 的突然的调整，然后是利率上升之前从点 A 到点 B 的逐渐调整，在 $t_I$ 时刻到达点 B，最后是资本存量 Y 由点 B 到点 $E_1$ 的逐渐调整。

与利率的未预期上升情形相比，在预期存在的情形中，$q$ 和投资的调整路径更加平滑（比较图 4—4 和图 4—5 的下半部分）。原因是在预期存在的情形中，厂商有

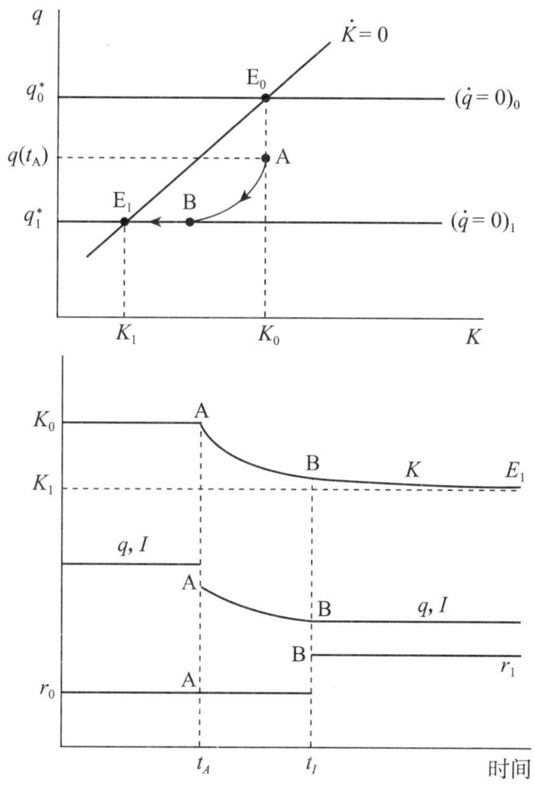


**图 4—5　预期的利率的永久增加**

机会对未来恶化的投资环境作出反应。

#### 4.1.2.2　劳动力市场上的充分就业

到目前为止我们已经在单个市场、给定实际工资水平的情况下，解释了方程(4.13)和方程（4.14）给出的模型。假设我们在宏观经济的层面上再次考虑这一模型，即 $I$ 和 $K$ 现在分别代表整个经济层面上的总投资和资本存量，$q$ 的解释也相应变化。进一步假设经济中劳动力充分就业，所以 $w=F_N(1, K)$是市场出清时的工资率。将总就业单位化($N=1$)，模型变为

$$\dot{K}=I(q,s_I)-\delta K, \tag{4.25}$$

$$\dot{q}=(r+\delta)q-F_K(1,K), \tag{4.26}$$

显然模型的不同之处是资本的边际产出不再是一个常数，因为它取决于资本存量的大小。直觉上，因为投入的劳动力充分就业，而且 $F_{KK}<0$，资本的回报递减。这也使得直线 $\dot{q}=0$ 受到影响：

$$\left(\frac{\partial q}{\partial K}\right)_{\dot{q}=0}=\frac{F_{KK}}{r+\delta}<0。\tag{4.27}$$

直觉上，稳态时 $q$ 关于 $K$ 向下倾斜，因为使用的资本越多，边际产出越低。结果边

际产出的贴现流（即 $q$）下降。

在图 4—6 中，可以得到鞍路径。这种情况下的动态因素更为复杂。这是因为稳态水平的 $q$ 和 $q$ 的动态变化都随着 $K$ 变化。除了从点 A 和点 C 出发的稳态路径外，现在还有从点 B 和点 D 出发穿过直线 $\dot{q}=0$ 的稳态路径。与之前模型相比最大的变化是鞍路径不再与直线 $\dot{q}=0$ 重合。

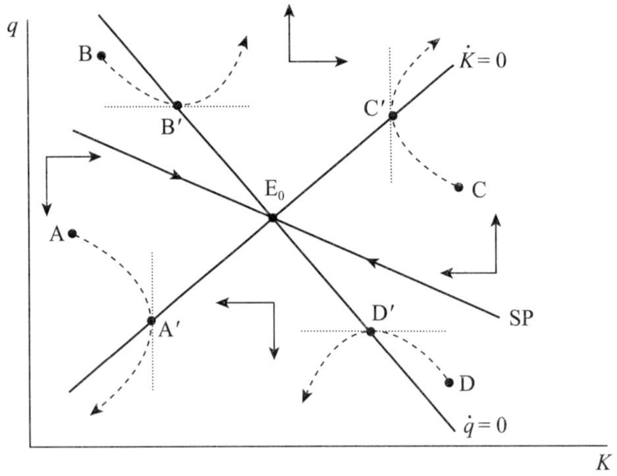


**图 4—6 劳动力市场充分就业时的投资**

考察第一个政策——预期到的对于投资补贴的废除，例如 20 世纪 80 年代荷兰的例子。用我们上面提到的直觉上的解法，宣布这一政策的效果可以通过图 4—7 得到。废除补贴的最终效果是增加投资商品的相对价格并使直线 $\dot{K}=0$ 向左上方移动。从长期来看，经济稳定在点 $E_1$，在该点处资本存量减少，$q$ 值变大（由于较高的稳态边际资本产出）。由于 $q$ 值的突然调整必须发生在政策宣布的 $t_A$ 时刻，同时经济必须在政策实施的时刻 $t_I$ 处于新的鞍路径上，因此调整的路径必须如图所示。在 $t_A$ 时刻金融调整使得经济从点 $E_0$ 直接到达正上方的点 A（冲击时 $K=K_0$）。在 $t_A$ 和 $t_I$ 时刻之间经济向东北方向上的点 B 移动，并在 $t_I$ 时刻到达该点。之后，从点 B 逐渐调整到新的稳态均衡点 $E_1$。

直觉上令人惊讶的结论是最初投资会上升！厂商获得消息后，立即提高投资以便在政策实施之前再获得补贴。这也是荷兰的例子里真实出现的情况。所有变量的调整情况表示在图 4—7 的下半部分。这个实验的结论是预期的效果很重要，并且（乍一看）能够产生非常规的动态调整。

#### 4.1.2.3 临时的还是永久的投资补贴？

假设政策制定者希望刺激经济，并决定用投资补贴的形式来产生投资激励进而达到目的，那么，如果政策制定者对给定的补贴水平希望产生最大的刺激效果，他们应该选择临时的还是永久的补贴？直觉告诉我们临时的补贴对现有的投资水平会有较大的影响，因为厂商会在政策存在的时候尽力投资以享受补贴。这是一个短期替代的命题：厂商们会倾向于制定短期的投资计划以便“趁热打铁”。我们的模型事

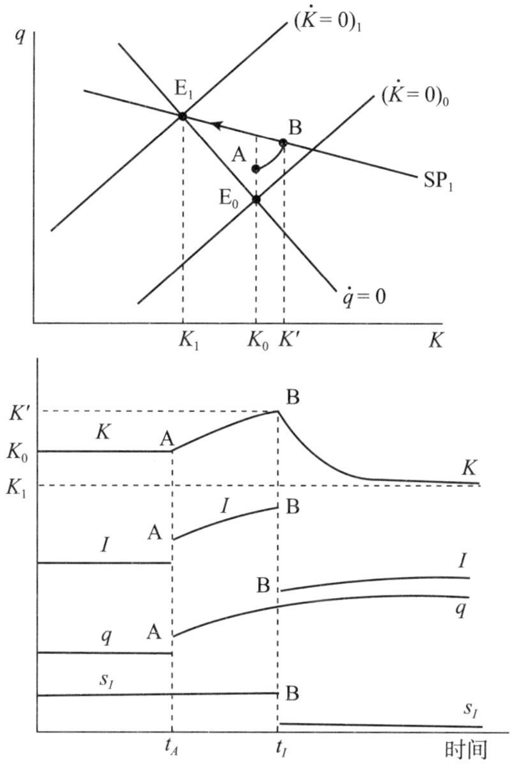


**图 4—7　预期的投资补贴的取消**

实上可以预测出反应。

临时补贴在 $t_A=t_I$ 时刻公布和实施，同时在未来某个给定的时刻 $t_E$（当然 $t_E>t_I$）会被中止。冲击的持续性由 $t_I-t_E$ 来度量。我们的试探性的解法可以在这里借助图 4—8 求解调整路径。在开始讨论前，以下几个条件必须成立：(1) 在点 $t_E$ 经济处在趋于最终稳态均衡 $E_0$ 的鞍路径上；(2) 在 $t_A$ 和 $t_E$ 时刻之间作用于 $q$ 和 $K$ 的因素与最终的均衡 $E_1$ 有关（如果施行永久补贴，两者是相关的）。图 4—8 中画出了箭头。在点 $t_A$ 给定了资本存量（为 $K_0$），并且出现了突然的金融调整。

综合这些信息，容易得到调整路径如下：在 $t_A$ 时刻由点 $E_0$ 跳跃到点 A，在 $t_A$ 和 $t_E$ 时刻之间由点 A 逐渐调整到点 B，接着在 $t_E$ 时刻后由点 B 逐渐调整到点 $E_0$。各个变量的变化情况表示在图 4—8 的下半部分。

显然，永久补贴的调整路径是在 $t_A$ 时刻从点 $E_0$ 跳跃到点 A′，然后从点 A′逐渐调整到点 $E_1$。这表明临时补贴对现有投资的影响［即 $I(t_A)$］最大。这是因为，对于一个给定的投资补贴，在临时补贴的情况下，$q$ 值减小得较小。因而，如果政策制定者考虑刺激眼前的投资，临时补贴是恰当的选择。

#### 4.1.2.4　与劳动力供给的相互作用

作为模型应用的最后一个部分，我们现在考虑对模型在宏观水平上进行解释的一般情况，方程 (4.13)～方程 (4.15) 附加上与第 1 章中形式类似的劳动力供给方程：

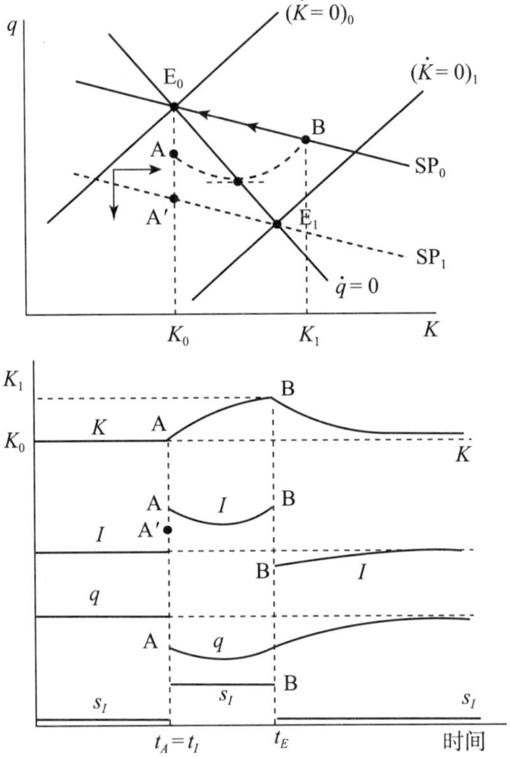


**图 4—8　投资补贴的暂时性增加**

$$w(1-t_L)=g(N), \tag{4.28}$$

其中 $t_L$ 是劳动所得税。同时我们假定 $g_N>0$，即劳动力供给中替代效应大于收入效应。

如果对劳动所得征税减少，对投资和就业会有怎样的影响？这些影响是如何出现的？十分明显的是，为了考虑对投资的影响，必须研究对稳态 $q$ 值的影响。从式（4.14）中可以清楚地看出，我们需要知道资本边际产出 $F_K$ 发生了什么。类似地，为了研究劳动力市场均衡的结果我们应当使劳动力供给方程（4.28）与劳动力需求方程（4.15）相交，其中后者取决于劳动的边际产出 $F_N$。由于经济是在完全竞争的情况下运行的，生产函数是线性齐次的（规模报酬不变），$F_N$ 和 $F_K$ 只取决于 $K/N$。$F_N$ 和 $F_K$ 的表达式可以线性表示如下（见插叙 4.3）：

$$\tilde{F}_N=\frac{1-\omega_N}{\sigma_{KN}}[\tilde{K}-\tilde{N}]=\tilde{w}, \tag{4.29}$$

$$\tilde{F}_K=-\frac{\omega_N}{\sigma_{KN}}[\tilde{K}-\tilde{N}], \tag{4.30}$$

$$\tilde{N}=\varepsilon_S[\tilde{w}-\tilde{t}_L], \tag{4.31}$$

其中，我们有 $\tilde{F}_K\equiv dF_K/F_K$，$\tilde{F}_N\equiv dF_N/F_N$，$\tilde{N}\equiv dN/N$，$\tilde{K}\equiv dK/K$，$\tilde{w}\equiv dw/w$，$\tilde{t}_L\equiv dt_L/(1-t_L)$，$\omega_N\equiv NF_N/Y$，$\varepsilon_S\equiv g(N)/(Ng_N)>0$，$\sigma_{KN}\equiv F_NF_K/(YF_{NK})\geqslant 0$。解释如下，有波浪号的变量代表该变量的变化比例，$\omega_N$ 是支付给劳动要素的收入

份额，$\varepsilon_S$ 是劳动力供给弹性（见第 1 章），这一变量是正数，$\sigma_{KN}(\geqslant 0)$是劳动和资本之间的替代弹性。直觉上，这个变量衡量了用一个变量替代另一变量进行生产的难易程度。越容易替代，$\sigma_{KN}$的值越大。注意，我们已经设定劳动力市场处于均衡状态。

**插叙 4.3**

### 生产理论

如果$Y=F(N, K)$是线性齐次的生产函数，它具有几个有用的性质［见 Ferguson (1969, pp. 94 - 96)］：

(P1) $F_N N+F_K K=Y$（欧拉定理）；

(P2) 对于 $N$ 和 $K$，$F_N$ 和 $F_K$ 是零次齐次的；

(P3) $NF_{NN}+KF_{NK}=0$ 且 $KF_{KK}+NF_{KN}=0$；

(P4) $\sigma_{KN}\equiv F_N F_K/(YF_{KN})$是资本与劳动力之间的替代弹性。

此外，杨氏定理保证了 $F_{NK}=F_{KN}$。应用这些性质可以对方程（4.29）和方程（4.30）求导。首先，对 $F_N(N, K)$ 求全微分：

$$dF_N=F_{NN}dN+F_{NK}dK。\tag{a}$$

性质（P3）保证了 $F_{NN}=-(K/N)F_{NK}$，所以式（a）改写为

$$dF_N=-(K/N)F_{NK}dN+F_{NK}dK=-F_{NK}K\left[\frac{dN}{N}-\frac{dK}{K}\right]\Rightarrow$$

$$\frac{dF_N}{F_N}=\frac{F_{NK}K}{F_N}\left[\frac{dK}{K}-\frac{dN}{N}\right]。\tag{b}$$

仍可改写为收入比例（P4）中定义的替代弹性的形式：

$$\frac{F_{NK}K}{F_N}=\frac{F_K K}{Y}\cdot\frac{F_{NK}Y}{F_N F_K}=\frac{1-\omega_N}{\sigma_{KN}}。\tag{c}$$

综合式（c）和式（b）就得到了式（4.29）。注意，我们用到性质（P1）和式（c）求微分，得到 $F_K K/Y=1-F_N N/Y=1-wN/Y=1-\omega_N$。对式（4.30）求微分留作练习。

---

应用式（4.29）和式（4.31），均衡时的就业水平和工资可以写为$\tilde{K}$ 和 $\tilde{t}_L$ 的函数：

$$\tilde{w}=\frac{(1-\omega_N)[\tilde{K}+\varepsilon_S\tilde{t}_L]}{\sigma_{KN}+(1-\omega_N)\varepsilon_S},\tag{4.32}$$

$$\tilde{N}=\frac{\varepsilon_S(1-\omega_N)\tilde{K}-\varepsilon_S\sigma_{KN}\tilde{t}_L}{\sigma_{KN}+(1-\omega_N)\varepsilon_S}。\tag{4.33}$$

将式（4.33）代入式（4.30），得到 $\tilde{F}_K$ 的表达式：

$$\tilde{F}_K=-\frac{\omega_N[\tilde{K}+\varepsilon_S\tilde{t}_L]}{\sigma_{KN}+(1-\omega_N)\varepsilon_S}。\tag{4.34}$$

这个表达式十分重要。它表明了对劳动所得减税时，资本的边际产出的增加。原因

是对劳动所得减税刺激了就业（由于 $\varepsilon_S>0$），资本的生产率提高（由于 $F_{KN}>0$）。

图 4—9 给出了对劳动所得的未预期的永久减税的政策的短期、中期、长期效应。随着劳动所得税下降，资本的边际产出上升（对各个水平的资本存量都成立）并且直线 $\dot{q}=0$ 向右上方移动。经济由点 $E_0$ 跳跃到点 A，$q$ 的值由 $q_0$ 跳跃到 $q'$。厂商发现投资环境非常好，并开始通过增加投资进行扩张。整个经济沿着鞍路径由点 A 平滑移动到点 $E_1$。劳动力市场的情况见图 4—10。减税的即时效果是劳动力供给由 $N_0^S$ 扩张到 $N_1^S$。就业量立即被刺激，由 $N_0$ 上升为 $N'$。然而，影响并没有结束。由于投入的资本变多（工厂扩张），劳动力的生产率也提高了。在图 4—10 中，劳动力需求曲线逐渐向右上方移动，就业进一步扩张。最终的稳定状态是点 $E_1$。各个变量的变化路径显示在图 4—9的底部。

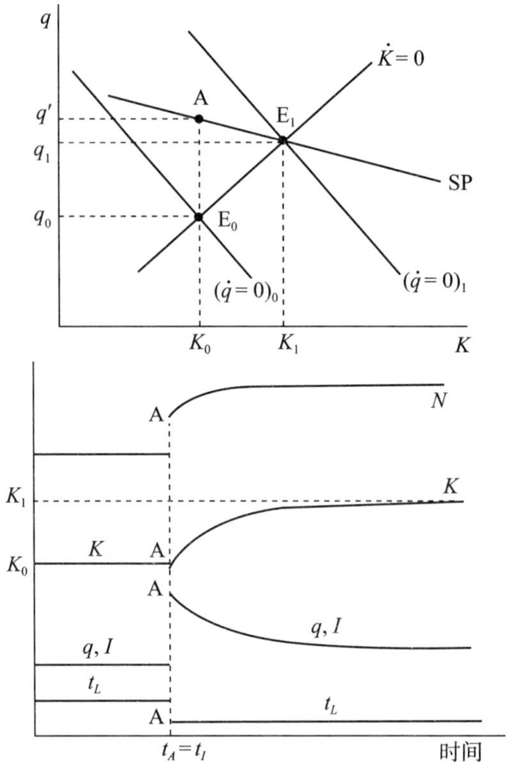


**图 4—9　对劳动所得征税的减少：投资和就业效应**

## 4.2　动态的 IS－LM 模型

托宾 $q$ 值理论在宏观经济学家中很盛行，原因是它给出了投资过程动态的一个简单描述，并且作出了与实证不冲突的预测。在这一部分我们将讨论 Blanchard (1981) 版本中的 IS－LM 模型，其中包含了 $q$ 值理论以及固定价格水平和数量调整的假设。这使得我们可以在精确的预测框架中探讨传统财政政策的效果。我们用到的模型由以下方程描述：

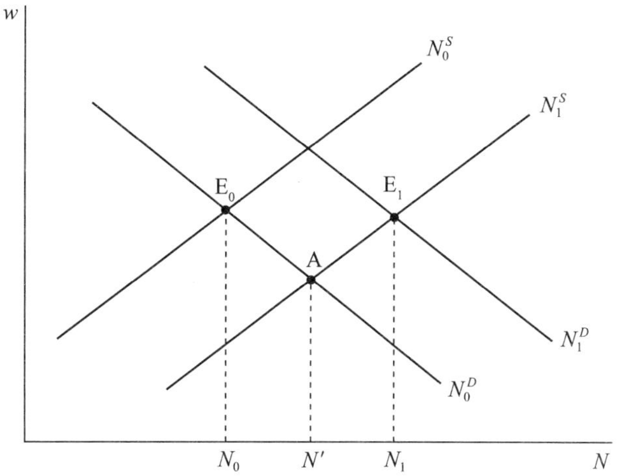


**图 4—10　劳动力市场的短期和长期效应**

$$Y^D = aq + (1-b)Y + G, \quad a>0, 0<b<1, \tag{4.35}$$

$$\dot{Y} = \sigma[Y^D - Y], \quad \sigma>0, \tag{4.36}$$

$$\frac{M}{P} = kY - lR_S, \quad k>0, l>0, \tag{4.37}$$

$$R_S = R_L - \frac{\dot{R}_L}{R_L}, \tag{4.38}$$

$$\frac{\dot{q}+\pi}{q} = R_S, \tag{4.39}$$

$$\pi = -\alpha_0 + \alpha_1 Y, \quad \alpha_0>0, \alpha_1>0, \tag{4.40}$$



其中，$Y^D$ 是用于商品和劳务的实际支出，$q$ 是托宾平均 $q$ 值，$Y$ 是实际产出（和收入），$G$ 代表财政政策，$\dot{Y}[\equiv dY/dt]$是产出的时间变动率，$R_S$ 是短期债券利率，$R_L$ 是永续债券利率（见第 2 章），$M$ 是名义货币供给，$P$ 是固定的价格水平，其中我们经常将 $P$ 单位化（$P=1$）。我们将 $R_S$ 和 $R_L$ 各自对应为“短期利率”和“长期利率”。

方程（4.35）和方程（4.36）综合描述了动态的 IS 曲线。方程（4.35）表示支出取决于托宾平均 $q$ 值，原因是它对投资的正的影响和（潜在的）对消费的财富效应。[①] 此外，支出还取决于收入和财政政策指数 $G$。

方程（4.36）表示产出的动态行为。如果需求超过产出（$Y^D>Y$），存货会逐渐减少，同时产出逐渐上升。与标准的 IS - LM 模型不同，产出在这个模型中被设定为只能随时间推移逐渐移动的状态变量。

方程（4.37）是一个线性货币需求方程（忽略财富效应）。对实际货币余额的需求与短期利率负相关，与收入正相关。在离散时间里，短期利率是单期债券的利率。

---

① 回忆一下，$qK$ 是一个国家资本存量的值。若家庭拥有企业，$qK$ 是福利中影响消费的部分。严格来说，居民债券持有和实际货币供给也能影响消费（正如第 2 章 Blinder-Solow 模型中的研究），但是这个影响被布兰查德忽略了。

因为在一期后就已经到期，这种债券没有资本收益/损失。在连续时间里，短期利率代表了无限期债券的利率。因而，在这两种情况中，都不存在资本收益或损失。

方程（4.38）是短期债券和永续债券之间的套利方程。我们假设这两种金融工具是完全替代的，所以它们各自的回报率相等。因为没有资本收益或损失，所以短期债券的回报率是 $R_S$。对于永续债券，可能存在资本收益或损失（回忆一下，永续债券的价格是永续债券利率的倒数，即 $P_B \equiv 1/R_L$）。永续债券的回报率等于用债券价格($P_B$)表示的额外回报（每期一欧元）加上预期的资本收益($\dot{P}_B$)：

$$\text{永续债券的回报率} \equiv \frac{1+\dot{P}_B}{P_B} = \frac{1-(1/R_L^2)\dot{R}_L}{1/R_L} = R_L - \frac{\dot{R}_L}{R_L}, \tag{4.41}$$

其中，我们用到了 $P_B \equiv 1/R_L$ 和 $\dot{P}_B = (-1/R_L^2)\dot{R}_L$ 以求得最终的表达式。永续债券的回报率与短期债券相等：

$$R_L - \frac{\dot{R}_L}{R_L} = R_S。 \tag{4.42}$$

方程（4.42）被称为利率期限结构。

方程（4.39）是另一种套利方程。由于 $q$ 代表了股价，股份的回报率等于用股价($q$)本身表示的分期红利支付（$\pi$）与预期的资本收益（$\dot{q}$）的和：

$$\text{股份的回报率} \equiv \frac{\pi + \dot{q}}{q}。 \tag{4.43}$$

由于股份和其他非货币金融资产之间是完全替代的，股价的回报率一定与短期债券的利率回报率相等。这就是方程（4.39）表示的内容。最终，方程（4.40）表示收益（红利）和产出之间的关系。如果产出很高，(对于给定的资本存量）资本的边际产出也会较高，利润也一样。相反，如果产出很低，那么企业可能不能收回其成本，其利润可能为负。

通过简单代入，模型可以化为两个方程：

$$\dot{Y} = \sigma[aq - bY + G], \tag{4.44}$$

$$\dot{q} = \frac{kY-M}{l}q - \alpha_1 Y + \alpha_0。 \tag{4.45}$$

显然，模型给出了一个关于 $Y$ 和 $q$ 的非线性微分方程组，$G$ 和 $M$ 是外生变量。一旦知道 $Y$ 和 $q$ 的变动趋势，其他变量的变动也会被解出。借助于图 4—11 可以研究出该模型的动态特性。

方程（4.44）表明直线 $\dot{Y}=0$ 是线性的，并且向上倾斜。增加政府支出使该直线向右下方移动，使得对远离 $\dot{Y}=0$ 线的点的动力是稳定的，即对于给定的 $q$ 值，产出自动调整回均衡状态：

$$\left(\frac{\partial q}{\partial Y}\right)_{\dot{Y}=0} = \frac{b}{a} > 0, \quad \left(\frac{\partial q}{\partial G}\right)_{Y=0} = -\frac{1}{a} < 0, \quad \frac{\partial \dot{Y}}{\partial Y} = -\sigma b < 0。 \tag{4.46}$$

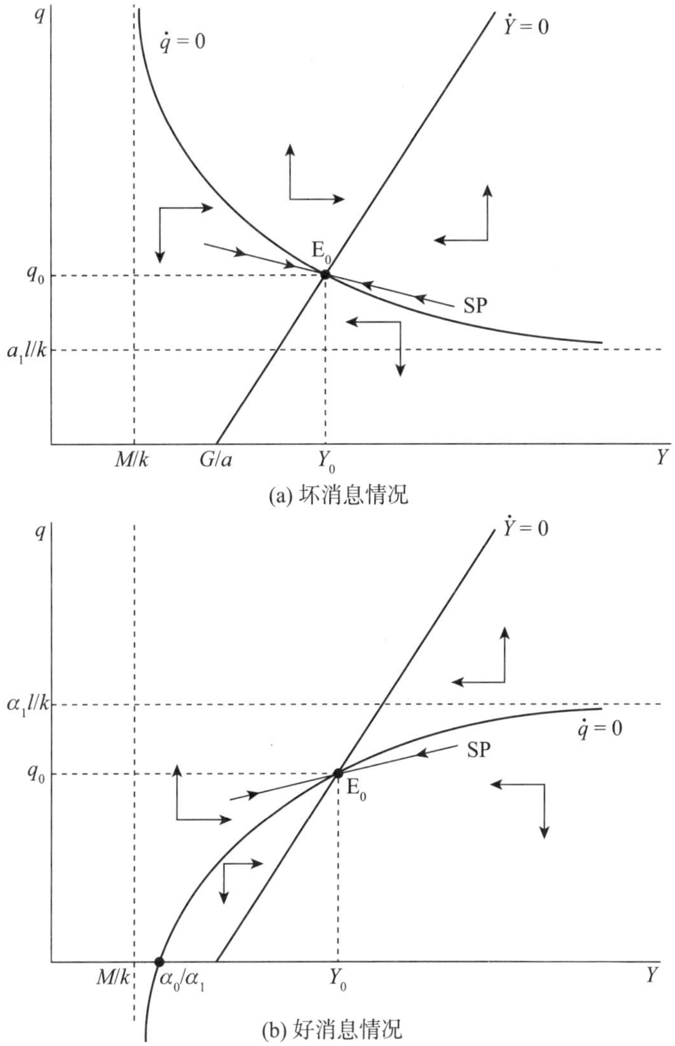


**图 4—11　动态 IS－LM 模型和利率期限结构**

线 $\dot{q}=0$ 不是线性的，因此略微复杂。利用式（4.45）我们发现 $\dot{q}=0$ 能被写为

$$q=\frac{\alpha_1 Y-\alpha_0}{(kY-M)/l}。\tag{4.47}$$

右边式子的分母是大于 0 的短期利率。实际上，如果 $R_S$ 是负数，人们需要在货币平衡的形式上保持他们的福利，比如在一些橱柜里的旧袜子。根据图 4—11，只有产出价值超过 $M/k$ 的部分是可行的。不难发现，$\dot{q}=0$ 的斜率取决于这两个效应的相对强度：如果 $Y$ 上升，那么利润和短期利率也上升。利润效应提高了稳态下的 $q$ 值而利率效应使它降低。结果，托宾 $q$ 值对稳态价值的净影响并不具备清晰的先验性。利用式（4.47）并求微分我们有：

$$\left(\frac{\partial q}{\partial Y}\right)_{\dot{q}=0}=\frac{\alpha_1}{R_S}-\frac{\alpha_1 Y-\alpha_0}{R_S}\frac{k}{lR_S}$$

$$=\frac{1}{R_S}\left[\alpha_1-\frac{qk}{l}\right]\leqslant 0, \tag{4.48}$$

其中方括号内的第一部分代表利润效应，第二部分代表利率效应。这个模型描述了两种状况中的任意一种，这取决于其中的参数值，如图 4—11 所示。用 Blanchard (1981) 中的术语，我们这样区分：

**坏消息情况下：** 如果 $M/k>\alpha_0/\alpha_1$，那么 $q$ 有一个较低的边界 $\alpha_1 l/k$ 且 $\lim_{Y\downarrow M/k}q=+\infty$。这个产出的利润效应小于利率效应，而 $\dot{q}=0$ 向下倾斜，如图 4—11 (a) 所示。

**好消息情况下：** 如果 $M/k<\alpha_0/\alpha_1$，那么 $q$ 有一个较高的边界 $\alpha_1 l/k$ 且 $\lim_{Y\downarrow M/k}q=-\infty$。这个产出的利润效应大于利率效应，而 $\dot{q}=0$ 向上倾斜，如图4—11 (b) 所示。

注意，对于这两种情况，方程 (4.47) 暗示了货币供给的上升将 $\dot{q}=0$ 线向右上方移动：

$$\left(\frac{\partial q}{\partial M}\right)_{\dot{q}=0}=\frac{q}{lR_S^2}>0。 \tag{4.49}$$

最后，托宾 $q$ 值的动态调整能够由方程 (4.45) 直接推导出来：

$$\frac{\partial \dot{q}}{\partial q}=R_S>0。 \tag{4.50}$$

在图 4—11 中，$\dot{q}=0$ 线以上（以下）的点与资本增加（减少）的份额相关。因而，直线 $\dot{q}=0$ 下的点中 $q$ 的动态变化被破坏了。模型中的动态变化能够借助于图 4—11 再次用图形表现出来。在两种情况下，模型都是鞍点稳定的。初始均衡点都是 $E_0$，产出都和 $Y_0$ 相等且托宾 $q$ 值都等于 $q_0$。鞍路径在坏（好）消息情况下向下（上）倾斜。

现在我们考虑如果政府宣布未来某时（因而 $t_I>t_A$）实施永久性财政扩张会发生什么情况。为了简洁起见，我们将注意力集中于坏消息情况，在图 4—12 的上方，为了方便，线 $\dot{q}=0$ 被画作一条直线，起初的均衡点是 $E_0$。用本章中多次出现的试探性的解法，我们容易求得调整路径。在时刻 $t_A$ 处发生股票市场调整，$q$ 值由 $q_0$ 跳跃到 $q'$。人们知道未来产出会增加，因而短期利率将会上升。尽管利润也会上升，但是在本例中，利率居于主导地位，所以利润的贴现值（即 $q$）会降低。在 $t_A$ 和 $t_I$ 之间产出实际下降了。这是因为总支出 ($Y^D$) 由于 $q$ 下降而突然变小（注意，增加的政府支出此时并没有实际发生）。在 $t_I$ 时刻，经济到达了点 B 而财政刺激得到实施。$\dot{Y}=0$ 的位置右移，需求大于产出 ($Y^D>Y$)。这导致了产出的一个渐近性增加（利润和短期利率同样变化），沿着鞍路径由 B 到 $E_1$ 逐渐上升。最终，经济稳定在更高的产出水平和较低的 $q$ 值处。

其他变量随时间的变化如图 4—12 的下半部分所示。短期利率的变化路径由收入 $Y$ 和 LM 曲线方程 (4.37) 的路径表示。长期利率必须满足方程 (4.38)。我们知道在长期，短期和长期利率都会上升($dR_L=dR_S>0$)。根据求解原则，由于不存在未预期的无限多的资本收益或损失，$R_L$ 只能在 $t_A$ 时刻跳跃。如果 $R_L$ 跳跃低于 $R_S$ 的水平，根据 $\dot{R}_L = R_L(R_L - R_S) < 0$，将不会再达到均衡，$R_L$ 会不断减小（尽管它的稳态水平高于冲击前的值）。因而，$R_L$ 在 $t_A$ 时刻必须向上跳跃达到大于 $R_S$ 的水平（但是低于它的新稳态水平）。这样，就有 $\dot{R}_L = R_L(R_L - R_S) > 0$，$R_L$ 开始随着时间的推移逐渐上升到新的稳态水平。

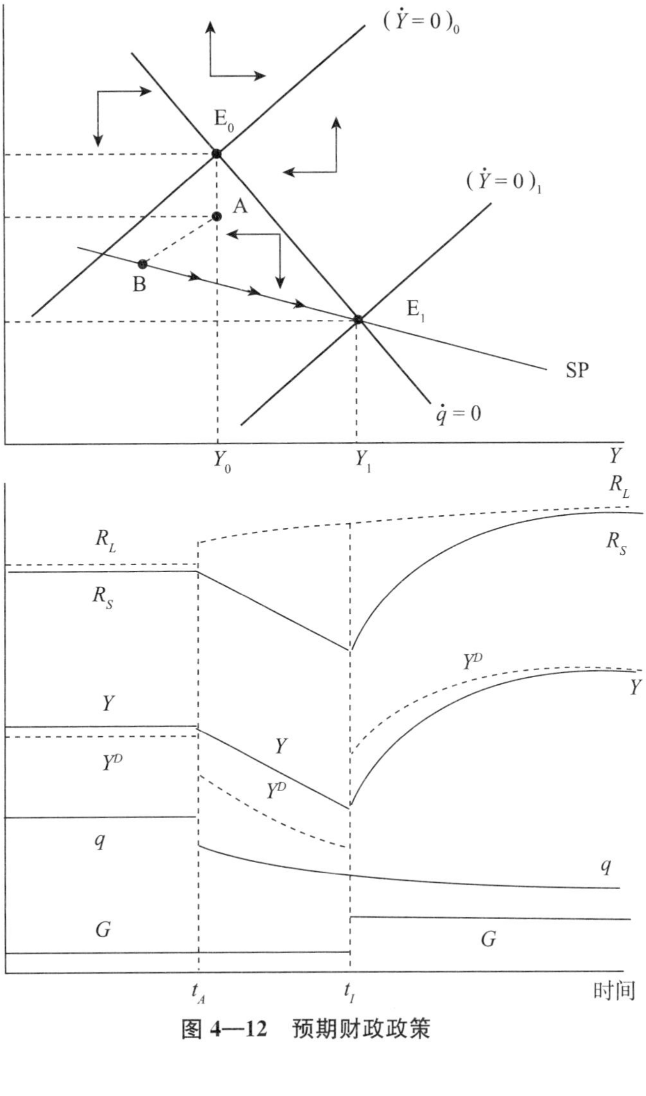

图 4—12　预期财政政策

## 4.3 小　结

本章中讨论的关键概念是鞍点均衡。为了解释这个理论，我们学习了连续时间情形下投资的托宾 $q$ 值理论。这个理论在第 2 章也有所涉及，尽管该理论简单，但是它能够产生既符合直觉又符合（部分）实际的预测结论。在 $q$ 值理论中，厂商的投资依赖于固定资本的影子价格，也就是托宾边际 $q$ 值。该影子价格是一个预测的概念，并且包含了和厂商相关的所有信息。在一些情况下，托宾边际 $q$ 值和平均 $q$ 值相等，这可以通过简单观察企业的股票市场价值获得。

为了理解托宾 $q$ 值表示的资本动态，我们探讨了在各种不同情况下投资补贴的效果。在最简单的情况下，我们对单个厂商、实际工资和资本边际产出固定的情形进行分析。更复杂的情况是，我们将模型应用于整个经济，这需要关于劳动力市场的一个假设。我们考虑两种情况，一是劳动供给固定，二是有一个弹性的劳动供给。后一种情况需要讨论对就业、投资和资本存量征收劳动所得税的效应。

由于 $q$ 值理论是预测性的，政策冲击的效果在很大程度上取决于这个冲击是否被人们预期。如果政策公布后立即实施，这个政策变化就不能被人们预期。预期的冲击会影响资本的边际产出或利率，并且立即对投资产生效应，这是因为托宾 $q$ 值是现在和将来资本边际产出的现值。在图形上，模型是鞍点稳定的，即冲击后只存在一条特殊的路径达到新的均衡。在发生冲击时，资本是给定的（由历史积累得到），但是托宾 $q$ 值会发生跳跃。

这个模型会提供一些有趣的政策解释。例如，一个预期的减少或取消补贴的政策会导致短时间内的投资上升，因为厂商赶在政策取消前进行投资。类似地，临时的投资补贴对投资的影响比永久补贴大。直觉上，这是因为厂商倾向于制订短期投资计划以便“趁热打铁”。事实上，这些符合实际的预测增加了模型的可信度。

托宾 $q$ 值理论的另一个有趣的特点是其易于应用于 IS－LM 模型。这样做的话，模型的一个主要缺陷（即它只包含了最基本的动力）大大减弱了。通过模型设定产出渐近性调整并向模型中引入一个简单的（预测的）利率期限结构，IS－LM 模型可以用来解释各种情况的动态变化。例如，如果预期的政府消费增加，则中期内产出会首先下降。这是因为托宾 $q$ 值突然下降，使得投资和总需求在政府支出没有实际增加的情况下下降。当然，在长期中，产出会超过初始水平。

## 延伸阅读

关于投资补贴方面的文献可以参阅 Abel（1982）和 Summers（1981）的部分分析。Abel（1981）说明了如何通过引入资本利用率这一变量来构造投资模型。最近这方面的文献关注投资的不可逆性，以及调整函数的非凸性。重要的文章有：Abel 和 Eberly（1994）、Abel et al.（1996）、Dixit 和 Pindyck（1994）以及 Caballero 和 Leahy（1996）。Caballero（1999）很好地概括了这些内容。

Sargent（1987b）和 Nickell（1986）提出了基于劳动存量调整支出的动态劳动力需求理论。Hamermesh 和 Pfann（1996）对该著作进行了概括。在第 10 章中我们将展示开放经济内容中自然提出的鞍点均衡。关键论文是 Dornbusch（1976）以及 Buiter 和 Miller（1981，1982），Scarch（1988，ch. 9）很好地概括了这些论文。

# 第 5 章 政府预算赤字

本章的目标是讨论以下问题：

1. 介绍和评价李嘉图模型，并且展示它是如何运用于简单的两阶段最优家庭消费（和劳动力供给）行为模型的。

2. 阐述平滑税收和黄金筹资原则这两个概念。

3. 解释如何度量政府的财政立场。



## 5.1 李嘉图等价

正如名字所暗示的，李嘉图等价定理是由英国古典经济学家 David Ricardo（1817，p. 245）提出的，但是由于脱离实际，该理论被提出后立即遭到摒弃。然而，Robert Barro（1974）在一篇有重要影响力的论文中，有力地说明了李嘉图等价定理值得专业人士的注意并且该定理能够用来帮助制定重要的政策方针。

简单来说，李嘉图等价定理可以归纳如下：给定政府的支付路径，选择何种政府融资的具体方式无关紧要，这意味着，在不同的融资方式下，实际消费、投资以及产出均不受影响。特别地，无论是税收融资还是负债融资，实际消费以及私人部门的投资计划均不受融资方式的影响。

换句话说，政府的负债可以简单地视为延迟的税收：如果政府打算今天发债以弥补赤字，那么私人部门将会储蓄更多，以便未来有能力应对更高的税收水平并偿还这项债务。结果是，如果李嘉图等价定理成立，Blinder 和 Solow（1973）中所阐述的模型（第 2 章中已做过详细的讨论）会有明显的缺陷。在他们的模型里，实际私人消费依赖于包括政府负债在内的净财富！在李嘉图等价下，公众持有的政府负债不应该纳入净财富，因为这与未来税负形式的债务相抵。

### □ 5.1.1 一个简单模型

假设时间从现在到无穷远的将来可以被划分为两部分。第一部分（第 1 期）是现在，第二部分（第 2 期）是将来（显然，从构造上来说，不存在第 3 期）。家庭与厂商能够完美地规划未来。我们首先考察代表性家庭的行为。家庭与厂商存续的时间一样长，并且通过在两个阶段消费获得效用。劳动力供给是外生的，家庭收入由外生的“上天”赐予。终生效用 $V$ 为

$$V=U(C_1)+\frac{1}{1+\rho}U(C_2), \quad \rho>0, \tag{5.1}$$

$C_\tau$ 表示 $\tau(=1, 2)$期的消费，$U(\cdot)$是瞬时效用（或幸福）函数，$\rho$ 是纯时间偏好率，代表了“不耐心”的作用。$\rho$ 越高，未来效用的贴现程度就越高，家庭就越不耐心。该幸福函数具有一般的特性，即 $U'(\cdot)>0$ 且 $U''(\cdot)<0$。在第 0 期（即“过去”）的末尾，家庭拥有实际价值达 $A_0$ 的资产，并且在第 1 期期初可以得到 $r_0A_0$ 的利息，其中，$r_0$ 是第 0 期的实际储蓄利率。外生的、不考虑利率的收入支付分别为 $Y_1$、$Y_2$，两个阶段的周期性的预算约束是

$$A_1=(1+r_0)A_0+(1-t_1)Y_1-C_1, \tag{5.2}$$

$$A_2=(1+r_1)A_1+(1-t_2)Y_2-C_2=0, \tag{5.3}$$

其中，$r_1$ 是第 1 期的储蓄利率，$t_1$ 和 $t_2$ 是两个时期的所得税税率，并且有 $A_2=0$，因为家庭消亡之后还留下一笔正的资产（$A_2\leqslant 0$）是不合理的。同样，也不会出现家庭消亡后还存在负债（$A_2\geqslant 0$）。（后面，我们将会修正模型，讨论当家庭中有小孩并且希望留下遗产时的情形。）注意，式（5.2）和式（5.3）与利息收入不征税的假设吻合。

如果家庭能够以利率 $r$ 借入或者借出资金，那么 $A_1$ 的符号是不定的，式（5.2）和式（5.3）可以合并成单一的终生预算约束，从技术上来说，消去式（5.2）与式（5.3）中的 $A_1$ 即可：

$$A_1=(1+r_0)A_0+(1-t_1)Y_1-C_1=\frac{C_2-(1-t_2)Y_2}{1+r_1}\Rightarrow$$

$$C_1+\frac{C_2}{1+r_1}=(1+r_0)A_0+H, \tag{5.4}$$

该式的右边代表了总财富，包括含利息的初始金融财富 $(1+r_0)A_0$ 以及人力财富 $H$：

$$H\equiv(1-t_1)Y_1+\frac{(1-t_2)Y_2}{1+r_1}。 \tag{5.5}$$

式（5.4）说明了一生中消费的现值等于总财富。

为了阐述李嘉图等价定理，我们需要介绍政府及其预算约束。为了尽可能地简单，我们假设政府购买是为了自身的消费($G_1$ 和 $G_2$)，并且以税收或者负债的方式筹集所需资金。模型里没有表示货币的变量，因此货币融资是不可能的。像家庭一样，政府在两个时期中均可以以利率 $r_1$ 借入或者借出资金。与式（5.2）和式（5.3）相对应，政府的周期性预算约束等价于：

$$(D_1\equiv)r_0B_0+G_1-t_1Y_1=B_1-B_0, \tag{5.6}$$

$$(D_2\equiv)r_1B_1+G_2-t_2Y_2=B_2-B_1=-B_1, \tag{5.7}$$

$D_\tau$ 与 $B_\tau$ 分别代表第 $\tau$(=1，2)期的赤字与政府负债；并且 $B_2=0$，因为像家庭一样，政府不能在假设有偿债能力的情况下赖账（不存在香蕉共和国！*），用与之前同样的方式，方程（5.6）和方程（5.7）可以统一成一个政府预算约束：

$$B_1=(1+r_0)B_0+G_1-t_1Y_1=\frac{t_2Y_2-G_2}{1+r_1}\Rightarrow$$

$$(1+r_0)B_0+G_1+\frac{G_2}{1+r_1}=t_1Y_1+\frac{t_2Y_2}{1+r_1}, \tag{5.8}$$

方程（5.8）的左边代表了政府净负债的现值，而右边则代表了政府收入（即税收）的净现值。

由于政府债券是唯一的金融资产，家庭借入（借出）的资金以拥有负的（正的）政府债券的形式体现，因此，对于 $\tau=0$，1，2，金融资本市场上的均衡有

$$A_\tau=B_\tau, \tag{5.9}$$

正式地，资本市场均衡决定了均衡利率 $r_0$ 和 $r_1$。

李嘉图等价定理的第一个论证是如下得到的：从统一政府预算约束解出（$1+r_0)B_0$，利用式（5.9），将结果代入家庭的终生预算约束式（5.4）：

$$\begin{aligned}C_1+\frac{C_2}{1+r_1}&=(1+r_0)B_0+(1-t_1)Y_1+\frac{(1-t_2)Y_2}{1+r_1}\\&=t_1Y_1+\frac{t_2Y_2}{1+r_1}-G_1-\frac{G_2}{1+r_1}+(1-t_1)Y_1+\frac{(1-t_2)Y_2}{1+r_1}\\&=Y_1-G_1+\frac{Y_2-G_2}{1+r_1}\equiv\Omega。\end{aligned} \tag{5.10}$$

最后的表达式说明了有关税收的变量在家庭的终生预算约束中是不存在的。只有（外生给定的）政府支出的现值会影响家庭的净财富。因此，$C_1$ 和 $C_2$ 的选择并不因为税率 $t_1$ 和 $t_2$ 而变化。政府的融资手段对消费没有实际影响。

因此，如果消费计划不受税收时间的限制，那么什么受税收时间的限制？答案

* 香蕉共和国：政治专有名词，是对一个经济体系属于单一经济（通常是经济作物如香蕉、可可、咖啡等）、拥有不民主或不稳定的政府，特别是那些拥有广泛贪污和强大外国势力介入的国家的贬称。通常指中美洲和加勒比地区的小国家。——译者注

是家庭储蓄。为了阐明这一点并使后续的讨论易于理解，我们采用一个特殊形式的幸福函数$U(\cdot)$；这个函数使最优消费以及储蓄的表达式非常简单：

$$U(C_\tau)=\ln C_\tau。\tag{5.11}$$

（插叙5.1研究了两期消费模型的一般形式。）在给定幸福函数式（5.11）时，家庭选择$C_1$和$C_2$，使得在式（5.10）下式（5.1）最大化。又一次地，最优条件可以通过拉格朗日乘子法获得。拉格朗日公式是

$$\mathcal{L}\equiv\ln C_1+\frac{1}{1+\rho}\ln C_2+\lambda\left[\Omega-C_1-\frac{C_2}{1+r_1}\right],\tag{5.12}$$

一阶条件为

$$\frac{\partial\mathcal{L}}{\partial C_1}=\frac{1}{C_1}-\lambda=0,\tag{5.13}$$

$$\frac{\partial\mathcal{L}}{\partial C_2}=\frac{1}{(1+\rho)C_2}-\frac{\lambda}{1+r_1}=0,\tag{5.14}$$

第三个条件$\partial\mathcal{L}/\partial\lambda=0$便是约束条件式（5.10）。① 联立式（5.13）与式（5.14），得到消费的欧拉方程：

$$\lambda=\frac{1}{C_1}=\frac{1+r_1}{(1+\rho)C_2}\Rightarrow\frac{C_2}{C_1}=\frac{1+r_1}{1+\rho}。\tag{5.15}$$

方程（5.15）可做如下解释。例如，假设利率超过了纯时间偏好率，即$r_1>\rho$。那么由方程（5.15）可知，当$C_2/C_1>1$即$C_2>C_1$时，家庭达到了最优状态。这是可以理解的，（相对于$r_1$）较低的$\rho$值意味着家庭会有更大的耐心以及更大的意愿去延迟消费。这就是消费的跨期替代机制。

方程（5.15）决定了消费的最优时间组合，它显示了未来消费与当前消费的联系。消费水平是通过将式（5.15）代入家庭预算约束（5.10）而得到的：

$$C_1=\frac{1+\rho}{2+\rho}\Omega,\qquad C_2=\frac{1+r_1}{2+\rho}\Omega。\tag{5.16}$$

家庭储蓄（$S_1$）的表达式是由等式$S_1\equiv A_1-A_0=B_1-B_0$或者

$$S_1=r_0B_0+(1-t_1)Y_1-\frac{1+\rho}{2+\rho}\Omega\tag{5.17}$$

得到的。从这里我们可以看出，税率$t_1$并没有在第1期的家庭储蓄中消失。

现在考虑下列李嘉图试验。政府在第1期减少税率（$dt_1<0$），但是保持产品消费量（$G_1$和$G_2$）不变。式（5.17）表明：

$$dS_1=-Y_1dt_1>0,\tag{5.18}$$

［由于$d\Omega=d(r_0B_0)=0$］但是政府的预算约束式（5.8）表明税率在第2期必须满

① 对于拉格朗日乘子的最优值有简单直接的经济学解释，它代表了终生财富的边际终生效用，即$\lambda=dV/d\Omega$。

足下式：

$$Y_1 dt_1 + \frac{Y_2}{1+r_1} dt_2 = 0 \Rightarrow dt_2 = -\frac{(1+r_1)Y_1}{Y_2} dt_1 > 0, \tag{5.19}$$

由于假设政府负债的现值固定，因此，在李嘉图试验中，为了保证在第 2 期用储蓄及其利息支付额外增加的税收，家庭的反应将是在第 1 期增加储蓄（$dS_1>0$）。图 5—1 描绘了李嘉图试验。

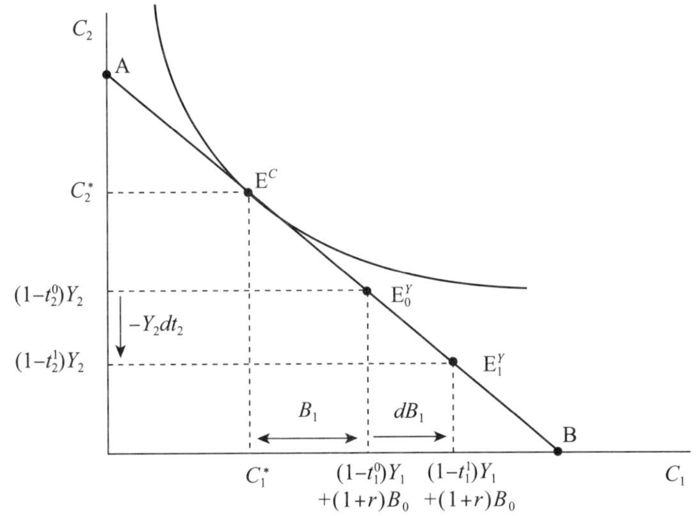


**图 5—1　李嘉图等价试验**

收入的初始禀赋点是 $E_0^Y$。它表示家庭在第 1 期不负债（即 $A_1=B_1=0$），并且仅仅按照式（5.2）和式（5.3）进行消费。因为家庭可以按照利率 $r_1$ 自由借贷，它们可以选择约束线 AB 上的任意组合（$C_1$，$C_2$）进行消费。假设最优消费点是 $E^C$，是无差异曲线（$dV=0$）与预算约束线的切点。最优消费水平分别为 $C_1^*$ 和 $C_2^*$，家庭在第 1 期储蓄 $B_1$，并在第 2 期获得$(1+r_1)B_1$。根据李嘉图试验的结果（$dt_1<0$），收入在第 1 期上升，在第 2 期下降，但家庭的净财富($\Omega$)不变。因此，收入禀赋点将沿着给定的预算约束线向右下方移动至点 $E_1^Y$。然而，由于一些重要的量没有改变，最优消费组合点并没有移动。唯一变动之处就是家庭在第 1 期增加了储蓄（增加了 $dB_1$），购买了政府债券。政府债券的需求和供给也以相同的数量扩张，因此，为保证资本市场的均衡并不需要利率水平 $r_1$ 发生变化。

有很多理论批评李嘉图等价定理，在下一节中，我们将讨论最重要的使李嘉图等价失效的原因。感兴趣的读者可以参考最近有关预算赤字的论文集以获得更多细节；具体参见 Barro（1989）和 Bernheim（1989）的成果。

**插叙 5.1**

## 两期消费模型

由于在宏观经济学中，两期消费模型极其重要，因此，有必要掌握好其基本性质。

假设代表性家庭的终生效用函数的一般表达式为

$$V=V(C_1,C_2), \tag{a}$$

其中，$C_\tau$ 表示第 $\tau$ 期的消费，我们假设两期消费的效用函数是正的，但边际效用递减，即$V_\tau\equiv\partial V/\partial C_\tau>0$ 以及 $V_{\tau\tau}\equiv\partial^2 V/\partial C_\tau^2<0$。注意，式（5.1）是式（a）的交叉项导数 $V_{12}\equiv\partial^2 V/\partial C_1\partial C_2$ 为 0 时的特殊形式。而在一般情形下，$V_{12}$ 不受限制。然而，为避免无趣的角点解，我们假设无差异曲线凸向原点，即 $V_{11}V_{22}-V_{12}^2>0$。

除去税收后，家庭的阶段性预算约束为 $A_1+C_1=(1+r_0)A_0+Y_1$ 以及 $C_2=(1+r_1)A_1+Y_2$，这可以整理为终生预算约束：

$$C_1+\frac{C_2}{1+r_1}=(1+r_0)A_0+\left[Y_1+\frac{Y_2}{1+r_1}\right]\equiv\Omega, \tag{b}$$

$Y_\tau$ 是第 $\tau$ 期外生的非利息收入，$A_0$ 是初始金融财富，$\Omega$ 是初始总财富（等于金融财富和人力财富之和），$r_\tau$ 是第 $\tau$ 期的利率。在终生预算约束式（b）下，家庭选择 $C_1$、$C_2$ 的量，以最大化终生效用式（a）。利用式（b）和欧拉方程得到一阶条件为

$$\frac{V_1(C_1,C_2)}{V_2(C_1,C_2)}=1+r_1, \tag{c}$$

我们明确地指出，$V_i$ 与 $C_1$、$C_2$ 均有关（由于在推导中，$V_{12}\neq 0$ 并没有被排除）。

式（b）和式（c）定义了消费与两期的利率及总财富的隐函数，可以简单地写为 $C_\tau=C_\tau(\Omega,\ r_1)$，$\tau=1,\ 2$。用常用的方法，我们对隐函数式（b）、式（c）进行全微分以得到偏导数，最终的矩阵表达式为

$$\Delta\begin{bmatrix}dC_1\\ dC_2\end{bmatrix}=\begin{bmatrix}1\\ 0\end{bmatrix}d\Omega+\begin{bmatrix}\dfrac{C_2}{(1+r_1)^2}\\ V_2\end{bmatrix}dr_1, \tag{d}$$

式（d）左边的矩阵 $\Delta$ 定义为

$$\Delta\equiv\begin{bmatrix}1 & \dfrac{1}{1+r_1}\\ V_{11}-(1+r_1)V_{12} & V_{12}-(1+r_1)V_{22}\end{bmatrix}, \tag{e}$$

其中，我们用到了杨氏定理中的 $V_{12}=V_{21}$（Chiang，1984，p. 313）。效用最大化的二阶条件保证了 $\Delta$ 是严格正的（更详细的解释参见 Chiang，1984，pp. 400 - 408），即 $|\Delta|>0$。这意味着隐函数定理是适用的（Chiang，1984，p. 210）。

我们首先考虑财富的边际变动。从式（d）中得到：

$$\frac{\partial C_1}{\partial\Omega}=\frac{V_{12}-(1+r_1)V_{22}}{|\Delta|}\gtreqless 0, \tag{f}$$

$$\frac{\partial C_2}{\partial\Omega}=\frac{(1+r_1)V_{12}-V_{11}}{|\Delta|}\gtreqless 0。 \tag{g}$$

观察以上两个表达式可以发现：第一，在两个阶段中，财富的改变对消费的影响总体上是不确定的。第二，如果终生效用满足 $V_{12}\geqslant 0$，那么 $\partial C_\tau/\partial\Omega>0$，$\tau=1,\ 2$，并且当前

与未来的消费均是正常品。第三，如果 $V_{12}<0$，那么当前消费与未来消费可能会是劣等品（$\partial C_\tau/\partial\Omega<0$）。然而，从式（b）中不难发现，当前与未来消费最多只有一个是劣等品，即

$$\frac{\partial C_1}{\partial\Omega}+\frac{1}{1+r_1}\frac{\partial C_2}{\partial\Omega}=1。\tag{h}$$

下面，我们考虑利率 $r_1$ 的边际变动。从预算约束式（b）中发现，$r_1$ 变动时，不仅影响到未来消费的相对价格的变动，而且影响到式（b）右边方括号中人力财富的价值（从而影响到总财富）。事实上，从 $\Omega$ 的定义来看，我们有 $\partial\Omega/\partial r_1=-Y_2/(1+r_1)^2<0$，即利率的增长减少了人力资本的价值，这是因为未来工资收入的贴现程度加深。考虑到（人力）财富的效应，我们从式（d）的偏导数中得到：

$$\frac{\partial C_1}{\partial r_1}=\frac{V_{12}-(1+r_1)V_{22}}{|\Delta|}\frac{A_1}{1+r_1}-\frac{1}{|\Delta|}\frac{V_2}{1+r_1}\gtreqless 0,\tag{i}$$

$$\frac{\partial C_2}{\partial r_1}=\frac{(1+r_1)V_{12}-V_{11}}{|\Delta|}\frac{A_1}{1+r_1}+\frac{1}{|\Delta|}V_2\gtreqless 0,\tag{j}$$

其中，我们用到了第 2 期的预算等式 $(1+r_1)A_1=C_2-Y_2$ 来简化表达式。从式（i）、式（j）中也可以得出一些结论。第一，对 $V_{12}$ 以及 $A_1$ 不施加约束时，利率变动的效应是模糊的，对终生预算等式（b）求导，我们可以发现：

$$\frac{\partial C_1}{\partial r_1}+\frac{1}{1+r_1}\frac{\partial C_2}{\partial r_1}=\frac{A_1}{1+r_1},\tag{k}$$

这说明当人们选择在第 1 期储蓄（$A_1>0$）时，现在或将来的消费至少有一个会随着利率的增高而上升，第二，如果 $A_1>0$ 且 $V_{12}\geqslant 0$，则 $\partial C_1/\partial r_1\gtreqless 0$，并且 $\partial C_2/\partial r_1>0$。第三，个人的效用最大化点恰好与初始禀赋点重合（从而使得 $A_1=0$），那么，个人将不会在第 1 期增加储蓄或者利用储蓄进行消费，并且有 $\partial C_1/\partial r_1<0$ 以及 $\partial C_2/\partial r_1>0$。

通常假设效用函数是线性齐次的。一个线性齐次的效用函数可以写为 $V(C_1, C_2)=G(H(C_1, C_2))$，其中，$G(\cdot)$ 是严格单调递增的函数，$H(C_1, C_2)$ 是关于 $C_1$ 和 $C_2$ 的一次齐次函数［参见 Sydsæter and Hammond（1995，p. 573）］。我们回忆第 4 章插叙 4.3 中所介绍的这类函数的性质：(P1) $H_1C_1+H_2C_2=H$，(P2) $H_1$ 和 $H_2$ 关于 $C_1$、$C_2$ 是零次齐次的，(P3) $H_{12}=-(C_1/C_2)H_{11}=-(C_2/C_1)H_{22}$，因此 $H_{11}=(C_2/C_1)^2H_{22}$，以及(P4) $\sigma_{12}\equiv -d\ln(C_1/C_2)/d\ln(H_1/H_2)=H_1H_2/(HH_{12})\geqslant 0$。由于 $H_{11}<0$ 且 $H_{22}<0$，根据（P3），有 $H_{12}>0$。因此，由式（f）和式（g），当前和未来的消费均是正常品。为了解为什么会出现这种情况，我们注意到式（c）可简化为 $H_1/H_2=1+r_1$，因此可分别用 $H_{11}$、$H_{23}$、$H_{22}$ 代替式（d）至式（f）中的 $V_{11}$、$V_{12}$、$V_{22}$。

在研究利率变动的影响时，注意到一阶条件（c）变为 $H_1/H_2=1+r_1$。由于 $H_1$、$H_2$ 是零次齐次的，这个欧拉方程使得 $C_1/C_2$ 的值是 $1+r_1$ 的一个函数。通过对欧拉方程（c）以及预算约束式（b）对数线性化［保证 $(1+r_0)A_0$、$Y_1$、$Y_2$ 不变］，我们可以获得如下表达式：

$$\begin{bmatrix}\omega_1 & 1-\omega_1\\ -1 & 1\end{bmatrix}\begin{bmatrix}dC_1/C_1\\ dC_2/C_2\end{bmatrix}=\begin{bmatrix}A_1/\Omega\\ \sigma_{12}\end{bmatrix}\frac{dr_1}{1+r_1},\tag{l}$$

其中，$\omega_1 \equiv C_1/\Omega$，$1-\omega_1 \equiv C_2/[(1+r_1)\Omega]$分别是第 1 期和第 2 期的预算份额。解式（l）我们得到了比较静态效应：

$$\frac{\partial C_1}{\partial r_1}=\frac{C_1}{1+r_1}\left[(1-\omega_1)-\frac{Y_2}{(1+r_1)\Omega}-(1-\omega_1)\sigma_{12}\right], \tag{m}$$

$$\frac{\partial C_2}{\partial r_1}=\frac{C_2}{1+r_1}\left[(1-\omega_1)-\frac{Y_2}{(1+r_1)\Omega}+\omega_1\sigma_{12}\right], \tag{n}$$

这里，我们仍然利用了 $(1+r_1)A_1=C_2-Y_2$。式（m）、式（n）右边方括号中的三项分别是收入效应、人力财富效应和替代效应［相关术语的理解参见 Obstfeld 和 Rogoff（1996，p. 30）］。我们将这些效应在图 A、图 B 中表示了出来。

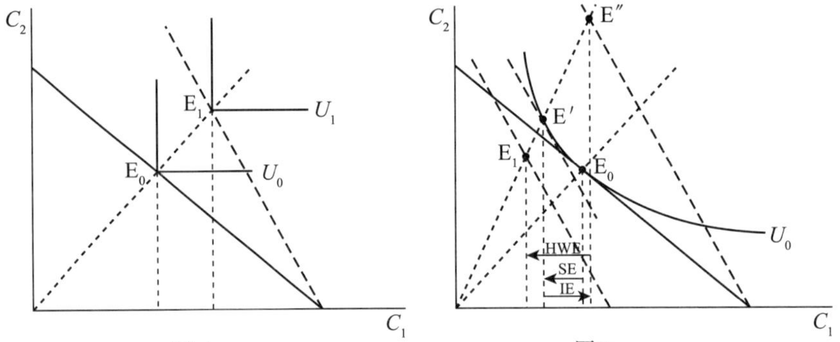

图 A　　图 B

在这两幅图中，利率 $r_1$ 的上升最终使得点 $E_0$ 移动到点 $E_1$。总效应可以分解成通常的希克斯形式。在这么做的时候我们发现对于线性齐次的效用函数，无差异曲线的斜率在一条过原点的射线上是相等的。图 A 研究了一个简单的情形，在此图中，当前与未来消费的替代弹性为零（$\sigma_{12}=0$，因此无差异曲线为直角）；同时，未来的非利息收入是不存在的（即 $Y_2=0$）。利率的上升使得预算约束线顺时针旋转，且最优点从 $E_0$ 移动到 $E_1$。收入效应（IE）是造成 $C_1$、$C_2$ 上升以及 $E_0$ 向 $E_1$ 移动的唯一原因。

在图 B 中，我们探讨了一般情形，即当 $\sigma_{12}>0$ 和 $Y_2>0$ 时的情况。同样地，$r_1$ 的上升使得最优点由 $E_0$ 移动到 $E_1$。图 B 中画出了两条财富扩展路径。点 $E_0$ 移动至点 $E'$ 是替代效应（SE），点 $E'$ 移动至 $E''$ 是收入效应（IE）。如果家庭在第 2 期没有非利息收入（$Y_2=0$），人力财富就不存在，以上就是所有影响。如果 $Y_2$ 是正的，那么利率的上升将会减少人力资本并使得预算约束向内移动。因此，人力财富效应（HWE）使得 $E''$ 移动到 $E_1$。两期模型的其他结果由 Obstfeld 和 Rogoff（1996，ch. 1）给出。

### □ 5.1.2　税收扭曲

直到现在，我们都假设非利息收入在两期均是外生的。很容易想象，例如，由于内生的劳动力供给决策，该类型收入取决于劳动所得税（参见第 1 章和下文所述）。如果是这样，我们应该书写成 $Y_1(t_1, t_2)$ 以及 $Y_2(t_1, t_2)$，税收路径可能会直接影响到收入的禀赋点以及潜在的净家庭财富。结果，李嘉图等价将不成立。在本节的余下部分我们将分析在一个动态环境下劳动力供给是如何具有内生性的。

在两期设定的背景下，劳动力供给跨期模型可以采用以下形式表示。我们继续假设终生效用函数由式（5.1）给出，而幸福效用方程则由式（5.11）变成：

$$U(C_\tau, 1-N_\tau) = \ln(C_\tau^\varepsilon[1-N_\tau]^{1-\varepsilon}), \quad 0<\varepsilon<1, \tag{5.20}$$

$N_\tau$ 是 $\tau$ 期的劳动力供给（$1-N_\tau$ 是闲暇），正如第 1 章所述，一个家庭时间禀赋是一个单位，并且时间必须分配于闲暇和工作。为了将问题简化，子幸福函数 $u(C_\tau, 1-N_\tau) \equiv C_\tau^\varepsilon[1-N_\tau]^{1-\varepsilon}$ 采用了柯布-道格拉斯函数形式，这暗示了在消费和闲暇之间的跨期替代弹性为 1。[①] 因此，可知幸福函数本身也关于 $C_\tau$ 和 $1-N_\tau$ 是对数线性的。

跨期预算约束仍由式（5.2）和式（5.3）给出，但要用 $W_\tau N_\tau$ 替换掉 $Y_\tau$，其中，$W_\tau$ 是 $\tau$ 期的（税前）总工资率。[②] 则终生预算约束为

$$C_1 + \frac{C_2}{1+r_1} = (1+r_0)A_0 + (1-t_1)W_1N_1 + \frac{(1-t_2)W_2N_2}{1+r_1}。 \tag{5.21}$$

正如结果所示，一个相当有用的技巧就是将劳动力供给决策当作对闲暇时间的购买决策来处理。直觉上，一个家庭为劳动力市场提供了 $N_\tau$ 单位的劳动力供给，也就相当于它向自己购买了 $1-N_\tau$ 单位的闲暇时间。对式（5.21）进行直接处理，依据家庭对商品和闲暇的花费，可以整理出一个综合预算约束方程：

$$C_1 + (1-t_1)W_1[1-N_1] + \frac{C_2 + (1-t_2)W_2[1-N_2]}{1+r_1} = (1+r_0)A_0 + \bar{H} \equiv \bar{\Omega}, \tag{5.22}$$

其中 $\bar{\Omega}$ 代表财富总额，$\bar{H}$ 是我们对人力财富进行修正后的定义：

$$\bar{H} \equiv (1-t_1)W_1 + \frac{(1-t_2)W_2}{1+r_1}。 \tag{5.23}$$

直观上来看，$\bar{H}$ 是一个家庭的时间禀赋在现值体系下的税后市场价值。

在满足式（5.22）的约束条件下，一个家庭通过选择 $C_1$、$C_2$、$1-N_1$ 和 $1-N_2$ 以使得式（5.1）最大化，也可以计算幸福函数（5.20）。这个最优值问题的拉格朗日算法是这样的：

$$\mathcal{L} \equiv \varepsilon \ln C_1 + (1-\varepsilon)\ln(1-N_1) + \frac{\varepsilon}{1+\rho}\ln C_2 + \frac{1-\varepsilon}{1+\rho}\ln(1-N_2)$$

---

① 跨期替代弹性 $\sigma_{C,1-N}$ 测量了同一时期消费和闲暇的替代程度。对于一个线性齐次的子幸福函数，$\sigma_{C,1-N}$ 的定义为

$$\sigma_{C,1-N} \equiv \frac{u_C u_{1-N}}{u \cdot u_{C,1-N}}。$$

对于 $u(C_\tau, 1-N_\tau)$ 我们可以轻易地得到 $\sigma_{C,1-N}=1$。产出理论背景下的替代弹性的定义见第 4 章的插叙 4.3。

② 在不存在实物资本的情况下，劳动力仅是生产要素且规模报酬不变的生产函数可以写为 $Y_\tau = \omega_0 N_\tau$。完全竞争厂商的行为可以确保在 $\tau=1$，2 时 $W_\tau = \omega_0$，即实际工资率不变。

$$+\lambda\left[\overline{\Omega}-C_1-(1-t_1)W_1[1-N_1]-\frac{C_2+(1-t_2)W_2[1-N_2]}{1+r_1}\right], \quad (5.24)$$

它的（有趣的）一阶条件是这样的：

$$\frac{\partial\mathcal{L}}{\partial C_1}=\frac{\varepsilon}{C_1}-\lambda=0, \quad (5.25)$$

$$\frac{\partial\mathcal{L}}{\partial[1-N_1]}=\frac{1-\varepsilon}{1-N_1}-\lambda(1-t_1)W_1=0, \quad (5.26)$$

$$\frac{\partial\mathcal{L}}{\partial C_2}=\frac{\varepsilon}{(1+\rho)C_2}-\frac{\lambda}{1+r_1}=0, \quad (5.27)$$

$$\frac{\partial\mathcal{L}}{\partial[1-N_2]}=\frac{1-\varepsilon}{(1+\rho)[1-N_2]}-\frac{\lambda(1-t_2)W_2}{1+r_1}=0。 \quad (5.28)$$

[跟之前一样，条件 $\partial\mathcal{L}/\partial\lambda=0$ 让我们重新得到预算约束条件式（5.22）。] 从式（5.25）至式（5.28）我们可以清楚地看到在解决方法中，$C_\tau$ 和 $1-N_\tau$ 都能够用拉格朗日乘子 $\lambda$ 和相关的相对价格项来表达。我们可以利用接下来的解决方法。第一，我们将一阶条件代入式（5.22）并解出 $1/\lambda$。经过一些计算我们得到：

$$\overline{\Omega}=C_1+(1-t_1)W_1[1-N_1]+\frac{C_2+(1-t_2)W_2[1-N_2]}{1+r_1}$$

$$=\frac{\varepsilon}{\lambda}+\frac{1-\varepsilon}{\lambda}+\frac{\varepsilon}{\lambda(1+\rho)}+\frac{1-\varepsilon}{\lambda(1+\rho)}=\frac{2+\rho}{1+\rho}\frac{1}{\lambda} \quad \Leftrightarrow$$

$$\frac{1}{\lambda}=\frac{1+\rho}{2+\rho}\overline{\Omega}。 \quad (5.29)$$

然而，在这个简单的动态劳动力供给模型中，代表终生财富的边际效用的拉格朗日乘子与财富水平本身是反向相关的。接下来是第二步，我们将式（5.29）代入式（5.25）至式（5.28）以求得之前一直寻找的答案：

$$C_1=\varepsilon\frac{1+\rho}{2+\rho}\overline{\Omega}, \quad C_2=\varepsilon\frac{1+r_1}{2+\rho}\overline{\Omega}, \quad (5.30)$$

$$(1-t_1)W_1[1-N_1]=(1-\varepsilon)\frac{1+\rho}{2+\rho}\overline{\Omega}, \quad (5.31)$$

$$(1-t_2)W_2[1-N_2]=(1-\varepsilon)\frac{1+r_1}{2+\rho}\overline{\Omega}。 \quad (5.32)$$

对于这些表达式，有几个观点值得着重表述。第一，式（5.30）中的消费表达式与式（5.16）建立的基本模型中的方程十分相似。其中关键的不同点在于，在式（5.30）中，只有一部分总财富 $\varepsilon\overline{\Omega}$ 进入方程（5.30）的表达式中。我们可以留意在扩展模型中，家庭开始同时消费商品和闲暇，那么上面的结论也就不令人惊讶了。注意，无论怎样，式（5.30）中表示的关于消费的欧拉恒等式与基准模型中是一样的［见式（5.15）］。第二，式（5.31）和式（5.32）表明家庭花费在闲暇上的财富占总财富的比例是一个常数。将式（5.31）和式（5.32）结合起来进一步分析，可以得出对两期内闲暇需求（同样也暗示着劳动力供给）的欧拉方程：

$$\frac{1-N_2}{1-N_1}=\frac{1+r_1}{1+\rho}\cdot\frac{(1-t_1)W_1}{(1-t_2)W_2}。\tag{5.33}$$

关于闲暇消费的最佳跨期分配方式是由方程（5.33）右边的两个比率的结果决定的，即利率比率（第一项）和相对工资比率（第二项）。保持相对工资比率不变，利率上升将使得利率比增加，导致家庭对闲暇时间的分配决策更为陡峭，即将当期的闲暇消费推迟到将来（而在当期相对努力地工作）。同样，保持利率比不变，相对工资比率的上升也将促使家庭在当期相对努力地工作（因为工资相对更高）。这种机制称为劳动力供给的跨期替代效应。在第 15 章对实际经济周期模型的学习中它发挥了一个十分重要的作用。

通过对式（5.31）和式（5.32）以及式（5.22）和式（5.23）的运用，我们将发现劳动力供给模型将导出以下关于两期税前非利息收入的表达式：

$$Y_1\equiv W_1N_1=W_1\frac{1+\varepsilon(1+\rho)}{2+\rho}-\frac{1-\varepsilon}{1-t_1}\frac{1+\rho}{2+\rho}\left[(1+r_0)A_0+\frac{(1-t_2)W_2}{1+r_1}\right],\tag{5.34}$$

$$Y_2\equiv W_2N_2=W_2\frac{1+\rho+\varepsilon}{2+\rho}-\frac{1-\varepsilon}{1-t_2}\frac{1+r_1}{2+\rho}[(1+r_0)A_0+(1-t_1)W_1]。\tag{5.35}$$

如本章开头所述的那样，$Y_1$ 和 $Y_2$ 都是以一个相当复杂的方式取决于两个时期的税率，它符合李嘉图税负减免试验的结果，即一般来说，税负减免不仅影响家庭储蓄（如同基准模型中所述），同时也影响劳动力供给决策和宏观经济均衡。

我们以一个警示结束这一部分，将政府预算约束代入家庭预算约束来"证明"李嘉图等价定理的有效性，并得到税率的下降，这样做尽管很吸引人，但并不正确。这里给出这个错误的证明过程。在劳动力供给具有内生性的基础上，政府预算约束可由式（5.8）转化为

$$(1+r_0)B_0+G_1+\frac{G_2}{1+r_1}=t_1W_1N_1+\frac{t_2W_2N_2}{1+r_1}。\tag{5.36}$$

当然，这一步是正确的，但下一步就不是这样了。将式（5.36）和资本市场均衡条件式（5.9）进行初步变换，解出 $(1+r_0)B_0$ 并代入式（5.21），我们可以得到以下表达式：

$$\begin{aligned}C_1+\frac{C_2}{1+r_1}&=(1+r_0)B_0+(1-t_1)W_1N_1+\frac{(1-t_2)W_2N_2}{1+r_1}\\&=t_1W_1N_1+\frac{t_2W_2N_2}{1+r_1}-G_1-\frac{G_2}{1+r_1}+(1-t_1)W_1N_1+\frac{(1-t_2)W_2N_2}{1+r_1}\\&=W_1N_1-G_1+\frac{W_2N_2-G_2}{1+r_1}。\end{aligned}\tag{5.37}$$

最终的表达式并不包含税率，所以有人可能试图得出税收对家庭决策没有影响的结论，也就是指税收是完全中性的。那么这个"证明"过程错在哪里呢？在基准模型

中，替代方法之所以是正确的，是因为方程（5.4）的右边相当于由家庭给定，即从家庭的角度来看，它是外生的。相反，式（5.21）的右边是由家庭进行最优选择得到的。税收的形式对劳动力供给和其他可得到的资源也有影响，这里的替代方法隐含了劳动力供给对此的回应，从而在税收扭曲情形下导致了错误的结论。

**插叙 5.2**

## 小型开放经济下的李嘉图等价

李嘉图等价定理的有效性还可以在一个小型开放经济的框架下来考察。在这样一个经济结构下，家庭和政府能够以一个外生给定的世界利率 $r_\tau$ 参与借贷。将国内家庭拥有的国外净资产定义为 $F_\tau$，那么金融资本市场均衡条件式（5.9）转化为

$$A_\tau = B_\tau + F_\tau。\tag{a}$$

家庭可以以政府债券或净金融资产（或两者都有）的形式持有其金融财产。这两种资产形式是完美的替代品，所以它们的回报率相等。现在假定非利息收入是外生的（如基准模型中所说），但有一个综合的所得税，另外，来自所有资源的利息收入也需要缴税（例如基于住宅的利息所得税）。式（5.2）和式（5.3）可以转化为

$$A_1 = A_0 + (1-t_1)[Y_1 + r_0 A_0] - C_1,\tag{b}$$

$$A_2 = A_1 + (1-t_2)[Y_2 + r_1 A_1] - C_2 = 0。\tag{c}$$

通过式（b）和式（c）可以消除 $A_1$，同时结合式（a），我们可以得到一个综合家庭预算约束：

$$C_1 + \frac{C_2}{1+r_1(1-t_2)} = [1+r_0(1-t_1)][B_0+F_0] + (1-t_1)Y_1 + \frac{(1-t_2)Y_2}{1+r_1(1-t_2)}。\tag{d}$$

假定一个如式（5.1）的效用函数，此时家庭的欧拉恒等式是这样给出的：

$$\frac{U'(C_1)}{U'(C_2)} = \frac{1+r_1(1-t_2)}{1+\rho}。\tag{e}$$

将来税收的税率对将来消费的跨期价格产生影响，同样也影响当期和将来消费的最优选择。我们预期李嘉图等价不再坚持这个假设。这里还有一个关于李嘉图不等价的例子，它是由在李嘉图试验中改变扭曲性税收的事实决定的。以下是关于李嘉图不等价的证明过程。

政府预算约束式（5.6）和式（5.7）如下给出：

$$B_1 = (1+r_0)B_0 + G_1 - t_1[Y_1 + r_0(B_0+F_0)],\tag{f}$$

$$B_2 = (1+r_1)B_1 + G_2 - t_2[Y_2 + r_1(B_1+F_1)] = 0。\tag{g}$$

运用式（f）和式（g），我们发现综合政府预算是这样的：

$$G_1 + \frac{G_2}{1+r_1(1-t_2)} = [1+r_0(1-t_1)]B_0 + t_1[Y_1 + r_0 F_0] + \frac{t_2[Y_2 + r_1 F_1]}{1+r_1(1-t_2)}。\tag{h}$$

接下来我们考察一个国家整体面对的债务偿还条件。国家偿债能力的定义自然遵从

家庭和政府都是有偿还能力的经济体的事实。我们计算式（a）得到 $F_\tau = A_\tau - B_\tau$。另外，将式（b）和式（c）以及式（f）和式（g）代入这个表达式，我们可以得到两期净国外资产变动路径：

$$F_1 = (1+r_0)F_0 + Y_1 - C_1 - G_1, \tag{i}$$

$$F_2 = (1+r_1)F_1 + Y_2 - C_2 - G_2 = 0。 \tag{j}$$

从这些表达式中消除 $F_1$，我们可以得到国家预算约束：

$$(1+r_0)F_0 = M_1 + \frac{M_2}{1+r_1}, \tag{k}$$

这里 $M_t \equiv C_t + G_t - Y_t$ 是净进口，即国内消费量减去国内生产量。国家最初拥有一定程度的净国外资产（$F_0 > 0$），它是可以负担的净进口商品的现值。

图 A 中，虚线 $NBC_{MAX}$ 代表一个在政府预算约束下可实现的私人消费束的最大值，其中一个前提假设是政府不进行任何消费（即 $G_t = 0$）。它是政府财产蛋糕中可供私人消费的最大值。NBC 代表了正的政府消费水平下的实际政府预算约束。

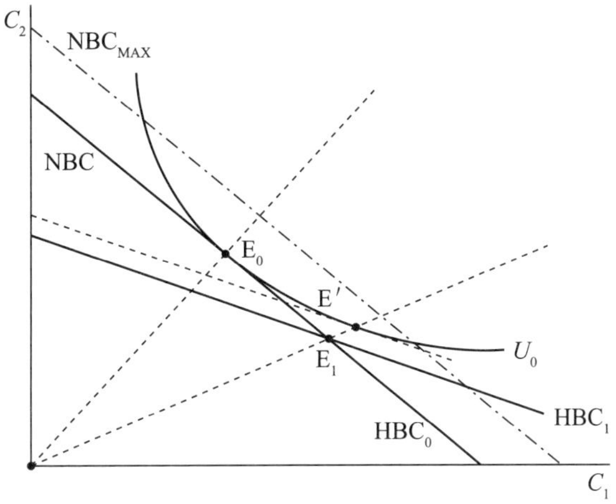


图 A

现在来考虑正常情况下的李嘉图试验，当期税负下降（即 $dt_1 < 0$），相应的未来税负增加（$dt_2 > 0$）。为了简单起见，假设最初未来税负是 0，即 $t_2 = 0$。在那种情况下，家庭预算约束（d），即图 A 中的 $HBC_0$，与国家预算约束 NBC 相交。家庭选择的消费点是 $HBC_0$ 与隐式欧拉方程（e）的交点 $E_0$。

李嘉图试验使国家预算约束不受影响，但是家庭预算约束（d）的截距和斜率都被改变了。税收提高了将来消费的相对价格，而家庭选择了消费点 $E_1$。当然，在定义 $E_1$ 时，要注意它必须同时在国家预算约束 NBC 和新的家庭预算约束 $HBC_1$ 上。李嘉图试验并不是中性的，因为当期消费上升，而将来消费下降了。将来税收扭曲了储蓄决策并给家庭带来了财富损失。如果用将来消费的形式来表达，财富损失是由过 E′的切线和 $HBC_1$ 线之间的垂直距离来衡量的。

## □ 5.1.3 借入约束

在最基本的情况中，我们假设家庭可以以与政府相同的利率自由借/贷资金。实际上，这种情况不太可能出现，年轻的拥有高收入潜力却没有适于抵押的有形资产的个人往往会受到借贷约束（奴隶是不允许借贷的，因此，未来的劳动收入不能作为抵押品）。更何况，家庭贷款比（稳定的）政府有更大的风险，前者需要比后者支付更高的风险溢价。结果，借入约束使得李嘉图等价变得无效。

为简化起见，我们重新回到基准模型（劳动力供给为外生变量）并假设家庭不能在利率 $r_1$ 借入但可以借出。截至目前，讨论是没有问题的，因为家庭选择在第 1 期成为一个净贷款者。我们假设收入在第 1 期是低的，在第 2 期是高的。图 5—2表述了这一情况。收入禀赋点在 $E_0^Y$，没有借入约束的消费最优点在 $E_U^C$，由于这需要在第 1 期借入资金，因此，根据假设，该点是不可得的。有效的选择组合在区域 $AE_0^YC_1^00$ 内，最优的消费组合（$C_1^0$，$C_2^0$）在预算约束线的节点处（位于点 $E_0^Y$ 处）。

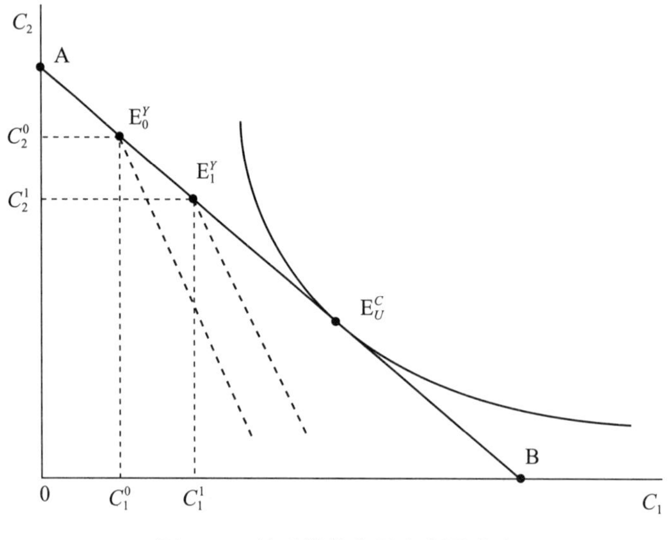


**图 5—2 流动性约束及李嘉图试验**

如果在李嘉图试验中，第 1 期税收下降，第 2 期税收上升，收入禀赋点将沿着无约束的预算线 AB 移动至 $E_1^Y$。结果，借入约束减弱了，最优消费组合点（$C_1^1$，$C_2^1$）位于 $E_1^Y$。有效的选择区域扩大为 $AE_1^YC_1^10$，实际消费计划（以及家庭效用）变好了。

显然，当借入利率小于无穷但大于政府借入利率时，（正如以上讨论的过程）相似的结论也成立。在这种情况下，收入禀赋点右边的预算线不再垂直，而是向下倾斜，比无约束的预算线 AB 更陡峭（见图中的虚线）。因此，李嘉图试验仍将导致家庭组合选择的扩张，最优消费计划受到实际影响。

### □ 5.1.4 有限存活

任何人都知道一生有两件事是逃不掉的：死亡和税收。因此，可以很容易地指出，李嘉图等价中家庭永远存在的假设不尽合理。到目前我们所讨论的例子中，家庭、政府以及整个经济在两期中都存在，也就是说，就像政府一样，家庭具有无限的生命。我们将模型进行微调，假设有两个家庭，每个家庭都只能存活两期，政府与经济能延续三期。年老的家庭在时期 1 和时期 2 存活，而他们的后代——年轻的家庭，在时期 2 和时期 3 存活。这个世代交叠的结构如图 5—3 所示。

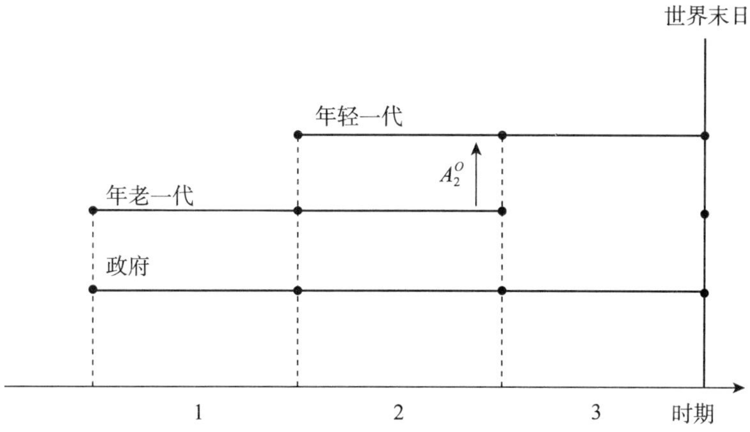


**图 5—3 世代交叠的三期经济**

我们首先描述年老一代。假设他们的终生效用函数为

$$V^O=\ln C_1^O+\frac{1}{1+\rho}\ln C_2^O+\alpha V^Y,\quad \alpha\geqslant 0, \tag{5.38}$$

上标“$O$”表示年老一代，“$Y$”表示年轻一代。式（5.38）表明，如果$\alpha>0$,年老一代喜欢他们的后代，这意味着年轻一代的更高的福利使得年老一代的福利更高。年老一代可以通过遗赠财产来影响年轻一代的福利。如果有遗产，则将在时期 2 结束之前给予年轻一代（参见图 5—3）。遗产是年老一代在其生命结束时遗留下来的金融资产，即 $A_2^O$。显然，遗产不可能为负，因此，唯一的约束即 $A_2^O\geqslant 0$。

年老一代的总约束以通常的形式给出，阶段性的约束为

$$A_1^O=(1+r_0)A_0^O+(1-t_1)Y_1^O-C_1^O, \tag{5.39}$$

$$A_2^O=(1+r_1)A_1^O+(1-t_2)Y_2^O-C_2^O, \tag{5.40}$$

从中消去 $A_1^O$ 可得：

$$C_1^O+\frac{C_2^O+A_2^O}{1+r_1}=(1+r_0)A_0^O+\left[(1-t_1)Y_1^O+\frac{(1-t_2)Y_2^O}{1+r_1}\right]\equiv\Omega^O, \tag{5.41}$$

$\Omega^O$ 表示年老一代的总财富，中括号中的项表示年老一代的人力财富，用 $H^O$ 表示。

式（5.41）表示消费开支（包括对年轻一代的遗赠）的现值必须等于总财富。为了决定合适的遗赠量，必须考虑遗产与年轻一代终生效用函数之间的关系，即我们必须找到 $V^Y$ 与 $A_2^O$ 之间的关系式，我们将该式写为 $V^Y=\Phi(A_2^O)$。

假设年轻一代没有后代（假设世界就此终结），并且年轻一代不爱年老一代，因此，标准的效用函数只依赖于自身的消费水平：

$$V^Y=\ln C_2^Y+\frac{1}{1+\rho}\ln C_3^Y。\tag{5.42}$$

统一的预算约束由通常的形式给出，阶段性的预算约束为

$$A_2^Y=(1-t_2)Y_2^Y-C_2^Y,\tag{5.43}$$

$$A_3^Y=(1+r_2)[A_2^O+A_2^Y]+(1-t_3)Y_3^Y-C_3^Y=0,\tag{5.44}$$

从上式中消去 $A_2^Y$ 可得：

$$C_2^Y+\frac{C_3^Y}{1+r_2}=A_2^O+\left[(1-t_2)Y_2^Y+\frac{(1-t_3)Y_3^Y}{1+r_2}\right]\equiv\Omega^Y,\tag{5.45}$$

其中，$\Omega^Y$ 是年轻一代的总财富，中括号里的式子是这代人的人力财富，用 $H^Y$ 表示。

年轻一代的最优消费计划是选择 $C_2^Y$ 和 $C_3^Y$ 使得在式（5.42）的约束下式（5.45）取到最大值。其解与式（5.16）相似：

$$C_2^Y=\frac{1+\rho}{2+\rho}\Omega^Y,\quad C_3^Y=\frac{1+r_2}{2+\rho}\Omega^Y。\tag{5.46}$$

将最优消费计划代入终生效用函数式（5.42），我们得到了在包括遗产 $A_2^O$ 等外生变量的情况下，年轻一代的最优福利函数：

$$\begin{aligned}V^Y&=\ln\left(\frac{1+\rho}{2+\rho}\right)+\frac{1}{1+\rho}\ln\left(\frac{1+r_2}{2+\rho}\right)+\frac{2+\rho}{1+\rho}\ln\Omega^Y\\&=\Phi_0+\frac{2+\rho}{1+\rho}\ln(A_2^O+H^Y)\equiv\Phi(A_2^O)。\end{aligned}\tag{5.47}$$

显然，遗产的边际效用（对于年轻人而言）大于零且等于下式：

$$\frac{dV^Y}{dA_2^O}=\frac{2+\rho}{(1+\rho)[A_2^O+H^Y]}>0。\tag{5.48}$$

既然已知 $\Phi(A_2^O)$ 的函数形式，我们可重新思考年老一代所需面对的决策问题。这一代知道式（5.47），并将其用于自己最优计划的决策中。因此，年老一代选择 $C_1^O$、$C_2^O$ 和 $A_2^O$ 以使在式（5.41）、式（5.47）以及不等式 $A_2^O\geqslant 0$ 的限制下，式（5.38）能取到最大值。利用拉格朗日乘子法得到：

$$\mathcal{L}\equiv\ln C_1^O+\frac{1}{1+\rho}\ln C_2^O+\alpha\Phi(A_2^O)+\lambda\left[\Omega^O-C_1^O-\frac{C_2^O+A_2^O}{1+r_1}\right],\tag{5.49}$$

一阶条件为

$$\frac{\partial \mathcal{L}}{\partial C_1^O}=\frac{1}{C_1^O}-\lambda=0, \tag{5.50}$$

$$\frac{\partial \mathcal{L}}{\partial C_2^O}=\frac{1}{(1+\rho)C_2^O}-\frac{\lambda}{1+r_1}=0, \tag{5.51}$$

$$\frac{\partial \mathcal{L}}{\partial A_2^O}=\left[\alpha\left(\frac{dV^Y}{dA_2^O}\right)-\frac{\lambda}{1+r_1}\right]\leqslant 0, \quad A_2^O\geqslant 0, \quad A_2^O\frac{\partial \mathcal{L}}{\partial A_2^O}=0。 \tag{5.52}$$

第四个条件，$\partial \mathcal{L}/\partial \lambda=0$，得到的是预算约束式（5.41）。式（5.52）是不等式约束下遗产的库恩-塔克条件［参见 Chiang（1984，ch. 21）以及数学附录］。一些具体的数学细节并不需要操心，因为其经济解释十分直观。如果 $\alpha=0$（下一代不被上一代喜欢），那么式（5.52）意味着 $\partial \mathcal{L}/\partial A_2^O=-\lambda/(1+r_1)<0$［这是一个严格的不等式，因为式（5.50）表明，$\lambda=1/C_1^O>0$］，因此 $A_2^O\,\partial \mathcal{L}/\partial A_2^O=0$ 意味着 $A_2^O=0$。换句话说，就是没有遗产留给不受上一代喜爱的年轻一代。更一般来说，如果 $\alpha$ 很小以至 $\partial \mathcal{L}/\partial A_2^O<0$，留下一部分遗产会使得年老一代的终生效用降低，这就说明遗产为可能的最小值 $A_2^O=0$。不太受喜爱的年轻一代同样没有收到任何遗产。

因此，一个正的遗产暗示式（5.52）中的第一个表达式取等号。利用式（5.48），可以写成：

$$A_2^O>0\Rightarrow\frac{\partial \mathcal{L}}{\partial A_2^O}=0\Rightarrow\frac{\alpha(2+\rho)}{(1+\rho)[A_2^O+H^Y]}=\frac{\lambda}{1+r_1}=\frac{1}{(1+\rho)C_2^O}, \tag{5.53}$$

我们在最后一步中借助了式（5.51）。于是就有 $A_2^O=\alpha(2+\rho)C_2^O-H^Y$。进一步地，式（5.50）和式（5.51）可以联立得到熟悉的消费的欧拉方程：

$$C_2^O=\frac{1+r_1}{1+\rho}C_1^O。 \tag{5.54}$$

利用式（5.41）、式（5.53）和式（5.54），最优消费以及（正的）遗产可以通过以下式子求解：

$$C_1^O=\frac{(1+\rho)[\Omega^O+H^Y/(1+r_1)]}{(2+\rho)(1+\alpha)}, \tag{5.55}$$

$$C_2^O=\frac{(1+r_1)\Omega^O+H^Y}{(2+\rho)(1+\alpha)}, \tag{5.56}$$

$$A_2^O=\frac{\alpha(1+r_1)\Omega^O-H^Y}{1+\alpha}。 \tag{5.57}$$

这些结论都是直观的。第一，如果 $\alpha$ 非常大（对下一代有无尽的爱），年老一代将基本上不会进行消费，遗产将接近于 $(1+r_1)\Omega^O$ 的最大值。第二，如果经济增长迅速，$H^Y$ 的值很大，年轻人有很多人力财富，那么，遗产的边际效用将会减少，因而遗产将会减少（$\partial A_2^O/\partial H^Y<0$）。由于下一代更加富裕了，年老一代在生命的两个阶段都会消费更多（$\partial C_1^O/\partial H^Y>0$ 以及 $\partial C_2^O/\partial H^Y>0$）。

现在可以这么说，假定最优遗产总是大于 0，只要家庭的存续时间小于政府的存

续时间，李嘉图模型依然成立。政府的预算约束现在为

$$(1+r_0)B_0+G_1+\frac{G_2}{1+r_1}+\frac{G_3}{(1+r_1)(1+r_2)}=t_1Y_1^O+\frac{t_2(Y_2^O+Y_2^Y)}{1+r_1}+\frac{t_3Y_3^Y}{(1+r_1)(1+r_2)}。\tag{5.58}$$

考虑下面的李嘉图试验：政府在第 1 期减少税率（$dt_1<0$）并在第 3 期提高税率($dt_3>0$)，这样，式（5.58）依然成立，政府消费路径不变，即：

$$0=Y_1^Odt_1+\frac{Y_3^Y}{(1+r_1)(1+r_2)}dt_3，（平衡的预算）。\tag{5.59}$$

在式（5.55）～式（5.57）的预测下，李嘉图试验的结果会是什么？显然，从式（5.55）中我们得到：

$$dC_1^O=\frac{(1+\rho)[d\Omega^O+(1/(1+r_1))dH^Y]}{(2+\rho)(1+\alpha)}。\tag{5.60}$$

但是式（5.41）预测：

$$d\Omega^O=-Y_1^Odt_1>0,\tag{5.61}$$

式（5.45）说明了：

$$dH^Y=-\frac{Y_3^Y}{1+r_2}dt_3=(1+r_1)Y_1^Odt_1,\tag{5.62}$$

我们用式（5.59）将 $dt_3$ 和 $dt_1$ 联系了起来，于是由式（5.61）和式（5.62）可知 $d\Omega^O+(1/(1+r_1))dH^Y=0$，式（5.60）简化为

$$\frac{dC_1^O}{dt_1}=0,\tag{5.63}$$

当然，由式（5.56）也有

$$\frac{dC_2^O}{dt_1}=0。\tag{5.64}$$

李嘉图试验并没有改变年老一代的消费计划。这一结果的含义是什么？由全微分方程（5.57）以及式（5.61）和式（5.62）可以找到答案：

$$\begin{aligned}dA_2^O&=\frac{\alpha(1+r_1)d\Omega^O-dH^Y}{1+\alpha}\\&=\frac{-\alpha(1+r_1)Y_1^O-(1+r_1)Y_1^O}{1+\alpha}dt_1=-(1+r_1)Y_1^Odt_1>0。\end{aligned}\tag{5.65}$$

所有税收都简单地加入遗产。在第 1 期，年老一代购买了政府债券（这笔钱被用来支付财政赤字，因此，利率没有上涨的压力），并获得一定的利息。这些额外的债券

以及利息被纳入遗产，这样，年轻一代就有能力面对高税率了。式（5.45）、式（5.46）和式（5.65）预示了年轻一代的消费也没有改变：

$$d\Omega^Y = dA_2^O - \frac{Y_3^Y}{1+r_2} dt_3$$

$$= -(1+r_1)Y_1^O dt_1 - \frac{Y_3^Y}{1+r_2} \cdot - \frac{Y_1^O(1+r_1)(1+r_2)}{Y_3^Y} dt_1 = 0, \qquad (5.66)$$

这暗示了：

$$dC_2^Y = dC_3^Y = 0。 \qquad (5.67)$$

总的来说，个体生命的有限性并没有必然地使李嘉图等价失效。假定未来一代能够以遗产链的形式与当前一代相联系，这种将两代人相连的不断裂的链条使得李嘉图等价仍然有效。当然，一旦链条的某一环节出现断裂（零遗产，无子女的家庭），代与代之间就不再是相联系的了，李嘉图等价在普遍意义上说将不成立。在利他主义系数 $\alpha$ 很小或者未来收入的增长率很高时，不留遗产是最佳选择。① 为了检验是否已经完全理解了以上这段材料，同学们可以尝试证明，即使在有正的遗产时，如果在试验中遗产税不断地变化，李嘉图等价也不成立。

### □ 5.1.5 李嘉图等价不成立的其他原因

另一个使李嘉图等价不成立的原因是人口的净增长，我们的意思是未来新出生的个体并不通过遗嘱的修改与已经存在的个体产生联系。直观上，未来税收被更多人承担了，因而未来的人均税负要比当前的轻。因此，可以预期税负向未来递延的李嘉图试验。（我们将在第 14 章以一个正式的模型来说明这一点。）

李嘉图等价失效的第五个原因有可能是非理性、短视行为、信息缺失等。家庭可能不像我们假设的那样远视与理性，可能会完全误解政府预算约束的隐含意义。进一步地，他们可能没有计算动态消费计划的能力，仅仅是坚持简单、静态的“拇指法则”，例如，“将固定比例的收入用于消费”。

第六个原因与“一鸟在手”原则有关。伴随着政府债务增加，税收暂时减少，这充当了一个保险政策，使得预备的存款减少，私人消费增加（Barsky et al.，1986）。主要的逻辑是，未来上升的税率减少了未来税后收入的波动性，风险厌恶的家庭开始减少预防性储蓄。暂时的税收减少起了实际效应，因为“一鸟在手”总比“二鸟在林”好。以上对于李嘉图债务等价的批评立足于完全私人保险市场的缺失。另一个与债务等价失效相关的原因是人们对于未来收入具有不确定性，因而其未来遗产也具有不确定性（Feldstein，1988）。于是，人们可能对政策有不同的反应，一方面，当前要多消费，另一方面，将这笔钱储蓄起来并遗赠给后代。

最后，有一个常被引用但是错误的“原因”。一个非常流行的说法是只要政府债务被出售给了外国人，就会对李嘉图等价的有效性产生影响。其主要逻辑是，未来

① 除非转移的方向相反，即从孩子到父母。

我们的孩子会面临更大的负担，他们必须支付更高的税收以使政府能对外国人子女还本付息。因此，政府债务的增加被认为是财富的向外转移。然而，政府对外债务的初始规模却导致了外国资产流入国内，流入资产的价值与未来向家庭征收用于支付外国人本息的税收的现值相等。因此，这一对于李嘉图债务等价的批评不成立。

### □ 5.1.6 经验证据

自从被 Barro（1974）强调后，李嘉图等价定理经历了很多实证检验。很多相关文章由 Bernheim（1987）和 Seater（1993）进行了梳理。大量的实证研究表明，李嘉图等价定理很难被拒绝。然而，由于涉及宏观数据的严密检验还有待进一步完善，李嘉图等价定理的正确性还很难下定论。尽管 Seater（1993）得出了债务等价是一个很好的近似的结论，Bernheim（1987）却在自己的试验中得出了债务等价因实际情况不同而异的结论。即使债务等价仅是无效看法中的一个理论观点，并且在大多数宏观经济学家看来，在经验上也是无效的，但目前仍可以找到支持李嘉图债务等价的理由，而对李嘉图定理立足于经验角度这一观点的质疑却使人们获益匪浅。因此，在下一节中，我们将考虑假设李嘉图等价成立的情形下，政府负债所扮演的角色。

## 5.2 政府债务产生理论

如果政府债务对包含投资与消费等在内的真实经济成果几乎没有影响，那么它是否会起到一定作用？根据财政学的新古典理论，政府债务有时可以平滑政府政策引发的期内扭曲。特别地，政府债务可以用来平滑税收和通货膨胀率，进而平滑各期内的私人消费。这种新古典主义财政学的观点给出了政府预算赤字以及债务的描述。就反周期政策的可取性这一话题而言，这些描述与凯恩斯主义的观点差不多是等价的。从跨期角度简单地讨论了公共部门账户后，我们将回顾税收平滑原则。在本节的重点讨论中，我们将评论公共政策的黄金法则。

### □ 5.2.1 税收平滑的一个简单模型

假设政策制定者只能通过扭曲的税收体系（例如劳动所得税）来增加收入。进而假设强制执行这一税收体系是需要成本的，这种成本被称为“征收成本”，并且，我们可以衡量税收带来的福利损失（$L_G$）是税率（$t_1$ 和 $t_2$）的一个二次函数，是两期收入（$Y_1$ 和 $Y_2$）的线性函数。

$$L_G \equiv \frac{1}{2}t_1^2 Y_1 + \frac{1}{2}\frac{t_2^2 Y_2}{1+\rho_G}, \tag{5.68}$$

$\rho_G$ 是（政策制定者的）政策的纯时间偏好率，我们继续假设家庭的收入是外生给定的，政府的预算约束通过消费性和投资性支出而扩大，两种支出分别用 $G_\tau^C$ 和 $G_\tau^I(\tau=1,2)$来表示。代入式（5.6）与式（5.7），我们得到：

$$(D_1\equiv)r_0B_0+G_1^C+G_1^I-t_1Y_1=B_1-B_0, \tag{5.69}$$

$$(D_2\equiv)r_1B_1+G_2^C-R_2^I-t_2Y_2=B_2-B_1=-B_1, \tag{5.70}$$

其中，$R_2^I$ 是第 2 期的总公共投资回报，回报率 $r_1^G$ 可以写成：

$$R_2^I=(1+r_1^G)G_1^I \quad \Leftrightarrow \quad r_1^G\equiv\frac{R_2^I-G_1^I}{G_1^I}。 \tag{5.71}$$

显然，政府没有理由在第 2 期投资，因为世界在这一阶段结束时将消亡（因此，$G_2^I=0$）。进一步发现，式（5.69）和式（5.70）也反映了两期中的赤字与最初债务之间的如下关系：

$$D_1+D_2+B_0=0。 \tag{5.72}$$

存在初始负债时（$B_0>0$），两期的赤字总和必为负（即财政盈余）。可以得到政府总预算约束的通常形式：

$$B_1=(1+r_0)B_0+G_1^C+G_1^I-t_1Y_1=\frac{t_2Y_2+(1+r_1^G)G_1^I-G_2^C}{1+r_1} \quad \Rightarrow$$

$$[\Xi_1\equiv](1+r_0)B_0+G_1^C+\frac{G_2^C}{1+r_1}+\frac{(r-r_1^G)G_1^I}{1+r_1}=t_1Y_1+\frac{t_2Y_2}{1+r_1}, \tag{5.73}$$

其中，$\Xi_1$ 是政府净负债的现值。我们立即想起了政府财政的黄金法则：只要 $r_1^G=r_1$，政府在预算约束中就应该减少投资支出。换句话说，达到市场回报率的政府投资会使政府无净负债，因而不会导致现在或将来的税收。此时，通过负债来集资不会有任何问题。

插叙 5.3

## 税收的福利损失

在这个插叙中，我们计算劳动所得税的福利损失。我们将使用一个简单的静态模型来证明该损失是（近似）税率的二次函数。下例将进一步阐明式（5.68）中假定的政策制定者目标函数的形式。

当消费为 $C$ 且闲暇为 $1-N$ 时，典型家庭的柯布-道格拉斯效用函数的形式为

$$U=C^{\varepsilon}(1-N)^{1-\varepsilon}, \quad 0<\varepsilon<1, \tag{a}$$

其中，$U$ 是效用。家庭的预算约束由下式给出：

$$PC-(1-t)WN=0, \tag{b}$$

其中，$P$ 是消费商品的价格，$W$ 是税前工资率。劳动所得税表示为 $t$，因而 $\overline{W}\equiv(1-t)W$ 是税后工资率。注意，家庭没有任何的非劳动收入。

我们遵循 Diamond 和 McFadden（1974）的支出函数法来研究劳动所得税的福利成

本。正式地，支出函数在这种情况下被定义为

$$E(P,\overline{W},U_0)\equiv\min_{\{C,N\}}PC-\overline{W}N \quad \Big| \quad U_0=C^{\varepsilon}(1-N)^{1-\varepsilon} \tag{c}$$

$$=-\overline{W}+\left(\frac{P}{\varepsilon}\right)^{\varepsilon}\left(\frac{\overline{W}}{1-\varepsilon}\right)^{1-\varepsilon}U_0。 \tag{d}$$

使用拉格朗日乘子法来解方程（c）约束的最小化问题，并将求解的 $C$ 与 $1-N$ 的结果代入目标函数 $PC-\overline{W}N$，便可得到方程（d）。直观地，当给定价格 $P$ 和 $\overline{W}$ 时，$E(P,\overline{W},U_0)$ 代表了花费在 $C$ 和 $-N$ 上的可能的最小数量，从而可得效用水平 $U_0$。假设最初时劳动所得税为零，因此 $W=\overline{W}$。显然，因为不存在非劳动收入，于是 $E(P,W,U_0)=0$。如果存在非劳动收入 $Y_0$，那么预算约束（b）将变为 $PC-\overline{W}N=Y_0$，此外，$E(P,W,U_0)=Y_0$。在解支出函数时，谢泼德引理十分有用。它表明希克斯（效用恒定的）消费需求和劳动力供给可以通过支出函数对相对价格的微分来获得：

$$C^D(\overline{W}/P,U_0)=\frac{\partial E(P,\overline{W},U_0)}{\partial P}=\left(\frac{\varepsilon}{1-\varepsilon}\frac{\overline{W}}{P}\right)^{1-\varepsilon}U_0, \tag{e}$$

$$N^S(\overline{W}/P,U_0)=-\frac{\partial E(P,\overline{W},U_0)}{\partial\overline{W}}=1-\left(\frac{\varepsilon}{1-\varepsilon}\frac{\overline{W}}{P}\right)^{-\varepsilon}U_0, \tag{f}$$

其中，上标 $D$ 和 $S$ 分别代表需求和供给。

假定劳动力是影响产出的唯一因素。完全竞争的典型公司面对着规模报酬不变的生产函数 $Y=\omega_0N$，其中 $\omega_0$ 是一个正常数。利润最大化水平下的劳动力需求函数即劳动力的需求价格为

$$\frac{W}{P}=\omega_0, \tag{g}$$

同时，超额利润为零（从而典型家庭的非劳动收入为零是合理的）。图 A 阐明了劳动力市场上的情况，其中 $N_0^D$ 是最初的劳动力需求曲线，$N^S$ 是希克斯劳动力供给曲线。因为在初始状态下没有税收，因此市场出清的实际工资为 $\omega_0$，市场在点 $E_0$ 处达到均衡。

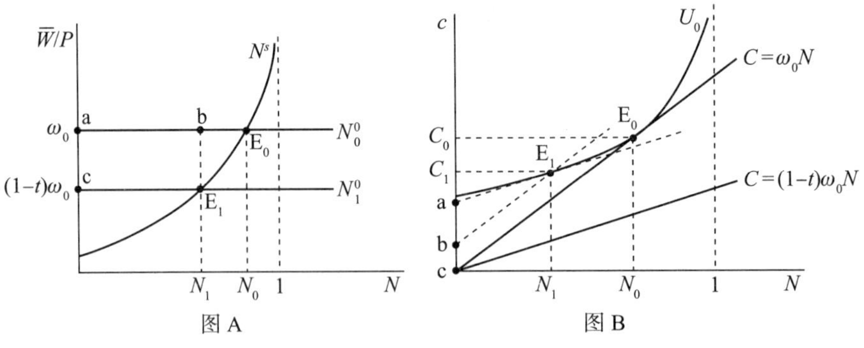


图 A　　　　图 B

现在，考虑存在正的劳动所得税 $t$ 的情况。因为消费者的税后工资被绘制在纵轴上，劳动力需求被表示为 $N_1^D$，且 $\overline{W}/P=(1-t)\omega_0$。在希克斯意思上而言，劳动力市场均衡出现在点 $E_1$ 处，且就业等于 $N_1$。我们将希克斯税收定义为消费数量的表达式：

$$T(t, w_0, U_0) \equiv t\omega_0 N_1 = t\omega_0 N^S((1-t)\omega_0, U_0)。\tag{h}$$

图 A 中区域 $abE_1c$ 代表了税收，由税收造成的福利损失则由区域 $aE_0E_1c$ 表示：

$$\begin{aligned}
\text{福利损失} &\equiv \int_{(1-t)\omega_0}^{\omega_0} N^S(s, U_0)ds \\
&= \int_{(1-t)\omega_0}^{\omega_0} \left[1 - \left(\frac{\varepsilon}{1-\varepsilon}\right)^{-\varepsilon} s^{-\varepsilon} U_0\right] ds \\
&= t\omega_0 - \left(\frac{1}{\varepsilon}\right)^{\varepsilon} \left(\frac{\omega_0}{1-\varepsilon}\right)^{1-\varepsilon} U_0[1-(1-t)^{1-\varepsilon}] \\
&= E(1, (1-t)\omega_0, U_0) - E(1, \omega_0, U_0) \\
&= E(1, (1-t)\omega_0, U_0),
\end{aligned}\tag{i}$$

这里，由于消费商品被作为基准商品，因此我们在多个表达式中令 $P=1$。在第四行中，我们使用了 $E(1, \omega_0, U_0)=0$ 这一等式（详见上文）。因此，福利损失代表：当含税实际工资率为$(1-t)\omega_0$ 时，为了获得最初的效用水平 $U_0$，单个劳动者的收入金额中需要给予典型家庭的数量。我们遵循 Diamond 和 McFadden（1974，p. 5）的方法并定义超额税负（抑或无谓损失）为

$$EB \equiv E(1, (1-t)\omega_0, U_0) - T(t, \omega_0, U_0)。\tag{j}$$

直观地，超额税负衡量了家庭所需要的补偿与从家庭中得到的税收之间的差额。

借助于图 B 我们可以更形象地表示超额税负。在图 B 中，无差异曲线由下式给出：

$$C = (1-N)^{(\varepsilon-1)/\varepsilon} U_0^{1/\varepsilon},\tag{k}$$

同时，税前与税后的预算线分别为 $C=\omega_0 N$ 和 $C=(1-t)\omega_0 N$。显然，无差异曲线向上倾斜且是凸的，同时劳动力供给曲线不会超出效用曲线。最初的均衡点位于 $E_0$ 处，然而新的（补偿后的，效用不变的）均衡点在 $E_1$ 处。通过寻找税后预算线的平行线和无差异曲线的切点，我们得到点 $E_1$。纵截距即线段 $ac$ 表示在新的税后工资率下，为获得 $U_0$ 所需要的支出，它等于 $E(1, (1-t)\omega_0, U_0)$。注意，通过推导可得 $E(1, (1-t)\omega_0, U_0) = C_1 - \omega_0 N_1 + T(t, \omega_0, U_0)$。接下来，我们画一条通过点 $E_1$ 与初始的预算线平行的直线。这条直线的一般形式为 $C=z+\omega_0 N$。由于这条直线通过了新的补偿均衡点（$C_1$，$N_1$），我们有 $z=E(1, (1-t)\omega_0, U_0)-T(t, \omega_0, U_0)$。因此，图 A 中线段 bc 表示超额税负，而线段 ab 代表了税收补偿。

超额税负与税率间的关系仍留待推导。由式（d）、式（f）、式（h）和式（j）我们推导出：

$$EB = -\omega_0 + \left(\frac{1}{\varepsilon}\right)^{\varepsilon} \left(\frac{\omega_0}{1-\varepsilon}\right)^{1-\varepsilon} U_0 f(t),\tag{l}$$

其中，$f(t)$ 被定义为

$$f(t) \equiv \frac{1-\varepsilon t}{(1-t)^{\varepsilon}}, \quad 0 \leqslant t < 1。\tag{m}$$

很容易发现 $f(0)=1$，$f'(0)=0$ 且 $f''(0)=\varepsilon(1-\varepsilon)$，因此 $f(t)$ 在 $t=0$ 附近的二次近似

展开式为 $f(t)\approx 1+\frac{1}{2}\varepsilon(1-\varepsilon)t^2$。将该式代入式（l）可得：

$$\begin{aligned}EB&\approx -\omega_0+\left(\frac{1}{\varepsilon}\right)^{\varepsilon}\left(\frac{\omega_0}{1-\varepsilon}\right)^{1-\varepsilon}U_0\left[1+\frac{1}{2}\varepsilon(1-\varepsilon)t^2\right]\\&=E(1,\omega_0,U_0)+\frac{1}{2}t^2(1-\varepsilon)\left(\frac{\varepsilon\omega_0}{1-\varepsilon}\right)^{1-\varepsilon}U_0\\&=\frac{1}{2}t^2(1-\varepsilon)Y_0,\end{aligned}\tag{n}$$

从第一行到第二行的推导中，我们使用了等式 $E(1,\ \omega_0,\ U_0)=0$；从第二行到第三行的推导中，我们使用了等式 $C_0=Y_0=\left(\frac{\varepsilon\omega_0}{1-\varepsilon}\right)^{1-\varepsilon}U_0$。式（n）中最终的表达式说明了超额税负是税率的二次式，是产出的线性表达式。

---

经济中（外生给定的）收入的增长被定义为 $\gamma\equiv(Y_2-Y_1)/Y_1$，因此，我们可以写为 $Y_2=(1+\gamma)Y_1$，进而所有式子均可写成由 $Y_1$ 表示的形式。特别地，合并预算约束式（5.73）可以写为

$$t_1+\frac{1+\gamma}{1+r_1}t_2=\zeta_1,\tag{5.74}$$

其中，$\zeta_1$ 是第一阶段中政府净负债以收入份额表示的形式：

$$\begin{aligned}\zeta_1\equiv\frac{\Xi_1}{Y_1}&=\frac{G_1^C}{Y_1}+\frac{1}{1+r_1}\frac{G_2^C}{Y_1}+\frac{r_1-r_1^G}{1+r_1}\frac{G_1^I}{Y_1}+(1+r_0)\frac{B_0}{Y_1}\\&=g_1^C+\frac{1+\gamma}{1+r_1}g_2^C+\frac{r_1-r_1^G}{1+r_1}g_1^I+(1+r_0)b_0,\end{aligned}\tag{5.75}$$

其中，$g_\tau^C\equiv G_\tau^C/Y_\tau$，$g_1^I\equiv G_1^I/Y_1$，且 $b_0\equiv B_0/Y_1$。

假设政策的制定者要在收益需求约束式（5.74）和给定 $\zeta_1$ 下，最小化税收扭曲带来的福利损失。拉格朗日表达式为

$$\mathcal{L}\equiv\frac{1}{2}t_1^2Y_1+\frac{1}{2}\frac{1+\gamma}{1+\rho_G}t_2^2Y_1+\lambda\left[\zeta_1-t_1-\frac{1+\gamma}{1+r_1}t_2\right),\tag{5.76}$$

一阶条件为

$$\frac{\partial\mathcal{L}}{\partial t_1}=t_1Y_1-\lambda=0,\tag{5.77}$$

$$\frac{\partial\mathcal{L}}{\partial t_2}=\frac{1+\gamma}{1+\rho_G}t_2Y_1-\lambda\frac{1+\gamma}{1+r_1}=0,\tag{5.78}$$

第三个一阶条件 $\partial\mathcal{L}/\partial\lambda=0$ 就是收益需求约束式（5.74）。联立式（5.77）和式（5.78），可以获得政府最优税收问题的欧拉方程：

$$\lambda=t_1Y_1=\frac{1+r_1}{1+\rho_G}t_2Y_1\Rightarrow t_2=\frac{1+\rho_G}{1+r_1}t_1。\tag{5.79}$$

这个表达式非常直观：短视的政府（$\rho_G$ 大于 $r$）可能在当前选择低税率，而在未来选择高税率（$t_2>t_1$）。这么做时，交纳税收的“痛苦”被推迟到了未来。相反的政策需要一个很有耐心的政策制定者。这被 Ghosh（1995，p.1034）称为税收倾斜效应。

式（5.74）和式（5.79）可以联立解得两个阶段的税率：

$$t_1=\frac{(1+r_1)^2\zeta_1}{(1+r_1)^2+(1+\gamma)(1+\rho_G)},\tag{5.80}$$

$$t_2=\frac{(1+\rho_G)(1+r_1)\zeta_1}{(1+r_1)^2+(1+\gamma)(1+\rho_G)},\tag{5.81}$$

政府的最优负债路径被式（5.80）以及式（5.81）决定了，我们观察到现有的负债 $B_0$ 仅通过 $\zeta_1$ 来影响最优负债率。这么说来这种影响只具有历史意义。图 5—4 描述了最优税收问题。图中，过原点的直线是欧拉方程（5.79），向下倾斜的直线是收益需求线（5.74），凹曲线是等福利损失曲线（即当 $L_G$ 为常值或者 $dL_G=0$ 时 $t_1$ 和 $t_2$ 的各种组合）。这条曲线越靠近零点，税收的福利成本越小。图中给出了一系列不断增长的给定收益及其可能的最小福利损失点，这些点是给定的收益需求曲线与等福利损失线的切点，即点 E。

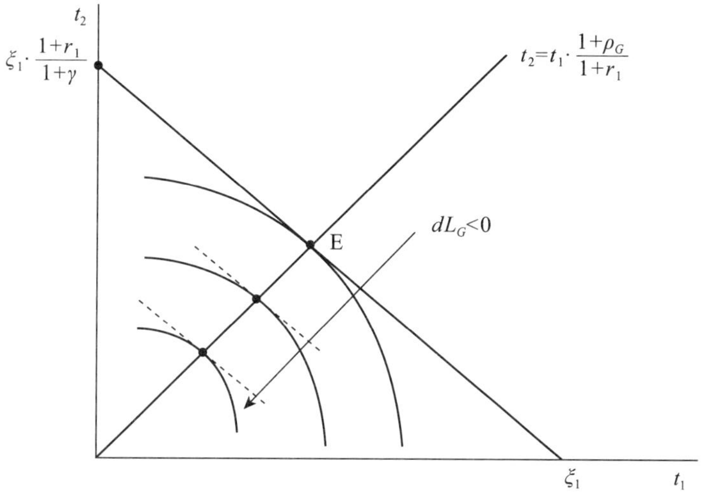


**图 5—4 最优税收**

在一个特殊的情况中，税收的平滑理论是通过假设 $r_1=\rho_G$ 来得到的。在此情况下，不存在税收倾斜效应，式（5.80）和式（5.81）预示了在两期中，税率是相等的：

$$t_1=t_2=\frac{1+r_1}{2+r_1+\gamma}\zeta_1。\tag{5.82}$$

债务用来使税率保持稳定（完美地随时间平滑）。因此，这叫作“税收平滑”。

为便于用图形解释税收平滑优化，利用式（5.69），第一期的赤字可以用该时期的国民收入来表示：

$$d_1 \equiv \frac{D_1}{Y_1} = \frac{r_0 B_0 + G_1^C + G_1^I - t_1 Y_1}{Y_1} = r_0 b_0 + g_1^C + g_1^I - t_1。 \tag{5.83}$$

类似地，基于式（5.72），相加约束可以写成 $d_1 + (1+\gamma) d_2 + b_0 = 0$，因此第二期的赤字满足：

$$d_2 = -\frac{b_0 + d_1}{1+\gamma}, \tag{5.84}$$

其中，$d_2 \equiv D_2 / Y_2$。现在，我们可以定义支出点为（$t_1$，$t_2$）与 $d_1 = 0$ 时收益需求曲线的组合。由式（5.83）可知，第一期的税收可以完全承担政府在商品上的支出和第一期的利息支出。沿着位于支出点右下方的收益需求曲线，第一期的税收远远高于第一期的支出，因此，在第一期中存在着顺差（$d_1 < 0$）。对于支出点左上方的收益需求曲线所得的结果相反。在图 5—5 中假设支出点位于 $E_0^S$。因为最优税收点 $E_0^T$ 位于支出点 $E_0^S$ 的左上方，所以第一期存在赤字。

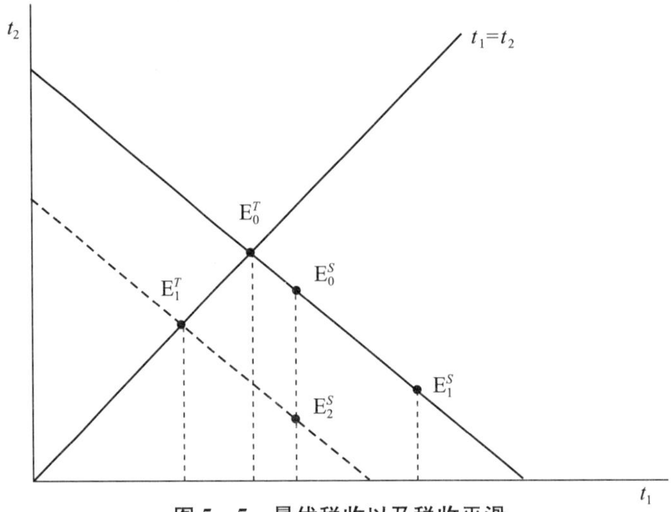


**图 5—5　最优税收以及税收平滑**

从这个简单的模型上可以推导出很多政府融资的“拇指法则”。第一，正如我们先前所提到的，收益率与市场收益率相同的政府投资项目可以通过负债的方式融资。第二，政府投资项目的消费性支出和损失应该通过税收的方法筹集资金。第三，税率应该尽可能地平滑以最小化税收带来的福利损失。第四，政府消费的暂时性增加（即现在的增加会被将来的减少完全抵消）应该通过负债进行融资。严格地说，暂时性的增加并不会提高政府的收益需求，因此收益需求线留在原处不变［由约束条件 $(1+r_1) dg_1^C = -(1+\gamma) dg_2^C$ 可知 $d\zeta_1 = 0$，从而 $\zeta_1$ 为常数］，因此，收益需求曲线保持不变。在图 5—5 中，支出点由 $E_0^S$ 变动到 $E_1^S$，最优税收不变，并且政府支出的暂时性增加导致了第一期中财政赤字的增加（因此负债也增加）。这是一个新古典主义的政策构想，与凯恩斯主义反周期政策的旧形式有一定的相似之处。在（暂时性的）经济停滞时期，让债务增加一些并没有什么坏处。第五，似乎政府的支出水平永久性地增加了（$d\zeta_1 > 0$），因而税率应该立即增加。比如，如果我们知道失业永久性地增加了（这并不是由经济的衰退导致的），税收需要相应增长以支付额外的失业补贴。第六，如果政府可信地宣布它将永久减少政府支出，那么税率应该立即降低。这就是所谓的公共部门的平衡下降。第七，如果政府可信地宣布在未来减少消费性支出($dg_2^C<0$)，那么税率应该立即降低。就图 5—5 来说，收益需求曲线向左下方移动，支出点从 $E_0^S$ 变动到下方的 $E_2^S$。第一期的赤字（即负债）因而上升。事实上，式（5.82）、式（5.75）和式（5.83）预示着 $dd_1/dg_2^C=-dt_1/dg_2^C=-(1+\gamma)/(2+r_1+\gamma)<0$。

在第 10 章中，我们将回到债务管理以及国家财政这个话题。我们将利用制定政策过程是内生的情况下的模型来具体介绍。这一模型被称为“内生政治家”或者宏观经济下的新政治经济学方法模型。第 10 章也会自然地介绍“无法消化”的债务以及欧洲共同体成员国在《马斯特里赫特条约》中一致通过的赤字标准。对于那些已经迫不及待的读者，Buiter、Corsetti 和 Roubini（1993）是很好的阅读材料。

## 5.3 小　结

本章对李嘉图等价定理（RET）以及税收平滑这两个有关政府预算约束的概念进行了介绍和分析。

先说李嘉图等价定理。RET 的定义如下：在给定政府的支出路径时，政府筹资采用何种方法（税收还是发债）无关紧要。更精确地说，当李嘉图等价成立时，政府筹资的手段并不影响实际的消费、投资、产出以及福利，政府负债被看成延迟的税收。有必要强调，RET 并不是针对政府消费影响的一个命题，而与政府支付这些花费的经费有关。

RET 的直观理解非常简单。如果政府今天削减税收并通过发债来填补赤字，那么家庭就会意识到，在政府总的所需资金的现值没有改变的情况下，最终税收在未来将会增加。为了未来能够支付税收，家庭对于减税的反应即是储蓄。因而，减税并没有影响到人们一生的可用资源，也没有影响到他们的消费计划。

尽管 RET 没有被大卫·李嘉图自己重视，但受到了新古典经济学家的追捧（现在也是）。针对李嘉图等价的严格有效性，一系列反对意见开始提出。第一，如果李嘉图试验中税收扭曲了经济决策（例如劳动力供给是外生的并会对征税时间的选择作出反应），RET 可能会失效。直观上来说，在那种情况下，家庭成员一生中所享用的资源量将会依赖于特定时间上的税收路径而非税收的现值。

第二，如果家庭不能自由地借入，比如因为未来的劳动收入不能用于抵押，那么 RET 也不成立。同样地，失效的原因是家庭的资产组合选择（以及借贷受限的程度）受到了政府税收路径的影响。

第三，如果家庭成员的生命是有限的而政府的存续（以及整体经济）是无限的，RET 可能成立，也可能不成立。这就要具体考虑经济中代与代之间是否有利他主义的相互联系。如果代与代之间相互关心对方的福利（例如子女关心他们的父母，反之亦然），就存在利他主义联系。在没有代际联系时，RET 不成立。直观上来说，与未来（贴现后的）税收增高相对应的当前税收的减免将会使当前一代更加富裕，而未来一代更加贫穷。在代际存在利他主义时，RET 可能仍然成立，因为财富在代际的转移将会发生。直接地说，今天减免的税收将会以（额外增加的）遗产的形式传给下一代。

其他一些反对 RET 的原因与净人口增长、信息问题（非理性、短视、信息缺失）以及所谓的"一鸟在手"谬论有关。讨论的结果是，在理论上有大量理由怀疑 RET 的正确性。遗憾的是，在通常的情况下，经验结果不能给出 RET 近似有效性的结论。

即使人们愿意相信 RET 是成立的，这也不意味着公共债务在经济中一无是处。事实上，根据税收平滑理论，政府可以利用公共债务来平滑税率。由于税率会扭曲私人部门的行为，税收的平滑很有社会意义，因为它将最小化税收体系带来的扭曲。从这一理论中可以得出大量的"拇指法则"。第一，收益率与市场收益率相同的政府投资项目并不会使得私人部门的资源流向政府，因此，可以用债务的方式集资。第二，政府的消费性支出（包括公共投资项目的损失）应该由税收来弥补。第三，税率应该平滑，不宜出现过大的波动。第四，暂时性的消费支出增加可以由发债来筹资，但是永久性的支出增加则需用税收融资。

## 延伸阅读

Barro（1974）向现代宏观经济学家引入了李嘉图等价这一概念，尽管他并没有使用这个术语。Buchanan（1976）提出了李嘉图等价定理这一专业术语；O'Driscoll（1977）记录了李嘉图自己对结果的疑惑，这一结果现在以李嘉图的名字命名。一些关于李嘉图等价的很好的综述请参见 Bernheim（1978）和 Seater（1993）。Bernheim 和 Bagwell（1988）对 Barro 使用的代际趋近法持批评态度，他们认为该方法不应该用于公共政策的效果研究。他们将利他主义法作为前提条件，并证明了在这种情形下家庭内部存在着牢固的联结（由于婚姻等）。这反过来会产生中性且十分不切实际的结果（例如税收扭曲等价于总额税、再分配过程中的政府失灵）。综上所述，他们认为代际趋近法本身存在一定的问题。

最早在宏观经济学的税收平滑理论方面有所建树的是 Prescott（1977）和 Barro（1979a）。随后的研究成果见 Lucas 和 Stokey（1983）、Kingston（1984，1991）、Roubini（1988）、Huang 和 Lin（1993）、Ghosh（1995）以及 Fisher 和 Kingston（2004，2005）。正如 Sargent（2001）所指明的，在一个随机框架中，税收的最优时间路径主要取决于政府是否能够发行国有债务。然而关于税收平滑的文献大多假设政府支出是外生的，Judd（1999）针对在确定性环境下最优税收和支出的共同决定过程提出了一种有趣的分析。

对各种政府预算约束以及财政赤字的话题感兴趣的读者可以参考 Buiter（1985，1990）。本章中用到的跨期消费模型源自 Fisher（1930）。最近对跨期消费理论的研究可参见 Deaton（1992）和 Attanasio（1999）。

# 第6章 对劳动力市场的进一步探讨

本章的目标是讨论以下问题：

1. 发达的资本主义经济中劳动力市场有哪些重要特征？

2. 我们如何通过所学的劳动力市场的标准模型来解释这些典型事实？在何种情况下，这些理论不能给出完美的解释？

3. 税制如何影响宏观经济劳动力市场？市场的哪一方最终承担了税收负担？

4. 我们如何解释实际工资黏性是风险中性的厂商和风险厌恶的工人之间隐性契约的结果？

5. 效率工资的意义是什么？它们是如何导致均衡失业的？

## 6.1 一些行为特征

发达资本主义国家中劳动力市场的行为特征可以分为时间序列和横截面两类来考察。反映劳动力市场状况的主要指标是失业率。自从20世纪30年代的大萧条以来，这已经成为宏观经济学的研究前沿。以下这些失业的特征可以在西方世界的大部分国家中找到［参见如Layard et al.（2005，ch. 1)］。

**事实1：失业率随时间推移而波动。**在图6—1中，我们描绘出了第二次世界大战后时期一些国家和地区的失业率。[1] 正如图6—1(a) 所示，在1973年第一次石油

[1] 1955—1990年的数据来自Layard et al.（2005，pp. 526 - 528）。这之后的数据收集于OECD Employment Outlook的各期。我们可能利用了其中的标准失业数据。

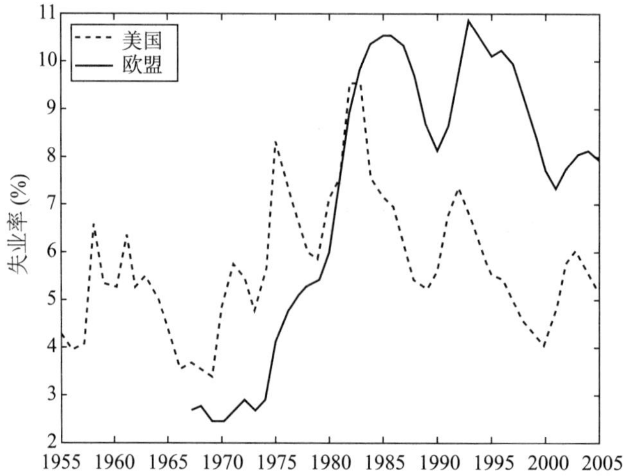


(a) 欧盟和美国

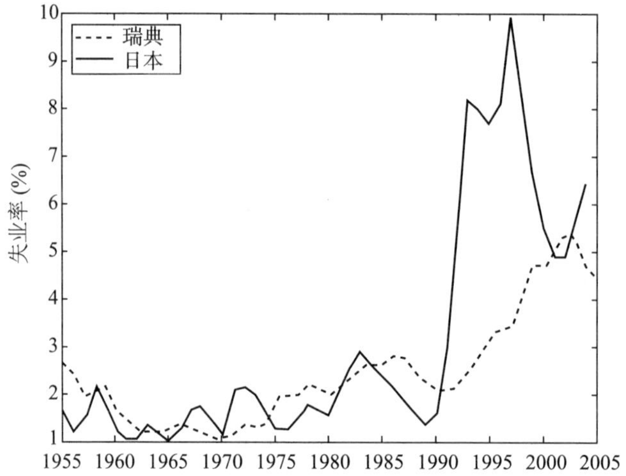


(b) 日本和瑞典

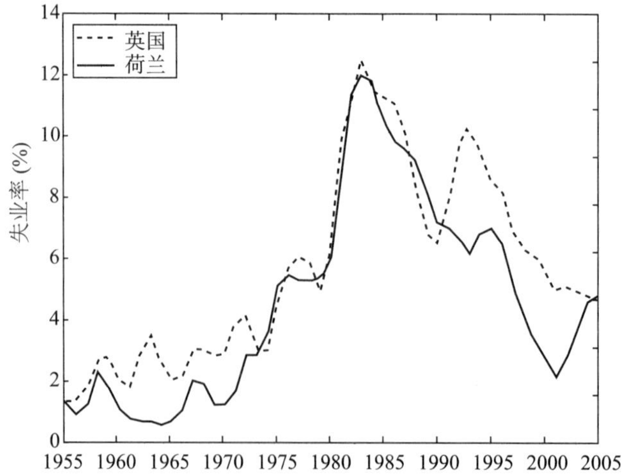


(c) 英国和荷兰

**图 6—1　所选国家与地区第二次世界大战后时期的失业率**

危机之前，失业率在欧盟 15 国（EU－15）中一直稳定地处于较低水平。之后的十年，失业率稳步上升，于 1985—1986 年以及 1993—1994 年达到顶峰。2005 年欧盟 15 国的失业率估计在 7.9%左右。（这意味着有 1 460 万人失去了工作！）同一时期，美国的失业率似乎总在 6%附近徘徊，2005 年，失业率为 5.1%（失业人数为 760 万人）[OECD（2006），p. 21]。

美国以及欧盟 15 国的失业状况与日本和瑞典截然不同。① 如图 6—1(b) 所示，直到 20 世纪 90 年代初期，日本和瑞典一直拥有稳定在 2%左右的低失业率。从 20 世纪 90 年代开始，日本的失业率逐年上升，同时这一现象在瑞典更为显著。最后，图6—1(c)清晰地显示，英国的失业情况与欧盟 15 国的情况类似，但是荷兰的失业率在最近几年中突然出现了大幅下降，2001 年低至 2.2%。

**事实 2：失业在经济周期间的波动比在经济周期内的波动剧烈。**在图 6—2 中，我们描绘了美国和英国更长期限内的失业率。② 大萧条确实名副其实，特别是在美国，失业在很长的一段时间里保持了高水平，巅峰时段达到了 25%！另一件需要注意的事情是，如果失业是一个纯粹的经济周期现象，人们应该预期失业率具有一个更有规律的趋势，而非像以上三幅图中所示的那样。将以上论点稍作变动，失业率的数据有着很强的时间趋势，而不仅仅与经济周期保持一致。为证明该现象，我们按照 Layard et al.（2005，p. 77）的方法，将失业率对其滞后项及常数项进行回归。通过对英国 1856—2005 年的数据分析我们发现：

$$\hat{U}_t = \underset{(2.83)}{0.7139} + \underset{(20.2)}{0.8561} U_{t-1}, \qquad \bar{R}^2 = 0.733, \tag{6.1}$$

同时对于美国 1891—2005 年的数据，我们得出：

$$\hat{U}_t = \underset{(2.47)}{0.9919} + \underset{(17.7)}{0.8567} U_{t-1}, \qquad \bar{R}^2 = 0.735, \tag{6.2}$$

其中，$U_t$ 是 $t$ 期真实的失业率，$\hat{U}_t$ 是失业率的回归预测值。括号中的数字是估计参数的 $t$ 统计量。$\bar{R}^2$ 是经过自由度调整后的可决系数（也就是样本中可由回归模型解释的因变量变动的比例）。在两个国家中，滞后失业率的系数都相当高（接近于单位 1）并且是高度显著的。这意味着失业的时间序列具有很强的持续性。高强度的持续性暗示着某一个特定的冲击带来的影响需要很长时间才能消退（见下文）。

**事实 3：欧洲失业的增加伴随着长期失业的大幅增加。**欧洲近一半的失业者已经失业一年以上。表 6—1 展示了一些主要的 OECD 国家 1979 年、1988 年、1996 年和 2005

① 我们关注瑞典的数据是因为瑞典是欧洲自由贸易区（EFTA）的一个典型国家。其他成员国包括挪威、瑞典、芬兰、奥地利以及瑞士。由于数据缺失，我们不能构建一个 EFTA 成员国的一致的失业指标。详见 Lindbeck et al.（1994）以及 Ljungqvist 和 Sargent（2005）关于瑞典近年来失业经验的探讨。

② 这段时期至 1993 年英国的数据来自 Mitchell（1998a，pp. 163，165，168－169），美国的数据来自 Mitchell（1998b，pp. 112，114）。1994—2000 年的数据来自 OECD（2001，Table 21）和 OECD（2006，Table A）。

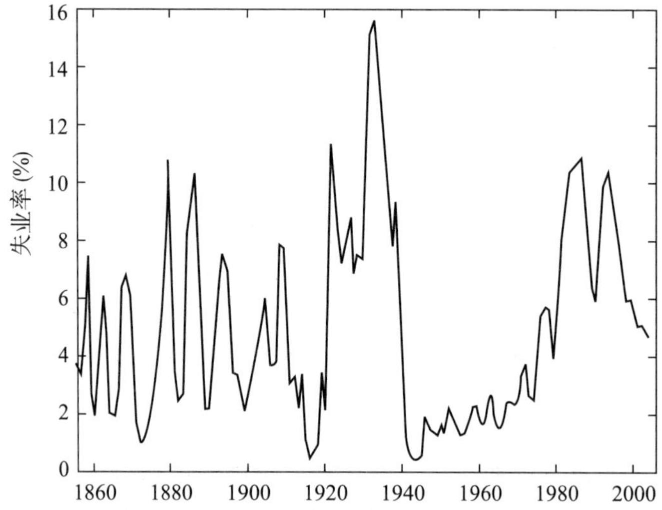


(a) 英国，1855—2005 年

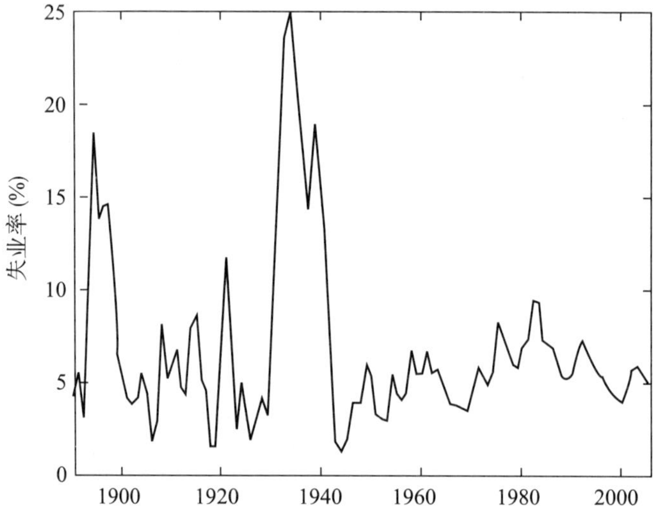


(b) 美国，1890—2005 年

**图 6—2　英国和美国一个多世纪以来的失业率**

年的失业构成。“离职率”一列表示月度失业增加的百分比，即新失业人数占就业人数的百分比。“就职率”衡量了失业的减少，即新就业的人数占失业人数的百分比。①

表 6—1 中的数据有一个醒目的趋势，欧盟国家在 1979 年与 1988 年这两年中的离职率相差无几，但是就职率却减少了一半！通俗地说，欧盟的高失业水平并不是由失去工作的可能性的增加造成的，而是由在失业状态下找到工作的可能性减少造成的（Bean，1994，p. 576）。

① 1979 年的长期失业数据来自 OECD（1985）。1979 年、1988 年的离职率与就职率数据来自 OECD（1990）。使用 OECD（1990，p. 13）提供的公式以及来自 OECD（2006）的数据，我们计算出 1996 年和 2005 年其余的观测值。详见 OECD（1995，pp. 19－34）关于计算失业变动时所遇困难的讨论。

**表 6—1** **自然失业率**

| | 法国 | | | 德国 | | | 英国 | | |
|---|---|---|---|---|---|---|---|---|---|
| | 离职率[a] | 就职率[b] | 长期失业率[c] | 离职率[a] | 就职率[b] | 长期失业率[c] | 离职率[a] | 就职率[b] | 长期失业率[c] |
| 1979 | 0.27 | 6.6 | 33.1 | 0.18 | 19.6 | 18.8 | 0.41 | 14.3 | 26.0 |
| 1988 | 0.33 | 5.7 | 44.6 | 0.26 | 6.3 | 46.2 | 0.68 | 9.5 | 43.0 |
| 1996 | 0.36 | 3.3 | 39.6 | 0.49 | 6.4 | 47.8 | 0.72 | 11.6 | 39.8 |
| 2005 | 0.33 | 4.5 | 42.5 | 0.46 | 4.1 | 54.0 | 0.61 | 17.2 | 22.4 |
| | 瑞典 | | | 日本 | | | 美国 | | |
| | 离职率[a] | 就职率[b] | 长期失业率[c] | 离职率[a] | 就职率[b] | 长期失业率[c] | 离职率[a] | 就职率[b] | 长期失业率[c] |
| 1979 | 0.58 | 34.5 | 6.8 | 0.31 | 19.1 | 16.5 | 2.07 | 43.5 | 4.2 |
| 1988 | 0.40 | 30.4 | 14.9 | 0.37 | 17.2 | 20.6 | 1.98 | 45.7 | 7.4 |
| 1996 | 1.34 | 15.1 | 30.1 | 0.41 | 15.7 | 19.3 | 1.56 | 37.1 | 9.5 |
| 2005 | 1.33 | 17.4 | 18.9 | 0.51 | 15.1 | 33.3 | 1.39 | 35.9 | 11.8 |

注：a. 失业的月度增加量（占就业人数的百分比）；
b. 失业的月度减少量（占失业人数的百分比）；
c. 长期（不短于 1 年）失业率（占总失业人口的百分比）。
资料来源：OECD（1985，1990，2006）。

相似的趋势在表 6—2 中也可以找到。在 1979—1990 年间，大部分国家的失业总水平都有所上升，但是在十个欧盟国家中，长期失业的增长要比短期失业大得多。通过对 1990 年、2005 年不同情况的比较，我们发现：在德国和日本，总失业率以及长期失业率剧烈上升；然而，在爱尔兰、西班牙和丹麦，总失业率和长期失业率却出现了大幅度的下降。在第 8 章，我们将重新回到失业期限这一话题。



**事实 4：从长期来看，失业没有任何趋势。**这一事实已经在图 6—2（a）和（b）中描绘出了。尽管美国和英国的失业率存在高峰与低谷，但似乎没有明显趋势。考虑到在过去的一个半世纪中生产力大幅提高，这一点尤其值得注意。显然，19 世纪物质资本挤出劳动的技术恐惧并没有发生。

更严格地说，依据式（6.1）和式（6.2），滞后失业率的系数虽然很高，但仍然小于 1。最终，总有机制会发生作用使得失业率回到某个平均水平。回到平均水平的这一过程是很缓慢的，但是，可以表示如下。从类似于式（6.1）和式（6.2）这样的方程中，我们可以得到长期稳态失业率 $\overline{U}$。首先，我们可以将方程的一般形式如下写出：

$$U_t = \alpha_0 + \alpha_1 U_{t-1}, \tag{6.3}$$

其中，$\alpha_0$ 是截距项，$\alpha_1$ 是滞后因变量的系数。接下来，我们注意到在稳定状态下 $U_t = U_{t-1} = \overline{U}$，因此由式（6.3）可得 $\overline{U} = \alpha_0/(1-\alpha_1)$。例如，使用从式（6.1）得到的估计值，我们可以得出：在英国 $\overline{U} = 0.713\,9/(1-0.856\,1) = 4.96\%$。① 从式（6.3）中，通过解 $U_t$ 的微分方程，我们可以计算出调整后的数值。假设在 $t=0$（参照点时间）时，失业率是 $U_0$。那么，式（6.3）可以通过以下递推公式迭代而求解：

① 我们忽略正在使用 $\alpha_0$ 以及 $\alpha_1$ 的估计值，并且应该构建 $\overline{U}$ 的置信区间。

**表 6—2** 各国的失业持续期（%）

| | 2005 | | | 1990 | | | 1979 | | |
|---|---|---|---|---|---|---|---|---|---|
| | 总计 | 一年以下 | 一年以上 | 总计 | 一年以下 | 一年以上 | 总计 | 一年以下 | 一年以上 |
| 比利时 | 8.1 | 3.9 | 4.2 | 8.7 | 1.9 | 6.8 | 8.2 | 3.4 | 4.8 |
| 丹麦 | 4.9 | 3.6 | 1.3 | 9.6 | 6.8 | 2.8 | 6.2 | — | — |
| 法国 | 9.9 | 5.7 | 4.2 | 8.9 | 5.4 | 3.5 | 5.9 | 4.1 | 1.8 |
| 德国 | 11.3 | 5.2 | 6.1 | 5.0 | 2.6 | 2.4 | 3.2 | 2.6 | 0.6 |
| 爱尔兰 | 4.3 | 2.8 | 1.5 | 14.0 | 4.8 | 9.2 | 7.1 | 4.8 | 2.3 |
| 意大利 | 7.8 | 3.7 | 4.1 | 7.9 | 2.4 | 5.5 | 5.2 | 3.3 | 1.9 |
| 荷兰[a] | 5.0 | 3.4 | 1.6 | 7.6 | 3.8 | 3.8 | 5.4 | 3.9 | 1.5 |
| 葡萄牙 | 8.1 | 4.2 | 3.9 | 5.1 | 2.5 | 2.6 | 4.8 | — | — |
| 西班牙 | 9.2 | 6.2 | 3.0 | 16.2 | 6.7 | 9.5 | 8.5 | 6.1 | 2.4 |
| 英国 | 4.6 | 3.6 | 1.0 | 6.5 | 3.6 | 2.9 | 5.0 | 3.8 | 1.3 |
| 澳大利亚 | 5.2 | 4.3 | 0.9 | 6.8 | 5.2 | 1.6 | 6.2 | 5.1 | 1.1 |
| 新西兰 | 3.8 | 3.4 | 0.4 | 7.6 | — | — | 1.9 | — | — |
| 加拿大 | 6.8 | 6.1 | 0.7 | 8.1 | 7.6 | 0.5 | 7.4 | 7.1 | 0.3 |
| 美国 | 5.1 | 4.5 | 0.6 | 5.5 | 5.2 | 0.3 | 5.8 | 5.6 | 0.2 |
| 日本 | 4.6 | 3.1 | 1.5 | 2.1 | 1.7 | 0.4 | 2.1 | 1.7 | 0.4 |
| 奥地利 | 5.2 | 3.9 | 1.3 | 3.3 | 2.9 | 0.4 | 1.7 | 1.5 | 0.2 |
| 芬兰 | 8.5 | 6.4 | 2.1 | 3.4 | 2.8 | 0.6 | 5.9 | 4.8 | 1.1 |
| 挪威 | 4.7 | 4.2 | 0.5 | 5.3 | 4.7 | 0.6 | 2.0 | 1.9 | 0.1 |
| 瑞典[a] | 6.6 | 5.3 | 1.3 | 1.6 | 1.5 | 0.1 | 1.7 | 1.6 | 0.1 |
| 瑞士 | 4.5 | 2.7 | 1.8 | 1.8 | — | — | 0.9 | — | — |

注：a 使用 2004 年的数据。

资料来源：Layard et al.（2005，p. 6）和 OECD（2006，pp. 248，267）。

$$
\begin{aligned}
U_1 &= \alpha_0 + \alpha_1 U_0, \\
U_2 &= \alpha_0 + \alpha_1 U_1 = \alpha_0 + \alpha_1[\alpha_0 + \alpha_1 U_0], \\
&\vdots \quad \vdots \\
U_t &= \alpha_0[1 + \alpha_1 + \alpha_1^2 + \cdots + \alpha_1^{t-1}] + \alpha_1^t U_0。
\end{aligned} \tag{6.4}
$$

这个表达式可以用以下（更加简练的）形式表示出来①：

$$U_t - \bar{U} = [U_0 - \bar{U}]\alpha_1^t。\tag{6.5}$$

式（6.5）可以用来确定消除 $U_0$ 与 $\bar{U}$ 之间差距的时间。假设失业率当前是 $U_0$，长期失业率是 $\bar{U}$。那么，需要经过多少期，它们之间差异 $[U_0 - \bar{U}]$ 的一半才能被消除？该答案被称为调整的半衰期，用 $t_H$ 表示。直观地，我们可以把 $t_H$ 作为调整体系中

① 技巧是将中括号内的项写为

$$1 + \alpha_1 + \alpha_1^2 + \cdots + \alpha_1^{t-1} = \frac{1-\alpha_1^t}{1-\alpha_1}。$$

利用这个结果以及 $\bar{U}$ 的定义［在式（6.3）中给出］，即可获得式（6.5）。

的指标。计算如下：

$$U_{t_H}-\overline{U}\equiv[U_0-\overline{U}]\alpha_1^{t_H}=\frac{1}{2}[U_0-\overline{U}] \quad \Rightarrow$$

$$\alpha_1^{t_H}=\frac{1}{2} \quad \Rightarrow$$

$$t_H \ln \alpha_1=-\ln 2 \Rightarrow t_H=-\frac{\ln 2}{\ln \alpha_1}。 \tag{6.6}$$

对于英国来说，$t_H=-\ln 2/\ln 0.856\ 1=4.46$ 年［参见式（6.1）］。因此，需要差不多 5 年的时间才能减少实际与长期失业率之间一半的差异。

**事实 5：失业率在不同国家间差异很大。**正如我们可以在表 6—3 中看到的，甚至在欧洲各国中，失业水平依然差别很大。由 2005 年的数据我们发现，对于一些欧盟国家，比如比利时、法国、德国、意大利、葡萄牙和西班牙，失业率很高；相反，在另一些国家，如丹麦、荷兰、英国、奥地利、挪威和瑞士，失业率却相对适中。正如我们将在第 7 章看到的，不同失业率的原因可能是这些第二集团国家中不同的劳动力市场制度所致。

**表 6—3　　2005 年不同性别与年龄群体的失业率（%）**

| | 总计 | 15～24 岁 | | 25～54 岁 | | 55～64 岁 | |
|---|---|---|---|---|---|---|---|
| | | 男性 | 女性 | 男性 | 女性 | 男性 | 女性 |
| 比利时 | 8.1 | 20.6 | 19.1 | 6.3 | 8.3 | 4.4 | 4.2 |
| 丹麦 | 4.9 | 6.1 | 9.8 | 3.7 | 4.9 | 4.8 | 5.1 |
| 法国 | 9.9 | 21.4 | 24.6 | 7.7 | 9.9 | 7.1 | 6.4 |
| 德国 | 11.3 | 16.1 | 14.0 | 10.6 | 10.2 | 12.6 | 13.0 |
| 爱尔兰 | 4.3 | 9.1 | 7.3 | 4.0 | 3.1 | 3.1 | 2.6 |
| 意大利 | 7.8 | 21.5 | 27.4 | 5.1 | 9.0 | 3.6 | 3.2 |
| 荷兰[a] | 5.0 | 9.4 | 8.6 | 4.2 | 4.5 | 4.3 | 3.4 |
| 葡萄牙 | 8.1 | 13.7 | 19.1 | 6.2 | 8.5 | 6.9 | 5.3 |
| 西班牙 | 9.2 | 16.7 | 23.5 | 5.9 | 10.9 | 5.4 | 7.5 |
| 英国 | 4.6 | 13.4 | 10.0 | 3.6 | 3.3 | 3.4 | 1.8 |
| 澳大利亚 | 5.2 | 11.1 | 10.5 | 3.7 | 4.2 | 3.6 | 2.6 |
| 新西兰 | 3.8 | 9.1 | 9.8 | 2.4 | 3.0 | 1.8 | 1.9 |
| 加拿大 | 6.8 | 14.2 | 10.6 | 5.8 | 5.7 | 5.4 | 5.3 |
| 美国 | 5.1 | 12.4 | 10.1 | 3.9 | 4.4 | 3.3 | 3.3 |
| 日本 | 4.6 | 9.9 | 7.4 | 4.0 | 4.4 | 5.0 | 2.7 |
| 奥地利 | 5.2 | 10.7 | 9.9 | 4.0 | 4.9 | 4.1 | 2.7 |
| 芬兰 | 8.5 | 20.6 | 19.3 | 6.5 | 7.3 | 7.1 | 6.5 |
| 挪威 | 4.7 | 12.5 | 11.5 | 4.2 | 3.8 | 2.1 | 1.3 |
| 瑞典[a] | 6.6 | 17.8 | 16.1 | 5.7 | 5.2 | 5.8 | 4.0 |
| 瑞士 | 4.5 | 8.5 | 9.2 | 3.1 | 4.7 | 3.9 | 3.6 |

注：a 使用 2004 年的数据。

资料来源：OECD（2006），表 B 和表 C。

**事实 6：很少有失业者是自愿失业的。**失业者中只有一小部分是自己辞职而选择失业的（例如去找一份新工作）。大部分失业是由雇主的解聘造成的。这一现实在第 9 章中讨论搜寻行为时将会被证明是十分重要的。

**事实 7：在不同年龄、职业、区域、种族以及性别的群体中，失业率相差很大。**这方面的例子很容易得到。表 6—3 展示了不同国家中不同年龄、不同性别人群的失业率。女性比男性有更高的失业率，年轻人比年长者有更高的失业率。在比利时、法国、意大利、芬兰等国家中青年失业率很高。有趣的是，表 6—3 显示：对于中间年龄段（25～54 岁）以及年长（55～64 岁）的劳动者而言，两者间的失业形势没有明显差异。然而，表 6—4 显示出这两个年龄段间存在较大差异，年长的劳动者的劳动参与率明显较低。例如在比利时和奥地利，年长的劳动者中男性的劳动参与率仅为 43%！

**表 6—4　　2005 年不同性别与年龄群体的劳动参与率（%）**

| | 总计 | 15～24 岁 | | 25～54 岁 | | 55～64 岁 | |
|---|---|---|---|---|---|---|---|
| | | 男性 | 女性 | 男性 | 女性 | 男性 | 女性 |
| 比利时 | 66.4 | 34.8 | 31.5 | 91.8 | 76.8 | 43.2 | 24.0 |
| 丹麦 | 79.4 | 70.6 | 63.9 | 91.1 | 84.1 | 70.2 | 55.7 |
| 法国 | 69.1 | 37.3 | 29.9 | 93.8 | 80.7 | 47.1 | 40.2 |
| 德国 | 73.8 | 53.5 | 46.7 | 93.6 | 79.1 | 61.3 | 43.2 |
| 爱尔兰 | 70.2 | 53.3 | 47.6 | 92.2 | 69.6 | 67.8 | 38.4 |
| 意大利 | 62.4 | 38.1 | 28.7 | 91.2 | 63.6 | 44.3 | 21.5 |
| 荷兰[a] | 75.8 | 70.6 | 69.3 | 92.8 | 77.4 | 58.8 | 34.4 |
| 葡萄牙 | 73.4 | 46.9 | 38.8 | 92.4 | 81.8 | 62.4 | 46.1 |
| 西班牙 | 70.8 | 57.2 | 46.8 | 92.4 | 69.0 | 63.2 | 29.6 |
| 英国 | 76.1 | 69.0 | 62.7 | 91.0 | 77.4 | 68.1 | 49.1 |
| 澳大利亚 | 75.5 | 72.5 | 70.0 | 90.3 | 73.8 | 66.3 | 44.6 |
| 新西兰 | 77.5 | 65.6 | 60.0 | 92.4 | 76.4 | 79.7 | 62.5 |
| 加拿大 | 77.8 | 66.1 | 65.8 | 91.5 | 81.1 | 66.7 | 49.4 |
| 美国 | 75.4 | 62.9 | 58.6 | 90.5 | 75.3 | 69.3 | 57.0 |
| 日本 | 72.6 | 44.2 | 45.0 | 96.0 | 68.8 | 83.1 | 50.8 |
| 奥地利 | 72.4 | 63.6 | 54.8 | 92.8 | 79.9 | 43.0 | 23.5 |
| 芬兰 | 74.3 | 47.9 | 50.5 | 90.3 | 85.1 | 56.8 | 56.4 |
| 挪威 | 78.9 | 61.0 | 59.4 | 90.1 | 83.0 | 74.6 | 62.9 |
| 瑞典[a] | 78.7 | 51.4 | 51.6 | 90.1 | 85.3 | 76.0 | 70.2 |
| 瑞士 | 80.9 | 66.6 | 64.9 | 95.6 | 81.3 | 77.8 | 57.5 |

注：a 使用 2004 年的数据。

资料来源：OECD（2006），表 B 和表 C。

此外，失业在很大程度上取决于劳动者的受教育程度。表 6—5 展示出三种不同教育水平所对应的失业率。在这个表格中，“低”代表低于中等教育的教育水平，“中”代表中等教育水平，“高”代表高等教育水平。从表中每列的数据我们可以看出，几乎无一例外地受教育水平越高失业率越低。德国的数据十分引人注目。低教育水平的劳动者的失业率高达 20.5%，然而高教育水平的劳动者的失业率仅为 5.5%。

表 6—5　　**2004 年失业与受教育水平的关系（%）**

| | 总计 | 教育状况： | | |
|---|---|---|---|---|
| | | 低 | 中 | 高 |
| 比利时 | 7.4 | 11.7 | 6.9 | 3.9 |
| 丹麦 | 5.3 | 7.8 | 4.8 | 3.9 |
| 法国 | 10.0 | 12.1 | 7.6 | 6.2 |
| 德国 | 10.4 | 20.5 | 11.2 | 5.5 |
| 爱尔兰 | 4.4 | 6.4 | 3.2 | 2.1 |
| 意大利 | 8.1 | 7.8 | 5.3 | 4.8 |
| 荷兰 | 5.0 | 5.7 | 3.9 | 2.8 |
| 葡萄牙 | 7.0 | 6.4 | 5.6 | 4.4 |
| 西班牙 | 11.0 | 11.0 | 9.5 | 7.3 |
| 英国 | 4.7 | 6.6 | 3.7 | 2.2 |
| 澳大利亚 | 5.6 | 6.2 | 3.9 | 2.8 |
| 新西兰 | 4.0 | 4.2 | 2.4 | 2.4 |
| 加拿大 | 7.3 | 9.9 | 6.1 | 4.7 |
| 美国 | 5.6 | 10.5 | 5.6 | 3.3 |
| 日本 | 4.9 | 6.7 | 5.4 | 3.7 |
| 奥地利 | 5.0 | 7.8 | 3.8 | 2.9 |
| 芬兰 | 8.9 | 12.0 | 8.2 | 4.7 |
| 挪威 | 4.5 | 3.6 | 3.8 | 2.4 |
| 瑞典 | 6.6 | 6.5 | 5.8 | 4.3 |
| 瑞士 | 4.4 | 7.2 | 3.7 | 2.8 |

资料来源：OECD（2006），表 B 和表 D。

正如这些事实所显示的，劳动力市场依然有很多地方有待研究。下一部分的目的在于介绍，到目前为止，标准劳动力市场理论对这些特征的解释。同时，我们也将说明在哪些重要的场合下，这一理论不能提供充分的解释。场合之一是对于需求与生产率冲击的实际工资黏性。因此，在本章的最后，我们将讨论两个能解释黏性工资的理论。

## 6.2　宏观经济学中关于劳动力市场的标准理论

### □ 6.2.1　灵活调节的工资与出清的市场

到目前为止，我们为劳动力市场建立模型的思路与为花生市场（即产品市场——

译者注）建立模型的思路是一样的，即通过总需求与供给计划（本例中有关劳动力市场的部分参见第 1 章）来建立模型。高度加总是宏观经济学的标志，我们不禁作出如下推断：宏观方法并不适用于解释我们在前面章节中发掘出的事实。幸运的是，这样的消极设想是没有必要的。例如，假设人们希望利用普适的方法来解释为什么低教育水平的劳动者比高教育水平的劳动者有更高的失业率（参见事实 7）。显然，需要区分这两种劳动力。我们把低教育水平的劳动者叫作“缺乏技能的”劳动力（用 $N_U$ 来表示），而把高教育水平的劳动者叫作“有技能的”劳动力（$N_S$）。代表性厂商的生产函数为

$$Y=G(N_U,N_S,\bar{K})=G(N_U,N_S,1)\equiv F(N_U,N_S), \tag{6.7}$$

其中，$Y$ 是产出，并且资本存量短期在 $\bar{K}=1$ 处不变。因此，$F(N_U，N_S)$是短期的生产函数，该函数恒大于零且边际产出递减，即 $F_U\equiv \partial F/\partial N_U>0$，$F_S\equiv \partial F/\partial N_S>0$，$F_{UU}\equiv \partial^2 F/\partial N_U^2<0$ 以及 $F_{SS}\equiv \partial^2 F/\partial N_S^2<0$。另外，我们假设短期的等产量曲线凸向原点，即 $\Delta\equiv F_{SS}F_{UU}-F_{SU}^2>0$，其中 $F_{SU}\equiv \partial^2 F/\partial N_S\,\partial N_U$。

代表性厂商通过选择最优的产出水平使利润最大化。在完全竞争的产品市场与劳动力市场中，厂商面临着给定的产品价格 $P$ 与工资率 $W_U$ 和 $W_S$，它们的最优选择是

$$\max_{\{N_U,N_S\}} \Pi\equiv PF(N_U,N_S)-W_UN_U-W_SN_S, \tag{6.8}$$

由此推导出通常的边际生产条件：

$$PF_U(N_U,N_S)=W_U,\quad PF_S(N_U,N_S)=W_S。 \tag{6.9}$$

通俗地说，每种劳动力的边际产出的价值必须等于其本身的工资率。显然，等式（6.9）可以用来推导两种劳动的需求方程。对两个方程求全微分，可以获得如下矩阵表达式：

$$\begin{bmatrix} dN_S \\ dN_U \end{bmatrix}=\frac{1}{\Delta}\begin{bmatrix} F_{UU} & -F_{SU} \\ -F_{SU} & F_{SS} \end{bmatrix}\begin{bmatrix} dw_S \\ dw_U \end{bmatrix}, \tag{6.10}$$

其中，$w_S\equiv W_S/P$，$w_U\equiv W_U/P$，$\Delta$ 是由方程（6.7）下的正文中所定义的正常数。方程（6.10）可以用来求两种劳动力需求方程的比较静态解，方程（6.10）表示如下：

$$N_S^D=N_S^D(w_S,w_U),\quad N_U^D=N_U^D(w_S,w_U)。 \tag{6.11}$$

显然，由于边际产出递减，实际工资的“自身”效应确保为负值：

$$N_{SS}^D\equiv\frac{\partial N_S^D}{\partial w_S}=\frac{F_{UU}}{\Delta}<0,\quad N_{UU}^D\equiv\frac{\partial N_U^D}{\partial w_U}=\frac{F_{SS}}{\Delta}<0。 \tag{6.12}$$

然而在没有进一步的假设条件时，实际工资交叉效应的符号无法确定。特别地，我们假设在短期的生产函数中，有技能以及缺乏技能的劳动力可完全替代。这暗示着

$F_{SU}$是负值，混合偏导数均是正值：

$$N_{SU}^{D} \equiv \frac{\partial N_{S}^{D}}{\partial w_{U}} = -\frac{F_{SU}}{\Delta} > 0, \quad N_{US}^{D} \equiv \frac{\partial N_{U}^{D}}{\partial w_{S}} = -\frac{F_{SU}}{\Delta} > 0。 \tag{6.13}$$

通俗地讲，如果有技能的工人工资上升，那么，缺乏技能的工人的需求将会增加。这是因为以上两种劳动要素在生产过程中是替代品。插叙 6.1 更详细地研究了在短期中究竟是完全替代性抑或是互补性的问题。

为了使模型尽可能地简单，我们假设两种劳动力的供给曲线均是完全缺乏弹性的。

$$N_{S}^{S} = \bar{N}_{S}, \quad N_{U}^{S} = \bar{N}_{U}。 \tag{6.14}$$

两个劳动力市场的均衡如图 6—3 所示。

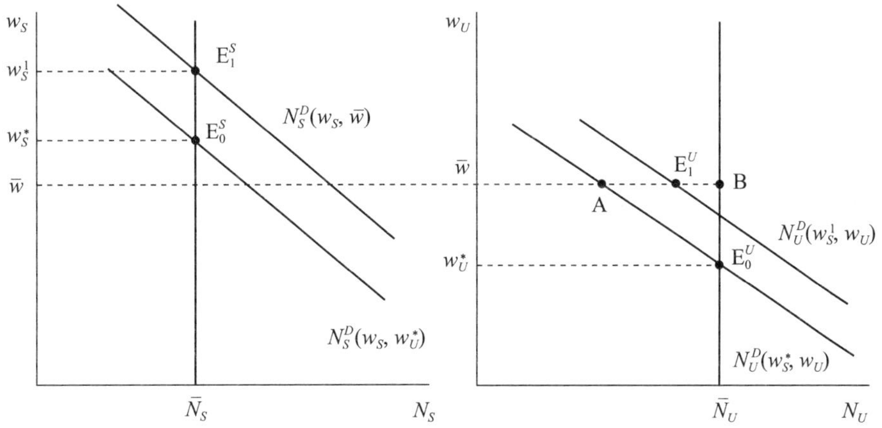


**图 6—3　有技能的劳动力市场与缺乏技能的劳动力市场**

如果工资是可以完全自由调整的，完全就业在两个市场中均可实现。分别用点 $E_0^S$ 和点 $E_0^U$ 表示。然而，我们如何解释缺乏技能的工人的高失业率呢？一个简单的理由如下。假设存在最低工资的法律，要求任何工人（不论其技能水平如何）的实际工资不能低于 $\bar{w}$。假设这个最低工资水平在有技能的工人劳动力市场的市场出清实际工资水平之下（$\bar{w} < w_S^*$），但是在缺乏技能的工人劳动力市场的均衡实际工资水平之上（$\bar{w} > w_U^*$）。结果，最低工资限制了缺乏技能的工人的劳动力市场，失业的增加量在图 6—3 中表示为右边部分的 AB 段。这就是最低工资的局部均衡效应。然而到这里还没完，由于缺乏技能的劳动力有过高的实际工资，这将迫使代表性厂商用有技能的劳动力替换缺乏技能的劳动力。有技能的劳动力的需求曲线向右移动，实际工资率上升到 $w_S^1$。在左边的图形中，需求曲线移动到 $N_S^D(w_S, \bar{w})$，新的均衡点位于 $E_1^S$ 处。有技能的劳动力所获得的较高均衡工资可在一定程度上刺激市场对缺乏技能的劳动力的需求，从而部分抵消了最初的失业影响。在右边的图形中，需求曲线移动到$N_U^D(w_S^1, w_U)$。最终，最低工资的一般均衡效应由两部分构成：有技能的劳动力的市场中从 $E_0^S$ 到 $E_1^S$ 的移动和缺乏技能的劳动力的市场中从 $E_0^U$ 到 $E_1^U$ 的移动。所有有技能的劳动力都获得了更高的工资。一些缺乏技能的劳动力同样获得了比以往更高的工资（也就是最低工资），但是其他缺乏技能的劳动力失业了。

我们刚才对底层劳动力市场做了一个简单展示。缺乏技能的劳动力的市场存在失业是因为这种劳动力太贵了：假定存在最低工资限制并且完全就业，这种劳动力的边际产出的价值很低。

一系列政策试图解决这种失业问题。第一，最低工资法案可以被废除。这将起到很明显的作用，但也会导致收入分配不满意、社会动乱等结果。因此，一些针对缺乏技能的工人的转移支付不可避免。第二，缺乏技能的工人可以得到补贴。就图6—3来说，这导致了缺乏技能的劳动力的需求曲线向右上方移动。其需求量受到了人为的刺激，减弱了最低工资对均衡工资的偏离。第三，政府可以直接以最低工资雇用缺乏技能的劳动力。同样地，缺乏技能的劳动力的需求曲线会向右上方移动，失业减少。这种方法的问题是，由此增设的工作可能是没有必要的（比如说让三个人看守书记员的自行车）。就目前讨论的三种方法而言，对政府的收入都做了要求。在某种程度上，有必要增加的额外税收收入只能通过税收扭曲的形式（参见第5章）征集，社会的净收益并非显而易见。这对于第三种方法尤为突出，因为创造出的没有必要的工作是不存在任何价值的。

第四种方法可能更加诱人。政府可以投资于培训项目，特别是针对缺乏技能的工人的那些。使缺乏技能的工人变得更加有生产力，可以提高市场对他们的需求、减少失业。在第5章的最后，可以利用筹资的黄金法则：当政府投资于培训项目的收益率与市场收益率相等时，这些项目可以通过负债的方式进行筹资，这样，将会避免扭曲税收的发生。提高缺乏技能的劳动力的生产能力的收益源于两方面。首先，由于失业率的下降，花费在失业补贴上的经费少了，减少了对政府的财政要求。其次，当失业者找到工作后，他们也开始纳税了，这进一步减少了对政府的财政要求。

总的来说，即使是简单的标准模型也能推导出有关劳动力市场的明智的结论。举个例子，如果我们看一下荷兰的情况，就会发现，缺乏技能的工人与有技能的工人的相对工资（即 $W_U/W_S$）在最近的10年内上升了！因此，对事实7有着一个合理的解释：缺乏技能的工人有着高失业率是因为这种劳动力太贵了。大多数经济学家认为这个观点是部分正确的，但是其他因素也会起着一些作用。

**插叙 6.1**

## 三要素生产模型

在这个插叙中，我们将研究三要素生产模型，其中的一个要素将在短期内保持不变。当三要素生产模型表示为如下形式时，方程对要素 $x_1$ 和$(x_1, x_3)$是弱可微的：

$$Y=F(x_1,Z),\quad Z=G(x_2,x_3)。\tag{a}$$

我们假设 $F(x_1, Z)$和 $G(x_2, x_3)$对于各自的参数都是线性齐次的。注意，$Z$ 可以被解释为混合投入，即 $Z$ 可以由原始投入 $x_2$、$x_3$ 生产出来。我们知道（由插叙4.3）：

$$Y=F_1x_1+F_ZZ,\quad Z=G_2x_2+G_3x_3,\tag{b}$$

其中，$F_1\equiv\partial F/\partial x_1>0$，$F_Z\equiv\partial F/\partial Z>0$，$G_2\equiv\partial G/\partial x_2>0$，$G_3\equiv\partial G/\partial x_3>0$。此外，

我们已知：

$$F_{11}x_1+F_{1Z}Z=0,\quad F_{Z1}x_1+F_{ZZ}Z=0, \tag{c1}$$

$$G_{22}x_2+G_{23}x_3=0,\quad G_{32}x_2+G_{33}x_3=0, \tag{c2}$$

其中，$F_{11}\equiv\partial^2F/\partial x_1^2<0$，$F_{1Z}=F_{Z1}\equiv\partial^2F/\partial x_1\partial Z>0$，$F_{ZZ}\equiv\partial^2F/\partial Z^2<0$，$G_{22}\equiv\partial^2G/\partial x_2^2<0$，$G_{23}=G_{32}\equiv\partial^2G/\partial x_2\partial x_3>0$，$G_{33}\equiv\partial^2G/\partial x_3^2<0$。这两个方程有着同样的性质，它们的等产量曲线均凸向原点：

$$F_{11}F_{ZZ}-F_{1Z}^2>0,\quad G_{22}G_{33}-G_{23}^2>0。 \tag{d}$$

最后，我们遵循通常的习惯将这两个方程的替代弹性定义为

$$\sigma_F\equiv\frac{F_1F_Z}{YF_{1Z}}>0,\quad \sigma_G\equiv\frac{G_2G_3}{ZG_{23}}>0。 \tag{e}$$

我们希望将三要素的边际产出写成对数线性的表达形式，$F_i\equiv\partial Y/\partial x_i$。我们详细地展示了 $F_1$、$F_2$ 的推导。显而易见，公式 $F_1\equiv F_1[x_1,\ G(x_2,\ x_3)]$是所有三种投入的函数，我们可得到其全微分如下：

$$dF_1=F_{11}dx_1+F_{1Z}dG(x_2,x_3)=F_{11}dx_1+F_{1Z}[G_2dx_2+G_3dx_3]。$$

将方程的左右两边同时除以 $F_1$，得：

$$\frac{dF_1}{F_1}=\frac{x_1F_{11}}{F_1}\frac{dx_1}{x_1}+\frac{x_2F_{1Z}G_2}{F_1}\frac{dx_2}{x_2}+\frac{x_3F_{1Z}G_3}{F_1}\frac{dx_3}{x_3},$$

$$\widetilde{F}_1=\frac{x_1F_{11}}{F_1}\widetilde{x}_1+\frac{x_2F_{1Z}G_2}{F_1}\widetilde{x}_2+\frac{x_3F_{1Z}G_3}{F_1}\widetilde{x}_3, \tag{f}$$

其中 $\widetilde{F}_i\equiv dF_i/F_i$，$\widetilde{x}_i\equiv dx_i/x_i$。式（f）中等号右边的每一项可以重新写为更直观的形式。例如，我们可得到等号右边第一项的系数表示如下：

$$\frac{x_1F_{11}}{F_1}=-\frac{ZF_{1Z}}{F_1}\frac{F_Z}{F_Z}\frac{Y}{Y}=-\frac{YF_{1Z}}{F_1F_Z}\cdot\frac{ZF_Z}{Y}=-\frac{1-\omega_1}{\sigma_F}, \tag{g1}$$

其中，第一步我们使用了式（c1）中的第一个表达式。注意 $\omega_1\equiv x_1F_1/Y$ 和 $1-\omega_1\equiv ZF_Z/Y$ 分别是要素 $x_1$ 的收入分配份额以及 $Z$ 的混合投入。类似地，我们得到：

$$\frac{x_2F_{1Z}G_2}{F_1}=\frac{YF_{1Z}}{F_1F_Z}\cdot\frac{ZF_Z}{Y}\cdot\frac{x_2G_2}{Z}=\frac{(1-\omega_1)\omega_2}{\sigma_F}, \tag{g2}$$

$$\frac{x_3F_{1Z}G_3}{F_1}=\frac{YF_{1Z}}{F_1F_Z}\cdot\frac{ZF_Z}{Y}\cdot\frac{x_3G_3}{Z}=\frac{(1-\omega_1)(1-\omega_2)}{\sigma_F}, \tag{g3}$$

其中，$\omega_2\equiv x_2G_2/Z$，$1-\omega_2=x_3G_3/Z$。将式（g1）至式（g3）代入式（f）中，我们可以得到：

$$\widetilde{F}_1=-\frac{1-\omega_1}{\sigma_F}\widetilde{x}_1+\frac{(1-\omega_1)\omega_2}{\sigma_F}\widetilde{x}_2+\frac{(1-\omega_1)(1-\omega_2)}{\sigma_F}\widetilde{x}_3。 \tag{h}$$

$x_1$ 的边际产出与 $x_1$ 的投入数量负相关，与其他两种要素的投入量正相关。

然后研究第二种生产要素 $x_2$ 的边际产出。注意，$F_2\equiv F_Z[x_1,\ G(x_2,\ x_3)]\cdot G_2\ (x_2,\ x_3)$（按照乘积法则），我们可得到全微分为

$$dF_2=G_2F_{Z1}dx_1+[G_2^2F_{ZZ}+F_ZG_{22}]dx_2+[G_2G_3F_{ZZ}+F_ZG_{23}]dx_3$$

$$\frac{dF_2}{F_2}=\frac{x_1G_2F_{Z1}}{F_ZG_2}\frac{dx_1}{x_1}+\frac{x_2G_2^2F_{ZZ}+x_2F_ZG_{22}}{F_ZG_2}\frac{dx_2}{x_2}+\frac{x_3G_2G_3F_{ZZ}+x_3F_ZG_{23}}{F_ZG_2}\frac{dx_3}{x_3}。 \tag{i}$$

式（i）右边的系数可被简化为

$$\frac{x_1F_{Z1}}{F_Z}=\frac{x_1F_1}{Y}\cdot\frac{YF_{Z1}}{F_1F_Z}=\frac{\omega_1}{\sigma_F}, \tag{j1}$$

$$\begin{aligned}\frac{x_2G_2^2F_{ZZ}+x_2F_ZG_{22}}{F_ZG_2}&=-\frac{x_2G_2}{Z}\cdot\frac{YF_{1Z}}{F_1F_Z}\cdot\frac{x_1F_1}{Y}-\frac{ZG_{23}}{G_2G_3}\cdot\frac{x_3G_3}{Z}\\&=-\left[\frac{\omega_1\omega_2}{\sigma_F}+\frac{1-\omega_2}{\sigma_G}\right],\end{aligned} \tag{j2}$$

$$\begin{aligned}\frac{x_3G_2G_3F_{ZZ}+x_3F_ZG_{23}}{F_ZG_2}&=-\frac{x_3G_3}{Z}\cdot\frac{YF_{1Z}}{F_1F_Z}\cdot\frac{x_1F_1}{Y}+\frac{ZG_{23}}{G_2G_3}\cdot\frac{x_3G_3}{Z}\\&=(1-\omega_2)\left[-\frac{\omega_1}{\sigma_F}+\frac{1}{\sigma_G}\right],\end{aligned} \tag{j3}$$

其中，我们使用式（c1）和式（c2）来简化这些表达式。因此，将式（j1）至式（j3）代入式（i）可得：

$$\tilde{F}_2=\frac{\omega_1}{\sigma_F}\tilde{x}_1-\left[\frac{\omega_1\omega_2}{\sigma_F}+\frac{1-\omega_2}{\sigma_G}\right]\tilde{x}_2+(1-\omega_2)\left[-\frac{\omega_1}{\sigma_F}+\frac{1}{\sigma_G}\right]\tilde{x}_3。 \tag{k}$$

由上可知，$x_2$ 的边际产出与 $x_2$ 的投入数量负相关，与 $x_1$ 的投入数量正相关，但是无法明确与要素 $x_3$ 间的关系。

最后，对于 $F_3\equiv F_Z[x_1, G(x_2, x_3)]G_3(x_2, x_3)$ 可得：

$$\tilde{F}_3=\frac{\omega_1}{\sigma_F}\tilde{x}_1+\omega_2\left[-\frac{\omega_1}{\sigma_F}+\frac{1}{\sigma_G}\right]\tilde{x}_2-\left[\frac{\omega_1(1-\omega_2)}{\sigma_F}+\frac{\omega_2}{\sigma_G}\right]\tilde{x}_3。 \tag{l}$$

我们可以得到和要素 $x_2$ 相似的结论。$x_3$ 的边际产出与 $x_3$ 的投入数量负相关，与 $x_1$ 的投入数量正相关，但是无法明确与要素 $x_2$ 间的关系。

到目前为止，我们还未对三种要素作出明确的定义。现在，我们需要考虑三种不同情况：

1. 三种要素分别为 $x_1=\bar{K}$、$x_2=N_U$、$x_3=N_S$。生产条件为 $w_U=F_2$、$w_S=F_3$。要素收入分配份额为 $\omega_K\equiv\bar{K}F_K/Y=\omega_1$、$\omega_U\equiv N_UF_U/Y=(1-\omega_1)\omega_2$ 和 $\omega_S\equiv N_SF_S/Y=(1-\omega_1)(1-\omega_2)$。

2. 三种要素分别为 $x_1=N_S$、$x_2=N_U$、$x_3=\bar{K}$。生产条件为 $w_U=F_2$、$w_S=F_1$。要素收入分配份额为 $\omega_S=\omega_1$、$\omega_U=(1-\omega_1)\omega_2$ 和 $\omega_K=(1-\omega_1)(1-\omega_2)$。

3. 三种要素分别为 $x_1=N_U$、$x_2=N_S$、$x_3=\bar{K}$。生产条件为 $w_U=F_1$、$w_S=F_2$。要素收入分配份额为 $\omega_U=\omega_1$、$\omega_S=(1-\omega_1)\omega_2$ 和 $\omega_K=(1-\omega_1)(1-\omega_2)$。

**情况 1**：利用式（6.9）、式（k）和式（l）中所列的生产条件，我们发现下述体系将两种类型的劳动力需求确定为要素价格和给定资本存量的方程：

$$J_1\begin{bmatrix}\widetilde{N}_U\\ \widetilde{N}_S\end{bmatrix}=\begin{bmatrix}\widetilde{w}_U-\dfrac{\omega_1}{\sigma_F}\widetilde{\overline{K}}\\ \widetilde{w}_S-\dfrac{\omega_1}{\sigma_F}\widetilde{\overline{K}}\end{bmatrix}, \tag{m}$$

其中，$w_i$ 是 $i$ 类劳动力的实际工资率，$\widetilde{w}_i=dw_i/w_i$。雅可比矩阵 $J_1$ 被定义为

$$J_1\equiv\begin{bmatrix}-\dfrac{\omega_1\omega_2\sigma_G+(1-\omega_2)\sigma_F}{\sigma_F\sigma_G} & \dfrac{(1-\omega_2)[\sigma_F-\omega_1\sigma_G]}{\sigma_F\sigma_G}\\ \dfrac{\omega_2[\sigma_F-\omega_1\sigma_G]}{\sigma_F\sigma_G} & -\dfrac{\omega_1(1-\omega_2)\sigma_G+\omega_2\sigma_F}{\sigma_F\sigma_G}\end{bmatrix}。 \tag{n}$$

经推导我们发现 $|J_1|=\omega_1/(\sigma_F\sigma_G)>0$。因为 $J_1^{-1}=\mathrm{adj}(J_1)/|J_1|$，所以方程（m）的解可表示为

$$\begin{bmatrix}\widetilde{N}_U\\ \widetilde{N}_S\end{bmatrix}=\begin{bmatrix}-\dfrac{\omega_1(1-\omega_2)\sigma_G+\omega_2\sigma_F}{\omega_1}\\ \dfrac{\omega_2[\omega_1\sigma_G-\sigma_F]}{\omega_1}\end{bmatrix}\widetilde{w}_U+\begin{bmatrix}\dfrac{(1-\omega_2)[\omega_1\sigma_G-\sigma_F]}{\omega_1}\\ -\dfrac{\omega_1\omega_2\sigma_G+(1-\omega_2)\sigma_F}{\omega_1}\end{bmatrix}\widetilde{w}_S+\begin{bmatrix}1\\1\end{bmatrix}\widetilde{\overline{K}}。 \tag{o}$$

利用情况 1 中对要素收入分配份额的定义，我们发现 $\omega_1=\omega_k$，$\omega_2=\omega_U/(1-\omega_k)$，$1-\omega_2=\omega_s/(1-\omega_k)$。因此，式（o）在理论上可以改写为要素分配份额的显性表达式。注意，交叉效应 $\partial N_U/\partial w_S$ 和 $\partial N_S/\partial w_U$ 的符号是由 $\omega_K\sigma_G-\sigma_F$ 的符号确定的；$\omega_K\sigma_G-\sigma_F$ 的符号则取决于资本收入份额以及两个替代弹性的大小。如果 $\omega_K\sigma_G>\sigma_F$，那么在短期生产函数中缺乏技能的劳动力与有技能的劳动力是可以完全替代的。相反，如果 $\omega_K\sigma_G<\sigma_F$，在短期生产函数中两者是完全互补的。

本书将情况 2 与情况 3 的分析留给读者以做练习。不难发现，在情况 2 与情况 3 下，短期生产函数中两种类型的生产力一定是完全互补的。

### □ 6.2.2 税收的影响

在结束加总的劳动力市场的标准模型前，我们需要分析税收对就业以及实际工资的影响。这一分析最初在第 1 章（参见 1.3.6 节有关供给方的内容）中提及，并将在这里完整地进行阐述。除了关注消费统一税率和公司对劳动力的雇佣情况以外，我们还要研究累进制劳动所得税的影响。我们将注意力集中于短期，即资本存量假设不变（等于 $\overline{K}$）。只有一种劳动力，并且代表性厂商最大化如下定义的短期利润：

$$\Pi\equiv PF(N,\overline{K})-W(1+t_E)N, \tag{6.15}$$

其中，$t_E$ 是根据厂商使用劳动力的情况征收的从价税（即雇主对社会稳定的贡献）。与通常的讨论一样，我们得到劳动的边际生产条件，$F_N(N,\overline{K})=W(1+t_E)/P$。对此方程取线性化：

$$\widetilde{N}^D = -\varepsilon_D[\widetilde{w} + \tilde{t}_E], \tag{6.16}$$

其中，$w \equiv W/P$ 是总实际工资，$\varepsilon_D \equiv -F_N/(NF_{NN})$ 是劳动力需求弹性的绝对值（$\varepsilon_D > 0$），$\widetilde{N}^D \equiv dN^D/N^D$，$\tilde{t}_E \equiv dt_E/(1+t_E)$，$\widetilde{w} \equiv dw/w$。

大多数发达国家的所得税体系是累进的，这就是说，税率随着税基（在我们的讨论中是劳动收入）的增加而增加。由于我们希望研究累进制对家庭劳动力供给的影响，所以我们采用一般税收函数 $T(WN^S)$。家庭面对的边际税率 $t_M$ 与上述方程对收入的导数相等，即 $t_M \equiv dT(WN^S)/d(WN^S)$。在没有其他可征税收入的情况下，平均税率为 $t_A \equiv T(WN^S)/(WN^S)$。关键在于，通常情况下，$t_M$ 与 $t_A$ 均取决于税基 $WN^S$。

家庭的效用函数被假设为一般的效用函数：

$$U = U(C, 1-N^S), \tag{6.17}$$

$U_C > 0$，$U_{1-N} > 0$，$U_{CC} < 0$，$U_{1-N,1-N} < 0$，同时 $U_{CC}U_{1-N,1-N} - U_{C,1-N}^2 > 0$。除了面对（累进的）所得税以外，家庭还得支付对消费品的从价税（如增值税，$t_C$），所以家庭的预算约束为

$$P(1+t_C)C = WN^S - T(WN^S)。 \tag{6.18}$$

选择合适的消费水平以及劳动力供给，家庭可以使效用最大化。拉格朗日函数为

$$\mathcal{L} \equiv U(C, 1-N^S) + \lambda[WN^S - T(WN^S) - P(1+t_C)C], \tag{6.19}$$

由其产生的一阶条件为

$$\frac{\partial \mathcal{L}}{\partial C} = U_C - \lambda P(1+t_C) = 0, \tag{6.20}$$

$$\begin{aligned}\frac{\partial \mathcal{L}}{\partial N^S} &= -U_{1-N} + \lambda\left[W - \frac{dT(WN^S)}{d(WN^S)}\frac{d(WN^S)}{dN^S}\right] \\ &= -U_{1-N} + \lambda W(1-t_M) = 0,\end{aligned} \tag{6.21}$$

我们使用边际税率的定义推导出式（6.21）的最终表达式。由式（6.20）与式（6.21）解出 $\lambda$，从而得到扩张路径如下：

$$\lambda = \frac{U_C}{P(1+t_C)} = \frac{U_{1-N}}{W(1-t_M)} \quad \Rightarrow$$

$$\frac{U_{1-N}}{U_C} = \frac{w(1-t_M)}{1+t_C}, \tag{6.22}$$

这里，我们利用了实际工资总量 $w \equiv W/P$ 的定义。式（6.22）清楚说明了重要的一点：闲暇与消费的边际替代率依赖于家庭面临的边际税率（不是平均税率）！

为了方便讨论，我们假设效用函数式（6.17）是位似的（参见插叙 5.1），并且消费与闲暇的替代弹性如下：

$$\sigma_{CM} = \frac{C/(1-N^S)\text{ 的百分比变化}}{U_{1-N}/U_C\text{ 的百分比变化}} \equiv \frac{d\ \ln(C/(1-N^S))}{d\ \ln(U_{1-N}/U_C)} \geq 0, \tag{6.23}$$

这里，我们使用等式 $d\ln x = dx/x$ 来表示变量 $x$ 的百分比变化。直观地，$\sigma_{CM}$度量了（在效用函数中）家庭用消费替换闲暇的"容易"程度。一个拥有低 $\sigma_{CM}$值的家庭发现这种替换很难，而拥有高 $\sigma_{CM}$值的家庭则很乐意用闲暇替换消费。用图形来说，前者的无差异曲线弯曲得比较厉害①，而后者的无差异曲线则相对平坦。替代弹性可以用以下式子线性表示：

$$d\ \ln\left(\frac{U_{1-N}}{U_C}\right)=\tilde{w}-\tilde{t}_M-\tilde{t}_C=\frac{1}{\sigma_{CM}}[\tilde{C}-(\widetilde{1-N^S})]\Rightarrow$$

$$\tilde{C}+\frac{1}{\omega_L}\tilde{N}^S=\sigma_{CM}[\tilde{w}-\tilde{t}_M-\tilde{t}_C],\tag{6.24}$$

其中，$\tilde{t}_M\equiv dt_M/(1-t_M)$，$\tilde{t}_C\equiv dt_C/(1+t_C)$，$\omega_L\equiv(1-N^S)/N^S$ 是最初的闲暇与劳动力供给的比例。由平均税率 $t_A$ 的定义，预算约束式（6.18）可改写为 $(1+t_C)C=(1-t_A)wN^S$。线性化该预算约束可得：

$$\tilde{C}+\tilde{t}_C=\tilde{w}-\tilde{t}_A+\tilde{N}^S,\tag{6.25}$$

其中，$\tilde{t}_A\equiv dt_A/(1-t_A)$。因此，平均所得税率影响到家庭的预算约束。

通过求解式（6.24）和式（6.25）中的劳动力供给变化，可得到下式：

$$\begin{aligned}\tilde{N}^S&=(1-N^S)[\sigma_{CM}[\tilde{w}-\tilde{t}_M-\tilde{t}_C]-[\tilde{w}-\tilde{t}_M-\tilde{t}_C]]\\&=\bar{\varepsilon}_{SW}[\tilde{w}-\tilde{t}_M-\tilde{t}_C]+\varepsilon_{SI}[\tilde{t}_A+\tilde{t}_C-\tilde{w}]\\&=\varepsilon_{SW}[\tilde{w}-\tilde{t}_C]-\bar{\varepsilon}_{SW}\tilde{t}_M+\varepsilon_{SI}\tilde{t}_A,\end{aligned}\tag{6.26}$$

其中，$\bar{\varepsilon}_{SW}\equiv\sigma_{CM}(1-N^S)$是补偿工资弹性，$-\varepsilon_{SI}\equiv-(1-N^S)$是收入弹性。补偿工资弹性与替代效应一致，并且总是非负的。劳动力供给的收入弹性与收入效应一致，并且总是负的。工资总量变化的总效应是用无补偿工资弹性 $\varepsilon_{SW}\equiv\bar{\varepsilon}_{SW}-\varepsilon_{SI}=(\sigma_{CM}-1)(1-N^S)$度量的。视 $\sigma_{CM}$的大小，$\varepsilon_{SW}$可为正值、零值甚至是负值。如果闲暇与消费的替代弹性（$\sigma_{CM}$）大于单位 1，替代效应超过了收入效应，劳动力供给是实际工资的单调递增函数。否则，收入效应超过了替代效应，劳动力供给向下倾斜。实证研究表明，劳动力供给的工资弹性（$\varepsilon_{SW}$）对于男性来说相当小，但是对女性来说要大一些［参见 Pencavel（1986）以及 Killingsworth 和 Heckman（1986）］。

式（6.16）和式（6.26）分别给出了（假设存在各种税率）标准劳动力市场的需求和供给方程的线性形式。化简这个模型有好几种方法。例如，在均衡中假定工资可以灵活地调整以及连续地进行市场出清。由于我们同时希望讨论不同的税率对失业的影响，非均衡就要求实际工资是固定在某一水平上的，这个水平高于市场出清时的工资。在表 6—6 中，我们总结了不同税率对就业、实际税率和工资总量的影响，并解释了该模型中均衡和不均衡的失业情况。

① 这并不意味着这个家庭是古怪的，仅仅意味着家庭不愿意背离某个固定的消费与闲暇的组合。在 $\sigma_{CM}=0$的情况下，无差异曲线有右拐角，任何东西都无法使家庭背离固定的消费与闲暇比例。

**表 6—6　　　　税收以及竞争的劳动力市场**

| | (a) 灵活调整的工资 | | | (b) 固定的消费者工资 | | |
|---|---|---|---|---|---|---|
| | $\tilde{w}$ | $\tilde{N}$ | $dU$ | $\tilde{w}$ | $\tilde{N}$ | $dU$ |
| $\tilde{t}_M$ | $\frac{\bar{\varepsilon}_{SW}}{\varepsilon_{SW}+\varepsilon_D}$ | $-\frac{\varepsilon_D\bar{\varepsilon}_{SW}}{\varepsilon_{SW}+\varepsilon_D}$ | 0 | 0 | 0 | $-\bar{\varepsilon}_{SW}$ |
| $\tilde{t}_A$ | $-\frac{\varepsilon_{SI}}{\varepsilon_{SW}+\varepsilon_D}$ | $\frac{\varepsilon_D\varepsilon_{SI}}{\varepsilon_{SW}+\varepsilon_D}$ | 0 | 1 | $-\varepsilon_D$ | $\bar{\varepsilon}_{SW}+\varepsilon_D$ |
| $\tilde{t}_M=\tilde{t}_A$ | $\frac{\varepsilon_{SW}}{\varepsilon_{SW}+\varepsilon_D}$ | $-\frac{\varepsilon_D\varepsilon_{SW}}{\varepsilon_{SW}+\varepsilon_D}$ | 0 | 1 | $-\varepsilon_D$ | $\varepsilon_D$ |
| $\tilde{t}_E$ | $-\frac{\varepsilon_D}{\varepsilon_{SW}+\varepsilon_D}$ | $-\frac{\varepsilon_D\varepsilon_{SW}}{\varepsilon_{SW}+\varepsilon_D}$ | 0 | 0 | $-\varepsilon_D$ | $\varepsilon_D$ |
| $\tilde{t}_C$ | $\frac{\varepsilon_{SW}}{\varepsilon_{SW}+\varepsilon_D}$ | $-\frac{\varepsilon_D\varepsilon_{SW}}{\varepsilon_{SW}+\varepsilon_D}$ | 0 | 1 | $-\varepsilon_D$ | $\varepsilon_D$ |
| $\tilde{w}_C$ | — | — | — | 1 | $-\varepsilon_D$ | $\varepsilon_{SW}+\varepsilon_D$ |

注：(1) 系数满足 $\varepsilon_D>0$，$\bar{\varepsilon}_{SW}>0$，$\varepsilon_{SI}>0$；

(2) 对于占主导的替代效应，$\varepsilon_{SW}\equiv\bar{\varepsilon}_{SW}-\varepsilon_{SI}>0$；

(3) 稳定条件是 $\varepsilon_{SW}+\varepsilon_D>0$。

#### 6.2.2.1　灵活调整的工资和出清的市场下的税收影响

在这一部分，我们假设工资是可以灵活调整的，同时劳动力市场是出清的。从数学角度而言，已知 $\tilde{N}=\tilde{N}^D=\tilde{N}^S$，我们可重新推导式（6.16）和式（6.26），得：

$$\tilde{N}=-\varepsilon_D[\tilde{w}+\tilde{t}_E], \tag{6.27}$$

$$\tilde{N}=\varepsilon_{SW}[\tilde{w}-\tilde{t}_C]-\bar{\varepsilon}_{SW}\tilde{t}_M+\varepsilon_{SI}\tilde{t}_A。 \tag{6.28}$$

求解 $\tilde{N}$ 和 $\tilde{w}$ 可得：

$$\tilde{w}=\frac{\bar{\varepsilon}_{SW}\tilde{t}_M-\varepsilon_{SI}\tilde{t}_A-\varepsilon_D\tilde{t}_E+\varepsilon_{SW}\tilde{t}_C}{\varepsilon_D+\varepsilon_{SW}}, \tag{6.29}$$

$$\tilde{N}=-\varepsilon_D\cdot\frac{\bar{\varepsilon}_{SW}\tilde{t}_M-\varepsilon_{SI}\tilde{t}_A+\varepsilon_{SW}\tilde{t}_E+\varepsilon_{SW}\tilde{t}_C}{\varepsilon_D+\varepsilon_{SW}}。 \tag{6.30}$$

为方便起见，我们在表 6—6 的（a）列中总结了各方面的比较静态效应。接下来我们将探讨一系列税收政策对劳动力市场的影响。

首先，假设政策制定者希望在不改变平均税率的前提下提高税收体系的累进程度。就表 6—6 中的（a）列而言，这意味着 $\tilde{t}_M>0$ 以及其他税率保持不变（$\tilde{t}_A=\tilde{t}_E=\tilde{t}_C=0$）。由于边际税率的提高，劳动力供给曲线向左移动，如图 6—4 所示，劳动力供给曲线由 $N_0^S$ 移动到 $N_1^S$。均衡点从点 $E_0$ 移至点 $E_1$，总工资率上升。[①] 该结果已经列在表 6—6 中（a）列的 $\tilde{t}_M$ 行中。显而易见，由于劳动力市场处于出清状态，因

① 无论 $\varepsilon_{SW}$ 的符号如何，只要 $\varepsilon_{SW}+\varepsilon_D>0$ 恒成立，以上结论总是成立的。就图 6—4 而言，劳动力供给曲线可能是向下倾斜的（$\varepsilon_{SW}<0$），但它必须比劳动力需求曲线更陡峭。否则，过度的劳动力需求将会导致高工资。此时，不存在稳定并且可信的实际工资调整机制。

此失业现象不存在。

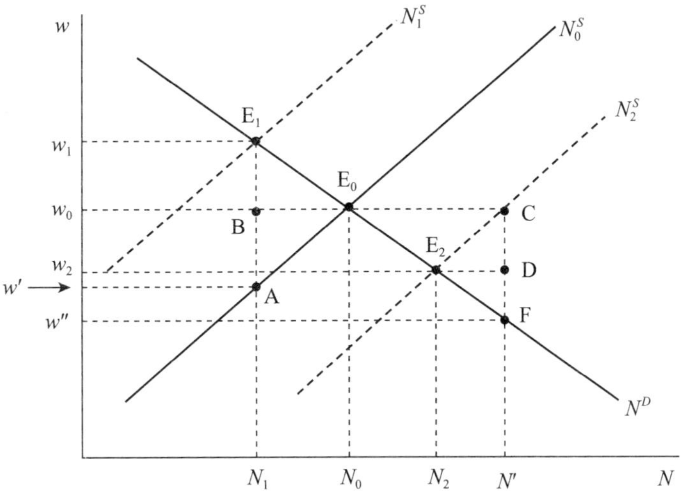


**图 6—4　工资可灵活调整时的税收影响**

注意，部分税收增加的负担由家庭转嫁到了企业，也就是线段 $BE_1$。这种税负转嫁现象可通过图 6—4 来解释。在税收冲击之后，企业给付的劳动力价格由 $w_0$ 上涨到 $w_1$。然而，家庭获得的劳动力价格由 $w_0$ 下降到 $w'$。注意，当保持原有的边际税率不变时，在 $w'$的工资水平下，劳动力供给水平为 $N_1$ 单位。因此，线段 AB 表示了由家庭所承担的税收增加部分，而线段 $BE_1$ 则代表了由企业承担的部分。税负转嫁的程度取决于需求与供给曲线的弹性。例如：如果劳动力的需求是完全弹性的（即水平的），那么家庭将承担所有税负。相反，当劳动力需求曲线是垂直的时（$\varepsilon_{SW}=0$），企业承担了所有税负。

作为第二种政策冲击，考虑以下情况：政策的制定者想要在其他税率以及所得税的边际税率不变（$\tilde{t}_M=\tilde{t}_E=\tilde{t}_C=0$）的情况下提高平均所得税（$\tilde{t}_A>0$），劳动力市场受到的影响则完全不同。（$\varepsilon_{SW}>0$ 时）这种情况在图 6—4 中也有描述。由于高平均税收，（因为收入效应）家庭感觉变穷了，开始提供更多劳动。这使得劳动力供给曲线向右移动，由 $N_0^S$ 移动到 $N_2^S$，均衡点从 $E_0$ 移至 $E_2$，税收的增加导致了实际工资率下降，就业增加。在这种情况下，税负转移的程度是多大呢？由于税收经由纯替代效应（即 $t_M$ 和 $t_C$）对劳动力供给产生的影响没有发生变化，因此传统的关联分析不再适用。然而，将对工资总的影响分解为家庭承担的部分和企业承担的部分是可行的。如果劳动力供给缺乏弹性（即 $\varepsilon_{SW}=0$），那么在税收冲击后，劳动力供给为 $N'$单位，劳动力市场在点 $F$ 达到均衡，同时工资水平将由 $w_0$ 降至 $w''$。如果劳动力供给是有弹性的（$\varepsilon_{SW}>0$），劳动力市场将在点 $E_2$ 达到均衡状态，工资水平为 $w_2$。因此，由于劳动力供给的工资效应，企业将支付 $w_2$ 而非原先的 $w''$水平的工资。从而线段 DF 表示了由企业承担的税收对工资的影响，而线段 CD 则代表了家庭负担的部分。

### 6.2.2.2　消费者工资黏性以及失业下的税收效应

假设现在知道（不论是何种原因）消费者实际工资是外生给定的，并且超过了充分就业时的工资水平。消费者实际工资被定义为所得税和消费税后的实际工资，即 $w_C \equiv w(1-t_A)/(1+t_C)$。用对数线性化的形式表示为

$$\widetilde{w}_C \equiv \widetilde{w} - \tilde{t}_A - \tilde{t}_C。 \tag{6.31}$$

利用定义，式（6.16）和式（6.26）可以表示为外生的消费者实际工资的函数：

$$\widetilde{N}^D = -\varepsilon_D[\widetilde{w}_C + \tilde{t}_A + \tilde{t}_E + \tilde{t}_C], \tag{6.32}$$

$$\widetilde{N}^S = \varepsilon_{SW}\widetilde{w}_C + \bar{\varepsilon}_{SW}[\tilde{t}_A - \tilde{t}_M]。 \tag{6.33}$$

通过假设消费者实际工资过高，以至（劳动力市场）无法达到充分就业，那么依据最小交易量法则①，对劳动力的需求量决定了就业水平，即 $N = N^D$，这用对数线性化形式表示为 $\widetilde{N} = \widetilde{N}^D$。失业率被定义为 $U \equiv (N^S - N^D)/N^D \approx \ln N^S - \ln N^D$，因此，我们有了失业率的另一种表达式：

$$dU = \widetilde{N}^S - \widetilde{N}^D。 \tag{6.34}$$

式（6.32）～式（6.34）决定了就业、劳动力供给以及失业率是税率和外生的消费者实际工资的函数，式（6.31）可以用来分析实际总工资的变化。

考虑在其他税率不变（$\tilde{t}_A = \tilde{t}_E = \tilde{t}_C = 0$）、劳动力的边际税率上升（$\tilde{t}_M > 0$）时会发生什么。在给定的消费者实际工资下，劳动力供给减少而劳动力需求不变。结果，失业减少。由于高边际税率抑制了劳动激励，一些非工作时间的劳动力供给将不会存在。这一政策在图 6—5 中描绘了出来。经济最初位于点 $E_0$ 并且保持不动。税收冲击使得劳动力供给曲线由 $N_0^S$ 向左移动到 $N_1^S$。失业减少的量由水平线段 BA 表示。

建议同学们完成表 6—6（b）列中的条目，并且通过作图来检查自己的理解。

## 6.3 实际工资刚性

基于完全竞争市场以及工资可灵活调整的劳动力市场理论，存在一个重要的缺点。从微观经济研究中我们知道，（特别是男性）工人的劳动力供给曲线是高度非弹性的（基本是垂直的）。另外，宏观经济学研究表明即时工资水平未出现明显的波动，就业水平确实存在波动，例如生产率或者需求冲击均可能导致这一情况的出现。就图 6—6 来说，这暗示着宏观经济学供给方程不是垂直的，而是近乎水平的。这种水平实际工资方程背后的宏观经济学基本原理是什么？换句话说，为什么实际工资不能灵活调整？针对这个问题，一系列研究试图给出答案。

---

① 该法则规定市场中相对较少的对手数量决定了市场的实际交易量。市场交易都是自愿的，没有人会被强迫购买或卖出超出他希望的数量。这个实际交易的数量即需求或供给中的最小值。

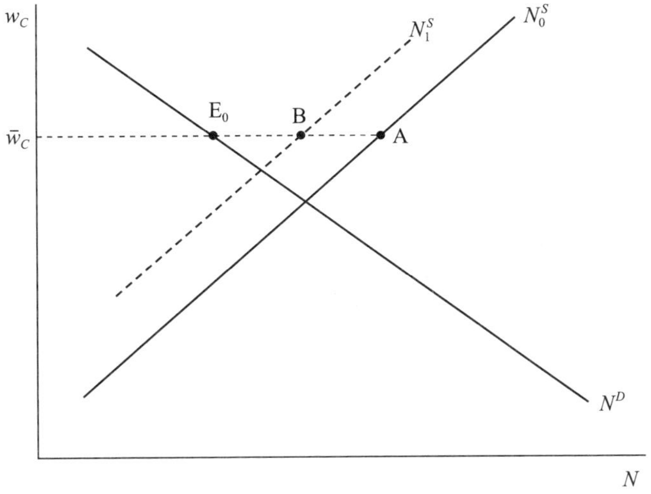


**图 6—5　固定消费者工资下的税收效应**

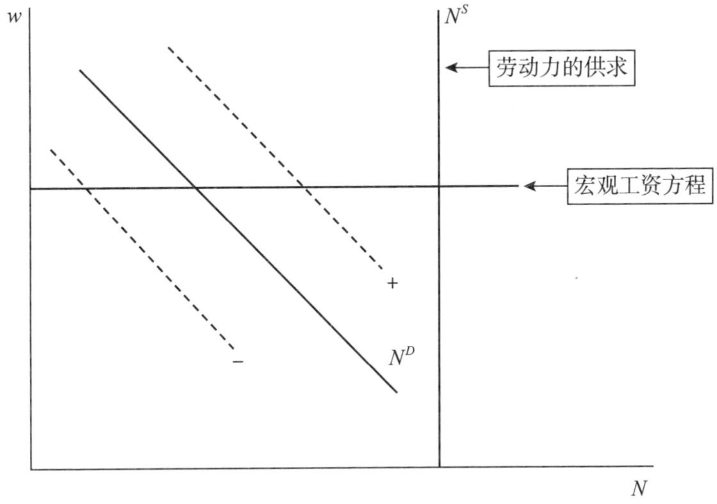


**图 6—6　劳动力的供求与宏观工资方程**

## □ 6.3.1　隐性契约

隐性契约理论是在 20 世纪 70 年代中期由 Azariadis（1975）提出的。他希望这个理论最终可以为实际工资黏性下的数量约束模型［参见 Bénassy（1993b）关于该理论所做的考察］提供微观经济基础。尽管隐性契约模型相对比较复杂，其基本的思想却很简单。世界的状态是不确定的，例如，存在随机的生产性冲击。家庭不喜欢这种不确定性，是风险厌恶的。另外，厂商却对不确定性不在意，是风险中性的。

在这种环境下，厂商与工人（家庭）之间可能存在帕累托有效的交易。为了有一个稳定的实际工资，工人愿意支付给雇主一定的保险费，即同意在一个较低的实际工资水平下工作。这意味着，在均衡时，工资（相对于没有隐性契约下的瓦尔拉斯结果）“太低了”，这样，就业（相对于不存在隐性契约下的瓦尔拉斯结果）“太高了”。因此，隐性契约理论提供了实际工资黏性的而非（强迫）失业的经济理论。因此，这一理论不再是大多数研究劳动力市场的宏观经济学家的首选对象。相反，很多人把兴趣转向效率工资理论。

## □ 6.3.2 效率工资

正如 Stiglitz（1986，p. 182）所认为的，效率工资理论背后的基本理论是工人的净劳动生产率是他们工资率的函数。在这种情况下，即使劳动出现过度供给，厂商也不会降低工资，因为它们担心这一做法对工人生产率产生的负面效应超过了每个工人的工资减少额，这样，实际的劳动总成本反而增加了。结果，即使在一个充满完全竞争厂商的世界里，失业可能依旧存在。供需法则失效了。而且，由于在不同的产业中劳资关系可能不一样，工资（对不同的工人）可能也不同，这样一价定律就不成立了。

正如 Stiglitz（1986）所展示的，对工资与劳动生产率之间的关系至少有五种不同的解释。第一，延伸阅读中讨论过生产率与营养水平，特别是与低水平的营养水平之间的直接关系。依据这一关系，可画出如图 6—7 所示的 S 形工资—生产率曲线。第二种解释效率工资的理论依据劳动力的跳槽。工资越低，人们更换工作的频率越高。厂商必须对培训新员工花费成本。这一机制引发了工资与生产率之间的联系。第三种理论建立在厂商对工人素质的信息不完全基础上。通过支付高工资，厂商得到了高素质的劳动力。第四种理论基础是厂商对工人行为的信息不对称以及监督成本。作为一个惩罚措施，失业起到了很好的作用（Shapiro and Stiglitz，1984）：如果工人被抓住在工作时偷懒，他们将会被解雇，面临着（一段时间的）失业。注意到还有其他（潜在的更加有效的）手段可以被厂商利用，以促使员工有良好的工作习惯。其中的一种是保证金。一旦员工进入公司，便被要求缴纳一笔钱，一旦他被抓住在偷懒，这笔钱就会被没收。除了可能面临厂商的道德风险（故意指责员工偷懒，没收其保证金）问题，贫穷的工人可能没有办法筹集到钱来支付绩效保证金。因此，贫穷或者缺乏技能的工人进入资本市场受到了限制。这一理论可以解释为什么上述人群承受着一个较高的失业率（Stiglitz，1986，p. 186）。第五种理论认为，工人表现的好坏有赖于他们是否认为自己受到公平对待。在这个社会学的理论中，工人尤其对自己相对于他人的工资水平感兴趣。

### 6.3.2.1 一个简单的效率工资模型

假设厂商 $i$ 的一个工人的努力水平定义为 $E_i$，这与厂商 $i$ 支付的工资（$W_i$）正相关，与从其他地方可获得的工资水平（即保留工资 $W_R$）负相关：

$$E_i \equiv e(W_i, W_R), \tag{6.35}$$

其中，$e_W \equiv \partial e/\partial W_i > 0$ 且 $e_{W_R} \equiv \partial e/\partial W_R < 0$。这个想法很简单：如果向你的员工支付很高的工资（就像亨利·福特），他们极可能会很努力地工作。反过来，“如果你

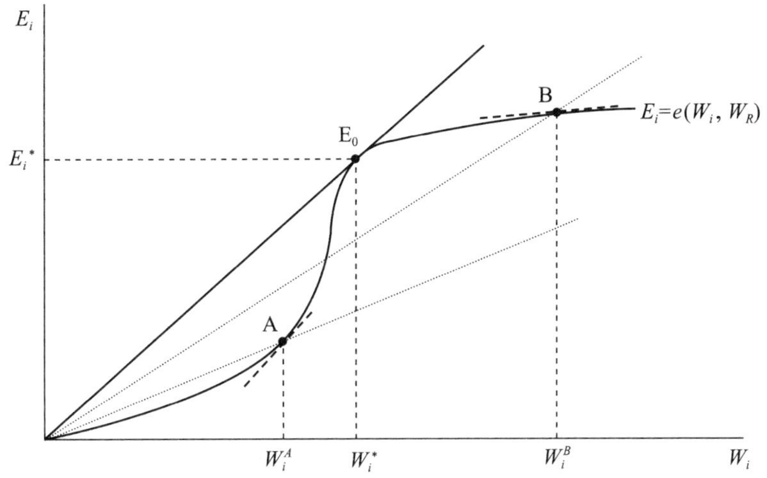

**图 6—7　效率工资**

只支付花生，你的员工就会变成（偷懒的）猴子”。用 $N_i$ 表示厂商 $i$ 雇用的工人数，并假设每个工人均向厂商提供一单位的原始劳动时间，于是 $L_i \equiv E_i N_i$ 就是厂商雇用劳动的效率单位总和。在固定资本存量为 $\bar{K}_i$ 的情况下，这些效率单位通过短期生产函数$F(L_i, \bar{K}_i)$作用在产出上。厂商最大化短期利润，定义如下：

$$\Pi_i \equiv P_i AF(E_i N_i, \bar{K}_i) - W_i N_i, \tag{6.36}$$

$A$ 是外生的社会生产率指数，$P_i$ 是厂商 $i$ 的产品价格。厂商选择雇佣水平($N_i$)以及工资率（$W_i$）以使利润最大化。一阶条件为

$$\frac{\partial \Pi_i}{\partial N^i} = P_i AE_i F_L(E_i N_i, \bar{K}_i) - W_i = 0, \tag{6.37}$$

$$\frac{\partial \Pi_i}{\partial W^i} = P_i AN_i F_L(E_i N_i, \bar{K}_i) e_W(W_i, W_R) - N_i = 0, \tag{6.38}$$

其中，$F_L \equiv \partial F / \partial(E_i N_i)$是用效率单位来衡量的边际劳动生产率。联立以上两个一阶条件，得到厂商 $i$ 的效率工资表达式：

$$\frac{W_i e_W(W_i, W_R)}{e(W_i, W_R)} = 1。 \tag{6.39}$$

这个表达式说明了厂商应在确定工资时，使得努力函数的弹性等于 1。只要努力程度上升得比工资率快（每单位努力程度的工资在下降），厂商就应该增加工资。就图 6—7来说，最适宜的选择是 $E_0$。这是唯一使努力方程曲线的切线经过原点以保证单位弹性条件式（6.39）成立的点。[①]

---

① 这条过原点的射线的斜率为 $E_i/W_i$。在点 $E_0$ 处，这条射线与努力曲线相切，即在这一点，$E_i/W_i = e_W$，或者 $W_i e_W/E_i = 1$。在点 A（B）处，努力曲线比这条过原点的射线更陡峭（平坦），$W_i e_W/E_i > 1$（$<1$）。因此，$W_i^A$ 太低了，$W_i^B$ 太高了。

一旦效率工资 $W_i^*$ 以及最优努力水平 $E_i^*$ 被确定了，厂商雇用的工人数就由式（6.37）确定了：

$$AE_i^*F_L(E_i^*N_i,\overline{K}_i)=\frac{W_i^*}{P_i}。\tag{6.40}$$

对所有厂商的劳动力需求加总就得到了（以工人度量的）总需求。从模型的架构来看，没有任何理由相信充分就业会是普遍现象。生产率冲击对厂商效率工资的选择没有任何影响，因此，它只会影响到就业水平。实际上，由式（6.40）可知：$dN_i/dA=-F_L/(AE_i^*F_{LL})>0$，即一个正向（负向）的生产率冲击将会导致就业的扩张（收缩）。因此，这个模型只部分地解释了图 6—6 中实际工资为何是水平的。

目前，我们还没有确定保留工资 $W_R$。Summers（1988）提出的模型尤其简单地解释了 $W_R$ 是如何依赖于失业率以及失业补贴水平的。努力函数被具体化为

$$E_i=(W_i-W_R)^\varepsilon,\tag{6.41}$$

其中，$\varepsilon$（$0<\varepsilon<1$）度量了高工资引致的生产率提高效应的强度。我们将其称为跳增效应。假设 $W_R$ 代表工人的外部选择价值，即如果工人不被厂商雇用，他们能得到的收入。我们设 $W_R$ 是该经济体中其他厂商支付的平均工资（$\overline{W}$）与失业补贴（$B$）的加权平均：

$$W_R=(1-U)\overline{W}+UB=\overline{W}\cdot[1-U+\beta U],\tag{6.42}$$

其中，$U$ 代表失业率，$\beta\equiv B/\overline{W}$ 是失业补贴占经济体中的平均工资的比例（所谓的补偿率）。我们假定 $\beta$ 是恒定的，即政府参照平均工资率对失业补贴进行调整。

参照式（6.39）以及式（6.41），效率工资可以轻易地算出：

$$\frac{W_i}{E_i}\frac{\partial E_i}{\partial W_i}=1\quad\Rightarrow\quad\frac{W_i-W_R}{W_i}=\varepsilon\quad\Leftrightarrow\quad W_i=\frac{W_R}{1-\varepsilon}。\tag{6.43}$$

厂商以外部选择价值乘以一个不变的增量［$1/(1-\varepsilon)$］进行支付。但式（6.43）还不是故事的结束。如果在均衡中同等地对待每个厂商，那么，支付的平均工资与厂商 $i$ 支付的［由式（6.43）确定的］最优工资相等，即 $W_i=\overline{W}$。将这个式子代入式（6.42）并且利用式（6.43），我们得到了均衡失业率 $U^*$ 的表达式：

$$W_i=\overline{W}=\frac{W_R}{1-\varepsilon}=\frac{\overline{W}\cdot[1-U+\beta U]}{1-\varepsilon}\quad\Rightarrow\quad U^*=\frac{\varepsilon}{1-\beta}。\tag{6.44}$$

显然，只有当失业补贴严格小于平均工资时，或者满足 $0<\beta<1$ 时，才能得到一个有意义的解。虽然式（6.44）表示的模型极其简单，却可以得出一些十分清晰、显然的结论。首先，跳增系数越大，均衡的失业率越高。其次，$\beta$ 指数越低，均衡的失业率越低。

这一结论背后的机制可以在图 6—8 的帮助下阐明。纵轴表示的是厂商 $i$ 的最优工资与经济体中其他厂商平均工资的比值（$W_i/\overline{W}$）。通过式（6.42）和式（6.43），厂商 $i$ 支付的相对工资可以写成：

$$\frac{W_i}{\overline{W}}=\frac{1-(1-\beta)U}{1-\varepsilon}, \quad \text{RW 曲线。} \tag{6.45}$$

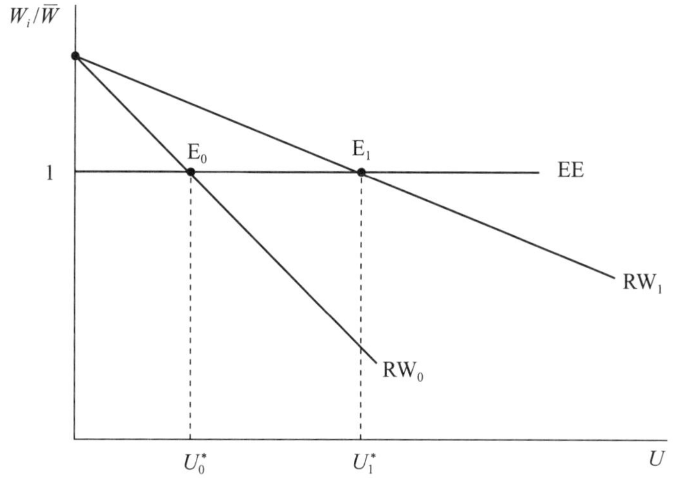


**图 6—8 相对工资与失业率**

相对工资曲线(RW)是失业率 $U$ 的减函数。如果厂商 $i$ 与其他厂商支付同样的工资（与市场的平均工资相等），劳动力市场处于对称的（充分就业）均衡。因此，水平的直线 EE 给出了均衡条件，$W_i/\overline{W}=1$。均衡点在 $E_0$ 且均衡失业率等于 $U_0^*$。假设提高了 $\beta$ 指数，RW 的轨迹从 $RW_0$ 移动到 $RW_1$。在给定的失业率下，失业带来的痛苦减少了，厂商 $i$ 必须比以前支付更高的相对工资以吸引工人。然而，这并不是均衡状态，由于每个厂商都愿意支付更高的相对工资（这使得 $W_i/\overline{W}$ 又回到 1)，因此，经济将会移动至新的均衡点 $E_1$，此时，失业水平变得更高了，即 $U_1^*>U_0^*$。

Summers（1988，p. 385）指出，这个模型可以解释为什么失业率在某些特殊人群中会更高。例如，年轻人会比年老人更加珍视闲暇，结果，更换工作会更加频繁，因而 $\varepsilon$ 的值也会更高。如式（6.44）中所揭示的，在这种情况下，年轻人的失业率也会更高。相似地，（蓝领）建筑工人的流动性也比其他职业的人群流动性大，有高 $\varepsilon$ 值，这个职业群体也就有更高的失业率。

#### 6.3.2.2 累进税制与效率工资

作为效率工资模型的最后一个应用，我们现在考虑累进税制对失业率的影响。我们假设税后的工资率等于 $W_i^N=(1-t_A)W_i$，其中 $t_A\equiv T(W_i)/W_i$ 是工人支付的平均税率（回忆：每个工人对厂商提供 1 单位的劳动)。$T(W_i)$是税收函数，边际税率的定义为 $t_M\equiv dT(W_i)/dW_i$。进一步假设生产过程中没有资本投入($\overline{K}_i=0$)，生产函数是劳动效率单位的线性函数，即$F(L_i)=E_iN_i$，以及生产率指数、厂商出售产品的价格均统一进行标准化（即 $A=1$，$P_i=1$)。式（6.41）修正为

$$E_i=(W_i^N-W_R)^{\varepsilon}, \tag{6.46}$$

同上，$0<\varepsilon<1$。在该方程中，净工资与外部选择价值之差决定了努力程度。

厂商最大化利润定义如下：

$$\Pi_i \equiv E_i N_i - W_i N_i , \tag{6.47}$$

于是，一阶条件为

$$\frac{\partial \Pi_i}{\partial N_i} = E_i - W_i = 0, \tag{6.48}$$

$$\frac{\partial \Pi_i}{\partial W_i} = \varepsilon (W_i^N - W_R)^{\varepsilon-1} N_i \left[1 - \frac{dT}{dW_i}\right] - N_i = 0。 \tag{6.49}$$

这里，式（6.49）右边方括号中的项等于 $\partial W_i^N / \partial W_i$。联立式（6.48）和式（6.49）并联系 $t_A$ 与 $t_M$ 的定义，我们得到了效率工资的表达式：

$$(W_i^N - W_R)^{\varepsilon-1}(1-t_M) = \frac{1}{\varepsilon} \quad \Rightarrow$$

$$\frac{(W_i^N - W_R)^{\varepsilon}}{W_i^N - W_R} = \frac{1}{\varepsilon(1-t_M)} = \frac{W_i}{W_i^N - W_R} \quad \Rightarrow$$

$$\frac{W_i^N - W_R}{W_i^N} = \varepsilon s \quad \Rightarrow \quad W_i^N = \frac{W_R}{1-\varepsilon s}, \tag{6.50}$$

$s$ 是税收体系的累进指数，我们将其定义如下：

$$s \equiv \frac{1-t_M}{1-t_A}。 \tag{6.51}$$

显然，因为 $0<t_M<1$ 且 $0<t_A<1$，由式（6.51）可知 $s>0$。对于累进税制，边际税率要高于平均税率（$t_M>t_A$）且 $s<1$。税收体系的累进程度的增加体现在 $s$ 的减小上。式（6.50）表明，就像以前一样，厂商支付外部选择价值乘以常量增量的工资，但是现在这个增量依赖于税收体系的累进程度 $s$。

像之前一样，外部选择价值的决定式为

$$W_R = (1-t_A)\overline{W}[1-U+\beta U], \tag{6.52}$$

这里，我们假设失业补贴将根据经济中的平均工资率进行指数化调整，即 $B \equiv \beta(1-t_A)\overline{W}$。在对称均衡中，所有厂商支付相同的工资（$W_i = \overline{W}$），利用式（6.50）以及式（6.52）可以求出均衡失业率 $U^*$：

$$W_i(1-t_A) = (1-t_A)\overline{W} = \frac{W_R}{1-\varepsilon s} = \frac{(1-t_A)\overline{W}(1-U+\beta U)}{1-\varepsilon s} \quad \Rightarrow$$

$$U^* = \frac{\varepsilon s}{1-\beta}。 \tag{6.53}$$

式（6.53）说明了，在给定税收体系的累进程度 $s$ 不变的情况下，平均工资率对均衡失业水平没有影响。增加失业补贴指数 $\beta$ 就会增加均衡失业率。或许，最令人吃惊的结论是增加税制的累进程度（减小 $s$）减少了失业！然而，这一结果是很直观的。税收体系累进程度的增加减少了厂商跳增的机会，并且惩罚了那些支付高工资的厂商。结果，工资降低，失业率下降。

不同税收参数对总工资和净工资的比较静态效应可以通过下面的方法得到。经过一些处理，我们得到了 $W_i$ 的一个简单表达式①：

$$W_i = [\varepsilon(1-t_M)]^{\varepsilon/(1-\varepsilon)}。\tag{6.54}$$

对数线性化式（6.54）得：

$$\widetilde{W}_i = -\frac{\varepsilon}{1-\varepsilon}\tilde{t}_M,\tag{6.55}$$

其中，$\widetilde{W}_i \equiv dW_i/W_i$，$\tilde{t}_M \equiv dt_M/(1-t_M)$。此外，考虑到 $W_i^N \equiv W_i(1-t_A)$ 这一事实，我们得到：

$$\widetilde{W}_i^N = \widetilde{W}_i - \tilde{t}_A = -\frac{\varepsilon}{1-\varepsilon}\tilde{t}_M - \tilde{t}_A,\tag{6.56}$$

其中 $\tilde{t}_A \equiv dt_A/(1-t_A)$。平均税率的上升对总工资没有影响，因此，工人承受了税收的所有负担。如果边际税率和平均税率都同比例提高（$\tilde{t}_M = \tilde{t}_A > 0$），税收的累进程度保持不变（因为 $s = ds/s \equiv t_A - \tilde{t}_M = 0$），由于总工资率下降，净工资率的下降幅度超过了 100%。工人们承受了大于 100%的税负。

## 6.4 小 结



在本章开篇我们介绍了一些发达资本主义经济体劳动力市场中的事实。在这些经济体中，随着时间的推移失业率出现了持续、大量的波动（多于经济周期的数目）。在欧洲，最近的一次失业上升是由长期失业的上升引致的。一旦失去工作，欧洲的工人便发现很难找到新工作、退出失业大军。长期的数据显示，失业率在长期没有趋势。即使在明显相似的国家，失业率也不同，其中的一个解释是两地的劳动力市场机制不同。大多数失业者（离职者）是由于雇主的解聘而非自愿辞职。最后，失业率在不同的年龄、职业、地域、种族以及性别群体中是不同的。

利用本书前几章中介绍的标准劳动力市场模型可以很容易地解释以上现象。例如，针对受教育程度低的工人相较于受教育程度较高的工人有较高的失业率，可以建立相关模型。该模型区分有技能的工人和缺乏技能的工人，并且假设针对后者存在最低实际工资的限制。在这种情况下，缺乏技能的工人的市场中存在失业。由于造成这种失业的直接原因是最低工资制度，因而属于古典失业。废除最低工资制度

① 将式（6.53）代入式（6.52），我们发现 $W_R = (1-t_A)\overline{W}(1-\varepsilon s)$，因此，$W_i^N - W_R = (1-t_M)\varepsilon\overline{W}$。在式（6.46）中利用以上结果并且结合式（6.48），我们便得到了式（6.54）。

可以解决失业问题，因为缺乏技能的工人的工资率将会回到市场出清水平。

同时，标准模型对于研究税收对总劳动力市场的影响也有很大作用。我们考虑一系列税收：累进的（劳动）所得税，工资税以及消费税。在允许工资自由调整的标准模型中，税收影响均衡工资与就业，但是不会引起失业。保持平均所得税税率不变，边际所得税税率的提高挤出了劳动力供给，降低了就业，提高了生产者工资，降低了消费者工资。另外，如果边际税率保持不变，平均税率增加，那么劳动力供给将会增加（因为闲暇是正常品），生产者和消费者的工资下降，就业增加。至于劳动力市场中的哪一方将最终支付税收（所谓的税收归宿），可以通过简单的表达式推导出来。

如果假设消费者工资是固定的，并且高于市场出清水平，那么就业是由需求决定的，失业将会出现。现在，税制对于就业与失业率的影响可以推理得出。提高边际所得税或者降低平均税率都将导致失业率的下降。在前一种情况中，劳动力需求没有改变（因而就业也没有改变），但是劳动力供给减少了。在后一种情况中，劳动力需求出现膨胀（因而就业增加），并且劳动力供给减少了。

尽管标准劳动力需求模型（对劳动力市场的解释）极其具有灵活性，仍然有一个（劳动力市场的）事实不容易得到合理的解释，即面对生产冲击与需求冲击，为什么实际工资表现出刚性。通过假设劳动力供给曲线的高弹性，可以使得标准模型与该特征一致，但是，这一假设与微观经济事实有很大出入。正因为这个原因，很多经济学家开始寻找导致实际工资刚性的其他原因。

一个极具影响力的解释是效率工资理论。这一理论的基础是：工人的净生产率是他们得到的工资率的函数。有关效率工资的一个有名例子是亨利·福特案例。亨利·福特支付很高的工资因而得到了高生产率。效率工资假设的含义是很深远的。首先，供需规律不再适用。即使存在过度的劳动力供给，厂商仍然可能拒绝降低工资率，因为这种做法对工人生产率的副作用可能超过了工资削减所带来的好处。进一步来说，一价定律也不成立了。由于在不同产业间的努力—工资关系不同，即使对同样的工人，工资也会不同。

在本章最后，我们建立了一个简单的模型。在该模型中，效率工资导致了实际工资刚性以及一个正的均衡失业率。均衡失业率的重要决定因素是补偿率（失业补贴与税后工资率的比率）、所谓的跳增系数（高工资的生产率提高效应的总和）以及所得税体系的累进程度。

## 延伸阅读

所有认真对待宏观经济学劳动力市场的学生都应该注意 Layard、Nickell 和 Jackman（2005）以及 Boeri 和 van Ours（2008）。Nickell 和 Layard（1999）调查了劳动力市场组织对失业的影响（详见第 7 章对该话题的探讨）。关于欧洲失业的情况，请参见 Bean

（1994）以及 Machin 和 Manning（1999）的研究。Cahuc 与 Zylberberg（2004）关于劳动经济学的著作是一本出色的教科书。效率工资理论的重要文献由 Akerlof 和 Yellen（1986）做了搜集。Katz（1986）、Stiglitz（1986）以及 Weiss（1991）均有很出色的研究。Hoel（1990）研究了在效率工资模型中累进所得税的影响。Raff 和 Summers（1987）提出亨利·福特于 1914 年引入的每天 5 美元工资制度很好地体现了效率工资理论，那就是：随着生产率和利润的增加，工人却在排队等待福特汽车公司的工作机会。Brinkley（2003，ch. 8）阐述了更多关于福特决定大幅度增加工资的背景细节。双重劳动力市场的相关文献可参考 Saint-Paul（1992）以及 Bulow 和 Summers（1986）。关于研究隐性契约的优秀文献见 Azariadis（1981）、Azariadis 和 Stigliz（1983）以及 Rosen（1985）。宏观模型下税收归宿方面的优秀论文可参考 Kotlikoff 和 Summers（1987）。

# 第 7 章 工会及劳动力市场

本章的目标是讨论以下问题：

1. 描述工会行为的模型有哪些？它们如何预测失业？
2. 社团主义是什么意思？它是怎样解释一些劳动力市场事实的？
3. 所谓的内部人—外部人模型是如何用来解释滞后作用的？
4. 在工会模型下，税收是如何影响失业率的？
5. 工会如何影响公司的投资？



## 7.1 一些描述工会行为的模型

一个典型的门外汉可能会对工会有如下看法。力量强大的工会就像垄断者。它们高价出售劳动力，导致了过高的实际工资，因而造成了低就业与高失业率。在这一部分，我们将依据一些工会行为的局部均衡模型对这一看法进行评价。不妨设只有一个代表性的工会和一个代表性的厂商进行交涉。

假设代表性工会效用函数 $V(w, L)$ 有如下形式：

$$V(w,L)\equiv\frac{L}{N}\cdot u(w)+\left[1-\frac{L}{N}\right]\cdot u(B), \tag{7.1}$$

其中，$N$ 是（固定的）工会成员数目，$L$ 是工会中被雇用的劳动力数目($L\leqslant N$)，$w$ 是实际工资率，$B$ 是失业的货币价值（称为失业补贴），$u(\cdot)$ 是代表性工会成员的间接效用函数。[1] 方程（7.1）可以用两种方法来理解。第一，$L/N$ 可以理解为工会

[1] 与通常的直接效用函数不同，间接效用函数依赖于价格以及收入而非数量。然而，两者有着千丝万缕的联系。事实上，将家庭的最优数量选择代入直接效用函数中便可得到间接效用函数。

成员被雇用的概率，此时，工会关心其代表性成员的期望效用。这是有关概率理论方面的解释。第二种理解，即功利主义的解释。工会计算其被雇用成员与未被雇用成员的平均效用，并将之作为评价自身运作好坏的指标。

对代表性厂商用标准形式建立模型。生产函数是 $Y=AF(L,\bar{K})$，$Y$ 是产出，$\bar{K}$ 是固定资本存量，$A$ 是生产率指标，$F(\cdot,\cdot)$ 是规模报酬不变函数，边际劳动生产率为正且递减（$F_L>0>F_{LL}$）。（短期）实际利润函数定义式为

$$\pi(w,L)\equiv AF(L,\bar{K})-wL。\tag{7.2}$$

本部分讨论的所有模型均可通过图形求解。然而，如果这样，就需要推导出很多绘图的基本要素。第一，通过选择 $L$，寻找所有的（$w$，$L$）组合中能够使利润最大化的 $L$，以求得劳动力需求计划。形式上，我们有 $\pi_L\equiv\partial\pi/\partial L=0$，这就有：

$$\pi_L=AF_L(L,\bar{K})-w=0 \quad\Leftrightarrow\quad L^D=L^D(w,A,\bar{K}),\tag{7.3}$$

其中，$L_w^D<0$，$L_A^D>0$ 以及 $L_{\bar{K}}^D>0$。在($w$，$L$)坐标系中，劳动力需求曲线是向下倾斜的。

第二个必要的绘图要素是等利润线。它代表了在给定利润水平下的 $w$ 和 $L$ 的组合，可以理解为是厂商的无差异曲线。等利润线的斜率可以用通常的形式给出：

$$d\pi=0: \quad\Rightarrow\quad \pi_w dw+\pi_L dL=0 \quad\Rightarrow\quad \left(\frac{dw}{dL}\right)_{d\pi=0}=-\frac{\pi_L}{\pi_w}。\tag{7.4}$$

从式（7.2）中我们知道 $\pi_w=-L<0$，所以等利润线的斜率由 $\pi_L$ 的符号决定。但是，$\pi_L\equiv AF_L-w$ 以及 $F_{LL}<0$，这样，在低就业下，$\pi_L$ 是正值，且随着就业的不断上升转化为零（在利润最大化处），进而变为负值。因此，就图 7—1 而言，等利润线在劳动力需求计划的左边是向上倾斜的，在劳动力需求计划的右边是向下倾斜的，并且在劳动力需求计划处达到极值。在图 7—1 中画出了若干等利润线，每一条对应着不同的利润水平。显然，在给定的就业水平 $L$ 下，工资率下降，即 $d\pi/dw=\pi_w<0$时，利润水平增加。因此，利润水平越高，厂商的劳动力需求曲线越低，即 $\pi_0<\pi_1<\pi_2$。

工会的行为也可以用图形来表示。第三个需要推导的要素与工会的无差异曲线有关。显然，在工资低于失业补贴时，工会不会对厂商提供任何劳动力。因此，如图 7—2 所示，约束 $w\geqslant B$ 转变为水平的直线 BC（BC 代表了利润线）。而且，工会不能提供超过其成员数量的劳动力。因此，有额外的限制 $L\leqslant N$，这就是图 7—2 中的充分就业曲线 FE。在可行域中（$w\geqslant B$ 且 $L\leqslant N$）工会无差异曲线的斜率以通常的方式得到：

$$dV=V_w dw+V_L dL=0 \quad\Rightarrow\quad \frac{L}{N}u_w dw+\frac{1}{N}[u(w)-u(B)]dL=0 \quad\Rightarrow$$

$$\left(\frac{dw}{dL}\right)_{dV=0}=-\frac{u(w)-u(B)}{Lu_w}<0。\tag{7.5}$$

因此，工会的无差异曲线是向下倾斜的。此外，工会效用函数有向右上方上升的趋

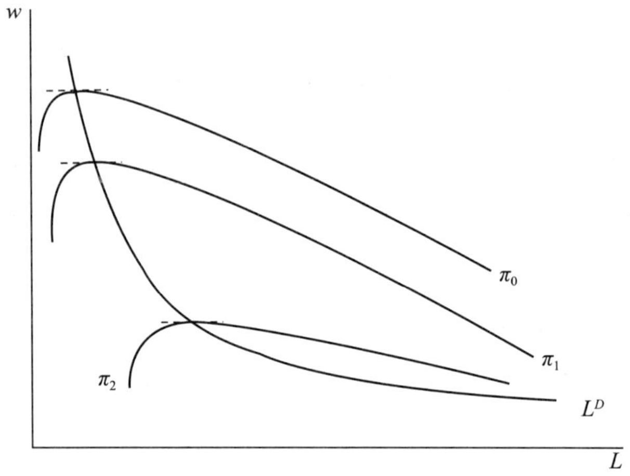


**图 7—1　等利润线轨迹和劳动力需求**

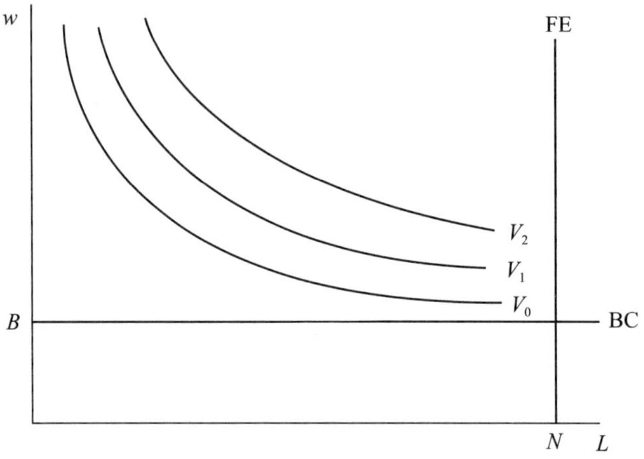


**图 7—2　工会的无差异曲线**

势［由于 $V_w \equiv (L/N)u_w > 0$ 以及 $V_L \equiv [u(w)-u(B)]/N > 0$］，即在图 7—2 中 $V_2 > V_1 > V_0$。

## □ 7.1.1　工会的垄断模型

或许，最古老的工会模型是 Dunlop（1944）提出的垄断模型。工会被认为像劳动垄断卖者一样运作。它面对着厂商对劳动的需求［在式（7.3）中隐含地定义了］，并且确定实际工资以使自身效用［式（7.1）］最大化。形式上，垄断工会面对的问题如下：

$$\max_{\{w\}} V(w,L) \quad \text{s. t.} \quad \pi_L(w,A,L,\overline{K})=0, \tag{7.6}$$

约束 $\pi_L=0$［通过式（7.3）］保证了垄断工会会选择劳动力需求函数上的某一点。通俗地说，劳动力需求犹如垄断工会的“预算约束”一样起着作用。将劳动力需求函数［由式（7.3）给出］代入工会的效用函数，最优化问题变为

$$\max_{\{w\}} V(w, L^D(w, A, \overline{K})), \tag{7.7}$$

因此，一阶条件为

$$\frac{dV}{dw}=0:\quad V_w+V_L L_w^D=0, \tag{7.8}$$

这暗示了 $V_w/V_L=-L_w^D$。工会的无差异曲线的斜率应该等于劳动力需求函数的斜率。[①]

垄断工会的解在图 7—3 中标出。工资率被设定为 $w^M$，工会的效用水平为 $V^M$，就业量为 $L^M$。工会成员中有（$N-L^M$）处于失业状态。这一失业水平如何与完全竞争时的解相比较？如果不存在工会，那么实际求职人数将会与线段 BC 吻合。自由市场的力量将会促使工资率下降到 $w=B$ 的水平，因此，在图 7—3 中，点 C 代表了完全竞争点。就业量等于 $L^C$，高于垄断工会下的就业量，即 $L^C>L^M$。因此，相比于完全竞争的情况，垄断工会造成了更多失业，本章刚开始时门外汉的看法得到了证实。

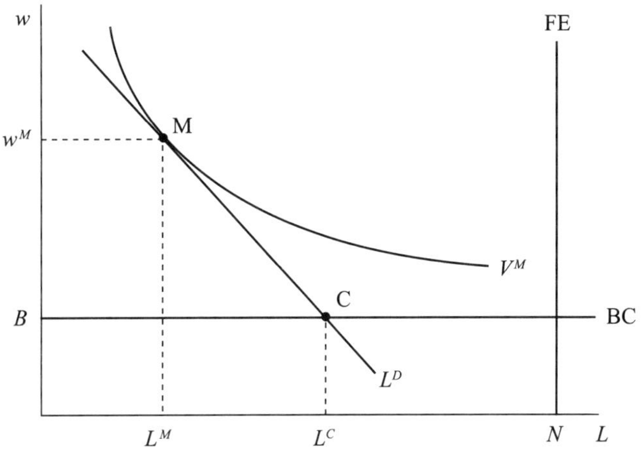


**图 7—3　垄断工会工资设定**

回忆一下，我们之所以会对工会行为模型很感兴趣，原因之一是想寻求实际工资方程［近乎水平（参见图 6—6）］的可能解释。在垄断模型中，如果出现生产率冲击，会发生什么情况？在完全竞争解（图 7—3 中的点 C）下，如果生产率冲击($dA$)十分巨大，即如果新的劳动力需求方程与 FE 线交点处的工资率在 $B$ 之上，那么，仅有实际工资会受到影响。在工会垄断模型中，也有相似情况。为了推导出生产率冲击的实际工资影响，我们必须重新整理式（7.8），使之更直观：

$$V_w+V_L L_w^D=\frac{L}{N}\cdot u_w+\frac{1}{N}\cdot[u(w)-u(B)]L_w^D=0$$

① 工会有可能无法选择这个内点解（interior solution），因为厂商可能在此获取的利润过于微薄。在此情况下，应该选择角点解，此时式（7.8）的等号就不成立了。我们暂不考虑这种情况。

$$=\frac{L}{wN}\cdot\left[wu_w+[u(w)-u(B)]\frac{wL_w^D}{L}\right]=0$$

$$\Rightarrow\frac{u(w)-u(B)}{wu_w}=\frac{1}{\varepsilon_D},\tag{7.9}$$

其中，$\varepsilon_D\equiv -wL_w^D/L$ 是劳动力需求弹性的绝对值。如果这一需求弹性是常值（正如柯布-道格拉斯生产函数中的情形），那么垄断工会决定的实际工资率将不会受生产率冲击的影响。只有就业会对生产率冲击有反应，事实上，模型预测了刚性的实际工资。

显然，对于完全竞争的情形，如果工会成员是充分就业的（$L=N$），这一结论必须进行修正。在这种情况下，通过式（7.1）工会的有效效用函数为 $V(w, L)=u(w)$，它不再依赖于就业水平。因此，充分就业的工会只对提高实际工资感兴趣，它的最优策略是使 $w=AF_L(N, \bar{K})$。这是 FE 线与劳动力需求曲线的交点。任何正向的生产率冲击都将立刻转变为更高的工资。

在垄断工会模型下，工会单方面地决定工资，厂商单方面地选择在给定工资下它想要的就业水平。在下一个工会模型中，为了更贴近现实，我们将假设厂商与工会能对工资率进行谈判。

### □ 7.1.2 "管理权"模型

管理权（RTM）模型最初是由 Leontief（1946）提出的。厂商仍然具有"消费者权益"，在这个意义上，它可以单方面地决定就业水平（因而取名为"管理权"），但是在实际工资问题上，厂商和工会间存在讨价还价。讨价还价的结果可以模型化，这一模型被称为广义纳什谈判解［参见 Binmore 和 Dasgupta（1987），以及 Booth（1995，pp. 150－151）］。依据解的概念，议价后的实际工资使得双方权益的几何加权平均值最大。取对数有：

$$\max_{\{w\}}\Omega\equiv\lambda\ \ln(V(w,L)-\bar{V})+(1-\lambda)\ln(\pi(w,L)-\bar{\pi})$$

$$\text{s. t. }\ \pi_L(w,A,L,\bar{K})=0,\tag{7.10}$$

其中，$\bar{V}\equiv u(B)$是工会妥协后的效用，$\bar{\pi}$ 是厂商妥协后的利润，$\lambda$ 代表工会相对于厂商的谈判能力（$0\leqslant\lambda\leqslant1$）。显然，垄断工会模型是 RTM 模型中 $\lambda=1$ 的一种特殊情况。我们已经讨论过，工会没有激励去接受低于失业补贴 $B$ 的工资，于是，工会效用的最小值为 $V(w, L)=V(B, L)=u(B)$。这限制了工会的让步程度。对于厂商来说，一个类似的让步限度也在广义上存在。厂商具有固定费用，最小利润必须为正，即 $\bar{\pi}>0$。

若将约束条件（劳动力需求函数）代入目标函数，我们就可以尽可能简化最大化问题的表达式。将式（7.3）代入式（7.10），我们可得：

$$\max_{\{w\}}\Omega\equiv\lambda\ \ln(V(w,L^D(w,A,\bar{K}))-\bar{V})+(1-\lambda)\ln(\pi(w,L^D(w,A,\bar{K}))-\bar{\pi}),\tag{7.11}$$

一阶条件为

$$\frac{d\Omega}{dw}=\lambda\cdot\frac{V_w+V_L L_w^D}{V-\bar{V}}+(1-\lambda)\cdot\frac{\pi_w+\pi_L L_w^D}{\pi-\bar{\pi}}=0。\tag{7.12}$$

式（7.12）右边第一项的分子可以化简为

$$V_w+V_L L_w^D=\frac{1}{wN}\cdot\Big[wu_w-\varepsilon_D[u(w)-u(B)]\Big]。\tag{7.13}$$

此外，式（7.12）右边的第二项可以写为

$$\pi_w+\pi_L L_w^D=\pi_w=-L,\tag{7.14}$$

由于解在劳动力需求曲线上，因此 $\pi_L=0$。将式（7.13）和式（7.14）代入式（7.12），化简后我们得到了 RTM 模型中实际工资的表达式［这也是式（7.9）的另一种表达］：

$$\frac{\lambda}{V-\bar{V}}\Big[V_w+V_L L_w^D\Big]=-\frac{1-\lambda}{\pi-\bar{\pi}}\pi_w \quad\Rightarrow$$

$$\frac{L}{wN}\Big[wu_w-\varepsilon_D[u(w)-u(B)]\Big]=\frac{(1-\lambda)(V-\bar{V})}{\lambda(\pi-\bar{\pi})}L \quad\Rightarrow$$

$$wu_w-\varepsilon_D[u(w)-u(B)]=\frac{(1-\lambda)wL}{\lambda(Y-wL-\bar{\pi})}[u(w)-u(B)],\tag{7.15}$$

这里，我们运用了 $\pi$ 的定义［式（7.2）］，以及在最后一步中用到了 $V-\bar{V}=(L/N)(u(w)-u(B))$。继续推导，得到：

$$\frac{u(w)-u(B)}{wu_w}=\frac{1}{\varepsilon_D+\phi},\quad \phi\equiv\frac{(1-\lambda)\omega_L}{\lambda(1-\omega_L-\omega_\pi)}\geqslant 0,\tag{7.16}$$

其中，$\omega_L\equiv wL/Y$ 是劳动收入占总收入的比重，$\omega_\pi\equiv\bar{\pi}/Y$ 是最小利润水平占总收入的比重。

式（7.16）表明，谈判后的实际工资的涨幅要小于垄断工会模型下的涨幅［除非工会有绝对的谈判优势，在这种情况下，$\lambda=1$，$\phi=0$，式（7.9）与式（7.16）一致］。RTM 的解可以在图 7—4 的帮助下阐明。为了便于对照，垄断解 M 以及相关的等利润线 $\pi^M$ 也画了上去。RTM 的解在劳动力需求曲线上，但其工资水平在垄断解之下。如图中点 R 所示，厂商的利润水平有 $\pi^R>\pi^M$。与完全竞争解（点 C）相比，就业率太小，而失业率过高。然而，与垄断解相比，失业率有所下降。

点 R 的确切位置有赖于工会的谈判能力，用参数 $\lambda$ 表示。$\lambda$ 的值越高，点 R 越接近于点 M。另外，如果 $\lambda$ 很低，那么 $\phi$ 的值很高［见式（7.16）］，工资与完全竞争解相近，即 $w\approx B$。因此，依赖于 $\lambda$ 的大小，$R$ 可能在劳动力需求曲线上点 M 与点 C 之间的任意位置。

RTM 的一个重要缺陷在于所选择的工资—就业结果是帕累托无效的，即有可能使谈判某一方变得更好，而不至于使另一方的情况变得更差。这可以借助图 7—4 来

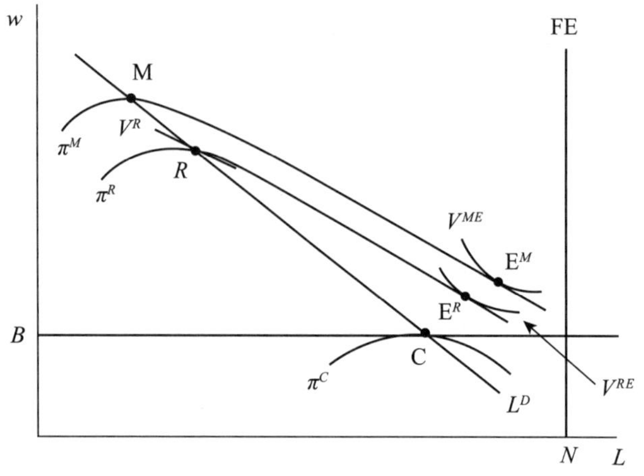


**图 7—4　管理权模型下的工资设定**

进行阐述。在点 R 处，工会效用水平为 $V^R$，厂商的利润水平为 $\pi^R$。等利润线 $\pi^R$ 上的任何组合($w$，$L$)对厂商而言是无差异的，但是选择偏离劳动力需求曲线的点将会使得工会的效用严格增加。事实上，有效解是使等利润线 $\pi^R$ 与工会无差异曲线的斜率相等的点。这就是点 $E^R$，此时，工会的效用水平 $V^{RE}>V^R$。（出于同样的原因，点 M 也是无效的，但点 C 是有效的。请证明以上命题。）

经济学家并不特别喜欢无效解，尤其是“特殊”情形——正如我们现在正考虑的只有两个参与者的谈判。人们预期双方足够聪明，以至能够减少 RTM 和垄断模型中的那种无效率。因此，McDonald 和 Solow（1981）提出了有效谈判模型。

### □ 7.1.3　有效谈判模型

McDonald 和 Solow（1981）研究了工会与厂商同时对工资和就业进行谈判的情形。再一次地，谈判问题可以用广义纳什谈判方式来分析。现在，讨论的目标转变为选择合适的工资—就业组合，使得 Ω 最大化：

$$\max_{\{w,L\}} \Omega \equiv \lambda \ln(V(w,L)-\bar{V})+(1-\lambda)\ln(\pi(w,L)-\bar{\pi})。\qquad(7.17)$$

这个问题的一阶条件为

$$\frac{\partial\Omega}{\partial w}=\frac{\lambda}{V-\bar{V}}\cdot V_w+\frac{1-\lambda}{\pi-\bar{\pi}}\cdot\pi_w=0,\qquad(7.18)$$

$$\frac{\partial\Omega}{\partial L}=\frac{\lambda}{V-\bar{V}}\cdot V_L+\frac{1-\lambda}{\pi-\bar{\pi}}\cdot\pi_L=0。\qquad(7.19)$$

联立式（7.18）和式（7.19）可得到所谓的契约曲线：

$$-\frac{1-\lambda}{\pi-\bar{\pi}}=\frac{\lambda}{V-\bar{V}}\frac{V_w}{\pi_w}=\frac{\lambda}{V-\bar{V}}\frac{V_L}{\pi_L}\Rightarrow\frac{V_L}{V_w}=\frac{\pi_L}{\pi_w}。\qquad(7.20)$$

形象地说，契约曲线（图 7—5 中的曲线 CD）代表了有效谈判解下的（$w$，$L$）组合的轨迹。对任何契约曲线上的点，不存在某一个($w$，$L$)组合使得谈判的某一方变得更好而不损害另一方的利益。用图形来说，契约曲线代表了所有等利润线与工会无差异曲线的切点。

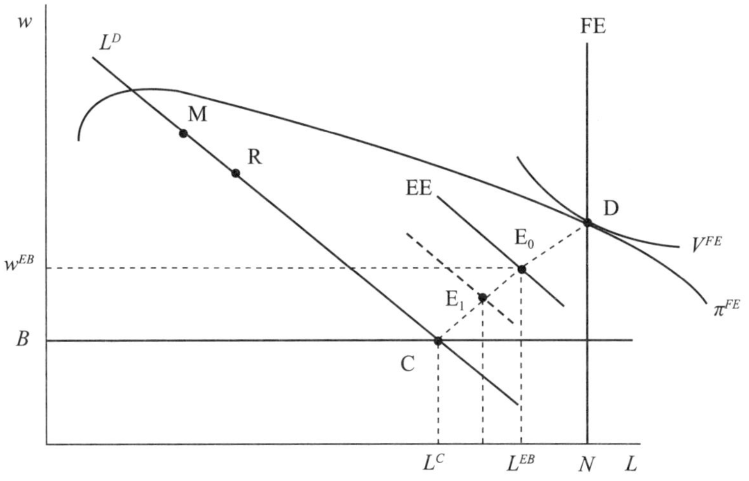


**图 7—5　有效谈判下的工资与就业**

显而易见，有效谈判模型暗含了实际工资高于边际劳动生产率。事实上，式(7.20) 说明了 $\pi_L=V_L\pi_w/V_w<0$（由于 $V_L>0$，$V_w>0$ 以及 $\pi_w<0$）。因此，

$$\pi_L \equiv AF_L(L,\bar{K})-w<0 \quad \Leftrightarrow \quad w>AF_L(L,\bar{K})。 \tag{7.21}$$

因此，排除完全竞争解，有效契约不会落在劳动力需求曲线上。当然，我们已经讨论过契约曲线上的三个点，即图 7—4 中的点 C、点 $E^R$ 以及点 $E^M$。

在图 7—5 中，整条契约曲线已用虚线标出，它连接了点 C 和点 D。我们假设充分就业原则上是可能的。这意味着充分就业水平与契约曲线的交点（点 D）所代表的利润水平超过了厂商谈判让步后的利润水平（即 $\pi^{FE}>\bar{\pi}$）。在本例中，整条曲线上的 CD 部分构成了契约曲线。按照实际情况来说，本模型还没有详细地展开，因为它还不能对任意特定的工资—就业结果进行预测——所有 CD 曲线上的（$w$，$L$）组合均是有效的。McDonald 和 Solow（1981，p. 903）提议通过假定一个所谓的“公平分配”法则来完善该模型。通过重复之前的交流，工会和厂商可以达成一个“公平”的收益划分方案。就模型来说，公平轨迹（EE）可以写成如下形式：

$$wL=kY=kAF(L,\bar{K}), \quad 0<k<1, \tag{7.22}$$

其中，$k$ 是归工会的收益份额（厂商以利润的形式拥有 $1-k$ 的产出）。公平轨迹的斜率可以用通常的形式定义：

$$Ldw+wdL=kAF_LdL \quad \Rightarrow \quad \left(\frac{dw}{dL}\right)_{EE}=\frac{kAF_L-w}{L}<0, \tag{7.23}$$

其中，正负的确定是根据 $\pi_L\equiv AF_L-w<0$（解位于劳动力需求方程的右边），因而

更有$w>kAF_L$。公平轨迹是向下倾斜的，并且当劳动者的分成（$k$）增加时，会向右上方移动。

通过结合公平轨迹 EE 与契约曲线 CD，均衡工资—就业组合在点 $E_0$ 处取到。此时我们得到了一个令人非常吃惊的结论。与完全竞争解（点 C）相比，在有效谈判模型下，就业水平更高了（失业率降低了）（$L^{EB}>L^C$）。本章开始时提及的门外汉看法只是部分正确。此时，工资要高于完全竞争解下的工资（$w^{EB}>B$），但是就业相比于完全竞争解也更高了。这一结论背后的直观解释是，工会阻止了厂商获得最大利润水平（点 C），而把部分减少的利润转化为工会成员的工作机会。

在这样的解释下，下一个以效率谈判模型为基础得出的结论可能不会像最初看上去那么矛盾了。工资限制，正如劳动获得的分成较小的模型（$dk<0$），结果竟然会不利于就业！从图形来看，较低的 $k$ 会使得 EE 轨迹向左下角移动，均衡点从 $E_0$ 移动至 $E_1$。厂商的力量实际上增加了，工资—就业组合更加靠近竞争解。

因此，有效谈判模型产生了一些令人吃惊的结论。模型的缺陷似乎是其本身与经验的脱节。尽管对工资和就业同时谈判是有效的，但是这在实践中很难被遵守。因此，似乎 RTM 模型（垄断模型作为一个特例也包含在内）比有效谈判模型更加贴近实际。换句话说，在真实世界里，切合实际的情况是厂商和工会就工资率进行谈判，但是厂商可以单边决定就业水平。

### □ 7.1.4 两部门模型中的工会

在转向下一个话题之前，有必要研究在两部门假设下工会行为的影响。这使我们能够研究工会对经济中的非工会部门的溢出效应。假设劳动是同质的，但是经济中有两个部门。第一个部门称为初级部门，是有工会的；第二个部门称为二级部门，有一个关于工资决定的竞争体系。劳动力的数量是固定的，等于 $N$。部门 $i$ 的就业用 $L_i$ 表示，$U$ 表示失业工人的数目，因此，$N=L_1+L_2+U$。我们假设垄断的工会对初级部门设定工资。两个部门的劳动力需求分别给定为 $L_1^D(w_1)$ 和 $L_2^D(w_2)$，这里表示部门 $i$ 的工资。将这些要素在图 7—6 中表示出来。在初级部门，垄断工会选择工会无差异曲线与劳动力需求的切点（点 M）。工资率是 $w_1^M$，就业量是 $L_1^M$。在没有工会时，劳动在两部门间有完全的流动性，在通常情况下，工资率是市场出清竞争水平 $w^C$，两部门的就业分别是 $L_1^C$ 和 $L_2^C$。如果工会将初级部门的工资定为 $w_1^M$，所有在本部门中未找到工作的工人将在二级部门中无弹性地供给劳动力，因此，在二级部门中，工资率是 $w_2^M$，就业量是 $L_2^M=N-L_1^M$。因此，由于初级部门中出现了垄断工会，在总量水平上，劳动力充分就业，但是初级部门和二级部门的工资不一致。二级部门的工人更愿意在初级部门工作（因为那里的工资更高），但工会设定工资的权力阻止了其在初级部门获得工作。

现在假设失业补贴为 $B$，并且 $B$ 高于经济中充分就业时的工资，即 $B>w_2^M$。此时，两部门的就业量分别等于 $L_1^M$ 和 $L_2^B$，失业人数为 $U^B$。

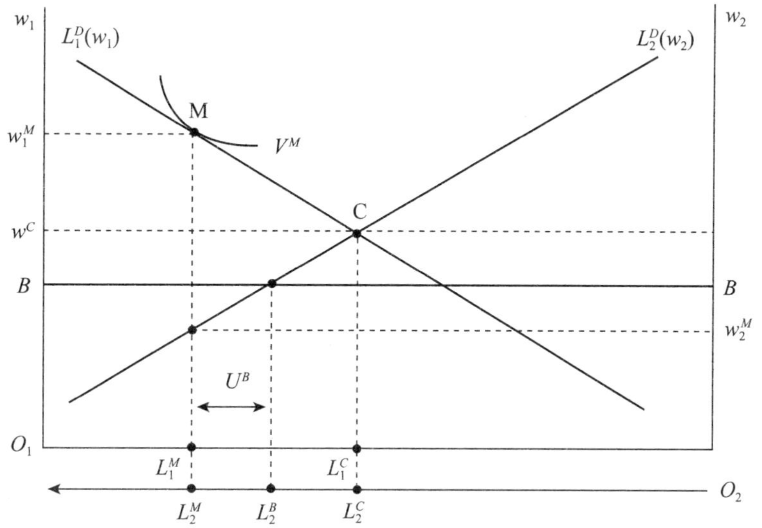


**图 7—6　两部门模型中的失业**

## 7.2　社团主义

第 6 章中的第 5 个事实是说，失业率在不同的发达国家间差别很大。我们看到，（至少至 20 世纪 90 年代初）美国、日本、奥地利、瑞典、挪威以及芬兰均具有低失业率，而同时比利时和荷兰有着高失业率。Calmfors 和 Driffill（1988）认为，失业率可能与经济中存在的社团化程度有关，并且这种关系呈抛物线状，如图 7—7 所示。尽管社团主义的概念很难被精确定义，Calmfors 和 Driffill（1988）认为社团主义是一种工资设定过程的集中化程度。就图 7—7 来说，由于日本、瑞士、加拿大以及美国的劳动力市场具有相对的自由竞争特质，这些国家的社团化程度很低。较高程度的社团化存在于奥地利、挪威、瑞典、丹麦以及芬兰等国家。中等程度的社团化存在于荷兰、比利时以及澳大利亚。

高社团化的国家之所以能够保持令人满意的失业率，原因可能是高度集中的工会能够将小工会可能引起的外部问题内部化。首先，微观层面的高工资能转移至宏观层面的高物价水平。小工会不会考虑到这种工资—价格的交互作用，但是大工会会考虑。其次，高工资意味着高失业率，并且在绝大多数国家里，（由于指数条款的规定）会导致城市行政人员的高工资，这样，便会提高政府收入的要求。这部分额外增加的政府收入必须通过提高税率来筹集，工会成员可能不会感受到自己税后工资的增加。这样，大工会更可能将小工会的外部影响内部化。再次，当存在小工会时，跳增效应（参见第 6 章）可能就变得很重要了。然而，当集中的程度变得很高时，跳增效应就会消失。一个国家工会不会提出过高的定价要求（Layard et al.，2005，p. 30）。

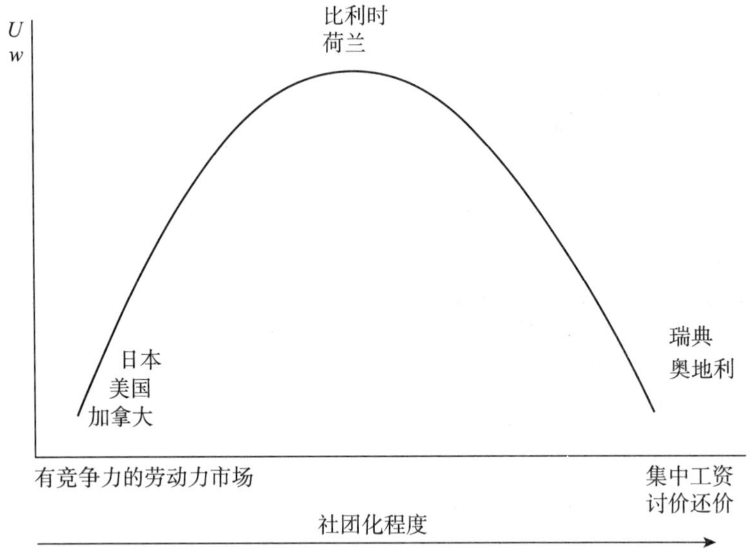


**图 7—7　失业、实际工资和社团主义**

低集中程度的国家不处于失业前线的原因在于，即使工会存在，其规模也非常小，力量非常薄弱，因而不会造成什么危害。结果是，虽然这些小型工会不能将外部问题内部化，但也不会有什么问题，因为外部问题本身就很小。

在中等集中程度的国家，失业情况最为糟糕。工会的力量很大，能够产生一些危害（以高工资要求以及低就业水平为形式），但是又不足以内部化上述外部问题。这种两头都不着边的局面使得中等集中程度的国家继承了以上两种情况的弊端。

## 7.3　财政收益递增

Blanchard 和 Summers（1987a）认为，由于拥有强大的公共部门，欧盟国家有所谓的财政递增收益特征。这个想法很简单：就业的增加会引起税后实际工资率的增加。通俗地说，税收减免本身可以进行自我补偿。整个推理并不基于经济处于拉弗曲线（参见第 1 章）下降部分的假设，而是基于高就业意味着低失业补贴开销的事实。基本的机制可以通过一个简单的模型来加以说明。产品市场存在完全竞争并且产量 $Y$ 服从如下规模报酬不变的生产函数：

$$Y=F(L,\bar{K}),\quad F_L>0>F_{LL}, \tag{7.24}$$

$L$ 是就业人数，$\bar{K}$ 是固定资本存量。假设如果失业减少，那么政府保持预算余额不变。政府预算约束为

$$G+\beta w(1-t)[N-L]=tY, \tag{7.25}$$

其中，$G$ 是外生给定的政府购买的商品和服务，$t$ 是税率（因而 $tY$ 就是税收收入），$N$ 是给定的劳动力数目（因而 $N-L$ 就是劳动力中的失业人数），$w_N \equiv w(1-t)$ 是税后实际工资率，$\beta$ 是替代率（$0<\beta<1$），为常值。假设失业补贴与税后实际工资相关。税率 $t$ 保证了政府预算的平衡。

在完全竞争的商品市场上，劳动力需求通过边际生产率条件可以隐含地表示为

$$F_L(L,\bar{K})=w。\tag{7.26}$$

式（7.24）～式（7.26）包含 4 个内生变量（$Y$，$L$，$w$ 和 $t$），因此，税后实际工资与就业人数 $L$ 之间的宏观关系可以推导出为

$$w_N \equiv w(1-t)=F_L(L,\bar{K})\cdot\left[\frac{F(L,\bar{K})-G-\beta w(1-t)[N-L]}{F(L,\bar{K})}\right]。\tag{7.27}$$

如图 7—8 所示，式（7.27）呈现出一个向上凸起的形状。如果就业水平很低，劳动力报酬的减少小于税率的减少，而税率的减少可以通过税基的扩大来实现。结果，净工资上升了。另一方面，当就业水平高时，相反的事情发生了：劳动力报酬的减少超过了税率的影响，并且净工资减少，就业规模扩大。

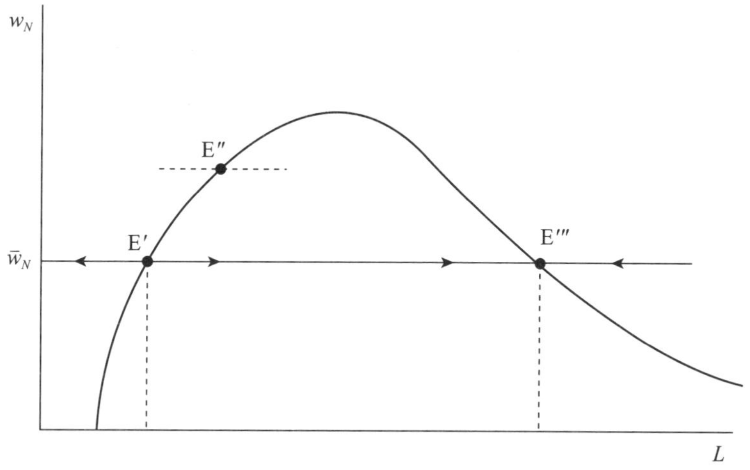


**图 7—8　财政收益递增**

更正式地，式（7.25）的斜率计算如下（参见下面的插叙）：

$$\frac{dw_N}{dL}=\frac{(1-t)w_N}{(1-\omega_G)L}\cdot\left[-\frac{1-\omega_L}{\sigma}+\left(\beta+\frac{t}{1-t}\right)\omega_L\right],\tag{7.28}$$

其中，$\omega_G$ 是政府支出占产出的比重，$\omega_L$ 是劳动收入占产出的比重，$t$ 是最初的税率，$\sigma$ 是生产函数中资本与劳动的替代弹性（参见插叙 4.3）。

在模型的最后，Blanchard 和 Summers（1987a，p. 548）假设税后实际工资率固定于某个外生水平上，比如图 7—8 中为 $\bar{w}_N$。这可能是由广义指数化或者工会的影响造成的。在这个净工资水平上，有两个均衡点，在“坏的”均衡点 E′就业水平低，而在“好的”均衡点 E‴，却有较高的就业水平。（部分）欧盟国家很可能认为自己

处于坏的均衡上。如果真是这样，它们可能制定出一个不合常理的政策。提高工会工资的要求竟然会对就业有好处！坏的均衡点从 E′移动到 E‴。相反地，工资限制不利于就业。此外，有可能会存在工会与政府之间的工资—税收交易。为了保持税后实际工资不变（为 $\varpi_N$），需要同时减少税率，总实际工资会将经济从坏的均衡移动至好的均衡。

然而，Blanchard 和 Summers（1987a）认为，坏的均衡是不稳定的。为了说明这种不稳定性，我们假定如下特殊的税率调整规则：

$$\dot{t}=\gamma[G+\beta w(1-t)[N-L]-tF(L,\overline{K})],\quad \gamma>0, \tag{7.29}$$

其中，总实际工资由式（7.26）给出，我们保持固定税后实际工资（$\varpi_N$）的假设。正如插叙中所显示的，在点 E′的邻域内，我们有 $\partial\dot{t}/\partial t>0$：除非经济就在点 E′，否则任何的微小偏离都是无限期自我持续的，因此，这个均衡是不稳定的。另一方面，在点 E‴处，我们有 $\partial\dot{t}/\partial t<0$，这意味着稳定性。因此，当 $\varpi_N$ 固定时，如果一个国家发现自己处于坏均衡处，会有两种可能：一是存在从坏均衡向好均衡的自动调整机制；二是随着税率上升，就业情况逐渐恶化。当然，工资—税收的交易可以帮助欧盟国家从坏均衡转向好均衡。

**插叙 7.1**

## 布兰查德-萨默斯模型的稳定性

式（7.24）～式（7.26）中所隐含的 $w_N$ 与就业水平 $L$ 之间的关系可以如下进行推导。首先，我们对以上方程取对数线性化：

$$\tilde{Y}=\omega_L\tilde{L}, \tag{a}$$

$$(t-\omega_G)\tilde{\varpi}_N-\beta(1-t)\omega_L\tilde{L}=t\tilde{Y}+(1-t)\tilde{t}, \tag{b}$$

$$\tilde{\varpi}=-\frac{1-\omega_L}{\sigma}\tilde{L}, \tag{c}$$

其中，$\tilde{Y}\equiv dY/Y$，$\tilde{L}\equiv dL/L$，$\tilde{\varpi}_N\equiv dw_N/w_N$，$\tilde{t}\equiv dt/(1-t)$，$\tilde{\varpi}\equiv dw/w$，$\omega_G\equiv G/Y$，以及$\omega_L\equiv wL/Y$。考虑到 $w_N$ 的定义，我们也有：

$$\tilde{\varpi}_N=\tilde{\varpi}-\tilde{t}。 \tag{d}$$

将式（a）～式（c）代入式（d）并化简，得到以下表达式：

$$\tilde{\varpi}_N=\frac{1-t}{1-\omega_G}\left[-\frac{1-\omega_L}{\sigma}+\omega_L\cdot\left(\beta+\frac{t}{1-t}\right)\right]\tilde{L}。 \tag{e}$$

由于 $\tilde{L}\equiv dL/L$ 以及 $\tilde{\varpi}_N\equiv dw_N/w_N$，我们重写式（e），可以得到式（7.28）。

现在可开始研究均衡 E′与 E‴的稳定性。调整机制式（7.29）线性化如下：

$$d\dot{t}=-\gamma Y[\beta(1-t)\omega_L\tilde{L}+t\tilde{Y}+(1-t)\tilde{t}], \tag{f}$$

利用式（a）和式（c），并且注意到 $\tilde{\varpi}_N=0$（作为工资—税收分配的结果），因此 $\tilde{\varpi}=\tilde{t}$，我们从式（f）得到：

$$d\dot{t}=\frac{\gamma\sigma Y}{1-\omega_L}\left[-\frac{1-\omega_L}{\sigma}+\omega_L\left(\beta+\frac{t}{1-t}\right)\right]dt。\qquad (g)$$

因此，通过式（e），如果 $w_N$ 与 $L$ 负相关，那么 $d\dot{t}/dt<0$，反之，则有 $d\dot{t}/dt>0$。因此，点 E′是不稳定的，而点 E‴是稳定的。

## 7.4 失业的滞后性与持续性

第 6 章中第 2 个事实以及第 4 个事实说明，欧洲国家的失业具有高度持续性。基于工会的模型是如何解释这一现象的呢？求解的关键在于找出工会中的会员守则。直到现在，我们一直假设代表性的工会有固定数量的成员（如第 2 节中所说的，有 $N$ 个成员）。然而，未被雇用的工会成员可能退出工会，或者更惨的是，被开除出工会。借助 Blanchard 和 Summers（1986，1987b）的一个简单模型，可以说明在这种情况下将会发生什么。

假设每个厂商的产品需求有赖于实际货币供给（这是总需求的一个指标）以及产品相对于广义价格指数的价格：

$$y_i=(m-p)-a(p_i-p),\quad a>1,\qquad (7.30)$$

其中所有变量是用对数形式度量的，$y_i$ 是产量，$m$ 是货币供给，$p_i$ 是厂商 $i$ 的产品售价，$p$ 是总价格指数。该函数是规模报酬不变的，生产过程中只使用了劳动这一要素。生产函数是 $y_i=l_i$，$l_i$ 是厂商 $i$ 的雇佣人数。商品市场的完全竞争暗示了价格等于边际成本，因此 $p_i=w_i$。所以，劳动的需求函数为

$$l_i=(m-w)-a(w_i-w),\qquad (7.31)$$

其中，$w$ 是名义工资的总指数。

每个厂商配备了固定数量的工人 $n_i^*$。在谈判中只有这些工人的利益会被考虑，因此，这些工人被称为内部人。只有当所有内部人被厂商雇用后，厂商才能雇用外部人。我们假设内部人有足够的谈判能力去单方面设定工资。此外，假设工资率的设定使得预期的就业等于内部人的数量。

$$E(l_i)=n_i^*,\qquad (7.32)$$

其中，$E$ 是期望算子。利用式（7.31）和式（7.32），我们推出 $E(l_i)=E(m)-E(w)-a(w_i-E(w))=n_i^*$。所有厂商都是相同的，所有内部群体都有相同的规模，因此，均衡是对称的。结果，所有内部群体都会选择相同的名义工资，因而，

$$w_i=w=E(w)。\qquad (7.33)$$

继而有 $n_i^*=E(m)-w$。将此式代入式（7.31），我们得到了（每个厂商中）就业

人数最终的表达式：

$$l_i = m - w - a(w_i - w) = m - E(m) + n_i^* \Rightarrow$$
$$l = (m - E(m)) + n^*, \tag{7.34}$$

这里，由于对称性，厂商下标 $i$ 在最后一步可以略去（即对于所有 $i$，均有 $l_i = l$）。方程（7.34）表明只有未预期到的对总需求的冲击才能对（每个厂商的）雇用人数产生影响。假设内部群体中的会员守则如下：$n_i^* = l_i(-1)$，即只有前期被雇用的内部人才能在当期属于这个内部人群体。将此会员守则代入式（7.34），便得到了滞后效应：

$$l = (m - E(m)) + l(-1), \tag{7.35}$$

在给定的劳动力数量 $\bar{n}$ 下，上式可以写成失业率 $U$ 的函数①：

$$U = -(m - E(m)) + U(-1)。 \tag{7.36}$$

方程（7.36）得到了一个非常强的结论，即失业率是随机游走的。由于总需求的变动是随机的，失业率的改变 $\Delta U$ 亦是随机的。失业率并没有任何迹象趋于某一特定水平。这一结论背后的解释十分直观。当受到一个负面冲击后，就业水平下降［由式（7.35）］。失业者变成了外部人，剩余的内部人不愿意降低工资以使昔日的同伴重新得到工作。当出现了一个正面的需求冲击时，相反的情形也会发生。

当然，对于经验与理论这两方面，滞后影响是很大的。实证上，在第 6 章中，英国和美国的失业率都呈现出了持续性，但没有滞后性。失业过程（unemployment process）的自回归系数［参见式（7.3）］很高但不等于 1。理论上，一个有缺陷的假设是内部人拥有全部的谈判权，可以单方面制定工资。换句话说，厂商不能雇用那些薪水要求很低的失业者。

但这个模型可以很容易地被修正。根据 Blanchard（1991），在明确了失业率的地位后，厂商与内部人群体之间的谈判变得更加有趣。失业率对于谈判过程有两个明显的影响。第一，存在一种恐惧效应，我们在效率工资模型中也曾遇到过（参见第 6 章）。如果失业水平很高，一个代表性的内部人对自己的工资要求会降低。一旦失去工作，再找一份工作不是一件简单的事。第二，威胁效应存在。如果失业率很高，雇主可以威胁当前的雇员（内部人），他们将会被（饥饿的）失业工人替代。

下面是一个包含了上述方面的简单模型。劳动力需求十分简单：

$$l = -w + \varepsilon, \tag{7.37}$$

其中，$\varepsilon$ 是一个随机冲击［$E(\varepsilon) = 0$］，$l$ 是就业水平，$w$ 是工资率（以上变量均是对数形式）。正如之前的模型一样，工资水平的设定使内部人［有 $l(-1)$］预期在当期都拥有工作。一个失业者获得了失业补贴以及闲暇的效用价值，两者的价值总和可以用保留工资（reservation）或者失业工资 $w_R$ 等金钱的形式表示（如果所有工人都

---

① 失业率为 $U \equiv (\bar{N} - L)/\bar{N} = 1 - (L/\bar{N}) \approx -\ln(L/\bar{N}) = n - l$，其中对于较小的失业率近似值也是有效的。

得到 $w_R$，预期的就业人数将为 $l_R = -w_R$）。假设失业率对于厂商和劳动者来说，是当前劳动力市场状况的正确指标。实际的工资 $w$ 应该设定如下：

$$w = aw^* + (1-a)w_R - b(\bar{n} - l), \quad 0 \leqslant a \leqslant 1, b \geqslant 0。 \tag{7.38}$$

式（7.38）表明，实际工资($w$)主要是内部人会选择的工资（$w^*$）与保留工资($w_R$)的加权平均（权数为 $a$，代表内部人在谈判中的力量），同时根据劳动力市场的失业情况进行修正。如果失业人数 $U \equiv \bar{n} - l$ 非常高，那么内部人对于自己的工资要求会降低，工资下降。通过简单的替换，下面有关失业的表达式就可以得到：

$$U = \frac{a}{1+b}U(-1) + \frac{1-a}{1+b}w_R + \frac{1-a}{1+b}\bar{n} - \frac{1}{1+b}\varepsilon。 \tag{7.39}$$

由于 $0 \leqslant a \leqslant 1$ 以及 $b \geqslant 0$，式（7.39）表明失业率具有持续性但是没有滞后性。如果 $b$ 很高（失业对于工资率的谈判具有很大影响），持续性就很低。此外，如果内部力量很高（$a$ 接近于 1），持续性就很高。因此，这个内部人—外部人模型确实能够进行合理的预测。

## 7.5 工会模型的应用

在本节中，一些本章中讨论过的工会模型被用来研究两个话题。首先，我们继续讨论税收对就业、工资与失业的影响。其次，我们研究工会对厂商投资率的影响。

### 7.5.1 税收的效应

为了避免对读者耐心的无谓考验，讨论中只涉及一种税收。假设所得税体系是累进的，失业补贴免征税，并且税收方程给定为 $T(w)$，因此边际税率为 $t_M \equiv dT/dw$，平均税率为 $t_A \equiv T/w$。假设垄断工会模型是适用的，工会效用函数［式（7.1）］因加入所得税而扩展为

$$V(w, L) \equiv \frac{L}{N} \cdot u(w(1-t_A)) + \left[1 - \frac{L}{N}\right] \cdot u(B), \tag{7.40}$$

因此，最优工资的一阶条件为

$$\frac{dV}{dw} = [u(w(1-t_A)) - u(B)]L_w^D + L^D u_{w(1-t_A)}\left[(1-t_A) - w\frac{dt_A}{dw}\right] = 0。 \tag{7.41}$$

利用之前的结果 $wdt_A/dw = t_M - t_A$ 以及劳动力需求弹性 $\varepsilon_D$［式（7.9）下方有定义］，以上表达式可以化简为

$$\frac{u(w(1-t_A)) - u(B)}{w(1-t_A)u_{w(1-t_A)}} = \frac{s}{\varepsilon_D}, \tag{7.42}$$

其中，$s \equiv (1-t_M)/(1-t_A)$ 是税收体系的累进指数。对于累进的税收体系，$t_M > t_A$，因此 $s < 1$。回忆第 6 章，税收体系的累进程度增加表现为 $s$ 值的下降。

例如，假设代表性工会成员的间接效用函数为 $u(\cdot) \equiv \ln(\cdot)$。那么，式 (7.42) 可以化简为

$$\ln w(1-t_A) = \ln B + s/\varepsilon_D \quad \Rightarrow \quad w = \left(\frac{B}{1-t_A}\right) e^{s/\varepsilon_D}。 \tag{7.43}$$

从式 (7.43) 中不难看出，当失业补贴 $B$ 上升、税收累进程度降低（$s$ 上升）以及平均税率（$t_A$）上升时，总工资 $w$ 上升（因而失业率 $U$ 也上升）。这些结论与第 6 章效率工资模型得到的结论十分相似。

### □ 7.5.2　工会与投资

工会对投资是好还是坏？直觉上，人们会选择后者。其理由如下。当资本存量是生产的一个可变要素时，对劳动力的需求变得更有弹性。这使得工会在长期与短期的最优选择出现矛盾。例如，我们在 7.1.1 节中讨论过的垄断工会模型。工资的上涨承受着劳动力需求弹性反向变动的压力。一方面，一个短视的工会将会要求高工资，而在未来忍受厂商资本的积累以及劳动力需求变得更有弹性带来的结果。另一方面，有长远眼光的工会将会要求一个较低的工资，希望厂商不要过多地投资，这样，工资未来也会很可观。这样，一种工资平滑的行为开始显现。

然而，这还没有结束，由于投资是不可逆的趋势，因而工资平滑的工会会存在信誉问题。工会可以向厂商宣布，自己将会遵循一个平滑的（温和的）工资政策，之后厂商将会投资。然而，一旦厂商投资了，便成了工会的攻击目标。资本存量不能轻易地改变，因此，工会会违背温和工资的承诺，要求获得厂商的大部分利润。但是厂商在此之前就知道工会有欺骗的激励，因而不会相信工会宣布的平滑、温和的工资政策。这就是著名的投资不足现象，van der Ploeg（1987b）曾经讨论过这个例子。我们将在第 9 章回到信用这个话题，届时，将阐明公信力如何（在一定程度上）解决动态不一致性问题。

这部分剩余内容用于说明简单两期模型中的投资不足现象，在该模型中，参与者是一个垄断工会和厂商。以上例子是 van der Ploeg（1987b）列举的模型的简化。厂商在两个时期（现在与未来）均存续，并且自第一期初期有固定的资本存量。两期的实际利润等于：

$$\pi_1 \equiv F(L_1, K_1) - w_1 L_1 - \Phi(I_1), \tag{7.44}$$

$$\pi_2 \equiv F(L_2, K_1 + I_1) - w_2 L_2, \tag{7.45}$$

其中，$\pi_t$ 是时期 $t(=1, 2)$ 的实际利润，$L_t$ 是就业人数，$I_t$ 是投资，$w_t$ 是实际工资率，$F(\cdot, \cdot)$ 是规模报酬不变的生产函数，以及 $\Phi(\cdot)$ 是资本形成函数。正如我们在第 4 章中所展示的，这个方程揭示了内部调整成本的存在，并且内部成本随着投资率的增加而增加（增加速率也在不断提升），即 $\Phi_I > 0$ 且 $\Phi_{II} > 0$。显然，厂商不会在第二期投资，因为在这一期末我们设定的世界将临近结束。此外，为了方便，

我们假设资本存量不会贬值。厂商选择雇佣人数与投资水平以最大化利润流的现值，其定义如下：

$$\Pi = \pi_1 + \frac{\pi_2}{1+r}$$
$$\equiv F(L_1, K_1) - w_1 L_1 - \Phi(I_1) + \frac{F(L_2, K_1+I_1) - w_2 L_2}{1+r}, \tag{7.46}$$

其中，$r$ 是实际利率。最优化问题的一阶条件为

$$\frac{\partial \Pi}{\partial L_1} = F_L(L_1, K_1) - w_1 = 0, \tag{7.47}$$

$$\frac{\partial \Pi}{\partial I_1} = -\Phi_I(I_1) + \frac{1}{1+r} F_K(L_2, K_1+I_1) = 0, \tag{7.48}$$

$$\frac{\partial \Pi}{\partial L_2} = \frac{1}{1+r}[F_L(L_2, K_1+I_1) - w_2] = 0。 \tag{7.49}$$

为了使模型尽可能地简单，对厂商的生产函数、调整成本函数以及代表性工会成员的效用函数，我们采用具体的形式。调整成本函数是二次的［参见式（4.2）］，即 $\Phi(\cdot) = I_1(1+bI_1)$，并且生产函数假定为柯布-道格拉斯函数，即 $Y_t = L_t^{\alpha} K_t^{1-\alpha}$，$0<\alpha<$，$Y_t$ 代表产出。采用这些具体的函数形式，式（7.47）～式（7.49）可以写成：

$$L_1^D = \left(\frac{\alpha}{w_1}\right)^{\varepsilon D} K_1, \tag{7.50}$$

$$L_2^D = \left(\frac{\alpha}{w_2}\right)^{\varepsilon D} [K_1 + I_1], \tag{7.51}$$

$$I_1 = \frac{q-1}{2b}, \tag{7.52}$$

$$q \equiv \frac{F_K(L_2, K_1+I_1)}{1+r} = \frac{1-\alpha}{1+r}\left(\frac{\alpha}{w_2}\right)^{\alpha \varepsilon D}, \tag{7.53}$$

其中，$\varepsilon_D \equiv 1/(1-\alpha)$，$L_t^D$ 是厂商在第 $t$ 期对劳动的需求，$q$ 是第 4 章深入讨论过的托宾 $q$ 值。式（7.50）和式（7.51）表示出，劳动力需求弹性是常值。式（7.52）表明，投资随着托宾 $q$ 值的增加而增加，而托宾 $q$ 值则与外生给定的利率 $r$ 和第二期的实际工资率 $w_2$ 负相关。

对于垄断工会，下面的终生效用函数成立：

$$\Omega \equiv V(w_1, L_1) + \frac{1}{1+\rho} V(w_2, L_2), \tag{7.54}$$

其中，$\rho$ 是纯时间偏好率（参见第 5 章），$V(w_t, L_t)$ 是工会的瞬时效用函数，定义如下：

$$V(w_t, L_t) \equiv \frac{L_t}{N} u(w_t) + \left[1 - \frac{L_t}{N}\right] u(B), \tag{7.55}$$

该式暗示了工会的成员数目固定为 $N$，失业补贴随时间保持不变。工会的最优计划包括选择 $w_1$ 和 $w_2$，以使在给定式（7.55）以及劳动力需求函数式（7.50）和式（7.51）时，式（7.54）能取到最大值。最优化问题的必要条件为

$$\frac{\partial\Omega}{\partial w_1}=\frac{\partial V}{\partial w_1}+\frac{\partial V}{\partial L_1}\frac{\partial L_1^D}{\partial w_1}=0, \tag{7.56}$$

$$\frac{\partial\Omega}{\partial w_2}=\frac{\partial V}{\partial w_2}+\frac{\partial V}{\partial L_2}\cdot\left[\frac{\partial L_2^D}{\partial w_2}+\frac{\partial L_2^D}{\partial I_1}\frac{\partial I_1}{\partial q}\frac{\partial q}{\partial w_2}\right]=0。 \tag{7.57}$$

式（7.56）的形式与静态情形下得到的方程［例如参见式（7.8）］一样。工会的无差异曲线与劳动力需求曲线相切于一点。假设代表性工会成员的效用函数是对数形式的［$u(\cdot)=\ln(\cdot)$］，利用式（7.50），式（7.56）可以写为

$$\frac{1}{\varepsilon_D}=\frac{u(w_1)-u(B)}{w_1u_w(w_1)}=\ln w_1-\ln B \quad\Rightarrow$$

$$\mathrm{lm}w_1^*=\ln B+\frac{1}{\varepsilon_D}。 \tag{7.58}$$

式（7.57）有点复杂。工会意识到第二期选择的工资将会影响到厂商的投资决策：第二期的工资越高，厂商的投资率就越低。因此，与没有投资的静态情形相比，第二期的劳动力需求更具有弹性，工会选择的工资率更低。特别地，我们可以轻松地推导出：

$$\frac{1}{\varepsilon_D+\phi}=\frac{u(w_2)-u(B)}{w_2u_w(w_2)}=\ln w_2-\ln B \quad\Rightarrow$$

$$\ln w_2^*=\ln B+\frac{1}{\varepsilon_D+\phi}, \tag{7.59}$$

其中，$\phi$ 定义为

$$\phi\equiv-\frac{\partial L_2^D}{\partial I_1}\frac{\partial I_1}{\partial w_2}\frac{w_2}{L_2^D}=\frac{1}{2b}\frac{\alpha\varepsilon_D}{L_2^D}\frac{1-\alpha}{1+r}\left(\frac{\alpha}{w_2}\right)^{\varepsilon_D(1+\alpha)}>0。 \tag{7.60}$$

比较两期的最优工资率［由式（7.58）与式（7.59）给出］，显然，第二期的工资更低，即 $w_1^*>w_2^*$。通过在第二期提供低工资，厂商受到了投资的鼓励。

确定最优工会工资组合（$w_1^*$，$w_2^*$）的最大问题在于，厂商不相信工会会坚持这个组合！事实上，如果不能签订一个有法律效力的合约，当第二期来临时，工会不会像向厂商宣布的那样确定工资率为 $w_2^*$。原因并不是得到新信息后，工会改变了自己的主意，而是当第二期来临时，它面临着一个新的激励结构。从技术上来说，工会的最优策略是动态不一致的。厂商不愿意相信工会在第二期会将工资设定为 $w_2^*$ 的原因很容易解释。假设厂商相信工会，并且将 $w_2^*$ 代入式（7.52）和式（7.53）确定投资计划（把这个投资水平称为 $I_1^*$）。在第二期的开始，厂商已经进行了大量投资并且总资本存量为 $K_1+I_1^*$，将 $K_1+I_1^*$ 代入式（7.51）得到劳动力需求。然而，工会观察到了劳动力需求，知道资本存量已经不能改变，厂商将基于劳动力需

求确定第二期的最优工资：

$$L_2^D=\left(\frac{\alpha}{w_2}\right)^{\varepsilon D}[K_1+I_1^*], \tag{7.61}$$

这对于工资弹性 $\varepsilon_D$ 是等弹性的（以绝对值形式），因此，工会第二期制定的工资水平将与第一期相等，即 $\hat{w}_2=w_1>w_2^*$。厂商知道这些会发生，因此即使工会宣布第二期的工资为 $w_2^*$，厂商也不会相信。

那么这个难题的解决方法是什么？尽管必须到第 9 章才会有一个完整的方案，但常识对我们现在遇到的问题提供了一个答案。厂商知道不管怎样，自己都在第二期中被敲诈。因此，它希望在两期支付的工资率均为 $w_t^C=w_1^*$（$t=1$，2），并且将据此决定投资。事实上，这个针对厂商的假设与工会的实际行为一致。由此，工资组合（$w_1^C$，$w_2^C$）被称为工会的时间一致策略。但是，由于 $w_1^*>w_2^*$（因而 $w_2^C>w_2^*$），以及投资与第二期的工资率负相关，因此，在一致工资组合（$w_1^C$，$w_2^C$）下，相较于非一致的工资组合（$w_1^*$，$w_2^*$），厂商也将投资更少。这样，工会不能坚持自己的承诺的影响是抑制投资。

## 7.6 小　结

本章介绍了三个最重要的工会行为模型，即垄断工会模型、管理权模型以及有效谈判模型。工会的目标函数是预期（或平均）的工会成员的效用。在大多数讨论中，我们假定工会成员数目固定不变。

在垄断工会模型中，工会单方面决定工资率，使得当解处于劳动力需求曲线上时，工会的效用最大化。工会像劳动力的垄断卖者那样利用了厂商向下的劳动力需求曲线。工会的最优工资选择可以表示为一个简单的、包含失业补贴与劳动力需求弹性的拓展模型。工会的选择表明工资与失业率均高于竞争市场下的水平。特别地，生产率冲击仅会改变就业人数，此时，模型与实际工资刚性一致。（这个条件必须被满足，因为充分就业的工会仅对高工资感兴趣，这样，正的生产率冲击不再带来就业扩张。）

在管理权模型中，允许厂商自行决定雇佣人数，但工资是工会和厂商的谈判结果。利用广义纳什议价概念，工资可以用上涨的形式写出。除了失业补贴以及需求弹性外，工会的相对谈判力量也成为上涨解（markup solution）的一个额外组成部分。管理权模型的一个吸引人的特质是，垄断工会解以及竞争解均为它的特殊（极端）情况。管理权模型的一个缺点是，其解是帕累托无效的，即要使谈判一方境况严格变得更好而不使另一方境况变得更坏是可能的。

通过假设厂商与工会对工资与就业水平均进行谈判，有效谈判模型解决了帕累托有效性问题。谈判的结果是得到了一系列有效的工资—就业组合。如果结合“公平份额”法则，当谈判双方分配产出时，这个模型预测了唯一的工资—就业解。有趣的是，工资与就业均高于完全竞争解，因为工会将利润转化为工作机会。工资限制导致了劳动只能获得更小份额的产出，这对于就业是有害的，因为工资—就业解更靠近竞争解了。

在本章剩下的部分中我们说明了一系列不同工会模型的应用。在第 6 章中，我们说明了劳动力市场中的一个特征——机构可能是确定失业率高低的重要因素。我们简单地讨论了社团主义的假设，社团主义可以大致定义为工资决定过程的集中程度，它可以看成一个重要的机构。一些权威人士认为如果存在非常小或者非常大的工会，失业率就会比较低，但是，中等规模的工会则会导致高失业率。因此，大规模或者小规模的社团化都将导致低失业率，但中等规模的社团化则不会。直观上，小工会不会有太大的危害，大的、全国范围的工会会对工资进行限制，因为它们需要将过高的工资要求带来的后果内部化，但是，中等规模的工会没有壮大到考虑工资要求对宏观经济带来的负面效应的程度。

另一个可以通过工会模型来进行解释的特征是失业率的高度持续性（近滞后效应）。工会的会员制度是解释滞后现象的一个关键建模因素。如果失业的工会内部人下一阶段就会变成外部人，严格滞后的现象将会出现。如果局外人能通过保留工资而在工资谈判中有一定的话语权，那么这个模型将更贴近实际，并且能够预测出失业有高度持续性。

作为工会模型的最后一个应用，我们研究了垄断工会对厂商投资计划的影响。结果是，由于敲竹杠问题的存在，工会不利于厂商的投资。工会的最优选择是在未来提供低工资，以劝说厂商多投资。然而，这个承诺对厂商来说是不可置信的，因为一旦厂商投资了，工会将会违背自己的承诺，索取更高的工资。直观上，工会（就像西部电影中那样）敲诈了厂商的资本存量。厂商将会根据未来会受到敲竹杠这一事实计算出自己的最优投资以及生产计划，因此，投资将会少于它本应投资的数额。这就是著名的投资不足问题。文中简略的情节描述是动态不一致的一个例子，这在宏观经济学的不同领域中都存在。在第 9 章中，我们将回到这个话题。

## 延伸阅读

关于工会工资与厂商投资的交互作用方面的文献，参考 Grout（1984）、van der Ploeg（1987b）、Anderson 和 Devereux（1988）以及 Devereux 和 Lockwood（1991）。Gottfries 和 Horn（1987）提出了一个以工会为基础的长期失业模型。Lindbeck 和 Snower（1988）的作品是内部人—外部人模型很好的参考文献。Manning（1987）奠定了工会模型的连续谈判框架。Koskela 和 Vilmunen（1996）研究了工会模型下的所得税效应。有关工会的优秀研究文献参见 Oswald（1982，1985），Farber（1986），Pencavel（1991）以及 Booth（1995）。Cross（1988）收集了有关滞后性的文献。

# 第8章 劳动力市场搜寻

本章的目标是讨论以下问题：

1. 如何解释失业的持续时间？为了解释这一问题我们引进了一个关于劳动力市场搜寻的简单模型。

2. 有效失业率的含义是什么？针对这一概念，“Hosios 条件”指明了什么？

3. 税收是如何影响均衡失业率的？如何降低均衡失业率？

4. 搜寻理论的方法如何解释观察到的失业率的持续性？



## 8.1 劳动力市场研究

很多国家的劳动力市场都具有这样一个特征——为数巨大的工人群体离职和就职。在美国，每月离职的工人总数就达700万之巨（Blanchard and Diamond，1989，p.1）！由岗位更替所引起的这一数量巨大的工人群体离职和就职现象常常被认为是引发一些问题的原因。有很多工人寻找工作，同时亦有很多企业在招聘工人。然而从宏观经济层面（至少在美国）来看，劳动力市场在匹配工作岗位与工人方面表现得还是相对有效的。我们可以从第6章看到，美国失业（率）还是相对较低并且稳定的。现代关于劳动力市场行为研究的理论致力于描述发生在劳动力市场上的匹配过程。该理论与之前讨论的劳动力市场理论有着根本不同，它并无劳动力市场总和这一概念。Diamond（1982，p.217）解释道，现代理论假设存在着一个将失业工人和空闲岗位随机匹配在一起的搜寻过程，而不是假设市场是把工人与工作组合到一起的机制。搜寻过程耗费时间，因而使得产出减少。当一个工人找到一个合适的工作时，决定工资的谈判才会发生。

### □ 8.1.1 一个简单模型[①]

现代搜寻研究理论使用了所谓的“匹配函数”。这是一个假设概念，它同样起到简化分析的作用，这与生产函数并没有什么不同。匹配函数作为一个关于找工作的失业工人数和空闲岗位数的方程，决定了每刻产生（“匹配”）的岗位数目。企业的岗位分为空闲和非空闲两种，假设只有空闲的岗位才进行招聘。工人分为在职与失业两种，并假设只有失业工人才进行搜寻。这一部分并没有讨论模型中在职工人寻找工作这一情况。由这些假设可知，生产产品和劳动交易这两项活动是严格分离的。

企业与工人知道匹配岗位的技巧，也知道存在着一个外生给定的“岗位分离过程”。[②] 在每个时刻，一定比例的现存的非空闲岗位被取消，这或许是由于不同企业受到各自不同的外部冲击导致一些原来有利可图的岗位不再盈利。因此，在均衡时，有一稳定数量的工人进入失业状态，并且模型预测均衡失业率是严格大于零的。

假设市场上有许多厂商和许多工人，构成完全竞争。劳动力是固定的，由 $N$ 个工人构成，并且每个在职工人提供一单位的劳动。（这里不考虑工人提供劳动的小时数，并假设每个工人工作的努力程度相同。）失业率定义为没有工作的劳动力在总的劳动力中所占的比例，并用 $U$ 来表示。空闲率是空闲岗位在劳动力中所占的比例，用 $V$ 来表示。因此，每个时刻，$UN$ 位失业工人与 $VN$ 个空闲岗位“试图找到彼此”。

根据匹配函数，每个时刻成功匹配的数目由 $UN$ 和 $VN$ 决定：

$$XN=G(UN,VN), \tag{8.1}$$

$XN$ 是总的匹配数目，因此 $X$ 是匹配率，$G(\cdot,\cdot)$ 是线性齐次方程，并且 $G_U>0$，$G_V>0$，$G_{UU}<0$，$G_{VV}<0$，$G_{UU}G_{VV}-G_{UV}^2>0$。式（8.1）背后的直观含义是每个时刻 $XN$ 个匹配发生在特定的失业工人与特定的有岗位空闲的企业间。该工人与该空闲岗位是随机选择的。

考虑一段极短的时间 $dt$。在这一时间间隔内，有 $XN\,dt$ 组匹配和 $VN$ 个空闲岗位，因而在 $dt$ 间隔内一个空闲岗位被填补的概率为 $(XN/VN)dt$。通过定义 $q\equiv XN/VN=X/V$，我们可以将式（8.1）改写为

$$q\equiv\frac{G(UN,VN)}{VN}=\frac{VN\cdot G(UN/VN,1)}{VN}=G(U/V,1)\equiv q(\theta), \tag{8.2}$$

其中，$\theta\equiv V/U$ 是空闲—失业率，在分析中扮演着至关重要的角色。很明显，$q(\theta)dt$ 衡量了一个空闲岗位在时间间隔 $dt$ 内被填补的概率，因而 $q(\theta)$ 可以被解释为空闲岗位被填补的即时概率，并且一个岗位的空闲时间的期望是 $1/q(\theta)$。所有这些结果会在稍后更正式地给出。

---

① 该部分的阐述严格根据 Pissarides（1990，ch. 1）。我们关注对该模型的直观讨论。更多关于匹配模型的严格论述请参见 Mortensen 和 Pissarides（1999a，b）。在本章附录 B 中，我们建立并分析了一个宏观经济匹配模型。

② Mortensen 和 Pissarides（1994）以及 Pissarides（2000，ch. 2）提出了一个有着巨大岗位取消率的匹配模型。

考虑到 $G(\cdot,\cdot)$ 的假设，接下来 $q(\theta)$ 的特征可以被论证：

$$\frac{dq}{d\theta}=-\frac{G_U}{\theta^2}<0, \tag{8.3}$$

以及

$$\eta(\theta)\equiv-\frac{\theta}{q}\frac{dq}{d\theta}=\frac{G_U}{\theta q} \quad \Rightarrow \quad 0<\eta(\theta)<1, \tag{8.4}$$

其中，$\eta(\theta)$ 是 $q(\theta)$ 弹性的绝对值。[①]

失业工人也是通过随机行为寻找一个匹配。对于工人，找到一个有空闲岗位的厂商的即时概率由 $XN/UN$ 给出，即空闲岗位在失业工人中所占的比重。即时概率也可以写成 $\theta$ 的形式：

$$\frac{G(UN,VN)}{UN}=\frac{VN\cdot G(UN/VN,1)}{UN}=(V/U)\cdot G(U/V,1)=\theta q(\theta)\equiv f(\theta)。 \tag{8.5}$$

$f(\theta)$ 有如下弹性：

$$\frac{\theta}{f(\theta)}\frac{df}{d\theta}=\left[q(\theta)+\theta\frac{dq}{d\theta}\right]\frac{\theta}{\theta q(\theta)}=1+\frac{\theta}{q}\frac{dq}{d\theta}=1-\eta(\theta)>0。 \tag{8.6}$$

因为 $f(\theta)$ 代表一个失业工人找到一份工作的即时概率，所以失业期的期望等于 $1/f(\theta)=1/(\theta q(q))$。这个结果是很直观的，当 $\theta$ 值比较高时，例如空闲岗位相对较多的情况，失业工人会发现找工作比较容易（因此失业期的期望值较小）。在式（8.2）和式（8.5）中 $q(\theta)$ 与 $f(\theta)$ 的定义表达了连接工人与工作的过程和连接工作与工人的过程，这两个过程都有着复杂的关系。因为工人与空闲岗位必须匹配，这一点是很明显的。

变量 $\theta$ 是衡量劳动力市场对参与劳动力市场的两个集团产生的压力的系数。搜寻可能性对 $\theta$ 的依赖意味着交易外部性的存在，因而该系数扮演了一个十分重要的角色。劳动力市场上总有一些随机配给（有空闲岗位的厂商，失业的工人）不能通过价格机制解决，这是因为在价格机制发挥作用之前，失业工人与空闲岗位必须先碰到彼此。这部分所占的比例取决于劳动力市场状况，可简化为用 $\theta$ 表示。如果 $\theta$ 值上升，市场上就会有相对较多的厂商和相对较少的工人。模型中该过程所造成的外部效应被 Pissarides（1990，p. 6）称为拥挤或者搜寻外部性。

正如上文所指出的，我们假设有巨大数量的岗位被取消以保证每刻有 $s$ 比例的在职岗位消失。在一个很短的时间间隔 $dt$ 内，一个在职工人由于失业丧失他/她的工作的概率是 $sdt$（当然，出于同种原因，一个非空闲的岗位被取消的概率同样等于 $sdt$）。因此，在时间间隔 $dt$ 内平均失业工人数等于 $s(1-U)Ndt$，平均找到工作的失业工人数等于 $\theta q(\theta)UNdt$。在稳定状态下失业率是一个固定值，因而进入和离开

① 诀窍是把式（8.1）写为 $XN=G_UUN+G_VVN$，意味着 $q=G_U/\theta+G_V$。因此，$\eta(\theta)=G_U/(q\theta)=1-G_V/q$，由于 $0<G_V<q$，因而介于 0 和 1 之间。

失业状态的工人数应该相当：

$$s(1-U)Ndt=\theta q(\theta)UNdt。 \tag{8.7}$$

通过假设劳动力 $N$ 值十分大，进入和离开失业状态的工人数的期望值同样可以假设为非常大，所以从式（8.7）可以解出实际的均衡失业率：

$$U=\frac{s}{s+\theta q(\theta)}, \tag{8.8}$$

式中，$\partial U/\partial s>0$ 并且 $\partial U/\partial\theta<0$。

#### 8.1.1.1 厂商

每个厂商都非常小，其拥有者是风险中性的，并且只有一个或者空闲或者非空闲的岗位。如果这个岗位处于非空闲状态，该厂商使用 $K$ 单位利率为 $r$ 的物质资本，生产 $F(K,1)$ 单位产出。生产函数规模不变，并满足 $F_K>0>F_{KK}$，$F_L>0>F_{LL}$。如果岗位是空闲的，那么厂商将会活跃地寻找一个工人并造成每单位时间 $\gamma_0$ 的搜寻费用。先前我们指出过，在时间间隔 $dt$ 内厂商找到一个工人的可能性为 $q(\theta)dt$。因为每个厂商只有一个岗位，在经济体中工作岗位总数与厂商总数相等，并且自由进入/退出的状态由岗位/厂商数目决定。

令 $J_O$ 表示一个有非空闲岗位的厂商的利润现值，$J_V$ 表示一个有空闲岗位的厂商的利润现值。在完美资本市场条件下，厂商可以以给定的利息率自由借贷，并且在完全套利条件下一个有着空闲岗位的厂商的稳定状态如下：

$$rJ_V=-\gamma_0+q(\theta)[J_O-J_V]。 \tag{8.9}$$

总而言之，方程（8.9）说明一个空闲岗位是厂商的一项资产。在均衡状态下，该项资产的价值必须使得资本成本 $rJ_V$ 严格等于资产的回报。回报包括两个方面，即发生在每个时间单位的固定的搜寻成本$(-\gamma_0)$，加上由于未来岗位可能被填满［即时概率为$q(\theta)$］所增加的期望资本。资本增加值是非空闲与空闲状态下价值的差额，即 $J_O-J_V$。

对于任何准备好承担单位时间内固定搜寻费用的个人可以设立一个厂商（有着一个空闲岗位）并着手寻找一名工人，直到空闲岗位价值等于 0 之前，厂商岗位都是可以自由进入的。相反，假若一个空闲岗位的价值是一个负值，厂商便会退出，空闲岗位也便消失，从而可以推导出下列表达式：

$$J_V=0 \quad\Rightarrow\quad 0=-\gamma_0+q(\theta)J_O \quad\Rightarrow\quad J_O=\frac{\gamma_0}{q(\theta)}。 \tag{8.10}$$

最后的表达式是很直观的。一个空闲岗位持续时间的期望是 $1/q(\theta)$，期间必然会引发 $\gamma_0$ 的搜寻费用。在均衡状态下，市场上的岗位/厂商数目应该是使得一个非空闲岗位的期望价值严格等于一个空闲岗位的期望费用的数目。

对于一个岗位非空闲的厂商，可以推导出下列稳态套利方程：

$$rJ_O = F(K,1) - (r+\delta)K - w - sJ_O, \tag{8.11}$$

其中，$(r+\delta)$ 是资本的租金率，$w$ 是实际工资率。方程（8.11）说明一个非空闲岗位的资产价值是 $J_O$ 并且它的资本费用等于 $rJ_O$。这必须等于由两部分构成的非空闲岗位的回报。第一部分是生产剩余，即扣除耗费的资本与劳动这两项生产要素后产出的价值［等于 $F(K,1)-(r+\delta)K-w$］。第二部分是岗位被取消后的期望资本损失（$sJ_O$）。

有工人的厂商生产规模决定方式与通常的方法没什么不同。厂商选择使厂商利润最大化的资本数量。参考式（8.11）我们可以将该问题改写为

$$\max_{\{K\}}(r+s)J_O \equiv F(K,1) - (r+\delta)K - w \quad \Rightarrow \quad F_K(K,1) = r+\delta。 \tag{8.12}$$

这是使得资本边际产出等于资本租金的通常情况。将式（8.10）和式（8.12）代入式（8.11），我们得到[①]：

$$\frac{(r+s)\gamma_0}{q(\theta)} = F(K,1) - F_K(K,1)K - w \quad \Rightarrow$$

$$\frac{F_L(K,1)-w}{r+s} = \frac{\gamma_0}{q(\theta)}。 \tag{8.13}$$

式（8.13）的左边代表一个非空闲岗位的价值，等于对未来租金用岗位取消风险的贴现因子（$r+s$）进行调整后的（在工作存续期厂商的）现值。式（8.13）的右边等于搜寻的期望成本。在可以自由进入/退出厂商的条件下，一个非空闲岗位的价值等于期望搜寻成本（参照上文）。[②]



#### 8.1.1.2 工人

模型中工人是风险中性的，有着无限长的寿命，并且只关心贴现后的预期收入（Diamond，1982，p. 219）。在职工人赚取工资 $w$，失业工人获得外生给定的“失业补贴” $z$。这可能包含政府的转移支付，但同时也应包括闲暇的金钱价值。令 $Y_E$ 为一份工作带来的收入的现值，令 $Y_U$ 为一个失业工人收入的现值，从而可以推导出一个失业工人的如下稳态方程：

$$rY_U = z + \theta q(\theta)[Y_E - Y_U]。 \tag{8.14}$$

总而言之，式（8.14）说明 $Y_U$ 是一个失业工人所拥有的一项人力资本。该资本成本与回报应相等。回报包括失业补贴 $z$ 加上由于可能找到一份工作带来的期望资本收入，即 $Y_E - Y_U$。Pissarides（1990，p. 10）指出，可以从两方面解释 $rY_U$。第一种解释为，它是一位失业工人在搜寻期间的人力资本收益。它衡量了工人愿意停止找工

① 我们用到了生产函数的线性齐次性，即 $F = F_K K + 1 \times F_L$，从而 $F - F_K K = F_L$。

② 如果厂商搜寻是无成本的（$\gamma_0 = 0$），该模型可导出劳动的标准生产率条件（$F_L = w$）。然而在搜寻成本为正的条件下，劳动要素的收入比其边际产出低。这是因为劳动边际产出必须足够大，以至能弥补期望搜寻成本所带来的资本耗费。

作的最低数额，因此可以被解释为保留工资。第二种解释为它是“普通”或者“永久”收入：在保持他/她人力资本完整的同时，一名失业工人能够消费的数额。

一名在职工人的稳态套利方程如下：

$$rY_E=w-s[Y_E-Y_U]。\tag{8.15}$$

对于一名在职工人来说，他的永久收入并不等于工资率，因为他有一定的可能性（不为零）被解雇，而这会造成 $Y_E-Y_U$ 的损失。

通过式（8.14）和式（8.15）求解 $rY_U$ 和 $rY_E$，我们可以得到如下表达式：

$$rY_U=\frac{(r+s)z+\theta q(\theta)w}{r+s+\theta q(\theta)},\tag{8.16}$$

$$rY_E=\frac{sz+[r+\theta q(\theta)]w}{r+s+\theta q(\theta)}=\frac{r(w-z)}{r+s+\theta q(\theta)}+rY_U,\tag{8.17}$$

式（8.17）中的第二个表达式表明对于任何愿意找工作的人，$w\geqslant z$ 一定成立。

**插叙 8.1**

## 一些数学原理

前面的理论研究途径使用了一些数学方法，因而结果可能不太容易迅速直观地看出来。因此在这部分我们会复习一些重要概念。更详尽的细节可以从 Ross（1993，ch. 5）中找到。

指数分布是一个非常方便的概率分布。如果一个连续随机变量 $X$ 有如下形式的密度函数形式，便服从指数分布：

$$\phi(x)=\begin{cases}\lambda e^{-\lambda x} & x\geqslant 0\\ 0 & x<0\end{cases},\tag{a}$$

这意味着分布函数是

$$\Phi(x)\equiv\int_{-\infty}^{x}\phi(y)dy=\begin{cases}1-e^{-\lambda x} & x\geqslant 0\\ 0 & x<0\end{cases}。\tag{b}$$

分布函数 $\Phi(x)$ 衡量了随机变量 $X$ 小于或者等于 $x$ 的概率，用符号表示如下：

$$\Phi(x)\equiv P\{X\leqslant x\}。\tag{c}$$

指数分布有以下几个特征。第一，$E(X)=1/\lambda$，即 $X$ 的期望值是 $1/\lambda$。第二，$X$ 的方差 $V(X)\equiv E(X^2)-[E(X)]^2=1/\lambda^2$。第三，随机变量 $X$ 具有无记忆性。假设 $X$ 是灯泡的使用寿命。在一段时间 $t$ 后，灯泡剩余使用寿命的分布与原分布的形式仍然是一样的。通俗地说，灯泡并不“记得”它已经发光了长达 $t$ 时间。从形式上说，如果一个随机变量符合下述式子，便具有无记忆性：

$$P\{X>s+t\mid X>t\}=P\{X>s\}。\tag{d}$$

无记忆性特征是失败率方程（常被称作风险率方程）的一个简单表达形式。风险率方程 $r(t)$ 表示一个已有 $t$ 个年头的物品（例如灯泡或者人）的状态概率分布。它被定义为

$$r(t)\equiv\frac{\phi(t)}{1-\Phi(t)}。\tag{e}$$

对于指数分布，无记忆性意味着已被使用 $t$ 年的物品的残余时间分布与一个新的物品的分布相同。结果，失败率方程应为一个常数。利用式（a）～式（c），我们发现事实确实如此：

$$r(t)\equiv\frac{\phi(t)}{1-\Phi(t)}=\frac{\lambda e^{-\lambda t}}{e^{-\lambda t}}=\lambda。\tag{f}$$

我们有机会在本章和第 16 章的一些有趣的经济应用中用到这一特征。

理论研究方面还频繁地使用到泊松过程。泊松过程是有着许多特性的计数过程。如果 $M(t)$ 表示截止到 $t$ 时刻所发生的事件总数，则随机过程 $\{M(t),\ t\geqslant 0\}$ 被称为计数过程。例如，$M(t)$ 可以代表一个足球明星截止到 $t$ 时刻进球的总数，一个“事件”代表足球明星的一次进球。就匹配过程来说，$M(t)$ 代表着截止到时刻 $t$ 时市场上发生匹配的总数。计数过程 $M(t)$ 必须满足：(i) $M(t)\geqslant 0$；(ii) $M(t)$ 是整数；(iii) 如果 $s<t$，$M(t)-M(s)\geqslant 0$；(iv) 对于 $s<t$，$M(t)-M(s)$ 意味着在 $(s,\ t)$ 间隔内发生的事件数（Ross，1993，p. 208）。

泊松过程是一种特殊的计数过程。形式上，计数过程 $\{M(t),\ t\geqslant 0\}$ 被称为频率为 $\lambda(>0)$的泊松过程需满足：(i) $M(0)=0$；(ii) 过程具有独立增量性；(iii) 任意时间间隔 $t$ 内发生的事件数服从均值为 $\lambda t$ 的泊松分布。因此，

$$P\{M(t+s)-M(s)=m\}\equiv e^{-\lambda t}\frac{(\lambda t)^m}{m!},\tag{g}$$

$m=0,\ 1,\ 2,\ 3,\ \cdots$。了解泊松过程时间间隔的性质是很重要的。假设我们有一个泊松过程 $M(t)$，并且第一个事件发生在时刻 $T_1$。定义 $T_n$ 是发生第$(n-1)$个事件与第 $n$ 个事件间间隔的时间，因而 $T_n$ 便是一个时间间隔。当然，$T_n$ 是随机的。泊松过程有一个非常常用的性质，即 $T_n(n=1,\ 2,\ 3,\ \cdots)$ 相互独立且服从参数为 $\lambda$ 的指数分布，均值为 $1/\lambda$（Ross，1993，p. 214）。

在匹配模型情景中，这是一个非常便利的性质。由于间隔时间服从指数分布，风险率$r(t)=\lambda$ 是一个常数并且$\lambda dt$ 代表在时间间隔 $dt$ 内失败的可能性。注意，在该部分内容中“失败”意味着一个“匹配”，因此，$\lambda$ 可以被当作一个匹配发生的即时概率。

就像 Pissarides (2001) 在文中强调的那样，岗位匹配被定义为一个双向的结果（即在一个具有岗位空缺的公司与一个失业者之间），因此在岗位与劳动力之间的转换比例与泊松过程有关。例如，由式（8.9）可知，一家有空缺岗位的公司会面对一个这样的泊松过程：公司以即时概率 $q(\theta)$ 遇到一个失业者（匹配者）并与其达成工作协议。相似地，在式（8.14）中，失业者同样会面对一个泊松过程：一个失业者以即时概率 $f(\theta)\equiv\theta q(\theta)$ 遇到一家有空缺岗位的公司，同时他或她与该公司达成工作协议。在公司与劳动力之间存在一个与岗位分离类似的联系，详情参见式（8.11）至式（8.15）。

#### 8.1.1.3 工资

当一名求职者遇到一个有着空闲岗位的厂商时会发生什么？显然，由于先前厂商搜寻成本的存在，这场邂逅会创造一个纯粹的经济租。但这一剩余又是如何在二者中分配的呢？在搜寻过程中，很显然，参照现行的市面工资率是不可能的，因为具有非亲临市场交易的劳动力市场这一概念已经被摒弃。发生在这两个团体间的交换是一对一的，并且租金的区别取决于二者讨价还价的结果。幸运的是，如我们可以从第 7 章看到的那样，有一个常用的解决方法可以应用于两人讨价还价的情形，这一方法被称为广义纳什谈判解。

我们假设所有厂商—工人配对具有同样的生产力，从而每个地方的工资率相同。这允许我们集中研究该模型的对称均衡。由于本章的目的在于探讨搜寻模型的宏观经济应用，而并非提出一个劳动力市场经验性的全面描述，因而这一假设也是合理的。我们进一步假设每个进行工资谈判的厂商—工人匹配认为其他这样的厂商—工人匹配的行为是给定的。

考虑一个特定的厂商—工人匹配 $i$。厂商会从这项交易中获得什么？很明显，厂商从有空闲岗位的状态（由于自由退出/进入，价值 $J_V^i=0$）变为无空闲岗位的状态（价值为 $J_O^i$）。因此，该厂商的预期收益是

$$rJ_O^i=F(K_i,1)-(r+\delta)K_i-w_i-sJ_O^i \quad \Rightarrow$$

$$J_O^i=\frac{F_L(K_i,1)-w_i}{r+s}, \tag{8.18}$$

其中，$K_i$ 定义为厂商 $i$ 的资本存量，并且我们用式（8.12）和厂商生产函数的线性齐次性可以得到包括劳动边际产出的最终表达式。[在与工人达成协议之时，厂商以价格$F_K(K_i, 1)=r+\delta$ 租用资本。] 式（8.18）表明厂商之后是什么样的：它想通过与工人讨价还价定下一个远低于工人劳动边际生产率的工资，从而从工人身上攫取尽可能多的剩余。

那么工人又从该项交易中获得了什么？如果这项交易铁板钉钉后，工人便从失业状态变为就业状态，这意味着该工人有如下净收入：

$$r[Y_E^i-Y_U]=w_i-s[Y_E^i-Y_U]-rY_U, \tag{8.19}$$

其中，$Y_U$ 取决于 $w_i$ 而不是取决于整体经济中工资率的期望值［见式（8.16）］。如果工人并不接受这个工作机会（这个工作的工资为 $w_i$），那么他/她将重新成为“失业大军”中的一员并继续搜寻工作。失业工人计算失业价值时所考虑的相关工资率并不是 $w_i$，而是经济体中其他地方的工资率的期望值。

使用广义纳什谈判解，工资 $w_i$ 通过最大化 Ω 决定：

$$\max_{\{w_i\}}\Omega\equiv\beta\ln(Y_E^i-Y_U)+(1-\beta)\ln(J_O^i-J_V), \quad 0<\beta<1, \tag{8.20}$$

其中，$J_V(=0)$ 和 $Y_U$ 可以被解释为厂商和工人各自的“威胁”。工人和厂商的相对谈判强度可以分别定为$\beta$ 和 $1-\beta$。通常的租金分摊原则由式（8.20）中定义的讨价还价问题引出：

$$\frac{d\Omega}{dw_i}=\frac{\beta}{Y_E^i-Y_U}\cdot\frac{dY_E^i}{dw_i}+\frac{1-\beta}{J_O^i-J_V}\cdot\frac{dJ_O^i}{dw_i}=0 \quad\Rightarrow$$

$$\frac{\beta}{r+s}\cdot\frac{1}{Y_E^i-Y_U}-\frac{1-\beta}{r+s}\cdot\frac{1}{J_O^i-J_V}=0 \quad\Rightarrow$$

$$Y_E^i-Y_U=\frac{\beta}{1-\beta}\cdot[J_O^i-J_V]。 \tag{8.21}$$

这个租金分摊原则可以转变为两种更为方便的工资方程。

首先，将式（8.18）和式（8.19）代入式（8.21）并给定 $J_V=0$（考虑到自由退出/进入），我们得到：

$$(1-\beta)Y_E^i=\beta J_O^i+(1-\beta)Y_U \quad\Rightarrow$$

$$(1-\beta)\frac{w_i+sY_U}{r+s}=\beta\frac{F_L(K_i,1)-w_i}{r+s}+(1-\beta)Y_U \quad\Rightarrow$$

$$(1-\beta)[w_i+sY_U]=\beta[F_L(K_i,1)-w_i]+(1-\beta)(r+s)Y_U \quad\Rightarrow$$

$$w_i=(1-\beta)rY_U+\beta F_L(K_i,1)。 \tag{8.22}$$

工人得到他/她的保留工资($rY_U$)和边际产出（$F_L$）的加权平均。工人在谈判中越强势，$\beta$ 值越大，工资越接近劳动的边际生产率。

得到的工资等式的第二种表达式如下所示。从式（8.12）我们知道每个非空闲厂商选择相同的资本存量，从而 $K_i=K$。因此，厂商 $i$ 选择的工资率和其他所有厂商一样，$w_i=w$。这意味着 $rY_U$ 可以写成如下形式：

$$rY_U=z+\theta q(\theta)[Y_E-Y_U]=z+\theta q(\theta)\frac{\beta}{1-\beta}J_O$$

$$=z+\theta q(\theta)\frac{\beta}{1-\beta}\frac{\gamma_0}{q(\theta)}=z+\frac{\beta\theta\gamma_0}{1-\beta}。 \tag{8.23}$$

这个结果是直观的。保留工资随着失业补贴、工人的谈判强势程度、搜寻成本、劳动力市场拥挤程度的增加而增加。将式（8.23）代入式（8.22）我们得到第二种工资方程：

$$w=(1-\beta)z+\beta[F_L(K,1)+\theta\gamma_0]。 \tag{8.24}$$

工人得到两部分剩余的加权平均，即失业补贴和包含劳动边际产出、交易达成所节约下来的期望搜寻成本（回忆一下，$\gamma_0\theta\equiv\gamma_0 V/U$ 表明每个失业工人的平均雇佣花费）的剩余。

## □ 8.1.2　市场均衡

我们现在掌握了模型所有必要的元素。为了简便，我们将整个模型概括为下列四个共同决定内生变量 $K$、$w$、$\theta$、$U$ 均衡解的方程。

$$F_K(K,1)=r+\delta, \tag{8.25}$$

$$\frac{F_L(K(r+\delta),1)-w}{r+s}=\frac{\gamma_0}{q(\theta)}, \tag{8.26}$$

$$w=(1-\beta)z+\beta[F_L(K(r+\delta),1)+\theta\gamma_0],\tag{8.27}$$

$$U=\frac{s}{s+\theta q(\theta)}。\tag{8.28}$$

式（8.25）是资本的边际产出情形，决定了每个有雇佣工人的厂商的最优资本存量（从而决定了生产规模）。由于资本的边际产出随资本量的增加而减少（$F_{KK}<0$），式（8.25）将最优资本存量（$K^*$）与（外生的）资本租金率联系在一起，即 $K^*=K(r+\delta)$ 且 $K'<0$。分别将该方程代入式（8.13）和式（8.24），我们得到式（8.26）和式（8.27）。式（8.26）是一个考虑到厂商可以自由退出/进入市场的零利润情形的方程，而式（8.27）是由一个有空闲岗位的厂商与一个找寻工作的失业工人的纳什谈判所导出的薪酬支付方程。最后，式（8.28）是均衡失业率的表达式。这个等式即大家所知晓的贝弗里奇曲线（Blanchard and Diamond，1989）。

这个模型在固定真实利率的假设条件下不断循环。首先，式（8.25）是一个利率方程，它决定了每个开工生产企业的最优规模。然后式（8.26）和式（8.27）是一个最优资本存量方程，它决定了 $w$ 和 $\theta$ 的均衡解。最后，式（8.28）是一个关于 $\theta$ 的方程，它决定了失业率 $U$。一旦知道 $\theta$ 和 $U$，工作数目便由（$1-U)N+\theta UN$ 给定了并且雇佣人数等于 $L=(1-U)N$。

模型的图形解释如图 8—1 所示。在（a）部分中 ZP 曲线是零利润情形（8.26）。它在（$w$，$\theta$）坐标系中向下倾斜：

$$\left(\frac{dw}{d\theta}\right)_{ZP}=\frac{(r+s)\gamma_0}{q(\theta)^2}q'(\theta)<0。\tag{8.29}$$

直观地，工资的减少增加了一个开工岗位的价值，因而式（8.26）的左半部分上升。为了回到零利润均衡，厂商的预期搜寻成本［式（8.26）的右半部分］一定也会上升，即 $q(\theta)$ 一定会下降而 $\theta$ 必定会上升。

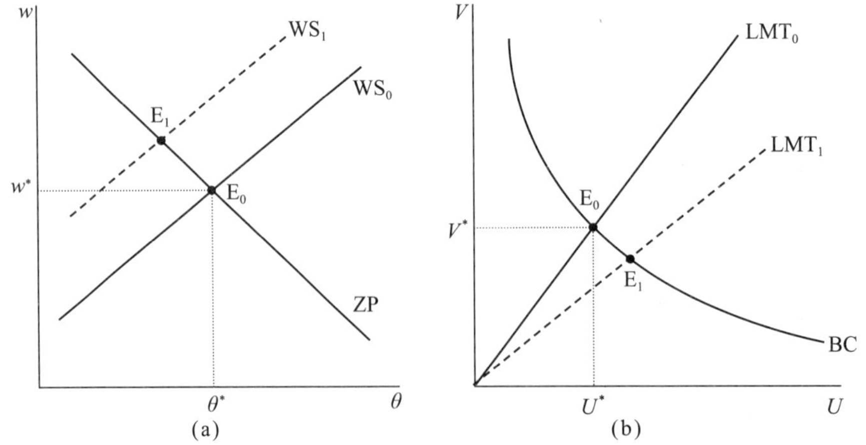


**图 8—1 劳动力市场搜寻均衡**

同样，在（a）部分中，WS 曲线是支付工资曲线（8.27）。该曲线在（$w$，$\theta$）坐标系中向上倾斜：

$$\left(\frac{dw}{d\theta}\right)_{WS}=\beta\gamma_0>0。\tag{8.30}$$

直观地，因为当工人与有空闲岗位的厂商达成协议时会从先前的搜寻成本中受益，工资会随着 $\theta$ 上升（见前面的叙述）。结合（a）部分中的 ZP 和 $WS_0$ 曲线，可以得到均衡工资 $w^*$ 和均衡空闲—失业率 $\theta^*$，即（a）部分中的点 $E_0$。

在图 8—1 的（b）部分，由原点出发的曲线 $LMT_0$ 描述了均衡空缺—失业率（表示劳动力市场紧张程度的指标），该比率用 $V=\theta^* U$ 表示，曲线 BC 是重现于($V$，$U$)空间的贝弗里奇曲线（8.28）。贝弗里奇曲线可以对数线性化为①

$$\widetilde{V}=\frac{1}{1-\eta}\widetilde{s}-\frac{s+f\eta}{f(1-\eta)}\widetilde{U},\tag{8.31}$$

其中，$\widetilde{U}\equiv dU/U$，$\widetilde{V}\equiv dV/V$，$\widetilde{s}\equiv ds/s$ 且 $\eta$ 和 $f$ 分别由式（8.4）和式（8.5）给定。贝弗里奇曲线向下倾斜（因为 $0<\eta<1$）。直观地，在给定的失业率下，空闲率的下降会导致找到工作的即时概率（$f$）下降，即在 BC 曲线下的点失业率比劳动力市场均衡的失业率低（$U<s/(s+f)$）。为了恢复市场均衡，失业率必定会上升。式（8.31）也表明岗位取消率的提高会使贝弗里奇曲线向右上方移动，这个结果在下面会用到。

### □ 8.1.3　比较静态效应

为了证明这个模型的一些重要性质，我们现在会演示一些比较静态实验。第一个实验与政策相关并关注失业补贴 $z$ 上升所造成的影响。从式（8.27）我们可以很清楚地知道，$z$ 上升会使得工人谈判失败后的境遇改善，从而造成工资率上升的压力。在图 8—1 中支付工资等式会从 $WS_0$ 上升到 $WS_1$，（a）部分中均衡点从 $E_0$ 移至 $E_1$。均衡工资率上升而空闲—失业率下降。直观地，政策冲击会造成一个非空闲岗位的价值下降。在图 8—1 的（b）部分中，空闲—失业率的下降被表示为曲线 LMT 顺时针方向的移动，从 $LMT_0$ 移至 $LMT_1$。由于贝弗里奇曲线并没有任何改变，故（b）部分中均衡点从 $E_0$ 移至 $E_1$，空闲率下降，失业率上升。

对于第二个比较静态实验，我们考虑外生的岗位取消率 $s$ 上升造成的影响。由于它同时影响厂商创造空闲岗位的激励与贝弗里奇曲线本身，故这个冲击比前一个

① 将 $\theta=V/U$ 代入式（8.28）我们可以得到 $V$、$U$ 和 $s$ 的隐性表达式。我们对该隐函数对数线性化以计算其偏导数。从式（8.28）开始，并且注意到 $f(\theta)\equiv\theta q(\theta)$，我们发现

$$[s+f(\theta)]dU+Udf(\theta)=(1-U)ds\quad\Rightarrow$$

$$\frac{s}{U}dU+Udf(\theta)=(1-U)ds\quad\Rightarrow$$

$$s\widetilde{U}+Uf(\theta)(1-\eta(\theta))\widetilde{\theta}=s(1-U)\widetilde{s}\quad\Rightarrow$$

$$[s-f(\theta)U(1-\eta(\theta))]\widetilde{U}+Uf(\theta)(1-\eta(\theta))\widetilde{V}=s(1-U)\widetilde{s}。$$

将 $U=s/(s+f)$ 代入最后一个等式并改写我们得到的式（8.31）。

更复杂。从式（8.26）中我们可以很清楚地知道，假定工资不变，随着厂商所有租金更大幅度地下降，岗位取消率的提高降低了开工岗位的价值。因此，在图 8—2 的（a）部分中，ZP 曲线从 $ZP_0$ 左移到 $ZP_1$。由于支付工资曲线并没有发生变化，（a）部分中的均衡点从 $E_0$ 移动到 $E_1$ 并且工资和空闲—失业率都下降。在图 8—2 的（b）部分中，LMT 曲线按顺时针方向从 $LMT_0$ 移至 $LMT_1$。同前面注意到的一样，岗位取消率造成的直接后果便是贝弗里奇曲线的向外移动，在（b）部分中由 $BC_0$ 移动到 $BC_1$。我们在附录中说明贝弗里奇曲线的向外移动会导致 LMT 曲线顺时针旋转（假定满足一个普通的充分条件）从而新的均衡 $E_1$ 会在原均衡 $E_0$ 的右上方，失业率和空闲率都会上升。

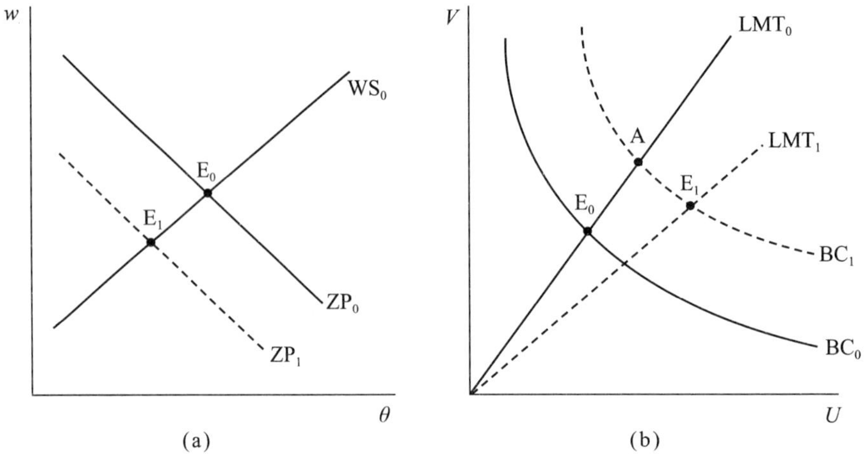


**图 8—2　高岗位取消率的影响**

## □ 8.1.4　效率

本章介绍的匹配模型包含了交易外部性。将失业劳动力与有空缺岗位的公司相匹配的概率取决于市场中交易商的数量，即取决于 $U$ 和 $V$ 的大小。当一个失业者与有空缺岗位的公司相遇并签订劳动合同（在特定的工资率上达成一致）时，他们没有考虑到他们的行为影响到市场紧张程度 $V$ 和 $U$，并因此改变劳动力市场中其他参与者的求职率和招聘率。关键问题是纳什议价的工资率是否可以将外部效应内部化并产生一个有效的结果。换句话说，求职性失业是有效率的还是无效率的？

Hosios（1990）在他的一篇著名的论文中概括地论证了，若对于每一个参与者而言，社会贡献以及参与匹配过程所获得的私有收益与其他参与者的相同，那么此时的搜索均衡是帕累托最优的。在我们特定的模型中，匹配函数具有规模报酬不变特性；同时当 Hosios 条件[①]满足下列方程时，该均衡是有效率的：

$$\beta=\eta(\theta), \tag{8.32}$$

① 关于这个条件的一个正式推导详见本章的附录 B。

其中，$\beta$ 是工人的议价权重，$\eta(\cdot)=G_U U/G$ 是匹配函数关于失业的弹性［参见上文的式（8.4）］。

正如 Pissarides（2000，p. 185）详细解释的那样，Hosios 条件是一个十分苛刻的在现实经济环境中很难实现的条件。在特殊情况下使用柯布-道格拉斯匹配函数很容易证明 $X=U^{\eta}V^{1-\eta}$ 且弹性是一个常数，同时，Hosios 条件可归纳成 $\eta=\beta$。但是这些系数是完全独立的且互不相等：$\beta$ 是工人的议价能力，$\eta$ 是匹配技术的一个方面。总之，离散的匹配模型很可能是无效率的。

## 8.2 搜寻模型的应用

在该部分中我们用搜寻理论的方法研究三个主题。首先，我们继续研究税收对劳动力市场的影响。其次，我们研究像对待空啤酒瓶那样对待工人的观点。特别地，我们看看如果雇主必须付出（收到）一定量的金额才能解雇（雇用）一名工人会有什么影响。最后，我们简短地研究如何将搜寻理论方法用于解释失业率的持续性。

### 8.2.1 税收效应

我们假设对劳动分别征收两种不同的税。第一种，雇主必须支付使用劳动的从价税（一种工资税），表示为 $t_E$。第二种，家庭面临一种按劳动收入比率征收的税，表示为 $t_L$。

对劳动从雇主方面征税的效应如下。首先，式（8.11）被修改为

$$rJ_O=F(K,1)-(r+\delta)K-w(1+t_E)-sJ_O, \tag{8.33}$$

从而资本的边际产出［式（8.12）］并未受到影响，但自由进入/退出的情形（8.13）被修改为

$$\frac{F_L(K(r+\delta),1)-w(1+t_E)}{r+s}=\frac{\gamma_0}{q(\theta)}, \tag{8.34}$$

其中我们也代入了决定最优资本存量的隐式表达式［即 $K^*=K(r+\delta)$］。

劳动所得税的影响如下。首先，由于失业补贴不征税并且是外生的，式（8.14）并未变化，但式（8.15）中出现税后实际工资率 $w(1-t_L)$，从而式（8.16）和式（8.17）变为

$$rY_U=\frac{(r+s)z+\theta q(\theta)w(1-t_L)}{r+s+\theta q(\theta)}, \tag{8.35}$$

$$rY_E=\frac{sz+[r+\theta q(\theta)]w(1-t_L)}{r+s+\theta q(\theta)}=\frac{r[w(1-t_L)-z]}{r+s+\theta q(\theta)}+rY_U, \tag{8.36}$$

其中，式（8.36）中的第二个等式表明对于任何愿意进行搜寻的人，$w(1-t_L)\geqslant z$

必定成立，即劳动所得税必然不能太高。

所得税的第二种效应影响了工资讨价还价的过程。通过 7.1.1 节的推导，租金分摊原则式（8.21）修订为

$$Y_E^i - Y_U = \frac{\beta}{1-\beta}\frac{1-t_L}{1+t_E}[J_O^i - J_V], \tag{8.37}$$

从而工资等式（8.22）成为

$$w_i = (1-\beta)\frac{rY_U}{1-t_L} + \beta\frac{F_L(K_i,1)}{1+t_E}, \tag{8.38}$$

并且式（8.24）改写为

$$w = (1-\beta)\frac{z}{1-t_L} + \beta\frac{F_L(K(r+\delta),1)+\theta\gamma_0}{1+t_E}, \tag{8.39}$$

其中，我们再次代入 $K^* = K(r+\delta)$。

模型的核心部分包含贝弗里奇曲线（8.28）、零利润曲线（8.34）和工资制定曲线（8.39），从而可以用图形直观地解释各种税率的比较静态效应。（正式的推导详见附录 A。）

首先，我们考虑图 8—3 中的工资税 $t_E$ 上升的影响。根据式（8.34），受此冲击，零利润曲线左移［在（a）部分中，从 $ZP_0$ 左移到 $ZP_1$］。假定总的工资率不变，税收上升减少了开工岗位的价值，从而零利润均衡与更低的空闲—失业率联系在一起。工资税在支付工资方程中起重要作用。确实，根据式（8.39），工资税的上升会造成工资率下降的压力。直观地，这是由于厂商对配对的净剩余感兴趣［等于$(F_L+\theta\gamma_0)/(1+t_E)$］，即它考虑到了工资税。因此，部分剩余影响到了工资，使得工资下降。在图 8—3 的（a）部分中，支付工资曲线从 $WS_0$ 下移到 $WS_1$。均衡点从 $E_0$ 移至 $E_1$，工资率和空闲—失业率都下降（见附录 A）。在（b）部分中，LMT 曲线按顺时针方向从 $LMT_0$ 移至 $LMT_1$ 并且均衡点从 $E_0$ 移至 $E_1$。均衡空闲率下降，而失业率上升。

作为第二个比较静态练习，我们现在考虑劳动所得税 $t_L$ 上升的影响。图 8—4 是该变化产生效应的图示。劳动所得税上升并不会对零利润曲线造成影响，但（a）部分中的工资制定等式从 $WS_0$ 上升到 $WS_1$。直观地，根据式（8.39）税收上升提高了家庭在工资讨价还价过程中含税价值的外部机会［$Z/(1-t_L)$］，因为失业补贴是不用纳税的。假定其他条件不变，这会造成工资率上升的压力。在（a）部分中，均衡点从 $E_0$ 移至 $E_1$，总的工资率上升，空闲—失业率也上升。在（b）部分中，LMT 曲线按顺时针方向从 $LMT_0$ 移至 $LMT_1$ 并且均衡点从 $E_0$ 移至 $E_1$，均衡空闲率下降，同时失业率上升。该税收的冲击与失业补贴上升对工人的影响一样。

### □ 8.2.2 雇佣补贴

有些人将空瓶子退还给商店，因为他们觉得从环保角度来看将这些瓶子丢掉是不好的，虽然大多数人对环保这个高尚追求并没有太大兴趣，并且只有当商店会退

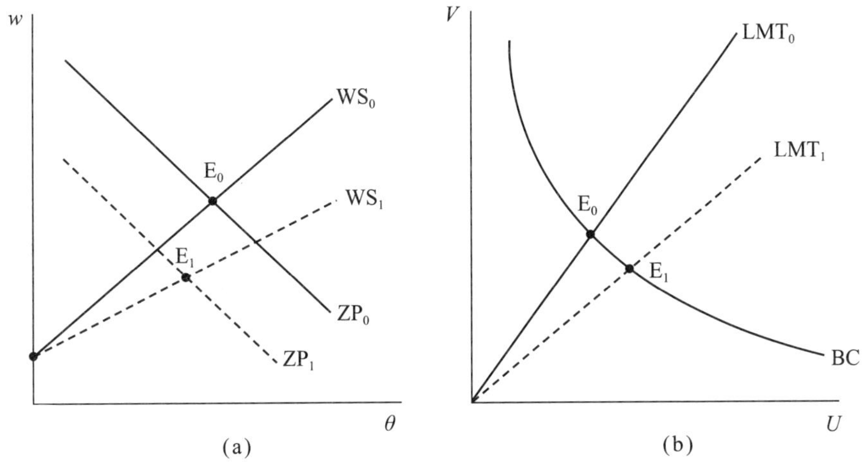


**图 8—3　工资税效应**

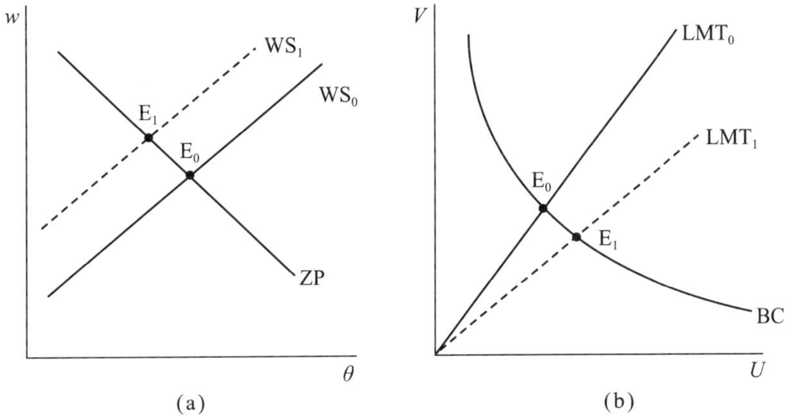


**图 8—4　劳动所得税效应**

回部分钱时人们才会将瓶子退还。有人或许会认为应该尝试将相似的系统应用于劳动力市场。而这可以理解为当厂商解雇员工时需要支付一笔补贴，并且当它雇用（或者重新雇用）该工人（或者其他工人）时补贴会被退回，并且这个问题可以用本章提出的搜寻理论框架来分析。

假设一个厂商雇用一名工人时收到政府一次性的固定支付 $b$，但厂商解雇职员时也必须向政府支付 $b$。无疑式（8.9）将会被改写成如下形式来反映该项支付：

$$rJ_V=-\gamma_0+q(\theta)[J_O+b-J_V]。\tag{8.40}$$

如果一个有空闲岗位的厂商找到一个工人，它的资本收益将是 $J_O-J_V$ 加上政府的支付。厂商自由退出/进入市场意味着下列开工岗位价值的表达式：

$$J_V=0 \quad \Rightarrow \quad J_O=\frac{\gamma_0}{q(\theta)}-b。\tag{8.41}$$

式（8.41）表明这一存款的作用就像一次性付给有空闲岗位的厂商的补贴。预期搜寻成本 $\gamma_0/q(\theta)$ 因为这一政府给予的一次性支付而减少。

对于一个没有空闲岗位的厂商，稳态套利方程如下：

$$rJ_O=F(K,1)-(r+\delta)K-w-s[J_O+b]。\tag{8.42}$$

如果工作被取消，厂商不仅会失去该岗位的价值，并且要退回政府所给的补贴。结果是，资本的总损失为 $s(J_O+b)$。（鉴于岗位取消率 $s$ 是外生的，厂商对于减少岗位取消冲击的可能性是无能为力的。）式（8.12）中的资本边际产出情况仍然成立。通过联立式（8.12）和式（8.41）～式（8.42），零利润情况在式（8.13）中变为

$$(r+s)\left[\frac{\gamma_0}{q(\theta)}-b\right]=F(K,1)-F_K(K,1)K-w-sb \quad\Rightarrow$$

$$\frac{\gamma_0}{q(\theta)}=\frac{F_L(K,1)-w+rb}{r+s}。\tag{8.43}$$

存款的资本价值和使用劳动的补贴一样。

租金分摊原则［式（8.21）］被修改成能反映厂商雇用工人所收到支付的形式：

$$Y_E^i-Y_U=\frac{\beta}{1-\beta}[J_O^i+b-J_V],\tag{8.44}$$

从而工资方程（8.22）变为

$$w_i=(1-\beta)rY_U+\beta[F_L(K_i,1)+rb]。\tag{8.45}$$

由于工资仍由式（8.23）给出，工资方程（8.45）可以依据对称情况（$w_i=w$）改写成

$$w=(1-\beta)z+\beta[F_L(K,1)+rb+\theta\gamma_0]。\tag{8.46}$$

模型包括式（8.25）、式（8.28）、式（8.43）和式（8.46）。

在图 8—5 中我们画出了补贴 $b$ 上升的影响。根据式（8.43），由于补贴带来的利息收入使得非空闲岗位的价值上升，零利润曲线上升［（a）部分中从 $ZP_0$ 到 $ZP_1$］。然而，利息收入同样通过工资制定方程（8.46）对工资率造成影响。因此，（a）部分中的工资制定方程从 $WS_0$ 上升到 $WS_1$。在附录 A 中我们指出，由于该冲击，工资和空闲—失业率都会上升，即点 $E_1$ 位于原均衡 $E_0$ 的右上方。在（b）部分中，LMT 曲线按逆时针方向从 $LMT_0$ 移至 $LMT_1$ 并且均衡点从 $E_0$ 移至 $E_1$。均衡空闲率上升，均衡失业率下降。

### □ 8.2.3 搜寻性失业、技能退化和持续性

如我们在第 6 章中所见，成熟经济体劳动力市场的一个典型事实便是失业率的持续性。如何用搜寻理论框架解释该持续性呢？根据一项有趣的成果，Pissarides（1992）已说明暂时的冲击会对长期造成持续影响的机制之一与技能退化有关。如果

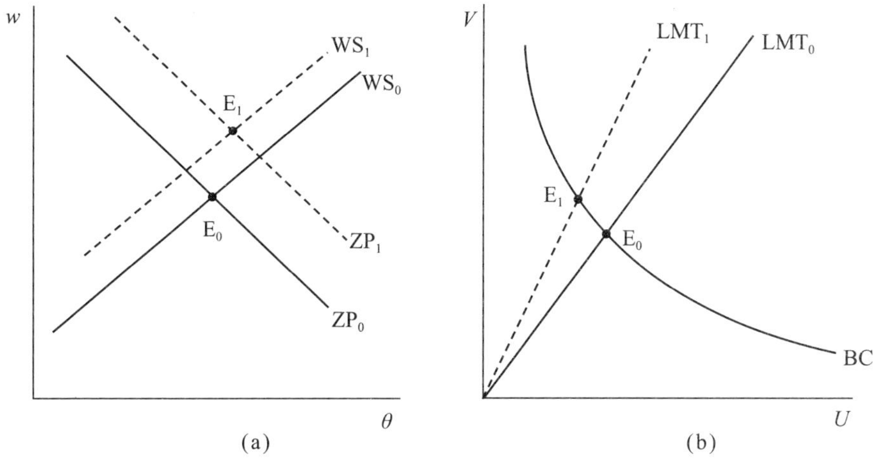


**图 8—5　劳动补贴效应**

失业会使他们的一些技能退化，那么他们的生产力降低，因而变得对厂商缺乏吸引力。当他们赋闲在家时，人力资本便会损失。结果是，在下个阶段空闲岗位会变少，失业期的期望会上升。此外，由于平均人力资本下降（由于长期失业造成技能退化），市场变得"稀薄"，平均劳动生产力下降。比起失业不会造成技能退化的情况，现在经济体中能创造利益的配对变少了。平均来说，失业期将会变得更长，即使原来的长期失业已经消失（或者找到一份工作），劳动力市场变得稀薄的状况仍然会持续下去。一个暂时的冲击便永久保留下来了。



## 8.3 小　结

在本章中我们讨论了劳动力市场的搜寻和匹配方法。这是到目前为止，本书关于劳动力市场讨论中对技术要求最高的理论，因为它摒弃了总劳动力市场这一概念，直接对经济中劳动力的流动性（即工人由失业到就业及从就业到失业的变动性）建立模型。

由于该理论本身要求非常高，我们只介绍了最简单的可能搜寻模型。模型中的核心要素如下。首先，寻找工作的失业工人在同寻找工人来填补岗位的厂商接触的过程中是存在摩擦的。这种摩擦会消耗时间和金钱。其次，使模型变得易于处理的核心分析设计是所谓的匹配函数。(该方程在劳动力市场流量系统中扮演的角色和新古典生产函数在要素生产和增长理论中扮演的角色相似。）匹配函数使工人遇到厂商（和厂商遇到工人）的可能性联系在一起，这种可能性是总劳动力市场拥挤程度的函数。拥挤程度意味着空闲岗位和失业工人的比例。

如果空闲—失业率高（低），那么一名在找工作的失业工人找到一个有空闲岗位的厂商的可能性就高（低），并且搜寻时间的期望也低（高）。匹配函数也解释了面对市场另一方时的境况。确实，如果空闲—失业率高（低），那么很多（少）厂商在试图安置一名失业工人，从而一个厂商个体的成功概率就低（高）并且厂商在搜寻期的期望值便高（低）。

搜寻模型的第三个要素关注工资形成过程。一旦一个有空闲岗位的厂商遇到一名失业工人，一个单纯的经济租金便形成了，这包括先前厂商和工人对搜寻成本的期望。该项余款必定在厂商和工人间进行分派。本章中的典型假设是双方对工资进行讨价还价。

模型的第四个要素是将均衡失业率与（外生的）岗位取消率（调节进入失业的流量）和工人找到工作的比率（调节退出失业的流量）联系在一起的所谓的贝弗里奇曲线。在一些特定的冲击下，先前能盈利的厂商—工人匹配消失，所以岗位取消率严格大于零。

模型产生一个用外生变量方程表示的包括失业率和空闲率在内的均衡解。我们演示了一些比较静态实验。例如，岗位取消率的提高会导致失业率和空闲率的上升从而降低空闲—失业率。匹配模型内存在交易外部性，此外部性很难通过纳什均衡工资来内部化。因此，均衡失业可能是无效率的。

在本章最后，我们将搜寻模型用于一系列不同的设定。首先，我们展示了税收机制是如何影响搜寻均衡的。其次，我们说明工人存款计划可以用来影响均衡失业率。（在这个计划下厂商雇用工人时会从政府那拿到一笔雇佣补贴而厂商在解雇工人时必须将这笔雇佣补贴交回给政府。）最后，我们简要讨论了可以解释劳动力市场典型事实——失业率长期存在这一现象——的搜寻模型。这里的核心概念便是失业工人在失业期间技能会退化结果变成对厂商比较没有吸引力的员工（并因此面临更长的搜寻过程）。



## 延伸阅读

现代搜寻理论模型的关键文献是 Mortensen (1978, 1982a, 1982b, 1986, 1989)、Diamond (1984a, 1984b)、Mortensen 和 Pissarides (1994)、Pissarides (1994)、Blanchard 和 Diamond (1994)。Mortensen 和 Pissarides (1999a, 1999b) 给出了这些文献很好（但新近）的综述。Pissarides (2001) 提供了一篇容易理解的探讨文章。Hosios (1990) 研究了搜寻模型福利理论的特征。岗位取消/创造的微观证明由 Davis、Haltiwanger 和 Schuh (1996) 给出。最近大量的关于匹配函数的调查，参见 Petrongolo 和 Pissarides (2001)。Mortensen 与 Pissarides (2001)、Heijdra 和 Ligthart (2002, 2009) 研究了匹配模型中的税收效应。

## 附录 A：比较静态效应

在 8.1.3 节中我们用图形解释了失业补贴 $z$ 和岗位取消率 $s$ 的变化导致的一些

结果。在本附录中我们会对这些结果的推导过程进行分析。首先我们对式（8.26）和式（8.27）进行对数线性化，保持 $r$ 和 $\delta$ 不变（因此 $F_K$、$F_L$ 和 $K$ 也不变）。在作出一些处理后我们得到：

$$\begin{bmatrix}\eta(w-F_L) & -1\\ -\beta\gamma_0\theta & 1\end{bmatrix}\begin{bmatrix}\tilde{\theta}\\ dw\end{bmatrix}=\begin{bmatrix}(F_L-w)\left[\bar{\gamma}_0+\left(\frac{s}{r+s}\right)\tilde{s}\right]\\ (1-\beta)dz+\beta\gamma_0\theta\bar{\gamma}_0\end{bmatrix},\tag{A8A.1}$$

其中，$\eta$ 在式（8.4）中定义，$\tilde{\theta}\equiv d\theta/\theta$，$\bar{\gamma}_0\equiv d\gamma_0/\gamma_0$，且 $\tilde{s}\equiv ds/s$。求解式（A8A.1）得到 $\tilde{\theta}$ 和 $dw$ 的解：

$$\tilde{\theta}\equiv\tilde{V}-\tilde{U}=\frac{-(F_L-w+\beta\theta\gamma_0)\bar{\gamma}_0-(F_L-w)\left(\frac{s}{r+s}\right)\tilde{s}-(1-\beta)dz}{\eta(F_L-w)+\beta\gamma_0\theta},\tag{A8A.2}$$

$$dw=(F_L-w)\left[\frac{-\beta\theta\gamma_0\left[(1-\eta)\bar{\gamma}_0+\frac{s}{r+s}\tilde{s}\right]+\eta(1-\beta)dz}{\eta(F_L-w)+\beta\gamma_0\theta}\right]。\tag{A8A.3}$$

如图 8—1 所示，失业补贴上升（$dz>0$）会导致工资上升（$dw>0$）且空闲—失业率（$\tilde{\theta}>0$）下降；如图 8—2 所示，岗位分隔率（$\tilde{s}>0$）导致工资和空闲—失业率都下降（$dw<0$ 和 $\tilde{\theta}<0$）。上述两点在本附录中也适用。最终，搜寻成本（$\bar{\gamma}_0>0$）同时减少了工资和空闲—失业率（$dw<0$ 和 $\tilde{\theta}<0$）。我们鼓励学生画出相应的图并培养经济直觉。

围绕图 8—2 展开的关于岗位取消率的下降提高了失业和空闲率的讨论仍有待证明。利用式（8.31）和式（A8A.2）（并且令 $\bar{\gamma}_0=dz=0$）我们得到一个关于 $\tilde{V}$ 和 $\tilde{U}$ 的方程组：

$$\begin{bmatrix}1 & \frac{s+f\eta}{f(1-\eta)}\\ 1 & -1\end{bmatrix}\begin{bmatrix}\tilde{V}\\ \tilde{U}\end{bmatrix}=\begin{bmatrix}1\\ -\frac{s}{r+s}\frac{(1-\eta)(F_L-w)}{\eta(F_L-w)+\beta\gamma_0\theta}\end{bmatrix}\frac{\tilde{s}}{1-\eta}。\tag{A8A.4}$$

求解式（A8A.4），得到如下表达式：

$$\tilde{V}=\frac{f}{s+f}\cdot\left[1-\frac{s+f\eta}{f}\frac{s}{r+s}\frac{F_L-w}{\eta(F_L-w)+\beta\gamma_0\theta}\right]\tilde{s}\gtrless 0,\tag{A8A.5}$$

$$\tilde{U}=\frac{f}{s+f}\cdot\left[1+\frac{s}{r+s}\frac{(1-\eta)(F_L-w)}{\eta(F_L-w)+\beta\gamma_0\theta}\right]\tilde{s}>0。\tag{A8A.6}$$

失业率明显上升，但空闲率的变化通常说来仍不清楚。然而，证明当一个比较弱的充分情况满足时，式（A8A.5）右边方括号中的项为正并不难。首先我们注意到式（8.26）给出了如下结果：

$$\frac{F_L-w}{\eta(F_L-w)+\beta\gamma_0\theta}=\frac{r+s}{\eta(r+s)+\beta f}。\tag{A8A.7}$$

使用式（A8A.7），式（A8A.5）右边方括号中的项可以简写成

$$
\begin{aligned}
[\cdot]&=1-\frac{s+f\eta}{f}\frac{s}{r+s}\frac{r+s}{\eta(r+s)+\beta f}\\
&=\frac{f[r\eta+\beta f]-s^2}{f[\eta(r+s)+\beta f]}\\
&=\frac{fr\eta+f^2[\beta-(s/f)^2]}{f[\eta(r+s)+\beta f]}。
\end{aligned}
\tag{A8A.8}
$$

式（A8A.8）中的分母为正，并且由于 $fr\eta>0$，分子为正的充分条件是 $\beta>(s/f)^2$ 或者：

$$\beta>\left(\frac{U}{1-U}\right)^2, \tag{A8A.9}$$

其中，我们用到了 $U=s/(s+f)$ 的事实。假定工人的相对谈判强度（$\beta$）并不很小，满足式（A8A.9）中的不等式并且式（A8A.5）右边方括号中的项为正。事实上，这个充分条件很弱。甚至在25%高失业率（$U=0.25$）的情况下 $\beta>1/9$ 才满足这个条件。Pissarides（1990，p.16）提出了一个更为严格的充分条件。

在8.2.1节中我们将对劳动力市场征税产生的影响列入考虑范围，改写了模型。劳动所得税税率上升的作用和失业补贴上升的作用机制相同，因而结果一致。保持除了工资税外的所有外生变量不变，通过对式（8.34）和式（8.39）求微分我们发现：

$$
\begin{bmatrix}\eta\dfrac{w(1+t_E)-F_L}{1+t_E} & -1\\ -\dfrac{\beta\gamma_0\theta}{1+t_E} & 1\end{bmatrix}
\begin{bmatrix}\tilde{\theta}\\ dw\end{bmatrix}=
\begin{bmatrix}w\\ -\dfrac{\beta[F_L+\gamma_0\theta]}{1+t_E}\end{bmatrix}\tilde{t}_E, \tag{A8A.10}
$$

其中，$\tilde{t}_E\equiv dt_E/(1+t_M)$。求解式（A8A.10），得到 $\tilde{\theta}$ 和 $dw$ 的解：

$$\tilde{\theta}=-\frac{w(1+t_E)-\beta[F_L+\theta\gamma_0]}{\eta[F_L-w(1+t_E)]+\beta\gamma_0\theta}\tilde{t}_E<0, \tag{A8A.11}$$

$$dw=-\frac{\beta}{1+t_E}\frac{\theta\gamma_0 w(1+t_E)+\eta[F_L-w(1+t_E)][F_L+\theta\gamma_0]}{\eta[F_L-w(1+t_E)]+\beta\gamma_0\theta}\tilde{t}_E<0, \tag{A8A.12}$$

其中，根据式（8.39），式（A8A.11）中的分子为正。

在8.2.2节中我们研究了雇佣补贴 $b$ 上升的效应。保持除了补贴外的其他外生变量不变，通过对式（8.43）和式（8.46）求微分我们发现：

$$
\begin{bmatrix}\eta(w-F_L-rb) & -1\\ -\beta\gamma_0\theta & 1\end{bmatrix}
\begin{bmatrix}\tilde{\theta}\\ dw\end{bmatrix}=
\begin{bmatrix}-1\\ \beta\end{bmatrix}rdb。 \tag{A8A.13}
$$

通过求解 $\tilde{\theta}$ 和 $dw$ 我们得到：

$$\tilde{\theta}=\frac{1-\beta}{\eta(F_L+rb-w)+\beta\theta\gamma_0}rdb>0, \tag{A8A.14}$$

$$dw=\frac{\beta[\theta\gamma_0+\eta(F_L+rb-w)]}{\eta(F_L+rb-w)+\beta\theta\gamma_0}rdb>0。 \tag{A8A.15}$$

## 附录 B：宏观经济匹配模型

在本附录中，我们将建立一个宏观经济视角下的匹配模型。此附录比其余章节具有更高的技术要求，读者在第一次阅读本书时可以跳过本附录。

在对搜寻和匹配模型的严格的（宏观经济的）阐述下，我们分析了个体劳动力与单作业公司的行为。这些个体参与者面对同一随机问题，那就是劳动力要么在职，要么正在求职。相似地，公司要么存在岗位空缺，要么已设法找到了一个合适的工人。为了在宏观经济层面上分析此模型，就必须解决工人和公司所面临的由随机决策造成的问题，使用随机动态规划技术（stochastic dynamic programming techniques）可解决此问题，该方法的使用已经超出了本书的范围。

经济学家将单个参与者纳入由众多相似参与者组成的大群体中，并对每一群体的行为而非单个参与者的行为进行研究。通过这样的方法，宏观经济学著作探讨了诸多复杂问题。例如，我们并非研究每一个劳动力，而是假设一个代表性的家庭包含了很多（无穷的）家庭成员，这些家庭成员都有全职工作或者正在求职。假设在这个家庭中收入是共享的。因为家庭成员的数量十分巨大，家庭范围的就业、失业、收入是确定的，因此标准确定性的最优控制技术（standard deterministic optimal control techniques）可以用来求解家庭模型。类似地，在大公司的假设下［参见 Pissarides（2000，pp. 68－70）］，总的就业及空缺职位的流动呈现确定性。本章的讨论大多是基于 Heijdra 和 Ligthart（2002）。

### B.1 家庭

代表性的家庭包含多个（$N$ 个）完全相同的家庭成员。为减少符号的使用，我们统一使用符号 $N$。家庭成员仅仅关心整个家庭的终生效用并且个体劳动者的收入风险完全被家庭分担。因此，家庭收入是非随机的。[①] 从规划时期 $t$ 的角度来看，代表性家庭的期望终生效用可由以下方程表示：

$$\Lambda(t)\equiv\int_t^{\infty}[C(\tau)+\gamma_L M(\tau)]\cdot e^{\rho(t-\tau)}dt, \tag{A8B.1}$$

其中，$\rho(\rho>0)$是时间偏好率，$C(\tau)$ 是家庭消费，$M(\tau)$ 是家庭闲暇。家庭有一致

① 该假设条件在宏观经济学著作中相当常见。例如，在 Andolfatto（1996）、Merz（1995）、Galí（1996）、DenHaan et al.（2000）、Shi 和 Wen（1997，1999）中都可见到该假设。

的养老时间，因此闲暇就等于：

$$M(\tau)\equiv 1-U(\tau)-L(\tau), \tag{A8B. 2}$$

其中，$U(\tau)$ 是在 $\tau$ 时期家庭整体花在找工作上的时间，$L(\tau)$ 是在 $\tau$ 时期家庭整体用在工作上的时间。式（A8B. 1）等号右边方括号里的项是即时效用函数（幸福函数），我们认为该函数是消费和闲暇的线性函数，其中参数 $\gamma_L$ 是闲暇的边际幸福函数。

在每个瞬间，由于异质冲击破坏了一些已有的公司—员工匹配的固定比例，一些失业的家庭成员找到了工作，但是一些在职的家庭成员丢掉了工作。结果，家庭就业存量演变成下式：

$$\dot{L}(\tau)\equiv f(\tau)U(\tau)-sL(\tau), \tag{A8B. 3}$$

其中，$\dot{L}(\tau)\equiv dL(\tau)/d\tau$，$f(\tau)$ 是求职率（由下文定义），$s$ 是外生的岗位取消率。家庭预算恒等式为

$$\dot{A}(\tau)\equiv r(\tau)A(\tau)+w(\tau)L(\tau)+s_U U(\tau)-T(\tau)-C(\tau), \tag{A8B. 4}$$

其中，$\dot{A}(\tau)\equiv dA/d\tau$，$A(\tau)$ 是有形资产存量，$r(\tau)$ 是利率，$w(\tau)$ 是工资率，$s_U$ 是失业补贴（求职补贴），$T(\tau)$ 是总量税。

结合式（A8B. 3）～式（A8B. 4）的增量方程以及式（A8B. 2）的定义式，可以得出：家庭通过选择消费的时间路径、搜寻时间和有形资产来最大化其终生效用式（A8B. 1）。这需要事先给定最初的金融资产存量以及就业量 $A(t)$ 和 $L(t)$。家庭最优化问题的现值汉密尔顿（Hamiltonian）函数为

$$\begin{aligned}\mathcal{H}_C^H(\tau)\equiv\ & C(\tau)+\gamma_L[1-U(\tau)-L(\tau)]+\zeta_A(\tau)[r(\tau)A(\tau)+w(\tau)L(\tau)\\ & +s_U U(\tau)-T(\tau)-C(\tau)]+\zeta_L(\tau)[f(\tau)U(\tau)-sL(\tau)],\end{aligned}$$

其中，$A(\tau)$ 和 $L(\tau)$ 是状态变量，$\zeta_A(\tau)$ 和 $\zeta_L(\tau)$ 是相应的共态变量（co-state variables），$C(\tau)$ 和 $U(\tau)$ 是控制变量。一阶约束条件即式（A8B. 3）和式（A8B. 4），横截条件（参见数学附录）为

$$\lim_{\tau\to\infty}\zeta_A(\tau)A(\tau)e^{\rho(t-\tau)}=\lim_{\tau\to\infty}\zeta_L(\tau)L(\tau)e^{\rho(t-\tau)}=0, \tag{A8B. 5}$$

和

$$\frac{\partial\mathcal{H}_C^H(\tau)}{\partial C(\tau)}=0:\quad 1=\zeta_A(\tau), \tag{A8B. 6}$$

$$\frac{\partial\mathcal{H}_C^H(\tau)}{\partial U(\tau)}=0:\quad \gamma_L=s_U\zeta_A(\tau)+f(\tau)\zeta_L(\tau), \tag{A8B. 7}$$

$$\dot{\zeta}_A(\tau)-\rho\zeta_A(\tau)=-\frac{\partial\mathcal{H}_C^H}{\partial A(\tau)}=-r(\tau)\zeta_A(\tau), \tag{A8B. 8}$$

$$\dot{\zeta}_L(\tau)-\rho\zeta_L(\tau)=-\frac{\partial\mathcal{H}_C^H}{\partial L(\tau)}=\gamma_L-w(\tau)\zeta_A(\tau)+s\zeta_L(\tau)。 \tag{A8B. 9}$$

因为该幸福函数是线性函数，财富的边际效用 $\zeta_A(\tau)$ 是一个常数且与效用相等。将

式（A8B.6）代入式（A8B.7）～式（A8B.9）得：

$$\gamma_L = s_U + f(\tau)\zeta_L(\tau)[\equiv w_R(\tau)], \tag{A8B.10}$$

$$r(\tau) = \rho, \tag{A8B.11}$$

$$\dot{\zeta}_L(\tau) = (s+\rho)\zeta_L(\tau) - [w(\tau) - \gamma_L]。 \tag{A8B.12}$$

由式（A8B.10）可知：最优化时，家庭的保留工资 $w_R(\tau)$ 等于闲暇的边际效用。保留工资的大小取决于多种因素。通过参与劳动力市场而非仅仅享受闲暇，家庭不但可以获得失业补贴 $s_U$，同时可以以非零概率 $f(\tau)$ 找到一份支付工资 $\zeta_L(\tau)$ 的工作。式（A8B.11）表明利率是一个不变的常数且与时间偏好率相等。该结果来自幸福函数是线性的这一事实。因此，我们可以忽略时间指标，用 $r$ 表示固定利率。最后，式（A8B.12）展示了工作对家庭的隐含价值 $\zeta_L(\tau)$ 的动态途径。

结合式（A8B.10），可改写为

$$\dot{\zeta}_L(\tau) = (s+\rho+f(\tau))\zeta_L(\tau) - [w(\tau) - s_U]。 \tag{A8B.13}$$

对式（A8B.12）、式（A8B.13）进行积分，我们得到两个计划期内工作价值 $\zeta_L(t)$ 的等式：

$$\zeta_L(t) \equiv \int_t^{\infty} [w(\tau) - s_U] e^{-\int_t^{\tau}[s+r+f(\mu)]d\mu} d\tau \tag{A8B.14}$$

$$= \int_t^{\infty} [w(\tau) - w_R(\tau)] e^{(s+r)(t-\tau)} d\tau。 \tag{A8B.15}$$

式（A8B.14）表明：在 $t$ 时期，当以 $s+r+f$ 为贴现率时，一份额外的工作的价值等于该工作所获红利的现值（等价于工资中超过失业补贴的部分）。关于保留工资的表达式请见式（A8B.15）。

### □ B.2 企业

依照 Pissarides（2000，pp. 68－70）的方法，我们假设代表性的企业是一个十分巨大且面对确定劳动力流入、流出的企业。这个代表性的企业是完全竞争的并投入资本（$K(\tau)$）、劳动力（$L(\tau)$）来生产 $Y(\tau)$ 单位的同质产品：

$$Y(\tau) = F(K(\tau), L(\tau)), \tag{A8B.16}$$

其中，该生产函数体现了规模报酬不变的特征。由于匹配阻力的存在，企业在调整劳动力存量时具有线性的调整成本。为保证劳动力充足，企业必须公示职位空缺（$V(\tau)$）来招聘员工。因此，企业的劳动力变化为

$$\dot{L}(\tau) = q(\tau)V(\tau) - sL(\tau), \tag{A8B.17}$$

其中，$q(\tau)$ 是企业招聘到一位工人并最终签约的即时概率。除了在每一时刻寻找新的工人，在异质冲击下［详见上文公式（A8B.3）］，企业同时在失去给定比例的劳动力。

企业的目标函数是现金流的现值 $FV(t)$：

$$FV(t) = \int_t^{\infty} [Y(\tau) - \gamma_V V(\tau) - w(\tau)L(\tau) - I(\tau)] e^{r(t-\tau)} d\tau, \tag{A8B.18}$$

其中，$\gamma_V$ 是每一空缺岗位的流转成本（类似于总产量），$I(\tau)$ 是企业投资。资本存量的增量方程如下：

$$\dot{K}(\tau)=I(\tau)-\delta K(\tau), \tag{A8B.19}$$

其中，$\delta$ 是折旧率。结合生产函数式（A8B.16）以及劳动力式（A8B.17）、资本式（A8B.19）的增量方程，可以得出：当事先给定劳动力以及资本的初始存量[$L(t)$ 和 $K(\tau)$] 时，企业通过选择产出的时间路径、空缺岗位、投资、资本存量和雇佣人数的配比来最大化式（A8B.18）。企业最优化问题的现值汉密尔顿函数为

$$\begin{aligned}\mathcal{H}_C^F(\tau)\equiv &F(K(\tau),L(\tau))-\gamma_V V(\tau)-w(\tau)L(\tau)-I(\tau)\\ &+\mu_L(\tau)[q(\tau)V(\tau)-sL(\tau)]+\mu_K(\tau)[I(\tau)-\delta K(\tau)],\end{aligned}$$

其中，$L(\tau)$ 和 $K(\tau)$ 是状态变量，$\mu_L(\tau)$ 和 $\mu_K(\tau)$ 是共态变量，$V(\tau)$ 和 $I(\tau)$ 是控制变量。一阶条件可以写成：

$$\frac{\partial\mathcal{H}_C^F(\tau)}{\partial V(\tau)}=0:\quad \mu_L(\tau)q(\tau)=\gamma_V, \tag{A8B.20}$$

$$\frac{\partial\mathcal{H}_C^F(\tau)}{\partial I(\tau)}=0:\quad \mu_K(\tau)=1, \tag{A8B.21}$$

$$\dot{\mu}_L(\tau)-r\mu_L(\tau)=-\frac{\partial\mathcal{H}_C^F(\tau)}{\partial L(\tau)}=-[F_L(K(\tau),L(\tau))-w(\tau)]+s\mu_L(\tau), \tag{A8B.22}$$

$$\dot{\mu}_K(\tau)-r\mu_K(\tau)=-\frac{\partial\mathcal{H}_C^F(\tau)}{\partial K(\tau)}=-F_K(K(\tau),L(\tau))+\delta\mu_K(\tau), \tag{A8B.23}$$

$$\lim_{\tau\to\infty}[\mu_L(\tau)L(\tau)e^{r(t-\tau)}]=\lim_{\tau\to\infty}[\mu_K(\tau)K(\tau)e^{r(t-\tau)}]=0。 \tag{A8B.24}$$

通过化简以上表达式，我们得到了最重要的一阶条件：

$$\mu_L(\tau)=\frac{\gamma_V}{q(\tau)}, \tag{A8B.25}$$

$$F_K(K(\tau),L(\tau))=r+\delta, \tag{A8B.26}$$

$$\dot{\mu}_L(\tau)=(r+s)\mu_L(\tau)-[F_L(K(\tau),L(\tau))-w(\tau)]。 \tag{A8B.27}$$

根据式（A8B.25），企业将会这样安排空缺岗位以满足：单位劳动力招聘的期望成本（等式右边）等于该员工对企业的价值（等式左边）。方程（A8B.26）是一个常用表达式，要求资本的边际产出（等式左边）等于资本的租金率（等式右边）。方程（A8B.27）显示了 $\mu_L(\tau)$的动态轨迹，表示在 $\tau$ 时期，对企业而言一份额外工作的现金价值。通过进一步对式（A8B.27）进行积分，利用边界条件，我们得到：

$$\mu_L(t)=\int_t^{\infty}[F_L(K(\tau),L(\tau))-w(\tau)]e^{(s+r)(t-\tau)}d\tau。 \tag{A8B.28}$$

当使用 $s+r$ 作为贴现率时，一份已有员工的职位对于企业的价值等于从该工作中所获红利的现值。红利是由超出劳动生产率部分的工资构成的（即 $F_L-w$）。

最后，不难发现，企业在计划期的价值等于资本存量加上同期许多已有职员的工作的隐含价值：

$$FV(t)\equiv K(t)+\mu_L(t)L(t)。\tag{A8B. 29}$$

证明过程如下。首先，我们注意到：

$$\begin{aligned}-\frac{d}{d\tau}e^{r(t-\tau)}(K+\mu_L L)&=-e^{r(t-\tau)}[\dot{K}+\mu_L\dot{L}+L\dot{\mu}_L-rK-r\mu_L L]\\&=-e^{r(t-\tau)}[I+\gamma_V V+wL-F_L L-(r+\delta)K]\\&=e^{r(t-\tau)}[F(K,L)-I-\gamma_V V-wL],\end{aligned}\tag{A8B. 30}$$

这里利用了式（A8B. 17）、式（A8B. 19）以及式（A8B. 25）～式（A8B. 27）。在区间 $\tau\in[t,\infty)$ 内对式（A8B. 30）的两边进行积分，得：

$$\begin{aligned}-\int_t^\infty d[K(\tau)+\mu_L(\tau)L(\tau)]e^{r(t-\tau)}&=\int_t^\infty[F(K(\tau),L(\tau))-w(\tau)L(\tau)\\&\quad-\gamma_V V(\tau)-I(\tau)]e^{r(t-\tau)}d\tau\\K(t)+\mu_L(t)L(t)&=FV(t),\end{aligned}\tag{A8B. 31}$$

其中，我们在推导的最后一步使用了式（A8B. 24）。证毕。

## □ B. 3 工资谈判

当有空缺岗位的公司与一位求职者相遇时，纯经济租金就等于 $\lambda_L^i+\mu_L^i$，其中上标 $i$ 指的是一个特定的劳动者—公司的匹配。在本文中，我们假设这个租金被双方按照一般的纳什工资谈判结果分享。在计划期的工资 $w^i(t)$ 由使 $\Omega_i(t)$ 最大化的解决定：

$$\max_{w^i(t)}\Omega(t)\equiv\zeta_L^i(t)^\beta\mu_L^i(t)^{1-\beta},\quad 0<\beta<1,\tag{A8B. 32}$$

其中，$\beta$ 和 $1-\beta$ 分别是工人和公司的议价权重。将 $w(t)=w^i(t)$ 代入式（A8B. 15）和式（A8B. 28）可分别得出 $\zeta_L^i(t)$ 和 $\mu_L^i(t)$。此最大化问题的一般条件为 $\beta\mu_L^i(t)=(1-\beta)\zeta_L^i(t)$。工资谈判的结果可以由以下两个等价方法体现①：

$$w(t)=\beta F_L(K(t),L(t))+(1-\beta)w_R(t)\tag{A8B. 33}$$

$$=\beta[F_L(K(t),L(t))+\gamma_V\theta(t)]+(1-\beta)s_U。\tag{A8B. 34}$$

因为所有的工人—公司匹配都是相同的，并且工资都是在每一时刻重新谈判的结果，因此该模型是对称的，同时工资没有在匹配指标 $i$ 中出现。根据式（A8B. 33），工资

① 将一阶条件关于时间求微分，我们得到 $\beta\dot{\mu}_L^i(t)=(1-\beta)\dot{\zeta}_L^i(t)$。于是由式（A8B. 12）和式（A8B. 27）我们得到工人—公司匹配的方程：

$$\dot{\zeta}_L^i(t)=(s+r)\zeta_L^i(t)-[w^i(t)-w_R(t)],$$

$$\dot{\mu}_L^i(\tau)=(s+r)\mu_L^i(\tau)-[F_L(K(\tau),L(\tau))-w^i(\tau)]。$$

由以上结果我们推导出式（A8B. 33）。当代入 $w_R=s_U+f\zeta_L$、$\beta\mu_L=(1-\beta)\zeta_L$、$\mu_L=\gamma_V/q$ 和 $f/q=\theta$ 时，可以得到式（A8B. 34）。

等于劳动边际产出（$F_L$）以及保留工资（$w_R$）的加权平均值。式（A8B. 34）显示，工资也可以表示成公司的顺差（$F_L+\gamma_V\theta$）以及失业补贴的加权平均值。前者不仅包括了劳动的边际产出，同时包括了当交易达成时所放弃的搜寻成本（$\gamma_V\theta$）。

## □ B. 4　稳态均衡

在稳态下，我们有 $\dot{L}(t)=\dot{U}(t)=0$ 和 $\dot{\xi}_L(t)=\dot{\mu}_L(t)=0$，同时稳态均衡具有以下特征：

$$F_K(\hat{k},1)=\rho+\delta, \tag{A8B. 35}$$

$$\frac{F_L(\hat{k},1)-\hat{w}}{\rho+s}=\frac{\gamma_V}{q(\hat{\theta})}, \tag{A8B. 36}$$

$$\hat{w}=\beta F_L(\hat{k},1)+(1-\beta)\gamma_L, \tag{A8B. 37}$$

$$\hat{u}\equiv\frac{\hat{U}}{\hat{U}+\hat{L}}=\frac{s}{s+f(\hat{\theta})}, \tag{A8B. 38}$$

其中，$k\equiv K/L$ 是资本劳动比，$\hat{k}$ 代表了稳态值。在这里，该模型是递归的。式（A8B. 35）决定了资本劳动率，式（A8B. 37）决定了工资率，式（A8B. 36）是劳动力市场拥挤度变量，而式（A8B. 38）是失业率。

## □ B. 5　效率

考虑到分散市场均衡的效率特性，我们首先计算了社会最优条件并将其一阶条件同分散市场均衡时的一阶条件做比较。社会计划者选择消费路径、就业、失业、投资、职位空缺和资本存量以最大化终生效用式（A8B. 1），其满足以下约束：

$$F(K(\tau),L(\tau))=C(\tau)+I(\tau)+\gamma_V V(\tau), \tag{A8B. 39}$$

$$\dot{K}(\tau)=I(\tau)-\delta K(\tau), \tag{A8B. 40}$$

$$\dot{L}(\tau)=q\left(\frac{V(\tau)}{U(\tau)}\right)\cdot V(\tau)-sL(\tau), \tag{A8B. 41}$$

给定资本的初始存量以及已有员工的职位 $K(t)$ 和 $L(t)$。式（A8B. 39）表示整个经济的资源约束，它指出了总的可用产出（方程左边）等于消费、投资和招聘成本的总和（方程右边）。式（A8B. 40）是资本的累积等式，式（A8B. 41）是已有职位的累积等式。与私营企业一样，社会计划者同样面对搜寻阻力，他们必须公示空缺岗位以增加工作存量。与私营企业不同的是，社会计划者考虑到填补空缺岗位的概率取决于空缺的相对数，例如用劳动力市场拥挤度的指标［$\theta(\tau)\equiv V(\tau)/U(\tau)$］来衡量。

社会设计者最优化问题的现值汉密尔顿函数为

$$\begin{aligned}\mathcal{H}_C^S(\tau)\equiv&C(\tau)+\gamma_L[1-U(\tau)-L(\tau)]\\&+\lambda_L(\tau)\left[q\left(\frac{V(\tau)}{U(\tau)}\right)V(\tau)-sL(\tau)\right]\end{aligned}$$

$$+\lambda_K(\tau)[F(K(\tau),L(\tau))-C(\tau)-\gamma_V V(\tau)-\delta K(\tau)],$$

其中，$L(\tau)$ 和 $K(\tau)$ 是状态变量，$\lambda_L(\tau)$ 和 $\lambda_K(\tau)$ 是共态变量，$C(\tau)$、$V(\tau)$ 和 $U(\tau)$是控制变量。一阶条件可以写为

$$\frac{\partial\mathcal{H}_C^S(\tau)}{\partial C(\tau)}=0: \quad \lambda_K(\tau)=1, \tag{A8B.42}$$

$$\frac{\partial\mathcal{H}_C^S(\tau)}{\partial U(\tau)}=0: \quad -\lambda_L(\tau)q'(\theta(\tau))\theta(\tau)^2=\gamma_L, \tag{A8B.43}$$

$$\frac{\partial\mathcal{H}_C^S(\tau)}{\partial V(\tau)}=0: \quad \lambda_L(\tau)[q(\theta(\tau))+q'(\theta(\tau))\theta(\tau)]=\gamma_V\lambda_K(\tau), \tag{A8B.44}$$

又：

$$\dot{\lambda}_L(\tau)-\rho\lambda_L(\tau)=-\frac{\partial\mathcal{H}_C^S(\tau)}{\partial L(\tau)}=\gamma_L+s\lambda_L(\tau)-\lambda_K(\tau)F_L(K(\tau),L(\tau)), \tag{A8B.45}$$

$$\dot{\lambda}_K(\tau)-\rho\lambda_K(\tau)=-\frac{\partial\mathcal{H}_C^S(\tau)}{\partial K(\tau)}=-[F_K(K(\tau),L(\tau))-\delta]\lambda_K(\tau), \tag{A8B.46}$$

$$\lim_{\tau\to\infty}[\lambda_L(\tau)L(\tau)e^{\rho(t-\tau)}]=\lim_{\tau\to\infty}[\lambda_K(\tau)K(\tau)e^{\rho(t-\tau)}]=0。 \tag{A8B.47}$$

通过对如上方程的化简，我们得到了最重要的一阶条件：

$$\gamma_L=\eta(\theta(t))f(\theta(\tau))\lambda_L(\tau), \tag{A8B.48}$$

$$\frac{\gamma_V}{q(\tau)}=\lambda_L(\tau)[1-\eta(\theta(\tau))], \tag{A8B.49}$$

$$F_K(k(\tau),1)=\rho+\delta, \tag{A8B.50}$$

$$\dot{\lambda}_L(\tau)=(\rho+s)\lambda_L(\tau)-[F_L(k(\tau),1)-\gamma_L], \tag{A8B.51}$$

这里我们使用了 $f(\theta)\equiv\theta q(\theta)$，$\theta\equiv V/U$，$\eta(\theta)\equiv-\theta q'(\theta)/q(\theta)$这些事实来简化以上表达式。

当且仅当一阶条件完全匹配那些由式（A8B.48）至式（A8B.51）给定的社会最优约束条件时，市场均衡才是有效率的。相应的满足市场均衡的条件是：

$$\gamma_L=s_U+f(\theta(\tau))\zeta_L(\tau), \tag{A8B.52}$$

$$\frac{\gamma_V}{q(\tau)}=\frac{1-\beta}{\beta}\zeta_L(\tau), \tag{A8B.53}$$

$$F_K(k(\tau),1)=\rho+\delta, \tag{A8B.54}$$

$$\dot{\zeta}_L(\tau)=(\rho+s)\zeta_L(\tau)-\beta[F_L(k(\tau),1)-\gamma_L]。 \tag{A8B.55}$$

在很多情况下我们利用了$\beta\mu_L(\tau)=(1-\beta)\zeta_L(\tau)$这一遵循纳什议价工资率的关系式。式（A8B.52）和式（A8B.10）是相同的，将 $\zeta_L(\tau)$ 项代入式（A8B.25）就得到式（A8B.53）。式（A8B.54）和式（A8B.26）是相同的。用 $\zeta_L(\tau)$ 项改写式（A8B.27）可得到式（A8B.55），同时工资设定的规则式（A8B.33）暗示了 $F_L-w=(1-\beta)[F_L-\gamma_L]$。

比较两组条件式（A8B.48）～式（A8B.51）和式（A8B.52）～式（A8B.55），我们发现它们完全匹配，同时当且仅当下列条件满足时，市场均衡才是有效率的：

$$s_U=0, \tag{A8B.56}$$

$$\eta(\theta(\tau))=\beta。 \tag{A8B.57}$$

第一个条件式（A8B.56）表明政府不应该补贴劳动力市场搜寻，因为这种补贴扭曲了劳动力供给，人为地提高了保留工资。第二个条件式（A8B.57）被称为 Hosios 条件（Hosios，1990）。它要求匹配函数关于失业（$\eta(\theta)\equiv\frac{\partial G(U,V)}{\partial U}\cdot\frac{U}{G(U,V)}$）的弹性等于工人的议价权重（$\beta$）。

# 第9章 宏观政策、声誉和政治

本章的目标是讨论以下问题：

1. 动态不一致性。什么时候经济政策会动态不一致因而不具有公信力？
2. 如果最优政策不一致，声誉效应如何对此进行挽救？
3. 为何有时聘用一位保守的人主持中央银行是有成本的？
4. 资本税如何会导致动态不一致性？



## 9.1 动态不一致性

### 9.1.1 经典叙述

许多文学爱好者都知道，尤利西斯（Ulysses）在帮助希腊人赢得特洛伊战争后度过一段痛苦的时光才回到他的伊萨卡岛。显然希腊人早已忘记了向这位帮助他们赢得战争的神表示适当的谢意，这在很大程度上触怒了众神，于是众神决定让希腊人吃点苦头。长话短说，尤利西斯历经十年磨难才回到他的家。在这段旅途中他和他的手下必须穿过海妖塞壬（Sirens）的岛。塞壬是一对有着美妙歌喉的双胞胎姐妹，但这对他们是极其危险的。巫师瑟西（Circe）警告尤利西斯道：

> 你下次将会遇到塞壬，她们会蛊惑任何接近她们的人。所有接近塞壬姐妹并无意中听到她们声音的人都流连忘返，他们的妻子再也无法欢迎丈夫归家，他们的孩子再也无法为爸爸回来而高兴。塞壬姐妹坐在堆得高高的还挂着干枯皮肤的腐朽骷髅的阴影中，伴着歌声对经过的人轻轻念动魔咒（Homer，1946，p.190［第12册，第36～110行］）。

尤利西斯面临着一个艰难的选择。他希望听到塞壬姐妹的歌声（谁不是呢?），但又不想变成一副骷髅。幸运的是，瑟西为尤利西斯所面临的选择难题献了一策。尤利西斯事后告诉他的手下，用蜂蜡堵住他们自己的耳朵，不去听塞壬的歌声，并且：

> 我独自……听她们的歌声；但你们必须紧跟在我身后，从而我不能走出原地，在那你们能困住我，用绳子把我紧紧地绑在桅杆上。如果我乞求你们放开我，你们必须把我绑得更紧，紧到贴着骨头（Homer，1946，p. 193［第 12 册，第 110～164 行］）。

这个计划很有效，他们驶过塞壬所在的岛，尤利西斯命令手下放开他。他想到岛上去。他的手下，服从先前的指令，无视他的乞求并紧紧地捆住他。之后他们没有遇到其他麻烦，成功逃离了危险的塞壬姐妹。

尤利西斯的选择难题是动态不一致性的经典例子，并且瑟西的建议是这个问题的一个巧妙的解决方法。对于尤利西斯和他的手下来说，最优策略应该是既听塞壬姐妹的美妙歌声又能继续他们到伊萨卡的旅程，毕竟她们是非常好的歌手。遗憾的是，这个策略是矛盾的，因为它会造成死亡和延误，这样就无法到达伊萨卡。瑟西的解决方法是让尤利西斯堵住他的船员的耳朵并把他自己绑到桅杆上从而能使他专心致志于到达伊萨卡的长期目标。通过短时间放弃他的特权，他和他的船员状况变得更好。这个解决方法是一致但次优的，因为他的手下无缘一听这绝美的歌声。①

### □ 9.1.2 新古典主义述评

动态不一致性也是经济文献中的一个显著特性。一个最简单的动态不一致性的例子是具有预期膨胀的菲利普斯曲线的货币政策的实施（Kydland and Prescott，1977)。我们的这个例子用到卢卡斯供给曲线。产品 $y$ 的总供给由产出 $\bar{y}$ 的充分就业水平、通胀水平与预期通胀的偏差 $\pi-\pi^e$ 以及随机误差项 $\varepsilon$［它具有特征 $E(\varepsilon)=0$ 且 $E(\varepsilon^2)=\sigma^2$］决定：

$$y=\bar{y}+\alpha[\pi-\pi^e]+\varepsilon,\quad \alpha>0, \tag{9.1}$$

其中，$y$ 和 $\bar{y}$ 都是对数形式。如果真实通货膨胀率 $\pi$ 超过预期通货膨胀率 $\pi^e$，工人高估了实际工资，劳动力供给过大，产出高于充分就业的水平。

我们假设个人有着理性预期（REH，见第 3 章），从而预期通货膨胀率与通过模型计算出来的预期通货膨胀率相符，即 $\pi^e\equiv E(\pi)$。假设政策制定者有一个目标函数（通常被称为社会福利函数），这个方程由通货膨胀率和高于充分就业产出水平的产出目标 $y^*$ $(y^*>\bar{y})$决定。尽管这表现得很奇怪，政策制定者从社会的角度来看总会觉得充分就业产出水平太低了。举例说来，充分就业产出水平低可能是由税收扭曲

① 有些人想知道为何尤利西斯不用蜂蜡只堵住一个人的耳朵而把剩下的所有人绑在桅杆上，这样可以达到更高的福利水平并且保持了一致性。荷马对此并没有作出解释。或许桅杆只能承受一个人，或许需要所有船员才能执行航行任务。

或者失业福利造成的。[1] 政策制定者的支出方程为

$$\Omega \equiv \frac{1}{2}[y-y^*]^2+\frac{\beta}{2}\pi^2, \quad \beta>0, \tag{9.2}$$

其中，$\beta$ 衡量了政策制定者对通货膨胀的厌恶程度。$\beta$ 值越大，通货膨胀带来的福利损失越大，对风险的厌恶程度也越高。政策制定者无法直接影响个人的预期，个人把 $\pi^e$ 当作既定的，并用于最优化决策。模型中存在通货膨胀不对称，即意味着政策制定者可以观测到供给冲击 $\varepsilon$，但公众不行。结果，政策无效命题（PIP）不成立，经济政策起到实效（见第 3 章）。政策制定者选择满足卢卡斯供给曲线（9.1）的情况下最小化社会支出式（9.2）的通货膨胀率和产出水平。该问题的拉格朗日函数是

$$\mathcal{L} \equiv \frac{1}{2}[y-y^*]^2+\frac{\beta}{2}\pi^2+\lambda[y-\bar{y}-\alpha(\pi-\pi^e)-\varepsilon], \tag{9.3}$$

从而一阶条件是

$$\frac{\partial \mathcal{L}}{\partial y}=[y-y^*]+\lambda=0, \tag{9.4}$$

$$\frac{\partial \mathcal{L}}{\partial \pi}=\beta\pi-\alpha\lambda=0。 \tag{9.5}$$

联立式（9.4）和式（9.5）我们得到“社会发展路径”，即所有使社会成本最小化的通货膨胀和产出的组合：

$$y-y^*=-(\beta/\alpha)\pi \quad \Leftrightarrow \quad \pi=-(\alpha/\beta)[y-y^*]。 \tag{9.6}$$

这条向下倾斜的曲线如图 9—1 所示。用图表示，这条线代表决策制定者的等成本线和卢卡斯供给曲线的所有切点。考虑到社会福利函数（9.2）的定义，等成本线是以 $E(\pi=0,\ y=y^*)$ 为圆心的同心圆。等成本线的斜率通过一般方式获得：

$$d\Omega=0: \quad \frac{d\pi}{dy}=-\frac{y-y^*}{\beta\pi}。 \tag{9.7}$$

因此，等成本线在 $y=y^*$ 时是水平的($d\pi/dy=0$)，在 $\pi=0$ 时是垂直的($d\pi/dy\to\infty$)。

联立式（9.1）和式（9.6）我们得到在相机抉择情形下的通货膨胀表达式，表示为 $\pi_D$：

$$\pi=\pi^e+(1/\alpha)[y-\bar{y}-\varepsilon]=\pi^e+(1/\alpha)[-(\beta/\alpha)\pi+y^*-\bar{y}-\varepsilon] \quad \Rightarrow$$

$$(1+\beta/\alpha^2)\pi=\pi^e+(1/\alpha)[y^*-\bar{y}-\varepsilon] \quad \Rightarrow$$

$$\pi_D=\frac{\alpha^2\pi^e+\alpha[y^*-\bar{y}-\varepsilon]}{\alpha^2+\beta}。 \tag{9.8}$$

我们用“相机抉择”这个词是因为政策制定者可以按自己的意愿决定各个时期的最优通货膨胀率，即在观测到供给冲击 $\varepsilon$ 后。式（9.8）说明如果预期通货膨胀

① 显然，最好的政策应是直接移除早先存在的扭曲。但是，我们假设这是不可能的，从而货币政策被当作次优工具来拉动产出。参见 Persson 和 Tabellini（1989，p. 9）。

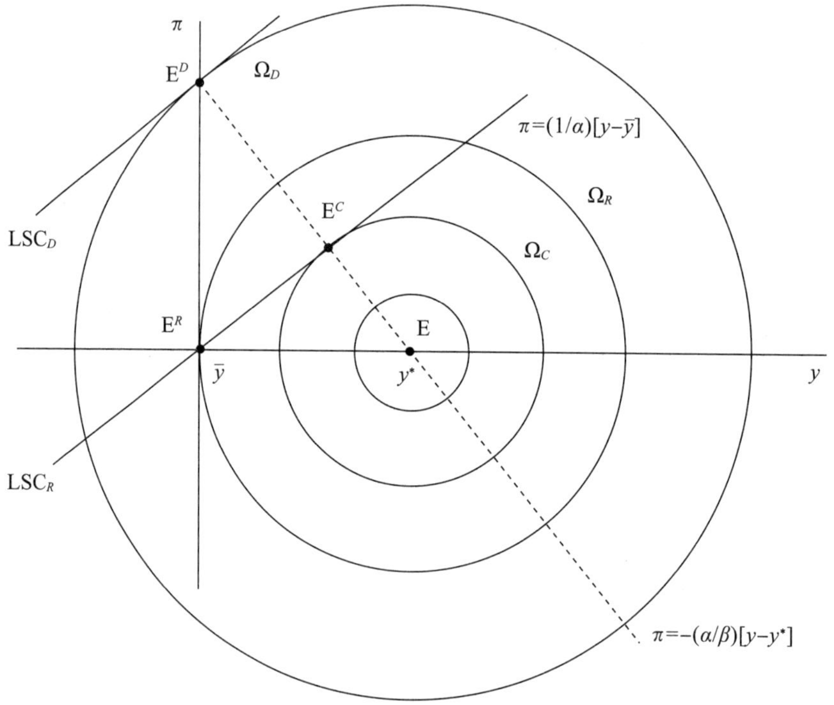


**图 9—1　一致且最优的货币政策**

高，如果政策制定者的野心（即 $y^*-\bar{y}$）大，并且如果有负的供给冲击（$\varepsilon<0$，举例来说，这可能是由欧佩克石油冲击造成的），相机抉择的通货膨胀都会高。

当然，故事并没有就此结束，在理性预期下私人部门中的个人知道政策制定者将会选择相机抉择的通货膨胀率 $\pi_D$，从而他们将会根据如下表达式形成预期：

$$\pi_D^e \equiv E(\pi_D) \quad \Rightarrow \quad \pi_D^e = \frac{\alpha^2\pi_D^e+\alpha[y^*-\bar{y}]}{\alpha^2+\beta} \quad \Rightarrow$$

$$\pi_D^e \equiv \frac{\alpha}{\beta}[y^*-\bar{y}], \tag{9.9}$$

其中，我们用到 $E(\varepsilon)=0$（机构无法观测到供给冲击，但冲击的期望值为 0）。式（9.9）是预期通货膨胀率的理性预期解。将式（9.9）分别代入式（9.8）和式（9.6），我们得到相机抉择货币政策下的实际通货膨胀率和产出的表达式：

$$\pi_D = \frac{\alpha}{\beta}[y^*-\bar{y}]-\frac{\alpha}{\alpha^2+\beta}\varepsilon, \tag{9.10}$$

$$y_D = \bar{y}+\frac{\beta}{\alpha^2+\beta}\varepsilon。 \tag{9.11}$$

这些结果是很直观的。式（9.10）说明在 REH 下，如果政策制定者的产出野心大或者如果供给冲击为负，那么实际通货膨胀率就会比较高。式（9.11）表明，举例来说，扩张性货币政策可以部分地调节一个负的供给冲击［仅当 $\beta/(\alpha^2+\beta)<1$ 时］。[1] 特别是政策制定者有“极左”的偏好，即在对通货膨胀的厌恶程度较低的情况下，$\beta$ 值很低。一个左翼政策制定者认为稳定产出（以及就业）波动是很重要的。如果卢卡斯供给曲线非常平坦，我们便能获得这样的结论。在这种情况下，$\alpha$ 值很大，调节力度也很大。

相机抉择解的问题是这个解是次优的！这可以在图 9—1 的帮助下进行证明。相机抉择解即图中的点 $E^D$，我们画出经过该点的供给冲击 $\varepsilon=0$ 的卢卡斯供给曲线 $LSC_D$。假定政策制定者会向公众声明他选择了零通货膨胀率，即 $\pi=0$。如果公众相信这个声明，REH 意味着预期通货膨胀率也会为 0，即 $\pi^e=0$，从而相关的卢卡斯供给曲线会经过原点（即过点 $E^R$ 的 $LSC_R$）。有一条以 E 为圆心的等成本线 $\Omega^R$ 经过该点，并且包含更低的社会成本，即 $\Omega^R<\Omega^D$。因此，在这种情况下解为

$$\pi_R=\pi_R^e=0, \tag{9.12}$$

$$y_R=\bar{y}+\varepsilon, \tag{9.13}$$

其中，我们用到了下标“$R$”表示在此规则下的政策。与选择每个时期通货膨胀和产出的最优组合不同，政策制定者必须按照许诺遵循一个简单的货币增长规则以保证通货膨胀率为零。式（9.13）表明在这个规则下无法调节供给冲击（显然，调节会造成通货膨胀，这违背了承诺）。如式（9.12）表明的一样，好处是不会有通货膨胀的存在。

最优政策的问题是它是不一致的！这同样可以用图 9—1 画出。通货膨胀规则 $\pi_R=0$下的解由点 $E^R$ 给出，并且相关的卢卡斯供给曲线经过该点($LSC_R$)。但政策制定者面对 $LSC_R$ 时会有比点 $E^R$ 更有吸引力的选择，即“欺骗”点 $E^C$，该点是 $LSC_R$ 与等成本线 $\Omega^C$ 的切点。在欺骗解下，为了提高产出 $y>\bar{y}$，政策制定者制造了一个超出大家预期的通货膨胀率 $\pi>\pi_R=\pi_R^e=0$。

形式上，通货膨胀的欺骗解定义为 $\pi_C$，通过将 $\pi^e=\pi_R=0$ 代入式（9.8）得到：

$$\pi_C=\frac{\alpha[y^*-\bar{y}-\varepsilon]}{\alpha^2+\beta}, \tag{9.14}$$

从而产出为

$$y_C=\frac{\beta}{\alpha^2+\beta}\bar{y}+\frac{\alpha^2}{\alpha^2+\beta}y^*+\frac{\beta}{\alpha^2+\beta}\varepsilon。 \tag{9.15}$$

当然，这样的结果是零通货膨胀规则是不可信的。只有当政策制定者保证会把自己绑在零通货膨胀的“桅杆”上（就像尤利西斯），零通货膨胀规则才具有公信力。

在转到可能的承诺机制前，我们总结一下到目前为止讨论的内容。在当前计划

---

① 当央行行长完全处于被动时，产出可能为 $y=\bar{y}+\varepsilon$，即完全供给冲击进入产出。相反，在可自由支配的情况下，产出可能等于式（9.11）中的 $y_D$。通过产生通货膨胀，仅仅是供给冲击的一部分 $\beta/[\alpha^2+\beta]$ 进入了产出。货币政策在一定程度上适应了该冲击。

下政策制定者有三个可能的选择。可以追求相机抉择政策［式（9.10）和式（9.11）］，可以遵循零通货膨胀规则［式（9.12）和式（9.13）］，也可以进行欺骗［式（9.14）和式（9.15）］。将不同的产出和通货膨胀解代入福利成本方程（9.2）（简化地假定 $\varepsilon=0$），我们得到如下表达式：

$$\Omega_C=\frac{1}{2}\frac{\beta}{\alpha^2+\beta}[\bar{y}-y^*]^2, \tag{9.16}$$

$$\Omega_R=\frac{1}{2}[\bar{y}-y^*]^2, \tag{9.17}$$

$$\Omega_D=\frac{1}{2}\frac{\alpha^2+\beta}{\beta}[\bar{y}-y^*]^2, \tag{9.18}$$

据此我们推断 $\Omega_D>\Omega_R>\Omega_C>0$。欺骗解离最优点最近，具有公信力，但违背了 REH。规则点最优并满足 REH，但只是暂时成立，因而不具有公信力。最后，相机抉择解是次优的，满足 REH，并具有公信力。

### □ 9.1.3 作为执行机制的声誉

在前面部分我们已经说明唯一既有公信力又符合理性预期的政策是次优的相机抉择政策。在给定问题的结构下，经济似乎会落在最差的可能均衡上。然而，在一篇有影响力的文章中，Barro 和 Gordon（1983b）证明了声誉效应可以挽救这个结果，并且防止了这个最糟情况方案的出现。他们的论证可以借助 9.1.2 节中形成的模型给出。为了构造尽可能简单的模型，我们假设不存在随机冲击（$\varepsilon\equiv0$）。政策制定者和公众（比如由设定名义工资率的公会代表）之间存在着重复的交互作用。

包含每一期支出现值的政策制定者的支出方程定义如下：

$$V\equiv\Omega_0+\frac{\Omega_1}{1+r}+\frac{\Omega_2}{(1+r)^2}+\cdots=\sum_{t=0}^{\infty}\frac{\Omega_t}{(1+r)^t}, \tag{9.19}$$

其中，$r$ 是实际贴现因子（即实际利率），$\Omega_t$ 是发生在 $t$ 期的支出：

$$\Omega_t\equiv\frac{1}{2}[y_t-y^*]^2+\frac{\beta}{2}\pi_t^2, \tag{9.20}$$

并且卢卡斯供给曲线由下式给出：

$$y_t=\bar{y}+\alpha[\pi_t-\pi_t^e],\quad \alpha>0。 \tag{9.21}$$

出于简化需要，假设 $y^*$ 和 $\bar{y}$ 不随时间推移而变化，因此不需要特别标注时间下标。

正如在 9.1.2 节中，这里也有一系列选择可供政策制定者挑选。一个不具公信力的政策包含在每期根据式（9.10）设定的通货膨胀率（在 $\varepsilon=0$ 的条件下）。这使得每期产生 $\Omega_D$ 的支出［见式（9.18）］，从而社会支出的现值 $V^D$ 为

$$V^D\equiv\frac{1+r}{r}\Omega_D。 \tag{9.22}$$

现在考虑如果政策制定者选择遵循固定通货膨胀率原则，$\pi_t=\pi_R$，会发生什么？我

们假定固定通货膨胀率 $\pi_R$ 不为零，并将先前的讨论推广到一般情况。如果公众相信该通货膨胀率，那么他们便会期望它实现，从而每一期的预期通货膨胀率也会等于 $\pi_R$，每一期的产出也将会等于 $\bar{y}$。将该结果代入式（9.20）可以得到该规则下每一期的支出水平：

$$\Omega_R(\pi_R)=\Omega_R+\frac{\beta}{2}\pi_R^2, \tag{9.23}$$

其中，$\Omega_R$ 是式（9.17）定义的零通货膨胀率原则下的福利损失，并且我们预测在更为普遍的固定通货膨胀率原则下，支出水平与选择的通货膨胀率正相关。将式（9.23）代入式（9.19），可以得到在该规则下支出的现值 $V^R(\pi_R)$ 等于：

$$V^R(\pi_R)\equiv\frac{1+r}{r}\left[\Omega_R+\frac{\beta}{2}\pi_R^2\right]。 \tag{9.24}$$

最后，和前面一样，给定公众相信宣布的通货膨胀率为 $\pi_R$，欺骗解是通过政策制定者决定最优通货膨胀率产生的。将 $\pi^e=\pi_R$ 代入式（9.8），并令 $\varepsilon=0$，可以得到欺骗通货膨胀率 $\pi_C$ 的表达式：

$$\pi_C=\frac{\alpha^2\pi_R+\alpha[y^*-\bar{y}]}{\alpha^2+\beta}, \tag{9.25}$$

这意味着在欺骗条件下产出由下式给出：

$$y_C=\frac{\beta}{\alpha^2+\beta}\bar{y}+\frac{\alpha^2}{\alpha^2+\beta}y^*-\frac{\alpha\beta}{\alpha^2+\beta}\pi_R。 \tag{9.26}$$

通过将式（9.25）和式（9.26）代入式（9.20），可得到欺骗条件下每一期的支出水平：

$$\Omega_C(\pi_R)=\frac{1}{2}\left[\frac{\beta}{\alpha^2+\beta}[\bar{y}-y^*]-\frac{\alpha\beta}{\alpha^2+\beta}\pi_R\right]^2+\frac{\beta}{2}\left[\frac{\alpha^2}{\alpha^2+\beta}\pi_R+\frac{\alpha}{\alpha^2+\beta}[y^*-\bar{y}]\right]^2, \tag{9.27}$$

其中，$\Omega_C$ 取决于在这个原则下选择的通货膨胀率水平。显然，当 $\pi_R=0$ 时式（9.27）和式（9.16）是一致的，并且对于任何非零的 $\pi_R$，$\Omega_C(\pi_R)$ 比 $\Omega_C$ 大。

现在我们将把政策制定者的声誉加入分析。假设如果在 $t-1$ 期政策制定者遵守诺言（即与预期的行为一样），那么在 $t$ 期公众会相信政策制定者。在这种情况下，公众预期在 $t$ 期政策制定者会遵循原则，从而通货膨胀率将会是 $\pi_R$。反之，如果政策制定者在 $t-1$ 期没有遵守诺言，公众对政策制定者不再信任，并预期在 $t$ 期得到的是相机抉择解。正式说来，符合公众假定条件的机制可以写为如下形式：

$$\pi_t^e=\begin{cases}\pi_R & 若\ \pi_{t-1}=\pi_{t-1}^e\\ \pi_{D,t} & 若\ \pi_{t-1}\neq\pi_{t-1}^e\end{cases} \tag{9.28}$$

式（9.28）说明公众在与政策制定者进行的重复囚徒困境博弈中采取以牙还牙的策略。如果政策制定者“行为不端”，那么将会在下一期受到公众惩罚。确实如此，考虑如下可能的事件序列。我们从第 0 期开始并假设政策制定者在前一期有信誉（即在第－1 期遵守了承诺），从而第 0 期预期通货膨胀率等于该规则下的水平，即$\pi_0^e=\pi_R$。

政策制定者在第 0 期可以遵循的第一种方案是遵守承诺。公众观察到这个通货膨胀率，推断政策制定者是可信赖的，从而继续期望通货膨胀率将会根据规则制定。通过遵守承诺，政策制定者维护了自己的声誉，没有惩罚发生。

政策制定者可以遵循的第二种方案是在第 0 期进行欺骗。由于式（9.27）给出的第 0 期达到的周期支出水平比式（9.23）给出的遵守规则的支出水平低，所以政策制定者有动机进行欺骗。事实上，在第 0 期政策制定者受到的（违反规则进行欺骗的）吸引力可以被计算出来：

$$\begin{aligned}T(\pi_R)&\equiv\Omega_R(\pi_R)-\Omega_C(\pi_R)\\&=\frac{1}{2}[\bar{y}-y^*]^2+\frac{\beta}{2}\pi_R^2-\frac{1}{2}\left[\frac{\beta}{\alpha^2+\beta}[\bar{y}-y^*]-\frac{\alpha\beta}{\alpha^2+\beta}\pi_R\right]^2\\&\quad-\frac{\beta}{2}\left[\frac{\alpha^2}{\alpha^2+\beta}\pi_R+\frac{\alpha}{\alpha^2+\beta}[y^*-\bar{y}]\right]^2,\end{aligned}\tag{9.29}$$

其中，我们用到了式（9.27）和式（9.23），且若政策规则保证一个$\pi_R$的通货膨胀率，$T(\pi_R)$是欺骗的吸引力。在图 9—2 中我们绘制出了二次吸引力函数。这个函数的一些点很容易找到。如果规则通货膨胀率$\pi_R=0$，$T(0)$等于：

$$T(0)\equiv\Omega_R-\Omega_C=\frac{1}{2}\frac{\alpha^2}{\alpha^2+\beta}[y^*-\bar{y}]^2,\tag{9.30}$$

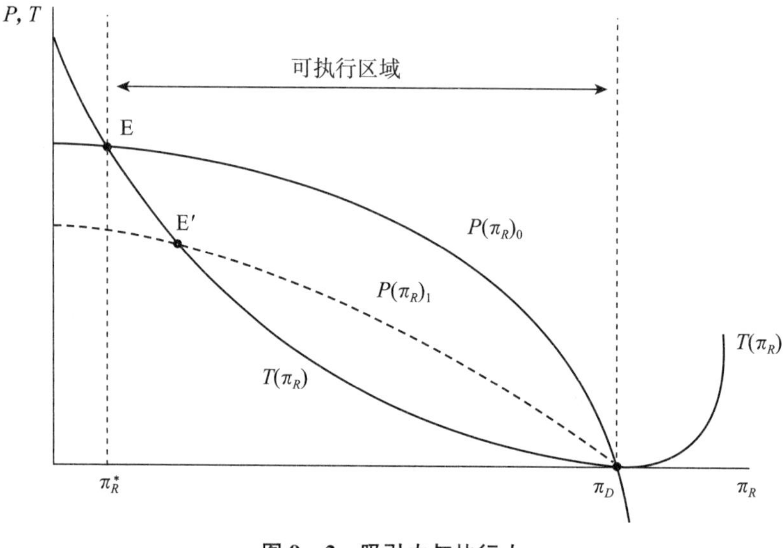


**图 9—2　吸引力与执行力**

并且如果规则通货膨胀率等于由式（9.10）给出的相机抉择的通货膨胀率$\pi_D$，$T(\pi_D)=0$（在$\varepsilon=0$的条件下），则：

$$T(\pi_R)=0。\tag{9.31}$$

在相机抉择条件下的通货膨胀率也是吸引力最小的点。通货膨胀率上升，$T(\pi_R)$ 曲线也上升。

但在第二种方案下，因为没能在第 0 期遵守承诺，政策制定者会在第 1 期受到惩罚。公众对政策制定者丧失信心，并且预期第 1 期是相机抉择解。因为 $\Omega_D > \Omega_R(\pi_R)$，在这种情况下第 1 期的支出比原来可能达到的水平高，因而在第 0 期政策制定者思考是否遵守规则时必定会考虑这些额外的支出。从政策制定者的角度来看，他受到的惩罚包括发生在第 1 期的额外支出的贴现值：

$$\begin{aligned}P(\pi_R)&\equiv\frac{\Omega_D-\Omega_R(\pi_R)}{1+r}\\&=\left[\frac{1}{2}\frac{\alpha^2+\beta}{\beta}[\bar{y}-y^*]^2-\frac{1}{2}[\bar{y}-y^*]^2-\frac{\beta}{2}\pi_R^2\right]\frac{1}{1+r}\\&=\left[\frac{1}{2}\frac{\alpha^2}{\beta}[\bar{y}-y^*]^2-\frac{\beta}{2}\pi_R^2\right]\frac{1}{1+r},\end{aligned}\tag{9.32}$$

其中，我们用到了式（9.18）和式（9.23）。再次，惩罚曲线上的一系列点是很容易识别的。首先，如果规则通货膨胀率 $\pi_R=0$，$P(0)$ 等于：

$$P(0)=\frac{1}{2}\frac{1}{1+r}\frac{\alpha^2}{\beta}[\bar{y}-y^*]^2。\tag{9.33}$$

假设利率足够高($r>\alpha^2/\beta$)，通过比较式（9.33）和式（9.30），很明显 $P(0)<T(0)$。进一步，对于相机抉择通货膨胀率 $\pi_D$：$P(\pi_D)=0$，

$$P(\pi_R)=0。\tag{9.34}$$

最后，规则通货膨胀率大于 $\pi_D$ 时，$P(\pi_R)<0$。二次惩罚函数 $P(\pi_R)$ 如图 9—2 所示。

在第 1 期公众预期政策制定者选择相机抉择通货膨胀率 $\pi_D$，并假定该期望对政策制定者也是最佳的。因此，在第 1 期预期通货膨胀率与实际通货膨胀率一致，并且政策制定者重新获得声誉［见式（9.28）］。结果，公众期望第 2 期产生规则通货膨胀率。因为我们已经研究了政策制定者单次欺骗行为的后果，这里假设政策制定者确实制造出规则通货膨胀率。第 0 期发生的欺骗行为不会再产生额外花费，并且 $P(\pi_R)$和 $T(\pi_R)$ 完全概括了第 0 期欺骗行为的相关支出和收益。[①]

显然，如果欺骗的吸引力超过了惩罚，那么政策制定者将会屈服于诱惑并进行欺骗。在这种情况下，公众知道这一切并且完全不会相信规则。从技术角度来看，规则通货膨胀率是“不可置信的”。这很简洁明了地解释了为何零通货膨胀率原则是不可执行的。当 $\pi_R=0$ 时，进行欺骗的吸引力太大了以至该通货膨胀率不可执行。

---

① 在第 2 期的开始，政策制定者面临和第 0 期开始完全相同的问题。因此，如果在第 0 期他进行欺骗，那么在第 2 期他也会这么做。反之亦然，如果在第 0 期他没有进行欺骗，那么在第 2 期他也不会这么做。据此，我们只要确认是否进行过一次欺骗就可以了。

根据图 9—2，只有规则通货膨胀率在区间$[\pi_R^*, \pi_D]$上才是可执行的。最优可执行通货膨胀率当然是可能的最低通货膨胀率 $\pi_R^*$（点 E）。这是因为所有规则通货膨胀率都没有超出预期的通货膨胀（否则会出现惩罚），从而只有随通货膨胀发生的支出而没有收益（通过高于充分就业产出水平）。结果，最低的可执行通货膨胀率最小化支出。与 Axelrod（1984）分析过的在重复囚徒困境博弈中一样，执行机制通过相机抉择的货币政策，以损失声誉的形式来确保经济不会陷入最差的均衡。

最优可执行规则通货膨胀率 $\pi_R^*$ 可以通过将分别由式（9.29）和式（9.32）决定的 $P(\pi_R)$ 和 $T(\pi_R)$ 等同起来进行计算：

$$\pi_R^* \equiv \left(\frac{\alpha[y^*-\bar{y}]}{\beta}\right) \cdot \frac{1-\zeta}{1+\zeta}, \quad \zeta \equiv \frac{\alpha^2+\beta}{\beta(1+r)}。 \tag{9.35}$$

因此，最优可执行规则通货膨胀率是不可执行零通货膨胀率和可执行但次优的相机抉择通货膨胀率 $\pi_D$（等于圆括号中的项）的加权平均（Barro and Gordon，1983b，p. 113）。[①]

作为该模型的最后一个应用，我们考虑如果真实利率 $r$ 上升将会发生什么。依据图 9—2，吸引力线 $T(\pi_R)$ 并没有发生变化但惩罚线 $P(\pi_R)$ 围绕相机抉择点按逆时针方向旋转。结果，可执行区域缩小，并且最优可执行规则通货膨胀率上升。这是很直观的。对于违反（规则）而招致的下一时期的惩罚，假定其他条件不变，更高的贴现意味着更小的惩罚。这个结果在式（9.35）中得到证实。

## 9.2 最优通货膨胀的投票机制

在一篇极富创意的论文中，Rogoff（1985）问了自己一个问题：为何中央银行成员经常是从社会中的保守派成员中挑选出来的？结果，再一次，答案取决于约束机制（就像尤利西斯的桅杆）。为了尽可能地讲明白这一点，我们利用做了微小修改的 9.1.2 节中的模型。根据 Alesina 和 Grilli（1992），我们使用中间选民模型来决定领导中央银行和管理货币政策的人选。假定人员 $i$ 有如下支出函数：

$$\Omega_i \equiv \frac{1}{2}[y-y^*]^2 + \frac{\beta_i}{2}\pi^2, \tag{9.36}$$

其中与式（9.2）的唯一不同在于通货膨胀厌恶程度因人而异。卢卡斯供给曲线仍然由式（9.1）给出，从而如果人员 $i$ 被选定来领导中央银行，那么他将会选择相机抉择的通货膨胀率并选择与此相联系的产出水平（分别表示为 $\pi_D^i$ 和 $y_D^i$）。依据式（9.10）和式（9.11），这相当于：

① 我们假设利率并不很低（即 $r>\alpha^2/\beta$），从而 $0<\zeta<1$ 并且最优可执行通货膨胀率严格大于零。同样见图 9—2。

$$\pi_D^i = \frac{\alpha}{\beta_i}[y^* - \bar{y}] - \frac{\alpha}{\alpha^2 + \beta_i}\varepsilon, \tag{9.37}$$

$$y_D^i = \bar{y} + \frac{\beta_i}{\alpha^2 + \beta_i}\varepsilon。 \tag{9.38}$$

对于通货膨胀的偏好是多种多样的，这可以概括为图 9—3 中 $\beta_i$ 的频率分布。$\beta_i$ 值较低的个体被称为“左翼”，他们并不过分担心通货膨胀，但认为较高的产出水平和就业稳定比较重要。而政治立场的另一方是有着非常高 $\beta_i$ 值的“右翼”分子，他们对通货膨胀怀着十分强烈的厌恶感，但并不十分担心产出稳定。

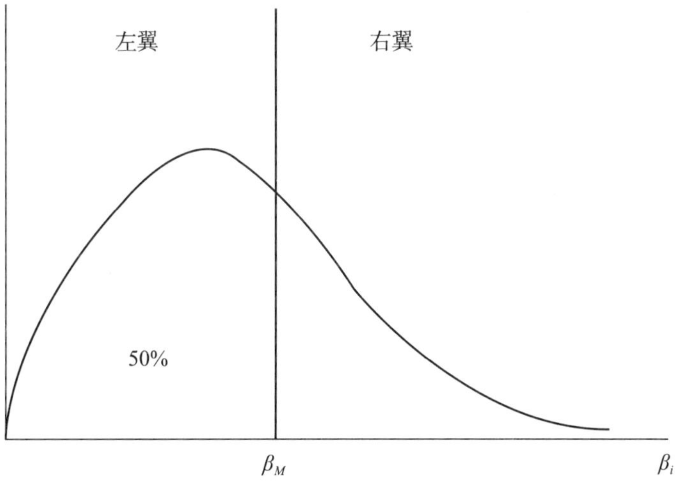


**图 9—3　通货膨胀厌恶参数的频率分布**



我们假设个人从他们中间选择领导中央银行的人选。投票的基础是配对，并遵循多数原则。假定被选中的个体有着通货膨胀厌恶参数 $\beta$。人群中不存在有着通货膨胀厌恶参数 $\beta_i$（更多人对 $\beta_i$ 的偏好大于 $\beta$）的个体 $i$。由于这里只有一个问题（就是 $\beta$ 的选择），并且群体的通货膨胀厌恶参数是 $\beta$ 处的单峰偏好，从而中间选民理论成立［见 Mueller（1989，pp. 65－66）］。简要说来，这个理论认为中间选民决定了 $\beta$。如图 9—3 所示，中间选民有着通货膨胀厌恶参数 $\beta_M$。确实，50%的人口比这个中间选民更“左翼”，并且 50%的人口比这个中间选民更“右翼”。

但中间选民清楚地知道有着通货膨胀厌恶参数 $\beta$ 的个体会作出什么选择，因为通过令$\beta_i = \beta$，由式（9.37）和式（9.38）可以给出。将式（9.37）和式（9.38）代入中间选民的支出函数，我们得到：

$$\begin{aligned}\Omega_M &\equiv \frac{1}{2}E((y_D^i - y^*)^2 + \beta_M(\pi_D^i)^2) \\ &= \frac{1}{2}E\left(\left(\bar{y} - y^* + \frac{\beta}{\alpha^2+\beta}\varepsilon\right)^2 + \beta_M\left(\frac{\alpha}{\beta}(y^* - \bar{y}) - \frac{\alpha}{\alpha^2+\beta}\varepsilon\right)^2\right) \\ &= \frac{1}{2}\left[1 + \beta_M\left(\frac{\alpha}{\beta}\right)^2\right](\bar{y} - y^*)^2 + \frac{1}{2}\frac{\beta^2 + \beta_M\alpha^2}{(\alpha^2+\beta)^2}\sigma^2,\end{aligned} \tag{9.39}$$

其中，我们用到了 $E(\varepsilon)=0$，$E(\varepsilon^2)=\sigma^2$。中间选民通过选择 $\beta$ 来最小化他的预期支出。中间选民无法观测到 $\varepsilon$，但准确地知道通常个体 $\beta$ 会如何对供给冲击作出反应。因此，中间选民可以决定哪个个体可以（如果选择他领导中央银行）最小化他的预期福利损失。一阶条件为

$$\frac{d\Omega_M}{d\beta}=\frac{1}{2}2\beta_M\frac{\alpha^2}{\beta^3}(\bar{y}-y^*)^2+\frac{1}{2}\frac{2(\alpha^2+\beta)^2\beta-2(\beta^2+\beta_M\alpha^2)(\alpha^2+\beta)}{(\alpha^2+\beta)^4}\sigma^2=0 \quad \Rightarrow$$

$$\frac{d\Omega_M}{d\beta}=-\frac{\beta_M}{\beta}\left(\frac{\alpha}{\beta}\right)^2(\bar{y}-y^*)^2+\frac{(\beta-\beta_M)\alpha^2}{(\alpha^2+\beta)^3}\sigma^2=0。\tag{9.40}$$

式（9.40）作为模型参数和中间选民的通货膨胀厌恶参数 $\beta_M$ 的函数，定义了最优 $\beta$。它直接说明中间选民选择一个比自己更保守的人员，即 $\beta>\beta_M$。为了明白这一点，我们改写式（9.40）得到如下公式：

$$\beta-\beta_M=\frac{\beta_M(\alpha^2+\beta)^3(\bar{y}-y^*)^2}{\beta^3\sigma^2}>0。\tag{9.41}$$

因此，中间选民将货币政策的管理委托给一名比自己更厌恶通货膨胀的人员，并且自己承受一个更低的通货膨胀率。

进一步，也可以推出如下关于冲击方差（$\sigma^2$）、中间选民通货膨胀厌恶程度（$\beta_M$）和货币政策野心（$y^*-\bar{y}$）的比较静态结果：

$$\frac{\partial\beta}{\partial\sigma^2}\equiv-\frac{\beta^3(\alpha^2+\beta)(\beta-\beta_M)}{\Xi_0}<0,\tag{9.42}$$

$$\frac{\partial\beta}{\partial\beta_M}\equiv\frac{(\alpha^2+\beta)[(\alpha^2+\beta)^3(y^*-\bar{y})^2+\sigma^2\beta^3]}{\Xi_0}>0,\tag{9.43}$$

$$\frac{\partial\beta}{\partial(y^*-\bar{y})}\equiv\frac{2\beta_M(\alpha^2+\beta)^4(y^*-\bar{y})}{\Xi_0}>0,\tag{9.44}$$

其中，$\Xi_0\equiv\beta^2\sigma^2[3\alpha^2(\beta-\beta_M)+\beta(\alpha^2+\beta)]$ 是一个大于零的常数。[①] 简而言之，更高的不确定性（更高的 $\sigma^2$）和更左翼的人口（低的 $\beta_M$）都将会导致任命一个更左翼的中央银行管理者（更低的 $\beta$）。然而，更高的产出野心会导致一个更保守的中央银行管理者被任命。

---

① 为推导出该结果，我们第一步写出式（9.40）的一阶条件：

$$\Phi(\beta,\beta_M,\sigma^2,y^*-y)\equiv-\beta_M(y^*-y)^2+\frac{(\beta-\beta_M)\beta^3}{(\alpha^2+\beta)^3}\sigma^2=0。$$

显然，$\Phi_\beta$ 大于零：

$$\Phi_\beta\equiv\frac{\beta^2\sigma^2[3\alpha^2(\beta-\beta_M)+\beta(\alpha^2+\beta)]}{(\alpha^2+\beta)^4}>0。$$

根据隐函数定理，我们发现 $\partial\Phi/\partial\sigma^2=-\Phi_{\sigma2}/\Phi_\beta$。其中 $\Phi_{\sigma2}$ 可以表示成：

$$\Phi_{\sigma2}\equiv\frac{\beta^3(\beta-\beta_M)}{(\alpha^2+\beta)^3}。$$

结合我们从式（9.42）所得的结论，其他比较静态效应可以用类似的方法表示。

## 9.3 动态一致和资本税

到目前为止，有关动态不一致性的概念的经济政策应用暂时仅局限于货币政策方面，但这并不意味着货币政策是唯一遇到这一概念的地方。[①] 确实，在这部分我们的目的就是证明动态一致性同样可以用于财政政策。我们将借助 Fischer（1980）的关于最优税负和公共物品的简单模型对此进行证明。就如第 5 章中的讨论一样，时间被划分为两期，第一期表示现在而第二期表示未来。代表性的家庭有如下效用函数：

$$U \equiv \frac{C_1^{1-1/\varepsilon_1}}{1-1/\varepsilon_1}+\frac{1}{1+\rho}\left[C_2+\alpha\frac{(1-N_2)^{1-1/\varepsilon_2}}{1-1/\varepsilon_2}+\beta\frac{G_2^{1-1/\varepsilon_3}}{1-1/\varepsilon_3}\right], \tag{9.45}$$

其中，$C_t$ 是第 $t(=1, 2)$ 期消费的产品，$N_2$ 是未来的劳动力供给，$G_2$ 是未来公共物品供应的水平。需要注意的是，出于简化需要，假定现在时期的劳动力供给和公共物品供应为零。这样的简化并不会造成什么实质性的影响。在第一期的开始，存在之前积累下来的资本，等于 $K_1$。资本不会贬值并且资本边际产出固定为 $b$（见下文）。当前时期受到的资源约束为

$$C_1+[K_2-K_1]=bK_1。 \tag{9.46}$$

总而言之，式（9.46）说明现期消费加投资肯定等于产出（和资本收入）。在第二期，产品总需求等于 $C_2+G_2$，这也肯定等于产出 $F(N_2, K_2)$ 加上资本存量（这可以在第二期被消费，考虑把资本当作“玉米”）。假设一个线性生产函数，第二期的资源约束由下式给出：

$$C_2+G_2=F(N_2,K_2)+K_2=aN_2+(1+b)K_2, \tag{9.47}$$

其中，$a$ 是固定的劳动边际产出。[②] 结合式（9.46）和式（9.47）并消除 $K_2$，我们得到整理过的资源约束公式：

$$C_1+\frac{C_2+G_2}{1+b}=(1+b)K_1+\frac{aN_2}{1+b}。 \tag{9.48}$$

### □ 9.3.1 最优结果

首先，我们要学习一下所谓的“最优指令”。假设有一位仁慈的社会计划者，通过最大化在整理过的资源约束式（9.48）条件下的代表性家庭的效用，这位计划者

① 确实，我们在第 7 章遇到过动态不一致性，在第 7 章我们分析了工会制定工资和企业进行资本投资间的相互作用。在第 7 章我们表明工会提供的未来工资是动态不一致的，从而不具有公信力。

② 假设一个线性生产函数意味着实质上简化了表述。技术上，一个线性生产函数是通过利用资本和劳动间无穷大的替代弹性［即 $\sigma_{KN}\rightarrow\infty$（见第 4 章）］获得的。这也意味着对劳动和资本的需求是无限弹性的，并且所有要素都不是必需的，从而产品可以单纯用两种生产要素中的一种来生产。

作出最优分配的选择。这个最优社会计划的拉格朗日函数是

$$\mathcal{L}\equiv\frac{C_1^{1-1/\varepsilon_1}}{1-1/\varepsilon_1}+\frac{1}{1+\rho}\left[C_2+\alpha\frac{(1-N_2)^{1-1/\varepsilon_2}}{1-1/\varepsilon_2}+\beta\frac{G_2^{1-1/\varepsilon_3}}{1-1/\varepsilon_3}\right]$$
$$+\lambda\cdot\left[(1+b)K_1+\frac{aN_2}{1+b}-C_1-\frac{C_2+G_2}{1+b}\right], \tag{9.49}$$

由此产生一阶条件：

$$\frac{\partial\mathcal{L}}{\partial C_1}=C_1^{-1/\varepsilon_1}-\lambda=0, \tag{9.50}$$

$$\frac{\partial\mathcal{L}}{\partial C_2}=\frac{1}{1+\rho}-\frac{\lambda}{1+b}=0, \tag{9.51}$$

$$\frac{\partial\mathcal{L}}{\partial G_2}=\frac{\beta G_2^{-1/\varepsilon_3}}{1+\rho}-\frac{\lambda}{1+b}=0, \tag{9.52}$$

$$\frac{\partial\mathcal{L}}{\partial N_2}=-\frac{\alpha(1-N_2)^{-1/\varepsilon_2}}{1+\rho}+\frac{a\lambda}{1+b}=0。 \tag{9.53}$$

式（9.51）意味着收入的边际效用（由 $\lambda$ 决定）是一个常数：$\lambda=(1+b)/(1+\rho)$。将 $\lambda$ 的值代入式（9.50）、式（9.52）和式（9.53），得到 $C_1$、$N_2$ 和 $G_2$ 的最优解。

$$C_1=\left(\frac{1+b}{1+\rho}\right)^{-\varepsilon_1}, \tag{9.54}$$

$$1-N_2=\left(\frac{a}{\alpha}\right)^{-\varepsilon_2}, \tag{9.55}$$

$$G_2=\beta^{\varepsilon_3}。 \tag{9.56}$$

最后，通过将式（9.54）～式（9.56）代入整理过的资源约束，可以计算出第二期的消费水平：

$$C_2=(1+b)^2K_1+a-(1+b)C_1-G_2-a(1-N_2)$$
$$=a+(1+b)^2K_1-(1+\rho)^{\varepsilon_1}(1+b)^{1-\varepsilon_1}-\alpha^{\varepsilon_2}a^{1-\varepsilon_2}-\beta^{\varepsilon_3}, \tag{9.57}$$

其中我们假设第二期消费的非负性约束不是紧约束（即 $C_2\geqslant 0$）。在给定资源可用程度和技术水平的条件下，最优指令是代表性家庭的最优可能结果。

在实际中，政策制定者或许可以直接控制公共物品提供水平 $G_2$，但不能直接控制代表性家庭的选择，例如 $C_1$、$C_2$ 和 $N_2$（即使在从前实行中央计划的东欧国家也很难做到）。这并不意味着最优选择本身在分散化经济中无法达到。确实，如果政府选择最优 $G_2$，并且可以任意征收总额税，那么在式（9.54）～式（9.57）中给出的最优计划是可以被分散管理的。

在分散经济中，家庭拥有可以以利率 $r$ 租给厂商的资本。家庭甚至向这些厂商销售劳动，从而他们能获得实际工资 $W_2$（回忆一下，他们在第一期并不工作）。代表性家庭在第一期的预算约束为

$$C_1+[K_2-K_1]=r_1K_1, \tag{9.58}$$

其中，$r_1$ 是第一期的利率，从而 $r_1K_1$ 是家庭获得的利息收入。这部分收入可以用来消费产品或者购买额外的投资品。在第二期，预算约束是

$$C_2=W_2N_2+(1+r_2)K_2-Z_2, \tag{9.59}$$

其中，$Z_2$ 是第二期的总额税，$r_2$ 是第二期的实际利率。家庭在第二期并不会进行投资。第 $t$ 期获利等于：

$$\pi_t \equiv F(K_t,N_t)-W_tN_t-r_tK_t, \tag{9.60}$$

从而利润最大化行为意味着 $r_t=F_K=b$ 且 $W_t=F_N=a$。在第一期并没有劳动力供给而只有资本被使用，而在第二期劳动和资本都在生产中使用。因此，对于线性生产函数，我们得到：

$$r_1=r_2=b, \quad W_2=a。 \tag{9.61}$$

实际利率为常数并且等于 $b$，第二期的工资也是常数并且等于 $a$。由于两种生产要素的支付分别严格等于它们各自的边际产量，且生产函数规模报酬不变，因而代表性厂商不会创造利润。

政府在第二期购买产品并且通过对代表性家庭征收的总额税来购买这些产品。因此。政府的预算约束是

$$G_2=Z_2。 \tag{9.62}$$

通过将式（9.61）和式（9.62）代入式（9.58）和式（9.59）并且做些处理，我们得到：

$$C_1+\frac{C_2+G_2}{1+b}=\frac{aN_2}{1+b}+(1+b)K_1。 \tag{9.63}$$

假定 $G_2$ 和整理过的预算约束（9.63）不变，代表性家庭通过选择 $C_1$、$C_2$ 和 $N_2$ 来最大化其效用（9.45）。如果政府设定的 $G_2$［即式（9.56）给出的水平］合适，那么由此决定的 $C_1$、$C_2$ 和 $N_2$ 的值与由式（9.54）和式（9.55）以及式（9.57）得到的最优选择相符。那么，当政府可以征收总额税时，社会最优选择可以是分散的。

### □ 9.3.2 次优问题

在实际中政策制定者无法任意地（不受干扰地）征收总额税。事实上，它必须通过对不同的收入类型征税来支付它的花费。假设在第二期时，$t_L$ 是劳动所得税，$t_K$ 是资本所得税。[①] 家庭的预算约束变为

$$C_1+[K_2-K_1]=bK_1, \tag{9.64}$$

$$C_2=a(1-t_L)N_2+[1+b(1-t_K)]K_2, \tag{9.65}$$

其中，我们已经用到了式（9.61）中的表达式。对式（9.64）和式（9.65）进行整

① 第一期的资本所得税便等同于征收总额税。

理我们得到：

$$C_1+\frac{C_2}{1+b(1-t_K)}=\frac{a(1-t_L)N_2}{1+b(1-t_K)}+(1+b)K_1, \tag{9.66}$$

与式（9.63）相对。假定 $G_2$ 和整理过的预算约束式（9.66）不变，代表性家庭通过选择 $C_1$、$C_2$ 和 $N_2$ 来最大化其效用式（9.45）。这个问题的拉格朗日函数是

$$\begin{aligned}\mathcal{L}\equiv&\frac{C_1^{1-1/\varepsilon_1}}{1-1/\varepsilon_1}+\frac{1}{1+\rho}\left[C_2+\alpha\frac{(1-N_2)^{1-1/\varepsilon_2}}{1-1/\varepsilon_2}+\beta\frac{G_2^{1-1/\varepsilon_3}}{1-1/\varepsilon_3}\right]\\&+\lambda\left[(1+b)K_1-C_1-\frac{C_2-a(1-t_L)N_2}{1+b(1-t_K)}\right],\end{aligned} \tag{9.67}$$

由此产生一阶条件：

$$\frac{\partial\mathcal{L}}{\partial C_1}=C_1^{-1/\varepsilon_1}-\lambda=0, \tag{9.68}$$

$$\frac{\partial\mathcal{L}}{\partial C_2}=\frac{1}{1+\rho}-\frac{\lambda}{1+b(1-t_K)}=0, \tag{9.69}$$

$$\frac{\partial\mathcal{L}}{\partial N_2}=-\frac{\alpha(1-N_2)^{-1/\varepsilon_2}}{1+\rho}+\frac{a(1-t_L)\lambda}{1+b(1-t_K)}=0, \tag{9.70}$$

据此我们可以解出 $C_1$、$C_2$ 和 $N_2$：

$$C_1=\left(\frac{1+b(1-t_K)}{1+\rho}\right)^{-\varepsilon_1}, \tag{9.71}$$

$$\begin{aligned}C_2=&a(1-t_L)+(1+b)[1+b(1-t_K)]K_1\\&-(1+\rho)^{\varepsilon_1}[1+b(1-t_K)]^{1-\varepsilon_1}-\alpha^{\varepsilon_2}[a(1-t_L)]^{1-\varepsilon_2},\end{aligned} \tag{9.72}$$

$$1-N_2=\left(\frac{a(1-t_L)}{\alpha}\right)^{-\varepsilon_2}。 \tag{9.73}$$

最后，将这些最优解重新代入效用函数，获得间接效用函数：

$$\begin{aligned}V\equiv&\frac{1}{\varepsilon_1-1}\left(\frac{1+b(1-t_K)}{1+\rho}\right)^{1-\varepsilon_1}+\frac{I_F}{1+\rho}\\&+\frac{\alpha}{1+\rho}\frac{1}{\varepsilon_2-1}\left(\frac{a(1-t_L)}{\alpha}\right)^{1-\varepsilon_2}+\frac{\beta}{1+\rho}\frac{G_2^{1-1/\varepsilon_3}}{1-1/\varepsilon_3},\end{aligned} \tag{9.74}$$

其中，$I_F$ 是代表性家庭获得的全部收入，它由下列式子定义：

$$I_F\equiv a(1-t_L)+[1+b(1-t_K)](1+b)K_1, \tag{9.75}$$

全部收入表示代表性家庭在第二期可以获得的收入的最大值，即第一期不进行任何消费并且在第二期提供最大劳动量。

无法征收总额税的政府预算约束是

$$G_2=t_KbK_2+t_LaN_2。 \tag{9.76}$$

政府在公共物品上的花费必须由资本和劳动的税收收益来负担。政策制定者在服从预算约束式（9.76）的条件下，最大化代表性家庭的间接效用［在式（9.74）中给出］。政策制定者问题的拉格朗日函数是

$$\mathcal{P} \equiv V(G_2, t_L, t_K) + \mu[t_K b K_2 + t_L a N_2 - G_2], \tag{9.77}$$

其中 $\mu$ 是政府预算约束式（9.76）的拉格朗日乘子。满足式（9.76）的政策制定者问题的一阶条件是

$$\frac{\partial \mathcal{P}}{\partial G_2} = \frac{\partial V}{\partial G_2} - \mu = 0, \tag{9.78}$$

$$\frac{\partial \mathcal{P}}{\partial t_L} = \frac{\partial V}{\partial t_L} + \mu a \left[ N_2 + t_L \frac{\partial N_2}{\partial t_L} \right] = 0, \tag{9.79}$$

$$\frac{\partial \mathcal{P}}{\partial t_K} = \frac{\partial V}{\partial t_K} + \mu b \left[ K_2 + t_K \frac{\partial K_2}{\partial t_K} \right] = 0。 \tag{9.80}$$

在附录中我们说明一阶条件可以改写成如下更为直观的形式：

$$\beta G_2^{-1/\varepsilon_3} = \eta, \tag{9.81}$$

$$\eta = \frac{1}{1 - \frac{t_L}{1-t_L}\varepsilon_L}, \tag{9.82}$$

$$\eta = \frac{1}{1 - \frac{t_K}{1-t_K}\varepsilon_K}, \tag{9.83}$$

其中，$\varepsilon_L$ 是劳动力供给的未补偿工资弹性（$\varepsilon_L > 0$），$\varepsilon_K$ 是总储蓄的未补偿利率弹性（$\varepsilon_K > 0$），且 $\eta \equiv \mu / (\partial V / \partial I_F)$是公共基金边际成本（MCPF）。直观地，MCPF 衡量了增加一欧元（单位）公共收益的成本。如果没有税收干扰，它花费一单位成本来多收取一单位收入，且 MCPF 等于 1。另外，如果税收扭曲了私人部门的真实选择，那么它将花费超出一单位成本来多收取一单位收入，从而 MCPF 大于 1。

式（9.81）是修改过的关于最优公共物品提供的萨缪尔森规则（Atkinson and Stern，1974）。总而言之，式（9.81）说明公共物品的边际福利［式（9.81）的左边］应等同于提供公共物品的边际花费，即 MCPF。如果没有税收扭曲，$\eta = 1$，社会可以承担最优选择水平的公共消费。但如果税收扭曲，$\eta > 1$，那么将会提供更少公共物品。式（9.82）和式（9.83）决定了最优混合税收。事实上，通过改写式（9.82）和式（9.83）我们得到：

$$\frac{t_L}{1-t_L} = \left(1 - \frac{1}{\eta}\right)\frac{1}{\varepsilon_L}, \tag{9.84}$$

$$\frac{t_K}{1-t_K} = \left(1 - \frac{1}{\eta}\right)\frac{1}{\varepsilon_K}。 \tag{9.85}$$

式（9.84）和式（9.85）是所谓的对资本和劳动征收的拉姆齐税收［为纪念英国经

济学家弗兰克·拉姆齐（Frank Ramsey）而命名]。直观地，这些税负在没有税收扭曲下增加了一定数额的政府收入。为了便于解释式（9.84）和式（9.85），假定劳动力供给完全无弹性（即 $\varepsilon_L=0$）。然后我们知道劳动所得税就和（非扭曲的）总额税一样。式（9.82）说明在这种情况下 MCPF 等于 1，从而式（9.85）说明对资本征税没有必要，通过对劳动征税就可以使总收益提高。相反，如果储蓄方程无弹性并且劳动力供给的工资弹性很大，以上分析的思路依旧成立。在这种情况下应该对资本征收重税，而对劳动所得征收轻税。然而通常说来，式（9.84）和式（9.85）说明两种税率都应该为正。

### □ 9.3.3 最优税收计划的动态不一致性

前面计算的最优税收计划存在的一个问题便是动态不一致性。在第一期政策制定者宣布他们会在第二期对劳动和资本所得征税，但会发现一旦在第二期执行这个决定，政策制定者坚持的这个计划就不再是最优的。这可以借助模型简单地证明。在第二期的开始，代表性家庭的资本存量为 $K_2$ 并且选择 $C_2$ 和 $N_2$ 来最大化剩余的终生效用，

$$U_2 \equiv C_2+\alpha\frac{(1-N_2)^{1-1/\varepsilon_2}}{1-1/\varepsilon_2}+\beta\frac{G_2^{1-1/\varepsilon_3}}{1-1/\varepsilon_3}, \tag{9.86}$$

满足预算约束：

$$C_2=a(1-t_L)N_2+[1+b(1-t_K)]K_2。 \tag{9.87}$$

遵循一般步骤，得到 $C_2$ 和 $N_2$ 的解：

$$C_2=a(1-t_L)+[1+b(1-t_K)]K_2-\alpha^{\varepsilon_2}[a(1-t_L)]^{1-\varepsilon_2}, \tag{9.88}$$

$$1-N_2=\left(\frac{a(1-t_L)}{\alpha}\right)^{-\varepsilon_2}。 \tag{9.89}$$

将式（9.88）和式（9.89）代入式（9.86）得到第二期的间接效用函数：

$$V_2 \equiv [a(1-t_L)+[1+b(1-t_K)]K_2]+\frac{\alpha}{\varepsilon_2-1}\left(\frac{a(1-t_L)}{\alpha}\right)^{1-\varepsilon_2}+\beta\frac{G_2^{1-1/\varepsilon_3}}{1-1/\varepsilon_3}。 \tag{9.90}$$

显然，如果式（9.73）与式（9.89）中提供的税率相同，由式（9.73）和式（9.89）得出的未来劳动力供给的表达式是一致的。类似地，如果政策制定者遵守承诺并执行式（9.84）、式（9.85）中的税率，那么由 $K_2=(1+b)K_1-C_1$ 和式（9.71）可知式（9.88）与式（9.72）给出的表达式是一致的。

问题是，通过对第二期的预期，政策制定者将会制定不同的税率。直观地，理由是一旦资本存量 $K_2$ 存在，那么税收便不会扭曲（因为资本所得税就和“到手的鸭

子”一样），并且最优拉姆齐税收解设定为 $t_L=0$（因为劳动所得税是扭曲的）且 $t_K>0$。[①] 因此，式（9.84）和式（9.85）中给出的税率并不会被公众相信。

当然，这个问题存在一致解。这个解可以通过在时间上倒推来获得，我们改为从第二期开始。公众知道政府将会在第二期设定 $t_L=0$ 的税率，并且通过仅对资本所得征税来提高税收收入。公众也知道因为政策制定者可以在第二期自由订立非扭曲的税收，因而 $G_2$ 会达到式（9.56）给出的水平。结果将会有更高水平的公共物品消费和更高的资本税，公众将会在第一期储蓄得更少。

## 9.4 小 结

本章的讨论集中于动态不一致性。经典的动态不一致性的例子和它的可能解可以追溯到古希腊作家荷马。然而在这一章中，我们学习的是政府经济政策的动态不一致性。我们学习了三个例子，两个是关于货币政策的，一个是关于财政政策的。

为前两个动态不一致性的例子做准备，我们提出了一个简单模型，在这个模型中政策制定者面对一条（随机的）卢卡斯供给曲线并试图通过设定通货膨胀率使产出高于充分就业水平（利用货币政策工具）。政策制定者的成本函数与产出偏离目标值的水平和通货膨胀率正相关。用一个参数代表政策制定者对通货膨胀的厌恶程度。这个参数越高说明我们越应该将这个政策制定者划归为“右翼”。模型中存在信息不对称，因为政策制定者可以观测到卢卡斯供给曲线中的随机供给冲击，但是公众却不能。由于这个不对称性，货币政策在调节产出方面卓有成效，尽管私人单位会用公式计算理性预期。

我们可以区分政策制定者最优化问题的三种不同解答。在相机抉择解下，政策制定者决定每个时期的通货膨胀率（因此决定产出）。私人单位知道他们用来计算理性预期通货膨胀率的模型是相机抉择条件下的，并依此再对应到卢卡斯供给曲线上。相机抉择政策下的理性预期解有两个特征。第一，选择的通货膨胀率和政策制定者的产出野心正相关（目标和充分就业产出的差距），和供给冲击负相关。第二，货币政策对供给冲击的调节程度取决于政策制定者的政治方向。实际上，一个左翼（右翼）政策制定者不在乎（很在乎）通货膨胀，但很在乎（不在乎）产出偏离充分就业水平的程度。

然而，相机抉择解是次优的，因为政策制定者可以在基于原则的解中找到另一个更接近最优解的点。所基于的原则如下。政策制定者向公众宣布他将在每一期执行令通货膨胀率维持在零的货币政策。如果公众相信这个政策制定者将会坚守诺言，

① 正式地，政策制定者选择 $G_2$、$t_L$ 和 $t_K$ 以最大化满足政府预算约束式（9.76）条件下的式（9.90）。通过和前面一样的步骤可以说明如下结果。注意到政府公共物品提供计划也是动态不一致的。假设可以从资本所得税中收取足够的税收，政策制定者将会如在式（9.56）中给定的一样设立最优水平 $G_2$。这比第一期宣布的水平要高。

期望通货膨胀率会为零并且不会有产出稳定作用。

原则解存在的问题是，它是动态不一致的。政策制定者有着很强的动机去利用基于零通货膨胀预期的卢卡斯供给曲线，并通过产生意料外的通货膨胀水平来调节供给冲击。这就是所谓的欺骗解，这是由于政策制定者没有坚守无通货膨胀诺言而产生的。欺骗解更靠近政策制定者的最优点，但违背了理性预期假设。

到目前的讨论结果，唯一既被公众相信又符合理性预期原则的政策是相机抉择政策。当然，相机抉择政策导致政策制定者的最低福利（即最高的社会成本）。这意味着经济陷入最坏的可能均衡。

在一篇有独创性的论文中，巴罗和戈登表明政策制定者的声誉可以作为执行机制，使得基于规则的均衡在实际均衡中可能实现。两位作者将政策制定者的声誉问题归结如下。如果政策制定者在前一期信守诺言（不管这个诺言是什么），那么公众在当期将会相信政策制定者宣布的事情并遵循货币政策。相反，如果政策制定者在前一期没有信守诺言，那么公众在当期会对政策制定者的声誉大打折扣并预期相机抉择解会被选择。这是私人单位在与政策制定者的重复囚徒困境博弈中采取“以牙还牙”策略的例子。这个方法意味着以正的通货膨胀率为特征的规则解是可执行的。

在本章剩下的部分我们给出了两个动态不一致的例子（和它的可能解）。其中我们首先展示了投票机制，中间选民将会选择比自己更保守的人选（对通货膨胀更厌恶）来管理中央银行，从而中间选民得到比自己当货币政策制定者更低的通货膨胀率。

在最后一个例子中，我们给出了一个简单的劳动与资本所得的最优税收模型，这里征收总额税是不可行的。这里产生两个关键结论。第一，从动态不一致性中提炼出，劳动和资本的最优税率是非零的并且取决于相对税收弹性。第二，最优税负是动态不一致的。一旦未来资本存量确定下来，资本所得税的税基是无弹性的，并且政策制定者可以通过不对劳动所得征税但对资本所得尽可能多地征税的不扭曲分配方法来增加公共收入。

## 延伸阅读

通货膨胀信誉模型的核心参考文献是 Barro 和 Gordon（1983a，1983b）以及 Backus 和 Driffill（1985）。也可参见 Cukierman 和 Meltzer（1986）以及 Cukierman（1992）。Persson 和 Tabellini（1994b）发表了一系列最为重要的文章。近期为数众多的政治经济专著都研究经济政策——见 Persson 和 Tabellini（1989）、Dixit（1996）、Persson 和 Tabellini（2000）以及 Drazen（2000）。对最后两本书的评论可以参见 Saint-Paul（2000）。对最优税负文献感兴趣的读者可以参考 Atkinson 和 Stiglitz（1980）。Persson 和 Tabellini（1994a）研究了代表性民主政治中的资本税负模型。Van der Ploeg（1995）研究了动态宏观模型中的货币和财政政策。

## 附录：式（9.82）和式（9.83）的推导

式（9.82）的推导如下。首先，我们从式（9.74）中给出的间接效用函数计算 $\partial V/\partial t_L$。

$$\frac{\partial V}{\partial t_L}=-\frac{a}{1+\rho}+\frac{a}{1+\rho}\left(\frac{a(1-t_L)}{\alpha}\right)^{-\varepsilon_2}=-\frac{a}{1+\rho}N_2, \tag{A9.1}$$

其中，我们在最后一步用到了式（9.73）。将式（A9.1）代入式（9.79）我们得到：

$$-\frac{a}{1+\rho}N_2+\mu aN_2\left[1+\frac{t_L}{N_2}\frac{\partial N_2}{\partial t_L}\right]=0 \quad \Rightarrow$$

$$\eta\left[1-\left(\frac{t_L}{1-t_L}\right)\varepsilon_L\right]=1, \tag{A9.2}$$

其中，$\eta\equiv\mu(1+\rho)$ 是公共基金的边际支出，并且 $\varepsilon_L$ 是劳动力供给的未补偿工资弹性：

$$\varepsilon_L\equiv\frac{\partial N_2}{\partial a(1-t_L)}\frac{a(1-t_L)}{N_2}=-\frac{1-t_L}{t_L}\frac{\partial N_2}{\partial t_L}\frac{t_L}{N_2}=\omega_H\varepsilon_2>0, \tag{A9.3}$$

其中，$\omega_H\equiv(1-N_2)/N_2$ 是闲暇/工作比率。通过改写式（A9.2），可以得到式（9.82）。

式（9.83）是通过很简单的形式获得的。首先，我们从式（9.74）中给出的间接效用函数计算 $\partial V/\partial t_K$。

$$\begin{aligned}\frac{\partial V}{\partial t_K}&=-\frac{b}{1+\rho}(1+b)K_1+\frac{b}{1+\rho}\left(\frac{1+b(1-t_K)}{1+\rho}\right)^{-\varepsilon_1}\\&=\frac{b}{1+\rho}[C_1-(1+b)K_1]=-\frac{b}{1+\rho}K_2,\end{aligned} \tag{A9.4}$$

其中，在最后两步我们用到式（9.71）和 $K_2$ 的定义。将式（A9.4）代入式（9.80）我们得到：

$$-\frac{b}{1+\rho}K_2+\mu bK_2\left[1+\frac{t_K}{K_2}\frac{\partial K_2}{\partial t_K}\right]=0 \quad \Rightarrow$$

$$\eta\left[1-\left(\frac{t_K}{1-t_K}\right)\varepsilon_K\right]=1, \tag{A9.5}$$

其中，$\varepsilon_K$ 是总储蓄的未补偿利率弹性：

$$\varepsilon_K\equiv\frac{\partial K_2}{\partial b(1-t_K)}\frac{b(1-t_K)}{K_2}=-\frac{1-t_K}{t_K}\frac{\partial K_2}{\partial t_K}\frac{t_K}{K_2}=\omega_C\varepsilon_1>0, \tag{A9.6}$$

其中，$\omega_C$ 定义为

$$\omega_C\equiv\frac{b(1-t_K)C_1}{[1+b(1-t_K)]K_2}。 \tag{A9.7}$$

通过改写式（A9.5），得到式（9.83）。

# 第 10 章 开放经济

本章的目标是讨论以下问题：

1. 我们如何将国际部门加入 IS－LM 模型？
2. 蒙代尔-弗莱明模型有什么贡献？
3. 开放经济对财政和货币政策造成什么影响？资本自由流动程度和汇率制度如何影响结论？
4. 冲击是如何在国与国之间传导以及国际政策协调是如何发挥作用的？
5. 我们如何将前瞻性行为加入模型？



## 10.1 IS－LM 模型中的国际部门

### 10.1.1 一些核算方法

从国民收入核算原则我们知道对于开放经济，总产出可以写为

$$Y \equiv C + I + G + (EX - IM), \tag{10.1}$$

其中，$Y$ 代表总产出，$C$ 是私人消费，$I$ 是私人投资，$G$ 是政府购买，$EX$ 是出口，$IM$ 是进口。国内居民总支出被称为“需求”（absorption）并定义为 $A \equiv C + I + G$。在计算总产出时把出口加入国内需求是因为外国人也对我们的产品进行消费，但进口必须被扣除，因为进口（即部分 $C$、$I$ 和 $G$）并不会使国内产出增加。

鉴于需求 $A$ 的定义，式（10.1）也可被写为

$$Y \equiv A + (EX - IM), \tag{10.2}$$

这说明收入等于国内居民的总支出加上净出口（即括号内的项）。

我们再回想一下，可以通过不同方式来衡量一个经济体的总产出。具体说来，一国之内生产的总产出通过国内生产总值（GDP）来衡量，而该国居民（可以在世界任何地方）生产的总产出通过国民生产总值（GNP）来衡量。对于第一个定义相关的标准是“它是哪里生产的”，而对于第二个定义则是“谁生产了它”。因此 GNP 和 GDP 的不同取决于从国外收到的净要素支付（例如以利息和股利形式的资本所得，以及国内居民在国外的劳动所得）。在实际操作中我们应该忽视这两种总产出概念的不同。

而通过加入国际转移收入 $TR$ 以及在式（10.1）的两边同时减去净税收 $T$（总税收减国内转移），我们可以得到新的定义：

$$Y+TR-T\equiv C+I+(G-T)+(EX+TR-IM), \tag{10.3}$$

其中，式（10.3）的左边给出了居民可支配收入的定义。注意到私人部门的总储蓄 $S$ 是通过 $S\equiv Y+TR-T-C$ 定义的，式（10.3）可改写为

$$(S-I)+(T-G)\equiv(EX+TR-IM)\equiv CA。 \tag{10.4}$$

经常项目余额 $CA$ 等于私人部门储蓄 $S-I$ 加上政府预算盈余 $T-G$。经常项目余额衡量了净外国资产加入整个经济的程度：通过花费比自身（作为一个国家的）收入更少而建立了与世界其他地区的联系。因此，忽略已有的净国外资产（NFA）的价值变化，我们得到：

$$\Delta NFA\equiv CA, \tag{10.5}$$

或者，等同地，

$$\Delta NFA\equiv(S-I)+(T-G)。 \tag{10.6}$$

因此，一个 $S=I$ 并且 $G>T$ 的国家将会减少自己的净国外资产储备（它相当于“从世界其他地区借款”）。

作为最后一步，我们必须通过基础现金账户将收支平衡的情况和经济部门发生的事件联系起来。在式（10.6）中净国外资产中的总变化已经决定（即将包括中央银行、商业银行、财政部和非银行私人部门在内的所有经济部门加总）。我们将中央银行的净国外资产变动定义为 $\Delta NFA^{cb}$。货币当局资产负债表可以写为如下表所示的（典型）形式。

**中央银行资产负债表**

| 资产 | | 负债 | |
|---|---|---|---|
| 净国外资产 | $NFA^{cb}$ | | |
| 国内信用 | $DC$ | 高能货币 | $H$ |
| | — | | — |

这里 $NFA^{cb}$ 包括外汇储备减去对外国官方持有者的贷款，$DC$ 包括中央银行持有的有价证券（例如短期国债）、贷款和其他信用。高能货币包括通货 $C^P$（保管库

中的现金和公众持有的现金）加上商业银行在中央银行的存款 $RE$（从而 $H\equiv C^{P}+RE$）。高能货币经常被称为“基础货币”。

我们可以从中央银行资产负债表得出如下差值式，中央银行净国外资产的变化等于高能货币创造程度和国内信用创造程度的差额：

$$\Delta NFA^{cb}\equiv\Delta H-\Delta DC。\tag{10.7}$$

式（10.7）说明了18世纪苏格兰哲学家和经济学家大卫·休谟提出的一个重要机制。如果货币当局干预外汇市场（通过买入或者出售外汇），净国外资产的存量会变化，并且通过式（10.7），高能货币的存量也会变化，即 $\Delta H\equiv\Delta NFA^{cb}$。因此，外汇卖出（买入）自动减少（增加）高能货币的存量（并且，通过货币乘数，货币存量也发生变化，见下文）。

货币当局可以通过进行所谓的“冲销”操作（临时地）打破 $H$ 和 $NFA^{cb}$ 间的联系。依据式（10.7），中央银行可以通过操作国内信用来冲销净国外资产变化的影响，即若 $\Delta DC=-\Delta NFA^{cb}$，则 $\Delta H=0$。举例来说，如果中央银行卖出外汇储备（因此 $\Delta NFA^{cb}<0$）并且同时进行适量的公开市场操作（在公开市场买入国债），则能够使得 $\Delta DC=-\Delta NFA^{cb}>0$，从而 $\Delta H=0$。

在部分储备金银行制度下商业银行被要求将一定比例的存款储存在中央银行（即 $RE$）。通过商业银行存款总量 $D$ 以及通货 $C^{P}$ 衡量的货币存量 $M^{S}$ 是高能货币存量的倍数：

$$M^{S}\equiv D+C^{P}=\mu H \quad\Leftrightarrow\quad \Delta M^{S}=\mu\Delta H,\tag{10.8}$$

其中，$\mu>1$ 是货币乘数。[①]

### □ 10.1.2 小型开放经济下修正的 IS—LM 模型

直到现在我们所做的一切都是处理一些单调乏味（但相当必要）的问题。我们可以通过说明模型的行为方程给出一些理论内容。首先，我们写出式（10.2）在总产品市场下支出均衡的形式：

$$Y=A(r,Y)+G+X(Y,Q),\tag{10.9}$$

其中，$A(r,Y)$ 是国内需求中取决于利息水平 $r$ 和总产出水平 $Y$ 的部分，$G$ 是外生的政府支出，$X(Y,Q)$ 是净出口（$\equiv EX-IM$），是产出和国外产品相对价格 $Q\equiv EP^{*}/P$ 的函数，其中 $E$ 是名义汇率（一单位外国通货能交换到的国内通货），$P^{*}$ 是国外价格水平，$P$ 是国内价格水平。下文我们把 $Q$ 当作实际汇率，依照汇率的定义，国内通货跌价（或者贬值）由 $E$ 的上升表示。

① 假设法规要求商业银行将 $c_1$ 比例的存款储存在中央银行作为储备金，$RE=c_1D$，其中 $0<c_1<1$。进一步假设公众希望持有固定比率的通货和存款，假定 $C^{P}/D=c_2$。然后，由于 $M^{S}\equiv D+C^{P}=(1+c_2)D$ 且 $H=(c_1+c_2)D$，我们可以推导出 $M^{S}=\mu H$，其中 $\mu\equiv(1+c_2)/(c_1+c_2)>1$。更高的存款准备金率或者更低的通货—存款率都会降低货币乘数。

由于投资与利息率负相关且现有收入的边际消费倾向介于 0 和 1 之间，我们得出 $A_r<0$ 且 $0<A_Y<1$。进一步，净出口函数满足 $X_Y<0$（因为进口与收入正相关）且 $X_Q>0$［假设满足马歇尔-勒纳条件，参见式（10.35）和式（10.36）］。式（10.9）是开放经济 IS 曲线。和封闭经济中一样，IS 曲线在$(r, Y)$坐标系下是向下倾斜的，但是在开放经济下，由于有进口的存在，所以 IS 曲线比封闭经济条件下更陡峭。

货币市场可以通过标准方式建模：

$$M^D/P=L(r,Y), \tag{10.10}$$

$$M^S=\mu[NFA^{cb}+DC], \tag{10.11}$$

$$M^D=M^S=M, \tag{10.12}$$

其中，$M^D$ 与 $M^S$ 分别代表货币需求和货币供给。货币需求函数的特点为其偏导数 $L_r<0$ 且 $L_Y>0$（见第 1 章）。式（10.10）和式（10.11）定义了开放经济下的 LM 曲线，该曲线在$(r, Y)$坐标系下向上倾斜。考虑到开放经济，我们对模型的改进包括了净国外资产存量变化会带来的货币供给的潜在内生性。通过假定国内和国外价格水平不变（并且都规范化为 1，即 $P^*=P=1$），且作出国际资本流动性的假定，模型得以闭合。

### □ 10.1.3 资本流动性和经济政策

我们可以区分一个经济体“财政开放”的不同程度。第一种经济体可以被定义为小型开放经济（SOE），即没有与世界其他地区（ROW）进行金融资产交易的经济体。极端案例便是资本不流动状况。这个状况与 20 世纪 40 年代和 50 年代早期许多有资本限制的国家相符。第二种情况是完全资本流动。金融资本完全流动且流向收益率最高的地区。国内和国外债券完全替代而资产调整是即时的从而全世界收益相等。这一情况被认为与 20 世纪 80 年代和 90 年代的情形相符。最后便是资本不完全流动的中间情况。

国际收支 $B$ 可以写为经常账户和资本账户之和。忽略净国际转移支付，前者与贸易账户相等：

$$B\equiv X(Y,Q)+KI(r-r^*)\equiv\Delta NFA^{cb}, \tag{10.13}$$

其中，$B$ 是国际收支，$KI$ 是净资本流入，$r^*$ 是 ROW 利率。如果 $KI$ 为正，则说明国内居民向 ROW 售出了比买入量更多的金融资产（例如债券）。在这种情况下国家作为一个总体实际上是从 ROW 净借贷。前面提及的三个对资本流动性的假设这里可以更为精确地进行定义。

(i) **资本不流动**　资本不流动意味着无论利差多大，$KI(r-r^*)\equiv 0$ 恒成立。在这种情况下，国际收支均衡与经常账户均衡一致，即 $B=\Delta NFA^{cb}=X(Y, Q)=0$。

(ii) **资本完全流动**　在资本完全流动情形下，资本市场套利行为和由此造成的资本流动保证了总有 $r=r^*$，这可以通过假设 $KI_r\to\infty$ 用数学方法表达。

(iii) **资本不完全流动**　在资本不完全流动情形下，在均衡时，$r$ 和 $r^*$ 不同，并且有

$0 < KI_r \ll \infty$。

图 10—1 给出了在($r$, $Y$)空间中不同情况下的国际收支均衡(BP)曲线。在每一情况下，BP 曲线均描绘了国际收支处于平衡状态($B=0$)时 $r$ 与 $y$ 的组合。BP 曲线的斜率可以通过对式（10.13）进行微分得到：

$$\left(\frac{dr}{dY}\right)_{B=0} = -\frac{X_Y}{KI_r} \geqslant 0。\qquad (10.14)$$

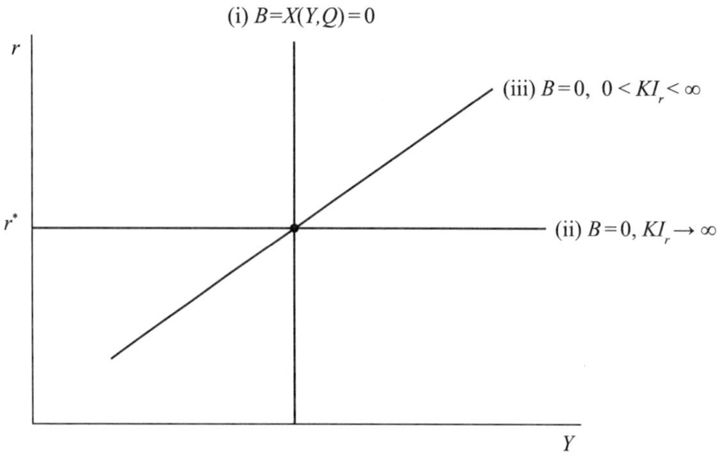


**图 10—1 国际收支平衡与资本自由流动的程度**

对于情况（i），BP 曲线并不取决于利率($KI_r=0$)，从而曲线是垂直的。在情况（ii）中，由于 $KI_r \to \infty$，因此 BP 曲线是水平的。最后，对于情况（iii），$KI_r$ 是个有限大小的正数，因此 BP 曲线向右上方倾斜。

### 10.1.3.1 资本不流动和固定汇率下的货币和财政政策

式（10.9）给出了 IS 曲线，式（10.10）～式（10.12）给出了 LM 曲线，式（10.13）给出了 BP 曲线（在 $B=0$ 和 $KI \equiv 0$ 条件下）。经济中的状态可以用图 10—2 表示。先前IS-LM-BP 均衡位于点 $e_0$，该点产出为 $Y_0$，利率为 $r_0$。注意到在 BP 曲线右侧的点产出和进口都太高并且经常账户赤字（$X<0$），而在 BP 曲线左侧的点状况则相反。假设产出低于充分就业产出 $Y_F$ 并且政策制定者希望通过经济政策以增加就业及产出。

由于在固定汇率开放经济制度下货币供给是内生的，我们必须明确什么是货币政策。中央银行购买债券的公开市场操作导致国内信用的增长 $\Delta DC>0$，并且通过式（10.11），这将导致货币供给的增长 $\Delta M^S=\mu\Delta DC>0$。在图 10—2 中，短期 LM 曲线从 LM($M_0$) 移动到 LM($M_1$)。在点 e′，比起冲击前产出变高且利率变低，但经常账户出现赤字（$B=X<0$）。由于国家的支出比收入高，对外国货币的需求高于供给。货币当局保证要维持固定汇率，它必须通过减少国际储备金来满足多出的外币

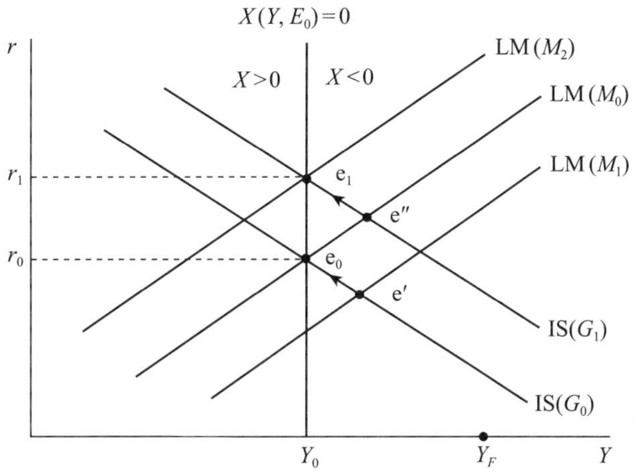


**图 10—2　资本不流动和固定汇率下的货币和财政政策**

需求，即 $\Delta NFA^{cb}<0$。由于没有对此进行冲销干预，根据式（10.11），货币存量再一次减少。这导致 LM 曲线逐渐向左移动，而经济沿着 IS 曲线移回到 $e_0$。最终，原来国内信用的增加恰好被外汇储备的减少抵消，并且货币政策的唯一结果只有中央银行投资组合的结构（而非规模）改变。

现在考虑如果政策制定者希望通过财政政策刺激经济，这包括一项通过债券筹资的政府支出的增加，将会出现什么情况。[①] 进一步假设政府购买的都是国内产品（这个简化假设在下面的 10.2 节中会放松）。依照图 10—2，IS 曲线从 IS($G_0$) 移动到IS($G_1$)，从而新的短期均衡点为 e″。考虑到产出增加，进口上升，经常账户赤字（$X<0$），并且随着中央银行外汇储备缩水货币供给逐步减少（从 $M_0$ 变为 $M_2$）。最终均衡是 $e_1$，在该点产出未变但利率上升。

总的来说，在限制资本流动时，货币政策和财政政策均不能（永久地）提升收入水平。只有当经常账户平衡时，国际收支才达到均衡，但是前者并不依赖于利率。一旦完全限制的资本流动这一假设被放松，以上结论就需要进行改进。

#### 10.1.3.2　资本完全流动和固定汇率下的货币和财政政策

在资本完全流动条件下，BP 曲线是水平的。依据图 10—3，原有均衡在点 $e_0$。货币政策包括国内信用的增加，LM 曲线从 LM($M_0$) 移动到 LM($M_1$)。在点 e′国内利率低于世界利率，大量资本外流现象将会发生，这恶化了资本账户。由于产出（继而进口）增高，经常账户还是比在点 $e_0$ 差。由于投资者买入外汇以购买有利可图的国外资产，货币供给将会（立即）下降。当汇率固定时，货币当局售出所需求的外汇，这意味着他的净外国资产存量下降，即 $\Delta NFA^{cb}<0$。由于投资者的逐利行为，所有调整即刻作出反应。因此，经济保持在点 $e_0$。由于国内信用增加导致的

① 财政部发行新的债券来支付额外的政府支出。这保证在国内信用水平不变的条件下货币供给量稳定。通过销售债券获得的货币再一次被用于支付额外的政府产品。

LM 移动立即被外汇储备的减少所抵消，或者依据式（10.7），$\Delta NFA^{cb}+\Delta DC\equiv\Delta H=0$。货币政策甚至在短期都是无效的。

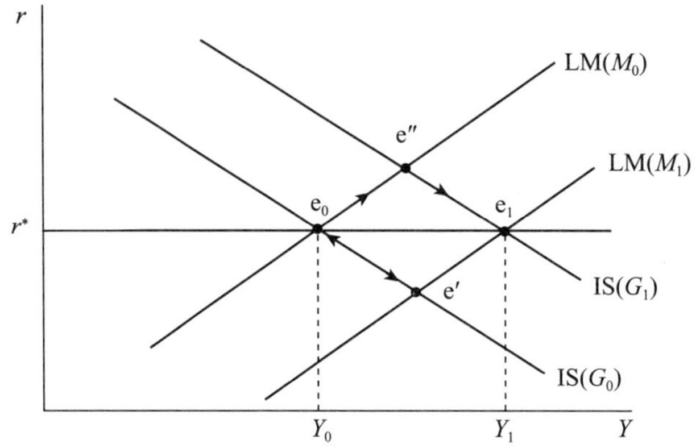


**图 10—3　资本完全流动和固定汇率下的货币和财政政策**

另外，财政政策在这种情况下是有效的。再一次考虑通过债券筹资的政府支出的增加。依据图 10—3，IS 曲线向右从 IS($G_0$) 移动到 IS($G_1$)。这造成国内利率上升压力（在点 e″），从而大量净资本流入。由于 ROW 投资者希望买入国内有价证券(净项)，外汇供给超出外汇需求。为了保持固定汇率，中央银行买入更多外汇供给和它的净国外资本存量，因此货币供给（立即）上升，即 $\Delta M^S=\mu\Delta NFA^{cb}>0$。这导致 LM 曲线从 LM($M_0$) 移动到 LM($M_1$)。只有在点 $e_1$，国内和外国利率相等并且货币供给稳定。由于资本完全流动，从 $e_0$ 到 $e_1$ 的移动迅速发生。因此，财政政策在固定汇率政策下资本完全流动的小型开放经济中高度有效。

#### 10.1.3.3　资本完全流动和浮动汇率下的货币和财政政策

在浮动汇率下国内通货（$E$）的变化保证国际收支的平衡。确实，汇率由国际收支平衡决定，反映着外汇的供求均衡状况：

$$B\equiv\Delta NFA^{cb}=0 \quad\Leftrightarrow\quad X(Y,E)+KI(r-r^*)=0, \tag{10.15}$$

其中，我们设定 $P^*=P=1$，从而在净出口表达式中 $Q=E$。假设经常账户赤字，从而出口比进口少。出口会造成外汇供给上升而进口会导致外汇需求上升，这意味着 $X<0$代表对外汇的超额需求。对外汇的超额需求导致资本流入，包括 ROW 投资者购买国内债券。由于他们必须支付这些债券，资本流入导致外汇供给上升。因此，在均衡状态下，$E$ 不断调整直到 $X(Y,E)=-KI(r-r^*)$，只有这样外汇市场供需才平衡。

这对经济政策有重要影响，因为它意味着货币当局可以控制浮动汇率下的国内货币供给。原因是中央银行通过允许汇率自由浮动，不需要再干涉外汇市场，从而国内信用改变直接导致货币供给改变。

均衡汇率遵循 $r=r^*$ 条件下的 IS - LM 均衡。通过利用式（10.9）～式（10.12）并假设 $r=r^*$，货币市场和产品市场（需求方）均衡意味着：

$$M=L(r^*,Y),\tag{10.16}$$
$$Y=A(r^*,Y)+G+X(Y,E),\tag{10.17}$$

其中，我们将 $P=1$ 代入式（10.16）。式（10.16）代表给定世界利率 $r^*$ 下的货币市场均衡。由于货币供给固定，式（10.16）决定了唯一的产出规模，而这不受汇率影响。根据图 10—4，这条曲线在图（b）中被画为 LL($M_0$)。式（10.17）代表在世界利率下国内支出均衡。由于高的 $E$ 值（较弱的国内通货）刺激净出口，式（10.17）意味着产出和汇率间的正相关关系，这被画为图 10—4（b）中的 YY。事实上，YY 曲线的斜率可以通过式（10.17）得到：

$$\left(\frac{dE}{dY}\right)_{YY}=\frac{1-A_Y-X_Y}{X_Q}>0。\tag{10.18}$$

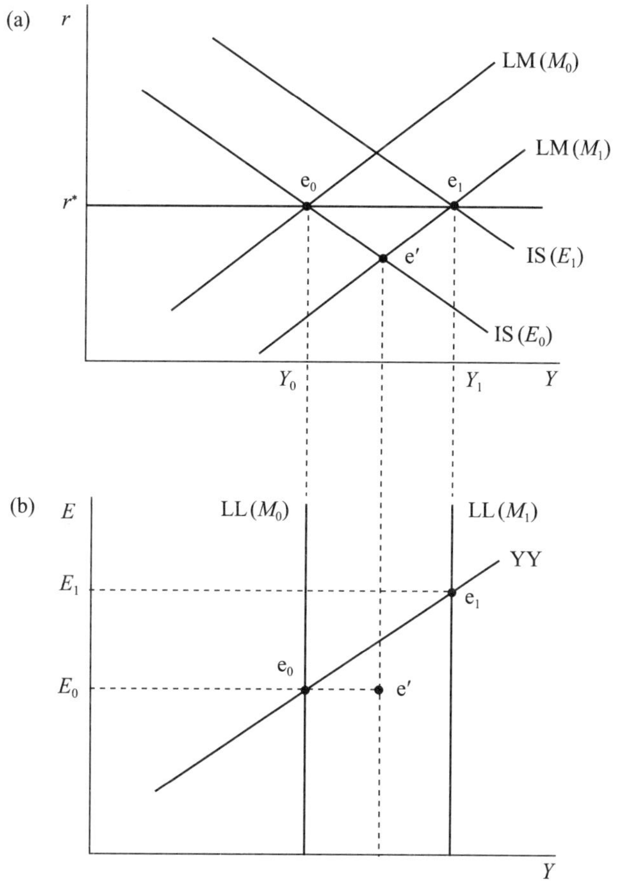


**图 10—4　资本完全流动和浮动汇率下的货币政策**

在这种情况下货币政策高度有效。依据图 10—4，在图（a）中国内信用上升，LM 曲线从 LM($M_0$) 移动到 LM($M_1$)，而 LL 曲线从 $LL(M_0)$ 移动到 LL($M_1$)。在点 e′国内利率低于世界利率，大量资本外流。外汇超额需求导致即时的国内通货减少［在图（b）中从 $E_0$ 移动到 $E_1$］。由于国内产品现在比国外产品更便宜，IS 曲线由IS（$E_0$）移动到 IS($E_1$)。在点 $e_1$ 新的均衡即刻达到，此时产出增加。

通过债券筹资而增加政府支出的财政政策，此时则完全无效（可以从 LL 和 YY 曲线的讨论中获得）。依据图 10—5，财政政策造成图（a）中的 IS 曲线从 IS($G_0$，$E_0$）移动到 IS($G_1$，$E_0$)，图（b）中的 YY 曲线从 YY($G_0$）移动到 YY($G_1$)。这导致国内利率上升的压力，在点 e′大量资本流入导致外汇的超额供给。因此，国内通货升值（$E$ 从$E_0$ 下降到 $E_1$)，这导致经常账户恶化并且 IS 曲线从 IS($G_1$，$E_0$）移动到 IS($G_1$，$E_1$)，与 IS($G_0$，$E_0$）重合。新的均衡即刻达到，产出和利率不变，汇率升高。财政政策在浮动汇率下完全无效。

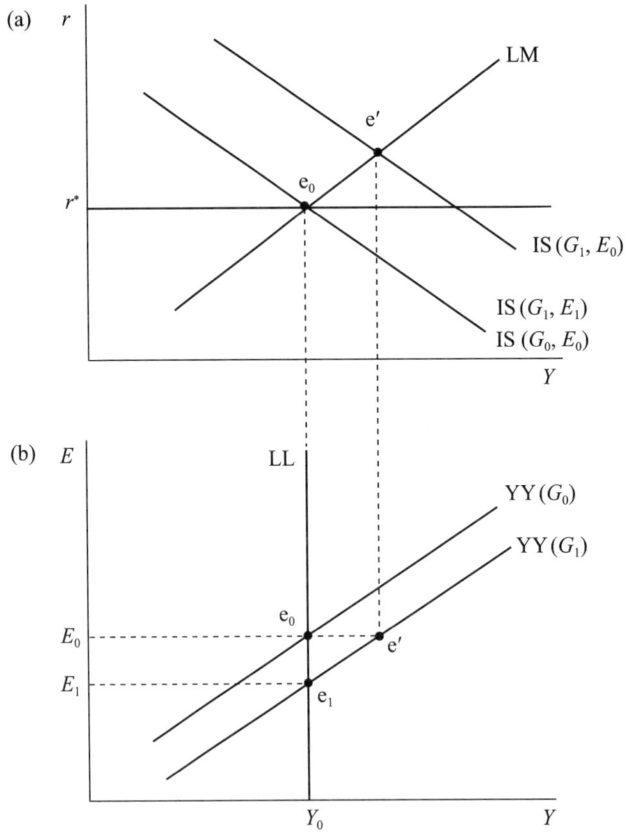


**图 10—5　资本完全流动和浮动汇率下的财政政策**

由政策无效结果很容易得出一个结论，浮动汇率制度下的小型开放经济与外国支出干扰绝缘（比如对出口的冲击），只要这些冲击是不对等的并且由此并不对世界利率造成影响。例如，德国支出骤降导致对荷兰出口产品的需求降低，荷兰汇率下降并且在浮动汇率制度下产出不会变化。当然，如果经济遭遇全球危机则不同。如果除荷兰外的所有国家都追求扩张性的总需求政策，世界利率将会上升。甚至在浮动汇率下，这都会对荷兰经济造成影响。依据图 10—6，$r^*$ 上升导致 YY 曲线左移，LL 曲线右移。由于资本外流，国内通货贬值，产出增加。全球危机通过影响世界利率传导到小型开放经济体。我们回到下面的危机传递话题。

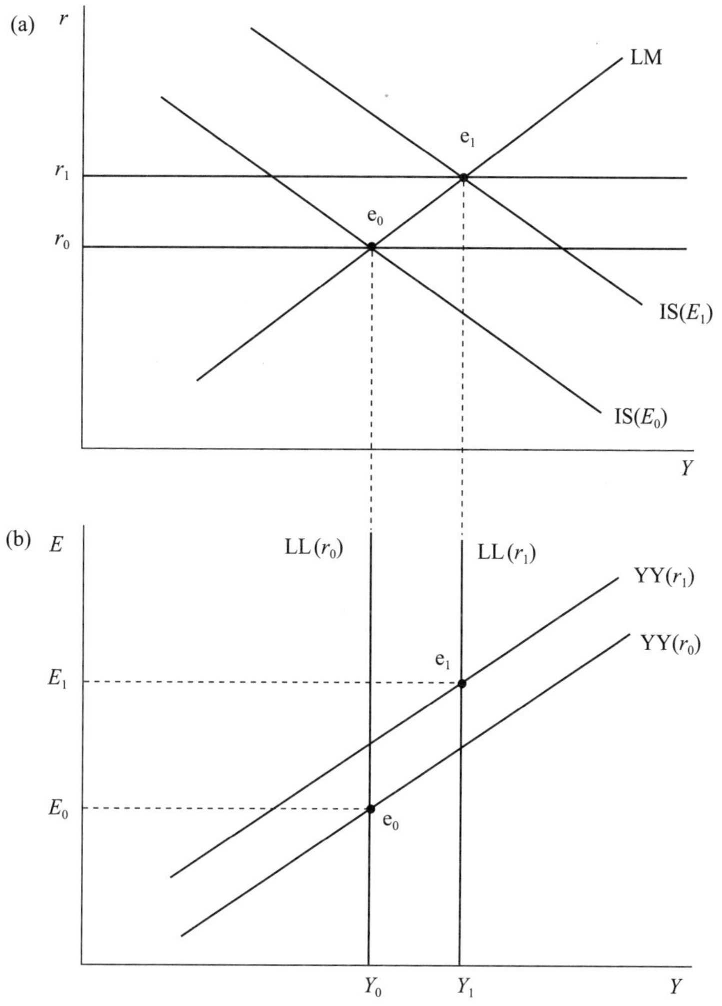


**图 10—6　完全资本流动与浮动汇率下的国外利率冲击**

#### 10.1.3.4　资本不完全流动

如果金融资本不完全流动，我们获得前面两种极端情况的加权平均。该模型是通过 LM、IS 以及 BP 曲线进行界定的。

$$M=L(r,Y), \tag{10.19}$$

$$Y=A(r,Y)+G+X(Y,E), \tag{10.20}$$

$$0=X(Y,E)+KI(r-r^*)。 \tag{10.21}$$

国际收支曲线向上倾斜［见式（10.14）］，BP 曲线左边（右边）的点代表国际收支盈余（赤字）。IS、LM 和 BP 曲线如图 10—7 所示，其中 BP 曲线比 LM 曲线平坦。不用图形说明固定和浮动汇率制度下的财政和货币政策，我们用表 10—1 中的数学形式来呈现这些比较静态效应。首先我们区分 IS、LM 和 BP 曲线。经过一些处理我们得到：

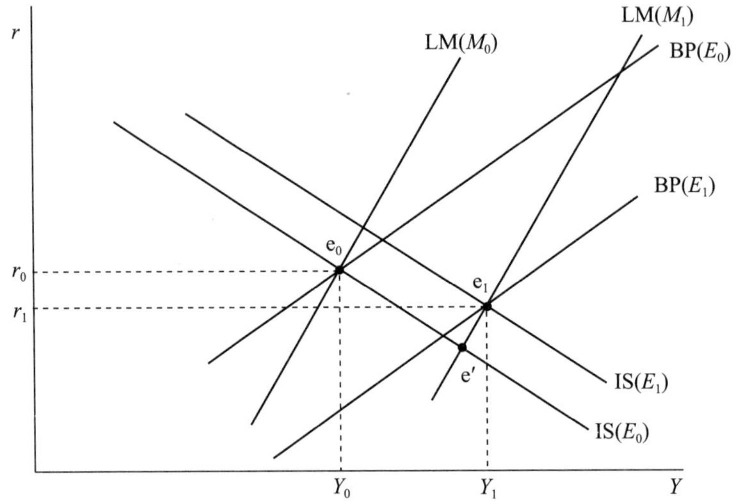


**图 10—7　资本不完全流动和浮动汇率下的货币政策**

$$\begin{bmatrix} L_Y & L_r & 0 & -1 \\ 1-A_Y-X_Y & -A_r & -X_Q & 0 \\ X_Y/KI_r & 1 & X_Q/KI_r & 0 \end{bmatrix} \begin{bmatrix} dY \\ dr \\ dE \\ dM \end{bmatrix} = \begin{bmatrix} 0 \\ dG \\ dr^* \end{bmatrix}。\quad (10.22)$$

**表 10—1　　固定汇率和浮动汇率下的资本不完全流动**

| 浮动汇率 | | | |
|---|---|---|---|
| | $dG$ | $dM$ | $dr^*$ |
| $dY$ | $-\frac{L_rX_Q/KI_r}{\lvert\Delta\rvert}\gtreqless 0$ | $\frac{X_Q(1-A_r/KI_r)}{\lvert\Delta\rvert}>0$ | $-\frac{L_rX_Q}{\lvert\Delta\rvert}>0$ |
| $dr$ | $\frac{L_YX_Q/KI_r}{\lvert\Delta\rvert}\geqslant 0$ | $-\frac{X_Q(1-A_Y)/KI_r}{\lvert\Delta\rvert}\leqslant 0$ | $0<\frac{L_YX_Q}{\lvert\Delta\rvert}\leqslant 1$ |
| $dE$ | $\frac{L_rX_Y/KI_r-L_Y}{\lvert\Delta\rvert}\leqslant 0$ | $\frac{1-A_Y-X_Y+A_rX_Y/KI_r}{\lvert\Delta\rvert}>0$ | $\frac{-A_rL_Y-L_r(1-A_Y-X_Y)}{\lvert\Delta\rvert}>0$ |

| 固定汇率 | | | |
|---|---|---|---|
| | $dG$ | $dM$ | $dr^*$ |
| $dY$ | $\frac{1}{\lvert\Gamma\rvert}>0$ | $\frac{X_Q(1-A_r/KI_r)}{\lvert\Gamma\rvert}>0$ | $\frac{A_r}{\lvert\Gamma\rvert}<0$ |
| $dr$ | $-\frac{X_Y/KI_r}{\lvert\Gamma\rvert}\geqslant 0$ | $-\frac{(1-A_Y)X_Q/KI_r}{\lvert\Gamma\rvert}<0$ | $0<\frac{1-A_Y-X_Y}{\lvert\Gamma\rvert}\leqslant 1$ |
| $dM$ | $\frac{L_Y-L_rX_Y/KI_r}{\lvert\Gamma\rvert}\gtreqless 0$ | $\frac{\lvert\Delta\rvert}{\lvert\Gamma\rvert}>0$ | $\frac{A_rL_Y+L_r(1-A_Y-X_Y)}{\lvert\Gamma\rvert}<0$ |

注：$\lvert\Delta\rvert\equiv X_Q[L_Y(1-A_r/KI_r)-L_r(1-A_Y)/KI_r]>0$；
$\lvert\Gamma\rvert\equiv 1-A_Y-X_Y+A_rX_Y/KI_r>0$。

当然，由于我们只有三个方程，式（10.22）不能用来解出四个出现在左边的变量。

然而，这个“问题”可以通过指明汇率制度得到解决。在浮动汇率下货币供给外生[并且 $dM$ 这一列在式（10.22）中移到右边]，式（10.22）作为外生变量 $dM$、$dG$ 和 $dr^*$ 的函数决定了 $dY$、$dr$ 和 $dE$。另一方面，在固定汇率下，汇率是外生的[并且 $dE$ 这一列在式（10.22）中移到右边]，式（10.22）作为外生变量 $dE$、$dG$ 和 $dr^*$ 的函数决定了 $dY$、$dr$ 和 $dM$。

为了证明表 10—1 中的结果和图 10—7 中的图形解释间的关系，考虑浮动汇率制度下的货币政策。国内信用上升导致 LM 曲线从 LM($M_0$) 移动到 LM($M_1$)。在点 e′，产出和进口太高而资本净流入太低，从而出现国际收支赤字（$B<0$），这说明它本身是对外汇的超额需求。国内通货贬值（$E$ 上升），IS 曲线从 IS($E_0$) 移动到 IS($E_1$)，BP 曲线从 BP($E_0$) 移动到 BP($E_1$)。经常账户和资本账户在某种程度上而言从贬值以及利率的回升中（这发生在 e′到 $e_1$ 的移动过程中）恢复了一点。新均衡在点 $e_1$。虽然无法用图形推断，但是通过表 10—1 中的结果可以证明对国内利率的最终影响是负向的。

表 10—1 的结果是通过任意值 $KI_r$ 推导出来的，当然，资本不流动和资本完全流动的极端例子也可以分别通过令 $KI_r=0$ 和 $KI_r\to\infty$ 获得。我们建议学生对此自行验证。①

### □ 10.1.4 总供给

直到现在我们都假设国内和国外价格水平固定（$P=P^*=1$）。这或许在某些情况下是合适的（在非常短的时间段内），然而在蒙代尔-弗莱明小型开放经济模型中加入供给方是十分重要的。我们使用 Argy 和 Salop（1979）、Armington（1969）以及 Branson 和 Rotemberg（1980）的模型来证明供给方效应的重要性。这个模型（简化形式）将会在 10.2 节解释两国世界模型中危机的传递和协调中用到。我们将主要注意力放在资本完全流动和浮动汇率制度的情形。

#### 10.1.4.1 阿明顿方法

现在我们希望对经济体的生产方进行建模，我们必须更准确地把握物价指数。有两种产品，价格为 $P$ 的国内产品和用外汇表示的价格为 $P^*$ 的外国产品（$EP^*$ 是外国产品用国内通货表示的价格）。这些产品是不完全替代的（否则购买力平价条件成立，从而实际汇率 $EP^*/P$ 任何时候都等于 1）。假设真实家庭消费 $C$ 和投资 $I$ 由通常的宏观关系决定：

$$C=C(Y),\quad I=I(r), \tag{10.23}$$

其中，$0<C_Y<1$ 并且 $I_r<0$，政府购买 $G$ 外生给定。

---

① 对于 $KI_r=0$ 的情况，我们从表 10—1 可知 $|\Delta|=\infty$，$|\Gamma|=-\infty$ 以及

$KI_r\cdot|\Delta|=-X_Q[L_YA_r+L_r(1-A_Y)]$，$KI_r\cdot|\Gamma|=A_rX_Y$。

对于 $KI_r\to\infty$，我们可知 $1/KI_r\to0$ 且

$|\Delta|=X_QL_Y$，$|\Gamma|=1-A_Y-X_Y$。

我们现在需要面对产品来源地的问题。例如，一旦家庭知道他们希望消费多少（加总的真实项），他们需要决定的下一个问题便是在哪里购买这些产品（这对企业投资和政府购买消费也成立）。Armington（1969）采用的手法是假设例如 $C$ 由国内产品（记为 $C_d$）和外国产品（记为 $C_f$）构成。由于两种产品被假定为不完全替代的，我们不能通过简单地加总 $C_d$ 和 $C_f$ 来发现 $C$（一个德国苹果和一个荷兰苹果并不完全一样，尽管它们都是又圆又甜的）。一个描述不完全替代的简单方法是假设：

$$C=\Omega_0 C_d^{\alpha} C_f^{1-\alpha}, \tag{10.24}$$

其中，$0<\alpha<1$ 定义了在消费中国内产品所占的比重。（$\Omega_0 \equiv \alpha^{-\alpha}(1-\alpha)^{-(1-\alpha)}>0$ 是一个标准化的常量。）

在决定购买产品来源的结构过程中，家庭希望尽可能便宜地达到消费水平 $C$［一旦 $Y$ 已知，通过式（10.23）便可知］。因为国内和外国产品（国内通货）价格分别是 $P$ 和 $EP^*$，家庭通过最小化在式（10.24）约束下的总的名义消费 $P_C C \equiv PC_d + EP^* C_f$，决定 $C_d$ 和 $C_f$。［这里，$P_C$ 是国内物价指数（CPI），下面会对此作出解释。］家庭通过比较两种产品的相对（国内通货）价格选择 $C_d$ 和 $C_f$：

$$\frac{C_d}{C_f}=\frac{\alpha}{1-\alpha}\cdot\frac{EP^*}{P}, \tag{10.25}$$

结果很直观：如果外国产品的相对价格上升，家庭将消费更多国内产品。将式（10.25）代入预算约束，我们得到：

$$PC_d=\alpha P_C C, \quad EP^* C_f=(1-\alpha)P_C C, \tag{10.26}$$

这说明国内和国外产品的支出比重是固定的。[①] 将式（10.26）代入式（10.24）我们得到 CPI 的表达式：

$$C=\Omega_0\left[\frac{\alpha P_C C}{P}\right]^{\alpha}\left[\frac{(1-\alpha)P_C C}{EP^*}\right]^{1-\alpha}=\Omega_0\alpha^{\alpha}(1-\alpha)^{1-\alpha}P_C C P^{-\alpha}(EP^*)^{-(1-\alpha)} \Rightarrow$$

$$P_C \equiv P^{\alpha}(EP^*)^{1-\alpha}, \tag{10.27}$$

其中，我们用定义 $\Omega_0 \equiv [\alpha^{\alpha}(1-\alpha)^{1-\alpha}]^{-1}$ 来推导出最终表达式。消费束 $C$ 的比重（$\alpha$ 和 $1-\alpha$）也出现在 CPI 中。

将式（10.23）和式（10.27）代入式（10.26），我们得到用总收入 $Y$ 和实际汇率（$Q\equiv$）$EP^*/P$ 表示的 $C_d$ 和 $C_f$ 的直观表达：

$$C_d=\alpha\left(\frac{EP^*}{P}\right)^{1-\alpha}C(Y), \quad C_f=(1-\alpha)\left(\frac{EP^*}{P}\right)^{-\alpha}C(Y)。 \tag{10.28}$$

在给定的实际汇率条件下，实际收入上升导致对国内和国外产品的需求上升。在给定的总收入水平下，实际汇率决定了购买的消费品的产地。

① 固定支出比重是式（10.24）中给出的柯布-道格拉斯形式的消费 $C$ 的一个特性。如果式（10.24）变化，例如变为 CES 形式，结果会发生变化。

对投资和政府支出使用同样的方法，我们得到 $I_d$、$I_f$、$G_d$ 和 $G_f$ 的表达式①：

$$I_d=\alpha\left(\frac{EP^*}{P}\right)^{1-\alpha}I(r),\quad I_f=(1-\alpha)\left(\frac{EP^*}{P}\right)^{-\alpha}I(r),\tag{10.29}$$

$$G_d=\alpha\left(\frac{EP^*}{P}\right)^{1-\alpha}G,\qquad G_f=(1-\alpha)\left(\frac{EP^*}{P}\right)^{-\alpha}G。\tag{10.30}$$

实际出口用 $EX$ 表示，并且以与国内消费者相同的价格（$P$）销售给 ROW，并且对进口产品的消费（用国内通货表示）等于 $EP^*(C_f+I_f+G_f)$，从而国民收入式（10.1）可以改写成：

$$\begin{aligned}PY&\equiv P_CC+P_CI+P_CG+PEX-EP^*[C_f+I_f+G_f]\\&=PC_d+PI_d+PG_d+PEX\quad\Rightarrow\\Y&\equiv C_d+I_d+G_d+EX,\end{aligned}\tag{10.31}$$

这［比式（10.1）更清楚地］表明只有国内产品进入衡量国内经济的总产出中。总而言之，通过更为精细地研究供给方问题，我们得到 IS 等式［与式（10.9）形式相同］，这里实际汇率影响国内消费均衡。

定义净出口（实际项）为 $X\equiv EX-(EP^*/P)[C_f+I_f+G_f]$，注意式（10.28）~式（10.30），假设对出口的需求取决于实际汇率，

$$EX=EX_0\left(\frac{EP^*}{P}\right)^{\beta}=EX_0Q^{\beta},\quad \beta\geqslant0,\tag{10.32}$$

其中，$EX_0$ 代表所有对国家出口的外生影响。我们得到由模型定义的净出口函数：

$$X(r,Y,Q,G,EX_0)\equiv EX_0Q^{\beta}-Q(1-\alpha)Q^{-\alpha}[A(r,Y)+G],\tag{10.33}$$

其中，$A(r,\ Y)\equiv C(Y)+I(r)$。比较式（10.33）和 10.1 节中使用的净出口函数［即 $X(Y,Q)$］，有几点值得注意。首先，并不只是国内总收入，还有国内需求出现在式（10.33）中。由于国内需求依赖于利率，以及一些投资产品是从 ROW 购买的，即使在资本完全不流动的状态下（比较 10.1.3 节），BP 曲线的斜率仍为正。高利率抑制总投资，减少投资品进口，并且造成贸易账户盈余。为了恢复贸易账户均衡，收入（继而进口）必会上升。

式（10.33）的第二个特征是我们对马歇尔-勒纳条件更为明确。确实，（保持 $EX_0$ 和 $A+G$ 固定），对式（10.33）关于实际汇率 $Q$ 求微分，我们得到：

$$\frac{X_Q}{Y}=\frac{\beta EX_0Q^{\beta-1}}{Y}-\frac{(1-\alpha)^2Q^{-\alpha}[A(r,Y)+G]}{Y}=\frac{\beta\omega_X-(1-\alpha)\omega_M}{Q},\tag{10.34}$$

其中，$X_Q\equiv\partial X/\partial Q$，$\omega_X\equiv EX/Y$ 和 $\omega_M\equiv Q[C_f+I_f+G_f]/Y$ 分别是出口和进口占国内产出的比例。如果下面的条件满足，表达式表明，由于实际汇率贬值，净出口会

① 出于简便的考虑，我们假设 $I$ 和 $G$ 的构成与 $C$ 相同，即 $I=\Omega_0I_d^{\alpha}I_f^{1-\alpha}$ 和 $G=\Omega_0G_d^{\alpha}G_f^{1-\alpha}$。该假设保证投资和政府支出的价格水平与 CPI 相同，从而实际汇率不会影响一国内的相对价格。

增长：

$$\frac{QX_Q}{Y}=\beta\omega_X-(1-\alpha)\omega_M>0, \tag{10.35}$$

或者，贸易余额在初始时是均衡的（从而进口和出口相等，$\omega_M=\omega_X$），该条件是

$$\beta+\alpha-1>0。 \tag{10.36}$$

这是著名的马歇尔-勒纳条件：如果出口和进口需求弹性加总超过 1，那么通货贬值改善贸易账户，从而 $X_Q>0$。马歇尔-勒纳条件的直观解释如下。通货贬值（$Q$ 上升）使得国内产品比 ROW 的产品更便宜，因而出口收入增加。这改善了净出口。$Q$ 上升也使得外国产品对于国内居民来说变得更贵。如果实际进口不变，由于贬值，进口花费会上升，这会恶化净出口。作为贬值的结果，国内居民可以通过购买国内产品来替代外国产品。这缓和了进口支出增加造成的影响和它对净出口的负面影响。出口效应强度受出口弹性 $\beta$ 限制，而进口支出效应弹性由 $1-\alpha$ 限制。马歇尔-勒纳条件确保了出口效应大于进口支出效应，也就是说，$\beta>1-\alpha$，或者同等地，$\beta+\alpha>1$。

#### 10.1.4.2 扩展的蒙代尔-弗莱明模型

**10.1.4.2.1 总需求方** 该模型的总需求方包含 IS、LM、BP 曲线三部分。IS 曲线的推导如下所示。首先，将已有的式（10.28）～式（10.30）以及式（10.32）代入式（10.31），我们得到：

$$Y=\alpha Q^{1-\alpha}[C+I+G]+EX_0Q^{\beta}, \tag{10.37}$$

我们可以将其对数线性化：

$$\tilde{Y}=(1-\omega_X)[\omega_C\tilde{C}+\omega_I\tilde{I}+\omega_G\tilde{G}+(1-\alpha)\tilde{Q}]+\omega_X[\widetilde{EX}_0+\beta\tilde{Q}], \tag{10.38}$$

其中，$\tilde{Y}\equiv dY/Y$，$\tilde{C}\equiv dC/C$，$\tilde{I}\equiv dI/I$，$\tilde{G}\equiv dG/G$，$\tilde{Q}\equiv dQ/Q$，$\widetilde{EX}_0\equiv dEX_0/EX_0$，$\omega_X\equiv EX_0Q^{\beta}/Y$为出口的产出份额，并且 $\omega_C\equiv C/[A+G]$ 和 $\omega_I\equiv I/[A+G]$，$\omega_G\equiv G/[A+G]$分别表示消费、投资以及政府支出占国内总需求的比例（$\omega_C+\omega_I+\omega_G=1$）。

下一步，我们将总消费、总投资进行对数线性化得到［见式（10.23）］：

$$\tilde{C}=\varepsilon_{CY}\tilde{Y}, \quad \tilde{I}=-\varepsilon_{IR}dr, \tag{10.39}$$

其中，$0<\varepsilon_{CY}\equiv YC_Y/C\equiv \mathrm{MPC}/\mathrm{APC}<1$ 且 $\varepsilon_{IR}\equiv -I_r/I>0$ 分别是总消费函数的收入弹性和投资函数的利息半弹性（的绝对值）。[①] 注意，$\varepsilon_{CY}$ 等于边际消费倾向除以平均消费倾向，鉴于凯恩斯消费方程，这个量比 1 小。

最后，通过将式（10.39）代入式（10.38），并解出 $\tilde{Y}$，我们得到 IS 曲线：

① 我们用半弹性这一项 $\varepsilon_{IR}$ 表示投资变化相对于利率变化的比例的绝对值。对于利率，半弹性的使用很普遍。例如，如果 $\varepsilon_{IR}=2$，利率增加一个百分点（比如 $r$ 从 5%上升到 6%）导致投资降低 2%。

$$\widetilde{Y}=\frac{[\beta\omega_X+(1-\alpha)(1-\omega_X)]\widetilde{Q}-(1-\omega_X)\omega_I\varepsilon_{IR}dr}{1-\omega_C\varepsilon_{CY}(1-\omega_X)}+\frac{(1-\omega_X)\omega_G\widetilde{G}+\omega_X\widetilde{EX}_0}{1-\omega_C\varepsilon_{CY}(1-\omega_X)},\tag{10.40}$$

其中，我们注意到分母位于 0 到 1 之间（因为 $0<\omega_C<1$，$0<\varepsilon_{CY}<1$，$0<\omega_X<1$）。国内需求与实际汇率、政府消费、外生变量出口正相关，与国内利率负相关。

模型的货币市场被概括为 LM 曲线 $M/P=L(r, Y)$，可以对数线性化为

$$\widetilde{M}-\widetilde{P}=-\varepsilon_{MR}dr+\varepsilon_{MY}\widetilde{Y},\tag{10.41}$$

其中，$\varepsilon_{MY}\equiv YL_Y/L>0$ 和 $\varepsilon_{MR}\equiv-L_r/L>0$ 分别是收入弹性和货币需求函数的利率半弹性的绝对值。

由于我们假设资本完全流动，世界利率决定国内利率($r=r^*$)，从而：

$$dr=dr^*。\tag{10.42}$$

**10.1.4.2.2　总供给方**　模型的总供给方概括了劳动力市场的状况，并提出了产品总供给的表达式。与封闭经济下的总供给模型相比，开放经济下的总供给模型包含了一些新的元素。国内厂商完全竞争［并未试图利用出口需求函数式(10.32)］并且最大化短期利润 $\Pi\equiv PF(N, \overline{K})-WN$，其中 $N$ 是就业人数，$W$ 是名义工资，$\overline{K}$ 是给定的资本存量。劳动力需求函数由边际生产条件 $PF_N(N, \overline{K})=W$ 给出，这可以对数线性化为

$$\widetilde{P}+\widetilde{F}_N=\widetilde{W}\quad\Rightarrow\quad\widetilde{N}=-\varepsilon_{NW}[\widetilde{W}-\widetilde{P}],\tag{10.43}$$

其中，$\varepsilon_{NW}\equiv-F_N/(NF_{NN})>0$ 是劳动力需求的实际工资弹性（的绝对值）。Branson 和 Rotemberg（1980）假设劳动力市场以失业为特征，因为工资太高了。我们通过假设劳动力供给在名义工资水平下是完全弹性的来刻画此情形，该名义工资是根据工资设定规则 $W=W_0P_C^{\lambda}$ 来确定的，其中 $W_0$ 是外生参数，$P_C$ 是由式(10.27) 给出的消费者价格指数（CPI），且 $0\leqslant\lambda\leqslant1$。根据所假定的 $\lambda$ 值的不同，我们需要考虑三种情况：

- 当 $\lambda=1$ 时，工人们的目标为实际工资水平。对于 CPI 可能发生的变动，他们要求得到全额补偿，也就是说，$W/P_C=W_0$ 是一个固定常数且不会随着 CPI 而发生变动。
- 当 $\lambda=0$ 时，工人的目标为名义工资水平。他们需要名义工资保持不变，即 $W=W_0$。当 CPI 上升时，他们的实际工资 $W_0/P_C$ 将会下降。
- 当 $0<\lambda<1$ 时，工人会考虑到 CPI 的作用，但同样会受到货币幻觉的影响。在这种情况下，他们无法使以 CPI 表示的实际工资保持不变。即当 CPI 上升时，$W/P_C=W_0P_C^{\lambda-1}$ 将会下降。

基于实证证据，Branson 和 Rotemberg（1980）认为 $\lambda=0$ 更符合几乎没有名义工资指数的美国经济；而 $\lambda=1$ 更适用于工资指数化更为普遍的英国、德国、意大利和日本。在此我们考虑一般情况，即 $0\leqslant\lambda\leqslant1$。一般形式下的工资制定规则可以对数

线性化为

$$\widetilde{W}=\widetilde{W}_0+\lambda\widetilde{P}_C。\tag{10.44}$$

一旦定下工资率，国内生产者决定就业量［通过式（10.43）］，此后产出由生产函数决定，生产函数可以对数线性化为

$$\widetilde{Y}=\omega_N\widetilde{N},\tag{10.45}$$

其中，$0<\omega_N\equiv WN/Y<1$ 是劳动收入在总产出中所占的比重。将式（10.27）写成 $Q$ 的表达式可得：$P_C\equiv PQ^{1-\alpha}$。我们将其对数线性化，得到：

$$\widetilde{P}_C=\widetilde{P}+(1-\alpha)\widetilde{Q}。\tag{10.46}$$

将式（10.43）和式（10.44）以及式（10.46）代入式（10.45），我们得到AS曲线：

$$\begin{aligned}\widetilde{Y}&=-\varepsilon_{YW}[\widetilde{W}_0+\lambda\widetilde{P}_C-\widetilde{P}]\\&=-\varepsilon_{YW}[\widetilde{W}_0+\lambda(1-\alpha)\widetilde{Q}-(1-\lambda)\widetilde{P}],\end{aligned}\tag{10.47}$$

其中，$\varepsilon_{YW}=\omega_N\varepsilon_{NW}$ 为产出的工资弹性（的绝对值）。AS曲线背后的经济学直觉可由图10—8进行解释。在图（a）中，劳动力需求式（10.43）表示为一条向右下方倾斜的直线 $N^D$。将式（10.46）代入式（10.44）并求解国内生产者面对的实际工资 $\widetilde{W}-\widetilde{P}$，我们可以得到劳动力的供给水平。从数学上讲，劳动力的实际供给价格可由式（10.47）右边方括号内的表达式给定。一般说来，实际供给价格与 $\widetilde{P}$ 负相关，而与 $\widetilde{Q}$ 正相关。$N_0^S$ 代表了初始的劳动力供给曲线；在图（a）、（b）中，$e_0$ 表示初始均衡点，相应的就业率为 $N_0$，产出为 $Y_0$。

接下来我们考虑国内价格或实际汇率的变动将产生什么影响。在名义工资刚性（$\lambda=0$）的情况下，劳动力供给曲线只受 $\widetilde{P}$ 的影响。在图（a）中，国内价格的上升会使得劳动力供给曲线向下移动至 $N_1^S$，从而使得均衡点移至 $e_1$。同时就业率和产出都会增加。由于工人要求得到固定的名义工资，因此国内价格水平的上升侵蚀了实际生产者工资，从而激励厂商扩大雇佣和产出。这就解释了为什么在 $\lambda=0$ 的情况下，式（10.47）中 $\widetilde{P}$ 的符号为正。

在实际工资刚性（$\lambda=1$）的情况下，劳动力的实际供给价格只受 $\widetilde{Q}$ 的影响。真实汇率的增加会使得劳动力供给曲线向上移动，由 $N_0^S$ 移至 $N_2^S$。从而均衡点由 $e_0$ 移动到 $e_2$，就业和产出同时下降。由于工人要求得到不变的实际消费者工资 $W/P_C$，因此实际汇率的提升会增加实际生产者工资，从而使得厂商削减雇佣和减少产出。这就解释了为什么当 $\lambda=1$ 时，式（10.47）中 $\widetilde{Q}$ 的符号为负。

最后，在货币幻觉情况下（$0<\lambda<1$），总供给与国内价格水平正相关且与实际汇率负相关。

**10.1.4.2.3 完整的蒙代尔-弗莱明模型** 整个模型包括IS曲线式（10.40）、LM曲线式（10.41）、BP曲线式（10.42）和AS曲线式（10.47）。为简便起见，等式集中列在表10—2中，其中我们将BP曲线代入IS曲线和LM曲线。内生变量包括总产出、国内物价水平和实际汇率。一旦后面两项决定，名义汇率也可以由 $\widetilde{E}\equiv$

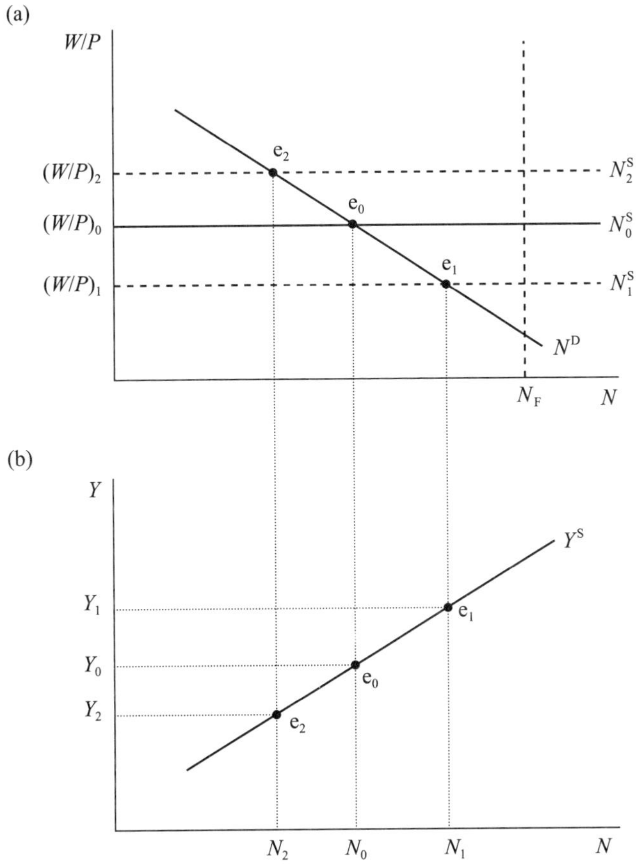


**图 10—8　开放经济的总供给曲线**



$\widetilde{P}+\widetilde{Q}-\widetilde{P}^*$ 得到，其中，基于小型开放经济假设，$\widetilde{P}^*$ 是外生的。其他外生变量包括 $\widetilde{M}\equiv dM/M$、$\widetilde{G}\equiv dG/G$、$dr^*$、$\widetilde{EX}_0\equiv dEX_0/EX_0$ 和 $\widetilde{W}_0\equiv dW_0/W_0$。比较静态效应可以通过标准形式获得并且集中列在表 10—3 中。

**表 10—2　　拓展的蒙代尔-弗莱明模型**

$$\widetilde{Y}=\frac{(1-\omega_X)[-\omega_I\varepsilon_{IR}dr^*+\omega_G\widetilde{G}]+\omega_X\widetilde{EX}_0}{1-(1-\omega_X)\omega_C\varepsilon_{CY}}+\frac{[(1-\alpha)(1-\omega_X)+\beta\omega_X]\widetilde{Q}}{1-(1-\omega_X)\omega_C\varepsilon_{CY}} \quad \text{(T2.1)}$$

$$\widetilde{M}-\widetilde{P}=-\varepsilon_{MR}dr^*+\varepsilon_{MY}\widetilde{Y} \quad \text{(T2.2)}$$

$$\widetilde{Y}=-\varepsilon_{YW}[\widetilde{W}_0+\lambda(1-\alpha)\widetilde{Q}-(1-\lambda)\widetilde{P}] \quad \text{(T2.3)}$$

注：内生变量是 $\widetilde{Y}\equiv dY/Y$，$\widetilde{Q}\equiv dQ/Q$，$\widetilde{P}\equiv dP/P$，外生变量是 $dr^*$，$\widetilde{M}\equiv dM/M$，$\widetilde{G}\equiv dG/G$，$\widetilde{W}_0\equiv dW_0/W_0$，$\widetilde{EX}_0\equiv dEX_0/EX_0$。消费比例是 $\omega_C$，投资比例是 $\omega_I$，政府支出比例是 $\omega_G$，三者之和为 1。出口占 GDP 的比率是 $\omega_X$。总消费收入弹性是 $\varepsilon_{CY}$，总投资利率半弹性是 $\varepsilon_{IR}$，货币需求收入弹性是 $\varepsilon_{MY}$，货币需求利率半弹性是 $\varepsilon_{MR}$，产出供给工资弹性是 $\varepsilon_{YW}$，实际汇率出口弹性是 $\beta$，实际汇率进口支出弹性是 $1-\alpha$。如果 $0<\lambda<1$，货币幻觉出现；如果 $\lambda=1$，实际工资刚性；如果 $\lambda=0$，名义工资刚性。

**表 10—3　　　　　　　　　　　　工资刚性和需求供给冲击**

| | $\omega_G\ (1-\omega_X)\ \widetilde{G}\omega_X\ \widetilde{EX}_0$ | $\widetilde{M}$ | $\varepsilon_{YW}\widetilde{W}_0$ |
|---|---|---|---|
| $\widetilde{Y}$ | $\frac{\lambda\ (1-\alpha)\ \varepsilon_{YW}}{\mid\Delta\mid}\geqslant 0$ | $\frac{(1-\lambda)\ \delta_1\varepsilon_{YW}}{\mid\Delta\mid}\geqslant 0$ | $-\frac{\delta_1}{\mid\Delta\mid}<0$ |
| $\widetilde{Q}$ | $-\frac{1+\ (1-\lambda)\ \varepsilon_{MY}\varepsilon_{YW}}{\mid\Delta\mid}<0$ | $\frac{(1-\lambda)\ \delta_2\varepsilon_{YW}}{\mid\Delta\mid}\geqslant 0$ | $-\frac{\delta_2}{\mid\Delta\mid}<0$ |
| $\widetilde{P}$ | $-\frac{\lambda\ (1-\alpha)\ \varepsilon_{MY}\varepsilon_{YW}}{\mid\Delta\mid}\leqslant 0$ | $\frac{\lambda\ (1-\alpha)\ \delta_2\varepsilon_{YW}+\delta_1}{\mid\Delta\mid}>0$ | $\frac{\delta_1\varepsilon_{MY}}{\mid\Delta\mid}>0$ |
| $\widetilde{E}$ | $-\frac{1+\ (1-\alpha\lambda)\ \varepsilon_{MY}\varepsilon_{YW}}{\mid\Delta\mid}<0$ | $\frac{(1-\alpha\lambda)\ \delta_2\varepsilon_{YW}+\delta_1}{\mid\Delta\mid}>0$ | $\frac{\delta_1\varepsilon_{MY}-\delta_2}{\mid\Delta\mid}\gtreqless 0$ |
| $\widetilde{P}_C$ | $-\frac{(1-\alpha)\ (1+\varepsilon_{MY}\varepsilon_{YW})}{\mid\Delta\mid}<0$ | $\frac{(1-\alpha)\ \delta_2\varepsilon_{YW}+\delta_1}{\mid\Delta\mid}>0$ | $\frac{\delta_1\varepsilon_{MY}-\ (1-\alpha)\ \delta_2}{\mid\Delta\mid}\gtreqless 0$ |

注：$\delta_1\equiv\ (1-\alpha)\ (1-\omega_X)\ +\beta\omega_X>0$；

$\delta_2\equiv 1-\ (1-\omega_X)\omega_C\varepsilon_{CY}$，$0<\delta_2<1$；

$\mid\Delta\mid\equiv\lambda\ (1-\alpha)\ \varepsilon_{YW}\delta_2+\ [1+\ (1-\lambda)\ \varepsilon_{MY}\varepsilon_{YW}]\ \delta_1>0$。

这些比较静态效应的图解可以如下说明。考虑正的需求冲击（即 $\widetilde{G}>0$）。在固定价格和浮动汇率的标准蒙代尔-弗莱明模型的情况下，这样的冲击不影响总产出(因而也不影响就业)。这是众所周知的浮动汇率隔离特性。表 10—3 中列示的这些结果表明，隔离特性在本部分拓展的蒙代尔-弗莱明模型中不再成立（即 $dY/dG>0$)，除非出现名义工资刚性（$\lambda=0$)。通过图 10—9 可以直观地解释这一结果。图 10—9 的左侧部分展示了资本完全流动情形下的 LM 曲线。我们可以轻松地由式（T2.2）推断出，在 $r^*$ 和 $M$ 保持不变的情况下，国内价格水平与产出间的 LM 曲线是一条向右下方倾斜的直线。世界利率的上升或国内货币供给的增加会使 LM 曲线向上移动。

式（T2.1）代表的是资本完全流动情形下的 IS 曲线。如图 10—9 右半部分所示，在 $G$、$EX_0$ 以及 $r^*$ 保持不变的情况下，产出与实际汇率间的 IS 曲线是一条向右上方倾斜的直线。将 LM 曲线式（T2.2）代入 AS 曲线式（T2.3）并求解 $\widetilde{Y}$，我们可以得到另一种产出与实际汇率间的关系式：

$$\widetilde{Y}=\frac{-\varepsilon_{YW}[\widetilde{W}_0+\lambda(1-\alpha)\widetilde{Q}-(1-\lambda)(\widetilde{M}+\varepsilon_{MR}dr^*)]}{1+(1-\lambda)\varepsilon_{MY}\varepsilon_{YW}},\quad \text{AS(LM)}。\qquad(10.48)$$

正如图 10—9 右半部分所示：当 $0<\lambda\leqslant 1$（实际工资刚性或者货币幻觉）时，AS(LM)曲线向右下方倾斜；当 $\lambda=0$（名义货币刚性）时，AS(LM)曲线是水平的。若存在实际货币刚性（$\lambda=1$)，AS(LM)曲线不受货币供给和世界利率的影响（因为在此种情况下价格水平不能影响 AS 曲线)。相反，若存在名义货币刚性（$\lambda=0$)，AS(LM)曲线不受真实汇率的影响，并随货币供给或世界利率的增加而向上移动。

**10.1.4.2.4　财政政策**　如图 10—9 右半部分所示，政府支出的增加会使 IS 曲线由 IS($G_0$）移动到 IS($G_1$)。在不存在名义货币刚性的情况下（$\lambda>0$)，AS(LM)曲线向右下方倾斜，同时均衡点从 $e_0$ 移动到 $e_1$。实际汇率上升（由 $Q_0$ 至 $Q_1$)，但是并不足以抵消政府支出增加所带来的对产出的扩张性影响。国内价格水平的下降

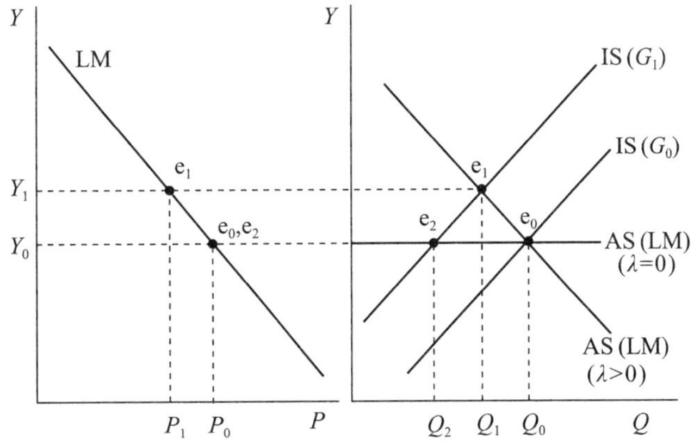


**图 10—9 工资刚性下的总需求冲击**

（参见左图）对名义汇率($\tilde{E}<\tilde{P}<0$)有着同样的效果。

若存在名义工资刚性（$\lambda=0$），那么 AS(LM) 曲线是水平的，同时均衡点由 $e_0$ 移至 $e_2$。产出以及国内价格水平保持不变，且真实汇率的上升完全抵消了政府支出扩张的刺激性作用。因为实际产出取决于实际生产者工资的变动（当工人没有货币幻觉时），所以若要得到积极的产出效应，名义工资必须可以自由下降（与国内的价格水平一同变动）。这也就解释了为什么在名义工资刚性的情况下产出效应为零。

**10.1.4.2.5 货币政策** 图 10—10 中已经证明了货币政策的效果。为了保证图形简洁明了，我们忽略了名义工资刚性的情况，从而假定 $0<\lambda\leqslant 1$。因此相应的 AS(LM) 向右下方倾斜。最初的均衡点在 $e_0$ 处。如图 10—10 左半部分所示：货币供给的增长使得 LM 曲线由 $LM_0$ 向右移动到 $LM_1$。如果存在货币幻觉（$0<\lambda<1$），那么 AS(LM) 曲线将从 $AS(LM)_0$ 向右移动到 $AS(LM)_1$，新的均衡点位于点 $e_1$ 处。此时，国内价格水平上升（从 $P_0$ 到 $P_1$），实际汇率下降（从 $Q_0$ 到 $Q_1$），产出增加（从 $Y_0$ 到 $Y_1$）。产出增加源于劳动力的实际供给价格的下降，即如图 10—8 所示：$P$ 及 $Q$ 上升的净效应使得劳动力供给曲线向下移动。

相反，如果存在实际工资刚性（$\lambda=1$），那么货币冲击不会对 AS(LM) 曲线有任何影响，同时实际项不会发生变化。如图 10—10 右半部分所示，均衡点始终保持在点 $e_0$ 处，产出以及实际汇率都未发生变化。在图 10—10 的左半部分中，新的均衡位于点 $e_2$，同时国内价格从 $P_0$ 上升至 $P_2$。在该情况下货币政策对产出没有影响。

## 10.2 两国世界中的冲击传递

在 10.1.4 节我们介绍了一个有着基本总供给方的简单的蒙代尔-弗莱明模型。一些微观基础决定了模型的供给方及产品产地的选择。10.1.4 节中的模型用于学习

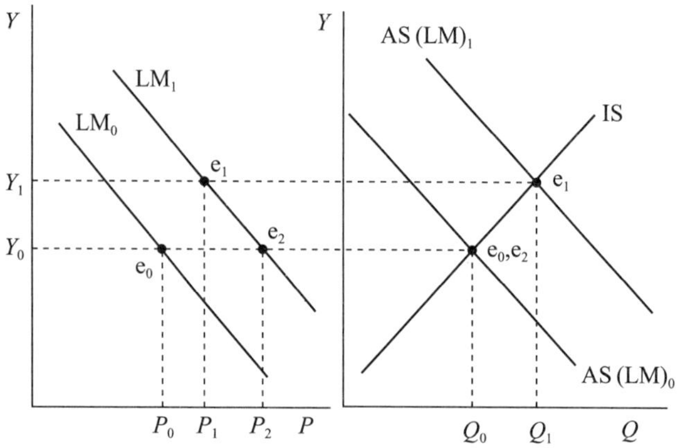


**图 10—10　工资刚性下的货币政策**

浮动汇率和资本完全流动条件下的小型开放经济。我们将如此多的注意力放在产地来源和物价指数的细节上的原因之一是这样做可以建立一个世界经济的（逻辑一致的）模型。

假设世界由两个结构相同且与 10.1.4 节中讨论的小型开放经济一样的国家（或者地区）组成。这样假设的一个直接结果是我们必须舍弃特定的出口需求函数式（10.32）。实际上，从式（10.28）～式（10.30）中我们知道国内经济对进口的需求取决于：

$$C_f+I_f+G_f=(1-\alpha)\left(\frac{EP^*}{P}\right)^{-\alpha}[C(Y)+I(r)+G]$$

$$=(1-\alpha)\left(\frac{EP^*}{P}\right)^{-\alpha}[A(r,Y)+G]。\qquad(10.49)$$

但国内经济的出口（在两国世界中）是外国对进口的需求，基于对称假设，它取式（10.49）的简化形式：

$$EX\equiv C_f^*+I_f^*+G_f^*=(1-\alpha)\left(\frac{EP^*}{P}\right)^{\alpha}[A(r^*,Y^*)+G^*],\qquad(10.50)$$

其中星号代表外国变量，例如 $C_f^*$ 是外国居民对国内生产的产品的消费。有几个问题值得我们注意：第一，对于外国实际汇率是 $P/(EP^*)\equiv 1/Q$。这解释了为何在式（10.50）中实际汇率的指数的符号为正。第二，比较式（10.50）和式（10.32）可知，当 $\alpha=\beta$ 且 $EX_0\equiv(1-\alpha)[A(r^*,Y^*)+G^*]$ 时，两式是一致的。这说明在两国模型中 $EX_0$ 不再是外生变量，外资吸收是内生的。通过对数线性化我们得到：

$$\widetilde{EX}_0=\omega_C\varepsilon_{CY}\tilde{Y}^*-\omega_I\varepsilon_{IR}dr^*+\omega_G\tilde{G}^*。\qquad(10.51)$$

通过设定 $\beta=\alpha$，将式（10.51）代入表 10—2 中的式（T2.1），我们得到两国世界中设定的国内经济 IS 曲线：

$$\widetilde{Y}=\frac{-\omega_I\varepsilon_{IR}dr^*+\omega_G[(1-\omega_X)\widetilde{G}+\omega_X\widetilde{G}^*]+\omega_X\omega_C\varepsilon_{CY}\widetilde{Y}^*}{1-(1-\omega_X)\omega_C\varepsilon_{CY}}+\frac{[(1-\alpha)(1-\omega_X)+\alpha\omega_X]\widetilde{Q}}{1-(1-\omega_X)\omega_C\varepsilon_{CY}}。\tag{10.52}$$

通过比较式（T2.1）和式（10.52），很明显 IS 曲线通过很多方式扩张。首先，与之前相比，利率对国内生产发挥更强的效应。原因是利率的改变同时降低了两国的投资，由于部分投资品是进口的，溢出效应显现。其次，外国政府支出直接（通过包含的项 $\widetilde{G}^*$）或间接（通过项 $\widetilde{Y}^*$）地渗入国内经济。

当然，外国也有与式（10.52）形式相同的 IS 曲线（标记为 $IS^*$）。通过适当地替换，$IS^*$ 曲线可以写为如下形式：

$$\widetilde{Y}^*=\frac{-\omega_I\varepsilon_{IR}dr^*+\omega_G[(1-\omega_X)\widetilde{G}^*+\omega_X\widetilde{G}]+\omega_X\omega_C\varepsilon_{CY}\widetilde{Y}}{1-(1-\omega_X)\omega_C\varepsilon_{CY}}-\frac{[(1-\alpha)(1-\omega_X)+\alpha\omega_X]\widetilde{Q}}{1-(1-\omega_X)\omega_C\varepsilon_{CY}}。\tag{10.53}$$

因为汇率是从国内的角度来衡量的（即 $Q\equiv EP^*/P$），所以汇率与外国支出负相关。利用式（10.52）和式（10.53）来求解 $Y$ 和 $Y^*$，可以得到如下简化的 IS 和 $IS^*$ 曲线的表达式：

$$\widetilde{Y}=\frac{-(1+\gamma)\omega_I\varepsilon_{IR}dr^*+\omega_G([1-\omega_X(1-\gamma)]\widetilde{G}+[\gamma+\omega_X(1-\gamma)]\widetilde{G}^*)}{(1-\gamma^2)[1-(1-\omega_X)\omega_C\varepsilon_{CY}]}+\frac{(1-\gamma)[(1-\alpha)(1-\omega_X)+\alpha\omega_X]\widetilde{Q}}{(1-\gamma^2)[1-(1-\omega_X)\omega_C\varepsilon_{CY}]},\tag{10.54}$$

$$\widetilde{Y}^*=\frac{-(1+\gamma)\omega_I\varepsilon_{IR}dr^*+\omega_G([1-\omega_X(1-\gamma)]\widetilde{G}^*+[\gamma+\omega_X(1-\gamma)]\widetilde{G})}{(1-\gamma^2)[1-(1-\omega_X)\omega_C\varepsilon_{CY}]}-\frac{(1-\gamma)[(1-\alpha)(1-\omega_X)+\alpha\omega_X]\widetilde{Q}}{(1-\gamma^2)[1-(1-\omega_X)\omega_C\varepsilon_{CY}]},\tag{10.55}$$

其中，$0<\gamma\equiv\omega_X\omega_C\varepsilon_{CY}/[1-(1-\omega_X)\omega_C\varepsilon_{CY}]<1$。

在世界经济的对称模型中，国内产出同时受国内和国外政府支出的影响。然而，并不能先验地知道究竟是自身效应（通过 $\widetilde{G}$）还是溢出效应（通过 $\widetilde{G}^*$）占据主导。通过比较式（10.54）和式（10.55）中 $\widetilde{G}$ 和 $\widetilde{G}^*$ 的系数，可以看到在经济不是特别开放的假定下，即假定出口占 GDP 的比重小于一半 $\left(\omega_X<\frac{1}{2}\right)$，自身效应比溢出效应大。这个要求很直观，$\omega_X$ 的值高意味着两个经济体对国外的影响更敏感（通俗说来，如果 $\omega_X$ 高，"外国打个喷嚏，国内就伤风感冒"）。

由于运用模型的对数形式会比较方便（为了减少记号），我们将式（10.54）、式（10.55）分别用表 10—4 中的式（T4.1）、式（T4.2）来突出表示。复合参数 $\varepsilon_{YR}$、$\varepsilon_{YQ}$、$\varepsilon_{YG}$ 与模型中其他参数有关，如下：

$$\varepsilon_{YR} \equiv \frac{(1+\gamma)\omega_I \varepsilon_{IR}}{(1-\gamma^2)[1-(1-\omega_X)\omega_C \varepsilon_{CY}]} > 0,$$

$$\varepsilon_{YQ} \equiv \frac{(1-\gamma)[(1-\alpha)(1-\omega_X)+\alpha\omega_X]}{(1-\gamma^2)[1-(1-\omega_X)\omega_C \varepsilon_{CY}]} > 0,$$

$$\varepsilon_{YG} \equiv \frac{[1-\omega_X(1-\gamma)]\omega_G}{(1-\gamma^2)[1-(1-\omega_X)\omega_C \varepsilon_{CY}]} > 0,$$

$$0 < \eta \equiv \frac{\gamma+\omega_X(1-\gamma)}{1-\omega_X(1-\gamma)} < 1,$$

最后的不等式中 $\omega_X < \frac{1}{2}$。

**表 10—4　　　　一个拓展的两国蒙代尔-弗莱明模型**

| | |
|---|---|
| $y = -\varepsilon_{YR} r^* + \varepsilon_{YQ} q + \varepsilon_{YG}[g + \eta g^*],$ | (T4.1) |
| $y^* = -\varepsilon_{YR} r^* - \varepsilon_{YQ} q + \varepsilon_{YG}[g^* + \eta g],$ | (T4.2) |
| $m - p = \varepsilon_{MY} y - \varepsilon_{MR} r^*,$ | (T4.3) |
| $m^* - p^* = \varepsilon_{MY} y^* - \varepsilon_{MR} r^*,$ | (T4.4) |
| $y = -\varepsilon_{YW}[w - p],$ | (T4.5) |
| $y^* = -\varepsilon_{YW}[w^* - p^*],$ | (T4.6) |
| $w = w_0 + \lambda p_C,$ | (T4.7) |
| $w^* = w_0^* + \lambda^* p_C^*,$ | (T4.8) |
| $p_C = p + (1-\alpha) q,$ | (T4.9) |
| $p_C^* = p^* - (1-\alpha) q,$ | (T4.10) |

注：除了利率外，所有变量都是对数形式，并且标注星号的变量代表国外。内生变量是产出（$y$，$y^*$）、实际汇率（$q$）、利率（$r^*$）、物价水平（$p$，$p^*$）、名义工资（$w$，$w^*$）和消费价格指数（$p_C$，$p_C^*$）。外生变量是政府支出（$g$，$g^*$）、货币存量（$m$，$m^*$）和工资目标（$w_0$，$w_0^*$）。式（T4.1）和式（T4.2）的弹性可以从式（10.54）和式（10.55）中得出。

为了探究两国模型是如何运作的，我们来看以下三种典型的情况。首先，我们研究两个国家均存在名义工资刚性($\lambda = \lambda^* = 0$)的情况。接下来，我们探讨两个国家都存在实际工资刚性($\lambda = \lambda^* = 1$)的情况。最后，我们来考虑布兰森-罗滕伯格(Branson-Rotemberg)情形，即国内存在实际工资刚性($\lambda = 1$)而国外存在名义工资刚性($\lambda^* = 0$)。

## □ 10.2.1　两个国家的名义工资刚性

如果在两个国家中名义工资是刚性的，通过令 $\lambda = \lambda^* = 0$ 可以从表 10—4 中得到相关模型。该模型可以通过一系列公式来表示：

$$y = -\varepsilon_{YR} r^* + \varepsilon_{YQ} q + \varepsilon_{YG}[g + \eta g^*], \tag{10.56}$$

$$y^* = -\varepsilon_{YR} r^* - \varepsilon_{YQ} q + \varepsilon_{YG}[g^* + \eta g], \tag{10.57}$$

$$m - p = \varepsilon_{MY} y - \varepsilon_{MR} r^*, \tag{10.58}$$

$$m^* - p^* = \varepsilon_{MY} y^* - \varepsilon_{MR} r^*, \tag{10.59}$$

$$y = -\varepsilon_{YW}[w_0 - p], \tag{10.60}$$

$$y^* = -\varepsilon_{YW}[w_0^* - p^*], \tag{10.61}$$

该模型所包含的这六个方程将六个内生变量($y$，$y^*$，$p$，$p^*$，$q$，$r^*$)表示为外生变量($g$，$g^*$，$m$，$m^*$，$w_0$，$w_0^*$)的函数。在本章的附录中，我们使用“蛮力”，利用逆矩阵的解析方法求解该模型。这里我们用更巧妙的方法，通过图像来分析这个模型。该方法将两国均衡表示为二维的均衡点轨迹，从而便于分析该模型的结构。当然，100 万欧元的问题就在于这 100 万欧元是如何影响均衡轨迹的。

图 10—11 揭示了该问题的答案。将 $AS_N$ 曲线式（10.60）（其中“$N$”代表“名义”）代入 LM 曲线式（10.58）便可得到曲线 LM($AS_N$)[LM$^*$($AS_N^*$) 曲线也可由类似方法得到]。这是一件非常有用的工作，因为我们可将国内价格、国外价格以及产出表示为单个内生变量（即世界利率）和外生变量的函数表达式：

$$p = \frac{m + \varepsilon_{MR} r^* + \varepsilon_{YW}\varepsilon_{MY} w_0}{1 + \varepsilon_{YW}\varepsilon_{MY}}, \tag{10.62}$$

$$p^* = \frac{m^* + \varepsilon_{MR} r^* + \varepsilon_{YW}\varepsilon_{MY} w_0^*}{1 + \varepsilon_{YW}\varepsilon_{MY}}, \tag{10.63}$$

$$y = \frac{\varepsilon_{YW}[m + \varepsilon_{MR} r^* - w_0]}{1 + \varepsilon_{YW}\varepsilon_{MY}}, \quad \text{LM}(AS_N), \tag{10.64}$$

$$y^* = \frac{\varepsilon_{YW}[m^* + \varepsilon_{MR} r^* - w_0^*]}{1 + \varepsilon_{YW}\varepsilon_{MY}}, \quad \text{LM}^*(AS_N^*)。 \tag{10.65}$$

曲线 LM($AS_N$) 和 LM$^*$($AS_N^*$) 如图 10—11 左半部分所示，并且由于对称性的假定，符合最初均衡。

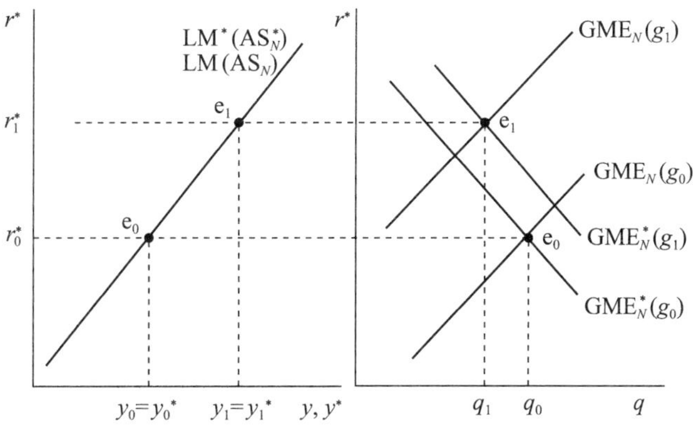


**图 10—11　两国名义工资刚性条件下的财政政策**

通过将式（10.64）代入 IS 曲线式（10.56）并求解以实际汇率和外生变量表示的 $r^*$ 便可得到名义工资刚性下的产品市场均衡 $GEM_N$［同理，将式（10.65）代入式（10.57）可得 $GME_N^*$］：

$$r^*=\frac{(1+\varepsilon_{YW}\varepsilon_{MY})[\varepsilon_{YQ}q+\varepsilon_{YG}(g+\eta g^*)]+\varepsilon_{YW}[w_0-m]}{\varepsilon_{YR}(1+\varepsilon_{YW}\varepsilon_{MY})+\varepsilon_{YW}\varepsilon_{MR}},\quad (\text{GME}_N),\qquad (10.66)$$

$$r^*=\frac{(1+\varepsilon_{YW}\varepsilon_{MY})[-\varepsilon_{YQ}q+\varepsilon_{YG}(g^*+\eta g)]+\varepsilon_{YW}[w_0^*-m^*]}{\varepsilon_{YR}(1+\varepsilon_{YW}\varepsilon_{MY})+\varepsilon_{YW}\varepsilon_{MR}},\quad (\text{GME}_N^*)。\qquad (10.67)$$

在图 10—11 的右半部分，$\text{GME}_N$ 在($r^*$，$q$)坐标系中向上倾斜，因为实际贬值（$q$ 上升）刺激了国内产出，进而刺激了对实际货币余额的需求。如果利率较高，货币市场均衡只能恢复。当然，$\text{GME}_N^*$ 的斜率符号是相反的，这是由于$-q$ 从国外的视角衡量了利率。

我们已经掌握了式（10.56）～式（10.61）这六个联立方程，现在我们可以通过一个简单的两部式图表来展示它们的核心特征。下面我们将着手分析国内外财政政策和货币政策的效果。

#### 10.2.1.1 财政政策

国内财政政策（用 $g$ 上升表示）使得 $\text{GME}_N$ 和 $\text{GME}_N^*$ 向上移动，但假定政府支出的自身效应占据主导地位（从而 $\eta<1$），前面那条曲线比后者上升更多（即对于 $\text{GME}_N$，$\partial r^*/\partial g$ 更大）。新的均衡在点 $e_1$，国内经济真实上升，两国的产出都增加。因此，国内财政刺激也会刺激外国经济。这也是这个现象被称为火车头政策的原因：通过采取财政政策，一国能带动本国和其他国家脱离衰退。这为何会起作用呢？国内政府支出增加造成国内利率上调压力，结果资本流入增加推动国内通货升值，从而对外国产品的需求上升。这刺激了外国产出。结果利率上升导致两国价格水平都有相同程度的上升［参见式（10.62）和式（10.63）］。由于名义工资固定，两国生产者实际工资下降，这也解释了产出和就业的增加。

为了后面的论述，我们给出产出乘数的推导过程。[①] 首先，我们由式（10.66）和式（10.67）推导出国内和国外财政政策对世界利率的影响：

$$\frac{dr^*}{dg}=\frac{dr^*}{dg^*}=\frac{(1+\eta)\varepsilon_{YG}(1+\varepsilon_{YW}\varepsilon_{MY})}{2[\varepsilon_{YR}(1+\varepsilon_{YW}\varepsilon_{MY})+\varepsilon_{YW}\varepsilon_{MR}]}>0。\qquad (10.68)$$

接下来，我们用式（10.64）、式（10.65）和式（10.68）推出产出效应：

$$\frac{dy}{dg}=\frac{dy}{dg^*}=\frac{dy^*}{dg}=\frac{dy^*}{dg^*}=\frac{(1+\eta)\varepsilon_{YG}\varepsilon_{YW}\varepsilon_{MR}}{2[\varepsilon_{YR}(1+\varepsilon_{YW}\varepsilon_{MY})+\varepsilon_{YW}\varepsilon_{MR}]}\equiv\pi_N>0。\qquad (10.69)$$

需要注意的最为关键的一点是，无论国内还是国外的财政政策对两国产出都有着相同的影响。

#### 10.2.1.2 货币政策

区别于财政政策，国内货币政策不仅不能造福外国经济，反而会对其造成损害。

---

① 详细推导请参见附录。

可以借助图 10—12 进行说明。国内货币存量上升使国内商品市场均衡轨迹从 $GME_N(m_0)$ 移至 $GME_N(m_1)$，LM(AS) 曲线从 $LM(AS_N)_0$ 移至 $LM(AS_N)_1$。国内利率有下降的压力，资本流出导致通货贬值。这将国内需求推向国内产品并且推离外国产品。此外，外国人对国内生产的产品的需求也上升。依据式（10.63），外国价格水平下降，结果生产者实际工资上升。这便解释了为何国外产出和就业减少。因为这些显而易见的原因，货币政策被称为以邻为壑的政策：国内经济的振兴以外国经济为代价。

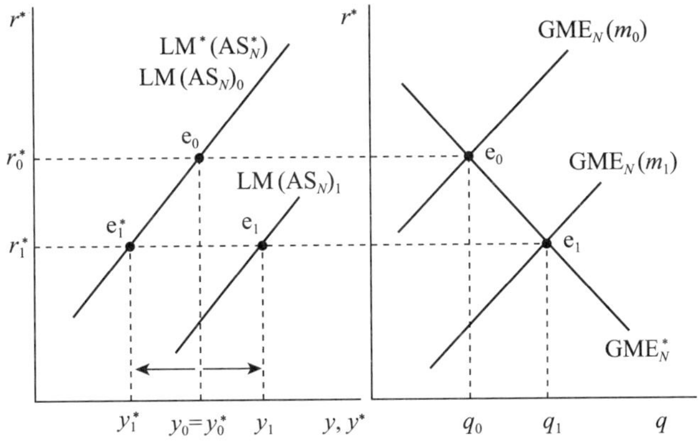


**图 10—12　两国名义工资刚性条件下的货币政策**

类似地，外币供给的增加会促进外国产出的增加和国内产出的减少。在这种情况下，外国经济的发展是以牺牲其邻国经济为代价的。

## □ 10.2.2　两个国家的实际工资刚性

如果两国都具有实际工资刚性，令 $\lambda=\lambda^*=1$，从表 10—4 中可以得到相关模型。通过适当的替代，模型可以简化为

$$y=-\varepsilon_{YR}r^*+\varepsilon_{YQ}q+\varepsilon_{YG}[g+\eta g^*], \tag{10.70}$$

$$y^*=-\varepsilon_{YR}r^*-\varepsilon_{YQ}q+\varepsilon_{YG}[g^*+\eta g], \tag{10.71}$$

$$p=m-\varepsilon_{MY}y+\varepsilon_{MR}r^*, \tag{10.72}$$

$$p^*=m^*-\varepsilon_{MY}y^*+\varepsilon_{MR}r^*, \tag{10.73}$$

$$y=-\varepsilon_{YW}[w_0+(1-\alpha)q], \quad AS_R, \tag{10.74}$$

$$y^*=-\varepsilon_{YW}[w_0^*-(1-\alpha)q], \quad AS_R^*, \tag{10.75}$$

我们并不推荐附录中的直接求解法，而是使用图像法来研究该模型。在实际工资刚性的条件下，两个国家的总供给曲线只依赖于一个内生变量（实际汇率）以及一些外生变量。在图 10—13 的下半部分，$AS_R$ 和 $AS_R^*$ 得以说明。

令 AS 和 IS 曲线相等［对于国内为式（10.74）与式（10.70）相等；对于国外为式（10.75）与式（10.71）相等］并解出用实际汇率和外生变量表示的 $r^*$，我们可以得出两国产品市场均衡。下标“$R$”用于表明两国实际工资刚性。

$$r^*=\frac{\varepsilon_{YW}w_0+[\varepsilon_{YQ}+(1-\alpha)\varepsilon_{YW}]q+\varepsilon_{YG}[g+\eta g^*]}{\varepsilon_{YR}},\quad \mathrm{GME}_R, \tag{10.76}$$

$$r^*=\frac{\varepsilon_{YW}w_0^*-[\varepsilon_{YQ}+(1-\alpha)\varepsilon_{YW}]q+\varepsilon_{YG}[g^*+\eta g]}{\varepsilon_{YR}},\quad \mathrm{GME}_R^*。 \tag{10.77}$$

如图 10—13 上半部分所示，$\mathrm{GME}_R$ 向右上方倾斜，而 $\mathrm{GME}_R^*$ 向右下方倾斜。

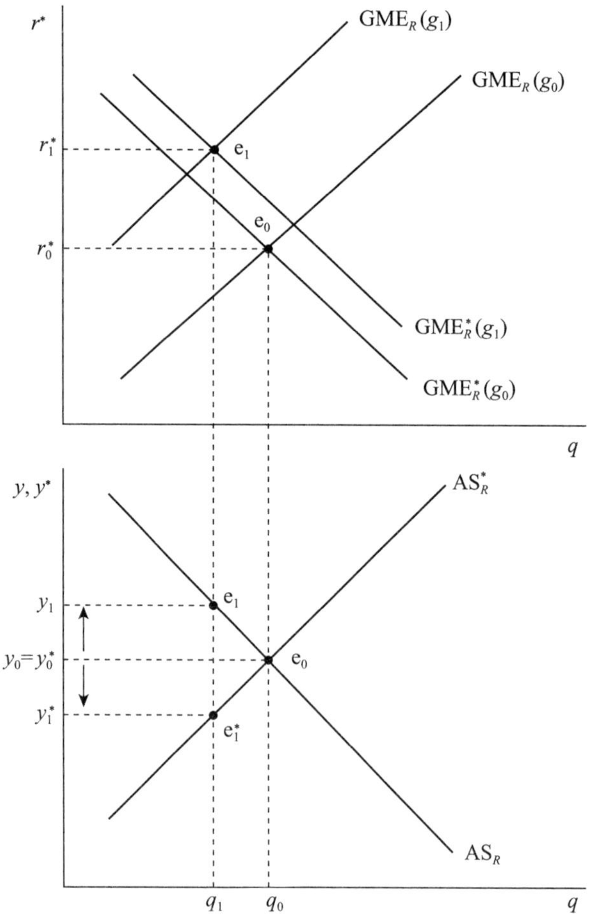


**图 10—13　两国实际工资刚性条件下的财政政策**

再次，我们可以使用一个简单的两部式图表来展示这六个联立方程的核心特征。下面我们看一下国内、外国的财政政策与货币政策的影响。

**10.2.2.1　财政政策**

与我们前面部分的结论形成鲜明对比，财政政策在实际工资刚性条件下是以邻为壑的政策。这可以借助图 10—13 进行解释。国内政府支出 $g$ 的增加使得 $\mathrm{GME}_R$ 和 $\mathrm{GME}_R^*$ 向上移动，同时由于“自身”效应超过了“外溢”效应（即 $\eta<1$），$\mathrm{GME}_R$ 发生了更大变动。为了恢复均衡，利率上升，实际汇率升值（对国内而言）。

在图 10—13 的上半部分中，均衡点从 $e_0$ 移至 $e_1$。

从图像中我们发现，两国的产出效应恰恰相反。在图 10—13 下半部分，国内均衡点由 $e_0$ 移至 $e_1$，产出增加。相反，国外均衡点由 $e_0$ 移至 $e_1^*$，国外的产出下降！为什么出现这种情况呢？这是由于实际消费者工资（$W/P_C$）是固定的，而国内生产者工资（$W/P$）下降，从而导致了国内市场的产出和就业增加。国外的情况截然相反，在这里，实际生产者工资（$W^*/P^*$）上升。国内政策制定者通过增加 $g$ 使得 $q$ 下降（外币贬值），这促使外国劳动力寻求更高的名义工资来保证实际消费工资（$W^*/P_C^*$）不变。

接下来我们推导一系列产出乘数的表达式。首先我们用式（10.76）和式（10.77）来推出本国和外国财政政策对实际汇率的影响：

$$\frac{dq}{dg}=-\frac{dq}{dg^*}=-\frac{(1-\eta)\varepsilon_{YG}}{2[\varepsilon_{YQ}+(1-\alpha)\varepsilon_{YW}]}<0。\tag{10.78}$$

我们用式（10.74）、式（10.75）以及式（10.78）来推导产出效应：

$$\frac{dy}{dg}=-\frac{dy}{dg^*}=\frac{dy^*}{dg^*}=-\frac{dy^*}{dg}=\frac{(1-\eta)(1-\alpha)\varepsilon_{YW}\varepsilon_{YG}}{2[\varepsilon_{YQ}+(1-\alpha)\varepsilon_{YW}]}\equiv\pi_R>0。\tag{10.79}$$

式（10.79）提供了一个在两国实际工资刚性条件下，财政政策以邻为壑特性的清晰陈述。

#### 10.2.2.2 货币政策

不出意料，国内货币政策在实际工资刚性条件下没有什么实质影响。由于没有任何均衡点（$AR_R$、$AS_R^*$、$GME_R$ 和 $GME_R^*$）受到影响，利率、产出和汇率也没有受到影响，$m$ 的增加造成国内价格水平（$dm=dp$）和名义工资率（$dp=dw$）（相等的）增长。由于实际汇率不受影响，名义汇率随着国内价格水平的变化而贬值（$de=dp$）。

类似地，出于同样的原因，外币供给的增加并没有任何实际影响，只是导致名义工资和价格上升以及外币名义贬值，即 $dw^*=dp^*=-de=dm^*>0$。

### □ 10.2.3 欧洲的实际工资刚性和美国的名义工资刚性

在一篇有影响力的论文中，Branson 和 Rotemberg（1980）依事实认为美国经济以名义工资刚性为特征，同时欧洲国家以实际工资刚性为特征。令欧洲为本国，美国为外国（并且忽略世界上的其他国家），令 $\lambda=1$ 且 $\lambda^*=0$，可以从表 10—4 中得到符合这个结构的模型。

可以再次从图形对货币政策和财政政策产生的效应进行分析。由于欧洲具有实际工资刚性，因此可以由 $GME_R$ 和 $AS_R$ 充分描述，出于便利，我们重申：

$$r^*=\frac{\varepsilon_{YW}w_0+[\varepsilon_{YQ}+(1-\alpha)\varepsilon_{YW}]q+\varepsilon_{YG}[g+\eta g^*]}{\varepsilon_{YR}},\quad GME_R,\tag{10.80}$$

$$y=-\varepsilon_{YW}[w_0+(1-\alpha)q]。\quad AS_R。\tag{10.81}$$

另外，名义工资刚性条件下的美国经济可由 $GME_N^*$ 和 $LM^*(AS_N^*)$ 表示：

$$r^*=\frac{(1+\varepsilon_{YW}\varepsilon_{MY})[-\varepsilon_{YQ}q+\varepsilon_{YG}(g^*+\eta g)]+\varepsilon_{YW}[w_0^*-m^*]}{\varepsilon_{YR}(1+\varepsilon_{YW}\varepsilon_{MY})+\varepsilon_{YW}\varepsilon_{MR}},\quad GME_N^*,\tag{10.82}$$

$$y^*=\frac{\varepsilon_{YW}[m^*+\varepsilon_{MR}r^*-w_0^*]}{1+\varepsilon_{YW}\varepsilon_{MY}},\quad LM^*(AS_N^*)。\tag{10.83}$$

不同的机制如图 10—14～图 10—16 所示。在每种情况下，$e_0$ 都是初始均衡点。

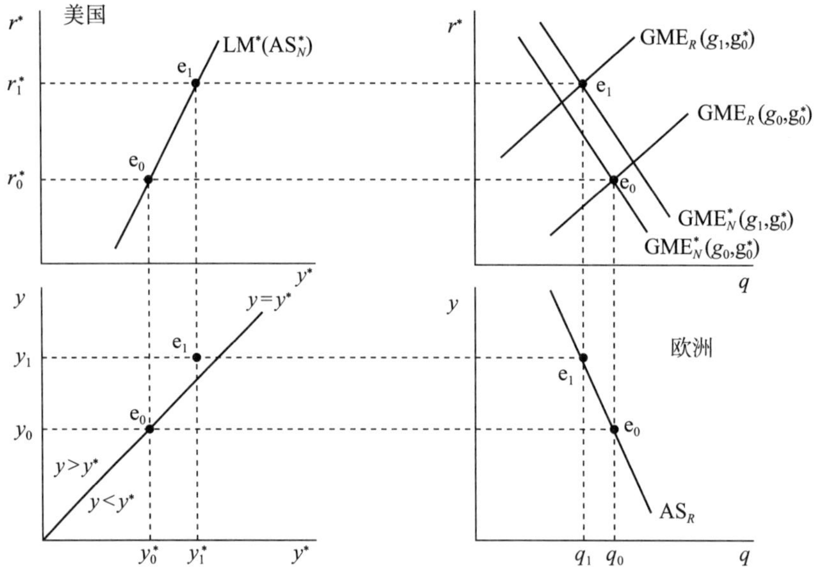


**图 10—14　在欧洲的实际工资刚性以及美国的名义工资刚性条件下欧洲的财政政策**

#### 10.2.3.1　财政政策

在图 10—14 中，欧洲财政扩张（$g$ 上升）导致 $GME_R$ 和 $GME_N^*$ 上升，前者上升程度更显著（因为 $\eta<1$，$\varepsilon_{YM}\varepsilon_{MY}>0$）：

$$\left(\frac{\partial r^*}{\partial g}\right)_{GME_R}\equiv\frac{\varepsilon_{YG}}{\varepsilon_{YR}}>\frac{\eta\varepsilon_{YG}}{\varepsilon_{YR}+\dfrac{\varepsilon_{YW}\varepsilon_{MR}}{1+\varepsilon_{YW}\varepsilon_{MY}}}\equiv\left(\frac{\partial r^*}{\partial g}\right)_{GME_N^*}。\tag{10.84}$$

欧洲实际汇率升值，新的均衡在点 $e_1$。正如我们将在附录中展示的，产出乘数均大于零：

$$\frac{dy}{dg}=(1-\alpha)\varepsilon_{YW}\varepsilon_{YG}\cdot\frac{(1-\eta)\varepsilon_{YR}[1+\varepsilon_{MY}\varepsilon_{YW}]+\varepsilon_{YW}\varepsilon_{MR}}{-|\Delta|}>0,\tag{10.85}$$

$$\frac{dy^*}{dg}=\varepsilon_{MR}\varepsilon_{YW}\varepsilon_{YG}\cdot\frac{(1+\eta)\varepsilon_{YQ}+\eta(1-\alpha)\varepsilon_{YW}}{-|\Delta|}>0,\tag{10.86}$$

其中 $|\Delta|<0$。$y$ 与 $y^*$ 都上升，但无法明确哪个因素起主导作用。对于合理的参数

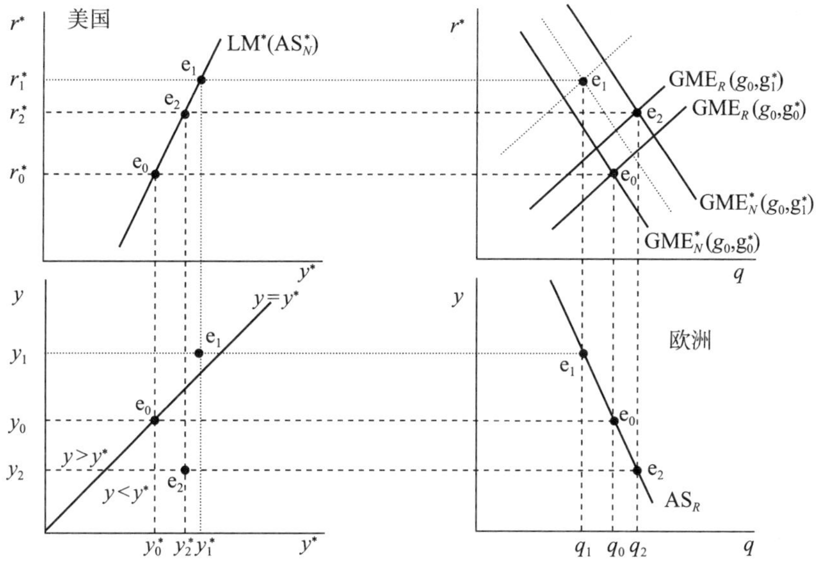


**图 10—15　在欧洲的实际工资刚性以及美国的名义工资刚性条件下美国的财政政策**

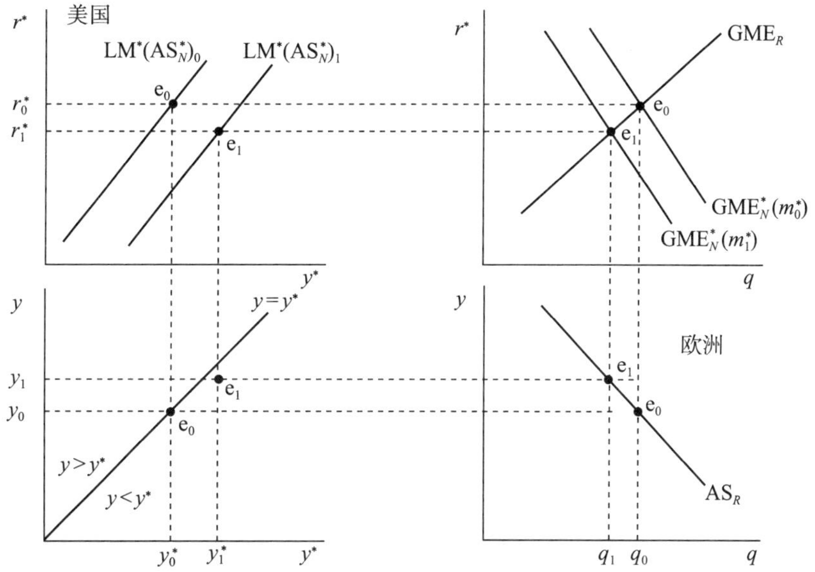


**图 10—16　在欧洲的实际工资刚性以及美国的名义工资刚性条件下美国的货币政策**

值，国内的产出效应可能已经超过国外的产出效应，即 $dy/dg > dy^*/dg$。图 10—14 阐明了该情形（见第三象限）。欧洲的财政刺激可视为火车头政策，因为它最终同时刺激了美国的产出与就业。

美国财政扩张（$g^*$ 上升）使 $GME_R$ 和 $GME_N^*$ 移动，但无法明确哪个移动占主导地位：

$$\left(\frac{\partial r^*}{\partial g}\right)_{GME_R}=\frac{\eta\varepsilon_{YG}}{\varepsilon_{YR}}\lesseqgtr\frac{\varepsilon_{YG}}{\varepsilon_{YR}+\frac{\varepsilon_{YW}\varepsilon_{MR}}{1+\varepsilon_{YW}\varepsilon_{MY}}}=\left(\frac{\partial r^*}{\partial g}\right)_{GME_N^*}。\quad(10.87)$$

在图 10—15 中，我们画出了当 $GME_N^*$ 的移动占主导地位时的情形。均衡点由点 $e_0$ 移至点 $e_2$。利率上升，欧洲（通货）贬值，但由于欧洲实际生产者工资上升，实际产出下降。美国产出和就业上升，从而美国的财政扩张是以邻为壑的政策，它降低了欧洲的产出并增加了失业。

在附录中我们推导了一般情况下的表达式：

$$\frac{dy}{dg^*}=(1-\alpha)\varepsilon_{YW}\varepsilon_{YG}\cdot\frac{-(1-\eta)\varepsilon_{YR}[1+\varepsilon_{MY}\varepsilon_{YW}]+\eta\varepsilon_{YW}\varepsilon_{MR}}{-|\Delta|}\gtreqless 0,\quad(10.88)$$

$$\frac{dy^*}{dg^*}=\varepsilon_{MR}\varepsilon_{YW}\varepsilon_{YG}\cdot\frac{(1+\eta)\varepsilon_{YQ}+(1-\alpha)\varepsilon_{YW}}{-|\Delta|}>0。\quad(10.89)$$

#### 10.2.3.2 货币政策

欧洲的货币政策并没有产生实际影响：$GME_R$ 和 $AS_R$ 都与欧洲的货币供给无关（参见上文）。相反，美国的货币扩张政策（$m^*$ 增加）可视为欧洲的火车头政策。这已经在图 10—16 中得到了论证。美国货币存量的上升使 $GME_N^*$ 向下移动，$LM^*$（$AS_N^*$）向右移动。均衡从 $e_0$ 移至 $e_1$。欧洲实际汇率上升同时利率下降。$y$ 和 $y^*$ 上升，因此美国货币冲击刺激了两国的经济。外国价格水平上升，外国实际生产者工资下降。这解释了为何外国产出上升。相似地，实际汇率上升导致欧洲生产者工资下降，因此也使得产出增加成为可能。

### □ 10.2.4 国际政策协调

先前部分介绍的对称两国世界模型可以用于国际政策协调话题的学习。由于我们并不希望将过多的注意力放在这个模型的介绍上，因此我们将两国模型简化为下面退化的国内和国外产出表达式：

$$y=z_0+\pi_{yg}g+\pi_{yg^*}g^*,\quad y^*=z_0+\pi_{y^*g}g+\pi_{y^*g^*}g^*,\quad(10.90)$$

其中 $g$ 与 $g^*$ 为两国政府的消费水平，$\pi_{ij}$ 为一系列参数。（$z_0$ 涵盖了所有其他外生变量对产出造成的影响）。为简洁起见，我们只考虑两种对称的情况。由式（10.69）我们可以清晰地看到，当两国都存在名义工资刚性（NWR）时，有 $\pi_{yg}=\pi_{yg^*}=\pi_{y^*g}=\pi_{y^*g^*}=\pi_N>0$ 成立。将该等式代入式（10.90），我们可得：

$$y=z_0+\pi_N[g+g^*],\quad y^*=z_0+\pi_N[g+g^*],\quad \text{NWR}。\quad(10.91)$$

相反，当两国都存在实际工资刚性（RWR）时，由式（10.79）可得 $\pi_{yg}=-\pi_{yg^*}=-\pi_{y^*g}=\pi_{y^*g^*}=\pi_R>0$。此时，式（10.90）可化简为

$$y=z_0+\pi_R[g-g^*],\quad y^*=z_0+\pi_R[g^*-g],\quad \text{RWR}。\quad(10.92)$$

假设国内政府对刺激本国产出有兴趣（尽可能地接近充分就业目标，$\bar{y}>z_0>0$）且没有过大的政府部门（这会造成巨大的赤字）。我们假设国内政策制定者最小化成本函数 $L_G$：

$$L_G \equiv \frac{1}{2}(y-\bar{y})^2+\frac{\theta}{2}g^2, \tag{10.93}$$

该式所受约束为：当存在名义工资刚性（NWR）时，给定式（10.91）的第一个表达式，概述国内经济的简化表达式；抑或当存在实际工资刚性（RWR）时，给定式（10.92）的第一个表达式，概述国内经济的简化表达式。通过同样的方式，外国政策制定者有损失函数：

$$L_G^* \equiv \frac{1}{2}(y^*-\bar{y})^2+\frac{\theta}{2}(g^*)^2, \tag{10.94}$$

在简化型外国产出表达式［见式（10.91）或式（10.92）中的第二个表达式］的约束下对其最小化。假设本国和外国政策制定者有相同的产出目标，即式（10.93）和式（10.94）中的 $\bar{y}$。

#### 10.2.4.1 非协调性政策

假设两个政府都独立地选择自身的支出水平，即不考虑是否会造成其他国家的衰退。在这种情况下，财政政策是非协调的并且每个国家依据其他国家的支出水平选择自身支出水平。

**NWR** 在名义工资刚性的情况下，国内经济政策的制定者将会选择适当的 $g$ 来最小化以下公式：

$$L_G \equiv \frac{1}{2}[z_0+\pi_N[g+g^*]-\bar{y}]^2+\frac{\theta}{2}g^2, \tag{10.95}$$

这因此产生了本国的反应函数 $\mathrm{RR}_{NWR}$：

$$\frac{\partial L_G}{\partial g}=\pi_N \cdot [z_0+\pi_N[g+g^*]-\bar{y}]+\theta g=0$$

$$\Rightarrow \quad g=\frac{\pi_N[\bar{y}-z_0-\pi_N g^*]}{\pi_N^2+\theta}, \quad \mathrm{RR}_{NWR}。 \tag{10.96}$$

类似地，在名义工资刚性（NWR）的情况下，外国也存在反应函数（$\mathrm{RR}_{NWR}^*$），将最优的（非协调）政府支出水平、充分就业目标以及国内消费水平相联系：

$$\frac{\partial L_G^*}{\partial g^*}=\pi_N \cdot [z_0+\pi_N[g+g^*]-\bar{y}]+\theta g^*=0$$

$$\Rightarrow \quad g^*=\frac{\pi_N[\bar{y}-z_0-\pi_N g]}{\pi_N^2+\theta}, \quad \mathrm{RR}_{NWR}^*。 \tag{10.97}$$

非合作纳什均衡即每个国家的支出计划在给定他国支出计划的条件下是最优的。由于反应函数是给定这种条件的最优支出计划，非合作纳什均衡通过找到 $RR_{NWR}$ 和 $RR^*_{NWR}$ 的交点获得，即通过式（10.96）和式（10.97）解出 $g$ 和 $g^*$。我们得到：

$$g_N=g_N^*=\frac{\pi_N\ [\bar{y}-z_0]}{2\pi_N^2+\theta},\qquad \text{NWR}, \tag{10.98}$$

其中，下标"$N$"表示这些解是非合作的。

依据图 10—17，两个反应方程可以分别画成 $RR_{NWR}$ 和 $RR^*_{NWR}$。非合作解是在点 N，该处两个反应函数相交。很明显我们可以得到，非合作的纳什均衡是稳定的。依据图 10—17，假定最初 $g=g_0$。对于外国的政策制定者而言，选择 $g^*=g_0^*$ 是最优的。另外，关于 $g^*$ 的取值，对于国内政策制定者而言，令 $g=g_1$ 是最优的。重复这一过程我们将会发现，唯一的纳什均衡点在点 N 处。

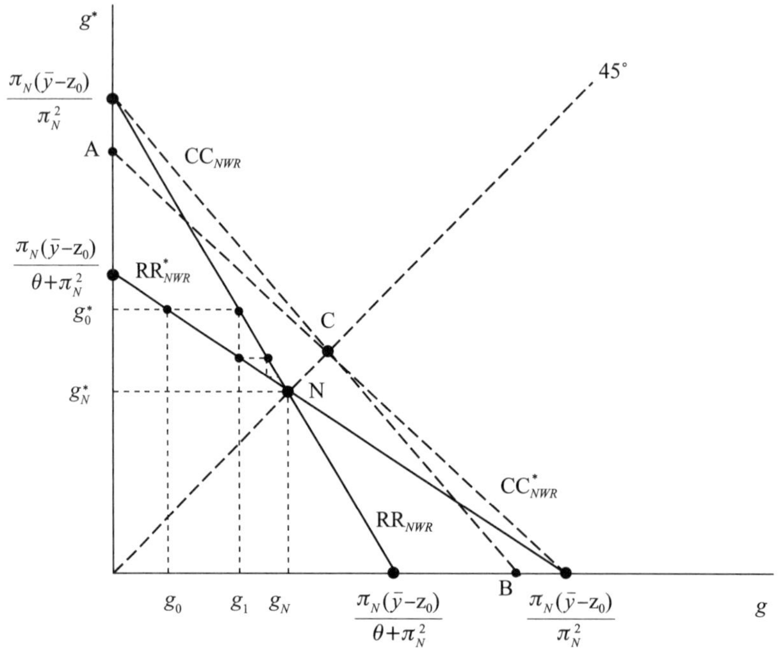


**图 10—17　在两国名义工资刚性条件下财政政策的国际协调**

**RWR**　对于实际工资刚性（RWR）的情况而言，国内经济政策制定者通过选择 $g$ 的大小来最小化以下公式：

$$L_G\equiv\frac{1}{2}[z_0+\pi_R[g-g^*]\ -\bar{y}]^2+\frac{\theta}{2}g^2, \tag{10.99}$$

因此产生了本国的反应函数 $RR_{RWR}$：

$$\frac{\partial L_G}{\partial g}=0\ \Rightarrow\ g=\frac{\pi_R[\bar{y}-z_0+\pi_R g^*]}{\pi_R^2+\theta},\qquad RR_{RWR}。 \tag{10.100}$$

类似地，外国会选择最优的 $g^*$ 来最小化 $L_G^*$：

$$L_G^* \equiv \frac{1}{2}[z_0+\pi_R[g^*-g]-\bar{y}]^2+\frac{\theta}{2}(g^*)^2。$$

这便产生了外国的反应函数（$RR_{NWR}^*$）：

$$\frac{\partial L_G^*}{\partial g^*}=0 \quad \Rightarrow \quad g^*=\frac{\pi_R[\bar{y}-z_0+\pi_R g]}{\pi_R^2+\theta}, \quad RR_{RWR}^*。 \tag{10.101}$$

这些反应函数如图 10—18 所示。非合作纳什均衡位于点 N 处。其中，支出水平由下式给出：

$$g_N=g_N^*=\frac{\pi_R[\bar{y}-z_0]}{\theta}, \quad RWR。 \tag{10.102}$$

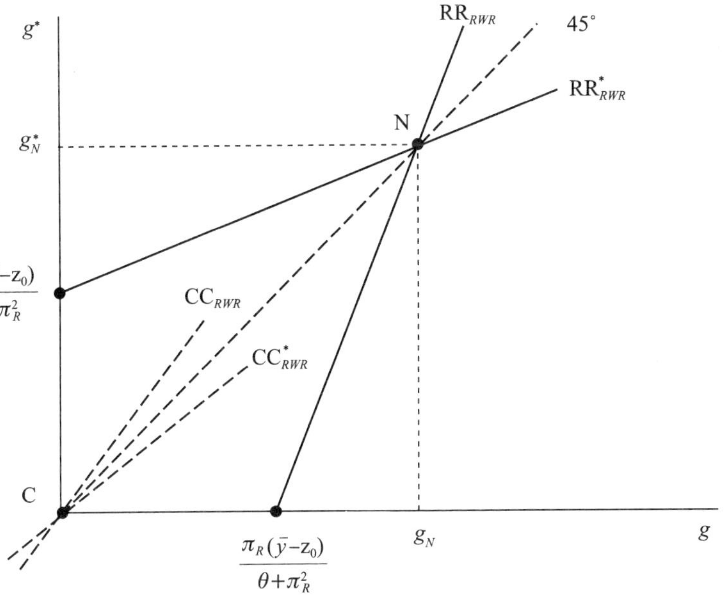


**图 10—18　在两国实际工资刚性条件下财政政策的国际协调**

#### 10.2.4.2　协调政策

那么协调政策又是怎样的呢？在协调解中，一国政策制定者把自身支出对其他国的（正向或负向）影响纳入考虑范围。分析协调政策的一个方法是假设两国政策制定者将支出决定权让渡给一些国际机构，通过决定两国支出水平来最小化福利损失之和 $L_G+L_G^*$。在形式上，在协调的财政政策下这个问题可以得到解决：

$$\min_{\{g^*,g\}} L_G+L_G^* \equiv \frac{1}{2}(y-\bar{y})^2+\frac{1}{2}(y^*-\bar{y})^2+\frac{\theta}{2}g^2+\frac{\theta}{2}(g^*)^2, \tag{10.103}$$

这里，该式以简化表达的式（10.91）或式（10.92）为约束条件。

**NWR**　在 NWR 的情形下，一阶条件为

$$\frac{\partial(L_G+L_G^*)}{\partial g}=(\pi_N+\pi_N)\cdot[z_0+\pi_N[g+g^*]-\bar{y}]+\theta g=0, \quad CC_{NWR}, \tag{10.104}$$

$$\frac{\partial(L_G+L_G^*)}{\partial g^*}=(\pi_N+\pi_N)\cdot[z_0+\pi_N[g+g^*]-\bar{y}]+\theta g^*=0, \quad CC_{NWR}^*。 \tag{10.105}$$

通过比较这些合作行为的一阶条件与非合作行为的一阶条件［在式（10.96）和式（10.97）中给出］，显然，在合作解中，政策制定者将存在的国际外溢效应考虑进来。通过式（10.104）和式（10.105）解出 $g$ 和 $g^*$，得到合作支出水平为

$$g_C=g_C^*=\frac{2\pi_N[\bar{y}-z_0]}{\theta+4\pi_N^2}, \quad NWR。 \tag{10.106}$$

其中，下标"$C$"用于表达合作。在图 10—17 中，两个一阶条件分别用虚线 $CC_{NWR}$ 和 $CC_{NWR}^*$ 表示。合作解在曲线的交点 C 处。（其中 A 点和 B 点分别由 $g^*=\pi_N[\bar{y}-z_0]/[\theta/2+\pi_N^2]$和 $g=\pi_N[\bar{y}-z_0]/[\theta/2+\pi_N^2]$定义。）

从图中我们可以清晰地看出：在合作均衡中，政府支出要比在非合作均衡中更高，即 $g_C>g_N$，$g_C^*>g_N^*$［同样可以比较式（10.98）和式（10.106）］。该结果背后的经济学直觉一目了然。当两国都存在名义工资刚性的情况时，财政政策可视为火车头政策。然而当采取非合作策略时，单个国家可能没有将可援助其他国家的财政支出考虑在内。因此他们均低估了本国财政支出的收益，从而选择了过低的财政支出水平。另外，在合作策略下，该外部影响则被内化了，同时财政支出也被提升至一个能够使财政政策的火车头特性充分发挥作用的水平。

**RWR** 在 RWR 情况下，描述合作均衡特征的一阶条件为

$$\begin{aligned}\frac{\partial(L_G+L_G^*)}{\partial g}&=\pi_R\cdot[z_0+\pi_R[g-g^*]-\bar{y}]-\pi_R\cdot[z_0+\pi_R[g^*-g]-\bar{y}]+\theta g\\&=(\theta+2\pi_R^2)g-2\pi_R^2g^*=0, \quad CC_{RWR},\end{aligned} \tag{10.107}$$

$$\begin{aligned}\frac{\partial(L_G+L_G^*)}{\partial g^*}&=-\pi_R\cdot[z_0+\pi_R[g+g^*]-\bar{y}]-\pi_R\cdot[z_0+\pi_R[g^*-g]-\bar{y}]+\theta g^*\\&=-2\pi_R^2g+(\theta+2\pi_R^2)g^*=0, \quad CC_{RWR}^*。\end{aligned} \tag{10.108}$$

在图 10—18 中，虚线 $CC_{RWR}$、$CC_{RWR}^*$ 均过原点，从而原点也代表合作均衡点。于是合作均衡可令 $g_C=g_C^*=0$。财政政策构成了一个以邻为壑的政策，国家政府的非合作政策可能会导致过高的政府支出水平。采取合作政策则会内化这种"污染状"的政府支出水平，从而导致较低的政府支出。

## 10.3 国际金融市场中的前瞻性行为

直到目前我们关于浮动汇率下的经济运行的讨论或多或少都有一些矛盾。这些不一致的本质可以通过关注无抛补利率平价（UIP）条件获得。考虑一名拥有 100 欧

元的国内投资者，他可以将钱投资于利率为 $r$ 的国内债券或者利率为 $r^*$ 的美国债券。如果投资者选择购买国内债券，他将会在一个周期结束后获得 $100\times(1+r)$ 欧元，从而他投资的毛收益率等于 $1+r$。另外，如果投资者购买美国债券，他必须先兑换货币（将欧元换为美元），再购买美国债券 $100/E_0$ 美元，其中，$E_0$ 是这一期开始时的名义汇率（$E_0$ 的单位是欧元/美元）。在该期结束他可以获得 $(100/E_0)\times(1+r^*)$ 美元，他将带着美元到外汇市场中重新换回欧元，因此最终可以获得 $(1+r^*)\times(100/E_0)\times E_1=100\times(1+r^*)\times(E_1/E_0)$ 欧元。当然，这个投资者必定会在每期开始时决定他的投资，并且不知道这一期结束时的实际汇率。因而估计的外国投资收益率等于 $(1+r^*)\times(E_1^e/E_0)$，其中 $E_1^e$ 是投资者在该期开始时估计的期末汇率。如果投资者风险中性，则当 $1+r>(<)(1+r^*)\times(E_1^e/E_0)$ 时，他选择国内（国外）债券，并且，如果期望收益相等，那么对于他来说两种投资的可能性是无差别的。

这一切的要点是，国内和国外投资的期望收益的差别不仅取决于两国利率（$r$ 和 $r^*$），还取决于投资时对汇率将发生的变化的预期：

$$
\begin{aligned}
\text{收益差距} &\equiv (1+r)-(1+r^*)\frac{E_1^e}{E_0}=(1+r)-(1+r^*)\left(1+\frac{\Delta E^e}{E_0}\right)\\
&=(1+r)-\left(1+r^*+\frac{\Delta E^e}{E_0}+r^*\frac{\Delta E^e}{E_0}\right)\approx r-\left(r^*+\frac{\Delta E^e}{E_0}\right),
\end{aligned}
\tag{10.109}
$$

在第一行的推导中我们利用了等式 $E_1^e\equiv E_0+\triangle E^e$，由于二阶量级，交叉项 $r^*\Delta E^e/E_0$ 可以被忽略（即十分微小）。式（10.109）可以写为连续时间形式：

$$
\text{收益差距}=r-(r^*+\dot{e}^e), \tag{10.110}
$$

其中 $e\equiv\ln E$，从而 $\dot{e}^e\equiv de^e/dt\equiv\dot{E}^e/E$。式（10.109）和式（10.110）十分直观。如果在某一时期预期国内通货升值（$\dot{e}^e<0$），那么与没有升值预期的情况相比，投资债券获得的美元所能兑换到的欧元数量会有所下降，因而国内通货投资美国债券的收益下降。在资本完全流动的条件下，投资者套利行为的存在保证了国际投资收益差异的消除，而在这种情况下式（10.110）便简化为著名的 UIP 条件等式：

$$
r=r^*+\dot{e}^e。 \tag{10.111}
$$

### □ 10.3.1 多恩布什模型

到目前为止，我们总是假设在资本完全流动的条件下 $r=r^*$，如果投资者从未期望汇率改变，那么该假设是正确的。有时，在固定汇率制度下这是合理的，但在自由浮动汇率制度下则或多或少地与投资者的期望不相符。投资者知道汇率可以（并且通常实际上也会）浮动，结果形成对汇率变化的期望。在一篇具有开创性贡献的文献中，Dornbusch（1976）将完美预期假设引入资本完全流动、价格黏性的小型开放经济的蒙代尔-弗莱明模型，从而很好地解决了这一尴尬问题（对于理性预期的确定，请参见第1章和第3章）。

该多恩布什模型概括在表10—5中。式（T5.1）和式（T5.2）分别是小型开放经济的IS曲线和LM曲线。无抛补利率平价在式（T5.3）中给出，而式（T5.4）

是菲利普斯曲线。如果产出高于充分就业水平 $\bar{y}$，价格逐渐调整以消除奥肯缺口。基于黏性价格假设，价格水平调整的速度有限，正式表达为 $0<\phi\ll\infty$。最后，式（T5.5）代表完美预期假设。个人对汇率走势的预期与实际汇率的走势一致。

**表 10—5　　多恩布什模型**

| | |
|---|---|
| $y=-\varepsilon_{YR}r+\varepsilon_{YQ}[p^*+e-p]+\varepsilon_{YG}g$， | （T5.1） |
| $m-p=-\varepsilon_{MR}r+\varepsilon_{MY}y$， | （T5.2） |
| $r=r^*+\dot{e}^e$， | （T5.3） |
| $\dot{p}=\phi[y-\bar{y}]$，　$\phi>0$， | （T5.4） |
| $\dot{e}^e=\dot{e}$。 | （T5.5） |

模型显示了长期货币中性，即 $\dot{p}=0$ 意味着 $y=\bar{y}$，$\dot{e}=0$ 意味着 $r=r^*$，从而式（T5.2）说明 $m-p$ 是常数。在长期中，国内价格水平和名义货币供给同时变动。而且，代入 $y=\bar{y}$ 和 $r=r^*$ 也存在式（T5.1）定义的唯一的均衡实际汇率。均衡汇率不受货币政策影响，而受财政政策影响。

但我们对该模型引出的长期动态感兴趣。为了学习这一点，我们首先简化模型中两个关于 $e$ 和 $p$ 的方程。给定名义汇率和国内价格水平，国内利率和产出可以写为

$$y=\frac{\varepsilon_{MR}\varepsilon_{YQ}[p^*+e-p]+\varepsilon_{MR}\varepsilon_{YG}g+\varepsilon_{YR}[m-p]}{\varepsilon_{MR}+\varepsilon_{MY}\varepsilon_{YR}},\tag{10.112}$$

$$r=\frac{\varepsilon_{MY}\varepsilon_{YQ}[p^*+e-p]+\varepsilon_{MY}\varepsilon_{YG}g-[m-p]}{\varepsilon_{MR}+\varepsilon_{MY}\varepsilon_{YR}}。\tag{10.113}$$

将式（10.112）和式（10.113）以及式（T5.5）代入式（T5.3）和式（T5.4），我们得到模型的动态表达式：

$$\begin{bmatrix}\dot{e}\\ \dot{p}\end{bmatrix}=\begin{bmatrix}\dfrac{\varepsilon_{MY}\varepsilon_{YQ}}{\varepsilon_{MR}+\varepsilon_{MY}\varepsilon_{YR}} & \dfrac{1-\varepsilon_{MY}\varepsilon_{YQ}}{\varepsilon_{MR}+\varepsilon_{MY}\varepsilon_{YR}}\\ \dfrac{\phi\varepsilon_{MR}\varepsilon_{YQ}}{\varepsilon_{MR}+\varepsilon_{MY}\varepsilon_{YR}} & -\dfrac{\phi[\varepsilon_{YR}+\varepsilon_{MR}\varepsilon_{YQ}]}{\varepsilon_{MR}+\varepsilon_{MY}\varepsilon_{YR}}\end{bmatrix}\begin{bmatrix}e\\ p\end{bmatrix}+\begin{bmatrix}\dfrac{\varepsilon_{MY}\varepsilon_{YQ}p^*+\varepsilon_{MY}\varepsilon_{YG}g-m}{\varepsilon_{MR}+\varepsilon_{MY}\varepsilon_{YR}}-r^*\\ \dfrac{\phi[\varepsilon_{MR}\varepsilon_{YQ}p^*+\varepsilon_{MR}\varepsilon_{YG}g+\varepsilon_{YR}m]}{\varepsilon_{MR}+\varepsilon_{MY}\varepsilon_{YR}}-\phi\bar{y}\end{bmatrix}。\tag{10.114}$$

雅可比矩阵中唯一无法确定符号的项是式（10.114）右边关于 $\partial\dot{e}/\partial p$ 的项。这是因为国内价格水平上升对国内利率的影响不确定。另外，实际货币余额下降，这造成利率上升的压力，但国内价格上升也导致汇率上升，因此产出和对货币的需求都下降。货币需求的影响造成了利率下降的压力。为了简化，假设货币供给效应超过货币需求效应，从而 $0<\varepsilon_{MY}\varepsilon_{YQ}<1$ 且 $\partial\dot{e}/\partial p>0$。

借助图 10—19 我们对模型进行分析。令 $\dot{e}=0$，将式（10.114）的第一个方程作为 $p$ 和外生变量的函数来求解 $e$，从而可得直线 $\dot{e}=0$：

$$e+p^*=\frac{-(1-\varepsilon_{MY}\varepsilon_{YQ})p-\varepsilon_{MY}\varepsilon_{YG}g+m+(\varepsilon_{MR}+\varepsilon_{MY}\varepsilon_{YR})r^*}{\varepsilon_{MY}\varepsilon_{YQ}}。\tag{10.115}$$

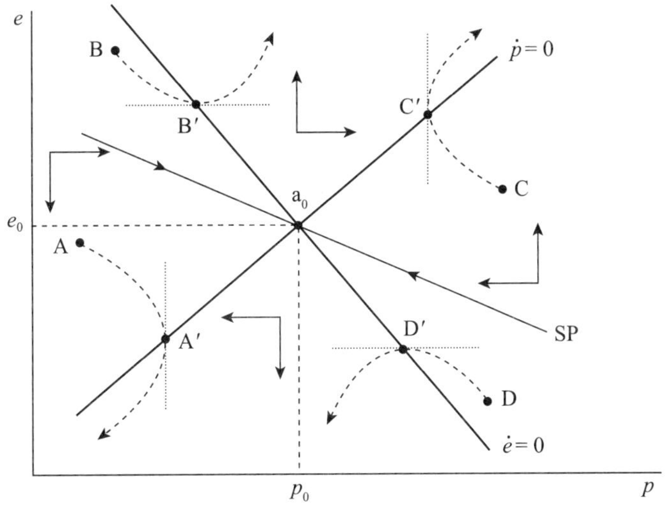


**图 10—19　多恩布什模型相图**

沿着线 $\dot{e}=0$ 国内利率等于外国利率（$r=r^*$）。依据（上面的）假设 $\varepsilon_{MY}\varepsilon_{YQ}<1$，线向下倾斜。对于线 $\dot{e}=0$ 上方的点，名义汇率（从而实际汇率）过高，产出过高，并且国内利率比世界利率高（$r>r^*$）。依照利率平价，（人们）预期汇率贬值（$\dot{e}^e=\dot{e}>0$）。对于$\dot{e}=0$下方的点情况则相反。这些名义汇率变动在图 10—19 中用垂直的箭头表示。更为正式地，我们可以从式（10.114）中推导出同样的结果：

$$\frac{\partial\dot{e}}{\partial e}=\frac{\varepsilon_{MY}\varepsilon_{YQ}}{\varepsilon_{MR}+\varepsilon_{MY}\varepsilon_{YR}}>0,\tag{10.116}$$

这表明利率平价条件将一个不稳定因素引入经济，依据式（10.116），汇率波动不是被抑制而是被放大。

线 $\dot{p}=0$ 是把式（10.114）中的第二个方程当作 $p$ 和外生变量的函数来求解 $e$：

$$e+p^*=\frac{(\varepsilon_{YR}+\varepsilon_{MR}\varepsilon_{YQ})p-\varepsilon_{MR}\varepsilon_{YG}g-\varepsilon_{YR}m+(\varepsilon_{MR}+\varepsilon_{MY}\varepsilon_{YR})\bar{y}}{\varepsilon_{MR}\varepsilon_{YQ}}。\tag{10.117}$$

沿着线 $\dot{p}=0$，产出达到充分就业水平（$y=\bar{y}$）。国内价格水平的上升通过货币余额影响了产出，导致产出减少，因而这条线是向上倾斜的。为了恢复充分就业，名义汇率必须下降。在线 $\dot{p}=0$ 上方的点，产出低于充分就业水平（$y<\bar{y}$），国内价格水平下降。对于线 $\dot{p}=0$ 下方的点，情况则相反。价格水平变化在图 10—19 中用水平箭头表示。式（10.114）中的第二个等式表明模型实质上对经济产生稳定效应：

$$\frac{\partial \dot{p}}{\partial p}=-\frac{\phi(\varepsilon_{YR}+\varepsilon_{MR}\varepsilon_{YR})}{\varepsilon_{MR}+\varepsilon_{MY}\varepsilon_{YQ}}<0。\tag{10.118}$$

长期稳态均衡在图 10—19 中的点 $a_0$ 处，在该点 $\dot{p}=\dot{e}=0$，从而 $r=r^*$ 和 $y=\bar{y}$ 都成立。

稳态均衡的稳定性如何呢？偏离 $a_0$ 的冲击过后模型能够自行恢复吗？答案绝对是“不”，除非我们引入完美预期假设。图 10—19 画出的虚线轨迹最终都偏离稳态均衡。但是，有一个轨迹确实最终带领经济回到均衡。这就是鞍路径 SP。当且仅当经济在这条鞍路径上时，才会达到均衡。由于个体能够完美预期未来，他们知道除非经济在鞍路径上，否则会偏离均衡（$p$ 和/或 $e$ 将会达到无意义的值）。因此，他们预期经济必定会在鞍路径上，并且通过他们的行为，使得预期实现。如果发生一些未预期到的事情，名义汇率迅速调整到经济体新的鞍路径上。由于价格黏性，它不能即时跳跃变化，结果名义汇率影响了整个冲击过程的调整。（见第 4 章关于另外一个鞍点稳定模型的例子。）

作为一个调整的例子，考虑未预期且永久的财政扩张的情况。依照图 10—20，$g$ 上升使线 $\dot{p}=0$ 向右移动，使线 $\dot{e}=0$ 向左移动，但保持长期价格水平不变。在此冲击下，汇率向下调整，由 $a_0$ 变为 $a_1$。没有过渡的动态过程，并且多恩布什模型和蒙代尔-弗莱明方法在此情况下预测出相同结果。由于这里并不会有长期均衡价格变动，价格黏性在调整过程中没有起到作用，并且由于财政冲击是意料之外的，所以利率平价条件在此情况下并没将过渡的动态过程引入汇率。我们建议学生自行证明，政府一旦宣布未来的政府购买要永久增加，便会立即导致通货升值，而在公告宣布和执行期间伴随着价格水平下降，汇率进一步上升。一旦政府购买实际上升，价格水平开始再一次上升，汇率进一步上升。在长期中，均衡位于点 $a_1$，有着较低的汇率水平和不变的价格水平，并且调整路径在冲击发生时从点 $a_0$ 即时移动到 $a'$，而后在宣布和执行期间逐渐从 $a'$移动到 $a''$，最终在公告执行后逐渐从 $a''$移动到 $a_1$。

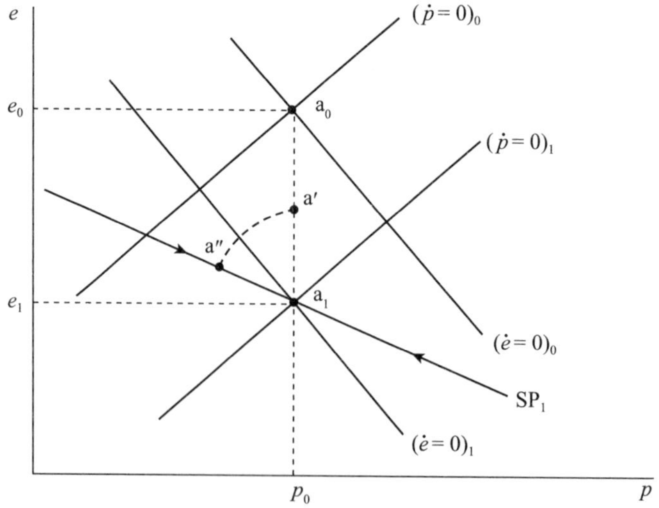


**图 10—20　多恩布什模型中的财政政策**

未预期且永久的货币扩张政策则造成著名的超调结果。依据图 10—21，货币供给增加使 $\dot{p}=0$ 线和 $\dot{e}=0$ 线向右移动，保持长期均衡实际汇率不变（回忆一下，长期中货币中性）。但在短期中，价格黏性，汇率单独作出调整，从 $e_0$ 到 $e'$。货币贬值导致总产出需求增加($y>\bar{y}$)并且国内价格水平开始上升。伴随着实际利率升值，经济体沿着鞍路径 $SP_1$ 逐渐调整，最终回到长期均衡。事实上，名义汇率在冲击时期超过长期目标。此结果背后的直观含义是长期名义汇率贬值，因此国内资产吸引力下降。资本净流出，即期汇率贬值。在调整期间为了让国内投资者得到补偿（实际$r<r^*$）汇率上升，这就是汇率超调。因此，点 $a_1$ 必定被从左上方趋近。

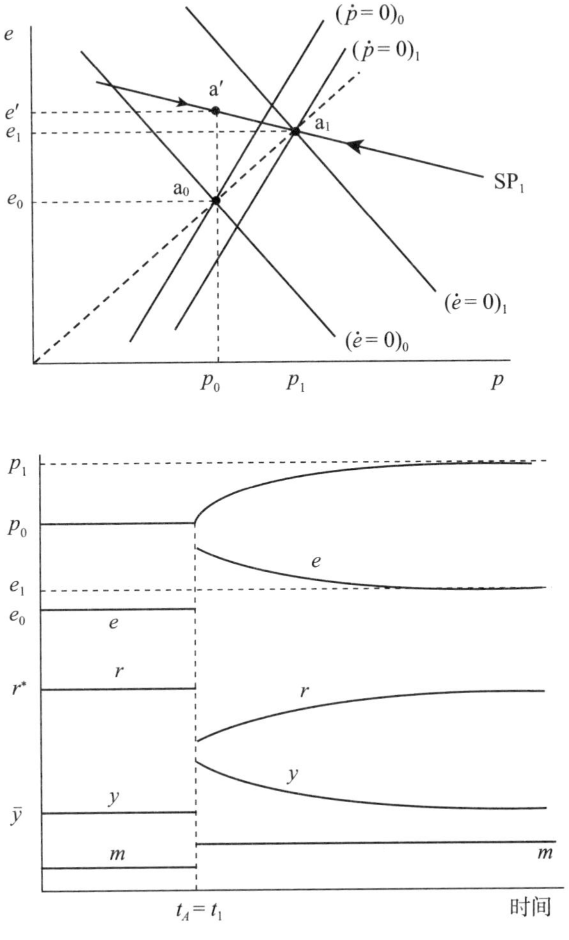


**图 10—21　多恩布什模型中的货币政策**

#### 10.3.1.1　价格黏性与超调

产品市场调整速度有限（明显的凯恩斯主义特征），这在汇率超调中发挥了至关重要的作用。例如，假设 $\phi\to\infty$，从而由于价格调整迅速，式（T5.4）总是得到 $y=\bar{y}$。这意味着我们可以从式（T5.1）和式（T5.2）中解出国内利率和价格水平，它们是关于名义汇率 $e$ 和其他外生变量的函数。对于国内利率，我们得到：

$$r=\frac{(\varepsilon_{YQ}\varepsilon_{MY}-1)\bar{y}+\varepsilon_{YQ}(p^{*}+e)+\varepsilon_{YG}g-\varepsilon_{YQ}m}{\varepsilon_{YR}+\varepsilon_{YQ}\varepsilon_{MR}},\tag{10.119}$$

与式（T5.5）联立，代入式（T5.3）中得到在完全灵活调整价格下的汇率下降率：

$$\dot{e}=\frac{(\varepsilon_{YQ}\varepsilon_{M}-1)\bar{y}+\varepsilon_{YQ}(p^{*}+e)+\varepsilon_{YG}g-\varepsilon_{YQ}m}{\varepsilon_{YR}+\varepsilon_{YQ}\varepsilon_{MR}}-r^{*}。\tag{10.120}$$

对于 $e$，这是一个不稳定的微分方程（但对价格水平 $p$ 则不是）。依据图 10—22，由意外的货币供给增加产生的唯一稳定解，是汇率从 $e_0$ 到 $e_1$ 的即时离散调整。结果，在冲击发生的前一瞬和后一瞬汇率固定($\dot{e}=0$)，从而国内利率一直等于世界利率($r=r^{*}$)。意外货币供给变动没有造成完全灵活调整价格下的超调。

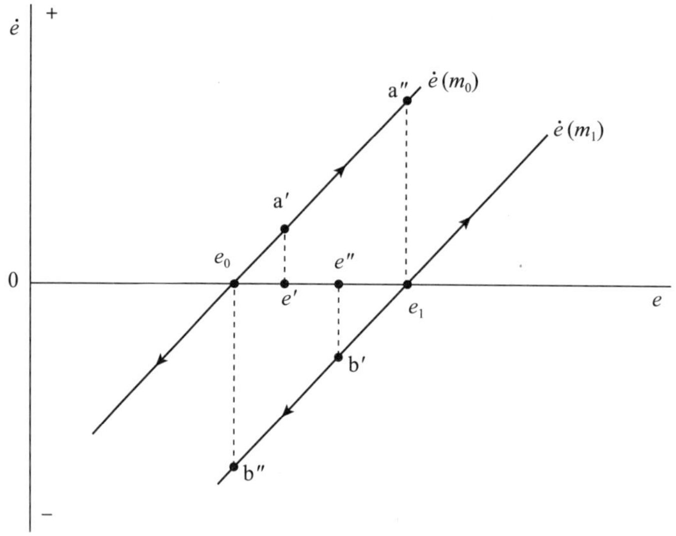


**图 10—22　完全灵活调整价格下的汇率动态**

当然，这并不意味着超调在完全灵活调整的价格下是不可能的。在一些情况下，预料到影响也能造成汇率超调。假设货币冲击在时刻 $t_A$ 宣布，在时刻 $t_I(>t_A)$ 执行。如果个体有完美预期，调整路径将是即刻在 $t_A$ 从 $e_0$ 贬值到 $e'$，而后在 $t_A$ 和 $t_I$ 间逐渐贬值，用沿着 $\dot{e}(m_0)$ 从点 a′到 a″的变动表示。在时刻 $t_I$ 货币供给确实上升(就和先前宣布的一样)，$\dot{e}=0$ 先向右移动到 $\dot{e}(m_1)$，并且汇率落在新的均衡水平 $e_1$ 上。个体预期到在长期中，货币供给增加必然会造成通货贬值。这里汇率预期不可能剧烈变动，因为这会引起无限大的预期资本增加/减少，从而可能导致市场的一方消失。结果，利率平价调整，汇率立即开始贬值。[①] 在这种情况下仍不存在超调。

如果货币冲击政策即刻被执行（$t_A=t_I$），情况则不相同，但这也只是暂时的。特别地，宣布（并被个体相信）货币供给将在未来某时刻 $t_E$ 减至原有水平。在这种情况下，调整路径是由 $t_A=t_I$ 时即时贬值(从 $e_0$ 到 $e''$)，然后从 $t_A$ 到 $t_E$ 逐渐升值

① 执行和宣布时间间隔（$t_I-t_A$）越短，在冲击时汇率的跳跃越剧烈。可以直观地看出，如果（$t_I-t_A$）→0，跳跃即刻从 $e_0$ 变动到 $e_1$，但如果（$t_I-t_A$）→∞，政策无限期被推迟，并且不会对汇率造成影响。

（描述为从点 b′到点 b″的运动）。在货币供给再一次下降的时刻，汇率下降到原有水平，$\dot{e}=0$ 线从 $\dot{e}(m_1)=0$移到 $\dot{e}(m_0)=0$，均衡恢复。暂时的货币扩张导致汇率超调，而在长期中汇率水平保持不变。个体预期汇率在长期中不会贬值，但国内利率会暂时性地低于世界利率，从而依据利率平价原则可以预测到在过渡路径上$\dot{e}<0$。

#### 10.3.1.2 资本不完全流动和超调

Frenkel 和 Rodriguez（1982）曾证明多恩布什的缓慢价格调整在超调结果中至关重要这一结论或多或少有所偏误。他们通过引入资本不完全流动来修改多恩布什模型从而进行证明。弗伦克尔-罗德里格斯（Frenkel-Rodriguez）模型如表 10—6 所示。

**表 10—6　　弗伦克尔-罗德里格斯模型**

| | |
|---|---|
| $y^d=\bar{y}+\varepsilon_{DQ}[p^*+e-p]$， | （T6.1） |
| $r=\varepsilon_{RY}\bar{y}-\varepsilon_{RM}[m-p]$， | （T6.2） |
| $\dot{p}=\phi[y^d-\bar{y}]$， | （T6.3） |
| $X=\varepsilon_{XQ}[p^*+e-p]$， | （T6.4） |
| $KI=\zeta[r-(r^*+\dot{e})]$， | （T6.5） |
| $KI+X=0$。 | （T6.6） |

式（T6.1）表示总需求 $y^d$ 等于固定产出 $\bar{y}$ 加上由实际汇率决定的一项。式（T6.1）的潜在假设是产出和国内需求固定，长期贸易余额为零。式（T6.2）是逆 LM 曲线，将出清了货币市场的国内利率表示为固定产出和实际货币供给的函数。依据式（T5.2），半弹性被定义为 $\varepsilon_{RY}\equiv\varepsilon_{MY}/\varepsilon_{MR}$ 且 $\varepsilon_{RM}\equiv1/\varepsilon_{MR}$。式（T6.3）说明国内价格水平变动是产品市场非均衡的结果，而式（T6.4）说明贸易余额 $X$ 与实际汇率正相关。在式（T6.5）中，净资本流入 $KI$ 取决于国内和国外资本的投资收益之差［见式（10.110）］。根据 $\zeta$ 值，式（T6.5）可以用来描述资本流动性的不同假设条件。如果资本不流动，则 $\zeta=0$，如果资本完全流动，则 $\zeta\rightarrow\infty$，而资本不完全流动的中间情况在$0<\zeta\ll\infty$下可以得到。资本完全流动时，差距瞬时缩小，利率平价成立($r=r^*+\dot{e}$)，国际收支约束式（T6.6）是多余的（由于在该情况下，以等式的形式成立）。

通过式（T6.1）和式（T6.3），得到价格调整方程：

$$\dot{p}=\phi\varepsilon_{DQ}[p^*+e-p], \tag{10.121}$$

这说明价格产生稳定影响，即 $\partial\dot{p}/\partial p=-\phi\varepsilon_{DQ}<0$。类似地，将式（T6.2）、式（T6.4）和式（T6.5）代入式（T6.6），得到汇率动态方程：

$$\dot{e}=\frac{\varepsilon_{XQ}}{\zeta}[p^*+e-p]+\varepsilon_{RY}\bar{y}-\varepsilon_{RM}[m-p]-r^*, \tag{10.122}$$

这说明，就像多恩布什模型一样，不稳定性源于汇率，即 $\partial\dot{e}/\partial e=\varepsilon_{XQ}/\zeta\geq0$。遵循相同的过程，可以推导出线 $\dot{p}=0$ 和线 $\dot{e}=0$：

$$e+p^{*}=p,\tag{10.123}$$

$$e+p^{*}=\left[1-\frac{\zeta\varepsilon_{RM}}{\varepsilon_{XQ}}\right]p+\frac{\zeta}{\varepsilon_{XQ}}\left[\varepsilon_{RM}m-\varepsilon_{RY}\bar{y}+r^{*}\right]。\tag{10.124}$$

线 $\dot{p}=0$［式（10.123）］向上倾斜，但线 $\dot{e}=0$［式（10.124）］的斜率则不确定。如果资本流动性低（$\zeta$ 的值低），它可能是向上倾斜的，但如果资本流动性高，则它会向下倾斜。两种情况分别画在图 10—23 和图 10—24 中。

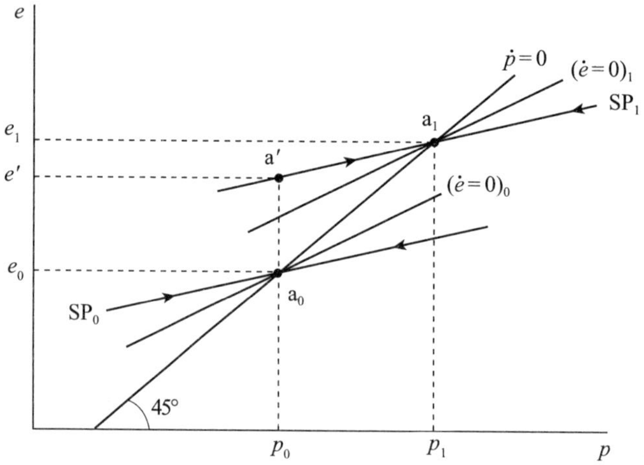


**图 10—23　低资本流动性下的汇率动态**

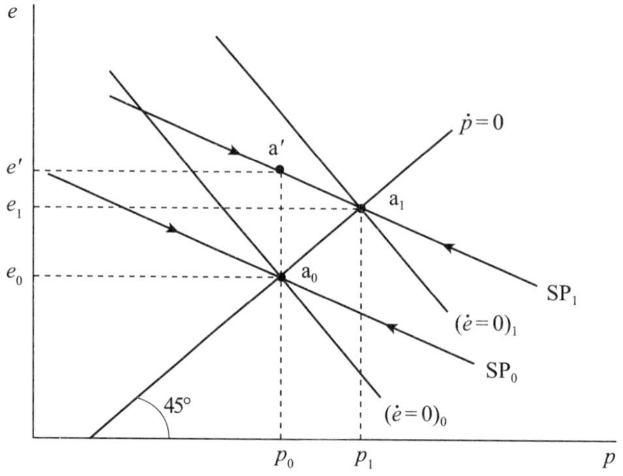


**图 10—24　高资本流动性下的汇率动态**

图 10—23 阐明在低资本流动性下，货币冲击不会造成汇率超调。在冲击发生时刻，较高的货币供给导致国内利率下降。这造成净资本流出（$KI<0$）。同时，汇率下降，贸易账户改善。如果资本流动性低，则后者的影响占据主导地位，且国际收支均衡要求货币轻微升值（以保证在 $t=0$ 时 $X+KI=0$）。此后，国内价格水平及汇率沿鞍路径上升到它们新的均衡水平。相反地，高度资本流动情形则如图 10—24

所示。这里，线 $\dot{e}=0$ 和相关的鞍路径都向下倾斜。由于资本流入效应的影响比受到冲击时的贸易账户受到的影响更大，即时汇率比长期均衡水平超调。

那么我们从这个模型中学到了什么？资本市场调整速度在超调讨论中是至关重要的。只要价格调整速度有限，参数$(\varepsilon_{XQ}-\zeta\varepsilon_{RM})$的符号决定了是否有超调。换句话说，黏性价格假设对于汇率超调结果是必要但非充分条件。仅考虑资本完全流动的极端情况，人们无法理解产品与资产市场调整速度的影响力，并且很可能会（错误地）认为黏性价格必然会使汇率超调。

#### 10.3.1.3 货币调节和超调

直到现在我们都假设政策制定者追求独立的货币政策，包括一次性货币供给。但现在假设，政策制定者希望调节任何可能发生的价格冲击。特别地，我们接着利用表10—5中的多恩布什模型，但我们假定货币供给根据下式对价格水平作出反应：

$$m=\bar{m}+\delta p, \tag{10.125}$$

其中，$\delta$ 是调节系数。如果 $\delta=0$，我们得到多恩布什分析的"完全浮动"（pure float）情况，但对于$0<\delta<1$，我们有"不自由浮动"（dirty float）。以货币供给调整的形式，汇率有一定程度的调节。

由于货币供给不再外生，式（10.112）和式（10.113）被替换为

$$y=\frac{\varepsilon_{MR}\varepsilon_{YQ}[p^*+e-p]+\varepsilon_{MR}\varepsilon_{YG}g+\varepsilon_{YR}[\bar{m}-(1-\delta)p]}{\varepsilon_{MR}+\varepsilon_{MY}\varepsilon_{YR}}, \tag{10.126}$$

$$r=\frac{\varepsilon_{MY}\varepsilon_{YQ}[p^*+e-p]+\varepsilon_{MY}\varepsilon_{YG}g-\bar{m}+(1-\delta)p}{\varepsilon_{MR}+\varepsilon_{MY}\varepsilon_{YR}}。 \tag{10.127}$$

从而线 $\dot{p}=0$ 和线 $\dot{e}=0$ 变为

$$e+p^*=\frac{[(1-\delta)\varepsilon_{YR}+\varepsilon_{MR}\varepsilon_{YQ}]p+(\varepsilon_{MR}+\varepsilon_{MY}\varepsilon_{YR})\bar{y}-\varepsilon_{MR}\varepsilon_{YG}g-\varepsilon_{YR}\bar{m}}{\varepsilon_{MR}\varepsilon_{YQ}}, \tag{10.128}$$

$$e+p^*=\frac{-[1-\delta-\varepsilon_{MY}\varepsilon_{YQ}]p-\varepsilon_{MY}\varepsilon_{YQ}g+\bar{m}+(\varepsilon_{MR}+\varepsilon_{MY}\varepsilon_{YR})r^*}{\varepsilon_{MY}\varepsilon_{YQ}}。 \tag{10.129}$$

线 $\dot{p}=0$［式（10.128）］仍毫无疑问地向上倾斜，但线 $\dot{e}=0$［式（10.129）］斜率不确定：

$$\left(\frac{\partial e}{\partial p}\right)_{\dot{p}=0}=\frac{\varepsilon_{MR}\varepsilon_{YQ}+(1-\delta)\varepsilon_{YR}}{\varepsilon_{MR}\varepsilon_{YQ}}\geqslant 1, \tag{10.130}$$

$$\left(\frac{\partial e}{\partial p}\right)_{\dot{e}=0}=-\frac{1-\delta-\varepsilon_{MY}\varepsilon_{YQ}}{\varepsilon_{MY}\varepsilon_{YQ}}, \tag{10.131}$$

这里，我们继续假定 $\varepsilon_{MY}\varepsilon_{YQ}<1$［见式（10.114）下方的段落］。如果有轻微调节（$0<\delta<1-\varepsilon_{MY}\varepsilon_{YQ}$），扩张性货币政策（$\bar{m}$ 上升）导致超调［就与多恩布什模型中$\delta=0$ 和 $1-\varepsilon_{MY}\varepsilon_{YQ}>0$ 的情况一样］。然而，如果大量调节（$\delta>1-\varepsilon_{MY}\varepsilon_{YQ}>0$），超调结果

消失，出现汇率调整不足。这可以借助图 10—25 进行说明。$\bar{m}$ 上升使线 $\dot{p}=0$ 和线 $\dot{e}=0$移动但保持长期实际均衡汇率不变。如果初始均衡在 $a_0$（为了不使图表变得过于杂乱，初始计划并未画出），$\bar{m}$ 上升使长期均衡移至 $a_1$。均衡瞬时从 $a_0$ 调整到 $a'$，然后逐渐从 $a'$调整至 $a_1$。不同变量的时间路径如图 10—25 所示。注意，由于货币供给随着价格水平上升，所以有可能以较低的利率达到新的均衡［回忆一下，$r(t)=r^*+\dot{e}(t)$ 成立，注意在调整过程中有 $\dot{e}(t)>0$和 $\ddot{e}(t)<0$］。货币供给变化在长期对价格水平变化的影响超过 100%。回忆一下，在稳态中，$y=\bar{y}$ 和 $r=r^*$，从而实际汇率固定。从式（10.127）我们观察到 $dp(\infty)=d\bar{m}/(1-\delta)>d\bar{m}$（由于 $0<\delta<1$），其中，$dp(\infty)$ 代表对国内价格水平的长期影响。当然，造成 $dp(\infty)/d\bar{m}>0$ 的原因是，如果有调整，$m$ 增加的量比 $\bar{m}$ 多。

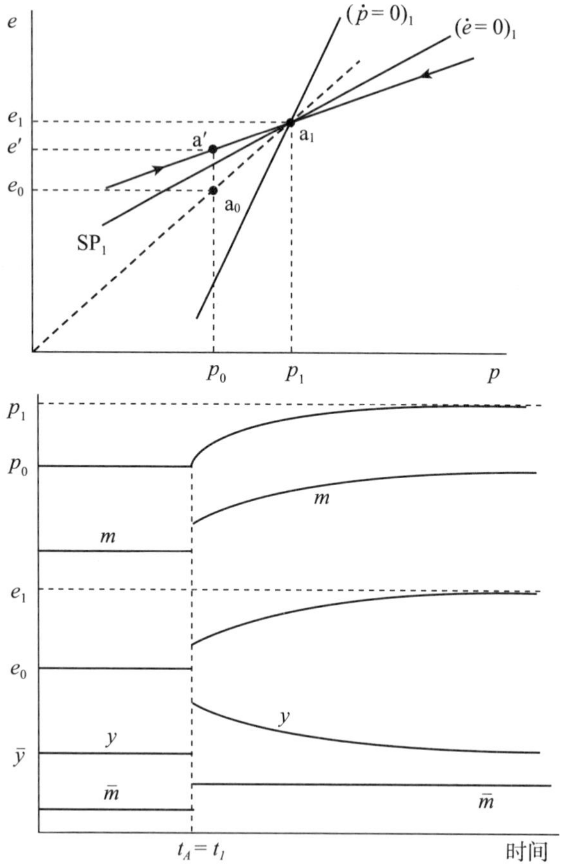


**图 10—25　货币调节和调整不足**

## 10.4　小　结

在本章中，我们通过讨论蒙代尔和弗莱明（Mundell and Fleming，MF）的成就以及后来在此方向上的成果，总结了曾在第 1 章介绍过的 IS - LM 模型。在 MF 的框架下明确认定大多数国家是开放经济，即它们互相交换产品和金融资产。开放经济有两个重要方面，即“金融开放”和它所采取的汇率制度。

金融开放意味着国内居民可以在他们的投资组合中用外国资产替代国内资产来形成资产组合，获取混合收益率。如果替代很容易，那么收益相等。这种情况经常被称为资本完全流动。另一种极端情况则是，如果国内居民根本不愿意持有外国资产（或者有限制），那么经济体是“金融封闭的”并且根本不存在资本流动。中间情况是资本不完全流动。

有两种典型的汇率制度。在固定汇率制度下，货币当局通过介入外汇市场保持国内通货稳定。除非政策制定者进行冲销操作，在此制度下货币供给是内生的。在浮动汇率制度下，货币当局并不介入外汇市场。结果均衡汇率内生，由外汇市场供需决定。

货币和财政政策的结果同时取决于资本流动程度和汇率制度。在资本不流动和固定汇率制度下，货币和财政政策都不会永久影响总产出。在资本完全流动和固定（浮动）汇率制度下，在影响产出方面，货币政策无效（有效）而财政政策有效（无效）。所有这些结果都建立在固定价格水平的假设之上。

为了将价格水平内生化，我们在 MF 框架中加入一个简单的总供给模型。模型的关键特点如下。第一，完全竞争厂商制定国内产品价格。第二，本国和外国产品有所区别，因而不能完全替代。第三，给模型一些凯恩斯特征，假设（实际或者名义）消费者工资固定，劳动力需求决定产出和就业。第四，因为国内消费者同时使用本国和外国产品，消费价格指数作为工资潜在的依据，同时取决于国内和国外价格（并且取决于名义汇率）。

在拓展的 MF 模型中我们研究资本完全流动下的货币和财政政策。不出意料地，工资形成机制起到至关重要的作用。在实际（名义）工资刚性条件下，货币政策无效（有效）。在实际工资刚性条件下，财政政策增加产出，降低国内价格，并且造成名义和实际汇率升值。相反，在名义工资刚性条件下，财政政策不影响产出和国内价格，仅仅导致实际和名义汇率的升值。所有这些结果都是在面对给定的世界利率的小型开放经济条件下成立。

为了将世界利率内生化，我们假设世界由两个可以用 MF 模型描述的国家组成。两国 MF 模型说明冲击是如何在国家间传递的。取决于两国工资形成机制的形式，任何一个国家的政策变化将会溢出到另外一国。作为两国模型的应用，我们展示了政策协调的效果。

在本章最后我们将前瞻性因素加入资本完全流动的小型开放经济的黏性价格模型。模型的一个显著特征是指未预期且永久的货币扩张会导致汇率超调。直观地，在其他条件不变时，个人预期长期名义汇率贬值，这使得国内资本不如外国资本有吸引力，从而净资本外流，即时汇率贬值。在调整过程中，国内利率下跌到了低于世界利率的水平。结果由于部分国内资本收益使得汇率逐渐升值，即时汇率比长期均衡水平超调。

超调结果导致了 20 世纪 70 年代末的混乱，因为它为那些经常被观测到的汇率的巨大波动提供了经济学上的直观依据。汇率的巨大变动根本不是由于非理性投资者的行为！在本章最后我们证明价格黏性对于超调结果是必要但非充分条件。高的资本流动性和价格黏性才能造成超调。

## 延伸阅读

Obstfeld和Rogoff（1996）是开放经济领域的最新文献。经典开放经济IS－LM文献是Mundell（1968）以及Fleming（1962）。可以参考Frenkel和Razin（1987）进行复习。需求理性预期（或者完美预期）的开放经济模型假设是由Dornbusch（1976，1980，1983）、Kouri（1976）、Niehans（1977）、Buiter和Miller（1981，1982）以及Obstfeld和Rogoff（1984）提出的。最新的调查可以参考Gärtner（1993）。Obstfeld和Rogoff（1995a）提出了黏性价格情形下小型开放经济的微观模型。

对多国模型和政策感兴趣的同学可以参考Cooper（1968）、Mussa（1979）、Aoki（1986）、McKibbin（1988）、Canzoneri和Henderson（1991）以及McKibbin和Sachs（1991）。经常账户的跨期方法的关键文献是Sachs（1981）、Buiter（1981）、Obstfeld（1982）以及Svensson和Razin（1983）。Obstfeld和Rogoff（1995b）对于这类文献作出了非常好的概括。至于经验证据，可以参考Feldstein和Horioka（1980）以及Feldstein（1994）。

Calvo和Rodriguez（1977）研究了货币替代的完美预期模型。关于国际收支危机案例的优秀调查可以参见Agénor、Bhandari和Flood（1992）以及Blackburn和Sola（1993）。

## 附录：两国模型

在本附录中，我们对表10—4中给出的两国模型提供了解析解。我们运用Aoki（1981）变换来利用该模型的对称性。这种变换方法原理如下。我们不考虑表10—4中的10个方程，而是用两个（更小的）较易分析的子系统，分别为平均子系统和差异子系统。对于每组$x$和$x^*$，转换变量定义如下：

$$x_a \equiv \frac{x+x^*}{2}, \quad x_d \equiv \frac{x-x^*}{2}。 \tag{A10.1}$$

直观地，$x_a$代表变量的世界平均值，然而$x_d$代表变量的国内、国外取值之间的差异。当然，我们一旦知道$x_a$和$x_d$，由下式就可以逆推得到$x$的国内、国外的取值：

$$x \equiv x_a + x_d, \quad x^* \equiv x_a - x_d。 \tag{A10.2}$$

### □ A.1　对称情况

对于对称情况$\lambda=\lambda^*$，表10—4中所说明的差异子系统可以用矩阵形式表示为

$$\Delta_D \cdot \begin{bmatrix} y_d \\ q \\ p_d \end{bmatrix} = \begin{bmatrix} (1-\eta)\varepsilon_{YG} g_d \\ m_d \\ -\varepsilon_{YW} w_{0d} \end{bmatrix}, \tag{A10.3}$$

其中 $\Delta D$ 由如下公式定义：

$$\Delta_D \equiv \begin{bmatrix} 1 & -\varepsilon_{YQ} & 0 \\ \varepsilon_{MY} & 0 & 1 \\ 1 & \lambda(1-\alpha)\varepsilon_{YW} & -(1-\lambda)\varepsilon_{YW} \end{bmatrix}, \tag{A10.4}$$

其中 $y_d \equiv (y-y^*)/2$，$p_d \equiv (p-p^*)/2$，$g_d \equiv (g-g^*)/2$，$m_d \equiv (m-m^*)/2$，$w_{0d} \equiv (w_0 - w_0^*)/2$。差异子系统将内生变量 $y_d$、$q$、$p_d$ 确定为外生变量 $g_d$、$m_d$、$w_{0d}$ 的函数。关键要注意到 $\Delta_D$ 是一个 3×3 的矩阵，因此可以轻松地得到逆矩阵为

$$\Delta_D^{-1} \equiv \frac{1}{|\Delta_D|} \cdot \begin{bmatrix} -\lambda(1-\alpha)\varepsilon_{YW} & -(1-\lambda)\varepsilon_{YW}\varepsilon_{YQ} & -\varepsilon_{YQ} \\ 1+(1-\lambda)\varepsilon_{YW}\varepsilon_{MY} & -(1-\lambda)\varepsilon_{YW} & -1 \\ \lambda(1-\alpha)\varepsilon_{YW}\varepsilon_{MY} & -[\lambda(1-\alpha)\varepsilon_{YW}+\varepsilon_{YQ}] & \varepsilon_{MY}\varepsilon_{YQ} \end{bmatrix}, \tag{A10.5}$$

其中 $|\Delta_D| \equiv -[\lambda(1-\alpha)\varepsilon_{YW} + \varepsilon_{YQ}[1+(1-\lambda)\varepsilon_{YW}\varepsilon_{MY}]] < 0$。

表 10—4 中所表述的平均子系统可以写为

$$\Delta_A \cdot \begin{bmatrix} y_a \\ r^* \\ p_a \end{bmatrix} = \begin{bmatrix} (1+\eta)\varepsilon_{YG} g_a \\ m_a \\ -\varepsilon_{YW} w_{0a} \end{bmatrix}, \tag{A10.6}$$

其中 $\Delta_A$ 可以如下定义：

$$\Delta_A \equiv \begin{bmatrix} 1 & -\varepsilon_{YR} & 0 \\ \varepsilon_{MY} & -\varepsilon_{MR} & 1 \\ 1 & 0 & -(1-\lambda)\varepsilon_{YW} \end{bmatrix}, \tag{A10.7}$$

其中 $y_a \equiv (y+y^*)/2$，$p_a \equiv (p+p^*)/2$，$g_a \equiv (g+g^*)/2$，$m_a \equiv (m+m^*)/2$，$w_{0a} \equiv (w_0 + w_0^*)/2$。平均子系统将内生变量 $y_a$、$r^*$、$p_d$ 表示为外生变量 $g_a$、$m_a$、$w_{0a}$ 的函数。再次，逆矩阵为

$$\Delta_A^{-1} \equiv \frac{1}{|\Delta_A|} \cdot \begin{bmatrix} (1-\lambda)\varepsilon_{YW}\varepsilon_{MR} & (1-\lambda)\varepsilon_{YW}\varepsilon_{YR} & \varepsilon_{YR} \\ 1+(1-\lambda)\varepsilon_{YW}\varepsilon_{MY} & -(1-\lambda)\varepsilon_{YW} & -1 \\ \varepsilon_{MR} & \varepsilon_{YR} & -(\varepsilon_{MR}+\varepsilon_{MY}\varepsilon_{YR}) \end{bmatrix}, \tag{A10.8}$$

其中 $|\Delta_A| \equiv (1-\lambda)\varepsilon_{YW}[\varepsilon_{MR}+\varepsilon_{MY}\varepsilon_{YR}] + \varepsilon_{YR} > 0$。

由式（A10.3）和式（A10.6）的第二行可分别得 $q$ 和 $r^*$ 的简化表达式如下：

$$q=\frac{-[1+(1-\lambda)\varepsilon_{YW}\varepsilon_{MY}](1-\eta)\varepsilon_{YG}g_d+(1-\lambda)\varepsilon_{YW}m_d-\varepsilon_{YW}w_{0d}}{\lambda(1-\alpha)\varepsilon_{YW}+\varepsilon_{YQ}(1+(1-\lambda)\varepsilon_{YW}\varepsilon_{MY})},\quad \text{(A10. 9)}$$

$$r^*=\frac{[1+(1-\lambda)\varepsilon_{YW}\varepsilon_{MY}](1+\eta)\varepsilon_{YG}g_a-(1-\lambda)\varepsilon_{YW}m_a+\varepsilon_{YW}w_{0a}}{(1-\lambda)\varepsilon_{YW}[\varepsilon_{MR}+\varepsilon_{MY}\varepsilon_{YR}]+\varepsilon_{YR}}。$$

(A10. 10)

实际汇率只受差异变量($g_d$、$m_d$ 和 $w_{0d}$)的影响，于是政策影响可由下面两式表示：

$$\frac{dq}{dg}=-\frac{dq}{dg^*}=\frac{-(1-\eta)\varepsilon_{YG}[1+(1-\lambda)\varepsilon_{YW}\varepsilon_{MY}]}{2[\lambda(1-\alpha)\varepsilon_{YW}+\varepsilon_{YQ}(1+(1-\lambda)\varepsilon_{YW}\varepsilon_{MY})]}<0,\quad \text{(A10. 11)}$$

$$\frac{dq}{dm}=-\frac{dq}{dm^*}=\frac{(1-\lambda)\varepsilon_{YW}}{2[\lambda(1-\alpha)\varepsilon_{YW}+\varepsilon_{YQ}(1+(1-\lambda)\varepsilon_{YW}\varepsilon_{MY})]}\geqslant 0,\quad \text{(A10. 12)}$$

在实际工资刚性的情况下($\lambda=1$)，有 $dq/dm=-dq/dm^*=0$ 成立。

世界利率水平只取决于平均变量($g_a$、$m_a$ 和 $w_{0a}$)，因此政策影响可以由下式得到：

$$\frac{dr^*}{dg}=\frac{dr^*}{dg^*}=\frac{[1+(1-\lambda)\varepsilon_{YW}\varepsilon_{MY}](1+\eta)\varepsilon_{YG}}{2[(1-\lambda)\varepsilon_{YW}[\varepsilon_{MR}+\varepsilon_{MY}\varepsilon_{YR}]+\varepsilon_{YR}]}>0,\quad \text{(A10. 13)}$$

$$\frac{dr^*}{dm}=\frac{dr^*}{dm^*}=\frac{-(1-\lambda)\varepsilon_{YW}}{2[(1-\lambda)\varepsilon_{YW}[\varepsilon_{MR}+\varepsilon_{MY}\varepsilon_{YR}]+\varepsilon_{YR}]}\leqslant 0,\quad \text{(A10. 14)}$$

在实际工资刚性的情况下 ($\lambda=1$)，有 $dr^*/dm=dr^*/dm^*=0$ 成立。将 $\lambda=0$ 代入式 (A10. 13)，我们可以得到式 (10. 68)。类似地，将 $\lambda=1$ 代入式 (A10. 11)，我们可以得到式 (10. 78)。

分析式 (A10. 2) 的结果，我们得到 $y$、$y^*$、$p$ 和 $p^*$ 的比较静态影响。由式 (A10. 6) 和式 (A10. 3)，我们可得 $y_a$ 和 $y_d$ 的如下表达式：

$$y_a=\frac{(1-\lambda)\varepsilon_{YW}\varepsilon_{MR}(1+\eta)\varepsilon_{YG}g_a+(1-\lambda)\varepsilon_{YW}\varepsilon_{YR}m_a-\varepsilon_{YR}\varepsilon_{YW}w_{0a}}{(1-\lambda)\varepsilon_{YW}[\varepsilon_{MR}+\varepsilon_{MY}\varepsilon_{YR}]+\varepsilon_{YR}},\quad \text{(A10. 15)}$$

$$y_d=\frac{\lambda(1-\alpha)\varepsilon_{YW}(1-\eta)\varepsilon_{YG}g_d+(1-\lambda)\varepsilon_{YW}\varepsilon_{YQ}m_d-\varepsilon_{YQ}\varepsilon_{YW}w_{0d}}{\lambda(1-\alpha)\varepsilon_{YW}+\varepsilon_{YQ}(1+(1-\lambda)\varepsilon_{YW}\varepsilon_{MY})}。\quad \text{(A10. 16)}$$

可得财政政策的影响如下：

$$\frac{dy}{dg}=\frac{dy_a}{dg}+\frac{dy_d}{dg}=\frac{(1-\lambda)\varepsilon_{YW}\varepsilon_{MR}(1+\eta)\varepsilon_{YG}}{2[(1-\lambda)\varepsilon_{YW}[\varepsilon_{MR}+\varepsilon_{MY}\varepsilon_{YR}]+\varepsilon_{YR}]}+\frac{\lambda(1-\alpha)\varepsilon_{YW}(1-\eta)\varepsilon_{YG}}{2[\lambda(1-\alpha)\varepsilon_{YW}+\varepsilon_{YQ}[1+(1-\lambda)\varepsilon_{YW}\varepsilon_{MY}]]},\quad \text{(A10. 17)}$$

$$\frac{dy^*}{dg}=\frac{dy_a}{dg}-\frac{dy_d}{dg}=\frac{(1-\lambda)\varepsilon_{YW}\varepsilon_{MR}(1+\eta)\varepsilon_{YG}}{2[(1-\lambda)\varepsilon_{YW}[\varepsilon_{MR}+\varepsilon_{MY}\varepsilon_{YR}]+\varepsilon_{YR}]}-\frac{\lambda(1-\alpha)\varepsilon_{YW}(1-\eta)\varepsilon_{YG}}{2[\lambda(1-\alpha)\varepsilon_{YW}+\varepsilon_{YQ}[1+(1-\lambda)\varepsilon_{YW}\varepsilon_{MY}]]},\quad \text{(A10. 18)}$$

$$\frac{dy}{dg^*}=\frac{dy_a}{dg^*}+\frac{dy_d}{dg^*}=\frac{dy^*}{dg}, \tag{A10.19}$$

$$\frac{dy^*}{dg^*}=\frac{dy_a}{dg^*}-\frac{dy_d}{dg^*}=\frac{dy}{dg}。 \tag{A10.20}$$

将 $\lambda=0$ 代入式（A10.17）～式（A10.20）可得式（10.69）；而代入 $\lambda=1$ 可得式（10.79）。

由式（A10.15）和式（A10.16），我们可得货币政策的影响：

$$\frac{dy}{dm}=\frac{dy_a}{dm}+\frac{dy_d}{dm}=\frac{(1-\lambda)\varepsilon_{YW}\varepsilon_{YR}}{2(1-\lambda)\varepsilon_{YW}[\varepsilon_{MR}+\varepsilon_{MY}\varepsilon_{YR}]+\varepsilon_{YR}}+\frac{(1-\lambda)\varepsilon_{YW}\varepsilon_{YQ}}{2[\lambda(1-\alpha)\varepsilon_{YW}+\varepsilon_{YQ}(1+(1-\lambda)\varepsilon_{YW}\varepsilon_{MY})]}, \tag{A10.21}$$

$$\frac{dy^*}{dm}=\frac{dy_a}{dm}-\frac{dy_d}{dm}=\frac{(1-\lambda)\varepsilon_{YW}\varepsilon_{YR}}{2(1-\lambda)\varepsilon_{YW}[\varepsilon_{MR}+\varepsilon_{MY}\varepsilon_{YR}]+\varepsilon_{YR}}-\frac{(1-\lambda)\varepsilon_{YW}\varepsilon_{YQ}}{2[\lambda(1-\alpha)\varepsilon_{YW}+\varepsilon_{YQ}(1+(1-\lambda)\varepsilon_{YW}\varepsilon_{MY})]}, \tag{A10.22}$$

$$\frac{dy}{dm^*}=\frac{dy_a}{dm^*}+\frac{dy_d}{dm^*}=\frac{dy^*}{dm}, \tag{A10.23}$$

$$\frac{dy^*}{dm^*}=\frac{dy_a}{dm^*}-\frac{dy_d}{dm^*}=\frac{dy}{dm}。 \tag{A10.24}$$

明显地，当 $\lambda=1$（实际工资刚性）时，货币是中性的。当 $\lambda=0$ 时，我们可得到正文中所得到的结果。

进一步地，我们可以利用式（A10.2），从式（A10.6）和式（A10.3）中得到 $p$ 和 $p^*$ 的比较静态影响。这作为练习留给读者。

## □ A.2 非对称情况

在非对称的情况下，无论是 $\lambda=1$ 还是 $\lambda^*=0$ 的情况，Aoki 转换并不能简化分析过程，我们直接写出原始变量的联立方程组：

$$\Delta\cdot\begin{bmatrix}y\\y^*\\p\\p^*\\q\\r^*\end{bmatrix}=\begin{bmatrix}\varepsilon_{YG}[g+\eta g^*]\\\varepsilon_{YG}[\eta g+g^*]\\m\\m^*\\-\varepsilon_{YW}w_0\\-\varepsilon_{YW}w_0^*\end{bmatrix}, \tag{A10.25}$$

其中 $\Delta$ 被定义为

$$\Delta\equiv\begin{bmatrix}1&0&0&0&-\varepsilon_{YQ}&\varepsilon_{YR}\\0&1&0&0&\varepsilon_{YQ}&\varepsilon_{YR}\\\varepsilon_{MY}&0&1&0&0&-\varepsilon_{MR}\\0&\varepsilon_{MY}&0&1&0&-\varepsilon_{MR}\\1&0&0&0&(1-\alpha)\varepsilon_{YW}&0\\0&1&0&-\varepsilon_{YW}&0&0\end{bmatrix}。\tag{A10.26}$$

经过一些推导，我们得到：

$$|\Delta|\equiv-(1-\alpha)\varepsilon_{YW}\left[\varepsilon_{YW}\varepsilon_{MR}+\varepsilon_{YR}[1+\varepsilon_{MY}\varepsilon_{YW}]\right]$$
$$-\varepsilon_{YQ}\left[\varepsilon_{YW}\varepsilon_{MR}+2\varepsilon_{YR}\ [1+\varepsilon_{MY}\varepsilon_{YW}]\right]<0。\tag{A10.27}$$

由克莱姆法则，我们可以得到在两个地区政策对产出的影响。财政政策乘数详见式(10.85)、式(10.88)、式(10.86)和式(10.89)。货币政策影响可由 $dy/dm=dy^*/dm=0$ 以及下式给出：

$$\frac{dy}{dm^*}=\frac{(1-\alpha)\varepsilon_{YR}\varepsilon_{YW}^2}{-|\Delta|}>0,\tag{A10.28}$$

$$\frac{dy^*}{dm^*}=\frac{\varepsilon_{YR}\varepsilon_{YW}[(1-\alpha)\varepsilon_{YW}+2\varepsilon_{YQ}]}{-|\Delta|}>0。\tag{A10.29}$$

# 第二部分

# 走近高级宏观经济学

# 第 11 章

# 货　币

本章的目标是讨论以下问题：

1. 货币在高级经济学中最重要的功能是什么？
2. 怎样理解货币在简单模型中的角色？
3. 社会最优货币量是什么？
4. 货币如何影响政府预算约束（名义货币增长作为通货膨胀税）？



## 11.1 货币的功能

在大街上，当任何一个人被问到“什么是货币”时，他都能信心满满地作出回答。确实，我们可以想象到被提问者会拿出他的钱包，给我们看一张上面印着一些数字并可能有某位过去或现任的君主或领导人的画像的彩纸。如果这个问题在几百年前被提出，从钱包里拿出的东西可能是由某种贵重金属而不是（难以仿制的）纸制成的，但答案是相同的：货币是放在人们钱包里的，并可以用来购买物品和服务的东西。①

经济学家们对于这个问题却显得不那么自信，他们会提出这种难以捉摸的称为货币的东西的一些功能而不是给出一个直接的答案。换句话说，经济学家描述的是“货币是干什么的”而非“什么是货币”；或者更精确地说，某个物品要能被称为货

① 关于在不同社会中货币的出现，Einzig（1949）有一份详尽的而且可读性非常高的历史记载。参见 Davies（1994）、Jevons（1875）、Menger（1892）、Fisher（1913）、Wicksell（1935）以及 Jones（1976）。

币，它必须满足什么条件。从广义上来说，货币有三个主要的功能：（1）货币可以作为交换媒介；（2）货币可以作为记账手段；（3）货币可以作为价值储存的手段（McCallum，1989a，pp. 16－18）。

货币的不同方面可以从图 11—1 中看出来。假设这个经济中有四个个体（用 1～4 表示），每人生产一种特定的产品但都希望能消费这个经济中的全部产品。在一个物物交换的经济中，所有人都提供他们自己生产的物品并且有着对其他物品的需求。他们在市场中心相会（比如图 11—1 中的点 A），在那里产生了均衡的相对价格。因为在我们的例子中只有四个人，所以一共有六种相对价格。① 交换在没有货币的情况下发生，即用商品 1 直接交换商品 2（以物易物）等。除了涉及某些商品的不可分性之类的明显困难，一个中心化的市场会在没有货币的情况下运行得很好。直观上看，如果没有那些交易摩擦，货币就不是一个很有用的东西。

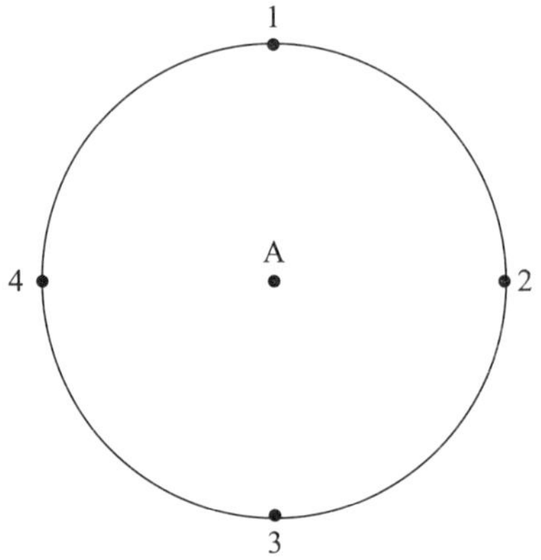


**图 11—1　物物交换的经济**

事实上，当然不是任何交易都是在一个中心化的完全信息的条件下发生的，交易的过程变得更为复杂。假设图 11—1 中的中心市场存在，但是商人之前并不知道在特定的时间，他将在市场上遇到谁。假设在每个时期，最多只有两个商人在市场上相遇，商人就会遇到一个"各逢所需"的问题，只有当双方所提供的物品恰好是对方所需的时，交易才有可能发生。比如，商人 1 可能会发觉自己遇到的商人 2 不想与他交易。事实上，在没有货币的情况下，商品的交换只能发生在这种条件下：商人 1 遇到的人想与他交换商品，并且那个人的商品也是商人 1 所需要的。因此，在这种没有货币的设定下，商人 1 会花费很多精力和时间进行交易。

即便商人们能够完全知道贸易伙伴的地址，这个问题仍然可能存在。Cass 和 Yaari（1966）给出了一种永远都不能实现各逢所需的情况。假设商人只想消费他们自己的产品和由（顺时针方向）距离最近的商人生产的产品，即商人 1 想消费商品集（1，2），商人 2 想消费商品集（2，3），商人 3 想消费商品集（3，4），商人 4 想

① 这些价格就是物品两两交换的比率。设 $p_{ij}$ 是商品 $i$ 对商品 $j$ 的相对价格，我们有如下相对价格：$p_{12}$，$p_{13}$，$p_{14}$，$p_{23}$，$p_{24}$，$p_{34}$。显然，我们有 $p_{ij}\equiv 1/p_{ji}$。

消费商品集（4，1）。假设这些商品不可储存并且每个商人最多只能走与他相邻的商人一半的距离。这意味着商人 1 可以与商人 4 和商人 2 交易，商人 2 与商人 1 和商人 3 交易等。易见，在这种情况下，事实上没有交易可以发生。比如商人 1 不能与商人 2 交易，因为不管在什么价格上，后者对商品 1 没有兴趣。类似地，因为相同的原因，商人 1 不会与商人 4 交易。这就无法实现“各逢所需”，所有商人只能消费他们自己生产的物品并且维持一个自给自足的状态。

现在假设有一个耐用品，它可以被储存并且可以在不同商人之间以零成本转移，我们称之为货币。商人们可以用这种货币来相互交易而不是直接用货物交换。比如，商人 1 可以将自己的产品卖给商人 4 并得到货币，用货币他可以从商人 2 手中购买到商品 2。同样，所有其他商人也和他们相邻的人进行交易。在以货币作为交换媒介的情况下，一个能让所有人状况都变得更好的均衡（从福利的角度看）就可以达到了。

当然，这个圆圈模型是交易过程的一个高度简化的模型，但它仍然是有用的，因为它激发了接下来的交换媒介检验。如果某物的存在能够保证商人们获得一个更高的福利，它就可以充当交换媒介。① 在“随机相遇”模型（random-encounters model）和圆圈模型中，从定义上来说，货币充当了交换媒介。事实上，在前面的模型中交易摩擦由于交换媒介的存在而减少了（但没有完全消除）②，然而在之后的圆圈模型中，这种摩擦被完全消除了。

在这个理论中并没有提到交换媒介必须是具有内在价值的商品，比如金银（或者罕见的贝壳），这些东西能够提高人们的效用或者有丰富的用途。事实上，内在价值很低的物品（比如纸）也可以充当交换媒介，只要它能够在交易中被广泛承认。当金银能够更好地满足生产性目标的需要时，社会实际上就会倾向于使用内在价值低的材料来做交换媒介（McCallum，1989a，p. 17）。

货币的第二个主要职能是作为记账手段。如上文所述，一个有四种不同商品的经济中存在 6 种不同的价格。对于一个有 $N$ 种不同物品的经济，就存在 $N(N-1)/2$ 种相对价格，即使对于一个不太大的 $N$ 来说，这也是一个相当大的数字。如果所有商品都用货币来表示其价格，即以货币作为交换媒介，那么对于不同商品，就只有 $N$ 种不同的（绝对）价格需要记录。令这些绝对价格为 $p_i(i=1, \cdots, N)$，相对价格就可以表示出来，如 $p_{ij} \equiv p_i/p_j$。

货币的第三个职能是作为价值储存的手段。在一个货币经济中，货币可以用来买卖商品，可以在今天，也可以（甚至更有可能）在明天。因此，货币的存量意味着“未来购买力”。在未来货币可以用来交换可消费或者可用于生产过程的商品。货币因此就有着价值储存的功能。而其他资产（债券、公司股份、房地产等）一

① 这个检验类似于（但是更常用）McCallum（1983b）提出的方法。他的前提条件更加严格，要求交换媒介能够扩大生产可能性边界。事实上，他称这种条件为“传统假设”（1983，p. 24）。

② 商人 1 可能遇到这样一个人：商人 1 并不想买对方的商品，但是对方却想买商品 1。这种交易可以在没有货币的情况下发生。如果反过来，商人 1 不想买对方的商品，并且对方也不想买商品 1，那么就没有交易发生。因此，在随机相遇模型中一些摩擦仍然存在。

般来说在这一点上做得更好，因为它们能够提供一个正的回报率而货币通常不行。

在货币的三种主要职能中，只有交换媒介的职能是货币所特有的。任何商品都可以作为记账手段（但它们不能同时充当交换媒介），而很多非货币资产可以作为价值储存手段。

## 11.2 对作为交换媒介的货币进行建模

我们在第 1 章的插叙 1.1 中提到了关于货币需求的鲍莫尔（Baumol，1952）-托宾（Tobin，1956）存货理论模型（inventory-theoretic model）。模型的基本想法是将货币看作在两次收入获得之间持有的物品，尽管事实上货币并不产生利息，但是需要用它进行支付。面包师卖给你一条面包来换取货币而不是债券。广义上说，这个模型表明货币使交易变得更便利。当然，鲍莫尔-托宾模型在它的领域里是非常有局限性的，本质上是一个部分均衡。这一部分的任务是学习货币作为交换媒介是如何嵌入一般均衡框架的。随后我们将指出鲍莫尔-托宾模型是一般均衡模型的特殊情况，其中货币的作用是通过最小化流动性成本来“润滑经济的车轮”。

### □ 11.2.1 背景设定

假设某人有两期寿命——现在（第一期）和将来（第二期），并且拥有以前积攒下来的债券（$B_0$）和货币（$M_0$）。此人在两期中有固定的实际禀赋收入（分别为 $Y_1$ 和 $Y_2$）并且两期均有消费（分别为 $C_1$ 和 $C_2$）。商品在两期中的价格分别表示为 $P_1$ 和 $P_2$。那么这个周期预算约束就是：

$$P_1Y_1+M_0+(1+R_0)B_0=P_1C_1+M_1+B_1, \tag{11.1}$$

$$P_2Y_2+M_1+(1+R_1)B_1=P_2C_2+M_2+B_2, \tag{11.2}$$

其中，$R_i$ 是债券在第 $i$ 期的名义利率。等式左边代表的是此人所拥有的资源总量，而等式右边代表这些资源可以花费之处。

因为这个人没有第三期寿命，所以这里没有遗赠动机（参见 5.1.4 节），他不会希望去世时还有正的货币和/或债券存量（即 $M_2\leqslant 0$ 且 $B_2\leqslant 0$）。而金融部门不会允许他去世时负债（$B_2\geqslant 0$）且此人不能创造货币（$M_2\geqslant 0$）。因此，综合这些条件我们得出$M_2=B_2=0$，所以式（11.1）和式（11.2）可以整合为以下预算约束：

$$[A\equiv]Y_1+\frac{Y_2}{1+r_1}+\frac{P_0}{P_1}m_0+(1+r_0)b_0=C_1+\frac{C_2}{1+r_1}+\frac{R_1m_1}{1+R_1}, \tag{11.3}$$

其中，$m_t\equiv M_t/P_t$ 是实际货币量，$b_t\equiv B_t/P_t$ 是实际债券（如果 $b_t$ 为负，那么是实际负债），$r_t$ 是实际利率，其定义为

$$r_t=\frac{P_t(1+R_t)}{P_{t+1}}-1。 \tag{11.4}$$

如果价格水平不变（上升、下降），那么实际利率等于（小于、超过）名义利率。

这个人有通常的终生效用函数，依赖于两期独立的消费：

$$V=U(C_1)+\frac{1}{1+\rho}U(C_2), \tag{11.5}$$

其中，$\rho>0$ 表示纯时间偏好率，$U$（•）有一般的性质（参见 5.1.1 节）。在式（11.3）和货币持有量的非负条件（$m_1\geqslant 0$）的约束下，并且给定先决的货币和债券存量（$m_0$ 和 $b_0$），这个家庭选择在两期内的消费（$C_1$ 和 $C_2$）和货币持有量（$m_1$）来最大化式（11.5）。这个问题的拉格朗日条件是

$$\mathcal{L}\equiv U(C_1)+\frac{1}{1+\rho}U(C_2)+\lambda\left[A-C_1-\frac{C_2}{1+r_1}-\frac{R_1m_1}{1+R_1}\right], \tag{11.6}$$

其中，$\lambda$ 是拉格朗日乘子。一阶条件为综合预算约束和以下公式：

$$\frac{\partial\mathcal{L}}{\partial C_1}=U'(C_1)-\lambda=0, \tag{11.7}$$

$$\frac{\partial\mathcal{L}}{\partial C_2}=\frac{1}{1+\rho}U'(C_2)-\frac{\lambda}{1+r_1}=0, \tag{11.8}$$

$$\frac{\partial\mathcal{L}}{\partial m_1}\equiv\lambda\cdot\left[\frac{-R_1}{1+R_1}\right]\leqslant 0,\quad m_1\geqslant 0,\quad m_1\frac{\partial\mathcal{L}}{\partial m_1}=0。 \tag{11.9}$$

式（11.7）和式（11.8）与不存在货币的模型完全一样，联立可得通常的欧拉方程，它将最优消费时间表与实际利率和时间偏好率之间的变动联系在一起。在这方面，货币的存在对跨期模型不产生影响。式（11.9）是新的并带来了一些更深入的讨论。首先，考虑名义情况下严格大于 0 的利率（$R_1>0$），那么式（11.9）中圆括号里的项严格为负并且互补松弛条件表明此人不持有任何货币：

$$m_1=0,\ \text{如果}\ R_1>0。 \tag{11.10}$$

这个结果背后的直观意义是持有货币的机会成本包括已放弃的利率，该利率为正。因为货币到现在为止没有在这个模型中起任何作用，理性人拒绝使用货币。

其次，这一情况乍看起来很不正常，这个例子描述了名义利率为负的情况($R_1<0$)，因此式（11.9）中方括号里的项为正。现在，此人希望持有尽量多的货币，因为仅仅持有这些货币就会升值（相对于商品）。换句话说，如果利率为负，那么持有货币能带来正的收入。

$$m_1\rightarrow\infty,\ \text{如果}\ R_1<0。 \tag{11.11}$$

当然，负的名义利率并不能代表一个真实的现象。我们在 11.4.2 节对于最优货币量的讨论中仍然需要回到这个例子。在该节剩下的部分中，我们会将注意力集中到名义情况，即我们假设名义利率严格为正。接下来的任务是调整基本模型使得货币对于这个人来说并非微不足道（对于整个经济来说也如此）。

### □ 11.2.2 购物成本

在 11.1 节中我们讨论了货币作为交换媒介减少了商人之间的交易成本的情况。

理解货币的这一特点的一个简单便捷的方法是由 McCallum（1983c，1989a）提出的。他假设家庭看重闲暇时间，并且他们的部分时间禀赋用于购物。货币使购物变得容易，通过使用货币，个人能够节约原本会花费在购物上的闲暇时间。我们现在调整基本模型使其包含购物成本。

假设家庭有一个初始时间总量，固定的工作时间总量为 $\bar{N}$，并且花费 $S_t$ 单位的时间用来购物。此人在 $t$ 期享有$(1-\bar{N}-S_t)$单位的闲暇时间。调整效用函数使其考虑到个人对闲暇时间的喜好①：

$$V=U(C_1,1-\bar{N}-S_1)+\frac{1}{1+\rho}U(C_2,1-\bar{N}-S_2),\quad \rho>0。\tag{11.12}$$

跨期预算约束仍由式（11.3）给出，初始禀赋收入现在代表的是实际劳动收入，$Y_t\equiv(W_t/P_t)\ \bar{N}$，其中 $W_t$ 是 $t$ 期名义工资率。假设购物技巧满足以下函数形式：

$$1-\bar{N}-S_t=\psi(m_{t-1},C_t),\tag{11.13}$$

其中，$\psi(\cdot)$ 具有以下性质。第一，对于给定的消费水平，提高实际货币余额会导致花费在购物上的时间有一个有限程度的减少，因而增加闲暇时间，即 $\psi_m(\cdot)>0$。第二，由于给定货币量的增加而导致的购物成本减少的程度会随着货币量的提高而下降，即 $\psi_{mm}(\cdot)<0$，或者换句话说，购物技巧会带来随着货币量增加而递减的边际生产率。第三，递增的消费会增加购物成本，但是购物成本以递减的速率增加，即$\psi_C(\cdot)<0$ 且 $\psi_{CC}(\cdot)>0$。第四，购物成本是有界的，即 $0<\psi(m_{t-1},\infty)<\psi(m_{t-1},0)<1-\bar{N}$。

家庭选择 $C_t$、$S_t(t=1,2)$和 $m_1$($m_0$ 为先决条件）以在式（11.3）、式（11.13）和货币量的非负限制（$m_1\geqslant 0$）的约束条件下最大化式（11.12）。拉格朗日条件为

$$\begin{aligned}\mathcal{L}\equiv&U(C_1,1-\bar{N}-S_1)+\frac{1}{1+\rho}U(C_2,1-\bar{N}-S_2)\\&+\lambda\left[A-C_1-\frac{C_2}{1+r_1}-\frac{R_1m_1}{1+R_1}\right]-\sum_{t=1}^{2}\lambda_t[\psi(m_{t-1},C_t)-(1-\bar{N}-S_t)],\end{aligned}\tag{11.14}$$

其中，$\lambda_t$ 是两期中购物技巧的拉格朗日乘子。一阶条件包含预算约束和以下公式：

$$\frac{\partial\mathcal{L}}{\partial C_1}=U_C(C_1,1-\bar{N}-S_1)-\lambda+\lambda_1\psi_C(m_0,C_1)=0,\tag{11.15}$$

$$\frac{\partial\mathcal{L}}{\partial C_2}=\frac{1}{1+\rho}U_C(C_2,1-\bar{N}-S_2)-\frac{\lambda}{1+r_1}+\lambda_2\psi_C(m_1,C_2)=0,\tag{11.16}$$

$$\frac{\partial\mathcal{L}}{\partial S_1}=-U_L(C_1,1-\bar{N}-S_1)+\lambda_1=0,\tag{11.17}$$

$$\frac{\partial\mathcal{L}}{\partial S_2}=-\frac{1}{1+\rho}U_L(C_2,1-\bar{N}-S_2)+\lambda_2=0,\tag{11.18}$$

---

① 有些人十分喜欢购物，他们不认为购物是在浪费闲暇时间。他们认为逛书店或鞋店是一种放松的方式。本书中我们将这类人排除在外。

$$\frac{\partial \mathcal{L}}{\partial m_1} \equiv -\lambda \frac{R_1}{1+R_1} + \lambda_2 \psi_m(m_1, C_2) \leqslant 0, \quad m_1 \geqslant 0, \quad m_1 \frac{\partial \mathcal{L}}{\partial m_1} = 0, \tag{11.19}$$

其中，$U_C(\cdot)$ 和 $U_L(\cdot)$ 分别表示消费和闲暇的边际效用。

对于这些表达式，首先要对式（11.19）进行说明，它表示的是最优货币量的一阶条件。将这个式子与基本模型中的相应表达式进行比较［即式（11.9）］表明，购物成本的存在使得式（11.19）增加了一个正项 $U_L(C_2, 1-\bar{N}-S_2)\psi_m(m_1, C_2)/(1+\rho)$［通过式（11.18）消去 $\lambda_2$］。这一项代表货币量的边际效用。然而，必须强调的是，它不能仅凭自身来保证个人会选择持有正的货币量。事实上，给定至今为止的各个假设，$m_1=0$ 非常有可能是家庭的最优选择。尤其是当闲暇的边际效用和货币量的边际生产率很低时，式（11.19）中的第一项会严格为负，因此互补松弛条件保证了 $m_1=0$ 是最优的，这与基本模型一样。直观地，在那种情况下人们不会持有货币，因为人们并不真正关心购物（$U_L$ 很低）并且货币并不在很大程度上减少购物成本（$\psi_m$ 很低）。

在本节剩余的部分我们假设 $\psi_m$ 和 $U_L$ 足够大以保证个人持有一个严格为正的货币量。式（11.19）中的第一项等式成立，将式（11.17）代入式（11.15），将式（11.18）代入式（11.16）、式（11.19）可消掉拉格朗日乘子（$\lambda_1$ 和 $\lambda_2$）。我们得到最优化条件如下：

$$\begin{aligned}\lambda &= U_C(C_1, 1-\bar{N}-S_1) + U_L(C_1, 1-\bar{N}-S_1)\psi_C(m_0, C_1) \\ &= \frac{1+r_1}{1+\rho} \cdot [U_C(C_2, 1-\bar{N}-S_2) + U_L(C_2, 1-\bar{N}-S_2)\psi_C(m_1, C_2)] \\ &= \frac{U_L(C_2, 1-\bar{N}-S_2)\psi_m(m_1, C_2)(1+R_1)}{(1+\rho)R_1},\end{aligned} \tag{11.20}$$

其中，$\lambda$ 代表财富的边际效用（参见 5.1.1 节）。当计划他的最优消费水平时，此人选择使财富的边际效用与消费的净边际效用相等，消费的净边际效用是直接的消费的边际效用［式（11.20）第一行和第二行中的 $U_C(\cdot)$］减去由不可避免的附加购物成本所导致的负效用（因为 $\psi_C<0$）。对于未来将要发生的消费，表达式中用一个净贴现因子来表示［参见式（11.20）中的第二行］。式（11.20）中的第三行表明货币余额的边际效用（$U_L(\cdot)\psi_m(\cdot)$）必须与以效用形式（即 $\lambda$）表示的持有这些货币余额的机会成本相等。

### □ 11.2.3 效用函数中的货币

购物成本模型中的式（11.12）和式（11.13）表明这种方法在效果上等同于将货币直接代入效用函数，即将式（11.13）代入效用函数 $U(C_t, 1-\bar{N}-S_t)$，我们得到一个间接效用函数 $\tilde{U}(C_t, m_{t-1}) \equiv U(C_t, \psi(m_{t-1}, C_t))$，它只依赖于消费和货币量。因此，购物成本法可以作为宏观经济建模中将货币直接代入效用函数的一种合理的常规方法。

Feenstra（1986）对这种方法给出了进一步的理由。对于效用函数中带有货币的模型，以及货币虽不进入效用函数但是影响到预算约束中的“流动性成本”的模型，他证明了这两种模型存在功能上的对等性。因为鲍莫尔-托宾模型中产生了流动性成本，Feenstra（1986）证明了，在一个广义均衡的条件下，它仍然与效用函数中带有货币的模型等价。

在货币理论的微观基础领域的一篇经典文献中，Clower（1967）提出，（至少是从到现在为止的模型中来看）货币无法在经济中扮演一个独特的角色。事实上，从预算约束式（11.1）和式（11.2）来看，很明显货币以与商品、债券一样的地位出现在这些表达式中。这含蓄地表明了任何东西（物品、货币或债券）都可以直接用来交换任何别的东西，即用物品交换债券、用债券交换货币等。这使得克洛尔（Clower）认为“承认这种可能性的经济明显构成了古典经济学家所认为的物物交换的经济而非货币经济。法定货币包含在可交易商品集中的事实是无关紧要的，在经济活动中货币的作用在分析上与任何其他商品都一样”（1967，p. 83）。在一个纯粹的货币经济中，克洛尔认为存在一个单一的商品——货币，它可以在所有交易中使用，“货币购买物品，物品购买货币，但是不能用物品购买物品”（1967，p. 86）。

在 11.2.1 节的基本模型中，克洛尔的观点可以被公式化，通过给定在物品上的消费不能超过上一期所带来的货币量来达到。① 这种所谓的克洛尔约束（Clower constraint）或者货币先行约束（cash-in-advance constraint）等价于：

$$P_tC_t \leqslant M_{t-1} \quad \Leftrightarrow \quad C_t \leqslant \frac{P_{t-1}}{P_t}m_{t-1}。 \tag{11.21}$$

带有克洛尔约束式（11.21）的基本模型可以通过如下方法求解。为简便起见，我们假设克洛尔约束在第一期时等号成立。因为 $m_0$ 是前定的，那么第一期的消费也满足同样的条件，即 $C_1=P_0m_0/P_1$。在式（11.3）和式（11.21）的约束条件下，家庭选择 $C_2$ 和 $m_1$ 以使式（11.5）最大化。拉格朗日条件为

$$\begin{aligned}\mathcal{L} \equiv & U\left(\frac{P_0}{P_1}m_0\right)+\frac{1}{1+\rho}U(C_2)+\lambda\left[A-\frac{P_0}{P_1}m_0-\frac{C_2}{1+r_1}-\frac{R_1m_1}{1+R_1}\right] \\ & +\lambda_2\left[\frac{P_1}{P_2}m_1-C_2\right],\end{aligned} \tag{11.22}$$

其中，$\lambda_2$ 为克洛尔约束的拉格朗日乘子。一阶条件组成了预算约束式（11.3）和下式：

$$\frac{\partial\mathcal{L}}{\partial C_2} \equiv \frac{1}{1+\rho}U'(C_2)-\frac{\lambda}{1+r_1}-\lambda_2 \leqslant 0, \quad C_2 \geqslant 0, \quad C_2\frac{\partial\mathcal{L}}{\partial C_2}=0, \tag{11.23}$$

$$\frac{\partial\mathcal{L}}{\partial m_1} \equiv -\lambda\frac{R_1}{1+R_1}+\lambda_2\frac{P_1}{P_2} \leqslant 0, \quad m_1 \geqslant 0, \quad m_1\frac{\partial\mathcal{L}}{\partial m_1}=0, \tag{11.24}$$

$$\frac{\partial\mathcal{L}}{\partial\lambda_2} \equiv \frac{P_1}{P_2}m_1-C_2 \geqslant 0, \quad \lambda_2 \geqslant 0, \quad \lambda_2\frac{\partial\mathcal{L}}{\partial\lambda_2}=0。 \tag{11.25}$$

---

① 为了简化，我们假设货币先行约束不影响对于债券的购买。

财富的边际效用是严格为正的，即 $\lambda>0$，因此从式（11.23）中可看出消费的边际效用是有界的。因为假定 $\lim_{C_t\to\infty}U'(C_t)=0$，这表明消费者在第二期选择了一个严格为正的消费水平，即 $C_2>0$ 且从式（11.25）的第一个不等式中可看出 $m_1>0$。因此，货币先行约束事实上转移了克洛尔所需的物品。货币是必需的，不是因为它本身所具有的价值，而是因为家庭希望在第二期进行消费。同时也可以证明家庭不会持有超额的现金余额。由于 $m_1>0$，式（11.24）中的第一个表达式等号成立，这保证了货币量的影子价格严格为正：

$$\lambda_2=\lambda\frac{P_2}{P_1}\frac{R_1}{1+R_1}>0。\tag{11.26}$$

这表明式（11.25）中的第一个表达式等号成立，即家庭会持有刚好足够的货币来进行最优的未来消费。这个结果不仅适用于简单的两期模型，也可以很容易地推广到多期情形。

正如购物模型和鲍莫尔-托宾模型一样，同样可以证明货币先行方法与货币效用方法等价。事实上，因为克洛尔约束的等号总是成立（$C_t=(P_{t-1}/P_t)\ m_{t-1}$），只要间接效用函数 $\widetilde{U}(C_t,\ m_{t-1})\equiv\min[C_t,\ m_{t-1}]$ 只在预算约束下最大化，我们就可以得到同样的结果［参见 Feenstra（1986，p. 285)］。间接效用函数的一个重要方面是消费和货币量之间的替代弹性为零。在这方面，货币先行的方程与购物模型和鲍莫尔-托宾模型都不一样。

## 11.3 货币作为价值储存手段



在 11.2.1 节的基本模型中，债券和货币都可以被经济个体用来进行跨期资源转移，两种资产都可以作为价值储存手段，而前者相比于后者在这一方面更流行，因为它能够产生一个较高的收益率。因此，在基本模型中货币并不被广泛持有——尽管技术上可行，但事实上它并不作为价值储存的手段。

Bewley（1980）给出了一个模型，其中货币是价值储存手段。他的方法可以通过我们的基本模型描述出来。他所做的关键假设是货币对于这个人来说是唯一可获得的资产，即在预算式（11.1）和式（11.2）中，$B_0=B_1=B_2=0$。用实际值可以表示为

$$Y_1+\frac{m_0}{1+\pi_0}=C_1+m_1,\quad Y_2+\frac{m_1}{1+\pi_1}=C_2,\quad m_1\geqslant 0,\tag{11.27}$$

其中，$\pi_t\equiv P_{t+1}/P_t-1$ 是通货膨胀率。[①] 个人选择两期中的消费和货币持有量（$C_1$，

① 如果 $m_1$ 严格为正，式（11.27）中的前两个表达式可以合并为

$$A\equiv Y_1+(1+\pi_1)Y_2+\frac{m_0}{1+\pi_0}=C_1+(1+\pi_1)C_2,$$

这表明货币的“隐利率”满足 $1+r_t^M\equiv 1/(1+\pi_t)$，即 $r_t^M\equiv-\pi_t/(1+\pi_t)\approx-\pi_t$。

$C_2$，$m_1$)以在式（11.27）的约束下最大化终生效用式（11.5）。这一问题的拉格朗日条件为

$$\mathcal{L} \equiv U(C_1)+\frac{1}{1+\rho}U(C_2)+\lambda_1\left[Y_1+\frac{m_0}{1+\pi_0}-C_1-m_1\right]$$
$$+\lambda_2\left[Y_2+\frac{m_1}{1+\pi_1}-C_2\right], \tag{11.28}$$

其中，$\lambda_1$ 和 $\lambda_2$ 是两期预算约束的拉格朗日乘子。一阶条件为两个预算约束和下列各式：

$$\frac{\partial \mathcal{L}}{\partial C_1}=U'(C_1)-\lambda_1=0, \tag{11.29}$$

$$\frac{\partial \mathcal{L}}{\partial C_2}=\frac{1}{1+\rho}U'(C_2)-\lambda_2=0, \tag{11.30}$$

$$\frac{\partial \mathcal{L}}{\partial m_1}\equiv-\lambda_1+\frac{\lambda_2}{1+\pi_1}\leqslant 0, m_1\geqslant 0, m_1\frac{\partial \mathcal{L}}{\partial m_1}=0。 \tag{11.31}$$

将式（11.29）、式（11.30）代入式（11.31）可以得到下式：

$$\frac{\partial \mathcal{L}}{\partial m_1}\equiv\frac{U'(C_2)}{1+\rho}\cdot\left[\frac{1}{1+\pi_1}-\frac{(1+\rho)U'(C_1)}{U'(C_2)}\right]\leqslant 0, m_1\geqslant 0, m_1\frac{\partial \mathcal{L}}{\partial m_1}=0。 \tag{11.32}$$

式（11.32）的直观含义可以借助图 11—2 进行说明。合并的预算等式（参见第 283 页脚注）表示为线段 AB，其斜率为 $dC_2/dC_1=-1/(1+\pi_1)$。无差异曲线 $V_0$ 在点 $E^C$ 的斜率为 $dC_2/dC_1=-(1+\rho)U'(C_1)/U'(C_2)$ 并与预算线相切。这是在忽略货币持有量非负性条件下的个人的最优消费点。如果初始收入禀赋点在点 $E^C$ 的左上方，比如在 $E_0^Y$，货币对于此人来说就没有作为储存手段的价值。用经济学术语来说，这个人会成为货币的净供给者来获得在点 $E^C$ 的消费，而这是不可能的。从图形来看，经过 $E_0^Y$ 的无差异曲线（虚线）比预算线更陡峭，可选集只是 $AE_0^YD$，此人所能做的最好的选择是在两期中消费他的禀赋。从数学上来看，这种斜率形状表明 $\partial\mathcal{L}/\partial m_1<0$（终生效用通过提供货币而提高），由互补松弛条件得 $m_1=0$。

对于另一种情况，收入禀赋点在消费点的右下方（比如在 $E_1^Y$）。此人在第一期通过持有货币来节约消费，且式（11.32）中的第一个表达式等号成立，所以欧拉方程变成：

$$\frac{U'(C_2)}{U'(C_1)}=\frac{1+\rho}{1+r_1^M}=(1+\rho)(1+\pi_1), \tag{11.33}$$

其中，$r_1^M\equiv 1/(1+\pi_1)-1$ 指的是货币的隐含利率（见第 283 页脚注）。至今为止，讨论的结果是在确定的环境下货币会被持有，因为它提供了平滑跨期消费的一个手段。

当然，比利（Bewley）方法非常特殊并且在某种程度上不合实际，因为带利息的金融工具广泛存在于现代市场。但是仅凭这个事实本身并不能否认上述论点，就如 Sargent 和 Wallace（1982）所提出的例子一样。假设经济中存在穷人（有低的收入禀赋）和富人（有高的收入禀赋），并且这两类人都希望在第一期中节约。进一步假设存在利息债券，但是因为法律限制或者其他原因，它们以最小面值出现，并且

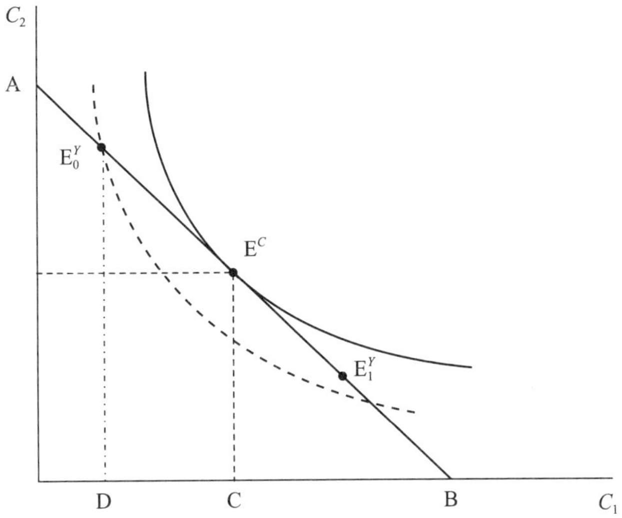


**图 11—2　货币作为价值储存手段**

这里没有存款银行。在这种设定下，穷人节省下来的钱太少，甚至不足以购买一笔债券，因此他们只能通过持有货币来进行节约。另外，富人会将他们全部（或者部分）钱投资于高回报的债券。将这个经济中所有人加总考虑，债券的不可分割性导致了对于作为价值储存手段的货币的正需求。

### □ 11.3.1　货币的世代交叠模型



在前一节的模型中，当存在某些摩擦阻碍了个人持有高回报资产时，货币就被用来作为价值储存手段。这个论点建立在对于部分均衡的研究的基础上，这一部分的第一个任务是在一般均衡的广义经济模型中嵌入货币以作为价值储存手段。与 Sargent 和 Wallace（1982）所提出的法律限制的论点不同，我们引入代际摩擦（intergenerational friction）。这是由 Samuelson（1958）首先提出的，是为了指明货币所扮演的一个意义重大的角色。这使我们引入并探讨了这个所谓的货币世代交叠模型，这在现代货币理论中非常有影响力。

在 $t$ 时刻，这个群体包括 $N/2$ 个年轻人和 $N/2$ 个老年人，为简便起见，我们定义这个系统中有 $N$ 个人。所有人的寿命为两期，那么年轻人能活两期而老年人只有一期。每个人在年轻时有一笔禀赋 $Y$，而在老年时没有任何禀赋收入。产出 $Y$ 有可能可储存，并且对储存在 $t$ 期的每一单位，到了 $t+1$ 期只剩下 $1/(1+\delta)$，其中 $\delta>-1$。这种储存技术可被用于一些特殊的例子。特别是，当 $\delta\rightarrow\infty$ 时，物品会很快坏掉，因此就不可储存。如果 $\delta=0$，物品就能够无限期地被保存；如果 $-1<\delta<0$，物品会增加而无需储存过程中的管理。①

一个代表性的年轻人可以选择在年轻时消费他的产出（$C_t^Y$，其中上标 $R$ 代表

① Samuelson（1958，p. 468）给出了兔子和酵母的例子。在一个更加严格的表述中，$\delta$ 的负值可以表示经济中的净生产率。

“年轻”)，储存 $K_t$ [那么 $t+1$ 时可得 $K_t/(1+\delta)$]，或者用来交易得到法定货币。因为产出的货币价格为 $P_t$，所以最后一种选择在 $t$ 期末给年轻人带来了实际货币余额（$m_t \equiv M_t/P_t$）。因此，一个年轻人在他年轻时所面对的预算等式为

$$Y=C_t^Y+K_t+m_t \text{。} \tag{11.34}$$

现在来考虑在 $t$ 期时一个老年人的预算方程。此人在年轻时储存了($K_{t-1}$) 和名义货币量（$M_{t-1}$），用这些货币，他可以在 $t$ 期的价格水平（$P_t$）下购买物品。另外，此人还从政府手中获得了一笔转移支付（$T_t$）。因此，这个老年人的预算等式为

$$C_t^O=\frac{K_{t-1}}{1+\delta}+T_t+\frac{P_{t-1}}{P_t}m_{t-1}, \tag{11.35}$$

其中上标 $O$ 表示“老年”。但是 $t$ 期时的年轻人到了 $t+1$ 期自然会变老，他就会面对一个与式（11.35）相似但滞后一期的预算约束：

$$C_{t+1}^O=\frac{K_t}{1+\delta}+T_{t+1}+\frac{P_t}{P_{t+1}}m_t \text{。} \tag{11.36}$$

$t$ 期时年轻人的终生效用函数由下式给出：

$$V_t^Y=U(C_t^Y)+\frac{1}{1+\rho}U(C_{t+1}^O), \quad \rho>0, \tag{11.37}$$

在式（11.34）和式（11.36）以及货币持有量和存货量的非负约束下（分别有 $M_t\geqslant 0$ 和 $K_t\geqslant 0$)，此人选择 $C_t^Y$、$C_{t+1}^O$、$K_t$ 和 $m_t$ 来最大化式（11.37）。拉格朗日条件为

$$\begin{aligned}\mathcal{L}\equiv & U(C_t^Y)+\frac{1}{1+\rho}U(C_{t+1}^O)+\lambda_{1,t}[Y-C_t^Y-K_t-m_t]\\ & +\lambda_{2,t}\left[\frac{K_t}{1+\delta}+T_{t+1}+\frac{P_t}{P_{t+1}}m_t-C_{t+1}^O\right],\end{aligned} \tag{11.38}$$

其中，$\lambda_{1,t}$ 和 $\lambda_{2,t}$ 分别是关于年轻时和老年时预算约束的拉格朗日乘子。一阶条件包括预算等式（11.34）和等（11.36），以及

$$\frac{\partial\mathcal{L}}{\partial C_t^Y}=U'(C_t^Y)-\lambda_{1,t}=0, \tag{11.39}$$

$$\frac{\partial\mathcal{L}}{\partial C_{t+1}^O}=\frac{1}{1+\rho}U'(C_{t+1}^O)-\lambda_{2,t}=0, \tag{11.40}$$

$$\frac{\partial\mathcal{L}}{\partial m_t}\equiv-\lambda_{1,t}+\frac{\lambda_{2,t}}{1+\pi_t}\leqslant 0, \quad m_t\geqslant 0, \quad m_t\frac{\partial\mathcal{L}}{\partial m_t}=0, \tag{11.41}$$

$$\frac{\partial\mathcal{L}}{\partial K_t}\equiv-\lambda_{1,t}+\frac{\lambda_{2,t}}{1+\delta}\leqslant 0, \quad K_t\geqslant 0, \quad K_t\frac{\partial\mathcal{L}}{\partial K_t}=0, \tag{11.42}$$

其中，$\pi_t\equiv(P_{t+1}-P_t)/P_t=P_{t+1}/P_t-1$ 是通货膨胀率。考虑到我们关于效用函数的假设，个人希望在两期内都有消费，所以满足 $\lambda_{1,t}>0$ 和 $\lambda_{2,t}>0$。式（11.41）和式（11.42）说明，如果 $\pi_t\neq\delta$，那么这个年轻人会选择一种资产作为价值储存手段，

这依赖于哪种资产有最高的收益率。特别是，如果通货膨胀率相对较低（$\pi_t<\delta$），那么只有货币会被持有（$K_t=0$ 且 $m_t>0$）；如果通货膨胀率比较高（$\pi_t>\delta$），那么只有货币会被储存（$K_t>0$ 且 $m_t=0$）。对于图 11—3，在第一种情况中储存技术还不够有效，其预算线 AB 在以货币作为价值储存手段的预算线（AC 线）之下。在高通货膨胀的第二种情况下（$\pi_t>\delta$），这条线的形状会发生改变。

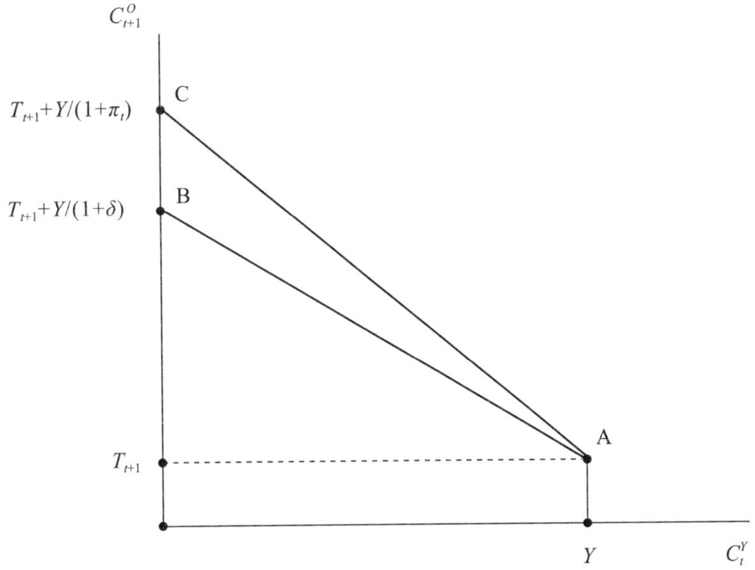


**图 11—3　储存和货币的可选集**

老年人在 $t$ 期的行为就非常明显。尽管他们在 $t-1$ 期时有一个类似于式（11.37）的效用函数（以 $V^Y_{t-1}$ 表示），他们在 $t-1$ 期（年轻时）的行为“覆水难收”，意思是不能在 $t$ 期被取消（在经济学术语中是“不可逆转的”或者“沉没的”）。在预算方程（11.35）的约束下，他们所能做的是最大化他们剩余的终生效用 $U(C^O_t)$。他们仅仅消费掉全部预算。

根据 Wallace（1980），我们假设政府的货币供给遵循一个简单的规则：

$$M_t=(1+\mu)M_{t-1} \quad \Leftrightarrow \quad \frac{M_t-M_{t-1}}{M_{t-1}}=\mu, \tag{11.43}$$

其中 $\mu>-1$ 代表恒定的名义货币增长率。多余的货币作为对老年人的转移支付，即政府的预算约束是 $M_t-M_{t-1}=P_tT_t$，那么 $t+1$ 期的转移支付为

$$T_{t+1}=\frac{M_{t+1}-M_t}{P_{t+1}}=\frac{\mu M_t}{P_t}\frac{P_t}{P_{t+1}}=\frac{\mu m_t}{1+\pi_t}。 \tag{11.44}$$

要达到这个模型的均衡要求货币市场和商品市场在所有时期中都达到均衡。但是根据瓦尔拉斯法则①，只要货币市场达到均衡，商品市场就能够达到均衡，即只要货币

① 瓦尔拉斯法则表明，在一个含有 $n$ 个市场的经济体内，如果 $n-1$ 个市场处于均衡状态，那么第 $n$ 个市场也必定处于均衡状态。另一个表述方法为：$n$ 个市场的额外需求函数之和必定为零。更深入的探讨请参见 Patinkin（1987）。

市场中的供求相等即可：

$$m(T_{t+1},\pi_t)=\frac{M_t}{P_t}, \tag{11.45}$$

其中，$m$（·）是一个函数，代表 $t$ 期年轻人对货币的需求，已在一阶条件式（11.39）～式（11.42）中表示出来。比如，如果式（11.37）中的效用函数是对数形式的，$U(x)\equiv\ln x$，那么货币需求函数有以下形式：

$$m_t=\begin{cases}m(T_{t+1},\pi_t)=\dfrac{Y-(1+\rho)(1+\pi_t)T_{t+1}}{2+\rho} & \pi_t<\delta\\ 0 & \pi_t>\delta\end{cases}。 \tag{11.46}$$

这个模型包括式（11.44）和式（11.45）以及我们要寻找的一系列价格水平（$P_t$，$P_{t+1}$，…），那么均衡条件式（11.45）对于给定的货币供给过程式（11.44）在任何阶段都成立。对数形式的幸福函数的求解十分简单：将式（11.44）代入式（11.46）的第一行，并联立式（11.45）求解实际货币量的均衡水平，便可得到如下方程：

$$m_t=\frac{Y}{2+\rho+\mu(1+\rho)} \quad \Leftrightarrow \quad P_t=\frac{2+\rho+\mu(1+\rho)}{Y}\cdot M_t。 \tag{11.47}$$

这个表达式只在 $\pi_t<\delta$ 时有意义，表示实际货币量是固定的，这样价格水平就与名义货币供给成比例。由于 $\rho$、$\mu$、$\gamma$ 均为常数，因而通货膨胀率等于货币供给的增长率（$\pi_t=\mu$）：

$$\pi_t\equiv\frac{P_{t+1}-P_t}{P_t}=\frac{\dfrac{2+\rho+\mu(1+\rho)}{Y}(M_{t+1}-M_t)}{\dfrac{2+\rho+\mu(1+\rho)}{Y}M_t}=\frac{M_{t+1}-M_t}{M_t}\equiv\mu。 \tag{11.48}$$

所以我们可以得出结论：只要货币增长率 $\mu$ 小于折旧率 $\delta$，在一个一般均衡的设定下，本质上没有用的法定货币会被人们持有。直观地，货币是最容易得到的金融工具，并且因为它在那种情况下优于储存技术，货币可以作为价值储存手段。当然，如果储存技术产生了净生产率（$\delta<0$），货币均衡就只有在货币增长率为负时（$\mu<\delta<0$）才能达到，即有恒定的通货紧缩率。相反地，如果物品是易坏的（$\delta\rightarrow\infty$），货币均衡就总是成立，因为在这种情况下货币是唯一的价值储存手段。

在世代交叠模型中，货币均衡的存在是很脆弱的。事实上，如果 $\mu>\delta$，储存技术作为价值储存手段就优于货币，所以对于实际货币的需求会是零［参见式（11.46）中的第二行］。尽管事实上法定货币是存在的（$M_t>0$）并且在经济中分散在各人手中，但是它并不用来作为价值储存手段。这表明货币是不值钱的，名义价格水平是无限的，即对于所有 $t$，有 $1/P_t=0$。

### □ 11.3.2 不确定性与货币需求

在 11.2.1 节讨论的基本模型中，货币和债券的收益都是已知的，个人可以比较这些收益来决定使用最有利的金融工具作为价值储存手段。在基本模型中，债券的收益比货币更高，所以只有债券被作为价值储存手段。在这一节中，我们在基本模型中引入一种摩擦：假设当人们决定第一期的消费和储蓄量时，并不能确切地知道债券的收益（尽管平均来说比货币收益高）。Sandmo（1970，p. 353）把这种情况称为存在资产风险的情况；投资者对于投资回报并不确定。我们假设两期内的初始禀赋收入是确定且已知的（不存在收入风险）。另外，货币的收益也是确切知道的，因此对于投资者来说，货币就是一种安全资产。为了简化，我们定义货币收益为 $1+r_t^M\equiv1/(1+\pi_t)$。周期预算式（11.1）和式（11.2）可以用实际值表示为

$$Y_1^*+(1+r_0^M)m_0+(1+r_0)b_0=C_1+m_1+b_1, \tag{11.49}$$

$$(1+r_1^M)m_1+(1+\tilde{r}_1)b_1=\widetilde{C}_2, \tag{11.50}$$

其中我们已经包含了 $m_2=b_2=0$。我们在此使用一个略微不同的定义——$m_1=M_1/P_1+Y_2/(1+r_1^M)$。我们继续令 $m_1$ 代表货币供给，注意到 $Y_1^*$ 代表现在和未来的禀赋收入的现值，以无风险利率贴现，即 $Y_1^*\equiv Y_1+Y_2/(1+r_1^M)$。$r_1$ 上的波浪号表示债券收益是一个随机变量，其实际值（$r_1$）只能在第一期末得知，即在消费和储蓄计划已经被实践了之后（$C_1$，$m_1$，$b_1$）。[①] 这意味着从式（11.50）中可看出第二期的消费也是一个随机变量，即 $\widetilde{C}_2$ 出现在式（11.50）中。用 Drèze 和 Modigliani（1972，p. 309）的术语，这个模型说明了债券投资代表着暂时不确定财富，即要去除不确定性就会有时间的流逝。

将预算等式（11.49）和（11.50）写成如下略微不同的形式会更有用：

$$Y_1^*+A_1=C_1+\frac{\widetilde{A}_2}{(1+r_1^M)\omega_1+(1+\tilde{r}_1)(1-\omega_1)}, \tag{11.51}$$

$$\widetilde{A}_2=\widetilde{C}_2, \tag{11.52}$$

其中，$A_t\equiv(1+r_{t-1}^M)m_{t-1}+(1+r_{t-1})b_{t-1}$代表第 $t$ 期开始时的全部资产，包括所获得的利息；$\omega_1\equiv m_1/(m_1+b_1)$ 代表第二期时货币在资产组合中的份额。在第一期，此人选择消费 $C_1$，货币份额为 $\omega_1$，但是不知道第二期初他的资产价值，因为风险投资的收益是不确定的。

因为 $\tilde{r}_1$（因而 $\widetilde{C}_2$ 和 $\widetilde{A}_2$）是随机变量，此人必须设法确定财富 $\widetilde{C}_2$ 的效用价值。Von Neumann 和 Morgenstern（1944）所提出的期望效用理论认为，个人会根据期望效用来作出他的最优选择，即在式（11.5）中使用 $V$ 的期望值作为福利指标来替代 $V$，记为$E(V)$。[②] 我们假设此人所做的决定以对其投资收益的概率分布的主观估计为基础，给定概率密度函数为 $f(\tilde{r}_1)$。我们进一步假设 $\tilde{r}_1$ 的取值区间为 $[-1,\infty)$，下限代表“损失全部的投资”，上限表示“幸运地大赚一笔”。最后我们假设这个模型的参数和 $\tilde{r}_1$ 的随机过程使我们能够忽略货币持有量的非负约束。对于债券持有没有符号约束，这表示我们只需研究一个区间上的最优值。

此人的期望效用可以写为

---

① 当然，$r_0$ 并非随机变量，因为它是 $\tilde{r}_0$ 的实际值，在第一期开始时就已经知道。

② 期望效用理论在 Hirshleifer 和 Riley（1992）中有更详细的讨论。

$$E(V)\equiv\int_{-1}^{\infty}\left[U(C_1)+\frac{1}{1+\rho}U(\widetilde{C}_2)\right]f(\tilde{r}_1)d\tilde{r}_1 \tag{11.53}$$
$$=U(C_1)+\frac{1}{1+\rho}\cdot\int_{-1}^{\infty}U\Big(S_1\left[(1+r_1^M)\omega_1+(1+\tilde{r}_1)(1-\omega_1)\right]\Big)f(\tilde{r}_1)d\tilde{r}_1,$$

其中，$S_1\equiv A_1+Y_1^*-C_1$。此人选择 $C_1$（并且相应地 $S_1$）和 $\omega_1$ 来最大化期望效用 $E(V)$。直接计算得出 $\omega_1$ 的一阶条件如下：

$$0=\int_{-1}^{\infty}U'(\widetilde{C}_2)(A_1+Y_1^*-C_1)(r_1^M-\tilde{r}_1)f(\tilde{r}_1)d\tilde{r}_1 \quad \Leftrightarrow$$
$$0=E\Big(U'(\widetilde{C}_2)(A_1+Y_1^*-C_1)(r_1^M-\tilde{r}_1)\Big), \tag{11.54}$$

对于 $C_1$：

$$U'(C_1)=\frac{1}{1+\rho}\cdot\int_{-1}^{\infty}U'(\widetilde{C}_2)\Big[(1+r_1^M)\omega_1+(1+\tilde{r}_1)(1-\omega_1)\Big]f(\tilde{r}_1)d\tilde{r}_1 \quad \Leftrightarrow$$
$$U'(C_1)=\frac{1}{1+\rho}\cdot E\Big(U'(\widetilde{C}_2)\Big[(1+r_1^M)\omega_1+(1+\tilde{r}_1)(1-\omega_1)\Big]\Big)。 \tag{11.55}$$

从技术上看，式（11.54）是决定货币（有固定的收益 $r_1^M$）和债券（有随机收益 $\tilde{r}_1$）的最优投资组合的表达式。直观上，式（11.54）说明对于这两种资产而言，投资每一美元的期望边际效用应该相同［参见 Sandmo（1969，pp.588，590）］。式（11.55）是欧拉方程，决定了最优消费时间表，是存在资产不确定性下的推广。

为了简化讨论，我们假设这个人有效用函数 $U(C_t)$，有以下等弹性形式（iso-elastic form）：

$$U(C_t)=\begin{cases}(1/\gamma)[C_t^{\gamma}-1] & \gamma\neq 0\\ \ln C_t & \gamma=0\end{cases}, \tag{11.56}$$

其中，$\gamma<1$ 代表这个人的风险厌恶程度（见下文）。［该函数被称为等弹性（iso-elastic）函数，因为边际效用函数 $U'(C_1)\equiv C_t^{\gamma-1}$。该函数具有恒定的弹性，这里我们定义为：$\theta(C_t)\equiv-\frac{U''(C_t)C_t}{U'(C_t)}=1-\gamma$。］$\omega_1$ 的一阶条件［在式（11.54）中给出］可化为

$$\begin{aligned}0&=E\left[\widetilde{C}_2^{\gamma-1}(A_1+Y_1^*-C_1)(r_1^M-\tilde{r}_1)\right]\\&=E\left[(A_1+Y_1^*-C_1)^{\gamma}\left[(1+r_1^M)\omega_1+(1+\tilde{r}_1)(1-\omega_1)\right]^{\gamma-1}(r_1^M-\tilde{r}_1)\right]\\&=E\left[\left[(1+r_1^M)\omega_1+(1+\tilde{r}_1)(1-\omega_1)\right]^{\gamma-1}(r_1^M-\tilde{r}_1)\right]。\end{aligned} \tag{11.57}$$

从第一行到第二行，用式（11.52）替换 $\widetilde{C}_2$，在最后一步中利用 $A_1$、$C_1$ 和 $Y_1^*$ 不是随机变量的事实。式（11.57）决定了最优货币份额 $\omega_1^*$，它是 $r_1^M$、$\gamma$ 以及决定了 $\tilde{r}_1$ 的概率分布的参数的函数。要指出的重要一点是，$\omega_1^*$ 最大化了资产组合的平均收益 $r^*$，$r^*$ 被（隐含地）定义为

$$(1+r^*)^\gamma \equiv \max_{\omega 1} E[(1+r_1^M)\omega_1+(1+\tilde{r}_1)(1-\omega_1)]^\gamma$$
$$=E([(1+r_1^M)\omega_1^*+(1+\tilde{r}_1)(1-\omega_1^*)]^\gamma)。\tag{11.58}$$

对于等弹性的效用函数式（11.56），$C_1$ 的一阶条件［由式（11.55）给出］可化为

$$C_1^{\gamma-1}=(1+\rho)^{-1}E(\tilde{C}_2^{\gamma-1}[(1+r_1^M)\omega_1+(1+\tilde{r}_1)(1-\omega_1)])$$
$$=(1+\rho)^{-1}(A_1+Y_1^*-C_1)^{\gamma-1}E[(1+r_1^M)\omega_1+(1+\tilde{r}_1)(1-\omega_1)]^\gamma$$
$$=(1+\rho)^{-1}(A_1+Y_1^*-C_1)^{\gamma-1}(1+r^*)^\gamma$$
$$\Rightarrow C_1=c[A_1+Y_1^*],\tag{11.59}$$

其中，$c$ 是总财富的边际消费倾向：

$$c\equiv\frac{(1+r^*)^{\gamma/(\gamma-1)}}{(1+\rho)^{1/(\gamma-1)}+(1+r^*)^{\gamma/(\gamma-1)}}。\tag{11.60}$$

从式（11.59）中的第二行到第三行，我们利用了式（11.58）中 $r^*$ 的表达式。关于式（11.59）和式（11.60）令人惊奇的是第一期的最优消费计划与确定条件下所得出的解十分相似。事实上，当不存在债券收益的不确定性时，最大化终生效用能够导出式（11.59）和式（11.60），但是 $r^*$ 被 $\max[\bar{r}_1, r_1^M]$所替代，其中 $\bar{r}_1$ 为债券的确定收益。在那种情况下，投资于该资产都可以获得最高的回报率。进一步地，在对数效用函数的情况下（$\gamma=0$），$r^*$ 完全不出现在式（11.59）和式（11.60）中且资产风险根本不影响现在的消费［这一点可参见 Blanchard 和 Fischer（1989，p. 285）］。

在等弹性效用函数条件下，在储蓄问题（决定何时消费）和资产组合问题（决定用什么作为储蓄工具）中，存在“可分离资产”。[①] 由于现代宏观经济学对于这种效用函数几乎独占性的使用，转而对纯资产组合问题进行一个更详细的讨论是有好处的。我们不仅可以更清楚地知道影响货币和债券选择的因素，而且能够让我们引入货币的流动性偏好理论。这一理论是由 Tobin（1958）提出的。在 19 世纪六七十年代，这种所谓的货币的资产组合方法在宏观经济学中起到了重要作用。

#### 11.3.2.1 资产组合的选择

上面所讨论的理论有一个重要含义，对于某一类效用函数，追求期望效用最大化的家庭希望消费总财富的 $c$ 比例，而储蓄剩下的 $1-c$ 比例。将投资额记为 $S_1=(1-c)[A_1+Y_1^*]$，这个资产组合问题的预算等式为 $S_1=m_1+b_1$，且家庭希望选择 $m_1$ 和 $b_1$ 来最大化期末财富（将用于未来的消费）的期望效用 $E(U(\tilde{A}_2))$，其中 $\tilde{A}_2\equiv S_1[(1+r_1^M)\omega_1+(1+\tilde{r}_1)(1-\omega_1)]$。

跳出我们的两期模型的具体细节问题，就如 Tobin（1958）和 Arrow（1965）所

① Samuelson（1969b，pp. 243 - 245）最先对此给出了在一个多期离散时间设定下的证明，并且由 Merton（1971）推广到适用于更广泛的效用函数形式的连续时间情况。另外可以参见 Drèze 和 Modigliani（1972，pp. 317 - 323）在有资本和收入风险的两期模型中对可分离资产的讨论。

分析的一样，资产组合问题的一般形式与这种形式完全相同。投资者选择货币份额 $\omega$ 来最大化期望效用：

$$E(U(\tilde{Z})),\quad \tilde{Z}\equiv S[(1+r^M)\omega+(1+\tilde{r})(1-\omega)],\tag{11.61}$$

其中，$\tilde{Z}$ 是期末财富，$S$ 是投资额，$r^M$ 是无风险利率（$S$ 和 $r^M$ 都是外生给定的参数）。这个问题的一阶条件是

$$E(U'(\tilde{Z})\cdot(r^M-\tilde{r}))=0。\tag{11.62}$$

除了记号上的微小改变，式（11.62）与两期模型中 $\omega_1$ 的一阶条件恰好相同［参见前面的式（11.54）］。

为了进一步给出一阶条件（11.62）背后的直观意义，我们转而考虑均值—方差模型，这可以看作是至今为止所讨论的模型的一种近似情况或者特例。[①] 第一步是展开效用函数 $U(\tilde{Z})$，用泰勒近似方法在 $\tilde{Z}$ 的期望值（或均值）处展开，记为 $E(\tilde{Z})$：

$$\begin{aligned}U(\tilde{Z})\approx&U(E(\tilde{Z}))+U'(E(\tilde{Z}))[\tilde{Z}-E(\tilde{Z})]+\frac{1}{2}U''(E(\tilde{Z}))[\tilde{Z}-E(\tilde{Z})]^2\\&+\frac{1}{6}U'''(E(\tilde{Z}))[\tilde{Z}-E(\tilde{Z})]^3+\cdots。\end{aligned}\tag{11.63}$$

对式（11.63）的两边取期望值得到期望效用的（近似）表达式：

$$\begin{aligned}EU(\tilde{Z})\approx&E(U(E(\tilde{Z})))+E(U'(E(\tilde{Z}))\cdot[\tilde{Z}-E(\tilde{Z})])\\&+\frac{1}{2}E(U''(E(\tilde{Z}))\cdot[\tilde{Z}-E(\tilde{Z})]^2)+\cdots\\=&U(E(\tilde{Z}))+\frac{1}{2}U''(E(\tilde{Z}))\cdot E([\tilde{Z}-E(\tilde{Z})]^2)+\cdots。\end{aligned}\tag{11.64}$$

从式（11.64）的第一个等号到第二个等号，我们利用常数的期望值恒为它本身这一事实。因此，期末财富的期望效用可以用期望财富的效用（第二个等号右边的第一项）和有关期末财富方差的项（第二项），加上省略号中的高阶项来近似。

第二步相当于略去式（11.64）中所有的高阶项，那么投资者的偏好（假设）就能只由期末财富的均值和方差完全表示，因此称为均值—方差方法。总之，我们将期望效用写为

$$E(U(\tilde{Z}))=U(E(\tilde{Z}))-\eta E([\tilde{Z}-E(\tilde{Z})]^2),\tag{11.65}$$

其中，$\eta\equiv-\frac{1}{2}U''(E(\tilde{Z}))$。$\eta$ 的符号表明了投资者对于风险的态度。事实上，如果 $\eta=0$，方差项就从式（11.65）中完全消去并且投资者只关注期末财富的期望值。完全忽略期末财富的方差的投资者称为风险中性型投资者。在本节的其余部分，我们关注厌恶风险型投资者的资产组合行为，我们用 $\eta>0$ 来表示这种情况。

① 对于更深入的讨论，参见 Hirshleifer 和 Riley（1992，pp. 69－73）。

插叙 11.1

## 对风险的态度

效用函数的形状影响着投资者对于风险的态度。对于风险中性者而言，效用函数 $U(\tilde{Z})$ 的图像是一条经过原点的直线 [在这种情况下 $U'(\tilde{Z})>0$ 且 $U''(\tilde{Z})=0$] ——见图 A。

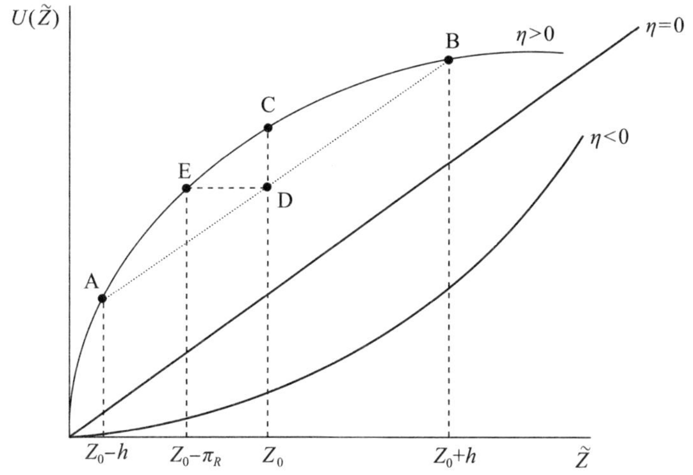


**图 A　对风险和效用函数的态度**

在现实中，大多数人关心他们得到的收益是否确定（方差为零）或者容易波动且可能与预期相差很多（有一个正的方差）。因此，风险厌恶型投资者有一个正的 $\eta$。对于图 A，一个风险厌恶型投资者的潜在效用函数是凹的 [$U'(\tilde{Z})>0$ 且 $U''(\tilde{Z})<0$]。为了让他承担额外的风险（不好的），一个风险厌恶型投资者必须借由更高的期望回报的形式来获得补偿，即他必须得到一个风险升水。正式表示的风险升水 $\pi_R$ 使得投资者对于风险资产 $\tilde{Z}$ 和确定性资产 $E(\tilde{Z})$ 有相同的偏好 [参见 Pratt (1964)]：

$$U(E(\tilde{Z})-\pi_R)=E(U(\tilde{Z}))。\tag{A}$$

一般而言，$\pi_R$ 依赖于 $\tilde{Z}$ 的分布，但是可以用一个简单的例子来描述情况。假设 $\tilde{Z}$ 的分布是 $\tilde{Z}$ 各以 $\frac{1}{2}$ 的概率等于 $\tilde{Z}=Z_0-h$（点 A）或者 $\tilde{Z}=Z_0+h$（点 B），那么 $E(\tilde{Z})=Z_0$。这种分布的风险升水可以利用式 (A) 求出。对于图 A，式 (A) 的右边用点 D 表示，位于连接 A 和 B 两点的线段的中点。效用函数的凸性保证了期望收益的效用 $U(E(\tilde{Z}))=U(Z_0)$，高于期望效用 $E(U(\tilde{Z}))$，即点 C 在点 D 之上。为了求出风险升水，我们必须找出一个定值 $(Z_0-\pi_R)$ 使得式 (A) 成立。在图 A 中，点 E 满足这个条件，它在点 D 左边。点 D 和点 E 之间的水平距离代表风险升水 $\pi_R$。为了使此人对获得确定的收益 $Z_0-\pi_R$ 以及以相同的概率分别获得 $Z_0-h$ 和 $Z_0+h$ 的收益感觉无差异，风险厌恶型投资者必须获得一个等于 $\pi_R$ 的风险升水。

由式 (A) 所描述的第三种投资者有一个负的 $\eta$ 值。这样的投资者称为风险偏好者，因为当两者有相同的期望收益时，他喜欢不确定性收益超过确定性收益。他喜欢赌博并愿意为此付出（而不是得到）一个风险升水。对于图 A，一个风险偏好型投资者有一个凸的效用函数 $[U'(\widetilde{Z})>0$且$U''(\widetilde{Z})>0]$。

---

对于这一点，我们已经讨论过以自变量 $\widetilde{Z}$ 表示的个人的期望效用，$\widetilde{Z}$ 是随机变量，仅仅因为风险资产的回报 $\tilde{r}$ 也是随机变量。因此，我们下一步对于均值—方差法的阐述包括构造 $\tilde{r}$ 的一个概率分布。在这个设定中，一个特殊且简便的分布是正态分布：

$$\tilde{r}\sim N(\bar{r},\sigma_R^2), \tag{11.66}$$

其中，"～"表示"服从……分布"，"$N$"表示"正态分布或高斯分布"，$\bar{r}$ 是分布的均值，$\sigma_R^2$ 为方差。使用正态分布的好处在于变量可以被两个参数 $\bar{r}$ 和 $\sigma_R^2$ 完全描述出来。所有的高阶奇数项，比如 $E(\tilde{r}-\bar{r})^i(i=3,5,7,\cdots)$ 等于零，因为分布以均值为中心并且是对称的。进一步地，高阶偶数项，比如 $E(\tilde{r}-\bar{r})^i(i=4,6,8,\cdots)$ 可以用 $\bar{r}$ 和 $\sigma_R^2$ 表示出来（Hirshleifer and Riley，1992，p. 72）。这表明式（11.64）总是可以表示为式（11.65）的形式，而不用略去高阶项，即偏好仅被两个参数完全表示出来。使用正态分布的另一个好处在于它使我们能够进行简单的关于参数 $\bar{r}$ 和 $\sigma_R^2$ 以及下面的最优资产组合选择的比较静态实验。

以式（11.66）中的正态分布假设为前提，期末财富的概率分布可以通过式（11.61）中对 $\widetilde{Z}$ 的定义来确定。经过一些运算，我们可以推导出 $\widetilde{Z}$ 服从正态分布［即 $\widetilde{Z}\sim N(\bar{Z},\sigma_Z^2)$］，其参数依赖于资产组合中的货币份额 $\omega$：

$$\begin{aligned}\bar{Z}&\equiv E(\widetilde{Z})=S[(1+r^M)\omega+(1+\bar{r})(1-\omega)],\\ \sigma_Z^2&\equiv E([\widetilde{Z}-E(\widetilde{Z})]^2)=S^2(1-\omega)^2\sigma_R^2。\end{aligned} \tag{11.67}$$

通过调整货币份额，投资者可以影响期末财富的期望价值和风险。比如，要是资产组合全部以货币形式持有（$\omega=1$），那么期末财富确定地（$\sigma_Z=0$）等于 $S(1+r^M)$。在图 11—4 中，点 A 表示这种情况。图的上半部分表示期望收益（纵轴）和风险（横轴）的组合，图的下半部分表示风险和货币的股票比率的关系。[①] 在另一种极端情况即完全不持有货币（$\omega=0$）下，期末的期望收益等于 $S(1+\bar{r})$ 且标准差为 $\sigma_Z=S\sigma_R$。为了得到非平凡解，风险资产的平均回报必须超过货币的平均回报，否则风险厌恶型投资者不会持有任何风险资产。因此，必须假设有 $\bar{r}>r^M$ 成立。这转而又保证了在图 11—4 的上半部分，点 B 在点 A 的右上方。通过连接上半部分图中的点 A 和点 B，我们得到向上倾斜的约束线，代表平均收益与风险之间的可行的交易机会。在下半部分图中，$\sigma_Z$ 和 $\omega$ 通过式（11.67）的第二种定义相联系，可以写成 $1-\omega=\sigma_Z/(\sigma_R S)$。

在我们对均值—方差法阐述的最后一步中引入合适的无差异曲线。根据式（11.65），期望效用依赖于 $\bar{r}$ 和 $\sigma_R^2$，且无差异曲线满足 $dE(U(\widetilde{Z}))=U'(\bar{Z})d\bar{Z}-$

① 讨论 $\widetilde{Z}$ 的标准差（而非方差）更加方便，因为它与 $\widetilde{Z}$ 的均值单位相同，便于给出经济学上的解释。

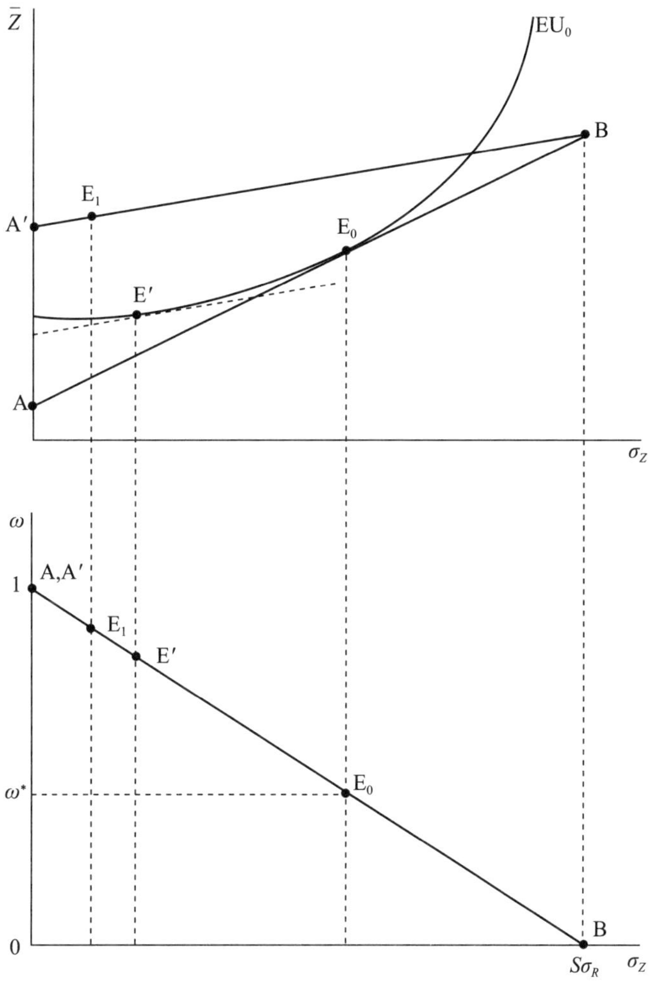


**图 11—4　投资组合的选择**

$2\eta\sigma_Z d\sigma_Z=0$，从中我们可得：

$$\frac{d\bar{Z}}{d\sigma_Z}=\frac{2\eta\sigma_Z}{U'(\bar{Z})}>0,\quad \frac{d^2\bar{Z}}{d\sigma_Z^2}=2\eta\left[\frac{U'(\bar{Z})-\sigma_Z U''(\bar{Z})(d\bar{Z}/d\sigma_Z)}{[U'(\bar{Z})]^2}\right]>0。\quad (11.68)$$

因此，风险厌恶型投资者通常的无差异曲线是向上倾斜的并且是凸的 $[U'(\bar{Z})>0>U''(\bar{Z})]$，参见图 11—4 上半部分中 $EU_0$ 的例子。因为对于投资者来说，期望收益是好的，而风险是坏的，所以当无差异曲线向左上方移动时，期望效用增加。

从图 11—4 中我们可以清楚地看出一个风险厌恶型投资者通常会选择一种多元化的投资组合。① 比起选择只持有货币的无风险策略（点 A），对他来说“为了获得收益而冒险”更为理想，即以风险资产的形式持有一部分资产，从而承担了一些风

① 对于可能存在的角点解的讨论，参见 Tobin（1958，pp. 77－78）。

险。相应地，这个投资者可以通过他的投资组合获得更高的期望收益。在图 11—4 中最优解在点 $E_0$ 处实现，在该点无差异曲线与预算线相切。① 我们有：

$$\left(\frac{d\bar{Z}}{d\sigma_Z}\right)_{IC} \equiv \frac{2\eta\sigma_Z}{U'(\bar{Z})} = \frac{\bar{r}-r^M}{\sigma_R} \equiv \left(\frac{d\bar{Z}}{d\sigma_Z}\right)_{BL}。 \tag{11.69}$$

式（11.69）的左侧表示无差异曲线的斜率（下标为“*IC*”），而右侧表示预算线的斜率（下标为“*BL*”）。

尽管式（11.69）与式（11.62）看上去不同，但不难证明前者仅仅是后者的一种特殊情况。因为我们已解出效用函数的二阶展开式［参见式（11.63）］，即式（11.63）省略了三次方、四次方以及更高次幂，进而得到效用函数：

$$U(\tilde{Z}) \approx U(\bar{Z}) + U'(\bar{Z})[\tilde{Z}-\bar{Z}] - \eta[\tilde{Z}-\bar{Z}]^2, \tag{11.70}$$

从而边际效用可以写成 $U'(\tilde{Z}) \equiv dU(\tilde{Z})/d\tilde{Z} = U'(\bar{Z}) - 2\eta[\tilde{Z}-\bar{Z}]$［回忆 $\bar{Z}$、$U(\bar{Z})$ 和 $U'(\bar{Z})$都是常数］。从而式（11.62）可以写成如下形式：

$$\begin{aligned}0 &= E(U'(\tilde{Z}) \cdot (r_M - \tilde{r}))\\ &= E([U'(\bar{Z}) - 2\eta(\tilde{Z}-\bar{Z})] \cdot [(r^M-\bar{r})-(\tilde{r}-\bar{r})])\\ &= U'(\bar{Z})(r^M-\bar{r}) - U'(\bar{Z})E(\tilde{r}-\bar{r}) - 2\eta(r^M-\bar{r})E(\tilde{Z}-\bar{Z}) + 2\eta E((\tilde{Z}-\bar{Z})(\tilde{r}-\bar{r}))\\ &= U'(\bar{Z})(r^M-\bar{r}) + 2\eta \operatorname{cov}(\tilde{Z},\tilde{r}),\end{aligned} \tag{11.71}$$

其中，从第三行到第四行，利用了 $E(\tilde{Z})=\bar{Z}$ 和 $E(\tilde{r})=\bar{r}$；$\operatorname{cov}(\tilde{Z},\tilde{r})$是 $\tilde{Z}$ 和 $\tilde{r}$ 的协方差。考虑到式（11.62）中 $\tilde{Z}$ 的定义，我们可得 $\operatorname{cov}(\tilde{Z},\tilde{r}) = S(1-\omega)\sigma_R^2 = \sigma_Z\sigma_R$。代入式（11.71），我们发现式（11.70）［进而式（11.62）］与式（11.69）恰好相等。

回到图 11—4 中，很显然风险厌恶型投资者会持有货币，即便收益为零（$r^M=0$），因为它代表投资的无风险工具（至少在现有假定下）。在图 11—4 的下半部分，可以求出货币的最优份额 $\omega^*$，在这一点上，货币需求等于 $\omega^* S$。尽管 $S$ 是给定的，$\omega^*$（进而货币需求）依赖于模型中的所有参数，比如货币收益、债券收益的均值和方差、偏好参数：

$$\omega^* = \omega^*(r^M, \bar{r}, \sigma_R^2, \eta)。 \tag{11.72}$$

用比较静态的常规方法可以确定 $\omega^*(\cdot)$的偏导。

得出这些比较静态效应的最容易的办法就是直接写出以 $\omega$ 表示的资产组合选择。期望效用用下式表示：

$$\begin{aligned}E(U(\tilde{Z})) &= U(\bar{Z}) - \eta E([\tilde{Z}-\bar{Z}]^2),\\ &= U(S[(1+r^M)\omega + (1+\bar{r})(1-\omega)]) - \eta S^2(1-\omega)^2\sigma_R^2,\end{aligned} \tag{11.73}$$

这里，我们利用式（11.67）来推导出最终表达式。最优投资组合选择的一阶和二阶条件分别是

---

① 预算线由 $\bar{Z}=S/[1+\bar{r}+\omega(r^M-\bar{r})]$给出，注意到 $1-\omega=\sigma_Z/(\sigma_R S)$，这一式子可写成含 $\sigma_Z$ 的形式。

$$\frac{dE(U(\tilde{Z}))}{d\omega}=-U'(\bar{Z})S(\bar{r}-r^M)+2\eta S^2(1-\omega)\sigma_R^2=0, \tag{11.74}$$

$$\frac{d^2E(U(\tilde{Z}))}{d\omega^2}=-2\eta S^2[(\bar{r}-r^M)^2+\sigma_R^2]<0, \tag{11.75}$$

其中，我们已知 $U''(\bar{Z})=-2\eta$ 成立。我们将确定最优 $\omega^*$ 值的一阶条件式（11.74）写为

$$\Phi(\omega^*,r^M,\bar{r},\sigma_R^2,\eta)\equiv-U'(S[(1+r^M)\omega^*+(1+\bar{r})(1-\omega^*)])S(\bar{r}-r^M)$$
$$+2\eta S^2(1-\omega^*)\sigma_R^2=0, \tag{11.76}$$

请注意［由式（11.75）］ $\partial\Phi/\partial\omega^*<0$。式（11.76）可以计算比较静态效应。

第一，考虑货币收益 $r^M$ 增加的影响（即通货膨胀率的减小）。使用隐函数理论，由式（11.76）可知：

$$\frac{\partial\omega^*}{\partial r^M}=-\frac{\partial\Phi/\partial r^M}{\partial\Phi/\partial\omega^*}=\frac{SU'(\bar{Z})+2\eta\omega^*S^2(\bar{r}-r^M)}{2\eta S^2[(\bar{r}-r^M)^2+\sigma_R^2]}>0。 \tag{11.77}$$

从图 11—4 来看，预算线向上移动且变得更平缓，如上半部分图中的 A′B。我们得到的结果与一般的微观经济需求理论相似，对货币份额（进而货币需求）的最终影响可以分解为收入效应和净替代效应。一方面，$r^M$ 的增加使得货币和风险资产之间的收益差距缩小，这使得投资者转而投资无风险资产并且持有更高的货币份额。在图 11—4 中，这种净替代效应表现为从点 $E_0$ 到点 $E'$的转移。另一方面，$r^M$ 的增加提高了期望财富并且收入（或财富）效应也导致 $\omega$ 上移。因此，收入效应和替代效应向同方向起作用，新的最优点是点 $E_1$，从 $E'$到 $E_1$ 的移动代表收入效应。

用公式来表达，$r^M$ 的增加对 $\omega^*$ 的总效应可以用通常的斯勒茨基（Slutsky）方程① 的形式来表示：



$$\frac{\partial\omega^*}{\partial r^M}=\left(\frac{\partial\omega^*}{\partial r^M}\right)_{dE(U)=0}+\omega^*S\cdot\frac{\partial\omega^*}{\partial\bar{Z}}>0, \tag{11.78}$$

其中右边第一项表示净替代效应或补偿效应，第二项是收入效应②：

$$\left(\frac{\partial\omega^*}{\partial r^M}\right)_{dE(U)=0}\equiv\frac{(1-\omega^*)\sigma_R^2}{(\bar{r}-r^M)[(r^M-\bar{r})^2+\sigma_R^2]}>0, \tag{11.79}$$

$$\frac{\partial\omega^*}{\partial\bar{Z}}\equiv\frac{\bar{r}-r^M}{S[\sigma_R^2+(r^M-\bar{r})^2]}>0。 \tag{11.80}$$

---

① Sandmo（1977）对包含一种无风险资产和多种风险资产这种更一般的形式进行了比较静态效应推导。

② 这些表达式的推导如下。首先，我们利用式（11.74）将无补偿效应式（11.77）改写为

$$\frac{\partial\omega^*}{\partial r^M}=\frac{(1-\omega^*)\sigma_R^2+\omega^*(\bar{r}-r^M)^2}{(\bar{r}-r^M)[(\bar{r}-r^M)^2+\sigma_R^2]}。 \tag{A}$$

下一步，由式（11.76）可得 $\omega^*$ 的收入效应表达式：

$$\Phi(\omega^*,r^M,\bar{r},\sigma_R^2,\eta)\equiv-U'(\bar{Z})S(\bar{r}-r^M)+2\eta S^2(1-\omega^*)\sigma_R^2=0,$$

由上式可得：$\frac{\partial\omega^*}{\partial\bar{Z}}=-\frac{\partial\Phi/\partial\bar{Z}}{\partial\Phi/\partial\omega^*}=\frac{\bar{r}-r^M}{S[(\bar{r}-r^M)^2+\sigma_R^2]}$。 (B)

将式（A）、式（B）代入式（11.77）可得式（11.79）。

第二，更为有趣的是关于风险资产期望收益的增长对货币份额的影响的比较静态实验。在本书中我们已经使用过货币需求函数，它随利率的增加向下倾斜，即在我们的模型中，我们已经暗含 $\partial\omega^*/\partial\bar{r}$ 为负的假设。现在的问题是，在我们的模型中，这个结果是否为真。在图 11—5 中，$\bar{r}$ 的增加使得预算线绕点 A 逆时针方向转动。与先前的情况相反，收入效应和替代效应现在向相反的方向起作用，斯勒茨基方程变为

$$\frac{\partial\omega^*}{\partial\bar{r}}=\left(\frac{\partial\omega^*}{\partial\bar{r}}\right)_{dE(U)=0}+(1-\omega^*)S\cdot\frac{\partial\omega^*}{\partial\bar{Z}}\gtreqless 0, \tag{11.81}$$

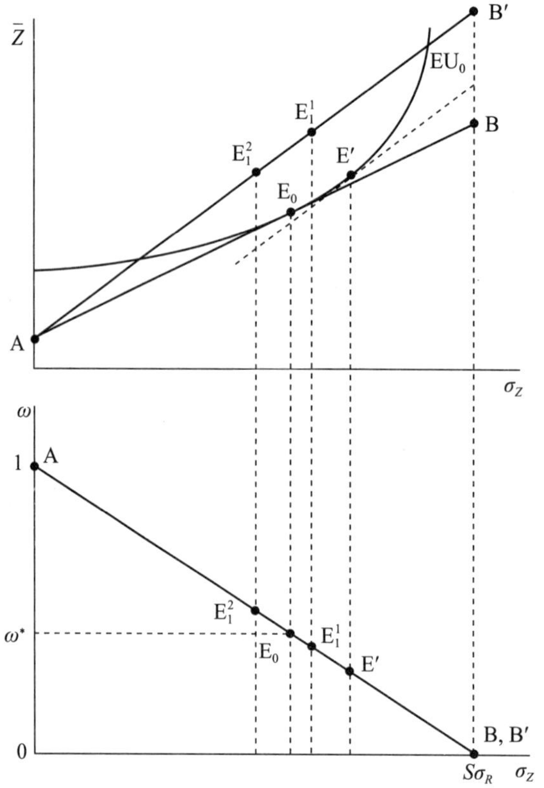


**图 11—5　资产组合的选择及风险资产期望收益的改变**

其中，$(\partial\omega^*/\partial\bar{r})_{dE(U)=0}=-(\partial\omega^*/\partial r^M)_{dE(U)=0}<0$ 且 $\partial\omega^*/\partial\bar{Z}>0$［参见式(11.80)］。在图 11—5 中，净替代效应是从 $E_0$ 到 E′的移动。如果以替代效应为主，那么收入效应是从 E′到 $E_1^1$ 的移动；如果以收入效应为主，那么收入效应是从 E′到 $E_1^2$ 的移动。在 Tobin (1958) 的资产组合模型中，货币需求与风险资产的期望收益很有可能正相关。然而在通常的以替代效应为主的假设下（我们在本书中已经提过多次），资产组合法事实上产生了一个向下倾斜的货币需求函数，这是由凯恩斯和他的追随者提出来的。

第三个也是最后一个比较静态实验是关于风险资产的风险程度对于货币需求的影响，其中风险程度是用收益标准差 $\sigma_R$ 衡量的。在图 11—6 中，如果 $\sigma_R$ 上升，会

发生一系列改变。首先，上半部分图中的预算线变得更平坦并且绕点 A 顺时针方向转动。为了得到相同的期望收益，投资者必须愿意持有风险更高的投资组合，即接受更高的 $\sigma_Z$。其次，在下半部分图中，表示资产组合的标准差和货币在资产组合中的份额之间关系的线变得更平坦且绕点 A 逆时针旋转。关于 $\sigma_R$ 变化的斯勒茨基方程为

$$\frac{\partial\omega^*}{\partial\sigma_R}=\left(\frac{\partial\omega^*}{\partial\sigma_R}\right)_{dE(U)=0}-(1-\omega^*)S\cdot\frac{\bar{r}-r^M}{\sigma_R}\cdot\frac{\partial\omega^*}{\partial\bar{Z}}>0, \tag{11.82}$$

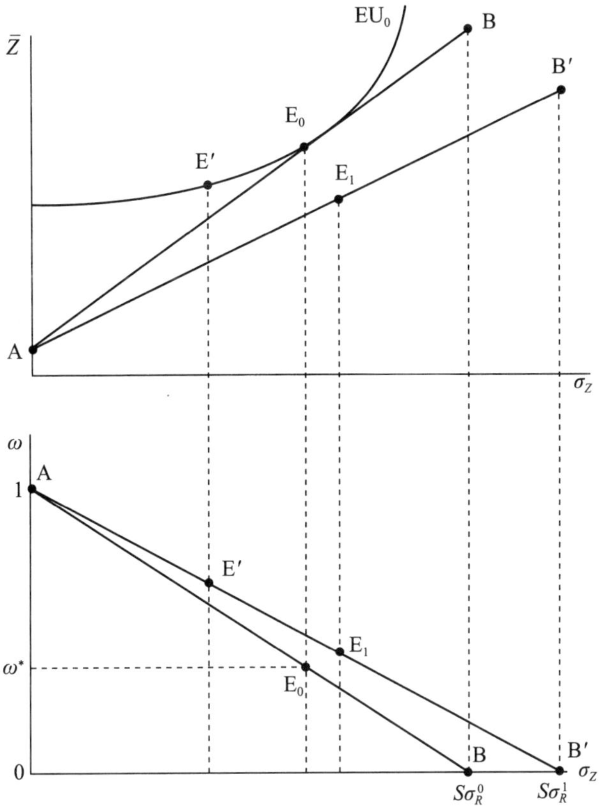


**图 11—6　资产组合的选择及风险资产波动性的增加**

其中，$\partial\omega^*/\partial\bar{Z}$ 由式（11.80）给定，净替代效应为

$$\left(\frac{\partial\omega^*}{\partial\sigma_R}\right)_{dE(U)=0}\equiv\frac{(1-\omega^*)[2\sigma_R^2+(r^M-\bar{r})^2]}{\sigma_R[\sigma_R^2+(r^M-\bar{r})^2]}>0。 \tag{11.83}$$

替代效应超过了收入效应，并且如果风险资产的回报变得更加不稳定，那么货币需求就会上升。

## 11.4 最优货币量

在之前的两节我们回顾了战后时期的文献中提出的主要的货币模型。现在我们默认货币存在并且在经济中扮演一个非常重要的角色，考虑最优社会货币量的问题。如果法定货币对于经济个体是有用的，那么政策制定者需要将多少货币投放到社会中？这个问题由 Friedman（1969）给出了一个明确的答案：社会最优量要求货币的边际社会收益和成本相等。因为法定货币的制造（本质上是无用的代金券）对社会产生了很少的成本或是零成本，货币供给应该增长到货币的边际收益等于（接近）零并且经济个体有充分的货币流动性（货币量）。这就是由 Friedman（1969）和其他人提出的著名的充分流动性理论。[①]

直观地，人们不应该节约从社会角度而言并不稀缺的资源（比如法定货币）。因为持有货币的机会成本是债券的名义利率，弗里德曼定理的强形式要求政策制定者控制货币的增长率（因此也控制了通货膨胀率）以使名义利率为零（Woodford，1990，p. 1071）。名义利率是实际利率（$r_t$，根据弗里德曼的理论，它在很大程度上取决于实际因素）与预期通货膨胀率($\pi_t^e$)之和，即 $R_t=r_t+\pi_t^e$。因此，在稳态($r_t=r$ 且 $\pi_t=\mu_t$)且完美预期时($\pi_t^e=\pi_t$)，弗里德曼定理要求恒定的货币供给减少率等于（恒定的）实际利率，即 $R_t=0\Leftrightarrow\mu_t=\pi_t=-r$。

本节剩余的部分集中讨论以下两个问题。第一，我们通过一个简单的两期一般均衡模型展示（一种形式的）弗里德曼结论。第二，我们将回顾弗里德曼在文献中论证的主要目标。

### □ 11.4.1 一个基本的一般均衡模型

在 11.2 节中我们讨论了将实际货币余额加入家庭效用函数的几种理由。我们现在假设代表性个体的终生效用函数可以写成如下形式：

$$V=U(C_1,m_1)+\frac{1}{1+\rho}U(C_2,m_2),\tag{11.84}$$

其中，$m_t$ 表示在第 $t$ 期末持有的实际货币量。[②] 不考虑债券、内生产出、经济增长，我们得出两期中的预算方程为

$$P_1Y+M_0+P_1T_1=P_1C_1+M_1,\tag{11.85}$$

$$P_2Y+M_1+P_2T_2=P_2C_2+M_2,\tag{11.86}$$

其中，$M_0$ 是给定的，$P_tT_t$ 代表从政府得到的总转移支付。经济个体在制定其最优

① 这个问题的其他重要贡献者有 Bailey（1956）和 Samuelson（1968b，1969a）。Woodford（1990）对大量这种文献做了一个极好的综述。

② 为了简化讨论并且与 Brock（1975）的模型保持一致（我们的模型是布罗克模型的一种特殊情况），我们改变了货币的效用产生效果的时间安排，这和 11.2 节的论点形成了对比。

计划时将这些转移支付当作给定的参数，但是在一般均衡中，它们是内生决定的。

我们假设简单的货币供给过程满足名义货币增长率恒定的条件：

$$\frac{M_t - M_{t-1}}{M_{t-1}} = \mu, \tag{11.87}$$

其中，$\mu$ 是政府的政策工具。名义货币供给的增长通过总转移支付的形式支付给经济个体：

$$P_t T_t = \Delta M_t, \tag{11.88}$$

其中，$\Delta M_t = M_t - M_{t-1}$。在式（11.85）和式（11.86）的约束下，家庭通过选择 $C_t$ 和 $M_t (t=1,2)$ 来最大化式（11.84）。假设存在内点解，该问题的一阶条件为

$$\frac{U_C(C_1, m_1)}{P_1} = \frac{U_m(C_1, m_1)}{P_1} + \frac{1}{1+\rho}\frac{U_C(C_2, m_2)}{P_2}, \tag{11.89}$$

$$U_C(C_2, m_2) = U_m(C_2, m_2), \tag{11.90}$$

其中，$U_C(\cdot) \equiv \partial U(\cdot)/\partial C_t$ 且 $U_m(\cdot) \equiv \partial U(\cdot)/\partial m_t$。式（11.89）表明消费一美元的边际效用（左边）等于以货币形式持有一美元的边际效用（右边）。后者等于减少交易费用的边际效用（第一项）加上货币作为价值储存手段的边际效用（第二项）。在最后一期（第二期），货币并不作为价值储存手段，那么只有对货币的交易需求。这就是式（11.90）所要说明的。

在没有政府消费、公共和私人投资时，产品市场出清条件要求禀赋收入等于两期的私人消费：

$$Y = C_1 = C_2。 \tag{11.91}$$

在式（11.89）两边乘以 $M_1$，用式（11.87）、式（11.90）和式（11.91），经济的完美预期均衡可以写为

$$[U_C(Y, m_1) - U_m(Y, m_1)] \cdot m_1 = m_2 \cdot \frac{U_C(Y, m_2)}{(1+\rho)(1+\mu)}, \tag{11.92}$$

$$U_C(Y, m_2) = U_m(Y, m_2)。 \tag{11.93}$$

上述两式递归地决定了实际货币供给的均衡价值。这个方法是沿时间向后递推。首先，可以通过式（11.93）解出 $m_2$。其次，在式（11.92）的右侧运用这个最优解，比如 $m_2^*$，可以解出 $m_1^*$。因为名义货币的供给由政策制定者决定，与这个解相对应的名义价格水平为 $P_t^* \equiv M_t / m_t^*$。

在我们简单的两期模型中，求解很简单，但是关于最优货币供给的文献大多是基于一个有无限寿命的个体，在这种情况下求一般解就难得多。事实上，那些文献中的讨论常常是基于简单的特殊情形。为了便于与那些文献相比较并且简化对模型的阐述，我们假设效用函数是加总可分的：

$$U(C_t, m_t) \equiv u(C_t) + v(m_t), \tag{11.94}$$

其中，$u'(C_t)>0$，$u''(C_t)<0$，当 $m_t=m_t^*$（有限数值）时 $v'(m_t)=0$ 且 $v''(m_t)<0$。消费的边际效用始终为正，但货币量的过剩也是有可能的，只要实际货币供给足够高，即当 $m_t>m_t^*$ 时，$v'(m_t)$变为负数。

在式（11.92）和式（11.93）中运用式（11.94），我们得到：

$$[u'(Y)-v'(m_1)]\cdot m_1=m_2\cdot\frac{u'(Y)}{(1+\rho)(1+\mu)}, \tag{11.95}$$

$$u'(Y)=v'(m_2)。 \tag{11.96}$$

我们在图 11—7 中将这两个均衡条件画了出来。式（11.96）用水平线 TC 表示，其中“TC”是“终点条件”（terminal condition）的缩写。式（11.95）类似于欧拉方程，在图中用向上倾斜的 EE 线表示。① 均衡在点 $E_0$。在讨论点 $E_0$ 的完美预期均衡之前，进行一些比较动态均衡的分析是有好处的。比如货币增长率的提高会导致 EE 线向上移动至图 11—7 中的 $EE_1$ 线。均衡移动到 $E_1$ 点，第一期的实际货币量减少，即 $dm_1^*/d\mu<0$。因此，即使只有未来的名义货币量受影响（$M_1$ 保持不变，$M_2$ 增加），有完美预期的理性个体会预期到更高的货币增长和名义价格水平的增长，不仅在将来，现在也同样会增长。纯时间偏好的增加也会导致一个类似效应。

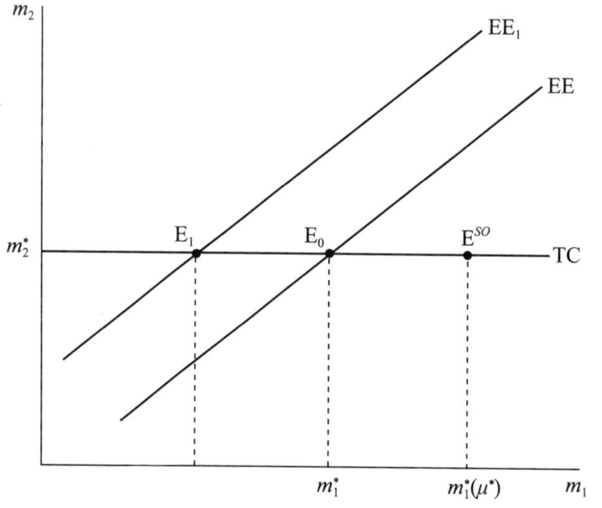


**图 11—7　完美预期模型中的货币均衡**

## □ 11.4.2　饱和结果

我们已经看到，在我们简单的两期模型中，两期的最优实际货币量递归地决定于式（11.92）和式（11.93），并可以被表示为偏好和禀赋参数以及货币增长率的隐

① EE 线的斜率为

$$\frac{dm_2}{dm_1}=\frac{(1+\rho)(1+\mu)[u'(Y)-v'(m_1)-m_1v''(m_1)]}{u'(Y)}>0。$$

函数，即可以写成 $m_1^* = m_1^*(\rho, Y, \mu)$ 和 $m_2^* = m_2^*(\rho, Y, \mu)$。对于式（11.94）的可分形式，这些隐函数给出了以下货币增长率的偏导数：$\partial m_1^* / \partial\mu < 0$ 且 $\partial m_2^* / \partial\mu = 0$。货币增长率是一个政策变量，是政策制定者影响货币量均衡的工具，至少在第一期是如此。通过将 $m_t^*(\cdot)$ 和式（11.91）代入个体的效用函数式（11.94），我们得到：

$$V = u(Y) + v(m_1^*(\rho, Y, \mu)) + \frac{1}{1+\rho}[u(Y) + v(m_2^*(\rho, Y))]。\tag{11.97}$$

一个功利主义的政策制定者所追求的最优的货币政策是选择使经济个体的福利达到最大的货币增长率。通过选择 $\mu$ 来最大化式（11.97），我们得到（另一种形式的）弗里德曼饱和结果（Friedman satiation result）：

$$\frac{dV}{d\mu} = v'(m_1^*(\rho, Y, \mu^*)) \cdot \frac{dm_1^*}{d\mu} = 0 \quad \Rightarrow \quad v'(m_1^*(\rho, Y, \mu^*)) = 0,\tag{11.98}$$

其中，$\mu^*$ 是最优货币增长率。最优的货币供给增长率促使家庭用实际货币余额来满足自身需求，即选择合适的 $m_1^*$ 水平从而使余额的边际效用为零。根据图 11—7，社会最优点是点 $E^{SO}$ 且对应一个更高的实际货币量和比 $E_0$ 更低的货币增长率。

当然在最后一期，饱和结果并不会出现，因为终点条件证实了交易所需求的货币量的正边际效用［参见式（11.93)］。很容易将弗里德曼的结论推广到无限存活的经济个体的情况。[1] 在这种情况下，$(1+\rho)^{t-1}U(C_t, m_t)$ 的项被加入式（11.84）的效用函数，预算等式 $P_tY + M_{t-1} + P_tT_t = P_tC_t + M_t$ 被加入式（11.85）（$t=3$，4，5，…，∞的情况相同）。式（11.95）可以被推广为

$$[u'(Y) - v'(m_t)] \cdot m_t = m_{t+1} \cdot \frac{u'(Y)}{(1+\rho)(1+\mu)}, \quad (t = 1, 2, 3, \cdots, \infty)。\tag{11.99}$$

式（11.99）与式（11.95）及式（11.96）相比，终点条件已经不重要了。Brock（1975，pp. 138 - 141）表明，式（11.99）的均衡解事实上是稳态解，$m_t = m_{t+1} = m^*$：

$$v'(m^*) = \left[1 - \frac{1}{(1+\rho)(1+\mu)}\right]u'(Y) \quad \Rightarrow \tag{11.100}$$

$$\frac{dm^*}{d\mu} = \frac{u'(Y)}{(1+\rho)(1+\mu)^2 v''(m^*)} < 0。\tag{11.101}$$

因为禀赋收入和实际货币余额都不随时间推移而改变，无限存活的个体的终生效用等于：

$$V = \sum_{t=1}^{\infty} \left(\frac{1}{1+\rho}\right)^{t-1} \cdot [u(Y) + v(m^*(\mu))]$$

---

① 很多现代宏观经济理论都对经济个体作出这种假设。参见 11.4.4 节和第 13～15 章。

$$=[u(Y)+v(m^*(\mu))]\cdot\frac{1}{1-\frac{1}{1+\rho}}$$

$$=\frac{1+\rho}{\rho}\cdot[u(Y)+v(m^*(\mu))]。\tag{11.102}$$

在式（11.98）的约束下，通过选择 $\mu$ 的取值使式（11.102）最大化：选择可以使式（11.98）产生无限延续世代的 $\mu$ 来最大化式（11.102）：

$$\frac{dV}{d\mu}=\frac{1+\rho}{\rho}\cdot v'(m^*(\mu^*))\cdot\frac{dm^*(\mu)}{d\mu}=0。\tag{11.103}$$

由于 $dm^*/d\mu<0$，我们得到的结果是最优货币供给保证了所有时期内 $v'(m^*)=0$。从式（11.100）来看，最优货币供给可以达到，如果货币供给紧缩率使得家庭的未来效用贴现率为

$$\mu^*=-\frac{\rho}{1+\rho}。\tag{11.104}$$

虽然在我们的模型中没有生息资产，但式（11.104）可以看作是零名义利率结果［参见 Turnovsky 和 Brock（1980）］。事实上，纯时间偏好率代表等待的心理成本并且 $\rho/(1+\rho)(\approx\rho)$ 可被解释为实际利率。进一步，因为实际货币量不变，货币增长率 $\mu^*$ 也代表了通货膨胀率。所以最优名义利率是 $R\equiv\rho/(1+\rho)+\pi=\rho/(1+\rho)+\mu^*=0$。

## □ 11.4.3　对完全流动法则的批评

根据弗里德曼饱和法则，政策制定者应该运用货币增长工具来使实际货币量的边际效用等于零。弗里德曼饱和法则在一些文献中受到了严厉批评。现在我们将介绍两种最重要的使得完全流动性结果失效的手段。为此我们回到两期设定中，在 11.4.1 节的基本模型中去除产品经济中的初始禀赋并引入（潜在的）扭曲性税收。

### 11.4.3.1　引入内生产品

我们假设家庭不仅从产品的消费和实际货币余额得到效用，而且从闲暇中获得效用。因此，式（11.84）被替换为

$$V=U(C_1,1-L_1,m_1)+\frac{1}{1+\rho}U(C_2,1-L_2,m_2),\tag{11.105}$$

其中时间禀赋为 1，$L_t$ 是劳动力供给，$1-L_t$ 是第 $t(t=1,2)$ 期的闲暇时间。两期中的家庭预算等式为

$$W_1(1-\tau_1)L_1+M_0+P_1T_1=P_1C_1+M_1,\tag{11.106}$$

$$W_2(1-\tau_2)L_2+M_1+P_2T_2=P_2C_2+M_2,\tag{11.107}$$

其中，$M_0$ 是给定的，$P_tT_t$ 代表从政府得到的总转移支付，$W_t$ 是名义工资率，$\tau_t$ 是劳动税率。以式（11.106）～式（11.107）为约束条件，家庭选择 $C_t$、$L_t$、$M_t$ 来使

式（11.105）取值最大：

$$\mathcal{L}\equiv\sum_{t=1}^{2}\left(\frac{1}{1+\rho}\right)^{t-1}U(C_t,1-L_t,m_t)$$
$$+\sum_{t=1}^{2}\lambda_t\cdot[W_t(1-\tau_t)L_t+M_{t-1}+P_tT_t-P_tC_t-M_t],\qquad(11.108)$$

我们可以很轻松地得到（主要的）一阶条件（$t=1$，2）：

$$\left(\frac{1}{1+\rho}\right)^{t-1}U_C(C_t,1-L_t,m_t)=\lambda_tP_t,\qquad(11.109)$$

$$\left(\frac{1}{1+\rho}\right)^{t-1}U_{1-L}(C_t,1-L_t,m_t)=\lambda_tW_t(1-\tau_t),\qquad(11.110)$$

$$\frac{U_m(C_1,1-L_1,m_1)}{P_1}=\lambda_1-\lambda_2,\qquad(11.111)$$

$$\frac{1}{1+\rho}\frac{U_m(C_2,1-L_2,m_2)}{P_2}=\lambda_2。\qquad(11.112)$$

为了简化模型，我们假设产出遵循规模报酬不变且生产方程为 $Y_t=L_t$。完全竞争的生产者使得价格等于边际成本，即 $P_t=W_t$。如前所述，政府不消费物品，那么产品市场的出清条件要求家庭消费等于两期中的产出。总之，我们有：

$$C_t=Y_t=L_t,\quad W_t=P_t。\qquad(11.113)$$

由式（11.109）～式（11.113）我们可以得到描述最优状况的一阶条件，如下所示：

$$\frac{U_{1-L}(x_t)}{U_C(x_t)}=1-\tau_t,\quad t=1,2,\qquad(11.114)$$

$$[U_C(x_1)-U_m(x_1)]\cdot m_1=m_2\cdot\frac{U_C(x_2)}{(1+\rho)(1+\mu)},\qquad(11.115)$$

$$U_C(x_2)=U_m(x_2),\qquad(11.116)$$

其中，$x_t\equiv(C_t,1-C_t,m_t)$。用式（11.110）除以式（11.109），并联立每一时期的式（11.113），我们可得式（11.114）。式（11.115）由式（11.111）、式（11.112）以及式（11.109）得出（对于 $t=1$ 期）。我们利用货币增长率的定义［由式（11.87）给出］来得到实际货币余额的表达式。最后，联立式（11.112）和式（11.109），可得式（11.116）。

式（11.114）表明在两期中家庭使得闲暇和消费的边际替代率等于税后工资。通过解释内生劳动力供应（以及生产）的选择把式（11.92）和式（11.93）推广到式（11.115）和式（11.116）。在我们的初始模型中进行了这样的修正，就可以检验完全流动性结果的稳定性。

#### 11.4.3.2 不可分性

这个模型通过沿时间向后递归求解，就如在上面的 11.4.1 节中一样。我们假设税率不变。那么式（11.114）（对于 $t=2$）和式（11.116）就确定了消费的最优水平

（和劳动力供给）以及终期的货币余额（分别是 $C_2^*$ 和 $m_2^*$），它们是不变的且与货币增长率 $\mu$ 无关。给定 $C_2^*$ 和 $m_2^*$ 的值，式（11.114）（对于时期 $t=1$）和式（11.115）组成一个隐函数方程组，将 $C_1^*$ 和 $m_1^*$ 表示为货币增长率 $\mu$ 的函数（也是 $\rho$、$\tau_1$ 和 $\tau_2$ 的函数，但这些参数是不变的）。

$$U_{1-L}(C_1,1-C_1,m_1)=(1-\tau_1)U_C(C_1,1-C_1,m_1), \tag{11.117}$$

$$[U_C(C_1,1-C_1,m_1)-U_m(C_1,1-C_1,m_1)]\cdot(1+\mu)\cdot m_1=\frac{m_2^*U_C(x_2^*)}{1+\rho}, \tag{11.118}$$

这里，我们注意到式（11.118）的等号右边是常数。将这些隐函数表示为 $C_1^*(\mu)$和 $m_1^*(\mu)$，我们利用标准方法求导得到下式：

$$\frac{dC_1^*}{d\mu}=\frac{m_2^*U_C(x_2^*)[U_{1-L,m}-(1-\tau_1)U_{Cm}]}{(1+\rho)(1+\mu)^2\ |\Delta|}, \tag{11.119}$$

$$\frac{dm_1^*}{d\mu}=\frac{m_2^*U_C(x_2^*)[U_{1-L,C}-U_{1-L,1-L}-(1-\tau_1)(U_{CC}-U_{C,1-L})]}{(1+\rho)(1+\mu)^2\ |\Delta|}, \tag{11.120}$$

其中，$|\Delta|$ 是（负）雅可比行列式，偏导 $U_{CC}$、$U_{Cm}$、$U_{C,1-L}$、$U_{1-L,1-L}$ 和 $U_{1-L,m}$ 都是在最优点($C_1^*$，$1-C_1^*$，$m_1^*$）处的值。

式（11.120）中的表达式表明在推广模型中，$dm_1^*/d\mu$ 的符号是不确定的。闲暇和消费的边际效用递减使得 $U_{1-L,1-L}$ 和 $U_{CC}$ 都为负，但是交叉项 $U_{1-L,C}\equiv U_{C,1-L}$ 的符号不确定。Turnovsky 和 Brock（1980，p. 197）认为在经济学中假设 $U_{C,1-L}$ 为正是合理的，即消费的边际效用随闲暇的增加而上升。在这个附加假设下，很明显现阶段的最优货币持有量会随着货币增长率增加而下降，即 $dm_1^*/d\mu<0$。这个结论推广了我们先前在 11.4.1 节中得到的基本模型的结果［参见式（11.101）］。

正如式（11.119）中所说明的，$dC_1^*/d\mu$ 的符号也是不确定的，因为它依赖于符号不定的交叉项 $U_{1-L,m}$ 和 $U_{Cm}$。对于这些项，经济理论并没有很强的解释力度。从经济学角度来看，因为货币增长率对于消费和闲暇的边际替代率的影响，即 $\mu$ 怎样影响消费和闲暇的交换并不确定，所以产生了符号的不确定性。

这个问题可以通过闲暇和消费的边际替代率写成正式的一般方程形式 $g(C_1, m_1)$：

$$g(C_1,m_1)\equiv\frac{U_{1-L}(C_1,1-C_1,m_1)}{U_C(C_1,1-C_1,m_1)}。 \tag{11.121}$$

将 $g(\cdot)$对 $m_1$ 求偏导，我们得到以下结果：

$$g_m(C_1,m_1)=\frac{U_CU_{1-L,m}-U_{1-L}U_{Cm}}{[U_C]^2}=\frac{U_{1-L,m}-g(C_1,m_1)U_{Cm}}{U_C}$$
$$=\frac{U_{1-L,m}-(1-\tau_1)U_{Cm}}{U_C}, \tag{11.122}$$

其中，我们在最后一步用了式（11.114）。式（11.122）表明了 $g_m(C_1, m_1)$和式（11.119）中 $dC_1^*/d\mu$ 的符号的关系：如果闲暇和消费的边际替代率随着货币量增加而增加（减少），$g_m(C_1, m_1)>0(<0)$，那么货币增长率的上升会导致消费的增加（减少），即 $dC_1^*/d\mu>0(<0)$。

讨论至今的结果是 $C_2^*$ 和 $m_2^*$ 不受货币增长率的影响，而 $C_1^*$ 和 $m_1^*$ 受影响但符号不定。将 $C_1^*(\mu)$和 $m_1^*(\mu)$代入式（11.105）的效用函数，我们得到以政策变量 $\mu$ 为自变量的家庭效用函数的表达式：

$$V\equiv U(C_1^*(\mu),1-C_1^*(\mu),m_1^*(\mu))+\frac{1}{1+\rho}U(C_2^*,1-C_2^*,m_2^*)。\qquad(11.123)$$

政策制定者选择最优货币增长率 $\mu^*$ 来最大化 $V$，这个问题的一阶条件为

$$\frac{dV}{d\mu}=\tau_1 U_C\cdot\frac{dC_1^*}{d\mu}+U_m\cdot\frac{dm_1^*}{d\mu}=0,\qquad(11.124)$$

其中，我们用式（11.114）简化式（11.124）。通过此式我们可以再次检验弗里德曼完全流动性结果的有效性，根据完全流动性，$\mu^*$ 要使货币量的边际效用等于零。式（11.124）表示了在推广模型中这个结果仍然成立的情况。首先，如果在第一期没有对劳动的初始税收（$\tau_1=0$），那么闲暇—消费选择就没有被扭曲（在此情况下，$U_{1-L}/U_C=1$），货币增长率的变化不产生一阶财富效应，即使在第一期时它影响了消费。从式（11.114）来看，对于 $\tau_1=0$，$dC_1^*/d\mu$ 的符号不重要。式（11.124）右边的第一项被去掉了，且给定 $dm_1^*/d\mu\neq0$ 时，最优货币增长率使得 $U_m$ 等于零。

产生饱和结果的第二种情况是当税收严格为正（$\tau_1>0$）但是消费与货币增长率无关时（$dC_1^*/d\mu=0$）。这种情况由 Turnovsky 和 Brock（1980）提出。从式（11.119）和式（11.122）来看，当闲暇和消费的边际替代率不依赖于 $\mu$ 时，这种情况成立。如果产生了饱和结果，效用函数 $U(\cdot)$ 就关于（$C_t$，$1-L_t$）和 $m_t$ 弱可分，可以写成：

$$U(C_t,1-L_t,m_t)=U(Z(C_t,1-L_t),m_t),\qquad(11.125)$$

其中，$Z(\cdot)$是子效用函数。注意到式（11.125）说明闲暇和消费的边际替代率仅仅依赖于 $Z(\cdot)$的性质［因为 $U_{1-L}/U_C=U_Z Z_{1-L}/(U_Z Z_C)=Z_{1-L}/Z_C$］，因此与 $m_t$ 无关。

综上所述，在我们的模型中，如果（i）没有劳动收入的初始税收（$\tau_1=0$），且（ii）$\tau_1$ 为正但是偏好显示出弱可分性，弗里德曼饱和结果成立。一般来说，式（11.123）暗含最优货币增长率的定义且 $U_m$ 不会为零。Turnovsky 和 Brock（1980，p.197）提出将式（11.124）作为弗里德曼流动性法则的一个“扭曲”情况。

#### 11.4.3.3 政府预算约束

针对弗里德曼结果有效性的第二个大问题在于稳态通货膨胀可以被看作一种铸币税，因此会对政府预算约束产生不好的影响，尤其是在政策制定者不能征收总额税的“退而求其次”的经济中。在这样一个经济体中，Phelps（1973）认为政府收入必定通过多种扭曲性税收来提高，“通货膨胀税”是其中的一种。费尔普斯的文献中常常用“公共财政”的方法来调整通货膨胀和最优货币增长。简单地说，费尔普

斯的方法是传统的 Ramsey（1927）最优税收理论在货币经济学上的应用。[①]

## 11.5 小 结

经济中货币有三种主要职能：交换媒介、价值储存手段和记账手段。在这三种作用中，第一种是货币所特有的特征。尽管任何一个外行人都知道货币是什么（以及它可以做什么），但是给出一个有说服力的货币模型是困难的。在这一章的第一部分，我们讨论了一些文献中提出的较有影响力的模型。

货币的交换媒介职能可以通过假设货币减少了交易过程中的交易成本来建模。从这个角度来看，货币的存在减少了购物所需的时间。因为闲暇是有价值的，所以货币也同样。这种所谓的交易成本法是处理宏观经济建模的一般方法，让货币量直接进入家庭效用函数。货币先行方法是另一种可行的处理方法。

货币的价值储存手段可以通过两种主要的方法来建模。在第一个模型中，如果它能满足个人的平滑跨期消费的需要且有以下任一条件：(i) 没有别的金融资产可以实现这种目的，或者 (ii) 这样的资产存在，但是收益率较低，那么直观上无用的货币可能会被持有。货币作为价值储存手段的第二种模型基于这种想法，即比货币有更高收益率的资产风险也更大。这种想法的最简单的应用是，假设货币收益是给定的且等于零（没有通货膨胀），而风险资产的收益是随机的。风险资产有一个正的期望收益，而这种资产的实际（已实现的）收益率是不定的且有可能为负。在这种设定下，风险厌恶的家庭通常会选择多样化的投资组合，包括货币和风险资产，这代表了风险和回报的最优组合。

在这一章的第二部分，我们认为货币是存在的且在经济过程中占重要地位，在此基础上研究社会最优货币量。如果法定货币对经济个体有用，那么货币的供给应该为多少？弗里德曼给出了一个简单的回答：因为法定货币的制造很便宜，货币供给应该扩大到使边际社会收益等于（接近）零的这一点。这是著名的完全流动性或饱和结果。我们首先解释了饱和结果在简单两期模型中的有效性，这个模型中有初始禀赋收入且货币进入家庭的效用函数。接着，我们通过内生化家庭的劳动力供给决策来扩展模型，且给出了为什么完全流动性可能不是社会最优的各种解释。

## 延伸阅读

货币经济学的优秀教科书有 Niehans （1978）、McCallum （1989a） 以及 Walsh

① 我们曾在第 10 章中简单地讨论过拉姆齐税收。

(2003)。Diamond (1984)、Kiyotaki 和 Wright (1993) 以及 Trejos 和 Wright (1995) 运用理论寻找法对货币进行建模。Miller 和 Orr (1966) 以及 Fischer (1974) 研究了厂商的货币需求。Romer (1986, 1987) 将鲍莫尔-托宾模型运用于一般均衡模型。Saving (1971) 提出了一个基于交易成本的模型。McCallum 和 Goodfriend (1987) 给出了货币需求理论的概述。Fischer (1979) 研究了货币增长模型中的货币中性。

关于通货膨胀的公共财政手段，参见 Chamley (1985)、Turnovsky 和 Brock (1980)、Mankiw (1987)、Gahvari (1988)、Chari et al. (1996)、Batina 和 Ihori (2000, ch. 10) 以及 Ljungqvist 和 Sargent (2000, ch. 17)。关于货币主义者的算术分歧，参见 Drazen 和 Helpman (1990)、Sargent 和 Wallace (1993) 以及 Liviatan (1984)。

# 第 12 章 新凯恩斯经济学

本章的目标是讨论以下问题：

1. 我们能否给出凯恩斯乘数的微观经济基础?

2. 垄断竞争模型的福利理论方面是什么? 政府消费的产出乘数和公共资金的边际成本 (MCPF) 之间的联系是什么?

3. 当存在价格调整成本时，货币中性是否还成立?

4. 名义刚性和实际刚性是什么意思? 两种价格刚性如何相互影响?



## 12.1 重构凯恩斯乘数

20 世纪 80 年代的一些经济学家提出的问题是在产品市场是垄断竞争的条件下，给出凯恩斯乘数的微观经济基础。这并不是这种微观基础第一次被提出，在 20 世纪 70 年代早期，一个杰出的先驱者提出了固定价格非均衡方法（参见 Benassy (1993b) 的一篇调查文献）。这篇早期文献的不足之处在于将价格简单地假定为固定值，这使得这些模型就像莎士比亚的《哈姆雷特》缺少了王子，因为重要的市场协调手段被遗漏了。特别是，固定（非均衡）价格表明了受约束和不受约束的市场群体交易之间的未开发利润的存在。路上有 100 欧元，于是提出问题：为什么这是一个均衡情况?

当然，价格黏性仍然存在一些问题，这里将会做一个回顾，但是出于价格刚性考虑的一个简单办法是假设价格由垄断竞争厂商决定。[①] 这同时也解决了 Arrow（1959）关于在完全竞争框架下缺乏拍卖者的著名批评。

### □ 12.1.1 垄断竞争的静态模型

在这一节我们建立了一个简单的产品市场的垄断竞争模型。这个经济中有三类个体：家庭、企业和政府。家庭从消费商品和闲暇中获得效用，并且有一个柯布-道格拉斯型效用方程：

$$U\equiv C^{\alpha}(1-L)^{1-\alpha},\quad 0<\alpha<1, \tag{12.1}$$

其中，$U$ 是效用，$L$ 是劳动力供给，$C$ 是消费（组合）。家庭的初始禀赋为一单位时间，并且所有不用于工作的时间就是闲暇 $1-L$。商品消费组合包括一组紧密相关的产品变量，它们彼此都很相似，但是不能完全替代（比如红色、蓝色、绿色和黄色的领带）。根据 Spence（1976）以及 Dixit 和 Stiglitz（1977）的观点，有一个方便的公式如下：

$$C\equiv N^{\eta}\left[N^{-1}\sum_{j=1}^{N}C_j^{(\theta-1)/\theta}\right]^{\theta/(\theta-1)},\quad \theta>1,\eta\geqslant 1, \tag{12.2}$$

其中，$N$ 是存在的不同变量个数，$C_j$ 是物品 $j$ 的消费，$\theta$ 和 $\eta$ 为参数。这种规定尽管简单，但是包含了产品差别的有经济学意义且独立的两方面。首先，参数 $\theta$ 的调整使得任意两个变量（$C_i$ 和 $C_j$）可以相互替代。用标准术语来说，$\theta$ 代表艾伦-宇泽（Allen-Uzawa）交叉替代弹性［参见 Chung（1994，ch. 5)］。直观地，$\theta$ 的值越大，变量之间的相互替代性就越好。在极限情况下（$\theta\to\infty$），变量是完全替代的，即从家庭角度来看，它们是相同的产品。

式（12.2）中的第二个参数 $\eta$ 调整的是"多样化偏好"（PFD，或"品种偏好"，常常择一称之）。直观地，多样化偏好代表将一定量的产品分散于 $N$ 个变量而非局限于一个变量所获得的效用（Bénassy，1996b，p. 42）。正式地说，平均 PFD 可以通过比较选择 $N$ 个变量且每个变量 $X/N$ 单位而获得的组合消费（$C$）的价值和选择 $X$ 单位的单一变量消费 $C$ 的价值（$N=1$）计算得出：

$$\text{平均 PFD}\equiv\frac{C(X/N,X/N,\cdots,X/N)}{C(X,0,\cdots,0)}=N^{\eta-1}\equiv\phi(N)。 \tag{12.3}$$

这个关于变量个数的函数的弹性［即 $N\phi'(N)/\phi(N)$］代表增加一个变量时的边际倾向。[②] 这些变量在垄断竞争模型中起到了重要作用。从式（12.3）中我们得出多样化的边际偏好表达式（MPFD）：

$$\text{MPFD}=\eta-1。 \tag{12.4}$$

---

① 最近的研究参见 Bénassy（1993a）、Silvestre（1993）、Matsuyama（1995）以及 Dixon 和 Rankin（1995）的一系列论文。

② 在经济学中，边际概念比平均概念更重要。Bénassy（1996，p. 42）给出了对多样性的平均和边际偏好的一个清晰的讨论。

很容易看出 $\eta$ 是怎样调整 MPFD 的：如果 $\eta$ 超过 1，那么 MPFD 严格为正并且经济个体对多样化表现出喜爱。如果 $\eta=1$ 且 MPFD=0，那么经济个体不喜欢多样化。

家庭预算约束如下：

$$\sum_{j=1}^{N} P_j C_j = WL + \Pi - T, \tag{12.5}$$

其中，$P_j$ 是变量 $j$ 的价格，$W$ 是名义工资率（本章的后面将用劳动作为计价单位），$\Pi$ 是家庭从垄断竞争厂商那里得到的所有利润收入，$T$ 是交给政府的总额税。在式（12.2）中给定消费组合、预算约束式（12.5）、所有价格（$P_j$，$j=1$，…，$N$）、名义工资率、利润收入和总额税，家庭选择其劳动力供给和每一产品变量的消费水平（$L$ 和 $C_j$，$j=1$，…，$N$）来最大化效用式（12.1）。

用方便的两阶段预算法（详见插叙 12.1）可以得到消费组合、变量 $j$ 的消费和劳动力供给的解：

$$PC=\alpha[W+\Pi-T], \tag{12.6}$$

$$\frac{C_j}{C}=N^{-(\theta+\eta)+\eta\theta}\left(\frac{P_j}{P}\right)^{-\theta}, \quad j=1,\cdots,N, \tag{12.7}$$

$$W(1-L)=(1-\alpha)[W+\Pi-T], \tag{12.8}$$

其中，$P$ 是所谓的消费组合 $C$ 的真实价格指数。直观地，当家庭选择所有变量的消费量都为最优值（效用最大化）时，$P$ 代表一单位 $C$ 的价格。$P$ 的定义如下：

$$P \equiv N^{-\eta}\left[N^{-\theta}\sum_{j=1}^{N} P_j^{1-\theta}\right]^{1/(1-\theta)}。 \tag{12.9}$$

**插叙 12.1**

## 两阶段预算

正如这个名字所表明的，两阶段预算法（或更一般地，多阶段预算方法）通过将相对复杂的最大化问题分成两个（或更多）简单子问题（或阶段）进行解决。一个详尽的两阶段预算方法远远超出了本书的范围，感兴趣的读者可以阅读 Deaton 和 Muellbauer（1980，pp. 123－137），该书中有更详尽的讨论和这一领域重要文献的参考。

我们借助于文中所讨论的最大化问题来阐述两阶段预算方法。因为效用函数式（12.1）中有 $C$ 和 $1-L$，且只有 $C_j$（$j=1$，…，$N$）出现在式（12.2）中 $C$ 的定义里，所以很自然地将问题分解为两阶段。在第一阶段，选择（这个问题的最高水平）是在消费组合和闲暇之间进行，在第二阶段（这个问题的最低水平）基于第一阶段的选择 $C$，选择不同变量的最优值。

**第一阶段。**我们假定存在消费组合的一个价格指数，表示为 $P$。由定义，在不同物品上总的消费等于 $\sum_j P_j C_j = PC$，所以式（12.5）可以写成：

$$PC+W(1-L)=W+\Pi-T\equiv I_F, \tag{a}$$

这表明在物品上的消费加上闲暇（等式左边）必须等于总收入（等式右边的 $I_F$）。最高水平的最大化问题现在是在式（a）的条件下通过选择 $C$ 和 $1-L$ 来最大化式（12.1）。这个问题的一阶条件是预算约束（a）和

$$\frac{U_{1-L}}{U_C}=\frac{W}{P}\Rightarrow\frac{W}{P}=\frac{1-\alpha}{\alpha}\frac{C}{1-L}。\tag{b}$$

闲暇和消费组合的边际替代率必须等于实际工资率，即通过综合消费价格指数（而不仅仅是单个产品品种的价格）缩小名义工资率计算的实际工资率。通过将式（b）右边代入预算等式（a），我们得到 $C$ 和 $1-L$ 的最优选择，用总收入表示为

$$PC=\alpha I_F,\quad W(1-L)=(1-\alpha)I_F。\tag{c}$$

最后，将这些表达式代入（直接）效用函数式（12.1），我们得到间接效用函数，将效用表示成总收入和生活成本指数的函数：

$$V\equiv\frac{I_F}{P_V},\tag{d}$$

其中，$P_V$ 是效用的真实价格水平，即消费一单位效用（尤特尔）的成本：

$$P_V\equiv\left(\frac{P}{\alpha}\right)^{\alpha}\left(\frac{W}{1-\alpha}\right)^{1-\alpha}。\tag{e}$$

**第二阶段。**在第二阶段经济个体选择变量值 $C_j(j=1,\cdots,N)$ 来构建一个最优的消费组合使得成本最小。这个问题可以正式地表述为

$$\max_{\{C_j\}}N^{\eta}\left[N^{-1}\sum_{j=1}^{N}C_j^{(\theta-1)/\theta}\right]^{\theta/(\theta-1)}\quad \text{s. t.}\quad \sum_{j=1}^{N}P_jC_j=PC,\tag{f}$$

其中一阶条件是（f）中的约束及：

$$\frac{\partial C/\partial C_j}{\partial C/\partial C_k}=\frac{P_j}{P_k}\Rightarrow\left(\frac{C_k}{C_j}\right)^{1/\theta}=\frac{P_j}{P_k},\quad j,k=1,2,\cdots,N。\tag{g}$$

任意两个产品之间的边际替代率必须等于这两个变量的相对价格。重复地将一阶条件（g）代入 $C$ 的定义式［由式（12.2）给出］，我们得到如下的 $C_j$ 表达式：

$$C_j=\frac{N^{-\eta}CP_j^{-\theta}}{\left[\sum_{k=1}^{N}N^{-1}P_k^{1-\theta}\right]^{-\theta/(1-\theta)}}。\tag{h}$$

将式（h）代入由式（f）给出的约束可以得到价格指数 $P$：

$$\sum_{j=1}^{N}P_jC_j=\frac{N^{\theta/(\theta-1)-\eta}C\left[\sum_{j=1}^{N}P_j^{1-\theta}\right]}{\left[\sum_{j=1}^{N}P_j^{1-\theta}\right]^{-\theta/(1-\theta)}}=PC\quad\Rightarrow$$

$$P\equiv N^{-\eta}\left[N^{-\theta}\sum_{j=1}^{N}P_j^{1-\theta}\right]^{1/(1-\theta)}。\tag{i}$$

用价格指数我们可以将对产品 $j$ 的消费需求［由式（h）给出］写成一个更为紧凑的格式：

$$\frac{C_j}{C}=N^{-(\theta+\eta)+\eta\theta}\left(\frac{P_j}{P}\right)^{-\theta},\quad j=1,\cdots,N,\tag{j}$$

这就是文中使用的表达式［即式（12.7）］。

必须指出我们本可以用一个（较大的）最大化问题来解出消费者的选择问题，而不是用两阶段预算法，并且我们能够得到同样的解。两阶段预算法的优点有两个：(i) 它使计算更直接，避免错误发生；(ii) 它同时能自发地得出真实价格指数的有用的定义。

最后，尽管我们没有使用很多术语，敏锐的读者已经注意到我们在第 10 章中已经用过两阶段预算法。我们讨论了国际贸易流量的阿明顿方法，并假设一个国内的商品组合包括国内生产的商品和国外生产的商品。

---

厂商是垄断竞争的，即这里有很多小厂商制造不同的商品，每一个厂商在它的产品市场上都有一定的市场力量。一个厂商 $j$ 利用劳动来制造 $j$ 种产品，面临着如下生产函数：

$$Y_j=\begin{cases}0 & L_j\leqslant F\\ \dfrac{L_j-F}{k} & L_j\geqslant F\end{cases},\tag{12.10}$$

其中，$Y_j$ 是厂商 $j$ 的可销售产量，$L_j$ 是厂商使用的劳动，$F$ 是用单位劳动表示的固定成本，$k$ 是（固定的）边际劳动力需求。这个公式表明在厂商能够有产出之前，厂商必须增加一个最小的劳动量（“经常性劳动”）[参见 Mankiw（1988，p. 9）]。因此，随着产量的增加，平均成本减少，存在厂商的规模报酬递增。

厂商 $j$ 的利润用 $\Pi_j$ 表示，等于收益减去总成本：

$$\Pi_j\equiv P_jY_j-W[kY_j+F],\tag{12.11}$$

这里包含了劳动是在厂商间完全自由流动的假设，所以所有厂商不得不支付一个一般价格（$W$，与 $j$ 无关）。厂商在有价格弹性的需求曲线的约束下选择产量来最大化利润式（12.11）。我们假设厂商 $j$ 认为其他厂商的产出水平为定值，它像古诺竞争者一样决策，即在生产不同产品的厂商之间，没有策略上的交互作用。

正式地表达，这个决策问题有如下形式：

$$\max_{\{Y_j\}}\Pi_j=P_j(Y_j)Y_j-W[kY_j+F],\tag{12.12}$$

其中，$P_j(Y_j)$ 表明产量的选择会影响厂商 $j$ 的价格（向下倾斜的需求曲线表明 $\partial P_j/\partial Y_j<0$）。从一阶条件中可以推出价格规律，这在大学一年级的微观经济学课本中很常见：

$$\frac{d\Pi_j}{dY_j}=P_j+Y_j\cdot\frac{\partial P_j}{\partial Y_j}-Wk=0\quad\Rightarrow$$

$$P_j=\mu_jWk,\tag{12.13}$$

其中，$\mu_j$ 是价格减去边际成本的加价（即 $MC_j=Wk$），$\varepsilon_j$ 是厂商 $j$ 的需求价格弹性（绝对值）：

$$\mu_j\equiv\frac{\varepsilon_j}{\varepsilon_j-1},\quad\varepsilon_j\equiv-\frac{\partial Y_j}{\partial P_j}\frac{P_j}{Y_j}。\tag{12.14}$$

需求弹性越高，加价越低，越接近完全竞争解（令 $P_j=MC_j$）。很明显式（12.13）中的定价规则只在 $\mu_j$ 为正时成立，即需求必须是有弹性的且 $\varepsilon_j$ 必须大于 1。

在这个模型中，政府做三件事：它消费一个商品组合（$G$，下文给出），对于家庭征收总额税（$T$），雇用雇员（$L_G$）。为简便起见，我们假设 $G$ 与式（12.2）中的 $C$ 有相似的定义：

$$G\equiv N^{\eta}\Big[N^{-1}\sum_{j=1}^{N}G_j^{(\theta-1)/\theta}\Big]^{\theta/(\theta-1)}, \tag{12.15}$$

其中，$G_j$ 是变量 $j$ 的政府需求。假设政府是有效率的，那么它在给定公共组合消费（$G$）时，选择最优变量 $G_j$（$j=1$，…，$N$）来达到成本最小化。政府对变量 $j$ 的需求是

$$\frac{G_j}{G}=N^{-(\theta+\eta)+\eta\theta}\Big(\frac{P_j}{P}\Big)^{-\theta},\quad j=1,\cdots,N, \tag{12.16}$$

与式（12.7）的相似点应该向大家指明。因为 $C$ 和 $G$ 有相同的函数形式，公共物品的价格指数由式（12.9）中的 $P$ 给出。

每个厂商 $j$ 的总需求等于 $Y_j\equiv C_j+G_j$，从式（12.7）和式（12.16）来看，厂商 $j$ 的需求弹性为 $\varepsilon_j=\theta$，所以加价不变且等于 $\mu_j=\mu=\theta/(\theta-1)$。在这种最简单的情况中，需求组合并不重要。这个模型是完全对称的：所有厂商面临相同的生产成本，有相同的定价法则，因此有相同的价格，即 $P_j=\bar{P}=\mu Wk$。因此，它们的产量相同，即 $Y_j=\bar{Y}$，$j=1$，…，$N$。一个实际总产量的有用的产量指数可以定义为

$$Y\equiv\frac{\sum_{j=1}^{N}P_jY_j}{P}, \tag{12.17}$$

那么总的商品市场均衡条件可以写为表 12—1 中式（T1.1）的形式（$PY=\sum_{j=1}^{N}P_j[C_j+G_j]=P[C+G]$）。

**表 12—1　　垄断竞争条件下的简单宏观模型**

| | |
|---|---|
| $Y=C+G$ | (T1.1) |
| $PC=\alpha I_F,\ I_F\equiv[W+\Pi-T]$ | (T1.2) |
| $\Pi\equiv\sum_{j=1}^{N}\Pi_j=\frac{1}{\theta}PY-WNF$ | (T1.3) |
| $T=PG+WL_G$ | (T1.4) |
| $P=N^{1-\eta}\bar{P}=N^{1-\eta}\mu Wk$ | (T1.5) |
| $W(1-L)=(1-\alpha)I_F$ | (T1.6) |
| $V=\frac{I_F}{P_V},\quad P_V=\Big(\frac{P}{\alpha}\Big)^{\alpha}\Big(\frac{W}{1-\alpha}\Big)^{1-\alpha}$ | (T1.7) |

为简便起见，我们在表 12—1 中用加总形式来表示模型。式（T1.1）是总的商

品市场出清条件，式（T1.2）是对商品组合的家庭需求［参见式（12.6）］。式（T1.3）将总利润收入（Π）与总花费（$PY$）和厂商经常性劳动（$WNF$）的费用联系了起来。对式（12.11）中所有厂商加总，可得以下表达式：

$$\begin{aligned}\Pi &\equiv \sum_{j=1}^{N} P_j Y_j - \sum_{j=1}^{N} WkY_j - WNF \\ &= \sum_{j=1}^{N} P_j Y_j - \sum_{j=1}^{N} \frac{P_j Y_j}{\mu} - WNF \\ &= \frac{1}{\theta} PY - WNF,\end{aligned}$$

其中我们使用改写的定价规则（$WK = P_j / \mu$）由表达式的第一行推导出第二行，然后利用 $1 - 1/\mu = 1/\theta$ 得到最后一个表达式。政府预算约束式（T1.4）表明政府消费支出（$PG$）加上雇员的工资支出（$WL_G$）必须等于总额税（$T$）。在式（12.9）的价格指数定义中运用对称定价法则可以得到式（T1.5）。劳动力供给由式（T1.6）给出。最后，式（T1.7）中包括了一些将要用到的福利指数，将在 12.1.4 节中给出解释。

劳动力市场均衡表明劳动力供给（$L$）必须等于政府招收的雇员数（$L^G$）加上垄断竞争厂商招收的工人数：

$$L = L_G + \sum_{j=1}^{N} L_j \text{。} \tag{12.18}$$

瓦尔拉斯法则保证了劳动力市场的均衡，即式（T1.1）～式（T1.6）表明式（12.18）成立。

这个模型中没有货币，所以名义价格和名义工资是不确定的。用闲暇作为计价单位是很方便的，即 $W$ 是给定的，一切都以工资单位来衡量。我们可以分析这个模型的两种极端情况。在第一种情况中，厂商数目不变，利润会有波动。这个版本的模型被认为在短期中很重要且给出了短期乘数（Mankiw，1988）。在第二种情况中，厂商数目是变动的，厂商的进入或退出保证了在冲击后利润回归零。在 Startz（1989）之后这可以看作是这个模型的长期版本。

### □ 12.1.2　短期的平衡预算乘数

在（极）短期内，Mankiw（1988）认为厂商数目固定（比如 $N = N_0$）时，表 12—1 中的模型会有一个正的平衡预算乘数，解释如下。将式（T1.3）和式（T1.4）代入式（T1.2），总消费方程可以写成总产量的形式且恒定：

$$C = c_0 + \frac{\alpha}{\theta} Y - \alpha G, \tag{12.19}$$

其中 $c_0 \equiv \alpha[1 - N_0 F - L_G] w$，实际工资为 $w \equiv W/P$。由式（T1.5）知 $w = N^{\eta-1}/(\mu k)$，

即实际工资率在短期中是不变的。[①] 消费函数是凯恩斯形式的，斜率在 0 和 1 之间，因为$0<\alpha<1$且 $\theta>1$。增加的产出给家庭带来实际利润收入，其中一部分用来消费(剩下的用于闲暇)。消费方程在图 12—1 中画出，其政府消费的初始水平为 $G_0$。垂直地将 $G_0$ 加于 $C$，可以得到总需求。初始均衡在点 $E_0$，在这一点上总需求等于产出，均衡消费和产出分别为 $C_0$ 和 $Y_0$。

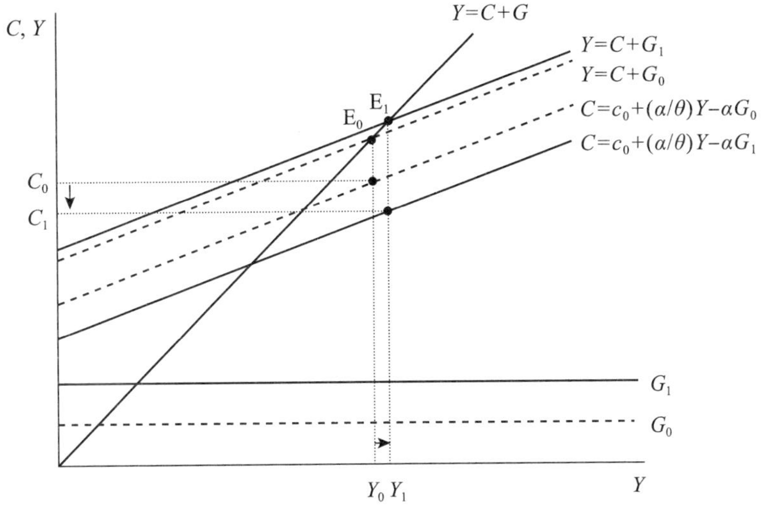


**图 12—1　政府支出乘数**

现在来考虑当政府增加消费时会发生什么，比如从 $G_0$ 增加到 $G_1$，额外的支出增加通过增加总额税 $T$ 来弥补。这样一个平衡预算政策在短期中有两个影响。第一，它对总消费方程［参见式（12.19）］有一个负作用，因为家庭必须支付更高的税收，即消费方程在图 12—1 中下移了 $\alpha dG$。第二，支出冲击同样也一对一地提高了总需求，因为政府支付了额外的商品。因为总收入的边际消费倾向 $\alpha$ 比 1 小，直接支出效应超过了个人消费的减少，总需求增加［$(1-\alpha)dG$］，如图 12—1 所示。均衡点从 $E_0$ 移至 $E_1$，产出从 $Y_0$ 增加到 $Y_1$，而消费从 $C_0$ 减少到 $C_1$。正式地，短期收入和利润乘数为

$$\left(\frac{dY}{dG}\right)_T^{SR}=\left(\frac{\theta d\Pi}{PdG}\right)_T^{SR}=(1-\alpha)\left[1+\sum_{i=1}^{\infty}(\alpha/\theta)^i\right]=\frac{1-\alpha}{1-\alpha/\theta}>1-\alpha,\quad(12.20)$$

下标表示总的税收增加被用来平衡政府财政预算［$d(T/P)=dG$］。正如上式展示的无限加总过程，产出效应可被视为源于一个“类乘数”过程。政府消费的增加提高了总需求 $(1-\alpha)dG$，带来的额外实际收入共计 $\theta^{-1}(1-\alpha)dG$。尽管总的家庭消费减少了 $\alpha dG$，但是利润收入的增加在某种程度上弥补了这个损失。这形成了乘数过程中的一个二级圈（a second round），最终收敛于式（12.20）中的表达式。在完全竞争条件下没有利润效应，因此政府消费改变的最终效应恰好与瞬时效应 $1-\alpha$

① 产品种类的数目（$N$）是固定的，（假设）加价（$\mu$）和边际劳动力需求（$k$）同样如此。

相等。

尽管式（12.20）看上去像一个凯恩斯乘数（并且确实被前期的经济学家当成同一个东西）[①]，一些特征表明它不是凯恩斯形式的。首先，家庭消费下降，因为政府消费增加：

$$-\alpha<\left(\frac{dC}{dG}\right)_T^{SR}=\left(\frac{dY}{dG}\right)_T^{SR}-1=-\frac{\theta-1}{\theta-\alpha}\alpha<0, \tag{12.21}$$

这与一般的哈维尔莫（Haavelmo）平衡预算乘数（参见第 1 章）不一致。进一步，使得家庭减少消费的原因（即更高的税收负担，这减少了总收入）也减少了闲暇的消费［因为闲暇是正常品，参见式（12.8）］，并且增加了劳动力供给。将式（T1.6）除以式（T1.2）中的第一个表达式，我们可得 $w(1-L)=(1-\alpha)C/\alpha$。总的就业效应可由下式表示：

$$0<w\cdot\left(\frac{dL}{dG}\right)_T^{SR}=-\frac{1-\alpha}{\alpha}\cdot\left(\frac{dC}{dG}\right)_T^{SR}=\frac{\theta-1}{\theta-\alpha}(1-\alpha)<(1-\alpha)。 \tag{12.22}$$

因此，家庭供给更多劳动，因为他们感到自己变穷了，凯恩斯乘数可以由这个事实得到解释。这种方法通常与第 15 章中将要讨论的新古典学派联系在一起。

### □ 12.1.3 单独的短期乘数

Mankiw（1988）利用一种独特的方法来模拟静态模型中债券筹资的影响（如表 12—1 中的模型）。假设额外的政府消费不是由额外税收来筹集（之前讨论的情况），而是通过解雇雇员来弥补。在债券筹资的例子里[②]，家庭预算约束并不受支出冲击的影响，消费方程变为

$$C=\alpha[1-N_0F]w+\frac{\alpha}{\theta}Y-\alpha\frac{T}{P}, \tag{12.23}$$

其中实际税收（$T/P$）是不变的。各种乘数现在为

$$\left(\frac{dY}{dG}\right)_{LG}^{SR}=\left(\frac{\theta d\Pi}{PdG}\right)_{LG}^{SR}=\left[1+\sum_{i=1}^{\infty}(\alpha/\theta)^i\right]=\frac{1}{1-\alpha/\theta}>1, \tag{12.24}$$

$$\left(\frac{dC}{dG}\right)_{LG}^{SR}=\frac{\alpha}{\theta-\alpha}>0,\quad w\left(\frac{dL}{dG}\right)_{LG}^{SR}=-\frac{1-\alpha}{\theta-\alpha}<0, \tag{12.25}$$

其中，下标表明：公务员工资的下降被用来平衡政府的财政预算（$-wdL_G=dG$）。产出乘数超过 1，与传统的凯恩斯交叉模型中的一样。因为额外的利润收入，家庭变得更富有，同时消费增加，劳动力供给减少（所以就业量下降）。创造额外产出所需的额外劳动从公共部门中被释放出来。跨部门的劳动再分配（从公共部门到私人部门）超过了劳动力供给的减少，所以总产出增加。

---

① Dixon（1987）是一个例外，他提出了这个乘数更倾向于瓦尔拉斯形式而不是凯恩斯形式。

② 并且代际无连接，所以李嘉图等价（Ricardian equivalence）不成立；参见 5.1.4 节。

### □ 12.1.4 长期乘数

Startz（1989）提出前面两小节中讲述的有关乘数的内容是不完全的，因为暗含假设在路上有 100 欧元钞票。不是所有交易机会在公共支出冲击所带来的短期均衡中都可以被利用。事实上，正如式（12.20）和式（12.24）所表明的，由于政府消费的增加，额外利润产生。在没有进入壁垒时，只要存在超额利润，新厂商就会进入市场。根据 Heijdra 和 van der Ploeg（1996，p. 1291），我们用以下的简单表达式来阐述这个思想：

$$\dot{N}=\gamma_N\frac{\Pi}{P}=\gamma_N\cdot\left[\frac{Y}{\theta}-wNF\right],\quad \gamma_N>0, \tag{12.26}$$

其中，$\dot{N}\equiv dN/dt$ 是厂商数随时间的改变率，$\gamma_N$ 是有限的，所以退出/进入市场是随着时间的推移逐渐发生的。

为了尽量简化讨论，在这一节剩下的部分，我们假设政府不招收雇员（即 $L_G=0$）。这样政府的财政预算约束便降低到 $T=PG$。产品市场均衡（GME）条件可以通过将式（T1.2）～式（T1.4）代入式（T1.1）得到：

$$\begin{aligned}Y&=\alpha[1-NF]w+\frac{\alpha}{\theta}Y+(1-\alpha)G\\&=\left[\frac{\alpha(1-NF)}{\mu k(1-\alpha/\theta)}\right]N^{\eta-1}+\left[\frac{1-\alpha}{1-\alpha/\theta}\right]G,\quad(\text{GME}),\end{aligned} \tag{12.27}$$

其中我们已经解出产量并在式（12.27）的第二行中用定价法则［在上面的式（T1.5）中给出］将实际工资和厂商数目联系在一起。我们将定价法则改写为以下形式：

$$w=\frac{N^{\eta-1}}{\mu k}。 \tag{12.28}$$

最后，通过在式（T1.3）中令 $\Pi=0$ 得到零利润条件 ZP，并化为 $Y=\theta wNF$，借助于定价法则式（12.28）重新表述为关于厂商数的表达式：

$$Y=\frac{\theta FN^{\eta}}{\mu k},\quad(\text{ZP})。 \tag{12.29}$$

由提高税收支持的公共消费的短期、过渡期、长期效用的直观解释可以通过图 12—2 来说明。在上半部分图中，ZP 代表产出和利润为零时的厂商数目的组合。从式（12.29）来看，ZP 线经过原点且是向上倾斜的：

$$\left(\frac{dY}{dN}\right)_{ZP}=\eta\frac{Y}{N}>0。 \tag{12.30}$$

进一步，式（12.26）表明在 ZP 线左边（右边）的点的利润为正（负），所以动态进入如水平箭头所示。在上半部分图中，如等式（12.27）所定义的，$\text{GME}_0$ 代表最初产品市场均衡的位置。为了研究 GME 位置的性质，我们在初始零利润均衡点处对式

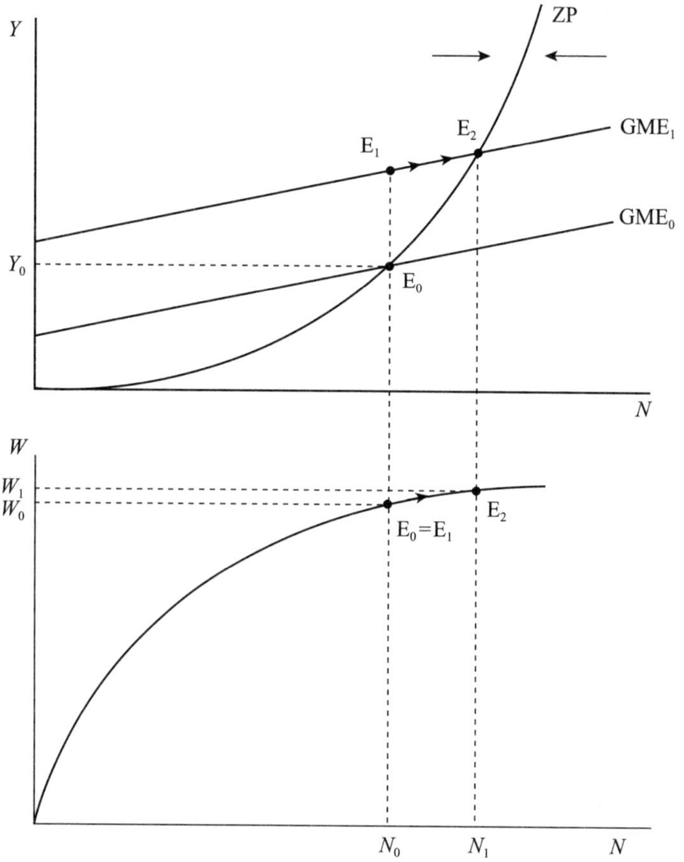


**图 12—2　乘数和厂商进入**



(12.27）求导：

$$\left[1-\frac{\alpha}{\theta}\right]\frac{dY}{Y}=\frac{\alpha w}{Y}[1-NF]\frac{dw}{w}-\frac{\alpha wNF}{Y}\frac{dN}{N}+(1-\alpha)\frac{dG}{Y}$$

$$=[1-(1-\alpha)\omega_G]\frac{dw}{w}-\frac{\alpha}{\theta}\left[\frac{dw}{w}+\frac{dN}{N}\right]+(1-\alpha)\frac{dG}{Y}$$

$$=(\eta-1)[\alpha+(1-\alpha)\omega_C]\frac{dN}{N}-\frac{\alpha\eta}{\theta}\frac{dN}{N}+(1-\alpha)\frac{dG}{Y}, \qquad (12.31)$$

从第一行到第二行，我们利用了零利润条件；从第二行到第三行，利用了定价法则。私人和公共消费的初始产量分配份额是给定的，分别为 $\omega_C\equiv C/Y$ 和 $\omega_G\equiv 1-\omega_C=G/Y$。

式（12.31）表明，给定厂商数目，政府消费的增加会导致 GME 位置上移。注意，与产量相关的利润效应出现在式（12.31）的左侧。厂商数的改变通过两种不同的机制影响 GME 的位置，即多样化效应和固定成本效应。式（12.31）的右边第一项代表只要经济个体喜爱多样化（$\eta>1$），厂商数增加所导致的实际工资增加对总需求就有正效应。这是多样化效应。第二项可能有一个抵消作用，代表固定成本对总需求的负效应：随着厂商数增加，总费用支出增加，利润减少。这是固定成本效应。

因此，$N$ 沿着 GME 变化对 $Y$ 产生的总效应在理论上是不确定的，因为多样化效应和固定成本效应向相反的方向起作用。面对不确定的结果，我们通常的方法是萨缪尔森一致性原则（参见第 2 章），但是这个方法并不能解决这一问题，因为这个模型对所有参数值都是稳定的。事实上，从式（12.26）来看，稳定性条件（$\partial\dot{N}/\partial N<0$）成立只需要 ZP 线比 GME 线更陡峭。我们可以得到如下公式：

$$\left(\frac{\partial Y}{\partial N}\right)_{GME}\equiv\left[\frac{(\eta-1)[\alpha+(1-\alpha)\omega_C]-\alpha\eta/\theta}{1-\alpha/\theta}\right]\frac{Y}{N}<\eta\frac{Y}{N}\equiv\left(\frac{\partial Y}{\partial N}\right)_{ZP}$$

$$\Leftrightarrow(\eta-1)[\alpha+(1-\alpha)\omega_C]-\frac{\alpha\eta}{\theta}<\eta-\frac{\alpha\eta}{\theta}$$

$$\Leftrightarrow\frac{\eta-1}{\eta}[\alpha+(1-\alpha)\omega_C]<1, \tag{12.32}$$

其中后一个不等式成立，因为左边两项都严格介于 0 和 1 之间。[①]

可以利用两种常用方法对 GME 线的这种不确定性进行分解。第一种方法是忽略需求价格弹性（$\theta$）和多样性偏好（$\eta$）之间理论上的区别，用一个效用参数来调整这两种效应。技术上，标准的 Dixit 和 Stiglitz（1977，p. 298）公式可以通过在式（12.2）中令 $\eta=\mu\equiv\theta/(\theta-1)$ 应用于消费组合。为了保证一个有意义的垄断竞争均衡的存在（即保证 $\mu>1$），需要 $\theta>1$，多样性偏好是有效的（$\eta>1$）且足够强以致 GME 线的斜率为正：

$$\left(\frac{\partial Y}{\partial N}\right)_{GME}^{\eta=\mu}\equiv\frac{(1-\alpha)\omega_C}{(\theta-1)[1-\alpha/\theta]}\frac{Y}{N}>0。 \tag{12.33}$$

这种情况已在图 12—2 中画出。政府消费的增加将 GME 线从 $GME_0$ 移至 $GME_1$。在受冲击时，厂商数目是既定的（$N=N_0$），产出随着经济从 $E_0$ 增加到 $E_1$ 而增长。这是在式（12.20）中给出的短期乘数。在点 $E_1$ 有超额利润，新厂商进入市场。逐渐地，经济沿着 $GME_1$ 线从 $E_1$ 增加到 $E_2$，产出和厂商数向新的均衡值增加。进一步，正如图 12—2 下半部分所示，实际工资率在这一过渡期也增加了。所以，尽管这个模型从基本机理来看并不是凯恩斯形式的，但是它有一些凯恩斯式的特征，因为实际工资和总产出是顺周期移动的。

在第一种方法中，长期产出乘数超过了短期乘数，但是在第二种方法中结论相反。Startz（1989，p. 741）通过消除多样性偏好解决了关于 GME 线斜率的不确定性，即在式（12.2）中令 $\eta=1$。在这种情况下，GME 线是向下倾斜的，因为厂商的进入对经济产生了不好的影响（比如以经常性劳动的形式耗费了额外的资源）：

$$\left(\frac{\partial Y}{\partial N}\right)_{GME}^{\eta=1}\equiv-\frac{\alpha/\theta}{1-\alpha/\theta}\frac{Y}{N}<0。 \tag{12.34}$$

---

① 对于一个比式（12.1）更一般的效用函数，稳定性条件给出了额外的信息，这对于比较静态分析是有用的。不同的例子可以参见 Heijdra 和 van der Ploeg（1996，p. 1291）、Heijdra 和 Ligthart（1997，p. 817）以及 Heijdra et al.（1998，p. 86）。

在这种情况下，定价法则式（12.28）表明实际工资不变［请回忆 $w=N^{\eta-1}/(\mu k)$］。在图 12—2 中，GME 线在上半部分图中是向下倾斜的，工资线在下半部分图中是水平的。在受冲击时，乘数由式（12.20）给出，但是在过渡期厂商数目的增加导致总产出的减少。产出的长期效应仅仅等于式（12.20）中乘数过程的第一轮（即冲击的瞬时效应）：

$$0<\left(\frac{dY}{dG}\right)_T^{LR,\eta=1}=(1-\alpha)<\frac{1-\alpha}{1-\alpha/\theta}\equiv\left(\frac{dY}{dG}\right)_T^{SR}。\tag{12.35}$$

这使 Startz（1989，p. 747）得出“在长期中，短期乘数被厂商的自由进入所抵消”的结论。

在模型最一般的形式中，$\eta$ 无约束，长期乘数可以通过利用零利润条件式（12.29）推导出 $dY/Y=\eta dN/N$ 和利用式（12.31）的结果求出：

$$\left(\frac{dY}{dG}\right)_T^{LR}=\eta w\left(\frac{dL}{dG}\right)_T^{LR}=\frac{1-\alpha}{1-\frac{\eta-1}{\eta}[\alpha+(1-\alpha)\omega_C]}>1-\alpha,\tag{12.36}$$

其中不等号成立是因为 $\eta>1$ 时，分母严格介于 0 和 1 之间［参见式（12.32）］。因此，尽管利润收入的变动解释了短期中的瞬时效应的倍增，但在长期中，起重要作用的是多样性偏好效应。

尽管 Startz（1989，p. 751 n. 13）从计算优势角度说明了消除多样性偏好的正确性，但是正如以上讨论，这并不是一个好的假设。实际上，如果多样性参数（$\eta$）大于 1，那么有规模报酬递增，这可以解释厂商自由进出条件下的长期乘数。事实上，长期中利润为零，$Y=\theta wNF=wL$。第二个等式意味着：将 $N=L/(\theta F)$ 代入式（12.29）可以得到宏观经济生产函数：

$$Y=\frac{(\theta F)^{1-\eta}}{\mu k}L^{\eta}。\tag{12.37}$$

生产要素的改变（这个例子中是劳动）使总供给超比例地扩大了。凯恩斯经济学中规模报酬递增的重要性已经被著名学者们反复强调，如 Weitzman（1982，1984，1994）和 Solow（1986，1998），考虑多样性偏好是引入规模经济的一个特别简单的方法。[1]

### □ 12.1.5　福利效应

在《就业、利息和货币通论》的著名的一章中，凯恩斯认为看上去无用的政府消费实际上能够增加经济中个体的福利：

如果财政部把旧瓶子里塞满钞票，然后把它们埋在废弃矿井中合适的深度，再

① 在这个模型中（并且在文献中常见的模型里），所有的规模经济在长期对企业而言都是外生的。在恒定的零利润条件和成本加价定价中存在唯一的（不变的）最优长期企业规模：$\bar{Y}\equiv F/[(\mu-1)k]$。因此，在长期中总产出扩大仅仅是因为企业数目的增加。

用城市垃圾把矿井填平，最后，任由私人企业按照自由放任的原则把钞票再挖出来……这样就不会再有人失业，社会的资本财富和实际收入受此影响后，都会有所增长（1936，p.129）。

用现代经济学术语来说，凯恩斯认为公共资金的边际成本（MCPF，参见第9章）为零，甚至为负：无用的花费最终发现是有用的！为了给出这一节的总结，我们现在来研究财政政策乘数和经济个体的福利之间的关系。我们发现垄断竞争模型有一些凯恩斯式的特征，尽管并不像引文中所说的那么极端。

宏观模型的一个重要优势基于其明显的微观基础，模型给出了宏观概念（比如总产出、就业等）和家庭福利水平之间明显的关联。为了进行垄断竞争模型的福利分析，用所谓的间接效用函数取代式（12.1）中给出的直接效用函数会更方便。间接效用函数可以通过将家庭的最优计划［即式（12.6）和式（12.8）］代入直接效用函数（12.1）得到（细节参见上面的插叙）：

$$V \equiv \frac{I_F}{P_V} \equiv \frac{w+\Pi/P-T/P}{P_V/P}, \quad \frac{P_V}{P} \equiv \frac{w^{1-\alpha}}{\alpha^{\alpha}(1-\alpha)^{1-\alpha}}。 \tag{12.38}$$

利用这个表达式，我们可以评估扩张性财政政策的福利效应。为简便起见，我们只分析在12.1.2节和12.1.3节中讨论过的短期乘数。

首先考虑政府消费的增加由总额税增加来弥补的情况。通过将实际总利润收入式（T1.3）的表达式和政府预算约束式（T1.4）代入式（12.38），我们得到以下表达式：

$$V \equiv \frac{[1-NF-L_G]w+(1/\theta)Y-G}{P_V/P}。 \tag{12.39}$$

因为$N$、$w$、$P$和$P_V$在短期中是不变的，税收支持的财政扩张的福利效应就是$V$关于$G$的导数：

$$\left(\frac{dV}{dG}\right)_T^{SR} = \frac{P}{P_V}\left[\frac{1}{\theta}\left(\frac{dY}{dG}\right)_T^{SR}-1\right] = -\frac{P}{P_V}\cdot\frac{\theta-1}{\theta-\alpha}<0, \tag{12.40}$$

其中，我们代入了产出乘数［由式（12.20）给出］来简化表达式。在垄断竞争条件下，乘数和公共支出的福利效应之间有密切联系，而这种联系在完全竞争下并不存在。直观解释是在垄断竞争下，产品市场中存在扭曲，经济从社会角度来看太小了。增加政府消费，产出增加，均衡向着正确的、福利得到提升的方向移动。当然，政府消费必须通过某种方式来弥补（这里是通过定额税），所以扩张并不是无成本的。事实上，式（12.40）表明由税收支持的财政扩张的总效应是负的。

所以除非有别的原因［比如政府消费在公共物品方面的影响，参见Heijdra和van der Ploeg（1996）］，否则政府不会增加支出来提高福利，凯恩斯的观点不会成立。垄断竞争模型的非凯恩斯元素可以从它的两个重要性质来解释：（1）实际工资是有弹性的并且使劳动力市场出清；（2）在经济中每一单位劳动都对产出有贡献。

模型的第二个性质的重要性可以由支出冲击通过减少（非生产性）公务员人数来

补偿（即 $dG=-wdL_G$）的例子（在 12.1.3 节中有详细讨论）进行解释。在这个例子中，总额税不变，间接效用表达式为

$$V\equiv\frac{[1-NF]w+(1/\theta)Y-T/P}{P_V/P},\tag{12.41}$$

从中我们可以得到财富效应：

$$\left(\frac{dV}{dG}\right)_{L_G}^{SR}=\frac{P}{P_V}\frac{1}{\theta}\left(\frac{dY}{dG}\right)_{L_G}^{SR}=\frac{P}{P_V}\cdot\frac{1}{\theta-\alpha}>0。\tag{12.42}$$

在这个例子中，只有政府刺激的产量扩张所带来的财富效应才是有效的，并能提高福利。直观意义与凯恩斯的故事一样：劳动从非生产性行业转移到生产性行业。垄断竞争部门在实际工资不变的条件下吸收了之前的雇员。

**插叙 12.2**

## 乘数和公共资金的边际成本

产出乘数的宏观经济概念和公共资金的边际成本（MCPF）这一公共经济概念之间存在一个简单的关系。这个关系在研究最优公共消费和税收时非常有用。正如第 9 章中所指出的，MCPF 衡量了增加一单位公共收益的成本。在垄断竞争模型中 MCPF 定义如下：

$$\text{MCPF}\equiv-\frac{1}{U_C}\frac{dV}{dG},\tag{a}$$

其中，$U_C$ 是消费组合的边际效用。直观地，等式右边出现的负号意味着收益变成了成本（负的收益等价于正的成本）并且为了对偏好进行比较，在等式右边除以 $U_C$ 得到无单位的 MCPF。

不难说明 $U_C$ 等于 $P/P_V$。回忆一下，家庭在预算约束 $I_F=PC+W(1-L)$ 下最大化其效用 $U(C,1-L)$。这个问题的一阶条件是 $U_C=\lambda P$ 和 $U_{1-L}=\lambda W$，其中 $\lambda$ 是预算约束的拉格朗日乘子，代表总收入的边际效用，即 $\lambda=dU/dI_F$［参见 Intriligator（1971, ch. 3)］。间接效用方程（12.38）表明 $dV/dI_F=1/P_V=dU/dI_F$。联立这些结果，我们得到 $U_C=P/P_V$，所以式（12.40）和式（12.42）可以写成 MCPF 的形式：

$$0<\text{MCPF}_T^{SR}\equiv-\frac{1}{U_C}\left(\frac{dV}{dG}\right)_T^{SR}=\frac{\theta-1}{\theta-\alpha}<1,\tag{b}$$

$$\text{MCPF}_{L_G}^{SR}\equiv-\frac{1}{U_C}\left(\frac{dV}{dG}\right)_{L_G}^{SR}=-\frac{1}{\theta-\alpha}<0。\tag{c}$$

因此，如果使用总额税［式(b)］，增加一单位收益的成本比 1 小（但是比 0 大）；如果雇员可以转为生产性劳动力［式(c)］，MCPF 甚至为负。Heijdra 和 van der Ploeg（1996）给出了一个更为一般的垄断竞争模型，用 MCPF 的概念导出了使得最优公共消费逆周期波动的条件。

## 12.2 垄断竞争和货币

在前面的章节使用的垄断竞争模型中（在表 12—1 中有总结）我们并没有考虑货币，所以名义价格与名义工资是不确定的，而相对价格在这个模型中是确定的。这一节的目的是在模型中引入货币并研究它的性质。虽然有一些办法能够保证货币在这个模型中的重要性（参见第 11 章），但是我们注重于最简单的办法并假定实际货币量会给家庭带来效用。效用函数式（12.1）变为

$$U\equiv[C^{\alpha}(1-L)^{1-\alpha}]^{\beta}\left(\frac{M}{P}\right)^{1-\beta},\quad 0<\alpha,\beta<1, \tag{12.43}$$

其中，$M$ 是名义货币量。家庭有初始货币 $M_0$，预算约束式（12.5）变为

$$PC+W(1-L)+M=M_0+W+\Pi-T, \tag{12.44}$$

这说明在消费、闲暇、货币量上的花费总额（等式左边）必须等于总财富量（等式右边）。

家庭选择消费组合（$C$）、劳动力供给（$L$）和货币量（$M$）以在式（12.44）的约束下最大化式（12.43）。解为①

$$PC=\alpha\beta I_F,\quad I_F\equiv M_0+W+\Pi-T, \tag{12.45}$$

$$W(1-L)=\beta(1-\alpha)I_F, \tag{12.46}$$

$$M=(1-\beta)I_F。 \tag{12.47}$$

上面两式本质上与前面是相同的［参见式（12.6）和式（12.8）］，尽管现在 $I_F$ 包括了初始货币量。进一步地，式（12.47）表明货币需求与总收入成比例。我们将解式（12.45）～式（12.47）代回直接效用函数式（12.43），可以得到间接效用函数，参见表 12—2 中的式（T2.8）。

**表 12—2　　一个简单的货币垄断竞争模型**

| | |
|---|---|
| $Y=C+G$ | (T2.1) |
| $C=\alpha\beta\dfrac{I_F}{P},\quad \dfrac{I_F}{P}\equiv\dfrac{M_0}{P}+\dfrac{W}{P}+\dfrac{\Pi}{P}-\dfrac{T}{P}$ | (T2.2) |
| $\dfrac{\Pi}{P}\equiv\dfrac{1}{\theta}Y-\dfrac{W}{P}NF$ | (T2.3) |
| $\dfrac{T}{P}=G+\dfrac{W}{P}L_G$ | (T2.4) |
| $\dfrac{P}{W}=\mu kN^{1-\eta},\quad \bar{P}=\mu kW$ | (T2.5) |
| $\dfrac{W}{P}(1-L)=\beta(1-\alpha)\dfrac{I_F}{P}$ | (T2.6) |
| $\dfrac{M_0}{P}=(1-\beta)\dfrac{I_F}{P}$ | (T2.7) |

① 对消费组合中变量 $j$ 的需求仍由式（12.7）给出。

$$V=\frac{I_F}{P_V}, \quad P_V=\left(\frac{P}{\alpha\beta}\right)^{\alpha\beta}\left(\frac{W}{\beta(1-\alpha)}\right)^{\beta(1-\alpha)}\left(\frac{P}{1-\beta}\right)^{1-\beta} \tag{T2.8}$$

假设有不变的货币供给（$M_0$），货币市场均衡的条件为

$$M=M_0。 \tag{12.48}$$

模型剩下的部分不变，我们在表12—2中总结了货币垄断竞争模型的主要等式。

很有迷惑性的（但却是错误的）是，从间接效用函数（T2.8）的形式中总结出政府会通过投入更多货币（并在这个过程中提高总收入 $I_F$）来增加家庭的福利，比如派一架直升机将货币投下去（$dM_0>0$）。这个方法不可行的原因是货币在这个模型中是中性的，古典二分法成立（参见第1章）。注意到均衡条件（在表12—2中）$W$、$P$、$T$、$\Pi$、$I_F$ 和 $M_0$ 是一阶同质的，我们能够推导出货币中性成立［参见 Dixon（1987，p.141）］。将 $\zeta W$、$\zeta P$、$\zeta T$、$\zeta\Pi$、$\zeta I_F$ 和 $\zeta M_0$（$\zeta>0$）代入表12—2，实际均衡并不改变。货币供给乘以 $\zeta$ 后发生的只是名义变量的等比例增加，所有的实际变量并不改变。因此，用直升机投放货币并不能有效地提高家庭的福利，因为 $I_F$ 和 $P_V$ 同比例增加，这样就使得式（T2.8）中 $V$ 不变。讨论的结果是垄断竞争本身并不能引入货币非中性。换句话说，如果在非垄断竞争的经济模型中货币是中性的，那么当在模型中引入垄断竞争时，货币仍是中性的（Silvestre，1993，p.122）。

这个模型可以用两个等式概括。产品市场均衡（GME）可以通过在式（T2.1）中代入式（T2.2）～式（T2.4）和式（T2.7）得到。货币市场均衡（MME）可以通过在式（T2.7）中代入式（T2.2）的第二个表达式以及式（T2.3）和式（T2.4）得到：

$$Y=\frac{\alpha[1-NF-L_G]w+(1-\alpha)G}{1-\alpha/\theta}, \quad \text{(GME)}, \tag{12.49}$$

$$\frac{M_0}{P}=\frac{1-\beta}{\beta}\left[[1-NF-L_G]w+\frac{1}{\theta}Y-G\right], \quad \text{(MME)}。 \tag{12.50}$$

这两个均衡点很好地说明了古典二分法。在短期中，$N$ 和 $w$ 是不变的，GME决定了均衡产出。因为货币供给并没有在式（12.49）中出现，货币政策不能影响均衡产出。根据式（12.50），货币供给的增加导致价格水平的等比例增加。

GME和MME可以用来计算税收支持的公共消费增加的短期效应。$G$ 的增加导致产出 $Y$ 的增加和实际货币量需求的减少（因为实际总收入下降）。因为名义货币量 $M_0$ 是不变的，所以价格 $P$ 会上升以使实际货币量的供求回归均衡。名义工资和不同种类的名义价格也是等比例上升的。综上所述，

$$0<\left(\frac{dY}{dG}\right)_T^{SR}=\frac{1-\alpha}{1-\alpha/\theta}<1, \qquad \left(\frac{dW}{W}\right)_T^{SR}=\left(\frac{dP}{P}\right)_T^{SR}=\left(\frac{d\bar{P}}{\bar{P}}\right)_T^{SR}, \tag{12.51}$$

$$\left(\frac{dM_0/P}{dG}\right)_T^{SR}=-\frac{M_0}{P^2}\left(\frac{dP}{dG}\right)_T^{SR}=-\frac{(1-\beta)(\theta-1)}{\beta(\theta-\alpha)}<0。$$

从货币的角度来看，如果价格和工资都是有弹性的，这个模型比凯恩斯的更古典。

## 12.3 黏性价格和货币非中性

在前面的章节中，我们已经推出垄断竞争的存在本身不能推出货币非中性。这不是说在宏观经济模型中引入有定价权的经济个体仅仅是一个理论上的差异而没有其他重要见解。事实上，在本章的第一节，我们已经说明了有价格和工资弹性的垄断竞争模型是怎样得出与标准的完全竞争模型完全不同的结论的。垄断竞争模型与完全竞争模型相比的一个额外优势在于它不涉及关于瓦尔拉斯拍卖者的不切实际的假设。

通过对有定价权的厂商进行建模，我们可以精确地研究使得厂商能在名义变量（比如货币供给或者货币工资率）发生变化时改变价格的条件（Rotemberg，1987，p. 71）。新凯恩斯主义方法的一个要素是假设改变价格要消耗厂商的实际资源。所以，在名义变量的冲击下价格有可能不变，货币可能是非中性的。在这一节剩下的部分，我们将讨论几个主要的宏观价格调整模型。这些模型的主要区别在于我们假设的价格调整成本的本质不同。

正如 Rotemberg（1982，p. 522）所指出的，价格改变有成本有两个原因。第一，可能有为了告知交易方而发生的管理费用、打印菜单的成本等。这种成本的本质是每次价格改变的固定成本，与价格改变的程度无关：价格提高两倍或者三倍，重新打印菜单的成本是一样的。这种价格调整的成本通常在新凯恩斯学派的文献中称为菜单成本。第二，可能存在一个由于消费者对于大幅价格改变的逆反应而产生的隐性成本。根据这种观点，消费者可能会倾向于经常的小幅价格变动而不是偶尔的但大幅的价格变动。通常假设这种成本对于价格变动是递增且凸的。[1]

我们现在讨论几个最常见的定价模型。在第一个模型中只有菜单成本起作用（12.3.1 节），而在第二个模型中我们假设价格调整成本是一个二次式（12.3.2 节）。在 12.3.3 节中我们讨论另外一种设定，其中价格调整成本是随机的并且在任一时期都不会是无穷大或者为零。在 12.3.2 节和 12.3.3 节中讨论的模型都给出了一条新凯恩斯主义的菲利普斯曲线，在形式上（尽管意义不一样）与弗里德曼和费尔普斯的预期扩大的菲利普斯曲线很相似［参见 Roberts（1995，pp. 979 - 980)］。

### 12.3.1 菜单成本

在这一节我们建立了一个简单的货币的垄断竞争模型，定价厂商如果想改变价格，

① 这种成本让人想起经常在厂商投资理论中假设的调整成本。参见第 2 章和第 4 章中对托宾 $q$ 投资理论的讨论。

那么它们将面临较小的菜单成本。这个模型是 Blanchard 和 Kiyotaki（1987）模型的一个简化版本：假设劳动力市场是竞争性的，由拿工资的个体组成（厂商和代表性家庭）。因此，名义工资是弹性的，劳动力需求和供给相等。竞争性劳动力市场假设的重要优势在于它使得对于主要结果的阐述和对菜单成本的一些实证难题的鉴别变得直观。

正如在 Blanchard 和 Kiyotaki（1987，p. 649）的模型中，家庭效用函数在消费组合上有可加性，同样，对于实际货币和劳动时间也有可加性。

$$U(C,M/P,L)\equiv U^1(C,M/P)-U^2(L)$$
$$=C^\alpha\left(\frac{M}{P}\right)^{1-\alpha}-\gamma_L\frac{L^{1+1/\sigma}}{1+1/\sigma},\quad 0<\alpha<1,\sigma>0, \tag{12.52}$$

其中，$\gamma_L>0$ 是一个简单的比例系数（在下面的计算机模拟中用到），$\sigma$ 调整劳动力供给函数的斜率（见下）。预算约束为

$$PC+M=WL+M_0+\Pi-T(\equiv I), \tag{12.53}$$

其中，$I$ 代表家庭总财富（包括劳动收入）。消费组合由式（12.2）定义，并且假设没有多样性效应（即我们令 $\eta=1$）。这是一个有用且无害的简化，因为这里假设了厂商数是不变的。家庭选择消费、货币余额和劳动力供给以在式（12.53）的条件下最大化式（12.52）。一个简单的两阶段过程可以再次用来求解。在第一阶段，家庭选择 $C$ 和 $M/P$ 以在预算约束 $PC+M=I$ 下最大化子效用函数（sub-utility function）$U^1(C, M/P)$。由此可得以下表达式：

$$PC=\alpha I, \tag{12.54}$$

$$M=(1-\alpha)I, \tag{12.55}$$

$$V^1(I/P)=\alpha^\alpha(1-\alpha)^{1-\alpha}\frac{I}{P}, \tag{12.56}$$

其中，$V^1(I/P)$是有关$U^1(C, M/P)$的间接子效用函数。① 在第二阶段，在 $I$ 的约束下［由式（12.53）右边给出］，家庭选择 $L$ 和 $I$ 来最大化 $V^1(I/P)-U^2(L)$。由此可得劳动力供给和包括劳动收入在内的实际家庭财富的表达式：

$$L=\left(\frac{\alpha^\alpha(1-\alpha)^{1-\alpha}}{\gamma_L}\right)^\sigma\left(\frac{W}{P}\right)^\sigma, \tag{12.57}$$

$$\frac{I}{P}=\left(\frac{\alpha^\alpha(1-\alpha)^{1-\alpha}}{\gamma_L}\right)^\sigma\left(\frac{W}{P}\right)^{1+\sigma}+\frac{M_0+\Pi-T}{P}。 \tag{12.58}$$

由效用函数（12.52）可知，劳动力供给没有收入效应，只有替代效应。这种规则的好处在于它使我们能够阐述对实际工资而言，劳动力供给弹性的重要性。如果 $\sigma$ 很高，那么劳动力供给是高弹性的，实际工资很小的增加都能导致劳动力供给的大幅变化。相反地，如果 $\sigma$ 很低，那么劳动力供给相对缺乏弹性，要增加给定的劳动力供给需要实际工资发生很大的改变。

垄断竞争部门中每个厂商都面临着对它自己产品的需求，来自私人部门的［参

① 将 $C$ 和 $M/P$ 的最优值代入直接子效用函数 $U^1(\cdot)$可得。

见式（12.7）］和来自政府的［参见式（12.16）］。因为我们去掉了多样性效应（$\eta=1$），厂商 $j$ 面临的需求可以写成：

$$Y_j(P_j, P, Y) = \left(\frac{P_j}{P}\right)^{-\theta}\frac{Y}{N}, \tag{12.59}$$

其中，$Y$ 是总需求：

$$Y = C + G = \frac{\alpha}{1-\alpha}\frac{M}{P} + G, \tag{12.60}$$

其中，我们用式（12.54）～式（12.55）将私人消费和实际货币余额联系起来。

由于下面阐述的原因，我们利用比之前更一般的描述。我们用以下生产函数代替式（12.10）：

$$Y_j = \begin{cases} 0 & L_j \leqslant F \\ \left[\dfrac{L_j - F}{k}\right]^{\gamma} & L_j \geqslant F \end{cases}, \tag{12.61}$$

其中，$0<\gamma\leqslant 1$。如果 $\gamma$ 严格小于 1，劳动的边际生产率随着产出增加而下降，厂商的平均成本线是 U 形的［参见 Dixon 和 Lawler（1996，p. 233)］。当然，如果 $\gamma=1$，式（12.61）与式（12.10）相等。

厂商 $j$ 选择价格 $P_j$ 来最大化其利润①：

$$\Pi_j(P_j, P, Y) \equiv P_j \cdot Y_j(P_j, P, Y) - W\left[k \cdot [Y_j(P_j, P, Y)]^{1/\gamma} + F\right]。 \tag{12.62}$$

厂商 $j$ 的最优价格必须满足以下一阶条件：

$$\begin{aligned} \frac{d\Pi_j(P_j, P, Y)}{dP_j} &= (P_j - MC_j) \cdot \frac{\partial Y_j(P_j, P, Y)}{\partial P_j} + Y_j(P_j, P, Y) \\ &= Y_j(P_j, P, Y) \cdot \left(1 + \frac{P_j - MC_j}{P_j} \cdot \frac{P_j}{Y_j(\cdot)}\frac{\partial Y_j(\cdot)}{\partial P_j}\right) \\ &= Y_j(P_j, P, Y) \cdot \left[1 - \theta \cdot \frac{P_j - MC_j}{P_j}\right] = 0, \end{aligned} \tag{12.63}$$

其中，$MC_j \equiv (Wk/\gamma)Y_j(P_j, P, Y)^{(1-\gamma)/\gamma}$ 是厂商 $j$ 的边际成本，从第二行到第三行，我们代入需求的价格弹性（$\theta$）。一个积极的厂商有正的产出［$Y_j(\cdot)>0$］，通过制定适当的价格从而使得等式右边方括号中的数为 0：

$$P_j = \mu MC_j \quad \Rightarrow \quad P_j = \frac{\mu k}{\gamma} W Y_j^{(1-\gamma)/\gamma}, \quad \mu = \frac{\theta}{\theta - 1} > 1。 \tag{12.64}$$

考虑到向上倾斜的边际成本曲线（如果 $\gamma<1$），这个定价法则推广了本章第一节中的结论［即式（12.13)］。除了这一推广，另一件重要的事是在第一节中，我们假设厂商的产出水平是在给定其他厂商产出的条件下最大化其自身利润的产量（古诺假设）。相反地，在这一节中，厂商的价格水平是在给定其他厂商定价的条件下最大化

① 我们将在后面给出引入需求 $Y_j(P_j, P, Y)$ 和利润 $\Pi_j(P_j, P, Y)$ 的复杂表述的原因。

其自身利润的定价（伯特兰假设）。在没有菜单成本时，这两种假设可以得出相同的定价规则。但是下面会说明，当存在菜单成本时，这种等价性并不一定成立。

我们现在有了这个模型的所有要素，尽管仍然没有考虑菜单成本。主要的方程式已经在表 12—3 中给出。式（T3.2）将消费（和均衡实际货币余额）表示为影响实际财富因素的函数。这可以利用式（12.54）、式（12.55）、式（12.58），并代入政府预算约束 $G=T/P$ 得到［我们再一次去掉了雇员，在式（T2.4）中令 $L_G=0$］。式（T3.3）是总利润收入的表达式。可以通过将最优价格式（12.64）代入利润收入的定义式（12.62）得到，并可通过式（12.17）中 $Y$ 的定义简化。最后，式（T3.4）是对称均衡的定价法则，式（T3.5）是劳动力供给函数。

**表 12—3　　一个简化的布兰查德-清泷信宏模型（无菜单成本）**

$$Y=C+G \tag{T3.1}$$

$$C=\frac{\alpha}{1-\alpha}\frac{M_0}{P}=\begin{cases}\alpha\left[\omega^{-\sigma}\left(\frac{W}{P}\right)^{1+\sigma}+\frac{M_0}{P}+\frac{\Pi}{P}-G\right] & (\sigma<\infty)\\ \alpha\left[\frac{W}{P}L+\frac{M_0}{P}+\frac{\Pi}{P}-G\right] & (\sigma\rightarrow\infty)\end{cases} \tag{T3.2}$$

$$\frac{\Pi}{P}\equiv\frac{\mu-\gamma}{\mu}Y-\frac{W}{P}NF \tag{T3.3}$$

$$\frac{P}{W}=\frac{\mu k}{\gamma}\left(\frac{Y}{N}\right)^{(1-\gamma)/\gamma} \tag{T3.4}$$

$$\frac{W}{P}=\begin{cases}\omega L^{1/\sigma} & (\sigma<\infty)\\ \omega & (\sigma\rightarrow\infty)\end{cases} \tag{T3.5}$$

注：$\omega\equiv\gamma_L[\alpha^{\alpha}(1-\alpha)^{1-\alpha}]^{-1}>0$ 且 $\mu\equiv\theta/(\theta-1)$。

在讨论菜单成本之前，我们首先研究模型在完全价格弹性下的性质。通过研究模型的弹性价格，容易理解菜单成本的隐含意义。很明显货币是中性的：将 $W$、$P$ 和 $M_0$ 乘以 $\zeta>0$ 并不改变实际变量而只是等比例地改变了所有名义变量（比如名义财富 $I$ 和名义利润 $\Pi$）。就货币属性而言，表 12—2 和表 12—3 的模型很相似，因为它们都在价格和工资有弹性时表现出了货币中性。但是，两个模型在财政政策上有一个很重要的区别。事实上，因为没有对劳动力供给的收入效应［参见式（T3.5）］，财政政策在这一节的模型中完全无效。用表 12—3 中的表达式，我们很容易知道一个税收支持的公共消费的增加会导致等量的私人消费的挤出，而对于产量、实际利润、就业和实际工资均无影响，但会导致价格水平的上涨。从这个角度来看，这里所用的模型比之前章节中的模型更为古典。在下一节，我们会研究菜单成本的存在是否并在何种程度上会给这个过于古典的模型带来一些凯恩斯主义的特征。

#### 12.3.1.1　基本的菜单成本理论

有时候一个看似简单的问题的回答可能会令人非常吃惊。这个现象的一个例子是由 Akerlof 和 Yellen（1985a）提出的问题："是否对理性的轻微偏移会导致均衡的显著差异？"或者，这个问题也可以用交易成本的概念来表述：是否改变行动的小的成本会对经济均衡和社会福利产生大的影响？十分之九的人会认为答案毫无疑问是“不会”。想象会使他们拒绝一个“小的冲击会造成大的影响”的说法。用Matsuyama（1995）的话来说，大多数人对于宏观经济的互补性和累积过程并不了解。然而这表明阿克洛夫和耶伦的问题可能会有一点复杂。

在对我们的模型的讨论中，现在的任务是研究是否在总需求的冲击下，价格黏性会（a）起作用，并且（b）在一般均衡中存在，但是（c）对社会福利的影响会很大。如果（a）和（b）都被验证了，Akerlof 和 Yellen（1985a）的问题就有一个肯定的答案。只要通过包络定理的一个简单应用，我们就能证明在模型中（a）是成立的。对（b）的证明更为复杂，因为它要用到价格黏性的一般均衡含义。一旦（a）和（b）被证明了，（c）就很容易得出。

插叙 12.3

## 包络定理

包络定理在经济理论中非常有用。广义上来讲，这个理论表明，不管决策变量是否随参数的改变而调整，由外生变量的改变引起的目标函数的改变是一样的。简单地说，这个定理表明，目标函数在最高点处是水平的（Rotemberg，1987，p. 76）。

考虑 Varian（1992，pp. 490－491）的标准证明。假设 $f(x, z)$ 是目标函数，$x$ 是决策变量，$z$ 是一列外生变量和参数。选择 $x$ 使 $f(x, z)$ 达到最优值的一阶条件是：

$$\frac{\partial f(x,z)}{\partial x}=0。\tag{a}$$

但是式（a）可以解释为是关于决策变量的最优选择（$x^*$）和特定的 $z$ 值的一个隐函数，比如 $x^*=x^*(z)$。将 $x^*$ 代回目标函数，我们得到所谓的最优值函数：

$$V(z)\equiv\max_{\{x\}}f(x,z)=f(x^*(z),z)。\tag{b}$$

注意到我们实际上在本书中已经遇见了很多这样的最优值函数。比如在本章中，间接效用函数式（12.38）是最优值函数：它表示用全部收入和实际价格指数（对家庭来说是外生变量）表示的最大可得效用（目标函数）。类似地，差异化产品组合式（12.9）的实际价格指数是最小值函数的一个例子。

用最优值函数（b），我们可以确定当 $z$（其中一个元素）改变一个小量时，目标函数的改变量。对式（b）求全微分可得：

$$\frac{dV(z)}{dz}=\left(\frac{\partial f(x,z)}{\partial x}\right)_{x=x^*(z)}\cdot\frac{dx^*(z)}{dz}+\frac{\partial f(x^*(z),z)}{\partial z}。\tag{c}$$

式（c）的右边第二项是保持决策变量不变时，$z$ 的改变对目标函数的直接影响。右边第一项是 $x^*$ 的改变对目标函数的间接影响。但值得注意的一点是，目标函数的最优点是水平的［即式（a）表明对于 $x=x^*$，$\partial f(\cdot)/\partial x=0$］，所以间接效用是零。因此，式（c）化简为

$$\frac{dV(z)}{dz}=\frac{\partial f(x^*(z),z)}{\partial z}\equiv\frac{\partial V(z)}{\partial z}。\tag{d}$$

这是包络定理的最简单的表述。全导数和偏导数是一样的，即不管决策变量是否改变，目标函数的边际改变量是一样的。

我们以一个以前的趣闻来结束。如 Silberberg（1987）所说的，包络定理的发现是因为一个著名经济学家雅各布·瓦伊纳（Jacob Viner）和他的绘图员翁博士（Dr Y. K. Wong）之间的争论。瓦伊纳正在写他的论文，研究短期平均成本曲线（$AC_{SR}$）和长期平均成本曲线（$AC_{LR}$）之间的关系［参见 Viner（1931）］。他让翁博士来画 $AC_{LR}$ 线，使它不高于 $AC_{SR}$ 的任何一点并且通过所有的 $AC_{SR}$ 的最低点。翁博士，作为一个数学家，拒绝了这个要求并指出这一指示事实上是不成立的。遗憾的是，瓦伊纳不是一个数学家，不能明白翁博士的意思，最后画了一条通过所有 $AC_{SR}$ 线极小点的 $AC_{LR}$ 线（参见他的图4和脚注16）。既是经济学家又是数学家的 Samuelson（1947）最终解出了这个问题，指出 $AC_{LR}$ 线是所有 $AC_{SR}$ 线的包络。翁博士最终是正确的。如果这个故事有什么教育意义，那就是经济学家同时也应该是优秀的数学家，才能避免由于不能靠图形解决问题而带来的疑惑。

---

如果总需求改变一个小量，厂商 $j$ 的最优价格会发生什么变化？回答由包络定理给出（参见插叙13.3）。特别是，式（12.59）和式（12.64）可以得出用厂商 $j$ 的外生参数表示的最优价格表达式，即 $P_j^* = P_j(P, Y, W)$：

$$\frac{P_j^*}{P} = \left[\frac{\mu k}{\gamma} \cdot \frac{W}{P} \cdot \left(\frac{Y}{N}\right)^{(1-\gamma)/\gamma}\right]^{\gamma/[\gamma+\theta(1-\gamma)]}。 \tag{12.65}$$

将 $P_j^*(\cdot)$ 代入式（12.62），我们得到厂商 $j$ 的最大利润函数 $\Pi_j^*(P, Y, W)$：

$$\Pi_j^*(P,Y,W) \equiv P_j^*(\cdot)Y_j(P_j^*(\cdot),P,Y) - W[k \cdot [Y_j(P_j^*(\cdot),P,Y)]^{1/\gamma} + F]。 \tag{12.66}$$

将这个表达式对总需求求导可知，在总需求的冲击下，是否改变价格并不影响厂商 $j$ 的利润：

$$\begin{aligned}\frac{d\Pi_j^*(\cdot)}{dY} &= \left[[P_j^*(\cdot) - MC_j^*(\cdot)]\left(\frac{\partial Y_j(P_j,P,Y)}{\partial P_j}\right)_{P_j=P_j^*} + Y_j(P_j^*(\cdot),P,Y)\right]\frac{dP_j^*(\cdot)}{dY} \\ &\quad + [P_j^*(\cdot) - MC_j^*(\cdot)]\frac{\partial Y_j(P_j^*(\cdot),P,Y)}{\partial Y} \\ &= \left[\frac{\partial \Pi_j(\cdot)}{\partial P_j}\right]_{P_j=P_j^*}\frac{dP_j^*(\cdot)}{dY} + [P_j^*(\cdot) - MC_j^*(\cdot)]\frac{\partial Y_j(P_j^*(\cdot),P,Y)}{\partial Y} \\ &= [P_j^*(\cdot) - MC_j^*(\cdot)]\frac{\partial Y_j(P_j^*(\cdot),P,Y)}{\partial Y} \equiv \frac{\partial \Pi_j(\cdot)}{\partial Y},\end{aligned} \tag{12.67}$$

其中，$MC_j^*(\cdot)$ 是厂商 $j$ 的最优边际成本的缩写。因此，从一阶条件来看，不管厂商 $j$ 是否随着总需求冲击改变其价格，对它的利润都没有影响。

Akerlof 和 Yellen（1985a，p. 710）提出，包络结果可以借助于图像来说明。在图12—3中，厂商 $j$ 的价格和利润水平分别是横轴和纵轴。最初，总需求是 $Y_0$，最优价格位于利润最高点 $A$。最优价格—利润组合由（$P_j^*(P, Y_0, W_0)$，$\Pi_j^*(P$，

$Y_0$，$W_0$））表示。现在来考虑如果总需求扩张会发生什么，比如从 $Y_0$ 到 $Y_1$（$>Y_0$）。名义工资率（$W_0$）和消费组合的价格指数（$P$）[①]不变，对于任何 $P_j$ 值，利润水平都会上升，整个利润函数向上移，比如从 $\Pi_j(P_j, P, Y_0, W_0)$ 到 $\Pi_j(P_j, P, Y_1, W_0)$。[②] 产出增加导致边际成本上升［假定 $\gamma<1$］，因此导致厂商 $j$ 的最优价格的上涨［参见式（12.64）～式（12.65）］。因此，新的利润线的最高点（点 B）在旧的利润线最高点（点 A）的右上方。[③]

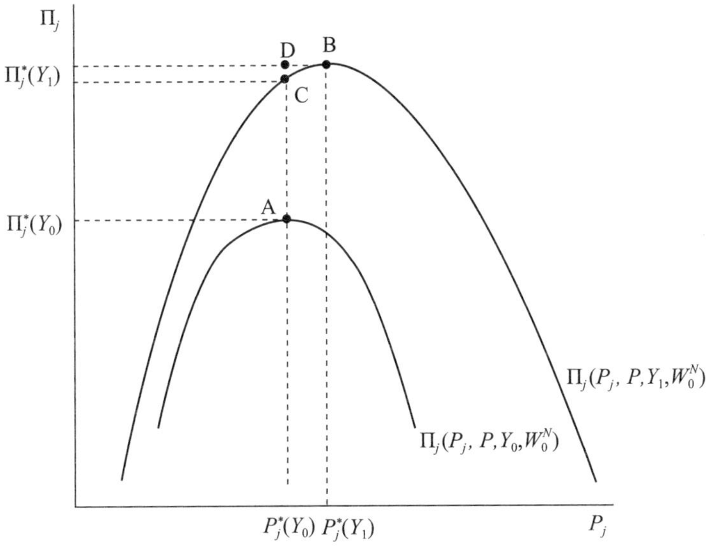


**图 12—3　菜单成本**

但这不是这个故事的结尾。随着总需求的冲击，厂商 $j$ 经历了一次对其产品的需求上涨并相应地提高了产出水平。但这意味着厂商需要雇用更多工人。因为所有厂商都和厂商 $j$ 处于一样的境况，它们也希望雇用更多工人，所以劳动的总需求会上升。这就产生了劳动力市场。显然，如果劳动力供给弹性非常大（$\sigma\to\infty$），厂商 $j$（和所有其他厂商）可以按初始名义工资率（$W_0$）获得额外的劳动。在这种情况下实际工资是刚性的［参见式（T3.5）］，那么如果价格水平 $P$ 不变，名义工资率 $W$ 也不会改变。所以我们现在要做的就是说明为什么价格水平是刚性的。

假设现在劳动力供给是无限弹性的（$\sigma\to\infty$）。我们可以借助图 12—3 来解释菜

---

① 我们让其他企业的价格保持不变，这就导致价格水平 $P$ 不变。这样，我们忽略了企业 $j$ 的价格也在价格水平 $P$ 中起作用的事实。这是可行的，因为这里有许多企业，每个企业都非常小，其价格只在价格水平中占很小的比重。

② 形式上，式（12.62）表明 $\partial\Pi_j(\cdot)/\partial Y=[P_j-MC_j]\partial Y_j/\partial Y$。企业 $j$ 有正收益（在图 12—3 中画出）的必要条件是其价格必须至少超过其边际成本，即 $P_j>MC_j$。另外，式（12.59）说明当总需求增加时，企业 $j$ 的需求会扩大，即 $\partial Y_j/\partial Y>0$。联立这些结果可得 $\partial\Pi_j(\cdot)/\partial Y>0$。企业喜欢总需求的扩张，因为这能提高它们的利润。

③ 相反，如果边际劳动生产率不变（$\gamma=1$），点 B 在点 A 的正上方。这个强的结果可以通过定价法则式（12.64）和需求弹性（$\theta$）以及企业 $j$ 的加价（$\mu$）不变得到。最优价格与给定的名义工资成比例。所以，对于一个给定的名义工资，企业 $j$ 没有必要改变价格，包络结果式（12.67）完全成立。

单成本的概念。给定 $P$ 和 $W$ 的值，如果按最优价格调整，总需求冲击会使厂商 $j$ 的利润从 $\Pi_j^*(P, Y_0, W_0)$ 增加到 $\Pi_j^*(P, Y_1, W_0)$（从点 A 移动到点 B）。如果相反，厂商 $j$ 保持其价格不变，利润的增加是点 C 和点 A 之间的垂直距离，包络定理表明由于价格未调整而导致的利润损失是二阶项，即在图 12—3 中 DC 的垂直距离是很小的。但是这表明小的菜单成本可以使不调整价格变成厂商 $j$ 的一个可行选择。事实上，如果菜单成本（$Z$）比垂直距离 DC 大，保持 $P_j$ 不变是厂商 $j$ 的最优选择，即 $P_j$ 会设定在其旧的最优水平（$P_j^*(P, Y_0, W_0)$）上，如果下面的条件满足：

$$\Pi_j(P_j^*(P, Y_0, W_0), P, Y_1, W_0) > \Pi_j^*(P, Y_1, W_0) - Z, \tag{12.68}$$

其中，式（12.68）左边是厂商 $j$ 在面临更高需求 $Y_1$ 时收取旧价格的利润水平。式（12.68）的右边是厂商 $j$ 在面临更高需求和菜单成本时改变价格的净利润。因为假设所有厂商与厂商 $j$ 处于同一地位，所以只要式（12.68）成立，它们也不会改变价格，于是 $P$ 不变的假设也得到了证实。因此，对于完全弹性的劳动力供给（$\sigma\to\infty$），存在一个菜单成本均衡，这里总需求冲击对于价格和名义（及实际）工资率都无影响。

财政政策和货币政策对菜单成本均衡的影响可以通过如下过程计算。这个模型包括式（T3.1）和式（T3.2）中的第二个表达式。因为总利润收入等于收益减去工资（$\Pi \equiv PY - WL$），我们可以将这个系统写成：

$$Y = C + G, \tag{12.69}$$

$$C = \frac{\alpha}{1-\alpha}\frac{M_0}{P} = \alpha\left[Y + \frac{M_0}{P} - G\right]。 \tag{12.70}$$

财政政策在菜单成本均衡中非常有效：

$$\left(\frac{dY}{dG}\right)_T^{MCE} = 1, \quad \left(\frac{dC}{dG}\right)_T^{MCE} = \left(\frac{d(M_0/P)}{dG}\right)_T^{MCE} = 0, \tag{12.71}$$

其中，上标“$MCE$”表示菜单成本均衡。政府税收资助的增加扩大了总需求以及各厂商的需求和利润水平。由于菜单成本的存在，所有厂商保持其价格不变，并且由于劳动力供给曲线是水平的（$\sigma\to\infty$），名义工资也不变。厂商可以以旧的实际工资率雇用它们所需的所有额外劳动量。家庭以额外工资和利润收入的形式得到额外的厂商收益。额外收入恰好抵消了政府的高税收，所以私人消费不变，产出变化仅仅是由于公共消费的影响，正如最初 Haavelmo（1945）的陈述。从生产函数（12.61）的角度来看，就业扩张可以写成：

$$w \cdot \left(\frac{dL}{dG}\right)_T^{MCE} = \frac{1}{\mu}\left(\frac{dY}{dG}\right)_T^{MCE} = \frac{\theta-1}{\theta} > 0, \tag{12.72}$$

其中，$w \equiv W/P$，我们利用了对称性（$L_j = L/N$，$j = 1$，…，$N$）和厂商已经将价格设定为初始均衡（冲击之前）中的边际成本之上的加价这一事实。

货币政策——包括用直升机将名义货币余额投下去（$dM_0 > 0$）刺激了产出、就业和消费，并且菜单成本的存在破坏了货币中性：

$$P\left(\frac{dY}{dM_0}\right)^{MCE}=P\left(\frac{dC}{dM_0}\right)^{MCE}=\mu W\left(\frac{dL}{dM_0}\right)^{MCE}=\frac{\alpha}{1-\alpha}>0。\tag{12.73}$$

货币量的增加会导致消费支出的增加和以后由家庭收入的扩大而导致的乘数效应，即在 $n$ 轮乘数过程后，支出增加了 $PdY=PdC=[\alpha+\alpha^2+\cdots+\alpha^n]dM_0$ 且对货币的需求增加了 $dM=(1-\alpha)[1+\alpha+\alpha^2+\cdots+\alpha^n]dM_0$。因为边际消费倾向比 1 小，乘数过程趋于式（12.73）中最后的表达式。

总之，我们已经成功地说明了在劳动力供给弹性很大时（$\sigma\to\infty$，所以劳动力供给曲线是水平的），小额的菜单成本会导致名义价格和工资缺乏弹性，这转而彻底改变了模型的性质。事实上，正如在之前的章节中说过的，弹性价格的模型有极为古典的性质，货币是中性的，财政政策只影响价格水平。相反，在菜单成本均衡中，财政政策和货币政策都影响产出和就业，因此让模型变得更具凯恩斯式的特点。下面我们说明在这个结果中，名义刚性（由于价格调整的菜单成本而引致的价格黏性）和实际刚性（由水平的劳动力供给线而引致的实际价格不变）都是很重要的。但是之前，我们必须通过证明这里有与上面所发现的总需求效应相关的一阶福利效应来解释菜单成本研究中的（c）部分。

与以前一样，我们用间接效用函数来计算总需求冲击在菜单成本均衡中的福利效应。在式（12.52）中应用式（12.69）和式（12.70）（在 $\sigma\to\infty$ 的条件下），我们得到一些另外的间接效用的表达式：

$$\begin{aligned}V&=\alpha^{\alpha}(1-\alpha)^{1-\alpha}\left[Y+\frac{M_0}{P}-G\right]-\gamma_L L\\&=\alpha^{\alpha}(1-\alpha)^{1-\alpha}\left[\frac{M_0+\Pi}{P}-G\right]+\left[\alpha^{\alpha}(1-\alpha)^{1-\alpha}\frac{W}{P}-\gamma_L\right]L\\&=\alpha^{\alpha}(1-\alpha)^{1-\alpha}\left[\frac{M_0+\Pi}{P}-G\right]。\end{aligned}\tag{12.74}$$

从第一个表达式到第二个表达式，我们利用了总利润收入的定义（$\Pi\equiv PY-WL$），从第二个表达式到第三个表达式，我们利用了劳动力供给等式（T3.5）。财政政策明显有一阶财富效应。应用式（12.74）的第一行和式（12.69）我们得到：

$$\begin{aligned}\left(\frac{dV}{dG}\right)_T^{MCE}&=\alpha^{\alpha}(1-\alpha)^{1-\alpha}\left(\frac{dC}{dG}\right)_T^{MCE}-\gamma_L\left(\frac{dL}{dG}\right)_T^{MCE}\\&=-\frac{\gamma_L}{\mu}\frac{P}{W}=-\frac{\alpha^{\alpha}(1-\alpha)^{1-\alpha}}{\mu}<0,\end{aligned}\tag{12.75}$$

其中第二个等式利用了式（12.71）和式（12.72）以由第一行推出第二行。政府消费的增加等量地提高了产量，但这并不是免费的（如同 12.1.5 节中凯恩斯的故事），因为家庭需要提供更多工作时间。因为劳动力市场是竞争性的，家庭提供劳动并没有额外的收益；额外工资收入恰好补偿了家庭不得不更努力工作的程度（Blanchard and Kiyotaki，1987，p. 654）。因此，只有额外利润收入补偿了由于政府额外支出带

来的福利损失。事实上，福利效应式（12.75）可以用 MCPF 重新表述为

$$0<MCPF_T^{MCE}\equiv-\frac{1}{U_C}\cdot\left(\frac{dV}{dG}\right)_T^{MCE}=\frac{1}{\mu}=\frac{\theta-1}{\theta}<1, \tag{12.76}$$

其中，我们应用了消费的边际效用等于 $U_C=\alpha^\alpha(1-\alpha)^{1-\alpha}$ 的条件。在产品市场上市场力量的存在一定程度上缓解了但并没有消除有关公共支出冲击的社会成本。

货币政策在菜单成本均衡中也有一阶福利效应。事实上，应用式（12.74）中最后一个表达式我们得到：

$$\begin{aligned}\left(\frac{dV}{dM_0}\right)^{MCE}&=\alpha^\alpha(1-\alpha)^{1-\alpha}\left[\frac{1}{P}+\left(\frac{d(\Pi/P)}{dM_0}\right)^{MCE}\right]\\&=\frac{\alpha^\alpha(1-\alpha)^{1-\alpha}}{P}\left[1+P\left(\frac{dY}{dM_0}\right)^{MCE}-W\left(\frac{dL}{dM_0}\right)^{MCE}\right]\\&=\frac{\alpha^\alpha(1-\alpha)^{1-\alpha}}{P}\left[1+\frac{1}{\theta}\frac{\alpha}{1-\alpha}\right]>0。\end{aligned} \tag{12.77}$$

式（12.77）右边括号以外的项代表名义收入的边际效用。式（12.77）右边括号里包括两种效应，分别是流动性效应和利润效应。如 Blanchard 和 Kiyotaki（1987, p. 654 n. 13）所指出的，流动性效应的存在是因为如果实际货币进入效用函数，即使竞争均衡（其中 $1/\theta=0$）也是次优的。如第 11 章中所解释的，这种无效是因为人们节约某种从社会角度来看并不稀缺的资源（法定货币）。因此，当消费不变时，实际货币量的增加构成了一部分福利所得，因为它降低了实际货币量的边际效用且使经济更接近弗里德曼饱和点。这个效应无视产品市场的竞争本质而发生作用。

与流动性效应相反，式（12.77）中的利润效应只在垄断竞争条件下起作用（即当 $1/\theta$ 有限时）。这通过家庭的利润收入起作用。货币存量的增加提高了产量和利润收入，这导致家庭获得除流动性效应之外的福利。因为这两种效应都往相同方向起作用，在菜单成本均衡中名义货币量增加的总福利效应毫无疑问为正并且是一阶的。

#### 12.3.1.2 一些模拟

在前面的章节中，我们说明了（在水平的劳动力供给曲线的情况下，即 $\sigma\to\infty$）有小额菜单成本时，货币政策和财政政策都有一阶福利效应。于是我们验证了 Akerlof 和 Yellen（1985a，1985b）的基本菜单成本理论。在表 12—4 和表 12—5 中，我们用一个更一般的菜单成本模型给出了一些数值模拟。特别地，我们通过改变关键参数，比如劳动力供给弹性（$\sigma$）、加价（$\mu$）和边际成本函数的弹性（$\sigma_Y\equiv(1-\gamma)/\gamma$）来研究菜单成本理论的稳健性。

为了进行模拟，必须对所有出现在表 12—3 中的参数的数值进行选择。我们采用下面的所谓的校准方法。我们建立一个能使我们特别关注的参数（$\sigma$、$\sigma_Y$ 和 $\mu$）自由变动的模型。令一些量/份额在整个模拟中保持不变（在经济上是合理的数值）。

表 12—4　　菜单成本及加价

| $\Delta M=0.05$ $\sigma_Y=0.1$ | $\mu=1.10$ | | | $\mu=1.25$ | | |
|---|---|---|---|---|---|---|
| | 菜单成本 | 福利收益 | 比例 | 菜单成本 | 福利收益 | 比例 |
| $\sigma=0.2$ | 20.44 | 28.6 | 1.40 | 18.10 | 29.1 | 1.61 |
| $\sigma=0.5$ | 7.85 | 28.9 | 3.68 | 6.96 | 29.4 | 4.22 |
| $\sigma=1$ | 3.95 | 29.0 | 7.35 | 3.51 | 29.5 | 8.40 |
| $\sigma=2.5$ | 1.69 | 29.1 | 17.18 | 1.51 | 29.5 | 19.49 |
| $\sigma=5$ | 0.94 | 29.1 | 30.80 | 0.86 | 29.6 | 34.37 |
| $\sigma=10^6$ | 0.20 | 29.1 | 146.12 | 0.20 | 29.6 | 145.73 |

| | $\mu=1.50$ | | | $\mu=2$ | | |
|---|---|---|---|---|---|---|
| $\sigma=0.2$ | 15.23 | 29.8 | 1.96 | 11.53 | 30.6 | 2.65 |
| $\sigma=0.5$ | 5.87 | 30.0 | 5.11 | 4.55 | 30.8 | 6.76 |
| $\sigma=1$ | 2.99 | 30.1 | 10.06 | 2.35 | 30.8 | 13.12 |
| $\sigma=2.5$ | 1.32 | 30.1 | 22.80 | 1.06 | 30.8 | 29.12 |
| $\sigma=5$ | 0.76 | 30.1 | 39.56 | 0.63 | 30.9 | 48.68 |
| $\sigma=10^6$ | 0.21 | 30.1 | 144.67 | 0.21 | 30.9 | 144.95 |

特别地，厂商数是 $N_0=1\,000$（大），稳态收益中劳动成本的份额为 $\omega_F\equiv WNF/PY=0.05$，政府消费的产出份额为 $\omega_G\equiv G/Y=0.1$，货币流通速度 $v_M\equiv M_0/(PY)_0=6$。我们假设初始货币供给为 $M_0=1$，初始产量和就业也标准化为 $Y_0=L_0=1$。对于一个给定的（$\sigma$，$\sigma_Y$，$\mu$），我们可以用校准参数（$\alpha$，$\gamma_L$，$F$，$k$）来计算初始稳态下的内生变量（$Y$，$C$，$P$，$W/P$，$L$，$\Pi/P$），即在这种方法下，稳态与我们上面提出的份额和参数信息是一致的。

因为并不是所有读者都熟悉校准理论模型的这种方法，我们将详细说明我们是怎样解出剩下的变量和参数的。我们用下标“0”来表示初始稳态值。由式（T3.1）有 $C_0=(1-\omega_G)Y_0=0.9$ 和 $G_0=\omega_G Y_0=0.1$。改写货币流通速度的定义式，我们得到 $P_0=M_0/(v_M Y_0)=1/6$。从式（T3.2）中我们得到 $\omega_C\equiv C/Y=\alpha v_M/(1-\alpha)$，可以解得 $\alpha=\omega_C/(\omega_C+v_M)\approx 0.13$。定义净利润份额 $1-\varepsilon_L\equiv[\Pi/(PY)]_0$，从式（T3.3）和 $\omega_F$ 的定义可知，$\varepsilon_L=\gamma/\mu+\omega_F$［其中 $\gamma\equiv 1/(1+\sigma_Y)$］。从定义 $\varepsilon_L\equiv[WL/(PY)]_0$ 中我们得到初始实际工资的表达式 $(W/P)_0=\varepsilon_L$。令 $\gamma_L=(W/P)_0\alpha^\alpha(1-\alpha)^{1-\alpha}$，实际工资的表达式与式（T3.5）一致。从 $\omega_F$ 的定义来看，我们发现 $F=(Y/N)_0/(W/P)_0=(N_0\varepsilon_L)^{-1}$。$k$ 的值可以从式（T3.4）中得到：$k=\gamma[\varepsilon_L\mu(Y/N)_0^{\sigma_Y}]^{-1}$，$\Pi_0$ 可以从式（T3.3）中得到。比如，当 $\mu=1.25$，$\sigma_Y=0.1$，$\sigma=10^6$ 时，用校准法可以解得变量和参数的值：

$$
\begin{array}{llll}
Y_0=1 & C_0=0.9 & G_0=0.1 & L_0=1 \\
N_0=1\,000 & (W/P)_0=0.777 & P_0=0.167 & \Pi_0=0.037\,1 \\
\alpha=0.130 & \gamma_L=0.528 & k=1.867 & F=6.433\times 10^{-5}
\end{array}
\tag{12.78}
$$

为了从数值上研究菜单成本理论，我们利用 Blanchard 和 Kiyotaki（1987，p. 658）的方法，将货币供给提高 5%，观察非平凡的货币冲击。我们在两种极端情况下研究这个经济。在完全调整的情况下，所有厂商都支付菜单成本并且根据更高水平的总需求来调整它们的产品价格。相反，在无调整的情况下，所有厂商保持价格不变，并且扩大产出来满足总需求的扩张。

假设菜单成本以经常性劳动的形式表示（比如雇用工人来改变价格标签），在完全调整情况下，模型包括式（T3. 1）和式（T3. 2）以及式（T3. 4）和式（T3. 5）加上扩大的利润函数：

$$\Pi^{FA}=\frac{\mu-\gamma}{\mu}PY-WN(F+Z), \tag{12.79}$$

其中，上标“*FA*”表示完全调整。对于给定的 $Z$ 值，这个系统可以通过数值方法求出内生变量 $\Pi^{FA}$、$Y$、$L$、$P$、$C$ 和 $W$。

相反，在无调整情况下，所有厂商保持其价格不变（$P=P_0$），系统由式（T3. 1）、式（T3. 2）、式（T3. 5）和无调整的利润函数（上标为“*NA*”）组成：

$$\Pi^{NA}=P_0Y-W[kY^{1/\gamma}N^{1-1/\gamma}+NF]。 \tag{12.80}$$

这些等式可以用数值方法求出内生变量 $\Pi^{NA}$、$Y$、$L$、$C$ 和 $W$。

在最后一步中，我们比较两种情况下的利润水平并找出菜单成本的最小值 $Z_{MIN}$，此时价格不调整是一个均衡，即 $\Pi^{FA}$ 此时比 $\Pi^{NA}$ 小。在表 12—4 和表 12—5 中，我们给出了不同参数组合的一些指数。在表 12—4 中我们考虑加价的四个不同的值（$\mu\in\{1.1, 1.25, 1.5, 2\}$）和劳动力供给弹性的六个不同的值（$\sigma\in\{0.2, 0.5, 1, 2.5, 5, 10^6\}$）。在每种情况下，“菜单成本”的条目表示菜单成本占收益的份额，这里对所有厂商来说不调整是一个均衡，即这一项等于：

$$菜单成本=100\times\left[\frac{N_0(W)^{NA}Z_{MIN}}{P_0Y^{NA}}\right], \tag{12.81}$$

其中，$(W)^{NA}$ 和 $Y^{NA}$ 分别是价格不调整时的名义工资和产出。所以，比如当 $\mu=1.1$，$\sigma_Y=0.1$，$\sigma=10^6$ 时，表 12—4 中的结果表明当菜单成本占比不超过收益的 0.20% 时，无调整的价格会导致 $\Pi^{NA}>\Pi^{FA}$。“福利收益”的条目是用产出份额表示的福利所得，由货币冲击所致，当无价格调整时为

$$福利收益=100\times\left[\frac{V^{NA}-V_0}{U_CY^{NA}}\right], \tag{12.82}$$

其中，$U_C\equiv\alpha^{\alpha}(1-\alpha)^{1-\alpha}$ 是收入的边际效用，$V_0$ 是初始福利，$V^{NA}$ 是冲击之后价格未调整带来的福利。所以，如果 $\mu=1.1$，$\sigma_Y=0.1$，$\sigma=10^6$，货币冲击会使福利提高 29.1%。最后，“比例”的条目是福利收益和宏观菜单成本的比例。对于这里考虑的特殊例子，这个比例是 146.12，所以小额的菜单成本会产生很大的福利效应。

**表 12—5　　　　　　　　菜单成本及边际成本弹性**

| $\Delta M=0.05$ <br> $\mu=1.25$ | $\sigma_Y=0$ | | | $\sigma_Y=0.05$ | | |
|---|---|---|---|---|---|---|
| | 菜单成本 | 福利收益 | 比例 | 菜单成本 | 福利收益 | 比例 |
| $\sigma=0.2$ | 17.44 | 29.2 | 1.67 | 17.72 | 29.2 | 1.65 |
| $\sigma=0.5$ | 6.61 | 29.4 | 4.45 | 6.76 | 29.4 | 4.35 |
| $\sigma=1$ | 3.17 | 29.5 | 9.31 | 3.34 | 29.5 | 8.84 |
| $\sigma=2.5$ | 1.19 | 29.5 | 24.73 | 1.36 | 29.5 | 21.69 |
| $\sigma=5$ | 0.52 | 29.6 | 56.72 | 0.70 | 29.6 | 42.23 |
| $\sigma=10^6$ | $\rightarrow 0$ | 29.6 | $\rightarrow\infty$ | 0.04 | 29.6 | 672.74 |

| | $\sigma_Y=0.1$ | | | $\sigma_Y=0.2$ | | |
|---|---|---|---|---|---|---|
| $\sigma=0.2$ | 18.10 | 29.1 | 1.61 | 18.54 | 29.1 | 1.57 |
| $\sigma=0.5$ | 6.96 | 29.4 | 4.22 | 7.34 | 29.4 | 4.00 |
| $\sigma=1$ | 3.51 | 29.5 | 8.40 | 3.84 | 29.5 | 7.67 |
| $\sigma=2.5$ | 1.51 | 29.5 | 19.49 | 1.83 | 29.5 | 16.16 |
| $\sigma=5$ | 0.86 | 29.6 | 34.37 | 1.15 | 29.5 | 25.60 |
| $\sigma=10^6$ | 0.20 | 29.6 | 145.73 | 0.49 | 29.6 | 60.60 |

在表 12—4 中我们保持边际成本弹性不变（$\sigma_Y=0.1$）且考虑不同的加价（$\mu$）和劳动力供给替代弹性（$\sigma$）的组合。正如 Blanchard 和 Kiyotaki（1987，p. 658）所示，我们在这些模拟中找到了一些重要的特征。第一，对于不同的参数组合，福利并不会改变很多。第二，对于给定的 $\sigma$ 值，利润不在很大程度上影响菜单成本和比例。第三，对于给定的 $\mu$ 值，菜单成本非常依赖于劳动弹性的值。比如，在实证中比较合理的是，净加价为 25%，即 $\mu=1.25$。如果劳动力供给是无限弹性的（$\sigma\rightarrow\infty$），菜单成本占未调整价格收益的 0.2%，比例是 145.73。对于较低的、更实际的 $\sigma$ 值，这个比例下降得很快。比如，如果 $\sigma=1$，那么只有非常高的菜单成本（占收益的 3.51%）才可以阻止厂商进行价格调整。直观地，如果劳动力供给不是很有弹性，无价格调整的产出扩张使得工资（进而生产成本）上涨很快，并使得价格调整变得有利可图。

在表 12—5 中，我们保持加价不变（$\mu=1.25$）并且考虑各种边际成本弹性（$\sigma_Y$）和劳动力供给弹性（$\sigma$）的组合。关键是从这个表中可以得出与前一张表一样的结论：福利收益对于（$\sigma$，$\sigma_Y$）的组合非常不敏感，$\sigma_Y$ 的值不会对菜单成本和比例产生很大影响，劳动力供给弹性会对菜单成本和比例产生很大影响。

#### 12.3.1.3　评价

从图形来看模拟结果表明标准菜单成本模型有一个问题，因为只有在劳动力供给非常有弹性时，货币冲击后的无调整价格才是一个均衡（Blanchard and Kiyotaki，1987，p. 663）。当劳动力供给弹性是一个实际值时，就存在很强的激励去调整价格，名义摩擦只造成了很小的非中性。[①] Ball 和 Romer（1990）认为菜单成本理论可以在经济有实际和名义刚性时得到补救。在实际刚性方面，它们指“实际工资或实际价格对经济活动的改变无反应”的现象（Ball and Romer，1990，p. 183）。名义刚性可以采用小额菜单成本的形式或不完全理性的形式（Akerlof and Yellen，1985a，1985b）。在孤立经济中，实际刚性并不代表价格非弹性。但是与名义刚性相结合，高度的实际刚性就表示货币冲击的替代效应。在前面章节的模型里，劳动力供给的高弹性导致很大程度上的实际刚性。事实上，对于 $\sigma \to \infty$，实际工资不变［参见式（T3. 5）］且对于经济活动是完全不敏感的。Ball 和 Romer（1990）讨论了一些另外的导致实际刚性的模型，比如劳动力市场的效率工资模型和产品市场的不完全信息的顾客市场模型。

Rotemberg（1987，pp. 80－81）指出了一些菜单成本理论问题。第一，菜单成本均衡可能不是唯一的。在我们的模型中，他的论点如下。回忆一下，$Z_{MIN}$ 代表使得厂商 $j$ 在其他厂商价格不变时也不改变价格而能有利可图的菜单成本的最小值。但是如果有一个厂商在 $Z=Z_{MIN}$ 时改变价格，其他所有厂商改变价格也是有利可图的，所以我们有两个均衡：要么厂商都改变价格，要么都保持不变。现在我们定义 $Z_{MIN}^{*}$ 是厂商 $j$ 在其他厂商改变价格时保持价格不变而能有利可图的菜单成本的最小值。显然，$Z_{MIN}^{*}$ 要超过 $Z_{MIN}$。进一步，如果 $Z \geqslant Z_{MIN}^{*}$，菜单成本均衡就是唯一的。但是对于跨期情况，$Z \in (Z_{MIN}, Z_{MIN}^{*})$ 时，有三种均衡：一种是没有厂商调整价格，一种是所有厂商都调整价格，以及中间情况——有比例为 $\phi$ 的厂商调整价格（$0<\phi<1$）。Rotemberg（1987，p. 90）认为多重均衡是经济模型的一个软肋。重要的是，有多重均衡时就不可能预测对于特定政策冲击的经济反应。

菜单成本理论的第二个问题是它也可以应用于产量而不是价格。事实上，如果有产量调整的成本［比如因为资本必须在决定价格之前投入，Shapiro（1989，pp. 350－351）］，那么调整价格并使产量不变对厂商而言可能就是最优的（Rotemberg，1987，p. 77）。

最后，Rotemberg（1987，pp. 85－91）和 Blanchard（1990，p. 822）指出菜单成本方法解释价格调整的一个实际缺点是它并不能方便地推广到动态情形中。[②] 为此我们现在讨论避免这一缺点的两种方法。

### □ 12. 3. 2 二次价格调整成本

在一篇有影响的论文中，Rotemberg（1982）提出了一个非常有吸引力的价格调整的动态模型，其中假设价格调整成本是二次的（如第 2 章和第 4 章中的投资文献一样）。直观地，他的模型解决了两步（理论上）动态调整问题。在第一步中，决定了在没有价格调整成本的情形下，厂商 $j$ 会选择达到均衡价格的路径（包括均衡

① 正如我们在第 15 章中所说的，竞争性的实际经济周期（RBC）模型有同样的问题，因为只有在（跨期）劳动力供给弹性很大时，实际冲击才会产生大的产出改变。

② 最近的带菜单成本的动态一般均衡模型参见 Danziger（1999）。

解）。将当期（计划期）记为 $t=0$，厂商 $j$ 的均衡路径记为序列 $\{P_{j,\tau}^{*}\}_{\tau=0}^{\infty}$。在第二步中，罗滕伯格围绕这个均衡路径采取了厂商利润函数的二次近似，且包括了调整成本。他指出厂商的动态目标函数可以写成如下形式：

$$\Omega_0=\sum_{\tau=0}^{\infty}\left(\frac{1}{1+\rho}\right)^{\tau}\left[(p_{j,\tau}-p_{j,\tau}^{*})^2+c(p_{j,\tau}-p_{j,\tau-1})^2\right], \tag{12.83}$$

其中，$(1+\rho)^{-1}$是厂商的贴现因子，$c$ 为常数，$p_{j,\tau}\equiv\ln P_{j,\tau}$ 且 $p_{j,\tau}^{*}\equiv\ln P_{j,\tau}^{*}$。当存在价格调整成本时，厂商选择一系列实际价格 $\{P_{j,\tau}\}_{\tau=0}^{\infty}$来最小化背离最优值的成本，这个最优值是指假设不存在价格调整成本条件下的最优值。式（12.83）表明这些“背离成本”由两部分组成。式（12.83）右边第一个二次项代表在次优水平定价的期内成本，即不同于 $P_{j,\tau}^{*}$ 水平时的定价。式（12.83）右边第二个二次项代表由于价格调整成本导致的厂商的跨期成本。$c$ 越高，价格调整成本越高。

在 $\tau$ 期最优价格的一阶条件可通过式（12.83）并令 $\partial\Omega_0/\partial p_{j,\tau}=0$ 得到：

$$\begin{aligned}\frac{\partial\Omega_0}{\partial p_{j,\tau}}=&\left(\frac{1}{1+\rho}\right)^{\tau}\left[2(p_{j,\tau}-p_{j,\tau}^{*})+2c(p_{j,\tau}-p_{j,\tau-1})\right]\\&-\left(\frac{1}{1+\rho}\right)^{\tau+1}\left[2c(p_{j,\tau+1}-p_{j,\tau})\right]=0。\end{aligned} \tag{12.84}$$

经过一些直接的变换我们得到式（12.84）的简化形式：

$$p_{j,\tau+1}-\left[1+(1+\rho)\frac{1+c}{c}\right]p_{j,\tau}+(1+\rho)p_{j,\tau-1}=-\frac{1+\rho}{c}p_{j,\tau}^{*}。 \tag{12.85}$$

式（12.85）是一个 $p_{j,\tau}$的二阶差分方程，其系数不变，还有一个可能随时间改变的外力项 $p_{j,\tau}^{*}$。为了解出这个方程我们需要两个边界条件。第一个是初始条件，源于厂商何时作出价格决定 $p_{j,\tau}$，前期价格（$p_{j,\tau-1}$）是给定的。第二个边界条件是终点条件，厂商希望在较远的未来定价接近 $p_{j,\tau}^{*}$（原文为 $p_{t,\tau}^{*}$，疑有错。——译者注）[细节参见 Rotemberg（1982，pp. 523－524）]：

$$\lim_{\tau\to\infty}\left[(p_{j,\tau}-p_{j,\tau}^{*})+c(p_{j,\tau}-p_{j,\tau-1})\right]=0。 \tag{12.86}$$

Kennan（1979，p. 1443）和 Rotemberg（1987，p. 92）说明在计划期的价格 $p_{j,0}$可以写成：

$$p_{j,0}=\lambda_1 p_{j,-1}+(1-\lambda_1)\left[\frac{\lambda_2-1}{\lambda_2}\sum_{\tau=0}^{\infty}\left(\frac{1}{\lambda_2}\right)^{\tau}p_{j,\tau}^{*}\right], \tag{12.87}$$

其中，$0<\lambda_1<1$ 且 $\lambda_2>1$。[①] 定价规则式（12.87）背后的经济直观意义如下。当存在价格调整成本时，厂商发现随时间推移逐渐调整价格是最优的。所以，任一时期的最优价格是上一期价格 $p_{j,-1}$和式（12.87）右边方括号里的长期目标价格的加权平均。这个目标价格依赖于现在和未来的均衡价格（$p_{j,\tau}^{*}$，$\tau=0$，1，…）。在均衡价

① 阅读数学附录的读者会发现 $\lambda_1$ 和 $\lambda_2$ 分别是差分方程（12.85）的稳定和不稳定的特征根。

格（预期）无限期保持不变的特殊情况里，我们有 $p_{j,\tau}^*=p_j^*$ 且目标价格等于 $p_j^*$。但是在一般情况中，厂商知道它所追求的是一个变动的目标（而不是静止的），因为均衡价格在未来具有可变性（比如因为预期到政策冲击）。

### □ 12.3.3 交错价格契约

在一些文献中，卡尔沃（Calvo）提出了另外一种方法来对黏性总价格进行建模[参见 Calvo（1982，1983，1987）以及 Calvo 和 Végh（1994）]。他的主要思想源于 Phelps（1978）和 Taylor（1980）的早期论文，利用价格契约是交错的（staggered）这一特点。Calvo（1987，p. 144）采用了以下定价方法。每期自然给厂商一个信号，可能是"绿灯"或者"红灯"，概率分别为 $\pi$ 和 $1-\pi$。这些可能性对于经济中所有厂商都是一样的。接收到绿灯信号的厂商可以在那一期调整到最优价格而且必须保持这个价格不变，直到下一个绿灯信号出现。

为了解决接收到绿灯信号的厂商的定价问题，我们可以采用与前面的章节一样的办法。在没有价格摩擦时，厂商 $j$ 总是希望定价等于其均衡价格 $P_j^*$。但是在有价格摩擦时，厂商要最小化背离成本 $\Omega_0$，在式（12.83）中给出，但 $c=0$（没有价格调整成本）。将定价方法的前提假设代入目标函数（12.83），我们得到：

$$\begin{aligned}\Omega_0=&(p_{j,0}-p_{j,0}^*)^2+\frac{1}{1+\rho}[\pi(p_{j,1}-p_{j,1}^*)^2+(1-\pi)(p_{j,0}-p_{j,1}^*)^2]\\&+\left(\frac{1}{1+\rho}\right)^2[\pi^2(p_{j,2}-p_{j,2}^*)^2+\pi(1-\pi)(p_{j,1}-p_{j,2}^*)^2\\&+(1-\pi^2)(p_{j,0}-p_{j,2}^*)^2]+\text{高阶项}。\end{aligned}\tag{12.88}$$

对这个表达式的解释如下。在当期（$\tau=0$）厂商收到绿灯信号，所以可以改变价格。式（12.88）右边的第一项给出了在当期背离 $p_{j,0}^*$ 的成本。在下一期（$\tau=1$）厂商可能收到也可能收不到绿灯信号。如果（以概率 $\pi$）收到了绿灯信号，它能够再次根据相应的均衡价格 $p_{j,1}^*$ 设定价格。如果收到了红灯信号，它就必须保持价格不变（$p_{j,0}$）并且要面对与前期选择有关的背离成本。在 $\tau=2$ 期，有三种不同的可能性，依赖于厂商上次收到绿灯信号是何时。

因为现在已经了解了这种过程，我们只关心在计划期厂商设定的价格。可以将式（12.88）写成关于 $p_{j,0}$ 的所有项的和：

$$\begin{aligned}\Omega_0&=(p_{j,0}-p_{j,0}^*)^2+\frac{1-\pi}{1+\rho}(p_{j,0}-p_{j,1}^*)^2+\left(\frac{1-\pi}{1+\rho}\right)^2(p_{j,0}-p_{j,2}^*)^2+\cdots\\&=\sum_{\tau=0}^{\infty}\left(\frac{1-\pi}{1+\rho}\right)^{\tau}(p_{j,0}-p_{j,\tau}^*)^2+\cdots,\end{aligned}\tag{12.89}$$

其中，剩下的项不包括 $p_{j,0}$。在贴现因子中表现出来的价格摩擦已经考虑进去。在任一期，收到绿灯信号的概率越高，摩擦越小，未来均衡价格的权重越低。

厂商选择 $p_{j,0}$ 来最小化 $\Omega_0$。一阶条件由 $\partial\Omega_0/\partial p_{j,0}=0$ 给出，可写成：

$$p_{j,0}\sum_{\tau=0}^{\infty}\left(\frac{1-\pi}{1+\rho}\right)^{\tau}=\sum_{\tau=0}^{\infty}\left(\frac{1-\pi}{1+\rho}\right)^{\tau}p_{j,\tau}^*。\tag{12.90}$$

因为式（12.90）左边的无限级数趋于 $(1+\rho)/(\pi+\rho)$，我们可以将式（12.90）写成：

$$p_0^n = \frac{\pi + \rho}{1+\rho} \sum_{\tau=0}^{\infty} \left( \frac{1-\pi}{1+\rho} \right)^{\tau} p_{\tau}^{*}。 \quad (12.91)$$

其中，$p_0^n$ 表示通常的在 0 期面对着绿灯信号的厂商的新价格设定。注意到我们假设了所有厂商都是同质的，所以厂商指数并没有在式（12.91）中表现出来。在计划期（$\tau=0$）面对着红灯信号的厂商保持价格在某个前期的设定不变，依据类似式（12.91）的规则，即对于 $s=1，2，\cdots，\infty$，

$$p_{-s}^n = \frac{\pi + \rho}{1+\rho} \sum_{\tau=0}^{\infty} \left( \frac{1-\pi}{1+\rho} \right)^{\tau} p_{\tau-s}^{*}， \quad (12.92)$$

因为 $\pi(1-\pi)^s$ 是在计划期之前保持 $s$ 期价格不变的厂商比例，我们可以将计划期的总价格水平定义为

$$\begin{aligned} p_0 &= \pi p_0^n + \pi(1-\pi) p_{-1}^n + \pi(1-\pi)^2 p_{-2}^n + \pi(1-\pi)^3 p_{-3}^n + \cdots \\ &= \pi \sum_{s=0}^{\infty} (1-\pi)^s p_{-s}^n \\ &= \pi p_0^n + (1-\pi) p_{-1}， \end{aligned} \quad (12.93)$$

其中，$p_{-1} \equiv \pi[p_{-1}^n + (1-\pi)p_{-2}^n + (1-\pi)^2 p_{-2}^n + \cdots]$。计划期的实际总价格水平（$p_0$）是前期的总价格水平（$p_{-1}$）和新设定的价格水平（$p_0^n$）的加权平均。将式（12.91）代入式（12.93），我们得到 $p_0$ 的如下表达式：

$$p_0 = (1-\pi) p_{-1} + \pi \left[ \frac{\pi + \rho}{1+\rho} \sum_{\tau=0}^{\infty} \left( \frac{1-\pi}{1+\rho} \right)^{\tau} p_{\tau}^{*} \right]。 \quad (12.94)$$

如 Rotemberg（1987，p. 93）所指出的，由卡尔沃摩擦［由式（12.94）给出］导出的定价规则与有调整成本的总价定价规则［由式（12.87）给出］很难区分。两种定价规则的好处是它们可以用实际经济的时间序列数据来估计。Rotemberg（1987，p. 93）给出了例子，在美国有 8%的价格每个季度都会调整，意味着总价格调整的时间大概是三年。[①]

## 12.4 小　结

在本章开始，我们建立了一个产品市场垄断竞争的一般均衡模型。产品市场的供给方有许多小企业，每个小企业有少量独特的产品且拥有少量的市场力量。每个企业以最优定价来利用其市场力量。

这个模型给出了乘数的微观基础。在短期中，厂商数目是固定的，税收支持的政府消费的增加提高了产出，尽管要小于政府消费增加的程度。税收增加使家庭变

① 价格固定的期望时间（$ETPF$）是：

$$\begin{aligned} ETPF &= \pi \times 1 + \pi(1-\pi) \times 2 + \cdots + \pi(1-\pi)^{n-1} n + \cdots \\ &= \pi \sum_{s=0}^{\infty} (1-\pi)(1+s) = 1/\pi。 \end{aligned}$$

参见 King 和 Wolman（1996，p. 10）。

穷，这导致他们减少消费和闲暇（而增加劳动力供给）。产出的增加提高了利润收入，部分弥补了消费的减少。在长期中，短期利润的增加使得新厂商持续进入市场直到所有厂商都刚好不赔不赚（张伯伦相切解）。如果家庭喜欢多样化的产品，那么产品种类数的增加会导致消费者实际工资的增加。乘数并不是凯恩斯形式的，因为产出扩大非常依赖于对劳动力供给的反应（新古典主义的特点）。

在垄断竞争下，乘数和公共消费的福利效应之间存在密切的关系，而这种关系在完全竞争条件下是不存在的。在垄断竞争情形下，产品市场存在扭曲，从社会的角度来看，经济太小。通过增加政府消费，产出增加并且经济本身向正确的、提高效用的方向移动。

接下来我们在模型中引入货币。假设家庭从实际货币量中得到效用。（这种包含货币的效用函数的方法已经在第 11 章中详细讨论过，成为一种保证法定货币被经济个体持有的最简单的办法。）垄断竞争本身并不能否认古典二分法。事实上，用一架直升机将货币投下来只是等比例地扩大了名义变量，而所有实际变量都是不变的。

当价格是黏性的时，货币就不再只是纯粹的面纱。在这里垄断竞争的假设是必需的，因为它明确地承认了厂商（而不是某个匿名的拍卖者）在经济中承担着制定价格的责任。我们研究了三种主要方法，其中价格黏性被看作一种均衡现象。菜单成本法假设存在改变价格的小额成本。因为利润函数在顶端是水平的，对于单个厂商而言，扩张（货币的或者财政的）冲击之后，不是提高价格而是提高产量可能是最优的。如果劳动力供给是充分弹性的（因此有足够的实际刚性程度），小额的菜单成本（名义刚性的来源）可以合理地解释一般均衡中工资和价格的固定。在菜单成本均衡中，财政政策和货币政策非常有效，并且货币不是中性的。菜单成本模型的弱点在于它依赖于高弹性的劳动力供给等式，但是在实证的例子中这个特点很难达到。

考虑价格黏性的一个更实际的方法是假设有关于价格改变的凸性成本。在这种方法中，单个厂商试图掌握实际的价格序列来尽量接近理想的价格路径（可在无调整成本时达到）。调整成本的存在保证了厂商将其实际价格设定为上一期价格和某个可以明显看出的长期目标价格的加权平均。在宏观经济方面，调整成本方法给出了弗里德曼和费尔普斯的预期扩大的菲利普斯曲线的微观经济基础。

在总价格黏性的第三种方法中，价格摩擦是随机的。每期自然会给厂商一个信号，可能是绿灯也可能是红灯，其概率是给定的。这些概率对经济中所有厂商都是一样的。一个收到绿灯信号的厂商在当期可以最优化地改变价格（没有调整成本），但是必须保持这个价格直到下一次绿灯信号出现。尽管这个理论在微观经济层面上与调整成本法有本质的不同，但这两种方法都给出了等价的宏观经济定价等式。

## 延伸阅读

Mankiw 和 Romer（1991）列出了新凯恩斯主义经济学的一系列重要文献。也可以参考 Gordon（1990）以及 Bénassi、Chirco 和 Colombo（1994）对新凯恩斯主义经济学的回顾。关于垄断竞争作为基础的乘数，参见 Ng（1982）、Hart（1982）、Solow（1986）、Blanchard 和 Kiyotaki（1987）、Dixon（1987）、Mankiw（1988）以及 Startz（1989）。最近的成就包括 Molana 和 Moutos（1992），Dixon 和 Lawler（1996），Heijdra 和 Ligthart（1997），以及 Heijdra、Ligthart 和 van der Ploeg（1998）。关于垄断竞争均衡的福利性质，参见 Mankiw 和 Whinston（1986）。Bénassy（1991a，1991b，1993b）、Silvestre（1993）以及 Matsuyama（1995）给出了对早期文献的非常好的概述。

对于价格调整成本，参见 Mankiw（1985），Poterba、Rotemberg 和 Summers（1986），Parkin（1986），Dixon 和 Hansen（1999），以及 Danziger（1999）。Levy et al.（1997）给出了在连锁超市中菜单成本大小的实证例子。对于包络定理，参见 Dixit（1990）。关于新凯恩斯主义的菲利普斯曲线，参见 Ball、Mankiw 和 Romer（1988）以及 Roberts（1995）。黏性价格的卡尔沃方法被广泛应用于货币经济，参见 King 和 Wolman（1996，1999），Clarida、Galí 和 Gertler（1999），Goodfriend 和 King（1997），Rotemberg 和 Woodford（1999），以及 Yun（1996）。

Kiyotaki（1988）和 Bénassy（1993a）表明在垄断竞争条件下，家庭有理性预期可能不是最优的。有很多关于多重均衡和协调失败的文献，参见 Diamond（1982，1984a，1984b）、Howitt（1985）、Shleifer（1986）、Diamond 和 Fudenberg（1989，1991）、Cooper 和 John（1988）、Weil（1989a）以及 Benhabib 和 Farmer（1994）。Cooper（1999）给出了这些文献的一个非常好的概述。多重均衡和动物精神的经典来源参见 Keynes（1937）。

# 第 13 章 外生经济增长

本章的目标是讨论以下问题：

1. 经济增长最重要的一些典型事实是什么？
2. 索洛-斯旺模型能在多大程度上解释这些典型事实？
3. 将人力资本加入索洛-斯旺模型的最重要的启示是什么？
4. 基于动态最优的消费者的增长模型的最重要特征有哪些？
5. 财政政策和李嘉图等价在不同的增长理论中表现如何？

## 13.1 经济增长的典型事实

根据 Kaldor（1961，pp. 178－179），一个合意的经济增长理论必须可以解释以下六个“典型事实”（stylized facts，SF），这些典型事实在大多数资本主义社会中普遍存在。

（SF1）（*）单位工人的产出表现出持续的增长，且生产率增长率没有下降趋势。

（SF2）单位工人的资本表现出持续的增长。

（SF3）资本回报率保持不变。

（SF4）（*）资本产出比保持不变。

（SF5）（*）劳动和资本收入占总收入的比例保持不变。

（SF6）（*）国家之间存在普遍的生产率增长的差别。

注意到这些典型事实并非都相互独立：（SF1）和（SF4）的成立显然会使（SF2）也成立。同样，利用（SF4）和（SF5）也可以推导出（SF3）。所以，以上打星号的事实是最基本的。Romer（1989，p. 55）表示有证据使他对（SF5）保持怀疑，但是，其他事实即使在卡尔多（Kaldor）的主张第一次提出40年后也依然可以被视为典型化的。

Romer（1989，p. 55）提出其他五个典型事实，增长理论家能够对这些典型事实进行解释。

（SF7）在一个时间截面上，平均增长率不会背离人均收入水平。

（SF8）要素投入的增长率不足以解释产出的增长率；也就是说，增长的核算和实际的增长之间总是存在一定的残差。

（SF9）交易量的增长与产出的增长呈正相关关系。

（SF10）人口增长率与收入水平呈负相关关系。

（SF11）技术和非技术工人都倾向于向高收入国家转移。

虽然我们对最后三个典型事实的讨论不多，但是其他事实将会被经常提及。

## 13.2 索洛-斯旺模型

新古典增长模型是分别由Solow（1956）和Swan（1956）独立建立的。他们理论的核心是提出了总产出函数（这也是贯穿本书的函数）。该函数可以一般性地写成如下形式：

$$Y(t)=F(K(t),L(t),t), \tag{13.1}$$

其中，$Y$是总产出，$K$是总资本存量，$L$是就业总量，$t$是时间指标，在方程中独立出现以体现技术可能会随时间推移而变化。我们仍然假设厂商行为的完全竞争性，这意味着函数必须满足规模报酬不变。我们称它为技术的第一个性质（P1）[①]：

$$F(\lambda K(t),\lambda L(t),t)=\lambda F(K(t),L(t),t), \quad \lambda>0, \tag{P1}$$

假设整个家庭部门（或者代表性家庭）消费产出的比例固定，且将剩余的收入储蓄起来。经济中的总储蓄就是：

$$S(t)=sY(t), \quad 0<s<1, \tag{13.2}$$

其中，$s$是假设外生给定的固定储蓄倾向。在一个封闭经济中，产出全部分配给消费$C(t)$和投资$I(t)$：

$$Y(t)=C(t)+I(t), \tag{13.3}$$

其中，我们假设现在政府消费为零。合计总投资是重置投资资本$\delta K(t)$（$\delta$是不变折旧率）和资本总量净增长$\dot{K}(t)$的总和，$\dot{K}(t)\equiv dK(t)/dt$：

---

① 参见第4章有关生产理论的插叙4.3。

$$I(t)=\delta K(t)+\dot{K}(t)。\tag{13.4}$$

我们假设劳动力供给是外生的，但是总人口以一个固定的速度 $n_L$ 呈指数增长：

$$\frac{\dot{L}(t)}{L(t)}=n_L \quad \Leftrightarrow \quad L(t)=L(t_0)e^{n_L(t-t_0)},\tag{13.5}$$

其中，$\dot{L}(t)\equiv dL(t)/dt$，$L(t_0)$ 是基年的人口水平。当然，我们通常假设 $t_0=0$，$L(0)=1$。

### □ 13.2.1 无技术进步

我们首先考察技术不随时间推移而改变的情况，即生产函数（13.1）具有相同的时间指数：

$$Y(t)=F(K(t),L(t)),\tag{13.6}$$

除了线性同质［性质（P1）］外，生产函数对两种生产要素都有正但递减的边际产出：

$$F_K,F_L>0,\quad F_{KK},F_{LL}<0,\quad F_{KL}>0。\tag{P2}$$

我们坚持的另一个更有争议的假设是，$F(\cdot)$ 服从“稻田条件”［Inada conditions，Inada（1963）］，这保证了函数在原点（$K$ 或 $L$ 等于零处）和无穷远处（$K$ 或 $L$ 趋向于无穷处）都有良好的曲率性质[①]：

$$\lim_{K\to 0}F_K=\lim_{L\to 0}F_L=+\infty,\quad \lim_{K\to\infty}F_K=\lim_{L\to\infty}F_L=0。\tag{P3}$$

如同我们将要在第 14 章证明的，这些条件并不是看上去的那样无关痛痒，实际上它们排除了一些有趣的非标准情况。

无技术进步的索洛-斯旺模型由式（13.2）～式（13.5）加上储蓄投资等式 $S(t)\equiv I(t)$ 组成。由于劳动力增长，得出一个在产出、资本水平上的稳态是不可能的，但这个问题可以通过将所有变量都进行人均表示或者采用变量的集约形式来轻松纠正。例如，定义 $y(t)\equiv Y(t)/L(t)$，$k(t)\equiv K(t)/L(t)$ 等。那么模型可以被简化为一个关于人均资本存量的微分方程，见插叙 13.1：

$$\dot{k}(t)=sf(k(t))-(\delta+n_L)k(t),\tag{13.7}$$

其中，$f(k(t))$ 是生产函数的集约形式[②]：

$$f(k(t))\equiv F(K(t)/L(t),1)。\tag{13.8}$$

通过画出 $k(t)$ 的相图，我们可以洞察一些模型的性质，见图 13—1。图中，直线 $(\delta+n_L)k(t)$ 表示用于重置折旧资本和赋予新增劳动力与原来劳动力等量资本的投

---

① 具有讽刺意味的是，这是两个我们人类知道得最少的点。“我们从哪里来，将要去哪里”这个问题让神学家来处理可能会比让宏观经济学家来处理更好。稻田条件排除了对神学做深入探讨的需要。

② 因为式（13.6）满足性质（P1），我们可以写为 $\lambda Y=F(\lambda K,\lambda L)$。令 $\lambda=1/L$，我们可得 $Y/L=F(K/L,1)$。

资。由于劳动力增长，这条直线包含了劳动力增长率 $n_L$。

由于假设储蓄率 $s$ 不变，人均储蓄曲线和集约生产函数有相同的形状。要画出这条曲线，我们需要知道当 $k(t)=0$ 和 $k(t)\to\infty$ 时的情况。从式（13.8）我们得到：

$$f'(k(t))\equiv F_K(k(t),1),\quad f''(k(t))\equiv F_{KK}(k(t),1), \tag{13.9}$$

对于稻田条件（P3），我们只需要知道：$f(k(t))$ 在原点处是垂直的、凹的，且当人均资本不断积累时变得越来越平缓。所以 $f(k(t))$ 和 $sf(k(t))$ 如图 13—1 所示。[①]

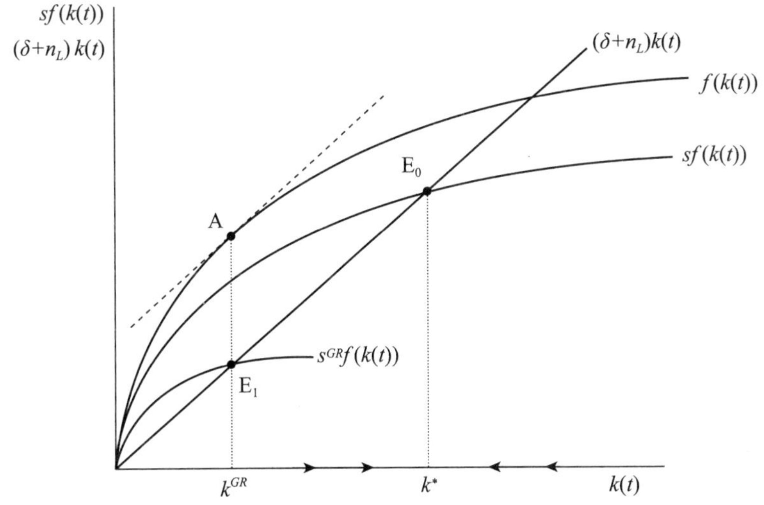


图 13—1 索洛-斯旺模型



**插叙 13.1**

## 推导基本微分方程

我们知道在缺少政府部门的封闭经济中，产出等于：

$$Y(t)=C(t)+I(t)=C(t)+S(t), \tag{a}$$

所以从第二个等式可以得到：

$$S(t)=I(t)。 \tag{b}$$

用式（13.2）和式（13.6）代替式（b）的左边，用式（13.4）代替式（b）的右边我们可得：

$$s\cdot F(K(t),L(t))=\delta K(t)+\dot{K}(t)。 \tag{c}$$

两边同除以人口数得：

---

① Barro 和 Sala-i-Martin（1995，p. 52）证明了如果满足性质（P1）～（P3），那么两个投入要素都是重要的。所以 $F(0,L)=F(K,0)=f(0)=0$。

$$s \cdot \frac{F(K(t),L(t))}{L(t)}=\delta K(t)+\frac{\dot{K}(t)}{L(t)}, \tag{d}$$

其中，$k(t)=K(t)/L(t)$，生产函数是规模报酬不变的，于是可以写为

$$F(K(t),L(t))=L(t)\cdot F(K(t)/L(t),1)=L(t)\cdot f(k(t)), \tag{e}$$

其中，最后一步中用到了式（13.8）。仍然可以为 $\dot{K}(t)/L(t)$ 找一个合适的表达式。从 $k(t)$ 的定义中我们可以得到：

$$\begin{aligned}\dot{k}(t)&\equiv\frac{1}{L(t)}\cdot\dot{K}(t)-\frac{K(t)}{L(t)^2}\cdot\dot{L}(t)\\&=\frac{\dot{K}(t)}{L(t)}-n_L k(t),\end{aligned} \tag{f}$$

其中我们利用式（13.5）得到最终的结果。将式（e）和式（f）代入式（d），我们可以得到：

$$s\cdot f(k(t))=\delta k(t)+\dot{k}(t)+n_L k(t)。 \tag{g}$$

重新整理这个表达式我们可以得到人均资本量的基本微分公式，如式（13.7）给出的一样。

---

从图中可以直观地看出这个模型是稳定的。从任何一个初始 $k(t)$ 的位置都可以收敛到唯一的均衡点 $E_0$。在均衡状态，人均资本是固定的，等于 $k(t)=k^*$。这表示资本存量必须以劳动力人口增长率的速度增加，即 $\dot{K}(t)/K(t)=\dot{L}(t)/L(t)=n_L$。集约型生产函数说明了稳态的人均产出 $y^*$ 满足 $y^*=f(k^*)$，所以也是固定不变的。因此，总产出也以与劳动力人口增长率相同的速度增长，即 $\dot{Y}(t)/Y(t)=n_L$，由于储蓄率不变，因此，储蓄与投资也以相同的速率增长。在平稳增长路径，我们得到：

$$\frac{\dot{Y}(t)}{Y(t)}=\frac{\dot{K}(t)}{K(t)}=\frac{\dot{I}(t)}{I(t)}=\frac{\dot{S}(t)}{S(t)}=\frac{\dot{L}(t)}{L(t)}=n_L。 \tag{13.10}$$

由于人口增长率是外生的，因此长期经济增长率被外生决定了，且不受政府政策或家庭行为影响。例如，储蓄率增长将逆时针旋转储蓄函数，从而达到一个资本劳动比更高的稳态，但是这不会影响平稳增长路径下的经济增长率。此外，人均产出在平稳增长路径上是不变的，即典型事实（SF1）在索洛-斯旺模型中被忽略掉了。

在考察索洛-斯旺模型更详细的性质前，我们首先将模型拓展，考察在生产函数中重新加入技术变革的情况。

### □ 13.2.2 技术进步

技术变革可以是物化的或者非物化的［参见 Burmeister and Dobell（1970，ch.3)］。物化的技术变革只与新得到和新安装的设备或者工人有关，所以不会影响现有生产要素的生产率。当独立于生产要素量的变化的生产函数的等产量曲线随着时间的推移向内移动时非物化的技术进步就会发生（Burmeister and Dobell，1970，

p. 66)。发生这种内移的原因可能是技术或者组织管理上的进步，从而提高了新旧要素的生产率。在本章和下一章中我们重点关注非物化的技术进步。

我们可以用如下形式的生产函数（13.1）来表示不同情况下非物化的技术进步对要素的影响：

$$Y(t)=F(Z_K(t)K(t),Z_L(t)L(t)), \tag{13.11}$$

其中，$Z_K(t)$ 和 $Z_L(t)$ 只取决于时间，$Z_K(t)K(t)$ 和 $Z_L(t)L(t)$ 分别表示"效率资本"和"效率工人"。如果 $\dot{Z}_K(t)\equiv0$ 且 $\dot{Z}_L(t)>0$，则技术进步就是纯劳动力扩展型的；如果 $\dot{Z}_L(t)\equiv0$ 且 $\dot{Z}_K(t)>0$，则技术进步就是纯资本扩展型的；如果 $\dot{Z}_K(t)\equiv\dot{Z}_L(t)>0$，则技术进步是等资本劳动扩张型的。

在文献中，技术进步过程有三种不同的中性概念（Burmeister and Dobell，1970，p. 75；Barro and Sala-i-Martin，1995，p. 33）。技术进步可以是：(a) 哈罗德中性的，如果对给定的资本产出比 $K/Y$，相对要素收入分配 $F_KK/(F_LL)$ 不随时间改变；(b) 希克斯中性的，如果对给定的资本劳动比 $K/L$，$F_KK/(F_LL)$ 不随时间改变；(c) 索洛中性的，如果对给定的劳动产出比 $L/Y$，$F_KK/(F_LL)$ 不随时间改变。从式（13.11）来看，这三种情况分别对应于 $Z_K(t)\equiv1$、$Z_K(t)\equiv Z_L(t)$ 和 $Z_L(t)\equiv1$。

当然，对于柯布-道格拉斯生产函数，这三个概念是没有区别的，因为（通过重新定义）我们可以写为

$$\begin{aligned}&Y(t)=[Z_K(t)K(t)]^{\alpha}L(t)^{1-\alpha} && \Leftrightarrow\\ &Y(t)=K(t)^{\alpha}[Z_L(t)L(t)]^{1-\alpha} && \text{对于 } Z_L(t)\equiv Z_K(t)^{\alpha/(1-\alpha)} \quad \Leftrightarrow\\ &Y(t)=Z(t)K(t)^{\alpha}L(t)^{1-\alpha} && \text{对于 } Z(t)=Z_K(t)^{\alpha}\text{。}\end{aligned} \tag{13.12}$$

对于非柯布-道格拉斯情形，这三种不同的中性概念对平衡路径有不同的含义。Barro 和 Sala-i-Martin（1995，pp. 54 - 55）证明，比如，为了使模型有一个增长速度不变的稳态，技术进步必将是哈罗德中性的（劳动力扩大型）。在一个稳态我们必须有一个固定的资本产出比，并且可以证明，对于非哈罗德中性的技术进步，如果资本产出比保持不变，则一种要素分配到的收入将会趋近于零。所以如果我们需要一个平衡增长且可以考虑资本和劳动的非单一替代弹性，那么我们必须假设哈罗德中性的技术进步。因此，在本节接下来的讨论中我们都假设哈罗德中性成立。

生产函数可以写为

$$Y(t)=F(K(t),N(t)), \tag{13.13}$$

其中，$N(t)$ 表示效率工人的数量 $[N(t)\equiv Z(t)L(t)]$ 且我们假设技术进步以固定的指数形式增长：

$$\frac{\dot{Z}(t)}{Z(t)}=n_Z, \quad Z(t)=Z(0)e^{n_Zt}\text{。} \tag{13.14}$$

由于劳动力本身以不变的速度 $n_L$ 呈指数增长［参见式（13.5）］，所以效率工人以不

变的速度 $n_L+n_Z$ 指数增长，即：

$$\frac{\dot{N}(t)}{N(t)}\equiv\frac{\dot{Z}(t)}{Z(t)}+\frac{\dot{L}(t)}{L(t)}=n_Z+n_L。\tag{13.15}$$

通过计算单位效率工人的产出和资本，即 $y(t)\equiv Y(t)/N(t)$，$k(t)\equiv K(t)/N(t)$，并且根据前文的标准求解过程，见插叙 13.1，可以得出 $k(t)$ 的基本微分方程：

$$\dot{k}(t)=sf(k(t))-(\delta+n_L+n_Z)k(t)。\tag{13.16}$$

在稳态，$k^*=sy^*/(\delta+n_L+n_Z)$，则产出和资本存量与效率工人的增长速度相同。所以，式（13.10）将变成：

$$\frac{\dot{Y}(t)}{Y(t)}=\frac{\dot{K}(t)}{K(t)}=\frac{\dot{I}(t)}{I(t)}=\frac{\dot{S}(t)}{S(t)}=\frac{\dot{N}(t)}{N(t)}=\frac{\dot{L}(t)}{L(t)}+\frac{\dot{Z}(t)}{Z(t)}=n_L+n_Z。\tag{13.17}$$

因此，这与之前非技术进步模型的结论相吻合，长期平衡增长仅仅取决于外生因素 $n_L$ 和 $n_Z$。人均产出在平稳增长路径下以 $n_Z$ 指数速率增长，典型事实（SF1）得以解释。

## 13.3 索洛-斯旺模型的性质

在本节中我们将讨论索洛-斯旺模型一些最重要的性质。特别地，我们考察（a）黄金律和过度储蓄问题，（b）模型隐含的过渡动态和绝对/条件趋同的概念，以及（c）动态调整的速度。

### □ 13.3.1 资本积累的黄金律

至此为止的模型中的一个含义是，虽然长期中稳定的增长率是外生的（等于 $n\equiv n_L+n_Z$），产出水平、资本存量和消费都受到储蓄率的影响。也就是说，虽然 $s$ 不影响长期增长，但是它却影响着经济增长的路径。因此有必要考虑不同路径上福利水平的差异。从一定程度上看，政策制定者可以影响 $s$，因而他/她也就可以选择经济的路径。首先，我们考虑稳态的路径。为了使问题更简明，我们这里假设没有技术进步（即 $n_Z=0$ 且 $n=n_L$）。

在稳态，式（13.7）表明了储蓄率和均衡时资本劳动比之间的一个关系，这种关系可以写成：

$$k^*=k^*(s),\tag{13.18}$$

其中，$dk^*/ds=y^*/[\delta+n-sf'(k^*)]>0$。假设政策制定者对稳态的人均消费感兴趣，人均消费可以表示成储蓄率的函数：

$$c(s)=(1-s)f(k^*(s))=f(k^*(s))-(\delta+n)k^*(s)。\tag{13.19}$$

在图 13—1 中，$c(s)$ 代表稳态下生产函数与必要资本重置曲线之间的垂直距离。在图 13—2 中我们画出了不同储蓄率下的 $c(s)$。任何不被用于重置人均现有资本存量的产出都可以被消费。人均消费将在储蓄率满足 $dc(s)/ds=0$ 时达到最大，即

$$\frac{dc(s)}{ds}=[f'(k^*(s))-(\delta+n)]\cdot\frac{dk^*(s)}{ds}=0。\tag{13.20}$$

就图 13—1 来看，人均消费将在点 A 处达到最大，这时生产函数的斜率与必要重置函数的斜率一致。从式（13.20）来看，黄金律储蓄率 $s^{GR}$ 满足：

$$f'(k^*(s^{GR}))=\delta+n。\tag{13.21}$$

黄金律储蓄率和图 13—2 中的点 $E_1$ 有关。Burmeister 和 Dobell（1970，pp. 52 - 53）提供了对式（13.21）结果的直观解释。生产出的资产（物质资本存量）获得一个等于 $f'-\delta$ 的自有回报率，而非生产出的基本要素（劳动）可以被理解为产生一个等于 $n_L=n$ 的自有回报率。直观地，当两种资产的回报率相等时才会有有效率的结果，即当式（13.21）成立时。

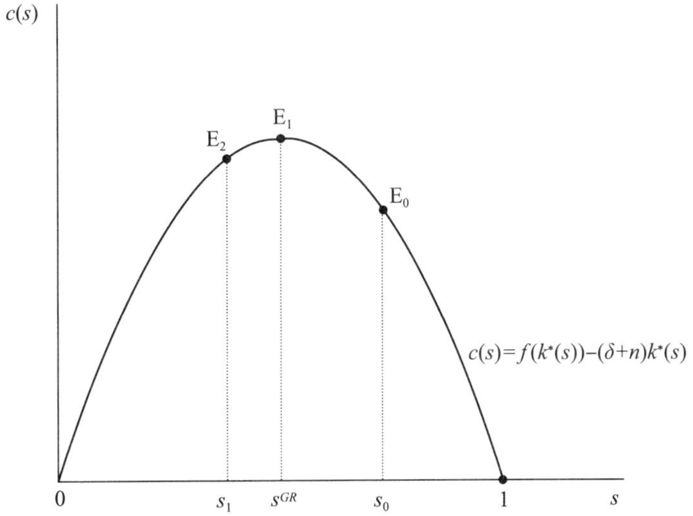


**图 13—2　人均消费和储蓄率**

因为 $s^{GR}f(k^*(s^{GR}))=(\delta+n)k^*(s^{GR})$，我们可以把式（13.21）改写为

$$s^{GR}=\frac{k^*(s^{GR})\cdot f'(k^*(s^{GR}))}{f(k^*(s^{GR}))}。\tag{13.22}$$

式（13.22）表示黄金律储蓄率应该等于资本收入占总收入的份额（这通常又取决于黄金律储蓄率水平）。在柯布-道格拉斯的情形下，$f(\cdot)=k(t)^{\alpha}$，$\alpha$ 代表资本收入的份额，则黄金律储蓄率等于 $s^{GR}=\alpha$。

现在我们讨论动态无效率（dynamic inefficiency）的情形。如果一个经济可以通过减少资本存量使得每个人的状况至少与原来一样好（且一些人的状况严格地变

好），那么我们称它是动态无效率的。考虑图 13—2 的情形，假设实际的稳态储蓄率是 $s_0$，此时经济处于点 $E_0$。由于这个储蓄率超过了黄金律储蓄率水平（$s_0>s^{GR}$），因而人均消费比黄金律下的消费水平要低。显然，点 $E_0$ 是动态无效率的，因为降低储蓄率可以提高人均消费水平。图 13—2 表示储蓄率从 $s_0$ 减少到 $s^{GR}$ 将会使稳态从 $E_0$ 移动到 $E_1$，并产生更高的稳态人均消费。通过图 13—3，我们可以看出人均消费在过渡阶段会发生什么变化。经济最初在点 $E_0$，此时稳态下的资本劳动比是 $k_0^*$。储蓄率的降低（从 $s_0$ 到 $s^{GR}$）将人均消费曲线逆时针旋转，经济立即从点 $E_0$ 跳到点 A。由于资本劳动比向黄金律水平 $k^{GR}$ 的过渡是平稳的，当 $k(t)$ 向 $k^{GR}$ 下降时，经济从点 A 向新的稳态点 $E_1$ 移动。所以，由于储蓄率的下降，在过渡期和新稳态下，消费都比初始时更高，也就是说，$s$ 的降低是帕累托改进的。因此，我们可以总结得出，超过 $s^{GR}$ 的储蓄率是动态无效率的。

同样的结论在储蓄率低于 $s^{GR}$ 时却不成立，因为帕累托最优性质不能被清楚地证明。考虑一个储蓄率过低的经济，即 $s_1<s^{GR}$。就图 13—2 和图 13—3 而言，经济初始时位于点 $E_2$。从 $s_1$ 到 $s^{GR}$ 的储蓄率增长依然会造成稳态人均消费的增长，但是在过渡期间人均消费在达到由黄金律规定的更高的稳态水平前必须下降。就图 13—3 来说，当储蓄率增加时经济立即从点 $E_2$ 跳到点 B。在过渡期间消费比冲击前更低。由于我们没有福利函数可以衡量这种不平坦的人均消费路径，所以我们不能确定这种情况下 $s$ 的增加是否是帕累托改进的。

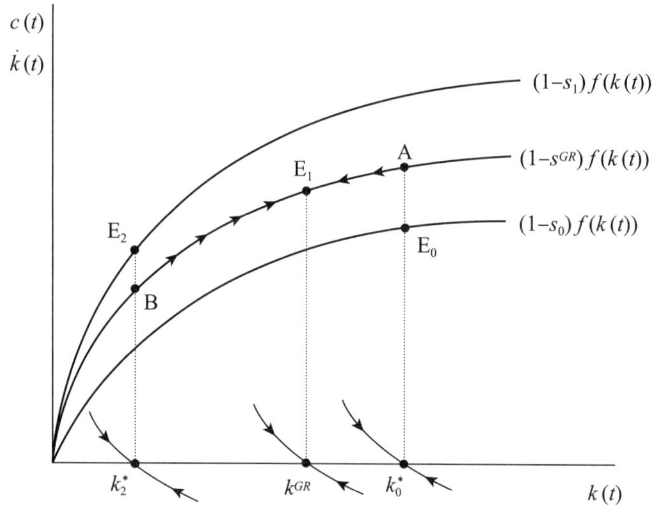


**图 13—3 向黄金律水平过渡时期的人均消费**

### □ 13.3.2 过渡动态和趋同

直到现在，我们关心的还是稳态。现在我们回到有外生技术变革的模型，其基本方程在式（13.16）给出。通过定义 $k(t)$ 的增长率为 $\gamma_k(t)\equiv\dot{k}(t)/k(t)$，我们可以从式（13.16）得出：

$$\gamma_k(t) \equiv s \cdot \frac{f(k(t))}{k(t)} - (\delta + n), \tag{13.23}$$

其中，$n \equiv n_L + n_Z$。在图 13—4 中，这个增长率由两条线之间的垂直距离表示。[①] 从式（13.23）或者图 13—4 立即可以看出，具有很少资本（用效率单位表示）的国家比有很多资本的国家增长得更快，一个国家偏离稳态越远，增长率就越高。也就是说，穷国和富国应该能趋同。

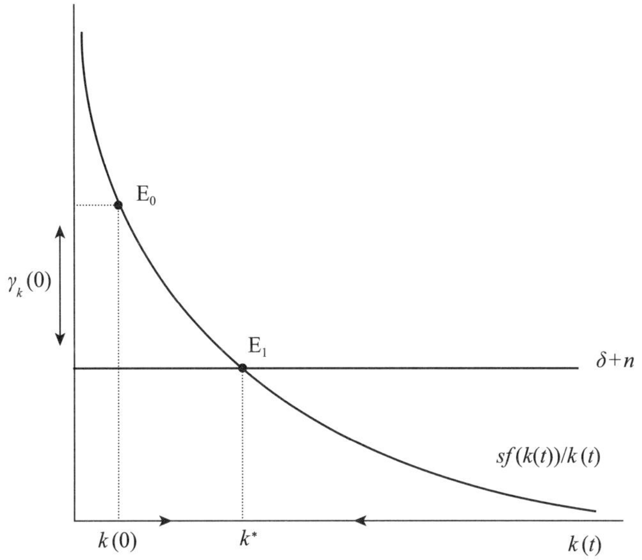


**图 13—4 经济增长率的趋同**



因此，可以简单地对索洛-斯旺模型进行经验检验，这个检验基于一个截面数据中不同国家产出趋同的性质。我们取一些封闭经济（因为索洛-斯旺模型研究的是封闭经济）且假设它们具有相同的 $s$、$n$、$\delta$ 以及生产函数，那么理论上它们有相同的稳态。所谓绝对趋同假设（absolute convergence hypothesis，ACH）意味着穷国应该比富国发展得更快。Barro 和 Sala-i-Martin（1995，p. 27）利用了 118 个国家的数据，将 1960—1985 年的人均 GDP 增长率对 1960 年基年的人均 GDP 的对数进行回归，但是，回归的结果却不尽如人意：虽然 ACH 预测了两者之间的负向影响，但他们在实证中却发现轻微的正向影响，即原本的富国比穷国发展得更快。绝对趋同似乎并不成立，且（罗默的）典型事实（SF7）可以被数据证实。

对 ACH 的否定并不必然表示索洛-斯旺模型被推翻了，因为回归结果中隐含的一个确认假设可能是错误的。例如，如果一个富国有一个比穷国更高的储蓄率，那么富国离它（更高）的稳态将会比穷国更远。此时，依据索洛-斯旺模型，富国将会比穷国增长得更快，正如 Barro 和 Sala-i-Martin（1995）的经验结果一样。我们将以上的逻辑用图 13—5 来表示，这里 $s_P$ 和 $s_R$ 分别是穷国和富国的储蓄率，$(k^*)^P$ 和

① 稻田条件保证了 $\lim_{k\to 0} sf(k)/k = \infty$（在原点垂直）和 $\lim_{k\to\infty} sf(k)/k = 0$（近似趋于水平）。

$(k^*)^R$ 分别是它们的稳态。如果一个穷国初始位于 $k^P(0)$ 而富国位于 $k^R(0)$，前者将会比后者增长得更慢（垂直距离 CD 比 AB 大）。

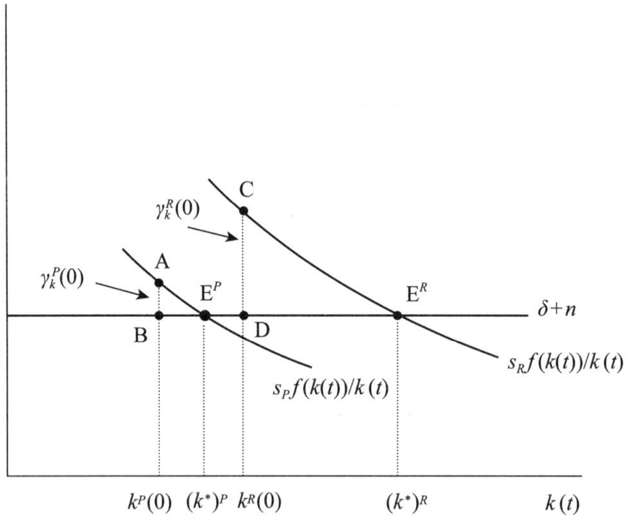


**图 13—5　经济增长率的条件趋同**

一个更完善的对于索洛-斯旺模型的检验采用条件趋同假设（CCH），根据这个假设，相似的国家应该趋同。Barro 和 Sala-i-Martin（1995，pp. 27－28）证明了对于原来的 20 个 OECD 国家这种趋同似乎发生了，更不用说对于美国的不同州了。这表明 CCH 与数据没有太大的不一致，这对于索洛-斯旺模型是有利的（但对于接下来在第 14 章要讨论的一些内生增长模型是不利的）。

## □ 13.3.3　调整的速度

趋同性质并不是验证索洛-斯旺模型的唯一内容。除了检验经济是否趋同，另外的问题是它们以多快的速度趋同。为了更深入地考察这个问题，我们跟随着 Burmeister 和 Dobell（1970，pp. 53－56）以及 Barro 和 Sala-i-Martin（1995，pp. 37－39，53）的脚步，关注柯布-道格拉斯的情形，这里 $f(\cdot)=k(t)^\alpha$，并且基本微分方程（13.16）变成：

$$\dot{k}(t)=sk(t)^\alpha-(\delta+n)k(t)。\tag{13.24}$$

对这个微分方程来说，找不到一种准确的分析方法，因为 $k(t)$ 在式（13.24）的等号右边是非线性的（因为 $0<\alpha<1$）。通过利用稳态资本集中度的一阶泰勒近似值 $k^*$，我们得到：

$$\begin{aligned}sk(t)^\alpha &\approx s(k^*)^\alpha+s\alpha(k^*)^{\alpha-1}[k(t)-k^*]\\&=(\delta+n)k^*+\alpha(\delta+n)[k(t)-k^*],\end{aligned}\tag{13.25}$$

其中，我们将 $s(k^*)^\alpha=(\delta+n)k^*$ 代入第一个表达式得到第二个表达式。将式（13.25）代入（13.24），我们可以得到 $k(t)$ 的线性微分方程：

$$\dot{k}(t)=-\beta[k(t)-k^*],\quad \beta\equiv(1-\alpha)(\delta+n)>0。\tag{13.26}$$

将基期的资本集中度表示为 $k(0)$，式（13.26）的解可以通过标准方法解出：

$$k(t)=k^*+[k(0)-k^*]e^{-\beta t},\tag{13.27}$$

其中，$k^*$ 是经济在长期趋同过程中的稳态资本集中度，$\beta$ 是收敛速度。

不难推出在柯布-道格拉斯情形下[①]的产出增长率的调整速度。事实上，在式（13.26）两侧同除以 $k(t)$，$\dot{k}(t)/k(t)=d\ln k(t)/dt$，$d\ln y(t)/dt=\alpha d\ln k(t)/dt$，利用近似值 $\ln(k(t)/k^*)=1-k^*/k(t)$，我们发现：

$$\frac{d\ln y(t)}{dt}=-\beta[\ln y(t)-\ln y^*],\tag{13.28}$$

这意味着：

$$\ln y(t)=\ln y^*+[\ln y(0)-\ln y^*]e^{-\beta t}。\tag{13.29}$$

因此，$\beta$ 是 $k(t)$ 的一般（近似）调整速度，$\ln k(t)$、$y(t)$ 和 $\ln y(t)$ 达到各自的稳态。

对 $\beta$ 的直观理解如下：在时间间隔 $t_\zeta$ 之后，$k(t)$ 和 $k^*$ 之间 $\zeta\times100\%$ 的差距被消除了：

$$t_\xi\equiv-\frac{\ln(1-\zeta)}{\beta}。\tag{13.30}$$

所以，缩小一半的差距（$\zeta=\frac{1}{2}$）需要的时间等于 $t_{1/2}=\ln 2/\beta=0.693/\beta$。[②] 通过一些简单的计算，基于代表性值 $n_L=0.01$（每年）、$n_Z=0.02$、$\delta=0.05$ 和 $\alpha=1/3$ 计算出来的结果是 $\beta=0.053\ 3$（每年 5.33%），预计缩小一半的差距需要的时间为 $t_{1/2}=13$年。至少从增长的角度来看[③]，相对来说过渡是较快的。但是，就如 Barro 和 Sala-i-Martin（1995，p.38）所暗示的，这个估计对于实证证据来说太高了。他们认为 $\beta$ 更可能在每年 2%（而不是 5.33%）的范围内。这是一个索洛-斯旺模型需要面对的真实问题。为了让它在给定的 $\delta$ 和 $n$ 值下产生一个真实趋同率为 2%的结果，资本收入份额必须不切实际地高！（$\alpha=3/4$ 实际上使得 $\beta=0.02$。）一种使得索洛-斯旺模型和实际相匹配的方法是更广泛地测度资本，使其包括人力资本和物质资本。这就是 Mankiw、Romer 和 Weil（1992）采用的方法。

### □ 13.3.4 人力资本

Mankiw、Romer 和 Weil（1992，p.415）的研究是从使用现实世界的数据检验

① 更多一般情形见 Barro 和 Sala-i-martin（1995，p.24）。

② 参见第 6 章，在该章我们计算过离散时间下的失业率趋同速度。

③ 注意，Sato（1963）抱怨过索洛-斯旺模型暗示的异常缓慢的过渡速度。他的研究目的是财政政策和经济周期现象。本章中每年 5%的趋同速度是慢的，所以得出的是不同的结论。

课本上的索洛模型开始的。他们证明了，虽然模型和数据拟合得很好，但是一些参数的估计并不是完全令人满意的。例如，估计的资本系数比大约为三分之一的实际资本收入份额大很多。这样，不是柯布-道格拉斯技术假设不合理，就是资本投入存在很严重的错误度量。他们选择了后一种解释，认为如果将人力资本加入生产函数，索洛-斯旺模型的趋同之谜就会被解决：

$$Y(t)=K(t)^{\alpha_K}H(t)^{\alpha_H}[Z(t)L(t)]^{1-\alpha_K-\alpha_H}, \tag{13.31}$$

其中，$H(t)$ 表示人力资本存量，$\alpha_K$ 和 $\alpha_H$ 是两种资本的效率参数（$0<\alpha_K$，$\alpha_H$，$\alpha_K+\alpha_H<1$）。同索洛-斯旺模型一致的是，生产率和人口增长都呈指数形式（$\dot{Z}(t)/Z(t)=n_Z,\dot{L}(t)/L(t)=n_L$），两种资本的积累方程可以以集约形式表示如下：

$$\dot{k}(t)=s_K y(t)-(\delta_K+n)k(t), \tag{13.32}$$

$$\dot{h}(t)=s_H y(t)-(\delta_H+n)h(t), \tag{13.33}$$

$$y(t)=k(t)^{\alpha_K}h(t)^{\alpha_H}, \tag{13.34}$$

其中，$k(t)\equiv K(t)/[Z(t)L(t)]$，$h(t)\equiv H(t)/[Z(t)L(t)]$，$y(t)\equiv Y(t)/[Z(t)L(t)]$，$n\equiv n_Z+n_L$，$s_K$ 和 $s_H$ 分别代表物质和人力资本的积累倾向。物质资本和人力资本折旧率分别用 $\delta_K$ 和 $\delta_H$ 表示。[①] 两种资本的生产函数和折旧率都假设是相等的。

#### 13.3.4.1 稳态

为了研究模型的稳态性质，我们首先必须推导它的相图。线 $\dot{k}(t)=0$ 是由式（13.34）代入式（13.32）得到的，重新排列可得：

$$h(t)=\left(\frac{\delta_K+n}{s_K}\right)^{1/\alpha_H}\cdot k(t)^{(1-\alpha_K)/\alpha_H}, \tag{13.35}$$

其中 $k(t)$ 的指数大于整体［即（$1-\alpha_K)/\alpha_H>1$］。在图 13—6 中，线 $\dot{k}(t)=0$ 经过原点，并且是凸的。对于右侧（左侧）的线来说，物质资本存量水平随时间的推移下降（上升）。这由图 13—6 的水平箭头就可以得到。类似地，线 $\dot{h}(t)=0$ 可以通过将式（13.34）代入式（13.33）得到：

$$h(t)=\left(\frac{\delta_H}{\delta_H+n}\right)^{1/(1-\alpha_H)}\cdot k(t)^{\alpha_K/(1-\alpha_H)}, \tag{13.36}$$

其中，我们发现 $k(t)$ 的指数小于整体［即 $\alpha_K/(1-\alpha_H)<1$］。线 $\dot{h}(t)=0$ 经过原点且是凹的。对于上面（下面）的线来说，人力资本存量水平随着时间的推移下降（上升）——见图 13—6 的垂直箭头。由于两种组合资本是报酬递减的（$\alpha_K+\alpha_H<1$），

① 我们通过允许 $\delta_K$ 与 $\delta_H$ 不同，使用 Mankiw-Romer-Weil 模型更一般的形式。这个模型同样被 Solow（1999，pp. 653 - 655）研究过。

模型在$\dot{k}(t)=\dot{h}(t)=0$、$k(t)=k^*$以及$h(t)=h^*$时达到稳态。通过式（13.35）～式（13.36）我们得到：

$$k^*=\left(\left(\frac{s_K}{\delta_K+n}\right)^{1-\alpha_H}\left(\frac{s_H}{\delta_H+n}\right)^{\alpha_H}\right)^{1/(1-\alpha_K-\alpha_H)}, \tag{13.37}$$

$$h^*=\left(\left(\frac{s_K}{\delta_K+n}\right)^{\alpha_K}\left(\frac{s_H}{\delta_H+n}\right)^{1-\alpha_K}\right)^{1/(1-\alpha_K-\alpha_H)}。 \tag{13.38}$$

图 13—6 中箭头的形状可以确定模型是稳定的。沿着平衡增长路径，$Y(t)$、$K(t)$、$H(t)$和$C(t)$都以相同的内生增长率$n$增长，就像在之前标准索洛-斯旺模型中讨论的一样。

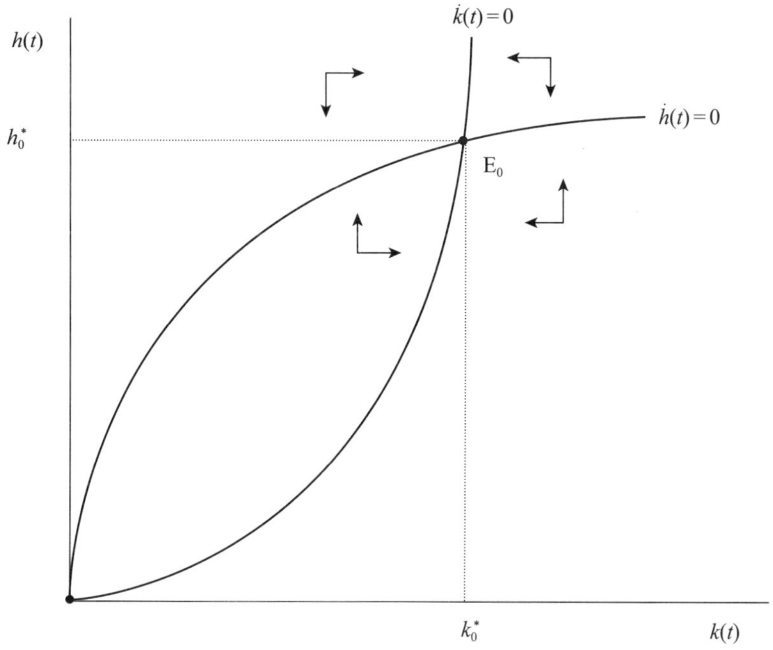


**图 13—6　延伸的索洛-斯旺模型**

### 13.3.4.2　实证性能

把$k^*$和$h^*$代入（对数形式的）生产函数（13.34），我们可以得到一个平衡增长路径上的人均产出的估计式：

$$\ln\left(\frac{Y(t)}{L(t)}\right)^*=\ln Z(0)+n_Z t-\frac{\alpha_K\ln(\delta_K+n_Z+n_L)+\alpha_H\ln(\delta_H+n_Z+n_L)}{1-\alpha_K-\alpha_H}$$

$$+\frac{\alpha_K}{1-\alpha_K-\alpha_H}\ln s_K+\frac{\alpha_H}{1-\alpha_K-\alpha_H}\ln s_H, \tag{13.39}$$

其中，我们定义$\ln y(t)\equiv\ln(Y(t)/L(t))-\ln Z(t)$，并且我们将式（13.14）中的第二个表达式写为$\ln Z(t)=\ln Z(0)+n_Z t$。Mankiw et al.（1992，p. 417）提出了$\alpha_K=\frac{1}{3}$以及$\alpha_H$在$\frac{1}{3}$和$\frac{4}{9}$之间的近似估计。后者是根据对美国制造业部门最低工资

为平均工资的$\frac{1}{3}\sim\frac{1}{2}$这一现象的观察得出的。将最低工资理解为没有人力资本的劳动力报酬（所谓的“原始”劳动力），这意味着$\frac{1}{2}\sim\frac{2}{3}$的劳动力报酬是人力资本的报酬。由于在支付物质资本后收入的（$1-\alpha_K$）被留下了，这就意味着$\frac{1}{2}(1-\alpha_K)<\alpha_H<\frac{2}{3}(1-\alpha_K)$或者$\frac{1}{3}<\alpha_H<\frac{4}{9}$。①

将人力资本考虑进来之后，模型就能更好地解释为什么两个国家间储蓄率（$s_K$和$s_H$）和人口增长率($n_L$)的差别相对而言即使很小，它们的总收入也会存在巨大差距。从式（13.39）可以很明显地看出这个结论。例如，$s_K$增长将导致效率工人的收入增加，正如标准索洛-斯旺模型中的结果［参见式（13.32）］，但是也提高了效率工人的人力财富存量。通过在模型中引入人力资本，式（13.39）中$s_K$的弹性是1，而不是标准索洛-斯旺模型预测的1/2。同样的结论对$n$的变化也成立。$n$的增加减少了收入，因为物质和人力资本都扩散到更多人身上，且（$n+\delta$）的弹性不是$-\frac{1}{2}$而是惊人的$-2$！进一步的数据例子请参见 Romer（1996，pp. 134－135）。

毫不奇怪的是，加入人力资本变量后的模型从实证角度来看表现得更好了；估计的$\alpha_H$系数是高度显著的，在0.28和0.37之间（Mankiw et al.，1992，p. 420）。备受争议的索洛-斯旺模型的趋同性质也表现得更好。趋同速度现在被定义为$\beta\equiv(1-\alpha_K-\alpha_H)(n+\delta)$，这可以较好地符合观察到的经验估计$\hat{\beta}=0.02$。所以，通过简单而直观的可行调整，索洛-斯旺模型逃过了被历史淘汰的命运。它暗示趋同速度可以通过调整来适应实际世界。

## 13.4 索洛-斯旺模型的宏观应用

索洛-斯旺模型也可以被用于研究传统宏观问题，例如财政政策的影响、负债和税收收入问题以及李嘉图等价。为了简化问题，我们回归到只有物质资本的标准索洛-斯旺模型。

### □ 13.4.1 索洛-斯旺模型中的财政政策

假设政府消费$G(t)$单位的产出，所以产品市场上的总需求是

$$Y(t)=C(t)+I(t)+G(t)。\tag{13.40}$$

① 虽然这种估计人力资本收入份额的做法很聪明，但也不是没有问题的，特别是在欧洲，最低工资是由政策决定而不是由市场决定的。

总储蓄与税后收入成比例，所以式（13.2）调整为

$$s(t)=s[Y(t)-T(t)],\tag{13.41}$$

其中，$T(t)$ 是总额税。由于 $S(t)\equiv Y(t)-C(t)-T(t)$，任何政府基本赤字都必须用私人储蓄超过投资的部分补偿，即 $G(t)-T(t)=S(t)-I(t)$。政府预算恒等式由下式给出：

$$\dot{B}(t)=r(t)B(t)+G(t)-T(t),\tag{13.42}$$

其中，$B(t)$ 是政府负债，在索洛-斯旺模型假设的完全竞争条件下，实际利率 $r(t)$ 等于资本的净边际生产率①：

$$r(t)=f'(k(t))-\delta。\tag{13.43}$$

通过将所有变量写成效率工人的形式，模型可以被浓缩为下面的两个等式：

$$\begin{aligned}\dot{k}(t)&=f(k(t))-(\delta+n)k(t)-c(t)-g(t)\\&=sf(k(t))-(\delta+n)k(t)+(1-s)\tau(t)-g(t),\end{aligned}\tag{13.44}$$

$$\dot{b}(t)=[f'(k(t))-\delta-n]b(t)+g(t)-\tau(t),\tag{13.45}$$

其中，$\tau(t)\equiv T(t)/N(t)$，$g(t)\equiv G(t)/N(t)$，$b(t)\equiv B(t)/N(t)$。在这一小节的剩余部分，我们假设（i）单位有效劳动的政府消费不随时间的推移而变化，即 $g(t)=g$；（ii）经济是动态有效率的，即初始资本存量低于黄金律水平，所以净利率是正的，$r_0^*-n\equiv f'(k_0^*)-\delta-n>0$。

#### 13.4.1.1 政府消费中税收融资的增加

在纯税收融资和初始政府负债为零（$\dot{b}(t)=b(t)=0$）的条件下，政府预算等式退化为 $\tau(t)\equiv g$，即税收也不变。将这个表达式代入式（13.44）我们得到：

$$\dot{k}(t)=s[f(k(t))-g]-(\delta+n)k(t)。\tag{13.46}$$

只利用式（13.46）就可以对经济进行分析——参见图 13—7。在没有政府消费时（$g=0$），唯一的（也是稳定的）稳态均衡出现在点 $E_0$。政府消费的增加使得储蓄曲线向下移动，进而导致多重均衡（或者没有均衡）。在这些均衡点中，点 A 是不稳定的，点 $E_1$ 是稳定的。在这些稳定均衡中，我们发现在长期中，财政政策挤出物质资本存量，从 $k_0^*$ 到 $k_1^*$。资本存量是预先确定的 $[k(0)=k_0^*]$，私人消费和（以效率工人为计算单位的）净投资立刻下降了 $[dc(0)/dg=-(1-s)<0$ 和 $d\dot{k}(0)/dg=-s<0]$，但是产出不变化 $[dy(0)/dg=0]$。在长期中，随着资本存量的减少，每效率工人的产出和私人消费也减少，长期影响如下：

$$\frac{dy(\infty)}{dg}=\frac{f'(k_0^*)dk(\infty)}{dg}=-\frac{sf'(k_0^*)}{\delta+n-sf'(k_0^*)}<0,\tag{13.47}$$

$$\frac{dc(\infty)}{dg}=(r_0^*-n)\frac{dk(\infty)}{dg}-1<-1,\tag{13.48}$$

① 这个结果在下面会正式给出。参见 5.2 节。

其中，由式（13.47）很容易看出在稳态点 $E_0$，储蓄曲线比必要投资曲线更加平缓，即 $\delta+n>sf'(k_0^*)$，这在图 13—7 中也可以看出。在长期中，私人消费被公共消费更多地挤出。

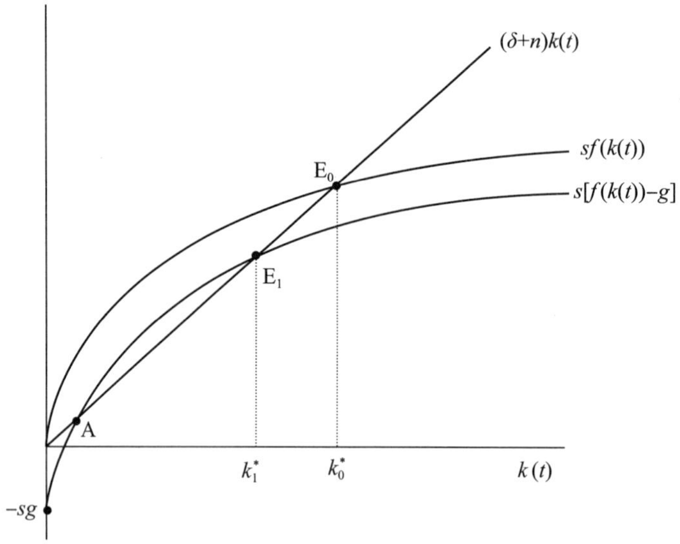


**图 13—7 索洛-斯旺模型下的财政政策**

#### 13.4.1.2 削减债务筹资税

接下来我们考虑债务筹资。如果政府提高自己的消费但不同时以相同比例提高 $\tau(t)$，一个初始赤字就出现了，并且根据式（13.45），这将导致一个一直增长的爆炸式的政府负债过程（由于 $r>n$）。为了回避这个经济上没有意义的结果，我们需要寻求一个负债的稳定规则，这个规则的变化由 Buiter（1988，p.288）提出：

$$\tau(t)=\tau_0+\zeta b(t),\quad \zeta>r-n。\tag{13.49}$$

税收同向取决于政府负债状况，通过将式（13.49）代入式（13.45）我们得到稳态负债过程①：

$$\dot{b}(t)=[f'(k(t))-\delta-n-\zeta]b(t)+g(t)-\tau_0。\tag{13.50}$$

经济的动态性质可以通过以 $(b,k)$ 为坐标的相图表示——参见图 13—8。结合式（13.44）和式（13.49）我们得到接下来的表达式：

$$\dot{k}(t)=sf(k(t))-(\delta+n)k(t)+(1-s)[\tau_0+\zeta b(t)]-g(t)。\tag{13.51}$$

直线 $\dot{k}=0$ 的斜率［在稳态 $(k_0^*,b_0^*)$ 点估计］可以从式（13.51）得出：

$$\left(\frac{db(t)}{dk(t)}\right)_{\dot{k}(t)=0}=\frac{\delta+n-sf'(k_0^*)}{(1-s)\zeta}>0。\tag{13.52}$$

① 式（13.50）是平稳的，因为等式右边 $b(t)$ 的系数等于 $(r-n)-\zeta$，这是负的。$r$ 反向取决于 $k$，如果 $\zeta$ 是限定的（按预估），$\zeta>r-n$ 就不能对所有 $k$ 适用。我们假设 $\zeta>r+n$ 在初始稳态时适用于一个足够大的范围。

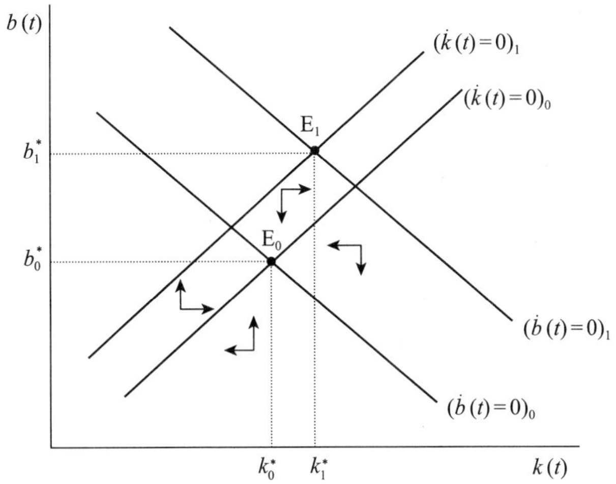


**图 13—8 索洛-斯旺模型下的李嘉图不等价**

直线 $\dot{k}=0$ 是向上倾斜的，在这条直线以上（以下）的点代表正的（负的）净投资，即 $\dot{k}>0(<0)$。资本存量不变时，负债水平的增加将提高税收收入［通过式(13.49)］，减少消费，促使净投资为正。结果，新均衡的资本存量更高。动力由图 13—8 中的水平箭头表示。

直线 $\dot{b}=0$ 是从式（13.50）得出的。如果初始负债为零，它就是水平的；如果初始负债为正，由于资本的边际生产率递减，该直线将是向下倾斜的：

$$\left(\frac{db(t)}{dk(t)}\right)_{\dot{b}(t)=0}=\frac{b_0^* f''(k_0^*)}{\zeta-(r_0^*-n)}<0。\tag{13.53}$$

直线 $\dot{b}=0$ 以上（以下）的点表示了政府盈余（赤字）导致政府负债减少（增加）。这由图 13—8 中的垂直箭头表示。因此，比特规则保证了经济遵从一个稳定的（且可能是周期的）调整模式，这可以用图形方法证明。

现在考虑典型的李嘉图等价试验，考虑税收的递延，它在模型中等价于 $\tau_0$ 的减少。这就立即产生了初始的赤字（$g>\tau_0$），政府负债开始上升。从图 13—8 来看，直线 $\dot{k}=0$ 和直线 $\dot{b}=0$ 都会向上移动，并且后者移动得比前者更多。新的长期均衡在点 $E_1$，政府负债、资本存量和产出（全部用有效劳动单位衡量）都会由于税收减少而上升。

$$\frac{dy(\infty)}{d\tau_0}=\frac{f'(k_0^*)dk(\infty)}{d\tau_0}=-\frac{(1-s)(r_0^*-n)f'(k_0^*)}{|\Delta|}<0,\tag{13.54}$$

$$\frac{db(\infty)}{d\tau_0}=\frac{sf'(k_0^*)-(\delta+n)+(1-s)b_0^* f''(k_0^*)}{|\Delta|}<0,\tag{13.55}$$

其中，$|\Delta|\equiv\lambda_1\lambda_2=[\zeta-(r_0^*-n)][\delta+n-sf'(k_0^*)]-(1-s)b_0^*\zeta f''(k_0^*)>0$ 是这个二元微分方程组的雅可比矩阵的行列式，$\lambda_1$ 和 $\lambda_2$ 是两个特征根。由于 $\mathrm{tr}(\Delta)\equiv\lambda_1+\lambda_2=-[\zeta-(r_0^*-n)]-[\delta+n-sf'(k_0^*)]<0$，两个特征根都是负的，即系统是稳定的，这正如图形方法证明的那样。显然，李嘉图等价在索洛-斯旺模型中不成立。一个当

期的减税可以刺激消费，抑制投资（$d\dot{k}(0)/d\tau_0=-dc(0)/d\tau_0=1-s>0$），从而有实际的影响。

## 13.5 拉姆齐模型

到现在为止，我们都假设一个特殊的储蓄函数，使得总储蓄是收入的一个固定比例［参见式（13.2）或式（13.41）］。虽然（在这个假设中）隐含的消费函数在经验上表现不错，但在理论上却受到了严厉的反对。例如第5章所示，一个前瞻的"代表性"消费者会根据终生财富而不是可支配收入的度量确定消费，在他们看来，终生财富既包含了金融财富，也包括了人力财富。在这一节中我们考察跨期消费理论对经济增长的启示。

### □ 13.5.1 代表性家庭

假设代表性家庭在时间 $t$ 有 $L(t)$ 个成员无限存活[①]且有完美预期。家庭通过消费流 $c(t)$ 获得瞬时效用（或者"快乐"）。效用函数 $U(c(t))$ 表现出正的、递减的边际效用，因此满足 $U'(c(t))>0$ 和 $U''(c(t))<0$。除此之外，还假设以下稻田条件也成立：

$$\lim_{c(t)\to 0} U'(c(t))=+\infty, \quad \lim_{c(t)\to\infty} U'(c(t))=0。\tag{13.56}$$

家庭从闲暇的消费中不能获得任何效用，且假设竞争性劳动力市场上有缺乏弹性的 $L(t)$ 单位的劳动力供给，即所有家庭成员都有全职工作。同之前一样，劳动力供给以固定的指数速度增长［即 $\dot{L}(t)/L(t)=n$］。[②] 家庭的效用函数定义为现在和未来效用的贴现的积分。通常假定现在是 $t=0$（"今天"），我们得到：

$$\Lambda(0)\equiv\int_0^\infty U(c(t))e^{-\rho t}dt, \quad \rho>0, \tag{13.57}$$

其中，$\Lambda(0)$ 是终生效用，$\rho$ 是纯时间偏好率。在时间 $t$，消费者拥有总额为 $A(t)$ 的金融资产，且产生 $r(t)$ 的回报率。因此预算等式为

$$C(t)+\dot{A}(t)\equiv r(t)A(t)+w(t)L(t), \tag{13.58}$$

其中，$w(t)$ 是实际工资，$w(t)L(t)$ 是家庭工资收入，$C(t)\equiv c(t)L(t)$ 是总消费。式（13.58）说明金融资产和劳动收入的总和（等式的右边）等于消费和储蓄的总和（等式的左边）。通过将式（13.58）改写为人均的形式，我们得到：

---

① 或者，可以假设一个典型的家族王朝，它的有限期存活的成员通过遗产在时间上保持连续。对它的理解参见 Barro 和 Sala-i-Martin（1995，p.60）以及第5章。

② 新的、无限存活的家庭成员及时出生导致了总家庭劳动力供给的指数增长。

$$\dot{a}(t) \equiv [r(t)-n]a(t)+w(t)-c(t), \tag{13.59}$$

其中，$a(t) \equiv A(t)/L(t)$。式（13.59）依然只是一个等式，即如果没有更严格的约束，它就没有任何意义。事实上，如果家庭可以按照自己的意愿以现行利率 $r(t)$ 借款，它就可以无穷尽地累积负债，走任意的消费路径。为了规避这种经济上没有意义的结果，我们需要加上一些偿债能力条件：

$$\lim_{t\to\infty} a(t)\exp\left[-\int_0^t [r(\tau)-n]d\tau\right]=0。 \tag{13.60}$$

直观上，式（13.60）表示消费者不会准备带着多余的资产“死亡”，市场也不允许消费者绝望地负债而死。[①]

在代表性个体（无穷的）一生这一条件下整合式（13.59），并考虑偿债能力条件式（13.60），我们得到家庭的终生预算约束（见插叙 13.2）：

$$\int_0^\infty c(t)e^{-[R(t)-nt]}dt = a(0)+h(0), \tag{13.61}$$

其中，$a(0)$ 是初始金融资产水平，$h(0)$ 是初始的人力财富水平，$R(t)$ 是一个贴现因子：

$$R(t) \equiv \int_0^t r(\tau)d\tau, \tag{13.62}$$

$$h(0) \equiv \int_0^\infty w(t)e^{-[R(t)-nt]}dt。 \tag{13.63}$$

式（13.63）表明人力财富是实际工资的现值，即每个家庭成员的时间禀赋的市场价值。从消费者的角度来看，式（13.61）右边是一个给定的可行的消费时间路径的约束。

插叙 13.2☞

## 推导家庭的生命周期预算约束

家庭的生命周期预算约束推导如下。首先，我们乘以 $e^{-[R(t)-nt]}$ 得到：

$$[\dot{a}(t)-[r(t)-n]a(t)]e^{-[R(t)-nt]}=[w(t)-c(t)]e^{-[R(t)-nt]} \quad \Leftrightarrow$$

$$\frac{d}{dt}[a(t)e^{-[R(t)-nt]}]=[w(t)-c(t)]e^{-[R(t)-nt]}, \tag{a}$$

其中，我们利用 $dR(t)/dt=r(t)$（莱布尼茨法则；见数学附录）由第一行得到第二行。式（a）两侧都在区间 $[0, \infty)$ 上积分，得到：

$$\int_0^\infty da(t)e^{-[R(t)-nt]} = \int_0^\infty [w(t)-c(t)]e^{-[R(t)-nt]}dt$$

① 比较 Barro 和 Sala-i-Martin（1995，pp. 62 - 66）中的讨论。严格来说，式（13.60）的等式形式是家庭最大化行为的结果，而不是一个预先限制。由式（13.60），我们避免陷入技术性难题，参见 5.1.1 节，有一个对宏观经济偿付情况的直观讨论。

$$\lim_{t\to\infty} e^{-[R(t)-nt]}a(t)-a(0)=h(0)-\int_0^{\infty}c(t)e^{-[R(t)-nt]}dt, \tag{b}$$

其中，我们利用式（13.63）且令 $e^{-[R(0)-0n]}=1$。偿付条件式（13.60）使得式（b）的第一行左边趋向于 0，即式（b）与式（13.61）一致。

---

消费者在终生预算约束式（13.61）下选择一个 $c(t)$ 的时间路径，以使终生效用 $\Lambda(0)$ 最大化［在式（13.57）中给出］。这个最优化问题的拉格朗日乘子如下：

$$\mathcal{L}\equiv\int_0^{\infty}U(c(t))e^{-\rho t}dt+\lambda\cdot\left[a(0)+h(0)-\int_0^{\infty}c(t)e^{-[R(t)-nt]}dt\right], \tag{13.64}$$

其中，$\lambda$ 是终生预算约束前的拉格朗日乘子。$\Lambda$ 的最优值代表财富的生命周期边际效用。一阶条件是式（13.61）和①

$$U'(c(t))e^{-\rho t}=\lambda e^{-[R(t)-nt]},\quad t\in[0,\infty)。 \tag{13.65}$$

式（13.65）的左边表示时间段 $t$ 内的消费对终生效用的边际贡献（从"今天"即 $t=0$的角度来衡量）。式（13.65）右边是消费而非储蓄 $c(t)$ 所造成的终生边际效用成本。从今天的角度来看，$c(t)$ 每增加一单位消耗了成本 $e^{-[R(t)-nt]}$。通过乘以财富的边际效用可以将这种成本转化成效用成本。②

由于财富的边际效用 $\lambda$ 是固定的（即它不取决于 $t$），对式（13.65）进行微分可以得到关于最优消费时间计划的表达式：

$$\frac{d}{dt}U'(c(t))=-\lambda e^{-[R(t)-nt-\rho t]}\cdot\left[\frac{dR(t)}{dt}-n-\rho\right]\quad\Leftrightarrow$$

$$U''(c(t))\cdot\frac{dc(t)}{dt}=-U'(c(t))\cdot[r(t)-n-\rho]\quad\Leftrightarrow$$

$$\theta(c(t))\cdot\frac{1}{c(t)}\frac{dc(t)}{dt}=r(t)-n-\rho, \tag{13.66}$$

其中，我们使用了 $dR(t)/dt=r(t)$［参见式（13.62）］，$\theta(\cdot)$ 表示边际效用对消费的弹性，在任何大于零的消费下它都是正的，这是由于$U(\cdot)$ 的严格凹性：

$$\theta(c(t))\equiv-\frac{U''(c(t))c(t)}{U'(c(t))}。 \tag{13.67}$$

跨期替代弹性 $\sigma(\cdot)$ 是 $\theta(\cdot)$ 的倒数。通过这个关系，可以通过改写式（13.66）得到消费的欧拉方程：

$$\frac{1}{c(t)}\frac{dc(t)}{dt}=\sigma(c(t))\cdot[r(t)-n-\rho]。 \tag{13.68}$$

---

① 在推导式（13.65）的过程中，我们在式（13.64）的积分符下使用莱布尼茨法则进行微分，从而得到 $\partial\mathcal{L}/\partial c(t)=U'(c(t))e^{-\rho t}-\lambda e^{-[R(t)-nt]}$，在最优化时，$\partial\mathcal{L}/\partial c(t)=0$ 对所有 $c(t)$ 均成立。

② 对显然比较棘手的一阶条件的直观探讨请参见 Dixit（1990，ch. 10）。

直观上，如果$\sigma(\cdot)$较低，要引致家庭采取向上倾斜的消费时间计划，就需要一个大的利率差$(r(t)-n-\rho)$。在那种情况下，不同时间消费的替换意愿较低，边际效用弹性较高，边际效用函数曲率较大。如果$\sigma(\cdot)$较高，那么相反的情况也成立。那么，边际效用函数必须接近于线性，小利率差才能解释消费计划的大斜率。

插叙 13.3

## 用最优化方法推导欧拉方程

在正文中我们使用拉格朗日法解决了家庭最优化问题。我们使用这种方法是因为它很容易像给出的式（13.65）一样用一阶条件来解释。当然这个问题也可以用最优化的方法来解决（见数学附录）。汉密尔顿函数的当前值是

$$\mathcal{H}_C \equiv U(c(t))+\mu(t)\cdot[[r(t)-n]a(t)+w(t)-c(t)], \tag{a}$$

其中，$c(t)$是控制变量，$a(t)$是状态变量，$\mu(t)$是共态变量。家庭的资产在极限情况下也不为负，于是我们把极限条件写为

$$\lim_{t\to\infty} a(t)\geqslant 0。 \tag{b}$$

一阶条件如下：

$$\frac{\partial \mathcal{H}_C}{\partial c(t)}=0, \tag{c1}$$

$$\dot{a}(t)=\frac{\partial \mathcal{H}_C}{\partial \mu(t)}, \tag{c2}$$

$$\dot{\mu}(t)-\rho\mu(t)=-\frac{\partial \mathcal{H}_C}{\partial a(t)}, \tag{c3}$$

$$\lim_{t\to\infty} e^{-\rho t}\mu(t)\geqslant 0,\quad \lim_{t\to\infty} e^{-\rho t}\mu(t)\cdot a(t)=0。 \tag{c4}$$

式（c2）让我们回到家庭预算约束式（13.59），式（c1）和式（c2）可以写成：

$$U'(c(t))=\mu(t), \tag{d1}$$

$$-\frac{\dot{\mu}(t)}{\mu(t)}=r(t)-n-\rho。 \tag{d2}$$

对式（d1）关于时间求微分，我们可以得到$\dot{\mu}(t)=U''(c(t))\dot{c}(t)$。与式（d1）中一样，我们在式（d2）中使用这个公式得到：

$$\left[-\frac{\dot{\mu}(t)}{\mu(t)}=\right]-\frac{U''(c(t))\dot{c}(t)}{U'(c(t))}=r(t)-n-\rho。 \tag{e}$$

整理这个式子［用式（13.67）］，我们得到欧拉方程（13.68）。

为了推导偿付条件式（13.60），我们如下进行。首先，我们利用式（d2）得到$\mu(t)$：

$$\mu(t)=\mu(0)\cdot e^{-[R(t)-(n+\rho)t]}, \tag{f}$$

其中，$R(t)\equiv\int_0^t r(\tau)d\tau$。将式（f）代入式（c4）的第一个式子得到：

$$\lim_{t\to\infty} e^{-\rho t}\mu(0)e^{-[R(t)-(n+\rho)t]}=U'(c(0))\cdot\lim_{t\to\infty} e^{-[R(t)-nt]}\geqslant 0, \tag{g1}$$

其中我们利用 $\mu(0)=U'(c(0))$ 得到最后的式子。因为 $U'(c(0))$ 对一个有限的 $c(0)$ 来说是严格为正的且 $e^{-[R(t)-nt]}$ 是非负的，条件式（g1）很容易满足。

在式（c4）的第二个式子中利用式（f）可得：

$$\lim_{t\to\infty} e^{-\rho t}\mu(0)\cdot e^{-[R(t)-(n+\rho)t]}\cdot a(t)=U'(c(0))\cdot\lim_{t\to\infty} a(t)e^{-[R(t)-nt]} \\ =0。 \tag{g2}$$

因为 $U'(c(0))>0$，条件式（g2）与偿付条件式（13.60）是等价的。

最后，很容易推导出初始共态变量值 $\mu(0)$ 与文中拉格朗日乘子 $\lambda$ 的关系。从式（d1）我们观察到 $\mu(0)=U'(c(0))$，同时从式（13.65）中，我们得到 $\lambda=U'(c(0))$。因为在两个式子中 $c(0)$ 是相同的，所以 $\lambda=\mu(0)$。

---

由于 $\sigma(\cdot)$ 依然取决于消费，使得式（13.68）很难处理，且消费的解析解的推导是不可能的，所以式（13.68）对我们来说意义不大。因此我们选择一个 $U(\cdot)$ 的显式表达。有两种有用的函数形式，即指数效用函数：

$$U(c(t))\equiv-\alpha e^{-(1/\alpha)c(t)},\quad \alpha>0, \tag{13.69}$$

以及等弹性效用函数[①]：

$$U(c(t))\equiv\begin{cases}\dfrac{c(t)^{1-1/\sigma}-1}{1-1/\sigma} & \sigma>0,\sigma\neq 1\\ \ln c(t) & \sigma=1\end{cases}。 \tag{13.70}$$

验证这两个函数形式的替代弹性不难，分别是 $\sigma(\cdot)=\alpha/c(t)$ 和 $\sigma(\cdot)=\sigma$，所以对应的欧拉方程是

$$\frac{dc(t)}{dt}=\alpha[r(t)-n-\rho],\ （指数效用）, \tag{13.71}$$

$$\frac{1}{c(t)}\frac{dc(t)}{dt}=\sigma[r(t)-n-\rho],\ （等弹性效用）。 \tag{13.72}$$

所以这两个效用的函数表达都可以得出简单的欧拉方程的表达式。但是消费的解析解如何呢?

我们主要考虑等弹性的情形，将指数的例子留给读者作为练习。首先我们注意到可以整理式（13.72）（在 0 到 $t$ 之间），从而用现在的消费 $c(0)$ 表示未来的消费 $c(t)$：

$$c(t)=c(0)e^{\sigma[R(t)-nt-\rho t]}。 \tag{13.73}$$

① 式（13.70）的第二行是在第一行中令 $1/\sigma$ 趋于 1 得到的。方法是使用洛必达法则来计算 0/0 的情形：$\lim_{(1/\sigma)\to 1}\left[\dfrac{c^{1-1/\sigma}-1}{1-1/\sigma}\right]=\dfrac{-\lim_{(1/\sigma)\to 1}c^{1-1/\sigma}\ln c}{-1}=\ln c$。

将这个表达式代入家庭预算约束式（13.61），我们得到：

$$\int_0^\infty c(0)e^{\sigma[R(t)-nt-\rho t]}e^{-[R(t)-nt]}dt=a(0)+h(0) \quad \Leftrightarrow$$

$$c(0)\int_0^\infty e^{(\sigma-1)[R(t)-nt]-\sigma\rho t}dt=a(0)+h(0) \quad \Leftrightarrow$$

$$c(0)\equiv\frac{1}{\Delta(0)}\cdot[a(0)+h(0)], \tag{13.74}$$

其中，$\Delta(0)^{-1}$代表总财富的消费倾向，$\Delta(0)$ 为

$$\Delta(0)\equiv\int_0^\infty e^{(\sigma-1)[R(t)-nt]-\sigma\rho t}dt。\tag{13.75}$$

根据式（13.74），计划期内的消费与总财富成比例。一些特殊的情况值得考虑。如果$\sigma=1$［那么式（13.70）中$U(\cdot)$是对数形式的］，$\Delta(0)^{-1}=\rho$ 且家庭消费现阶段总财富的一个固定比例，为 $\rho$。利率变化的收入效应和替代效应在这个情况下恰好互相抵消（也可参见 5.1.1 节）。另一个特殊情形经常见于国际背景中。如果一个国家在世界金融市场上是小国，其面对的世界利率是固定的 $r^*$。根据式（13.62），有 $R(t)=r^*t$，根据式（13.75），有 $\Delta(0)^{-1}=\sigma\rho+(1-\sigma)(r^*-n)$。［当然，参数的限制必须保证 $\Delta(0)$ 为正。］

### □ 13.5.2　代表性企业

完全竞争企业利用资本和劳动生产完全同质的商品。由于使用的生产要素拥有固定的规模报酬［参见性质（P1）］，我们没有必要区别个别企业而可以使用代表性企业，它如生产函数（13.6）总结的那样使用技术。（我们省略了技术进步以使问题更简单。）

证券市场上企业的价值由其现金流的贴现值决定：

$$V(0)=\int_0^\infty[F(K(t),L(t))-w(t)L(t)-(1-s_I)I(t)]e^{-R(t)}dt, \tag{13.76}$$

其中，$R(t)$ 是式（13.62）中给出的贴现因子，$I(t)$ 是企业的总投资［参见式（13.4)］，$s_I$ 是以后要用到的投资补贴（这一小节中我们假设 $s_I=0$）。在式（13.76）中企业证券市场价值最大化必须遵守式（13.4）的资本积累约束。企业决策形成中有一个隐含的注意点是，企业可以根据自己的意愿改变它的资本存量，即投资没有调整成本（参见第 4 章和以下关于这种成本的讨论）。实际上，通过将式（13.4）代入式（13.76）并进行相关整理，企业的目标函数可以写为①：

$$V(0)=K(0)+\int_0^\infty[F(K(t),L(t))-(r(t)+\delta)K(t)-w(t)L(t)]e^{-R(t)}dt, \tag{13.77}$$

① 为了得出式（13.77），最重要的注意点是：

$$\int_0^\infty[\dot{K}(t)-r(t)K(t)]e^{-R(t)}dt=\int_0^\infty d[K(t)e^{-R(t)}]=-K(0),$$

在最后一步我们利用了 $\lim_{t\to\infty}K(t)e^{-R(t)}=0$。

其中，$K(0)$ 是初始资本存量。式（13.77）表示企业关于要素投入的决定在本质上是静态的。通过选择 $L(t)$ 和 $K(t)$ 来最大化 $V(0)$，这将产生我们熟悉的劳动和资本的边际生产率条件：

$$F_L(K(t),L(t))=w(t), \quad F_K(K(t),L(t))=r(t)+\delta。\tag{13.78}$$

通过将边际生产率条件式（13.78）代入式（13.77）且注意到生产函数的线性齐次性质，我们发现 $V(0)=K(0)$。在不存在投资的调整成本时企业的价值等于它的资本存量的（重置）价值，且托宾 $q$ 值为 1。

通过将生产函数写为集约形式［参见式（13.8）］，我们可以将资本和劳动的边际产出改写成如下形式[①]：

$$F_K(K(t),L(t))=f'(k(t)), \quad F_L(K(t),L(t))=f(k(t))-k(t)f'(k(t))。\tag{13.79}$$

我们已经讨论了模型的各个部分，为了方便我们将它们总结在表 13—1 中。式（T1.1）是改写等弹性效用函数的欧拉方程后得到的［参见式（13.72）中的表达式］。式（T1.2）综合了式（13.3）～式（13.5）且是集约形式的。最后，式（T1.3）是通过综合式（13.78）和式（13.79）中的条件得出的。

**表 13—1　　拉姆齐增长模型**

| | |
|---|---|
| $\dot{c}(t)=\sigma[r(t)-n-\rho]c(t)$, | (T1.1) |
| $\dot{k}(t)=f(k(t))-c(t)-(\delta+n)k(t)$, | (T1.2) |
| $r(t)=f'(k(t))-\delta$。 | (T1.3) |

注：$c(t)$ 是人均消费，$k(t)$ 是资本劳动比，$r(t)$ 是利率。资本折旧率是 $\delta$，人口以指数速率 $n$ 增长。

### □ 13.5.3　相图

表 13—1 中的模型可以用相图进行分析，如图 13—9 所示。该图的构建也保证了一些其他性质。直线 $\dot{k}(t)=0$ 代表了（$c(t)$，$k(t)$）坐标平面内人均资本存量在均衡状态的点。稻田条件保证了它通过原点且在原点是垂直的（参见点 $A_1$）。黄金律消费水平出现在点 $A_2$，线 $\dot{k}(t)=0$ 在该处达到最大值：

$$\left(\frac{dc(t)}{dk(t)}\right)_{\dot{k}(t)=0}=0: \quad f'(k^{GR})=\delta+n。\tag{13.80}$$

可以达到的最大资本劳动比即（$k^{MAX}$）出现在点 $A_3$，这里人均消费为零且所有产出都用来重置投资：

---

① 我们利用从欧拉定理推出的 $F=F_KK+F_LL$ 以及 $F_K=f'$ 来推导第二个表达式。

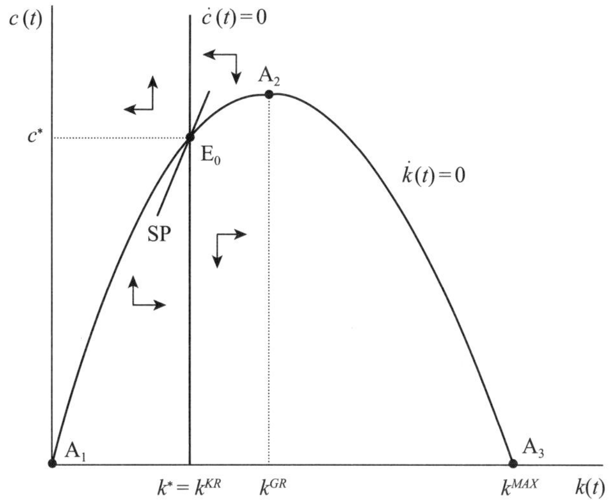


**图 13—9 拉姆齐模型的相图**

$$\frac{f(k^{MAX})}{k^{MAX}}=\delta+n。\tag{13.81}$$

最后，资本动态变化取决于人均消费的变化：

$$\frac{\partial \dot{k}(t)}{\partial c(t)}=-1<0。\tag{13.82}$$

人均资本存量增加（减少）低于（高于）线 $\dot{k}(t)=0$。这在图 13—9 中用水平箭头表示。

线 $\dot{c}(t)=0$ 表示人均消费计划是统一的。从式（T1.1）来看，这发生在利率等于时间偏好率和人口增长率之和的时候，即 $r^{KR}\equiv\rho+n$，其中“$KR$”指“凯恩斯-拉姆齐”（Keynes-Ramsey），他们是首先发现这个结果的人。凯恩斯-拉姆齐利率和韦尔（Weil）的唯一的资本劳动比［参见式（T1.3）］有关。所以 $r^{KR}=f'(k^{KR})-\delta$，且 $k^{KR}$满足：

$$f'(k^{KR})=\delta+n+\rho。\tag{13.83}$$

通过比较式（13.80）和式（13.83）可以看出 $f'(k^{KR})$ 超过了 $f'(k^{GR})$，即 $k^{KR}$在 $k^{GR}$的左边。最后需要提出的一点是，决定凯恩斯-拉姆齐资本劳动比的表达式［即式（13.83）］在文献中通常被称为修正黄金律。

模型的图示让我们得到两个结论。第一，箭头的形状说明模型是鞍点稳定的，$c(t)$是跳跃变量且 $k(t)$ 是前定（固定）变量。第二，经济呈现出一种独特的稳态，$c(t)=c^*$且 $k(t)=k^*=k^{KR}$。沿着均衡增长路径，产出、资本和消费等都是以人口增长率 $n$ 增长，就像在标准索洛-斯旺模型中一样。

## 13.6 拉姆齐模型的性质

在这一节中，我们学习拉姆齐模型最重要的性质。尤其是，我们要继续研究过度储蓄和模型动态变迁的问题。

### □ 13.6.1 有效性

拉姆齐模型最重要的性质也许就是它排除了动态无效率和过度储蓄的可能性，而这在索洛-斯旺模型中是可能的。直观上，这个结果可能不是那么突兀，因为模型中不存在市场缺失、扭曲和外部性，所以没有理由怀疑该模型与福利经济学的基本理论相违背。

拉姆齐模型的效率性可以从市场结果（在上一节中讨论）和福利社会计划者[①]的选择的等价性来证明。社会计划者会在生产函数（13.6）和资本积累约束式（13.4）[②] 的约束下最大化代表性个体的终生效用［式（13.57）中给出的 $\Lambda(0)$］。我们用最优化的方法解决了规划问题（见数学附录）。

与要求最优有关的现值汉密尔顿函数是：

$$\mathcal{H}_C(t) \equiv U(c(t)) + \mu(t) \cdot [f(k(t)) - c(t) - (n+\delta)k(t)], \tag{13.84}$$

其中，$c(t)$ 是控制变量，$k(t)$ 是状态变量，$\mu(t)$ 是共态变量。描述社会最优化的一阶必要条件是：

$$\frac{\partial \mathcal{H}_C(t)}{\partial c(t)} = 0: \quad U'(c^{SO}(t)) = \mu(t), \tag{13.85}$$

$$-\frac{\partial \mathcal{H}_C(t)}{\partial k(t)} = \dot{\mu}(t) - \rho\mu(t): \quad -\frac{\dot{\mu}(t)}{\mu(t)} = f'(k^{SO}(t)) - (n+\delta), \tag{13.86}$$

其中，上标“SO”表示社会最优值。利率的社会最优值可以定义为 $r^{SO}(t) \equiv f'(k^{SO}(t)) - \delta$，这样式（13.85）和式（13.86）可以结合起来给出一个最优消费时间计划的简单易懂的表达式：

$$\frac{1}{c^{SO}(t)} \frac{dc^{SO}(t)}{dt} = \sigma(c^{SO}(t)) \cdot [r^{SO}(t) - n - \rho], \quad t \in [0, \infty)。 \tag{13.87}$$

式（13.87）和式（13.68）是同一个形式，所以社会计划的结果同市场的结果一致。[③] 所以，通过从索洛-斯旺模型中移去储蓄函数的特殊形式，过度储蓄的情形是不

---

① 在第 8 章附录 B 中，我们已经使用这种方法来研究劳动力市场的搜寻模型。

② 还包括资本存量的初始条件、消费和资本的非负性约束和横截性条件。参见 Blanchard 和 Fischer（1989，pp. 38－43）和 Intriligator（1971，pp. 405－416）。

③ 我们也利用了社会计划和市场结果的初始条件和资本积累约束是一样的事实。这暗示了利率、资本和消费的水平都是一样的。

可能出现的。

## □ 13.6.2 过渡动态和趋同

正如我们在图 13—9 中展示的那样，拉姆齐模型是鞍点稳定的。但是，马鞍形路径的准确解一般无法得出，使得对该模型趋同性质的研究比索洛-斯旺模型更复杂。不过，如果在初始稳态 $E_0$ 将模型线性化，我们可以从一个相对简单、直观的角度研究近似过渡动态。

在表 13—1 中凯恩斯-拉姆齐稳态 $(c^*, k^*)=(c^{KR}, k^{KR})$ 处将模型线性化后，我们得到以下一阶微分方程[①]：

$$\begin{bmatrix}\dot{c}(t)\\ \dot{k}(t)\end{bmatrix}=\begin{bmatrix}0 & \sigma c^* f''(k^*)\\ -1 & \rho\end{bmatrix}\begin{bmatrix}c(t)-c^*\\ k(t)-k^*\end{bmatrix}。\tag{13.88}$$

设式 (13.88) 右边的雅可比矩阵为 $\Delta$。由于 $\mathrm{tr}(\Delta)\equiv\lambda_1+\lambda_2=\rho>0$ 且 $|\Delta|\equiv\lambda_1\lambda_2=\sigma c^* f''(k^*)<0$，这里 $\lambda_1$ 和 $\lambda_2$ 分别是 $\Delta$ 的特征根，验证了鞍点的稳定性，即 $\lambda_1$ 和 $\lambda_2$ 有不同的正负性。[②] 稳定的（负的）特征根的绝对值决定了经济系统的近似趋同速度。经过一些计算我们得到以下表达式：

$$\begin{aligned}\beta&\equiv\frac{\rho}{2}\cdot\left[\sqrt{1-\frac{4\sigma c^* f''(k^*)}{\rho^2}}-1\right]\\&=\frac{\rho}{2}\cdot\left[\sqrt{1+\frac{4}{\rho^2}\cdot\frac{\sigma}{\sigma_{KL}}\cdot\frac{c^*}{k^*}\cdot(r^*+\delta)\cdot(1-\omega_K)}-1\right],\end{aligned}\tag{13.89}$$

其中，$\beta$ 是收敛速度，$r^*=r^{KR}=\rho+n$ 是凯恩斯-拉姆齐利率，$\sigma_{KL}\equiv(1-\omega_K)f'(k^*)/(-k^* f''(k^*))$表示生产函数中资本和劳动的替代弹性。$\omega_K\equiv k^* f'(k^*)/f(k^*)$ 是国民收入中资本的份额（都是初始稳态的值）。回忆一下，索洛-斯旺模型估计趋同速度超过每年 2%的经验估计很多（参见 3.3 节）。虽然从式 (13.89) 中不能直接看出，但是实际上拉姆齐模型对参数趋同速度的估计也偏高。表 13—2 中的数据模拟展示了这一点。我们用以下步骤校准模拟的经济稳态。令纯时间偏好率为每年 3% $(\rho=0.03)$，人口增长率为每年 2% $(n=0.02)$，资本的折旧率为 5% $(\delta=0.05)$。那么在稳态有 $r^*=\rho+n=0.05$， $(k/y)^*=\omega_K/(r^*+\delta)=10\omega_K$ 以及 $(c/y)^*=1-(\delta+n)\omega_K/(r^*+\delta)=1-0.7\omega_K$。

---

① 我们把非线性系统写成一般函数的形式，如 $\dot{c}(t)=\Phi(c(t), k(t))$和 $\dot{k}(t)=\Psi(c(t), k(t))$。点 $(c^*, k^*)$ 附近的一阶泰勒近似值为

$$\dot{c}(t)\approx\Phi(c^*,k^*)+\Phi_c(c^*,k^*)[c(t)-c^*]+\Phi_k(c^*,k^*)[k(t)-k^*],$$

$$\dot{k}(t)\approx\Psi(c^*,k^*)+\Psi_c(c^*,k^*)[c(t)-c^*]+\Psi_k(c^*,k^*)[k(t)-k^*]。$$

在稳态时，我们有 $\Phi(c^*, k^*)=\Psi(c^*, k^*)=0$，所以右边首项都去掉，系统可以写为矩阵形式：

$$\begin{bmatrix}\dot{c}(t)\\ \dot{k}(t)\end{bmatrix}=\begin{bmatrix}\Phi_c(c^*,k^*) & \Phi_k(c^*,k^*)\\ \Psi_c(c^*,k^*) & \Psi_k(c^*,k^*)\end{bmatrix}\begin{bmatrix}c(t)-c^*\\ k(t)-k^*\end{bmatrix}。$$

② 对于任意方阵来说，迹等于特征根的和，行列式的值等于特征根的积。尤其是对于 2×2 阶矩阵来说，这个结果对求特征根十分有用且无须直接计算。

表 13—2　　　　拉姆齐模型中的趋同速度

| | $\sigma/\sigma_{KL}$ | | | |
|---|---|---|---|---|
| | 0.2 | 0.5 | 1 | 2 |
| $\omega_K=\frac{1}{3}$ | 4.23 | 7.38 | 10.97 | 16.08 |
| $\omega_K=\frac{1}{2}$ | 2.41 | 4.39 | 6.70 | 10.00 |
| $\omega_K=\frac{2}{3}$ | 1.25 | 2.44 | 3.88 | 5.96 |

通过改变资本份额（$\omega_K$）以及效用函数和生产函数的弹性之比（$\sigma/\sigma_{KL}$），我们可以得到有关趋同速度 $\beta$ 的估计。正如表 13—2 中的结果所示，拉姆齐模型估计出的趋同速度比索洛模型快！例如，如果效用函数和生产函数都具有单位替代弹性（从而 $\sigma/\sigma_{KL}=1$），那么当实际资本份额在 $\omega_K=\frac{1}{3}$ 处时，趋同速度是每年惊人的 10.97%。只有当资本份额不切实际地高以及效用函数相对无弹性（因此 $\sigma/\sigma_{KL}$ 较低）时，模型才可能接近实际观察到的趋同速度。

## 13.7　拉姆齐模型的宏观应用

在这一节中，我们用（多种）拉姆齐模型的变体来研究传统的宏观问题，例如，(a) 投资补贴的影响（在小型开放经济中），(b) 财政政策，(c) 债务问题与税收融资以及李嘉图等价定理的有效性。

### □ 13.7.1　开放经济的拉姆齐模型

到现在为止，我们考虑的都是传统封闭经济下的拉姆齐模型。在封闭经济中，国内利率使国内物质资本的借贷市场出清，因此和资本劳动比有密切关系，参见式（T1.3）。相反，在一个对世界金融市场来说很小的开放经济中，利率完全由国外决定，因此是外生的。显然，资本的边际生产率条件［式（T1.3）］只有在物质资本可以在国家间完美流动时对小国开放经济才成立。实际上，世界利率的一个小幅上升必须伴随着立即和瞬时物质资本流出，以保证国内资本边际产出和世界利率相等。

除了物质资本的完全流动性不切实际外，小型开放经济中还有一个问题，那就是趋同速度会因此变得无穷大！用专业术语来说，资本从一个缓慢变动的（前定）变量变成了跳跃变量。针对这个问题的传统解法是假设物质资本是厂商专用的，所以不能毫无成本地、瞬时地移动。金融资本（例如债券、国内资产所有权）当然是完全流动的，所以国内和国外资本的收益率是相等的。用专业术语来说，物质资本的不完全流动性可以通过假设厂商在投资过程中会产生安装成本来建模。

小国开放经济假设也使得拉姆齐模型在消费方面更复杂。实际上，正如上面所示，代表性家庭根据欧拉方程（T1.1）选择它的最优消费计划。但如果利率是外生的［即 $r(t)=\bar{r}$，这里 $\bar{r}$ 是世界利率］，只有当世界利率正好等于外生人口增长速度加上时间偏好率（即 $\bar{r}=\rho+n$）时，消费才可能达到稳态（$\dot{c}(t)=0$）。在任何其他情况下，一个国家要么由于居民不够耐心（$\rho+n>\bar{r}$）而走上人均消费持续减少的道路，要么由于储蓄太多而逐渐成为世界金融市场的大国（居民足够耐心，$\rho+n<\bar{r}$）。为了避免这样的困难，我们假设以下“刀锋”条件成立：

$$\rho+n=\bar{r}。\tag{13.90}$$

式（13.90）和式（T1.1）综合起来的后果就是，代表性家庭的人均消费在整个时期内是完全平滑的，即对所有时间段来说 $\dot{c}(t)/c(t)=0$。

我们现在考虑投资有调整成本的代表性（国内）厂商的行为。企业的股票市场价值依然由式（13.76）给出，但是净投资和总投资现在由一个凹的安装函数联系起来：

$$\dot{K}(t)=\left[\Phi\left(\frac{I(t)}{K(t)}\right)-\delta\right]K(t),\tag{13.91}$$

其中，$\Phi(\cdot)$ 代表投资的安装成本。我们假设安装函数满足通常的性质：$\Phi(0)=0$，$\Phi'(\cdot)>0$ 且 $\Phi''(\cdot)<0$。①

厂商选择投资、劳动力需求和资本存量的时间路径以达到 $V(0)$ 的最大化，需要满足的条件有资本积累等式（13.91）、资本存量的初始条件和一个横截条件。临界条件需要资本存量非负：

$$\lim_{t\to\infty}K(t)\geqslant 0。\tag{13.92}$$

这个问题的现值汉密尔顿函数为

$$\mathcal{H}_C\equiv F(K(t),L(t))-w(t)L(t)-(1-s_I)I(t)+q(t)\cdot\left[\Phi\left(\frac{I(t)}{K(t)}\right)-\delta\right]\cdot K(t),$$

其中 $s_I$ 是投资补贴，$L(t)$ 和 $I(t)$ 是控制变量，$K(t)$ 是状态变量，$q(t)$ 是共态变量。其一阶必要条件是约束式（13.91）以及

$$w(t)=F_L(K(t),L(t)),\tag{13.93}$$

$$q(t)\Phi'\left(\frac{I(t)}{K(t)}\right)=1-s_I,\tag{13.94}$$

$$\dot{q}(t)=\left[r(t)+\delta-\Phi\left(\frac{I(t)}{K(t)}\right)\right]q(t)-F_K(K(t),L(t))+(1-s_I)\frac{I(t)}{K(t)},\tag{13.95}$$

$$\lim_{t\to\infty}e^{-R(t)}q(t)\geqslant 0,\quad \lim_{t\to\infty}e^{-R(t)}q(t)K(t)=0,\tag{13.96}$$

---

① 关于调整成本的投资理论的扩展讨论，请参见第 2 章和第 4 章。安装函数对于模型调整成本来说仅仅是选择的一种方式。参见 Hayashi（1982）。

其中，$q(t)$ 是托宾 $q$，它的现值 $q(0)$ 衡量了安装资本的边际（和平均）价值 $K(0)$，即 $V(0)=q(0)K(0)$。

正如我们在第 10 章所阐明的，开放经济的国内生产总值可以写成以下形式：

$$Y(t)\equiv C(t)+I(t)+X(t), \tag{13.97}$$

其中，$X(t)$ 是净出口（即贸易余额），且总投资（包括安装成本）出现在国民收入恒等式中。注意，为了方便我们排除了政府消费。令 $A_F(t)$ 为国内居民手中的净国外资产存量，国民生产总值等于国内生产总值加上净国外资产的利息收入 $\bar{r}A_F(t)$。国际收支的经常账户等于净出口加上净国外资产的利息收入。因此，净国外资产存量的动态等式为

$$\begin{aligned}\dot{A}_F(t)&=\bar{r}A_F(t)+X(t)\\&=\bar{r}A_F(t)+Y(t)-C(t)-I(t),\end{aligned} \tag{13.98}$$

用人均形式可以写成：

$$\dot{a}_F(t)=\rho a_F(t)+y(t)-c(t)-i(t), \tag{13.99}$$

这里我们用到 $\rho=\bar{r}-n$ [参见式（13.90）]。虽然国家可以自由地从世界其他国家借入（或者借出）资金，但它必须遵守一个跨期偿债能力条件，形式如下：

$$\lim_{t\to\infty}a_F(t)e^{-\rho t}=0。 \tag{13.100}$$

式（13.99）和式（13.100）综合起来表示在初始人均净国外资产水平 $a_{F0}$ 和未来贸易余额的现值之间有如下关系：

$$a_{F0}=\int_0^{\infty}[c(t)+i(t)-y(t)]e^{-\rho t}dt。 \tag{13.101}$$

就国家拥有正的净国外资产（$a_{F0}>0$）来说，它可以负担起现在和未来的贸易赤字。全国偿债能力所要求的就是，这些贸易赤字的现值 [式（13.101）等号的右边] 相加等于初始净国外资产 [式（13.101）等号的左边]。

我们现在已经掌握了开放经济的拉姆齐模型的所有部分，为了方便我们将关键等式都重新列在表 13—3 中。式（T3.1）表明人均消费在长时间内是完全平滑的。正如我们在上面指出的，这个结果是式（13.90）中所表达的假设的直接结果。式（T3.2）隐含地决定了最优投资资本比是（补贴调整的）托宾 $q$ 的函数。式（T3.3）给出了托宾 $q$ 的动态演变，式（T3.4）给出了单位工人资本存量的动态演变。最后，式（T3.5）是通过将生产函数 $f(k(t))$ 代入式（13.99）得出的经常账户等式。

表 13—3　　开放经济的拉姆齐模型

| | |
|---|---|
| $\frac{\dot{c}(t)}{c(t)}=0$ | (T3.1) |
| $q(t)\Phi'\left(\frac{i(t)}{k(t)}\right)=1-s_I$ | (T3.2) |
| $\dot{q}(t)=\left[\rho+n+\delta-\Phi\left(\frac{i(t)}{k(t)}\right)\right]q(t)-f'(k(t))+(1-s_I)\frac{i(t)}{k(t)}$ | (T3.3) |
| $\dot{k}(t)=\left[\Phi\left(\frac{i(t)}{k(t)}\right)-n-\delta\right]k(t)$ | (T3.4) |
| $\dot{a}_F(t)=\rho a_F(t)+f(k(t))-c(t)-i(t)$ | (T3.5) |

注：$c(t)$ 是人均消费量，$k(t)$ 是资本劳动比，$q(t)$ 是托宾 $q$，$i(t)$ 是人均总投资，$s_I$ 是投资补贴，$a_F(t)$ 是人均净国外资产量。

#### 13.7.1.1　模型解法和趋同速度

这个模型和我们到现在为止研究的增长模型不太相同，因为它包含了一个零特征根［源于欧拉消费方程（T3.1)]，所以表现出滞后性，即稳态决定于初始条件。[①] 技术上，模型解法如下。首先，我们注意到式（T3.2)～式（T3.4）形成了一个自洽的子系统，可以决定 $i(t)$、$q(t)$ 和 $k(t)$ 的动态。其次，当已知投资和资本的解后，可以将它们代入全国偿债能力条件式（13.101)，然后可以解出人均消费。

由于模型是非线性的，只能在它的稳态先线性化模型，然后分析出它的解。我们从由式（T3.2)～式（T3.4）组成的投资系统开始。为了使得模型尽可能简单，我们假设一个等弹性安装函数：

$$\Phi\left(\frac{i(t)}{k(t)}\right)\equiv\frac{1}{1-\sigma_I}\left(\frac{i(t)}{k(t)}\right)^{1-\sigma_I},\tag{13.102}$$

其中，$0<\sigma_I<1$。系数 $\sigma_I$ 关系着安装函数的曲率。$\sigma_I$ 越低，$\Phi(\cdot)$ 越接近于直线，且物质资本的国际流动性越强——参见 Bovenberg（1994，p.122)。式（T3.2）和式（13.102）综合起来表明投资需求也是等弹性的：

$$\frac{i(t)}{k(t)}=g(q(t),s_I)\equiv\left(\frac{q(t)}{1-s_I}\right)^{1/\sigma_I}。\tag{13.103}$$

通过将式（13.103）代入式（T3.3）和式（T3.4）并线性化，我们得到一个投资系统的简单的矩阵形式：

$$\begin{bmatrix}\dot{k}(t)\\ \dot{q}(t)\end{bmatrix}=\begin{bmatrix}0 & i^*(1-s_I)/[(q^*)^2\sigma_I]\\ -f''(k^*) & \rho\end{bmatrix}\begin{bmatrix}k(t)-k^*\\ q(t)-q^*\end{bmatrix},\tag{13.104}$$

其中，$q^*$ 和 $k^*$ 分别是托实 $q$ 值和资本强度的稳态值，式（13.104）等号右边的雅可

---

① 深入的探讨参见 Turnovsky（1995，ch.12)、Sen 和 Turnovsky（1990）以及 Giavazzi 和 Wyplosz（1985)。同时，离散时间的滞后模型的例子请参见第 2 章 2.2 节。

比矩阵记为 $\Delta_I$，它的典型元素（typical element）是 $\delta_{ij}$。投资系统是鞍点稳定的，因为 $\Delta_I$ 有一个稳定的迹（等于 $\rho$）和一个负的行列式（等于 $(1-s_I)i^* f''(k^*)/[(q^*)^2\sigma_I]$）。这表明 $\Delta_I$ 的特征根是相异的且符号相反的实根。记稳定和不稳定的特征根分别为 $-\lambda_1<0$，$\lambda_2>0$。由式（13.104）有：

$$\lambda_2-\lambda_1=\mathrm{tr}(\Delta_I)=\rho \quad \Leftrightarrow \quad \lambda_2=\rho+\lambda_1>\rho, \tag{13.105}$$

即不稳定的特征根等于纯时间偏好($\rho$) 加上经济的过渡速度（由 $\lambda_1$ 代表）。注意，由于投资的安装成本和相关的短期资本不流动性，投资系统的调整速度($\lambda_1$) 是有限的。

如果初始资本存量记为 $k_0$，那么系统如果在它的鞍路径上，它就能够收敛到稳态。将推导的技术细节都放在本章的附录中，这里我们有式（13.104）的解：

$$\begin{bmatrix} k(t)-k^* \\ q(t)-q^* \end{bmatrix}=\begin{bmatrix} k_0-k^* \\ q(0)-q^* \end{bmatrix}e^{-\lambda_1 t}, \tag{13.106}$$

这里托宾 $q$ 的初始值如下给出：

$$q(0)=q^*-\frac{\lambda_1}{\delta_{12}}[k_0-k^*]。 \tag{13.107}$$

图 13—10 表示解的路径。对于初始资本存量 $k_0$，托宾 $q$ 高于它的均衡水平，经济逐渐向稳态均衡点 $E_0$ 移动。鞍路径的表达式可以通过将式（13.107）代入式（13.106）得到：

$$q(t)-q^*=-\frac{\lambda_1}{\delta_{12}}[k(t)-k^*]。 \tag{13.108}$$

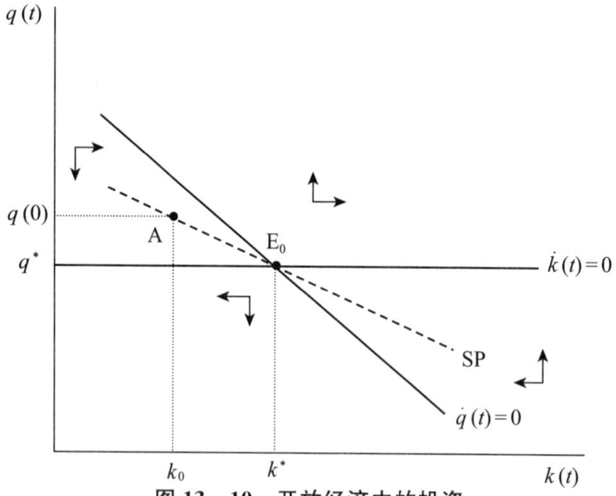


**图 13—10　开放经济中的投资**

既然我们知道资本存量和托宾 $q$ 的动态路径［从而也从式（13.103）知道了投资的路径］，我们就可以解出国民偿债能力中所含的限制。首先，我们在稳态的邻域对生产函数 $y(t)=f(k(t))$ 和投资函数式（13.103）进行对数线性化：

$$\begin{bmatrix} y(t)-y^* \\ i(t)-i^* \end{bmatrix}=\begin{bmatrix} f'(k^*) & 0 \\ g^* & k^* g_q^* \end{bmatrix}\begin{bmatrix} k(t)-k^* \\ q(t)-q^* \end{bmatrix}, \tag{13.109}$$

其中，$g^*\equiv g(q^*, s_I)$，$g_q^*\equiv g_q(q^*, s_I)$。通过将式（13.106）和式（13.108）代入式（13.109），我们可以得到$i(t)-y(t)$ 的（近似）路径：

$$\begin{aligned}i(t)-y(t)&=i^*-y^*+k^*g_q^*[q(t)-q^*]+[g^*-f'(k^*)][k(t)-k^*]\\&=i^*-y^*-\Omega[k_0-k^*]e^{-\lambda_1 t},\end{aligned}\tag{13.110}$$

式中，$\Omega\equiv f'(k^*)-g^*+\lambda_1 k^* g_q^*/\delta_{12}>0$。式（T3.1）表明了人均消费在过渡中保持不变，即 $c(t)=c^*$。通过综合这个结果和全国偿债能力条件的等式（13.102），我们得到以下表达式：

$$\begin{aligned}a_{F0}&=\frac{c^*}{\rho}+\int_0^\infty[i(t)-y(t)]e^{-\rho t}dt\\&=\frac{c^*+i^*-y^*}{\rho}-\Omega[k_0-k^*]\int_0^\infty e^{-(\rho+\lambda_1)t}dt\\&=\frac{c^*+i^*-y^*}{\rho}-\frac{\Omega[k_0-k^*]}{\lambda_2},\end{aligned}\tag{13.111}$$

在最后一步中我们利用了 $\lambda_2=\rho+\lambda_1$ 这一事实［参见式（13.105）］。由稳态的式（13.99）我们可以得到 $\rho a_F^*=c^*+i^*-y^*$（由于 $\dot{a}_F^*=0$），所以式（13.111）可以被改写为

$$a_{F0}+\frac{\Omega}{\lambda_2}k_0=a_F^*+\frac{\Omega}{\lambda_2}k^*。\tag{13.112}$$

正如 Sen 和 Turnovsky（1990，p. 287）所指出的，式（13.112）等号左边表示经济的所有资源的初始价值，因此可以被理解为国民财富。国民财富由初始非人力财富 $a_{F0}+k_0$ 和从初始资本存量 $k_0$ 开始的资本积累产生的资源的现值这两部分组成。

开放经济的拉姆齐模型的惊人特点是，稳态取决于财富的初始存量 $a_{F0}$ 和 $k_0$。这是上面所提及的滞后性质。在稳态我们有 $\dot{c}(t)=\dot{q}(t)=\dot{k}(t)=\dot{a}_F(t)=0$，模型由式（13.112）及以下各式组成：

$$q^*\Phi'\left(\frac{i^*}{k^*}\right)=1-s_I,\tag{13.113}$$

$$f'(k^*)=\rho q^*+(1-s_I)\frac{i^*}{k^*},\tag{13.114}$$

$$\Phi\left(\frac{i^*}{k^*}\right)=n+\delta,\tag{13.115}$$

$$\rho a_F^*+f(k^*)=c^*+i^*,\tag{13.116}$$

这些等式一起决定了稳态的 $q^*$、$i^*$、$k^*$、$c^*$ 和 $a_F^*$。给定模型的结构，只有消费和净国外资产存量表现出滞后性，因此它们是初始条件的一个函数。[①]

① 特别是，式（13.115）决定了 $i^*/k^*$ 是 $n+\delta$ 的一个函数，式（13.113）决定了 $q^*$，式（13.114）决定了 $k^*$（因此也决定了 $i^*$）。最后剩下的由式（13.112）和式（13.116）决定的变量是 $c^*$ 和 $a_F^*$。Sen 和 Turnovsky（1990）证明了如果劳动力供给是内生的，那么投资和资本存量也会表现出滞后性。

### 13.7.1.2 投资补贴的影响

我们现在要使用模型来研究投资补贴对于宏观经济的影响。为了使问题简单，我们将注意力集中在未预期的、永久的投资补贴上升的情况。最方便的是首先确定长期影响。式（13.115）表明 $i^*/k^*$ 是固定的，所以从式（13.113）我们可以得出 $q^*$ 与 $(1-s_I)$ 成比例，托宾 $q$ 在长期中下降：

$$\frac{dq^*}{ds_I}=-\frac{1}{\Phi'(i^*/k^*)}=-\frac{q^*}{1-s_I}<0。\tag{13.117}$$

式（13.114）可以用来确定单位工人的资本存量在长期中的效应：

$$\frac{dk^*}{ds_I}=\frac{k^*}{i^*}\frac{di^*}{ds_I}=\frac{1}{f''(k^*)}\left[\rho\frac{dq^*}{ds_I}-\frac{i^*}{k^*}\right]=-\frac{f'(k^*)}{(1-s_I)f''(k^*)}>0。\tag{13.118}$$

所以，（用单位工人衡量的）投资和资本存量在长期中都以相同比例增长。国民财富约束式（13.123）表明，财富的组成也改变了，即国内资本存量的增加引起了长期净国外资产的减少：

$$\frac{da_F^*}{ds_I}=-\frac{\Omega}{\lambda_2}\frac{dk^*}{ds_I}<0。\tag{13.119}$$

对于消费的净效应是不确定的。

政策冲击的过渡效应可以通过图 13—11 进行研究。在图中，$k_0$ 是初始时每个工人的资本存量，经济处于点 A，且正向稳态点 $E_0$ 移动（在稳态点 $E_0$ 单位工人资本存量为 $k_0^*$）。现在考虑一下补贴增加的后果是什么。明确地说，原来从 A 到 $E_0$ 的均衡调整路径不再起作用了。新的均衡调整路径是什么样的？资本存量的长期影响是正的［参见式（13.118）］，且鞍点稳定性要求经济必须在鞍路径的稳定矩上。通过鞍路径的表达式［在式（13.108）中给出］，我们得到托宾 $q$ 的即时影响①：

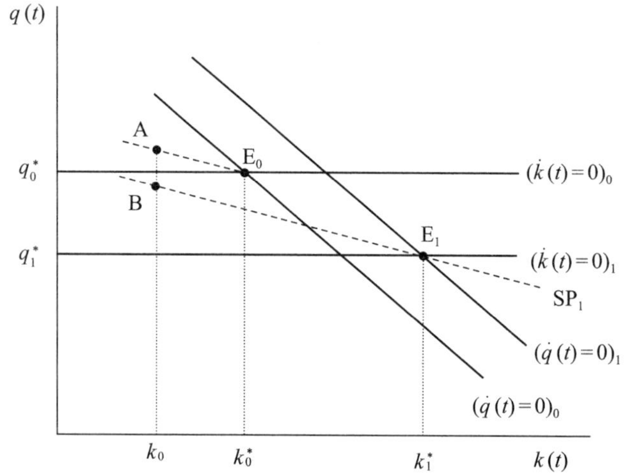


**图 13—11 物质资本高流动性下的投资补贴**

① 从第一行到第二行我们使用了式（13.117）和式（13.118）。从第二行到第三行我们使用了特征根的一些结论，即 $\lambda_1\lambda_2=-f''(k^*)\delta_{12}$ 和 $\lambda_2=\rho+\lambda_1$。

$$\frac{dq(0)}{ds_I}=\frac{dq^*}{ds_I}+\frac{\lambda_1}{\delta_{12}}\frac{dk^*}{ds_I}$$
$$=-\frac{q^*}{1-s_I}-\frac{\lambda_1}{\delta_{12}f''(k^*)}\frac{f'(k^*)}{1-s_I}$$
$$=-\frac{q^*}{1-s_I}+\frac{1}{\rho+\lambda_1}\frac{f'(k^*)}{1-s_I}\gtreqless 0。\tag{13.120}$$

托宾 $q$ 受到的即时影响是不确定的，因为等式右边的第一项符号为负而第二项符号为正。这种不确定性源于投资补贴上涨导致的直线 $\dot{k}(t)=0$ 和直线 $\dot{q}(t)=0$ 的同时移动。回忆一下，直线 $\dot{k}(t)=0$ 代表 $i/k$ 不变的点。由于 $s_I$ 的一个增加导致了对更高的 $i/k$ 比的要求［参见式（13.103)］，托宾 $q$ 必须下降以重新构建资本存量的均衡，即直线 $\dot{k}(t)=0$ 向下移动。同时，$s_I$ 的上升导致了直线 $\dot{q}(t)=0$ 的上移。

图 13—11 中新的稳态均衡在点 $E_1$，且鞍路径是在托宾 $q$ 的效应超过资本存量效应［式（13.120）给出］的假设下画出的，所以 $dq(0)/ds_I<0$。在冲击后，经济从点 A 跳到点 B，然后逐渐调整到新的稳态均衡点 $E_1$。

为什么冲击在托宾 $q$ 上的效应是不确定的？式（13.120）表明这种不确定性的产生是因为 $dq(0)/ds_I$ 取决于经济的调整速度 $\lambda_1$。如果投资的调整成本相对较低（$\sigma_I\approx0$），那么 $\lambda_1$ 相对较高，物质资本具有高流动性，且已有的和新的资本产品是相近的替代品。投资补贴降低了新资本产品的价格，所以也降低了已有资本存量的价值（Bovenberg，1993，p. 13）。相反的结论对于调整成本很高（$\sigma_I\approx1$）的情况也成立。但是，正如图 13—11 所示，不管 $dq(0)/ds_I$ 的符号如何，净资本积累都会发生［因为 $B$ 在新的直线 $\dot{k}(t)=0$ 之下］且经济随时间流逝从 B 向 $E_1$ 移动。

### □ 13.7.2　拉姆齐模型中的财政政策

我们现在回到表 13—1 中总结的封闭经济的拉姆齐模型，并考察政府消费的即时效应、过渡效应和长期效应。这最终会引致对李嘉图等价的讨论。我们假设政府消费没有生产率促进效应，并且就它影响代表性个人的福利来说，它是以一个弱可分的形式产生影响的。[①] 对拉姆齐模型的唯一改变是将式（T1.2）替换为

$$\dot{k}(t)=f(k(t))-c(t)-g(t)-(\delta+n)k(t),\tag{13.121}$$

其中，$g(t)\equiv G(t)/L(t)$ 指人均政府消费。政府消费将资源消耗，使之不再能被私人消费或者重置资本存量使用。结果，对于给定水平的人均公共消费 $g(t)=g$，直线 $\dot{k}(t)=0$ 可以如图 13—12 所示，见 $(\dot{k}(t)=0)_0$。一些结论已经可以得出了。首先，正的政府消费的存在不会恢复拉姆齐模型中出现动态无效率的可能性。尽管黄金律人均消费水平会受影响，但是单位工人资本存量不会受到 $g$ 的影响。其次，政府消费也不会使拉姆齐模型出现多重均衡问题。与索洛模型的情况相反，如果拉姆齐模型中存在均衡，那么这个均衡就是唯一的且是鞍点稳定的。

① 更一般的情况参见 Turnovsky 和 Fisher（1995）。我们说弱可分指的是私人消费的边际效用不取决于政府消费水平。

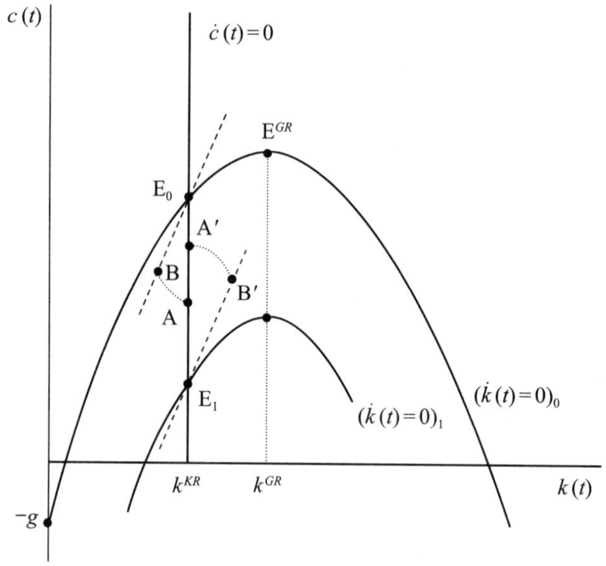


**图 13—12　拉姆齐模型中的财政政策**

一个未预料的、永久的人均政府消费水平上升将使直线 $\dot{k}(t)=0$ 向下移动，例如从 $(\dot{k}(t)=0)_0$ 移动到 $(\dot{k}(t)=0)_1$。由于这个冲击完全以未预料的方式出现在代表性家庭面前，代表性家庭用减少私人消费的方式应对提高的税收水平（用来支持增长的政府消费）。作为冲击的结果，代表性家庭感觉变得更穷了，并且消费作为正常品将相应地被削减：

$$\frac{dc(t)}{dg}=-1, \quad \frac{dy(t)}{dg}=\frac{dk(t)}{dg}=0, \tag{13.122}$$

对于所有 $t\in[0, \infty)$ 成立。这里没有过渡动态，因为冲击在资本存量上没有长期影响且没有预期效应。从图 13—12 来看，经济从点 $E_0$ 直接跳到点 $E_1$。

如果 $g$ 是暂时性增加，就有非平凡的过渡效应。代表性家庭预期这是暂时的高税收，但是将这种在人力财富上的负效应扩展到了终生的消费路径。作为结果，在私人消费上的即时影响依然是负的，但是比例小于 1：

$$-1<\frac{dc(0)}{dg}<0。 \tag{13.123}$$

就图 13—12 来看，经济从点 $E_0$ 跳到点 A。在冲击之后家庭立即开始降低储蓄，所以资本存量下降，利率上升，且从式（T1.1）消费路径随时间的推移而上升。当政府消费重新减少到初始水平时，经济会从点 A 移动到点 B。这个 $g$ 的减少（和相关的税收）释放了资源，从而允许资本存量回到它不变的稳态水平。由于政府消费的暂时性提高，政策制定者便设法使得人均产出暂时减少。

如果 $g$ 的上升是被预期到的且是永久的，过渡时期会出现相反的效应。消费下降的数量小于 $g$ 的上升［正如在式（13.123）中］，但是由于政府消费还没有上升，这导致额外的储蓄和资本存量的逐渐增加、利率的下降以及向下倾斜的消费计划。在受到冲击时经济从点 $E_0$ 跳到点 $A'$，然后逐渐从点 $A'$ 向点 $B'$ 移动。点 $B'$ 将在政策实施时达到。由于 $g$ 上升了，净储蓄的增加变为净储蓄的减少，资本存量开始下降。经济从点 $B'$ 向点 $E_1$ 移动。

#### 13.7.2.1 再论李嘉图等价

李嘉图等价（参见第 5 章）在拉姆齐模型中可以被相当简单地证明是成立的。政府预算等式（以人均形式）由下式给出：

$$\dot{b}(t)=[r(t)-n]b(t)+g(t)-\tau(t)。\tag{13.124}$$

正如代表性家庭一样，政府也必须保持偿债能力，因此它面对一个以下形式的跨期偿债能力条件：

$$\lim_{t\to\infty}b(t)e^{-[R(t)-nt]}=0,\tag{13.125}$$

其中 $R(t)$ 在前面的式（13.62）中给出。通过结合式（13.124）和式（13.125），我们得到政府预算约束[①]：

$$b(0)=\int_0^{\infty}[\tau(t)-g(t)]e^{-[R(t)-nt]}dt。\tag{13.126}$$

如果政府在初期就有负债（$b(0)>0$），偿债能力要求负债必须等于未来基本盈余的现值。原则上，存在无数 $\tau(t)$ 和 $g(t)$ 的路径（所以也是基本赤字的路径），使得式（13.126）成立。

代表性个体的预算等式在式（13.59）中给出。为了考虑个体身上的总额税减轻的情况而被修改成：

$$\dot{a}(t)\equiv[r(t)-n]a(t)+w(t)-\tau(t)-c(t)。\tag{13.127}$$

将式（13.127）与家庭偿债能力条件式（13.60）联立，可以得到人力财富在税收修正后的家庭预算约束式（13.61）：

$$h(0)\equiv\int_0^{\infty}[w(t)-\tau(t)]e^{-[R(t)-nt]}dt。\tag{13.128}$$

通过将政府预算约束式（13.126）代入式（13.128），人力财富的表达式可以改写成：

$$h(0)\equiv\int_0^{\infty}[w(t)-g(t)]e^{-[R(t)-nt]}dt-b(0)。\tag{13.129}$$

总额税的路径完全从人力财富的表达式中消失了。由于 $b(0)$ 和 $g(t)$ 的路径给定，总额税（非扭曲）的确切路径不影响代表性个体能够得到的资源总量。结果，个体

---

① 通过将式（13.124）代入，我们得到：

$$\lim_{t\to\infty}b(t)e^{-[R(t)-nt]}-b(0)=\int_0^{\infty}[g(t)-\tau(t)]e^{-[R(t)-nt]}dt,$$

这里我们也利用了式（13.62）。等号左边第一项是政府偿债能力条件。通过加上这个条件可以得到政府预算约束式（13.126）。

的实际消费计划也不受影响。

通过将式（13.129）代入式（13.61），家庭预算约束可以写成：

$$\int_0^\infty c(t)e^{-[R(t)-nt]}dt=[a(0)-b(0)]+\int_0^\infty [w(t)-g(t)]e^{-[R(t)-nt]}dt。\tag{13.130}$$

这个表达式清楚地表明 Barro（1974）为什么选择了他的开创性论文的题目《政府债券是净财富吗?》(Are government bonds net wealth?)。在李嘉图等价下，政府负债不能被视为家庭部门的财富，即 $b(0)$ 必须从总金融财富中减去，以揭示家庭所拥有的真实金融财富，式（13.130）中正是做了这种处理。

### □ 13.7.3 无限存活的世代交叠

在前面的章节我们看到了拉姆齐模型会产生关于财政政策的古典结论，并暗示了李嘉图等价的正确性。模型的哪个部分可以被看作产生这种经典结论的最重要的原因？是假设的代表性家庭、政府无限期存在还是其他特征？在这个小节中我们将证明如果允许“代际脱节”，负债中性将不再成立，即使单个世代永远生存。（在第16章中，我们将论证世代交叠模型仍然无法解决关于政府消费对产出、消费、资本等影响的经典预测，所以这里忽略了这个问题。）

到现在，我们已经用假设代表性家庭成员之间的增长来介绍人口增长。不过，现在我们假设，个体无限存活，但人口增长是以新生一代逐渐加入经济的形式出现的。这些新生的一代同样有无限生命，但是与他们出生时就存在的人之间没有关系。这就是 Weil（1989b）无限存活的世代交叠。简单地说，人口增长现在在边际上是“扩展的”而不是“密集的”。

由于不同的个体在历史时间的不同时刻进入生命，出生率（代际指数）和日历时间都必须考虑进去。在规定时期 $t$，我们假设一代人 $v\leqslant t$ 中的代表性个体选择消费路径使得终生效用最大化，

$$\Lambda(v,t)\equiv\int_t^\infty \ln c(v,\tau)e^{\rho(t-\tau)}d\tau,\tag{13.131}$$

限制条件为预算等式：

$$\dot{a}(v,\tau)\equiv\frac{da(v,\tau)}{d\tau}=r(\tau)a(v,\tau)+w(\tau)-z(\tau)-c(v,\tau),\tag{13.132}$$

以及跨期偿债能力等式：

$$\lim_{t\to\infty}a(v,\tau)e^{-R(t,\tau)}=0,\quad R(t,\tau)\equiv\int_t^\tau r(s)ds,\tag{13.133}$$

其中，$c(v,\tau)$ 和 $a(v,\tau)$ 分别表示在时间 $\tau$、一代人 $v$ 的代表性家庭的消费和金融资产。$\tau$ 时期的总赋税是 $z(\tau)$。根据假设，这个税收对所有人都一样，所以也没有代际指数。式（13.131）中的效用函数表示单位跨期替代弹性。家庭缺乏弹性地向完全竞争劳动力市场提供一单位劳动并得到工资 $w(\tau)$，这个工资同年龄无关。新

的一代出生时没有任何金融资产：

$$a(v,v)=0。\tag{13.134}$$

从偏好的简单构架来看，年份 $v$ 中的代表性家庭的消费水平和计划可以简单地计算为

$$c(v,t)=\rho[a(v,t)+h(t)],\tag{13.135}$$

$$\frac{\dot{c}(v,t)}{c(v,t)}=r(t)-\rho,\tag{13.136}$$

其中，$h(t)$ 是不依赖于年龄的人力财富：

$$h(t)\equiv\int_t^{\infty}[w(\tau)-\tau(\tau)]e^{-R(t,\tau)}d\tau。\tag{13.137}$$

直观说来，人力财富代表时间禀赋的税后值，即使用利率折现后的税后工资现值。我们假设每个人都有一个正的税后工资，即 $w(\tau)>z(\tau)$，所以人力财富严格为正。

在初始时，经济中有 $L(0)$ 个无限期存活的个体，且人口以固定的速率指数 $n$ 增长，所以在 $t$ 时刻人口规模为

$$L(t)=L(0)e^{nt},\quad n>0。\tag{13.138}$$

在 0 时刻后，无限存活的新群体出现，新一代以 $dL(t)/dt=nL(t)$ 的瞬时速率到来，所以我们知道，$v$ 代个体的数目为 $l(v)\equiv dL(v)/dv=nL(v)$。这表示总人均变量可以用以下式子衡量：

$$x(t)\equiv\frac{1}{L(t)}\left[L(0)x(0,t)+\int_0^t l(v)x(v,t)dv\right],\tag{13.139}$$

其中，$x(v,\ t)$ 代表 $x$ 在 $t$ 时第 $v$ 代出生的值。[①] 将平均法则式（13.139）应用于消费，我们发现人均消费 $c(t)$ 可以写为

$$\begin{aligned}c(t)&=\frac{1}{L(t)}\left[L(0)c(0,t)+\int_0^t l(v)c(v,t)dv\right]\\&=\frac{1}{L(t)}\left[\rho L(0)[a(0,t)+h(t)]+\rho\int_0^t[a(v,t)+h(t)]l(v)dv\right]\\&=\rho[a(t)+h(t)],\end{aligned}\tag{13.140}$$

其中我们将式（13.135）代入，从第一行得到第二行，利用式（13.139）中 $a(t)$ 的界定，然后发现人力财富与年龄无关。

式（13.132）的人均形式不容易得到。我们从人均资产的定义开始：

$$a(t)\equiv\frac{1}{L(t)}\left[L(0)a(0,t)+\int_0^t l(v)a(v,t)dv\right]。\tag{13.141}$$

---

① 注意：

$$\frac{1}{L(t)}\left[L(0)+\int_0^t l(v)dv\right]=\frac{1}{L(t)}\left[L(0)+\int_0^t dL(v)\right]=\frac{1}{L(t)}[L(0)+L(t)-L(0)]=1。$$

所以群体权重之和为 1（理应如此）。

这个式子关于时间进行微分可以得到：

$$\dot{a}(t)\equiv-\frac{\dot{L}(t)}{L(t)^{2}}\cdot\left[L(0)a(0,t)+\int_{0}^{t}l(v)a(v,t)dv\right]+\frac{1}{L(t)}\cdot\left[L(0)\dot{a}(0,t)\right.$$
$$\left.+\int_{0}^{t}l(v)\dot{a}(v,t)dv+l(t)a(t,t)\right]。\tag{13.142}$$

利用式（13.132）、式（13.134）和式（13.141）以及 $n\equiv\dot{L}(t)/L(t)$，我们可以化简上式为

$$\dot{a}(t)\equiv-na(t)+\frac{1}{L(t)}\cdot\left[L(0)[r(t)a(v,t)+w(t)-z(t)-c(v,t)]\right.$$
$$\left.+\int_{0}^{t}l(v)[r(t)a(v,t)+w(t)-z(t)-c(v,t)]dv\right]$$
$$=[r(t)-n]a(t)+w(t)-z(t)-c(t)。\tag{13.143}$$

对比式（13.132）和式（13.143），我们得到个人金融财富和人均金融财富以不同的速率积累，前者的速度大于后者（$r(t)>r(t)-n$）。这是因为新生儿没有金融财富，于是这将降低总人均金融财富积累［参见 Weil（1989b，pp. 187-188）］。

最后，式（13.137）暗示了（每个代表性个体）人力财富按以下规则进行积累：

$$\dot{h}(t)=r(t)h(t)-[w(t)-z(t)]。\tag{13.144}$$

通过对式（13.140）关于时间微分，然后代入式（13.143）和式（13.144）可以得到对世代交叠现象的存在进行调整的欧拉方程：

$$\frac{\dot{c}(t)}{c(t)}=[r(t)-\rho]-n\rho\cdot\frac{a(t)}{c(t)}\tag{13.145}$$

$$=\frac{\dot{c}(v,t)}{c(v,t)}-n\cdot\frac{c(t)-c(t,t)}{c(t)}。\tag{13.146}$$

这些表达式的等式右边第一项表示个人消费增长，而第二项表示新生代的到来如何影响人均消费增长。在政府初始负债不存在（$b(t)=0$）的情况下，金融资本市场的均衡表示家庭非人力财富处于生产资本的状态，即 $a(t)=k(t)$。① 加上资本积累等式（13.121）和边际生产率条件式（T1.3），模型就完成了。为了方便，关键等式都整理在表 13—4 中。

**表 13—4　　韦尔的无限存活世代交叠模型**

| | |
|---|---|
| $\dot{c}(t)=[r(t)-\rho]c(t)-n\rho k(t)$， | （T4.1） |
| $\dot{k}(t)=f(k(t))-c(t)-g(t)-(\delta+n)k(t)$ | （T4.2） |
| $r(t)=f'(k(t))-\delta$ | （T4.3） |

注：变量的定义请参见表 13—1。

零初始政府负债和消费（$b(t)=g(t)=0$）的世代交叠模型的相图如图 13—13 所

① 由于没有投资的调整成本，所以企业的股票市场价值等于资本存量。参见式（13.77）。

示。线 $\dot{k}(t)=0$ 已经在 13.5.3 节中进行了扩展式讨论。线 $\dot{c}(t)=0$ 可以通过联立式（T4.3）和式（T4.1）并应用稳态得出。线 $\dot{c}(t)$ 的斜率可以通过式（13.146）和图 13—13 得到解释。假设经济初始位于图 13—13 的点 A，且考虑在它之上的点 B。由于拥有相同的平均劳动力资本，所以两个点拥有相同的利率，因此个人消费的增长 $\dot{c}(v,t)/c(v,t)$ 在两个点上是一致的。但是，式（13.146）表明，总消费增长不仅取决于个人消费，也取决于平均消费和新一代消费之间的比例差，即 $[c(t)-c(t,t)]/c(t)$。由于新生代初始时没有任何金融资产，平均消费和新生代消费的绝对差取决于平均资本存量［即 $c(t)-c(t,t)=\rho k(t)$］，因此（这种消费的绝对差）在点 A 和点 B 是相同的。由于在点 B 的总消费水平更高，这个点有更小的平均消费和新生代消费的比例差，因此提高了人均消费增长率。为了重新回到总人均消费的零增长，资本存量必须上升（到点 C，在点 B 的右侧）。更大的资本存量不仅通过减少利率而减少了个人的消费增长，也由于新生代的到来增加了总消费增长的阻力，因为更大的资本存量增加了平均财富和新生代财富之间的差距。

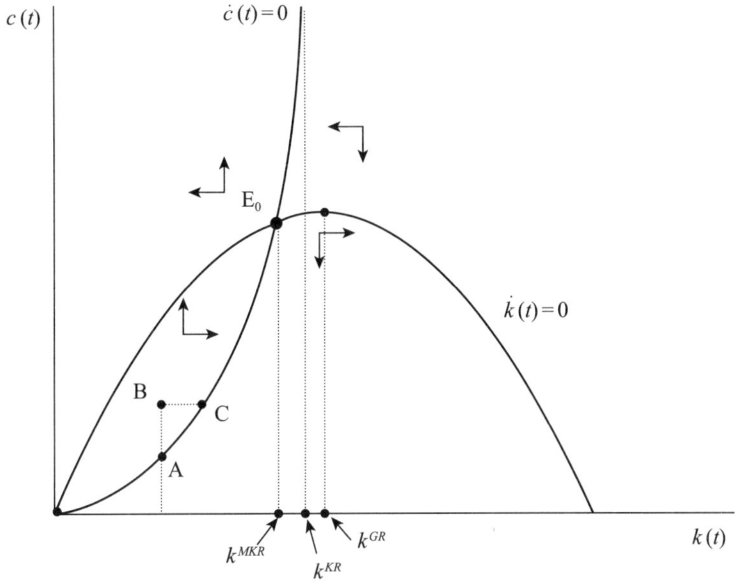


**图 13—13　世代交叠模型中的财政政策**

这个论点也解释了线 $\dot{c}(t)=0$ 以上（下）的点，人均消费增长（降低）。在图 13—13 中这由垂直的箭头表示。线 $\dot{k}(t)=0$ 和 $\dot{c}(t)=0$ 的交点产生了点 $E_0$，这是唯一的鞍点稳定的均衡点。点 $E_0$ 处的人均资本存量是 $k^{MKR}$，这里"*MKR*"表示修正的凯恩斯-拉姆齐规则。从图中可以清楚地看出 $k^{MKR}<k^{KR}$，且稳态利率超过了时

间偏好率：[1]

$$\rho<r^{MKR}\equiv f'(k^{MKR})-\delta<\rho+n。\tag{13.147}$$

由式（13.147）和式（13.136）表明的上升的个人消费时间计划保证了新生代正如老一代一样积累资本。注意，没有什么可以阻碍资本劳动比上升得比黄金律水平更高。实际上，$k^{MKR}>(<)k^{GR}\Leftrightarrow r^{MKR}<(>)n$。但是，“正常情况”似乎是纯时间偏好率超过人口增长率（$\rho>n$），由此 $r^{MKR}>n$［参见 Weil（1989b，p. 197）］。这正是我们接下来将要集中精力讨论的情况。

可以很直观地证明李嘉图等价在世代交叠模型中不成立。实际上，政府预算约束可以写成：

$$b(t)=\int_t^{\infty}[z(\tau)-g(\tau)]e^{-[R(t,\tau)-n(t-\tau)]}d\tau,\tag{13.148}$$

这里我们允许一个非零初始负债。将式（13.148）代入式（13.137）我们得到总人均财富的以下表达式：

$$\begin{aligned}a(t)+h(t)&\equiv k(t)+b(t)+h(t)\\&=k(t)+\int_t^{\infty}[w(\tau)-g(\tau)]e^{-R(t,\tau)}d\tau+\Xi(t),\end{aligned}\tag{13.149}$$

其中，$\Xi$ 被定义为

$$\Xi(t)\equiv\int_t^{\infty}[g(\tau)-z(\tau)]e^{-R(t,\tau)}d\tau-\int_t^{\infty}[g(\tau)-z(\tau)]e^{-[R(t,\tau)-n(t-\tau)]}d\tau。\tag{13.150}$$

李嘉图等价成立［税收从式（13.149）中移除］当且仅当对于所有满足政府预算约束式（13.148）的 $z(\tau)$，$\Xi(t)$ 趋向于 0。对式（13.150）这种情况来说，当且仅当 $n=0$ 时成立，即没有新的脱节了的世代进入经济（$n=0$）。在有正的出生率（$n>0$）的情况下李嘉图等价不成立，因为总财富和总人均消费［由式（13.140）］都受基本赤字和负债路径的影响。

这个结果背后的直观解释由 Weil（1989b，p. 193）提供。一个由政府负债支持的延期支付税收使得当前的世代更好，不是因为他们不用在未来支付税收，而是因为未来的税基由于纳入与当前代无关的新生代而变得更大。由这个分析得出的一个重要结论是，李嘉图等价的正确性取决于未来纳税人的经济身份。新生个体是否和当代人有关是关键特征。个体本身的生命长短设定是否有限并不影响李嘉图等价的成立与否。[2]



---

① 将式（13.140）代入式（13.143），利用式（13.144）和稳态（$\dot{a}(t)=\dot{h}(t)=0$）可以得到：

$$\begin{bmatrix}r^*-n-\rho & -\rho\\ 0 & r^*\end{bmatrix}\begin{bmatrix}a^*\\ h^*\end{bmatrix}=\begin{bmatrix}-1\\ 1\end{bmatrix}[w^*-z]。$$

这暗示了：

$$a^*=\frac{-(r^*-\rho)}{r^*(r^*-n-\rho)}[w^*-z],\quad h^*=\frac{1}{r^*}[w^*-z]。$$

因为 $r^*>\rho>0$ 且 $w^*>z$，当且仅当 $r^*<\rho+n$ 时可以得到结果 $a^*=k^*>0$。

② 参见 Weil（1989b）和 Buiter（1988）对这个观点的研究。我们将在第 16 章和第 17 章继续使用不同的世代交叠方法。

## 13.8 小 结

在本章开始我们摆出一些关于增长的最重要的典型事实，它们在40年前由卡尔多给出。这些典型事实是：(i) 单位工人的产出表现出持续的增长；(ii) 资本产出比保持不变；(iii) 劳动和资本收入占总收入的比例保持不变；(iv) 国家之间存在普遍的生产率增长的差别。这些典型事实一起也解释了 (v) 单位工人资本持续增长以及 (vi) 资本的回报率保持不变。

接下来，我们介绍了由索洛和斯旺在20世纪50年代中期建立的新古典增长模型。这个模型的关键因素是以资本和劳动之间的替代性为特征的新古典生产函数和“凯恩斯理论的”储蓄函数，根据这种储蓄函数家庭将储蓄他们收入的固定比例。虽然索洛-斯旺模型可以解释卡尔多的所有典型事实，但是一些经济学家仍被它所困扰，因为依据该模型，长期内经济增长完全由诸如人口增长率和劳动扩张型技术进步等外生因素决定。因此，索洛-斯旺模型经常被认为是“外生”增长模型。模型和李嘉图等价不一致。一些关于这个模型的更重要的特征是：它允许过度储蓄（动态无效率），并且它和条件趋同假设——相似的国家可以趋同——一致。虽然标准索洛-斯旺模型预测出的趋同速度太高，但是这个与事实不一致的预测可以通过引入人力资本得到修正。

我们接下来讨论了索洛-斯旺模型的一些拓展和应用。其中最重要的拓展是，通过引入无限存活的最大化效用的消费者，我们将特殊的储蓄函数内生化了。这种做法在70年前首先由拉姆齐开创，其优势在于预先排除了过度储蓄的可能性，并隐含了李嘉图等价的正确性。（当人口增长在代与代之间不相关时，李嘉图等价不成立，即使个体的生命是无穷的。）拉姆齐模型的增长性质和索洛-斯旺模型十分类似。



## 延伸阅读

内生增长理论可以参照 Burmeister 和 Dobell（1970）、Wan（1971）、Hamberg（1971）、Hacche（1979）、Barro 和 Sala-i-Martin（1995）以及 Acemoglu（2009）。对拉姆齐模型作出主要贡献的有 Ramsey（1928）、Cass（1965）和 Koopmans（1965，1967）。货币对经济增长的影响主要有 Tobin（1955，1965）、Sidrauski（1967）和 Fischer（1979）。

# 附录：式（13.106）和式（13.107）的推导

在这个附录中，我们将展示式（13.106）～式（13.107）中的表达式是怎么推导出来的。第一步，我们假设求资本和托宾 $q$ 的一种尝试解法：

$$\begin{bmatrix} k(t)-k^* \\ q(t)-q^* \end{bmatrix}=\begin{bmatrix} \pi_{k1} \\ \pi_{q1} \end{bmatrix}e^{-\lambda_1 t}+\begin{bmatrix} \pi_{k2} \\ \pi_{q2} \end{bmatrix}e^{\lambda_2 t}, \tag{A13.1}$$

其中，$\pi_{ki}$ 和 $\pi_{qi}(i=1, 2)$ 是需要确定的系数，$-\lambda_1<0$ 和 $\lambda_2>0$ 分别是稳定的（负的）和不稳定的（正的）$\Delta_I$ 的特征根。为了消除不稳定特征根的影响，我们必须设定：

$$\begin{bmatrix} \pi_{k2} \\ \pi_{q2} \end{bmatrix}=\begin{bmatrix} 0 \\ 0 \end{bmatrix}。 \tag{A13.2}$$

通过将式（A13.1）对时间求导，并注意到式（A13.2）我们得到：

$$\begin{bmatrix} \dot{k}(t) \\ \dot{q}(t) \end{bmatrix}=-\lambda_1\begin{bmatrix} \pi_{k1} \\ \pi_{q1} \end{bmatrix}e^{-\lambda_1 t}, \tag{A13.3}$$

这里我们也使用了 $\dot{k}^*=\dot{q}^*=0$（不变稳态）。通过将式（A13.1）～式（A13.3）代入式（13.104），我们得到：

$$\begin{bmatrix} -(\lambda_1+\delta_{11}) & -\delta_{12} \\ -\delta_{21} & -(\lambda_1+\delta_{22}) \end{bmatrix}\begin{bmatrix} \pi_{k1} \\ \pi_{q1} \end{bmatrix}=\begin{bmatrix} 0 \\ 0 \end{bmatrix}, \tag{A13.4}$$

其中，$\delta_{ij}$ 代表雅可比矩阵 $\Delta_I$ 中的（$i$，$j$）元素。由于 $-\lambda_1$ 是 $\Delta_I$ 的一个特征值，式（A13.4）等号左边的矩阵是奇异的，并且式（A13.4）的任一行都可用于根据 $\pi_{k1}$ 解出 $\pi_{q1}$。注意，$\delta_{11}=0$，我们从第一行得到：

$$\pi_{q1}=-\left(\frac{\lambda_1}{\delta_{12}}\right)\pi_{k1}。 \tag{A13.5}$$

接下来我们设资本存量是前定的，即在 $t=0$ 时它的值为给定的，记为 $k_0$。将这个初始条件代入式（A13.1）的第一个等式，并注意到式（A13.2）我们得到：

$$k(0)-k^*=k_0-k^*=\pi_{k1}。 \tag{A13.6}$$

将式（A13.1）的第二个等式与式（A13.2）和式（A13.5）和式（A13.6）结合得到托宾 $q$ 在鞍路径上的解：

$$q(0)-q^*=\pi_{q1}=-\frac{\lambda_1}{\delta_{12}}[k_0-k^*]。 \tag{A13.7}$$

将式（A13.2）、式（A13.6）和式（A13.7）代入式（A13.1），就可以得到式

(13.106) 和式 (13.107) 中的表达式了。

如果动态系统的外力项是非时变的，这里的解法就是正确的。这个解法涵盖了一个从非稳态开始的经济的过渡路径，以及一个受到未预期的、永久的投资补贴冲击后的调整路径（两者都在5.6节中讨论过了）。在数学附录中我们展示了可以涵盖更一般的冲击的算法。

# 第 14 章 内生经济增长

本章的目标是讨论以下问题：

1. 内生经济增长在什么情况下出现？
2. “唯资本论”是指什么？关于这方面的外部影响是什么？
3. 物质和人力资本的有目的的集聚在短期和长期对经济增长的贡献如何？
4. 研发和内生技术变化对经济增长的影响是什么？



## 14.1 导 言

上一章从许多方面讨论了外生经济增长的主要理论。如题所讲，在外生增长模型中，长期经济增长率唯一地取决于经济的外部特征，如人口增长率或劳动力扩张的技术变化率。本章的目的是从外生增长转变到内生增长。一个模型如果可以依赖受政府或私人影响的附加因素（例如税收或补贴率、公共基础设施开支、私人教育决策）来预测长期增长率，就可以称为内生增长模型。关于内生增长的文章在过去20年中迅速增加，十分详细。在本章我们概括了内生增长的三种主要研究方法。前两种是坚持一个中心——实现资本积累（广泛的解释），而第三种为在经济增长的核心过程中注重企业的研发活动（下称R&D）。通过本章我们研究不同政府政策工具对经济增长率的影响。这些工具是增长率“内生性”的试金石。

## 14.2 "资本基础"模型

在上一章中，我们已经排他性地研究了满足稻田条件［见性质（P2）和（P3）］的生产结构。虽然这些条件只被用来构建相图，但它们并不是无关痛痒的（从经济理论的意义来说），因为它们表明了两种生产要素存在报酬递减的现象。这又保证了经济增长逐渐稳定至一个恒量。从图 13—4 来看，稳态的资本劳动比是固定的，增长率等于外生给定的人口增长率和技术进步率之和［参见式（13.17）］。

正如我们在第 13 章中所指出的，稻田条件没有明显的内在吸引力，当然也难以通过经验检验，因为它们处理的是非常低或者非常高资本水平下的生产函数曲率问题。因此，研究放弃（一些）稻田条件的结果似乎是值得努力的。结果是，这将带领我们进入所谓"内生"模型的领域。

传统增长模型确保经济回归至外生给定状态的条件是资本报酬递减这一现象确实存在。当 $k(t)$ 增加时，资本平均产出减少：

$$\frac{d[f(k(t))/k(t)]}{dk(t)}=-\frac{[f(k(t))-k(t)f'(k(t))]}{k(t)^2}<0, \tag{14.1}$$

这里方括号中的项代表了劳动边际产出，它是正的［参见式（13.79）］。必须强调的是，式（14.1）中的结果不足以确保稳态的资本密集度的存在，事实上，稳态的资本密集度的存在需要更强的结果。这要求索洛模型中 $sy(t)/k(t)$ 和 $(\delta+n)$ 相等。稻田条件保证成立。当性质（P2）和（P3）成立时，我们可以由洛必达法则得出：

$$\lim_{k(t)\to 0}\frac{f(k(t))}{k(t)}=\lim_{k(t)\to 0}\frac{f'(k(t))}{1}=\infty, \tag{14.2}$$

$$\lim_{k(t)\to \infty}\frac{f(k(t))}{k(t)}=\lim_{k(t)\to \infty}\frac{f'(k(t))}{1}=0。 \tag{14.3}$$

式（14.2）和式（14.3）表明当资本劳动比非常大（小）时，$sy(t)/k(t)$ 接近于零（无穷）。这保证了稳态下资本劳动比不变，从而也保证了平衡增长路径。参见图 13—4。

### 14.2.1 要素替代

正如我们在 20 世纪 60 年代已经知道的[①]，违反式（14.2）和式（14.3）结果的合理的生产函数是可能存在的。例如，考虑常数替代弹性（CES）生产函数采用如下形式：

$$F(K(t),N(t))\equiv Z\cdot[\alpha K(t)^{(\sigma_{KL}-1)/\sigma_{KL}}+(1-\alpha)L(t)^{(\sigma_{KL}-1)/\sigma_{KL}}]^{\sigma_{KL}/(\sigma_{KL}-1)} \quad \Leftrightarrow$$

① 参见 Burmeister 和 Dobell（1970，pp. 30－36），以及 Solow（1956）。

$$f(k(t)) \equiv Z \cdot [1-\alpha+\alpha k(t)^{(\sigma_{KL}-1)/\sigma_{KL}}]^{\sigma_{KL}/(\sigma_{KL}-1)}, \tag{14.4}$$

其中 $Z(>0)$ 是常数，代表总生产率，$\sigma_{KL}(>0)$ 代表资本和劳动替代弹性，资本的平均产出为

$$\frac{f(k(t))}{k(t)} = Z \cdot [(1-\alpha)k(t)^{(1-\sigma_{KL})/\sigma_{KL}}+\alpha]^{\sigma_{KL}/(\sigma_{KL}-1)}。 \tag{14.5}$$

从这个表达式可以清楚地看出两种情况必须得到区分，这两种情况取决于在生产中资本和劳动之间替换的容易程度（相比于柯布-道格拉斯的情形）。

#### 14.2.1.1 难替换

如果替换很难（从 $0<\sigma_{KL}<1$ 的角度），那么资本的平均产出满足：

$$\lim_{k(t)\to 0}\frac{f(k(t))}{k(t)} = Z \cdot \alpha^{\sigma_{KL}/(\sigma_{KL}-1)}>0, \tag{14.6}$$

$$\lim_{k(t)\to\infty}\frac{f(k(t))}{k(t)} = \lim_{k(t)\to\infty} Z \cdot [(1-\alpha)k(t)^{(1-\sigma_{KL})/\sigma_{KL}}]^{-\sigma_{KL}/(1-\sigma_{KL})}=0。 \tag{14.7}$$

当越来越多的资本加入时，资本的平均产出接近于零，但是在原点处它取得一个有限的值，即式（14.3）依然成立，但是式（14.2）不成立。这种情况已经在图 14—1 中用两种不用的储蓄率 $s_1$ 和 $s_2(s_2>s_1)$ 说明了。对于高储蓄率 $s_2$ 来说，模型像是不符合稻田条件的标准索洛-斯旺模型。纵截距足够大，$s_2 Z\alpha^{\sigma_{KL}/(\sigma_{KL}-1)}>\delta+n$，从而保证存在一个收敛性的唯一稳态点 $E_0$。并不是对所有的储蓄率的值都成立。实际上，

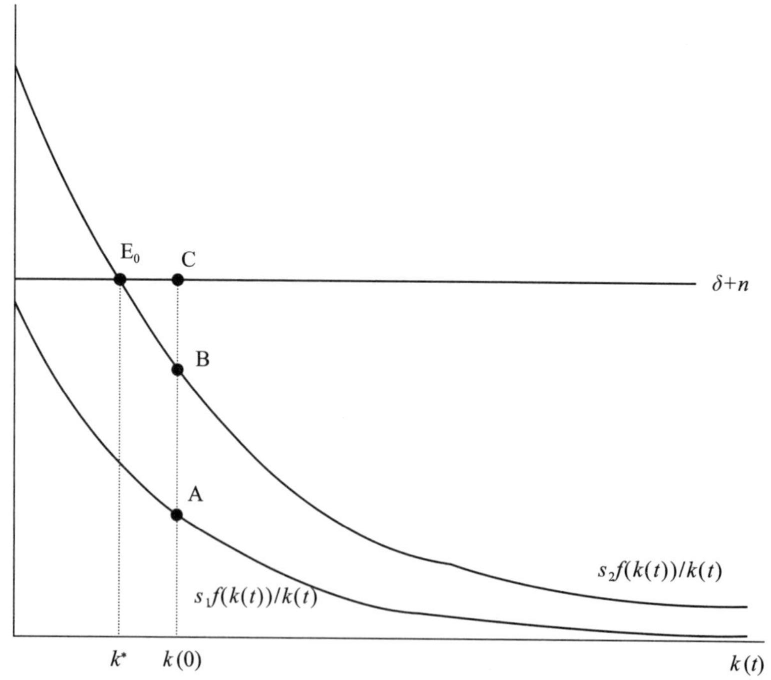


**图 14—1 劳动与资本之间难以替代**

对于低储蓄率 $s_1$，模型不再存在一个稳态的均衡!! 纵截距太小，不能实现净资本的积累，即 $s_1 Z\alpha^{\sigma_{KL}/(\sigma_{KL}-1)}<\delta+n$。一个经济中拥有如此低的储蓄率既不能积累任何资本，也不能有任何产出（由于两种生产要素都是生产过程中必需的）。作为选择，考虑一个有储蓄率 $s_2$ 的经济位于图 14—1 中点 B 的情形。现在假设储蓄率由 $s_2$ 降至 $s_1$，所以经济从图 14—1 中的点 A 移动到点 B。新的储蓄率太低而不能满足必要的投资需求，同时资本密集度逐渐趋近于 0。

#### 14.2.1.2 简单替换

如果资本可以很容易地用劳动替代，即如果 $\sigma_{KL}$ 超过 1，那么事情将会完全不同。在这种情况下，资本的平均产出满足：

$$\lim_{k(t)\to 0}\frac{f(k(t))}{k(t)}=\lim_{k(t)\to 0} Z\cdot\left[(1-\alpha)k(t)^{-(\sigma_{KL}-1)/\sigma_{KL}}\right]^{\sigma_{KL}/(\sigma_{KL}-1)}=\infty, \qquad (14.8)$$

$$\lim_{k(t)\to\infty}\frac{f(k(t))}{k(t)}=Z\cdot\alpha^{\sigma_{KL}/(\sigma_{KL}-1)}>0。 \qquad (14.9)$$

资本平均产出在开始时非常高（正如稻田条件要求的一样），但是当资本越来越多时逐渐接近一个正的极限，即式（14.3）不再满足。这个例子可以用图14—2来说明，同样使用两个不同的储蓄率。对于低储蓄率 $s_1$ 来说，模型只有一个稳态资本密集度，所以增长是外生的。相比说来，对于高储蓄率 $s_2$，人均储蓄稳定在超过必要投资的一个点上，$s_2 Z\alpha^{\sigma_{KL}/(\sigma_{KL}-1)}>\delta+n$。从一个初始的 $k(0)$ 开始，资本劳动比逐渐增长到无限。虽然资本的报酬递减，但在长期中生产要素非常相似，在生产中可以



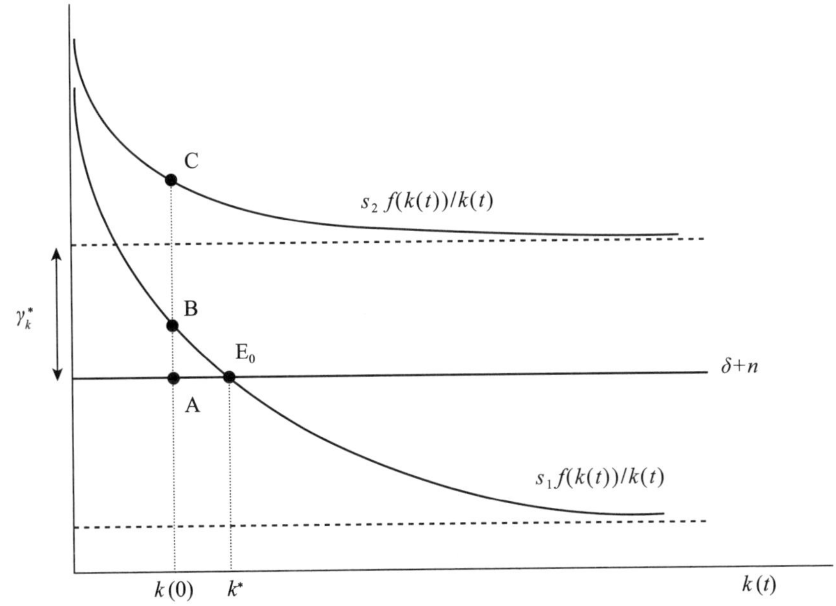


**图 14—2 劳动与资本之间较容易替代**

很好地相互替代（$\sigma_{KL}>1$）。这意味着如果资本无限地增长，不变的劳动增长率将不会成为一个约束。相对稀缺的劳动可以简单地由资本无限地替代。长期中资本劳动比和产出劳动比的“内生”增长率为

$$\gamma_k^* \equiv \left(\frac{\dot{k}(t)}{k(t)}\right)^* = s_2 Z\alpha^{\sigma_{KL}/(\sigma_{KL}-1)} - (\delta+n) > 0。\tag{14.10}$$

这个增长率被称为“内生的”，是因为它不仅受到外生参数（$\alpha$，$\delta$，$\sigma_{KL}$，$Z$ 和 $n$）的影响，而且受到储蓄率 $s_2$ 的影响，这个结果和上面讨论的标准索洛-斯旺模型形成了鲜明的对比。

不难理解在替代劳动内生增长的情况下，劳动变得越来越不重要。渐渐地，资本的收入份额接近 1，而劳动的收入份额接近 0。这正是这个内生增长模型是“资本基础”类模型的例子之一的原因（King and Levine，1994）。当 $\sigma_{KL}>1$ 时，劳动在生产中不是不可或缺的，在极限情况下可以（几乎）完全使用资本进行生产。这个结果当然与典型事实（SF3）和（SF5）相违背，这在第 13 章提到过。

### □ 14.2.2　*AK* 模型

一个比资本基础模型更激进的例子是所谓的“*AK*”模型、它由 Romer（1986）、Barro（1990）、Rebelo（1991）等提出。在它最基础的形式中，*AK* 模型将假设宽范围资本的规模报酬不变。因此，宏观生产函数为

$$Y(t) = ZK(t),\tag{14.11}$$

$Z$ 是总生产率，式（14.11）显然违背了稻田法则。[①] 也许有人会因为这一规范的不切合实际而反对它，例如，劳动力投入不规范。但是类似结论可能毫无根据可言，至少有两个可信的微观解释可以给出类似式（14.11）的宏观生产函数。这两种解释都承认在微观（企业）水平存在资本收益递减，但是支持了在宏观水平下资本回报率不变时外部效应依然存在。在本章剩余部分，我们假设总人口（即劳动力供给）不变，等于 $L_0$。

#### 14.2.2.1　企业间的外部效应

我们的第一个 *AK* 模型依靠经济中私人企业间运行的外部效应。存在大量相同的完全竞争的企业。企业 $i$ 的可用技术是

$$Y_i(t) = F(K_i(t), L_i(t)) \equiv Z(t)K_i(t)^{\alpha}L_i(t)^{1-\alpha},\quad 0<\alpha<1,\tag{14.12}$$

其中，$Y_i$、$K_i$ 和 $L_i$ 分别代表企业 $i$（$i=1$，…，$N_0$）的产出、资本投入和劳动力投入。$N_0$ 是企业数量（假设是固定的）。$Z$ 代表总量水平上的生产率，它由给出的单个企业的生产率决定。文中的关键是技术：(i) 它对包括资本在内的两种生产要素都

① *AK* 模型的名字源于文章中习惯使用 $A$ 表示总生产率。因为 $A$ 在本书中表示金融资产，我们用符号 $Z$ 来表示总生产率，但是继续使用 *AK* 模型这个名称。

表现出规模报酬递减；(ii) 它对共同的生产要素表现出规模报酬不变。企业的折现值为

$$V_i(0)=\int_0^{\infty}[F(K_i(t),L_i(t))-w(t)L_i(t)-[1-s_I(t)]I_i(t)]e^{-R(t)}dt, \tag{14.13}$$

其中 $R(t)\equiv\int_0^t r(\tau)d\tau$ 是累计折现因子，且 $s_I(t)$ 是投资补贴。借鉴 13.5.2 节的分析，我们假设企业 $i$ 选择产出和投资计划来最大化 $V_i(0)$，根据生产函数 (14.12) 和资本积累特性 $\dot{K}_i(t)=I_i(t)-\delta K_i(t)$。一系列运算过后，我们得到了劳动力和资本的边际生产率条件：

$$w(t)=F_L(K_i(t),L_i(t))=(1-\alpha)Z(t)k_i(t)^{\alpha}, \tag{14.14}$$

$$R^K(t)=F_K(K_i(t),L_i(t))=\alpha Z(t)k_i(t)^{\alpha-1}, \tag{14.15}$$

其中 $F_L(K_i(t), L_i(t))\equiv\partial Y_i(t)/\partial L_i(t)$，$F_K(K_i(t), L_i(t))\equiv\partial Y_i(t)/\partial K_i(t)$，$k_i(t)\equiv K_i(t)/L_i(t)$ 是资本密集度，$R^K(t)$是资本租金率：

$$R^K(t)\equiv(r(t)+\delta)[1-s_I(t)]+\dot{s}_I(t)。 \tag{14.16}$$

所有企业每个要素的租金率都相同，即它们都选择同样的资本密集度且对全部 $i=1,\cdots,N_0$ 有 $k_i(t)=k(t)$。这是模型非常有用的特质，因为这可以将微观经济关系加总得到宏观水平的经济关系（参见下面）。

根据 Saint-Paul (1992, p. 1247) 和 Paul Romer (1989)，我们假设企业间的外部性采用如下形式：

$$Z(t)=z_0K(t)^{1-\alpha}, \tag{14.17}$$

其中 $z_0$ 是正的常数，$K(t)\equiv\sum_i K_i(t)$ 是总资本存量。根据式 (14.17)，全要素生产率与总资本存量成正相关关系，即如果一个私人企业 $i$ 提高资本存量，那么经济体中所有企业都会因此而获益，因为总生产率指标会提高。利用式 (14.17)，式 (14.12)、式 (14.14) 和式 (14.15) 可以整理为

$$Y(t)=Z_0K(t), \tag{14.18}$$

$$w(t)L_0=(1-\alpha)Y(t), \tag{14.19}$$

$$R^K(t)=\alpha Z_0, \tag{14.20}$$

其中 $Y(t)\equiv\sum_i Y_i(t)$ 是总产出，$Z_0\equiv z_0L_0^{1-\alpha}$ 是正的常数。[①] 如前所述，劳动收入份额是正的，同时在宏观层面上资本收益不变。从技术上来说，后者的结果有如下事

① 所有企业均使用相同的资本密集度 ($k_i(t)=k(t)$)，所以 $Y_i(t)=L_i(t)Z(t)k(t)^{\alpha}$ 和 $Y(t)\equiv\sum_i Y_i(t)=L_0Z(t)k(t)^{\alpha}$，其中 $L_0\equiv\sum_i L_i(t)$ 是劳动力市场的出清条件。因为 $K_i(t)=k(t)L_i(t)$，我们又得到 $Z(t)=z_0L_0^{1-\alpha}k(t)^{1-\alpha}$ 和 $K(t)\equiv\sum_i K_i(t)=L_0k(t)$ 或 $k(t)=k(t)/L_0$。综合以上结果我们可以发现式 (14.18)。对于工资，我们发现 $w(t)=(1-\alpha)Z(t)k(t)^{\alpha}=(1-\alpha)z_0L_0^{1-\alpha}k(t)=(1-\alpha)z_0L_0^{-\alpha}K(t)$，又可以得出式 (14.19)。最后，对于资本租金率可以得到 $R^K(t)=\alpha Z(t)k(t)^{\alpha-1}=\alpha z_0L_0^{1-\alpha}=\alpha Z_0$。

实，式（14.17）中的 $K$ 的指数是式（14.12）中 $K_i$ 的指数严格加总的和。

为了完善模型，我们假设代表性家庭中成员有无限的生命，可以最大化终生效用，

$$\Lambda(0)=\int_0^{\infty}\left[\frac{C(t)^{1-1/\sigma}-1}{1-1/\sigma}\right]e^{-\rho t}dt, \tag{14.21}$$

这适用于标准资本积累特性：

$$\dot{A}(t)=r(t)A(t)+w(t)L_0-[1+t_C(t)]C(t)-T(t), \tag{14.22}$$

其中，$\sigma$ 是不变的跨期替代弹性（参见第 13 章），$t_C$ 是消费税，$T(t)$ 是总额税（如果是负的，就是转移收入），$A(t)$ 表示金融资产，$r(t)$ 表示利率。利用 13.5.1 节中的分析思想，可以得出代表性家庭的欧拉方程如下：

$$\frac{\dot{C}(t)}{C(t)}=\sigma\left[r(t)-\rho-\frac{\dot{t}_C(t)}{1+t_C(t)}\right]。 \tag{14.23}$$

由于这个模型是封闭经济下的模型且不考虑政府负债，唯一可以积累的金融资产来自企业，因为资本的重置价值等于 $1-s_I$，于是可以得出 $A(t)=[1-s_I(t)]K(t)$。$AK$ 增长模型的关键方程总结在表 14—1 中。

**表 14—1　　　　存在企业间外部效应的 *AK* 增长模型**

$$\dot{C}(t)=\sigma\left[r(t)-\rho-\frac{\dot{t}_C(t)}{1+t_C(t)}\right]C(t) \tag{T1.1}$$

$$\dot{K}(t)=[(1-g)Z_0-\delta]K(t)-C(t) \tag{T1.2}$$

$$r(t)=\frac{\alpha Z_0}{1-s_I(t)}-\frac{\dot{s}_I(t)}{1-s_I(t)}-\delta \tag{T1.3}$$

注：$C(t)$ 是消费，$K(t)$ 是资本存量，$r(t)$ 是利率，$t_C(t)$ 是消费税，$s_I(t)$ 是投资补贴，$g$ 是政府消费的国民收入份额，$\alpha$ 是微观生产函数下资本效率的参数，$\rho$ 是纯时间偏好率，$\sigma$ 是跨期替代弹性，$\delta$ 是资本折旧率。

式（T1.1）重新陈述了式（14.23）。式（T1.2）是资本存量的动态方程。它通过宏观生产函数（14.8）得到，同时注意 $\dot{K}(t)=I(t)-\delta K(t)$（总资本积累的特性），$Y(t)=C(t)+G(t)+I(t)$（国民收入特性），以及 $G(t)=gY(t)$，其中 $g$ 是政策控制的公共消费的比例。最后，式（T1.3）可以通过将式（14.20）代入式（14.16）获得。现在可以直接描述为模型中存在永恒的“内生”增长。我们重点关注消费税和投资补贴在长期保持不变的情况（预期中），即 $\dot{t}_C(t)=\dot{s}_I(t)=0$。[①] 在这种情况下利率保持不变且消费增长率完全由式（T1.1）和式（T1.3）决定：

$$\gamma^*=\frac{\dot{C}(t)}{C(t)}=\sigma\left[\frac{\alpha Z_0}{1-s_I}-\delta-\rho\right]>0, \tag{14.24}$$

① 在表 14—1 中值得注意的是非时变消费税的水平值不影响增长率，因为这种税不扭曲跨期消费决策。

其中我们认为家庭是有耐心的，即利率高于纯粹时间偏好率并且增长率为正。

图 14—3 可以说明家庭的消费和资本存量的比率将保持不变。通过定义 $\theta(t)\equiv C(t)/K(t)$ [所以$\frac{\dot{\theta}(t)}{\theta(t)}=\frac{\dot{C}(t)}{C(t)}-\frac{\dot{K}(t)}{K(t)}$] 和利用式（T1.1）～式（T1.3），我们发现：

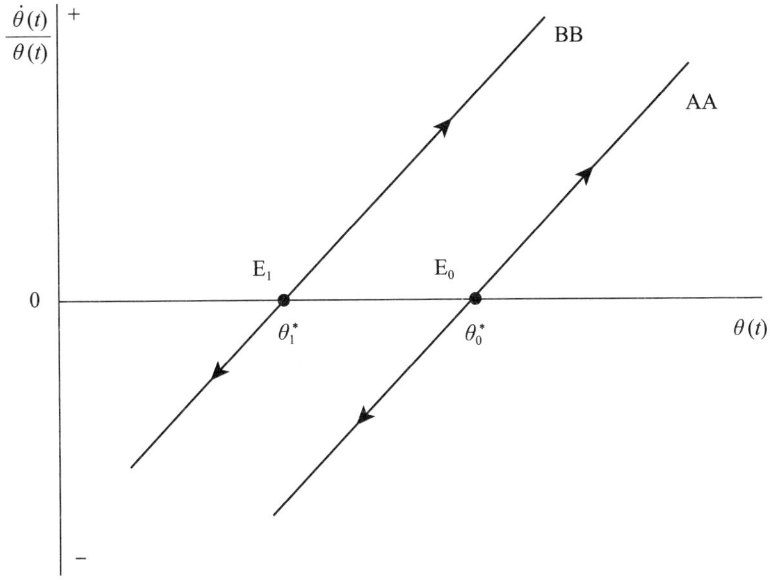


**图 14—3　消费资本比**

$$\frac{\dot{\theta}(t)}{\theta(t)}=\theta(t)-\theta^*, \tag{14.25}$$

其中 $\theta^*$ 被定义为

$$\theta^*\equiv(1-g)Z_0-\delta+\sigma(\rho+\delta)-\frac{\alpha\sigma Z_0}{1-s_I}>0。\tag{14.26}$$

式（14.25）是不可微的，唯一的可行性经济计划是稳态，即 $\theta(t)=\theta^*$。但是如果 $\theta(t)$ 保持不变，那么资本存量、投资、产出和消费的增长率相同，即 $\gamma^*=\dot{Y}(t)/Y(t)=\dot{K}(t)/K(t)=\dot{I}(t)/I(t)$。不同变量水平可以利用资本存量的初始条件来确定，注意 $C(0)=\theta^*K(0)$。当在（0，$t$）之间没有冲击时，我们得到 $K(t)=K(0)e^{\gamma^* t}$，$C(t)=\theta^*K(t)$，$Y(t)=Z_0K(t)$ 等。

吸引人的结论是经济的增长率可以永远受到投资补贴的影响，这个结果在上面讨论的传统增长模型中是不可能的。直观上，更高的投资补贴会引起经济中更高的利率，以及更陡峭的跨期消费计划，因此会导致更高的资本积累率。消费资本比可由图 14—3 获得。初始均衡在点 $E_0$，由式（14.26）可得 $\partial\theta^*/\partial s_I=-\alpha\sigma Z_0/(1-s_I)^2<0$，即 $\dot{\theta}(t)/\theta(t)$ 线向左移动，从 AA 移动到 BB，并且均衡消费资本比从点 $\theta_0^*$ 下降到点 $\theta_1^*$，投资补贴的增加带动总税收的增加，使得家庭变得更加贫穷。

容易由式（14.24）得到偏好参数对经济增长率也会产生长期影响。因此，一个拥有耐心的家庭（低 $\rho$）或者高跨期替代消费倾向的家庭（高 $\sigma$）的经济更可能拥有高经济增长率。财政政策包括公共消费份额的增加不会影响增长率，同时带来消费资本比的减小，即 $\partial\theta^* / \partial g = -Z_0 < 0$。

下面，我们将指出基本 $AK$ 模型的更多性质。首先，如果消费税或投资补贴是随时间推移而变化的，那么模型将会表现出过渡动态，因为在这种情况下真实利率随着时间推移而改变，而个体会对此作出反应。其次，由于市场结果和中央计划结果相同，所以基本 $AK$ 模型的均衡是帕累托有效的。直观上说，这个结果是成立的，因为不像中央规划者那样，在生产力总体水平下，面对经济中的所有企业作出资本积累的决策时私人企业没有考虑到外部效应。留给读者一个练习：如何制定补贴方案来内化外部性。

#### 14.2.2.2 企业和政府间的外部效应

$AK$ 模型的第二种表述是由 Barro（1990）提出来的。在这个模型中，公共基础设施的规模影响私人企业的生产率，也会影响经济增长率。在这一小节中，我们讨论一个广义的巴罗模型。个人企业的技术水平依然按式（14.12）中给定的。$i$ 企业的目标方程为

$$V_i(0) = \int_0^{\infty} [(1-t_Y)F(K_i(t), L_i(t)) - w(t)L_i(t) - I_i(t)]e^{-R(t)}dt, \tag{14.27}$$

其中，$t_Y$ 是不随时间推移而变化的产出税（$0 < t_Y < 1$，$\dot{t}_Y = 0$）。资本积累方程为 $\dot{K}_i(t) = I_i(t) - \delta_K K_i(t)$，其中 $\delta_K$ 是资本折旧率。由于在之前的章节中，公司 $i$ 选择资本量、就业和投资使受限制的 $V_i(0)$ 实现最大化。经过处理之后我们发现劳动和资本的边际生产率条件为

$$w(t) = (1-t_Y)F_L(K_i(t), L_i(t)) = (1-\alpha)(1-t_Y)Z(t)k_i(t)^{\alpha}, \tag{14.28}$$

$$r(t) + \delta_K = (1-t_Y)F_K(K_i(t), L_i(t)) = \alpha(1-t_Y)Z(t)k_i(t)^{\alpha-1}, \tag{14.29}$$

其中 $k_i(t) \equiv K_i(t)/L_i(t)$ 是资本密集度。

按照 Barro（1990）的意思，我们假设式（14.17）被替换为

$$Z(t) = z_0 K_G(t)^{1-\alpha}, \tag{14.30}$$

其中 $K_G(t)$ 是公共资本存量，包括基础设施，像公路、机场、桥梁等。[①] 模型的想法是：生产性公共支出同等地影响所有生产者，这些服务是免费提供的且没有拥挤效应。通过将式（14.30）代入式（14.12）、式（14.28）和式（14.29），以及将所有企业加总起来，我们得到宏观经济的关系为

$$Y(t) = Z_0 K(t)^{\alpha} K_G(t)^{1-\alpha}, \tag{14.31}$$

---

① 注意，Barro（1990，p. S106）有点不切实际，他假设公共服务流而不是公共资本存量进入生产方程。我们借鉴 Arrow 和 Kurz（1970）的方法，将基础设施作为一个存量变量。

$$w(t)L_0=(1-\alpha)(1-t_Y)Y(t), \tag{14.32}$$

$$r(t)+\delta_K=\alpha(1-t_Y)Z_0\left(\frac{K_G(t)}{K(t)}\right)^{1-\alpha}。 \tag{14.33}$$

几件事情值得注意。第一，对一个固定的公共资本存量来说，宏观生产函数（14.31）对私人资本存量 $K(t)$ 是收益递减的，因为 $\alpha$ 小于 1。但是，如果政府成功地保持了它的公共资本存量和私人资本存量之间固定的比例，这个模型看上去就会很像基本 $AK$ 模型，并因此表现出内生性增长。另外，这个模型有如此表现的原因是式（14.12）中 $K$ 的指数和式（14.30）中 $K_G$ 的指数加起来等于 1。第二，保持两种资本之间固定的比率，产出税影响利率和经济增长率。

仍需要具体化政府行为的政策。公共资本存量的积累等式为

$$\dot{K}_G(t)=I_G(t)-\delta_G K_G(t), \tag{14.34}$$

其中 $I_G(t)$ 是公共投资流，其比率是由政府制定的，$\delta_G$ 是公共资本折旧率。在没有总额税的情况下，静态的政府预算约束为

$$t_Y Y(t)=I_G(t)+gY(t), \tag{14.35}$$

其中 $g$ 是外生给定的政府消费在国民收入中的比重（$g<t_Y$）。对于给定的 $t_Y$ 和 $g$ 的值，遵从式（14.35），公共投资率和产出是成比例的，即 $I_G(t)=(t_Y-g)Y(t)$。

**表 14—2　　一个公共资本 AK 增长模型**

| | |
|---|---|
| $\frac{\dot{C}(t)}{C(t)}=\sigma[r(t)-\rho]$ | (T2.1) |
| $\frac{\dot{K}(t)}{K(t)}=(1-t_Y)Z_0\left(\frac{K(t)}{K_G(t)}\right)^{\alpha-1}-\frac{C(t)}{K(t)}-\delta_K$ | (T2.2) |
| $\frac{\dot{K}_G(t)}{K_G(t)}=(t_Y-g)Z_0\left(\frac{K(t)}{K_G(t)}\right)^{\alpha}-\delta_G$ | (T2.3) |
| $r(t)=\alpha(1-t_Y)Z_0\left(\frac{K(t)}{K_G(t)}\right)^{\alpha-1}-\delta_K$ | (T2.4) |

注：$C(t)$ 是消费，$K(t)$ 和 $K_G(t)$ 分别是私人资本存量和公共资本存量（折旧率分别为 $\delta_K$ 和 $\delta_G$），$r(t)$ 是利率，$t_Y$ 是产出税，$g$ 是政府消费的国民收入份额（$t_Y>g$），$\alpha$ 是微观生产函数中私人资本的效率参数，$\rho$ 是纯粹时间偏好率，$\sigma$ 是跨期替代弹性。

为了方便起见，关键方程模型已经在表 14—2 中作了综述。因为模型的家庭方面没有任何改变，欧拉方程仍然沿用式（14.23）中的形式［外加 $\dot{t}_C(t)=0$］——见式（T2.1）。式（T2.2）通过式（14.31）、式（14.35）、私人资本积累总量方程［$\dot{K}(t)=I(t)-\delta_K K(t)$］和国民收入等式［$Y(t)=C(t)+I(t)+gY(t)+I_G(t)$］。在其他条件不变的情况下，产出税对式（T2.2）中的私人资本的增长率产生了负面影响。由式（14.35）可以看出，政府全部支出的国民收入份额等于 $t_Y$。由此得出结论：只有总产出的一部分用于私人消费和资本积累。接下来，式（T2.3）由式（14.31）、式（14.34）和式（14.35）得到。政府收入的“生产性”部分 $(t_Y-g)Y$ 被用于公共投资，这可以促进公共资本存量的增长率。最后，式（T2.4）是对式（14.33）的重新表述。

可以证明，给定初始条件为两种资本存量 $[K(0)$ 和 $K_G(0)]$，模型是稳定的且收敛至均衡增长率。沿着均衡增长路径，利率是常数且所有宏观变量以一个相同的内生增长率 $\gamma^*$ 增长。在本小节的剩余部分我们首先计算和讨论渐近增长率。本小节结束时我们简要描述一下该模型的非平凡动态过程。

**14.2.2.2.1　稳态增长**

通过对平衡增长路径的定义，我们发现 $[\dot{C}(t)/C(t)]^*=[\dot{K}(t)/K(t)]^*=[\dot{K}_G(t)/K_G(t)]^*=\gamma^*$ 且 $r^*(t)=r^*$。利用表 14—2 中的结果我们发现：

$$\gamma^*=\sigma[r^*-\rho], \tag{14.36}$$

$$\gamma^*=(1-t_Y)Z_0(\kappa^*)^{\alpha-1}-\theta^*-\delta_K, \tag{14.37}$$

$$\gamma^*=(t_Y-g)Z_0(\gamma^*)^{\alpha}-\delta_G, \tag{14.38}$$

$$r^*=\alpha(1-t_Y)Z_0(\kappa^*)^{\alpha-1}-\delta_K, \tag{14.39}$$

其中 $\theta^*\equiv[C(t)/K(t)]^*$ 是私人消费资本比，$\kappa^*\equiv[K(t)/K_G(t)]^*$ 是私人资本存量和公共资本存量之间的比率，两者都是沿着均衡增长路径得到的。模型可以在图 14—4 的帮助下得到分析。在上面的图形中，EE 线描述了稳态的欧拉方程 (14.36)。GCA 线代表政府资本积累线。它可以通过解式（14.39）中的 $\kappa^*$ 得到，把结果代入式（14.38）可得：

$$\gamma^*=(\alpha^{\alpha}Z_0)^{1/(1-\alpha)}(t_Y-g)\left(\frac{1-t_Y}{r^*+\delta_K}\right)^{\alpha/(1-\alpha)}-\delta_G,\quad \text{GCA。} \tag{14.40}$$

GCA 线是凸的向下倾斜的函数，把稳态利率 $t_Y$ 以及外生性政策参数 $g$ 的稳态增长率联系到一起。最后，在图 14—4 下方的图形，PCA 的轨迹代表私人资本积累线。它可以通过将式（14.36）和式（14.39）代入式（14.37）得到，解得 $\theta^*$ 为

$$\theta^*=\sigma\rho+\frac{(1-\alpha)\delta_K}{\alpha}+\frac{(1-\alpha\sigma)r^*}{\alpha},\quad \text{PCA。} \tag{14.41}$$

PCA 线是在合理假设的情况下得到的。

初始稳态在点 $E_0$ 处，其中 $GCA_0$ 线与 EE 线在上方的图形中相交。当初始利率为 $r_0^*$ 时，初始增长率是 $\gamma_0^*$。从图形中可以找到证据，利率大于纯粹时间偏好率 $(r_0^*>\rho)$，所以增长率严格为正 $(\gamma_0^*>0)$。稳态时刻的私人消费资本比 $\theta_0^*$ 在下方的图形中也得到了刻画。令人惊奇的结论是：尽管私人资本的报酬递减存在，内生增长依然发生了！直观上，通过一直增加公共资本存量，政府可以打消私人资本的报酬递减，否则私人资本的报酬递减就会产生于持续的资本积累。政府可以在不持续增加税率的情况下做到这一点（不然最终会不可行），因为税基（总产出）以和私人资本存量同样的速率增长。

现在考虑政府的各种政策的增长效应。第一，非生产性政府支出 $g$ 的减少使得 GCA 线的轨迹沿着顺时针方向旋转，在图 14—4 中由 $GCA_0$ 到 $GCA_1$。新的稳态均衡移动到点 $E_1$，并且利率、增长率和私人消费资本率都上升了，即 $d\gamma^*/dg<0$，

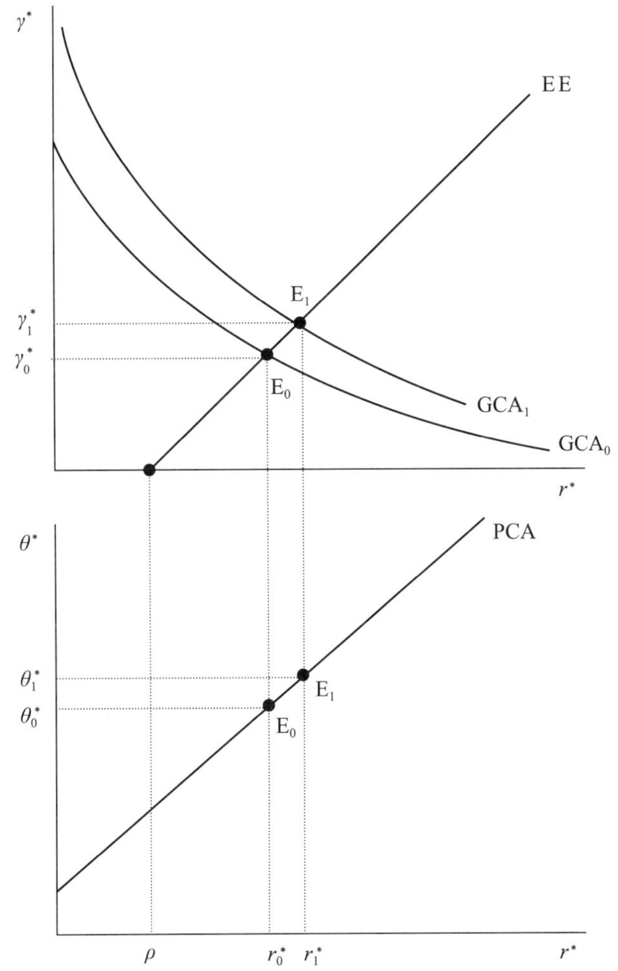


**图 14—4　公共基础设施引起的稳态增长**

$dr^*/dg<0$，$d\theta^*/dg<0$。直观上，冲击使政府收入由非生产性的目的转向生产性的，增加了经济增长率。

产出税增加的影响更加复杂，因为工作中存在补偿机制——参见式（14.40）。一方面，$t_Y$ 的增加可以促进政府收入的增加，增加政府资本积累以及由此促进增长率的上升（GCA 曲线上升）。另一方面，$t_Y$ 的增加阻碍私人消费的经济决策，引起税基（产出）的减少、公共资本积累的减少以及增长率的下降（GCA 曲线向下移动）。通过对式（14.40）中产出税求微分，我们得到 GCA 曲线的净影响：

$$\left(\frac{t_Y-g}{\gamma^*+\delta_G}\cdot\frac{\partial\gamma^*}{\partial t_Y}\right)_{GCA}=1-\frac{\alpha}{1-\alpha}\frac{t_Y-g}{1-t_Y}\gtreqless 0,\ t_Y\lesseqgtr 1-\alpha(1-g)。\tag{14.42}$$

对于初始的低税率，收入效应超过税基效应，如果产出税上升，增长率也上升，对高税率则相反。增长最大化的税率可以通过关于 $t_Y$ 最大化 $\gamma^*$ 计算得到。很容易由式（14.36）和式（14.42）的 $d\gamma^*/dt_Y=(\partial\gamma^*/\partial t_Y)_{GCA}=0$ 得到 $t_Y=1-\alpha(1-g)$。实际上，通过解式（14.36）的 $r^*$ 并把结果代入式（14.40），我们得到 $\gamma^*$ 的隐式方程：

$$\gamma^{*}+\delta_{G}=(\alpha^{\alpha}Z_{0})^{1/(1-\alpha)}(t_{Y}-g)\left(\frac{\sigma(1-t_{Y})}{\gamma^{*}+\sigma(\rho+\delta_{K})}\right)^{\alpha/(1-\alpha)}。\tag{14.43}$$

这个式子如图 14—5 所示。分别对 $\gamma^{*}$ 和 $t_{Y}$ 求微分得到增长线的斜率：

$$\frac{t_{Y}-g}{\gamma^{*}+\delta_{G}}\cdot\frac{d\gamma^{*}}{dt_{Y}}=\frac{1-\dfrac{\alpha}{1-\alpha}\dfrac{t_{Y}-g}{1-t_{Y}}}{1+\dfrac{\alpha}{1-\alpha}\dfrac{\gamma^{*}+\delta_{G}}{\gamma^{*}+\sigma(\rho+\delta_{K})}}。\tag{14.44}$$

在图 14—5 中，最大化的增长率在点 C 处，点 A 和点 B 代表 $t_{Y}$ 的两个值，表示增长率为零。

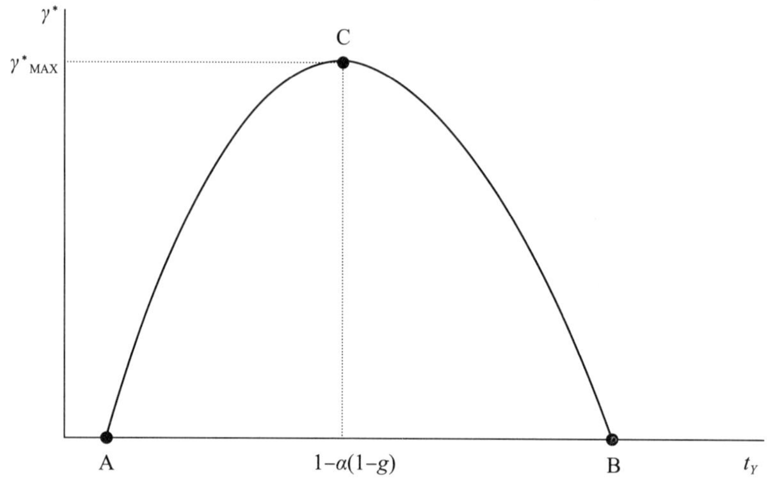


图 14—5　生产性政府支出与经济增长

#### 14.2.2.2.2　动态转化

与我们第一个 $AK$ 模型相比，公共基础设施模型引起非平凡的动态转化，因为我们把公共基础设施当成一个存量变量并且因为公共投资率受到可用税收的限制［参见式（14.35）］。从表 14—2 中我们可以清楚地得到，模型完全可以分为两部分：一部分为私人消费资本比，$\theta(t)\equiv C(t)/K(t)$；另一部分为私人资本存量和公共资本存量之比，$\kappa(t)\equiv K(t)/K_{G}(t)$。为了研究模型的动态性质，我们在稳态点（$\theta^{*}$，$\kappa^{*}$）附近利用对数线性化得到：

$$\begin{bmatrix}\dfrac{d\ln\theta(t)}{dt}\\ \dfrac{d\ln\kappa(t)}{dt}\end{bmatrix}=\Delta\cdot\begin{bmatrix}\ln\theta(t)-\ln\theta^{*}\\ \ln\kappa(t)-\ln\kappa^{*}\end{bmatrix},\tag{14.45}$$

其中 $\Delta$ 是雅可比矩阵：

$$\Delta \equiv \begin{bmatrix} \theta^* & \dfrac{(1-\alpha)(1-\alpha\sigma)(r^*+\delta_K)}{\alpha} \\ -\theta^* & -\dfrac{(1-\alpha)(r^*+\delta_K)+\alpha^2(\gamma^*+\delta_G)}{\alpha} \end{bmatrix}。\tag{14.46}$$

$\Delta$ 的行列式的值为

$$|\Delta| \equiv -\theta^*[(1-\alpha)\sigma(r^*+\delta_K)+\alpha(\gamma^*+\delta_G)]<0, \tag{14.47}$$

因此 $\Delta$ 的特征根的乘积为负数，即有一个负数（稳定根），$-\lambda_1<0$，以及一个正根（不稳定），$\lambda_2>0$，并且模型在鞍路径上是稳定的。回想一下，当私人消费是一个跳跃变量时，两种资本存量都是前定的（不变的）变量。因此，当 $\kappa(t)$ 是前定的［因为 $K(t)$ 与 $K_G(t)$ 是前定的］时，$\theta(t)$ 是跳跃变量［因为 $C(t)$ 是跳跃变量］，模型沿着鞍路径收敛至稳态均衡。转变的速度等于稳态根 $\lambda_1$ 的绝对值。

插叙 14.1☞

## 对数线性化

说来奇怪的是，非线性动态模型的对数线性化常令学生困惑。因此，我们在表 14—2 中详细地将模型对数线性化。Campbell（1994）与 Uhlig（1999）给出了进一步的例子。首先是，通过式（T2.1）推出式（T2.2），由式（T2.2）推出式（T2.3），我们可以将模型重组为

$$\frac{d\ln\theta(t)}{dt}=\sigma[r(t)-\rho]-(1-t_Y)Z_0\kappa(t)^{\alpha-1}+\theta(t)+\delta_K, \tag{a}$$

$$\frac{d\ln\kappa(t)}{dt}=(1-t_Y)Z_0\kappa(t)^{\alpha-1}-(t_Y-g)Z_0\kappa(t)^{\alpha}-\theta(t)+\delta_G-\delta_K, \tag{b}$$

$$r(t)=\alpha(1-t_Y)Z_0\kappa(t)^{\alpha-1}-\delta_K, \tag{c}$$

其中我们用到了 $d\ln x(t)/dt \equiv \dot{x}(t)/x(t)$。接下来，我们定义辅助变量 $\tilde{x}(t)$：

$$a\tilde{x}(t)\equiv\ln\left(\frac{x(t)}{x^*}\right)^a \quad \Leftrightarrow \quad \left(\frac{x(t)}{x^*}\right)^a \equiv e^{a\tilde{x}(t)}, \tag{d}$$

其中 $x^*$ 是 $x(t)$ 的稳态值，$a$ 为某个标量。假设 $x(t)$ 接近于它的稳态值（$x(t)/x^*\approx1$ 和 $\tilde{x}(t)\approx0$），我们得到 $e^{a\tilde{x}(t)}\approx1+a\tilde{x}(t)$，因此由（d）可得：

$$\left(\frac{x(t)}{x^*}\right)^a \approx 1+a\tilde{x}(t) \quad \Leftrightarrow \quad a\tilde{x}(t)=\left(\frac{x(t)}{x^*}\right)^a-1。 \tag{e}$$

我们现将中间结果代入模型。从方程（a）开始，在稳态时，$d\ln\theta(t)/dt=0$。所以，

$$0=\sigma[r^*-\rho]-(1-t_Y)Z_0(\kappa^*)^{\alpha-1}+\theta^*+\delta_K。 \tag{f}$$

由式（a）推导出式（f）：

$$\frac{d\ln\theta(t)}{dt}=\sigma[r(t)-r^*]-(1-t_Y)Z_0[\kappa(t)^{\alpha-1}-(\kappa^*)^{\alpha-1}]+\theta(t)-\theta^*$$

$$=\sigma r^*\left[\frac{r(t)}{r^*}-1\right]-(1-t_Y)Z_0(\kappa^*)^{\alpha-1}\left[\left(\frac{\kappa(t)}{\kappa^*}\right)^{\alpha-1}-1\right]+\theta^*\left[\frac{\theta(t)}{\theta^*}-1\right]$$

$$=\sigma r^*\tilde{r}(t)-(\alpha-1)\left(\frac{r^*+\delta_K}{\alpha}\right)\tilde{\kappa}(t)+\theta^*\tilde{\theta}(t), \tag{g}$$

其中，我们用到式（e）（两次得到 $a=1$，一次得到 $a=\alpha-1$），注意到在最后一步中从式（c）得到 $(1-t_Y)Z_0(\kappa^*)^{\alpha-1}=(r^*+\delta_K)/\alpha$。但是，从 $\tilde{x}(t)$ 的定义的角度，我们可以把（g）写为

$$\frac{d\ln\theta(t)}{dt}=\sigma r^*\ln\left(\frac{r(t)}{r^*}\right)+(1-\alpha)\frac{r^*+\delta_K}{\alpha}\ln\left(\frac{\kappa(t)}{\kappa^*}\right)+\theta^*\ln\left(\frac{\theta(t)}{\theta^*}\right)。 \tag{h}$$

对式（b）利用相同的方法可得：

$$\begin{aligned}\frac{d\ln\kappa(t)}{dt}&=(1-t_Y)Z_0(\kappa^*)^{\alpha-1}\left[\left(\frac{\kappa(t)}{\kappa^*}\right)^{\alpha-1}-1\right]\\&\quad-(t_Y-g)Z_0(\kappa^*)^{\alpha}\left[\left(\frac{\kappa(t)}{\kappa^*}\right)^{\alpha}-1\right]-\theta^*\left[\frac{\theta(t)}{\theta^*}-1\right]\\&=-\left[(1-\alpha)\frac{r^*+\delta_K}{\alpha}+\alpha(\gamma^*+\delta_G)\right]\ln\left(\frac{\kappa(t)}{\kappa^*}\right)-\theta^*\ln\left(\frac{\theta(t)}{\theta^*}\right),\end{aligned} \tag{i}$$

其中我们利用稳态关系 $(1-t_Y)Z_0(\kappa^*)^{\alpha-1}=(r^*+\delta_K)/\alpha$ 和 $(t_Y-g)Z_0\kappa^*=\gamma^*+\delta_G$ 来简化最后一步的式子。式（i）是式（14.45）的第二行。

最后，对式（c）来说，我们发现：

$$r^*\left[\frac{r(t)}{r^*}-1\right]=\alpha(1-t_Y)Z_0(\kappa^*)^{\alpha-1}\left[\left(\frac{\kappa(t)}{\kappa^*}\right)^{\alpha-1}-1\right],$$

$$r^*\ln\left(\frac{r(t)}{r^*}\right)=(r^*+\delta_K)(\alpha-1)\ln\left(\frac{\kappa(t)}{\kappa^*}\right)。 \tag{j}$$

通过将式（j）代入式（g），我们得到式（14.45）的第一行。

## 14.3 人力资本的形成

在一篇开创性的文献中，Uzawa（1965）提出（劳动增加型）技术进步不应该被视为“来自天堂的甘露”，而应该被视为经济人为了增进技术知识有意地使用稀缺资源这一行为的结果。Uzawa（1965）通过假设所有技术知识都包含在劳动中来将他的观点模型化，即在总生产函数（13.11）中，他设定对所有 $t$ 有 $Z_K(t)=1$ 且提出了一个使得 $Z_L(t)$［进而它的增长率 $n_Z$］内生化的理论。宇泽假定一个广义上使用劳动 $L_E(t)$ 的教育部门，它根据以下知识生产函数提高经济中的知识水平：

$$\frac{\dot{Z}_L(t)}{Z_L(t)}=\Psi\left(\frac{L_E(t)}{L(t)}\right), \tag{14.49}$$

式中，$L(t)=L_E(t)+L_P(t)$ 是总劳动力，$L_P(t)$ 是用来生产产品的劳动力，$\Psi(x)$满足对 $0<x<1$ 有 $\Psi'(x)>0>\Psi''(x)$。在式（14.49）中，需要注意的是 $\dot{Z}_L(t)$关于 $Z_L(t)$ 是线性的，即在产生新知识时，现有知识具有不变的报酬。显然，现在的经济中有两种存量可以积累，分别是物质资本存量（$K(t)$）和知识存量（$Z_L(t)$）。宇泽证明了在特殊的线性效用函数下善意的社会计划者将如何最优地选择这些存量（包含一个无限的跨期替代弹性），$U(c(t))=c(t)$。计划者必须做的一个抉择是如何最合理地将劳动力分配到生产和教育部门。提高教育部门的劳动力比例会增加知识的增长，但是也会降低生产的（进而投资率的）增长。

宇泽的观点被遗忘的时间长达 20 年，直到它们被 Romer（1986）、Lucas（1988，1990b）和 Rebelo（1991）重新提及并扩展。本节的目标是讨论（简化的）卢卡斯模型，从而说明人力资本积累可以作为（内生）增长的动力。

Lucas（1988）从不同方面调整和扩展了宇泽的分析。第一，宇泽将 $Z_L(t)$ 宽泛地理解为包括教育、健康、公共物品的建造和维护这些活动（1965，p. 18），而卢卡斯则将 $Z_L(t)$ 更具体地理解为人力资本。第二，卢卡斯援引了 Rosen（1976）的发现，罗森（Rosen）通过实证检验，提出个人收入和知识的线性生产函数保持一致[正如在式（14.49）[①] 中表现的那样]。另外，卢卡斯假设在人力资本生产函数中，劳动的边际生产率不变，即 $\Psi(x)=Z_E x$，其中 $Z_E>0$ 是教育生产率的不变指数。在此讨论的基础上，卢卡斯采用了以下具体的人力资本积累函数：

$$\frac{\dot{H}(t)}{H(t)}=Z_E\cdot\frac{L_E(t)}{L(t)}-\delta_H, \tag{14.50}$$

其中，$\delta_H$ 是人力资本折旧率（$\delta_H>0$）。卢卡斯的第三个调整是假设一个弯曲的（而非线性的）效用函数。代表性的无限存活家庭的终生效用函数为式（14.21）。为了使问题简单些，我们不考虑人口增长，将人口规模标准化为 $L(t)=L_0$（恒定的）。这意味着时间约束可以写成：

$$L_E(t)+L_P(t)=L_0\text{。} \tag{14.51}$$

根据卢卡斯我们假设总生产函数是柯布-道格拉斯形式的：

$$Y(t)=F(K(t),N_P(t))=Z_Y N_P(t)^{1-\alpha}K(t)^{\alpha}, \tag{14.52}$$

其中，$Z_Y$ 是总生产率指数，$N_P(t)$ 是产品生产中的效率工人人数，即技能加权的工作时间[②]：

---

① 尽管事实上，现实中，人们往往主要在人生的早期进行人力资本的积累，但这并不意味着存在知识积累的报酬递减，而可能是因为人的寿命是有限的（Lucas，1988，p. 19）。对于一位七八十岁的老人来说去上学是没有价值的，因为他可以通过额外技能获得收入的时间太短了。假设王室成员也依靠人力资本联系起来，在王室水平上线性保持不变。在第 17 章我们将讨论模型的以下问题：(i) 有限生命的个体倾向于在生命周期的初始阶段进行全日制教育，(ii) 存在人力资本的代际外部效应。

② 应用式（14.51）～式（14.53）时我们将卢卡斯模型简化了，假设人口是固定不变的且没有人力资本的外部性。其影响参见 Lucas（1988，p. 18）。

$$N_P(t) \equiv H(t) L_P(t)。 \tag{14.53}$$

现在我们要解出这个模型并证明它包含了一个内生增长机制。对经济中的参与人做如下假设：完全竞争厂商从家庭部门雇用资本和劳动。家庭从这两种生产要素中获得租金，决定最优的物质和人力资本积累，以及最优的消费时间计划。

由于技术是齐次线性的且竞争是完全的，假设代表性厂商的存在是合理的。这个厂商在技术式（14.52）和效率工人的定义式（14.53）的条件下，从家庭部门雇用劳动和资本来最大化利润，$\Pi(t) \equiv Y(t) - w(t) L_P(t) - R^K(t) K(t)$。这导致了资本租金率$R^K(t)$和工资率 $w(t)$ 的熟悉的表达式：

$$R^K(t) = F_K(K(t), N_P(t)) = \alpha Z_Y k(t)^{\alpha-1}, \tag{14.54}$$

$$w(t) = H(t) F_N(K(t), N_P(t)) = (1-\alpha) Z_Y H(t) k(t)^{\alpha}, \tag{14.55}$$

其中 $k(t) \equiv K(t)/N_P(t)$ 是生产的宏观经济资本密集度。① 式（14.54）是将资本边际产量和租金率等同的标准条件。对式（14.55）需要了解的关键点是，对于给定的资本密集度 $k(t)$，工资随着技能水平的增加而增加。这就给家庭一个积累人力资本的有力激励。另外需要指出的是，根据这里描述的个人观点来看，有效劳动的边际产品（$F_N$）取决于物质资本和有效劳动之间的总的比率。

代表性家庭在（i）时间约束式（14.51），（ii）物质资本积累等式 $\dot{K}(t) = I(t) - \delta_K K(t)$，其中 $I(t)$ 为物质资本的总投资，$\delta_K$ 是它的折旧率，（iii）人力资本积累等式（14.50）以及（iv）预算约束等式（14. 56）的条件下选择消费以及物质和人力资本存量来最大化终生效用式（14.21）：

$$I(t) + C(t) + T(t) = w(t) L_P(t) + R^K(t) K(t) + s_E w(t) L_E(t), \tag{14.56}$$

其中 $T(t)$ 是总额税，$s_E$ 是来自政府的不变的教育补贴（$\dot{s}_E = 0$）。

与代表性家庭的决定有关的现值汉密尔顿函数是

$$\begin{aligned} \mathcal{H}_C(t) = & \frac{C(t)^{1-1/\sigma} - 1}{1 - 1/\sigma} + \mu_H(t) \left[ Z_E \frac{L_E(t)}{L_0} - \delta_H \right] H(t) \\ & + \mu_K(t) [ (R^K(t) - \delta_K) K(t) + H(t) F_N(k(t)) (L_0 - L_E(t)) \\ & + s_E H(t) F_N(k(t)) L_E(t) - C(t) - T(t), \end{aligned} \tag{14.57}$$

其中，$\mu_K(t)$ 和 $\mu_H(t)$ 分别是 $K(t)$ 和 $H(t)$ 的共态变量。一阶必要条件是②

$$C(t)^{-1/\sigma} = \mu_K(t), \tag{14.58}$$

$$\mu_H(t) \frac{Z_E}{L_0} = \mu_K(t) (1 - s_E) F_N(k(t)), \tag{14.59}$$

$$\frac{\dot{\mu}_K(t)}{\mu_K(t)} = \rho + \delta_K - F_K(K(t)), \tag{14.60}$$

---

① 因为根据利润为零（$\Pi(t) = 0$），资本和有效劳动得到它们的边际产品。

② 控制变量（$x \in \{C, L_E\}$）的一阶条件是 $\partial \mathcal{H}_C / \partial x = 0$，状态变量（$x \in \{K, H\}$）的一阶条件是 $- \partial \mathcal{H}_C / \partial x = \dot{\mu}_x - \rho \mu_x$。家庭认为 $F_N$ 和 $F_K$ 是给定的。

$$\frac{\dot{\mu}_H(t)}{\mu_H(t)}=\rho+\delta_H-Z_E\frac{L_E(t)}{L_0}-\frac{\mu_K(t)}{\mu_H(t)}[L_0-(1-s_E)L_E(t)]F_N(k(t)),\tag{14.61}$$

$$0=\lim_{t\to\infty}e^{-\rho t}\mu_K(t)K(t)=\lim_{t\to\infty}e^{-\rho t}\mu_H(t)H(t),\tag{14.62}$$

这里我们利用式（14.54）来简化式（14.60），注意，式（14.62）是横截条件［例如，Benhabib 和 Perli（1994，p.117）以及 Bond et al.（1996，p.154）曾对此做过详细解释］。这背后的直观解释如下：首先，根据式（14.58），产品在两种用途（即消费和物质资本积累）上的边际值应该是相等的。同样，式（14.59）表示时间在它的两种用途（即物质和人力资本积累）上的价值也应该相同（Lucas，1988，p.21）。式（14.60）和式（14.61）背后的直观含义可以通过稍微改写以呼应评价的基础准则［参见 Miller 和 Modigliani（1961，p.412）］——不同资产（分红加上资本利得）的回报率必须相等——来得到解释。通过式（14.60）和式（14.61），我们发现两种资产的回报率为

$$\rho=\frac{\dot{\mu}_K(t)+D_K(t)}{\mu_K(t)}=\frac{\dot{\mu}_H(t)+D_H(t)}{\mu_H(t)},\tag{14.63}$$

其中，式 $D_K(t)$ 和 $D_H(t)$ 分别为物质资本和人力资本的“分红”：

$$D_K(t)\equiv\mu_K(t)[F_K(k(t))-\delta_K],\tag{14.64}$$

$$D_H(t)\equiv\mu_H(t)\left[\frac{Z_E}{1-s_E}-\delta_H\right],\tag{14.65}$$

其中我们利用式（14.59）得到式（14.65）中的表达式。回忆一下，$\mu_K(t)$ 和 $\mu_H(t)$ 是家庭赚取的两种资产估算的影子价格。不足为奇的是，正如式（14.64）所示，$D_K(t)$ 代表物质资本的净边际产品的估算价值。在式（14.65）中，人力资本“分红”$D_H(t)$ 等于补贴纠正后的教育边际生产率的净现值。这样表示教育补贴率是因为人力资本的增加提高了家庭的工资率水平，进而增加了家庭的总教育补贴。

我们现在已经有了模型的所有组成部分，为了方便，我们罗列出了主要公式，见表 14—3。通过定义 $p(t)\equiv\mu_H(t)/\mu_K(t)$ 为人力资本和使用相关的影子价格式（T3.7），我们发现式（14.63）～式（14.65）可以写成式（T3.1）。式（T3.2）是消费的标准欧拉方程。它可以通过对时间单独进行求导并利用式（14.60）得到。在式（T3.7）中定义利率。式（T3.3）为物质资本净积累的标准公式，其中 $g$ 代表外生的政府消费的国民收入份额。式（T3.4）利用式（14.50）和式（14.51）得到，并且注意到 $l_E(t)\equiv L_E(t)/L_0$ 为花费在教育活动上的时间比例。最后，式（T3.5）是式（14.59）的改写版，式（T3.6）给出了资本密集度的定义。

**表 14—3　　增长和人力资本积累的卢卡斯-宇泽模型**

| | |
|---|---|
| $\frac{\dot{p}(t)}{p(t)}=r(t)+\delta_H-\frac{Z_E}{1-s_E}$ | (T3.1) |

$$\frac{\dot{C}(t)}{C(t)}=\sigma[r(t)-\rho] \tag{T3.2}$$

$$\frac{\dot{K}(t)}{K(t)}=(1-g)Z_Y k(t)^{\alpha-1}-\frac{C(t)}{K(t)}-\delta_K \tag{T3.3}$$

$$\frac{\dot{H}(t)}{H(t)}=Z_E l_E(t)-\delta_H \tag{T3.4}$$

$$p(t)=(1-s_E)(1-\alpha)\frac{Z_Y L_0}{Z_E}k(t)^{\alpha} \tag{T3.5}$$

$$k(t)\equiv\frac{K(t)}{[1-l_E(t)]L_0 H(t)} \tag{T3.6}$$

$$r(t)\equiv\alpha Z_Y k(t)^{\alpha-1}-\delta_K \tag{T3.7}$$

注：$C(t)$ 为消费，$K(t)$ 和 $H(t)$ 分别为物质资本存量和人力资本存量（折旧率分别为 $\delta_K$ 和 $\delta_H$），$r(t)$ 为利率，$p(t)$ 是人力资本的相对影子价格，$l_E(t)$ 是花费在教育上的时间比例，$L_0$ 为时间禀赋，$s_E$ 为教育补贴，$g$ 为（非生产性）政府消费的国民收入份额，$\alpha$ 为生产函数中物质资本的有效参数，$\rho$ 为纯时间偏好率，$\sigma$ 为跨期替代弹性。

给定物质资本存量和人力资本存量的初始条件［$K(0)$和 $H(0)$］，模型符合鞍点稳定且逐渐收敛至均衡增长路径，即模型表现为特殊过渡动态。沿着平衡增长路径，利率是固定的且所有宏观变量都以一个相同的内生增长率 $\gamma^*$ 增长。

### □ 14.3.1 稳态增长

手头的任务首先是计算和描述人力资本模型的均衡增长路径。我们定义消费资本比为 $\theta(t)\equiv C(t)/K(t)$，物质资本对人力资本的比率为 $\kappa(t)\equiv K(t)/H(t)$。沿着平衡增长路径，消费和物质资本存量以及人力资本存量都以一个相同的内生增长率 $\gamma^*$ 增长，所以 $\theta(t)=\theta^*$，$\kappa(t)=\kappa^*$。此外，教育中人力资本的相对价格和劳动力份额均为固定的，即 $p(t)=p^*$ 且 $l_E(t)=l_E^*$。因此，资本密集度和利率也都是固定的，即 $k(t)=k^*$ 且 $r(t)=r^*$。将这些结果代入表 14—3 的模型，我们发现稳态可以递归地得到：

1. 式（T3.1）得到的稳态利率为

$$r^*=\frac{Z_E}{1-s_E}-\delta_H。 \tag{14.66}$$

2. 给定 $r^*$，式（T3.2）和式（T3.7）分别决定增长率和生产的资本密集度：

$$\gamma^*=\sigma[r^*-\rho], \tag{14.67}$$

$$k^*=\left(\frac{\alpha Z_Y}{r^*+\delta_K}\right)^{1/(1-\alpha)}。 \tag{14.68}$$

3. 给定 $\gamma^*$ 和 $k^*$，我们从式（T3.3）～式（T3.5）中得到：

$$\theta^*=\frac{1-g}{\alpha}(r^*+\delta_K)-\gamma^*-\delta_K, \tag{14.69}$$

$$l_E^* = \frac{\gamma^* + \delta_H}{Z_E}, \tag{14.70}$$

$$p^* = (1 - s_E)(1 - \alpha)\frac{Z_Y L_0}{Z_E}(k^*)^\alpha。 \tag{14.71}$$

4. 接下来，给定 $k^*$ 和 $l_E^*$，我们从式（T3.6）中得到：

$$\kappa^* = k^*[1 - l_E^*]L_0。 \tag{14.72}$$

5. 最后，仍需要注意的是式（14.67）中给出的（一般）增长率是实际可行的。基于式（T3.4），人力资本的最大增长率等于 $Z_E - \delta_H$（这个增长率是在当全部劳动力都投入教育活动时得到的，即 $l_E = 1$）。因此，式（14.67）中的增长率是可行的当且仅当 $\gamma^* < Z_E - \delta_H$。因而，可行性要求在允许跨期替代弹性上设置了一个上限：

$$\sigma < \frac{Z_E - \delta_H}{Z_E/(1 - s_E) - (\rho + \delta_H)}。 \tag{14.73}$$

几种稳态解的特征值得注意。第一，在式（14.66）和式（14.67）中，它遵循一个简单的方式，稳态增长率正向取决于教育补贴。直观上，$s_I$ 的增长导致花费在教育活动上的时间的比例增加，这种教育活动可以促进经济增长。事实上，不难证明 $dr^*/ds_E > 0, d\gamma^*/ds_E > 0, dl_E^*/ds_E > 0, dk^*/ds_E < 0, d\kappa^*/ds_E < 0, dp^*/ds_E < 0, \alpha d\theta^*/ds_E = [1 - g - \alpha\sigma]dr^*/ds_E \gtreqless 0$。第二，不起作用的政府消费只会影响消费资本比，即 $dr^*/dg = d\gamma^*/dg = dl_E^*/dg = dk^*/dg = d\kappa^*/dg = dp^*/dg = 0$ 且 $d\theta^*/dg = -(r^* + \delta_K)/\alpha < 0$。

### □ 14.3.2 过渡动态

我们通过 Bond et al.（1996）的方法研究模型的动态性质。从表 14—3 明确发现，模型仅仅使用三个变量描述，分别为人力资本的相对影子价格 $p(t)$、消费资本比 $\theta(t) \equiv C(t)/K(t)$、物质资本存量和人力资本存量之比 $\kappa(t) \equiv K(t)/H(t)$。为了理解原因，有必要关注一些准简化形式的关系。第一，这是因为由式（T3.5），$k(t)$ 是 $p(t)$ 和 $s_E$ 的增函数：

$$k(t) = \left(\frac{Z_E p(t)}{(1 - \alpha)Z_Y L_0 (1 - s_E)}\right)^{1/\alpha} \equiv \Psi[\underset{+}{p(t)}, \underset{+}{s_E}]。 \tag{14.74}$$

第二，我们从式（T3.6）中发现，$l_E(t)$ 负向取决于 $\kappa(t)$ 且正向取决于 $k(t)$［因此，通过式（14.74）中的 $p(t)$ 和 $s_E$］：

$$l_E(t) = 1 - \frac{\kappa(t)}{L_0 \Psi[p(t), s_E]}。 \tag{14.75}$$

因此，由式（14.74）和式（14.75），$k(t)$ 和 $l_E(t)$ 分别唯一地取决于重要的状态变量 $p(t)$ 和 $\kappa(t)$。

为了研究模型的动态性质，我们在稳态点（$\theta^*$，$\kappa^*$）附近对数线性化得到：

$$\begin{bmatrix}\dfrac{d\ln p(t)}{dt}\\ \dfrac{d\ln \theta(t)}{dt}\\ \dfrac{d\ln \kappa(t)}{dt}\end{bmatrix}=\Delta\cdot\begin{bmatrix}\ln p(t)-\ln p^*\\ \ln\theta(t)-\ln\theta^*\\ \ln\kappa(t)-\ln\kappa^*\end{bmatrix},\tag{14.76}$$

其中 $\Delta$ 是雅可比矩阵：

$$\Delta\equiv\begin{bmatrix}-\dfrac{(1-\alpha)(r^*+\delta_K)}{\alpha} & 0 & 0\\ -\dfrac{(1-\alpha)\sigma(r^*+\delta_K)+Z_E(1-l_E^*)}{\alpha} & 0 & Z_E(1-l_E^*)\\ -\dfrac{(1-\alpha)(1-g)(r^*+\delta_K)+\alpha Z_E(1-l_E^*)}{\alpha^2} & -\theta^* & Z_E(1-l_E^*)\end{bmatrix}。\tag{14.77}$$

$\Delta$ 的行列式为

$$|\Delta|\equiv-\frac{(1-\alpha)(r^*+\delta_K)Z_E(1-l_E^*)\theta^*}{\alpha}<0,\tag{14.78}$$

所以，$\Delta$ 的特征根的乘积是负的，即有奇数个负的特征根。为了证明鞍点稳定，我们必须证明只有一个稳定根。有些检查工作指出这就是事实。用 $\delta_{ij}$ 表示 $\Delta$ 的一部分，我们发现 $\Delta$ 的特征方程可以写为

$$\Phi(s)\equiv|sI-\Delta|=(s-\delta_{11})[s^2-\delta_{33}s-\delta_{23}\delta_{32}]=0。\tag{14.79}$$

由此断定 $\delta_{11}$ 是 $\Phi(s)$ 的一个根。我们把这个负的（稳定的）根表示为 $-\lambda_1=-\dfrac{(1-\alpha)(r^*+\delta_K)}{\alpha}$。式（14.79）右侧的二次表达式可以写为 $(s-\lambda_2)(s-\lambda_3)=s^2-(\lambda_2+\lambda_3)s+\lambda_2\lambda_3$，所以 $\lambda_2+\lambda_3=\delta_{33}>0$，$\lambda_2\lambda_3=-\delta_{23}\delta_{32}>0$，即 $\lambda_2>0$ 且 $\lambda_3>0$。模型为鞍点稳定且表现为有两个跳跃变量［$p(t)$和 $\theta(t)$］以及一个事先确定的（固定）变量($\kappa(t)$)。经济的调整速度为 $\lambda_1$。给定初始值 $K(t)$ 和 $H(0)$ ［因此 $\kappa(0)\equiv K(0)/H(0)$］，模型沿着鞍路径收敛至稳态均衡。

### □ 14.3.3 结束语

现在我们证明了，内生增长可能是最大化的行为人有目的地积累人力资本的结果。不需要依托“来自天堂的甘露”这一假设。Lucas（1988）研究的模型比这里的模型更为复杂，因为他引进了（内生）人口增长率 $n_L$，并且更重要的是，他认为知识对生产率可能有正的外部效应。他使用的生产函数是 $Y(t)=N_P(t)^{1-\alpha}K(t)^\alpha\overline{H}(t)^\beta$ 而不是式（14.52），这里 $\overline{H}(t)$ 是社会的平均技术水平且 $\beta>0$。直观上，他的设定试图刻画人力资本的形成是一个社会活动。由于个别家庭（相对于整个经济）是极小的，他们不会认识到他们的人力资本选择和这些选择所带来的平均经济范围人力资本水平

之间的关系。结果，市场经济不会是有效的。Lucas（1990b）使用这个扩展的模型来解释为什么即使在国际资本流动没有阻碍的情况下，国家间的资本边际产品依然有持久的差别。

## 14.4 技术内生

在上一节我们表明了有目的的人力资本积累（“技术”）形成了卢卡斯-宇泽经济增长理论中的关键部分。在本节我们将简单地回顾一些文献，在这些文献中，有目的的研究与开发（R&D）活动是增长的关键来源。[1] 为了展示 R&D 影响经济增长的核心机制，我们沿着 Grossman 和 Helpman（1991a，ch. 3－4）和 Bénassy（1998）的思路，将物质资本和人力资本从模型中简化掉。这样，家庭的所有储蓄都是为了新技术的开发。我们研究两种 R&D 模型。第一种是拓展投入种类（EIV）模型。在这个模型中，R&D 会导致额外的中间产品的产生，这些产品由最终生产者使用。R&D 会导致“水平”方向上的扩张。第二个模型为投入质量提升（RIQ）模型，R&D 会带来已经存在的生产要素质量更好的发展。这种扩张发生在“垂直”方向上。

### 14.4.1 R&D 和拓展投入种类

EIV 模型假设经济中有三个生产部门。最终产品部门使用各种不同的中间产品作为生产性投入来生产同质产品。（对于这些投入要素而言）生产满足规模报酬不变且市场是完全竞争的。R&D 部门也是完全竞争的。在这个部门中劳动力用于生产新的不同投入品种。最后，中间产品部门拥有很多小企业，每个厂商生产不同投入要素的单一品种，它们之间是张伯伦垄断竞争的（关于市场构造的详细描述参见第 12 章）。

#### 14.4.1.1 最终产品部门的生产

最终产品部门的生产函数在下面给出，是（广义的）Dixit-Stiglitz（1977）形式：

$$Y(t) \equiv N(t)^{\eta}\left[N(t)^{-1}\sum_{i=1}^{N(t)} X_i(t)^{1/\mu}\right]^{\mu}, \quad \mu>1, 1\leqslant\eta\leqslant 2, \tag{14.80}$$

[1] 主要贡献有 Romer（1987，1990）、Aghion 和 Howitt（1992）、Segerstrom et al.（1990）、Grossman 和 Helpman（1991a）以及 Kortum（1997）。

其中，$N(t)$ 是时间 $t$ 的不同品种数量，$X_i(t)$ 是品种 $i$，$\mu$ 和 $\eta$ 是参数。[①] 注意，将品种的数量固定，翻倍所有的投入将产生式（14.80）中翻倍的产出，即规模报酬不变成立。式（14.80）表明，在 $\eta>1$ 的条件下，存在 Ethier（1982）强调的专业化收益。这可以在下面证明。假设所有投入使用相同的量（正如下面将要讨论的对称均衡情况），即 $X_i(t)=\overline{X}(t)$，$i=1$，…，$N(t)$。那么最终产品部门的总产出将是 $Y(t)=N(t)^{\eta-1}Z_XL_X(t)$，这里 $L_X(t)\equiv\sum_i^{N(t)}L_i(t)=N(t)\overline{X}(t)/Z_X$ 表示中间部门使用的所有劳动力（见下文）。$Z_X$ 是外生生产力指数（见下文）。$L_X(t)$ 条件不变，当 $\eta$ 大于 1 时，最终产品部门的产出随着中间产品投入数量的增加而增加。通过使用更多的种类，最终产品部门的生产者可以采用更"迂回的"生产方式并生产更多（间接投入了相同数量的劳动力）。（注意，关于 $\eta$ 上界的假设主要是为了在很多情况下简化公式。）

最终产品部门的代表性生产者最小化它的成本并令最终产品的价格等于边际成本（等于平均成本）：

$$P_Y(t)\equiv N(t)^{-\eta}\left[N(t)^{\mu/(1-\mu)}\sum_{i=1}^{N(t)}P_i(t)^{1/(1-\mu)}\right]^{1-\mu},\tag{14.81}$$

其中，$P_i(t)$ 是投入种类 $j$ 的价格。对投入 $i$ 的成本最小化要求如下：

$$\frac{X_i(t)}{Y(t)}=N(t)^{(\eta-\mu)/(\mu-1)}\left(\frac{P_i(t)}{P_Y(t)}\right)^{\mu/(1-\mu)},\quad i=1,\cdots,N(t),\tag{14.82}$$

其中，$\mu/(1-\mu)$ 代表种类 $i$ 的（不变的）需求价格弹性。

#### 14.4.1.2 中间产品部门的生产

在中间产品部门有许多垄断竞争厂商，每个厂商都有关于如何生产自己的略微独特的种类 $X_i(t)$ 的图纸。厂商 $i$ 的营业利润如下给出：

$$\Pi_i(t)\equiv P_i(t)X_i(t)-W(t)L_i(t),\tag{14.83}$$

其中，$W(t)$ 是工资率（由于劳动力是完全流动的，所以经济中的所有厂商都有相同的工资率），$L_i(t)$ 是厂商 $i$ 使用的劳动力数量。厂商 $i$ 选择自己的产出水平 $X_i(t)$，在给定产出需求式（14.82）、生产函数 $X_i(t)=Z_XL_i(t)$ 并将中间产品部门的其他生产者的行为视为给定的条件下确定产出水平。正如第 12 章所熟识的讨论，厂商的最优选择是根据边际生产成本的一个固定加价来定价：

$$P_i(t)=\mu\frac{W(t)}{Z_X},\tag{14.84}$$

---

① 一个数学上正确的（但有些不直观的）公式将式（14.80）写为

$$Y(t)\equiv N(t)^{\eta}\left[N(t)^{-1}\int_0^{N(t)}X_j(t)^{1/\mu}dj\right]^{\mu},\mu>1,1\leqslant\eta\leqslant2,$$

这里 $N(t)$ 代表在 $t$ 时间以前发明的产品的一个"度量"。具体参见 Paul Romer（1987）以及 Grossman 和 Helpman（1991a，p. 45）。

其中，$\mu$ 代表不变的加价。[①] 由于中间产品部门的所有活动厂商都拥有相同的技术，并面对相同的投入要素价格和加价，它们会选择相同的产出水平和相同的价格。所以，从现在开始我们消去这些厂商的下标，即对于 $i=1, \cdots, N(t)$，有 $X_i(t)=\bar{X}(t), P_i(t)=\bar{P}(t)$ 和 $\Pi_i(t)=\bar{\Pi}(t)$，并使得上述三个等式等号右边的变量表示中间产品部门代表性厂商的选择。将式（14.84）代入式（14.83）并应用对称的结果，我们得到中间产品部门代表性厂商利润的如下表达式：

$$\bar{\Pi}(t)=\left[\bar{P}(t)-\frac{W(t)}{Z_X}\right]\bar{X}(t)=\frac{\mu-1}{\mu}\bar{P}(t)\bar{X}(t)。\tag{14.85}$$

#### 14.4.1.3 R&D 部门的生产

在 R&D 部门竞争性厂商利用劳动力（研究者）来生产新的图纸。由于 $N(t)$ 是现有图纸的存量（每种图纸只有一张），它随时间的变化率 $\dot{N}(t)$ 表示新的图纸（和种类）。根据 Bénassy（1998），假设新图纸的生产函数是

$$\dot{N}(t)=Z_R N(t) L_R(t),\tag{14.86}$$

其中，$L_R(t)$ 是 R&D 部门的雇佣劳动力，$Z_R$ 是一个生产率参数。通过在 R&D 部门雇用更多劳动力，每单位时间内将生产出更多图纸。而且，式（14.86）包含了 Romer（1990）的一个假设，即现有图纸的存量将正面影响研究者的生产率。R&D 研究者在某种程度上是“站在巨人的肩膀上”。罗默认为，“现在的工程师工作更有效率，这是因为在过去的 100 年中解决的设计问题给他们带来了好处”（1990, pp. S83-84）。

由于 R&D 部门是竞争性的，一份新图纸的价格 $P_N(t)$ 等于生产它的边际成本：

$$P_N(t)=\frac{(1-s_R)W(t)}{N(t)Z_R},\tag{14.87}$$

其中 $s_R$ 是来自政府的非时变工资补贴（$\dot{s}_R=0$）。当然，R&D 部门的利润为 0，即 $P_N(t)\dot{N}(t)=(1-s_R)W(t)L_R(t)$。

#### 14.4.1.4 家庭行为

接下来将要描述无限存活的代表性家庭的最优行为。这个家庭有一个如式（14.21）所示的效用函数并受到下面的预算约束的限制：

$$P_Y(t)C(t)+P_N(t)\dot{N}(t)=W(t)L_0-T(t)+N(t)\bar{\Pi}(t),\tag{14.88}$$

① 区分 $\eta$ 和 $\mu$ 很重要。第一个参数基于专业化调节外部效应的强度，而第二个参数衡量投入之间可替代性的程度。有趣的是，在他们经典论文的更早的（1975 年 2 月）草稿中，Dixit 和 Stiglitz（2004, pp. 103-107）明确地把多样化的情形考虑为一种公共物品，即正如他们在式（14.80）中区分 $\eta$ 和 $\mu$。然而，在他们已经出版的书中，设定 $\eta=\mu$。参见 Brakman 和 Heijdra（2004）。

其中，$L_0$ 是外生的家庭劳动力供给。消费品的花费加上对新图纸的投资（等式左边）等于总劳动收入加上家庭从不同部门获得的总利润（等式右边）。通过将最终产品的价格作为价值标准（$P_Y(t)=1$），我们得到用实际形式表示的家庭预算等式，$C(t)+P_N(t)\dot{N}(t)=W(t)L_0-T(t)+N(t)\bar{\Pi}(t)$。

与代表性家庭的决策问题有关的现值汉密尔顿函数为

$$\mathcal{H}_C(t)=\frac{C(t)^{1-1/\sigma}-1}{1-1/\sigma}+\mu_N(t)\left[\frac{W(t)L_0+N(t)\bar{\Pi}(t)-T(t)-C(t)}{P_N(t)}\right], \tag{14.89}$$

其中，$\mu_N(t)$ 是 $N(t)$ 的共态变量。一阶必要条件是

$$C(t)^{-1/\sigma}=\frac{\mu_N(t)}{P_N(t)}, \tag{14.90}$$

$$\frac{\dot{\mu}_N(t)}{\mu_N(t)}=\rho-\frac{\bar{\Pi}(t)}{P_N(t)}。 \tag{14.91}$$

将两式联立，我们得到常见的消费的欧拉方程：

$$\frac{\dot{C}(t)}{C(t)}=\sigma[r(t)-\rho], \tag{14.92}$$

其中 $r(t)$ 是图纸的回报率：

$$r(t)=\frac{\bar{\Pi}(t)+\dot{P}_N(t)}{P_N(t)}。 \tag{14.93}$$

图纸的回报等于分红与用图纸的购买价格表示的资本利得之和。

#### 14.4.1.5 封闭模型

当加上两个市场的出清条件时，模型就完整了。最终产品市场在产出等于消费时出清：

$$Y(t)=C(t)+G(t), \tag{14.94}$$

其中 $G(t)\equiv gY(t)$ 为无效的政府消费，政府消费的国民收入份额不随时间推移而变化（$\dot{g}=0$）。政府预算约束给定为 $T(t)=G(t)+s_R W(t)L_R(t)$。劳动力市场均衡条件要求劳动力的总供给等于中间产品市场和 R&D 市场劳动力需求的总和，即 $L_X(t)+L_R(t)=L_0$。由于 $Z_X L_X(t)=N(t)\bar{X}(t)$，$Z_R L_R(t)=\dot{N}(t)/N(t)$，我们将劳动力市场均衡条件改写为

$$\frac{\dot{N}(t)}{N(t)}=Z_R\left[L_0-\frac{N(t)\bar{X}(t)}{Z_X}\right], \tag{14.95}$$

这里我们隐含假设各个不同的部门没有大到能够吸收所有可用劳动力的程度（即等式右边的分子是严格为正的）。

#### 14.4.1.6 增长

我们现在要决定经济增长率。我们遵从 Bénassy（1998）的解决方法。第一步，我们指出一系列中间结果：

$$\frac{\bar{\Pi}(t)}{P_N(t)}=(\mu-1)\frac{Z_R}{1-s_R}L_X(t), \tag{14.96}$$

$$\frac{\dot{P}_N(t)}{P_N(t)}=(\eta-2)\frac{\dot{N}(t)}{N(t)}, \tag{14.97}$$

$$C(t)=(1-g)N(t)^{\eta-1}Z_XL_X(t), \tag{14.98}$$

其中我们在很多地方用到了 $L_X(t)=N(t)\bar{X}(t)/Z_X$。式（14.96）用垄断加价 $\mu$ 和最终产品部门吸收的总劳动力来表达图纸的实际分红率。这个结果是通过在式（14.85）中使用式（14.87）和式（14.84）并加上对称结果条件得出的。式（14.97）表明图纸的资本利得率和种类的增长率——创新率——成比例。这个结果是通过在式（14.87）中使用式（14.84）和式（14.81），令 $P_Y(t)=1$ 并加上对称结果条件得出的。这产生了等式 $P_N(t)=[(1-s_R)Z_X/(\mu Z_R)]N(t)^{\eta-2}$，再对时间求导便可得到式（14.97）。最后，式（14.98）是对称均衡的产品市场出清条件。

第二步，我们将模型动态写成如下形式：

$$\gamma_C(t)=\sigma\left[(\mu-1)\frac{Z_R}{1-s_R}L_X(t)+(\eta-2)\gamma_N(t)-\rho\right], \tag{14.99}$$

$$\gamma_C(t)=(\eta-1)\gamma_N(t)+\frac{\dot{L}_X(t)}{L_X(t)}, \tag{14.100}$$

$$\gamma_N(t)=Z_R[L_0-L_X(t)], \tag{14.101}$$

这里我们使用常见的增长率的记号，即 $\gamma_x\equiv\dot{x}(t)/x(t)$。式（14.99）是消费的欧拉方程。它是通过结合式（14.92）和式（14.93）、式（14.96）和式（14.97）得到的。式（14.100）是式（14.98）对时间求导的形式，式（14.101）是式（14.95）的改写形式。

第三步，我们从式（14.100）中利用式（14.99）～式（14.101）消去 $\gamma_N(t)$ 和 $\gamma_C(t)$，从而得到一个关于 $L_X(t)$ 的微分方程：

$$\frac{\dot{L}_X(t)}{L_X(t)}=Z_R\cdot\left[\frac{\sigma(\mu-1)}{1-s_R}+\eta-1+\sigma(2-\eta)\right](L_X(t)-L_X^*), \tag{14.102}$$

其中 $L_X^*$ 可以定义为

$$L_X^*=\frac{[\eta-1+\sigma(2-\eta)]L_0+\sigma\rho/Z_R}{\sigma(\mu-1)/(1-s_R)+\eta-1+\sigma(2-\eta)}。 \tag{14.103}$$

关于这个表达式需要注意的重要一点是等式右边 $L_X(t)$ 前的系数是正的，即式

（14.102）是一个不稳定的微分方程（因为 $\mu>1$ 且 $1\leqslant\eta\leqslant2$）。当然，这表明在经济上有意义的唯一解是$L_X(t)$立刻跳到稳态值，即对所有 $t$，$L_X(t)=L_X^*$。

由于 $L_X(t)$ 没有过渡动态［对于所有 $t$，$\dot{L}_X(t)=0$］，同样的结果对种类数量和消费的增长率也成立，$\gamma_N(t)=\gamma_N^*$ 和 $\gamma_C(t)=\gamma_C^*$。实际上，通过在式（14.100）和式（14.101）中使用式（14.103），我们得到：

$$\gamma_N^*=\frac{\dfrac{\mu-1}{1-s_R}Z_RL_0-\rho}{\dfrac{\mu-1}{1-s_R}+\dfrac{\eta-1}{\sigma}+(2-\eta)}>0,\quad \gamma_C^*=\gamma_Y^*=(\eta-1)\gamma_N^*, \tag{14.104}$$

这里的符号是根据我们在式（14.95）下方的假设得出的。这个结果通过引入跨期替代弹性非 1 的结论和 R&D 补贴一般化了 Grossman 和 Helpman（1991，p.59）、Bénassy（1998，p.66）以及 Groot 和 Nahuis（1998，p.293）。正如这些作者一样，我们得出创新率随着垄断加价的增加而增加（$d\gamma_N^*/d\mu>0$）、随着劳动力规模的扩大而增加（$d\gamma_N^*/dL_0>0$）并随着时间偏好的增加而减少（$d\gamma_N^*/d\rho<0$）的结论。当专业化收益有效（即 $\eta>1$）时，代表性家庭的跨期消费替代倾向的增加提高了创新率（$d\gamma_N^*/d\sigma>0$）。显然，对于两种政府政策工具，只有投资补贴影响增长，即 $d\gamma_N^*/ds_R>0$和 $d\gamma_N^*/dg=0$。从式（14.104）也可以明显地看出，消费和产出的增长率同样严格取决于最终产品部门的技术是否由专业化收益刻画。

#### 14.4.1.7 效率

经济学中一个经久不衰的问题是关于分散市场均衡的福利性质。在介绍模型时，我们希望了解市场的创新率是否太高或者太低。为了研究这个问题我们遵从通常的步骤，计算出社会最优创新率并将它和分散市场均衡时的创新率做比较（前面假设 $g=0$）。

正如 Bénassy（1998，p.66）所指出的，计算创新率的社会最优解比市场解更简单，因为我们可以加上对称条件并使用如消费、厂商数量和在中间产品部门使用的劳动力这样的社会总量。社会计划者应该在式（14.95）和式（14.98）的约束下最大化代表性个体的终生效用（14.21）。通过在各种表达式中使用 $L_X(t)=N(t)\bar{X}(t)/Z_X$，我们得到社会福利计划的汉密尔顿函数：

$$\mathcal{H}_C(t)=\frac{[N(t)^{\eta-1}Z_XL_X(t)]^{1-1/\sigma}-1}{1-1/\sigma}+\mu_N(t)N(t)Z_R[L_0-L_X(t)], \tag{14.105}$$

其中，$\mu_N(t)$ 是 $N(t)$ 的共态变量。一阶必要条件分别为 $\partial\mathcal{H}_C/\partial L_X=0$ 和 $-\partial\mathcal{H}_C/\partial N=\dot{\mu}_N-\rho\mu_N$：

$$Z_R\mu_N(t)=\frac{Z_XN(t)^{\eta-2}}{[N(t)^{\eta-1}Z_XL_X(t)]^{1/\sigma}}, \tag{14.106}$$

$$\dot{\mu}_N(t)=\rho\mu_N(t)-\frac{(\eta-1)Z_X L_X(t)N(t)^{\eta-2}}{[N(t)^{\eta-1}Z_X L_X(t)]^{1/\sigma}}-\mu_N(t)Z_R[L_0-L_X(t)]。\tag{14.107}$$

将两个表达式结合在一起我们得到（经过一些乏味但是直接的计算）$L_X(t)$ 的一个微分方程：

$$\frac{\dot{L}_X(t)}{L_X(t)}=(\eta-1)Z_R L_X(t)-(\eta-1)(1-\sigma)Z_R L_0-\sigma\rho。\tag{14.108}$$

当存在专业化收益（$\eta>1$）时，式（14.108）等号右边的 $L_X(t)$ 的系数是正的，所以微分方程是不稳定的，社会最优解直接跳到稳态（$\dot{L}_X(t)=0$）：

$$L_X^{SO}=(1-\sigma)L_0+\frac{\sigma\rho}{(\eta-1)Z_R},\tag{14.109}$$

其中，上标 $SO$ 表示社会最优值，我们隐含地假设 $L_X^{SO}$ 是可行的（$0<L_X^{SO}<L_0$）。由式（14.109）可知社会最优创新率是

$$\gamma_N^{SO}=Z_R[L_0-L_X^{SO}]=\sigma Z_R L_0-\frac{\sigma\rho}{\eta-1}>0,\quad \gamma_C^{SO}=\gamma_Y^{SO}=(\eta-1)\gamma_N^{SO}。\tag{14.110}$$

从式（14.110）可以得到吸引人的结论：社会最优创新率并不取决于加价 $\mu$，而是取决于刻画专业化收益的参数 $\eta$。不难发现这个结论是很显然的——在式（14.80）中的对称均衡弱化到 $Y(t)=N(t)^{\eta-1}Z_X L_X(t)$，我们可以从中看出 R&D 的社会回报严格取决于 $\eta-1$（Bénassy，1998，p. 67）。

我们现在可以将社会最优和市场均衡的创新率进行比较［两者分别在式（14.104）和式（14.110）中给出］，并回答关于分散市场均衡的福利性质问题。为了使问题简化，我们令 $\sigma=1$（对数形式的效用函数），在这种情况下 $\gamma_N^*(s_R)$ 和 $\gamma_N^{SO}$ 分别为

$$\gamma_N^*(s_R)\equiv\frac{(\mu-1)Z_R L_0-\rho(1-s_R)}{\mu-s_R},\tag{14.111}$$

$$\gamma_N^{SO}=\frac{(\eta-1)Z_R L_0-\rho}{\eta-1}。\tag{14.112}$$

我们把两种情况反过来考虑。在例 1 中，我们假设 $s_R=0$ 并且用 $\gamma_N^*(0)$ 和 $\gamma_N^{SO}$ 得到自由放任市场的创新率如何与社会最优速率做比较。经过一些简单的操作，我们得到：

$$\mu[\gamma_N^{SO}-\gamma_N^*(0)]=Z_R L_0-\rho\left[\frac{\mu-(\eta-1)}{\eta-1}\right]。\tag{14.113}$$

从式（14.113）中得不出一般性的结论，$\gamma_N^*(0)<\gamma_N^{SO}$（R&D 投资不足）和 $\gamma_N^*(0)>\gamma_N^{SO}$（R&D 过度投资）两种情况是完全不同的可能性，因为使得市场产生正确的 R&D

投资（$\gamma_N^*(0)=\gamma_N^{SO}$）的参数是一个特殊情况。[1] 文献倾向于强调投资不足的情况，但是由于这个结果建立在隐含的假设上，即加价等于专业化收益参数，所以结果不是稳健的。实际上，对于 $\eta=\mu$ 的特殊情况，式（14.113）弱化为

$$\mu[\gamma_N^{SO}-\gamma_N^*(0)]=Z_RL_0-\frac{\rho}{\eta-1}\equiv\gamma_N^{SO}>0。\tag{14.114}$$

因此，如果 $\eta=\mu$ 且 $\gamma_N^{SO}$ 为正，就能得到“通常”的结论：市场产生太少的 R&D，创新增长率太低（Bénassy，1998，p. 68；Groot and Nahuis，1998，p. 294）。[2]

式（14.111）～式（14.112）中的公式也可以用来回答第二种问题，名为市场产生的最优创新率 $s_R$ 的值是什么？我们回到一般情况下，可以允许 $\eta$ 和 $\mu$ 不同。通过 $\gamma_N^*(s_R)$ 和 $\gamma_N^{SO}$ 相等，解出 $s_R$，我们发现在经过烦琐但直接的操作之后：

$$\frac{s_R^*}{1-s_R^*}=\frac{(\eta-1)Z_RL_0-\rho[\mu-(\eta-1)]}{\rho(\mu-1)}=\frac{\mu(\eta-1)}{\rho(\mu-1)}\cdot[\gamma_N^{SO}-\gamma_N^*(0)],\tag{14.115}$$

这里 $s_R^*$ 代表最优的 R&D 补贴，并且我们利用式（14.113）得到第二个公式。不足为奇的是，当自由放任的经济创新相对于社会最优太慢（太快）时，最好采取补贴 R&D 劳动力（对 R&D 劳动力征税）的方式。

#### 14.4.1.8 规模效应

在前面的小节中，R&D 模型（劳动力的规模参数为 $L_0$）得出了相同的关于经济规模是经济平衡增长率的决定因素的结论。所谓的规模效应是诸如 Grossman 和 Helpman（1991a）以及 Aghion 和 Howitt（1992）等众多重要的 R&D 模型所具有的共同特点。在最近的论文中，Jones（1995）提出规模效应的预测可以轻易地在经验上证伪。例如，在美国，在 R&D 中雇用的劳动力数量从 1950 年的 16 万人增加到 1988 年的 100 万人，但是全要素生产率的增长率在这段时期保持不变甚至下降了（Jones，1995，p. 762）。其他工业化国家也有相似的数据，例如法国、联邦德国和日本。在经验证据的基础上，Jones（1995，p. 762）总结道：“R&D 等式表现的假设，即经济增长率和投入 R&D 的资源水平成比例，显然是错误的。”

琼斯（Jones）提出，由于 R&D 等式显然是引起经验反驳的原因，它应该被以下形式替代：

$$\dot{N}(t)=Z_RL_R(t)N(t)^{\phi_1}[\bar{L}_R(t)]^{\phi_2-1},\quad 0<\phi_1,\phi_2\leqslant1,\tag{14.116}$$

其中，$\bar{L}_R(t)$ 表示由于在 R&D 部门非故意的重复工作产生的外部效应。在均衡时 $\bar{L}_R(t)=L_R(t)$，且在 $\phi_2<1$ 时新设计的生产表现出劳动力回报递减的特征。但是，

① 回忆一下，$\mu>1$ 和 $1<\eta\leqslant2$ 使得式（14.113）等号右边方括号中的表达式为正。

② 这段文章中的例子可以用来证明，虽然标准的迪克西特-斯蒂格利茨偏好（$\eta=\mu$）在计算时简单，但它们是有限制的，可能强加了太多结构因素。Ethier（1982）强调了区分 $\eta$ 和 $\mu$ 的重要性。Weitzman（1994）提供了一些 $\eta$ 和 $\mu$ 不同的微观基础。Broer 和 Heijdra（2001）研究了在传统模型中资本积累的多样性和加价的影响。

个别 R&D 企业将 $\bar{L}_R(t)$ 视为给定的，且在 R&D 生产函数关于 $L_R(t)$ 呈线性的假设下运行。除了重复外部性，式（14.116）也表现出一个更广泛的知识外部性，知识外部性通过已经发明的产品种类运作。实际上，虽然 $N(t)$ 在标准的 R&D 等式（14.116）中线性出现，但它在扩展的 R&D 等式中以指数为 $\phi_1$ 的形式出现，而 $\phi_1$ 可能等于 1 也可能不等于 1。一般化的 R&D 等式（14.116）有一个吸引人的特征是，它的特殊形式是标准的 R&D 等式（14.86）。实际上，如果 $\phi_1=\phi_2=1$，则重复外部性消失，R&D 等式对 $N(t)$ 是线性的且两个表达式重合了。

现在我们说明使用更一般设定的 R&D 函数对经济增长的意义。我们通过假设非零人口增长来修正简单的 R&D 模型。这个模型的重要组成如下。最终产品的生产函数在式（14.80）中给出，但是我们按照习惯假设专业化参数等于加价（$\eta=\mu$）：

$$Y(t)\equiv\left[\sum_{i=1}^{N(t)}X_i(t)^{1/\mu}\right]^{\mu},\quad \mu>1。\tag{14.117}$$

由假设 $\eta=\mu$ 带来的简化可以简单地应用到式（14.81）和式（14.82）。式（14.83）～式（14.85）不变，式（14.86）被式（14.116）替代，式（14.87）被下式替代：

$$P_N(t)=\frac{(1-s_R)w(t)}{Z_R N(t)^{\phi_1}}[\bar{L}_R(t)]^{1-\phi_2}。\tag{14.118}$$

新构思的价格等于生产它的私人边际成本。在我们的第一个 R&D 模型中，劳动同时在中间产品部门和 R&D 部门使用。不同于在那个模型中的假设，现在人口的存量假设是以不变的速度指数增长，即 $\dot{L}(t)/L(t)=n_L$。假设代表性家庭关心其人均消费 $c(t)\equiv C(t)/L(t)$，因此有以下的终生效用函数：

$$\Lambda(0)=\int_0^{\infty}\left[\frac{c(t)^{1-1/\sigma}-1}{1-1/\sigma}\right]e^{-\rho t}dt。\tag{14.119}$$

最后，由于家庭的成员数增长，家庭的预算约束从式（14.88）变为

$$L(t)c(t)+P_N(t)\dot{N}(t)=w(t)L(t)-T(t)+N(t)\bar{\Pi}(t),\tag{14.120}$$

这里我们又一次假设最终产出是价值标准产品（$P_Y(t)=1$）。代表性家庭在式（14.120）（加上一个偿付条件）的限制下选择最优的人均消费路径来最大化式（14.119）。由这个选择问题导出的消费欧拉方程为

$$\frac{\dot{c}(t)}{c(t)}=\sigma[r(t)-(\rho+n_L)],\tag{14.121}$$

其中，利率 $r(t)$ 表示图纸的收益率，在式（14.93）中给出。模型剩下的等式是最终产品市场出清条件式（14.94）和劳动力市场条件：

$$L(t)=L_X(t)+L_R(t)=L_X(t)+\left[Z_R^{-1}N(t)^{1-\phi_1}\frac{\dot{N}(t)}{N(t)}\right]^{1/\phi_2},\tag{14.122}$$

第二个等式使用了式（14.116）并结合了均衡时 $\bar{L}_R(t)=L_R(t)$ 的条件。

尽管原则上我们可以一步步从简化模型推导到表达式（14.104），但我们在这里

还是略去了动态调整的细节，直接计算修正模型的稳态增长率。我们要寻找一个平衡增长路径，使得在该路径上进入中间部门和 R&D 部门的劳动比例（$L_X/L$ 和 $L_R/L$）也不变，同时 $N(t)$、$c(t)$ 和 $y(t)\equiv Y(t)/L(t)$ 的均衡增长率也不变。稳态创新率可以通过用稳态改写式（14.116）并代入 $\bar{L}_R=L_R$ 得到：

$$\left[\gamma_N^* \equiv\right]\left(\frac{\dot{N}(t)}{N(t)}\right)^* = Z_R\left[N^*(t)\right]^{\phi_1-1}\left[L_R^*(t)\right]^{\phi_2}。\tag{14.123}$$

式（14.123）等号左边是不变的（因为 $\gamma_N^*$ 是不变的）。通过将式（14.123）等号左边对时间求导，并注意到 $[\dot{L}_R(t)/L_R(t)]^*=n_L$，我们得到 $0=(\phi_1-1)\gamma_N^*+\phi_2 n_L$，继而解得 $\gamma_N^*$：

$$\gamma_N^*=\frac{\phi_2 n_L}{1-\phi_1}。\tag{14.124}$$

通过利用式（14.117）的稳态形式（并要求对称性），我们得到 $Y=N^\mu \bar{X}$，这个式子可以改写成 $Y/L=Z_X N^{\mu-1}L_X/L$（其中 $L_X=N\bar{X}/Z_X$）。从这个最后的表达式我们得到：

$$\gamma_y^*=\gamma_Y^*-n_L=(\mu-1)\gamma_N^*。\tag{14.125}$$

最后，从最终产品市场出清条件式（14.94）我们得到（人均）消费的增长率：

$$\gamma_c^*=\gamma_C^*-n_L=\gamma_y^*。\tag{14.126}$$

我们得到了一个很吸引人的结论。通过将 R&D 等式按照琼斯的建议进行调整［即式（14.116）］而不是使用标准形式（14.86），我们将规模效应全部消除了［比较式（14.104）和式（14.124）］。事情到此并未止步：$s_R$、$\rho$、$\sigma$ 和 $\mu(=\eta)$ 也不再对创新率造成影响！在调整后的模型中经济依然增长，创新依然存在，但增长是外生的，即增长用人口增长来解释，正如在经典的索洛模型中一样！当人口是稳定的（$n_L=0$）时，因为 $N(t)$ 随时间推移而增长，创新在长期内停止，越来越多的劳动力需要被雇用到 R&D 部门来保持一个给定的创新率。

### □ 14.4.2 R&D 和投入质量提升

在我们的第二个 R&D 模型中，科技进步表现为质量的提高。Grossman 和 Helpman（1991b）提出的原始的“质量梯度”方法将注意力集中于研究现存的消费品质量如何通过 R&D 活动得到改善。在这一类模型中，将产品质量代入家庭幸福函数，对于任何消费品，家庭总是希望买到技术含量最高的。

为了更容易与拓展投入种类（EIV）模型做比较，我们使用另外的方法，即假设现有的生产投入品已经通过 R&D 活动得到改善，正如 Grossman 和 Helpman（1991a，p. 116；1991b，p. 50）所提到的。投入质量提升（RIQ）模型描述了一个具有三个广义部门的经济体，即（i）在完全竞争条件下生产出相同产品的最终产品部门；（ii）在不完全竞争条件下生产投入品的中间产品部门；（iii）在完全竞争条件下，每个企业都追求投入质量提升的 R&D 部门。

#### 14.4.2.1 最终产品部门的生产

我们通过一个完全竞争条件下具有代表性的公司的行为来讨论。我们用一个柯布-道格拉斯函数代表最终产品部门的技术：

$$Y(t)\equiv Z_Y\prod_{i=1}^{N_0}X_i(t)^{\alpha},\quad \alpha\equiv\frac{1}{N_0},\tag{14.127}$$

其中 $Y(t)$ 为产出，$Z_Y$ 是外生技术指数，$X_i(t)$ 是生产中投入品 $i$ 的数量。生产中会有大量（但数值固定的）投入品，我们将这个数量定义为 $N$，故 $i=1$，2，…，$N_0$。由于 $\alpha\equiv1/N_0$，因此生产投入具有不变规模。

投入品 $X_i$ 原则上可以被生产成不同质量的商品，为了理解这一概念，我们如下定义 $X_i(t)$：

$$X_i(t)\equiv\sum_{j=0}^{m_i(t)}Q_{ij}X_{ij}(t),\tag{14.128}$$

其中 $Q_{ij}$代表 $X_{ij}$ 的投入量，$j$ 代表质量，$j=0$，1，…，$m_i(t)$。$X_{ij}$ 的最低取值为 $X_{i0}$。我们将其质量进行统一的标准化，即 $Q_{i0}=1$。另一极端的情况为在最高技术含量类型的产品中，$X_i$ 在时间 $t$ 的投入量是由 $X_{im_i(t)}$ 给定的。而其中 $m_i(t)$ 取决于过去的 R&D 的创新。质量梯度的概念可以通过图 14—6 进行阐述，此图描述了产业 $i=1$到$i=7$的情况。每个梯度都用垂线表示，大的实心圆点代表最高技术水平类型，例如，对于产业 $i=1$，在 $t$ 时刻我们发现有 6 个成功的创新，那么 $m_1(t)=6$。相反，在产业 $i=6$ 中没有创新，只有最低技术含量是可行的，那么 $m_6(t)=0$。原则上，梯度是无限延伸的，所以在任何产业中并不存在最大可达质量。在最简单的质量梯度模型中，成功的创新会一定比例地提高单位投入的质量。则 $Q_{i,j+1}=(1+\zeta)Q_{ij}$，从而得到下式：

$$Q_{ij}\equiv(1+\zeta)^jQ_{i0}=(1+\zeta)^j,\tag{14.129}$$

其中 $\zeta$ 是创新成功后的外生质量增量，我们根据实际情况 $Q_{i0}=1$ 得到第二个表达式，取对数后得到 $\ln Q_{ij}/\ln(1+\zeta)=j$。参见图 14—6 的纵轴。

具有代表性的企业将它的生产单位成本最小化。它通过两个决策达到最小化成本的目的，即（a）对于使用的每种特殊投入品购买哪种质量，（b）采取哪种投入组合。我们使用一个两阶段的过程来估算公司单位成本函数，因为成本最小化的决策是完全静态的，我们暂时不考虑时间指数。

##### 14.4.2.1.1 投入要素质量

选择最优（成本最小化）质量，企业为每种投入要素 $i$ 解决如下问题：

$$\min_{\{X_{ij}\}}\sum_{j=0}^{m_i}P_{ij}X_{ij}\quad \text{s.t. } X_i=\sum_{j=0}^{m_i}(1+\zeta)^jX_{ij},\quad X_{ij}\geqslant0,\tag{14.130}$$

作为 $X_i$ 的给定值和可取质量（$m_i$）的范围。用 $\mu_x$ 表示受约束的拉格朗日乘子，可以得到一阶库恩-塔克条件：

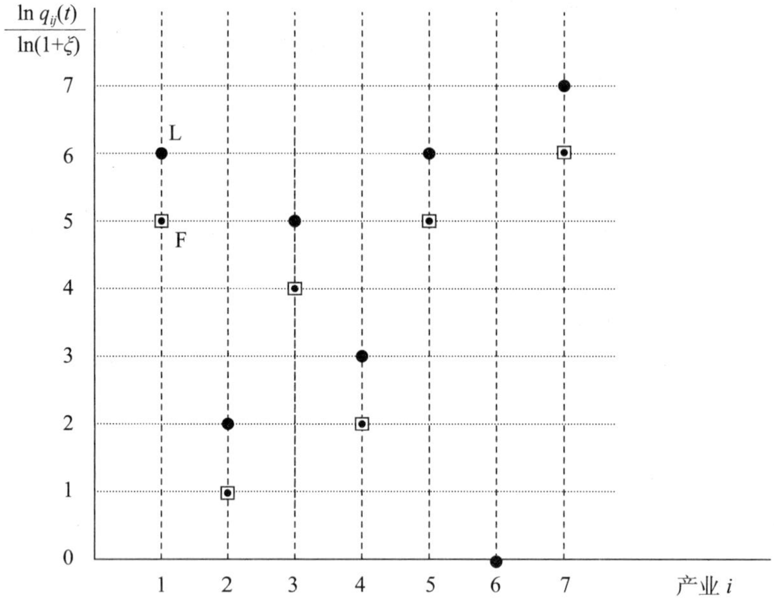


**图 14—6　质量梯度**

$$P_{ij}-\mu_X(1+\zeta)^j\geqslant 0,\quad X_{ij}\geqslant 0,\quad X_{ij}\cdot[P_{ij}-\mu_X(1+\zeta)^j]=0。\tag{14.131}$$

如果质量修正的价格对于所有质量来说都是相同的，那么企业很乐意拥有不同的质量，即对于所有 $j$ 和 $k$，$P_{ij}/(1+\zeta)^j=P_{ij}/(1+\zeta)^k$。直观来说，对每个产业 $i$，质量加权的投入是非常好的替代品，但是正如我们将要看到的，生产投入要素 $X_{ij}$ 的边际成本是独立于质量的，因此最终只有最高水准的投入要素被使用，而其他低质量的投入要素则因为其收益为负而不被使用。"质量跟随者"无法与"质量领导者"竞争。简而言之，我们可以发现，投入要素 $X_i$ 的价格为最高水准投入要素生产者收取的要素价格，而且只有该最高水准投入要素生产者的投入要素会被使用，即 $P_i=P_{im_i}$，$X_i=(1+\zeta)^{m_i}X_{im_i}$，$X_{im_i}>0$，并且对于$j=0,\cdots,m_i-1$，$X_{ij}=0$。

### 14.4.2.1.2　投入要素组合

在最小化问题的第二阶段，企业会最小化其总成本$\sum_{i=1}^{N_0}P_iX_{im_i}$，受生产函数式(14.127)的约束，通过简单处理可以得到总成本函数 $TC_Y\equiv UC_YY$，其中 $UC_Y$ 是单位成本。但是由于企业处于完全竞争的环境下，无差异产品 $P_Y$ 的销售价格等于其单位成本，利润为 0，重新引入时间指数以便后面使用，我们得到：

$$P_Y(t)=UC_Y(t)\equiv\frac{N_0}{Z_Y}\prod_{i=1}^{N_0}\left(\frac{P_i(t)}{Q_{im_i(t)}}\right)^{\alpha}。\tag{14.132}$$

因此投入要素 $X_{im_i}$ 的引致需求为①

① 谢泼得引理讲到对于投入要素 $i$ 引致的需求由总成本函数关于投入要素 $i$ 的价格的偏导数给定，即 $X_{im_i}=Y\,\partial UC_Y/\partial P_i$。

$$X_{ij}(t) \equiv \frac{\alpha P_Y(t)Y(t)}{P_i(t)}, \quad i=1,\cdots,N_0, \quad j=m_i(t)。 \tag{14.133}$$

由于生产函数（14.127）是柯布-道格拉斯生产函数形式的，我们可以得到一个类似的结果，即成本分配在不同产业间是不连续的。这是一个非常实用的猜想，它简化了大量的分析过程［参见式（14.137）］。作为今后的参考，给定总花费（$P_Y Y$）水平，$X_{ij}$ 的引致需求在图 14—7 中加以说明。参见向下倾斜的曲线 $X_{ij}^D$。

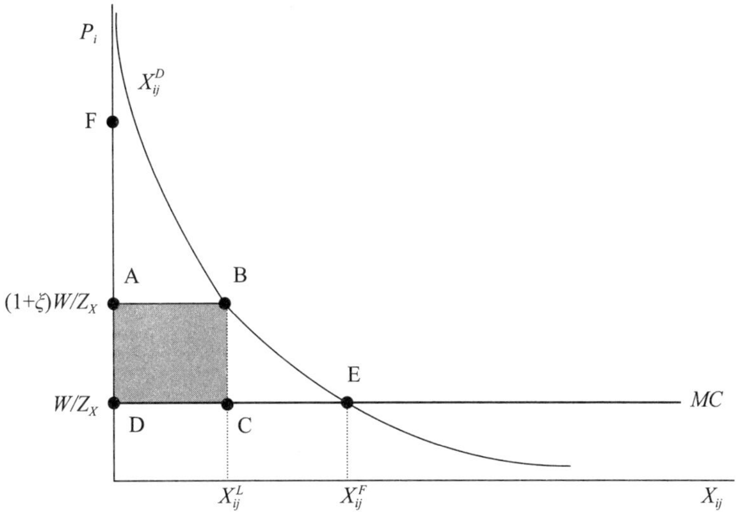


**图 14—7　质量领导者的有效需求**

#### 14.4.2.2　中间产品部门的生产

接下来，我们分析投入生产部门。由此可知，有 $N_0$ 种不同的投入，对于每种投入要素，只存在唯一的企业有能力生产最高质量的产品。这个企业被称为“领导者”。生产者 $X_{ij}$ 面临的（潜在的）生产函数为

$$X_{ij}(t)=Z_X L_{ij}(t), \tag{14.134}$$

其中 $Z_X$ 是外生的生产力指数，$L_{ij}$ 为生产 $X_{ij}$ 的劳动力数量。需要重点关注的是生产成本并不取决于投入品的质量，也就是说，优质和劣质投入品生产者面临同样的成本结构，劳动在经济体的不同部门间是完全流动的，工资率为 $W(t)$，即企业 $ij$ 的总成本等于$W(t)X_{ij}(t)/Z_X$，利润如下：

$$\Pi_{ij}(t) \equiv \left[P_{ij}(t)-\frac{W(t)}{Z_X}\right]X_{ij}(t)。 \tag{14.135}$$

$i$ 行业的质量领导者的最优价格决策可以在图 14—7 的帮助下理解。足以看清楚领导企业（$j=m_i(t)$）和质量领导者的前任（“跟随者”，$j=m_i(t)-1$）。注意，我们不必考虑比跟随者质量更低的生产者，因为他们甚至比跟随者更没有竞争力。领导者与跟随者进行伯川德（Bertrand）价格竞争，并且领导者会设定一个最优价格以将跟

随者驱逐出市场。[①] 为什么是这种情况呢？我们可以发现，跟随者所能设定并且不会造成损失的最低价格可以根据产量的边际成本给出，即 $P_i^F=W/Z_X$，$X_{i,m_i-1}=X_{ij}^F$ 且 $\Pi_i^F=0$。但是质量领导者能够生产出更优的投入 $X_{ij}$，正如上面我们看到的，在此投入的前提下，假设 $P_i^L\equiv P_{im_i}\leqslant(1+\zeta)P_{i,m_i-1}\equiv(1+\zeta)P_i^F$，消费者更倾向于购买质量高的产品。因此，质量领导者面临的有效需求为穿过 E、B、A 和 F 的实线。对于领导者来说，标价超过 $(1+\zeta)W/Z_X$ 是没有意义的，因为这样顾客会流失到跟随者那里。类似地，标价低于 $(1+\zeta)W/Z_X$ 也是没有意义的，因为这样会造成可能的利润损失。运用打破僵局规则，在 $j=m_i$ 与 $j=m_i-1$ 间中立的消费者最终仅仅购买质量领导者的产品。质量领导者设定的价格等于：

$$P_i(t)=(1+\zeta)\frac{W(t)}{Z_X}。\tag{14.136}$$

在这个价格上，质量领导者获得的正利润等于：

$$\begin{aligned}\Pi_i(t)&=\left[1-\frac{W(t)}{P_i(t)Z_X}\right]P_i(t)X_i(t)\\&=\frac{\zeta}{1+\zeta}\frac{P_Y(t)Y(t)}{N_0}\equiv\Pi^L(t),\end{aligned}\tag{14.137}$$

其中我们使用了方程（14.133），并且注意到在第二个公式中 $\alpha=1/N_0$。领导者生产的投入要素比追随者还要少，于是价格上升。在图 14—7 中，利润等于阴影区域 ABCD。对式（14.137）需要关注的是质量领导者获得的利润无论在哪个行业中都是相同的！类似地，式（14.133）和式（14.134）以及式（14.136）得到了一系列对称结果：

$$P_i(t)=\bar{P}(t)=(1+\zeta)\frac{W(t)}{Z_X},\tag{14.138}$$

$$X_{im_i}(t)=\bar{X}(t)=Z_X\bar{L}(t)=\frac{\alpha P_Y(t)Y(t)}{\bar{P}(t)},\tag{14.139}$$

$$\sum_{i=1}^{N_0}P_i(t)X_{im_i}(t)=N_0\bar{P}(t)\bar{X}(t)=P_Y(t)Y(t)。\tag{14.140}$$

所有的质量领导者都设置相同的价格，生产相同的数量并且雇用相同数量的工人。当然，因为 $m_i(t)$ 通常不是对所有行业都相同，由式（14.128）得出有效投入 $X_i(t)\equiv(1+\zeta)^{m_i(t)}\bar{X}(t)$ 在行业间并非都一样。如 Grossman 和 Helpman（1991a, p. 97）所讲，每个行业 $i$ 的进步都是波浪起伏和随机的。然而，因为有很多行业（$N_0$ 很大），根据大数定律，在总量水平上进步是平滑和有序的。我们将在下文用到这一结果——参见式（14.153）～式（14.155）。

① 在图 14—6 中，我们将一个行业中的质量领导者用一个实心点（•）表示，跟随者用一个带方框的小点（⊡）表示。用俗语来说，质量领导者欺负和掠夺追随者（之前的领导者），慢慢蚕食它的份额（直到为 0）。

#### 14.4.2.3 R&D 部门的生产

模型的最后关注 R&D 部门的创新者的行为。一个成功的创新者取得了一个无限期的专利来生产特别品质的投入品。没有专利许可，所以设计的主人也是唯一生产这个特别品质投入品的人。当然，一旦更高品质的投入品被研发出来，这个专利就不值钱了。因为现有的领导者不知道什么时候自己会被取代，因此 R&D 是一项天生有风险的活动。而且，因为在一项新图纸的发展过程中一定量的研发（R&D）尝试也许不会结束，因此它也是有风险的。

正式地，创新人员的研发（R&D）活动有些像第 8 章学过的企业（无论是否有职位空缺）在存在搜寻摩擦的劳动力市场上的行为。因此，我们可以像在第 8 章中一样使用相同的工具并且利用套利型方程描述研发风险过程。我们用 $V^L(t)$ 表示在任意行业中作为领导者的企业家的值，用 $V^F(t)$ 表示跟随者的值。任意行业中目前不是领导者的研发企业家利用 $L_R(t)$ 单位的劳动力进行研发。成功创新的瞬时概率用 $\pi(t)$ 表示：

$$\pi(t)=Z_R L_R(t),\tag{14.141}$$

其中 $Z_R$ 为外生研发生产力指数。公式的右侧代表搜寻强度。研发中使用的劳动力越多，搜寻强度越高，并且创新实际发生的概率也越高。跟随者的套利方程可以写为

$$r(t)V^F(t)=\dot{V}^F(t)-(1-s_R)W(t)L_R(t)+\pi(t)[V^L(t)-V^F(t)],\tag{14.142}$$

其中 $s_R$ 是研发补贴（假设不随时间变化，即 $\dot{s}_R=0$）。直观来说，作为跟随者的资产价值（左侧）等于资产的收益（右侧）。收益包括重置价值（$\dot{V}^L(t)$）减去（补贴后）研发花费的工资加上由于自身研发成功引起的预期资本所得（$\pi(t)[V^L(t)-V^F(t)]$）。在自由进出研发活动下，跟随者的值将会趋向于 0（$V^F(t)=0$），所以式（14.142）可以化简为 $\pi(t)[V^L(t)-(1-s_R)W(t)/Z_R]=0$，其中我们利用式（14.141）来化简公式。假设研发的强度严格为正（$\pi(t)>0$），所以，作为质量领导者的值等于：

$$V^L(t)=\frac{(1-s_R)W(t)}{Z_R}。\tag{14.143}$$

接下来，我们观察现期质量领导者的套利方程：

$$r(t)V^L(t)=\Pi^L(t)+\dot{V}^L(t)-\bar{\pi}(t)[V^L(t)-V^F(t)],\tag{14.144}$$

其中 $\bar{\pi}(t)$ 代表经济中的总体研发强度。质量领导者的资产价值（左侧）等于资产收益，收益包括利润加上重置价值的资本所得（$\Pi^L(t)+\dot{V}^L(t)$）减去由于其他企业研发成功导致的预期资本损失，即（$\bar{\pi}(t)[V^L(t)-V^F(t)]$）。在对称均衡中，我们假设研发强度在所有企业都相同，即 $\bar{\pi}(t)=\pi(t)$。[①] 通过式（14.143）（以及它的时

① 更准确地，有数量为 $M_0$ 的同质的潜在创新者（家庭成员），他们使用数量 $l_R$ 的劳动力，并且面临的成功概率等于 $\pi=Z_R l_R$。预期的创新活动的总数量因此等于 $\pi M_0=Z_R M_0 l_R=Z_R l_R$。通过将 $M_0$ 标准化为 1，不需要再区分 $l_R$ 和 $L_R$ 了。最后注意质量领导者不创新，因为对他们来说没有动力——参见 Helpman 和 Grossman（1991b，p.47）。

间导数），并注意到 $V^F(t)=0$，化简式（14.144）得到：

$$r(t)+\pi(t)=\frac{Z_R\Pi^L(t)}{(1-s_R)W(t)}+\frac{\dot{W}(t)}{W(t)}。\tag{14.145}$$

#### 14.4.2.4 消费和模型进一步的细节

式（14.21）给出了代表性家庭有标准弹性的生命周期效用函数，资产积累方程为

$$\dot{A}(t)=r(t)A(t)+W(t)L_0-P_Y(t)C(t)-T(t),\tag{14.146}$$

其中 $L_0$ 为外生劳动力供给，$P_Y(t)$ 为消费品价格［式（14.132）中有定义］以及 $T(t)$ 是总额税。[①] 家庭根据式（14.146）对式（14.21）进行最大化，资本的初始条件为 $A(0)$ 和偿付条件。家庭的欧拉方程可以写为

$$\frac{\dot{E}(t)}{E(t)}=\sigma[r(t)-\rho]+(1-\sigma)\frac{\dot{P}_Y(t)}{P_Y(t)},\tag{14.147}$$

这里 $E(t)$ 为消费品的总支出：

$$E(t)\equiv P_Y(t)C(t)。\tag{14.148}$$

市场上最终产品的均衡条件为 $Y(t)=C(t)+G(t)$，其中 $G(t)\equiv gY(t)$ 为政府消费。所以：

$$(1-g)P_Y(t)Y(t)=E(t)。\tag{14.149}$$

政府的静态预算约束为

$$T(t)=gP_Y(t)Y(t)+s_RN_0W(t)L_R(t),\tag{14.150}$$

劳动力市场均衡条件为

$$L_0=N_0[\bar{L}(t)+L_R(t)],\tag{14.151}$$

其中 $L_0$ 为劳动供给，$\bar{L}(t)$ 是每个行业 $i$ 使用的劳动力数量［见式（14.139）］。

#### 14.4.2.5 增长

我们现在已经掌握了模型的全部细节。按照 Helpman 和 Grossman（1991b, pp. 48－49）的方法，我们将模型压缩为两个方程：总支出 $E(t)$ 和研发强度 $L_R(t)$。因为步骤很重要，我们给出推导的一些细节。在第一步中，我们注意到式（14.145）与式（14.141）、式（14.137）和式（14.149）结合可以得到利率的公式：

---

① 式（14.146）如下得到：首先，我们令 $A(t)\equiv N_0V^L(t)$ 和 $P_Y(t)C(t)+T(t)=N_0[W(t)\bar{L}(t)+s_RW(t)L_R(t)+\Pi^L(t)]$；接下来我们得到 $\dot{A}(t)\equiv N_0\dot{V}^L(t)$。通过式（14.141）、式（14.143）和式（14.144）的结果我们得到式（14.146）。

$$r(t)=\frac{\alpha\zeta Z_R}{1+\zeta}\frac{E(t)}{(1-s_R)(1-g)W(t)}+\frac{\dot{W}(t)}{W(t)}-Z_R L_R(t), \tag{14.152}$$

其中我们注意到 $N_0=1/\alpha$。在第二步中，我们在式（14.132）中使用式（14.129）和式（14.138）得到 $\ln P_Y(t)$ 的一个公式：

$$\begin{aligned}\ln P_Y(t)&=\ln\left(\frac{N_0}{Z_Y}\right)+\ln\bar{P}(t)+\ln\prod_{i=1}^{N_0}(1+\zeta)^{-\alpha m_i(t)}\\&=\ln\left(\frac{(1+\zeta)N_0}{Z_Y Z_X}\right)+\ln W(t)-\alpha\ln(1+\zeta)\cdot\sum_{i=1}^{N_0}m_i(t)。\end{aligned} \tag{14.153}$$

通过对式（14.153）求关于时间的导数，我们可以得到：

$$\frac{\dot{P}_Y(t)}{P_Y(t)}\equiv\frac{d\ln P_Y(t)}{dt}=\frac{\dot{W}(t)}{W(t)}-[\alpha\ln(1+\zeta)]\cdot\frac{d}{dt}\sum_i^{N_0}m_i(t)。 \tag{14.154}$$

回忆一下，每个 $m_i(t)$ 为随机变量，有可能会因为研发（R&D）活动的结果表现出增加的趋势。类似于这样的增加发生的瞬时概率对所有 $m_i(t)$ 都一样，并且像式（14.141）表现的那样取决于研发的强度。因为假设 $N_0$ 非常大，概率和频率吻合，所以 $\sum_i^{N_0}m_i(t)$ 随时间的推移平滑变动，因为：

$$\frac{d}{dt}\sum_i^{N_0}m_i(t)=N_0\pi(t)=N_0 Z_R L_R(t)。 \tag{14.155}$$

在第三步和最后一步中我们将劳动力作为计价单位，于是 $W(t)=1$ 且 $\dot{W}(t)=0$。模型现在可以表示为一个非常紧凑的形式：

$$\frac{\dot{E}(t)}{E(t)}=\frac{\alpha\sigma\zeta Z_R}{1+\zeta}\frac{E(t)}{(1-s_R)(1-g)}-\sigma\rho-\sigma\phi Z_R L_R(t), \tag{14.156}$$

$$L_0=\frac{E(t)}{(1+\zeta)(1-g)}+\frac{1}{\alpha}L_R(t), \tag{14.157}$$

其中 $\phi\equiv1+(1/\sigma-1)\ln(1+\zeta)$ 是一个综合参数，我们假设为正的。① 式（14.156）可以由式（14.152）、式（14.154）、式（14.155）代入式（14.147）得到。式（14.157）是劳动力市场出清条件式（14.151），是利用式（14.138）、式（14.139）和式（14.148）、式（14.149）改写的。

模型的动态性质可以如图 14—8 所示。在图中，$LME_0$ 代表初始的劳动力市场均衡条件式（14.157）。初始的 $\dot{E}(t)=0$ 线（标注为 $[\dot{E}(t)=0]_0$）可以由式（14.156）得到：

$$\frac{\alpha\zeta Z_R}{1+\zeta}\frac{E(t)}{(1-s_R)(1-g)}=\rho+\phi Z_R L_R(t)。 \tag{14.158}$$

---

① 这是一个非常弱的假设。对于一个对数函数（$\sigma=1$），我们发现 $\phi=1$。对于跨期替代函数的合理值，当 $0<\sigma<1$ 时，得出 $\phi>1$。

因为 $\phi$ 假设为正，$[\dot{E}(t)=0]_0$ 向上倾斜且交 $LME_0$ 线于点 $E_0$。这由式（14.156）可得，对于 $[\dot{E}(t)=0]_0$ 上方（下方）的点，$\dot{E}(t)>0(<0)$。这已经由沿着 $LME_0$ 线的箭头表明了。点 $E_0$ 处的均衡显然是不稳定的，所以唯一的经济可行解是 $E(t)$ 跳跃至稳态值，即没有动态转换，$E(t)=E^*$ 且 $L_R(t)=L_R^*$。解式（14.157）和式（14.158）得：

$$\frac{E^*}{1-g}=(1+\zeta)\frac{\phi L_0+\rho N_0/Z_R}{\zeta/(1-s_R)+\phi}, \tag{14.159}$$

$$L_R^*=\frac{\zeta L_0/[(1-s_R)N_0]-\rho/Z_R}{\zeta/(1-s_R)+\phi}, \tag{14.160}$$

这里我们用到了 $\alpha=1/N_0$ 来化简公式。

在 RIQ 模型中，政府的政策如何影响经济？显然，政府消费份额的增加会挤出私人消费，但对研发强度没有影响——见式（14.159）和式（14.160）。根据图 14—8，$\dot{E}(t)=0$ 线沿顺时针旋转，从 $[\dot{E}(t)=0]_0$ 到 $[\dot{E}(t)=0]_1$，LME 曲线从 $LME_0$ 逆时针旋转到 $LME_1$。新的均衡在点 $E_1$ 处，位于点 $E_0$ 的正下方。因此得到 $dL_R^*/dg=0$ 且 $dE^*/dg=-E_0^*/(1-g)<0$。研发工作人员工资补贴的增加对研发强度有一个正向的影响。根据图 14—8，$s_R$ 的增加使 $\dot{E}(t)=0$ 从 $[\dot{E}(t)=0]_0$ 顺时针旋转到 $[\dot{E}(t)=0]_1$，但是 LME 曲线不变。新的均衡在点 $E_2$ 处，我们从式（14.159）和式（14.160）得到 $dL_R^*/ds_R>0$ 和 $dE^*/ds_R<0$。

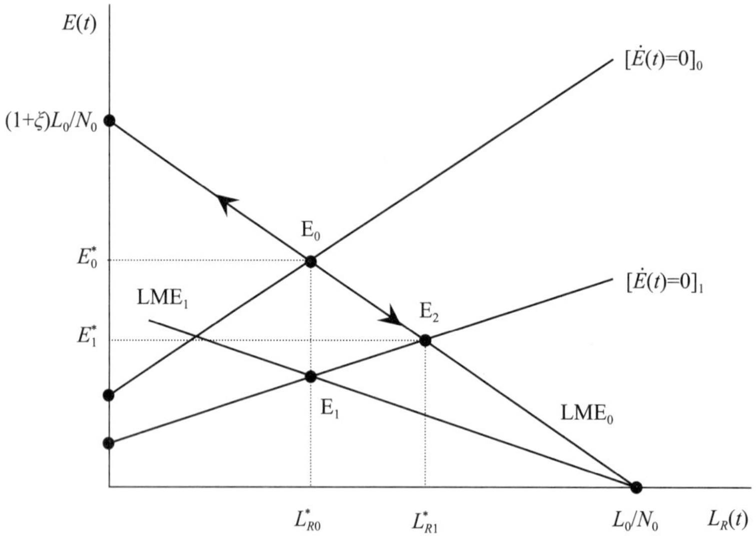


**图 14—8 投入要素质量提升模型的均衡**

为了推断模型的经济增长性质，我们注意到 $X_i(t)=\bar{X}(t)(1+\zeta)^{m_i(t)}$ 并利用式（14.127）将产出写为对数形式：

$$\ln Y(t)=\ln Z_Y+\ln \overline{X}(t)+\ln\left[\prod_{i=1}^{N_0}(1+\zeta)^{\alpha m_i(t)}\right]$$
$$=\ln\left(\frac{\alpha Z_Y Z_X}{1+\zeta}\right)+\ln\left(\frac{E^*}{1-g}\right)+[\alpha\ln(1+\zeta)]\cdot\sum_i^{N_0}m_i(t), \qquad (14.161)$$

这里我们利用了式（14.138）、式（14.139）、式（14.149）并且注意到 $E(t)=E^*$，由第一个公式得到第二个公式。通过对时间求导数我们得到了总产出的增长率：

$$\gamma_Y^*\equiv\frac{\dot{Y}(t)}{Y(t)}\equiv\frac{d\ln Y(t)}{dt}=[\alpha\ln(1+\zeta)]\cdot\frac{d}{dt}\sum_i^{N_0}m_i(t)$$
$$=[Z_R\ln(1+\zeta)]\cdot L_R^*, \qquad (14.162)$$

这里我们利用了式（14.155），并且注意到 $L_R(t)=L_R^*$ 来得到最终的表达式。明显地，消费与产出以相同的比率增长，$\gamma_C^*=\gamma_Y^*$。定义实际工资率为 $w(t)\equiv W(t)/P_Y(t)$，同时我们发现 $\gamma_W^*=\gamma_Y^*$。

作用在经济增长率上的比较静态效应可以由式（14.162）结合式（14.160）推出。明显地，政府消费对增长无影响（$d\gamma_Y^*/dg=0$），但是研发补贴对增长率有正向的影响（$d\gamma_Y^*/ds_R=[Z_R\ln(1+\zeta)]\cdot dL_R^*/ds_R>0$）。增长负向取决于时间偏好率且正向取决于跨期替代弹性（$d\gamma_Y^*/d\rho<0$ 和 $d\gamma_Y^*/d\sigma>0$，通过复合参数 $\phi$ 影响后续操作）。正如在之前的章节讨论的标准 EIV 模型，在 RIQ 模型中有规模效应（$d\gamma_Y^*/dL_0=[Z_R\ln(1+\zeta)]\cdot dL_R^*/dL_0>0$）。在技术上，这个规模效应是假设的质量变化的一个直接结果。实际上，利用式（14.129）我们发现，由于 $\Delta Q_{i,j+1}/Q_{i,j}=\zeta$，一次成功的创新引起质量上固定百分比的上升。获得研发成功的瞬时概率取决于［通过式（14.141）］研发就业规模。因此，总劳动力的增加促进经济增长，因为它允许一个更高的研发就业。正如 EIV 模型，几个作者建议规模效应可以从 RIQ 类型的研发模型中去掉——见 Segerstrom（1998）、Young（1998）和 Jones（1999）。最后，正如 Grossman 和 Helpman（1991a，p. 98）已经注意到的，RIQ 模型和 EIV 模型是同构的，因为它们给出了实际上几乎相同的预测。



## 14.5 小 结

本章介绍了最近的有关“内生”增长内容的文献。文献中有三种不同的方法。所谓“资本基础”模型放弃了索洛-斯旺模型（在第 13 章中学过）中的一个关键假设——当资本存量增加得很大时资本的平均产品接近于零，从而产生了永恒增长。如果劳动可以简单地用资本替代，那么资本的平均产量将达到一个有限的极限值。此时，生产可能完全不依靠劳动，并且长期增长取决于储蓄率。*AK* 模型也得出了类似结论。在 *AK* 模型中劳动在生产中完全不起作用，产出对于广义资本而言是报酬不变的。

第二种内生增长的主要方法强调将有目的的人力资本积累作为增长的动力。这种方法由宇泽在20世纪60年代中期首创，由卢卡斯深入发展。这种方法假设家庭无限存活，在资本和有效劳动中技术表现出规模报酬不变。人力资本的增长率取决于家庭花费在教育目的上的时间比例。即使没有人口增长，消费、人力资本和物质资本以及产出也都以相同的指数速度增长。

第三种内生增长的研究是基于企业的研发（R&D）在经济中构成了增长的动力。这类研究放弃了完全竞争假设，转而分析垄断竞争厂商。我们介绍了一个十分简单的模型（没有物质资本和人力资本），在这个模型中研发部门生产出新的投入要素的图纸。在中间产品部门有许多垄断竞争厂商，每个厂商都有关于如何生产自己的略微独特的投入要素种类的图纸。最终产品的生产表现出专业化收益，即增加投入要素的种类能够提高生产率，因此可以采用更迂回的生产过程。这个模型表现出不变的创新率，这个创新率正向地取决于垄断加价和经济规模。规模效应是基于研发的模型的一个比较有问题的性质，因为从经验上看它可以轻易地被反驳。消除这种规模效应是可能的，但是这将会导致创新率与人口增长率成比例，这与索洛-斯旺模型中的情形一样。

第二种研发模型是一种依靠研发活动提升现有投入要素质量的模型，即描述了垂直投入差异。有趣的是，垂直差异模型的预测在定性意义上与那些水平差异模型几乎一致。

## 延伸阅读

Warsh（2006）给出了一系列关于内生增长的颇具可读性的文章。同样看一下在1994年冬《经济学展望杂志》（*Journal of Economic Perspectives*）发行的关于新经济增长的研讨会。关于内生增长理论的早期主要论文有Arrow（1962）、Uzawa（1965）、Sheshinski（1967）、Shell（1967）和Conlisk（1969）。

近期关于经济增长理论的书籍有Barro和Sala-i-Martin（1995）、Aghion和Howitt（1998）、Gylfason（1999）、Jones（2002）、Helpman（2004）、Weil（2005）和Acemoglu。研发文献的主要参考文献有Grossman和Helpman（1991a）以及Aghion和Howitt（1998）。关于创造性毁灭的典型文献是Schumpeter（1934）。

关于人力资本方法，参见Lucas（1988）、Stokey和Rebelo（1995）、Ladrón-de-Guevera et al.（1997，1999）以及Ortigueira和Santos（2002）。Lucas（1990a）研究了增长模型中的资本税。Temple（1999）展现了关于近期增长的经验类文献的综述。也可参见Aghion和Durlauf（2005a，b）。至于过渡动态问题，可以参见King和Rebelo（1993），Mulligan和Sala-i-Martin（1993），Xie（1994），Benhabib和Perli（1994），以及Bond、Wang和Yip（1996）。

关于货币和增长的文献，例如参见Ireland（1994）。关于公共投资的主要贡献有Barro（1981，1990）、Aschauer和Greenwood（1985）、Uzawa（1988）、Aschauer（1988，1989）、Baxter和King（1993）、Glomm和Ravikumar（1994）、Turnovsky（1996）、Turnovsky和Fisher（1995）以及Fisher和Turnovsky（1998）。关于规模效应，参见Young（1998）和Segerstrom（1998）。关于研发和教育，参见Griliches（2000）。Rivera-Batiz和

Romer (1991) 研究了经济融合的增长效应。

近年来，经济学家已经开始发展增长模型，创新和技术变化是激烈的和无处不在的(而不是增加的)。关于通用技术 (GPT) 的文章主要的出处为 Bresnehan 和 Trajtenberg (1995)、Helpman 和 Trajtenberg (1998a, 1998b)，以及 Helpman (1998) 的论文集。

关于直接技术变化，参见 Drandakis 和 Phelps (1965) 的经典文章，以及 Acemoglu (2002, 2003a, 2003b, 2007) 近期的论文，Acemoglu et al. (2006) 以及 Vandenbussche et al. (2006)。

# 第 15 章 实际经济周期

本章的目标是讨论以下问题：

1. 在拉姆齐模型中引入一个内生的劳动力供给，并从理论上和数量上研究财政政策的影响。

2. 假设技术是随机的而非确定的，从而将拓展的拉姆齐模型转变为典型的实际经济周期（RBC）模型。

3. 通过它的脉冲响应函数研究 RBC 模型的理论性质。

4. 通过展示 RBC 模型与实际数据的拟合度来研究它的定量表现。

5. 讨论最近几年为了改善模型的经验表现而提出的一些拓展。

## 15.1 导　言

本章我们将讨论两个主题，它们在 20 世纪 70 年代早期理性预期革命时由主流新古典经济学家提出。第一个主题是讨论在最优化均衡的框架下财政政策的影响。这个分支主要由 Hall（1971，1980）、Barro（1981）、Aschauer（1988）、Baxter 和 King（1993）作出了开创性的贡献。

第二个主题是关于经济波动的一般均衡方法。关于这个所谓实际经济周期（RBC）方法的开创性贡献主要由 Kydland 和 Prescott（1982）、Long 和 Plosser（1983）以及 Prescott（1986）作出。

## 15.2 拓展拉姆齐模型

在本节中我们通过内生化家庭的劳动力供给决定来扩展确定性的拉姆齐模型（参见第 13 章）。在模型中，一个代表性家庭考虑现在和未来的消费、劳动力供给以及储蓄，以作出最优化决定。代表性厂商从家庭雇用生产要素并进行生产。政府征税并消费商品。经济中的所有个体都在完美预期的情形下运行。这个模型可以用来研究经济如何应对政府支出的变动。在整章中我们都忽略了人口增长。

### □ 15.2.1 家 庭

代表性个体考虑现在和不确定的未来的消费以及闲暇来作出动态最优决策。个体将时间分配到劳动和闲暇上。个体可以存活无限长的时间，在时间 $t$ 的终生效用 $\Lambda(t)$ 用现在和未来的效用的贴现积分值表示：

$$\Lambda(t)\equiv\int_t^{\infty}\Phi(\tau)e^{\rho(t-\tau)}d\tau, \tag{15.1}$$

其中，$\rho$ 是纯时间偏好率（$\rho>0$），$\Phi(\tau)$ 是时间 $\tau$ 的瞬时效用（或者幸福）。根据 Campbell（1994，p. 482）以及 King 和 Rebelo（1999，p. 954），我们假设效用函数有以下形式：

$$\Phi(\tau)\equiv\varepsilon_C\ln C(\tau)+(1-\varepsilon_C)\frac{[1-L(\tau)]^{1-1/\sigma_L}-1}{1-1/\sigma_L},\quad \sigma_L>0, \tag{15.2}$$

其中，$C(\tau)$ 是消费，$1-L(\tau)$ 是闲暇。效用函数计算起来很方便，因为它包含了 RBC 文献中最常用的设定作为特例。第一个特例假设闲暇就像消费一样以指数形式进入效用，即式（15.2）中 $\sigma_L=1$。第二个特例假设闲暇线性地进入效用函数，即式（15.2）中 $\sigma_L\to\infty$。本章的重点将在于指数情形。（在下面的 15.5.4 小节我们将展示线性情形。）

个体的动态预算等式为

$$\dot{A}(\tau)\equiv r(\tau)A(\tau)+w(\tau)L(\tau)-T(\tau)-C(\tau), \tag{15.3}$$

其中，$r(\tau)$ 是实际利率，$A(\tau)$ 是实际金融资产，$w(\tau)$ 是实际工资率，$L(\tau)$ 是劳动力供给，$T(\tau)$ 是实际总额税，$C(\tau)$ 是对同质商品的消费。在变量上加一点表示该变量对时间求导，例如 $\dot{A}(\tau)\equiv dA(\tau)/d\tau$。

家庭在预算等式（15.3）和一个渐近边界条件式 $\lim_{\tau\to\infty}A(\tau)\geqslant 0$ 下，将资产的初始水平 $A(t)$ 视为给定的，选择消费、劳动力供给和资产的路径来最大化终生效用式（15.1）。这个问题的现值汉密尔顿函数为

$$\mathcal{H}_C(\tau)\equiv\varepsilon_C\ln C(\tau)+(1-\varepsilon_C)\frac{[1-L(\tau)]^{1-1/\sigma_L}-1}{1-1/\sigma_L} \tag{15.4}$$

$$+\mu(\tau)[r(\tau)A(\tau)+w(\tau)-T(\tau)-C(\tau)-w(\tau)[1-L(\tau)]],$$

其中，$\mu(\tau)$ 是共态变量。一阶必要条件为（见数学附录 A.8 节）

$$\frac{\varepsilon_C}{C(\tau)}=\mu(\tau), \tag{15.5}$$

$$\frac{1-\varepsilon_C}{[1-L(\tau)]^{1/\sigma_L}}=\mu(\tau)w(\tau), \tag{15.6}$$

$$\frac{\dot{\mu}(\tau)}{\mu(\tau)}=\rho-r(\tau), \tag{15.7}$$

$$\lim_{\tau\to\infty}e^{\rho(t-\tau)}\mu(\tau)\geqslant 0,\quad \lim_{\tau\to\infty}e^{\rho(t-\tau)}\mu(\tau)A(\tau)=0。 \tag{15.8}$$

通过在式（15.6）和式（15.7）中使用式（15.5）我们可以消除 $\mu(\tau)$、$\dot{\mu}(\tau)$，将一阶条件写为如下形式：

$$\frac{C(\tau)}{[1-L(\tau)]^{1/\sigma_L}}\frac{1-\varepsilon_C}{\varepsilon_C}=w(\tau), \tag{15.9}$$

$$\frac{\dot{C}(\tau)}{C(\tau)}=r(\tau)-\rho。 \tag{15.10}$$

式（15.9）要求在每个时期内，闲暇和消费的边际替代率等于工资率。这本质上是每个时期内的静态决策。根据式（15.9）劳动力供给负向地取决于消费，正向地取决于实际工资。① 这个解法的动态部分包含在式（15.10）也就是消费欧拉方程中。如果实际利率超过（低于）纯时间偏好率，家庭将选择随着时间的推移斜率向上（向下）的消费计划（更深入的细节请参见 13.5 节）。

### □ 15.2.2 企　业

完全竞争企业通过使用资本和劳动生产同质产品。由于生产要素规模报酬不变，所以没有必要区分个别的企业，我们只需定义“代表性企业”即可。为了方便，生产函数采用以下柯布-道格拉斯形式：

$$Y(\tau)=F(K(\tau),L(\tau))\equiv Z_0L(\tau)^{\varepsilon_L}K(\tau)^{1-\varepsilon_L}, \tag{15.11}$$

其中，$Z_0$ 是总生产率的指标，$Y(\tau)$ 是总产出，$K(\tau)$ 和 $L(\tau)$ 分别是生产中使用的资本和劳动。

企业的证券市场价值是用它的现金流的贴现值表示的：

$$V(t)=\int_t^{\infty}[Y(\tau)-w(\tau)L(\tau)-I(\tau)]e^{-R(t,\tau)}d\tau, \tag{15.12}$$

---

① 通过对式（15.9）求导我们得到：

$$\frac{dL}{L}=\sigma_L\omega_{LL}\left[\frac{dw}{w}-\frac{dC}{C}\right],$$

其中，$\omega_{LL}\equiv(1-L)/L$。因此，劳动力供给的工资弹性为 $\sigma_L\omega_{LL}$。对于给定的 $\omega_{LL}$，这个弹性随着 $\sigma_L$ 的增长而增长。

其中，$R(t, \tau) \equiv \int_t^\tau r(s)ds$ 是贴现因子，$I(\tau)$ 是总投资：

$$\dot{K}(\tau) = I(\tau) - \delta K(\tau), \tag{15.13}$$

其中，$\delta$ 是资本的折旧率。企业在资本积累约束式（15.13）下最大化它的证券市场价值式（15.12）。企业在制定策略时还需要注意一个隐含的假设，即企业可以根据自己的意愿改变资本存量，即不存在投资的调整成本。因此，自然而然地，在本质上企业选择劳动和资本的雇佣量也是一个静态决策。所以，我们所熟悉的劳动和资本的边际条件成立，参见式（13.78）：

$$\frac{\partial Y(\tau)}{\partial L(\tau)} = w(\tau), \quad \frac{\partial Y(\tau)}{\partial K(\tau)} = r(\tau) + \delta。 \tag{15.14}$$

由于两种生产要素的价值都等于相应的边际产出且生产函数表现出规模报酬不变，所以超额利润为零，企业的证券市场价值等于它的资本存量的重置价值，即 $V(t) = K(t)$。

### □ 15.2.3 均 衡

产出可以用于私人消费、政府消费或者投资，因此，产品市场均衡的条件为

$$Y(\tau) = C(\tau) + I(\tau) + G(\tau)。 \tag{15.15}$$

最后，模型的最后一个等式为政府预算约束，即政府的消费通过在代表性家庭上征收总额税筹集：

$$G(\tau) = T(\tau)。 \tag{15.16}$$



## 15.3 单位弹性模型

我们在上一节中构建了一个相对简单的封闭经济的动态一般均衡模型。在 15.5 节中这个模型将被用来模拟随机生产率冲击的效果。但是，在这一节中我们将说明劳动力供给的替代弹性等于 1（即 $\sigma_L = 1$）这一特殊情况的理论性质。模型的这种单位弹性形式经常在 RBC 文献中使用［参见例如 Baxter 和 King（1993）以及 King 和 Rebelo（1999）］，因为分析起来相对容易且同实际数据拟合效果比较好（见下文）。为了方便，单位弹性模型的所有内容总结在了表 15—1 中。

式（T1.1）、式（T1.2）、式（T1.3）、式（T1.6）和式（T1.8）分别重新表述了式（15.13）、式（15.10）、式（15.16）、式（15.15）和式（15.11）。在式（15.9）中令 $\sigma_L = 1$ 便得到了式（T1.7）。最后，式（T1.4）和式（T1.5）是通过将式（15.11）代入式（15.14）得到的。

在本章的附录中我们证明了单位弹性模型的相图的全部推导。推导是在政府消费占产出的比例保持不变的假设下进行的。图 15—1 即所要求的相图。曲线 $\dot{K} = 0$ 表示在（$C$，$K$）空间中净投资为零的组合。对每个（$C$，$K$）组合都有唯一的均衡

就业水平。实际上，对于在原点周围的点，就业较低；而对于在横轴交点 $K_K$ 周围的点来说，就业率接近 1 这个上限值。黄金律资本存量是 $K^{GR}$，相关的消费水平是 $C^{GR}$（见点 A）。对于在直线 $\dot{K}=0$ 以上（以下）的点，消费过多（不足）且净投资为负（正）。这些动态效应在图 15—1 中用水平的箭头表示。

**表 15—1　　单位弹性模型**

| | |
|---|---|
| $\dot{K}(t)=I(t)-\delta K(t)$ | (T1.1) |
| $\dfrac{\dot{C}(t)}{C(t)}=r(t)-\rho$ | (T1.2) |
| $G(t)=T(t)$ | (T1.3) |
| $W(t)=\varepsilon_L\dfrac{Y(t)}{L(t)}$ | (T1.4) |
| $r(t)+\delta=(1-\varepsilon_L)\dfrac{Y(t)}{K(t)}$ | (T1.5) |
| $Y(t)=C(t)+I(t)+G(t)$ | (T1.6) |
| $W(t)[1-L(t)]=\dfrac{1-\varepsilon_C}{\varepsilon_C}C(t)$ | (T1.7) |
| $Y(t)=Z_0L(t)^{\varepsilon_L}K(t)^{1-\varepsilon_L}$ | (T1.8) |

注：$Y$ 是实际国民收入，$C$ 是私人消费，$L$ 是就业率，$K$ 是资本存量，$I$ 是总投资，$G$ 是公共消费，$W$ 是实际工资率，$r$ 是实际利率，$\varepsilon_C$ 是消费倾向参数，$T$ 是总额税，$\rho$ 是纯时间偏好率，$\delta$ 是资本折旧率，$\varepsilon_L$ 是劳动效率参数。

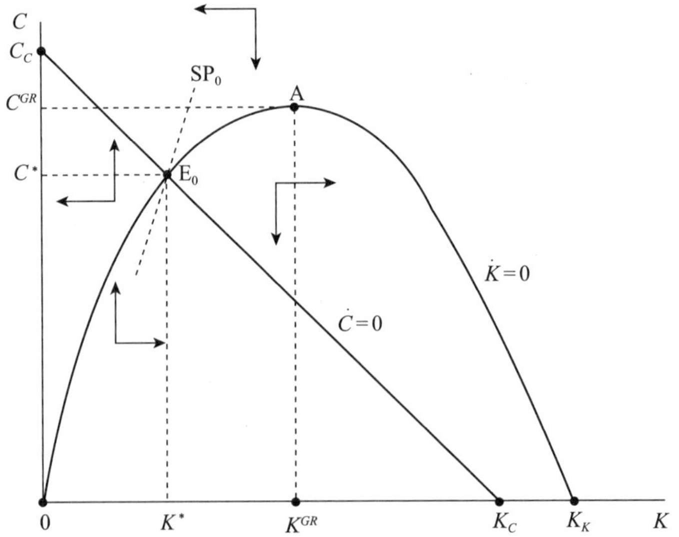


**图 15—1　单位弹性模型的相图**

线 $\dot{C}=0$ 代表消费不随时间推移而改变的（$C$，$K$）组合，即利率等于时间偏好率的点。由于利率取决于资本的边际产出且生产是规模报酬不变的，消费均衡确定了唯一的资本劳动比、唯一的产出资本比和实际工资率。于是［参见式（T1.7）］消费和劳动力供给的比例也是不变的。线 $\dot{C}=0$ 是一条向下倾斜的直线。保持资本存量不变，消费的增加（减少）将减少（增加）劳动力供给和均衡就业，并且减少（增加）产出资本比和利率。因此，对于线 $\dot{C}=0$ 上方（下方）的点，消费将下降（上升）。这在图 15—1 中用垂直的箭头表示。

因为 $K_C<K_K$（见附录 A），从图 15—1 中可以看出这两个均衡只在点 $E_0$ 处相交。箭头的方向显示出 $E_0$ 是一个鞍点稳定点。与稳态均衡点 $E_0$ 相联系的鞍路径（saddle path），记为 $SP_0$，是向上倾斜的。

## 15.4 财政政策

本节中我们将证明前面所研究的确定性单位弹性模型的一些性质，以便为下一节的数字模拟随机模型做准备。在 15.4.1 节中我们将研究未预期到的政府消费永久性增加的即时、过渡和长期影响。在 15.4.2 节我们将研究经济如何应对暂时的财政冲击。在整节中我们假设政府通过总额税来筹资。

### 15.4.1 永久的财政政策

本节我们研究通过总额税筹资的政府消费的增加对主要宏观变量的影响。我们假设政策冲击是未预期到的且是永久的，经济在初始时处于稳态。

虽然表 15—1 中的模型看上去比较复杂，但是最近 Baxter 和 King（1993）提出政策冲击的长期影响可以从相对直观的角度确定。因此，我们首先研究长期影响，然后研究更难的财政政策的短期和过渡效应。

#### 15.4.1.1 长期乘数

计算长期“新古典乘数”是一个能够快速解决的问题，因为经济的特征由一些重要的比例结构确定了，这些比例同公共消费无关［参见 Baxter 和 King（1993, p. 319)］，在我们的模型中可以如下计算。在稳态，资本存量和消费都是不变的，即 $\dot{K}=\dot{C}=0$。表 15—1 中的式（T1.1）和式（T1.2）分别表示了投资资本比和利率是不变的，即 $(I/K)^*=\delta$ 和 $r^*=\rho$。资本的边际生产率条件式（T1.5）确定了均衡资本生产强度［$y^*\equiv(Y/K)^*$］只是结构参数的函数［$y^*\equiv(\rho+\delta)/(1-\varepsilon_L)$］。但是，由于生产函数（T1.8）表现出规模报酬不变的特征，均衡资本强度也确定了唯一的资本劳动比($k^*\equiv(K/L)^*$。这进而决定了实际工资以及［通过式（T1.7)］产品和闲暇消费的比例［$C/(1-L)$］$^*$。

这些比例在长期内保持不变的性质可以用来寻找公共消费增长的长期影响。通过对产品市场出清条件（T1.6）求全微分，在初始稳态值附近，我们得到：

$$\frac{dY(\infty)}{Y^*}=\omega_C\frac{dC(\infty)}{C^*}+\omega_I\frac{dI(\infty)}{I^*}+\omega_G\frac{dG}{G}, \tag{15.17}$$

其中，$\omega_I \equiv (I/Y)^* = \delta(K/Y)^* = \delta/y^*$，$\omega_C \equiv (C/Y)^*$，$\omega_G \equiv G/Y^*$，$\omega_C + \omega_I + \omega_G \equiv 1$。在公共支出受到冲击后，不同的比例逐渐恢复。这暗示了下面的长期关系（以对数线性的形式）：

$$\frac{dY(\infty)}{Y^*} = \frac{dK(\infty)}{K^*} = \frac{dI(\infty)}{I^*} = \frac{dL(\infty)}{L^*} = -\omega_{LL}\frac{dC(\infty)}{C^*}, \tag{15.18}$$

其中，$\omega_{LL} \equiv [1-L^*]/L^*$。通过将式（15.17）的结果代入式（15.18），我们得到 $dY(\infty)/Y$ 的一个表达式，这个表达式可以改写为以下乘数形式：

$$\frac{dY(\infty)}{dG} = \frac{1}{1-\omega_I+\omega_C/\omega_{LL}} > 0。 \tag{15.19}$$

用相同的方法可以得到消费、投资和资本存量的长期乘数形式：

$$-1 < \frac{dC(\infty)}{dG} = -\frac{\omega_C/\omega_{LL}}{1-\omega_I+\omega_C/\omega_{LL}} < 0, \tag{15.20}$$

$$\frac{dK(\infty)}{dG} = \frac{1}{\delta}\frac{dI(\infty)}{dG} = \frac{\omega_I/\delta}{1-\omega_I+\omega_C/\omega_{LL}} > 0。 \tag{15.21}$$

观察以上结果，我们可以得出一些结论。首先，劳动力供给决定的内生性在式（15.19）的新古典乘数中有很重要的作用。实际上，如果劳动力供给是外生的（$\varepsilon_C = 1$，因此有 $L=1$ 和 $\omega_{LL}=0$），式（15.18）立刻给出产出、投资和资本存量保持不变的结论。式（15.20）表明，在那种情形下公共消费会挤出等量的私人消费。其次，劳动力供给的弹性（$\sigma_L$）也有重要作用。注意，这些比例结果对于 15.2 节的一般模型也成立。实际上，通过在式（15.19）～式（15.21）中将 $\omega_{LL}$ 替代为 $\sigma_L\omega_{LL}$ 可以得到更一般模型的长期影响。结果，劳动力供给越有弹性（即 $\sigma_L$ 越大），对产出、资本和投资的长期影响就越大，消费的挤出效应就越小。[①]

#### 15.4.1.2　短期乘数

财政冲击的短期和过渡效应可以借助图 15—2 来研究。在图中 $CE_0$ 是初始消费均衡线，$CSE_0$ 是初始资本存量均衡线，$E_0$ 是初始稳态。受到冲击后，CSE 线变为 $CSE_1$。由于使用了总额税来平衡预算，CE 线的位置不受影响，长期均衡从 $E_0$ 变为 $E_1$［参见式（15.19）～式（15.21）］。在受到冲击时，经济从点 $E_0$ 跳到点 A，点 A 在新的鞍路径 $SP_1$ 上。个体减少了产品和闲暇的消费，因为他们面对着更重的终生

① 劳动力供给的跨期替代效应可以通过使用 Greenwood et al.（1988）提出的效用函数来消除：

$$\Phi(\tau) \equiv \ln U(\tau),\quad U(\tau) \equiv C(\tau) - \frac{\gamma_L}{1+\theta_L}L(\tau)^{1+\theta_L}。$$

这种情况的一阶条件为

$$w(\tau) = \gamma_L L(\tau)^{\theta_L},\quad \frac{\dot{U}(\tau)}{U(\tau)} = r(\tau) - \rho。$$

就业只取决于由稳态利率（$r^*=\rho$）决定的工资率。另外，财政政策也不影响产出和资本存量，且消费的挤出效应是一对一的。参见 Heijdra（1998，pp. 687－688）。

税收，感觉自己变得更穷了。尽管在短期资本存量固定，但就业的增多引起了总产出的扩张和资本边际产出的增加，因此利率增加。实际利率的增加不仅造成了向上倾斜的消费时间计划，也导致了代表性家庭增加储蓄，因此消费和资本存量都开始上升。这在图15—2中以从点 A 沿着鞍路径 $SP_1$ 逐渐向点 $E_1$ 的新均衡的移动来表现。财政政策对资本存量的长期影响是正向的［参见式（15.21）］且消费下降。由于在受到财政政策的冲击时，人们会选择增加资本存量并增加劳动力供给，因此，稳态下的产出会增加，同时挤出的私人消费将小于政府消费的增加［参见式（15.20)］。

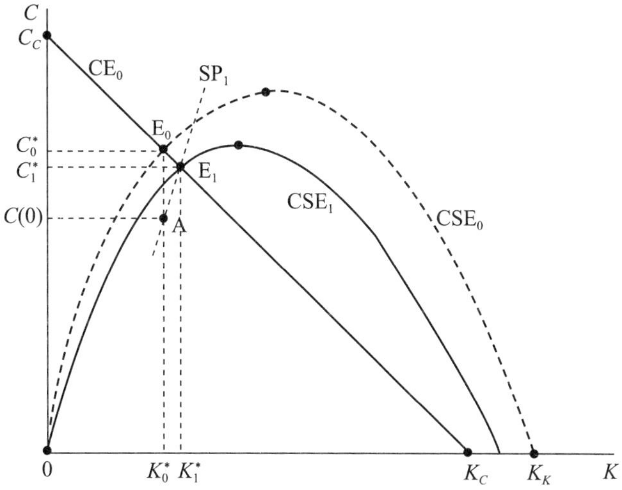


**图 15—2　财政政策效应**



虽然我们认为通过图形方法可以得到模型的数量性质，但这种方法对于获得数量结果是没有用的。例如，从图 15—2 可以清楚地看出在受到冲击时消费的变化超过了长期影响，被政府消费挤出［$dC(0)/dG<dC(\infty)/dG<0$］，但是不可能推导出这种超调和挤出效应的大小。为了计算出经济的即时和过渡效应，RBC 文献的标准做法是在稳态附近将模型对数线性化，这样分析起来更容易。[①]

**插叙 15.1**

### 对数线性化

表 15—1 的模型是在初始稳态附近的对数线性化。我们首先定义变量 $\tilde{x}(t)$：

$$\tilde{x}(t)\equiv\ln\left(\frac{x(t)}{x}\right) \quad \Leftrightarrow \quad \frac{x(t)}{x^*}\equiv e^{\tilde{x}(t)}, \tag{a}$$

其中，$x^*$ 是 $x(t)$ 的稳态值。当 $x(t)$ 接近它的稳态值［$x(t)/x^*\approx 1$ 且 $\tilde{x}(t)\approx 0$］时，

① 在本章，我们使用的思想是比较动态方法。这种思想将非线性模型对数线性化，从而在（更简单的）线性化语言中处理动态问题。直观上，当外力项（外生变量）发生的改变不是“很大”且模型不是太不“非线性化”时，这种做法是合适的且能给出相对准确的结果。参见 Dotsey 和 Mao（1992）。

我们有 $e^{\tilde{x}(t)} \approx 1+\tilde{x}(t)$，因此从式 (a) 可得到：

$$\frac{x(t)}{x^*} \approx 1+\tilde{x}(t)。 \tag{b}$$

此外，考虑到式 (a) 中 $\tilde{x}(t)$ 的定义，有：

$$\dot{\tilde{x}}(t) \equiv \frac{\dot{x}(t)}{x(t)} \approx \frac{\dot{x}(t)}{x^*}。 \tag{c}$$

现在我们将这些中间结果应用于单位弹性模型。在表 15—1 中有三种“基本类型”的等式，分别是：动态等式［如式(T1.1)和式(T1.2)］；本来就是乘法等式，从而是对数线性的，不需要对其近似［如式(T1.3)、式(T1.4)和式(T1.8)］；以及线性等式［如式(T1.6)］。

首先考虑动态等式如式 (T1.1)，我们在几步内有：

$$\begin{aligned}\frac{\dot{K}(t)}{K^*} &= \left(\frac{I}{K}\right)^* \frac{I(t)}{I^*} - \delta \frac{K(t)}{K^*} \\ &\approx \delta[1+\tilde{I}(t)] - \delta[1+\tilde{K}(t)], \\ \dot{\tilde{K}}(t) &\approx \delta[\tilde{I}(t) - \tilde{K}(t)],\end{aligned}$$

从第一行到第二行我们使用了式 (b)（假设稳态关系 $I^* = \delta K^*$），从第二行到第三行使用了式 (c)。

接下来我们考虑类似式 (T1.8) 的等式。通过在两边取对数我们有：

$$\ln Y(t) = \ln Z_0 + \varepsilon_L \ln L(t) + (1-\varepsilon_L) \ln K(t)。 \tag{d}$$

在稳态我们有：

$$\ln Y^* = \ln Z_0 + \varepsilon_L \ln L^* + (1-\varepsilon_L) \ln K^*。 \tag{e}$$

从式 (d) 中减去式 (e) 并注意到 $\tilde{Y}(t)$、$\tilde{L}(t)$ 和 $\tilde{K}(t)$ 的定义，我们得到想要的表达式（已经没有常数 $\ln Z_0$）：

$$\tilde{Y}(t) = \varepsilon_L \tilde{L}(t) + (1-\varepsilon_L) \tilde{K}(t)。$$

第三步，我们考虑如式 (T1.6) 的线性等式，我们推导下面几步：

$$\begin{aligned}&\frac{Y(t)}{Y} = \left(\frac{C}{Y}\right)^* \frac{C(t)}{C^*} + \left(\frac{I}{Y}\right)^* \frac{I(t)}{I^*} + \left(\frac{G}{Y^*}\right) \frac{G(t)}{G}, \\ &1+\tilde{Y}(t) \approx \left(\frac{C}{Y}\right)^* [1+\tilde{C}(t)] + \left(\frac{I}{Y}\right)^* [1+\tilde{I}(t)] + \left(\frac{G}{Y^*}\right) [1+\tilde{G}(t)], \\ &\tilde{Y}(t) \approx \omega_C \tilde{C}(t) + \omega_I \tilde{I}(t) + \omega_G \tilde{G}(t)。\end{aligned}$$

从第一行到第二行我们使用了式 (b)，从第二行到第三行用到了 $\omega_C$、$\omega_I$、$\omega_G$ 的定义［参见式 (15.17) 下方］。

最后，考虑如式 (T1.7) 的等式，式 (T1.7) 对闲暇是对数线性的（但对劳动不是）。实际上，我们直观地得到 $\tilde{w}(t) + [\widetilde{1-L(t)}] = \tilde{C}(t)$。但在接下来的模型中我们处理的是 $\tilde{L}(t)$。利用式 (b) 我们可以将 $\tilde{L}(t)$ 和 $[\widetilde{1-L\ (t)}]$ 联系在一起：

$$\widetilde{1-L(t)} \equiv \ln\left(\frac{1-L(t)}{1-L^*}\right) \approx \frac{[1-L(t)]-[1-L^*]}{1-L^*} = -\frac{L(t)-L^*}{1-L^*},$$

$$\widetilde{L}(t) \equiv \ln\left(\frac{L(t)}{L^*}\right) \approx \frac{L(t)-L^*}{L^*},$$

进而就可以得到：$[\widetilde{1-L(t)}] = -[1/\omega_{LL}]\widetilde{L}(t)$，其中 $\omega_{LL}$ 在式（15.18）下方有定义。

---

对数线性形式的单位弹性模型在表 15—2 中给出。所有带着波浪上标“～”的变量都定义为相对于初始稳态的比例变动率，即 $\widetilde{x}(t) \equiv \ln[x(t)/x^*]$。有上标波浪和点的变量是用初始变量的稳态水平表示的时间变化率，即 $\dot{\widetilde{x}}(t) \equiv \dot{x}(t)/x^*$。这些标志在本章的剩余部分都适用。

**表 15—2　　　　对数线性化模型**

| | |
|---|---|
| $\dot{\widetilde{K}}(t) = \delta[\widetilde{I}(t) - \widetilde{K}(t)]$ | （T2.1） |
| $\dot{\widetilde{C}}(t) = \rho\widetilde{r}(t)$ | （T2.2） |
| $\widetilde{G}(t) = \widetilde{T}(t)$ | （T2.3） |
| $\widetilde{W}(t) = \widetilde{Y}(t) - \widetilde{L}(t)$ | （T2.4） |
| $\rho\widetilde{r}(t) = (\rho+\delta)[\widetilde{Y}(t) - \widetilde{K}(t)]$ | （T2.5） |
| $\widetilde{Y}(t) = \omega_C\widetilde{C}(t) + \omega_I\widetilde{I}(t) + \omega_G\widetilde{G}(t)$ | （T2.6） |
| $\widetilde{L}(t) = \omega_{LL}[\widetilde{W}(t) - \widetilde{C}(t)]$ | （T2.7） |
| $\widetilde{Y}(t) = \varepsilon_L\widetilde{L}(t) + (1-\varepsilon_L)\widetilde{K}(t)$ | （T2.8） |

注：$\omega_G \equiv G/Y^*$：公共消费占产出的比例；$\omega_C \equiv (C/Y)^*$：私人消费占产出的比例；$\omega_I \equiv (I/Y)^*$：投资占产出的比例；$\omega_C + \omega_I + \omega_G = 1$，$\delta/\omega_I = y^* \equiv (\rho+\delta)/(1-\varepsilon_L)$；$\omega_{LL} \equiv (1-L^*)/L^*$：闲暇与劳动的比率。$\dot{\widetilde{x}}(t) \equiv \dot{x}(t)/x^*$，$\widetilde{x}(t) \equiv \ln[x(t)/x^*]$。“*”号表示稳态值。

关键的动态变量是总资本存量 $\widetilde{K}(t)$，它是前定的，还有消费 $\widetilde{C}(t)$，它是跳跃变量。简单地研究模型的动态行为可以从首先将它尽可能地简化开始。这可以通过将$\widetilde{Y}(t)$、$\widetilde{C}(t)$、$\widetilde{I}(t)$、$\widetilde{w}(t)$ 和 $\widetilde{L}(t)$ 用关键共态变量 $\widetilde{K}(t)$ 和 $\widetilde{C}(t)$ 表示来达成。用劳动力需求式（T2.4）、劳动力供给式（T2.7）和生产函数（T2.8）来计算条件均衡时的就业水平、实际工资和实际产出：

$$\varepsilon_L\widetilde{L}(t) = (\phi-1)[(1-\varepsilon_L)\widetilde{K}(t) - \widetilde{C}(t)], \tag{15.22}$$

$$\varepsilon_L\widetilde{w}(t) = (1-\varepsilon_L)[[1-\phi(1-\varepsilon_L)]\widetilde{K}(t) + (\phi-1)\widetilde{C}(t)], \tag{15.23}$$

$$\widetilde{Y}(t) = \phi(1-\varepsilon_L)\widetilde{K}(t) - (\phi-1)\widetilde{C}(t), \tag{15.24}$$

其中，$\phi$ 是一个重要的参数，代表劳动力供给中的跨期替代的影响：

$$1 \leqslant \phi \equiv \frac{1+\omega_{LL}}{1+\omega_{LL}(1-\varepsilon_L)} < \frac{1}{1-\varepsilon_L}。 \tag{15.25}$$

由式（15.22）～式（15.24）中的表达式可以得到很直观的理解。首先，对于一个给定的资本存量，消费水平的增加将减少劳动力供给（因此减少就业），提高实际工资率并减少产出。其次，对于给定的消费水平，资本存量的增加刺激了劳动力需求和就业并增加了实际工资。资本存量的增加以及它所导致的就业影响一起刺激了产出。

通过在式（T2.5）和式（T2.6）中利用产出表达式（15.24），可以得到投资和利率的条件均衡结果：

$$\omega_I \tilde{I}(t)=\phi(1-\varepsilon_L)\tilde{K}(t)-(\omega_C+\phi-1)\tilde{C}(t)-\omega_G\tilde{G}, \tag{15.26}$$

$$\frac{\rho}{\rho+\delta}\tilde{r}(t)=-[1-\phi(1-\varepsilon_L)]\tilde{K}(t)-(\phi-1)\tilde{C}(t), \tag{15.27}$$

这里我们结合了政府消费冲击不随时间推移而改变的假设（这个假设贯穿本节），即 $\tilde{G}(t)=\tilde{G}$。利率负向取决于资本存量和消费。对于一个给定的消费水平，资本存量的增加会增加就业，因为它刺激了劳动力需求。这会提高资本的边际产出，因此提高利率。然而，由于更多资本进入导致资本的边际回报降低，上面对于利率的正面影响就被抵消了。对于一个给定的资本存量，消费的增加降低了劳动力供给和就业，因此降低了资本的边际产出并降低了利率。

当然，由于产出的规模报酬不变，要素价格之间存在特殊的反向关系。这种要素价格边界可以通过将式（T2.4）和式（T2.5）代入式（T2.8）得到：

$$\varepsilon_L\tilde{w}(t)+\frac{\rho}{\rho+\delta}(1-\varepsilon_L)\tilde{r}(t)=0。 \tag{15.28}$$

通过将式（15.26）代入式（T2.1）以及将式（15.27）代入式（T2.2），这个动态系统可以被写成集约形式：

$$\begin{bmatrix}\dot{\tilde{K}}(t)\\ \dot{\tilde{C}}(t)\end{bmatrix}=\Delta\begin{bmatrix}\tilde{K}(t)\\ \tilde{C}(t)\end{bmatrix}+\begin{bmatrix}\gamma_K(t)\\ \gamma_C(t)\end{bmatrix}, \tag{15.29}$$

其中，$\Delta$ 是这个系统的雅可比矩阵：

$$\Delta\equiv\begin{bmatrix} y^*(\phi(1-\varepsilon_L)-\omega_I) & -y^*(\omega_C+\phi-1)\\ -(\rho+\delta)[1-\phi(1-\varepsilon_L)] & -(\rho+\delta)(\phi-1)\end{bmatrix}, \tag{15.30}$$

$\gamma_K(t)$ 和 $\gamma_C(t)$ 是冲击项：

$$\begin{bmatrix}\gamma_K(t)\\ \gamma_C(t)\end{bmatrix}\equiv\begin{bmatrix}-y^*\omega_G\tilde{G}\\ 0\end{bmatrix}。 \tag{15.31}$$

这个对数线性系统的鞍点稳定性可以通过计算雅可比矩阵 $\Delta$ 的特征值和迹来正式地证明。经过一些计算我们得到①：

---

① 注意到 $y^*\equiv(\rho+\delta)/(1-\varepsilon_L)$，$\Delta$ 的迹可以简化为如下形式：

$$\mathrm{tr}(\Delta)=y^*[\phi(1-\varepsilon_L)-\omega_I]-(1-\varepsilon_L)y^*(\phi-1)=y^*\omega_A=\rho,$$

其中，$\omega_A\equiv\rho(K/Y)^*=1-\varepsilon_L-\omega_I=\rho/y^*$ 是稳态净资本收入占比。

$$|\Delta| = -(\rho+\delta)y^*[\omega_G(\phi-1)+\phi\omega_C\varepsilon_L]<0, \tag{15.32}$$

$$\mathrm{tr}(\Delta)=\rho>0。\tag{15.33}$$

我们做一些探索性的工作。第一，因为 $\mathrm{tr}(\Delta)$ 等于特征根的和，它的符号代表至少存在一个正的特征根（不稳定）。第二，由于 $|\Delta|$ 等于特征根的乘积，根据式(15.32)，一定会出现一个负的（稳定的）特征根和一个正的（不稳定的）特征根。在本章中，稳定的特征根均被记为 $-\lambda_1(<0)$，不稳定的特征根则被记为 $\lambda_2(>0)$。当写成这种形式时，$\lambda_1$ 也代表了经济系统的调整速度（细节参见 13.6.2 节）。此外，由于 $\mathrm{tr}(\Delta)=\lambda_2-\lambda_1$，从式（15.33）可得出 $\lambda_2=\rho+\lambda_1$。

对数线性化模型如图 15—3 所示，其中对数线性化的 CSE 和 CE 解析式分别为

$$\tilde{C}(t)=\frac{\phi(1-\varepsilon_L)-\omega_I}{\omega_C+\phi-1}\tilde{K}(t)-\frac{\omega_G}{\omega_C+\phi-1}\tilde{G}, \tag{15.34}$$

以及

$$\tilde{C}(t)=-\frac{1-\phi(1-\varepsilon_L)}{\phi-1}\tilde{K}(t)。\tag{15.35}$$

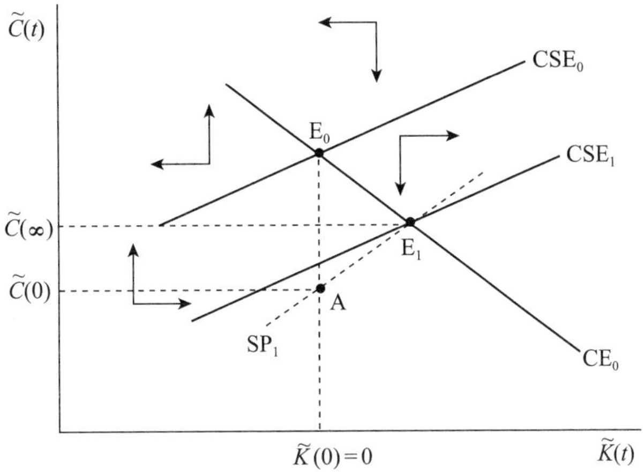


**图 15—3　对数线性化模型的相图**

式（15.34）和式（15.35）是在式（15.29）～式（15.31）上附加稳态条件 $\dot{\tilde{K}}(t)=\dot{\tilde{C}}(t)=0$ 得到的。

我们现在回到财政政策上来。在本章的附录中我们将导出这个模型的完美预期解的一般表达式。对于冲击列向量式（15.31），消费和资本存量的解路径形式如下：

$$\begin{bmatrix}\tilde{K}(t)\\ \tilde{C}(t)\end{bmatrix}=\begin{bmatrix}0\\ \tilde{C}(0)\end{bmatrix}e^{-\lambda_1 t}+\begin{bmatrix}\tilde{K}(\infty)\\ \tilde{C}(\infty)\end{bmatrix}(1-e^{-\lambda_1 t}),\quad t\geqslant 0, \tag{15.36}$$

其中，$\tilde{C}(0)$、$\tilde{C}(\infty)$ 和 $\tilde{K}(\infty)$ 如下：

$$\widetilde{C}(0)=-\frac{\lambda_2+(\rho+\delta)(\phi-1)}{\phi+\omega_C-1}\frac{\omega_G\widetilde{G}}{\lambda_2}<0,\tag{15.37}$$

$$\widetilde{C}(\infty)=-\frac{(\rho+\delta)[1-\phi(1-\varepsilon_L)]y^*}{\lambda_1\lambda_2}\omega_G\widetilde{G}<0,\tag{15.38}$$

$$\widetilde{K}(\infty)=\frac{(\rho+\delta)(\phi-1)y^*}{\lambda_1\lambda_2}\omega_G\widetilde{G}>0。\tag{15.39}$$

式（15.36）～式（15.39）代表了在时间 $t=0$ 时政府消费未预期的永久冲击对资本和消费的脉冲响应函数。式（15.36）表示时间 $t$ 冲击的效应可以写为即时影响和长期影响的加权平均，相应的时变权重为 $e^{-\lambda_1 t}$ 和 $1-e^{-\lambda_1 t}$。模型剩余变量的脉冲响应函数［即 $\widetilde{L}(t)$、$\widetilde{w}(t)$、$\widetilde{Y}(t)$、$\widetilde{I}(t)$ 和 $\widetilde{r}(t)$］可以通过在式（15.22）～式（15.24）以及式（15.26）和式（15.27）中利用式（15.36）～式（15.39）得到。

由于资本存量在冲击阶段（$\widetilde{K}(0)=0$）是前定的，对于就业、产出、工资和利率的即时影响都同 $\widetilde{C}(0)$ 成比例。消费的减少引起劳动力供给（和就业）的增加。

$$w^*\frac{dL(0)}{dG}=\frac{\lambda_2+(\rho+\delta)(\phi-1)}{\lambda_2(\phi+\omega_C-1)}>0。\tag{15.40}$$

由于就业增加，产出也扩张了：

$$\frac{dY(0)}{dG}=\frac{(\phi-1)[\lambda_2+(\rho+\delta)(\phi-1)]}{\lambda_2(\phi+\omega_C-1)}>0。\tag{15.41}$$

由于产出扩张，产品消费下降，投资显然将上升：

$$\frac{dI(0)}{dG}=\lambda_1\frac{dK(\infty)}{dG}=\frac{(\rho+\delta)(\phi-1)}{\lambda_2}>0。\tag{15.42}$$

式（15.42）表示了模型中运行着的加速机制［也可参见 Baxter 和 King（1993, p. 321)］：由于经济会不断地调整，对投资的即时影响和对资本存量的长期影响成比例。由于在受到冲击时产出资本比扩张，资本的边际产出和实际利率上升：

$$Y^*\frac{dr(0)}{dG}=\frac{(\rho+\delta)(\phi-1)[\lambda_2+(\rho+\delta)(\phi-1)]}{\lambda_2(\phi+\omega_C-1)}>0。\tag{15.43}$$

最后，劳动力供给的扩张暗示了实际工资率下降，因为劳动力需求是向下倾斜的：

$$L^*\frac{dW(0)}{dG}=-\frac{(1-\varepsilon_L)(\phi-1)[\lambda_2+(\rho+\delta)(\phi-1)]}{\lambda_2(\phi+\omega_C-1)}<0。\tag{15.44}$$

当然，对工资率的影响也可以通过结合式（15.43）和要素价格边界式（15.28）决定。

#### 15.4.1.3 数量证据

既然财政冲击的定性影响已经完全在理论上刻画出来了，下面的问题就是关于各种效应的数量大小。为了研究这个问题我们必须利用一个典型的完善的市场经济中有或多或少可信度的信息将模型校准，然后用校准的模型计算不同的冲击影响、过渡影响和长期影响。

本质上校准等同于选择理论模型的参数以便能从模型的结果中获得有效信息。例如，单位弹性模型在表 15—1（水平值模型）与表 15—2（对数线性形式）中均做了相应的校准。模型中的结构参数有纯时间偏好率 $\rho$、资本存量的折旧率 $\delta$、劳动的效率参数 $\varepsilon_L$、偏好参数 $\varepsilon_C$ 和总生产率参数 $Z_0$。

其中一些参数的取值并不难估计。例如，在经济处于（或者接近）稳态的假设下，从式（T1.2）可以得出实际利率应该（接近于）等于时间的净偏好率，即 $r^*=\rho$。King 和 Rebelo（1999，p.953）认为，1948—1986 年间美国资本的年均实际回报率为 6.5%。由此，每个季度这些数据的预测为 $r^*=\rho=(1.065)^{1/4}-1=0.0159$（每季度 1.59%）。King 和 Rebelo 将资本存量的年度折旧率设定为每年 10%，即 $\delta=(1.1)^{1/4}-1=0.0241$。当然，对建筑物而言这个比例太高了（大多数建筑寿命超过 10 年），同时对机器而言（例如个人计算机）这又显得过低了。但是作为一个平均的猜测，这个结果并没有脱离市场太多。在柯布-道格拉斯技术下，$\varepsilon_L$ 等于劳动收入占产出的份额［参见式（T1.4）］，King 和 Rebelo（1999，p.954）将它设定为 2/3，即 $\varepsilon_L=2/3$。现在我们知道了 $\rho$ 和 $\varepsilon_L$，我们可以从式（T1.5）推出均衡产出资本比的估计，即 $y^*\equiv(Y/K)^*=(\rho+\delta)/(1-\varepsilon_L)=3\times[0.0159+0.0241]=0.12$。通过式（T1.1）的稳态条件，我们得到资本占产出的份额，即 $\omega_I\equiv(I/Y)^*=\delta/y^*=0.0241/0.12=0.201$。Baxter 和 King（1993，p.320）认为美国战后平均政府消费占产出的份额为 20%，即 $\omega_G=0.2$。我们现在几乎有了所有感兴趣的参数估计值。通过利用式（T1.6）我们观察到消费占产出的比重 $\omega_C\equiv(C/Y)^*=1-\omega_I-\omega_G=0.599$。将式（T1.4）和式（T1.7）结合，我们得到：

$$\omega_{LL}\equiv\left(\frac{1-L}{L}\right)^*=\frac{\omega_C}{\varepsilon_L}\frac{1-\varepsilon_C}{\varepsilon_C},\tag{15.45}$$

因此选择了 $\varepsilon_C$ 就表示选择了 $L$（从而选择了 $\omega_{LL}$），反之也成立。King 和 Rebelo（1999）认为在美国的战后时期，总时间的 20%被用来工作，即 $L^*=0.2$ 和 $\omega_{LL}=4$，因此依据式（15.45）以及估计的参数可知 $\varepsilon_C=\omega_C/[\omega_C+\varepsilon_L\omega_{LL}]=0.183$。最后，我们注意到 $Z_0$ 仅仅决定了经济的规模，所以是“自由参数”。为了方便，现在我们将 $Z_0$ 标准化，因此产出在初始稳态是 1，即令 $Z_0=L^{-\varepsilon_L}(y^*)^{1-\varepsilon_L}=1.442$。①

总的来说，我们现在已经使用下面的结构参数值将模型校准了：

$$\begin{array}{lll}\rho=0.0159 & \delta=0.0241 & \varepsilon_L=2/3\\ \varepsilon_C=0.183 & Z_0=1.442 & \omega_G=0.2\end{array}\tag{15.46}$$

结果，初始稳态为

$$\begin{array}{llll}Y^*=1 & C^*=0.599 & I^*=0.201 & G=T=0.2\\ r^*=0.0159 & L^*=0.2 & K^*=8.337 & w^*=3.333\end{array}\tag{15.47}$$

① 大多数数值算法在内生变量有相同大小时表现最好。因此，将产出一般化可以达成这种情况。

利用式（15.30）和式（15.31）的标准值并注意到式（15.25），我们得到雅可比矩阵 $\Delta$ 和冲击项 $\gamma_K(t)$ 和 $\gamma_C(t)$ 的估计值①：

$$\Delta \equiv \begin{bmatrix} 0.061\,56 & -0.208\,92 \\ -0.011\,42 & -0.045\,69 \end{bmatrix}, \tag{15.48}$$

$$\begin{bmatrix} \gamma_K(t) \\ \gamma_C(t) \end{bmatrix} \equiv \begin{bmatrix} -0.023\,99 \\ 0 \end{bmatrix} \widetilde{G}。 \tag{15.49}$$

$\Delta$ 的特征根分别是 $-\lambda_1 = -0.064\,6$ 和 $\lambda_2 = 0.080\,5$。这些数字表明什么？回忆一下，$\lambda_1$ 表示经济中的调整速度——参见式（15.36）。利用第 14 章的逻辑，经济调整的一半时间是 $t_{1/2} \equiv (1/\lambda_1)\log 2 = 10.7$。例如，由于我们在季度基础上将利率和资本折旧率进行了校准，这个数据意味着，对于非跳跃的变量（资本存量），将在冲击后约 11 个季度中完成调整的一半。

在各种解析表达式（15.36）～式（15.44）中利用式（15.48）和式（15.49）的信息，我们得到不同变量的即时影响和长期影响的数值估计。这些结果总结在表 15—3 中。在冲击下存在严重的私人消费被公共消费挤出的现象。对于每一美元的额外政府消费，在受到冲击时私人消费减少 0.54 美元。由于代表性个体减少对闲暇的消费——向劳动力市场供给更多劳动时间——家庭的劳动收入增加。受到冲击时每一美元额外政府消费对应 0.57 美元额外投资（等于储蓄），因此产出乘数在受到冲击时超过了 1。现在我们看看变量受冲击时的情况。受到冲击时政府支出增加 1%将造成就业增加 0.3%和工资率减少 0.1%。同时，利率将上升 0.5%，即绝对量上升 0.008 2 个百分点，每季度从 1.587%上升到 1.595%。

在长期，利率、工资率［参见要素价格边界式（15.28）］和资本劳动比都回归到它们相应的初始均衡状态值。政府消费每增长 1%，资本存量增长 0.211%。在长期中净投资为零，因为初始投资资本比回归了。消费挤出现象依然存在，但是没有在受到冲击时加重且产出乘数比受到冲击时大。

总的来说，这一小节中的结果表明了，在代表性个体模型中，由于政府永久消费而产生巨大的产出乘数是可能的。但是，乘数背后的机制是比较古典的且产生于劳动力供给和资本间的动态相互作用（Baxter and King，1993，pp. 323 - 324）。总额税使人们变得更穷了，因此导致他们在受到冲击时和长期中都增加了劳动力供给。在长期中资本劳动比回归原有水平，因此资本存量也增加了。在短期，投资加速［见式（15.42）］解释了为什么公共消费会伴随投资热潮。

**表 15—3** **政府消费乘数**

| 变量 | 即时影响 | 长期影响 |
| --- | --- | --- |
| $\frac{dY}{dG}$ | 1.029 | 1.054 |

① 这里我们给出了实际量的估计并不是为了考验读者的耐心，而是为了便于复制并对相关的大小和规模有一定的了解。

| 变量 | 即时影响 | 长期影响 |
| --- | --- | --- |
| $\frac{dC}{dG}$ | −0.539 | −0.158 |
| $\frac{dI}{dG}$ | 0.568 | 0.212 |
| $\frac{dK}{K^*}\Big/\frac{dG}{G}$ | 0 | 0.211 |
| $\frac{dL}{L^*}\Big/\frac{dG}{G}$ | 0.309 | 0.211 |
| $\frac{dr}{r^*}\Big/\frac{dG}{G}$ | 0.518 | 0 |
| $\frac{dW}{W^*}\Big/\frac{dG}{G}$ | −0.103 | 0 |

### □ 15.4.2 暂时的财政政策

对于财政政策的一个重复出现的主题是暂时和永久政策之间的效果区别。例如，Baxter 和 King（1993，p. 315）利用数值方法研究财政政策冲击的持久性在多大程度上影响产出的冲击乘数。在这一小节中我们证明一个（未预期到的）暂时的财政支出冲击将如何影响经济。为了使问题简单，我们假设政府在 $t=0$ 时突然增加了消费水平且逐渐下降到初始水平：

$$\widetilde{G}(t)=\begin{cases}\widetilde{G}e^{-\xi_G t} & t\geq 0\\ 0 & t<0\end{cases}, \tag{15.50}$$

其中 $\xi_G>0$ 是政府消费回归到初始水平的指数速度。显然，根据式（15.50）可以得到 $\widetilde{G}(0)=\widetilde{G}>0$ 和 $\lim_{t\to\infty}\widetilde{G}(t)=0$，所以速度冲击是暂时的。

从式（15.31）来看，CE 线的冲击项没有变化［即 $\gamma_C(t)\equiv 0$，因为在这个模拟中总额税依然存在］，但是影响 CSE 线的冲击项变为

$$\gamma_K(t)\equiv y^*\omega_G\widetilde{G}(t)=-y^*\omega_G\widetilde{G}e^{-\xi_G t}。 \tag{15.51}$$

在受到冲击时，受到的冲击和之前的一样［由于 $\gamma_K(0)=-y^*\omega_G\widetilde{G}$］，但是会逐渐消失（$\lim_{t\to\infty}\gamma_K(t)=0$）。由于假设经济中的代表性个体知道政府的消费路径，他将根据这一点来调整自己的行为并最优地改变他的计划。注意，$\xi_G$ 刻画了冲击的持续期。例如，如果 $\xi_G\approx 0$，那么冲击持续很久且 $\gamma_K(t)$ 只是很缓慢地趋向于零。相反，如果 $\xi_G$ 较大，那么 $\gamma_K(t)$ 快速地随时间减少且冲击很短暂。对于不同的 $\xi_G$ 值，从 $\xi_G=0$（永久冲击）到 $\xi_G=0.5$（十分短暂的冲击），$\gamma_K(t)$ 的时间路径如图 15—4（a）所示。

利用本章附录中的方法，这个模型的完美预期解是

$$\begin{bmatrix}\widetilde{K}(t)\\ \widetilde{C}(t)\end{bmatrix}=\begin{bmatrix}0\\ \widetilde{C}(0)\end{bmatrix}e^{-\lambda_1 t}-\begin{bmatrix}\xi_G-(\rho+\delta)(\phi-1)\\ (\rho+\delta)[1-\phi(1-\varepsilon_L)]\end{bmatrix}\times T(\xi_G,\lambda_1,t)\left(\frac{y^*\omega_G\widetilde{G}}{\lambda_2+\xi_G}\right), \tag{15.52}$$

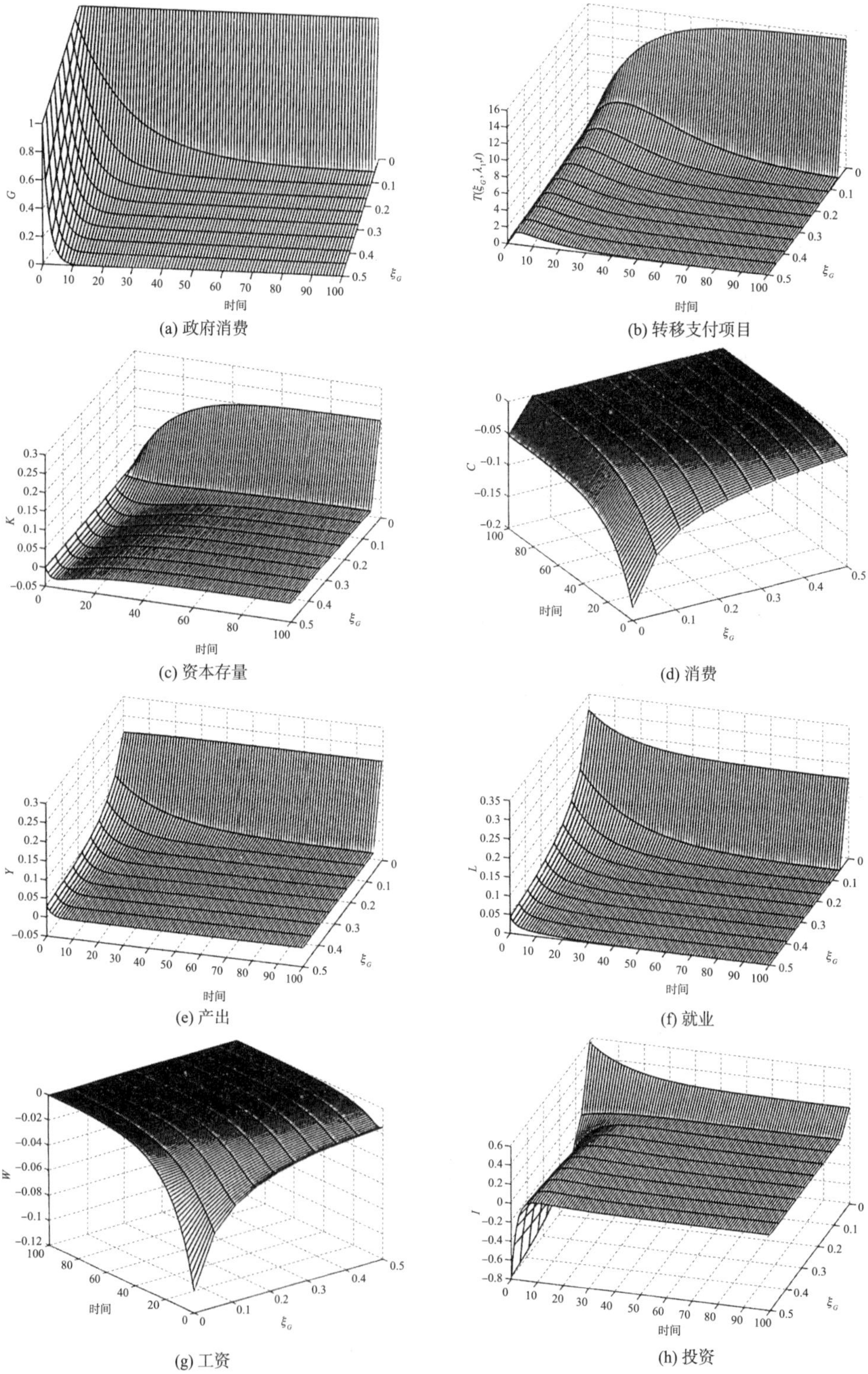

(a) 政府消费
(b) 转移支付项目
(c) 资本存量
(d) 消费
(e) 产出
(f) 就业
(g) 工资
(h) 投资

**图 15—4　暂时财政政策**

其中，对消费的即时影响 $\widetilde{C}(0)$ 是

$$\widetilde{C}(0)=-\frac{\lambda_2+(\rho+\delta)(\phi-1)}{\omega_C+\phi-1}\frac{\omega_G\widetilde{G}}{\lambda_2+\xi_G}<0, \tag{15.53}$$

其中，$T(\zeta_G, \lambda_1, t)$ 是暂时过渡项，定义如下：

$$T(\xi_G,\lambda_1,t)\equiv\begin{cases}\dfrac{e^{-\lambda_1 t}-e^{-\xi_G t}}{\xi_G-\lambda_1} & \xi_G\neq\lambda_1\\ te^{-\lambda_1 t} & \xi_G=\lambda_1\end{cases}。 \tag{15.54}$$

在研究消费和资本存量的解［在式（15.52）和式（15.53）中给出］的经济含义之前，首先考察一下暂时过渡项 $T(\xi_G, \lambda_1, t)$ 的形状是有益的。在图 15—4（b）中我们给出了不同的 $\xi_G$ 所对应的该项的形状。在图中，经济的调整速度被设定为校准默认的值，即$\lambda_1=0.0646$［见式（15.49）下方的等式］。

我们从图 15—4（b）中观察到，给定 $\xi_G$ 是严格大于零的，过渡项是时间的非负钟形函数。并且，这个项在冲击发生的时刻（$t=0$）和长期中（$t\to\infty$）都是等于零的。$\xi_G$ 的值越小，过渡项达到顶点的时间越短且降低到零的时间越长。在取有限值的情况下，当 $\xi_G=0$ 时，冲击是永久的，此时，过渡项与 $A(\lambda_1, t)\equiv 1-e^{-\lambda_1 t}$ 成比例。因此，对于$\xi_G=0$，过渡函数不是钟形的——参见图 15—4（b）的最后边。

我们下面研究暂时公共支出冲击对宏观经济的影响背后的直观意义。我们的目的是建立包含在图 15—4 中的脉冲响应相图以及式（15.52）及式（15.53）中给出的解析解之间的关系。首先，我们考虑图 15—5 中的相图。

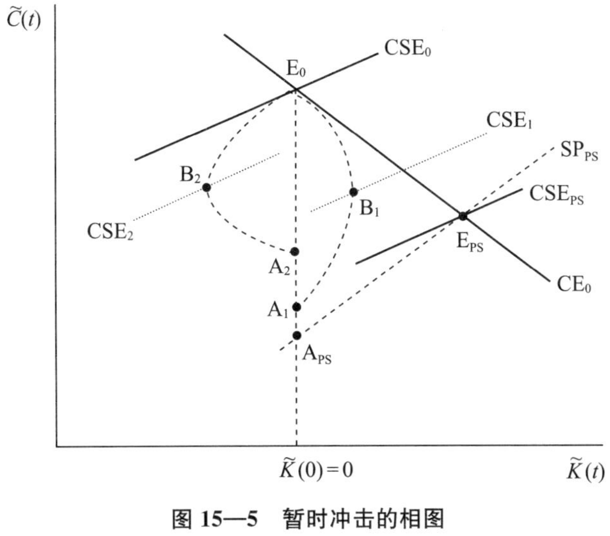


**图 15—5　暂时冲击的相图**

在图 15—5 中，$CSE_0$ 和 $CE_0$ 分别是初始资本存量均衡和初始消费均衡曲线，$E_0$ 是初始均衡点。永久冲击的效应（这在图 15—3 中也进行过讨论）将 CSE 移动到 $CSE_{PS}$。经济通过从 $E_0$ 跳到 $A_{PS}$ 来应对冲击，然后逐渐沿着鞍路径 $SP_{PS}$ 从 $A_{PS}$ 移动到 $E_{PS}$。

接下来考虑暂时冲击下调整路径的形状。比较式（15.37）和式（15.53）我们可以得到，永久冲击比暂时冲击会造成消费减少得更多。在图 15—5 中这意味着对于暂时冲击，经济在连接 $E_0$ 和 $A_{PS}$的垂直虚线上的某个地方跳跃。为了了解冲击持久性的定性影响，我们考虑 $\xi_G$ 的两个值 $\xi_G^1$ 和 $\xi_G^2$，且我们假设 $\xi_G^1<\xi_G^2$，即 $\xi_G$ 取 $\xi_G^1$ 时冲击更持久。与这两个 $\xi_G$ 值有关的消费跳跃在图 15—5 中分别用 $A_1$ 和 $A_2$ 表示。

不论冲击持久程度如何，消费都下降。额外的总额税使得代表性个体更穷，因此他减少了产品的消费和闲暇。冲击越持久，这种负面的人力财富影响越大。接下来我们考虑代表性个体将增加还是减少资产的积累来面对冲击。图中和图外都没有提供一个明确的答案，因为它没有清楚地展示经济跳到哪个区域。这就需要借助于解析解来进行分析了。

从式（15.52）中的第一个表达式我们得到冲击对净投资的影响为①

$$\dot{\widetilde{K}}(0)=[(\rho+\delta)(\phi-1)-\xi_G]\cdot\frac{y^*\omega_G\widetilde{G}}{\lambda_2+\xi_G}。\tag{15.55}$$

对净投资的即时影响取决于两个反方向作用的机制，称作劳动供给机制（$\phi$ 是参数）和冲击持久性机制（$\xi_G$ 为参数）。如果冲击是持续的 [$\xi_G^1<(\rho+\delta)(\phi-1)$]，劳动供给机制占主导地位。那么在式（15.55）右边方括号中的项是正的且净投资在受到冲击时增加 [$\dot{\widetilde{K}}(0)>0$]。直观上，由于消费的减少和产出的急剧增加（由于劳动力供给增加的热潮），政府消费的增加没有挤出私人投资。因此，对于 $\xi_G^1<(\rho+\delta)(\phi-1)$，冲击的过渡路径是向上倾斜的——参见图 15—5 中从点 $A_1$ 开始的虚线。现在我们将用这个相图来刻画过渡路径。随着时间的推移，资本存量均衡的位置开始向 $CSE_0$ 回归。在过渡期的前期，这条均衡轨迹向右上方延伸，例如图 15—5 中的 $A_1$ 到 $B_1$。当均衡轨迹与相关的资本存量均衡线（$CSE_1$）相交时，净资本积累停止，即轨道在点 $B_1$ 是垂直的。此后，经济沿着从 $B_1$ 到 $E_0$ 的轨迹回归原来的均衡。

如果冲击十分短暂 [$\xi_G^2>(\rho+\delta)(\phi-1)$]，那么持久性机制占主导地位，式（15.55）右边方括号中的项是负的且净投资在受到冲击时减少（$\dot{\widetilde{K}}(0)<0$）。在这种情况下，经济在受到冲击时从 $E_0$ 向 $A_2$ 跳转，然后它逐渐从 $A_2$ 经过 $B_2$ 向初始均衡 $E_0$ 移动。对应于 $\xi_G$ 值的一个范围，资本存量和消费在时间域上的过渡路径如图 15—4（c）所示。从相图（图 15—5）和时间域图［图 15—4（d）］中都可以明显地看出消费的调整是单调的。

就业、工资、产出和利率的调整路径可以通过将式（15.52）和式（15.53）中给出的消费和资本存量的解代入半简化型表达式（15.22）～式（15.24）和式（15.27）得到。用类似的做法，总私人投资的调整路径可以通过利用式（T2.6）并

① 该表达式是通过将式（15.52）中的第一个表达式对时间求微分并注意到对 $t=0$ 有 $dT(\xi_G, \lambda_1, t)/dt=1$ 得到的。

注意到式（15.50）得出。在图 15—4 的（c）～（h）中我们分别展示了资本存量、消费、产出、就业、工资和全部私人投资的路径。产出在受到冲击时发生跳跃，然后单调地回落到初始水平。冲击越短暂，产出的过渡越快。当冲击持久性较高（较低）时，总投资向上（向下）跳跃，然后单调地回到初始水平。比较图 15—4 中的（a）和（e），我们发现产出和支出冲击本身很像，模型几乎没有内部传导（Cogley and Nason，1995）。我们将在下面回到单位弹性模型（和其他类似的 RBC 模型）这一有问题的性质。

我们以对 Baxter 和 King（1993）所指定的四大经典财政政策实验之一的政策持久性和即时影响大小之间的关系的简单介绍作为这一节的总结。通过使用式（15.24）和式（15.53）并注意到资本在受到冲击时是前定的 $[\tilde{K}(0)=0]$，我们发现在受到冲击时，政府消费的永久增加的产出乘数和暂时增加的产出乘数之间存在简单的关系：

$$\left[\frac{dY(0)}{dG}\right]_{\xi_G>0}=\frac{\rho+\lambda_1}{\rho+\lambda_1+\xi_G}\cdot\left[\frac{dY(0)}{dG}\right]_{\xi_G=0}>0, \tag{15.56}$$

其中，$[dY(0)/dG]_{\xi_G=0}$在式（15.41）中给出。从式（15.56）得出政府支出冲击的持久性越弱，即 $\xi_G$ 越高，冲击乘数就越小。我们因此在解析上确认了 Baxter 和 King（1993，p. 326）在数值模拟基础上得出的结论。[①] 同时注意到一次暂时冲击的影响越接近一次永久性的冲击，在经济中的调整速度也越快，即 $\lambda_1$ 越大。

## 15.5 卢卡斯研究项目



20 世纪 70 年代的理性预期革命（见第 3 章）在方法论上有着持久而卓著的贡献。从 20 世纪 50 年代到 60 年代宏观经济学家都在钻研着宏大的模型建筑工程，他们用计量方法估计 IS - LM 模型和它的改进模型。这些宏观计量模型在公共和私人领域都很流行，因为它们可以用来预测和模拟。可是 20 世纪 70 年代出现了两种批判的观点，它们大大减少了这些模型的流行性。第一，当时使用的宏观计量模型大多对供给方的描述不够详细，因此无法被用来预测现实中各种石油价格冲击的影响。当然，这个批评不是致命性的，因为宏观计量模型就本身而言（实际上已经）可以通过重新具体化来处理影响经济供给方的冲击。

第二个更为致命的批判是由 Lucas（1976）提出的。卢卡斯批判在前面已经讨论过，读者可参见第 3 章。简单地说，它指出当时的宏观计量模型没有以一个一致的最优化设定为基础，所以不是结构性的，不能用于政策评价。究其原因，可以发现模型中的估计参数混合了结构的和政策的参数，而这些参数在不同政策制度下是不

① 在 Hall（1980）和 Barro（1981）的传统分析中得出了完全相反的结论，即暂时性支出冲击比永久影响更大。这种分歧的原因是这些论文不允许存在资本积累。参见 Baxter 和 King（1993，p. 326）。

同的（这个论点的简单例子可见第 3 章）。为了避免这种缺陷，Lucas（1980，1987）强烈要求宏观经济学家应该建立结构模型，即以经济中各种代表性个体的最优化行为为基础的模型。为了做到这一点他提出了一系列理论，这就是最近 Christiano、Eichenbaum 和 Evans（1999）所称的卢卡斯研究项目（Lucas research programme）。

正如 Lucas（1980，pp. 696－697）所提出的，从必要性上来看，阐述良好的结构模型是不现实和不自然的。它们应该被检验是否为“真实的有用模仿，将它们限制在我们已经差不多知道的真实经济对冲击的反应下。如果对简单的问题，模型能更好地模拟实际经济给出的答案，那么对更难的问题，我们就更能相信它给出的答案”。他接着说：

> 关于经济理论本质的总的观点是，一个“理论”不是关于真实经济行为的一系列假设，而是一个明确的关于建造平行的或者类似系统的指导——一个细节上的、模拟的经济。从这个观点来看，一个“好的”模型并不一定比不好的模型更“真实”，但是会模拟得更好（1980，p. 697）。

在一篇开创性的论文中，Kydland 和 Prescott（1982）接受了卢卡斯和他的同事提出的挑战，他们构建了一个技术受随机冲击影响的、代表性个体尽可能地最大化效用的全面的结构模型。他们的模型可以被视为实际经济周期（RBC）研究项目的起点［也可见 Prescott（1986）］。在试验环节他们问自己如下问题：使用一个校准过的、与微观观察不相违背的参数估计模型，对生产率的冲击是否可以解释真实经济中的波动（Kydland and Prescott，1982，p. 1359）？模型的运行不是通过一点一滴地凭经验估计它的等式和测试它可能的限制。实际上，正如 Kydland 和 Prescott（1982，p. 1360）所指出的，模型可能由于测量问题或它的抽象性而在统计上被拒绝。实际上，对模型的测试可以通过比较模型得出统计的经济波动结果来进行。“理论无法模仿战后美国经济行为的这些静态统计……这成为拒绝它的基础。”

本节的目的在于证明在哪个程度上 RBC 模型可以成功地通过 Kydland 和 Prescott（1982）提出的检验。由于基德兰德-普雷斯科特模型比较复杂，我们从基于 Prescott（1986）的模型开始我们的评价。证据表明即使是这个相对简单的模型也惊人地模拟了美国经济的波动。在本节的结尾我们将展示这个简单模型的一些缺点并考察它的一些修正与拓展。[①]

### □ 15.5.1　单位弹性 RBC 模型

在 15.2 节中构建的模型可以被视为 RBC 模型的雏形。将这个模型转化为常用的 RBC 模型，我们必须重新将它用离散时间公式标出、引入随机技术冲击并对模型的对数线性版本求出理性预期解。

在 RBC 早期文献中，多数关注的是没有扭曲（像税率、无用的政府消费等）或

① 我们对 RBC 方法的讨论远不是完全的。感兴趣的读者可以参见 Plosser（1989）、Danthine 和 Donaldson（1993）、Stadler（1994）、Cooley（1995）、King 和 Rebelo（1999）以及 Rebelo（2005）关于文献的更多扩展考察。

者没有外部性（像拥挤、污染等）的竞争模型。如 Prescott（1986，p.271）所指出的，使用这种模型的好处是竞争性均衡是帕累托最优和唯一的。在求解时，可以利用分散市场结果和社会计划问题的等同性，处理后一个（较为简单的）问题而不是前一个（较难的）问题。这里我们不使用这种做法，因为这与全书中使用的理论框架之间的联系不大。因此，我们需要先介绍分散市场。[这样做的另一个好处是，一些扭曲（例如税收）可以简单地纳入模型并进行分析。]

### 15.5.1.1 分散市场

基本步骤如下。代表性厂商是完全竞争的，并从家庭部门雇用资本 $K_\tau$ 和劳动 $L_\tau$ 来生产同质产出 $Y_\tau$。生产函数对资本和劳动是一阶齐次的并表现出单位替代弹性：

$$Y_\tau = F(Z_\tau, K_\tau, L_\tau) \equiv Z_\tau L_\tau^{\varepsilon_L} K_\tau^{1-\varepsilon_L}, \quad 0 < \varepsilon_L < 1, \tag{15.57}$$

其中，$Z_\tau$ 是在 $\tau$ 时刻的总技术水平，厂商在进行产出决策时它是一个已知变量。因此，厂商面对的最大化利润的静态决策问题是：$\Pi_\tau \equiv F(K_\tau, L_\tau) - w_\tau L_\tau - R_\tau^K K_\tau$，这里 $w_\tau$ 是工资率，$R_\tau^K$ 是资本的租金。一阶条件是

$$F_L(Z_\tau, K_\tau, L_\tau) = w_\tau, \quad F_K(Z_\tau, K_\tau, L_\tau) = R_\tau^K, \tag{15.58}$$

且生产函数的一阶齐次性保证了利润为零（$\Pi_\tau = 0$）。

由于存在许多消费者—投资者家庭，单个家庭可以看作是无限小的，它在所有市场中均是价格接受者。通过将人口大小标准化为 1，我们可以在一个代表性个体的基础上建立模型。代表性家庭是无限生存的且有一个基于预期终生效用的目标函数。记计划时期为 $t$，预期终生效用 $E_t\Lambda_t$ 为

$$E_t\Lambda_t \equiv E_t \sum_{\tau=t}^{\infty} \left(\frac{1}{1+\rho}\right)^{\tau-t} [\varepsilon_C \ln C_\tau + (1-\varepsilon_C)\ln[1-L_\tau]], \tag{15.59}$$

其中，$E_t$ 是（条件）期望算符，$C_\tau$ 和 $1-L_\tau$ 分别是在时期 $\tau$ 的消费和闲暇，$1/(1+\rho)$ 是基于时间偏好的贴现因子。式（15.59）是不确定性存在时调整后的式（15.1）和式（15.2）的离散时间形式（令 $\sigma_L = 1$）。期望算子 $E_t$ 的下标体现了家庭做决策时在 $t$ 时刻可以得到的信息。

家庭从厂商那里得到工资和租金，向政府支付总额税，使用税后收入进行消费和投资。离散时间（$\tau = t, t+1, t+2, \cdots$）中的预算等式为

$$C_\tau + I_\tau = w_\tau L_\tau + R_\tau^K K_\tau - T_\tau, \tag{15.60}$$

其中，$I_\tau$ 是总投资。下一个时期的资本存量等于总投资加上现有资本存量中没有折旧的部分：

$$K_{\tau+1} = I_\tau + (1-\delta)K_\tau, \tag{15.61}$$

其中，$0 < \delta < 1$。式（15.61）是式（15.13）的离散时间形式。在计划时期，家庭知道 $w_t$ 和 $R_t^K$，但是未来的劳动和资本的租金是随机变量，因为未来存在技术冲击[参见式（15.58）和下文]。在式（15.60）和式（15.61）的约束下并将初始资本存

量 $K_t$ 视为给定的，家庭可以在资本市场上自由地借贷并选择消费、劳动力供给、投资和资本序列 $\{C_\tau, L_\tau, I_\tau, K_{\tau+1}\}_t^\infty$ 来最大化期望效用。

我们根据 Chow（1997），利用本书通用的拉格朗日方法解决这个问题。拉格朗日表达式为

$$\mathcal{L}_t^H \equiv E_t \sum_{\tau=t}^{\infty} \left(\frac{1}{1+\rho}\right)^{\tau-t} \Big[\varepsilon_C \ln C_\tau + (1-\varepsilon_C)\ln[1-L_\tau] \tag{15.62}$$

$$-\lambda_\tau \left[K_{\tau+1} - w_\tau + T_\tau - (R_\tau^K + 1 - \delta) K_\tau + C_\tau + w_\tau [1-L_\tau]\right]\Big],$$

其中，$\lambda_\tau$ 是时期 $\tau$ 的预算等式的拉格朗日乘子。这个问题的一阶条件（对于 $\tau=t$, $t+1, t+2$, …）为

$$\frac{\partial \mathcal{L}_t^H}{\partial C_\tau} = \left(\frac{1}{1+\rho}\right)^{\tau-t} E_t\left[\frac{\varepsilon_C}{C_\tau} - \lambda_\tau\right] = 0, \tag{15.63}$$

$$\frac{\partial \mathcal{L}_t^H}{\partial [1-L_\tau]} = \left(\frac{1}{1+\rho}\right)^{\tau-t} E_t\left[\frac{1-\varepsilon_C}{1-L_\tau} - \lambda_\tau w_\tau\right] = 0, \tag{15.64}$$

$$\frac{\partial \mathcal{L}_t^H}{\partial K_{\tau+1}} = \left(\frac{1}{1+\rho}\right)^{\tau-t} E_t\left[-\lambda_\tau + \left(\frac{R_{\tau+1}^K + 1 - \delta}{1+\rho}\right)\lambda_{\tau+1}\right] = 0。 \tag{15.65}$$

对于计划时期（$\tau=t$），这些一阶条件可以综合起来给出一个静态等式和一个动态等式（添加一个定义）：

$$w_t = \frac{(1-\varepsilon_C)/[1-L_t]}{\varepsilon_C / C_t}, \tag{15.66}$$

$$\frac{\varepsilon_C}{C_t} = E_t\left[\frac{1+r_{t+1}}{1+\rho} \cdot \frac{\varepsilon_C}{C_{t+1}}\right], \tag{15.67}$$

$$r_{t+1} \equiv R_{t+1}^K - \delta。 \tag{15.68}$$

式（15.66）是通过联立 $t$ 时期的式（15.63）和式（15.64）得到的，它成立的条件是我们十分熟悉的，即工资率与消费和闲暇之间的边际替代率相等。注意，在这个表达式中没有期望算子。正如 Mankiw、Rotemberg 和 Summers（1985，p. 231）所解释的，这只是因为式（15.66）是完全静态的条件，家庭知道在时间 $t$ 的工资率，然后简单地选择相对应的最优消费闲暇组合。

式（15.67）是通过如下过程得到的。首先，我们将 $t$ 时期式（15.65）代入式（15.68）得到：

$$\lambda_t = E_t\left[\frac{1+r_{t+1}}{1+\rho} \cdot \lambda_{\tau+1}\right]。 \tag{15.69}$$

接下来，我们两次使用式（15.63）（$t$ 时期和 $t+1$ 时期），代入式（15.69）得到 $\lambda_t$ 和 $\lambda_{t+1}$。式（15.67）是离散时间消费的欧拉方程。直观上，式（15.67）表明，在最优路径上的代表性家庭不能通过在时期 $t$ 少消费多投资以使在 $t+1$时期能够消费

额外的资源来改变他/她的终生期望效用。式（15.67）等号左边和右边分别表示放弃当前消费的（边际）效用成本和未来消费的期望效用所得（Mankiw，Rotemberg and Summers，1985，p. 231）。

模型的剩余部分是相当标准的。假设政府通过总额税为政府消费集资，即 $G_\tau = T_\tau$。最后，每个时期的产品市场的出清条件为 $Y_\tau = C_\tau + I_\tau + G_\tau$。最后两个表达式分别是式（15.16）和式（15.15）的离散时间形式。

#### 15.5.1.2 对数线性模型

模型的构成如下：资本积累等式（15.61）、消费的欧拉方程（15.67）、要素需求等式（15.58）、实际利率定义式（15.68）、劳动力供给等式（15.66）、生产函数（15.57）和产品市场出清条件及政府预算约束。

我们用 Campbell（1994）的方法来寻找对数线性模型的解析解。这种方法的好处在于它允许我们直接研究模拟结果背后的经济机制。对数线性模型总结在表 15—4 中。和以前一样，我们在稳态附近建立对数线性模型并使用记号 $\tilde{x}_t \equiv \ln[x_t/x^*]$，这里 $x^*$ 是 $x_t$ 的稳态值。

**表 15—4　　对数线性化的随机模型**

$$\tilde{K}_{t+1} - \tilde{K}_t = \delta[\tilde{I}_t - \tilde{K}_t] \tag{T4.1}$$

$$E_t\tilde{C}_{t+1} - \tilde{C}_t = \frac{\rho}{1+\rho}E_t\tilde{r}_{t+1} \tag{T4.2}$$

$$\tilde{G}_t = \tilde{T}_t \tag{T4.3}$$

$$\tilde{w}_t = \tilde{Y}_t - \tilde{L}_t \tag{T4.4}$$

$$\rho\tilde{r}_t = (\rho+\delta)[\tilde{Y}_t - \tilde{K}_t] \tag{T4.5}$$

$$\tilde{Y}_t = \omega_C\tilde{C}_t + \omega_I\tilde{I}_t + \omega_G\tilde{G}_t \tag{T4.6}$$

$$\tilde{L}_t = \omega_{LL}[\tilde{W}_t - \tilde{C}_t] \tag{T4.7}$$

$$\tilde{Y}_t = \tilde{Z}_t + \varepsilon_L\tilde{L}_t + (1-\varepsilon_L)\tilde{K}_t \tag{T4.8}$$

注：$\omega_G \equiv G/Y^*$：公共消费占产出的比例；$\omega_C \equiv (C/Y)^*$：私人消费占产出的比例；$\omega_I \equiv (I/Y)^*$：投资占产出的比例，$\omega_C + \omega_I + \omega_G = 1$，$\delta/\omega_I = y^* \equiv (\rho+\delta)/(1-\varepsilon_L)$；$\omega_{LL} \equiv (1-L^*)/L^*$：闲暇与劳动之比。$\tilde{x}_t \equiv \ln[x_t/x^*]$。“*”号代表稳态值。

比较表 15—4 的离散时间模型和表 15—2 的连续时间模型，可以看出两个模型之间有紧密的联系。除技术项出现在了式（T4.8）中但是没有出现在式（T2.8）中之外，唯一显著的区别就是消费的欧拉方程。在连续时间模型中个体有完美预期，因此实际消费增长 $\dot{\tilde{C}}(t)$ 出现在了欧拉方程中。相反，在离散时间模型中代表性家庭不知道未来的利率（$\tilde{r}_{t+1}$），因为未来的总技术（$\tilde{Z}_{t+1}$）是随机的。因此，在欧拉方程（T4.2）中出现了期望算子。

从水平值（15.67）到对数线性欧拉方程（T4.2）的推导并不是很直观的，因此值得进行更多的介绍。首先我们注意到式（15.67）可以写为

$$1=E_t\left[\frac{1+r_{t+1}}{1+\rho}\cdot\frac{C_t}{C_{t+1}}\right]。\tag{15.70}$$

从定义我们有 $(1+r_{t+1})/(1+\rho)=\exp[\widetilde{1+r_{t+1}}]$，$C_t/C^*=e^{\widetilde{C}_t}$ 和 $C_{t+1}/C^*=e^{\widetilde{C}_{t+1}}$，我们可以在几步中把式（15.70）改写为

$$1=E_t\left[e^{\widetilde{(1+r_{t+1})}+\widetilde{C}_t-\widetilde{C}_{t+1}}\right]$$

$$=E_t[1+(\widetilde{1+r_{t+1}})+1+\widetilde{C}_t-1-\widetilde{C}_{t+1}],$$

$$0=E_t\left[\frac{\rho}{1+\rho}\tilde{r}_{t+1}+\widetilde{C}_t-\widetilde{C}_{t+1}\right]。\tag{15.71}$$

从第一行到第二行，我们利用了 $e^{\tilde{x}_t}\approx 1+\tilde{x}_t$ 这个近似，从第二行到第三行我们将 $\widetilde{1+r_{t+1}}$ 和 $\tilde{r}_{t+1}$ 联系了起来。①

与 15.4.1 节中确定性连续时间模型类似，表 15—4 的随机离散时间模型也可以通过先将它化简来解。这个步骤产生了一个关于关键动态变量 $\widetilde{K}_t$ 和 $\widetilde{C}_t$ 的随机差分方程组。其中，$\widetilde{K}_t$ 是前定变量，而 $\widetilde{C}_t$ 则是一个跳跃变量。

联立劳动力需求方程（T4.4）、劳动力供给方程（T4.7）和生产函数（T4.8），我们基于 $\widetilde{K}_t$、$\widetilde{C}_t$ 和目前的总生产率 $\widetilde{Z}_t$ 求出就业 $\widetilde{L}_t$、工资 $\widetilde{w}_t$ 和产出 $\widetilde{Y}_t$ 的均衡水平：

$$\varepsilon_L\widetilde{L}_t=(\phi-1)[\widetilde{Z}_t+(1-\varepsilon_L)\widetilde{K}_t-\widetilde{C}_t],\tag{15.72}$$

$$\varepsilon_L\widetilde{w}_t=[1-\phi(1-\varepsilon_L)][\widetilde{Z}_t+(1-\varepsilon_L)\widetilde{K}_t]+(\phi-1)(1-\varepsilon_L)\widetilde{C}_t,\tag{15.73}$$

$$\widetilde{Y}_t=\phi[\widetilde{Z}_t+(1-\varepsilon_L)\widetilde{K}_t]-(\phi-1)\widetilde{C}_t,\tag{15.74}$$

其中，$\phi$ 在上面的式（15.25）中被定义了。当消费和资本条件不变时，在平均水平以上的生产率（$\widetilde{Z}_t>0$）意味着劳动力供给高于平均水平。因此，就业、工资和产出也都比平均水平高。

通过在式（T4.6）和式（T4.5）中分别使用式（15.74），我们得到了关于投资 $\tilde{I}_t$ 和利率 $\tilde{r}_t$ 的相关表达式：

$$\omega_I\tilde{I}_t=\phi(1-\varepsilon_L)\widetilde{K}_t-(\omega_C+\phi-1)\widetilde{C}_t+\phi\widetilde{Z}_t-\omega_G\widetilde{G}_t,\tag{15.75}$$

$$\frac{\rho}{\rho+\delta}\tilde{r}_t=-[1-\phi(1-\varepsilon_L)]\widetilde{K}_t-(\phi-1)\widetilde{C}_t+\phi\widetilde{Z}_t。\tag{15.76}$$

---

① 另一个由 Campbell（1994，p. 469）和 Uhlig（1999，p. 33）提到的推导是由 Hansen 和 Singleton（1983，p. 253）推出的［也可参见 Attanasio（1999，p. 768）］。在 $C_{t+1}/C_t$ 和 $1+r_{t+1}$ 服从有一个固定方差—协方差矩阵的联合对数正态分布的假设下，式（15.69）可以写为

$$E_t\ln(1+r_{t+1})=E_t\ln[C_{t+1}/C_t]+\ln(1+\rho)-\frac{\sigma^2}{2},$$

其中，$\sigma^2$ 是 $\ln[(C_t/C_{t+1})(1+r_{t+1})]$ 的（不变的）方差。$\sigma^2$ 项后来被 Campbell（1994）和 Uhlig（1999）忽略了。

总生产率正向影响投资和利率，因为在其他条件不变的情形下，如果$\widetilde{Z}_t>0$，产出和资本生产率都比平均水平高。通过将式（15.76）向后推一期并取期望我们得到以下表达式：

$$\frac{\rho}{\rho+\delta}E_t\tilde{r}_{t+1}=-[1-\phi(1-\varepsilon_L)]\widetilde{K}_{t+1}-(\phi-1)E_t\widetilde{C}_{t+1}+\phi E_t\widetilde{Z}_{t+1}。\tag{15.77}$$

由于投资在时期$t$是已知的，家庭清楚地知道下一期的资本存量为多少。因此，实际的未来资本存量（$\widetilde{K}_{t+1}$）出现在了式（15.77）中。另外，家庭必须对下一时期的总生产率水平（$E_t\widetilde{Z}_{t+1}$）和劳动力供给形成预期。因此，式（15.77）中包含$E_t\widetilde{C}_{t+1}$这一项。

最后，在式（T4.1）中使用式（15.75）以及在式（T4.2）中使用式（15.77），我们得到以下（集约的）随机差分方程的动态系统：

$$\begin{bmatrix}\widetilde{K}_{t+1}-\widetilde{K}_t\\E_t\widetilde{C}_{t+1}-\widetilde{C}_t\end{bmatrix}=\Delta\begin{bmatrix}\widetilde{K}_t\\\widetilde{C}_t\end{bmatrix}+\begin{bmatrix}\gamma_{Kt}\\\gamma_{Ct}\end{bmatrix},\tag{15.78}$$

其中，$\Delta\equiv\Theta^{-1}\Delta^*$是雅可比矩阵，$\Delta^*$和$\Theta$分别被定义为

$$\Delta^*\equiv\begin{bmatrix}y^*(\phi(1-\varepsilon_L)-\omega_I) & -y^*(\omega_C+\phi-1)\\-\zeta[1-\phi(1-\varepsilon_L)] & -\zeta(\phi-1)\end{bmatrix},\quad\Theta\equiv\begin{bmatrix}1 & 0\\\theta_{21} & 1\end{bmatrix},\tag{15.79}$$

且

$$0<\theta_{21}\equiv\zeta[1-\phi(1-\varepsilon_L)]<1,\quad 0<\zeta\equiv\frac{\rho+\delta}{1-\delta+\phi(\rho+\delta)}<1,\tag{15.80}$$

$\gamma_{Kt}$和$\gamma_{Ct}$是时变的冲击项：

$$\begin{bmatrix}\gamma_{Kt}\\\gamma_{Ct}\end{bmatrix}\equiv\Theta^{-1}\cdot\begin{bmatrix}y^*(\phi\widetilde{Z}_t-\omega_G\widetilde{G}_t)\\\phi\zeta E_t\widetilde{Z}_{t+1}\end{bmatrix}。\tag{15.81}$$

式（15.78）定义的动态系统有以下几点值得注意。首先我们注意到$\Delta$和$\Delta^*$的行列式是一样的。① 可以很直观地证明$|\Delta|$等于：

$$|\Delta|=|\Delta^*|=-\zeta y^*[\omega_G(\phi-1)+\phi\omega_C\varepsilon_L]<0。\tag{15.82}$$

其次，由于行列式等于特征根的乘积，从式（15.82）可知式（15.78）的系统有一个负的特征根，记为$-\lambda_1<0$，以及一个正的特征根，记为$\lambda_2>0$。另外，如果问题

① 分别记$\Delta$和$\Delta^*$的典型元素为$\delta_{ij}$和$\delta_{ij}^*$，我们得到：

$$\Delta\equiv\Theta^{-1}\Delta^*=\begin{bmatrix}\delta_{11}^* & \delta_{12}^*\\\delta_{21}^*-\gamma_{21}\delta_{11}^* & \delta_{22}^*-\gamma_{21}\delta_{12}^*\end{bmatrix}。$$

从矩阵代数我们知道从一行中减去另一行的倍数行列式不会变化，所以有$|\Delta|=|\Delta^*|$。参见数学附录 A.2.4 节。

的参数使得 $\lambda_1<1$，那么系统是鞍点稳定的。[①]

#### 15.5.1.3 冲击过程

当外生变量 $\widetilde{Z}_t$ 和 $\widetilde{G}_t$ 给定后，我们就完成了对单位弹性 RBC 模型的描述。为了使事情简单，我们假设政府消费是不变的，因此，对于所有 $t$ 有 $\widetilde{G}_t=0$ 且技术冲击有以下一阶自回归形式：

$$\ln Z_t=\alpha_Z+\xi_Z\ln Z_{t-1}+\eta_t,\quad 0\leqslant\xi_Z\leqslant 1, \tag{15.83}$$

其中，$\alpha_Z$ 是常数，$\xi_Z$ 是自回归参数，$\eta_t$ 是随机冲击项。参数 $\xi_Z$ 将生产率项的持续性参数化了——$\xi_Z$ 越接近 1，持续性越强。假设随机冲击项 $\eta_t$ 是独立同分布的，均值为 0，方差为 $\sigma_\eta^2$。在没有随机冲击的时候，技术会稳定在稳态，$(1-\xi_Z)\ln Z^*=\alpha_Z$。由于我们定义 $\widetilde{Z}_t\equiv\ln[Z_t/Z^*]$，式（15.83）可以改写为以下形式：

$$\widetilde{Z}_t=\xi_Z\widetilde{Z}_{t-1}+\eta_t。 \tag{15.84}$$

回忆一下，在 $t$ 时刻个体必须形成对下一个时期技术的预期（$E_t\widetilde{Z}_{t+1}$），以使他们能够预测欧拉方程中的利率［$E_t\tilde{r}_{t+1}$，见式（15.77）］。由于个体了解技术的冲击过程［在式（15.84）中给出］，他们会利用该信息来计算预期，即他们会在预期 $E_t\widetilde{Z}_{t+1}=\xi_Z\widetilde{Z}_t$ 的基础上进行决策（由于 $E_t\eta_{t+1}=0$ 是他们最多能做到的）。

现在模型已经完全具体化了，简单地说，它包含式（15.78）、式（15.81）和式（15.84）。求模型的理性预期解有几种方法。例如，Campbell（1994，pp. 470－472）用待定系数法。概括地说，这种方法的逻辑如下。首先，我们猜测一个用状态变量（$\widetilde{K}_t$，$\widetilde{Z}_t$）和未知参数（$\pi_{ck}$，$\pi_{cz}$）表示的消费的解，形式为 $\widetilde{C}_t=\pi_{ck}\widetilde{K}_t+\pi_{cz}\widetilde{Z}_t$。接下来，我们使用模型中的所有结构信息和理性预期的假设，从而将未知系数和模型的结构参数联系起来。另一个方法是由 Blanchard 和 Kahn（1980）提出的，例子参见 Uhlig（1999，pp. 54－56）。

### □ 15.5.2 脉冲响应函数

在本章的附录 B 中我们根据 Campbell（1994）的方法将模型的一般理性预期解用状态变量表示出来了。这里，我们直接关心不同变量的脉冲响应函数。这么做有

① 因此验证鞍点稳定性在离散时间设定下比在连续时间设定下更复杂。在连续时间情形下，唯一需要做的就是验证特征根的符号。相反，在离散时间情形下，特征根的大小也有关系，必须验证它们在单位圆外还是单位圆内。注意，式（15.78）通常写为

$$\begin{bmatrix}\widetilde{K}_{t+1}\\ E_t\widetilde{C}_{t+1}\end{bmatrix}=\bar{\Delta}\begin{bmatrix}\widetilde{K}_t\\ \widetilde{C}_t\end{bmatrix}+\begin{bmatrix}\gamma_{Kt}\\ \gamma_{Ct}\end{bmatrix},$$

其中，$\bar{\Delta}\equiv I+\Delta$ 有特征根 $\bar{\lambda}_1\equiv 1-\lambda_1$ 和 $\bar{\lambda}_2\equiv 1+\lambda_2$。一个稳定（不稳定）的特征根满足 $|\bar{\lambda}_i|<1$（$|\bar{\lambda}_i|>1$）。因此，在 $|1-\lambda_1|<1$ 和 $|1+\lambda_2|>1$ 下是鞍点稳定的。关于离散时间情形的更完全的讨论参见 Azariadis（1993，pp. 39，62－67）。在本章中我们简单地假设 $\lambda_1<1$ 且我们确认这个假设在模拟中能够满足。

双重好处。首先，它有利于和本章前半部分的解析讨论做比较。其次，脉冲响应函数很好地将典型 RBC 模型的关键性质可视化了，尤其是那些关于冲击的持续性的性质。

我们在下面计算脉冲响应函数。我们设冲击在时刻 $t=0$ 时发生，假设 $\eta_0>0$ 且对于 $t=1,2,\cdots$ 有 $\eta_t=0$。假设在前一期技术处于稳态水平（$\widetilde{Z}_{-1}=0$），我们可以使用式（15.84）来算出从 $t=0$ 发生冲击后 $\widetilde{Z}_t$ 的路径：

$$\widetilde{Z}_t=\xi_Z^t\cdot\eta_0。\tag{15.85}$$

在式（15.85）中使用式（15.81）（并且回忆有 $\widetilde{G}_t=0$ 和 $E_t\widetilde{Z}_{t+1}=\xi_Z\widetilde{Z}_t$）我们得到影响动态系统的冲击项有以下随时间推移而变化的形式：

$$\begin{bmatrix}\gamma_{Kt}\\ \gamma_{Ct}\end{bmatrix}\equiv\phi\Gamma^{-1}\begin{bmatrix}y^*\widetilde{Z}_t\\ \zeta\xi_Z\widetilde{Z}_t\end{bmatrix}=\phi\begin{bmatrix}y^*\\ \zeta[\xi_Z-y^*[1-\phi(1-\varepsilon_L)]]\end{bmatrix}\eta_0\xi_Z^t。\tag{15.86}$$

由式（15.86）可知，生产率冲击既影响 CSE 曲线也影响 CE 曲线。由于 $0\leqslant\xi_Z<1$，冲击随着时间的推移渐渐消失，即 $\gamma_{K\infty}=\gamma_{C\infty}=0$。因此，冲击没有长期影响，但是即时影响和过渡效应不为零。在本章附录中我们导出了资本存量和消费的脉冲响应函数：

$$\begin{bmatrix}\widetilde{K}_t\\ \widetilde{C}_t\end{bmatrix}=\begin{bmatrix}0\\ \widetilde{C}_0\end{bmatrix}(1-\lambda_1)^t+\begin{bmatrix}y^*[(1-\xi_Z)(1-\zeta(\phi-1))+\xi_Z\zeta\omega_C]\\ \zeta\xi_Z[1-\xi_Z+(1-\omega_I)y^*]\end{bmatrix}$$
$$\times\frac{\phi\eta_0}{\lambda_2+1-\xi_Z}\mathrm{T}_t(\xi_Z,1-\lambda_1),\tag{15.87}$$

其中消费的即时跳跃为

$$\widetilde{C}_0=\frac{\lambda_2+\zeta[(1-\xi_Z)(\phi-1)-\xi_Z\omega_C]}{\omega_C+\phi-1}\frac{\phi\eta_0}{\lambda_2+1-\xi_Z},\tag{15.88}$$

$\mathrm{T}_t(\alpha_1,\alpha_2)$ 是非负钟形项（对时间 $t=0,1,2,\cdots$ 定义的）：

$$\mathrm{T}_t(\alpha_1,\alpha_2)\equiv\begin{cases}\dfrac{\alpha_1^t-\alpha_2^t}{\alpha_1-\alpha_2} & \alpha_1\neq\alpha_2\\ t\alpha_1^{t-1} & \alpha_1=\alpha_2\end{cases}。\tag{15.89}$$

虽然这些表达式看上去相当复杂，但实际上相当一部分可以借助一些特例来帮助理解，这些特例在很多文献中都可以查到。下面，我们将通过这个方法证明在单位弹性 RBC 模型中冲击持续性的重要作用。

#### 15.5.2.1 完全暂时性冲击（$\xi_Z=0$）

我们按照 King 和 Rebelo（1999，pp. 964－967）的思路，首先考虑完全暂时性生产率冲击的影响。就我们的模型而言，这意味着冲击完全没有序列相关性［即在式（15.84）中 $\xi_Z=0$］并且我们研究系统对如下形式的技术冲击的响应：$\widetilde{Z}_0=\eta_0$ 且对 $t=1, 2, \cdots$ 有 $\widetilde{Z}_t=0$。显然，这种冲击对宏观经济没有长期影响，因为技术仅在它从稳态水平到冲击期时发生偏离。但是，对消费和其他变量的即时影响不为零。实际上，通过在式（15.88）中令 $\xi_Z=0$ 我们得到完全暂时性冲击的消费跳跃的表达式：

$$\widetilde{C}_0=\frac{\phi[\lambda_2+\zeta(\phi-1)]\eta_0}{(1+\lambda_2)[\omega_C+\phi-1]}>0。\tag{15.90}$$

直观上，消费在冲击期上升，这是因为技术冲击尽管历时短暂，但可能使得个体更富有。由于闲暇就像消费一样是正常品，冲击也引起了劳动力供给中的财富效应。用图 15—6 来说，劳动力供给曲线向上和向左移动（从实线到虚线）。但是同时，冲击使得劳动生产率和劳动力需求上升。因此，虽然在冲击期资本存量是确定不变的，但劳动力需求曲线还是向右上方移动，从图中可以清楚地看出，对工资率的即时影响毫无疑问是正向的，但对就业的即时影响是不确定的，因为它取决于劳动力供给和需求影响的相对大小。

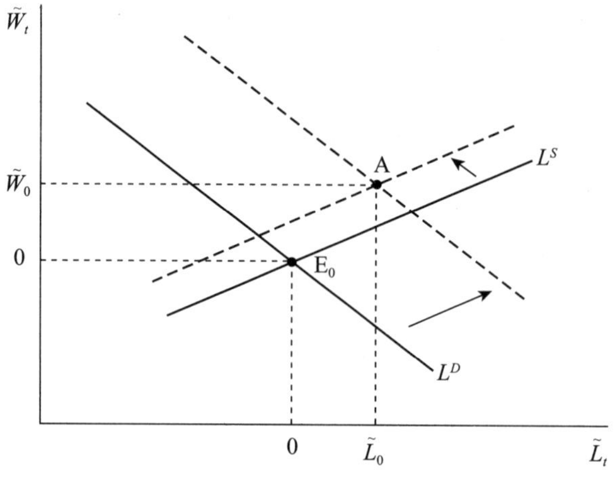


**图 15—6　技术冲击下的劳动力市场**

通过在式（15.72）～式（15.74）中利用式（15.90）和 $\widetilde{Z}_0=\eta_0$，我们得到 $\widetilde{L}_0$、$\widetilde{w}_0$ 和 $\widetilde{Y}_0$ 的以下解析表达式：

$$\widetilde{L}_0=\frac{\phi-1}{\varepsilon_L}\left[1-\frac{\phi[\lambda_2+\zeta(\phi-1)]}{(1+\lambda_2)[\omega_C+\phi-1]}\right]\eta_0,\tag{15.91}$$

$$\widetilde{w}_0=\frac{1-\phi(1-\varepsilon_L)}{\varepsilon_L}\eta_0+\frac{(\phi-1)(1-\varepsilon_L)}{\varepsilon_L}\widetilde{C}_0>0,\tag{15.92}$$

$$\widetilde{Y}_0=\frac{(1+\lambda_2)\omega_C+(\phi-1)[1-\zeta(\phi-1)]}{(1+\lambda_2)[\omega_C+\phi-1]}\phi\eta_0>0。\tag{15.93}$$

对于模型的实际校准，劳动力需求效应超过了劳动力供给效应，因此冲击期的就业增长如图 15—6 所示。无论参数大小，由于劳动力需求和供给在同方向上起作用，工资率在受到冲击时都增加了。最后，虽然对就业的影响总的来说是不确定的，但对产出的影响肯定是正向的。[①] 由于产出增长，资本在受到冲击时是前定的，因此在利率上的直接影响是正的［见式（T4.5）］。最后，对投资的即时影响可以利用式（15.90）并在式（15.75）中令 $\widetilde{Z}_0=\eta_0$ 和 $\widetilde{G}_t=0$ 得出。经过一些计算我们得到：

$$\widetilde{I}_0=\frac{1-\zeta(\phi-1)}{\omega_I(1+\lambda_2)}\phi\eta_0>0, \tag{15.94}$$

这个符号是根据 $0<\zeta(\phi-1)<1$ 得出的（见本页脚注②）。

将 $\xi_Z=0$ 代入式（15.87）和式（15.89）［并注意到式（15.94）］，我们得到资本存量和消费的过渡路径：

$$\begin{bmatrix}\widetilde{K}_t\\ \widetilde{C}_t\end{bmatrix}=\begin{bmatrix}\dfrac{\delta}{1-\lambda_1}\widetilde{I}_0\\ \widetilde{C}_0\end{bmatrix}(1-\lambda_1)^t,\quad t=1,2,3,\cdots。 \tag{15.95}$$

根据上文讨论的校准值，我们在图 15—7 中画出了完全暂时性冲击的脉冲响应函数。在受到冲击后的一期，技术回到它原来的稳态水平（对 $t=1$，2，…，$\widetilde{Z}_t=0$）。

冲击效应背后的直觉如下。作为冲击结果（$\widetilde{Z}_0=0.01$；1%的增长），人们稍微有钱就会增加消费，即 $\widetilde{C}_0>0$（接近 0.14%的增长）。人们希望平滑消费，也开始增加储蓄，即 $\widetilde{I}_0>0$（接近 10%的增长）。当生产率很高时，人们有强烈的动力努力工作，所以收入效应不及替代效应且劳动供给在冲击下迅猛增加，即 $\widetilde{L}_0>0$（差不多 1.5%的增长）。伴随生产率的冲击，劳动供给膨胀使产出快速增长，$\widetilde{Y}_0>0$（接近 2%的增长）。因为就业率高，资本短缺，实际利率迅速提高。[②]

从式（15.95）可知，资本存量在第 1 期稍有增长（由于 $\widetilde{K}_1=\delta\widetilde{I}_0>0$），但这之后随时间的推移逐渐减少。消费也逐渐回到它的初始稳态值。正如模拟结果所示，投资和就业在过渡期分别降低到稳态水平之下（对 $t=1$，2，…，$\widetilde{I}_t<0$ 且 $\widetilde{L}_t<0$）。实际利率在时期 $t=1$ 也下降到稳态水平之下，然后逐渐回归到原有水平。由于对 $t=1$，2，…，$\widetilde{r}_t<0$，对于家庭来说最优的是选择一个向下倾斜的消费计划。

总体来说，完全暂时性冲击具有以下突出特点。第一，劳动供给的替代效应占主导地位且在冲击期产生很大的就业效应。第二，消费和资本存量的转化效应很小，因为从整个生命周期来看冲击本身很小。第三，除了缩放，脉冲的输出响应类似。一般说来，模型本身也不能“对冲击做太多”。模型的这种缺点称为缺少传导（见下文）。

① 产出效应的符号可以从 $\zeta$［在式（15.80）中定义］满足 $0<\zeta(\phi-1)<1$ 直接得出。

② King 和 Rebelo（1999，pp. 966－967）认为利率在冲击期下降是错误的。由于受到冲击时产出增加、资本存量不变，那么利率也必须上升。

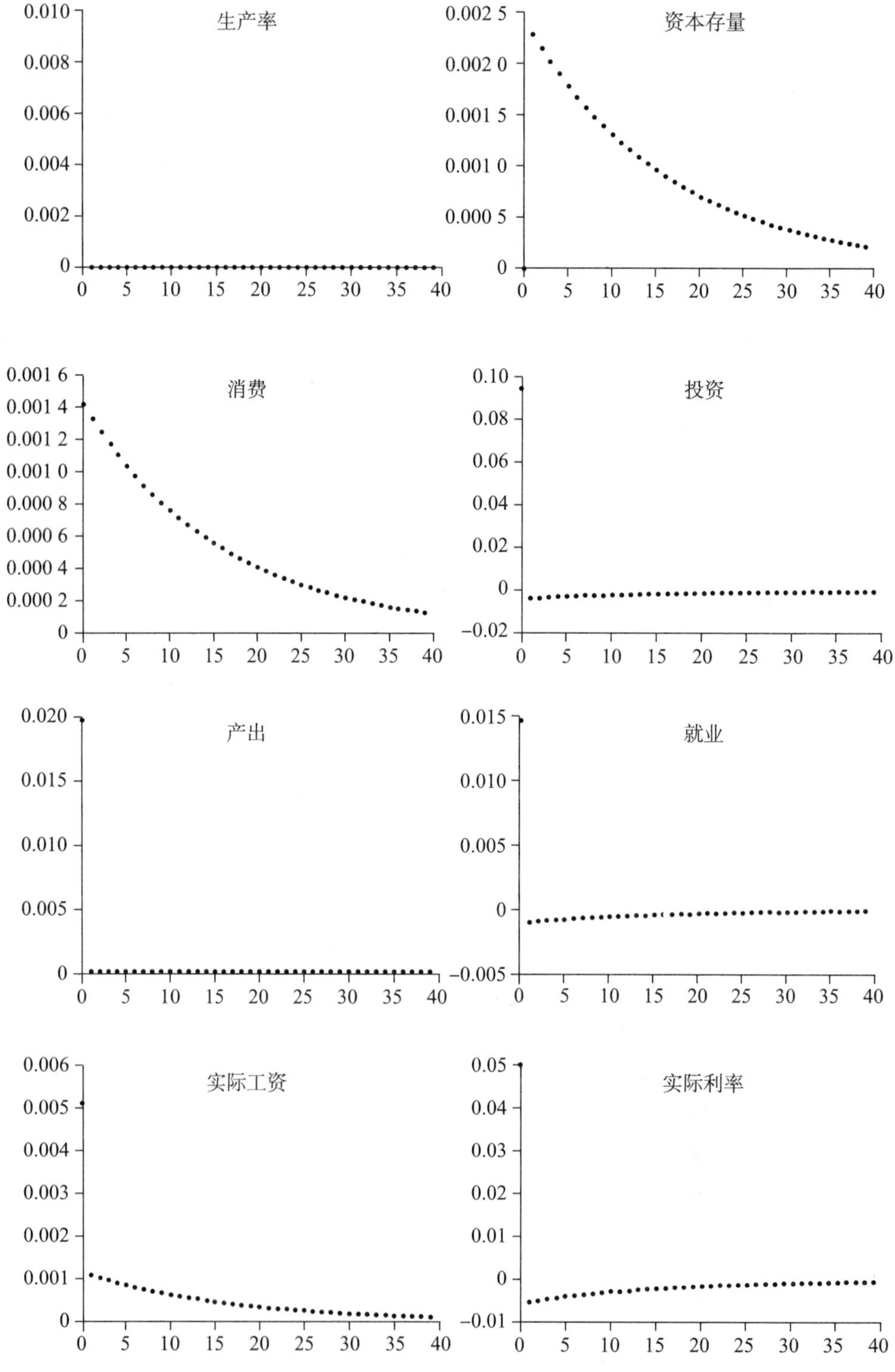


**图 15—7　完全暂时性生产率冲击**

#### 15.5.2.2 永久性冲击 ($\xi_Z=1$)

第二种特例是技术冲击是永久的，即技术过程式（15.84）表现出单位根（$\xi_Z=1$）的特征。从式（15.88）可以得到对消费的即时影响：

$$\widetilde{C}_0=\frac{\phi[\lambda_2-\zeta\omega_C]\eta_0}{\lambda_2[\omega_C+\phi-1]}>0。\tag{15.96}$$

消费在受到冲击时上升，因为永久性技术冲击使得代表性个体变得更富有。通过将式（15.96）代入式（15.72）～式（15.74）我们得到对就业、工资和产出的即时影响：

$$\widetilde{L}_0=\frac{\phi-1}{\varepsilon_L}\left[1-\frac{\phi[\lambda_2-\zeta\omega_C]}{\lambda_2[\omega_C+\phi-1]}\right]\eta_0,\tag{15.97}$$

$$\widetilde{w}_0=\frac{1-\phi(1-\varepsilon_L)}{\varepsilon_L}\eta_0+\frac{(\phi-1)(1-\varepsilon_L)}{\varepsilon_L}\widetilde{C}_0>0,\tag{15.98}$$

$$\widetilde{Y}_0=\frac{\lambda_2+\zeta(\phi-1)}{\lambda_2[\omega_C+\phi-1]}\phi\omega_C\eta_0>0。\tag{15.99}$$

在完全暂时性冲击情形下，就业效应总的来说是不确定的，但对于实际检验来说是正的。利率和产出都确定地增加。最后，对投资的即时影响可以利用式（15.96）并在式（15.75）中令 $\widetilde{Z}_0=\eta_0$ 和 $\widetilde{G}_t=0$ 得出：

$$\widetilde{I}_0=\frac{\zeta\phi\omega_C\eta_0}{\omega_I\lambda_2}>0。\tag{15.100}$$

令 $\xi_Z=1$，联立式（15.87）和式（15.89），我们得到资本存量和消费的过渡路径的解析表达式：

$$\begin{bmatrix}\widetilde{K}_t\\ \widetilde{C}_t\end{bmatrix}=\begin{bmatrix}0\\ \widetilde{C}_0\end{bmatrix}(1-\lambda_1)^t+\begin{bmatrix}\widetilde{K}_\infty\\ \widetilde{C}_\infty\end{bmatrix}[1-(1-\lambda_1)^t],\tag{15.101}$$

其中，$\widetilde{C}_0$ 在式（15.96）中给出，$\widetilde{K}_\infty$ 和 $\widetilde{C}_\infty$ 是

$$\widetilde{K}_\infty=\frac{\omega_C}{1-\omega_I}\widetilde{C}_\infty=\frac{\phi\omega_C\eta_0}{\omega_G(\phi-1)+\phi\omega_C\varepsilon_L}>0。\tag{15.102}$$

式（15.101）表示 $\widetilde{K}_t$ 和 $\widetilde{C}_t$（进而其他变量）可以写成即时影响和长期影响的加权平均形式。经济的过渡速度 $1-\lambda_1$ 决定了时变的权重。当有永久性生产率冲击时，消费和资本存量在长期中增加——见式（15.102）。这个结果背后的含义可以从稳态对重要比例的不变性得出（也可参见上文）。在式（T4.1）和式（T4.2）中加上稳态条件（并忽略期望算子）我们得到 $\widetilde{I}_\infty=\widetilde{K}_\infty$ 和 $\widetilde{r}_\infty=0$。但是这意味着，由式（T4.5）有 $\widetilde{Y}_\infty=\widetilde{K}_\infty$，以及由式（T4.4）和式（T4.8）有 $\widetilde{K}_\infty-\widetilde{L}_\infty=\widetilde{w}_\infty=(1/\varepsilon_L)\widetilde{Z}_\infty$，其中 $\widetilde{Z}_\infty=\eta_0$。因为政府支出是稳定的（$\widetilde{G}_t=0$），式（T4.6）和式（15.74）的稳态形式可以用来解出 $\widetilde{C}_\infty$ 和 $\widetilde{Y}_\infty$：

$$\widetilde{Y}_\infty=\frac{\omega_C}{\omega_C+\omega_G}\widetilde{C}_\infty=\frac{\phi\omega_C\widetilde{Z}_\infty}{\omega_G(\phi-1)+\phi\omega_C\varepsilon_L}>0,\tag{15.103}$$

且式（T4.7）可以用来解出 $\widetilde{L}_{\infty}$：

$$\widetilde{L}_{\infty}=\frac{\widetilde{Y}_{\infty}-\widetilde{C}_{\infty}}{1+\omega_{LL}}=-\frac{\omega_G}{\omega_C+\omega_G}\frac{\widetilde{C}_{\infty}}{1+\omega_{LL}}\leqslant 0。\tag{15.104}$$

在长期中，永久性生产率提高使得代表性个体更富有，这将刺激他增加消费。投资资本比和产出资本比保持不变，但是资本劳动比和实际工资率上升。当政府消费不存在时（$\omega_G=0$），劳动力供给中的收入效应和替代效应正好抵消，就业保持不变［见式（15.104）］。当政府消费为正时，收入效应超过了替代效应，劳动力供给下降（即家庭消费更多闲暇）。

在图 15—8 中我们展示了永久性冲击的脉冲响应函数，这里，我们又一次用到了上面讨论的校准值。在最初出现跳跃后，消费和工资都在过渡期增加更多。投资和就业都超过了它们各自的长期值。虽然冲击对就业具有正向影响，但就业在长期中还是下降的，因为校准是基于政府消费份额为正的事实［见式（15.104）］。实际利率在受到冲击时向上跳跃，然后逐渐回归到初始水平。这解释了为什么消费计划是向上倾斜的。

总的来说，永久性生产率冲击具有以下突出特点。第一，对生产率有长期影响且对大部分宏观变量都有长期影响。高的生产率解释了为什么产出、消费、资本存量和投资在长期中增加而就业下降（$\omega_G>0$）。第二，劳动供给的替代效应被大的收入效应抵消，所以就业转换效应很小。第三，消费和资本存量影响很大，因为从长期来看，冲击本身比较大。第四，对于完全暂时性冲击而言，脉冲的输出响应是一致的（缺少传导）。

#### 15.5.2.3 实际冲击

既然我们已经讨论了完全暂时性和永久性技术冲击的脉冲响应函数，下面我们就可以研究经济对实际生产率冲击的反应了。Solow（1957）的开创性研究成果被 RBC 的支持者用来估计技术变迁的本质。Solow（1957）试图确定经济增长中有多少份额可以用生产要素资本和劳动的波动来解释。他发现产出增长中不能解释的部分（后面我们将以索洛的名义将其命名为索洛剩余）几乎贡献了美国自 19 世纪 70 年代以来产出增长的一半（Stadler，1994，p.1753）。Prescott（1986）证明了索洛剩余的数据可以用来估计持久性参数（$\xi_Z$）和冲击项（记为 $\sigma_\eta$）。King 和 Rebelo（1999，pp.952－953）详细解释了如何做到这一点。[①] 他们使用美国季度数据得到了以下参数的估计：$\xi_Z=0.979$，$\sigma_\eta=0.0072$。需要注意的关键点是技术冲击表现出非常高的持续性，即 $\xi_Z$ 很接近 1！

① 在我们的（简单）模型中分析过程如下。首先，我们将式（15.57）取对数以导出索洛剩余的估计：

$$\ln SR_t\equiv\ln Y_t-\varepsilon_L\ln L_t-(1-\varepsilon_L)\ln K_t=\ln Z_t。$$

因此，在我们的模型中索洛剩余等于总生产率指数 $Z_t$。在式（15.83）中使用这个结果我们得到一个可以通过实证估计的等式：

$$\ln SR_t=\alpha_Z+\xi_Z\ln SR_{t-1}+\eta_t。$$

King 和 Rebelo（1999）的做法更复杂，因为他们允许劳动扩张型技术变迁。

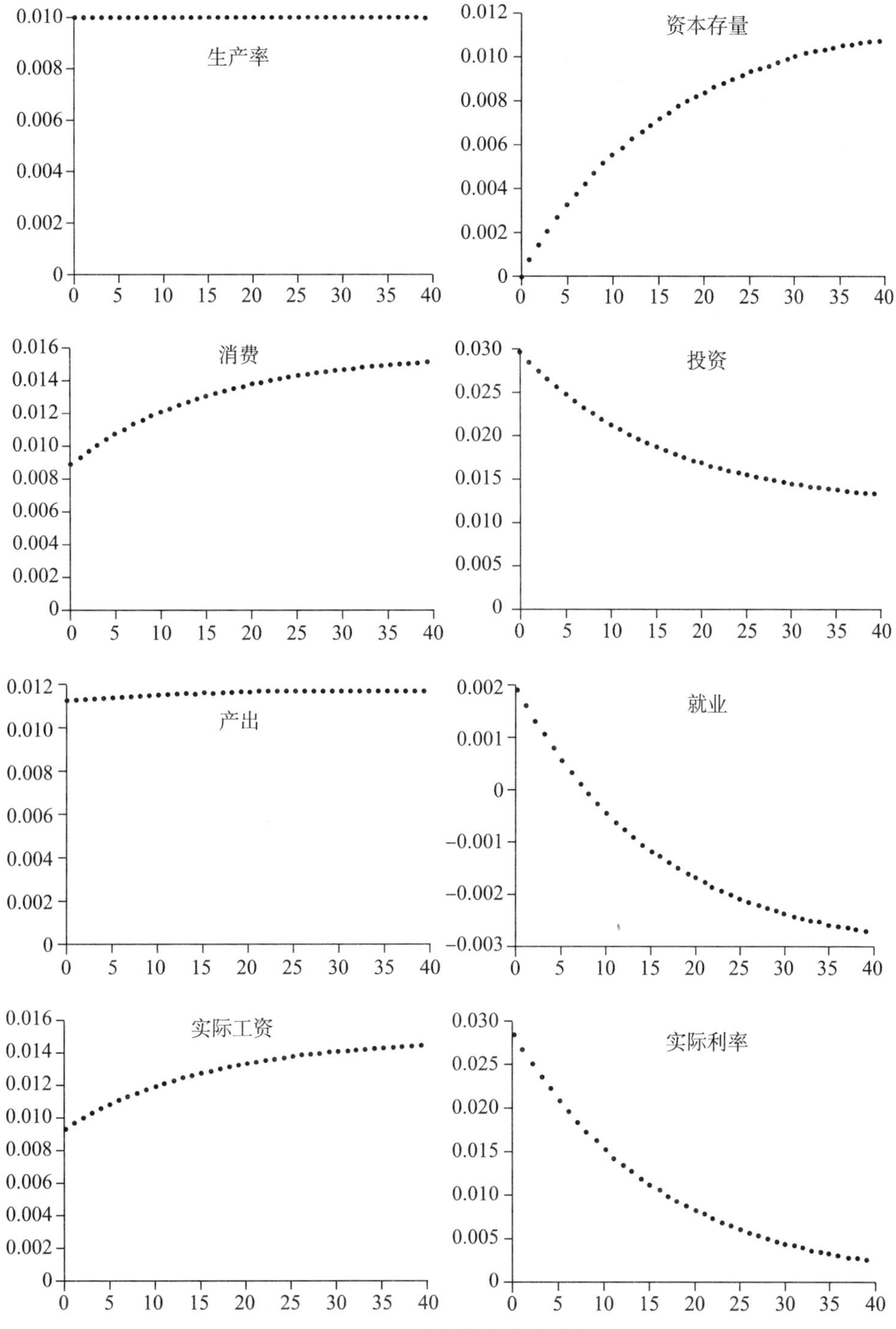


**图 15—8　永久性生产率冲击**

在图 15—9 中我们展示了对于所有宏观经济变量的脉冲响应函数（在这些函数中我们使用了以上讨论的校准值）（见前文）。我们不仅仅关注一个持续性参数的估计值，而是将取不同 $\xi_Z$ 值的脉冲响应函数都表示了出来，这些 $\xi_Z$ 既包括 King 和

Rebelo（1999）的估计，也包括单位根的情况（即图中的 $0.5 \leqslant \xi_Z \leqslant 1$）。

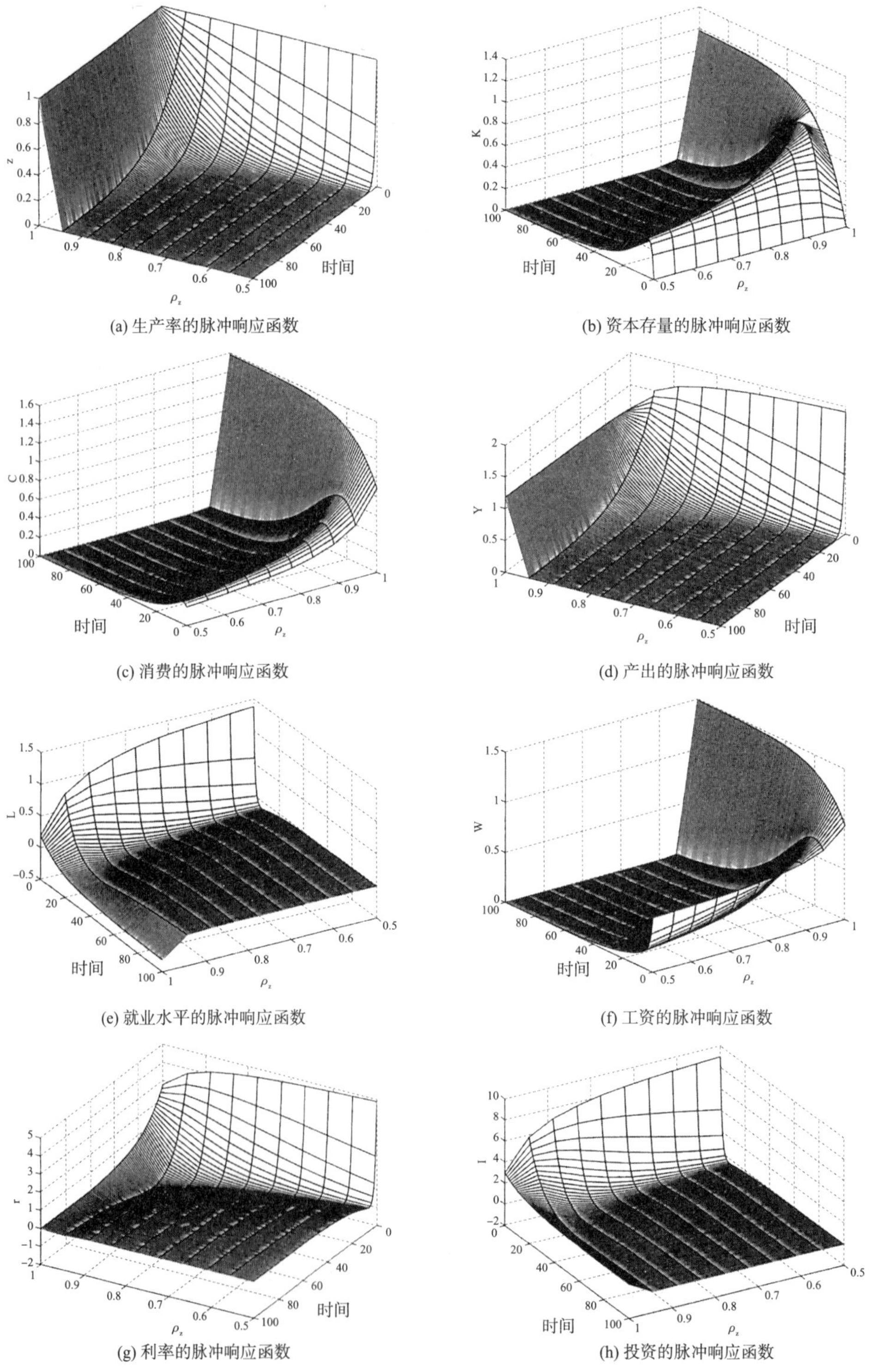


(a) 生产率的脉冲响应函数

(b) 资本存量的脉冲响应函数

(c) 消费的脉冲响应函数

(d) 产出的脉冲响应函数

(e) 就业水平的脉冲响应函数

(f) 工资的脉冲响应函数

(g) 利率的脉冲响应函数

(h) 投资的脉冲响应函数

**图 15—9　暂时性生产率冲击**

正如 King 和 Rebelo（1999，p. 969）所指出的，在高度持续性的情况下（即 $\xi_Z$ 接近 1），每个脉冲响应函数对 $\xi_Z$ 是十分敏感的。因此，当 $\xi_Z=0.979$ 和 $\xi_Z=1$ 时，对应的脉冲响应函数的形状是十分不同的。相反，至于相对暂时的冲击，这种非线性在图 15—9 中没有表现出来，即 $\xi_Z=0.5$ 和 $\xi_Z=0.7$ 对应的脉冲响应函数很相像。直观上，在高度持续性情况下非线性是因为永久性冲击引起了非零长期影响而暂时性冲击（不管它们有多高的持续性）都不产生这种效应。

#### 15.5.2.4 缺乏传导

可能单位弹性 RBC 模型的最重要（也是让人失望）的特点是没有内部传导性，这一观点最初是由 Cogley 和 Nason（1995）在更一般的前提下提出的。例如，从图 15—7中可以看出产出的脉冲响应函数和外生的生产率冲击本身十分相似。即便从图中难以看出，但在时期 $t=1$ 后的确存在产出小规模的过渡动态。相同的结果也可以在图 15—8（关于永久性冲击）和图 15—9（关于暂时性冲击）中发现。因此，最近的研究集中于如何找到可以改善模型的内部传导机制的方法。我们将会在下面讨论一些相关文献。

### □ 15.5.3 相关性

本章的导言已经指出，更多的 RBC 建模者采用了 Kydland 和 Prescott（1982）的建议，通过判断模型产生的结果和真实经济的数据是否匹配来评价他们模型的有用性。常用的做法是计算真实的和模拟出的一些关键变量取值（King and Rebelo，1999，p. 956）。通常我们选择产出、消费、投资、资本、劳动和生产率的方差（或者标准差）作为关键变量。同时，产出和其他变量的同期相关性也会被列入比较范围。①

在表 15—5 中我们给出了由 Hansen（1985）计算的美国经济的结果。在这张表格中，$\mathrm{std}(x_t)$ 是 $x_t$ 的（渐近）标准差，$\mathrm{cor}(x_t, Y_t)$ 是 $x_t$ 和 $Y_t$ 的同期相关系数。表 15—5 的（a）列记录了美国经济的指数。观察各数据，我们不难得出以下结论（Stadler，1994，pp. 1751－1752）：第一，投资远比产出更不稳定，即投资的标准差为 $\mathrm{std}(I_t)=8.60$，这比产出的标准差 $\mathrm{std}(Y_t)=1.76$ 大了很多；第二，消费比产出稳定［$\mathrm{std}(C_t)=1.29$］；第三，资本存量比消费和产出都稳定［$\mathrm{std}(K_t)=0.63$］；第四，就业差不多和产出一样稳定［$\mathrm{std}(L_t)=1.66$］；第五，生产率比产出稳定［$\mathrm{std}(Y_t/L_t)=1.18$］；第六，所有变量都和产出正相关，只是对于资本存量来说相关性很弱。

① 在本章附录 B 中我们将说明如何不用统计模拟方法计算理论模型的这些不同指标。

表 15—5 **单位弹性的 RBC 模型**

| $x_t$: | (a) 美国经济 | | (b) 模拟经济 I | | (c) 模拟经济 II | |
|---|---|---|---|---|---|---|
| | $std(x_t)$ | $cor(x_t, Y_t)$ | $std(x_t)$ | $cor(x_t, Y_t)$ | $std(x_t)$ | $cor(x_t, Y_t)$ |
| $Y_t$ | 1.76 | | 1.35 | | 1.76 | |
| $C_t$ | 1.29 | 0.85 | 0.42 | 0.89 | 0.51 | 0.87 |
| $I_t$ | 8.60 | 0.92 | 4.24 | 0.99 | 5.71 | 0.99 |
| $K_t$ | 0.63 | 0.04 | 0.36 | 0.06 | 0.47 | 0.05 |
| $L_t$ | 1.66 | 0.76 | 0.70 | 0.98 | 1.35 | 0.98 |
| $Y_t/L_t$ | 1.18 | 0.42 | 0.68 | 0.98 | 0.50 | 0.87 |

表 15—5 的(b)列记录了由模型产生的标准差和相关系数。Hansen(1985, pp. 319–320)使用了单位弹性模型来产生这些结果，并使用了以下校准参数：$\omega_G=0$，$\varepsilon_L=0.64$，$\rho=0.01$，$\delta=0.025$ 和 $\varepsilon_C=1/3$。这些参数意味着 $y^*=(\rho+\delta)/(1-\varepsilon_L)=0.097$，$\omega_I=\delta/y^*=0.257$，$\omega_C=1-\omega_I=0.743$ 和［通过式(15.45)］$\omega_{LL}=2.321$。持续性参数和技术冲击［式(15.84)中的 $\eta_t$］的标准差分别设定为 $\xi_Z=0.95$ 和 $\sigma_\eta=0.007\ 12$。

比较(a)列和(b)列，可以看出：模型符合消费比总产出更不稳定以及投资比总产出更稳定的事实。同时，它也给出了消费、投资、资本、就业和产出之间的相关系数，但是，它过高地预测了产出和生产率之间的相关系数。给定单位弹性模型的简单形式，真实情况和模拟出的结果能够这么吻合实在令人印象深刻。但是，也存在一些没有被模型很好地解释的事实。根据 Stadler(1994, pp. 1757–1761)，我们关注一些模型没有模拟出来的关于劳动力市场的典型事实，有：

- 就业波动之谜；
- 生产率之谜；
- 没有失业。

在下一小节我们首先简要地解释一下 RBC 模型中的这些麻烦的特征。接下来，我们将探讨如何丰富 RBC 模型以让它更贴近实际。

## □ 15.5.4 模型的拓展

Stadler(1994)、Hansen 和 Wright(1994)以及 King 和 Rebelo(1999)讨论了过去 20 年中对 RBC 模型的几个拓展。这里，我们将探讨如何修正 RBC 模型以避免上文中出现的问题。

### 15.5.4.1 就业波动之谜

如表 15—5 的(a)列，在美国就业水平和产出的值几乎相等［$std(Y_t)=1.76$，接近 $std(L_t)=1.66$］，就业水平具有很强的周期性［$cor(L_t, Y_t)=0.76$］。(b)列的基本模型预测在就业水平和产出之间有很强的相关性，即 $cor(L_t, Y_t)=0.98$，实际上已经超过了 0.76 的观察值。相比来说，基本模型不能预测模型的波动性，

$std(L_t)=0.70$，大大低于 1.66 的观察值。

在图 15—10 中，我们尝试图形化基本 RBC 模型的同期相关。[①] 上面的图形描述了短期劳动力市场，同时下面的图形描述了短期生产函数。劳动需求、劳动供给和产出的稳态分别是 $L_n^D$、$L_n^S$、$Y_n$。下标 $n$ 可以看作“正常”生产率。如果出现正的生产率冲击，劳动需求变为 $L_h^D$（直接生产率效应），同时劳动供给变为 $L_h^S$（财富效应），其中下标 $h$ 代表“高于正常”生产率。平衡就业水平随实际工资提高。在下面的图中，短期生产函数为 $Y_h$，同时均衡产出因直接效应和就业膨胀而增加。

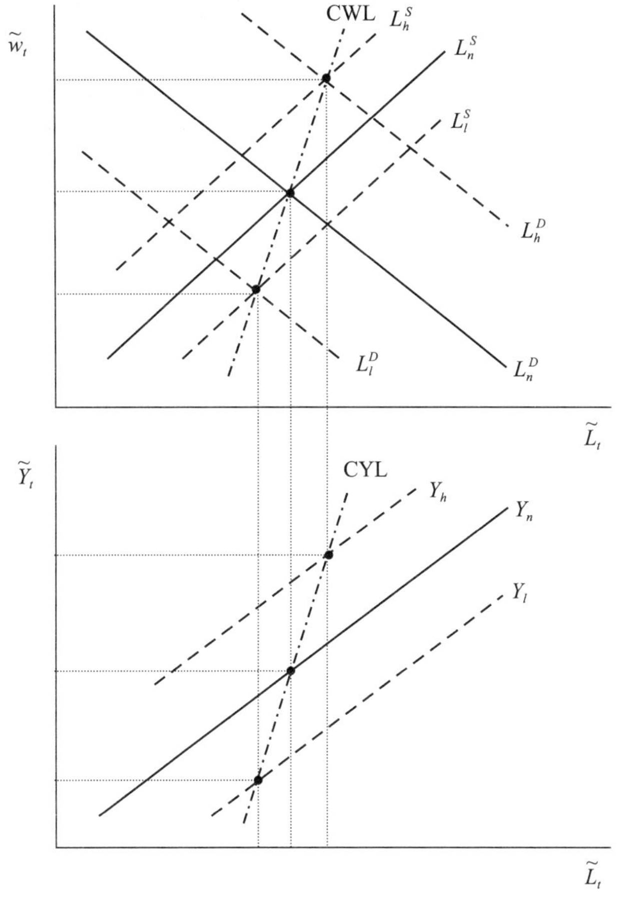


**图 15—10 可视化的同期相关性**

按类似的方式，一次负的生产率冲击（低于正常生产率，下标为 $l$）使劳动需求变为 $L_l^D$，劳动供给变为 $L_l^S$，同时短期生产函数变为 $Y_l$，就业水平、实际工资和产出在这种情况下低于正常水平。与三种均衡水平（低、正常、高）相关，我们发现上面的图中 CWL 描述了工资率和就业水平之间正的关系，同时下图中 CYL 则描述了就业水平和产出之间的关系。

---

① 这种描述相关性和波动性的方法是不严格的。例如它忽略了每次创新之后都可以带来动态转换。

根据图 15—10，我们很快就会明白为什么模型中 cor($w_t$，$L_t$)、cor($L_t$，$Y_t$) 和 std($w_t$) 高的同时 std($L_t$) 低。这些结果在很大程度上取决于劳动供给曲线的陡峭程度。

如何解决就业波动之谜？很明显，如果劳动力供给曲线相对平坦，那么将能观测到实际工资和就业存在相关性。对此有如下几种理解。第一，可能劳动力供给中存在强烈的跨期替代效应，但是这种情况被计量证据否定了（Card，1994）。第二，对就业波动之谜，主流的 RBC 解决方法是由 Hansen（1985）提出的，他将 Rogerson（1988）的理论纳入 RBC 模型。在论证过程中，他运用了如下事实：实际中总劳动时间的波动有约三分之二是由就职和离职造成的，而只有三分之一是由工作时间长短的波动造成的。Hansen（1985）假设每周工作时间的长度是固定不变的：你要么拥有一个职业并工作一个星期，比如 40 个小时，要么没有工作。这种不可分割劳动（indivisible labour，IL）形式的非凸性保证了当工资很高时个体希望尽可能多地工作。Hansen（1985）证明了即使个体有零跨期劳动力供给弹性，整个经济作为一个（平均）“代表性个体”也拥有无限跨期劳动力供给弹性。单个家庭在每个时期不是选择工作的小时数，而是选择工作的概率。到底谁工作其实是由抽彩概率决定的。厂商和家庭之间有合约规定，在 $t$ 期家庭必须以 $\pi_t$ 的概率工作 $\bar{L}$ 小时。厂商为工人提供完全保险，因而双方交易了一个抽彩合约，这样，不管在某一具体时期是否工作，每个家庭都从厂商那里得到相同的收入。在时期 $t$ 的实际人均就业是 $L_t=\pi_t\bar{L}$，且如果每个家庭在时期 $t$ 工作 $L_t$ 小时就会得到收入。

IL 模型可以在式（15.2）中令 $\sigma_L\to\infty$ 得到，因此式（15.59）中的效用函数对于劳动力供给是线性的：

$$\Phi(\tau)\equiv\varepsilon_C\ln C_\tau-(1-\varepsilon_C)L_\tau。\tag{15.105}$$

有了这个修正后，消费的欧拉方程依旧由式（15.67）给出，但是闲暇从式（15.66）中消失了，变为

$$\frac{w_t}{C_t}=\frac{1-\varepsilon_C}{\varepsilon_C}。\tag{15.106}$$

在 IL 模型中，消费与工资成比例，即劳动力供给曲线是水平的。用表 15—4 的对数线性模型来说，式（T4.7）被替代为 $\tilde{w}_t=\tilde{C}_t$。因此，从形式上说，IL 模型是 $\omega_{LL}\to\infty$ 时表 15—4 中模型的特殊情况。

在图 15—11 中，我们用 IL 描述同期相关。劳动需求和短期生产函数都是不变的，而且我们把符号去掉以避免造成图形不必要的混乱。劳动供给曲线是水平的，但是位置由消费水平决定——见式（15.106）。正常劳动供给曲线是 $L_n^S$。如果生产率很高，消费也会很高（财富效应），并且恢复劳动力市场均衡的工资率比正常情况下要高。类似模式低于正常的生产率。

通过三种均衡水平（低、正常、高生产率），我们得到上面图形中的 $CWL_1$ 和下面图形中的 $CYL_1$。注意，$CWL_0$ 和 $CYL_0$ 描述了我们在图 15—11 中推导的基本模型的关系。我们很快发现与基本模型相比，IL 模型高估了 std($L_t$) 和 std($Y_t$) 的

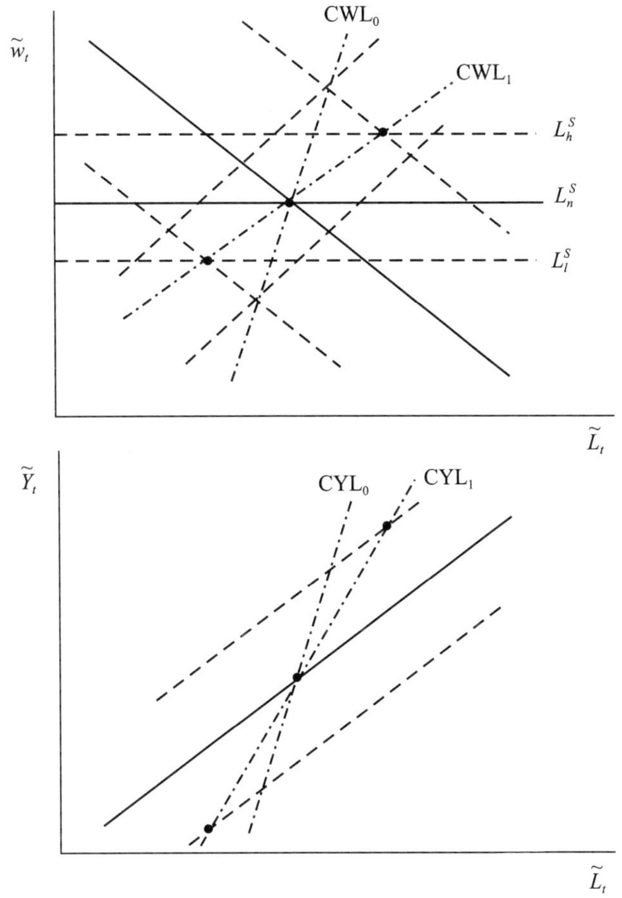


**图 15—11　彩票模型和同期相关性**

值，同时低估了 $\text{cor}(w_t, L_t)$ 和 $\text{cor}(L_t, Y_t)$ 的值。

我们在仿真模型中获取本质的直观可视化方法在表 15—5 的结果中已经得到证实。在表 15—5 的（c）列中我们列出了 Hansen（1985）对 IL 模型进行校准后得到的结果。除了 $\varepsilon_C$（进而 $\omega_{LL}$）之外，校准的参数和（b）列是相同的。$\varepsilon_C$ 选择使个人将 53%的时间用于工作（即 $\bar{L}=0.53$）的那个值（Hansen，1985，p. 320）。① 因此，可得 $\varepsilon_C$ 的值为 0.381。从表 15—5 可以清楚地看出，IL 模型比标准模型更好地模拟了现实中就业的波动。② 通过在单位弹性模型中附加劳动不可分割性的假设，模型产

① 通过计算式（15.106）我们得到 $\varepsilon_C$ 的值可以写为如下形式：

$$\varepsilon_C=\left[1+\frac{\varepsilon_L}{\bar{L}\omega_C}\right]^{-1}。$$

由于 $\omega_C$ 和 $\varepsilon_L$ 是已知的，$\varepsilon_C$ 的值可以直接从表达式得出。

② 注意，实际的和模型产生的产出标准差在表 15—5 的（a）列和（c）列是相同的。这不应该被认为是单位弹性模型的成功之处，因为这是标准化过程的一种特征。生产率冲击的标准差（$\sigma_\eta$）的值是在总产出的方差完全吻合的基础上选择的（Hansen，1985，p. 320）。在拥有可分割劳动的模型中［在（b）列给出］，为了匹配观察到的产出标准差，就要求更大的冲击项标准差。

生的就业标准差从 $\text{std}(L_t)=0.70$［在（b）列中］上升到 $\text{std}(L_t)=1.35$［在（c）列中］，非常接近 1.66%的观察值。因为它极大地解决了就业波动问题，Hansen（1985）的方法已经成为 RBC 文献中的标准做法。

#### 15.5.4.2 生产率之谜

表 15—5 中（a）列显示劳动生产率和产出的相关性是适中的，即 $\text{cor}(Y_t/L_t, Y_t)=0.42$。但基本模型［（b）列］和 Hansen 的 IL 模型［（c）列］都高估了这个相关性的值（分别是 0.98 和 0.87），尽管工人模型减少了预测值，但减少的还不够多。由于在两个 RBC 模型中都使用了柯布-道格拉斯生产函数的技术，实际工资与生产率成比例关系［参见式（T4.4）］。这两种模型产生的工资波动比顺周期更符合现实。事实上，工资只有轻微的顺周期性。另外，实际工资和就业水平的相关性接近 0，即 $\text{cor}(w_t, L_t)\approx 0$。

人们会试图使用效率工资理论对实际工资率的低波动性作出解释，但这并没有解决 RBC 模型里的工资过度波动的问题。Gomme（1999）发展了一种包括效率工资偷懒模型的 RBC 模型（参见 6.3.2 节）。在这样的模型中，实际工资既没有实现劳动市场出清，也没有让工人付出更大的努力。他证明这个模型可以预测出实际工资和产出之间很高的相关性。为什么会这样呢？一次正的技术冲击可以使劳动需求曲线像在标准 RBC 模型中一样向右移动。在效率工资 RBC 模型中，类似冲击也会使激励相容（IC）约束（不偷懒的条件）因为收入效应而向左移动。实际上，IC 约束像是一条劳动供给曲线并且模型或多或少类似于标准 RBC 模型。

解决生产率之谜更好的方法是向模型中引入额外的随机冲击。例如，Christiano 和 Eichenbaum（1992）提出的方法，该方法允许政府的消费冲击通过劳动供给曲线影响劳动市场。不考虑模型的细节，两种冲击的实质可以从图 15—11 中得到解释。$CWL_1$ 描述了实际工资和就业水平的同期相关性。解决生产率之谜意味着找到一种方法使 CWL 曲线趋于平缓。如果政府消费的冲击使供给曲线向下移动的幅度减少一些，就会得到一条平缓的 CWL 曲线，实际工资的波动性减小，就业水平的波动性增加。

RBC 理论家也提出了抑制（有效）劳动力供给的其他机制。文献中的例子包括：名义工资合约的存在与否、偏好冲击、厂商的劳动力囤积以及同样受到技术冲击影响的非市场生产部门的存在［参见 Stadler（1994，pp.1759－1761）］。以家庭生产模型为例，家庭将在市场和非市场活动中分配劳动时间。如果市场生产率上升，个体不仅会对劳动进行跨期替代，也会在同一时期内将劳动力从非市场部门转移到市场部门。

#### 15.5.4.3 没有失业

由于单位弹性模型不考虑失业，就业的变化可以由代表性家庭的劳动供给曲线的波动性来解释。实际上，时间变化的三分之二是因为就业的流入（流出），只有三分之一的变化是由每个雇员工作时间的变化解释的（Stadler，1994，p.1758）。

在近几年，不少经济学家利用 Diamond、Mortensen 和 Pissarides（参见第 8 章）的搜寻理论方法在 RBC 框架中引入失业。[①] Andolfatto（1996，p.113）证明了在 RBC 模型中引入劳动力市场搜寻将导致三个主要改进。第一，模型可以预测出劳动时间比工资的波动更大。第二，模型预测的劳动时间和生产率之间的相关性更低。第三，模型预测出一个更贴近现实的产出的脉冲响应函数。

近年来，一些经济学家认为搜寻匹配 RBC 模型也存在一系列实证问题。事实上，Shimer（2005）以及 Costain 和 Reiter（2008）已经证实了失业和就业模型的核心变量比在传统的纳什讨价还价工资的标准搜寻匹配模型里更容易波动。针对这一批判，Hagedorn 和 Manovskii（2008）指出搜寻匹配模型在不同的校准步骤下才可以实现。迄今为止，仍无共识，仍存在分歧。

## 15.6 小 结

本章讨论了两个主题，这两个主题在过去 20 年由新古典经济学家提出，分别为财政政策的均衡方法和实际经济周期理论。这两个主题都依据 20 世纪 70 年代的理性预期革命的成果并对这些成果做了适当拓展。

为了讨论财政政策的均衡方法，在本章开始，我们扩展了前一章所讨论的确定性拉姆齐模型。为了使这个模型更适合用于分析财政政策，家庭的劳动力供给决策被内生化了。我们使用了（简单版本）的扩展拉姆齐模型来研究政府消费中总额税增加带来的影响。接下来我们考虑了永久性和暂时性政策冲击，并在此基础上定性与定量地刻画了即时、过渡和长期影响。

当政府消费永久增加时，税收的增加使人们觉得自己变得更穷了（这是税收带来的财富效应），于是家庭开始削减产品消费、提供更多劳动。在过渡期，产出和投资都上升了，资本存量开始增加，消费也有所恢复。但从长期来看，消费依旧被挤出了（虽然私人消费与政府消费的比例小于 1），且由于一些“关键比例”不变，产出、资本、就业和投资都等比例地增加了。一种可信的校准模型表明长期乘数可能超过 1。虽然这个结果让人不由想起了凯恩斯-哈维默乘数，但背后的机制在本质上却来自新古典理论。收入的边际消费倾向对前一个乘数的影响尤为关键，而后一个乘数则取决于劳动力供给的财富效应。

如果政府消费的增加仅仅是暂时的，就没有长期影响。消费被挤出，劳动力供给进而产出在冲击期上升。政策冲击越持久，这些影响就越大。如果劳动力供给是高度弹性的且冲击是相对持久的，那么家庭在过渡的早期开始积累资本。产出的增加和消费的减少所产生的净值超过了政府增加的消费，于是投资在冲击时被挤入了。

① 参见例如 Andolfatto（1996）、Merz（1995，1997，1999）以及 Cole 和 Rogerson（1999）。第 8 章附录 B 给出了动态搜寻模型的细节，它可以很容易地通过生产率冲击来实现。

如果劳动力供给效应较弱而冲击是高度暂时的，那么资本存量将在过渡的早期阶段降低。

在本章的后半部分，我们通过将扩展的拉姆齐模型在离散时间下重新构造，引入了总生产率的随机过程和理性预期假设，将它发展成典型的实际经济周期（RBC）模型。接下来，我们研究了所谓的单位弹性 RBC 模型的性质，计算了不同宏观变量的脉冲响应函数的解析形式。与确定性模型一样，技术冲击的持续程度对于脉冲响应函数的形状也有关键影响。

在发生完全暂时性技术冲击时，消费、就业、投资和产出在冲击期都上升。就业的反应可以被财富效应解释的部分不多（这是很弱的），倒是可以被人们受到的替代跨时劳动力供给的激励所解释。技术冲击使得在现阶段工作更有吸引力，这是因为现阶段的工资相对于未来工资更高。当技术回到它的初始水平时，资本和消费逐渐地回落。

当受到永久性生产率冲击时，消费、资本、产出、投资和实际工资在长期中均上升。当不存在政府消费（且相伴的总额税不存在）时，就业率保持不变，因为收入和工资变化的替代效应相互抵消。当总额税为正时，前者比后者的效应大，就业将会下降。如果对这个长期结果做直观理解，可以参考关键比例的不变性。消费在冲击发生时跳变，然后在过渡时期上升。

接下来我们研究了脉冲响应函数“真实的”冲击持续性参数。大多数 RBC 建模者使用所谓的索洛剩余来得到持续性参数的一个估计。典型结果是生产率冲击是非常持久的，即持续性参数接近（但是严格小于）1。

单位弹性 RBC 模型的一个重要但让人失望的特征是它缺乏内部传导。对于我们考虑到的所有情况，产出的脉冲响应函数在本质上类似于外生的技术冲击本身。这种缺乏内部传导性的现象不仅在单位弹性模型中存在，在其他 RBC 模型中也存在。因此，在当前 RBC 模型的研究中，一个热点便是如何校准模型使之具有更强的、更实际的内部传导机制。

评价某个给定的 RBC 模型的数量表现的标准方法是比较模型产生的数据和实际数据之间的匹配程度。特别地，我们通常会对比一些关键的宏观经济变量的标准差（以及与总产出的相关性）。虽然单位弹性模型是简单的，但是它可以模拟出不少真实世界数据的特征。例如，它正确地预测了投资比总产出更不稳定而消费则比总产出更稳定的结果。它也相当好地模拟出了产出和消费、投资、资本以及就业的相关性。当然也存在一些单位弹性模型很难或者不可能模拟出的经济现象。因此，在过去的 20 年中，人们围绕如何提高 RBC 模型的经验匹配性做了大量研究。

RBC 模型最重要的贡献可能是方法上的。回忆传统的宏观计量方法，通常都是在时间序列数据的帮助下估计出弱相关性。RBC 模型的大部分追随者已经放弃了宏观计量经济学方法，转而投向微观基础的随机可计算均衡模型，他们的注意力开始从估计转移到了模拟。这种方法已经被证明是相当灵活的。此时的 RBC 模型包含了（产品和劳动力市场的）不同市场结构、价格和工资黏性、开放经济特征、不同种类的技术冲击以及不同质家庭。这种广泛的应用表明 RBC 方法已经被古典经济学家和凯恩斯经济学家广泛接受。

## 延伸阅读

关于 RBC 方法的一些重要的早期文献见 Miller（1994）。对于综述型文章，可以参见 King、Plosser 和 Rebelo（1987，1988a，1988b），McCallum（1989b），Plosser（1989），Eichenbaum（1991），Danthine 和 Donaldson（1993），Campbell（1994），Stadler（1994），Cooley（1995），King 和 Rebelo（1999）以及 Rebelo（2005）。诺贝尔奖演讲 Prescott（2006）对研究 RBC 方法的任何学生而言都是必读的。King（1991）提出了一种方法来将脉冲响应函数分解为财富效应和替代效应。

这种方法的早期批判有 Summers（1986）和 Mankiw（1989）。最近对校准方法的讨论，参见 Kydland 和 Prescott（1996）、Hansen 和 Heckman（1996）以及 Sims（1996）。Watson（1993）发展了关于校准方法拟合度的衡量方法。Cogley 和 Nason（1995）以及 Rotemberg 和 Woodford（1996）记录了一些标准 RBC 模型的缺乏传导的性质。

关于劳动力市场方面的文献有很多并且还在增加。Hall（1991，1997）和 Mulligan（1998）详细研究了跨期替代机制。对于家庭劳动力供给，参见 Cho 和 Rogerson（1988）以及 Cho 和 Cooley（1994）。Cho 和 Cooley（1995）以及 Huang 和 Liu（1999）研究了名义工资合约问题。

对失业的研究，参见 Andolfatto（1996）、Merz（1995，1997，1999）、Cole 和 Rogerson（1999）、DenHaan et al.（2000）、Shimer（2005）、Hall（2005）、Costain 和 Reiter（2008）以及 Hagedorn and Manovskii（2008）。

Danthine 和 Donaldson（1990）、Kimball（1994）、Georges（1995）以及 Gomme（1999）使用了效用工资理论。

关于政府消费对宏观经济的影响且使用了确定性方法的早期论文有 Foley 和 Sidrauski（1971）、Hall（1971）、Miller 和 Upton（1974）、Barro（1981）和 Aschauer（1988）。最近的随机模型包括了 Cassou 和 Lansing（1998）（关于公共基础设施建设）、Christiano 和 Eichenbaum（1992）、McGrattan（1994）、Braun（1994）、Jonsson 和 Klein（1996）以及 Canton（2001）。Edelberg、Eichenbaum 和 Fisher（1998）研究了政府消费冲击的经验效应。

Judd（1985）以及 Bovenberg 和 Heijdra（2002）也研究了暂时性冲击以及图形方法和数量方法之间的关系。关于家庭生产的关键文献有 Benhabib、Rogerson 和 Wright（1991）以及 Greenwood 和 Hercowitz（1991）。Greenwood 和 Huffman（1991）以及 McGrattan（1994）研究了含有扭曲税收的模型。Ljungqvist 和 Uhlig（2000）介绍了家庭消费习惯的形成。关注厂商投资的研究包括 Greenwood、Hercowitz 和 Huffman（1988）以及 Gilchrist 和 Williams（2000）。包含一个垄断竞争产品市场的模型有 Bénassy（1996a），Hornstein（1993），Chatterjee 和 Cooper（1993），Rotemberg 和 Woodford（1992，1996），Devereux、Head 和 Lapham（1996a，1996b），Heijdra（1998）以及 Galí（1999）。关于包含货币和价格黏性的模型，参见 Hairault 和 Portier（1993），King 和 Watson（1986），Yun（1996），Rotemberg 和 Woodford（1999），Chari、Kehoe 和 McGrattan（2000）以及 Gali（2008）关于新凯恩斯框架的最新的教科书。也可以参见 Smets 和 Wouters（2003，2007）了解有价格黏性的估计的动态随机一般均衡模型。

RBC 方法也被用来解释 20 世纪 30 年代的大萧条，可参见 Kehoe 和 Prescott（2007）的论文集。这些文献并非没有引起争议，请参阅经济史学家 Peter Temin（2008）对 Kehoe 和 Prescott（2007）的批判性评论。

Michel Juillard 及其同事开发了一个非常有用的软件包，称为 Dynare，这个软件可以随机动态模拟一般均衡模型。在撰写本书时，最新版本的 Dynare 是版本 4. 0. 1，可以在 Matlab 下运行。它可以免费从 Dynare 网站 http://www. dynare. org 下载。该网站也包含一些示例文件，在 Dynare 中可以实现各种 RBC 模型。

# 附录 A：连续时间模型

## □ A. 1 单位弹性模型的相图

在这个附录中我们将导出连续时间决定的单位弹性模型的相图。我们省掉了多余的时间指数，并且保持政府消费占产出的比例不变，$\omega_G \equiv G/Y$。

**作为状态变量的函数的就业**

利用劳动力需求式（T1. 4）、劳动力供给式（T1. 7）和生产函数（T1. 8），我们得到将均衡就业和消费以及资本存量联系起来的表达式（“LME”表示劳动力市场均衡）。

$$\text{LME:}\quad (f(L)\equiv)(1-L)L^{\varepsilon_L-1}=\frac{1-\varepsilon_C}{\varepsilon_C\varepsilon_L Z_0}CK^{-(1-\varepsilon_L)},\qquad \text{(A15A. 1)}$$

在有经济意义的区间 $L\in[0, 1]$ 上有 $f'(L)<0$ 和 $f''(L)>0$，因此 $f(L)$ 如图 A15—1 所示。

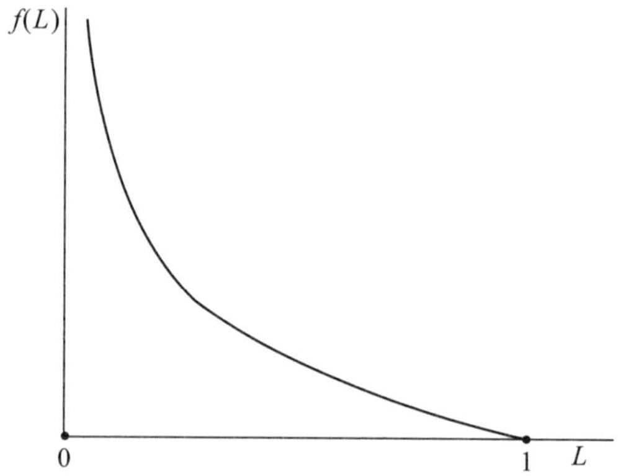


**图 A15—1　劳动力市场均衡**

**资本存量均衡**

将式（T1. 6）代入式（T1. 1），我们观察到当且仅当 $\delta K=(1-\omega_G)\ Y-C$ 时有 $\dot{K}=0$。利用式（T1. 4）和式（T1. 7）且假设 $0<\varepsilon_C<1$，资本存量均衡（CSE）的轨迹（$\dot{K}=0$）可以写为

$$\delta K=\left[1-\omega_G-\frac{\varepsilon_C\varepsilon_L}{1-\varepsilon_C}\frac{1-L}{L}\right]Y。\qquad \text{(A15A. 2)}$$

显然我们只关心产出和资本的正值，因此式（A15A.2）等号右边的方括号中的项必须是非负的。这形成了一个就业的下界：

$$L \geqslant L_{\text{MIN}} \equiv \frac{\varepsilon_C \varepsilon_L}{\varepsilon_C \varepsilon_L + (1-\omega_G)(1-\varepsilon_C)}, \quad 0 < L_{\text{MIN}} < 1。 \tag{A15A.3}$$

利用 $L_{\text{MIN}}$ 和式（T1.8）我们可以将式（A15A.2）改写为

$$\text{CSE:} \quad K^{\varepsilon_L} = \frac{\varepsilon_C \varepsilon_L Z_0}{\delta(1-\varepsilon_C)} \frac{L - L_{\text{MIN}}}{L_{\text{MIN}}} L^{\varepsilon_L - 1}。 \tag{A15A.4}$$

式（A15A.4）表示一个区间 $L \in [L_{\text{MIN}}, 1]$ 上的隐函数 $L = g(K)$，它将 $K$ 和 $L$ 联系起来。为了得到隐函数的斜率我们对式（A15A.4）求全微分：

$$K^{\varepsilon_L} \frac{dK}{K} = \frac{\varepsilon_C Z_0}{\delta(1-\varepsilon_C)} L^{\varepsilon_L - 1} \left[\frac{\varepsilon_L L + (1-\varepsilon_L) L_{\text{MIN}}}{L_{\text{MIN}}}\right] \frac{dL}{L}。 \tag{A15A.5}$$

由于 $L \geqslant L_{\text{MIN}} > 0$，在等号右边的方括号中的项是严格为正的，因此 $g'(K) > 0$。从式（A15A.4）可以得到对于 $L = L_{\text{MIN}}$ 有 $K = 0$，所以从 $L = L_{\text{MIN}}$ 到 $L = 1$ 时 $L$ 上升，从 $K = 0$ 到 $K = K_K \equiv ((1-\omega_G) Z_0/\delta)^{1/\varepsilon_L} > 0$ 时 $K$ 上升。现在对于 CSE 线我们有两个零点，即有 $(K, L) = (0, L_{\text{MIN}})$ 和 $(K, L) = (K_K, 1)$，这两个都是方程（A15A.2）的解。利用式（A15A.1）我们得到 $C$ 的对应值，即 $(C, K, L) = (0, 0, L_{\text{MIN}})$ 和 $(C, K, L) = (0, K_K, 1)$ 都是 CSE 线的零点。在图 15—1 中这些点已经在 $(C, K)$ 空间中画出了。

CSE 线的斜率计算如下。我们注意到 CSE 线可以写成：

$$C = (1-\omega_G) Z_0 g(K)^{\varepsilon_L} K^{1-\varepsilon_L} - \delta K, \tag{A15A.6}$$

其中，$L = g(K)$ 是由式（A15A.4）定义的隐函数。通过对式（A15A.6）求导数并经过几步我们得到：

$$\left(\frac{dC}{dK}\right)_{\dot{K}=0} = (1-\omega_G) Z_0 [1 - \varepsilon_L \cdot (1 - \eta_g(K))] \left(\frac{g(K)}{K}\right)^{\varepsilon_L} - \delta, \tag{A15A.7}$$

其中，$\eta_g(K)$ 是 $g(\cdot)$ 函数的弹性：

$$\eta_g(K) \equiv \frac{K g'(K)}{g(K)} = \frac{\varepsilon_L [g(K) - L_{\text{MIN}}]}{\varepsilon_L g(K) + (1-\varepsilon_L) L_{\text{MIN}}}。 \tag{A15A.8}$$

从式（A15A.8）得到 $\eta_g(0) = 0$，因此当 $K \to 0$ 时式（A15A.7）等号右边方括号中的项趋于 $(1-\varepsilon_L)$。但是由于 $\lim_{K \to 0} g(K)/K = +\infty$，可以知道 CSE 线在接近原点的地方是垂直的（见图 15—1）：

$$\lim_{K \to 0} \left(\frac{dC}{dK}\right)_{\dot{K}=0} = +\infty。 \tag{A15A.9}$$

黄金律点（消费达到最大值的点）可以通过令式（A15A.7）中的 $dC/dK = 0$ 得到：

$$(1-\omega_G)[1-\varepsilon_L(1-\eta_g(K^{GR}))]\frac{Y^{GR}}{K^{GR}}=\delta, \tag{A15A.10}$$

其中，$Y^{GR}$由下式给定：

$$Y^{GR}\equiv Z_0[g(K^{GR})]^{\varepsilon_L}[K^{GR}]^{1-\varepsilon_L}, \tag{A15A.11}$$

$\eta_g(K)$ 已经在式（A15A.8）中给出了。在图 15—1 中黄金律在点 A 出现。对于黄金律点右边的点，CSE 线是向下倾斜的。[①]

从式（T1.1），结合式（T1.6）和式（T1.8），并利用隐函数 $L=g(K)$ 可以得到资本存量的动态表达式：

$$\dot{K}=(1-\omega_G)Z_0 g(K)^{\varepsilon_L}K^{1-\varepsilon_L}-\delta K-C, \tag{A15A.12}$$

从这里我们导出 $\partial\dot{K}/\partial C<0$。见图 15—1 中的水平箭头。

**消费均衡**

消费均衡（CE）线描述了使得 $\dot{C}=0$ 的 $C$ 和 $K$ 的组合。利用式（T1.2）（稳态形式）、式（T1.5）和式（T1.8），我们可以将 CE 线写为如下形式：

$$\text{CE:}\quad y\left[\equiv\frac{Y}{K}=Z_0\left(\frac{K}{L}\right)^{-\varepsilon_L}\right]=y^*, \tag{A15A.13}$$

其中，$y^*\equiv(\rho+\delta)/(1-\varepsilon_L)$ 是均衡的产出资本比，这时，利率等于时间偏好率（$r^*=\rho$）。从式（A15A.13）可知，消费均衡确定了唯一的资本劳动比，$(K/L)^*\equiv(Z_0/y^*)^{1/\varepsilon_L}$。将这个比例代入式（A15A.1），我们得到在（$C$，$K$）空间中 CE 线的表达式：

$$C=y^*\frac{\varepsilon_C\varepsilon_L}{1-\varepsilon_C}\left[\left(\frac{Z_0}{y^*}\right)^{1/\varepsilon_L}-K\right]。 \tag{A15A.14}$$

从式（A15A.14）得到 CE 线是线性的且经过点 $(C, K)=(0, K_C)$ 和 $(C, K)=(C_C, 0)$，如图 15—1 所示：

$$K_C\equiv\left(\frac{Z_0}{y^*}\right)^{1/\varepsilon_L},\quad C_C\equiv y^*\frac{\varepsilon_C\varepsilon_L}{1-\varepsilon_C}K_C。 \tag{A15A.15}$$

如果 $\omega_G<\varepsilon_L$，CE 线在 CSE 线与 $K$ 轴交点的左边和 $K$ 轴相交。[②]

注意到式（T1.2）可以通过用下方的方式改写得到：$\dot{C}/C=(1-\varepsilon_L)[y-y^*]$，这里 $y^*$ 已经在式（A15A.13）下方定义过了，从而消费的动态表达能被推导出来。从式（A15A.13）我们得到：

---

① 外生劳动力供给对于所有 $K$ 有 $\eta_g(K)=0$ 且 $K^{GR}$ 的公式简化为通常的表达式 $(1-\omega_G)F_K=\delta$ 或者 $(1-\omega_G)(1-\varepsilon_L)(Y/K)^{GR}=\delta$。

② 为了证明这个结果，我们注意到 $K_C$ 可以和 $K_K$ 建立联系［在式（A15A.5）下方的内容中定义］：

$$\left(\frac{K_C}{K_K}\right)^{\varepsilon_L}=\frac{\delta}{\rho+\delta}\frac{1-\varepsilon_L}{1-\omega_G}。$$

因为 $\rho>0$ 且 $\omega_G<\varepsilon_L$，在等式右边的两个圆括号中的表达式都小于 1，因此我们可以得到 $K_C<K_K$。

$$\frac{\partial y}{\partial C}=\varepsilon_L Z_0\left(\frac{K}{L}\right)^{-(1+\varepsilon_L)}\left(\frac{K}{L^2}\right)\left(\frac{\partial L}{\partial C}\right)<0, \tag{A15A. 16}$$

其中，式（A15A. 1）表明 $\partial L/\partial C<0$。从这可以得到 $\partial[\dot{C}/C]/\partial C=(1-\varepsilon_L)\partial y/\partial C<0$。这在图 15—1 中用垂直的箭头表示。

## □ A. 2 式（15. 52）和式（15. 53）的推导

我们希望在给定式 $\gamma_C(t)\equiv 0$（对于所有 $t$）以及如式（15. 51）定义的 $\gamma_K(t)$ 下解出动态系统式（15. 29）。在数学附录 A. 6. 3. 2 中我们证明了解可以写成拉普拉斯变换（Laplace transforms）形式：

$$(s+\lambda_1)\begin{bmatrix}\mathcal{L}\{\widetilde{K},s\}\\ \mathcal{L}\{\widetilde{C},s\}\end{bmatrix}=\begin{bmatrix}\mathcal{L}\{\gamma_K,s\}\\ \widetilde{C}(0)\end{bmatrix}+\begin{bmatrix}\lambda_2-\delta_{22}\\ \delta_{21}\end{bmatrix}\cdot\left(\frac{\mathcal{L}\{\gamma_K,s\}-\mathcal{L}\{\gamma_K,\lambda_2\}}{s-\lambda_2}\right)。 \tag{A15A. 17}$$

消费的即时跳跃 $\widetilde{C}(0)$ 为

$$\widetilde{C}(0)=-\frac{\lambda_2-\delta_{22}}{\delta_{12}}\mathcal{L}\{\gamma_K,\lambda_2\}。 \tag{A15A. 18}$$

冲击项式（15. 51）可以写成一般形式：

$$\gamma_K(t)\equiv\gamma_K e^{-\xi_G t},\quad \gamma_K\equiv -y^*\omega_G\widetilde{G},\quad \xi_G\geqslant 0。 \tag{A15A. 19}$$

冲击在 $t=0$ 时出现，并且如果 $\xi_G=0$，那么冲击是永久的，如果 $\xi_G>0$，那么冲击是短暂的。从式（A15A. 19）来看，式（A15A. 17）中出现的拉普拉斯变换可以写成：

$$\mathcal{L}\{\gamma_K,s\}=\frac{\gamma_K}{s+\xi_G}, \tag{A15A. 20}$$

$$\frac{\mathcal{L}\{\gamma_K,s\}-\mathcal{L}\{\gamma_K,\lambda_2\}}{s-\lambda_2}=-\frac{\gamma_K}{(s+\xi_G)(\lambda_2+\xi_G)}。 \tag{A15A. 21}$$

在式（A15A. 17）中利用这些表达式我们得到：

$$\begin{bmatrix}\mathcal{L}\{\widetilde{K},s\}\\ \mathcal{L}\{\widetilde{C},s\}\end{bmatrix}=\begin{bmatrix}0\\ \widetilde{C}(0)\end{bmatrix}\frac{1}{s+\lambda_1}+\frac{\gamma_K}{\lambda_2+\xi_G}\begin{bmatrix}\delta_{22}+\xi_G\\ -\delta_{21}\end{bmatrix}\frac{1}{(s+\xi_G)(s+\lambda_1)}。 \tag{A15A. 22}$$

将式（A15A. 20）代入式（A15A. 18）可以得到即时影响：

$$\widetilde{C}(0)=-\frac{\lambda_2-\delta_{22}}{\delta_{12}}\frac{\gamma_K}{\lambda_2+\xi_G}。 \tag{A15A. 23}$$

对式（A15A. 22）求逆并且注意到 $\mathcal{L}\{e^{-at},s\}=1/(s+a)$ 且 $\mathcal{L}\{T(\alpha_1,\alpha_2,t),s\}=[(s+\alpha_1)(s+\alpha_2)]^{-1}$，我们得到 $\widetilde{K}(t)$ 和 $\widetilde{C}(t)$ 的过渡路径：

$$\begin{bmatrix}\widetilde{K}(t)\\ \widetilde{C}(t)\end{bmatrix}=\begin{bmatrix}0\\ \widetilde{C}(0)\end{bmatrix}e^{-\lambda_1 t}+\frac{\gamma_K}{\lambda_2+\xi_G}\begin{bmatrix}\delta_{22}+\xi_G\\ -\delta_{21}\end{bmatrix}T(\xi_G,\lambda_1,t), \tag{A15A. 24}$$

其中，$T(\xi_G, \lambda_1, t)$ 是暂时钟形过渡项，它的性质在下面的定理中介绍。

**引理 A15.1：** 令 $T(\alpha_1, \alpha_2, t)$ 是一个有如下形式的单值过渡函数：

$$T(\alpha_1,\alpha_2,t)\equiv\begin{cases}\dfrac{e^{-\alpha_2 t}-e^{-\alpha_1 t}}{\alpha_1-\alpha_2} & \alpha_1\neq\alpha_2\\ te^{-\alpha_1 t} & \alpha_1=\alpha_2\end{cases},$$

$\alpha_1>0$ 且 $\alpha_2>0$。那么 $T(\alpha_1, \alpha_2, t)$ 有如下性质：(i)（正则性）对于 $t\in(0, \infty)$ 有 $T(\alpha_1, \alpha_2, t)>0$。(ii) 对于 $t=0$ 和极限 $t\to\infty$ 有 $T(\alpha_1, \alpha_2, t)=0$。(iii)（单峰性）对于 $t\in(0, \hat{t})$ 有 $dT(\alpha_1, \alpha_2, t)/dt>0$，对于 $t\in(\hat{t}, \infty)$ 有 $dT(\alpha_1, \alpha_2, t)/dt<0$，对于 $t=\hat{t}$ 和极限 $t\to\infty$ 有 $dT(\alpha_1, \alpha_2, t)/dt=0$ 且 $dT(\alpha_1,\alpha_2, 0)/dt=1$。(iv) 如果 $\alpha_1\neq\alpha_2$，那么 $\hat{t}\equiv\ln(\alpha_1/\alpha_2)/(\alpha_1-\alpha_2)$；如果 $\alpha_1=\alpha_2$，那么 $\hat{t}\equiv 1/\alpha_1$。(v)（拐点）对于 $t^*=2\hat{t}$，$d^2T(\alpha_1, \alpha_2, t)/dt^2=0$。(vi) 如果 $\alpha_i\to\infty$，那么对于所有 $t\geqslant 0$ 有 $T(\alpha_1, \alpha_2, t)=0$。

下面的引理涵盖了函数 $T(0, \lambda_1, t)$ 的性质。

**引理 A15.2：** 如果 $\alpha_1=0$ 且 $\alpha_2=\alpha$，那么过渡函数正比于一个单调调整函数：$T(0, \alpha, t)=(1/\alpha)\mathrm{A}(\alpha, t)$，其中 $\mathrm{A}(\alpha, t)\equiv 1-e^{-\alpha t}$ 有如下性质：(i) 对于 $t\in(0, \infty)$ 有 $0<A(\alpha, t)<1$；(ii) $\mathrm{A}(\alpha, 0)=0$ 且 $\lim_{t\to\infty}\mathrm{A}(\alpha, t)=1$；(iii)（单调性）对于 $t\in[0, \infty)$ 有 $d\mathrm{A}(\alpha, t)/dt>0$，$\lim_{t\to\infty}d\mathrm{A}(\alpha, t)/dt=0$。

从引理 A15.2 可以得到对于永久性冲击（$\xi_G=0$），式（A15A.24）可以改写为

$$\begin{bmatrix}\widetilde{K}(t)\\ \widetilde{C}(t)\end{bmatrix}=\begin{bmatrix}0\\ \widetilde{C}(0)\end{bmatrix}[1-\mathrm{A}(\lambda_1,t)]+\begin{bmatrix}\widetilde{K}(\infty)\\ \widetilde{C}(\infty)\end{bmatrix}\mathrm{A}(\lambda_1,t), \tag{A15A. 25}$$

这里长期影响为

$$\begin{bmatrix}\widetilde{K}(\infty)\\ \widetilde{C}(\infty)\end{bmatrix}=\frac{\mathrm{adj}\Delta}{\lambda_1\lambda_2}\begin{bmatrix}\gamma_K\\ 0\end{bmatrix}。 \tag{A15A. 26}$$

## 附录 B：离散时间模型

在该附录中，我们推导离散时间随机单位弹性模型的一些技术性结果。

### □ B.1 式（15.87）和式（15.88）的推导

我们通过解下面的系统来计算关于冲击 $\eta_0$ 的脉冲响应函数：

$$\begin{bmatrix}\widetilde{K}_{t+1}-\widetilde{K}_t\\ \widetilde{C}_{t+1}-\widetilde{C}_t\end{bmatrix}=\Delta\begin{bmatrix}\widetilde{K}_t\\ \widetilde{C}_t\end{bmatrix}+\begin{bmatrix}\gamma_{Kt}\\ \gamma_{Ct}\end{bmatrix}, \tag{A15B.1}$$

其中，冲击向量在式（15.86）中给出。关键要注意到式（A15B.1）是式（15.78）的确定性对应形式。期望算子 $E_t$ 在我们计算脉冲响应函数时可以从式（15.78）中删去，因为我们已经通过将从冲击项 $\eta_0$ 得到的 $\widetilde{Z}_t$ 路径代入冲击项，使理性预期假设被包括进来。

在数学附录中我们证明了如式（A15B.1）的系统是如何在 $z$ 变换的帮助下解出来的。假设 $\Delta$ 有实特征根，$-1<-\lambda_1<0$ 且 $\lambda_2>0$，式（A15B.1）的通解为

$$[z-(1-\lambda_1)]\begin{bmatrix}\mathcal{Z}\{\widetilde{K}_t,z\}\\ \mathcal{Z}\{\widetilde{C}_t,z\}\end{bmatrix}=\begin{bmatrix}\mathcal{Z}\{\gamma_{Kt},z\}\\ z\widetilde{C}_0+\mathcal{Z}\{\gamma_{Ct},z\}\end{bmatrix}+\frac{\operatorname{adj}\,\Lambda(\lambda_2)\begin{bmatrix}\mathcal{Z}\{\gamma_{Kt},z\}-\dfrac{z}{1+\lambda_2}\mathcal{Z}\{\gamma_{Kt},1+\lambda_2\}\\ \mathcal{Z}\{\gamma_{Ct},z\}-\dfrac{z}{1+\lambda_2}\mathcal{Z}\{\gamma_{Ct},1+\lambda_2\}\end{bmatrix}}{z-(1+\lambda_2)}, \tag{A15B.2}$$

其中，$\Lambda(\lambda_2)\equiv\lambda_2 I-\Delta$ 且我们使用了资本不能在受到冲击时立即跳跃的事实（即 $\widetilde{K}_0=0$）。消费（$\widetilde{C}_0$）的即时跳跃为

$$\widetilde{C}_0=-\frac{\mathcal{Z}\{\gamma_{Ct},1+\lambda_2\}}{1+\lambda_2}-\frac{\lambda_2-\delta_{22}}{\delta_{12}}\left[\frac{\mathcal{Z}\{\gamma_{Kt},1+\lambda_2\}}{1+\lambda_2}\right]。 \tag{A15B.3}$$

冲击项式（15.86）可以写成如下一般形式：

$$\begin{bmatrix}\gamma_{Kt}\\ \gamma_{Ct}\end{bmatrix}=\begin{bmatrix}\gamma_K\\ \gamma_C\end{bmatrix}\xi_Z^t,\quad \begin{bmatrix}\gamma_K\\ \gamma_C\end{bmatrix}\equiv\phi\begin{bmatrix}y^*\\ \zeta[\xi_Z-y^*[1-\phi(1-\varepsilon_L)]]\end{bmatrix}\eta_0。 \tag{A15B.4}$$

$\gamma_{it}$ 的 $z$ 变换可以写成：

$$\mathcal{Z}\{\gamma_{it},z\}=\gamma_i\frac{z}{z-\xi_Z},\quad i\in\{K,C\}。 \tag{A15B.5}$$

在式（A15B.5）中利用式（A15B.3）我们得到 $\widetilde{C}_0$ 的如下表达式：

$$\widetilde{C}_0=-\frac{\gamma_C}{\lambda_2+(1-\xi_Z)}-\frac{\lambda_2-\delta_{22}}{\delta_{12}}\frac{\gamma_K}{\lambda_2+(1-\xi_Z)}。 \tag{A15B.6}$$

在式（A15B.6）中代入 $\gamma_C$ 和 $\gamma_K$，我们得到文中的式（15.88）。我们从式（A15B.5）推导出：

$$\frac{\mathcal{Z}\{\gamma_{it},z\}-\dfrac{z}{1+\lambda_2}\mathcal{Z}\{\gamma_{it},1+\lambda_2\}}{z-(1+\lambda_2)}=-\frac{\gamma_i}{1+\lambda_2-\xi_Z}\frac{z}{z-\xi_Z}, \tag{A15B.7}$$

因此，式（A15B.2）可以改写为

$$\begin{bmatrix}\mathcal{Z}\{\widetilde{K},z\}\\ \mathcal{Z}\{\widetilde{C},z\}\end{bmatrix}=\begin{bmatrix}0\\ \widetilde{C}_0\end{bmatrix}\frac{z}{z-(1-\lambda_1)}+\begin{bmatrix}\delta_{22}+(1-\xi_Z) & -\delta_{12}\\ -\delta_{21} & \delta_{11}+(1-\xi_Z)\end{bmatrix}$$

$$\times\frac{1}{\lambda_2+(1-\xi_Z)}\begin{bmatrix}\gamma_K\\ \gamma_C\end{bmatrix}\frac{z}{(z-\xi_Z)[z-(1-\lambda_1)]}。\tag{A15B. 8}$$

我们注意到 $\mathcal{Z}^{-1}\{z/(z-\alpha)\}=\alpha^t$ 且 $\mathcal{Z}^{-1}\{z/[(z-\alpha_1)(z-\alpha_2)]\}=T_t(\alpha_1,\ \alpha_2)$，其中，$T_t(\cdot)$是暂时钟形过渡项：

$$T_t(\alpha_1,\alpha_2)=\begin{cases}\dfrac{\alpha_1^t-\alpha_2^t}{\alpha_1-\alpha_2} & \alpha_1\neq\alpha_2\\ t\alpha_1^{t-1} & \alpha_1=\alpha_2\end{cases},\tag{A15B. 9}$$

有 $\alpha_i\neq 0$ ［参见 Ogata（1995，p. 30）］。该项是单值过渡函数的离散时间对应形式，它的性质和上面引理 A15.1 中的性质类似。我们在对永久性冲击的分析中用到的一个结果是 $T_t(1,\ \alpha_2)=(1-\alpha_2)^{-1}\mathrm{A}_t(\alpha_2)$，这里 $\mathrm{A}_t(\alpha_2)\equiv 1-\alpha_2^t$ 是离散时间调整项。对于完全暂时性冲击我们有：

$$T_t(0,\alpha_2)\equiv\begin{cases}0 & t=0\\ \alpha_2^{t-1} & t=1,2,\cdots\end{cases}\tag{A15B. 10}$$

注意到在文中我们将式（A15B.9）和式（A15B.10）结合起来并代入式（15.89）。对式（A15B.8）求逆，我们得到在时间域上的解：

$$\begin{bmatrix}\widetilde{K}_t\\ \widetilde{C}_t\end{bmatrix}=\begin{bmatrix}0\\ \widetilde{C}_0\end{bmatrix}(1-\lambda_1)^t+\begin{bmatrix}\delta_{22}+(1-\xi_Z) & -\delta_{12}\\ -\delta_{21} & \delta_{11}+(1-\xi_Z)\end{bmatrix}$$

$$\times\frac{1}{\lambda_2+(1-\xi_Z)}\begin{bmatrix}\gamma_K\\ \gamma_C\end{bmatrix}T_t(\xi_Z,1-\lambda_1)。\tag{A15B. 11}$$

适当简化式（A15B.11）可以得到文中的式（15.87）。

## □ B.2 待定系数法

在该小节我们将证明如何使用待定系数法解 15.5.1 小节中的单位弹性 RBC 模型。根据 Campbell（1994，p.470），我们推测有如下尝试解：

$$\widetilde{C}_t=\pi_{ck}\widetilde{K}_t+\pi_{cz}\widetilde{Z}_t,\tag{A15B. 12}$$

其中，$\pi_{ck}$和$\pi_{cz}$是待定系数。通过在系统（15.78）中代入式（A15B.12）我们得到：

$$\begin{bmatrix}1 & 0\\ \theta_{21} & 1\end{bmatrix}\begin{bmatrix}\widetilde{K}_{t+1}\\ \pi_{ck}\widetilde{K}_{t+1}+\xi_Z\pi_{cz}\widetilde{Z}_t\end{bmatrix}=\begin{bmatrix}1+\delta_{11}^* & \delta_{12}^*\\ 0 & 1+\delta_{22}^*\end{bmatrix}\begin{bmatrix}\widetilde{K}_t\\ \pi_{ck}\widetilde{K}_t+\pi_{cz}\widetilde{Z}_t\end{bmatrix}+\begin{bmatrix}y^*\\ \zeta\xi_Z\end{bmatrix}\phi\widetilde{Z}_t,\tag{A15B. 13}$$

其中，$\delta_{ij}^*$ 是 $\Delta^*$ 的元素［在式（15.79）中定义］，且我们已经利用了 $E_t C_{t+1} = \pi_{ck}\widetilde{K}_{t+1} + \pi_{cz}E_t\widetilde{Z}_{t+1}$ 和 $E_t\widetilde{Z}_{t+1} = \xi_Z\widetilde{Z}_t$ 的事实。式（A15B.13）中的系统给出了用 $\widetilde{K}_t$ 和 $\widetilde{Z}_t$ 表示的 $\widetilde{K}_{t+1}$ 的两种表达式，它对于所有的（$\widetilde{K}_t$，$\widetilde{Z}_t$）组合都成立。通过从式（A15B.13）中消去 $\widetilde{K}_{t+1}$，我们得到：

$$0 = \left[1 + \delta_{11}^* + \delta_{12}^*\pi_{ck} - (1 + \delta_{22}^*)\frac{\pi_{ck}}{\theta_{21} + \pi_{ck}}\right]\widetilde{K}_t + \left[\delta_{12}^*\pi_{cz} + \phi y^* - \frac{(1 - \xi_Z + \delta_{22}^*)\pi_{cz} + \phi\zeta\xi_Z}{\theta_{21} + \pi_{ck}}\right]\widetilde{Z}_t。\tag{A15B.14}$$

我们利用 $\pi_{ck}$ 保证 $\widetilde{K}_t$ 前面的方括号中的项为零。经过一些计算我们得到下面关于 $\pi_{ck}$ 的二次方程：

$$\delta_{12}\pi_{ck}^2 + (\delta_{11} - \delta_{22})\pi_{ck} - \delta_{21} = 0，\tag{A15B.15}$$

其中，$\delta_{ij}$ 是 $\Delta$ 的元素（$\delta_{11} = \delta_{11}^*$，$\delta_{12} = \delta_{12}^*$，$\delta_{21} = -\theta_{21}\delta_{11}^* + \delta_{21}^* = -\theta_{21}$（$1 + \delta_{11}^*$）且 $\delta_{22} = -\theta_{21}\delta_{12}^* + \delta_{22}^*$）。给定鞍路径稳定，我们解出式（A15B.15）的正根①：

$$\pi_{ck} = \frac{-(\delta_{11} - \delta_{22}) - \sqrt{(\delta_{11} - \delta_{22})^2 + 4\delta_{12}\delta_{21}}}{2\delta_{12}} > 0。\tag{A15B.16}$$

注意，$\delta_{12}\pi_{ck} = \delta_{22} - \lambda_2$。对于 $\pi_{ck}$ 的这个值，式（A15B.14）中 $\widetilde{Z}_t$ 前面的方括号中的项可以通过适当选择 $\pi_{cz}$ 的值成为零：

$$\pi_{cz} = \frac{\phi[\zeta\xi_Z - (\theta_{21} + \pi_{ck})y^*]}{\delta_{12}\pi_{ck} - \delta_{22} - (1 - \xi_Z)} > 0。\tag{A15B.17}$$

一旦我们知道 $\pi_{ck}$ 和 $\pi_{cz}$ 的系数，我们就可以通过利用式（A15B.13）的其中一行得到 $\widetilde{K}_{t+1}$：

$$\widetilde{K}_{t+1} = \pi_{kk}\widetilde{K}_t + \pi_{kz}\widetilde{Z}_t，\tag{A15B.18}$$

其中，$\pi_{kk} \equiv 1 + \delta_{11} + \delta_{12}\pi_{ck}$ 且 $\pi_{kz} \equiv \delta_{12}\pi_{cz} + \phi y^*$。（注意，$\pi_{kk} \equiv 1 - \lambda_1$。）

## □ B.3 计算相关性

为了评判单位弹性 RBC 模型的经验表现，我们可以计算理论模型暗示的各种相关系数。我们从解析的角度解决这个问题，这样可以强调与第 3 章中讨论的理性预期文献之间的关系。我们从计算资本存量的统计性质开始。从式（A15B.18）可以得到：

---

① $\pi_{ck}$ 的符号可以根据鞍点稳定性得到。首先，我们注意到式（A15B.16）的判别式可以写成 $(\delta_{11} - \delta_{22})^2 + 4\delta_{12}\delta_{21} = (\delta_{11} + \delta_{22})^2 - 4|\Delta| > 0$，这里符号是从 $|\Delta| < 0$ 得到的。因此，特征根是实且不同的。下面我们注意到 $\delta_{12}\delta_{21} = -\gamma_{21}\delta_{12}^*(1 + \delta_{11}^*) > 0$。因此，判别式比（$\delta_{11} - \delta_{22}$）大，所以式（A15B.15）有一个正根和一个负根。正根必须选择能够保证稳态的稳定性的，即式（A15B.18）中的 $\pi_{kk}$ 在 0 和 1 之间［也可参见 Campbell（1994，pp. 471 - 472）］。

$$E[\widetilde{K}_{t+1}-E\widetilde{K}_{t+1}]^2=\pi_{kk}^2E[\widetilde{K}_t-E\widetilde{K}_t]^2+\pi_{kz}^2E\widetilde{Z}_t^2+2\pi_{kk}\pi_{kz}E[\widetilde{K}_t-E\widetilde{K}_t]\widetilde{Z}_t\Leftrightarrow$$
$$\text{var}(\widetilde{K}_{t+1})=\pi_{kk}^2\text{var}(\widetilde{K}_t)+\pi_{kz}^2\text{var}(\widetilde{Z}_t)+2\pi_{kk}\pi_{kz}\text{cov}(\widetilde{K}_t,\widetilde{Z}_t), \quad \text{(A15B. 19)}$$

这里我们利用了事实 $E\widetilde{Z}_t=0$。由于 $\widetilde{Z}_t$ 是协方差平稳的①，相同的结论对 $\widetilde{K}_t$（以及所有内生变量）也成立。因此 $\text{var}(\widetilde{K}_{t+1})=\text{var}(\widetilde{K}_t)$ 且式（A15B. 19）可以简化为

$$(1-\pi_{kk}^2)\text{var}(\widetilde{K}_{t+1})=\pi_{kz}^2\text{var}(\widetilde{Z}_t)+2\pi_{kk}\pi_{kz}\text{cov}(\widetilde{K}_t,\widetilde{Z}_t)。\quad \text{(A15B. 20)}$$

可以直观地从式（15. 84）得出：

$$\begin{aligned}\text{var}(\widetilde{Z}_t)&\equiv E\widetilde{Z}_t^2=E[\xi_Z^2\widetilde{Z}_{t-1}^2+2\xi_Z Z_{t-1}\eta_t+\eta_t^2]\\&=\xi_Z^2\text{var}(\widetilde{Z}_{t-1})+\sigma_\eta^2 \quad\Rightarrow\\ \text{var}(\widetilde{Z}_t)&=\frac{\sigma_\eta^2}{1-\xi_Z^2},\end{aligned}\quad \text{(A15B. 21)}$$

其中，$\sigma_\eta^2$ 是冲击项（不变的）方差（即 $\sigma_\eta^2\equiv E\ (\eta_t^2)$），且我们已经利用了冲击过程的协方差稳定性［因此 $\text{var}(\widetilde{Z}_t)=\text{var}(\widetilde{Z}_{t-1})$］。类似地，我们得到：

$$\text{cov}(\widetilde{Z}_t,\widetilde{Z}_{t-j})\equiv E\widetilde{Z}_t\widetilde{Z}_{t-j}=\xi_Z^j\text{var}(\widetilde{Z}_t)。\quad \text{(A15B. 22)}$$

接下来我们利用式（A15B. 18）将 $\widetilde{K}_t$ 写成 $\widetilde{Z}_{t-j}$ 的形式：

$$\begin{aligned}\widetilde{K}_t&=\lim_{T\to\infty}\pi_{kk}^T\widetilde{K}_{t-T}+\pi_{kz}[\widetilde{Z}_{t-1}+\pi_{kk}\widetilde{Z}_{t-2}+\pi_{kk}^2\widetilde{Z}_{t-3}+\cdots]\\&=\pi_{kz}\sum_{j=1}^{\infty}\pi_{kk}^{j-1}\widetilde{Z}_{t-j},\end{aligned}\quad \text{(A15B. 23)}$$

这里我们利用了式（A15B. 18）是稳定的差分方程的事实，因此当 $T$ 增大时 $\pi_{kk}^T\widetilde{K}_{t-T}$ 趋向于零。利用式（A15B. 22）和式（A15B. 23）我们得到 $\text{cov}(\widetilde{K}_t,\ \widetilde{Z}_t)$ 的表达式：

$$\begin{aligned}\text{cov}(\widetilde{K}_t,\widetilde{Z}_t)&\equiv E[\widetilde{K}_t-E\widetilde{K}_t]\widetilde{Z}_t=\pi_{kz}\sum_{j=1}^{\infty}\pi_{kk}^{j-1}E\widetilde{Z}_t\widetilde{Z}_{t-j}\\&=\pi_{kz}\sum_{j=1}^{\infty}\pi_{kk}^{j-1}\xi_Z^j\text{var}(\widetilde{Z}_t)=\xi_Z\pi_{kz}\text{var}(\widetilde{Z}_t)\sum_{j=1}^{\infty}(\xi_Z\pi_{kk})^{j-1}\\&=\frac{\xi_Z\pi_{kz}}{1-\xi_Z\pi_{kk}}\text{var}(\widetilde{Z}_t)。\end{aligned}\quad \text{(A15B. 24)}$$

通过将式（A15B. 22）和式（A15B. 24）代入式（A15B. 20）我们得到资本存量方差的最终表达式：

$$\text{var}(\widetilde{K}_{t+1})=\frac{1+\xi_Z\pi_{kk}}{1-\xi_Z\pi_{kk}}\frac{\pi_{kz}^2}{1-\pi_{kk}^2}\text{var}(\widetilde{Z}_t)。\quad \text{(A15B. 25)}$$

---

① 当随机过程 $\{x_t\}$ 的均值和时间无关且自协方差矩阵序列 $E(x_{t+j}-Ex_{t+j})(x_t-Ex_t)^T$ 只取决于 $j$ 而不取决于 $t$ 时，该随机过程是协方差平稳的。参见 Ljungqvist 和 Sargent（2000，p. 9）以及 Patterson（2000，ch. 3）。

由式（A15B. 18）有：

$$\operatorname{cov}(\widetilde{K}_{t+1},\widetilde{K}_t)=E[\widetilde{K}_{t+1}-E(\widetilde{K}_{t+1})][\widetilde{K}_t-E(\widetilde{K}_t)]$$
$$=\pi_{kk}\operatorname{var}(\widetilde{K}_{t+1})+\pi_{kz}\operatorname{cov}(\widetilde{K}_t,\widetilde{Z}_t)$$
$$=\frac{\xi_Z+\pi_{kk}}{1-\xi_Z\pi_{kk}}\frac{\pi_{kz}^2}{1-\pi_{kk}^2}\operatorname{var}(\widetilde{Z}_t)。\tag{A15B. 26}$$

现在我们有 $\operatorname{var}(\widetilde{K}_t)$、$\operatorname{var}(\widetilde{Z}_t)$ 和 $\operatorname{cov}(\widetilde{K}_t,\widetilde{Z}_t)$ 的表达式，其余变量的方差和协方差都可以简单地得到。例如对于消费来说，我们从式（A15B. 12）可导出：

$$\operatorname{var}(\widetilde{C}_t)=\pi_{ck}^2\operatorname{var}(\widetilde{K}_t)+\pi_{cz}^2\operatorname{var}(\widetilde{Z}_t)+2\pi_{ck}\pi_{cz}\operatorname{cov}(\widetilde{K}_t,\widetilde{Z}_t),\tag{A15B. 27}$$

$$\operatorname{cov}(\widetilde{C}_t,\widetilde{K}_t)=\pi_{ck}\operatorname{var}(\widetilde{K}_t)+\pi_{cz}\operatorname{cov}(\widetilde{K}_t,\widetilde{Z}_t)。\tag{A15B. 28}$$

将式（A15B. 12）代入式（15. 72）～式（15. 76）我们可以将就业、工资、产出、投资和利率写成 $\widetilde{K}_t$ 和 $\widetilde{Z}_t$ 的形式，且导出这些变量类似式（A15B. 27）～式（A15B. 28）的表达式。例如对于产出，我们得到如下表达式：

$$\widetilde{Y}_t=\pi_{yk}\widetilde{K}_t+\pi_{yz}\widetilde{Z}_t,\tag{A15B. 29}$$

其中，$\pi_{yk}\equiv\phi(1-\varepsilon_L)-(\phi-1)\pi_{ck}$ 且 $\pi_{yz}\equiv\phi-(\phi-1)\pi_{cz}$。式（A15B. 29）对于计算不同变量和产出之间的协方差是有用的。例如，从式（A15B. 12）和式（A15B. 29）得到cov（$\widetilde{C}_t,\widetilde{Y}_t$）为

$$\operatorname{cov}(\widetilde{C}_t,\widetilde{Y}_t)=\pi_{ck}\pi_{yk}\operatorname{var}(\widetilde{K}_t)+[\pi_{ck}\pi_{yz}+\pi_{cz}\pi_{yk}]\operatorname{cov}(\widetilde{K}_t,\widetilde{Z}_t)+\pi_{cz}\pi_{yz}\operatorname{var}(\widetilde{Z}_t)。\tag{A15B. 30}$$

类似地，我们从式（A15B. 29）得到 $\operatorname{cov}(\widetilde{K}_t,\widetilde{Y}_t)$：

$$\operatorname{cov}(\widetilde{K}_t,\widetilde{Y}_t)=\pi_{yk}\operatorname{var}(\widetilde{K}_t)+\pi_{yz}\operatorname{cov}(\widetilde{K}_t,\widetilde{Z}_t)。\tag{A15B. 31}$$

对于其他变量的类似表达式可以很容易地得到。最后，注意到在文中我们报告了相关系数。这是按照如下方式定义的：

$$\operatorname{cor}(x_t,y_t)=\frac{\operatorname{cov}(x_t,y_t)}{[\operatorname{var}(x_t)\operatorname{var}(y_t)]^{1/2}}。\tag{A15B. 32}$$

# 第16章 连续时间下的世代交叠

本章的目标是讨论以下问题：

1. 介绍一个流行的连续时间的世代交叠（OLG）模型并说明它在理论上的主要性质。

2. 运用这一基本模型来分析财政政策、政府债务的作用、动态效率以及经济增长。

3. 论证在小型的开放经济体中此模型可以达到合理的均衡。

4. 将这个连续时间的世代交叠模型扩展到内生劳动力供给的情形并且进行一个比较动态的税收政策实验。

5. 研究当个人面临驼峰状的工资曲线时的退休决定。

## 16.1 导言

本章我们将学习现代宏观经济学中的一个基本模型，即布兰查德-雅里[Blanchard (1985)- Yaari(1965)] 世代交叠模型。这一模型的功能非常多样，原因在于它非常灵活，并且包含了拉姆齐模型作为特例。布兰查德-雅里模型和拉姆齐模型的主要区别在于前者以出生日期来区分不同个体，而后者只是假设了一个单一的代表性个体。即便布兰查德-雅里模型中的个体是异质性的，但由于进行了比较巧妙的模型设定，我们仍然可以在加总的宏观水平上解出该模型并进行分析。

## 16.2 寿命不确定的个人行为

### □ 16.2.1 雅里的观点

除了税收以外，生活中最确定的事就是死亡了。除此之外，所有事情都是不确定的。没有人能准确知道死神何时将向自己招手。但是，到目前为止，本书进行的所有讨论都忽略了寿命的不确定性。当然，为了说明李嘉图等价定理不成立的各种原因，我们曾在第 5 章介绍了一个基本的两期消费—储蓄模型。但在那个模型中，每个个体都知道自己只能存活两期。我们同样在第 13 章阐述了拉姆齐模型中作出最优消费和储蓄决策的无限存活的个体。但是，由于在那个模型中个体是无限存活的，寿命的不确定性仍然没有被考虑进来。

在一篇极具创造性的文章中，Yaari（1965）在叙述动态消费—储蓄模型时提出了寿命不确定的问题。通过这篇文章，他为 Blanchard（1985）的世代交叠模型建立了关键基础，而雅里的模型也成为动态宏观经济学的基本模型。Yaari（1965, pp. 139 - 140）清晰地指出，引入寿命不确定性将使模型在两方面变得复杂。首先，如果个体的死亡时间 $D$ 是随机的，由此将导致个体的终生效用函数也是随机的，因此，个体的决策问题也将是随机的，那么最大化其终生效用将变得没有意义。从而，必须用到期望效用的假设，终生期望效用函数应该成为目标函数。其次，关于个体死亡时的财富的非负限制同样是随机的，因为这同样取决于死亡的随机时间。用符号来表达就是，如果 $A(t)$ 是 $t$ 时刻的实际资产，那么 $A(D)$ 是随机的，并且求解过程必须保证 $A(D)\geqslant 0$ 一定成立。

幸运的是，Yaari（1965）为这两个复杂问题进行了求解。首先，即便 $D$ 是一个随机变量，如果要应用期望效用假设，我们只需知道 $D$ 的概率密度函数。当然，人口统计数据能够帮助估计 $D$ 的相当准确的分布函数。显然，没有人有负的期望寿命，并且寿命的上界是有限的，比如说 $\bar{D}$，没有人能活得比这个时间更长。所以，$D$ 的概率密度函数被定义为 $\phi(D)$，它满足：

$$\phi(D)\geqslant 0 \quad (D\geqslant 0); \quad \Phi(\bar{D})=\int_0^{\bar{D}}\phi(D)dD=1。 \tag{16.1}$$

第一条性质是对于概率密度函数的普遍要求，第二条性质意味着随机变量 $D$ 以概率 1 落在区间 $[0, \bar{D}]$ 上（意味着 $\Pr\{0\leqslant D\leqslant\bar{D}\}=1$）。随机变量 $D$ 的累积分布函数 $\Phi(x)$ 可按如下定义：$\Phi(x)=\Pr\{D\leqslant x\}=\int_0^x\phi(D)dD$。该式服从 $d\Phi(x)=\phi(x)dx$，即密度函数可以从累积分布函数推出 $[d\Phi(x)/dx=\phi(x)]$。在没有断点的前提下，$\Phi(x)$ 是连续的。图 16—1 提供了一个典型的累积分布函数。此图中，$\Phi(D_0)$ 代表个体在 $D_0$ 岁或之前死亡的概率。图 16—2 中的密度函数（右轴）和生存概率（左轴）已经阐述。

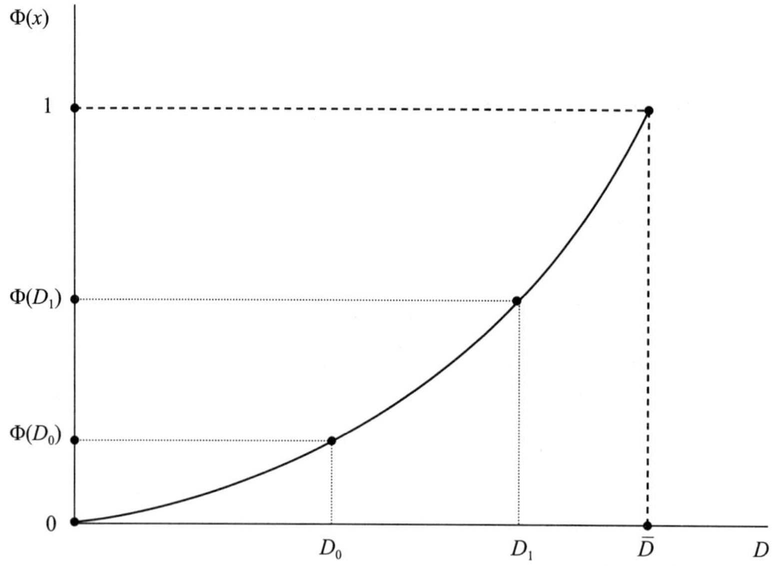

图 16—1　累积分布函数

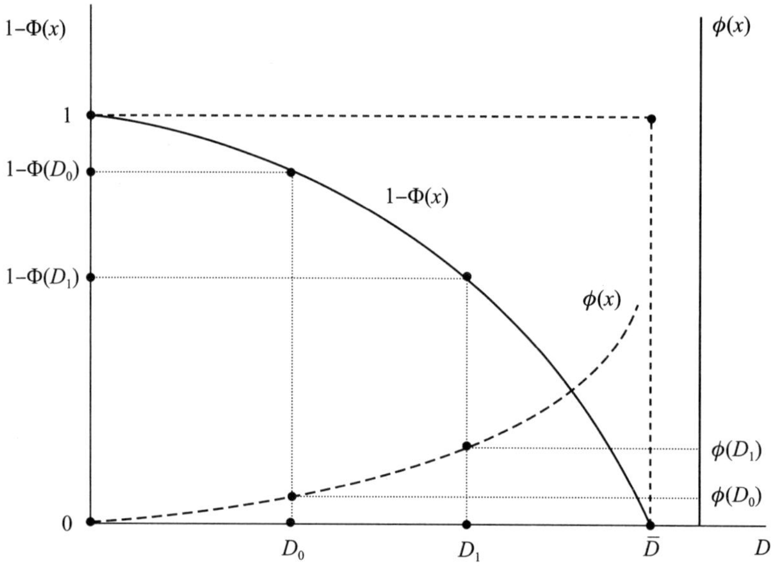

图 16—2　密度函数和生存概率

消费者的终生效用定义如下：

$$\Lambda(D) \equiv \int_0^D U(C(\tau))e^{-\rho\tau}d\tau, \tag{16.2}$$

其中，$U(C(\tau))$ 是 $\tau$ 时刻的瞬时效用（或者说是“幸福”），$C(\tau)$ 是私人消费①，$\rho$ 是纯时间偏好率。为简单起见，我们假设幸福函数是弹性不变的：

① 劳动力供给是缺乏供给弹性的。所以，消费—闲暇决策并不属于个体的最优决策问题。后面我们将会放松这一假设。

$$U(C(\tau))\equiv\begin{cases}\dfrac{C(\tau)^{1-1/\sigma}-1}{1-1/\sigma} & \sigma>0,\sigma\neq 1\\ \ln C(\tau) & \sigma=1\end{cases}, \tag{16.3}$$

其中 $\sigma$ 是跨期替代弹性。利用式（16.1）和式（16.2），终生期望效用可以写为[①]

$$\begin{aligned}E(\Lambda(D)) &\equiv \int_0^{\bar{D}}\phi(D)\Lambda(D)dD\\ &=\int_0^{\bar{D}}\left[\int_\tau^{\bar{D}}\phi(D)dD\right]U(C(\tau))e^{-\rho\tau}d\tau\\ &=\int_0^{\bar{D}}[1-\Phi(\tau)]U(C(\tau))e^{-\rho\tau}d\tau,\end{aligned} \tag{16.4}$$

其中，$1-\Phi(\tau)$ 是个体在 $\tau$ 时刻仍然存活的概率，即

$$1-\Phi(\tau)\equiv\int_\tau^{\bar{D}}\phi(D)dD。 \tag{16.5}$$

对于式（16.4），至关重要的一点是需要注意到个体的目标函数现在已经化成一个非常标准的格式。除了添加了由于考虑寿命不确定性而产生的两个参数［$\bar{D}$ 和 $\Phi(\tau)$］外，式（16.4）的表达式与代表性个体的效用函数［即第 13 章中的式（13.57）］非常相似。

Yaari（1965）曾提出并讨论过的第二个变得复杂的方面也可以轻松地进行处理。假设家庭的预算等式能够写成下面这种形式：

$$\dot{A}(\tau)=r(\tau)A(\tau)+w(\tau)-C(\tau), \tag{16.6}$$

其中，$\dot{A}(\tau)\equiv dA(\tau)/d\tau$，$r(\tau)$ 是利率，$w(\tau)$ 是非利息收入，所有变量均是实际值（以产出单位来衡量）。（假设）寿命不确定是模型中唯一的随机项，那么 $r(\tau)$ 和 $w(\tau)$ 对于个体来说都是已知的。Yaari（1965，pp. 142 - 143）解释了死亡时的财富约束 $\Pr\{A(D)\geqslant 0\}=1$，等价于：

$$A(\bar{D})=0;\quad C(\tau)\leqslant w(\tau)，当 A(\tau)=0 时。 \tag{16.7}$$

该结论背后的直观感受是：我们确信约束条件 $A(\tau)\geqslant 0$ 取等号时必须满足 $\tau=\bar{D}$，即 $A(\bar{D})=0$。对于其他能使 $A(\tau)\geqslant 0$ 成立的 $\tau$，其取值满足当 $A(\tau)=0$ 时 $\dot{A}(\tau)=w(\tau)-C(\tau)\geqslant 0$，即在没有财富剩余时不允许负储蓄的存在。一个拥有金融资产 $A(0)$ 的消费者面临着如下终生预算约束（具体推导见插叙 13.2）：

$$\int_0^{\bar{D}}C(\tau)e^{-R(0,\tau)}d\tau=A(0)+\int_0^{\bar{D}}w(\tau)e^{-R(0,\tau)}d\tau, \tag{16.8}$$

其中 $R(0,\tau)\equiv\int_0^\tau r(s)ds$ 是包含了市场利率的累计利息因子，此外我们还利用了条件 $A(\bar{D})=0$。直观地看，这个条件的意思是消费流的现值必须等于初始金融资产加上以市场利率为贴现率时的当前及未来的非利息收入的现值（即“人力财富”）。

---

① 从式（16.4）的第一行到第二行的推导中，我们改变了积分的次序。详见插叙 16.1。

给定初始的财富水平（$A(0)$），在式（16.6）、式（16.7）以及消费的非负约束条件（$C(\tau)\geqslant 0$）下，个体最大化他的终生期望效用，即式（16.4）中的 $E(\Lambda(D))$。这一最优化问题的内点解由以下表达式决定：

$$[1-\Phi(\tau)]U'(C(\tau))=\lambda(\tau), \tag{16.9}$$

$$\frac{\dot{\lambda}(\tau)}{\lambda(\tau)}=\rho-r(\tau), \tag{16.10}$$

其中，$\lambda(\tau)$ 是式（16.6）的辅助变量，表示财富的期望边际效用。从直觉上来看，式（16.9）说明当取内点解时，个体消费的期望边际效用等于财富的期望边际效用。式（16.10）是概括了动态最优的标准表达式。

联立式（16.9）和式（16.10），并且注意到在式（16.3）中我们可以得到当寿命的不确定性存在时，家庭消费的欧拉方程：

$$\frac{\dot{C}(\tau)}{C(\tau)}=\sigma[r(\tau)-\rho-\mu(\tau)], \tag{16.11}$$

其中 $\mu(\tau)\equiv\phi(\tau)/[1-\Phi(\tau)]>0$ 是所谓的“风险率”（hazard rate），或者在 $\tau$ 时刻死亡的即时概率。与无限存活个体下的情形相比，死亡概率是欧拉方程中新加入的部分。[①] 这是 Yaari（1965，p.143）得到的第一个结论：存活的不确定性导致家庭以更大的比率对未来进行贴现，即当存在寿命的不确定性时，主观贴现因子是 $\rho+\mu(\tau)$ 而非仅仅是 $\rho$；这是符合直觉的。如果你以一个正的概率不能存活足够长的时间来享受一个给定的未来消费路径，那么你倾向于对由此产生的效用流进行更快的贴现。在图 16—2 中，$x=D_0$ 的风险率由比率 $\phi(D_0)/[1-\Phi(D_0)]$ 来表示：当 $x=D_1$ 时，风险率为 $\phi(D_1)/[1-\Phi(D_1)]$。显然，因为 $\phi(D_1)>\phi(D_0)$ 且 $1-\Phi(D_1)<1-\Phi(D_0)$，风险率随着个体年龄的增长而增加。

此时，我们已经讨论了当没有人寿保险时，个体的最优选择。但实际生活中存在着各种不同的人寿保险，因此与之相伴的问题是这一制度性特征将如何改变个体的行为。Yaari（1965，pp.140－141）根据保险公司发行的所谓的保单提出了一种特定的人寿保险。个体可以购买或者卖出这种保单，当个体死亡时，这种保单自动终止。这种保单的即期利率是 $r^A(\tau)$，仅当 $r^A(\tau)$ 超过 $r(\tau)$ 时，非零交易才会发生。个体购买了一份保单就相当于购买了一份约定在个体的生命存续期内以高于利率水平的费率对个体进行支付的年金。当个体死亡后，保险公司对于个体的财产没有额外的义务。相反地，个体卖出一份保单就相当于得到了一份人寿保险贷款。在个体的生命存续期内，他必须以高于市场利率的费率偿还借款。但一旦他死亡，他的财产将免于任何义务，即本金无须偿还给保险公司。

为了求出保单的回报率，雅里作出了（最简单可行的）精算公平的假设。根据这一假设，为了得到 $r^A(\tau)$ 的表达式，我们假设在 $\tau$ 时刻个体购买了价值 1 欧元的保单。在 $\tau+d\tau$ 时刻，这些票据有可能被赎回（如果个体仍然存活），也有可能自动取消（如果个体在 $\tau$ 到 $\tau+d\tau$ 这段时间内死亡了）。保单意味着：

---

① 标准的拉姆齐模型中没有寿命的不确定性。见第 13～15 章。

$$[1+r^A(\tau)d\tau]\cdot\left(\frac{1-\Phi(\tau+d\tau)}{1-\Phi(\tau)}\right)=1+r(\tau)d\tau, \tag{16.12}$$

当 $d\tau\to0$ 时，等式成立。式（16.12）等号的右边表示的是当 1 美元投资于通常的市场票据时的情形，而等号左边表示的是购买保单的情形。圆括号中的项小于 1，表示的是个体从 $\tau$ 到 $\tau+d\tau$ 这段时间内死亡的事实。另外，我们注意到式（16.12）可以写成：

$$r^A(\tau)=\frac{1-\Phi(\tau)}{1-\Phi(\tau+d\tau)}\cdot r(\tau)+\frac{\frac{\Phi(\tau+d\tau)-\Phi(\tau)}{d\tau}}{1-\Phi(\tau+d\tau)}。 \tag{16.13}$$

令 $d\tau\to0$，等式等号右边第一项趋于 $r(\tau)$，而第二项趋于 $\mu(\tau)\equiv\phi(\tau)/[1-\Phi(\tau)]$。因此，我们可以得到这两种金融工具间相当直观的无套利关系式：

$$r^A(\tau)=r(\tau)+\mu(\tau)。 \tag{16.14}$$

记住，$\tau$ 不仅仅是时间指标，同时也代表着个体的年龄，正如我们在下面所论证的，一个现实的死亡过程意味着即时死亡率随年龄的增加而增加，即 $d\mu(\tau)/d\tau>0$。由式（16.14）可知，保持市场利率 $r(\tau)$ 不变，个体所面对的年金随着个体年龄的增加而增加，即一位年龄 80 岁的人比 20 岁的人面对更高的年金。个体离可能的最大年龄 $\bar{D}$ 越近，其即时死亡的概率也越大，于是也需要保单产生更高的超额收益。

我们回到个体的选择问题。正如 Yaari（1965，p. 145）所指出的，个体始终会以保单的形式持有自己的金融资产，即他为了抵御寿命的损失会进行完全保险，从而预算等式变为

$$\dot{A}(\tau)=r^A(\tau)A(\tau)+w(\tau)-C(\tau)。 \tag{16.15}$$

所以当个体死亡时，所有保单都将自动取消，此时对于最终资产的限制将会满足。通过思考以下两种情形，可以最好地理解完全保险结果背后的经济学直觉。当个体在任何时候都拥有正的净资产时，这些资产都将以保单的形式持有，因为这样才能获取最高的回报（当不存在遗赠动机时，这是所有个体所追求的）。相反地，如果除了保单之外个体的净资产为负，他将违反上面提到的关于最终资产的限制（即 $\Pr\{A(D)\geqslant0\}=1$ 的要求）。

我们还没有完全解决最初提出的问题。因为我们需要确保个体无法通过无限制的借入（卖出保单）来填补越来越高的利息偿付从而破坏整个系统。这使得个体的清偿能力条件被引入，$\lim_{\tau\to\bar{D}}A(\tau)e^{-RA(0,\tau)}=0$，将上式与式（16.15）联立可得到终生预算约束如下：

$$\int_0^{\bar{D}}C(\tau)e^{-RA(0,\tau)}d\tau=A(0)+\int_0^{\bar{D}}w(\tau)e^{-RA(0,\tau)}d\tau, \tag{16.16}$$

其中 $R^A(0,\tau)\equiv\int_0^\tau r^A(s)ds$ 是包含了年利率的累计利率因子。终生预算约束式（16.18）与式（16.16）的主要区别在于：前者使用市场利率进行贴现而后者使用保单的利率进行贴现。

在终生预算约束条件式（16.16）以及消费的非负约束条件 $[C(\tau)\geqslant0]$ 下，消

费者最大化其终生期望效用［即式（16.4）中的 $E(\Lambda(D))$］。这一问题的内点解由下面的欧拉方程决定：

$$\frac{\dot{C}(\tau)}{C(\tau)}=\sigma[r^A(\tau)-\rho-\mu(\tau)]=\sigma[r(\tau)-\rho], \tag{16.17}$$

其中我们用到了式（16.14）中从第 1 行到第 2 行的推导。对于式（16.17）值得注意的是——这同样是雅里的第 2 个结论，寿命不确定情形下带完全保险的欧拉方程与没有寿命不确定性时的欧拉方程完全一样！但需要引起注意的是，两种情况下的消费水平是不同的，因为两种情况下的终生消费可能性边界是不同的。

插叙 16.1

## 雅里模型的技术性结论

在此插叙中，我们收集了一些雅里模型更加复杂的推导。随机变量 $D$ 的累积分布函数定义如下：

$$\Phi(x)\equiv\int_0^x\phi(D)dD,\quad 0\leqslant x\leqslant\bar{D}, \tag{a}$$

由式（16.1）我们可得 $\Phi(0)=0$，$\Phi(\bar{D})=1$，以及 $d\Phi(x)=\phi(x)dx$。直观地看，$\Phi(D_0)$ 是个体在 $D_0$ 岁不再存活的无条件概率。它的补集 $1-\Phi(D_0)$ 表示个体在 $D_0$ 岁依旧存活的无条件概率。这些概率之所以被称为无条件概率，是因为它们是从生命开始的角度得到的。

个体在 $D_0>0$ 岁时依旧存活的期望寿命是多少？条件概率密度函数（Ross，1993，p. 88）定义为

$$\phi(D\mid D\geqslant D_0)\equiv\frac{\phi(D)}{1-\Phi(D_0)},\quad (D_0\leqslant D\leqslant\bar{D}), \tag{b}$$

其中，我们修正了分母的比例因子，这是因为当且仅当 $D$ 大于 $D_0$ 时才能获得非零权重。明显地，从式(b)可得 $\int_{D_0}^{\bar{D}}\phi(D|D\geqslant D_0)dD=1$。那么 $D_0$ 岁个体的期望剩余寿命(ERL)由下式给出：

$$\begin{aligned}ERL(D_0)&\equiv\int_{D_0}^{\bar{D}}\phi(D|D\geqslant D_0)[D-D_0]dD\\&=\int_{D_0}^{\bar{D}}\frac{\phi(D)}{1-\Phi(D_0)}[D-D_0]dD\\&=\frac{1}{1-\Phi(D_0)}\cdot\left[\int_{D_0}^{\bar{D}}\phi(D)DdD-D_0\int_{D_0}^{\bar{D}}\phi(D)dD\right]。\end{aligned} \tag{c}$$

已知 $\phi(D)dD=d\Phi(D)$，式(c)右边的第一个积分项可以化简，由分部积分法可得：

$$\begin{aligned}\int_{D_0}^{\bar{D}}\phi(D)DdD&=\int_{D_0}^{\bar{D}}Dd\Phi(D)=D\Phi(D)\Big|_{D_0}^{\bar{D}}-\int_{D_0}^{\bar{D}}\Phi(D)dD\\&=\bar{D}\Phi(\bar{D})-D_0\Phi(D_0)-\int_{D_0}^{\bar{D}}\Phi(D)dD。\end{aligned} \tag{d}$$

式(c)右边的第二项积分为

$$D_0\int_{D_0}^{\overline{D}}\phi(D)dD=D_0\int_{D_0}^{\overline{D}}d\Phi(D)=D_0[1-\Phi(D_0)]。\tag{e}$$

将式(d)和式(e)代入式(c)，由 $\Phi(\overline{D})=1$，我们可得期望寿命的表达式如下：

$$\begin{aligned}ERL(D_0)&=\frac{\overline{D}-D_0\Phi(D_0)-\int_{D_0}^{\overline{D}}\Phi(D)dD-D_0[1-\Phi(D_0)]}{1-\Phi(D_0)}\\&=\frac{1}{1-\Phi(D_0)}\cdot\int_{D_0}^{\overline{D}}[1-\Phi(D)]dD。\end{aligned}\tag{f}$$

在正文中我们一般直接使用个体在 $u$ 岁（$0\leqslant u\leqslant\overline{D}$）时的即时死亡率 $\mu(u)$。由式(16.11)下的正文可知 $\mu(u)\equiv\phi(u)/[1-\Phi(u)]$。因此，由于 $\Phi'(u)=\phi(u)$，我们可得：

$$\mu(u)=-\frac{d}{du}\ln[1-\Phi(u)]。\tag{g}$$

从中可以得到：

$$\begin{aligned}&-\int_0^{u_0}\mu(u)du=\int_0^{u_0}d\ln[1-\Phi(u)]\quad\Rightarrow\\&-M(u_0)=\ln[1-\Phi(u_0)]-\ln[1-\Phi(0)]\quad\Rightarrow\\&e^{-M(u_0)}=1-\Phi(u_0),\end{aligned}\tag{h}$$

这里，我们利用了等式 $\Phi(0)=0$（因此 $\ln[1-\Phi(0)]=0$），同时利用了积分风险方程的定义，即 $M(u_0)\equiv\int_0^{u_0}\mu(u)du$。

最后一个需要论证的结论是关于积分顺序的改变，我们通过此方法将式(16.4)从第一行推导到第二行。定义辅助函数，$g(\tau)\equiv U(C(\tau))e^{-\rho\tau}$，我们可以写成：

$$\begin{aligned}E(\Lambda(D))&=\int_0^{\overline{D}}\phi(D)\left[\int_0^{D}g(\tau)d\tau\right]dD\\&=\int_0^{\overline{D}}\left[\int_0^{D}\phi(D)g(\tau)d\tau\right]dD。\end{aligned}\tag{i}$$

初始的积分区域在图 A 中画出。式 (i) 中里层积分的 $\tau$ 取 0 到 $D$ 之间的所有值（水平线），然而式 (i) 中外层积分的 $D$ 取 0 到 $\overline{D}$ 之间的所有值（竖直线）。因此，积分产生了图 A 中显示的阴影。

改变式 (i) 中的积分顺序，我们得到：

$$E(\Lambda(D))=\int_?^?\left[\int_?^?\phi(D)dD\right]g(\tau)d\tau,\tag{j}$$

并且我们需要建立合适的积分区间。可以非常容易地发现，当式(j)的里层积分 $D$ 取 $\tau$ 到 $\overline{D}$ 之间的所有值(竖直线)而式(j)的外层积分 $\tau$ 取 0 到 $\overline{D}$ 之间的所有值(水平线)时，就会出现和图 B 中一样的阴影。从式(j)的结论我们可以得出：

$$E(\Lambda(D))=\int_0^{\overline{D}}\left[\int_\tau^{\overline{D}}\phi(D)dD\right]g(\tau)d\tau。\tag{k}$$

利用 $g(\tau)$ 的定义并注意到 $\int_\tau^{\overline{D}}\phi(D)dD=1-\Phi(\tau)$，我们可以得到正文中的式(16.4)。

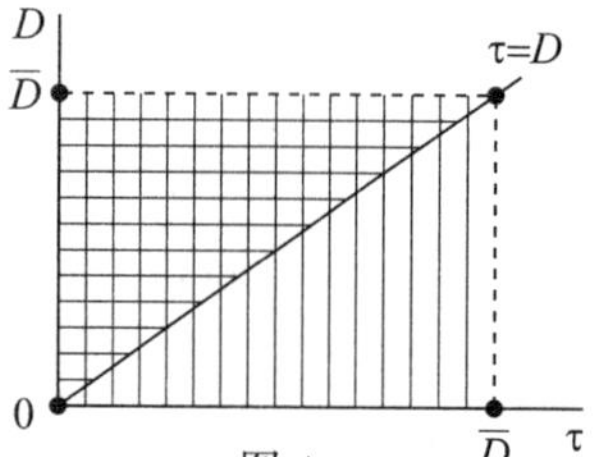


图 A

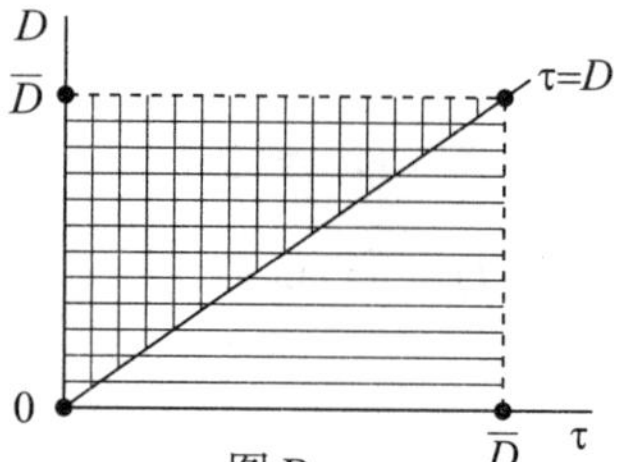


图 B

## □ 16.2.2 真实的死亡率曲线

在这一节中，我们在真实死亡过程的帮助下画出雅里模型。为了更清楚地解释并尽可能地接近最初的雅里结构，我们使用了人口统计参数，这意味着最大年龄是有限的。实际上，由 Boucekkine et al.（2002）的研究，我们将累积分布函数写成：

$$\Phi(u)\equiv\frac{e^{\mu_1 u}-1}{\mu_0-1},\quad 0\leqslant u\leqslant\bar{D}\equiv\frac{\ln\mu_0}{\mu_1},\tag{16.18}$$

其中，$u$ 表示个体年龄，$\mu_0>1$ 且 $\mu_1>0$，$\bar{D}$ 从 $\Phi(\bar{D})=1$（所以 $e^{\mu_1\bar{D}}=\mu_0$）可以得到。Romp(2007，p.31）利用 1920 年荷兰的出生率来估计这个方程的参数。他发现 $\hat{\mu}_0=41.06$，$\hat{\mu}_1=0.042\,9$，说明最大年龄的估计值为 $\bar{D}=86.6$ 岁，出生时的期望寿命为 65.4 岁。

使用式（16.18），我们可以很容易地得到密度方程的表达式以及即时死亡率：

$$\phi(u)\equiv\frac{d\Phi(u)}{du}=\frac{\mu_1 e^{\mu_1 u}}{\mu_0-1},\quad \mu(u)\equiv\frac{\phi(u)}{1-\Phi(u)}=\frac{\mu_1 e^{\mu_1 u}}{\mu_0-e^{\mu_1 u}},\tag{16.19}$$

这里，我们必须再次注意到这些表达式的前提是 $0<u<\bar{D}$。在图 16—3 中，我们使用之前提及的参数（见实线）来说明即时死亡率的自然对数 $\ln\mu(u)$。毫无疑问的是，在图 16—2 中，死亡率随着年龄而增加。当 $u$ 值较小时，$\mu(u)$ 几乎是对数线性的；但是当 $u$ 接近于 $\bar{D}$ 时，死亡率快速上升，在 $\bar{D}$ 时趋于无穷大［即 $\lim_{u\to\bar{D}}\mu(u)=\infty$］。

图 16—4 同样使用了上述参数，该图表示的是个体的期望剩余寿命（见插叙 16.1）。出生时 $d$ 的期望寿命为 65.4 岁；存活了 30 年后的期望寿命不到 40 岁；而当活到 70 岁时，期望寿命还有近乎 10 年。当一个人变老时，剩余寿命缩短，但总的期望寿命增加。

为了计算个人的消费和资产配置曲线，我们建立了一个形式非常简单的雅里模型。我们假设个体在生命初始时没有任何金融资产，即 $A(0)=0$；且假设他们在整个生命周期获得固定的工资收入，即 $w=1$。给定年利率为 5%，即 $r=0.05$；同时将纯时间偏好率设为 $\rho=0.04$，这意味着个体是比较有耐心的，会在生命的前期开始存钱。为了简单起见，我们假设幸福函数是对数形式的，即式（16.3）中 $\sigma=1$。

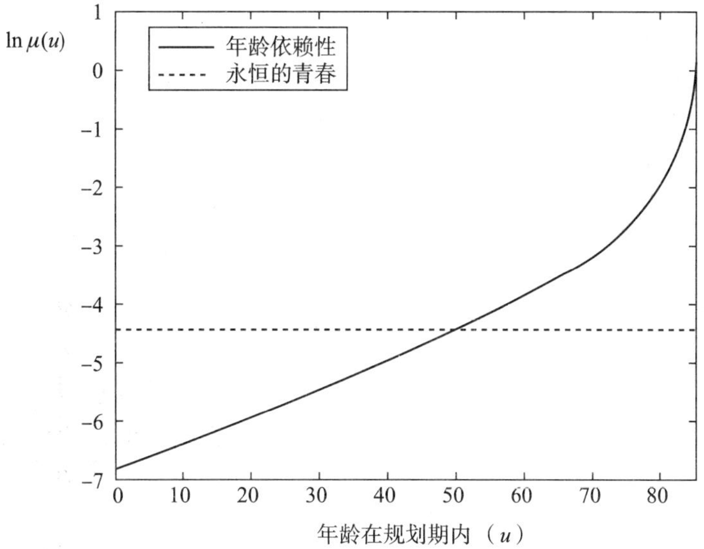


**图 16—3　即时死亡率的对数图**

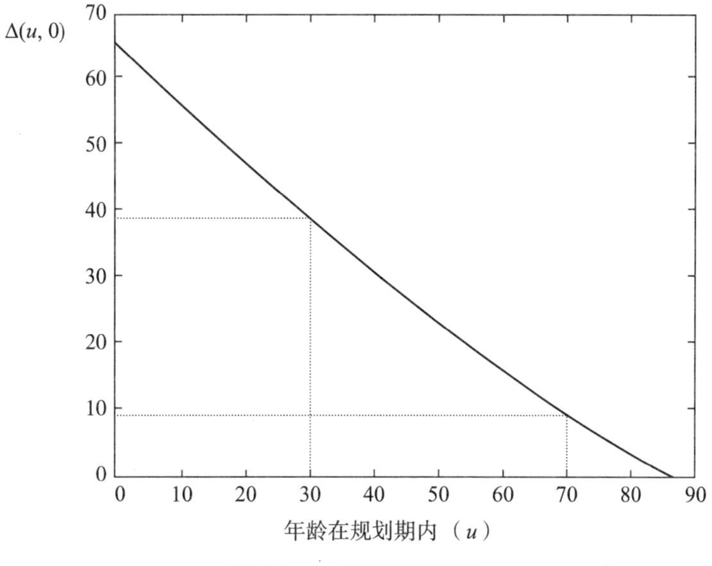


**图 16—4　期望剩余寿命**



### 16.2.2.1　精算公平年金

由于精算公平（或完美）年金的存在，根据式（16.14）可得：对于年龄为 $u$ 岁的个体，［从式（16.17）可知］年利率等于 $r+\mu(u)$，生命周期的消费增长率为 $\dot{C}(u)/C(u)=r-\rho>0$。利用 Heijdra 和 Romp（2008，p. 98）的表达式，我们可以将消费以及资产的路径写成：

$$\frac{C(u)}{w}=\frac{\Delta(0,r)}{\Delta(0,\rho)}e^{(r-\rho)u}, \tag{16.20}$$

$$\frac{A(u)}{w}=e^{(r-\rho)u}\frac{\Delta(0,r)}{\Delta(0,\rho)}\Delta(u,\rho)-\Delta(u,r), \tag{16.21}$$

其中 $\Delta(u,\ \psi)$ 是人口贴现函数，其定义和理论性质可以参见 Heijdra 和 Romp (2008，p. 95)。根据这里所使用的人口统计学知识，$\Delta(u,\ \psi)$ 可表示为（对于 $0\leqslant u\leqslant\overline{D}$）：

$$\Delta(u,\psi)\equiv\frac{e^{\psi u}}{\mu_0-e^{\mu_1 u}}\cdot\left[\mu_0\cdot\frac{e^{-\psi u}-e^{-\psi\overline{D}}}{\psi}+\frac{e^{(\mu_1-\psi)u}-e^{(\mu_1-\psi)\overline{D}}}{\mu_1-\psi}\right], \tag{16.22}$$

其中，$\psi$ 是方程的参数。需要注意到 $\Delta(u,\ \psi)$ 是正的且关于 $u$ 和 $\psi$ 是递减的。

在图 16—5 中，实线表示完美年金下的消费路径。毫不奇怪的是，由于个体是有耐心的（$\rho<r$），消费是单调递增的。在生命的初期，消费水平低于工资收入（$w=1$），从而个体可以积累金融资产。因此，在图 16—6 中，实线表示的金融资产在初始阶段是上升的。当个体可以获得年金时，就需要考虑年金率 $r+\mu(u)$ 的大小。从式（16.14）和式（16.15）可看到资产在迅速增加。持有资产的峰值大约在 54.5 岁，在此之后会缓慢减少。直观地看，个体的预期剩余寿命与可以增加总资产中用于消费支出部分的因素息息相关。尽管存在金融资产在日益贬值的事实，但年利率增加（从长期看是增加的），因此个体可以负担得起不断增加的消费水平［见 Heijdra 和 Romp（2008，p. 106）］。Modigliani 和其同事强调，由于消费单调增长，金融资产曲线呈现出经典的驼峰状生命周期模式。

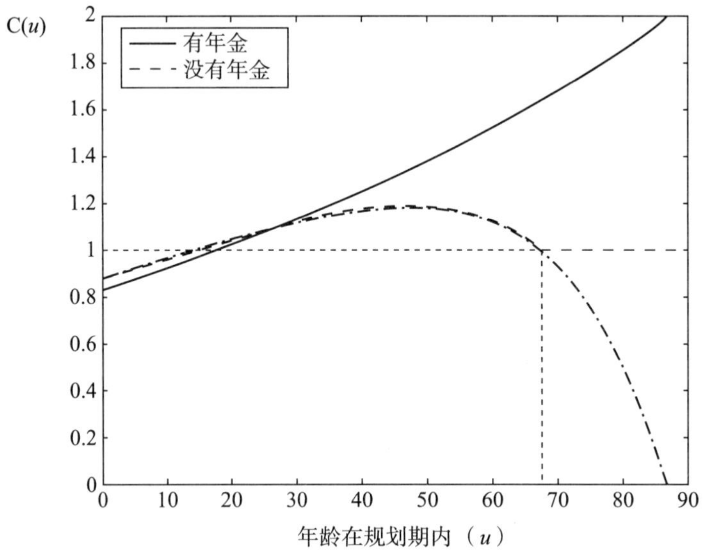


**图 16—5　消费**

### 16.2.2.2　无年金

在没有年金的情况下，个体储蓄面对的是常规利率 $r$。我们首先（事实上是不明智的）忽略死亡时的财富约束式（16.7）。根据式（16.11），个体将会选择满足下列欧拉方程的消费增长率：

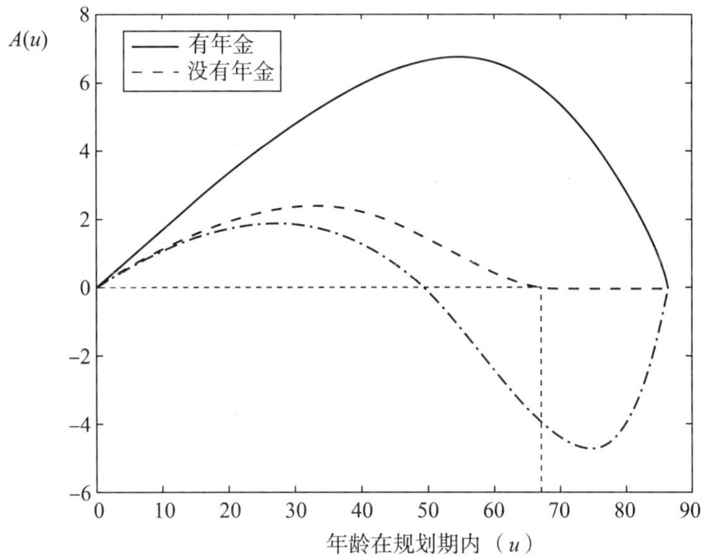


**图 16—6　金融资产**

$$\frac{\dot{C}(u)}{C(u)}=r-\rho-\mu(u)。\tag{16.23}$$

由于已知 $r$ 大于 $\rho$ 以及在生命的初期 $\mu(u)$ 较小（见图 16—3），消费曲线最初是向上倾斜的。在图 16—5 中，消费路径用点虚线表示。随着个体变老，$\mu(u)$ 变大，个体也变得越来越没有耐心，即消费增长开始变缓。消费的峰值出现在 48.1 岁，此时 $r-\rho=\mu(\bar{u})$，在这之后消费减少。由于我们忽略了死亡时的财富约束，消费下降到零（在 $u=\bar{D}$ 岁）；同样在 $\bar{D}$ 岁时金融资产为负，还未上升到零值，详见图 16—6 中的点虚线。由于无约束解违背了死亡时的财富约束，因此并不是最优消费一储蓄计划的正确解。

最优化问题的正确求解方法需要认识到个体将会在年龄 $u^*$ 时用尽其财富，$u^*$ 是某一个必然小于最大可能年龄 $\bar{D}$ 的年龄。一旦死亡时的财富约束生效，其会保持约束效力，因此在 $u\geqslant u^*$ 时 $A(u)=0$ 且 $C(u)=w$。不难发现 $u^*$ 是下列方程的正根：

$$\int_0^{u^*}\frac{1-\Phi(u)}{1-\Phi(u^*)}e^{\rho(u^*-u)}du=\frac{e^{ru^*}-1}{r},\tag{16.24}$$

然而，当 $0\leqslant u\leqslant u^*$ 时，消费与资产由下式给出：

$$\frac{C(0)}{w}=\frac{e^{-(r-\rho)u^*}}{1-\Phi(u^*)},\tag{16.25}$$

$$\frac{C(u)}{w}=\frac{1-\Phi(u)}{1-\Phi(u^*)}e^{(r-\rho)(u-u^*)},\tag{16.26}$$

$$\frac{A(u)}{w}=\frac{e^{ru}-1}{r}-\frac{C(0)}{w}e^{ru}\int_0^u[1-\Phi(s)]e^{-\rho s}ds。\tag{16.27}$$

给定出生时的期望寿命为 65.4 岁，这里所使用的人口数据为 $u^*=66.9$，这已是一生中的晚期。最优的消费和资产曲线分别用图 16—5 和图 16—6 中的虚线表示。有趣的是，当 $0 \leqslant u \leqslant u^*$ 时，无论有没有死亡时的财富约束，消费路径都非常相似，即在图 16—5 中点虚线几乎压在虚线之上。但如图 16—6 所示，同样的情形对于资产路径并不成立。

#### 16.2.2.3 经验

将无年金与完美年金的情形相对比，我们需要关注以下几点。首先，在没有年金时，无论消费还是资产都呈现出显著的生命周期模式。第二，在没有年金时，死亡时的财富约束有着重要作用，它保证了个体在死亡前会用尽其财产。由于在没有约束条件之前资产为正，该模型意味着“意外遗产”的存在，即无计划的继承。第三，由于不断上升的年金率，在精算公平的年金下，消费会单调上升而资产会呈现出生命周期模式。个体将会在整个生命中持有正的财产，但其却一直计划着在 $\bar{D}$ 岁死亡时拥有 0 资产。当设计年金时，不允许出现任何意外遗产。

## 16.3 寿命不确定的宏观结论

雅里极富洞察力的观点一直被尘封，直到 20 年后 Blanchard（1985）才将这些观点作为他的连续时间的世代交叠模型的核心要素而重新发掘出来。通过假设最大的可达年龄是无限的（$\bar{D}\rightarrow\infty$）和个体的寿命服从指数分布，布兰查德大大简化了雅里的模型设定。这也意味着式（16.1）中的 $\phi(D)$ 有着如下具体形式：

$$\phi(D)=\begin{cases}\mu e^{-\mu D} & D\geqslant 0\\ 0 & D<0\end{cases}, \tag{16.28}$$

从而 $1-\Phi(\tau)\equiv\int_{\tau}^{\infty}\phi(D)dD=\phi(\tau)/\mu$，$\mu(\tau)\equiv\phi(\tau)/[1-\Phi(\tau)]=\mu$。所以，与雅里假设死亡概率与年龄相关所不同的是，布兰查德假设死亡概率是一个常数，与个体的年龄无关。这就如同个体在享受一个永不变老的人生。这一处理有如下优点。首先同时也是最重要的，它使得我们易于将家庭的最优消费进行加总（见下文），从而我们能够在一个较高的程度对模型进行加总，即便实际人口在年龄方面是异质性的。其次，从式（16.28）我们可以得出，对任何个体而言，其期望剩余寿命都是 $1/\mu$。若设定 $\mu=0$，那么布兰查德模型将与第 13～15 章①深入讨论过的代表性个体模型相一致。图 16—3 中的虚线表示了使用荷兰的人口数据（$\hat{\mu}=0.011\,47$）所得到的 $\ln\mu$ 的估计值。

---

① 当存在价格标签时模型可以得到简化。假设即时死亡概率为常数的主要不足在于这将导致消费模型与经验研究中观察到的典型的生命周期的消费模式不一致，正如代表性个体模型一样。

## □ 16.3.1 单个家庭

我们目前面临的第一个任务是求出在生命的任意时刻，单个家庭的消费和储蓄的表达式。设一个出生于时刻 $v$ 的个体在时刻 $t(v<t)$ 的效用函数为 $E(\Lambda(v, t))$：

$$E(\Lambda(v,t)) \equiv \int_t^{\infty} [1-\Phi(\tau-t)] \ln C(v,\tau) e^{\rho(t-\tau)} d\tau$$
$$= \int_t^{\infty} \ln C(v,\tau) e^{(\rho+\mu)(t-\tau)} d\tau, \qquad (16.29)$$

其中，我们用式（16.28）中的指数分布的性质化简了 $1-\Phi(\tau-t)=e^{\mu(t-\tau)}$。进一步地，从式（16.4）到式（16.29），我们假设了一个对数效用函数（它刻画出为 1 的跨期替代弹性）。我们还加入了表示个体出生日期的指标（$v$）和个体做决策的时间（$t$）。因此，$C(v, \tau)$ 表示的是出生于 $v$ 时刻的个体在 $\tau$ 时刻的计划消费。个体的预算等式是

$$\dot{A}(v,\tau) = [r(\tau)+\mu] A(v,\tau) + w(\tau) - T(\tau) - C(v,\tau), \qquad (16.30)$$

其中，$r(\tau)$ 是利率，$w(\tau)$ 是工资率，$T(\tau)$ 是政府征收的总额税，$A(v, \tau)$ 是实际金融资产。式（16.30）表示的是雅里的公平人寿保险合约的设想，且由式（16.15）代入式（16.14）直接得到。特别地，个体在他的一生中从人寿保险公司收到了 $\mu A(v, \tau)$，但当他死亡时，他的所有财产 $A(v, \tau)$ 被保险公司收回。为了避免个体能够运作一个庞氏博弈以损害人寿保险公司，下面的偿债能力条件必须得到满足［同样可见式（16.16）］。

$$\lim_{\tau\to\infty} e^{-R^A(t,\tau)} A(v,\tau) = 0, \quad R^A(t,\tau) \equiv \int_t^{\tau} [r(s)+\mu] ds。 \qquad (16.31)$$

联立式（16.30）与式（16.31），我们得到了家庭的终生预算约束：

$$A(v,t) + H(t) = \int_t^{\infty} C(v,\tau) e^{-R^A(t,\tau)} d\tau, \qquad (16.32)$$

其中，$H(t)$ 是个体的人力财富，它由个体一生中的税后工资收入以年金因子 $R^A(t, \tau)$进行贴现后的现值构成：

$$H(t) \equiv \int_t^{\infty} [w(\tau) - T(\tau)] e^{-R^A(t,\tau)} d\tau。 \qquad (16.33)$$

式（16.32）对应于式（16.16）。它从直觉上说明了，家庭消费计划的现值必须等于金融财富与人力财富之和。

在终生预算约束式（16.29）下，个体最大化其终生期望效用式（16.32）。此最优化问题的拉格朗日函数表示如下：

$$\mathcal{L} \equiv \int_t^{\infty} \ln C(v,\tau) e^{(\rho+\mu)(t-\tau)} + \lambda(t) \cdot \left[A(v,t) + H(t) - \int_0^{\infty} C(v,\tau) e^{-R^A(t,\tau)} d\tau\right], \qquad (16.34)$$

其中 $\lambda(t)$ 是与终生预算约束相关的拉格朗日乘子。一阶条件是式（16.32）和（当 $\tau \geqslant t$ 时）

$$\frac{1}{C(v,\tau)}e^{(\rho+\mu)(t-\tau)}=\lambda(t)e^{-RA(t,\tau)}, \tag{16.35}$$

其中，$\lambda(t)$ 的最优值表示的是财富的边际期望效用。最优化条件式（16.35）的含义是，个体在任意时刻安排消费都应当使得消费的贴现边际效用（等式左边）和财富的贴现边际效用（等式右边）恰好相等。① 作为之后的参考，我们将式（16.35）对 $\tau$ 求导，可以得到家庭的欧拉方程：

$$\frac{\dot{C}(v,\tau)}{C(v,\tau)}=r(\tau)-\rho。 \tag{16.36}$$

与之前的式（16.17）一样，个人消费的增长率仅与利率和时间偏好率间的差距有关。由于精算公平年金的存在，死亡率并不会影响个人消费增长率。

事实上，在宏观 OLG 模型中，我们仍然需要解出整个生命周期内的消费水平。在计划时刻（$\tau=t$）利用式（16.35）我们得到 $1/C(v,\ t)=\lambda(t)$。将该式代入式（16.35），化简积分后我们能够用总财富来表示 $C(v,\ t)$：

$$\begin{aligned}
&\int_t^{\infty} C(v,t)e^{(\rho+\mu)(t-\tau)}d\tau=\int_t^{\infty} C(v,\tau)e^{-RA(t,\tau)}d\tau \\
&\frac{C(v,t)}{\rho+\mu}\cdot\left[-e^{(\rho+\mu)(t-\tau)}\right]_t^{\infty}=A(v,t)+H(t) \quad \Leftrightarrow \\
&C(v,t)=(\rho+\mu)[A(v,t)+H(t)],
\end{aligned} \tag{16.37}$$

在从第一行到第二行的推导过程中我们利用了式（16.32）。规划期（$\tau=t$）的最优消费量与总财富成比例，并且关于总财富的边际消费倾向是常数，它等于"有效率的"时间偏好率 $\rho+\mu$。

### □ 16.3.2 家庭的加总

我们已经知道了对于单个家庭而言，其消费遵循什么规则，那么接下来的任务便是描述布兰查德模型中的人口结构。为了使情况变简单，布兰查德假设在每一时刻均有大量人口出生。这么多新出生人口的规模是 $P(\tau,\ \tau)=\beta P(\tau)$，其中 $P(\tau)$ 代表了 $\tau$ 时刻的总人口规模，$\beta$ 是（原始）出生率。这些新出生人口在刚出生时没有任何金融资产，因为他们同任何现存的个体没有关系因而不会收到遗赠，即 $A(\tau,\ \tau)=0$。为了简单起见，布兰查德假设出生率等于死亡率，即 $\beta=\mu$。当然，在每一时刻，现有人口中的一部分将会死去。因为每个个体面对的死亡概率都等于 $\mu$，并且个体总数目 $P(\tau)$ 是巨大的，由大数定律可知，频率和概率是相等的，因此每一时刻死去的个体数目将是 $\mu P(\tau)$。因为出生人口和死亡人口恰好相等，那么人口规模将是

① 详见式（13.65）以及插叙 13.3 的讨论。我们可以使用最优控制方法来解决家庭的最优化问题。

常数，因此可以被标准化为 1 ［$P(\tau)=1$］。[①]

由大规模人口假设而得到的第二个有用结果是我们可以准确地描述出同时出生的某一批人在任意时刻的剩余人数。例如，$v$ 时刻出生的那批人在 $t$ 时刻（$t\geqslant v$）的人口规模将是 $\mu e^{\mu(v-t)}$，因为在时间区间 ［$v$，$t$］ 中这批人中 $\mu[1-e^{\mu(v-t)}]$ 比例的人将会死去。既然我们知道了每批人口的变化路径，那么处理加总问题也将变得简单。例如，将经济中所有生存个体的消费进行加总我们便可以得到 $t$ 时刻的总消费：

$$C(t)\equiv\mu\int_{-\infty}^{t}e^{\mu(v-t)}C(v,t)dv。\tag{16.38}$$

当然，式（16.38）只是一个定义式，本身并无太大用处。但根据式（16.37）确定的最优消费特征，我们可知道，总财富的消费倾向与代际指标 $v$ 是无关的，那么从式（16.38）可以非常容易地推导出总消费满足的条件：

$$\begin{aligned}C(t)&\equiv\mu\int_{-\infty}^{t}e^{\mu(v-t)}(\rho+\mu)[A(v,t)+H(t)]dv\\&=(\rho+\mu)\left[\mu\int_{-\infty}^{t}e^{\mu(v-t)}A(v,t)dv+\mu\int_{-\infty}^{t}e^{\mu(v-t)}H(t)dv\right]\\&=(\rho+\mu)[A(t)+H(t)],\end{aligned}\tag{16.39}$$

其中，总的金融财富和总消费采用了相似的定义［见式（16.38）］。以下事实再怎么强调都不为过，即加总的性质是由每个个体均面临着相同的即时死亡概率这一假设推导而来的［见下文式（16.28）］。如果死亡概率随年龄的不同而不同——正如雅里模型中所假设的那样，那么家庭的最优消费水平所确定的边际消费倾向不再与年龄无关，而对消费进行精确的加总也变得不再可能。

总资产的积累等式又如何呢？根据定义，我们有 $A(t)\equiv\mu\int_{-\infty}^{t}e^{\mu(v-t)}A(v,\ t)dv$，由此我们可以推导出（根据莱布尼茨公式，见数学附录）：

$$\dot{A}(t)=\mu A(t,t)-\mu A(t)+\mu\int_{-\infty}^{t}\dot{A}(v,t)e^{\mu(v-t)}dv,\tag{16.40}$$

其中，等号右边第一项表示的是新出生个体的资产［$A(t,\ t)=0$］，第二项是死亡个体的财富，第三项是生存下来的个体财富的变化量。将式（16.30）代入式（16.40）并化简，我们可以得到加总的资产积累等式：

$$\begin{aligned}\dot{A}(t)&=-\mu A(t)+\mu\int_{-\infty}^{t}[[r(t)+\mu]A(v,t)+w(t)-T(t)-C(v,t)]e^{\mu(v-t)}dv\\&=-\mu A(t)+[r(t)+\mu]A(t)+w(t)-T(t)-C(t)\\&=r(t)A(t)+w(t)-T(t)-C(t)。\end{aligned}\tag{16.41}$$

其中，个体财富要求得到精算利率 $r(t)+\mu$；对于仍然存活的个体而言［见式（16.30）］，式（16.41）说明他们的总财富以利率 $r(t)$ 的速率进行积累。$\mu A(t)$ 代

① 在布兰查德模型中，可以让出生率不等于死亡率，从而出现净人口变化——见 Buiter (1988)。

表的是财富的转移而非总财富的积累——通过人寿保险公司，从那些已经死亡的个体转移到仍然存活的个体。

在正式分析中运用“加总的欧拉方程”是有帮助的。这可以由式（16.38）得到：

$$\dot{C}(t)=\mu C(t,t)-\mu C(t)+\mu\int_{-\infty}^{t}\dot{C}(v,t)e^{\mu(v-t)}dv。\tag{16.42}$$

根据式（16.37），新出生的个体将他们出生时的人力财富的一定比例拿出来进行消费，即$C(t,\ t)=(\rho+\mu)H(t)$。式（16.39）说明总消费与总财富（包括人力财富和金融财富）是成比例的，即$C(t)=(\rho+\mu)[A(t)+H(t)]$。最后，根据式（16.36），对于$\tau\in[t,\ \infty)$，单个家庭的消费增长满足条件$\dot{C}(v,\ \tau)/C(v,\ \tau)=r(\tau)-\rho$。将所有这些结果代入式（16.42），我们便可以得到存在着有限存活但世代交叠的个体的情况下的总欧拉方程：

$$\frac{\dot{C}(t)}{C(t)}=r(t)-\rho-\mu(\rho+\mu)\frac{A(t)}{C(t)}\tag{16.43}$$

$$=\frac{\dot{C}(v,t)}{C(v,t)}-\mu\cdot\frac{C(t)-C(t,t)}{C(t)}。\tag{16.44}$$

除了考虑世代间的替换率将导致财富重新分配而添加的修正项外，式（16.43）与单个家庭的欧拉方程是相同的。所有世代的消费的最优增长都是相同的（因为他们面对着相同的利率），与年轻人相比，老年人拥有更高的消费水平（因为老年人更富裕）。又因为现有的世代不断被没有金融财富的新出生的世代所取代，那么总的消费增长慢于个人的消费增长。式（16.43）等号右边的修正项表示的就是平均消费水平与新出生的世代的消费水平之差，即式（16.43）可以写成式（16.44）的形式。

### □ 16.3.3 企业

生产部门由完全竞争条件下生产同样产品的大量企业构成。产出$Y(t)$是劳动力$L(t)$和物质资本$K(t)$的线性齐次函数，这些投入要素从家庭租赁得来：

$$Y(t)=F(K(t),L(t)),\tag{16.45}$$

其中，$F(\cdot)$满足通常的稻田条件（见第13章）。代表性企业的证券市场价值是

$$V(t)=\int_{t}^{\infty}[Y(\tau)-w(\tau)L(\tau)-I(\tau)]e^{-R(t,\tau)}d\tau,\quad R(t,\tau)\equiv\int_{t}^{\tau}r(s)ds,\tag{16.46}$$

其中$I(t)$表示总投资。在生产函数（16.45）和资本积累约束

$$\dot{K}(t)=I(t)-\delta K(t),\tag{16.47}$$

下，企业投入最合适数目的劳动和资本，以最大化式（16.46），$\delta$是资本的不变折旧速率。投资没有调整费用。一阶条件表明，劳动和资本的边际生产力等于生产者购买这些要素的成本，分别见表16—1中的式（T1.4）和式（T1.5）。最后，再让我们回忆第13章中的内容，即企业的市场价值等于其资本存量的重置价值，因

此，$V(t)=K(t)$。

**表 16—1　　布兰查德-雅里模型**

| | |
|---|---|
| $\dot{C}(t)=[r(t)-\rho]C(t)-\mu(\rho+\mu)[K(t)+B(t)]$ | (T1.1) |
| $\dot{K}(t)=Y(t)-C(t)-G(t)-\delta K(t)$ | (T1.2) |
| $\dot{B}(t)=r(t)B(t)+G(t)-T(t)$ | (T1.3) |
| $r(t)+\delta=F_K(K(t),L(t))$ | (T1.4) |
| $w(t)=F_L(K(t),L(t))$ | (T1.5) |
| $L(t)=1$ | (T1.6) |
| $Y(t)=F(K(t),L(t))$ | (T1.7) |

注：$C(t)$ 是私人消费，$G(t)$ 是公共消费，$Y(t)$ 是产出，$K(t)$ 是资本存量，$L(t)$ 是就业，$B(t)$ 是政府负债，$w(t)$ 是工资率，$T(t)$ 是总额税，$r(t)$ 是利率。资本以不变速率 $\delta$ 折旧，$\mu$ 是出生率（假设等于死亡率），$\rho$ 是纯时间偏好率。

### □ 16.3.4　政府和市场均衡

表 16—1 中的式（T1.3）给出了政府的预算等式。政府消费了 $G(t)$ 单位的产品并向家庭征收了 $T(t)$ 的总额税。政府的债务是 $B(t)$，因此政府为偿还债务的利息支出是 $r(t)B(t)$。与私人部门一样，政府必须遵循偿债能力和非庞氏博弈条件：

$$\lim_{\tau\to\infty}e^{-R(t,\tau)}B(\tau)=0。\tag{16.48}$$

通过式（T1.3）和式（16.48），我们可以得到政府的预算约束为

$$B(t)=\int_t^{\infty}[T(\tau)-G(\tau)]e^{-R(t,\tau)}d\tau。\tag{16.49}$$

从直觉上来看，政府的偿债能力条件意味着，如果政府以前负有债务（等号左边为正），这些债务必须能够被现在以及未来的基本盈余（等号右边为正）所偿清。

在每一时刻，产品市场和要素市场都立即出清。在这个封闭经济中，家庭只能积累国内资产，所以，金融市场均衡要求 $A(t)=K(t)+B(t)$。工资的灵活调整保证了总的劳动力供给（$L(t)=1$）恰好等于厂商对劳动的需求。产品市场均衡要求产品的供给等于总需求，而总需求又由私人部门消费、政府部门消费和投资组成：$Y(t)=C(t)+I(t)+G(t)$。这一关键等式如表 16—1 所示。

### □ 16.3.5　相图

为了阐述模型的一些关键性质，我们在图 16—7 中推导模型的相图。为了简单起见，我们假设在初始时刻，总额税、政府消费和公共债务均为 0（$T(t)=G(t)=B(t)=0$）。$\dot{K}(t)=0$ 线代表了资本存量在（$C$，$K$）坐标系中处于均衡时的点。稻田条件（见第 13 章）保证了这条线一定会通过原点，并且在原点处的切线是垂直的（见图 16—7 中的点 $A_1$）。黄金律消费出现在点 $A_2$，在该点处，$\dot{K}(t)=0$ 线到达其最

高点：

$$\left(\frac{dC(t)}{dK(t)}\right)_{K(t)=0}=0: \quad r^{GR}\equiv F_K(K^{GR},1)-\delta=0。\tag{16.50}$$

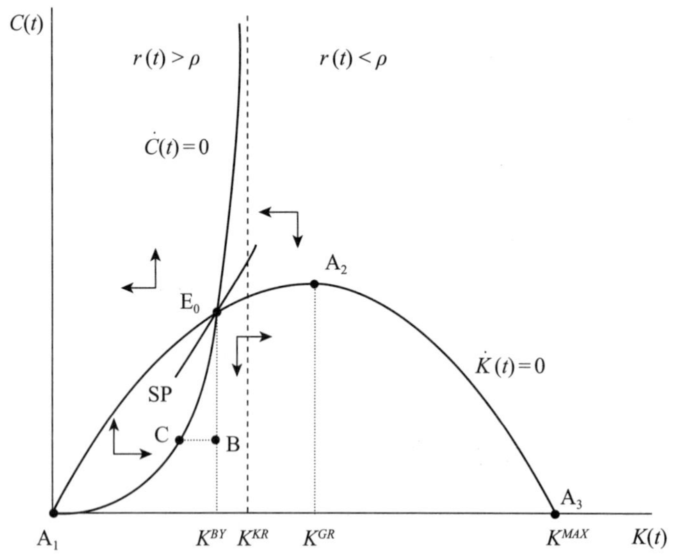


**图 16—7 布兰查德-雅里模型的相图**

最大可达到的资本存量 $K^{MAX}$ 出现在点 $A_3$，在该点处，消费量为 0，总产出全部被用来更新投资（$F(K^{MAX}, 1)=\delta K^{MAX}$）。在 $\dot{K}(t)=0$ 线以上（以下）的点，消费过高（过低），以至无法保持资本存量的均衡，随之将导致净投资为负（为正）。这一趋势已由图 16—7 中水平方向的箭头指明。

$\dot{C}(t)=0$ 线的推导稍显复杂，原因在于它的位置和斜率取决于资本不足效应与代际转移效应的相互作用。利用式（16.43）并令 $\dot{C}(t)=0$ 且 $A(t)=K(t)$ [同时 $B(t)=0$]，我们可得到 $\dot{C}(t)=0$ 线的数学表达式：

$$C(t)=\frac{\mu(\rho+\mu)K(t)}{r(t)-\rho}。\tag{16.51}$$

回忆一下，第 13 章中的凯恩斯-拉姆齐（KR）资本存量 $K^{KR}$ 是使得利率与外生给定的时间偏好率相等的点，即 $r^{KR}\equiv F_K(K^{KR}, 1)-\delta=\rho$。因为 $K^{GR}$ 对应于零利率水平，又由于资本的边际报酬递减（$F_{KK}<0$），那么正如图 16—7 所示，$K^{KR}$ 点位于黄金律点的左侧。此外，对于虚线左侧（右侧）的点，资本是相对不足（过剩）的，并且利率大于（小于）纯时间偏好率。

当个体具有有限寿命（$\mu>0$）时，$\dot{C}=0$ 线是向上倾斜的，原因在于代际的财富转移。这条线的斜率能够直接从式（16.43）（$A=K$，并令 $B=0$）、式（16.44）和图 16—7 得出。假设经济最开始时位于 $\dot{C}=0$ 线上，比如说点 $E_0$。现在考虑一个更低的消费水平，例如点 $B$。这两点对应于相同的资本存量，具有相同的利率。对应地，单个个体的消费增长率 $\dot{C}(v,t)/C(v,t)[=r-\rho]$ 在这两点也是相同的。

式（16.44）表明，总消费的增长不仅取决于单个个体的消费增长，还取决于平均消费水平和新出生的世代的消费水平的比例差，即 $[C(t)-C(t,t)]/C(t)$。因为新出生的世代是没有金融资产的，平均消费水平和新出生的世代的消费水平的差取决于人均资本存量，对于这两点而言，情况也是一样的。因为点 B 的总消费水平较低（与点 $E_0$ 相比较），平均消费水平和新出生的世代的消费水平的比例在这一点有更大的差异，由此减慢了总消费的增长 [即 $\dot{C}(t)<0$]。为了恢复到总消费零增长的状态，资本存量必须减少（移动到点 C）。较小的资本存量不仅通过提高利率水平提高了个人的消费增长，也通过代际财富分配效应减小了总消费增长的阻力，因为较小的资本存量能够缩小平均财富水平（即已经死亡的世代的财富）与新出生个体的财富水平的差距。总之，对于 $\dot{C}(t)=0$ 线上方（下方）的点，资本不足效应起主导作用（不起主导作用），随着时间的推移，代际的再分配效应和消费上升（下降）。[①] 这由图 16—7 竖直方向的箭头得到了说明。

根据图 16—7，稳态均衡在 $\dot{K}(t)=0$ 线和 $\dot{C}(t)=0$ 线的交点 $E_0$ 处实现。根据箭头的方向，很明显这一均衡是鞍点均衡，并且鞍路径 SP 是位于两条均衡线中间的向上倾斜的线。

## 16.4 基本模型的应用

### □ 16.4.1 财政政策



作为布兰查德-雅里模型的第一个应用，我们现在考虑一种典型的财政政策的影响，比如一次非预期的永久性的政府消费增加。我们通过假设政府仅仅通过征税来平衡财政，从而忽略了政府的债务政策，即 $\dot{B}(t)=B(t)=0$，并且在式（T1.3）中，$G(t)=T(t)$。我们同样假设在初始时刻经济处于稳态，冲击发生的时刻被标准化为 $t=0$。

在图 16—8 中，$\dot{K}(t)=0$ 线被冲击向下移动了 $dG$ 个单位。短期中资本存量是既定的，从而经济从点 $E_0$ 跳跃到点 A，位于一条新的鞍路径 $SP_1$ 上。随着时间的推移，经济将会逐渐从点 A 移动到新的稳态均衡点 $E_1$。从图中可以清晰地看出，在冲击期由于公共消费增加而被挤出的私人消费与增加的公共消费之比小于 1，即 $-1<dC(0)/dG<0$。相反地，在长期内，这个比率是大于 1 的，即 $dC(\infty)/dG<-1$。

这些挤出结果发生的原因在于总额税的变化导致资源从未来一代向当前一代进

① 因为经济具备正的初始资产（$K>0$），$\dot{C}=0$ 线位于代表 $K^{KR}$ 的虚线的左边，并且当 $C$ 逐渐增大时渐近趋向于这条虚线（同时代际的再分配效应变得很小）。如果只有少量资本，那么利率将会非常高，并且 $\dot{C}=0$ 线是水平的。

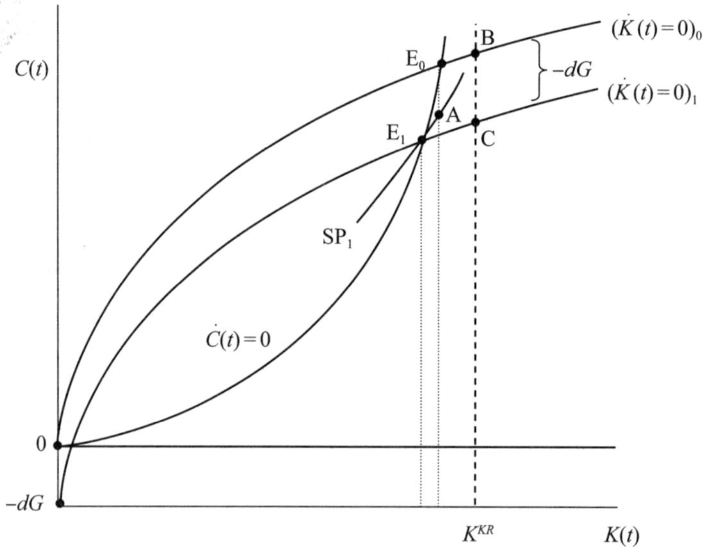


**图 16—8　布兰查德-雅里模型中的财政政策**

行了代际的再分配（Bovenberg and Heijdra，2002）。这造成的影响是，所有家庭削减了其消费支出，因为更高的总额税减少了他们的人力资本的价值。因为家庭利用年金利率（$r(\tau)+\mu$，见式（16.33））而非市场利率对债务进行贴现，冲击发生时现有的家庭不会察觉到新增税收的全部负担，因此对于他们的消费的削减程度是不够的。所以，私人投资被挤出（在点 A，$\dot{K}(t)<0$），而资本存量开始减少。接着，这对税前工资产生向下的压力，对利率产生向上的压力，所以随着时间的推移，人力资本下降。所以，未来一代人将比冲击发生时刻新出生的一代人更为贫穷，因为他们工作时配备了较少的资本，因而得到了较低的工资（因为 $F_{LK}>0$）。

如果出生率是 $0(\mu=0)$，那么存在单一的无限存活的代表性个体，而代际的再分配效应也就不复存在且 $\dot{C}(t)=0$ 线在 $K^{KR}$ 处是垂直的（其中 $r^{KR}\equiv F_K(K^{KR}, 1)-\delta=\rho$）。对于消费的挤出效应将是一对一的，对于资本存量不再有影响，因而也就不存在动态的过渡。从图 16—8 可以看出，对经济唯一的影响便是从点 B 到点 C 的消费的减少。

### □ 16.4.2　政府债务非中性

前面的章节阐述了在布兰查德-雅里模型中，总额税将引起资源在代际的再分配。这表明在这个模型中，李嘉图等价不再成立，即税收的时机在代际非中性，而债务有着实实在在的影响。我们可以通过简单的“记账练习”（见 13.7.3 节）来说明李嘉图等价不再成立。需要证明的结果是，在保持其他条件不变的前提下，政府消费的时间路径［$G(\tau)$，$\tau\geqslant t$］和总消费［$C(t)$］取决于之前遗留的债务［$B(t)$］和税收的时间路径（$T(\tau)$，$\tau\geqslant t$）（Buiter，1988，p. 285）。

总消费与总财富间的比例关系［见式（16.39）］可以写为下面的形式：

$$
\begin{aligned}
A(t)+H(t) &\equiv K(t)+B(t)+H(t) \\
&=K(t)+B(t)+\int_t^{\infty}[w(\tau)-T(\tau)]e^{-RA(t,\tau)}d\tau \\
&=K(t)+\int_t^{\infty}[w(\tau)-G(\tau)]e^{-RA(t,\tau)}d\tau+\Omega(t), \qquad (16.52)
\end{aligned}
$$

其中，$\Omega(t)$ 被定义为

$$
\Omega(t)\equiv\int_t^{\infty}[T(\tau)-G(\tau)]e^{-R(t,\tau)}d\tau-\int_t^{\infty}[T(\tau)-G(\tau)]e^{-RA(t,\tau)}d\tau。 \qquad (16.53)
$$

需要注意到，在推导式（16.52）时，从第一行到第二行我们用到了人力财富的定义式（16.33），从第二行到第三行我们用到了政府的预算约束式（16.49）。结合式（16.53）当且仅当出生率为 0 并且 $R^A(t,\tau)=R(t,\tau)$ 时，$\Omega(t)$为 0。如果出生率为正，那么 $\Omega(t)$ 非零，李嘉图等价不成立。

回忆一下，在布兰查德-雅里模型中新世代的出生率与已有世代的即时死亡概率相等。到底是模型中的哪个方面导致了李嘉图等价的失效是无法事先判断的。Weil（1989b）的分析表明有很大的可能是新世代的出生率破坏了李嘉图等价（见第 13 章）。Buiter（1988）通过允许出生率和死亡率不相等（$\beta$ 和 $\mu$）和劳动增强型的技术变化，对布兰查德-雅里-韦尔的模型进行了综合和拓展，对韦尔的判断进行了正式的阐述。在他的模型中人口以指数速率 $n\equiv\beta-\mu$ 增长。Buiter（1988，p. 285）证明了零出生率（$\beta=0$）确实是李嘉图等价成立的充分必要条件。

### □ 16.4.3 经济增长



标准的布兰查德-雅里（Blanchard-Yaari）模型是一种外生增长模型，也就是说，每个工人的资本存量趋于一个特定的稳定值。同时，由于人口数量是常数，稳态时其增长率等于零。然而，很容易写出内生增长形式的布兰查德-雅里模型［见 Saint-Paul（1992）］。考虑这样一个例子（已在 14.2.2.1 节中讨论过），厂商间的微观经济外部效应使得宏观产出方程对于总的资本存量是线性的。从表 16—1 来看，式（T1.7）替换成 $Y(t)=Z_0K(t)$，式（T1.4）变为 $r(t)+\delta=Z_0(1-\varepsilon_L)$，式（T1.5）变为 $w(t)=\varepsilon_LY(t)$，其中，$\varepsilon_L$ 是宏观经济产出方程中劳动的效率参数，常数 $Z_0$ 是不变的科技指数。

在没有政府管制时，$AK$ 形式的布兰查德-雅里模型表示如下：

$$
\frac{\dot{C}(t)}{C(t)}=r(t)-\rho-\mu(\rho+\mu)\frac{K(t)}{C(t)}, \qquad (16.54)
$$

$$
\frac{\dot{K}(t)}{K(t)}=(1-g)Z_0-\frac{C(t)}{K(t)}-\delta, \qquad (16.55)
$$

$$
r(t)=Z_0(1-\varepsilon_L)-\delta, \qquad (16.56)
$$

其中，我们假设 $G(t)=gY(t)$，$g$ 表示不随时间推移而变化的财政政策参数（$0<g<1$）。令总消费资产比为 $\theta(t)\equiv C(t)/K(t)$，由式（16.54）～式（16.56）可得：

$$\frac{\dot{\theta}(t)}{\theta(t)}=-[(\varepsilon_L-g)Z_0+\rho]+\theta(t)-\frac{\mu(\rho+\mu)}{\theta(t)}。\tag{16.57}$$

式（16.57）是 $\theta(t)$ 的不稳定的微分方程，当且仅当 $\theta(t)$ 在所有时间上都取其稳定值时方程才有唯一的具有经济意义的解，也就是说，对于所有 $t$ 都有 $\theta(t)=\theta^*$。宏观消费资本比是常数，这是由于其在个体层面上也是常数。

在图 16—9 中，我们画出了稳态时的消费资本比及宏观经济增长率。$EE_{BY}$ 曲线表示关于 $\theta(t)$ 的消费增长率方程 $\gamma_C(t)\equiv\dot{C}(t)/C(t)$。将式（16.56）代入式（16.54）可以得到增长率的表达式。显然，当 $\theta(t)\to0$ 时，$EE_{BY}$ 曲线近乎垂直；当 $\theta(t)\to\infty$ 时，$EE_{BY}$ 曲线近乎平行。由于在布兰查德-雅里模型中 $\mu$ 大于零，$EE_{BY}$ 位于代表性个体模型中消费增长方程 $EE_{RA}$ 的下方。而 $EE_{RA}$ 曲线自身为水平线，这是因为其并不满足世代交叠的条件。

曲线 $CA_0$ 是（原始）资本积累轨迹，其表达式 $\gamma_K(t)\equiv\dot{K}(t)/K(t)$ 是关于 $\theta(t)$ 的向下倾斜的函数。布兰查德-雅里模型的初始均衡在点 $E_0$，此时的消费支出比为 $\theta_0^*$，增长率为 $\gamma_0^*$。相反的是，在代表性个体模型中，均衡点位于消费资本比较低、增长率较高的点 E′。因此，我们可以发现世代交叠的存在会减缓经济增长。

通过图 16—9 我们可以很容易地推出比较静态效应。政府消费份额 $g$ 的增长使资本积累轨迹从 $CA_0$ 左移至 $CA_1$，并将布兰查德-雅里模型的均衡点移至 $E_1$。税收的增加使得个体减少其消费资本比并且降低增长率。当然，代表性个体模型中经济增长率不会有任何变化。我们将 $\rho$ 和 $\mu$ 的上升均会减缓增长率这一问题留给读者作为练习。

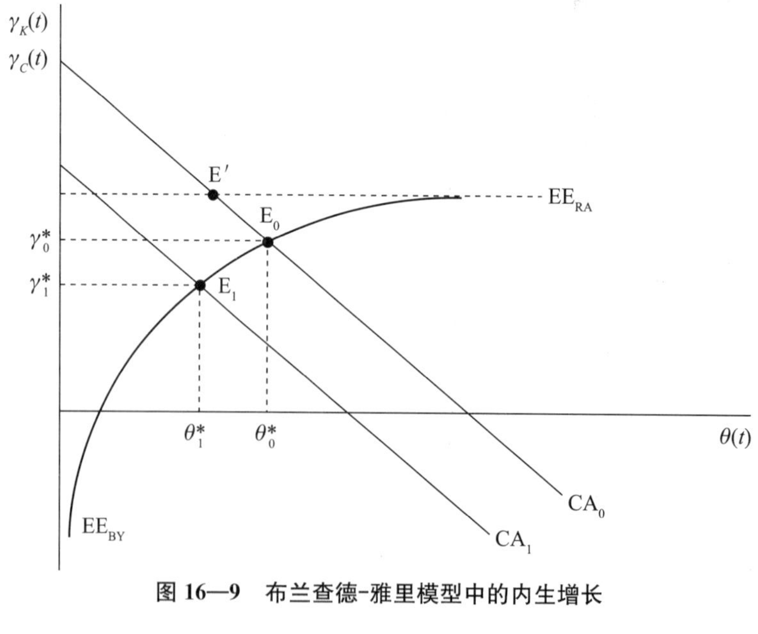


**图 16—9　布兰查德-雅里模型中的内生增长**

### □ 16.4.4 动态有效性

从图 16—7 中可以清楚地看到，标准的布兰查德-雅里模型中的稳态资本存量严格小于黄金律下的资本存量，即 $K^{BY}<K^{GR}$，不存在超额储蓄。因此，布兰查德-雅里模型达到了动态有效均衡。在基本式中，模型假设个体在整个生命期中面临着相同的工资收入，即在生命的初期没有必要进行储蓄来补贴年老时较低的（或缺少的）工资收入。

在本节中，基于个体的劳动生产率随年龄递减的事实，我们假设个体面临着向下倾斜的工资收入路径，从而对布兰查德-雅里模型进行拓展。通过该假设，我们将引入为生命后期的低收入而储蓄的强烈动机。回忆一下，在标准的布兰查德-雅里模型中，劳动力供给是外生的，所有工人拥有同样的劳动生产率，即一个 60 岁的工人与他的 25 岁的同事在单位时间内生产了同样多的产品。我们现在考虑，如果工人的生产率与他们的年龄相关，情况将会怎样。为了使情况简单，我们假设个体在他们的一生中供给一单位的"原始"劳动，但是他们的劳动生产率随着年龄以指数速率衰减。

当生产率与年龄相关时，总生产函数（16.45）被改写为

$$Y(\tau)=F(K(\tau),N(\tau)), \tag{16.58}$$

其中，$N(\tau)$ 是以效率单位表示的总劳动投入：

$$N(\tau)\equiv\int_{-\infty}^{\tau}N(v,\tau)dv=\int_{-\infty}^{\tau}E(\tau-v)L(v,\tau)dv。\tag{16.59}$$

在这个等式中，$E(\tau-v)$ 代表了一个出生于 $v$ 时刻的个体在 $\tau$ 时刻的效率（他在 $t$ 时刻的年龄是 $\tau-v$），而 $L(v,\tau)$ 是世代 $v$ 的所有工人在 $\tau$ 时刻供给的劳动总量。因为所有工人在一生中都只供给一单位的原始劳动，而每一世代的人均以 $\beta$ 的比例死去，由此可知：

$$L(v,\tau)=e^{-\mu(\tau-v)}L(v,v)=\mu e^{-\mu(\tau-v)}。\tag{16.60}$$

我们假设效率随着工人年龄的增长以指数速率衰减：

$$E(\tau-v)\equiv\frac{\alpha+\mu}{\mu}e^{-\alpha(\tau-v)}, \tag{16.61}$$

其中，$\alpha>0$ 是工人的生产率随年龄递减的比率（注意圆括号内的项表示的是恰当的标准化）。根据式（16.61），一个 20 岁工人的生产效率是一个 30 岁工人的 $e^{10\alpha}$ 倍。将式（16.60）和式（16.61）代入式（16.59）并求积分，我们得到以效率单位衡量的总劳动力供给等于 1：

$$N(\tau)=\int_{-\infty}^{\tau}\frac{\alpha+\mu}{\mu}e^{-\alpha(\tau-v)}\mu e^{-\mu(\tau-v)}dv=1。\tag{16.62}$$

代表性厂商的目标函数从式（16.46）变为

$$V(t)=\int_{t}^{\infty}\left[F(K(\tau),N(\tau))-\int_{-\infty}^{\tau}w(v,\tau)L(v,\tau)dv-I(\tau)\right]e^{-R(t,\tau)}d\tau, \tag{16.63}$$

其中，$N(\tau)$ 在式（16.59）中已经得到定义，而资本积累的约束已经在式（16.47）中给出。厂商从经济中所有年龄段雇用原始劳动（$L(v,\tau)$），但根据工人年龄发放工资 $[w(v,\tau)]$，因为它知道劳动生产率与年龄相关。最优化的一阶条件为

$$r(\tau)+\delta=F_K(K(\tau),N(\tau)), \tag{16.64}$$

$$w(\tau)=\frac{w(v,\tau)}{E(\tau-v)}=F_N(K(\tau),N(\tau))。 \tag{16.65}$$

保持总的资本有效劳动比（$K(\tau)/N(\tau)$）不变，工资率随着年龄的增加而下降——见式（16.65）。所以，即便在稳态情形下，家庭仍然会在他们的一生中面对一条向下倾斜的工资收入轨迹。因为家庭在年轻时和老年时都希望得到消费，因此考虑到他们在年老时只有很少甚至没有劳动收入，他们会在年轻时积累储蓄。正如 Blanchard（1985，p. 235）所指出的，向下的劳动收入路径大概导致了“为退休而储蓄”的观念。

为了使情况简单，我们假设家庭拥有对数效用函数，在预算等式（16.30）[用 $w(\tau)$取代了 $w(v,\tau)$] 和偿债能力条件式（16.31）的约束下，他们追求终生效用 [在前面的式（16.29）中已经给出] 的最大化。不考虑政府税收和转移支付，在计划期私人消费是

$$C(v,t)=(\rho+\mu)[A(v,t)+H(v,t)], \tag{16.66}$$

其中，人力财富 $H(v,t)$（$v\leqslant t$）现在与年龄相关[①]：

$$\begin{aligned}
H(v,t) &\equiv \int_t^{\infty} w(v,\tau)e^{-R^A(t,\tau)}d\tau \\
&= \frac{\alpha+\mu}{\mu}\cdot\int_t^{\infty} e^{-\alpha(\tau-v)}w(\tau)e^{-R^A(t,\tau)}d\tau \\
&= \frac{\alpha+\mu}{\mu}\cdot\int_t^{\infty} e^{-\alpha(t-v)}w(\tau)e^{-R^A(t,\tau)-\alpha(\tau-t)}d\tau \\
&\equiv e^{-\alpha(t-v)}H(t,t),
\end{aligned} \tag{16.67}$$

其中，$H(t,t)$ 是 $t$ 时刻新出生的个体在 $t$ 时刻的人力财富：

$$H(t,t)\equiv\frac{\alpha+\mu}{\mu}\cdot\int_t^{\infty} w(\tau)e^{-\int_t^{\tau}[r(s)+\mu+\alpha]ds}d\tau。 \tag{16.68}$$

式（16.67）显示人力财富随着年龄的增长而下降。对于一个非常年老的个体，$t-v$ 较大，$e^{-\alpha(t-v)}$较小，因此 $H(v,t)$ 同样较小。式（16.68）显示新出生个体的人力财富是工资的规模现值，即 $r(s)+\mu+\alpha$ 是贴现因子。最后可以看到，若 $\alpha=0$，式（16.67）和式（16.68）的表达式可以化简为式（16.33）[利用 $T(\tau)=0$]。

---

① 从第一行推导到第二行时，我们用到了以下事实，$w(v,\tau)$ 可以被改写为

$$w(v,\tau)=\frac{\alpha+\mu}{\mu}e^{-\alpha(\tau-v)}w(\tau),$$

其中，$w(\tau)=F_N(\cdot,\cdot)$是劳动效率单位的租金率。从第二行推导到第三行时，我们利用了式（16.31）中给出的 $R^A(t,\tau)$ 的定义。

经济中的总人力财富由下式定义：

$$H(t)\equiv\mu\int_{-\infty}^{t}e^{\mu(v-t)}H(v,t)dv=H(t,t)\int_{-\infty}^{t}\mu e^{(\alpha+\mu)(v-t)dv}$$
$$=\frac{\mu}{\alpha+\mu}H(t,t)$$
$$=\int_{t}^{\infty}w(\tau)e^{-\int_{t}^{\tau}[r(s)+\alpha+\mu]ds}d\tau,\tag{16.69}$$

我们利用了式（16.68）来推导出最终的结论。需要从式（16.69）中得到的重要结论是，在总人力财富的定义中，劳动收入的减少会导致对于未来总劳动收入的更大程度的贴现。现在的世代不仅面临死亡风险，而且当他们变老时，也会在总的工资收入中占据更少的份额。

总之，这一节中提出的总的家庭模型由下面的式子定义：

$$C(t)=(\rho+\mu)[A(t)+H(t)],\tag{16.70}$$

$$\dot{A}(t)=r(t)A(t)+w(t)-C(t),\tag{16.71}$$

$$\dot{H}(t)=[r(t)+\alpha+\mu]H(t)-w(t)。\tag{16.72}$$

对式（16.70）关于 $t$ 求导，并将式（16.71）和式（16.72）与式（16.70）自身代入以消去$H(t)$，我们可以得到总消费的欧拉方程：

$$\frac{\dot{C}(t)}{C(t)}=[r(t)+\alpha-\rho]-(\alpha+\mu)(\rho+\mu)\frac{A(t)}{C(t)}。\tag{16.73}$$

如果生产率在一生中是不变的而且 $\alpha=0$，那么上面的表达式可以化简为标准的布兰查德-雅里模型的欧拉方程［在式（16.43）中给出］。

描述这个经济的动态系统是

$$\dot{C}(t)=[F_K(K(t),1)+\alpha-(\rho+\delta)]C(t)-(\alpha+\mu)(\rho+\mu)K(t),\tag{16.74}$$

$$\dot{K}(t)=F(K(t),1)-C(t)-\delta K(t),\tag{16.75}$$

其中，我们假设政府债务和政府消费均为 $0[B(t)=G(t)=0]$。式（16.74）是将 $A(t)=K(t)$、式（16.62）和式（16.64）代入加总的欧拉方程（16.73）得到的。式（16.75）仅仅是没有政府消费时资本积累的标准表达式。

图 16—10 表示的是式（16.74）和式（16.75）勾勒的模型的相图。对于生产函数我们给出了通常的稻田条件假设。在图 16—10 中，$\dot{K}(t)=0$ 线和虚线 $[\dot{C}(t)=0]_C$ 重新勾勒出了图 16—7 描绘的标准的布兰查德-雅里模型中的均衡轨迹。点 A 是标准的布兰查德-雅里（BY）均衡，在该处，稳态资本存量是 $K^{BY}$。黄金律的资本存量（$K^{GR}$，在该处，消费达到最大值）由式（16.50）定义。因为 $K^{BY}<K^{GR}$，标准的布兰查德-雅里模型是动态有效率的。现在考虑递减的生产率产生的效应。从式（16.75）显然可知 $\dot{K}(t)=0$ 线是不受 $\alpha$ 的影响的。但是，从式（16.74）可以看出，当 $\alpha$ 变大时，$\dot{C}(t)=0$ 线将绕原点做顺时针转动。如果 $\alpha$ 不太大，那么对应的 $\dot{C}(t)=0$ 线将与 $\dot{K}(t)=0$ 线交于 AB 段，均衡将仍然是动态有效率的。然而，正如图 16—10

所描述的那样①，实线 $[\dot{C}(t)=0]_D$ 与线 $\dot{K}(t)=0$ 相交于点 C。点 C 的均衡是鞍点稳定的，但该点存在资本的过度积累。从直观上来说，因为在生命的早期劳动收入较高，个体将在他们年轻时大量储蓄，由此导致的结果是过大的总资本存量。

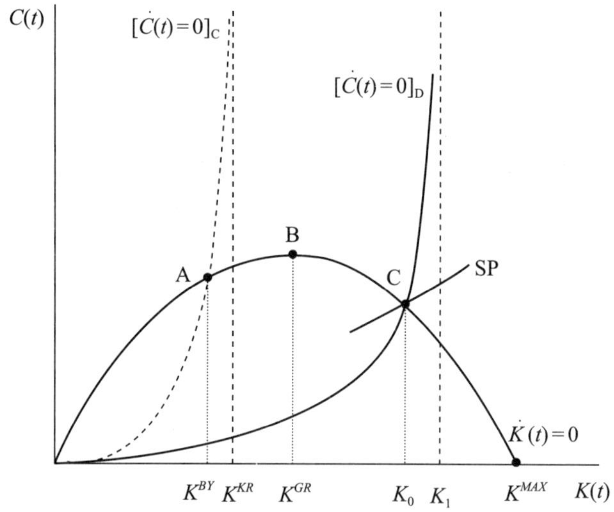


**图 16—10 动态无效率与下降的生产率**

## □ 16.4.5 小型开放经济体

最后，我们考虑如何利用布兰查德-雅里方法刻画开放经济体。为了节省空间，我们仅仅考虑生产单一产品并且资本可以完美流动的小型开放经济体。国内个体可以以外生的（固定的）世界利率 $r^*$ 向外部世界出借（或借入）资金。由于世代交叠效应的存在，开放经济的布兰查德-雅里模型满足完美定义的（非滞后）稳态。根据参数设定，我们可以区分债权国（居住着相对有耐心的消费者）和债务国（有着没有耐心的消费者）。在极端情况下，利率等于纯时间偏好率（$r^*=\rho$），模型是鞍点稳定的。这与开放经济的拉姆齐模型（见第 13 章）截然不同。在拉姆齐模型中，$r^*=\rho$ 并不是必要的存在条件，但是仍然可以得到非滞后的均衡。因此，在这一节我们得到的主要结论是，世代交叠模型为分析小型开放经济体提供了一个更加丰富的框架。

同开放经济体的拉姆齐模型一样，布兰查德-雅里也需要投资理算成本来限制有形资本在国家间的流动。然而，为了关注核心机制，我们遵从布兰查德（1985，pp. 230－231）的方法并将有形资本概括在一起。因此，产出方程可以写为

$$Y(t)=Z(t)L(t), \tag{16.76}$$

其中 $Z(t)$ 是外生的（却是潜在时变的）技术革新指数。对完全竞争厂商而言，劳

① 在图 16—10 中，$K_1$ 使得 $r_1 \equiv F_K(K1, 1)-\delta=\rho-\alpha$，因而产生动态无效率的一个必要条件是 $\alpha>\rho$（因此 $r_1<0$）。Abel et al.（1989）曾说明过如何对动态无效率进行经验性检验。他们的结果说明美国的经济是动态有效率的。

动的边际产出等于工资率，因此我们可立即得出 $w(t)=Z(t)$ 成立。劳动总供给是外生的 $[L(t)=1]$，所以 $Z(t)$ 同样也代表了经济中的总产出。由于不存在国内金融资产（例如政府债券和国内股权），国内居民只能积累国外资产，我们以 $A_F(t)$ 来表示。经济总量可以由下述两个方程来刻画：

$$\dot{C}(t)=(r^*-\rho)C(t)-\mu(\rho+\mu)A_F(t), \tag{16.77}$$

$$\dot{A}_F(t)=r^*A_F(t)+Z(t)-C(t), \tag{16.78}$$

其中式（16.77）是总消费的欧拉方程，式（16.78）为经常账户。

为探讨稳定性问题，我们将模型表示成单矩阵形式：

$$\begin{bmatrix}\dot{C}(t)\\ \dot{A}_F(t)\end{bmatrix}=\begin{bmatrix}r^*-\rho & -\mu(\rho+\mu)\\ -1 & r^*\end{bmatrix}\begin{bmatrix}C(t)\\ A_F(t)\end{bmatrix}+\begin{bmatrix}0\\ Z(t)\end{bmatrix}。 \tag{16.79}$$

将等式右边的雅可比矩阵用 $\Delta$ 表示，我们很容易发现其行列式等于下式：

$$|\Delta|=r^*(r^*-\rho)-\mu(\rho+\mu)。 \tag{16.80}$$

当 $\mu>0$ 时，很容易证明，如果存在一个可能的稳态，该稳态一定在鞍点处达到均衡。事实上，$\dot{C}(t)=0$ 意味着 $C=\mu(\rho+\mu)A_F/(r^*-\rho)$。然而，$\dot{A}_F(t)=0$ 意味着 $C-r^*A_F=Z_0$ [其中 $Z_0$ 为 $Z(t)$ 的给定值]。由式（16.80）的结论可知 $|\Delta|=-\mu(\rho+\mu)Z_0/C<0$。因为 $|\Delta|$ 是特征根的乘积，因此我们发现这些特征根是异号的，即一个是负号（稳定的），一个是正号（不稳定的）。最需要注意的是，我们对 $r^*-\rho$ 的符号还没有做任何假定。

现在我们可以看看模型的一些特殊形式：(a) 债权国（$r^*>\rho$）；(b) 债务国（$r^*<\rho$）；(c) 无储蓄国家（$r^*=\rho$）；(d) 世代交叠个体的极端情况（$r^*=\rho$ 且 $\mu=0$）。对于每一种情况我们将研究产出冲击（永久的或暂时的）的影响。

#### 16.4.5.1 债权国（$r^*>\rho$）

图 16—11 给出了有耐心的国内个体（$r^*>\rho$）的图像。由式（16.77）可知，$\dot{C}(t)=0$ 是一条从原点出发的向右上方倾斜的斜线：

$$C(t)=\frac{\mu(\rho+\mu)}{r^*-\rho}A_F(t)。 \tag{16.81}$$

对于线上（下）区域内的点，世代交叠效应相对较弱（强），因此消费随着时间的推移上升（下降）——见图 16—11 中的垂直箭头。类似地，由式（16.78）我们发现 $\dot{A}_F(t)=0$ 同样是向上倾斜的：

$$C(t)=rA_F(t)+Z_0, \tag{16.82}$$

其中 $Z_0$ 是 $Z(t)$ 的初始值。对于线上（下）区域内的点，消费相对较高（低），储蓄相对较低（高），国外资产的累积随着时间的推移下降（上升）——见图 16—11

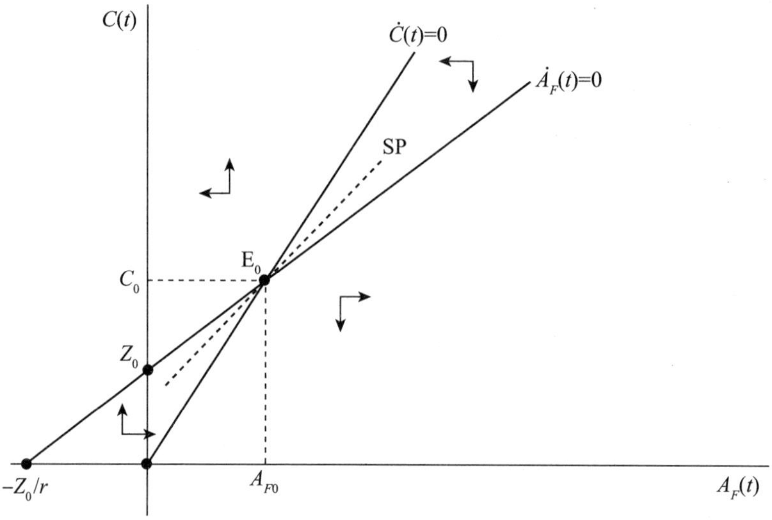


**图 16—11 有耐心的小型开放经济体**

中的水平箭头。若 $\dot{A}_F(t)=0$ 线比 $\dot{C}(t)=0$ 线更陡峭，那么不存在可行的稳态均衡（两条线将会相交于第三象限，消费为负，这是不可能的）。因此，模型的稳定条件要求 $\dot{A}_F(t)=0$ 线比 $\dot{C}(t)=0$ 线更平缓，即 $r^*<\mu(\rho+\mu)/(r^*-\rho)$，显然这个结果可以保证鞍点路径均衡。根据图 16—11，点 $E_0$ 为均衡点，消费为 $C_0$，国内居民对国外有着净债权，$A_{F0}>0$。

图 16—12 反映的是预期外的永久产出冲击的影响。在时间 $t=0$，$Z(t)$ 从 $Z_0$ 跳跃至 $Z_1$，经常账户曲线从 $(\dot{A}_F(t)=0)_0$ 移至 $(\dot{A}_F(t)=0)_1$。在冲击发生时，国外资产存量已被预置，经济从点 $E_0$ 跳跃至点 A，达到新的鞍点路径 $SP_1$。在过渡期，经济逐渐从点 A 移至新的稳态均衡 $E_1$。从长期来看，消费和净国外资产在增加。

转制动态效应背后的经济学直觉是什么？冲击效应很容易理解：所有冲击前个体（$v\leqslant 0$）都经历了相同程度的人力财富增长 $H(0)$，由下式给定：

$$H(0)\equiv\int_0^{\infty}Z(\tau)e^{-(r^*+\mu)\tau}d\tau。\tag{16.83}$$

很容易验证，由于 $\tau\geqslant 0$ 时 $dZ(\tau)=dZ$，冲击对人力财富的改变等于 $dH(0)=dZ\cdot\int_0^{\infty}e^{-(r^*+\mu)\tau}d\tau=dZ/(r^*+\mu)$。因此，我们可以得到：

$$\frac{dC(v,0)}{dZ}=(\rho+\mu)\frac{dH(0)}{dZ}=\frac{\rho+\mu}{r^*+\mu}>0,\tag{16.84}$$

$$\frac{d\dot{A}_F(v,0)}{dZ}=1-\frac{\rho+\mu}{r^*+\mu}=\frac{r^*-\rho}{r^*+\mu}>0,\tag{16.85}$$

这里，我们用到了式（16.30）（假定 $A=A_F$，$w=Z$ 和 $T=0$）、式（16.83）、式（16.37）和式（16.39）。冲击前个体会对人力财富的增长作出反应，同时增加他们

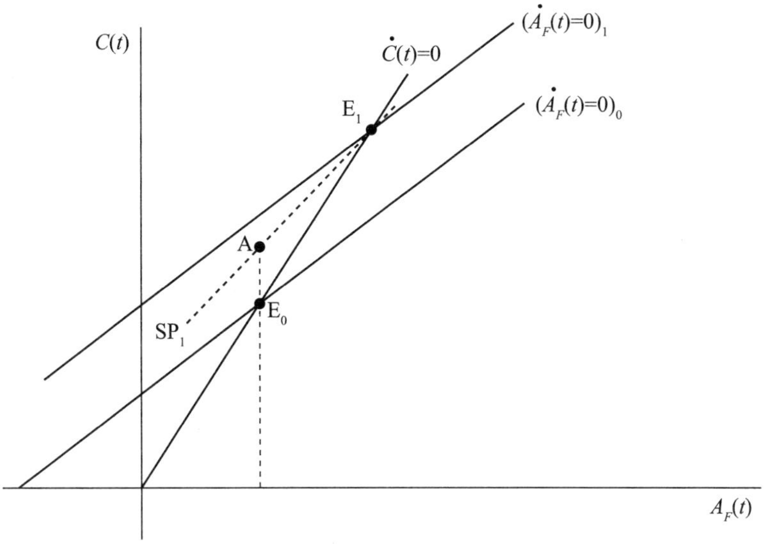


**图 16—12　生产率冲击**

的消费和储蓄率。在转制时期，新的（更富有的）一代人出生，他们会选择比冲击前的个体出生时更高的消费和储蓄率。事实上，很容易证明 $dC(t, t)/dZ=dC(v, 0)/dZ$ 和 $d\dot{A}_F(t, t)dZ=d\dot{A}_F(v, 0)/dZ$ 成立。因此，冲击前后的人有着同样的反应。因此，总消费和净国外资产上升。最后，在新的稳态中仅存在冲击后的一代人，这也解释了为什么转制在此点处完成。

#### 16.4.5.2　债务国（$r^*<\rho$）

图 16—13 给出了债务国的相图。在这种情况下，由于 $r^*<\rho$，$\dot{C}(t)=0$ 线从一开始便是向下倾斜的——见式（16.81）。因为在第二象限中，净国外资产为负 [$A_F(t)<0$]，世代交叠条件将从相反的方向上起作用。因为在这种情况下新出生个体的消费多于年老的个体，因此总消费增长大于个体消费增长。从式（16.77）可知，对于在曲线 $\dot{C}(t)=0$ 下（上）方区域内的点，总消费随着时间的推移上升（下降）——见图 16—13 中的垂直箭头。模型在点 $E_0$ 有着唯一的鞍点稳态路径。我们要求读者来验证：一个未预期的永久产出增长将会使稳态向西北方向运动，即移向点 $E_1$。在冲击发生时，超额消费是一个长期影响。

#### 16.4.5.3　无储蓄国家（$r^*=\rho$）

图 16—14 给出了无储蓄国家的相图。在这种情况下，由式（16.77）可知：

$$\dot{C}(t)=-\mu(\rho+\mu)A_F, \tag{16.86}$$

所以 $\dot{C}(t)=0$ 线与纵轴重合。对于纵轴左（右）边区域的点，消费上升（下降）。显然，正如我们之前所推导的，模型仍然有着唯一的鞍点稳态（在点 $E_0$）。在稳态，无论总的还是个体的净国外资产均为零（$A_F(v, 0)=A_F(0)=0$）。由于 $r^*=\rho$，所有

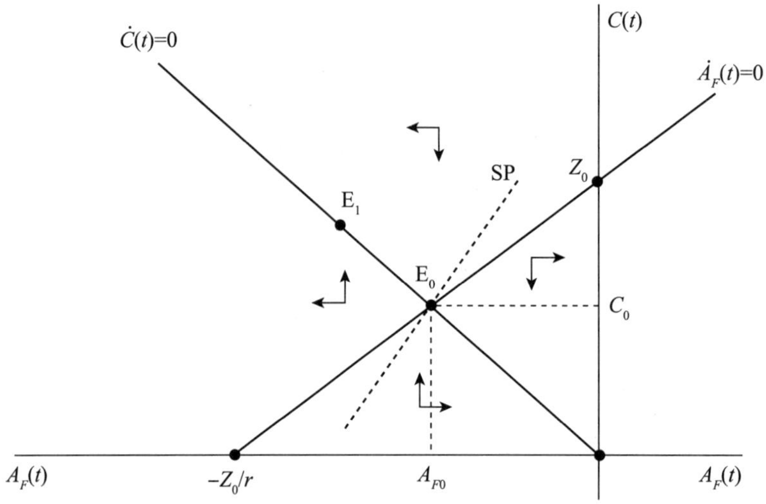


**图 16—13　没有耐心的小型开放经济体**

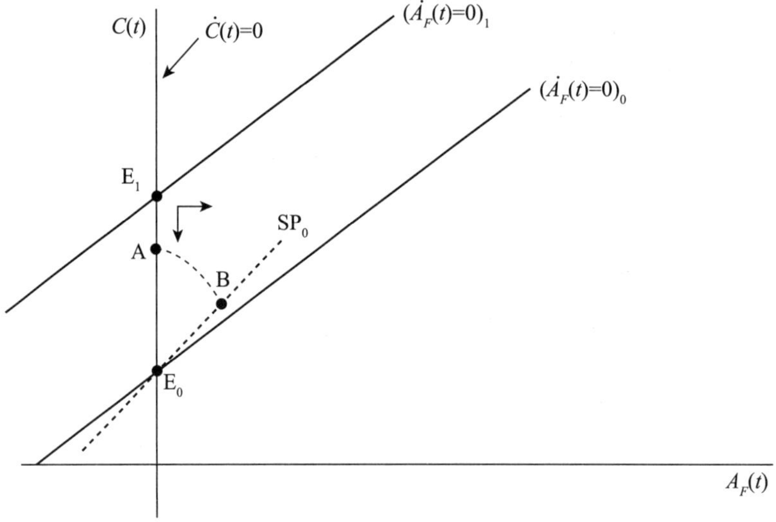


**图 16—14　无储蓄国家的暂时性生产率冲击**

个体有着不随时间推移而变化的消费模式（$\dot{C}(v,\ t)=0$）。面对不变的工资收入，他们既不增加储蓄，也不减少储蓄。

由式（16.84）和式（16.85）可清晰地看出，一个未预期的永久产出增长会促使所有冲击前个体以1∶1的比例增加他们的消费［$dC(v,\ 0)/dZ=1$］，但对储蓄没有产生任何影响［$d\dot{A}_F(v,0)/dZ=0$］。所有冲击后个体与冲击前个体是等同的，因此不存在任何转制动态效应。冲击时均衡从点 $E_0$ 跳跃至其正上方的点 $E_1$。

接下来我们考察一个未预期到的暂时产出增长，即当 $0\leqslant t\leqslant t_E$ 时 $dZ(t)=dZ$，当 $t>t_E$ 时 $dZ(t)=0$。由启发性求解原理（见4.1.2节），我们推导出调整路径有着下述特征：

- 在 $t=0$ 时，经常账户曲线从 $(\dot{A}_F(t)=0)_0$ 移至 $(\dot{A}_F(t)=0)_1$。箭头表示点 $E_1$ 的动态变化。净国外资产的累积是预先决定的，但是总消费的突变使经济从点 $E_0$ 移至点 A。
- 在时间段 $0\leqslant t\leqslant t_E$，存在着从 A 到 B 的渐近移动。总消费减少但是净国外资产增加，该国暂时增加储蓄。
- 在 $t=t_E$ 时，产出回到先前的水平，经常账户也回到 $(\dot{A}_F(t)=0)_0$ 的位置，相关的鞍点路径为 $SP_0$。
- 当 $t>t_E$ 时，经济缓慢地从点 B 移至点 $E_0$。在转制期，消费和国外资产均下降。暂时的产出冲击没有产生长期影响。

我们很容易便可推导出调整路径背后的经济学直觉。冲击前个体（$v\leqslant 0$）不持有金融资产并且根据下式改变他们的消费和储蓄：

$$\frac{dC(v,0)}{dZ}=(\rho+\mu)\frac{dH(0)}{dZ}>0,\quad \frac{d\dot{A}_F(v,0)}{dZ}=\frac{dZ(0)}{dZ}-\frac{dC(v,0)}{dZ}。\tag{16.87}$$

相对地，冲击后新出生的个体（$v=t>0$）根据下式改变他们的计划：

$$\frac{dC(t,t)}{dZ}=(\rho+\mu)\frac{dH(t)}{dZ},\quad \frac{d\dot{A}_F(t,t)}{dZ}=\frac{dZ(t)}{dZ}-\frac{dC(t,t)}{dZ}。\tag{16.88}$$

给定冲击的形式，我们发现：当 $0\leqslant\tau\leqslant t_E$ 时，$dZ(\tau)/dZ=1$；当 $\tau>t_E$ 时，$dZ(\tau)/dZ=0$。因此，人力财富的变化可以写为[①]

$$\frac{dH(t)}{dZ}=\begin{cases}\dfrac{1-e^{(\rho+\mu)(t-tE)}}{\rho+\mu} & 0\leqslant t\leqslant t_E\\ 0 & t>t_E\end{cases}。\tag{16.89}$$

有了这个表达式，我们可以看到冲击前的一代人从冲击中获益最大，因而他们在最后的关头增加消费，即 $dC(v,\ 0)/dZ=1-e^{-(\rho+\mu)tE}>0$ 且 $d\dot{A}_F(v,\ 0)/dZ=e^{-(\rho+\mu)tE}>0$。这几代人会积累净国外资产，因为他们知道他们的收入只是暂时高于过往水平，他们期望可以保持不随时间推移而变化的消费组合。他们所拥有的资产将确保他们实现这一点。

在时间段 $0\leqslant t\leqslant t_E$ 出生的冲击后的一代人同样会增加他们的消费和储蓄，但是相比于冲击前的一代人更少。这是由于他们处于高收入期的时间较短，即 $dC(t,\ t)/dZ=1-e^{(\rho+\mu)(t-tE)}>0$ 且 $d\dot{A}_F(t,\ t)/dZ=e^{(\rho+\mu)(t-tE)}>0$。这就解释了为何从 A 到 B

---

① $t$ 时刻的人力财富定义为

$$H(t)\equiv\int_t^{\infty}Z(\tau)e^{(r*+\mu)(t-\tau)}d\tau。$$

对于短暂冲击，我们有 $0\leqslant\tau\leqslant t_E$ 时，$dZ(\tau)=dZ$，在其他情况下 $dZ(\tau)=0$。因此，当 $0\leqslant\tau<t_E$ 时，我们可以发现 $dH(t)$ 等价于：

$$dH(t)\equiv dZ\cdot\int_t^{tE}e^{(r*+\mu)(t-\tau)}d\tau=\frac{dZ}{r^*+\mu}\cdot[1-e^{(r*+\mu)(t-tE)}]。$$

当 $t\geqslant t_E$ 时，冲击已经过去且 $dH(t)=0$。

消费会下降。新出生的个体的消费低于经济体中的平均消费。

最后，出生在时点 $t_E$ 的冲击后的一代面临着与初始稳态时同样的条件，即 $dC(t, t)/dZ=d\dot{A}_F(t, t)dZ=0$。由于冲击前的一代和在 $0\leqslant t\leqslant t_E$ 出生的冲击后的一代在时点 $t_E$ 后开始削减他们的资产，因此从点 B 到点 $E_0$ 总消费与金融资产将会下降。在新的稳态，所有的暂时储蓄者都已去世，经济会回到点 $E_0$ 的初始均衡状态。

#### 16.4.5.4 代理模型（$r^*=\rho$ 且 $\mu=0$）

在最后一种情形中，我们将探讨满足 $\mu=0$（没有新的一代，也没有死亡）且 $r^*=\rho$（极端条件）时的开放经济拉姆齐模型。由式（16.77）可知，总（个体）欧拉方程由 $\dot{C}(t)=0$ 给出。从式（16.79）和式（16.80）我们发现模型存在一个正根（$\lambda_2=r^*=\rho$）和一个零根（$\lambda_1=0$）。显而易见的是，我们无法使用惯常的图形技术，因为在这种情形下我们没有有用的 $\dot{C}(t)=0$ 曲线。对于图 16—15，我们仅有 $\dot{A}_F(t)=0$ 的表达式，除此之外我们只知道均衡会在曲线上的某点达到。

为了推导出此模型的性质，我们首先将国家的偿付情况（政府及家庭终生预算约束均不存在）表示为

$$A_{F0}=\int_0^{\infty}[C(t)-Z(t)]e^{-\rho t}dt, \tag{16.90}$$

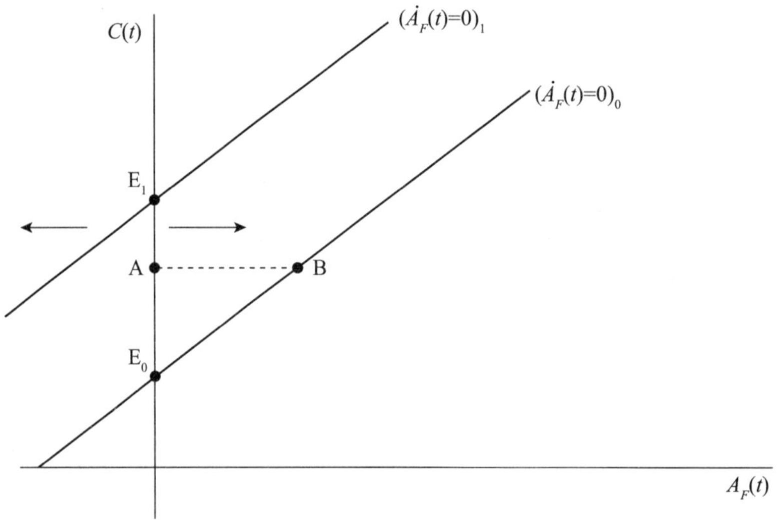


**图 16—15　RA 模型中的一个暂时冲击**

其中 $A_{F0}$ 是国外净资产的初始水平，其可能等于零也可能不等于零。$A_{F0}$ 的大小基于我们之前所做的决定。但是代理人希望拥有一个相对平滑的消费组合［$\dot{C}(t)=0$ 且 $C(t)$ 不随时间变化］。因此，由式（16.90）可以解出 $C(0)$：

$$C(0)=\rho\left[A_{F0}+\int_0^{\infty}Z(t)e^{-\rho t}dt\right]。\tag{16.91}$$

一个未曾预期的永久产出增长将以 1∶1 的比例增加消费，即 $dC(0)/dZ=1$。在图 16—15 中，经常账户曲线由 $(\dot{A}_F(t)=0)_0$ 移至 $(\dot{A}_F(t)=0)_1$。当 $A_{F0}=0$ 时，如果初始均衡恰好在点 $E_0$，在受到冲击时均衡将从点 $E_0$ 移至点 $E_1$。[如果 $A_{F0}$ 不等于零，初始均衡会在曲线 $(\dot{A}_F(t)=0)_0$ 的另外某处，但对消费的影响不变。] 在消费的跳跃之后，不存在其他的动态过渡。

由式（16.91）可知，对于上述形式而言，一个未曾预期的暂时产出冲击将会遵循下式来改变消费和储蓄：

$$\frac{dC(0)}{dZ}=1-e^{-\rho t_E}>0,\quad \frac{d\dot{A}_F(0)}{dZ}=e^{-\rho t_E}>0。\tag{16.92}$$

对于图 16—15，受到冲击时经济从点 $E_0$ 跳跃至点 A。由于点 A 在线 $(\dot{A}_F(t)=0)_1$ 的右边且产出超过了消费，所以净国外资产增加，产生正的净出口。在时间段 $0\leqslant t\leqslant t_E$，$\dot{A}_F(t)$ 是正的而 $\dot{C}(t)=0$，因此经济从点 A 水平移动至点 B，到达时刻为 $t_E$。在 $t_E$ 后，产出和人力财富回到初始水平。虽然冲击是暂时的，但是消费会永久性地升高。由于代理个体积累了净国外资产，利息收入可被用来消费，因此他们的高消费水平会保持下去。由此可见，最终（滞后）稳态位于点 B。①

## 16.5 拓 展



在这一部分我们将要展示布兰查德-雅里模型的灵活性。我们将通过展示它可以轻易地在不同方面进行拓展来证明它的地位。但这些拓展绝不是唯一可能的方向，本章的延伸阅读部分提到了其他方向的拓展。

### 16.5.1 内生的劳动力供给

正如我们在本书中看到的一样，内生的劳动力供给经常在各种宏观经济理论中扮演重要角色。例如，第 15 章证明了家庭闲暇的跨期替代构成了实际经济周期（RBC）传统下大部分模型的关键机制。因此，本节的目的在于通过允许内生的劳动力供给决策来对基本的布兰查德-雅里模型进行拓展。我们承继了 Heijdra 和 Ligthart（2000），引入了多种税收并假设偏好和生产技术都具有简单的函数形式，以使我们的讨论尽可能简化。我们将分析征收消费税的效果，以证明模型的一些关键性质。

① 未曾预期的暂时冲击的影响可以通过设定式（16.92）中的 $t_E\to\infty$ 得到。

#### 16.5.1.1 模型的拓展

假设截至目前我们所用到的效用函数［见式（16.29）］写为

$$E(\Lambda(v,t)) \equiv \int_t^{\infty} \ln(C(v,\tau)^{\varepsilon C}[1-L(v,\tau)]^{1-\varepsilon C}) e^{(\rho+\mu)(t-\tau)} d\tau, \qquad (16.93)$$

其中，$0<\varepsilon_C\leqslant 1$。闲暇被定义为个体的时间禀赋（被标准化为 1）减去劳动力供给 $L(v,\tau)$。注意，式（16.29）是当 $\varepsilon_C=1$ 时式（16.93）的特例。因为劳动力供给现在是内生的，而且我们包含多个税种，那么个体的预算等式（16.30）被改写为

$$\dot{A}(v,\tau)=[r(\tau)+\mu]A(v,\tau)+w(\tau)(1-t_L)+TR(\tau)-X(v,\tau), \qquad (16.94)$$

$$X(v,\tau)\equiv(1+t_C)C(v,\tau)+w(\tau)(1-t_L)[1-L(v,\tau)], \qquad (16.95)$$

其中，$X(v,\tau)$ 表示的是"完全消费"，即在产品上的花费和在闲暇上的花费，$t_C$ 是对私人消费征收的比例税率，$t_L$ 是对劳动收入征收的比例税率，而 $TR(\tau)$ 是与年龄相关的从政府得到的转移支付。家庭的偿债能力条件仍然由式（16.31）给出。

根据 Marini 和 van der Ploeg（1988），我们用两阶段预算法求解家庭的最优化问题。我们已经在本书前面的部分好几次用到这个方法，尽管那些都只是静态模型——见第 10 章和第 12 章。在动态模型中求解过程本质上也是相同的。自然，求解过程如下。在第一阶段，当给定完全消费水平（$X(v,\tau)$）时，我们来求个体的消费和闲暇的最优组合。之后，在第二阶段，我们求解完全消费本身的最优时间路径。如果效用函数是跨期可分的，那么求解过程便是有效的。[①]

在第一阶段，给定约束式（16.95）和完全消费水平 $X(v,\tau)$，个体选择 $C(v,\tau)$ 和 $[1-L(v,\tau)]$ 以最大化其即时效用，$\ln[C(v,\tau)^{\varepsilon C}[1-L(v,\tau)]^{1-\varepsilon C}]$。这一最优化问题引出了我们熟悉的一阶条件，要求闲暇和消费的边际替代率与闲暇和消费的相对价格相等：

$$\frac{\dfrac{1-\varepsilon_C}{1-L(v,\tau)}}{\dfrac{\varepsilon_C}{C(v,\tau)}}=w(\tau)\frac{1-t_L}{1+t_C}。 \qquad (16.96)$$

将式（16.96）代入式（16.95），我们得到了以完全消费表示的消费和闲暇的表达式：

$$(1+t_C)C(v,\tau)=\varepsilon_C X(v,\tau), \qquad (16.97)$$

$$w(\tau)(1-t_L)[1-L(v,\tau)]=(1-\varepsilon_C)X(v,\tau)。 \qquad (16.98)$$

因为子效用——式（16.93）方括号中的内容——是柯布-道格拉斯形式的，这刻画了单位替代弹性，因此在消费和闲暇上的花费份额是固定的。为第二阶段做准备，我们将式（16.97）和式（16.98）代入终生效用函数（16.93），得到下面的表达式：

---

① 如果 $\tau$ 时刻的消费和闲暇的边际效用均只取决于 $\tau$ 时刻的变量，那么偏好是跨期可分的。跨期可分在宏观经济学文献中是一个常见假设，并且对于式（16.93）的确是成立的。也可见 Deaton 和 Muellbauer（1980，p. 124）。

$$E(\Lambda(v,t)) \equiv \int_t^{\infty} [\ln X(v,\tau) - \ln P_{\Omega}(\tau)] e^{(\rho+\mu)(t-\tau)} d\tau, \tag{16.99}$$

其中，$P_{\Omega}(\tau)$ 是子效用与总消费相关的生活成本指数：

$$P_{\Omega}(\tau) \equiv \left(\frac{1+t_C}{\varepsilon_C}\right)^{\varepsilon_C} \left(\frac{w(\tau)(1-t_L)}{1-\varepsilon_C}\right)^{1-\varepsilon_C}。 \tag{16.100}$$

在第二阶段，在动态预算等式（16.99）和偿债能力条件式（16.94）的约束下，个体选择完全消费路径，以最大化式（16.31）。这一问题本质上和前面 16.3.1 节中解决的问题是一样的，所以读者应当对问题的解具有如下形式感到毫不惊奇：

$$X(v,t) = (\rho+\mu)[A(v,t) + H(t)], \tag{16.101}$$

$$\frac{\dot{X}(v,\tau)}{X(v,\tau)} = r(\tau) - \rho, \quad (\tau \geqslant t), \tag{16.102}$$

$$H(t) \equiv \int_t^{\infty} [w(\tau)(1-t_L) + TR(\tau)] e^{-R^A(t,\tau)} d\tau, \tag{16.103}$$

其中 $R^A(t, \tau)$ 在式（16.31）中定义。式（16.101）说明完全消费与总财富（金融财富和人力财富之和）是成比例的，同时，式（16.102）说明完全消费的最优增长取决于利率和纯时间偏好率之差。最后，式（16.103）是对人力财富的定义。它与式（16.33）有所不同，因为劳动收入被征收了一定的（比例）税，而且家庭收到了转移支付。

对所有现存世代的式（16.101）和式（16.102）进行加总，并利用式（16.97）和式（16.98），便可以得到总消费的增长和总劳动力供给的表达式，见表 16—2 中的



**表 16—2　　拓展的布兰查德-雅里模型**

| | |
|---|---|
| $\frac{\dot{C}(t)}{C(t)} = r(t) - \rho - \varepsilon_C \mu(\rho+\mu) \cdot \frac{K(t)}{(1+t_C)C(t)}$ | (T2.1) |
| $\dot{K}(t) = Y(t) - C(t) - \delta K(t)$ | (T2.2) |
| $TR(t) = t_L w(t) L(t) + t_C C(t)$ | (T2.3) |
| $r(t) + \delta = (1-\varepsilon_L)\frac{Y(t)}{K(t)}$ | (T2.4) |
| $w(t) = \varepsilon_L \frac{Y(t)}{L(t)}$ | (T2.5) |
| $w(t)[1-L(t)] = \frac{1-\varepsilon_C}{\varepsilon_C}\frac{1+t_C}{1-t_L}C(t), \quad 0<\varepsilon_C \leqslant 1$ | (T2.6) |
| $Y(t) = K(t)^{1-\varepsilon_L} L(t)^{\varepsilon_L}, \quad 0<\varepsilon_L<1$ | (T2.7) |

注：$C(t)$ 是消费，$K(t)$ 是资本存量，$L(t)$ 是劳动力供给，$Y(t)$ 是总产出，$w(t)$ 是工资率，$TR(t)$ 是总转移支付，$r(t)$ 是利率。对消费和工资收入分别征收比例税率 $t_C$ 和 $t_L$。资本以不变速率 $\delta$ 折旧，$\mu$ 是死亡率（等于出生率），$\rho$ 是纯时间偏好率。

式（T2.1）和式（T2.6）。与基本的布兰查德-雅里模型相比，我们引进了如下假

设。首先，我们忽略了政府支出和债务（$G(t)=B(t)=\dot{B}(t)=0$），并假设所有税收均以总额的形式返还给了家庭。因此，政府预算等式是静态的——见表 16—2 中的式（T2.3）。其次，我们通过假设生产具有柯布-道格拉斯技术，简化了拓展模型中的生产函数结构——见式（T2.7）。即用式（T1.4）和式（T1.5）分别作为式（T2.4）和式（T2.5）的具体形式。

#### 16.5.1.2 相图

模型的相图已经在图 16—16 中画出来了。劳动力供给决策的内生性使得相图的推导过程变得更加复杂。因此，我们将推导过程的细节放在本章的数学附录中，在此，仅作图形和直觉上的讨论和说明。

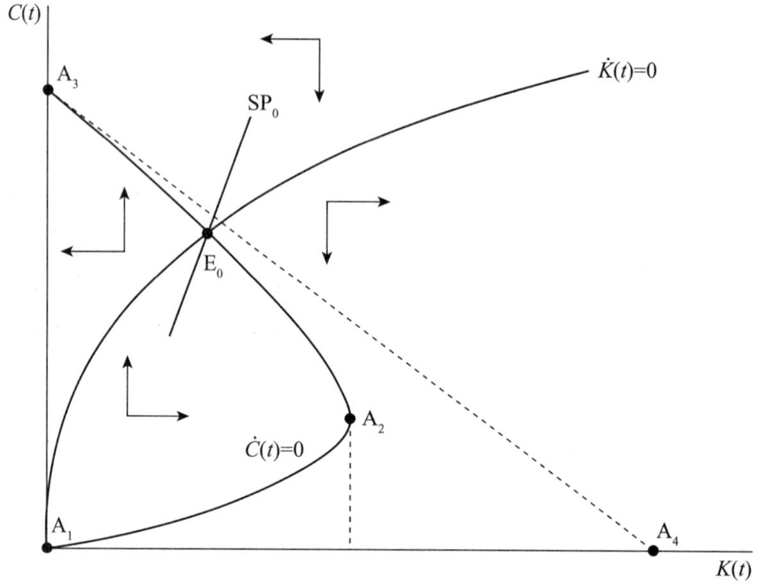


**图 16—16　拓展的布兰查德-雅里模型的相图**

资本存量均衡（CSE）线表示的是那些使得净投资为 0 [$\dot{K}(t)=0$] 的（$C$，$K$）平面中点的集合。此外，模型现在包含了各种税率并假设政府消费为 0，这条 CSE 线与 15.3 节中讨论过的 CSE 线相同。CSE 线是凹的，在线上方（下方）各点处的消费过高（过低），而净投资是负（正）的。①

消费均衡（CE）线表示的是那些使得总消费不变 [$\dot{C}(t)=0$] 的（$C$，$K$）平面中点的集合。在第 15 章的代表性个体模型中，总消费与个体的消费一致，CE 线就是那些使得利率等于时间偏好率（$r=\rho$）并且产出资本比为常数（详见第 15 章）的点的集合。为了方便起见，代表性个体模型中的 CE 线也被画在了图中，它是连接点 $A_3$ 和点 $A_4$ 的虚线（见图 16—16）。

① 我们仅仅画出了 CSE 线向上倾斜的部分。回忆在第 15 章中，CSE 线将一直上升，直到资本存量达到“黄金律”水平 $K^{GR}$ 时到达最高点，$K^{GR}$ 之后将向下倾斜。

相反地，在世代交叠模型中，个体消费与总消费并不一致，CE 线的位置和斜率由两个完全不同的作用机制来决定，即要素不足效应（FS，解释了代表性个体模型中 CE 线的斜率）和代际转移效应（GT）。在这两个效应的共同作用下，CE 线就表现出中部具有一个非常显著的突出。在较低的部分 $A_1A_2$，消费较低，均衡就业接近 1（$L\approx1$），CE 线是向上倾斜的。相反地，沿着较高的部分，$A_2A_3$，消费较高，均衡就业较低（$L\approx0$），CE 线向下倾斜。变化的动力来自式（T2.1）中提到的各项：

$$\begin{aligned}\frac{\dot{C}(t)}{C(t)}&=r(t)-\rho-\mu\cdot\frac{C(t)-C(t,t)}{C(t)}\\&=r(C(t),K(t))-\rho-\frac{\mu\varepsilon_C(\rho+\mu)}{1+t_C}\cdot\frac{K(t)}{C(t)},\end{aligned}\tag{16.104}$$

其中，$r(C,K)$ 是实际利率依赖于消费和资本存量的简要表示。从常理可以推断函数 $r(C,K)$ 的偏导数 $r_C$ 和 $r_K$ 的符号。一些简单图示便可简单说明问题。

考虑描述了资本市场和劳动力市场状况的图 16—17。在图（a）中，短期内的资本存量是事先给定的，比如说 $K_0$。对于资本的需求是向下倾斜的——原因在于递减的边际资本回报，也与劳动力的就业水平正相关——原因在于生产过程中两种要素必须协同合作。图（b）描述了劳动力市场的状况。劳动的边际回报也是递减的——所以劳动力需求向下倾斜——新增资本将增加对劳动的需求。劳动力供给曲线由式（T2.6）中的最优消费—闲暇决策决定。它是向上倾斜的，因为式（T2.6）排除了劳动力供给的纯替代效应。[①]

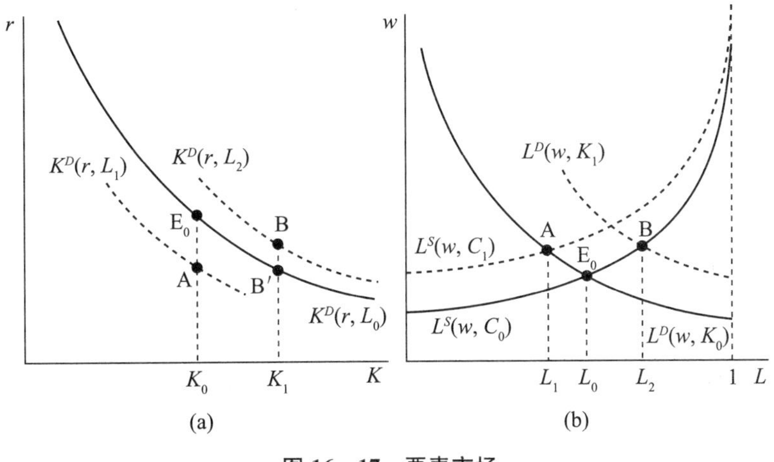


**图 16—17　要素市场**

现在我们用图 16—17 来考虑 $r_C$ 和 $r_K$ 的符号。保持资本存量不变，消费的增加将会使劳动力供给左移，因此工资上升而就业下降。就业下降导致资本需求向左移

① 一般来说，由于收入效应和替代效应在相反的方向发挥作用，因此静态模型中的劳动力供给的斜率是不确定的。我们这里并不存在这个“问题”，因为收入效应被包括在 $C$ 中。从技术上来说，式（T2.6）是闲暇的所谓的弗里希（Frisch）需求曲线。见 Judd（1987b）。

动，由此导致的结果是：对于缺乏弹性的资本供给，实际利率必须下降，以保持资本租赁市场均衡，即 $r_C<0$。这一思想实验将两幅图中的点 $E_0$ 和点 A 进行了比较。

在保持消费不变时，资本供给的增加对于利率下降有一个直接效应［沿着最初的资本供给曲线 $K^D(r, L_0)$ 从点 $E_0$ 移动到点 $B'$］，除此之外，通过劳动力市场还有一个引致效应。$K$ 的增加使劳动力需求向右移动，使得工资上升，就业增加，从而导致资本需求曲线向外扩张［见图（a）］。即便这一引致效应将使得利率上升，但占据主导地位的仍然是直接效应，从而 $r_K<0$。[①] 这一比较是基于图 16—17 中的点 $E_0$ 和点 B 进行的。

我们现在可以研究使总消费沿着图 16—16 中的 CE 曲线的两个分支移动的动力了。首先考虑这条曲线的较低分支上的一点（在那里 $L\approx1$）。保持资本不变，总消费的增加将导致劳动力供给的小幅减少[②]并由此导致利率的小幅下降。同时，资本消费比下降，因此总消费的增长是增加的，即对位于 CE 曲线较低分支上的点，有 $\dot{C}/C>0$：

$$\underbrace{\frac{\dot{C}}{C}}_{\uparrow}=\underbrace{r(C,K)}_{\downarrow}-\rho-\frac{\mu\varepsilon_C(\rho+\mu)}{1+t_C}\cdot\underbrace{\frac{K}{C}}_{\downarrow\downarrow}。\qquad（CE 曲线的较低分支）$$

现在考虑 CE 曲线较高分支上的一点（在那里 $L\approx0$）。保持 $K$ 不变，$C$ 的一个既定的变化对于劳动力供给有着强烈的负效应，由此将导致利率的大幅下降进而抵消通过改变资本消费比而产生的效应，即对位于 CE 曲线较高分支上的点，有 $\dot{C}/C<0$：

$$\underbrace{\frac{\dot{C}}{C}}_{\downarrow}=\underbrace{r(C,K)}_{\downarrow\downarrow}-\rho-\frac{\mu\varepsilon_C(\rho+\mu)}{1+t_C}\underbrace{\frac{K}{C}}_{\downarrow}。\qquad（CE 曲线的较高分支）$$

这些动态效应已经由图 16—16 中的竖直方向的箭头得到了说明。

总之，当 $L$ 的值（见图 16—7）接近 1 时（图 16—16 中较低的分支），CE 曲线与标准的布兰查德模型中劳动力供给外生的情形非常相似（见图 16—7）。同时，当 $L$ 的值接近 0 时（将图 16—16 中 CE 曲线的较高分支与虚线进行比较），CE 曲线与代表性个体模型中劳动力供给内生的情形非常相似。换言之，在 CE 曲线的较低分支上，代际转移效应起主要作用，而在 CE 曲线的较高分支上，要素不足效应起主要作用。

从箭头的方向可以知道，图 16—16 中的唯一均衡 $E_0$ 是鞍点稳定的。虽然我们

---

① 这个论断由要素价格边界（FPF）推导而来，而这个边界是通过将式（T2.4）和式（T2.5）代入式（T2.7）得到的：

$$1=\left(\frac{r+\delta}{1-\varepsilon_L}\right)^{1-\varepsilon_L}\left(\frac{w}{\varepsilon_L}\right)^{\varepsilon_L}。$$

要素价格边界表示的是 $r$ 和 $w$ 之间的反比关系，因此工资上升，资本的回报必然下降。

② 保持税率不变，我们可以用式（T2.6）来推导：

$$\frac{dL}{L}=\frac{1-L}{L}\cdot\left[\frac{dw}{w}-\frac{dC}{C}\right]。$$

所以，对于 $L\approx1$（$L\approx0$），图 16—17 中的劳动力供给曲线是相对陡峭（平坦）的，一个既定的消费变化将使得这条曲线移动很少（很多）。这也解释了为什么参数 $\omega_{LL}\equiv(1-L)/L$ 在下面的对数线性化模型中扮演了一个重要角色。

将图 16—16 中的均衡点画在了 CE 曲线向下倾斜的部分（在那里要素不足效应占据主导地位），但是没有任何理由表明相反的情况不会发生，即由于结构参数的不同，点 $E_0$ 很有可能位于 CE 曲线的较低分支上。

#### 16.5.1.3 提高消费税

我们现在来说明如何用这一模型来进行政策分析。我们现在将关注的焦点集中于消费税 $t_C$ 的一次没有提前预期到的永久性增长的效应上。运用第 15 章中详细介绍过的方法，我们可以对模型在初始稳态（比如说 $E_0$）处进行对数线性化。由此而得到的结果如表 16—3 所示。

**表 16—3　　经过对数线性化的拓展模型**

| | |
|---|---|
| $\dot{\tilde{C}}(t)=r\tilde{r}(t)+(r-\rho)[\tilde{C}(t)+\tilde{t}_C-\tilde{K}(t)]$ | (T3.1) |
| $\dot{\tilde{K}}(t)=(\delta/\omega_I)[\tilde{Y}(t)-\omega_C\tilde{C}(t)-\omega_I\tilde{K}(t)]$ | (T3.2) |
| $\widetilde{TR}(t)=(1+t_C)\omega_C\left[\tilde{t}_C+\frac{t_C}{1+t_C}\cdot\tilde{C}(t)\right]+\varepsilon_L t_L\tilde{Y}(t)$ | (T3.3) |
| $r\tilde{r}(t)=(r+\delta)[\tilde{Y}(t)-\tilde{K}(t)]$ | (T3.4) |
| $\tilde{w}(t)=\tilde{Y}(t)-\tilde{L}(t)$ | (T3.5) |
| $\tilde{L}(t)=\omega_{LL}[\tilde{w}(t)-\tilde{t}_C-\tilde{C}(t)]$ | (T3.6) |
| $\tilde{Y}(t)=\varepsilon_L\tilde{L}(t)+(1-\varepsilon_L)\tilde{K}(t)$ | (T3.7) |

注：$\omega_C\equiv C/Y$：私人消费占产出的份额；$\omega_I\equiv I/Y$：投资占产出的份额，$\omega_C+\omega_I=1$，$\delta/\omega_I=y\equiv(r+\delta)/(1-\varepsilon_L)$；$\omega_{LL}\equiv(1-L)/L$：闲暇和劳动之比；$\dot{\tilde{x}}(t)\equiv\dot{x}(t)/x$，$\tilde{x}(t)\equiv\ln[x(t)/x]$，$\tilde{t}_C\equiv dt_C/(1+t_C)$，$\widetilde{TR}(t)\equiv dTR(t)/Y$。

求解这个对数线性化的模型非常简单，只需按照与第 15 章中相同的方法操作就可以了。首先，我们利用式（T3.5）～式（T3.7）来计算产出的“半化简式”表达式：

$$\tilde{Y}(t)=\xi(1-\varepsilon_L)\tilde{K}(t)-(\xi-1)[\tilde{C}(t)+\tilde{t}_C], \tag{16.105}$$

其中，$\xi$ 表示跨期劳动力供给效应［见上面的式（15.25）］：

$$1\leqslant\xi\equiv\frac{1+\omega_{LL}}{1+\omega_{LL}(1-\varepsilon_L)}<\frac{1}{1-\varepsilon_L}。 \tag{16.106}$$

其次，我们将式（16.105）代入式（T3.2），并令 $\dot{\tilde{K}}(t)=0$，从而得到对数线性化后的 CSE 线：

$$\tilde{C}(t)=\frac{\xi(1-\varepsilon_L)-\omega_I}{\omega_C+\xi-1}\cdot\tilde{K}(t)-\frac{\xi-1}{\omega_C+\xi-1}\cdot\tilde{t}_C。 \tag{16.107}$$

CSE 线是向上倾斜的（因为 $rK/Y=1-\varepsilon_L-\omega_I>0$ 且 $\xi\geqslant1$）并且消费税的增加将会使这条线向下移动——见图 16—18 和图 16—19 中曲线从 $CSE_0$ 移动到 $CSE_1$。对于

一个给定的资本存量，$t_C$ 的增加将减少劳动力供给，然后是就业和产出。为了恢复资本存量的均衡状态，就业和产出必须回到它们先前所处的水平上，即消费必须减少。

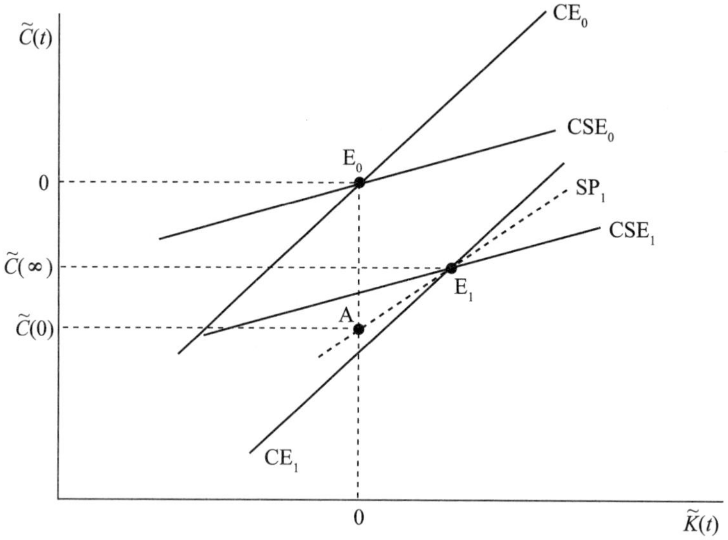


**图 16—18　GT 效应起主导作用时的消费税**

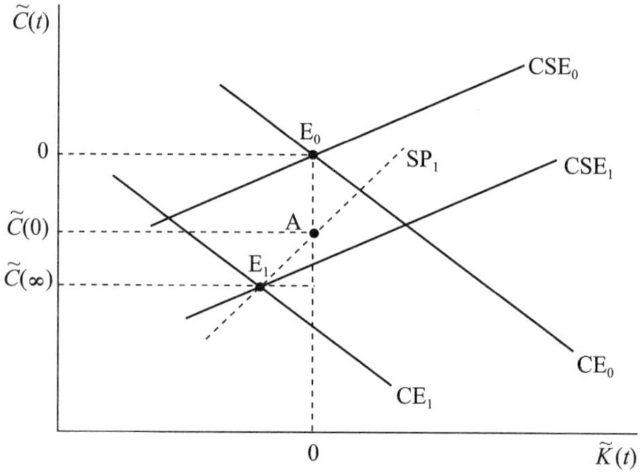


**图 16—19　FS 效应起主导作用时的消费税**

最后，通过将式（16.105）和式（T3.4）代入式（T3.1）并令$\dot{\tilde{C}}(t)=0$，我们可以得到对数线性化后的 CE 线：

$$\tilde{C}(t)=-\frac{(r+\delta)[1-\xi(1-\varepsilon_L)]+r-\rho}{(\xi-1)(r+\delta)-(r-\rho)}\cdot\tilde{K}(t)-\tilde{t}_C。\qquad(16.108)$$

从我们以上关于图 16—16 的讨论显然可以看出，初始稳态附近的 CE 线的倾斜方向是不确定的，它依赖于要素不足效应和代际转移效应孰轻孰重。这两大效应体现在表达式右边 $\tilde{K}(t)$ 的系数的分母部分，分别是 $(\xi-1)(r+\delta)$（对应于 FS 效应）和 $(r-\rho)$（对应于 GT 效应）。因此，有两种情况下的利率。首先，如果 $(r-\rho)$ 比

$(\xi-1)(r+\delta)$ 大，那么 GT 效应大于 FS 效应，如图 16—18 所示，CE 线是向上倾斜的。其次，如果相反的情况发生，即（$r-\rho$）比（$\xi-1)(r+\delta$）小，那么 GT 效应小于 FS 效应，如图 16—19 所示，CE 线是向下倾斜的。

这也说明了，消费税对长期资本存量的影响取决于要素不足效应和代际转移效应的相对力量的强弱。确实，通过求解式（16.107）和式（16.108）我们可以得到下面描述消费税的改变对于稳态资本存量的作用的表达式：

$$\widetilde{K}(\infty)=\omega_C\frac{(r-\rho)-(\xi-1)(r+\delta)}{\xi\varepsilon_L[(r+\delta)\omega_C+r-\rho]}\cdot\tilde{t}_C。\tag{16.109}$$

如果 GT 效应大于（小于）FS 效应，那么消费税的提高将会导致长期资本存量的增加（减少）。这些结果后面的含义可以借助图 16—18 和图 16—19 的帮助予以说明。

在图 16—18 中，GT 效应起主导作用 $[r-\rho>(\xi-1)(r+\delta)]$，CSE 线向下移动的程度小于 CE 线，稳态从 $E_0$ 移动到 $E_1$。税收冲击带来的影响是财富从老年人向年轻人的重新分配。老年人比较富有，因而消费水平较高；而年轻人消费水平较低，因而因为税率上升而多交的消费税微乎其微。由于新征收的税收将会以与年龄无关的总额形式返还给所有世代，老年人所受税收冲击的影响要大于年轻人，因此，平均消费水平和新出生的世代的消费水平在比例上的差异将会缩小。考虑式（16.104），$r(t)$ 基本不变化（因为 FS 效应很微弱）。但是，表示代际转移效应的项 $[C(t)-C(t,t)]/C(t)$ 变小，因此总消费的增长变快，即在点 A 有 $\widetilde{C}(0)<0$ 而 $\dot{\widetilde{C}}(0)>0$。总消费的减少比生产的减少（其实程度很轻微，因为劳动力供给变化很小）更为重要，投资净增加 [在点 A，$\dot{\widetilde{K}}(0)>0$]，经济将逐渐从点 A 移动到新的稳态点 $E_1$。

当 FS 效应起主导作用时，如图 16—19 所示，情况将会大不一样。现在 CE 线向下移动的程度大于 CSE 线向下移动的程度，因此与新的稳态 $E_1$ 相伴随的是更少的资本存量。要理解这个长期效应，就必须注意到由于 FS 效应起主导作用，长期的资本劳动比大致不变。仅当资本存量同时也减少时，消费税减少劳动力供给才会成为现实。[①] 在调整的过程中，消费的减少是由产出的减少决定的，而净投资为负。同时，劳动力供给的减少还会减小资本劳动比，从而利率降低，总消费曲线向下倾斜。总之，在点 A 有 $\dot{\widetilde{K}}(0)<0$ 和 $\dot{\widetilde{C}}(0)<0$。随着时间的推移，经济将逐步从点 A 移动到新的稳态点 $E_1$。

#### 16.5.1.4 讨论

我们已经证明了在拓展的布兰查德-雅里模型中，消费税严格依赖于 GT 和 FS 两种效应的相对重要性而产生的定量结果。一个简单（粗略但完备）的校准练习表明在实际情况中更有可能是 FS 效应占据主导地位。考虑在第 15 章中用来校准单位

① 如果 GT 效应完全不存在（$\mu=0$），稳态利率将等于时间偏好率（$r=\rho$），而资本劳动比根本不发生变化。见前面 15.4 节围绕重要比例的一系列讨论。

弹性的 RBC 模型的参数作用。在那一章中，我们取的值为每季度 $r=0.0159$（6.5%的年利率），$\delta=0.0241$（每年 10%），$\varepsilon_L=2/3$，因此 $y=(r+\delta)/(1-\varepsilon_L)=0.12$，而 $\omega_I=I/Y=\delta/y=0.201$。因为我们不考虑政府消费，所以消费占产出的份额是 $\omega_C=1-\omega_I=0.799$。正如我们在第 15 章中假设的一样，20%的时间被用来工作，所以 $\omega_{LL}\equiv(1-L)/L=4$。将 $\varepsilon_L$ 和 $\omega_{LL}$ 的校准值代入 $\xi$ 的定义式［在上面的式（16.106）已经给出］，我们得到 $\xi=2.143$，并且

$$(\xi-1)(r+\delta)=0.0457。\qquad\text{（校准的 FS 效应）}$$

剩下的工作在于在世代交叠模型中为（$r-\rho$）寻找一个合乎常理的值。这正是我们需要关于影响家庭部门的变量更多详细信息的地方。我们假设初始税率是 $t_C=0.1$ 和 $t_L=0.3$。利用式（T2.5）和式（T2.6）我们得到 $\varepsilon_C$ 的大致估计：

$$\varepsilon_C=\left[1+\frac{\varepsilon_L\omega_{LL}}{\omega_C}\frac{1-t_L}{1+t_C}\right]^{-1}=0.320。\qquad(16.110)$$

从式（T2.1）的稳态形式我们可以推出：

$$r-\rho=\mu(\rho+\mu)\frac{\varepsilon_C}{1+t_C}\frac{K/Y}{C/Y}=\mu(\rho+\mu)\times 3.037。\qquad(16.111)$$

这一表达式仍然包含两个参数，即纯时间偏好率（$\rho$）和出生率（$\mu$），其中没有一个是可以直接观察到的。[①] 回忆一下，在布兰查德-雅里模型设 $1/\mu$ 代表了所有个体的预期剩余寿命。因此，我们不能指望 $\mu$ 过高。假如个体的规划长度是 200 个季度，那么隐含的出生/死亡率便是 $\mu=0.005$。将这个值代入式（16.111）并记住 $r=0.0159$，我们便可以得到纯时间偏好率的数值，$\rho=0.0156$，所以

$$r-\rho=0.000312。\qquad\text{（校准的 GT 效应）}$$

所以，对于这个 $\mu$ 值，FS 效应远远强于 GT 效应。在表 16—4 中我们计算了一些 $\mu$ 值所对应的 GT 效应。结果表明，即便出生率很高（甚至违背常理），FS 效应也始终占据主导地位。例如，即使 $\mu=0.04$，家庭的预期剩余寿命是 25 个季度，FS 效应也强于 GT 效应。我们可以下结论说，对于符合常理的参数，GT 效应是非常微弱的，而 FS 效应占据主导地位。[②]

**表 16—4** **出生率和 GT 效应**

| $\mu$ | $1/\mu$ | $\rho$ | GT 效应 | FS 效应 |
|---|---|---|---|---|
| 0.005 | 200 | 0.015 6 | 0.000 312 | 0.045 7 |
| 0.01 | 100 | 0.015 1 | 0.000 762 | 0.045 7 |

① 当然，一个经济体中实际的出生率和死亡率是可以直接观察得到的。但是，将实际的人口数据直接套用到布兰查德-雅里模型是不现实的，因为实际上（1）出生率和死亡率显然不相等，（2）死亡概率与年龄并非无关，（3）移民对于人口增加有着显著的解释力度。

② 对于不同的出生率，代际转移效应都是可以忽略的这一事实表明拓展的布兰查德-雅里模型拥有 RBC 模型的全部性质。Rios-Rull（1994）利用一个经校准后很好地拟合了美国经济的复杂的世代交叠模型证明了这一结果。

续前表

| $\mu$ | $1/\mu$ | $\rho$ | GT 效应 | FS 效应 |
|---|---|---|---|---|
| 0.02 | 50 | 0.013 8 | 0.002 054 | 0.045 7 |
| 0.04 | 25 | 0.009 8 | 0.006 051 | 0.045 7 |
| 0.072 29 | 13.83 | 0 | 0.015 868 | 0.045 7 |

尽管 FS 效应比 GT 效应貌似在实证上更有优势，但是在很多情况下世代交叠模式起着更大的作用。在最近一篇文章中，Heijdra 和 Ligthart（2007）利用我们在本节中所讨论的 OLG 模型并将其拓展到产品市场垄断竞争的情形。他们利用该模型研究了在存在多种政府融资情形下财政政策的动态效应。对于一个真实的出生—死亡率，无论在长期还是短期，政府消费增加所导致的总额税的增长最终都会增加产出。这与 RA 模型得到的定量结论很类似。然而，如果政府采取了债券融资，两个模型之间的定量等价关系便会失效。实际上，政府消费的债券融资的短暂上升会对 OLG 模型产生长期显著的定量影响，但对 RA 模型没有任何影响［见 Heijdra 和 Ligthart（2007，p. 351）］。因此，OLG 模型所暗示的李嘉图等价的失效确实是有着定量影响的。

## □ 16.5.2 生命周期的劳动供给和退休

在之前的小节中，我们将有限生命个体的劳动供给内生化了。利用对数幸福函数（16.93），我们发现对于一个年龄为 $u \equiv t-v$ 的家庭来说，在闲暇上花费恒定的与年龄无关的比例是最佳的。（回想一下：$t$ 是计划期；$v$ 是出生时间，即代际指数。）实际上，忽略劳动所得税，式（16.98）表明稳态时的闲暇开支等于 $w[1-L(u)]=(1-\varepsilon_C)X(u)$。同时我们发现稳态时总消费以指数形式增长，依照 $\dot{X}(u)/X(u)=r-\rho>0$。总的来看，这些表达式意味着独立个体在变老时会消费更多闲暇

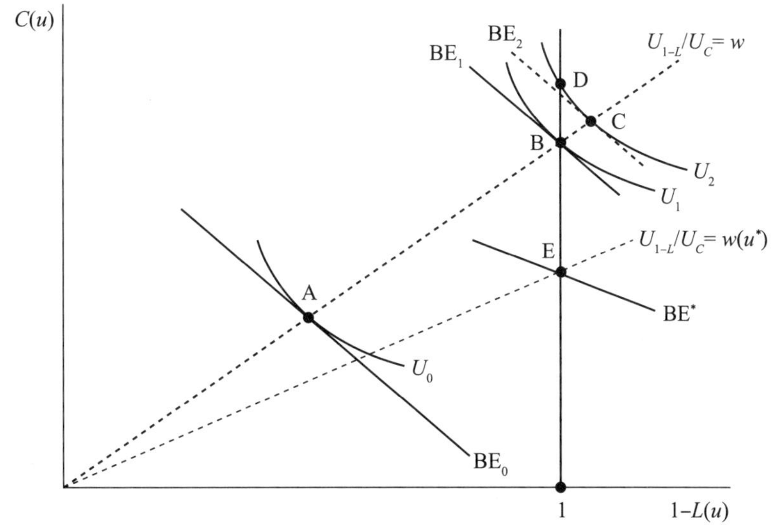


**图 16—20　生命周期的劳动供给和退休**

(并提供更少的劳动)。在图 16—20 的帮助下我们将阐明生命周期的劳动供给。假设个体初始在点 A，此时他的消费与闲暇的边际替代率等于工资率，即在此处，“预算线” $BE_0$（由$C(u)+w[1-L(u)]=X(u)$ 给出）和无差异曲线 $U_0$（其斜率等于 $-U_{1-L}/U_C$）相切。随着个体变老，总消费上升，对于给定的工资率，均衡由原点沿着虚线移动。最终，最佳情形出现于点 B，此时所有的养老金均以闲暇的形式消费，即此处有等式 $L(u)=0$ 成立。在之前的小节，我们简单地忽略了劳动供给的非负约束，因此允许年老（富有）的个体成为劳动的净需求者。为了消费额外的闲暇(并沿着虚线在点 B 外移动)，这些个体从他人处购买劳动。虽然这是一个方便的简化，但该简化忽略了从劳动力市场退休的动机。

#### 16.5.2.1 个体行为

在这一节中我们在劳动供给上加入非负约束并明确地研究个体的退休选择。为了使分析有条理，我们采用了一个小型开放经济体的设定（见 16.4.5 节)，并假定个体可以以恒定的世界利率 $r$ 从外部世界借贷。个体是相对有耐心的，因此 $r$ 大于时间偏好率 $\rho$。[①] 为了模仿典型的生命周期劳动供给情形，我们假设个体的劳动产出以及他的工资是关于个体年龄成驼峰状的，即 $w$ 一开始上升然后下降。将与年龄相关的工资写成 $w(u)$，我们假设对于所有的 $u$ 都有 $w(u)>0$ 成立；并且当 $0\leqslant u<\bar{u}$ 时有$w'(u)\equiv dw(u)/du>0$；当 $u\geqslant\bar{u}$ 时，有 $w'(u)<0$ 成立。

我们首先推导 $u$ 岁个体的最佳消费—闲暇分配。这样个体的期望剩余寿命效用方程可以写为

$$E(\Lambda(u))\equiv\int_u^\infty[\varepsilon_C\ln C(s)+(1-\varepsilon_C)\ln[1-L(s)]]e^{(\rho+\mu)(u-s)}ds\text{。}\qquad(16.112)$$

预算等式写成如下形式：

$$\dot{A}(s)=(r+\mu)A(s)+w(s)L(s)-C(s)-T,\qquad(16.113)$$

其中 $T$ 是与年龄无关的总额税（$T\geqslant0$)。以式（16.113)、NPG 条件、$\lim_{s\to\infty}A(s)\cdot e^{-(r+\mu)s}=0$、计划期的初始资产 $A(u)$ 以及非负条件 $L(s)\geqslant0$ 成立为约束条件，个体选择 $C(s)$、$A(s)$ 和 $L(s)$（对于 $s\geqslant u$）来最大化式（16.112)。此问题的恒等拉格朗日式（见数学附录）为

$$\begin{aligned}\mathcal{L}_C\equiv&\varepsilon_C\ln C(s)+(1-\varepsilon_C)\ln(1-L(s))\\&+\eta(s)\cdot[(r+\mu)A(s)+w(s)L(s)-C(s)-T]+\zeta(s)\cdot L(s),\end{aligned}$$

其中，$\eta(s)$ 为共态变量，$\zeta(s)$ 是劳动供给非负约束的拉格朗日乘子。(对于$s\geqslant u$)一阶必要条件为

$$\frac{\varepsilon_C}{C(s)}=\eta(s),\qquad(16.114)$$

① 这里的分析方法同样适用于封闭经济的稳态。在封闭经济中，稳态利率被确保大于时间偏好率。

$$\frac{1-\varepsilon_C}{1-L(s)}=\eta(s)w(s)+\zeta(s), \tag{16.115}$$

$$\frac{\dot{\eta}(s)}{\eta(s)}=\rho-r, \tag{16.116}$$

$$L(s)\geqslant 0,\quad \zeta(s)\geqslant 0,\quad \zeta(s)L(s)=0。 \tag{16.117}$$

通过式（16.116）和式（16.114）我们可以很容易地推导消费的欧拉方程为

$$\frac{\dot{C}(s)}{C(s)}=r-\rho。 \tag{16.118}$$

解式（16.118），我们发现当 $s\geqslant u$ 时，$C(s)=C(u)e^{(r-\rho)(s-u)}$。给定 $\lim_{s\to\infty}A(s)\cdot e^{-(r+\mu)s}=0$，计划期的资产等于 $A(u)$，则终生预算约束可以写成如下：

$$A(u)+\int_u^{\infty}[w(s)L(s)-T]e^{(r+\mu)(u-s)}ds=\frac{C(u)}{\rho+\mu}。 \tag{16.119}$$

等式左边代表了总财富，总财富是由金融资产加上利用年利率贴现的总额税后净工资现值组成的。等式右边为消费支出的现值。①

为了解出计划期内的最佳劳动供给，我们必须区分两种可能，即（a）个体在计划期内工作，还是（b）他已经退休了？

#### 16.5.2.1.1　工作个体

如果 $L(u)>0$，那么从式（16.117）可以得到 $\zeta(u)=0$。联立上式和式（16.114）并代入式（16.115），我们可以发现劳动供给规则：

$$1-L(u)=\frac{1-\varepsilon_C}{\varepsilon_C}\frac{C(u)}{w(u)}。 \tag{16.120}$$

式（16.120）等同于式（T2.6），除了前者包含了与工资有关的工资率而后者包含了各种比例税之外。为了推导出劳动供给的生命周期模式，我们将式（16.120）对 $u$ 进行差分得到：

$$\frac{\dot{L}(u)}{1-L(u)}=\frac{\dot{w}(u)}{w(u)}-\frac{\dot{C}(u)}{C(u)}=\pi(u)+\rho-r, \tag{16.121}$$

其中 $\pi(u)=\dot{w}(u)/w(u)$ 表示生命周期内的工资增长率，我们利用式（16.118）来得到最终表达式。我们假设工资的形状是驼峰状的并且在年轻时快速增长：

$$\pi(u)+\rho\quad\begin{cases}>r & 0\leqslant u<\bar{u}\\ <r & u\geqslant\bar{u}\end{cases} \tag{16.122}$$

由式（16.121）、式（16.122）可知：年轻时（$0\leqslant u<\bar{u}$），$L(u)$ 是 $u$ 的增函数；在

---

① 为了得到式（16.119）的右边，我们利用了如下事实：

$$\int_u^{\infty}C(s)e^{(r+\mu)(u-s)}ds=C(u)\int_u^{\infty}e^{(r-\rho)(s-u)}e^{(r+\mu)(u-s)}ds=C(u)\int_u^{\infty}e^{(\rho+\mu)(u-s)}ds。$$

生命的晚期（$u \geqslant \bar{u}$），$L(u)$ 是 $u$ 的减函数。

#### 16.5.2.1.2　退休的个体

劳动供给市场生命周期模式的一个直接结论是：在没有未预期的财富冲击时，一个退休的个体不会在日后重新进入劳动力市场。退休是永久性的，因为其发生在工资路径向下倾斜的年龄。为了证明该观点，请注意：如果 $\zeta(u)>0$，从式（16.117）可得$L(u)=0$；从式（16.115）可知：

$$1-\varepsilon_C=\eta(u)w(u)+\zeta(u), \quad (u \geqslant u^*), \tag{16.123}$$

其中，$u^*$ 是退休年龄（见下文）且 $\zeta(u^*)=0$。[①] 将表达式关于 $u$ 差分，我们得到：

$$\dot{\zeta}(u)=\eta(u)w(u)[r-(\pi(u)+\rho)]>0 \quad (u \geqslant u^*), \tag{16.124}$$

这里的符号和式（16.122）的符号相同且 $u^*>\bar{u}$。由于 $\zeta(u)$ 随着年龄增长而增加，退休的个体将保持退休状态。根据图 16—20，非负约束条件仅在点 E 生效，其中 $U_{1-L}/U_C=w(u^*)<w$ 且 $L(u^*)=0$。当 $u>u^*$ 时，个体最佳移动路径是沿着垂直约束线从点 E 向点 B、点 D 的方向运动。消费继续增长而闲暇不变。[②]

#### 16.5.2.1.3　消费、退休年龄和资产

为了找到最佳路径和退休年龄，我们首先注意到，由于 $L(u^*)=0$，从式（16.120）可以得到：

$$C(u^*)=\frac{\varepsilon_C}{1-\varepsilon_C}w(u^*)。 \tag{16.125}$$

一个还没有退休的个体将会持续从年龄 $u$ 工作到年龄 $u^*$。由于 $s \geqslant u^*$ 时 $L(s)=0$，我们从终生预算约束式（16.119）中可以得到：

$$\begin{aligned}\frac{C(u)}{\rho+\mu}&=A(u)-T\int_u^{\infty}e^{(r+\mu)(u-s)}ds+\int_u^{u^*}w(s)L(s)^{(r+\mu)(u-s)}ds\\&=A(u)-\frac{T}{r+\mu}+\int_u^{u^*}\left[w(s)-\frac{1-\varepsilon_C}{\varepsilon_C}C(s)\right]e^{(r+\mu)(u-s)}ds,\end{aligned} \tag{16.126}$$

在由第一行到第二行的推导中，我们利用了式（16.120）。联立方程 $C(s)=C(u)e^{(r-\rho)(s-u)}$，合并同类项并解出简单积分，我们得到了与 $C(u)$ 和 $u^*$ 有关的工资路径表达式：

---

① 这个结果是基于如下事实：拉格朗日乘子 $\zeta(u)$ 是连续的。对于 $0 \leqslant u<u^*$，我们有 $L(u)>0$。因此，根据互补松弛条件，$\zeta(u)=0$。对于 $u>u^*$，我们有 $\zeta(u)>0$ 且 $L(u)=0$。从而由连续性可以得到 $\zeta(u^*)=0$ 成立。

② 有意思的是，如果 $w(0)$ 非常小，在出生时期闲暇非常廉价，个体也不会在生命的初期工作。即存在一个正的年龄 $u'$，在这个年龄上此时存在劳动流入。生命周期的劳动供给在这种情况为：当 $0 \leqslant u \leqslant u'$ 时，$L(u)=0$；当 $u'<u<u^*$ 时，$L(u)>0$；而当 $u \geqslant u^*$ 时，$L(u)=0$。由于我们主要强调退休决策，我们对该情况的忽略无关紧要。

$$A(u)-\frac{T}{r+\mu}+\int_u^{u^*}w(s)e^{(r+\mu)(u-s)}ds=\frac{C(\mu)}{\varepsilon_C(\rho+\mu)}[1-(1-\varepsilon_C)e^{(\rho+\mu)(u-u^*)}]。\tag{16.127}$$

利用式（16.125）和 $C(u^*)=C(u)e^{(r-\rho)(u^*-u)}$，我们得到了第二个与 $C(u)$ 和 $u^*$ 有关的表达式：

$$C(u)=\frac{\varepsilon_C}{1-\varepsilon_C}w(u^*)e^{(r-\rho)(u-u^*)}。\tag{16.128}$$

将式（16.128）代入式（16.127）我们得到了决定最佳退休年龄的隐函数。由于个体的决定是动态一致的，给定经济环境保持不变，他将会在工作生涯内选择不变的 $u^*$。因此，不失一般性地我们可以将最佳退休年龄的隐函数从一个新生个体［其 $u=0$ 且 $A(u)=0$］的视角写出：

$$\int_0^{u^*}w(s)e^{-(r+\mu)s}ds=\frac{T}{r+\mu}+\frac{e^{-(r-\rho)u^*}}{1-\varepsilon_C}\frac{w(u^*)}{\rho+\mu}[1-(1-\varepsilon_C)e^{-(\rho+\mu)u^*}]。\tag{16.129}$$

为了进行比较静态分析，我们将式（16.129）写成 $\Xi(u^*)=\Psi(u^*)$，其中 $\Xi(u)$ 和 $\Psi(u)$ 的定义如下：

$$\Xi(u)\equiv\int_0^u w(s)e^{-(r+\mu)s}ds,\tag{16.130}$$

$$\Psi(u)\equiv\frac{T}{r+\mu}+\frac{w(u)}{(1-\varepsilon_C)(\rho+\mu)}[e^{-(r-\rho)u}-(1-\varepsilon_C)e^{-(r+\mu)u}]。\tag{16.131}$$

从式（16.130）可以得到：

$$\begin{aligned}&\Xi(0)=0,\quad \Xi(u)>0(u>0),\\&\Xi'(u)\equiv w(u)e^{-(r+\mu)u}>0,\\&\Xi''(u)\equiv -w(u)e^{-(r+\mu)u}[r+\mu-\pi(u)],\end{aligned}\tag{16.132}$$

即 $\Xi(u)$ 大于零且是 $u$ 的增函数；当 $u\geqslant\bar{u}$ 时，$\Xi(u)$ 为凹函数。同样地，从式（16.131）可以得到当 $u>0$ 时 $\Psi(u)>0$ 且

$$\begin{aligned}&\Psi(0)=\frac{T}{r+\mu}+\frac{\varepsilon_C w(0)}{(1-\varepsilon_C)(\rho+\mu)}>0,\quad \Psi(\infty)=\frac{T}{r+\mu}>0,\\&\Psi'(u)\equiv\frac{w(u)}{(1-\varepsilon_C)(\rho+\mu)}\\&\qquad\cdot[[\pi(u)-(r-\rho)]e^{-(r-\rho)u}-(1-\varepsilon_C)[\pi(u)-(r+\mu)]e^{-(r+\mu)u}]。\end{aligned}\tag{16.133}$$

因此，$\Psi(u)$ 为正函数；同时当 $u=0$ 时，$\Psi(u)$ 位于 $\Xi(u)$ 之上。可以很容易地得到：当 $0\leqslant u<\hat{u}$ 时，$\Psi'(u)>0$；当 $\Psi'(u)<0$ 时，$\Psi'(u)<0$。其中 $\hat{u}$ 由下式解出：

$$\hat{u}=\frac{1}{\rho+\mu}\ln\left[\frac{(1-\varepsilon_C)[r+\mu-\pi(\hat{u})]}{r-(\rho+\pi(\hat{u}))}\right]。\tag{16.134}$$

由于是在 $r>\rho+\pi(\hat{a})$ 的情形下，我们可以立即得到 $\hat{u}>\bar{u}$，即 $\Psi(u)$ 相对于劳动供给在更晚的年龄达到峰值。基于 $\Xi(u)$ 初始时在 $\Psi(u)$ 之下 $[\Xi(0)<\Psi(0)]$ 的事实，且 $\Xi(u)$ 是先上升并最终下降，因此 $\Xi(u)$ 必然从下往上穿过 $\Psi(u)$。从而在最佳退休年龄，$\Xi(u)$ 比 $\Psi(u)$ 更陡峭，即 $\Xi'(u^*)>\Psi'(u^*)$。

有了这个表达式，我们可以推导出如下关于退休年龄的最佳比较静态结果。第一，对于工资不变 $[w(u)=w]$ 以及零总额税的特殊情形，我们发现工资本身并不影响退休决定。根据图 16—20，个体在整个工作生涯中均由原点沿着虚线进行消费，影响退休年龄的唯一因素是出生的初始位置和点 A、点 B 间的连接速度。第二，对于一般情形，总额税的上升将会使 $\Psi(u)$ 方程向上移动并推高最佳退休年龄，即 $du^*/dT>0$。这是退休决定的收入效应。

已经退休（$u\geqslant u^*$）的个体将会消费并使其赋税等于其在退休时所积累的金融资产 $A(u^*)$。实际上，退休个体面临着如下终生预算约束：

$$A(u^*)=\int_{u^*}^{\infty}[C(s)+T]e^{(r+\mu)(u^*-s)}ds, \tag{16.135}$$

根据欧拉方程（16.118），退休后的消费满足 $C(s)=C(u^*)e^{(r-\rho)(s-u^*)}$。利用式（16.135）的结果我们可以得到：

$$A(u^*)=\frac{C(u^*)}{\rho+\mu}+\frac{T}{r+\mu}。 \tag{16.136}$$

通过常规方法我们可以得到金融资产的路径。对于工作个体（$0\leqslant u\leqslant u^*$）我们发现：

$$A(u)=\frac{T}{r+\mu}[1-e^{(r+\mu)u}]+\int_0^u w(s)e^{(r+\mu)(u-s)}ds-\frac{C(u)}{\varepsilon_C(\rho+\mu)}[e^{(\rho+\mu)u}-1], \tag{16.137}$$

然而对于退休个体（$u\geqslant u^*$）我们有：

$$A(u)=\left[A(u^*)-\frac{T}{r+\mu}\right]e^{(r-\rho)(u-u^*)}+\frac{T}{r+\mu}。 \tag{16.138}$$

在图 16—21 中，我们利用拟标准化模型刻画了生命周期劳动供给模型。我们利用了 Elo 和 Salonen（2004，p. 10）所提供的 2001 年芬兰工资—年龄组合数据。我们仅关注 21 岁至 64 岁女性的工资数据。为了得到计算方便的表达式，我们利用非线性最小二乘法来估计如下表达式：

$$w(u)=\alpha_0 e^{-\beta_0 u}-\alpha_1 e^{-\beta_1 u}, \tag{16.139}$$

预期符号为 $\alpha_0>\alpha_1>0$，$\beta_1>\beta_0>0$ 以及 $\alpha_1\beta_1>\alpha_0\beta_0$。① 估计时，$u=0$ 对应着 21 岁的个体。工资变量是以样本平均值表示的。估计值（以及相应的 $t$ 统计量）为 $\alpha_0=30.830$（固定的），$\hat{\alpha}_1=30.33$（1 346.72），$\hat{\beta}_0=2.98\times10^{-2}$（26.94），$\hat{\beta}_1=3.181\times$

① 我们从式（16.139）可以很容易地发现 $W(0)=\alpha_0-\alpha_1>0$，$W(\infty)=0$ 以及当 $0\leqslant u<\bar{u}$（$u>\bar{u}$）时 $W'(u)>0(<0)$，其中 $\bar{u}\equiv(\beta_1-\beta_0)^{-1}\ln(\alpha_1\beta_1/(\alpha_0\beta_0))$。

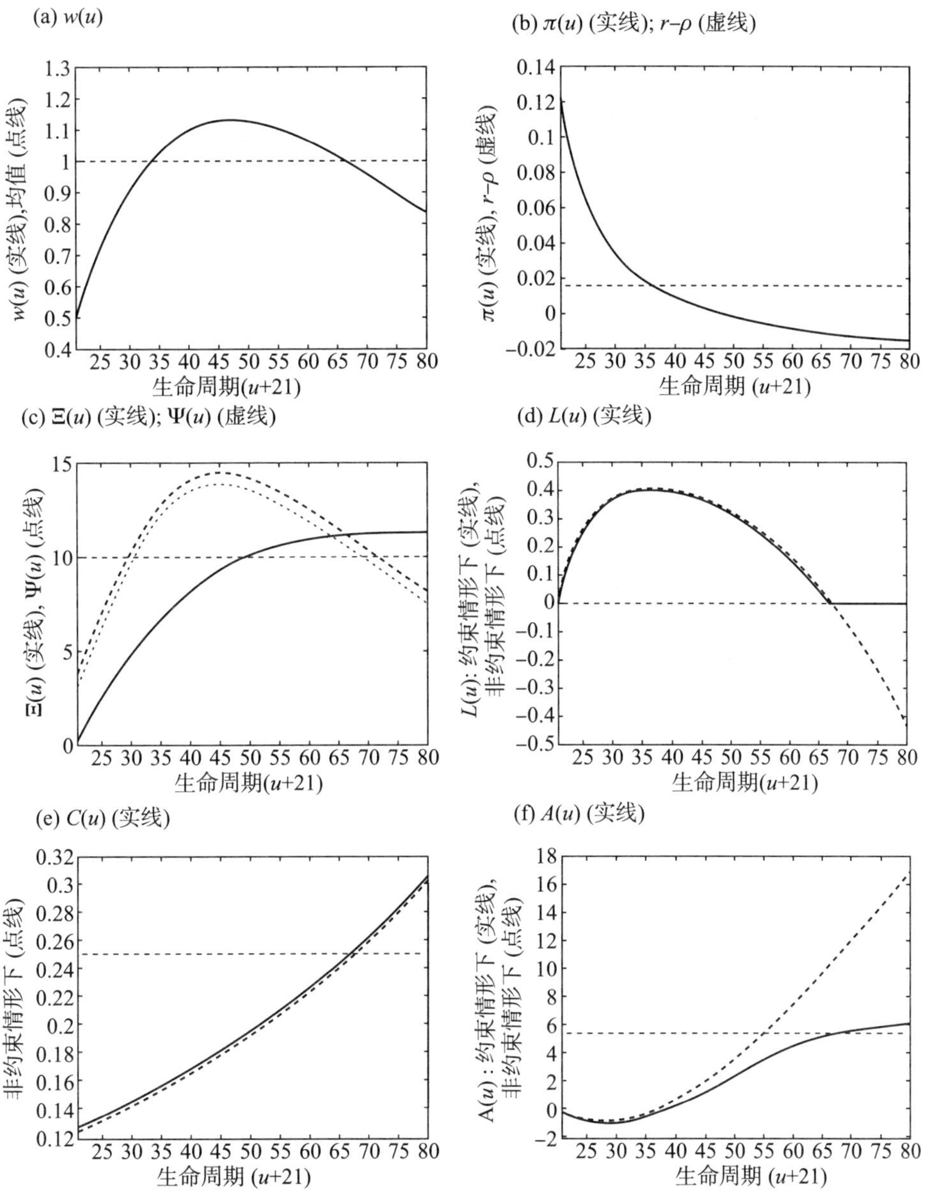


**图 16—21　与年龄有关的工资和生命周期**

$10^{-2}$ (26.36)。由 $\bar{R}^2=0.939$ 可知拟合得很好且回归的标准误（以被解释变量的均值来表示）等于 $\hat{\sigma}=4.37\%$。估计得到的工资图像如图 16—21(a) 所示。21 岁的个体赚取样本平均工资的一半，工资的峰值出现在 47.3 岁，比原始数据稍提前。我们可以认为，芬兰的劳动所得税在某种程度上是累进的，图（a）中的工资图像过高估计了与年龄相关的税后工资。

为了计算消费、劳动力供给、资产等的年龄分布，我们必须对不同结构向量取值。我们需要在得到的工资图像的基础上，选择那些可以使实际退休年龄上升或者下降的值。我们将以年为单位的利率、纯时间偏好率分别设为 $r=0.06$、$\rho=0.045$。当且仅当 $r<\rho+\mu$ 时，存在一个良好定义的均衡。瞬时死亡率设为 $\mu=1/62$，这意味着分娩时的期望寿命为 83 岁。最后，消费的偏好参数设为 $\varepsilon_C=0.25$，总额税等于 $T=0.1$。

图 16—21(b) 说明了工资增长 $\pi(u)$ 与利率和时间偏好率之差 $r-\rho$ 的关系。显然，工资图像满足式（16.122）中所说明的性质：工资增长率在年轻时很高但在生命后期单调减少。这就意味着 $\bar{u}=15.5$ 时，$\pi(\bar{u})=r-\rho$，即劳动供给在 36.5 岁时达到峰值，见式（16.121）。

图 16—21(c) 中描绘的是决定最佳退休年龄的隐函数［即式（16.129）］。实线表示的是式（16.130）定义的 $\Xi(u)$，而虚线表示的是式（16.131）定义的 $\Psi(u)$。$\Psi(u)$ 在 45.6 岁（$\hat{u}=24.6$）达到峰值，并且自上而下与 $\Xi(u)$ 相交。最佳退休年龄等于 66.6 岁（$u^*=45.6$）。图（c）中的点虚线表示的是当总额税增长一半后对 $\Psi(u)$ 的影响。这再次确定了收入对退休决定的重要影响：减税促使个体提前退休。

图 16—21(d) 中的实线描绘了生命周期的最优劳动供给。劳动供给呈驼峰状。在年轻时，高工资主导了消费增长，导致了向上倾斜的劳动供给图像。劳动供给比工资率更早达到峰值。为了方便比较，虚线表示的是忽略了非负约束后的劳动供给。如前所述，老年个体成为劳动的净需求者。

图 16—21(e) 描绘了消费图像。同样，实线代表的是考虑了退休年龄为 66.6 岁的图像，虚线则是无约束图像。两图像都呈现出指数型消费增长。由于非约束消费下的个体在退休前购买更多闲暇，非约束消费低于约束消费。这也是为什么在工作生涯中，图（d）中的非约束劳动供给高于约束劳动供给。

最后，在图 16—21(f) 中我们描绘了金融资产约束（实线）和非约束（虚线）图像。年轻时，那些期望未来有高收入的个体借入资产。年老时，随着工资上升，个体开始积累资产。约束资产图像在退休年龄 $u^*$ 处有一个（光滑的）转折。约束和非约束图像都是随年龄单调上升的。

#### 16.5.2.2 总量和其他问题

既然我们已经深入分析了家庭个体的最佳行为，下面我们将分析总体行为。如同 Heijdra 和 Romp（2008，2009a，2009b）所述，在小型开放经济体下讨论精确的家庭总量分析是十分可行的。我们将关注点放到稳态分析，这样我们可以对年龄进行加总。在本小节剩余的部分，我们概述总量分析所需要的步骤。

第一，为了理顺与年龄有关的工资曲线式（16.139），我们可以使用前述方法并假设工人的效率关于年龄成驼峰状：

$$E(u)=\alpha_0 e^{-\beta_0 u}-\alpha_1 e^{-\beta_1 u}。\tag{16.140}$$

在一个没有有形资本的小型开放经济体中，产出方程由 $Y(t)=N(t)$ 给出。其中

$N(t)$是有效劳动的总供给。[①] 利润最大化意味着：

$$w=\frac{w(u)}{E(u)}=1, \tag{16.142}$$

因此，如式(16.139)所假设的那样，$w(u)=E(u)$。生产商得到零利润，即 $Y=\mu\int_0^{u^*}w(u)L(u)e^{-\mu u}du$。

第二，由于个体的劳动供给是内生决定的，$N$ 的定义比式（16.59）略复杂：

$$N\equiv\mu\int_0^{u^*}E(u)L(u)e^{-\mu u}du。 \tag{16.143}$$

劳动力仅由年龄在 $0\leqslant u\leqslant u^*$ 范围内的工人组成且 $L(u)$ 与年龄相关。利用式（16.120）和式 $C(u)=C(0)e^{(r-\rho)u}$，我们可以得到：

$$\begin{aligned}N&\equiv\mu\int_0^{u^*}E(u)\left[1-\frac{1-\varepsilon_C}{\varepsilon_C}\frac{C(u)}{w(u)}\right]e^{-\mu u}du\\&=\mu\int_0^{u^*}\left[E(u)-\frac{1-\varepsilon_C}{\varepsilon_C}C(0)e^{(r-\rho)u}\right]e^{-\mu u}du\\&=\mu\alpha_0\frac{1-e^{-(\beta_0+\mu)u^*}}{\beta_0+\mu}-\mu\alpha_1\frac{1-e^{-(\beta_1+\mu)u^*}}{\beta_1+\mu}\\&\quad-\frac{1-\varepsilon_C}{\varepsilon_C}\mu C(0)\frac{1-e^{-(\rho+\mu-r)u^*}}{\rho+\mu-r},\end{aligned} \tag{16.144}$$

在由第一行到第二行的推导中，我们利用了式（16.142）。同时，由式（16.140）我们得到了最终表达式。显然，经济体的总产出写为 $Y=N$。

第三，总消费等于：

$$C\equiv\mu\int_0^{\infty}C(u)e^{-\mu u}du=\mu C(0)\int_0^{\infty}e^{-(\rho+\mu-r)u}du=\frac{\mu C(0)}{\rho+\mu-r}, \tag{16.145}$$

其中，我们注意到 $r<\rho+\mu$ 是使定义明确的稳态存在的必要条件（见 16.4.5 节）。最后，总资产由下式解出：

$$\begin{aligned}rA&\equiv r\mu\int_0^{\infty}A(u)e^{-\mu u}du=C+T-\mu\int_0^{u^*}w(u)L(u)e^{-\mu u}du\\&=C+T-Y,\end{aligned} \tag{16.146}$$

其中，我们利用了式（16.136）～式（16.138）和厂商零利润的事实来得到最终表达式。在没有政府债务的情况下，政府的预算约束简单表示为 $T=G$，其中 $G$ 是政府消费。在这种情况下，$A$ 表示净国外资产的积累。

---

① 在存在资本的模型中，产出方程为 $Y(t)=F(K(t),N(t))$。在不存在投资的调整成本时，资本和劳动的一阶条件为

$$r+\delta=F_K(K(t),N(t)),\quad w=\frac{w(u)}{E(u)}=F_N(K(t),N(t)), \tag{16.141}$$

其中 $K(t)$ 是资本存量。在这种情况下，世界利率将会决定资本密度 $K(t)/N(t)$ 以及有效劳动的租金率 $w$。

对于之前提到的标准值，我们发现 $C=1.80$、$Y=N=0.15$ 以及 $A=29.2$，即在这个主要居住着食利者（rentiers）的社会中，大部分消费是通过赚取净国外资产的利息来支付的。显然，以这种方式来标准化这个模型是非常可行的，在该方法中包含了宏观变量一个更加切实可行的模式。然而，永葆青春的假设很难同时包含一个实际的退休年龄。如 Heijdra 和 Romp（2009b）所述，退休年龄仅在如下情况下可以实际地标准化：（a）死亡率与年龄有关；（b）养老保险系统的实际功能（例如提前退休规定）被包含在模型中。

## 16.6 小　结

在本章中我们学习了现代宏观经济学的一个关键模型，即布兰查德和雅里的连续时间世代交叠模型。这一模型非常有用，原因在于它非常灵活，并且包含了拉姆齐（增长）模型作为特例。

在本章开始的时候，我们学习了雅里研究存在寿命的不确定性条件下的最优消费行为时的极具创造力的观点。当一个个体的寿命不确定（由此导致做计划的时间也不确定）时，情况将在两方面变得复杂。首先，个体的决策问题变得完全随机，而必须引进期望效用假设。其次，个体死亡时的财富也变得随机，而它必须确定地满足非负限制。雅里证明了寿命不确定导致的潜在问题是即时死亡概率进入了追求期望效用最大化的个体的消费欧拉方程。从直观上来说，存活的不确定性使理性个体对未来进行更快的贴现。

雅里通过假设一种基于保单的人寿保险的存在，使得对于最终财富的分析更易于驾驭。个体可以购入或者卖出这样的票据，而一旦个体死亡，这样的票据也就随之失效。个体购买了一份保单就相当于购买了一份约定在个体的生命存续期内以高于利率水平的费率对个体进行支付的年金。当个体死亡后，保险公司对于个体的财产没有额外的义务。相反地，个体卖出一份保单就相当于得到了一份人寿险贷款。在个体的生命存续期内，他必须以高于市场利率的费率偿还借款。但一旦他死亡，他的财产将免于任何义务，即本金无须偿还给保险公司。在精算公平的条件下，保单的回报率等于利率加上死亡概率。雅里证明了家庭具有实行完全保险以避免寿命损失的激励。随后他得到了这样一个让人惊讶的结果：在人寿保险精算公平的条件下，死亡概率不再出现在消费欧拉方程中。

雅里极富洞察力的观点一直被尘封，直到 20 年后布兰查德才将这些观点作为他的连续时间的世代交叠模型的核心要素而重新发掘出来。为了得出加总的情形，布兰查德作出了两个建模选择。第一，他假设死亡概率与年龄无关。这一点保证了最优决策规则是“代际指标是线性的”，因此可以进行加总。第二，他假设在每一时刻有大量新出生的个体进入经济。这一点保证了频率等于概率。（为了保证人口规模不变，必须假设出生率和死亡率相等。）

布兰查德-雅里模型具备一系列性质。第一，标准的拉姆齐模型（基于无限存活的代表性家庭的想法）可以通过在布兰查德-雅里模型中以令出生率为零作为特例得到。第二，布兰查德-雅里模型中的稳态资本存量比拉姆齐模型要小。由于代际的再分配，总消费的增长慢于单个个体消费的增长。这意味着在稳态时，利率超过了时间偏好率。这同时还意味着均衡是动态有效的。第三，财政政策通过征收一次未预期的永久性的总额税来增加政府消费，这在短期（长期）中将导致对私人消费的小于（大于）1∶1的挤出。在短期中，家庭并不能百分之百地感受到新增税负的负担，因为他们使用的是年金利率而非市场利率来对当前和未来的税收负担进行贴现，因此他们并不会足够多地削减消费从而使私人投资被挤出。在长期中，资本存量和产出会减少，工资降低，利率将会更高。从直观上来说，这一次冲击使得资源从未来世代转移到当前世代。第四，在布兰查德-雅里模型中，李嘉图等价不再成立。正是模型中正的出生率（而不是个体做计划的时间范围变得有限）破坏了李嘉图等价。第五，布兰查德-雅里模型为开放经济体的研究提供了一个更加丰富的框架。我们写出了模型的小型开放经济体的版本并且研究了（永久性或者暂时性）产出冲击对宏观经济的影响。开放经济的布兰查德-雅里模型的一个非常吸引人的性质是其不仅可被用来分析债权国（居住着有耐心的公民），还可被用来分析债务国（居住着没有耐心的家庭）。（回忆 13.7.1 节，在相应的拉姆齐模型中，稳态均衡仅在世界利率等于居民的时间偏好率的极端情况下存在。）进一步地，我们写出并且分析了封闭经济体布兰查德-雅里模型的内生增长版本。

在本章的后半部分我们展示了布兰查德-雅里模型的两个拓展。在两个拓展中，我们让家庭的劳动力供给决策内生化。在第一个扩展中我们利用这一模型来研究消费税上升的影响。在拓展模型的拉姆齐版本中，税收上升毫无疑问将导致长期资本存量的减少，因为家庭减少了劳动力供给。然而，由于寿命有限，税收将资源从当前世代转移到未来世代，这倾向于增加长期的资本存量。从而，税收冲击的净效应取决于代际再分配效应和要素不足效应孰强孰弱。

在布兰查德-雅里模型的第二个拓展中，我们考虑了一个小型开放经济体并且假设工人的生产率是驼峰状的，随着年龄的增加而递减。工人为消费、劳动供给以及退休年龄选择最佳的生命周期形式。



## 延伸阅读

布兰查德-雅里模型已经广泛应用于各个领域。开放经济模型由 Blanchard（1983，1984）、Frenkel 和 Razin（1986）、Buiter（1987）、Matsuyama（1987）、Giovannini（1988）、Heijdra 和 van der Horst（2000）以及 Heijdra 和 Ligthart（2006）提出。非常相关的 Weil（1989b）模型被 Bovenberg（1993，1994）以及 Nielsen 和 Sørenson（1991）用来分析税收政策，它也被 Obstfeld 和 Rogoff（1995b，pp. 1759－1764）用来分析经常账户的动态过程。

Alogoskoufis 和 van der Ploeg（1990）以及 Saint-Paul（1992）将内生经济增长引入这

个模型。Weil（1991）以及 Marini 和 van der Ploeg（1988）研究了货币中性。Aschauer（1990a）将内生劳动力供给引入布兰查德-雅里模型。关于公共基础设施，请见 Heijdra 和 Meijdam（2002）。Marini 和 Scaramozzino（1995）以及 Bovenberg 和 Heijdra（1998，2002）研究了环境问题。Nielsen（1994）以及 Bettendorf 和 Heijdra（2006）将社会保障引入这个模型。Gertler（1999）通过假设工人进入退休状态服从随机泊松过程对模型进行了一般化。国际货币基金组织的 MULTIMOD 模型的某些思路也包含了布兰查德-雅里模型的框架，参见 Laxton et al.（1998）。

Yaari（1965）、Barro 和 Friedman（1977）、Levhari 和 Mirman（1977）、Davies（1981）、Hurd（1989，1990）、Bütler（2001）以及 Hansen 和 Imrohoroglu（2008）研究了存在年金和不存在年金时的最佳消费。

包含实际死亡过程的模型有 Boucekkine et al.（2002）、de la Croix 和 Licandro（1999）、Heijdra 和 Romp（2008，2009a，2009b）以及 d'Albis（2006）。关于人力资本积累的问题请参阅 Bils 和 Klenow（2000）以及 KalemliOzcan et al.（2000）。针对年金的讨论，请见 Sheshinski（2008）的理论分析以及 Canon 和 Tonks（2006）在英国的实证研究。Kotlikoff 和 Summers（1981）分析了未预期的遗产问题。Kotlikoff 和 Spivak（1981）论证了家庭可以作为没有年金市场的替代。

## 附录：相图的推导

在附录中我们推导劳动力供给内生并且具有多种税率（见图 16—16）的拓展的布兰查德-雅里模型的相图。在推导过程中，我们遵循第 15 章的附录中详细讨论过的方法。

### 作为状态变量的函数的就业

利用劳动力需求式（T2.5）、劳动力供给式（T2.6）和生产函数式（T2.7）——并且去掉时间指标，这并不会带来疑问——我们得到了使（劳动力市场出清的）均衡就业水平与状态变量（$C$ 和 $K$）以及外生变量相关的表达式：

$$(\Gamma(L)\equiv)(1-L)L^{\varepsilon_L-1}=\frac{(1-\varepsilon_C)(1+t_H)}{\varepsilon_C\varepsilon_L}CK^{-(1-\varepsilon_L)},\qquad\text{(A16.1)}$$

其中，$t_H\equiv(t_C+t_L)/(1-t_L)$ 是家庭直接面对的税收楔子，而 $\Gamma(L)$ 是在可行区间 $L\in[0,1]$上的递减函数，其中，$\Gamma'(L)=-L^{\varepsilon_L-2}[(1-\varepsilon_L)(1-L)+L]<0$ 而 $\Gamma''(L)=(1-\varepsilon_L)L^{\varepsilon_L-3}[2-\varepsilon_L(1-L)]>0$。总之，式（A16.1）证明了均衡就业水平与消费和税收楔子（通过劳动力供给）负相关，与资本存量（通过劳动力需求）正相关。

### 资本存量均衡

资本存量均衡（CSE）线表示（$C$，$K$）平面上那些使得 $\dot{K}=0$ 以及 $\delta K=Y-C$ 的点的集合。从式（T2.5）到式（T2.6）我们注意到：

$$\frac{1-L}{L}=\frac{(1-\varepsilon_C)(1+t_H)}{\varepsilon_C\varepsilon_L}\cdot\frac{C}{Y},\tag{A16.2}$$

所以沿着 CSE 线我们有：

$$\delta K=\left[1-\frac{\varepsilon_C\varepsilon_L}{(1-\varepsilon_C)(1+t_H)}\frac{1-L}{L}\right]Y。\tag{A16.3}$$

我们要求等号右边的方括号里的项非负，所以就业水平的下界是

$$L\geqslant L_{\mathrm{MIN}}\equiv\frac{\varepsilon_C\varepsilon_L}{\varepsilon_C\varepsilon_L+(1-\varepsilon_C)(1+t_H)},\quad 0<L_{\mathrm{MIN}}<1。\tag{A16.4}$$

将式（A16.4）和式（T2.7）代入式（A16.3）我们能将 CSE 线写成如下形式：

$$K^{\varepsilon_L}=\frac{\varepsilon_C\varepsilon_L}{\delta(1-\varepsilon_C)(1+t_H)}\left(\frac{L-L_{\mathrm{MIN}}}{L_{\mathrm{MIN}}}\right)L^{\varepsilon_L-1}。\tag{A16.5}$$

式（A16.5）表示的是在区间 $L\in[L_{\mathrm{MIN}},1]$ 上的 $K$ 和 $L$ 相关的隐函数 $L=g(K)$。为了计算这个隐函数的斜率，我们对式（A16.5）两边取全微分：

$$K^{\varepsilon_L}\frac{dK}{K}=\frac{\varepsilon_C}{\delta(1-\varepsilon_C)(1+t_H)}\left[\frac{\varepsilon_L L+(1-\varepsilon_L)L_{\mathrm{MIN}}}{L_{\mathrm{MIN}}}\right]L^{\varepsilon_L-1}\frac{dL}{L}。\tag{A16.6}$$

因为 $L\geqslant L_{\mathrm{MIN}}>0$，所以等式右边的方括号里的项是严格大于零的，所以 $g'(K)>0$。由式（A16.5）可知，$L=L_{\mathrm{MIN}}$ 时有 $K=0$，所以当 $L$ 从 $L=L_{\mathrm{MIN}}$ 增加到 $L=1$ 时，$K$ 从 $K=0$ 增加到 $K=K_K\equiv\delta^{-1/\varepsilon_L}>0$。关于 CSE 线我们现在有两个零点了，即 $(K,L)=(0,L_{\mathrm{MIN}})$ 和 $(K,L)=(K_K,1)$ 都是方程（A16.3）的解。利用式（A16.1）我们可以求出对应的 $C$ 的取值，即 $(C,K,L)=(0,0,L_{\mathrm{MIN}})$ 和 $(C,K,L)=(0,K_K,1)$ 都是 CSE 线的零点——见图 16—16。

CSE 线的斜率计算如下。我们注意到这条线可以写为

$$C=g(K)^{\varepsilon_L}K^{1-\varepsilon_L}-\delta K,\tag{A16.7}$$

其中，$L=g(K)$ 是由式（A16.5）定义的隐函数。对式（A16.7）求导并经过一些步骤我们可以得到：

$$\left(\frac{dC}{dK}\right)_{K=0}=[1-\varepsilon_L(1-\eta_g(K))]\left(\frac{g(K)}{K}\right)^{\varepsilon_L}-\delta,\tag{A16.8}$$

其中，$\eta_g(K)$ 是函数 $g(\cdot)$ 的弹性：

$$\eta_g(K)\equiv\frac{Kg'(K)}{g(K)}=\frac{\varepsilon_L(g(K)-L_{\mathrm{MIN}})}{\varepsilon_L g(K)+(1-\varepsilon_L)L_{\mathrm{MIN}}},\tag{A16.9}$$

从上式我们可以得出 $\eta_g(0)=0$，从而式（A16.8）右边的方括号里的项变为 $(1-\varepsilon_L)$。但是由于 $\lim_{K\to 0}g(K)/K=+\infty$，从中我们知道 CSE 线在原点附近是竖直的（见图 16—16）：

$$\lim_{K\to 0}\left(\frac{dC}{dK}\right)_{K=0}=+\infty。\tag{A16.10}$$

将式（T2.7）和 $L=g(K)$ 代入式（T2.2）便可以得到动态的资本存量：

$$\dot{K}=g(K)^{\varepsilon_L}K^{1-\varepsilon_L}-\delta K-C。\tag{A16.11}$$

对于CSE线上方（下方）的点，消费过高（过低）而净投资为负（为正）。这些动态效应已经在图16—16中由水平方向的箭头进行了说明。

**消费流均衡**

消费均衡（CE）线表示了（$C$，$K$）平面上那些使总消费流处于均衡（$\dot{C}=0$）的点的集合。利用稳态时的式（T2.1）、式（T2.4）、式（T2.7）和式（A16.2），我们可以将CE线写成如下形式：

$$\mu(\rho+\mu)=\frac{\varepsilon_L(1-\varepsilon_L)(1-t_L)}{1-\varepsilon_C}\frac{1-L}{L}y[y-y^*],\tag{A16.12}$$

$$y=\left(\frac{L}{K}\right)^{\varepsilon_L},\tag{A16.13}$$

其中，$y\equiv Y/K$ 是资本产出比而 $y^*\equiv(\rho+\delta)/(1-\varepsilon_L)$。式（A16.12）和式（A16.13）定义了（$K$，$L$）平面上的消费流均衡。

在代表性个体模型（$\mu=0$）中，CE线表示那些使得 $y=y^*$ 的点。将式（A16.13）代入式（A16.1）并经过一些步骤我们得到：

$$\begin{aligned}C&=\frac{\varepsilon_C\varepsilon_L}{(1-\varepsilon_C)(1+t_H)}\left(\frac{K}{L}\right)^{1-\varepsilon_L}(1-L)\\&=\frac{\varepsilon_C\varepsilon_L}{(1-\varepsilon_C)(1+t_H)}(y^*)^{(\varepsilon_L-1)/\varepsilon_L}[1-(y^*)^{1/\varepsilon_L}K]\\&=\frac{(\rho+\delta)\varepsilon_C\varepsilon_L}{(1-\varepsilon_C)(1-\varepsilon_L)(1+t_H)}[(y^*)^{-1/\varepsilon_L}-K]。\end{aligned}\tag{A16.14}$$

所以，RA模型的CE线（$CE^{RA}$）是线性的并且向下倾斜——见图16—16中从点 $A_3$ 到点 $A_4$ 的虚线。

对于世代交叠模型而言，CE线只能通过参数形式进行描述，即通过 $L$ 在可行区间［0，1］内的变动来实现。我们首先将式（A16.12）写成一个更加方便的格式：

$$\zeta_0\left[\equiv\frac{\mu(\rho+\mu)(1-\varepsilon_C)}{\varepsilon_L(1-\varepsilon_L)(1-t_L)}\right]=\frac{1-L}{L}y[y-y^*],\tag{A16.15}$$

其中 $\zeta_0>0$。求解式（A16.15）的（有经济含义的）正根便可得到世代交叠模型中作为 $L$ 的函数的均衡的产出资本比：

$$\frac{y}{y^*}=\frac{1}{2}+\sqrt{\frac{1}{4}+\frac{\zeta_0}{(y^*)^2}\left(\frac{L}{1-L}\right)}\geqslant 1。\tag{A16.16}$$

将式（A16.16）代入式（A16.13）便可得到资本劳动比的表达式：

$$\frac{K}{L}=y^{-1/\varepsilon_L}=(y^*)^{-1/\varepsilon_L}\left[\frac{1}{2}+\sqrt{\frac{1}{4}+\frac{\zeta_0}{(y^*)^2}\left(\frac{L}{1-L}\right)}\right]^{-1/\varepsilon_L}, \tag{A16.17}$$

从中我们可以推出取极限值时的结果：

$$\lim_{L\to 0}\left(\frac{K}{L}\right)=(y^*)^{-1/\varepsilon_L},\quad \lim_{L\to 1}\left(\frac{K}{L}\right)=0。 \tag{A16.18}$$

劳动力市场的均衡条件式（A16.1）导出了关于消费的表达式：

$$C=\frac{\varepsilon_C\varepsilon_L}{(1-\varepsilon_C)(1+t_H)}\left(\frac{K}{L}\right)^{1-\varepsilon_L}(1-L), \tag{A16.19}$$

从中我们可以推出取极限值时的结果：

$$\begin{aligned}\lim_{L\to 0}C&=\frac{\varepsilon_C\varepsilon_L}{(1-\varepsilon_C)(1+t_H)}\lim_{L\to 0}\left(\frac{K}{L}\right)^{1-\varepsilon_L}\\&=\frac{\varepsilon_C\varepsilon_L}{(1-\varepsilon_C)(1+t_H)}(y^*)^{(\varepsilon_L-1)/\varepsilon_L},\end{aligned} \tag{A16.20}$$

$$\lim_{L\to 1}C=0。 \tag{A16.21}$$

所以，世代交叠模型的 CE 线与 $CE^{RA}$ 一样，当 $L\to 0$ 时有相同的垂直截距，而当 $L\to 1$ 时通过原点。

同理，要证明 $CE^{OLG}$ 在原点附近是水平的（其中 $L\approx 1$）而在垂直截距附近向下倾斜，但比 $CE^{RA}$ 更陡峭，这是简单易得却又单调乏味的。注意，$CE^{OLG}$ 是由式（A16.17）和式（A16.19）得到的参数化描述。对于一个给定的 $L$ 值，第一个表达式得到相应的 $K$ 值而第二个表达式得到相应的 $C$ 值。

### 唯一性

均衡的唯一性在（$K$，$L$）平面上最容易得到确定。首先我们将式（A16.17）改写为

$$K^{\varepsilon_L}=\frac{h(L)}{y^*},\quad h(L)\equiv L^{\varepsilon_L}\left[\frac{1}{2}+\sqrt{\frac{1}{4}+\frac{\zeta_0}{(y^*)^2}\left(\frac{L}{1-L}\right)}\right]^{-1}。 \tag{A16.22}$$

要证明如下事实并不困难：$h(0)=\lim_{L\to 1}h(L)=0$，$\lim_{L\to 0}h'(L)=+\infty$ 和 $\lim_{L\to 1}h'(L)=-\infty$。这些性质保证了 CSE 线［式(A16.5)］和 CE 线［式（A16.22)］只相交一次，从而决定了唯一的均衡值（$K^*$，$L^*$）。之后均衡消费水平 $C^*$ 可以从式（A16.1）中得出，而均衡产出 $Y^*$ 可以从生产函数式（T2.7）中得出。所有其他变量也都被唯一确定。

# 第 17 章 离散时间下的世代交叠

本章的目标是讨论以下问题：

1. 介绍一个流行的离散时间的世代交叠模型（OLG）并加以研究，说明它在理论上的主要性质。

2. 将这一离散事件的模型应用于（有积累或无积累的）公共退休金系统和老龄化对于宏观经济的影响的研究。

3. 将这个模型予以扩展，用来说明（私人及公共）人力资本的积累和公共投资。

4. 论证如何运用此模型来内生代际家庭的生育选择以及重新检验李嘉图等价的有效性。



## 17.1 戴蒙德-萨缪尔森模型

正如上一章所说明的，连续时间的布兰查德-雅里模型的框架相当灵活和方便，因此完全配得上它在现代宏观经济学中的基础地位。它得出了有用而又符合直觉的宏观经济学结果，并且只用到了简单方法。这并不意味着这一框架毫无缺点。事实上，正如布兰查德自己所指出的，持续性的人口出生这一设定的主要缺点是，虽然它考虑了寿命有限这一方面，却没有考虑到消费的生命周期方面（1985，p. 224）。其实，在标准的布兰查德模型中，一个家庭的年龄影响了它的财富水平和组成结构（第一方面），却没有影响财富的消费倾向（生命周期方面）。在缺乏遗赠动机并且寿命的确有限的情形下，我们可以预期到，与年轻人相比，老年人拥有一个高得多的消费倾向，这仅仅是因为老年人比年轻人拥有的可供规划的时间更少（见 16.2.2 节）。

一个兼顾了寿命有限和家庭行为的生命周期两大方面的简明模型是由 Diamond

(1965) 根据 Samuelson (1958) 更早些时候的观点[①]建立的。戴蒙德-萨缪尔森模型建立在离散时间上，在将近 40 年的时间里一直是经济学许多领域中的基础模型。在本节的剩余部分，我们将详细地描述（简化版的）Diamond (1965) 模型。

### □ 17.1.1 家 庭

个体生存两期。在第一期（“年轻时期”）他们工作，而在第二期（“年老时期”）他们从岗位上退休。因为他们在两期均希望进行消费，因此他们在年轻时储蓄而在年老时动用这笔储蓄金。我们忽略了遗赠动机，并且假设人口以不变速率 $n$ 增长。

$t$ 时刻的一个代表性的年轻个体有下面的终生效用函数：

$$\Lambda_t^Y \equiv U(C_t^Y) + \frac{1}{1+\rho} U(C_{t+1}^O), \tag{17.1}$$

其中，下标代表了时期，而上标代表了个体处于生命中的哪一期，“$Y$”和“$O$”分别代表了年轻和年老。所以，$C_t^Y$ 和 $C_{t+1}^O$ 分别定义了出生于 $t$ 时刻的个体在年轻时和年老时的消费，而 $\Lambda_t^Y$ 是年轻个体从他出生的角度所看待的终生效用。照旧，$\rho>0$ 定义了纯时间偏好率，并且我们假设效用函数 $U(x)$ 满足稻田条件 $[U'(x)>0>U''(x)$，$\lim_{x\to 0}U'(x)=+\infty$，$\lim_{x\to\infty}U'(x)=0]$。

在第一期，个体供给无弹性的单位劳动，并且获取工资 $w_t$，将其花费于消费 $C_t^Y$ 和储蓄 $S_t$。在第二期，个体并不工作，但获取了其储蓄的利息收入 $r_{t+1}S_t$。年老时，本金加利息全都花费在消费 $C_{t+1}^O$ 上。因此，家庭面对如下预算等式：

$$C_t^Y + S_t = w_t, \tag{17.2}$$

$$C_{t+1}^O = (1+r_{t+1})S_t. \tag{17.3}$$

将式 (17.3) 代入式 (17.2) 并假设储蓄的非负约束已经满足 ($S_t \geqslant 0$)，我们得到了综合的（或者终生）预算约束：

$$w_t = C_t^Y + \frac{C_{t+1}^O}{1+r_{t+1}}。 \tag{17.4}$$

在式 (17.4) 的约束下，年轻个体选择 $C_t^Y$ 和 $C_{t+1}^O$ 以最大化式 (17.1)。两个时期中关于消费的一阶条件可以联立合并，因此，我们得到了熟悉的消费欧拉方程：

$$\frac{U'(C_{t+1}^O)}{U'(C_t^Y)} = \frac{1+\rho}{1+r_{t+1}}。 \tag{17.5}$$

式 (17.4) 和式 (17.5) 同时决定了使 $C_t^Y$ 和 $C_{t+1}^O$ 与外生于个体而给定的变量 $w_t$ 和 $r_{t+1}$ 相关的隐函数关系。关键的表达式是储蓄等式：

---

① 更早的世代交叠模型由 Allais (1947) 提出。遗憾的是，受限于非通用语言的障碍，这篇文献没有被吸收进盎格鲁-撒克逊语言文献体系。

$$S_t = S(w_t, r_{t+1}), \tag{17.6}$$

它有如下偏导数：

$$0 < S_w \equiv \frac{\partial S}{\partial w_t} = \frac{\theta(C_t^Y)/C_t^Y}{\theta(C_{t+1}^O)/S_t + \theta(C_t^Y)/C_t^Y} < 1, \tag{17.7}$$

$$S_r \equiv \frac{\partial S}{\partial r_{t+1}} = \frac{1 - \theta(C_{t+1}^O)}{(1 + r_{t+1})[\theta(C_{t+1}^O)/S_t + \theta(C_t^Y)/C_t^Y]} \lesseqgtr 0, \tag{17.8}$$

其中，$\theta(x) \equiv -xU''(x)/U'(x)$ 是在点 $x$ 计算的边际效用的弹性。显然，在之前关于 $U(x)$ 的假设基础上 $\theta(x)$ 为正。回忆一下，第 13 章中 $\theta(x)$ 的导数是跨期替代弹性，它被定义为 $\sigma(x) \equiv 1/\theta(x)$。根据式（17.7），工资上升导致储蓄增加。从式（17.2）和式（17.3）可以看出，两种消费物品都是正常物品，即 $\partial C_t^Y / \partial w_t = 1 - \partial S / \partial w_t > 0$ 且 $\partial C_{t+1}^O / \partial w_t =(1 + r_{t+1}) \partial S_t / \partial w_t > 0$。储蓄对于利率的响应是不确定的，因为收入效应和替代效应在两个相反的方向发挥作用（见插叙 5.1）。一方面，$r_{t+1}$的上升降低了未来物品的相对价格，这将促使个体用未来消费替代现在的消费，使得储蓄增加。另一方面，$r_{t+1}$的上升扩展了个体的预算约束线，这将促使个体同时增加现在和未来的消费，使得储蓄减少。式（17.8）说明了，在平衡情形下，如果跨期替代弹性大于（小于）1，那么替代（收入）效应将占据主导地位，储蓄将与利率正（负）相关：

$$S_r \gtreqless 0 \quad \Leftrightarrow \quad \theta(C_{t+1}^O) \lesseqgtr 1 \quad \Leftrightarrow \quad \sigma(C_{t+1}^O) \equiv \frac{1}{\theta(C_{t+1}^O)} \gtreqless 1。 \tag{17.9}$$

### □ 17.1.2 企 业

通过从现存的老年人那里雇用资本 $K_t$，从现存的年轻人那里雇用劳动 $L_t$，完全竞争的企业部门生产产出 $Y_t$。生产函数

$$Y_t = F(K_t, L_t) \tag{17.10}$$

是线性齐次的且利润最大化确保了生产要素获得它们各自的边际实物产量（因此净利润为 0）：

$$w_t = F_L(K_t, L_t), \tag{17.11}$$

$$r_t + \delta = F_K(K_t, L_t), \tag{17.12}$$

其中，$0 \leqslant \delta \leqslant 1$ 是资本折旧率。[①] 关键是要注意到式（17.12）的时间：现有的老年人积累的资本要求获得 $r_t + \delta$ 的租金率。由此可见，现有的年轻人所依赖的做储蓄决策的利率［即式（17.3）至式（17.6）中的 $r_{t+1}$］是由未来的资本存量和劳动力决定的：

---

① 大多数作者根据 Diamond（1965，p. 1127），假设资本完全没有折旧（$\delta = 0$）。因为模型将人的寿命分为两期，每一期非常长（在历史时间上），因此有理由假设资本是完全折旧的（$\delta = 1$）。Blanchard 和 Fischer（1989，p. 93）巧妙地解决了 $\delta$ 的选择问题，他们假设式（17.10）是"净"生产函数，其中折旧已经事先得到扣除。在他们的方程中，资本需求等式（17.12）中没有 $\delta$。

$$r_{t+1}+\delta=F_K(K_{t+1},L_{t+1})。\tag{17.13}$$

下面，我们假设个体有着完美的预见性，即 $r_t+1$主观期望与实际值相符合。

因为劳动力数量以不变的速率增长，而我们希望最终能够研究拥有一个定义清晰的稳态均衡的经济，因此将式（17.10）和式（17.11）改写为人均的形式是有益的（详见 13.2 节）：

$$y_t=f(k_t),\tag{17.14}$$

$$w_t=f(k_t)-k_tf'(k_t),\tag{17.15}$$

$$r_{t+1}+\delta=f'(k_{t+1}),\tag{17.16}$$

其中，$y_t\equiv Y_t/L_t$，$k_t\equiv K_t/L_t$，$f(k_t)\equiv F(k_t,1)$。

### □ 17.1.3 市场均衡

整个经济的资源约束可以写为如下形式：

$$Y_t+(1-\delta)K_t=C_t+K_{t+1},\tag{17.17}$$

其中，$C_t$ 表示 $t$ 期的总消费。式（17.17）说明产出加上资本存量的未折旧部分（等式左边）可以用于消费，或者以资本的形式转移到下一期（等式右边）。另外，式（17.17）也可以写为一个更熟悉的形式 $Y_t=C_t+I_t$，其中 $I_t\equiv\Delta K_{t+1}+\delta K_t$ 表示总投资。

总消费是 $t$ 时刻的年轻人和老年人的消费之和：

$$C_t\equiv L_{t-1}C_t^O+L_tC_t^Y。\tag{17.18}$$

因为作为一个群体的老年人拥有存量资本，他们在 $t$ 时刻的总消费是资本存量未折旧的部分加上从厂商处获得的租金支付，即 $L_{t-1}C_t^O=(r_t+\delta)K_t+(1-\delta)K_t$。对于每个年轻个体而言，消费满足式（17.2），因此年轻人的总消费数量是 $L_tC_t^Y=w_tL_t-S_tL_t$。将这两个结果代入式（17.18），我们得到：

$$\begin{aligned}C_t&=(r_t+\delta)K_t+(1-\delta)K_t+w_tL_t-S_tL_t\\&=Y_t+(1-\delta)K_t-S_tL_t,\end{aligned}\tag{17.19}$$

其中我们从第一行推到第二行时利用了 $Y_t=(r_t+\delta)K_t+w_tL_t$ 这一事实。产出通过要素支付得到完全出清，因此净利润为 0。

最后，通过联立式（17.17）和式（17.19）我们得到了联系年轻人在当期的储蓄决策和下一期的资本存量的关系式：

$$S_tL_t=K_{t+1}。\tag{17.20}$$

假设人口（以及总人口）以不变的速率增长，

$$L_t=L_0(1+n)^t,\quad n>-1,\tag{17.21}$$

因此式（17.20）与式（17.6）联立起来能够被改写为更紧凑的形式：

$$S(w_t,r_{t+1})=(1+n)k_{t+1},\tag{17.22}$$

其中 $k_t \equiv K_t/L_t$ 是人均资本存量。资本市场由企业对于资本的需求［式（17.16）］和家庭对资本的供给［式（17.22）］构成。

### □ 17.1.4 动态和稳定性

通过将 $w_t$ 和 $r_{t+1}$ 的表达式［分别在式（17.15）和式（17.16）中给出］代入资本供给等式（17.22），我们可以研究经济的动态表现：

$$(1+n)k_{t+1}=S(f(k_t)-k_tf'(k_t),f'(k_{t+1})-\delta)。\tag{17.23}$$

式（17.23）是人均资本存量的基本差分方程。这一表达式将未来和现在的每个工人的资本存量联系起来，因此适于研究模型的稳定性。对式（17.23）和整体表达式取全微分我们得到：

$$\frac{dk_{t+1}}{dk_t}=\frac{-S_wk_tf''(k_t)}{1+n-S_rf''(k_{t+1})},\tag{17.24}$$

其中，$S_w$ 和 $S_r$ 分别由式（17.7）和式（17.8）给定。我们回忆第 2 章，局部稳定性要求对于稳态的偏离随着时间的推移应该是收敛（而非发散）的。从数学上来说，这意味着如果 $|dk_{t+1}/dk_t|<1$，稳态将是局部稳定的。从式（17.24）可以看出，我们并不能通过基于模型最一般化的版本而获得清晰的结果。即便我们知道式（17.24）的分子是正的（因为 $S_w>0$ 且 $f''<0$），但分母的符号是不确定的（因为 $S_r$ 是不确定的）。

参考 Galor 和 Ryder（1989）以及 de la Croix 和 Michel（2002）对于一般情形的严格分析，我们利用单位弹性模型，通过画图说明存在性问题和稳定性问题。特别地，我们假设技术是柯布-道格拉斯形式的（$Y_t=L_t^{\varepsilon_L}K_t^{1-\varepsilon_L}$），因此 $y_t=k_t^{1-\varepsilon_L}$ 且效用函数是对数形式的，因此 $U(x)=\ln x$ 且跨期替代弹性等于 $\sigma(x)=1/\theta(x)=1$。利用所做的这些简化，储蓄函数变为 $S_t=w_t/(2+\rho)$，工资率是 $w_t=\varepsilon_Lk_t^{1-\varepsilon_L}$，而式（17.23）变为

$$k_{t+1}=g(k_t)\equiv\frac{\varepsilon_L}{(1+n)(2+\rho)}k_t^{1-\varepsilon_L}。\tag{17.25}$$

式（17.25）如图 17—1 所示。因为 $\lim_{k\to 0}g'(k)=\infty$ 且 $\lim_{k\to\infty}g'(k)=0$，稳态［其中 $k_{t+1}=k_t=k^*$，因此 $k^*=g(k^*)$］是唯一且稳定的。图形说明了一条从 $k_0$ 开始的唯一的稳定轨迹。通过稳态均衡点 $E_0$ 的 $g(k_t)$ 的切线是虚线 AB。从图形［其实也可以从式（17.25）］得出，单位弹性的戴蒙德-萨缪尔森模型满足稳定性条件，其中 $g(k_t)$ 有正斜率，即 $0<g'(k^*)<1$。

### □ 17.1.5 效　率

从围绕图 17—1 所做的讨论可以清晰看出，存在一个完美而又合理的使戴蒙德-萨缪尔森模型得到唯一稳定的稳态均衡的模型设定。为了方便，现在假设我们最为一般的模型同样拥有这些性质并讨论它的福利性质。为了让情况变简单并为下面将要进行的有关社会福利的讨论做准备，我们将注意力集中到对稳态的分析上。事实上，

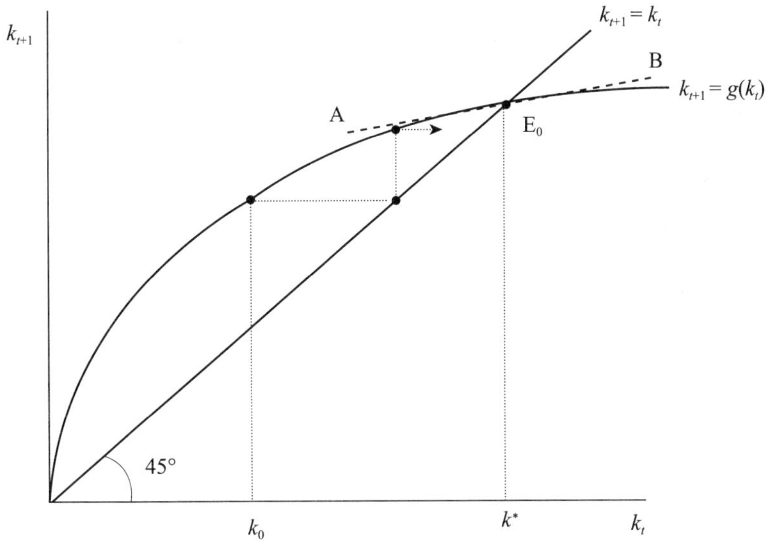


**图 17—1　单位弹性的戴蒙德-萨缪尔森模型**

根据 Diamond (1965)，我们是在比较市场解和所谓的最优黄金—年龄路径。

黄金—年龄路径的资本劳动比随着时间的推移保持不变，即 $k_{t+1}=k_t=k$。当 (i) 每个个体拥有最高可能的效用以及 (ii) 所有个体拥有相同的效用水平 (Diamond, 1965, p. 1128) 时，这种路径被称为最优的。从形式上来说，最优黄金—年龄路径最大化了一个代表性个体的终生效用，

$$\Lambda^Y \equiv U(C^Y)+\frac{1}{1+\rho}U(C^O), \tag{17.26}$$

所受到的约束条件是整个经济体的稳态资源约束①：

$$f(k)-(n+\delta)k=C^Y+\frac{C^O}{1+n}。 \tag{17.27}$$

注意，我们在式 (17.26) 和式 (17.27) 中已经去掉了时间下标，目的是强调我们只关注稳态情形这一事实。这个方程需要重点关注的是下面这一点。在式 (17.26) 中，$C^Y$ 和 $C^O$ 分别代表某一个体在年轻时和年老时的消费。相反地，在式 (17.27) 中，$C^Y$ 和 $C^O$ 分别代表在某一时刻年轻人和老年人的消费。这当然不是说我们正在拿苹果和橘子做比较——为了选择一个最优黄金—年龄路径，我们可以忽略这些差别，因为所有个体都被当作相同的。

最优黄金—年龄路径的一阶条件由稳态资源约束和下面的条件组成：

$$\frac{U'(C^O)}{U'(C^Y)}=\frac{1+\rho}{1+n}, \tag{17.28}$$

---

① 稳态资源约束式 (17.27) 如下得到。首先，将式 (17.18) 代入式 (17.17)，得到的结果被 $L_t$ 划分。然后插入式 (17.14)，利用稳态定义 ($k_{t+1}=k_t=k$)，最后去掉所有时间下标。

$$f'(k)=n+\delta。\tag{17.29}$$

Samuelson（1968a）将这些条件分别称为生物利率消费黄金律和生产黄金律。将式（17.28）和式（17.29）分别同它们在市场中的式（17.5）和式（17.16）相比较，结果显示如果市场利率等于人口增长率，它们是一致的：

$$r=f'(k)-\delta=n。\quad（黄金律）$$

正如 Samuelson（1968a，p.87）所强调的，式（17.28）和式（17.29）这两大条件在分析上是独立的：即便 $k$ 在某些次优水平上保持不变，从而生产是无效率的，因为 $f'(k)\neq n+\delta$，最优消费也仍然满足式（17.28）。同样地，如果产出在代际的分配是次优的（例如，归因于一个设计低劣的养老金体系），条件式（17.28）不再成立，但是最优的 $k$ 仍然服从生产黄金律式（17.29）。

如果稳态利率小于人口增长率（$r<n$），那么存在资本的过度积累，$k$ 过高，而经济是动态无效率的。关于我们的单位弹性模型的快捷检验说明，对于合理的参数取值，这种情形很有可能发生。事实上，从式（17.25）计算出稳态资本劳动比并将其代入式（17.16），我们发现单位弹性模型的稳态利率是

$$r=\frac{(1-\varepsilon_L)(2+\rho)(1+n)}{\varepsilon_L}-\delta。\tag{17.30}$$

Blanchard 和 Fischer（1989，p.147）建议参数取下列数值。生命中每一期为 30 年，劳动份额是 $\varepsilon_L=3/4$。人口以每年 1%的速率增长，因此 $n=1.01^{30}-1=0.348$。资本以每年 5%的速率折旧，因此 $\delta=1-(0.95)^{30}=0.785$。对于相对不够耐心的个体，纯贴现率是每年 3%，因此 $\rho=(1.03)^{30}-1=1.427$ 且式（17.30）说明 $r=0.754$，远远超过了 $n$。对于更有耐心的个体而言，他们的纯贴现率是每年 1%，$\rho=(1.01)^{30}-1=0.348$，而 $r=0.269$，比 $n$ 小。

## 17.2 基本模型的应用

在这一节中我们说明如何运用标准的戴蒙德-萨缪尔森模型来研究养老金的宏观经济和福利效应。社会保障体系由德国的奥托·冯·俾斯麦（Otto von Bismarck）于 19 世纪 80 年代引进，据说是为了防止激进的工人阶级推翻保守的君主政体。它并没有帮助可怜的俾斯麦——1890 年他被迫辞职——但他建立的体系得到了保留。特别是自第二次世界大战结束以来，大多数发达国家都建立了类似的社会体系。一个典型的社会保障体系将在老年人死亡前持续向他们支付津贴。

在 17.2.1 小节我们将说明老年人的养老金分配方法将如何决定养老金对于资源分配和福利的影响的作用机制。在 17.2.2 小节我们将研究养老金系统对家庭退休决定的影响。在 17.2.3 小节我们将研究人口冲击（例如老龄化问题）对一个有着非积

累养老金制度的经济体的影响。

### □ 17.2.1 养老金

为了研究公共养老金的影响，我们必须将政府引入戴蒙德-萨缪尔森模型。假设在 $t$ 时刻政府向老年人提供了 $Z_t$ 的总转移支付并向年轻人征收了 $T_t$ 的总额税。由此可见，年轻人在 $t$ 时刻的预算等式从式（17.2）和式（17.3）变为

$$C_t^Y + S_t = w_t - T_t, \tag{17.31}$$

$$C_{t+1}^O = (1+r_{t+1})S_t + Z_{t+1}, \tag{17.32}$$

因此，这样一个家庭的合并的终生预算约束现在变为

$$w_t - T_t + \frac{Z_{t+1}}{1+r_{t+1}} = C_t^Y + \frac{C_{t+1}^O}{1+r_{t+1}}。 \tag{17.33}$$

式（17.33）等号左边说明了终生财富等于年轻时的税后工资加上年老时收到的养老金的现值。

根据政府转移支付计划的不同，我们可以将社会保障计划分为两种典型。在完全积累制下，政府用年轻人缴纳的钱投资并将本息以转移支付的形式返还给他们，即下一期的老年人。在这样一个系统中，我们有：

$$Z_{t+1} = (1+r_{t+1})T_t。 \tag{17.34}$$

相反地，在一个非积累的或者说是现收现付（PAYG）的系统中，老年人获得的转移支付由同一期中的年轻人缴纳的税收承担。因为在 $t$ 时刻有 $L_{t-1}$ 个老年人（每个人获得了 $Z_t$ 的转移支付）和 $L_t$ 个年轻人（每个人支付 $T_t$ 的税收），一个现收现付系统满足 $L_{t-1}Z_t = L_tT_t$，注意到式（17.21）后我们可以将其改写为

$$Z_t = (1+n)T_t。 \tag{17.35}$$

#### 17.2.1.1 完全积累制养老金

完全积累制社会保障系统的一个令人惊讶的性质是它的中性。我们的意思是，带有完全积累制社会保障系统的经济在所有相关方面与没有这样一个系统的经济是完全相同的。这一重要的中性结果可以如下说明。

首先我们注意到，将式（17.34）代入式（17.33），财政变量 $T_t$ 和 $Z_{t+1}$ 完全从家庭的预算约束中消失。因此，这些变量也不会对家庭的终生最优消费计划（即 $C_t^Y$ 和 $C_{t+1}^O$）产生任何影响，这和前面的 17.1.1 节中不带养老金的经济中的描述完全相同。通过比较式（17.2）和式（17.31）可知，有完全积累制养老金时，储蓄加上税收支付根据下面的式子得到设定：

$$S_t + T_t = S(w_t, r_{t+1}), \tag{17.36}$$

其中，$S(w_t, r_{t+1})$ 和式（17.6）中出现的是同一个函数。此处可以通过图 17—2 的帮助进一步说明。在没有养老金制度的情况下，养老保险在点 B，最佳消费点在点 $E_0$，终生预算约束和无差异曲线相切。完全积累养老金制度将养老保险点移至点

C 但是终生预算约束曲线不变。因此，最优消费依然出现在点 $E_0$。

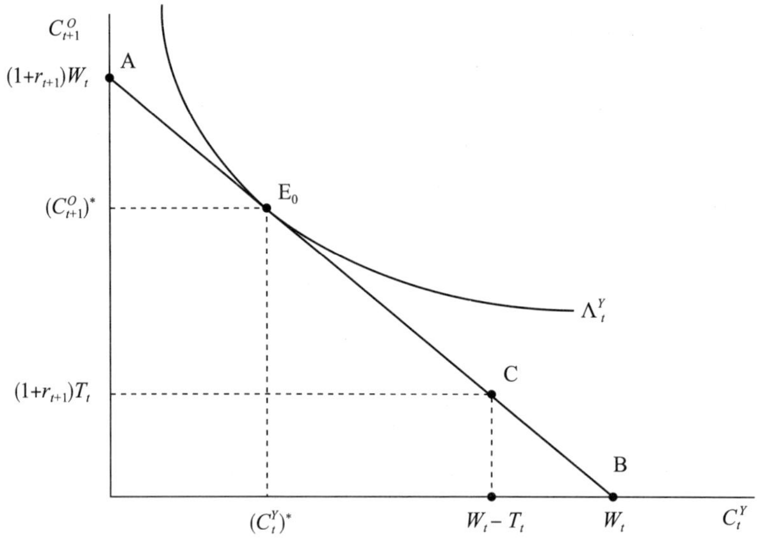


**图 17—2 完全积累制养老金的个体效应**

作为第二步准备工作，我们必须得到一个将年轻人的储蓄和下一期的生产性资本存量相联系的表达式。完全积累制养老金系统的关键点在于政府将从年轻人处获得的税收以厂商需要的资本品形式出租到资本市场，用于生产性用途。所以，整个经济的资本存量 $K_t$ 是

$$K_t=K_t^H+K_t^G, \tag{17.37}$$

其中，$K_t^H$ 和 $K_t^G\equiv L_{t-1}T_{t-1}$ 分别定义了家庭和政府拥有的资本。整个经济的资源约束仍然由式（17.17）给出，但总消费的表达式由式（17.19）变为①

$$C_t=Y_t+(1-\delta)K_t-L_t(S_t+T_t)。 \tag{17.38}$$

最后，利用式（17.17）、式（17.38）和式（17.36）我们发现资本市场均衡条件与式（17.22）相同。因为要素价格式（17.15）和式（17.16）也不受社会保障系统存在与否的影响，因此有或者没有社会保障系统的经济必然相同。从直觉上来看，当有完全积累系统时，家庭知道他们的付出 $T_t$ 与他们的私人储蓄 $S_t$ 能获得相同的回报率。因此，家庭只关心他们的总储蓄 $S_t+T_t$，对于他们的储蓄是由政府拿掉一部分后剩余的这一事实毫不在意。

---

① 式（17.38）是通过如下方式得到的。老年人的消费是 $L_{t-1}C_t^O=(r_t+\delta)K_t^H+(1-\delta)K_t^H+L_{t-1}Z_t$。对于年轻人，我们有 $L_tC_t^Y=L_t[w_t-S_t-T_t]$，因此，总消费是

$$\begin{aligned}C_t&=(r_t+\delta)K_t^H+(1-\delta)K_t^H+L_{t-1}Z_t+L_t[w_t-S_t-T_t]\\&=Y_t+(1-\delta)K_t^H-(r_t+\delta)K_t^G+L_{t-1}Z_t-L_t(S_t+T_t)\\&=Y_t+(1-\delta)K_t-L_t(S_t+T_t)+[L_{t-1}Z_t-(1+r_t)K_t^G]。\end{aligned}$$

这一最终表达式变为式（17.38），因为等号右边方括号中的项消失了，即 $L_{t-1}Z_t-(1+r_t)K_t^G=L_{t-1}[Z_t-(1+r_t)T_{t-1}]=0$。

最终，我们注意到中立的结论认为提供社会保障体系并不是非常急迫的，即在没有社会保障体系时并不需要强制家庭比其意愿储蓄得更多。从模型中我们可以得到 $T_t \leqslant (1+n)k_{t+1}$ [见 Blanchard 和 Fischer（1989，p. 111）]。根据图 17—2，这意味着点 C 必须出现在最优消费点 $E_0$ 的右侧。

#### 17.2.1.2 现收现付制养老金

在现收现付制（PAYG）下，根据式（17.35），存在着从年轻人向老年人的转移。假设每个人的负担比率不随时间推移而变化（因此 $T_{t+1}=T_t=T$），而式（17.35）说明$Z_{t+1}=(1+n)T$，因此合并式（17.31）和式（17.32），我们得到了如下的年轻人终生预算约束：

$$\hat{w}_t \equiv w_t - \frac{r_{t+1}-n}{1+r_{t+1}} \cdot T = C_t^Y + \frac{C_{t+1}^O}{1+r_{t+1}}。 \tag{17.39}$$

这一表达式是有用的，因为它说明了当保持要素价格不变时，如果利率大于（小于）人口增长率，现收现付制的存在缩小（扩张）了年轻人的消费可能性边界。换言之，如果 $r_{t+1}>n$（$r_{t+1}<n$），那么负担比率被看作对于年轻人的总额税（补贴）。

在图 17—3 中，我们描绘了 $r_{t+1}>n$ 的情况。在不存在现收现付制养老金的情况下，终生预算约束由 AB 给出，最优消费在点 $E_0$。PAYG 养老金制度将养老保险点移至点 D，该点在积累制养老金制度下的禀赋点（即点 C）的正下方，出现这种情况的原因是利率高于人口增长率。因此，现收现付制度下的预算约束与 AB 线平行但低于 AB。点 $E_0$ 是不可行的。在位似偏好存在的情形下（见插叙 5.1），最优消费移至点 $E_1$。

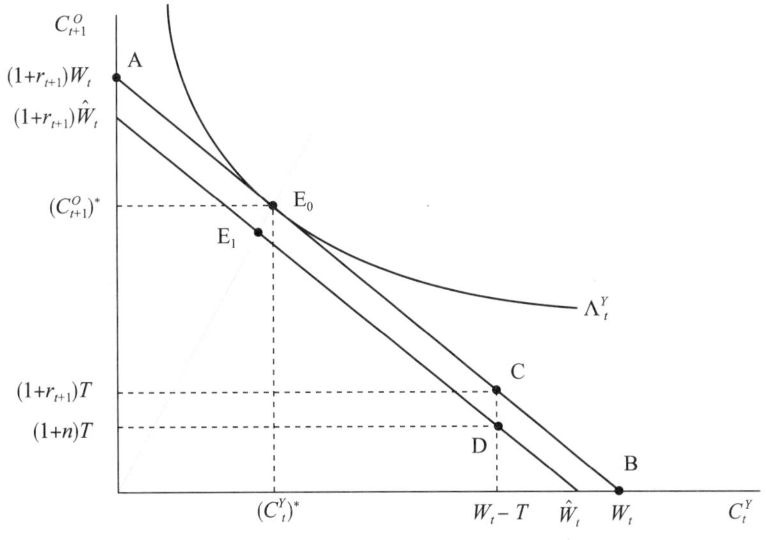


**图 17—3 现收现付制养老金的个体效应**

在终生预算约束式（17.39）的条件下，家庭最大化其终生效用式（17.1）。因为家庭储蓄的回报率是 $r_{t+1}$，消费欧拉方程仍然由式（17.5）给出。为了使情况尽可能简单，我们现在将注意力集中于单位弹性模型，其中效用是对数形式的（且技术是柯布-道格拉斯形式的）。在那种情况下，最优消费计划满足 $C_t^Y=(1+\rho)\hat{w}_t/(2+\rho)$ 且 $C_{t+1}^O=(1+r_{t+1})\ \hat{w}_t/(2+\rho)$，而储蓄函数是

$$\begin{aligned} S_t &= w_t - T - C_t^Y \\ &= w_t - T - \frac{1+\rho}{2+\rho}\left[w_t - \frac{r_{t+1}-n}{1+r_{t+1}}\cdot T\right] \\ &= \frac{w_t}{2+\rho} - \left[1 - \frac{1+\rho r_{t+1}-n}{2+\rho 1+r_{t+1}}\right]\cdot T \\ &\equiv S(w_t, r_{t+1}, T)。 \end{aligned} \tag{17.40}$$

简单易证的储蓄函数的偏导满足 $0<S_w<1$，$S_r>0$，$-1<S_T<0$（如果 $r_{t+1}>n$）且 $S_T<-1$（如果 $r_{t+1}<n$）。

因为现收现付制养老金实现的是纯粹的从现有的年轻人向老年人的转移，它自己并不导致经济中的资本形成。因为只有私人储蓄增加资本存量，式（17.20）仍然相关。① 联立式（17.20）和式（17.40），我们得到了将未来的资本存量和现在的储蓄计划相联系的表达式：

$$S(w_t, r_{t+1}, T) = (1+n)k_{t+1}。 \tag{17.41}$$

在柯布-道格拉斯技术条件（$y_t \equiv k_t^{1-\varepsilon_L}$）下，式（17.15）和式（17.16）分别简化为 $w_t \equiv w(k_t) = \varepsilon_L k_t^{1-\varepsilon_L}$ 和 $r_{t+1} \equiv r(k_{t+1}) = (1-\varepsilon_L)k_{t+1}^{-\varepsilon_L} - \delta$。将这些表达式代入式（17.41）我们得到了刻画现收现付制下的经济的基本差分方程（以隐函数形式表示），$k_{t+1}=g\ (k_t, T)$。这一函数的偏导数是

$$g_k \equiv \frac{\partial g}{\partial k_t} = \frac{S_w w'(k_t)}{1+n-S_r r'(k_{t+1})} > 0, \tag{17.42}$$

$$g_T \equiv \frac{\partial g}{\partial T} = \frac{S_T}{1+n-S_r r'(k_{t+1})} < 0, \tag{17.43}$$

其中，$S_w$ 和 $S_r$ 是通过式（17.40）得到的。我们在图 17—4 中对基本差分方程进行



① 老年人的消费是 $L_{t-1}C_t^O=(r_t+\delta)K_t+(1-\delta)K_t+L_{t-1}Z_t$。对于年轻个体而言我们有 $L_tC_t^Y=L_t\ [w_t-S_t-T_t]$，因此，总消费是

$$\begin{aligned} C_t &= (r_t+\delta)K_t + (1-\delta)K_t + L_{t-1}Z_t + L_t[w_t - S_t - T_t] \\ &= Y_t + (1-\delta)K_t + [L_{t-1}Z_t - L_tT_t] - L_tS_t。 \end{aligned}$$

表达式最终变为式（17.19），在现收现付制下，等号右边方括号中的项消失了。联立式（17.17）和式（17.19）可以得到式（17.20）。

图形说明。①

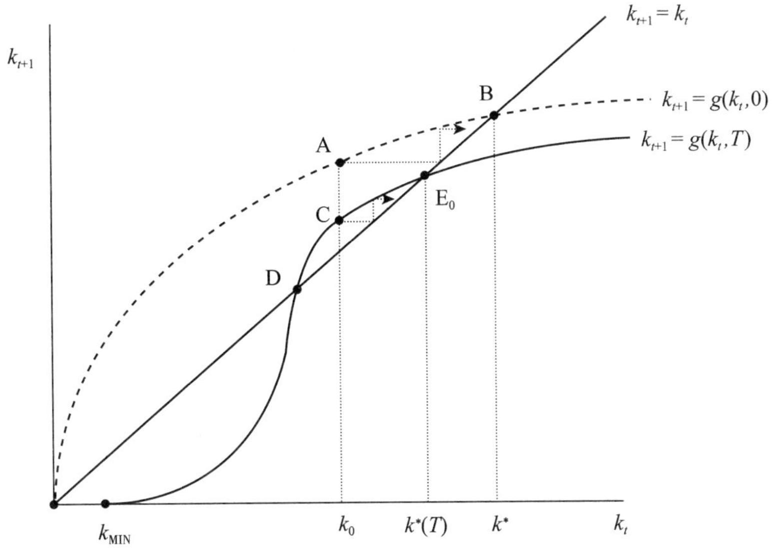


**图 17—4　单位弹性模型中现收现付制养老金**

在图 17—4 中标记了“$k_{t+1}=g(k_t, 0)$”的短虚线刻画了不带社会保障的标准的单位弹性的戴蒙德-萨缪尔森模型，即它复制了图 17—1，而点 B 是在没有社会保障时经济收敛的稳态。假设在 $t=0$ 时刻现收现付制被引入经济，而此时经济有着初始（非稳态）资本劳动比 $k_0$。$t=0$ 时刻的老年人简直不敢相信自己的运气。他们没有向现收现付制付出什么，却凭空获得了 $Z=(1+n)T$ 的退休金［见式（17.35）］。因为老年人不储蓄，这笔飞来横财将被完全花费在消费上。$t=0$ 时刻每个老年家庭的消费现在是

$$C_0^O=(1+n)[(1+r(k_0))k_0+T], \tag{17.44}$$

并且，因为 $k_0$ 是事先给定的，利率和 $dC_0^O/dT=(1+n)>0$ 也就给定了。

相反地，现收现付制的引进通过不同渠道对 $t=0$ 时刻的年轻人产生影响。一方面，为了在下一期收到退休金 $(1+n)T$，他们必须在本期花费 $T$ 作为交换。因为 $t=0$ 时刻的工资 $w(k_0)$ 是事先给定的，这两个交易的净效应依据下面的式子改变了



① 基本差分方程是将式（17.40）代入式（17.41）得到的：

$$(1+n)k_{t+1}=\frac{w(k_t)-T}{2+\rho}-\frac{1+\rho}{2+\rho}\frac{(1+n)T}{1+r(k_{t+1})}。$$

当 $k_{t+1}\to 0$ 时，等号右边的第二项消失了［因为在那种情况下 $r(k_{t+1})\to+\infty$］。所以，$w(k_{MIN})=T$。对于 $k_t<k_{MIN}$，工资率过低［$w(k_t)<T$］且现收现付制不可行。对基本差分方程求微分，得到：

$$\frac{dk_{t+1}}{dk_t}=\frac{w'(k_t)}{(1+n)[2+\rho+(1+\rho)T\psi(k_{t+1})]}\geqslant 0,\quad \psi(k_{t+1})\equiv\frac{-r'(k_{t+1})}{[1+r(k_{t+1})]^2}。$$

要证明以下事实是非常简便的：当 $k_{t+1}\to 0$ 时有 $\psi(k_{t+1})\to+\infty$，当 $k_{t+1}\to\infty$ 时有 $\psi(k_{t+1})\to 0$，当 $k_t\to\infty$ 时有 $w'(k_t)\to 0$，以及 $w'(k_{MIN})>0$。在 $k_t=k_{MIN}$ 处，$g(k_t, T)$ 是水平的，对于更大的 $k_t$ 值，它是向上倾斜的，而当 $k_t$ 很大时，又趋于水平。如果 $k_t$ 取值不是很大，那么它与 $k_{t+1}=k_t$ 线交于两点。

终生资源［式（17.39）中定义的 $\hat{w}_0$］：

$$\frac{\partial \hat{w}_0}{\partial T}=-\frac{r(k_1)-n}{1+r(k_1)}\lesseqgtr 0, \tag{17.45}$$

其中，符号是不确定的，因为 $r(k_1)$ 可能比人口增长率 $n$ 大，也有可能比它小。进一步地，式（17.45）只是一个偏效应，因为利率取决于下一期的资本存量（$k_1$），而它又由 $t=0$ 期的年轻人的储蓄行为所决定。不管怎样，由式（17.41）和式（17.43）共同决定的总效应是现收现付制的引入减少了年轻人的储蓄，因而也就减少了下一期的资本存量，即 $dk_1/dT=g_T<0$。资本存量的这一负效应由图 17—4 中的点 A 和点 C 在竖直方向上的距离来表示。

由于政策冲击，经济现在从点 C 收敛于最终的稳态点 $E_0$。从图 17—4 可以看出，不管是在过渡过程中还是新的稳态水平，$k_t$ 均比没有现收现付制时要小（即从点 C 到点 $E_0$ 的轨迹要低于从点 A 到点 B 的轨迹）。从而，因为 $w'(k)>0$ 且 $r'(k)<0$，稳态工资水平更低且利率比它本来的水平更高。对于资本劳动比的长期影响可以利用式（17.41）并令经济处于稳态（$k_{t+1}=k_t$）得到：

$$\frac{dK}{dT}=\frac{g_T}{1-g_k}<0, \tag{17.46}$$

其中，$0<g_k<1$ 由稳定性条件得出。

迄今为止，所有讨论的结果表明，与完全积累制养老金不同的是，现收现付制不是中性的，它将导致长期内对于资本的挤出、更低的工资率水平和更高的利率水平。这对家庭是好事还是坏事呢？为了回答这个问题，我们现在来研究贡献率 $T$ 的变化对于稳态世代的福利影响。与我们前面讨论动态效率时一样，我们仍然忽略过渡的动态过程，只关注稳态。

为了开展福利分析，我们需要利用两大工具，即间接效用函数和要素价格边界。间接效用函数由下面的形式来正式定义：

$$\bar{\Lambda}^Y(w,r,T)\equiv\max_{\{C^Y,C^O\}}\Lambda^Y(C^Y,C^O)\ \text{s. t.}\ \hat{w}=C^Y+\frac{C^O}{1+r}, \tag{17.47}$$

其中，$\Lambda^Y(C^Y,\ C^O)$ 是间接效用函数［即式（17.1）］。下标的缺少表明这是稳态时的值，而 $\hat{w}$ 表示家庭在现收现付制下的终生资源：

$$\hat{w}=w-\frac{r-n}{1+r}T。 \tag{17.48}$$

例如，对于对数效用函数（经常在本章得到运用），间接效用函数有如下形式：

$$\bar{\Lambda}^Y=\omega_0+\frac{2+\rho}{1+\rho}\ln\hat{w}+\frac{1}{1+\rho}\ln(1+r), \tag{17.49}$$

其中 $\omega_0$ 是常量。[①]

① 间接效用函数的详细形式应该是将家庭选择的最优消费水平代入间接效用函数式（17.1）得到。读者应该能够证明式（17.50）～式（17.52）中表述的性质。

间接效用函数式（17.47）有一系列将被证明非常有用的性质：

$$\frac{\partial \bar{\Lambda}^Y}{\partial w}=\frac{\partial \Lambda^Y}{\partial C^Y}>0, \tag{17.50}$$

$$\frac{\partial \bar{\Lambda}^Y}{\partial r}=\frac{S}{1+r}\frac{\partial \Lambda^Y}{\partial C^Y}>0, \tag{17.51}$$

$$\frac{\partial \bar{\Lambda}^Y}{\partial T}=-\frac{r-n}{1+r}\frac{\partial \Lambda^Y}{\partial C^Y}\gtreqless 0。 \tag{17.52}$$

这些性质由下面的方式得到。我们从下述等式开始：

$$\bar{\Lambda}^Y(w,r,T)\equiv \Lambda^Y[C^Y(w,r,T),C^O(w,r,T)], \tag{17.53}$$

其中 $C^i(w, r, T)$ 是两期中的最优消费水平。利用这个等式，将式（17.53）对 $w$ 求偏导并利用 $\partial\Lambda^Y/\partial C^O=(\partial\Lambda^Y/\partial C^O)/(r+r)$，我们可以得到：

$$\frac{\partial \bar{\Lambda}^Y}{\partial w}=\frac{\partial \Lambda^Y}{\partial C^Y}\left[\frac{\partial C^Y}{\partial w}+\frac{1}{1+r}\frac{\partial C^O}{\partial w}\right]。 \tag{17.54}$$

从式（17.47）中的约束可以得出方括号中的项等于 1。对 $\partial\bar{\Lambda}^Y/\partial r$ 利用同样的步骤，我们得到：

$$\frac{\partial \bar{\Lambda}^Y}{\partial r}=\frac{\partial \Lambda^Y}{\partial C^Y}\left[\frac{\partial C^Y}{\partial r}+\frac{1}{1+r}\frac{\partial C^O}{\partial r}\right]=\frac{\partial \Lambda^Y}{\partial C^Y}\left[\frac{C^O-(1+n)T}{(1+r)^2}\right]。 \tag{17.55}$$

利用 $C^O-(1+n)T=(1+r)S$，我们得到式（17.51）。最后，我们得到 $\partial\bar{\Lambda}^Y/\partial T$：

$$\frac{\partial \bar{\Lambda}^Y}{\partial T}=\frac{\partial \Lambda^Y}{\partial C^Y}\left[\frac{\partial C^Y}{\partial T}+\frac{1}{1+r}\frac{\partial C^O}{\partial T}\right]=-\frac{r-n}{1+r}\frac{\partial \Lambda^Y}{\partial C^Y}, \tag{17.56}$$

其中，最后的结果来自式（17.47）中的约束。

根据式（17.50）和式（17.51），稳定状态的福利与工资率和利率正相关。因为我们从前文可看到长期内工资下降 $[dw/dT=w'(k)dk/dT<0]$，但利率上升 $[dr/dT=r'(k)dk/dT>0]$，即使没有现收现付制（如果 $T=0$），要素价格也会从两个相反的方向对要素价格发挥作用。

但是，$w$ 和 $r$ 均依赖于资本劳动比（正如在标准的新古典模型中一样），因此它们互不独立。利用这一层依赖关系我们得到要素价格边界 $w_t=\phi(r_t)$，它有着非常有用的性质：

$$w_t=\phi(r_t),\quad \frac{dw_t}{dr_t}\equiv\phi'(r_t)=-k_t。 \tag{17.57}$$

要素价格边界的斜率由如下方式得到。一般地，对式（17.15）和式（17.16）求微分（对 $r_t$），我们得到 $dr_t=f''(k_t)dk_t$ 和 $dw_t=-k_tf''(k_t)dk_t$，因此 $dw_t/dr_t=-k_t$。

从这里我们可以得到 $d^2w_t/dr_t^2=-dk_t/dr_t=-1/f''(k_t)$。[1]

我们现在拥有了进行福利分析的所有必要因素。对间接效用函数式（17.47）关于 $T$ 求微分，经过一些步骤我们得到：

$$\begin{aligned}\frac{d\bar{\Lambda}^Y}{dT}&=\frac{\partial\bar{\Lambda}^Y}{\partial w}\frac{dw}{dT}+\frac{\partial\bar{\Lambda}^Y}{\partial r}\frac{dr}{dT}+\frac{\partial\bar{\Lambda}^Y}{\partial T}\\&=\frac{\partial\Lambda^Y}{\partial C^Y}\cdot\left(\frac{dw}{dT}+\frac{S}{1+r}\cdot\frac{dr}{dT}-\frac{r-n}{1+r}\right)\\&=-\frac{r-n}{1+r}\frac{\partial\Lambda^Y}{\partial C^Y}\cdot\left[1+k\cdot\frac{dr}{dT}\right]\gtreqless 0, r\lesseqgtr n,\end{aligned}\tag{17.58}$$

其中，从第一行到第二行的推导中我们用到了式（17.48）和式（17.50）～式（17.52），从第二行到第三行的推导中我们用到了式（17.57）和 $S=(1+n)k$。式（17.58）等号右边方括号中的项说明了现收现付制养老金影响福利的两大途径。第一项是 $T$ 对于终生资源的局部均衡效应，第二项表示的是它通过要素价格产生的一般均衡效应。

式（17.58）中的表达式非常重要，原因在于它清晰地说明了两大方面之间的联系：一方面是现收现付制养老金的稳态福利影响，另一方面是初始稳态均衡的动态效率（无效率）。如果经济恰好处于黄金律均衡（因此 $r=n$），那么从式（17.58）可以得出现收现付贡献率的边际变化对稳态福利毫无影响（即在那种情况下 $d\bar{\Lambda}^Y/dT=0$）。因为在那种情况下私人储蓄和现收现付制养老金有着相同的投资收益，$T$ 的微小变化不会产生对于稳态世代的一阶福利效应，即使它引起了对于资本的挤出并且由此导致利率上升［因为 $r'(k)<0$］。

如果经济在初始时并不处于黄金律均衡（因此 $r\neq n$），那么情况大有不同，因为在那种情况下资本挤出的确会产生一阶福利效应。例如，如果经济在初始时是动态无效率的（$r<n$），那么现收现付贡献率的上升的确会增加稳态福利！这一结果暗含的意义如下，它最先由 Aaron（1966）在一个有局部均衡的养老金模型中进行说明。在一个动态无效率的经济中，由于市场利率较低，年轻人会过度储蓄。通过提高 $T$，年轻人将私人储蓄部分替代为现收现付制养老金。后者比前者享有更高的投资收益，因为生物利率 $n$ 大于市场利率 $r$。资本存量的减少降低了工资，但在一个动态无效率的经济中对于福利的这一不利影响被利率的升高所抵消。直截了当地说，在这样的经济中资本挤出是一件好事。

#### 17.2.1.3 现收现付和赤字财政政府债务的等价

正如 Auerbach 和 Kotlikoff（1987，pp. 149 - 150）所展示的，一个现收现付社会保障计划可以重新表述为某种政府债务政策。为了展示这一等价结果，我们现在

---

[1] 柯布-道格拉斯技术的要素价格边界由下式给出：

$$w=\varepsilon_L\left(\frac{1-\varepsilon_L}{r+\delta}\right)^{(1-\varepsilon_L)/\varepsilon_L},$$

其中读者应该能够证明式（17.57）中的性质。

将政府债务引入模型。这一模型拓展也允许我们进一步厘清 Aaron（1966）的养老金观点和 Diamond（1965）陈述的宏观经济影响之间的联系。

假设政府向年轻人征税，向老年人提供转移支付，并发行一期与资本具有相同的投资回报率（与生活指数挂钩）的债务。不考虑政府消费，那么现在的政府预算等式是

$$B_{t+1}-B_t=r_tB_t+L_{t-1}Z_t-L_tT_t, \tag{17.59}$$

其中，$B_t$ 是在 $t$ 时期开始时公共债务的存量。现有债务的利息支付（$r_tB_t$）加上对于老年人的转移支付由从年轻人那里征得的税收和/或额外发行的债务（$B_{t+1}-B_t$）来弥补。

因为政府债务和私人资本吸引了相同的回报率，家庭对于自身的储蓄是由这两种资产怎样组成的毫不关心。结果，在预算等式（17.31）和式（17.32）的约束下，年轻人选择两期消费和总储蓄，以最大化其终生效用式（17.1）。由此产生的储蓄函数有着如下形式：

$$S_t=S(\hat{w}_t,r_{t+1}), \tag{17.60}$$

其中，$\hat{w}_t$ 由式（17.33）等号的左边给出，它写在这里只是为了方便：

$$\hat{w}_t=w_t-T_t+\frac{Z_{t+1}}{1+r_{t+1}}。 \tag{17.61}$$

剩下的工作是寻找将私人储蓄计划和总的资本形成联系起来的表达式。有数量为 $L_t$ 的劳动力，每个人的储蓄量是 $S_t$，因此总储蓄是 $S_tL_t$。储蓄可以表示为私人资本或者公共债务的形式。所以资本市场的均衡条件现在是①

$$L_tS_t=B_{t+1}+K_{t+1}。 \tag{17.62}$$

我们现在将要介绍一个重要的等价结果，它由 Wallace（1981）、Sargent（1987a）以及 Calvo 和 Obstfeld（1988）证明。Buiter 和 Kletzer（1992，pp. 27 - 28）如此表述这一等价结果："……有政府债务和赤字的任一均衡都能重新表述为一个根据年龄段适当征收总额税或给予转移支付使得政府预算在每一期均保持平衡（且债务存量为零）的经济。"这一结果的一个推论是如果政策制定者能够自由地向不同年龄段的人征税或给予转移支付，那么公共债务便是多余的，因为在这个意义上它不会产生额外的均衡（1992，p. 28）。

本小节提出的模型由下面的等式得到完全的刻画（对于 $t\geqslant 0$）：

---

① 老年人的消费是 $L_{t-1}C_t^O=(r_t+\delta)K_t+(1-\delta)K_t+(1+r_t)B_t+L_{t-1}Z_t$。对于年轻人我们有 $L_tC_t^Y=L_t[w_t-T_t-S_t]$，因此总消费是

$$\begin{aligned}C_t&=(r_t+\delta)K_t+(1-\delta)K_t+(1+r_t)B_t+L_{t-1}Z_t+L_t[w_t-T_t-S_t]\\&=Y_t+(1-\delta)K_t+[(1+r_t)B_t+L_{t-1}Z_t-L_tT_t]-L_tS_t\\&=Y_t+(1-\delta)K_t+B_{t+1}-L_tS_t。\end{aligned}$$

将最终表达式与资源约束式（17.17）联立，我们便得到了式（17.62）。

$$C_t^O=(1+r(k_t))(1+n)(k_t+b_t)+Z_t, \tag{17.63}$$

$$U'(C_t^Y)=\frac{1+r(k_{t+1})}{1+\rho}U'(C_{t+1}^O), \tag{17.64}$$

$$w(k_t)-T_t-C_t^Y=(1+n)[k_{t+1}+b_{t+1}], \tag{17.65}$$

$$(1+n)b_{t+1}=(1+r(k_t))b_t+\frac{Z_t}{1+n}-T_t, \tag{17.66}$$

其中，$b_t\equiv B_t/L_t$ 是人均政府债务，而 $k_0$ 和 $b_0$ 都是给定的。式（17.63）表示一个老年家庭的消费，式（17.64）是一个年轻家庭的消费欧拉方程［也见式（17.5）］，式（17.65）是由式（17.31）和式（17.62）联立得到的，而式（17.66）是以人均形式表示的政府预算等式（17.59）。最后，我们将租金表达式 $w_t=w(k_t)$ 和 $r_t=r(k_t)$代入不同的等式［见上面的式（17.15）和式（17.16）］。

我们首先注意到，财政变量只出现在动态系统的两个地方。在式（17.63）中有一个从政府向每一老年家庭的资源转移（$\Gamma_t^{GO}$），它由偿债和转移支付组成：

$$\Gamma_t^{GO}\equiv(1+r(k_t))(1+n)b_t+Z_t。\quad（政府到老年人）$$

同样地，在式（17.65）中有一个从每个年轻家庭向政府的资源转移（$\Gamma_t^{YG}$），它表现为对政府债券的购买加税收：

$$\Gamma_t^{YG}\equiv(1+n)b_{t+1}+T_t。\quad（年轻人到政府）$$

因为有 $L_{t-1}$数量的老年人和 $L_t$ 数量的年轻人，向政府的净资源转移是 $L_t\Gamma_t^{YG}-L_{t-1}\Gamma_t^{GO}=0$，这里等式由政府预算约束式（17.66）得到。因此，在没有政府消费的情形下，政府从年轻人那里所获得的必须给予老年人。换句话说，一旦你知道了 $\Gamma_t^{YG}$，你也就知道了 $\Gamma_t^{GO}\equiv(1+n)\Gamma_t^{YG}$，而且政府预算等式中的各个组成部分（例如 $b_{t+1}$，$b_t$，$Z_t$ 和 $T_t$）变得与消费和资本存量的路径确定不相关（Buiter and Kletzer, 1992, p. 17）。

这一等价结果可以通过考虑下面的事实得到说明——即使经济的两条路径有着不同的债券、税收和转移支付，资本存量与年轻人和老年人的消费这些实际变量的路径依旧相同。对于参考路径，当给定 $k_0$ 和 $b_0$ 时，序列 $\{\hat{b}_t, \hat{Z}_t, \hat{T}_t\}_{t=0}^{\infty}$产生了由 $\{\hat{C}_t^Y, \hat{C}_t^O, \hat{k}_t\}_{t=0}^{\infty}$ 定义的实际变量序列。我们可以证明，对于任意的债务序列 $\{\check{b}_t\}_{t=1}^{\infty}$，我们总能找到对应的税收和转移支付序列 $\{\check{Z}_t, \check{T}_t\}_{t=0}^{\infty}$，使得产生的对应序列和参考路径完全一样，即 $\{\hat{C}_t^Y\}_{t=0}^{\infty}=\{\check{C}_t^Y\}_{t=0}^{\infty}$，$\{\hat{C}_t^O\}_{t=0}^{\infty}=\{\check{C}_t^O\}_{t=0}^{\infty}$ 且 $\{\hat{k}_t\}_{t=0}^{\infty}=\{\check{k}_t\}_{t=0}^{\infty}$。

证明过程中的关键一点是要构造两条路径，它们的资源从年轻人向政府的转移（$\Gamma_t^{YG}$）和从政府向老年人的转移（$\Gamma_t^{GO}$）是完全一样的。这些要求合起来便产生了下列表达式：

$$\hat{Z}_t-\check{Z}_t=(1+n)[(1+r(\check{k}_t))\check{b}_t-(1+r(\hat{k}_t))\hat{b}_t], \tag{17.67}$$

$$\check{b}_{t+1}-\hat{b}_{t+1}=\frac{1}{1+n}[\hat{T}_t-\check{T}_t]。\tag{17.68}$$

将式（17.67）代入式（17.63）并将式（17.68）代入式（17.65）我们发现，对于同样的实际变量，这些方程有着相同的解。因此，欧拉方程（17.64）对于两条路径而言是一样的。显然，政府预算等式仍然成立。最后，如果参考路径满足政府偿债能力条件（见插叙 17.1），那么另外一条也满足。

作为等价条件的特例，我们可以选择现收现付制作为参考路径（前面已经研究过），它对于所有 $t$，有 $\hat{b}_t=0$，$\hat{T}_t=T$ 和 $\hat{Z}_t=(1+n)T$。一条可选路径（多条中的一条）是赤字路径，政府只对年轻人征税，即对于所有 $t$，有 $\check{Z}_t=0$，$\check{b}_t=(1+n)T/(1+r_t)$，且 $\check{T}_t=T-(1+n)\check{b}_{t+1}$。

**插叙 17.1**

## 政府偿债能力

政府预算等式（17.59）可以写成单个工人的形式：

$$b_t=\frac{b_{t+1}+ps_t}{1+\bar{r}_t},\tag{a}$$

其中 $1+\bar{r}_t\equiv(1+r_t)/(1+n)$ 是净利率因子且 $ps_t\equiv[T_t-Z_t/(1+n)]/(1+n)$ 是基本盈余。显然，式（a）也同样适用于未来时期。例如，对于 $b_{t+1}$ 和 $b_{t+2}$ 我们可以得到：

$$b_{t+1}=\frac{b_{t+2}+ps_{t+1}}{1+\bar{r}_{t+1}},\quad b_{t+2}=\frac{b_{t+3}+ps_{t+2}}{1+\bar{r}_{t+2}}。\tag{b}$$

将 $b_{t+1}$ 和 $b_{t+2}$ 不断地代入式（a），在 $T-1$（$\geqslant 2$）次迭代后我们得到：

$$\begin{aligned}b_t=&b_{t+T}\cdot\left[\frac{1}{1+\bar{r}_t}\frac{1}{1+\bar{r}_{t+1}}\cdots\frac{1}{1+\bar{r}_{t+T-1}}\right]+\frac{ps_t}{1+\bar{r}_t}+\frac{ps_{t+1}}{(1+\bar{r}_t)(1+\bar{r}_{t+1})}\\&+\cdots+\frac{ps_{t+T-1}}{(1+\bar{r}_t)(1+\bar{r}_{t+1})\cdots(1+\bar{r}_{t+T-1})}。\end{aligned}\tag{c}$$

等式右边方括号项是 $b_{t+T}$ 上的累积贴现因子。式（c）可以简写为

$$b_t=b_{t+T}\cdot\left[\prod_{i=0}^{T-1}\frac{1}{1+\bar{r}_{t+i}}\right]+\sum_{\tau=0}^{T-1}ps_{t+\tau}\cdot\left[\prod_{i=0}^{\tau}\frac{1}{1+\bar{r}_{t+i}}\right]。\tag{d}$$

政府偿债能力为

$$\lim_{T\to\infty}b_{t+T}\cdot\left[\prod_{i=0}^{T-1}\frac{1}{1+\bar{r}_{t+i}}\right]=0。\tag{e}$$

利用式(e) 和式(d) 我们可以得到政府预算约束：

$$b_t=\sum_{\tau=0}^{\infty}ps_{t+\tau}\cdot\left[\prod_{i=0}^{\tau}\frac{1}{1+\bar{r}_{t+i}}\right]。\tag{f}$$

在某种程度上可以认为在时间 $t$ 政府债务为正，其必须由基本盈余的现值来计算。

#### 17.2.1.4 从现收现付制到积累制

在前面一小节，我们说明了传统的赤字财政和现收现付社会保障制度的等价性。作为前面分析的副产品，我们证明了公共债务是如何影响经济的均衡路径的。在本小节中我们将继续关于现收现付制度的福利效应的分析，首先排除债务政策，之后再引入债务政策。

截至目前，我们仅仅研究了现收现付制对于稳态世代的福利影响［见式(17.58)］，并且我们忽略了经济面对的初始条件，即我们还没有考虑从初始增长路径向黄金律路径过渡中的成本。正如 Diamond（1965，pp.1128－1129）和 Samuelson（1975b，p.543）所强调的，忽略过渡过程中的福利效应并不合适。

正如我们在前面所讨论过的，现收现付制的引入（或者对于已有制度的扩展）将对不同世代的人产生不同影响。在冲击发生时，由于冲击给老年人带来的意外之财，其福利一定会增加。从他们在生命的最后一期来看，他们的效用增加多达 $U'(C_1^O)\ dC_0^O/dT=(1+n)U'(C_1^O)>0$［见式（17.44)］。而对于在稳态条件下出生的世代而言，他们的福利所受到的影响是不确定的，因为这取决于经济是否为动态有效率的［见式（17.58)］。在一个动态无效率的经济中，$r<n$，对于所有世代，包括那些在新的稳态中出生的世代，他们的福利都因为养老金政策的冲击而增加。从直观上来看，现收现付制扮演了类似于"连锁信"的角色，它确保了新生世代一收到资源就马上将其转移给老年世代。在这种情况下，使得经济向黄金律增长路径移动的现收现付制一定是全社会都赞同的。

然而，正如 Abel et al.（1989）所指出的，实际经济未必是动态无效率的。如果经济是动态有效率的，那么，$r>n$，从而分别根据式（17.44）和式（17.58）我们可知，$T$ 的增加仍然会使初始时刻的老年人的状况变得更好，然而，却会使稳态世代的状况比没有冲击时变得更差。因为有的世代有所得，有的世代有所失，因此，不能判断出由养老金政策引起的经济向黄金律增长路径的移动是否为全社会都赞同的。

社会的意愿可以以两种方式来分析，这是我们在之前一直避而不谈的。第一种方式最开始由 Bergson（1938）和 Samuelson（1947）提出，它利用了一种所谓的"社会福利函数"。在这种方法中，假设的函数形式将社会福利（$SW$）函数与不同世代所感受到的福利水平联系了起来。根据我们的定义，社会福利函数的一种形式是

$$SW_t=\Omega(\Lambda_{t-1}^Y,\Lambda_t^Y,\cdots,\Lambda_\infty^Y)。\tag{17.69}$$

一旦社会福利函数的形式被选定，那么社会对于不同政策的偏好程度就可以进行排序。如果政策 A 能够比政策 B 得到更高水平的社会福利指标，那么我们可以说全社会更偏好政策 A（即 $SW_t^A>SW_t^B$）。必须注意到，依赖于社会福利函数的形式 $\Omega(\cdot)$，很有可能出现这样的情况：即使全社会更加偏好政策 A，某些人的福利在政策 A 下也会比在政策 B 下更差。社会福利函数所承担的功能是实现不同世代间的终

生效用的边际替代率［即（$\partial\Omega/\partial\Lambda_{t-1}^Y$）/（$\partial\Omega/\partial\Lambda_t^Y$），等等］。①

考虑社会偏好的第二种方法是利用帕累托效率的概念。回忆一下，如果没有一种可行的分配方式能够：(i) 使得经济中个体的状况变差，(ii) 使得至少一个个体的状况比他/她之前的状况严格变好，经济中的资源分配就被称为帕累托最优（帕累托效率）。同样地，当一种政策在初始条件下可以改进至少一个个体的福利，同时让其他人的福利能够和之前保持相同时，它被称为帕累托改进的。

最近有一些作者将帕累托条件应用于养老金改革问题的研究。特别是，Breyer（1989）和 Verbon（1989）讨论了在一个动态有效率的经济中以帕累托改进的方式废除一个已经存在的现收现付制（代之以完全积累制）是否可行。这是一个相关的问题，因为在这种经济中，如果现收现付制被废除或者被削弱，稳态世代的利益得到增进［因为 $r>n$，从式（17.58）可以看出，在那种情形下 $d\Lambda^Y/dT<0$］，而政策冲击发生时老年人的利益受损［见式（17.44）］。各个世代年轻时向现收现付制缴费，有望在他们老年时收到他们所缴费用的 $1+n$ 倍的收益。分开来考虑，政策冲击显然不是帕累托改进的。

债务政策当然能够构建使得各个不同世代福利的增加和损失能够被重新分配的机制。这是因为在这种情况下，这种政策能够切断年轻人所缴费用（$L_tT_t$）和同一时期老年人收到的养老金（$L_{t-1}Z_t$）之间的联系，这可以通过比较式（17.35）和式（17.59）看出。因此，关键问题是能否寻找到使得现收现付制的削弱是帕累托改进的债务路径。经验证，这样的路径是无法找到的。因此，在保证未来任一世代的状况均不变差的前提下补偿冲击发生时刻的老年人是不可能的（Breyer，1989，p. 655）。

## □ 17.2.2 现收现付制养老金和内生的退休



在一篇非常有影响力的文章中，Feldstein（1974）证明了现收现付制不仅影响了家庭的储蓄决策（正如迄今为止模型所研究的问题那样），也影响了他们从劳动岗位上退休的决策。我们现在对模型进行扩展，以方便研究内生退休的分配和福利的含义。根据这篇文章，我们通过假设劳动力供给在他们生命的第一期是内生的，沿用了内生退休的定义。为了使模型尽可能简单，我们仍然假设家庭在第二期完全不工作。为了使模型尽可能贴近现实，我们进一步假设向现收现付制的缴费体现为对劳动收入征收的比例税，而养老金在同一世代内是公平的，即年轻时努力工作的人将比懒惰的人在年老时获得更多养老金。然而，个体被假定为相同的，因此我们从一开始就可以关注有着相同行为方式的同组个体的对称均衡。利用这个扩展模型，现收现付制扰乱家庭的劳动力供给决策是可能的。

### 17.2.2.1 家庭

在时刻 $t$ 出生的（代表）年轻个体 $i$ 的终生效用函数由如下形式给出：

$$\Lambda_t^Y \equiv \Lambda^Y(C_t^Y, C_{t+1}^O, 1-N_t), \tag{17.70}$$

① 社会福利函数方法的应用将在 17.3.1 节和 17.3.2 节中介绍。

其中，$N_t$ 是劳动力供给（$1-N_t$ 是闲暇）且 $\Lambda^Y(\cdot)$ 满足通常的稻田条件。个体面临如下预算等式：

$$C_t^Y+S_t=w_tN_t-T_t, \tag{17.71}$$

$$C_{t+1}^O=(1+r_{t+1})S_t+Z_{t+1}, \tag{17.72}$$

其中，$T_t$ 和 $Z_{t+1}$ 由如下方式定义：

$$T_t=t_Lw_tN_t, \tag{17.73}$$

$$Z_{t+1}=[t_Lw_{t+1}\overline{NL}_{t+1}]\cdot\frac{N_t}{\overline{NL}_t}, \tag{17.74}$$

其中 $t_L$ 为劳动所得税（$0<t_L<1$），$\overline{NL}_t$ 表示时期 $t$ 的总劳动供给。根据式（17.73），单个个体向现收现付制缴纳的费用与其劳动收入成正比，其中比例税 $t_L$ 被假设为对所有个体均相同且不随时间的推移而改变。式（17.74）说明了养老金在同一世代内是公平的［正如 Breyer 和 Straub（1993，p.81）所说明的］。式（17.74）等号右边的方括号项是可用于下一期的养老金支付的总税收收入。每个个体得到了这一收入的一部分，而该收入又取决于他在年轻时劳动力供给的相对大小（由 $N_t/\overline{NL}_t$ 给定）。

每户家庭对于养老金制度的特点［在式（17.73）和式（17.74）中已经得到了正式定义］非常清楚，因此家庭据以进行决策的合并的终生预算约束如下：

$$\begin{aligned}C_t^Y+\frac{C_{t+1}^O}{1+r_{t+1}}&=w_tN_t-t_L\cdot\left[1-\frac{w_{t+1}\overline{NL}_{t+1}}{w_t(1+r_{t+1})\overline{NL}_t}\right]w_tN_t\\&\equiv(1-t_{Et})w_tN_t,\end{aligned} \tag{17.75}$$

其中 $t_{Et}$ 为（可能随着时间变化）劳动的有效税率：

$$t_{Et}\equiv t_L\cdot\left[1-\frac{w_{t+1}}{w_t}\frac{\overline{NL}_{t+1}}{\overline{NL}_t}\frac{1}{1+r_{t+1}}\right]。 \tag{17.76}$$

注意，式（17.75）的关键一点是在目前的设定中，家庭的养老金不仅取决于未来的工资，还取决于未来年轻个体的总劳动力供给。为了解决这一最优化问题，家庭必须对这些变量形成预期，并且为了运用求预期的算子，我们必须假设在式（17.75）中个体具有完全的远见。

假设该问题有内点解，那么对于在两期内的消费及劳动力供给的一阶条件是

$$\frac{\partial\Lambda^Y}{\partial C_{t+1}^O}=\frac{1}{1+r_{t+1}}\frac{\partial\Lambda^Y}{\partial C_t^Y}, \tag{17.77}$$

$$\frac{\partial\Lambda^Y}{\partial(1-N_t)}=(1-t_{Et})w_t\frac{\partial\Lambda^Y}{\partial C_t^Y}。 \tag{17.78}$$

式（17.77）是熟悉的消费欧拉方程的一般形式。最优的劳动力供给决策由式（17.78）和式（17.76）刻画。式（17.78）是通常的要求税后工资率与年轻时的闲暇和消费的边际替代率相等的条件。式（17.76）说明了现收现付制对于劳动力供给

决策有多大程度的潜在扭曲。决定劳动力供给决策是否受到影响的不是法定税率 $t_L$，而是有效税率 $t_{Et}$。通过向现收现付制缴费，个体拥有了获取养老金的权利。保持劳动供给不变，有效税率其实是负的，即其实它有可能是一个劳动补贴（Breyer and Straub，1993，p. 82）。

因为在同一世代内的所有个体在所有方面都是相同的，我们现在可以利用对称形式来化简模型。在对称均衡中我们有$\overline{NL}_t=N_tL_t$ 和$\overline{NL}_{t+1}=N_{t+1}L_{t+1}$。在恒定的人口增长率（$L_{t+1}=(1+n)L_t$）下，式（17.76）可以简化为

$$t_{Et}\equiv t_L\cdot\left[1-\frac{w_{t+1}}{w_t}\frac{N_{t+1}}{N_t}\frac{1+n}{1+r_{t+1}}\right]=\frac{t_L}{1+r_{t+1}}\cdot\left[r_{t+1}-\frac{\Delta\overline{WI}_{t+1}}{\overline{WI}_t}\right],\qquad(17.79)$$

其中$\overline{WI}_t\equiv w_tN_tL_t$ 是时期 $t$ 的总工资收入且 $\Delta\overline{WI}_{t+1}\equiv\overline{WI}_{t+1}-\overline{WI}_t$。如果所谓的阿伦条件成立，即如果人口增长率和工资率超过了利率（Aaron，1966），我们发现养老金系统其实扮演了劳动补贴的角色（且 $t_{Et}<0$）。

在对称均衡中，式（17.75）～式（17.78）将 $C_t^Y$、$C_{t+1}^O$ 和 $N_t$ 的最优解定义为对于代表性个体而言的外生变量（$w_t$，$r_{t+1}$，$t_{Et}$）的函数。我们将这些解写为 $C_t^Y=C^Y(w_t^N,r_{t+1})$、$C_{t+1}^O=C^O(w_t^N,r_{t+1})$ 和 $N_t=N(w_t^N,r_{t+1})$，其中 $w_t^N\equiv w_t(1-t_{Et})$。因此，法定税率（$t_L$）的变化对于家庭的劳动决策的（局部平衡）影响可以写为如下弹性形式：

$$\frac{t_L}{N}\frac{\partial N}{\partial t_L}=-\varepsilon_{w^N}^N\cdot\frac{t_{Et}}{1-t_{Et}},\quad\varepsilon_{w^N}^N\equiv\frac{w^N}{N}\frac{\partial N}{\partial w_t^N},\qquad(17.80)$$

其中，$\varepsilon_{w^N}^N$ 是未补偿的劳动力供给弹性。从式（17.80）可以看出，对于劳动力供给的贡献率的影响是不确定的，原因有二。第一，它取决于阿伦条件是满足（$t_{Et}<0$）还是不满足（$t_{Et}>0$）。第二，它也取决于 $\varepsilon_{w^N}^N$ 的符号。回忆一下，如果劳动力供给的替代效应超过（不超过）收入效应，那么 $\varepsilon_{w^N}^N>0$（$<0$）。如果劳动力供给是向上倾斜的并且阿伦条件得到满足，那么对于给定的要素价格，法定税率的上升增加了劳动力供给。

#### 17.2.2.2 宏观经济

我们现在必须结束对于模型的描述并导出经济系统的基本差分方程。我们沿用了 Ihori（1996，pp. 36－37）的方法。因为劳动力供给内生，那么年轻个体的数量 $L_t$ 与生产函数中使用的劳动数量不再等同。将资本劳动比重新定义为 $k_t\equiv K_t/(L_tN_t)$，但工资率和利率的表达式仍然是式（17.15）和式（17.16），而要素价格边界仍然由式（17.57）给出。当前的储蓄导致了下一期的资本形成，即 $L_tS_t=K_{t+1}$。依据我们对于资本劳动比的重新定义，我们有：

$$S_t=(1+n)N_{t+1}k_{t+1}。\qquad(17.81)$$

为了刻画基本差分方程，我们注意到劳动力供给和储蓄的方程可以写成如下一般的函数形式：

$$N_t = N(w_t(1-t_{Et}), r_{t+1}), \tag{17.82}$$

$$S_t \equiv \frac{C^O(w_t(1-t_{Et}), r_{t+1}) - (1+n)t_L w_{t+1} N_{t+1}}{1+r_{t+1}} \tag{17.83}$$

$$\equiv S(w_t(1-t_{Et}), r_{t+1}, t_L w_{t+1} N_{t+1})。 \tag{17.84}$$

将这些表达式代入式（17.81），我们得到了如下表达式：

$$S(w_t(1-t_{Et}), r_{t+1}, t_L w_{t+1} N_{t+1}) = (1+n) N(w_{t+1}(1-t_{Et+1}), r_{t+2}) k_{t+1}。 \tag{17.85}$$

显然，因为 $w_t = w(k_t)$ 而 $r_t = r(k_t)$，这一表达式包含了 $k_t$、$k_{t+1}$ 和 $k_{t+2}$ 这几项，因此我们进一步归纳出这是关于资本存量的二阶差分方程。正如 Breyer 和 Straub（1993，p. 82）所指出的，未来养老金的存在向模型引入了无限回归，即因为 $t_{Et}$ 依赖于 $N_{t+1}$［见式（17.79）］，因此 $t_{Et+1}$ 依赖于 $N_{t+2}$，而它自己又依赖于 $k_{t+2}$、$k_{t+3}$ 和 $t_{Et+2}$。因此，式（17.85）取决于当期和未来的资本存量序列 $\{k_{t+\tau}\}_{\tau=0}^{\infty}$，因此即便我们假设了完美预期，这个模型也有着连续的均衡。① 因为假设了人口增长率为常数，所以我们在首先研究稳态时跳过了不确定性。

#### 17.2.2.3 稳态

我们已经研究了与稳态相关的两个方面。首先，我们说明了劳动力供给的内生性如何影响现收现付制的福利效应。其次，我们说明了在单位弹性模型中，养老金在长期挤出了资本。正如之前所做的那样，长期福利分析用到了如下形式的间接效用函数：

$$\bar{\Lambda}^Y(w, r, t_L) \equiv \max_{\{C^Y, C^O, N\}} \Lambda^Y(C^Y, C^O, 1-N)$$

$$\text{s. t.}: wN\left[1 - t_L \frac{r-n}{1+r}\right] = C^Y + \frac{C^O}{1+r}。 \tag{17.86}$$

［约束条件来自式（17.75）和式（17.76），我们知道稳态时有 $w_t = w$、$N_t = N$、$r_{t+1} = r$ 以及 $\overline{NL}_{t+1} = (1+n)\ \overline{NL}_t$。］撤销我们之前的推导，我们能够导出间接效用函数的下列性质：

$$\frac{\partial \bar{\Lambda}^Y}{\partial w} = N \frac{\partial \Lambda^Y}{\partial C^Y}\left[1 - t_L \frac{r-n}{1+r}\right], \tag{17.87}$$

$$\frac{\partial \bar{\Lambda}^Y}{\partial r} = \frac{S}{1+r} \frac{\partial \Lambda^Y}{\partial C^Y}, \tag{17.88}$$

$$\frac{\partial \bar{\Lambda}^Y}{\partial t_L} = -\frac{r-n}{1+r} wN \frac{\partial \Lambda^Y}{\partial C^Y}。 \tag{17.89}$$

---

① 在戴蒙德-萨缪尔森类型的世代交叠模型中，不确定的多重均衡是非常常见的现象。Azariadis（1993）给出了一般性讨论。Reichlin（1986）和 Nourry（2001）讨论了内生劳动供给的特殊情况。同样可参阅 Woodford（1984）。

法定税率的边际变化对于稳态福利的影响能够简单地计算如下：

$$\begin{aligned}\frac{d\bar{\Lambda}^Y}{dt_L}&=\frac{\partial\bar{\Lambda}^Y}{\partial w}\frac{dw}{dt_L}+\frac{\partial\bar{\Lambda}^Y}{\partial r}\frac{dr}{dt_L}+\frac{\partial\bar{\Lambda}^Y}{\partial t_L}\\&=\frac{\partial\Lambda^Y}{\partial C^Y}\cdot\left(N\left(1-t_L\frac{r-n}{1+r}\right)\frac{dw}{dt_L}+\frac{S}{1+r}\frac{dr}{dt_L}-\frac{r-n}{1+r}wN\right]\\&=-N\cdot\frac{r-n}{1+r}\cdot\frac{\partial\Lambda^Y}{\partial C^Y}\cdot\left[w+(1-t_L)k\cdot\frac{dr}{dt_L}\right],\end{aligned}\tag{17.90}$$

其中，从第一行到第二行的推导过程中我们用到了式（17.87）～式（17.89），从第二行到第三行的推导过程中用到了式（17.57）和式（17.81）。在式（17.90）的基础上，有两大结论值得注意。第一，如果经济在初始时位于黄金律均衡（$r=n$），那么 $t_L$ 的边际变化不会对稳态世代造成一阶福利效应。从直觉上来看，劳动力供给决策不受影响，因为在那种情况下，劳动收入的有效税率为零［$t_E=t_L(r-n)/(1+r)=0$］。第二，如果经济并不处于黄金律均衡（$r\neq n$），那么福利效应的符号由式（17.90）等号右边方括号中的项的符号决定。与总额的贡献类似［见式（17.58）］，现收现付制养老金通过终生资源（方括号中的第一项）和资本价格（方括号中的第二项）来影响福利。然而，结果表明，当劳动力供给内生时，$dr/dt_L$ 的符号［以及 $d\bar{\Lambda}^Y/dt_L$ 的符号］是不确定的（Ihori，1996，p. 237）。

当偏好被假设为柯布-道格拉斯形式后，情况变得简单多了，即如果式（17.70）具体化为如下形式：

$$\Lambda_t^Y\equiv\ln C_t^Y+\lambda_C\ln(1-N_t)+\frac{1}{1+\rho}\ln C_t^O,\tag{17.91}$$

其中，$\rho$ 是时间偏好率，而 $\lambda_C$（$\geqslant0$）规定了劳动力供给效应的强度。通过在式（17.75）的约束下最大化式（17.91），就可以得到下面的决策变量的解：

$$C_t^Y=\frac{1+\rho}{2+\rho+\lambda_C(1+\rho)}w_t^N,\tag{17.92}$$

$$C_{t+1}^O=\frac{1+r_{t+1}}{2+\rho+\lambda_C(1+\rho)}w_t^N,\tag{17.93}$$

$$N_t=\frac{2+\rho}{2+\rho+\lambda_C(1+\rho)},\tag{17.94}$$

其中，$w_t^N\equiv w_t(1-t_{Et})$ 是有效税后工资。在单位弹性模型中，年轻时和年老时的消费都是正常品（即需求与 $w_t^N$ 正相关），而劳动力供给是常数，因为收入效应和替代效应相互抵消了。因为现在的工人知道未来的工人会供给固定数量的劳动（$N_{t+1}=N_t=N$），税后工资的表达式可以化简如下：

$$w_t^N\equiv w_t(1-t_{Et})\equiv w_t\left[1-t_L\left(1-\frac{w_{t+1}}{w_t}\frac{1+n}{1+r_{t+1}}\right)\right]。\tag{17.95}$$

注意，在式（17.92）中，年老时的养老金支付的存在确保了年轻时的消费和利率是负相关的——通过有效税率——即使我们用到的是对数偏好。根据式（17.93），如果阿伦条件 $t_{Et}>0$ 不成立（成立，$t_{Ey}<0$），老年人的消费将与利率正相关，而与税率负（正）相关。最后，在式（17.94）中，令 $\lambda_C=0$ 可以重新得到标准模型，在这种情形下，劳动力供给是外生的并且等于 1。

我们现在可以看出现收现付制对于资本的挤出程度到底有多大。考虑到式（17.93）和式（17.95），模型（17.85）的基本差分方程可以写为如下形式：

$$(1+n)k_{t+1}=(1-t_L)\frac{w_t}{2+\rho}-t_L(1+n)\frac{1+\rho}{2+\rho}\frac{w_{t+1}}{1+r_{t+1}}。\tag{17.96}$$

因为 $w_t=w(k_t)$ 和 $r_t=r(k_t)$，式（17.96）构建了关于资本劳动比的一阶差分方程。所以，在单位弹性模型中，不存在过渡路径的不确定性（前面提到过），因为未补偿的劳动力供给弹性为零。

通过求稳态点（此处 $k_{t+1}=k_t=k$）附近的隐函数 $k_{t+1}=g(k_t, t_L)$ 的偏导，我们可以导出稳定性条件和现收现付制对于资本劳动比的长期影响。经过一些步骤的处理后，我们得到：

$$g_k\equiv\frac{\partial k_{t+1}}{\partial k_t}=\frac{(1-t_L)w'(k)}{(1+n)(2+\rho)\left[1+t_L\frac{1+\rho}{2+\rho}\frac{(1+r)w'(k)-wr'(k)}{(1+r)^2}\right]}>0,\tag{17.97}$$

$$g_t\equiv\frac{\partial k_{t+1}}{\partial t_L}=-\frac{w[1+r+(1+\rho)(1+n)]}{(1+r)(1+n)(2+\rho)\left[1+t_L\frac{1+\rho}{2+\rho}\frac{(1+r)w'(k)-wr'(k)}{(1+r)^2}\right]}<0。\tag{17.98}$$

因为 $g_k$ 是正的［因为 $w'(k)>0>r'(k)$］，而稳定性要求它小于 1（$0<g_k<1$）。因此，在单位弹性模型中，对于资本劳动比的长期影响毫无疑问是负的：

$$\frac{dk}{dt_L}=\frac{g_t}{1-g_k}<0。\tag{17.99}$$

### 17.2.2.4 福利效应

我们现在的任务是将本小节中的重要结果与当劳动力供给内生且对于养老金制度的缴费表现为总额的形式（见 17.2.1.2 小节）时的结果进行比较。乍看起来，养老金缴费并不会对基本结果改变太多，至少在单位弹性模型中如此。在两种情形下，现收现付缴费都将导致在长期内对资本劳动比的挤出［比较式（17.46）和式（17.99）］和一个动态有效率（无效率）的经济体中的稳态福利的减少（增加）［比较式（17.58）和式（17.90）］。从直觉上来看，考虑到在单位弹性模型中（最优选择）劳动力供给是常数［见式（17.94）］，这些共同点令人感到稍许惊讶。

然而，两种情形下有一个非常重要的差异，原因在于养老金缴费 $t_L$ 如果是总额的形式，将不会导致对劳动力供给决策的扭曲。采用对劳动力供给决策造成扭曲的形式而非另一种形式对经济造成的损失，常常用扭曲税带来的无谓损失（负担）来衡量（Diamond and McFadden，1974，p. 5）。根据 Diamond 和 McFadden（1974，p. 5），我们定义了与 $t_L$ 相关的无谓损失（DWL）用以表示下面两者之间的差，一方面是使得一个年轻家庭回到税前效用水平所需的收入，另一方面是从这些收入中获得的税收收益。

在图 17—5 中，我们说明了在单位弹性模型中养老金缴费对于稳态世代所带来的无谓损失。我们保持要素价格（$w$ 和 $r$）不变并假设经济是动态有效率的（$r>n$）。我们遵循了 Belan 和 Pestieau（1999）对于模型的两阶段解法。在第一阶段我们定义终生收入为

$$X\equiv wN\left[1-t_L\frac{r-n}{1+r}\right]\equiv wN(1-t_E),\tag{17.100}$$

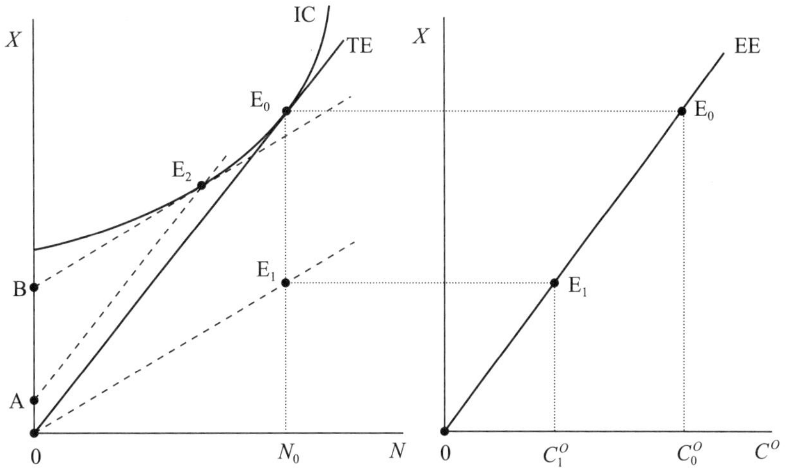


**图 17—5 税收的无谓损失**

并令家庭选择当期消费和未来消费以最大化：

$$\ln C^Y+\frac{1}{1+\rho}\ln C^O,\tag{17.101}$$

约束条件为 $C^Y+C^O/(1+r)=X$。这导出了下面的表达式：

$$C^Y=\frac{1+\rho}{2+\rho}X,\quad C^O=\frac{1+r}{2+\rho}X。\tag{17.102}$$

在图 17—5 右侧的子图中，EE 线将老年人的消费和他们的终生收入联系了起来。在该子图中，年轻时的消费可以由如下事实推导得出：年轻时的消费与终生收入成比例。

将式（17.102）代入效用函数式（17.91）我们得到：

$$\Lambda^Y\equiv\frac{2+\rho}{1+\rho}\ln X+\lambda_C\ln(1-N)+\ln\left[\frac{1+\rho}{2+\rho}\left(\frac{1+r}{2+\rho}\right)^{1-/(1+\rho)}\right],\tag{17.103}$$

在第二阶段，家庭选择它的劳动力供给和终生收入，在式（17.100）的约束下最大化式（17.103）。第二阶段问题的解当然是 $N$ 取式（17.94）中给出的值而 $X$ 为常数。第二阶段最优化问题的解在图 17—5 左边的子图中得到了展示。在该子图中，TE 代表了没有税收时（$t_E=0$）的预算线式（17.100）。与税前预算线相切的无差异曲线由 IC 给出，而初始均衡位于 $E_0$。在右边的子图中，EE 线上的 $E_0$ 给出了老年人消费对应的最优值。

现在我们考虑如果征收的有效税率为正（$t_E>0$），情况将会怎样。在右边的子图中，没有变化发生，但是在左边的子图中，预算线将会逆时针旋转。新的预算线由过原点的短虚线给出。我们知道，在单位弹性模型中，劳动力供给的收入效应和替代效应相互抵消，因此劳动力供给不发生变化［见式（17.94）］。所以，新的均衡将位于两个子图中的 $E_1$ 点。将新的预算约束线平行移动且与税前无差异曲线相切时，我们发现税收改变的纯粹的替代效应由从 $E_0$ 到 $E_2$ 的移动给出（因此收入效应是从 $E_2$ 到 $E_1$ 的移动）。所以，0B 在竖直方向上的距离表示个体为了回到税前的无差异曲线而必须给予家庭的收入。我们称之为假想中的转移 $TR_0$。向个体征收的税收收入是什么？为了回答这一问题，我们画了一条平行于税前预算线并通过补偿点 $E_2$ 的线。这条线与纵轴交于点 A。我们现在有了表示通过补偿点 $E_2$ 的线的两个表达式，即 $X=w(1-t_E)N+TR_0$ 和 $X=wN+TR_0-T$，其中 $T$ 是图 17—5 中 AB 在垂直方向上的距离。处理这两条线后我们发现 $T=t_EwN$，因此 AB 表示向个体征收的税收收入。因为要求的转移是 0B，所以税收的无谓损失由距离 0A 给出。

#### 17.2.2.5 改革

正如一些作者所指出的，养老金制度的扭曲性使得它暗含了非常重要的进行帕累托改进的可能性［例如参见 Homburg（1990），Breyer 和 Straub（1993），Belan 和 Pestieau（1999）］。回忆 17.2.1.4 节结束时的讨论，从现收现付制向完全积累制帕累托改进的转型改革是不可能的，因为当改革不使未来世代的状况变得更糟糕时，找不到资源用以补偿老年人。在那种情形下，正如 Breyer 和 Straub（1993）所指出的，假设总额（非扭曲的）缴费能被用于转型过程，从现收现付制向完全积累制的渐近移动能够以帕累托改进的方式完成。从直觉上来看，通过从扭曲的计划向非扭曲的计划的转型，额外的资源被释放出来，而这可以用来补偿不同的世代（Belan and Pestieau，1999）。[①] 当然，这些争论仅仅局限在实践方面。实际上，它引出了一个问题，为什么在非扭曲税收可行的情况下，政府首先利用的却是扭曲税收。

### □ 17.2.3 老龄化的宏观经济影响

迄今为止，我们已经假设了人口增长速率不变并且等于 $n$［见前面的式（17.21）］。

① 现收现付计划的扭曲性并不一定是内生的劳动力供给造成的。例如，Demmel 和 Keuschnigg（2000）假设工会的工资设定引起的失业状况由于养老金缴费而进一步恶化了。因为养老金改革减少了失业，从而使增加的效率体现出来。遵循相同的逻辑，Belan et al.（1998）利用罗默（1986，1989）式的内生增长模型说明了改革可能是帕累托改进的，因为它内部化了生产的外部性。也可参见 Corneo 和 Marquardt（2000）。

这一简化假设当然也意味着人口的年龄构成是不变的。用于刻画人口状况对于经济的影响的一个有用的衡量方式是所谓的（老年人的）抚养比，它被定义为退休群体的数量除以工人群体的数量。在我们高度程式化的两阶段世代交叠模型中，时刻 $t$ 的老年人和年轻人的数量分别是 $L_{t-1}$ 和 $L_t=(1+n)L_{t-1}$，因此抚养比是 $1/(1+n)$。

当然，正如所有婴儿潮一代的人肯定知道的，不变的人口构成的假设虽然方便却不贴近现实。从 Weil（1997，p. 970）处获得的表 17—1，展示了从 1950 年到 1990 年显著的人口变化，以及预期将要发生的从 1990 年到 2025 年的变化。

**表 17—1　　人口的年龄构成（%）**

| | 1950 年 | 1990 年 | 2025 年 |
|---|---|---|---|
| 世界 | | | |
| 0～19 | 44.1 | 41.7 | 32.8 |
| 20～64 | 50.8 | 52.1 | 57.5 |
| 65+ | 5.1 | 6.2 | 9.7 |
| OECD | | | |
| 0～19 | 35.0 | 27.2 | 24.8 |
| 20～64 | 56.7 | 59.9 | 56.6 |
| 65+ | 8.3 | 12.8 | 18.6 |
| 美国 | | | |
| 0～19 | 33.9 | 28.9 | 26.8 |
| 20～64 | 57.9 | 58.9 | 56.0 |
| 65+ | 8.1 | 12.2 | 17.2 |

表 17—1 中的数字生动地表明了全世界，特别是 OECD 国家和美国，年轻人（0～19 岁）的比例在下降，同时老年人（65 岁及以上）的比例在稳步上升。这两个现象都是人口老龄化的标志。

在这一小节，我们将说明，利用简单的世代交叠模型，我们可以如何分析人口构成变化对宏观经济的影响。我们只强调一些关键结果，特别是那些与人口状况和公共养老金制度的相互作用相关的结果。有兴趣的读者可以参见 Weil（1997）关于老龄化的经济的文章中极为出色的调查。

在没有国外移民（以及移民去国外）的情况下，人口老龄化可能由两种不同来源导致，即生育率的降低和死亡率的降低。在我们目前用到的两阶段世代交叠模型中，生命的长度是外生固定的，但不管怎样我们可以通过减小人口增长率 $n$ 来表示老龄化。[①] 为了研究这样一个人口冲击对于分配和福利所产生的影响，我们首先使用一个变量即人口增长率 $n_t$ 来重新构建 17.2.1.2 小节中的模型。所以，与式（17.21）不同的是，我们使用：

① 如同第 16 章，生命的长度可以是随机的，假设活着进入人生第二阶段的概率 $\pi$ 在 0～1 之间，那么期望寿命效用方程可以写成 $E(\Lambda_t^Y)\equiv U(C_t^Y)+[\pi/(1+\rho)]U(C_{t+1}^O)$。

$$L_t=(1+n_t)L_{t-1}。\tag{17.104}$$

假设每个人的缴费率是常数（$T_t=T$），$T$ 时刻的养老金等于 $Z_t=(1+n_t)T$。重新推导 17.2.1.2 小节中所演示的过程，我们得到了这个模型如下形式的基本差分方程：

$$S(w_t, r_{t+1}, n_{t+1}, T)=(1+n_{t+1})k_{t+1},\tag{17.105}$$

其中，储蓄函数和式（17.40）相同，但用 $n_{t+1}$代替了 $n$。在保持其他条件不变的情况下，年轻人的储蓄和（预期的）人口增长率 $n_{t+1}$ 负相关，因为他们年老时将要收到的养老金依赖于它［因为 $Z_{t+1}=(1+n_{t+1})T$］。预期的生育率下降将减少预期的养老金和终生收入，并将引起个体削减现在和未来的消费、增加储蓄。因此，式$S_n\equiv\partial S/\partial n_{t+1}<0$。式（17.105）等号右边说明了人口增长率的下降使得对于一个给定的每单位资本的储蓄数目，有可能支撑起一个更高水平的资本劳动比。

根据 17.2.1.2 小节中讨论过的解法，我们可以推导出式（17.105）定义了一个隐函数，$k_{t+1}=g(k_t, n_{t+1})$，它的偏导为 $0<g_k<1$［见式（17.42）］和 $g_n<0$：

$$g_n\equiv\frac{\partial g}{\partial n_{t+1}}=\frac{S_n-k_{t+1}}{1+n_{t+1}-S_r r'(k_{t+1})}<0。\tag{17.106}$$

由此可见，人口增长率的永久性下降，比如从 $n_0$ 到 $n_1$，引起了长期资本存量的增加，即 $dk/dn=g_n/(1-g_k)<0$，其中 $k=k_{t+1}=k_t$。经济向稳态过渡的路径如图 17—6 所示。在该图中，标记了“$k_{t+1}=g(k_t, n_0)$”的短虚线再现了图 17—4 中有社会保障时的初始过渡路径。生育水平的降低推高了储蓄水平，因此，如果经济开始运行时的资本存量为 $k_0$，那么新的过渡路径便是从点 B 到点 $E_1$ 的点线。在过渡过程中工资逐渐上升而利率下降。资本劳动比长期增加的含义是非常直观的。由于人口冲击，只有少数年轻家庭，他们没有资产，而更多的是老年家庭，他们拥有大量资产，他们需要这些资产在退休时为他们提供收入（Auerbach and Kotlikoff，1987，p. 163）。

生育水平的永久性降低对于稳态福利的影响可以由对间接效用函数式（17.47）关于 $n$ 求微分获得，这需要利用式（17.50）、式（17.51）和式（17.57），并注意到 $\partial\bar{\Lambda}^Y/\partial n=T(\partial\bar{\Lambda}^Y/\partial C^Y)/(1+r)$：

$$\begin{aligned}\frac{d\bar{\Lambda}^Y}{dn}&=\frac{\partial\bar{\Lambda}^Y}{\partial w}\frac{dw}{dn}+\frac{\partial\bar{\Lambda}^Y}{\partial r}\frac{dr}{dn}+\frac{\partial\bar{\Lambda}^Y}{\partial n}\\&=\frac{\partial\Lambda^Y}{\partial C^Y}\cdot\left(\frac{dw}{dn}+\frac{S}{1+r}\frac{dr}{dn}+\frac{T}{1+r}\right)\\&=\frac{\partial\Lambda^Y}{\partial C^Y}\cdot\left[-k\frac{r-n}{1+r}\cdot\frac{dr}{dn}+\frac{T}{1+r}\right]\lesseqgtr 0。\end{aligned}\tag{17.107}$$

在一个动态有效的经济中（$r>n$ 成立），有两个作用方向相反的效应。式（17.107）等号右边方括号中的第一项表示生育率对于长期利率的影响。因为 $dr/dn=r'(k)dk/dn>0$，于是，生育率的下降增加了长期福利。式（17.107）等号右边方

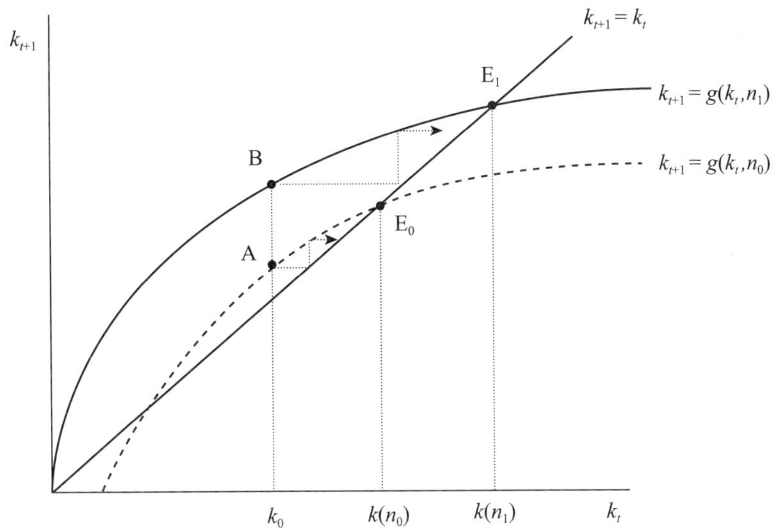


**图 17—6 老龄化的影响**

括号中的第二项是现收现付投资收益效应。如果生育率下降，现收现付缴费的收益率也下降。因为投资收益效应与利率效应作用的方向相反，生育率变化的综合影响是不确定的。如果现收现付缴费很少（$T\approx 0$），而经济离黄金律点很远（$r\gg n$），那么生育率的下降将增加长期福利。

虽然我们的结果是基于一个高度程式化（并且可能是过度简化了）的模型，但不管怎样，它们和现实还是有着某种程度上的关系。确实，Auerbach 和 Kotlikoff（1987，ch. 11）为美国经济开发了一个高度具体的可计算的一般均衡模型，发现了在数量上非常相似的结果：工资上升，利率下降，长期福利剧烈增加（见他们的表 11—3）。在他们的模型中，家庭存活 75 年，劳动力供给是内生的，生产力与年龄相关，家庭的退休决策是内生的，税收是扭曲的，而且人口统计是极其详细的。

## 17.3 拓 展

### 17.3.1 人力资本积累

#### 17.3.1.1 人力资本和增长

根据 Arrow（1962）和 Uzawa（1965）的早期贡献，一些作者已经将经济增长理论中的注意力集中于人力资本积累的重要性。20 世纪 80 年代重新点燃人们对于人力资本的兴趣的关键文献是 Romer（1986）和 Lucas（1988）。在这一小节中，我们将说明，通过纳入家庭的有目的的人力资本积累，戴蒙德-萨缪尔森世代交叠模型可以如何得到扩展。我们将说明著名的 Lucas（1988）模型的世代交叠版本如何产生经济中的内生增长（也见 14.3 节）。

与标准模型中一样，我们继续假设家庭存活两期，但与标准模型相背离的是，我们假设家庭在第二期内全部工作，而将其年轻时的时间分为工作和训练。根据Lucas（1988），人力资本被定义为等于工人在生产产品时的技能水平。我们定义时刻 $t$ 的工人 $i$ 的人力资本为 $H_t^i$，并假设生产者能够观察到每个工人的技能水平，因此将根据技能水平向他们支付相应的工资（正如第 14 章讨论过的连续时间模型）。

一个出生于时刻 $t$ 的年轻人的终生效用函数由一般形式给出：

$$\Lambda_t^{Y,i} \equiv \Lambda^Y(C_t^{Y,i}, C_{t+1}^{O,i})。 \tag{17.108}$$

这一表达式表明了这样一个概念，即家庭不认为闲暇有任何价值，也不会从培训这个事情本身获得任何效用价值。因此，家庭只对提升它的技能感兴趣，因为这将增加它之后的收入。个体面对的预算等式是

$$C_t^{Y,i} + S_t^i = w_t H_t^i N_t^i, \tag{17.109}$$

$$C_{t+1}^{O,i} = (1+r_{t+1}) S_t^i + w_{t+1} H_{t+1}^i, \tag{17.110}$$

其中，$w_t$ 定义了时刻 $t$ 的每效率单位的劳动的工资率且 $N_t^i$ 是年轻时花费在工作（而非训练）上的时间。因为个体在每一期都有一单位可用时间，根据这一假设，我们有 $N_{t+1}^i = 1$（生命没有第三期，因此第二期没有训练）。年轻时训练的数量记为 $E_t^i$，它等于：

$$E_t^i = 1 - N_t^i \geqslant 0。 \tag{17.111}$$

为了完成对于年轻家庭的决策问题的描述，我们必须明确训练到底如何增加了个体技能。作为训练技术的第一个例子，我们考虑如下形式：

$$H_{t+1}^i = G(E_t^i) H_t^i, \tag{17.112}$$

其中，$G' > 0 \geqslant G''$ 且 $G(0) = 1$。这一表达式说明了在人力资本生产中，训练的回报率是正的但是非递增的，并且零训练意味着该个体保持了他的初始技能水平。正如在Lucas（1988）模型中，训练方程与人力资本的关系是线性的。

给定训练技术式（17.112）、工资的预期路径 $w_t$ 和他的初始技能水平 $H_t^i$，家庭在式（17.109）～式（17.111）的约束下，选择 $C_t^{Y,i}$、$C_{t+1}^{O,i}$、$S_t^i$、$N_t^i$ 和 $E_t^i$ 以最大化其终生效用 $\Lambda_t^{Y,i}$［在式（17.108）中给出］。这一最优化问题可以在两步内得到解决。在第一步，家庭选择他的训练水平 $E_t^i$ 以最大化其终生收入 $LI_t^i$，即工作收入的现值为

$$LI_t^i(E_t^i) \equiv H_t^i \cdot \left[ w_t(1-E_t^i) + \frac{w_{t+1} G(E_t^i)}{1+r_{t+1}} \right]。 \tag{17.113}$$

详细考虑了不等式约束条件式（17.111）后，这一最优人力资本投资问题的一阶条件是

$$\frac{dLI_t^i}{dE_t^i}=H_t^i\cdot\left[-w_t+\frac{w_{t+1}G'(E_t^i)}{1+r_{t+1}}\right]\leqslant 0,\quad E_t^i\geqslant 0,\quad E_t^i\cdot\frac{dLI_t^i}{dE_t^i}=0。$$

(17.114)

这一表达式表明了个体可能非常愿意在整个年轻时期不寻求任何训练。其实，如果式（17.114）中的不等式约束严格成立，无训练解将会成立。因为训练有着非递增的回报［所以对于 $E_t^i\geqslant 0$，有 $G'(0)\geqslant G'(E_t^i)$］，我们导出了式（17.114）的如下隐函数形式：

$$G'(0)<\frac{w_t(1+r_{t+1})}{w_{t+1}}\quad\Rightarrow\quad E_t^i=0。\tag{17.115}$$

如果训练技术在最初并不是非常具有生产性的［$G'(0)$ 很低］，那么角点解将会被选择。

严格为正的训练水平的内点解使得 $dLI_t^i/dE_t^i=0$。经过一些步骤的改写后，我们得到了以套利形式表示的投资方程：

$$E_t^i>0\quad\Rightarrow\quad r_{t+1}=\frac{w_{t+1}G'(E_t^i)-w_t}{w_t}。\tag{17.116}$$

这一表达式说明在内点最优时，个体积累的物质资本和人力资本各自的投资收益率是相等的。个体在年轻时投资物质资本，在老年时获得的净回报是 $r_{t+1}$［式（17.116）等号的左边］。而通过年轻时少工作一点，多训练一点，个体失去了 $w_t$ 却增加了自己的人力资本，老年时将获得 $w_{t+1}G'(E_t^i)$。从初始投资（在第一期放弃的工资）角度来看，我们得到了人力资本的投资收益［式（17.116）等号的右边］。

在最优化问题的第二步，在终生预算约束下，家庭选择两期的消费水平和储蓄水平，以最大化其终生效用式（17.108）：

$$C_t^{Y,i}+\frac{C_{t+1}^{O,i}}{1+r_{t+1}}=LI_t^i,\tag{17.117}$$

其中，$LI_t^i$ 现在是最大化了的终生收入。由这一步的最优化问题所产生的储蓄函数能够写成如下一般形式：

$$S_t^i=S(r_{t+1},(1-E_t^i)w_tH_t^i,w_{t+1}H_{t+1}^i)。\tag{17.118}$$

为了完成对于家庭 $i$ 的决策问题的描述，我们必须确定其出生时的初始人力资本水平，即训练技术式（17.112）中的 $H_t^i$。根据 Azariadis 和 Drazen（1990，p. 510），我们假设在 $t$ 期出生的每个个体都“继承”（生来就有）了在那个时候的当前可用知识的平均存量，即在式（17.112）等号右边有 $H_t^i=H_t$。利用这个最终假设，可见，模型中的所有个体都面对相同的利率并且学习技术，因此他们将选择相同的消费、储蓄和投资计划。因此，我们可以从这里起抛开个体指标 $i$ 并研究对称均衡。

我们假设没有人口增长，并将年轻人和老年人的数量标准化为 $1(L_{t-1}=L_t=1)$。以效率单位衡量的总劳动力供给被定义为年轻人和老年人所供给的效率单位之和，

即 $N_t=(1-E_t)H_t+H_t$。为了方便起见，我们将（简化了的）阿扎里亚第斯-德拉赞（Azariadis-Drazen）模型的表达式总结在表 17—2 中。

**表 17—2　　增长、人力资本与世代交叠**

| | |
|---|---|
| $N_{t+1}k_{t+1}=S(r_{t+1},(1-E_t)w_tH_t,w_{t+1}H_{t+1})$ | (T2.1) |
| $r_{t+1}+\delta=f'(k_{t+1})$ | (T2.2) |
| $w_t=f(k_t)-k_tf'(k_t)$ | (T2.3) |
| $N_t=(2-E_t)H_t$ | (T2.4) |
| $1+r_{t+1}=\frac{w_{t+1}}{w_t}G'(E_t)$ | (T2.5) |
| $H_{t+1}=G(E_t)H_t$ | (T2.6) |

注：$N_t$ 是劳动的效率单位，$k_t$ 是生产的实物资本密度，$r_t$ 是利率，$E_t$ 是训练所花费的时间，$w_t$ 是工资率，$H_t$ 是人力资本存量，$\delta$ 是实物资本的折旧率，$G(E_t)$ 是训练函数。

式（T2.1）将代表性年轻家庭的储蓄与下一期的物质资本存量联系了起来。注意，资本劳动比以劳动的效率单位来定义，即 $k_t\equiv K_t/N_t$。利用这一定义，工资率和利率的表达式分别是式（T2.2）和式（T2.3）。式（T2.4）是以效率单位衡量的劳动力供给，式（T2.5）是人力资本的投资方程（假设有内点解），而式（T2.6）是在对称均衡下的总人力资本的积累。

要证明这一模型考虑到了稳态下的内生增长并不困难。在稳态增长路径上，资本劳动比、工资率、利率和年轻时花费在训练上的时间所占的比例都是不随时间的推移而改变的（即 $k_t=k$，$w_t=w$，$r_t=r$ 且 $E_t=E$）。而剩下的变量都以相同的速率 $\gamma\equiv G(E)-1$ 增长，即 $\Delta H/H=\Delta K/K=\Delta N/N=\gamma$。留待读者自己翻阅 Azariadis（1993，p. 231）的证明，我们接下来论证当技术是柯布-道格拉斯形式的（$y_t=k_t^{1-\varepsilon L}$）而效用函数（17.108）是对数线性的（$\Lambda_t^Y=\ln C_t^Y+(1/(1+\rho))\ \ln C_{t+1}^O$）时单位弹性模型的唯一稳态增长路径的存在性。对于单位弹性的情形，储蓄函数可以被写为

$$S_t=\left[\frac{1}{2+\rho}(1-E_t)w_t-\frac{1+\rho}{2+\rho}\frac{w_{t+1}G(E_t)}{1+r_{t+1}}\right]H_t。\tag{17.119}$$

将式（17.119）、式（T2.4）和式（T2.6）代入式（T2.1）并将之运用于稳态，我们便得到了 $E$ 和 $k$ 的隐式关系，其中储蓄等于投资：

$$(2+\rho)\frac{k}{w(k)}=\frac{1}{2-E}\left[\frac{1-E}{G(E)}-\frac{1+\rho}{1+r(k)}\right],\tag{17.120}$$

其中 $r(k)\equiv(1-\varepsilon_L)k^{-\varepsilon L}-\delta$，$w(k)\equiv\varepsilon_Lk^{1-\varepsilon_L}$。同样地，将式（T2.2）和式（T2.4）代入稳态，我们便得到了使 $E$ 和 $k$ 再度相关的第二个表达式，其中人力资本和物质资本的投资收益率是相等的：

$$G'(E)=1+r(k)。\tag{17.121}$$

在稳态增长路径上，对于 $E$ 和 $k$ 的同时确定如图 17—7 中上面的子图所示。资产组合平衡（PB）线式（17.121）是向上倾斜的，因为生产技术和训练技术都表现出递减的回报 $[r'(k)=f''(k)<0$ 且 $G''(E)<0]$。而储蓄—投资（SI）线式（17.120）是向下倾斜的，因为生产技术是柯布-道格拉斯形式的。式（17.120）等号右边随 $k$ 和 $E$ 都是向下倾斜的。由柯布-道格拉斯技术，我们有 $k/w(k)=(1/\varepsilon_L)k^{\varepsilon_L}$，它确保了式（17.120）的左边是随 $k$ 的增加而增加的。综合这些结果便有 SI 的斜率向下。在上面的子图中，稳态处于点 $E_0$。在下面的子图中，我们将均衡增长率和训练水平联系了起来。

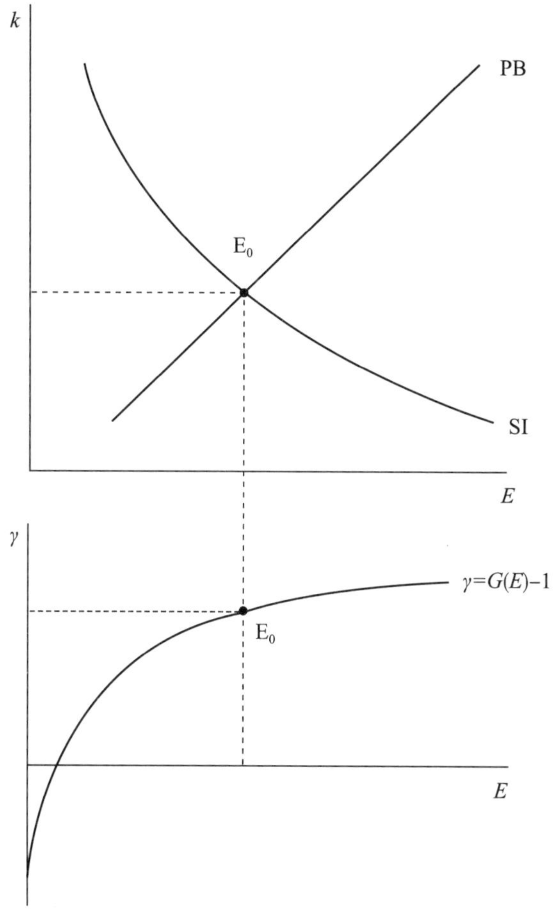


**图 17—7　由于人力资本形成而导致的内生增长**

在阿扎里亚第斯-德拉赞模型中，增长的引擎显然是训练技术式（T2.6），它保证了对于一个给定的稳态训练水平，存在人力资本存量的稳态增长率。知识和技术技能是脱离肉体而存在的，即它们不随单个个体的死亡而消失，而是会以一个自动的机制传递给新出生的个体。新出生的个体随后通过投入训练而增加了知识的存量。如果技能和肉体在一起，那么显而易见，模型的内生增长将会消失。在那种情形下，年轻个体将不得不一切从头开始，在他们出生的时候“重新发明车轮”。

### 17.3.1.2 人力资本和教育

毫无疑问，非正式的社会交往将会导致知识和技能的传播［正如 Azariadis-Drazen（1990）模型所指出的］，与此同时，大多数发达国家的教育系统已经存在好几个世纪了。这些系统的显著特点便是它们的强制性，即达到某一年龄的儿童由法律强制接受一定年限的基本训练。这引发了一个问题，即对于义务教育的接受度差别相当大，即使是那些在其他方面强烈尊重公民选择权的国家。

Eckstein 和 Zilcha（1994）最近为这一问题提供了一个精巧的答案，它强调了父母在将人力资本向他们的子孙后代传播的过程中所扮演的角色。他们运用阿扎里亚第斯-德拉赞模型的一个扩展版本证明了，如果父母对于他们的子孙后代的教育的重视没有达到一个应有的程度，那么义务教育可能会很好地增进孩子们的福利。因而 Eckstein 和 Zilcha（1994）的重要观点是，在家庭内部可能存在着显著的外部性，使得父母对于他们孩子的人力资本的投资不足。注意，这样一个效应并没有在阿扎里亚第斯-德拉赞模型中得到体现，因为在该模型中，个体自己承受了年轻时训练的成本并在老年时获得回报。

我们现在开发出埃克斯坦-泽尔卡（Eckstein-Zilcha）模型的一个简化版本，用以展示他们重要的投资不足结果。我们假设所有个体是同质的。代表性的父母在年轻和老年时消费物品（分别是 $C_t^Y$ 和 $C_{t+1}^O$），在年轻时享受闲暇（$M_t$），在老年时退休，在生命的第一期拥有 $1+n$ 个孩子。生育率是外生的，因此孩子的数目是外生给定的($n\geqslant0$)。在时间 $t$ 时有 $L_t$ 个年轻个体。时间 $t$ 时的年轻个体的终生效用函数由下面的一般形式给出：

$$\Lambda_t^Y\equiv\Lambda^Y(C_t^Y,C_{t+1}^O,M_t,O_{t+1}),\tag{17.122}$$

其中，$O_{t+1}\equiv(1+n)H_{t+1}$表示的是个体的后代的总人力资本。因为个体有 $1+n$ 个孩子，每个孩子从父母那里获得 $H_{t+1}$的人力资本（知识）。由于没有正式的学校教育，父母无法从市场上为其后代购买教育服务。作为替代，父母必须在年轻时花费（一部分）闲暇时间来教育他们的儿女，而训练函数由下面的形式给出：

$$H_{t+1}=G(E_t)H_t^{\beta},\tag{17.123}$$

其中，$E_t$ 是每个孩子的教育努力，$G(\cdot)$ 是训练曲线［满足 $0<G(0)\leqslant1$，$G(1)>1$，$G'>0\geqslant G''$］且 $0<\beta\leqslant1$。式（17.123）与式（T2.6）在形式上相同，但它的解释却不同。在式（T2.6）中，$H_{t+1}$和 $E_t$ 由个体选择并对这同一个个体产生影响。相反地，在式（17.123）中，父母选择了 $H_{t+1}$和 $E_t$，而这一选择序列同时被父母和他们的儿女所感知。

个体在年轻时有两单位时间可用，一单位被无弹性地供给于劳动力市场（Eckstein and Zilcha，1994，p. 343），而另外一单位被花费在闲暇和教育活动上：

$$M_t+(1+n)E_t=1。\tag{17.124}$$

家庭的合并的预算约束是标准形式的：

$$C_t^Y+\frac{C_{t+1}^O}{1+r_{t+1}}=w_t H_t, \tag{17.125}$$

其中，等号左边表示的是消费的现值，而等号右边表示的是劳动收入。竞争性厂商从家庭雇用资本 $K_t$ 和劳动的效率单位，$N_t \equiv L_t H_t$，而总生产函数是 $Y_t=F(K_t, N_t)$。然后，工资率和利率分别满足 $w_t=F_N(K_t, N_t)$ 和 $r_t+\delta=F_K(K_t, N_t)$。

在训练技术式（17.123）、时间限制式（17.124）和合并的预算约束式（17.125）的约束下，代表性父母选择 $C_t^Y$、$C_{t+1}^O$、$M_t$、$E_t$ 和 $H_{t+1}$ 以最大化终生效用式（17.122）。将约束代入目标函数并对剩下的选择变量（$C_t^Y$，$C_{t+1}^O$ 和 $E_t$）求最优化，我们便得到了如下的一阶条件：

$$\frac{\partial \Lambda^Y / \partial C_t^Y}{\partial \Lambda^Y / \partial C_{t+1}^O}=1+r_{t+1} \tag{17.126}$$

$$\frac{\partial \Lambda^Y}{\partial O_t} G'(E_t) H_t^\beta-\frac{\partial \Lambda^Y}{\partial M_t}<0 \quad \Rightarrow \quad E_t=0 \tag{17.127}$$

$$\frac{\partial \Lambda^Y}{\partial O_t} G'(E_t) H_t^\beta-\frac{\partial \Lambda^Y}{\partial M_t}=0 \quad \Leftarrow \quad E_t>0 \tag{17.128}$$

式（17.126）是标准的消费欧拉方程，这里我们再度遇到了时间，而式（17.127）和式（17.128）刻画了父母的最优教育活动。式（17.127）和式（17.128）的左边代表了儿童教育的净边际收益。如果（边际）成本超过了收益，这一项为负，而父母便选择不投入任何教育活动［见式（17.127）］。相反地，$E_t$ 严格为正的（内点）选择表示这一净边际收益为零。在剩下的内容中，我们假设代表性父母选择了 $E_t>0$。

关于父母的最优儿童教育法则式（17.128）的一个值得注意的特点是，它仅仅包含了它们带给父母的收益和成本。但是如果一个儿童从他的父母那里接受了更高水平的人力资本，他将有更高的劳动收入，因此将变得更加富有，可以享受更高水平的福利。然而，根据假设，父母只关心他们传递给后代的教育水平，因此忽视了这一操作对于后代产生的任何直接影响。这是投资不足问题暗示的第一个结果。换句话说，忽视了他们自己的教育活动对于子女的正的福利影响，父母没有提供“足够的”教育。

正如前面所解释的一样，在我们的讨论中，有多种方法可以用来更正式地讨论投资不足的效率问题。例如，在目前的情况下，可以研究一个向父母的转移支付系统是否可行，从而（a）将促使父母提升他们的儿童教育活动的水平；（b）将不会使现在和将来世代的状况变得更差，同时至少有一个世代的状况变得更好。如果这样一个系统可以找到，那么我们可以下结论说，现状是无效率的，存在着投资不足。

另一个方法是利用一个社会福利函数。根据 Eckstein 和 Zilcha（1994，pp. 344－345），我们为社会福利函数式（17.69）假设了一个具体形式，它是现在的和未来的个体的终生效用的线性函数：

$$SW_0 \equiv \sum_{t=0}^{\infty} \lambda_t \Lambda_t^Y=\sum_{t=0}^{\infty} \lambda_t \Lambda^Y(C_t^Y, C_{t+1}^O, M_t, O_{t+1}), \tag{17.129}$$

其中，$SW_0$ 是在计划时刻（$t=0$）的社会福利，而 $\{\lambda_t\}_{t=0}^{\infty}$ 是与不同世代相联系的正的、单调递减的权重序列，它满足 $\sum_{t=0}^{\infty}\lambda_t<\infty$。① 在社会最优时，社会计划者选择消费序列（$\{C_t^Y\}_{t=0}^{\infty}$ 和 $\{C_{t+1}^O\}_{t=0}^{\infty}$）、人力资本和物质资本存量（$\{K_{t+1}\}_{t=0}^{\infty}$ 和 $\{H_{t+1}\}_{t=0}^{\infty}$）以及教育努力（$\{E_t\}_{t=0}^{\infty}$），以在训练技术式（17.123）、时间约束式（17.124）和下面的资源约束下，最大化式（17.129）：

$$C_t^Y+\frac{C_t^O}{1+n}+(1+n)k_{t+1}=F(k_t,H_t)+(1-\delta)k_t, \tag{17.130}$$

其中，$k_t\equiv K_t/L_t$ 是每个工人的资本。

与这一社会最优化问题相关的拉格朗日函数是

$$\begin{aligned}\mathcal{L}_0\equiv&\sum_{t=0}^{\infty}\lambda_t\Lambda^Y(C_t^Y,C_{t+1}^O,M_t,(1+n)H_{t+1})\\&+\sum_{t=0}^{\infty}\mu_t^R\left[F(k_t,H_t)+(1-\delta)k_t-C_t^Y-\frac{C_t^O}{1+n}-(1+n)k_{t+1}\right]\\&+\sum_{t=0}^{\infty}\mu_t^T[1-M_t-(1+n)E_t]+\sum_{t=0}^{\infty}\mu_t^H[G(E_t)H_t^{\beta}-H_{t+1}],\end{aligned} \tag{17.131}$$

其中，$\mu_t^R$、$\mu_t^T$ 和 $\mu_t^H$ 分别是对应于资源约束、时间约束和训练技术的拉格朗日乘子。经过一些处理后我们得到了对于 $t=0$，…，$\infty$ 的社会最优的一阶条件：

$$\frac{\partial\mathcal{L}_0}{\partial C_t^Y}=\lambda_t\frac{\partial\Lambda^Y}{\partial C_t^Y}-\mu_t^R=0, \tag{17.132}$$

$$\frac{\partial\mathcal{L}_0}{\partial C_{t+1}^O}=\lambda_t\frac{\partial\Lambda^Y}{\partial C_{t+1}^O}-\frac{\mu_{t+1}^R}{1+n}=0, \tag{17.133}$$

$$\frac{\partial\mathcal{L}_0}{\partial M_t}=\lambda_t\frac{\partial\Lambda^Y}{\partial M_t}-\mu_t^T=0, \tag{17.134}$$

$$\frac{\partial\mathcal{L}_0}{\partial E_t}=-(1+n)\mu_t^T+\mu_t^H G'(E_t)H_t^{\beta}=0, \tag{17.135}$$

$$\begin{aligned}\frac{\partial\mathcal{L}_0}{\partial H_{t+1}}=&(1+n)\lambda_t\frac{\partial\Lambda^Y}{\partial O_t}+\mu_{t+1}^R F_N(k_{t+1},H_{t+1})\\&-\mu_t^H+\beta\mu_{t+1}^H G(E_{t+1})H_{t+1}^{\beta-1}=0,\end{aligned} \tag{17.136}$$

$$\frac{\partial\mathcal{L}_0}{\partial k_{t+1}}=-(1+n)\mu_t^R+\mu_{t+1}^R[F_K(k_{t+1},H_{t+1})+(1-\delta)]=0。 \tag{17.137}$$

联立式（17.132）和式（17.133）以及式（17.137），我们得到了社会最优的消费欧拉方程：

---

① 一个经常使用的加权方式为 $\lambda_t\equiv(1+\lambda)^{-t}$，其中 $\lambda>0$，其表示社会规划者为后代终生效用贴现时的固定比率。显而易见，在这种加权方式下，我们有 $\sum_{t=0}^{\infty}\lambda_t=(1+\lambda)/\lambda$。

$$(1+n)\frac{\mu_t^R}{\mu_{t+1}^R}=\frac{\partial\Lambda^Y(\hat{x}_t)/\partial C_t^Y}{\partial\Lambda^Y(\hat{x}_t)/\partial C_{t+1}^O}=F_K(\hat{k}_{t+1},\hat{H}_{t+1})+(1-\delta)\quad[\equiv 1+\hat{r}_{t+1}],\tag{17.138}$$

其中，$x_t\equiv(C_t^Y,\ C_{t+1}^O,\ M_t,\ O_{t+1})$，帽（“ ˆ ”）定义了社会最优值，因此 $\hat{r}_{t+1}$ 表示社会最优利率。同样地，对 $t+1$ 期利用式（17.132）和式（17.133），我们确定了生活在同一期的老年人和年轻人之间的最优消费分配方案：

$$\frac{\lambda_{t+1}}{\lambda_t}=(1+n)\frac{\partial\Lambda^Y(\hat{x}_t)/\partial C_{t+1}^O}{\partial\Lambda^Y(\hat{x}_{t+1})/\partial C_{t+1}^Y}。\tag{17.139}$$

这一表达式说明，运用某一特定的世代权重序列 $\{\lambda_t\}_{t=0}^{\infty}$，社会计划者实际上选择了所有世代的年轻人和老年人之间的消费轨迹［参见 Calvo 和 Obstfeld（1988, p. 417)］。

最后，将式（17.133)～式（17.135）以及式（17.139）代入式（17.136）我们可以导出下面的表达式：

$$\begin{aligned}\frac{\partial\Lambda^Y(\hat{x}_t)}{\partial M_t}=&G'(\hat{E}_t)\hat{H}_t^\beta\cdot\frac{\partial\Lambda^Y(\hat{x}_t)}{\partial O_t}\\&+G'(\hat{E}_t)\hat{H}_t^\beta\cdot\frac{\partial\Lambda^Y(\hat{x}_t)}{\partial C_{t+1}^O}\cdot F_N(\hat{k}_{t+1},\hat{H}_{t+1})\\&+G'(\hat{E}_t)\hat{H}_t^\beta\cdot\frac{\beta(1+n)\hat{H}_{t+2}}{G'(\hat{E}_{t+1})\hat{H}_{t+1}^{1+\beta}}\cdot\frac{\partial\Lambda^Y(\hat{x}_t)/\partial C_{t+1}^O}{\partial\Lambda^Y(\hat{x}_{t+1})/\partial C_{t+1}^Y}\cdot\frac{\partial\Lambda^Y(\hat{x}_{t+1})}{\partial M_{t+1}}。\end{aligned}\tag{17.140}$$

在社会最优点，教育活动的边际社会成本［式（17.140）的左边］应该等于这些活动的边际社会收益［式（17.140）的右边］。边际社会成本仅仅是父母的闲暇时间，而边际社会收益由三部分组成。式（17.140）右边的三项（为了方便阐述写成了三行）都含有因子 $G'(\hat{E}_t)\hat{H}_t^\beta$，它表示生产人力资本时，花在教育活动上的时间的边际产出［见式（17.123)］。式（17.140）右边第一行表示教育活动对父母效用“本身的”影响。这一项也出现在儿童教育决策的私人最优的一阶条件里，即式（17.128）中。第二项和第三项表示社会计划者在决定儿童最优水平时还要额外考虑的影响。第二行表示父母的决策对子女收入的影响：赋予子女更多人力资本将使他们拥有更高的技能水平，从而获得更高的工资。第三行表示父母投资对于子女为自己的子女（即父母的孙子女）提供教育的激励的影响。

埃克斯坦和泽尔卡可以证明：(a) 竞争分配是次优的，而且 (b) 在某些合理假设下，就终生效用函数而言，存在着人力资本的投资不足。从直觉上来看，得出这一结果的原因在于父母会忽视他们的子女接受教育的某些好处（1994, pp. 345 - 346)。为了使人力资本投资过程中的外部性内部化，政策制定者需要构建一个制度，使得父母在做关于教育活动的决策时还要考虑这对子女工资和教育努力的影响。正如埃克斯坦和泽尔卡所指出的，在现实世界中构建这样一个制度并不可能。因此，现实中可行的义务教育机构与竞争分配相比有可能可以很好地改进福利，因为它为父母规定了教育活动的最低水平（1994，pp. 341，346）。

**插叙 17.2**

### 动态一致性

当利用形如式（17.129）的社会福利函数时，我们需要面对一些微妙的问题。当将社会计划用于重要用途时，我们必须假设下面两种情形之一成立。

**承诺** 政策制定者只做一次计划工作，并且以信誉保证不再重新优化。经济政策实行是只能实施一次的事件，并且需要对代际权重做进一步的限制。

**一致性** 政策制定者可以在任何时刻重新优化，但是代际权重将使社会最优计划是动态一致的，即如果只是时间本身的推移并不会使计划者改变他的思想。

插叙说明了在没有可信承诺时，动态一致性是如何得到保证的。我们在标准的戴蒙德-萨缪尔森模型的背景下研究动态一致性。在计划期 $t=0$，社会福利函数以一般形式如下给出：

$$SW_0 \equiv \lambda_{0,-1}\Lambda^Y(C_{-1}^Y, C_0^O) + \sum_{\tau=0}^{\infty}\lambda_{0,\tau}\Lambda^Y(C_\tau^Y, C_{\tau+1}^O), \tag{a}$$

其中，$\lambda_{0,\tau}$是计划者在第 0 期规定的与出生于第 $\tau$ 期（$\tau=-1$，0，1，2，…）的世代的终生效用相关的权重。社会计划者选择年轻人和老年人的消费序列（$\{C_\tau^Y\}_{\tau=0}^{\infty}$和$\{C_\tau^O\}_{\tau=0}^{\infty}$），以及资本存量序列（$\{k_{\tau+1}\}_{\tau=0}^{\infty}$），在下面的资源约束下最大化社会福利（a）：

$$C_\tau^Y + \frac{C_\tau^O}{1+n} + (1+n)k_{\tau+1} = f(k_{\tau+1}) + (1-\delta)k_\tau, \tag{b}$$

另外一个约束是初始给定的资本存量 $k_0$。显然，因为过去发生的事情不能重现，那么初始时老年人在年轻时的消费（$C_{-1}^Y$）同样是被给定的。在经过几步直观的计算后我们发现了刻画社会最优的如下一阶条件：

$$\frac{\partial\Lambda^Y(\hat{x}_\tau)/\partial C_\tau^Y}{\partial\Lambda^Y(\hat{x}_\tau)/\partial C_{\tau+1}^O} = f'(\hat{k}_{\tau+1}) + 1 - \delta, \tag{c}$$

$$\frac{\partial\Lambda^Y(\hat{x}_\tau)/\partial C_\tau^Y}{\partial\Lambda^Y(\hat{x}_{\tau-1})/\partial C_\tau^O} = \frac{(1+n)\lambda_{0,\tau-1}}{\lambda_{0,\tau}}, \quad \tau=0,1,2,\cdots, \tag{d}$$

其中，$x_t \equiv (C_\tau^Y, C_{\tau+1}^O)$，而帽（“ ˆ ”）定义的是社会最优值。

现在考虑一个在之后的某个时期 $t>0$ 期进行社会计划工作的计划者。在计划期 $t$ 期的社会福利函数是

$$SW_t \equiv \lambda_{t,t-1}\Lambda^Y(C_{t-1}^Y, C_t^O) + \sum_{\tau=t}^{\infty}\lambda_{t,\tau}\Lambda^Y(C_\tau^Y, C_{\tau+1}^O), \tag{e}$$

其中，$\lambda_{t,\tau}$是在 $t$ 时刻的计划者规定的与出生于第 $\tau$ 期（$\tau=t-1$，$t$，$t+1$，$t+2$，…）的世代的终生效用相关的权重。社会计划者选择年轻人和老年人的消费序列（$\{C_\tau^Y\}_{\tau=t}^{\infty}$和$\{C_\tau^O\}_{\tau=t}^{\infty}$），以及资本存量序列（$\{k_{\tau+1}\}_{\tau=t}^{\infty}$），在资源约束式（b）下最大化社会福利式（e）。而（有意思的）一阶条件由式（c）和下式组成：

$$\frac{\partial \Lambda^{Y}(\hat{x}_{\tau})/\partial C_{\tau}^{Y}}{\partial \Lambda^{Y}(\hat{x}_{\tau-1})/\partial C_{\tau}^{O}}=\frac{(1+n)\lambda_{t,\tau-1}}{\lambda_{t,\tau}}, \quad \tau=t,t+1,t+2,\cdots。 \tag{f}$$

关键是要注意到条件式（d）和条件式（f）在时间区间 $\tau=t$，$t+1$，$t+2$，…内是重合的。序列 $\{C_{\tau}^{Y}\}_{\tau=0}^{t-1}$、$\{C_{\tau}^{O}\}_{\tau=0}^{t-1}$和 $\{k_{\tau+1}\}_{\tau=0}^{t-1}$由计划者在时刻 0 选择，但被计划者在时刻 $t$ 当作给定的（“不可改变的既成事实”）。但是序列 $\{C_{\tau}^{Y}\}_{\tau=t}^{\infty}$、$\{C_{\tau}^{O}\}_{\tau=t}^{\infty}$和 $\{k_{\tau+1}\}_{\tau=t}^{\infty}$是由两位计划者选择的。除非时刻 0 的计划者能够承诺他的计划（因此能够阻止任何未来的计划者对那时相关的社会福利函数进行重新优化），否则时刻 0 和时刻 $t$ 的计划者选择的序列并不必然相同。如果它们不相同，那么我们称这种社会计划为动态非一致的（见第 9 章）。

根据 Strotz（1956）的观点，Burness（1976）导出了保证最优社会计划是动态一致的合理代际权重 $\lambda_{t,\tau}$需要满足的条件。比较式（d）和式（f），结果显示动态一致性要求对于任何计划期 $t$，下面的条件都要满足：

$$\frac{\lambda_{t,\tau-1}}{\lambda_{t,\tau}}=\frac{\lambda_{0,\tau-1}}{\lambda_{0,\tau}}, \quad \tau=t,t+1,t+2,\cdots。 \tag{g}$$

条件式（g）意味着 $\lambda_{t,\tau}$必须可以被分解为时间（$\tau$）和计划日期（$t$）的乘积，即它必须可以被写为 $\lambda_{t,\tau}=g(t)\lambda_{\tau}$，其中 $g$ 是 $t$ 的某个函数。这样一个乘积可分函数的简单示例是

$$\lambda_{t,\tau}=\left(\frac{1}{1+\lambda}\right)^{\tau-t}, \tag{h}$$

其中，$\lambda>0$ 是计划者的不变贴现率。利用式（h）我们将与计划期的年轻人相对应的权重标准化为 $1(\lambda_{t,t}=1)$。为了保证动态一致性成立，必然有对于计划期的老年人的逆贴现。事实上，动态性要求式（g）和式（h）联立起来可以得到 $\lambda_{t,\tau-1}/\lambda_{t,\tau}=1+\lambda$，因此 $\lambda_{t,t-1}=(1+\lambda)\lambda_{t,t}=1+\lambda$。Calvo 和 Obstfeld（1988）在布兰查德-雅里世代交叠模型的背景下运用了逆贴现这一概念。

### □ 17.3.2 公共投资

至少自 Arrow 和 Kurz（1970）极富创意的工作以后，宏观经济学家就已经明白，公共基础设施的存量是决定一个经济的生产能力的重要因素。在这一小节，我们将说明怎样将生产性公共资本引入戴蒙德-萨缪尔森模型。我们将说明，如果政府采取一种不变的基础设施投资政策，经济的动态行为将如何受到影响。最后，我们将研究社会最优资本存量如何被确定。为了让情况保持简单，我们假设劳动力供给是外生的，而政府征收总额税。我们的讨论基于 Azariadis（1993，pp. 336－340）。

政府资本的原型举例类似于道路、桥梁、机场、医院等，它们都占有一定的体积。同私人资本存量一样，公共资本通过基础设施投资的方式逐渐被建造起来，又会由于折旧的发生而逐渐磨损。将政府资本存量定义为 $G_t$，我们有：

$$G_{t+1}-G_{t}=I_{t}^{G}-\delta_{G}G_{t}, \tag{17.141}$$

其中，$I_t^G$ 是基础设施投资，而 $0<\delta_G<1$ 是公共资本的折旧率。假设人口以不变速率增长［如同式（17.21）中那样］，人均公共资本根据下面的式子而变化：

$$(1+n)g_{t+1}=i_t^G+(1-\delta_G)g_t, \tag{17.142}$$

其中，$g_t \equiv G_t/L_t$ 且 $i_t^G=I_t/L_t$。

我们假设公共资本进入私人部门的生产函数，即与式（17.10）不同的是，我们有：

$$Y_t=F(K_t, L_t, g_t), \tag{17.143}$$

其中，我们假设 $F$（·）是私人生产要素 $K_t$ 和 $I_t$ 的线性齐次函数。这意味着我们可以用如下形式来表述人均产出（$y_t \equiv Y_t/L_t$）：

$$y_t=f(k_t, g_t), \tag{17.144}$$

其中，$k_t \equiv K_t/L_t$ 而 $f(k_t, g_t) \equiv F(K_t/L_t, 1, g_t)$。就技术而言，我们做如下设定：

$$f_k \equiv \frac{\partial f}{\partial k_t}>0, \quad f_g \equiv \frac{\partial f}{\partial g_t}>0, \tag{P1}$$

$$f_{kk} \equiv \frac{\partial^2 f}{\partial k_t^2}<0, \quad f_{gg} \equiv \frac{\partial^2 f}{\partial g_t^2}<0, \tag{P2}$$

$$f(0, g_t)=f(k_t, 0)=0, \tag{P3}$$

$$f_{kg} \equiv \frac{\partial^2 f}{\partial k_t \partial g_t}>0, \tag{P4}$$

$$f_g-kf_{kg}>0。 \tag{P5}$$

私人资本和公共资本都表现出正的［性质（P1）］但递减的边际生产力［性质（P2）］。在生产过程中两种类型的资本都是必要的，即如果两种投入中的某一种为 0，产出为 0［性质（P3）］。最后，性质（P4）和（P5）保证了公共资本对于私人资本和劳动而言都是互补的。最后一点隐含的意思可以通过注意到完全竞争厂商根据通常的租金表达式 $r_t+\delta_K=F_K(K_t, L_t, g_t)$ 和 $w_t=F_L(K_t, L_t, g_t)$ 雇用资本和劳动而得到。这些都可以写成密度（工人人均）的形式：

$$r_t=r(k_t, g_t) \equiv f_k(k_t, g_t)-\delta_K, \tag{17.145}$$

$$w_t=w(k_t, g_t) \equiv f(k_t, g_t)-k_t f_k(k_t, g_t), \tag{17.146}$$

其中，$0<\delta_K<1$ 是私人资本的折旧率。我们可以从性质（P4）和（P5）推导得出 $r_k \equiv \partial r/\partial k_t<0$，$w_k \equiv \partial w/\partial k_t>0$（正如标准模型中一样），$r_g \equiv \partial r/\partial g_t>0$，$w_g \equiv \partial w/\partial g_t>0$（公共资本对于利率和工资率都有正的影响）。为了说明模型的关键性质，我们应该使用形如 $Y_t=K_t^{1-\varepsilon_L}L_t^{\varepsilon_L}g_t^{\eta}$ 的简单的柯布-道格拉斯生产函数，其中 $0<\eta<\varepsilon_L<1$。这一函数满足性质（P1）～（P5）并隐含着 $w(k_t, g_t)=\varepsilon_L k_t^{1-\varepsilon_L}g_t^{\eta}$ 和 $r(k_t, g_t)=(1-\varepsilon_L)k_t^{-\varepsilon_L}g_t^{\eta}-\delta_K$。

为方便起见，我们假设代表性年轻个体有如下终生效用函数：

$$\Lambda_t^Y = \ln C_t^Y + \frac{1}{1+\rho} \ln C_{t+1}^O。\tag{17.147}$$

家庭的预算等式是

$$C_t^Y + S_t = w_t - T_t^Y,\tag{17.148}$$

$$C_{t+1}^O = (1+r_{t+1})S_t - T_{t+1}^O,\tag{17.149}$$

其中，$T_t^Y$ 和 $T_{t+1}^O$ 是个体分别在年轻时和年老时支付的总额税。合并的预算约束是

$$\hat{w}_t \equiv w_t - T_t^Y - \frac{T_{t+1}^O}{1+r_{t+1}} = C_t^Y + \frac{C_{t+1}^O}{1+r_{t+1}},\tag{17.150}$$

其中，$\hat{w}_t$ 是税后非利息的终生收入。家庭的最优选择是 $C_t^Y = c\hat{w}_t$ 和 $C_{t+1}^O/(1+r_{t+1}) = (1-c)\hat{w}_t$，其中 $c \equiv (1+\rho)/(2+\rho)$。那么储蓄函数可以写成如下形式：

$$S_t \equiv S(w_t, r_{t+1}, T_t^Y, T_{t+1}^O) = (1-c)(w_t - T_t^Y) + \frac{cT_{t+1}^O}{1+r_{t+1}}。\tag{17.151}$$

可见，保持其他条件不变，年轻时的总额税减少了私人储蓄，与此同时，老年时的税收增加了储蓄。与以前一样，年轻人的私人储蓄是下一期的私人资本存量，即 $L_tS_t = K_{t+1}$。以密度的形式我们有：

$$S_t = (1+n)k_{t+1}。\tag{17.152}$$

政府预算约束非常简单，表明政府的基础设施投资（$I_t^G$）在财政上以从年轻人和老年人那里征得的税收作为支持，即 $I_t^G = L_tT_t^Y + L_{t-1}T_t^O$，而它又可以写成人均的形式：

$$i_t^G = T_t^Y + \frac{T_t^O}{1+n}。\tag{17.153}$$

现在我们对于经济有一个完整的描述了。关键表达式是公共资本存量的积累等式(17.142)、政府预算约束式（17.153）以及私人资本的积累表达式（17.152）。将式(17.145)、式（17.146）和式（17.151）代入式（17.152），我们可以将其写成如下形式：

$$(1+n)k_{t+1} = (1-c)[w(k_t, g_t) - T_t^Y] + \frac{cT_{t+1}^O}{1+r(k_{t+1}, g_{t+1})}。\tag{17.154}$$

一旦公共投资和特定的财政方法被选定，式（17.142）和式（17.154）便分别描述了公共资本存量和私人资本存量的动态变化过程。在柯布-道格拉斯函数和只依靠向年轻人征税（因此对于所有 $t$，有 $T_t^Y = i^G$ 和 $T_t^O = 0$）而获得财政支持的不变公共投资政策（因此对于所有 $t$，有 $i_t^G = i^G$）的这种设定下，我们导出了相应的相图。关于财政的两种假设序列的推导，由读者自己完成。

相图在图 17—8 中已经画出。GE 线是在不变的公共投资政策 $i_t^G = i^G$ 下对式(17.142）的图示，即沿着这条线，我们有 $g_{t+1} = g_t$。GE 线是水平的，对于公共资本等于 $g = i^G/(n+\delta_G)$ 定义了唯一的稳态均衡。公共资本的动态过程从式(17.142）的改写版本可以得出：

$$g_{t+1}-g_t=\frac{i^G-(n+\delta_G)g_t}{1+n}=-\frac{n+\delta_G}{1+n}[g_t-g],\tag{17.155}$$

从中我们可以得出结论：对于 GE 线以上（下）的点，$g_t>g(<g)$ 且公共资本随着时间的推移而减少（增加），$g_{t+1}<g_t(>g_t)$。这一（稳定的）动态格局如图 17—8 中竖直方向的箭头所示。

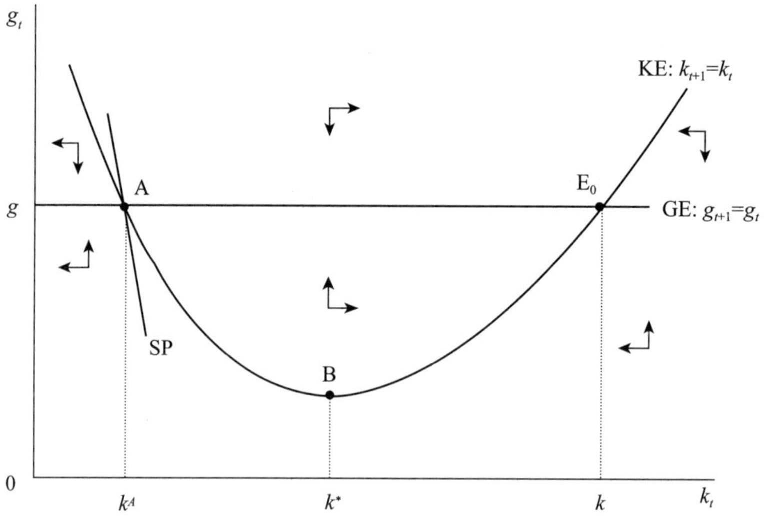


**图 17—8　公共资本和私人资本**

图 17—8 中的 KE 线是将不变的投资政策和财政假设用于稳态 $k_{t+1}=k_t$ 时式（17.154）的图形表示。对于柯布-道格拉斯技术，KE 线有如下形式：

$$g_t^{\eta}=\frac{1+n}{\varepsilon_L(1-c)}\left[k_t^{\varepsilon_L}+i^G\frac{1-c}{1+n}k_t^{\varepsilon_L-1}\right],\tag{17.156}$$

从中我们可以导出 $\lim_{k_t\to 0}g_t^{\eta}=\lim_{k_t\to\infty}g_t^{\eta}=\infty$，而 $g_t$ 沿着 KE 线在点 B 达到其最小值，这时$k_t=k^*$，其中 $k^*$ 定义如下：

$$k^*\equiv i^G\frac{1-c}{1+n}\frac{1-\varepsilon_L}{\varepsilon_L}。\tag{17.157}$$

这样，KE 线如图 17—8 所示。有两个稳态均衡（分别在点 A 和点 $E_0$）。私人资本存量的动态过程通过改写式（17.154）而得到：

$$k_{t+1}-k_t=\frac{1-c}{1+n}[\varepsilon_L k_t^{1-\varepsilon_L}g_t^{\eta}-i^G]-k_t,\tag{17.158}$$

并注意到 $\partial[k_{t+1}-k_t]/\partial g_t>0$。因为工资率随着公共资本增加而上升且未来消费是正常品，私人储蓄随着 $g_t$ 的增加而增加。因此，对于 KE 线以上（下）的点，资本存量随着时间的推移是增加（减少）的。这些动力如图 17—8 中水平方向的箭头所示。

从箭头的方向（以及对于线性化模型的正式的局部稳定性分析）可以看出，点 A 的低私人资本均衡是鞍点，而点 $E_0$ 的高私人资本均衡是稳定节点。对于后面这个均衡我们有，不管私人资本和公共资本的初始存量是多少，只要经济在初始时离点 $E_0$ 足够近，经济最后都会自动回到点 $E_0$。

那么点 A 的稳态均衡又怎样？它是稳定的还是不稳定的？在全书中多次遇到这种典型的二维鞍点均衡，我们称这样的均衡是稳定的，因为总有一个前定变量和非前定变量。让非前定变量跳跃到鞍路径上，稳定性便得到了保证。例如，在第 4 章我们研究了私人投资的托宾 $q$ 理论，并且说明了 $K$ 和 $q$ 分别是前定变量和跳跃变量。然而，在目前的应用中，$K$ 和 $G$ 都是前定的，所以都不可以跳跃。仅当私人资本和公共资本存量碰巧位于鞍路径（图 17—8 中的 SP）上时，给定政府执行的不变的投资政策，经济最后才会达到点 A 处的均衡。诉诸萨缪尔森应对原则我们在本小节剩下的部分中将注意力集中在点 $E_0$ 的真实稳定均衡。

现在考虑，如果政府增加公共投资，会发生什么情况。分别从式（17.155）和式（17.156）可以看出，GE 线和 KE 线都向上移动。显然，更高的公共投资水平将导致更高的长期公共资本存量，即 $dg/di^G=1/(n+\delta_G)>0$。对于私人资本存量的长期影响是不确定的，它取决于公共资本的相对不足。将稳态运用于式（17.158）并求微分，我们有：

$$\left[1-\frac{1-c}{1+n}w_K\right]\frac{dk}{di^G}=\frac{1-c}{1+n}\left[w_g\frac{dg}{di^G}-1\right],\tag{17.159}$$

其中，等号左边方括号中的项是正的，因为在初始稳态均衡点 $E_0$ 附近模型是完全稳定的。① 等号右边方括号中第一项表示投资增长对于年轻家庭的税前工资的正的影响，同时，第二项是负的税收影响。因为 $w_g=\eta w/g$、$w=\varepsilon_L y$ 且 $g=i^G/(n+\delta_G)$，从式（17.159）可以看出，如果 $i^G/y<\eta\varepsilon_L$（$>\eta\varepsilon_L$），即如果公共资本在初始时是相对不足（过剩）的，由于冲击，稳态下私人资本存量将会增加（减少）。

### 17.3.2.1 修正黄金律

既然我们已经确定了公共资本对于宏观经济的影响，我们现在就面临着公共基础设施的社会最优数量这个问题。正如前一小节关于教育的讨论一样，我们通过计算一个社会计划者将要选择的公共投资计划来研究这个问题。遵循 Calvo 和 Obstfeld（1988，p. 414）以及 Diamond（1973，p. 219），我们假设社会福利函数具有如下的边沁（Benthamite）形式②：

$$SW_0\equiv\left(\frac{1+n}{1+\rho_G}\right)^{-1}\Lambda^Y(C_{-1}^Y,C_0^O)+\sum_{t=0}^{\infty}\left(\frac{1+n}{1+\rho_G}\right)^t\Lambda^Y(C_t^Y,C_{t+1}^O),\tag{17.160}$$

① 回忆一下，对于一个固定的公共资本水平，如果下面的在初始稳态点 $E_0$ 附近的稳定性条件得到满足，这一模型便是稳定的：

$$0<\frac{\partial k_{t+1}}{\partial k_t}\equiv\frac{1-c}{1+n}w_k<1。$$

② 这一名称源于提出了“绝大多数人的幸福乃道德和立法的根基”［由 Harrison（1987，p. 226）引用］的古典经济学家杰里米・边沁（Jeremy Bentham，1748—1832）。这解释了为什么式（17.160）要引入人口增长率。

其中，我们假设 $\rho_G > n$ 来确保式（17.160）的右边收敛到有限和。式（17.160）是插叙 17.2 中当代际权重取 $\lambda_{0,t} \equiv [(1+n)/(1+\rho_G)]^t$ 时的特例。这意味着社会计划者以相同的贴现率 $\rho_G$ 对各个代际的效用进行贴现，这个贴现率可能等于也可能不等于个体用来对自己的各期效用进行贴现的贴现率（即 $\rho$）。社会计划者选择年轻人和老年人的消费序列（$\{C_t^Y\}_{t=0}^{\infty}$ 和 $\{C_t^O\}_{t=0}^{\infty}$）、公共资本和私人资本的人均存量（$\{g_{t+1}\}_{t=0}^{\infty}$和 $\{k_{t+1}\}_{t=0}^{\infty}$），以最大化式（17.160），所受到的约束是

$$C_t^Y + \frac{C_t^O}{1+n} + (1+n)[k_{t+1} + g_{t+1}] = f(k_t, g_t) + (1-\delta_K)k_t + (1-\delta_G)g_t, \tag{17.161}$$

此外，还需要给定 $k_0$ 和 $g_0$。与这一社会最优化问题相关的拉格朗日函数由下式给出：

$$\begin{aligned}\mathcal{L}_0 \equiv & \left(\frac{1+n}{1+\rho_G}\right)^{-1} \Lambda^Y(C_{-1}^Y, C_0^O) + \sum_{t=0}^{\infty} \left(\frac{1+n}{1+\rho_G}\right)^t \Lambda^Y(C_t^Y, C_{t+1}^O) \\ & + \sum_{t=0}^{\infty} \mu_t^R \Big[ f(k_t, g_t) + (1-\delta_K)k_t + (1-\delta_G)g_t \\ & - C_t^Y - \frac{C_t^O}{1+n} - (1+n)[k_{t+1} + g_{t+1}] \Big],\end{aligned} \tag{17.162}$$

其中，$\mu_t^R$ 是与资源约束相对应的拉格朗日乘子。

经过一些步骤后我们得到了当 $t=0$，…，$\infty$时，社会最优解所对应的一阶条件：

$$\frac{\partial \mathcal{L}_0}{\partial C_t^Y} = \left(\frac{1+n}{1+\rho_G}\right)^t \frac{\partial \Lambda^Y(x_t)}{\partial C_t^Y} - \mu_t^R = 0, \tag{17.163}$$

$$\frac{\partial \mathcal{L}_0}{\partial C_t^O} = \left(\frac{1+n}{1+\rho_G}\right)^{t-1} \frac{\partial \Lambda^Y(x_{t-1})}{\partial C_t^O} - \frac{\mu_t^R}{1+n} = 0, \tag{17.164}$$

$$\frac{\partial \mathcal{L}_0}{\partial g_{t+1}} = -(1+n)\mu_t^R + \mu_{t+1}^R [f_g(k_{t+1}, g_{t+1}) + 1 - \delta_G] = 0, \tag{17.165}$$

$$\frac{\partial \mathcal{L}_0}{\partial k_{t+1}} = -(1+n)\mu_t^R + \mu_{t+1}^R [f_k(k_{t+1}, g_{t+1}) + 1 - \delta_K] = 0, \tag{17.166}$$

其中，$x_t \equiv [C_t^Y,\ C_{t+1}^O]$。通过联立式（17.163）～式（17.166）以消去拉格朗日乘子后，我们得到了刻画社会最优解的直观表达式：

$$\frac{\partial \Lambda^Y(\hat{x}_t)/\partial C_t^Y}{\partial \Lambda^Y(\hat{x}_t)/\partial C_{t+1}^O} = f_k(\hat{k}_{t+1}, \hat{g}_{t+1}) + 1 - \delta_K = f_g(\hat{k}_{t+1}, \hat{g}_{t+1}) + 1 - \delta_G, \tag{17.167}$$

$$\frac{\partial \Lambda^Y(\hat{x}_t)/\partial C_t^Y}{\partial \Lambda^Y(\hat{x}_{t-1})/\partial C_t^O} = 1 + \rho_G, \tag{17.168}$$

其中，加帽（“ ˆ ”）的变量再次定义了社会最优值。式（17.167）中的第一个等式是社会最优消费欧拉方程，要求下面两个量相等：一是现在消费和未来消费间的边际替代率，二是社会最优点的总利率 $1+\hat{r}_{t+1}$，其中 $\hat{r}_{t+1} \equiv f_k(\hat{k}_{t+1},\ \hat{g}_{t+1}) - \delta$。式（17.167）中的第二个等式说的是，人均公共资本的社会最优存量应当使私人资本和

公共资本的投资收益相等，即 $\hat{g}_{t+1}$ 应当使 $\hat{r}^G_{t+1}=\hat{r}_{t+1}$，其中 $\hat{r}^G_{t+1}\equiv f_g(\hat{k}_{t+1},\ \hat{g}_{t+1})-\delta_G$。最后，式（17.168）决定了同一期内消费的社会最优分配方案。它的直观含义特别是个体贴现率和计划者的贴现率之间的相互作用，最好通过考虑跨期可分偏好（对它的使用贯穿本章）来辅助理解。通过假设 $\Lambda^Y_t(x_t)\equiv U(C^Y_t)+(1+\rho)^{-1}U(C^O_{t+1})$，我们可以以个体的效用函数 $U(\cdot)$ 和纯时间偏好率 $\rho$ 来改写式（17.168）：

$$\frac{U'(\hat{C}^Y_t)}{U'(\hat{C}^O_t)}=\frac{1+\rho_G}{1+\rho}。\tag{17.169}$$

从式（17.169）可以看出，如果计划者的贴现率大于（小于）个体的时间偏好率，$\rho_G>\rho$（$<\rho$），那么社会计划者将确保 $U'(\hat{C}^Y_t)$ 大于（小于）$U'(\hat{C}^O_t)$，因此 $\hat{C}^Y_t$ 小于（大于）$\hat{C}^O_t$（因为 $U''<0$）。如果 $\rho_G=\rho$，那么计划者将选择平均主义解（$\hat{C}^O_t=\hat{C}^Y_t$）。

**插叙 17.3**

### 卡尔沃-奥布斯特费尔德两步过程

Calvo 和 Obstfeld（1988）证明了，利用跨期可分偏好，社会计划问题可以分两阶段得到解决。计划者在第一阶段解出一个静态问题而在第二阶段解出一个动态问题。他们的过程是这样处理的。以每个工人的形式表述的时刻 $\tau$ 的总消费定义如下：

$$C_\tau\equiv C^Y_\tau+\frac{1}{1+n}C^O_\tau。\tag{a}$$

利用跨期可分偏好［并且忽略像 $U(C^Y_{t-1})$ 这样的常数项］，$t$ 期的社会福利函数可以改写如下：

$$\begin{aligned}SW_t&\equiv\frac{1+\rho_G}{(1+n)(1+\rho)}U(C^O_t)+\sum_{\tau=t}^{\infty}\left(\frac{1+n}{1+\rho_G}\right)^{\tau-t}\cdot\left(U(C^Y_\tau)+\frac{1}{1+\rho}U(C^O_{\tau+1})\right)\\&=\sum_{\tau=t}^{\infty}\left(\frac{1+n}{1+\rho_G}\right)^{\tau-t}\cdot\left[U(C^Y_\tau)+\frac{1+\rho_G}{(1+n)(1+\rho)}U(C^O_\tau)\right],\end{aligned}\tag{b}$$

其中，式（b）方括号中的项现在包含了在同一时期生存的老年人和年轻人的效用水平的加权值。对于老年人的第 $t$ 期效用所做的一个特别处理是保证了其动态一致性（见前面的插叙）。我们现在可以展示两步过程了。

第一步，社会计划者解决的静态问题是如何将给定的总消费水平 $C_\tau$ 在生活在这一时刻的世代间进行分配：

$$\overline{U}(C_\tau)\equiv\max_{\{C^Y_\tau,C^O_\tau\}}\left[U(C^Y_\tau)+\frac{1+\rho_G}{(1+n)(1+\rho)}U(C^O_\tau)\right],\quad \text{s. t. (a)},\tag{c}$$

其中，$\overline{U}(C_\tau)$ 是（间接）社会效用函数。与这一最优化问题相联系的一阶条件是

$$\frac{U'(C^Y_\tau)}{U'(C^O_\tau)}=\frac{1+\rho_G}{1+\rho},\tag{d}$$

它与式（17.169）相同。更进一步，对式（c）求微分并利用式（a）和式（d），我们发现了熟悉的包络性质：

$$\bar{U}'(C_\tau)\equiv\frac{d\bar{U}(C_\tau)}{dC_\tau}=U'(C_\tau^Y)。\tag{e}$$

例如，对于对数偏好这一特殊情形，个体的效用是 $U(x)\equiv\ln x$ 且社会效用函数具有如下形式：

$$\begin{aligned}\bar{U}(C_\tau)&=\ln\left[\frac{(1+n)(1+\rho)C_\tau}{(1+n)(1+\rho)+1+\rho_G}\right]+\frac{1+\rho_G}{(1+n)(1+\rho)}\ln\left[\frac{(1+n)(1+\rho_G)C_\tau}{(1+n)(1+\rho)+1+\rho_G}\right]\\&\equiv\omega_0+\frac{(1+n)(1+\rho)+1+\rho_G}{(1+n)(1+\rho)}\ln C_\tau。\end{aligned}\tag{f}$$

第二步，社会计划者选择总消费和两种类型资本的序列以最大化社会福利：

$$SW_t=\sum_{\tau=t}^{\infty}\left(\frac{1+n}{1+\rho_G}\right)^{\tau-t}\bar{U}(C_\tau),\tag{g}$$

受到初始条件（$k_t$ 和 $g_t$ 是给定的）和资源的约束：

$$C_\tau+(1+n)[k_{\tau+1}+g_{\tau+1}]=f(k_\tau,g_\tau)+(1-\delta_K)k_\tau+(1-\delta_G)g_\tau,\tag{h}$$

其中，我们将式（a）代入式（17.161）便得到了式（h）。定义 $\mu_\tau^R$ 为与 $\tau$ 期的资源约束相联系的拉格朗日乘子，我们便得到了如下的一阶条件：

$$\frac{(1+n)\mu_\tau^R}{\mu_{\tau+1}^R}=f_k(k_{t+1},g_{t+1})+1-\delta_K=f_g(k_{t+1},g_{t+1})+1-\delta_G。\tag{i}$$

$$\mu_\tau^R=\left(\frac{1+n}{1+\rho_G}\right)^{\tau-t}\bar{U}'(C_\tau)。\tag{j}$$

利用 $\tau+1$ 期的式（j）并注意到式（d）和式（e），我们发现式（i）和式（17.167）是一致的。

---

我们现在回到一般的一阶条件式（17.167）和式（17.168）并研究稳态。在稳态，对于所有 $t$，我们有 $C_t^Y=C^Y$、$C_t^O=C^O$、$k_t=k$、$g_t=g$ 以及 $\hat{x}_t=\hat{x}$，因此式（17.167）和式（17.168）化简为

$$\frac{\partial\Lambda^Y(\hat{x})/\partial C_t^Y}{\partial\Lambda^Y(\hat{x})/\partial C_t^O}=1+\rho_G,\tag{17.170}$$

$$[\hat{r}\equiv]f_k(k,g)-\delta_K=\rho_G=f_g(k,g)-\delta_G[\equiv\hat{r}_G]。\tag{17.171}$$

式（17.170）要求消费在年轻人和老年人之间进行最优分配。式（17.171）中的第一个等式是修正黄金律（MGR），它使私人资本存量的投资收益率（稳态下的利率）等于社会计划者的时间偏好率。这个版本的修正黄金律和我们在第 13 章的拉姆齐代表性个体模型背景之下遇到的修正黄金律有一个重要的差别。在世代交叠模型的设定中，社会计划者的时间偏好率出现在修正黄金律中，而拉姆齐模型中取而代之的是代表性个体自己的时间偏好率［比较式（17.171）和式（13.83）可得］。

式（17.171）中的第二个等式是最早由 Pestieau（1974）导出的公共资本的修正黄金律。它要求公共回报率和计划者的时间偏好率相等。式（17.171）中的两个等

式共同决定了每个工人配备公共资本和社会资本的最优平均存量。例如，对于柯布-道格拉斯技术我们有 $y_t = k_t^{1-\varepsilon_L} g_t^{\eta}$（有 $\eta < \varepsilon_L$），因此 $k/y = (1-\varepsilon_L)/(\rho_G + \delta_K)$，$g/y = \eta/(\rho_G + \delta_G)$。从这些结果可以看出，工人的人均产出是

$$y = \left[\left(\frac{k}{y}\right)^{1-\varepsilon_L}\left(\frac{g}{y}\right)^{\eta}\right]^{1/(\varepsilon_L - \eta)} = \left[\left(\frac{1-\varepsilon_L}{\rho_G + \delta_K}\right)^{1-\varepsilon_L}\left(\frac{\eta}{\rho_G + \delta_G}\right)^{\eta}\right]^{1/(\varepsilon_L - \eta)}。\quad (17.172)$$

既然我们已经刻画出稳态下社会最优的必要条件，那么与之相关的最优的分权化问题也浮出水面。政策制定者能否制定出这样一个政策工具集，使私人部门关于消费和私人资本积累的选择同社会最优点时的这些值完全相等？假若政策制定者可以使用正确的政策工具种类，那么答案是肯定的。例如，在现在的背景下，如果（i）公共投资的水平（以及由此决定的公共资本存量）同式（17.171）一致且（ii）按年龄征收总额税是可行的，那么最佳的社会最优可以在市场中得到模仿［见 Pestieau（1974）和 Ihori（1996，p.114）］。利用后一政策工具可以确保市场能够准确复制混合了年轻人和老年人的消费的社会最优（cf.（17.170））。

## □ 17.3.3 内生生育率

本书中到目前为止我们一直假设人口增长率是内生的。当然，这并不意味着经济学家没有提供任何内生人口增长率的理论。在 Becker（1960，1991）、Becker 和 Barro（1988）以及 Barro 和 Becker（1989）作出开拓性贡献之后，经济学上大量关于生育率理论的论文开始出现。这一节的主要内容便是为这些论文提供一个简要的介绍，关注与宏观经济联系最紧密的方面，即人口增长率的决定和李嘉图等价的失效。我们的讨论是基于 Lapan 和 Enders（1990）的简要框架。

在任何一个时刻都存在大量的际代家庭。每户家庭的成员都存活两个时期，即青年和成年。在青年时，个体不做任何经济决定，即他完全依靠其父母。在成年时期，个体（a）从父母那里继承财产，（b）无弹性地供给单位劳动并得到工资收入，（c）决定消费，（d）决定孩子的数量，以及（e）决定给每个子女的遗产。如同 Barro 和 Becker（1989，p.482）所指出的，这种人口结构仅仅满足基本需要，因为它忽略了个体行为的生命周期的一面。每个孩子都看作是相同的且我们忽略了子女数量的整数约束。繁殖与性别无关，即“并不试图去建立生育过程的实际模型，我们假设每个个体如同变形虫一样可以拥有子女”（Lapan and Enders，1990，p.228）。孩子在他们父母成年时期的一开始便出生。

### 17.3.3.1 独立个体

在时间 $t$ 有 $L_t$ 个成年人，因此每个个体都可以看作是际代的开始：成年人的终生效用 $\Lambda_t^i$ 可以写为

$$\Lambda_t^i \equiv U(c_t^i, n_t^i) + \alpha \Lambda_{t+1}^i, \quad 0 < \alpha < 1, \quad (17.173)$$

其中 $\alpha$ 为利他参数（见 5.1.4 节），$c_t^i$ 是成年人的消费，$n_t^i$ 是子女的数量，$\Lambda_{t+1}^i$ 是代表性子女的（最大）可享受到的效用。个体的预算约束写为

$$(1+r_t)a_t^i+w_t=c_t^i+tax_t^i+n_t^i[\bar{c}+a_{t+1}^i],\tag{17.174}$$

其中 $r_t$ 是实际利率，$a_t^i$ 是成年期开始时接受到的遗产，$w_t$ 是工资率，$tax_t^i$ 是总额税，$\bar{c}$ 是养育子女的花费，$a_{t+1}^i$是生命结束时给予每个子女的遗产。

假设遗产还没有给予（$a_{t+\tau}^i>0$，$\tau=1$，2，…），这个际代家庭的每个成员紧紧联系在一起。因此，可以在时间 $t$ 时把成年个体“当作”可以无限存活来求解模型。实际上，通过关于时间迭代式（17.173），我们得到了成年人终生效用的另一种表达式：

$$\Lambda_t^i\equiv\sum_{\tau=0}^{\infty}\alpha^{\tau}U(c_{t+\tau}^i,n_{t+\tau}^i)。\tag{17.175}$$

因此际代效用由现在和未来成年人所得到的幸福的无限求和来表示，使用利他参数进行贴现。在已知价格、税收和最初接受的遗产 $a_t^i$ 的基础上，成年人在时间 $t$ 选择满足一系列时间段预算约束如式（17.174）的 $c_{t+\tau}^i$、$n_{t+\tau}^i$和 $a_{t+\tau+1}^i$（$\tau=0$，1，2，…）来最大化式（17.175）。这个问题的拉格朗日方程写为

$$\mathcal{L}_t^i\equiv\sum_{\tau=0}^{\infty}\alpha^{\tau}U(c_{t+\tau}^i,n_{t+\tau}^i)+\sum_{\tau=0}^{\infty}\alpha^{\tau}\lambda_{t+\tau}^i\Big[(1+r_{t+\tau})a_{t+\tau}^i+w_{t+\tau}-c_{t+\tau}^i-tax_{t+\tau}^i-n_{t+\tau}^i[\bar{c}+a_{t+\tau+1}^i]\Big],\tag{17.176}$$

其中 $\lambda_{t+\tau}^i$是时期$t+\tau$ 预算约束的拉格朗日乘子，在这一时期最优解是财富的边际效用。迭代解的一阶条件为

$$\frac{\partial\mathcal{L}_t}{\partial c_{t+\tau}^i}=0:\quad U_c(c_{t+\tau}^i,n_{t+\tau}^i)=\lambda_{t+\tau}^i,\tag{17.177}$$

$$\frac{\partial\mathcal{L}_t}{\partial n_{t+\tau}^i}=0:\quad U_n(c_{t+\tau}^i,n_{t+\tau}^i)=\lambda_{t+\tau}^i[\bar{c}+a_{t+\tau+1}^i],\tag{17.178}$$

$$\frac{\partial\mathcal{L}_t}{\partial a_{t+\tau+1}^i}=0:\quad \alpha\lambda_{t+\tau+1}^i(1+r_{t+\tau+1})=\lambda_{t+\tau}^i n_{t+\tau}^i,\tag{17.179}$$

$$\frac{\partial\mathcal{L}_t}{\partial\lambda_{t+\tau}^i}=0:\quad (1+r_{t+\tau})a_{t+\tau}^i+w_t=c_{t+\tau}^i+tax_{t+\tau}^i+n_{t+\tau}^i[\bar{c}+a_{t+\tau+1}^i],\tag{17.180}$$

其中 $U_c$ 和 $U_n$ 分别表示消费和后代的边际效用。式（17.177）显示在每一时期消费的边际效用等于财富的边际效用。类似地，式（17.178）显示在每个时期子女的边际效用等于生育这些子女的边际效用成本。每个子女的花费等于养育他或她的直接成本 $\bar{c}$ 加上给予每个子女的遗产 $a_{t+\tau+1}^i$，式（17.179）显示最佳遗产应该设定为产生这些遗产的边际效用（等式左边）等于边际成本（等式右边），当然这些分析皆是从父母（给予者）的视角进行的。最后，式（17.180）仅仅是时间 $t+\tau$ 的预算约束。

通过将式（17.177）代入式（17.178）和式（17.179），我们可以得到：

$$\frac{U_c(c_{t+\tau+1}^i,n_{t+\tau+1}^i)}{U_c(c_{t+\tau}^i,n_{t+\tau}^i)}=\frac{n_{t+\tau}^i}{\alpha[1+r_{t+\tau+1}]},\tag{17.181}$$

$$\frac{U_n(c_{t+\tau}^i,n_{t+\tau}^i)}{U_c(c_{t+\tau}^i,n_{t+\tau}^i)}=\bar{c}+a_{t+\tau+1}^i。\tag{17.182}$$

式（17.181）是际代的且表明在相邻时期消费的边际效用的最佳路径是由一系列因素决定的，包括生产资产利率 $r_{t+\tau+1}$、生物利率（有个体选择）$n^i_{t+\tau}$ 和利他参数 $\alpha$。式（17.182）是静态的，表明子女和消费的边际替代率（等式左边）等于每个子女的总成本（等式右边）。

最后，我们注意到在这个（封闭）经济体中存在两种资产，即对资本存量和政府债券的债权。由于这些资产有着良好的替代率，它们有相同的回报率。因此，个体 $i$ 的财富可以写为

$$a^i_{t+\tau}=k^i_{t+\tau}+b^i_{t+\tau}, \tag{17.183}$$

其中 $k^i_{t+\tau}$ 和 $b^i_{t+\tau}$ 分别表示个体 $i$ 在时期 $t+\tau$ 所拥有的资本和债券。

**17.3.3.2　总行为**

由于在时间 $t$ 有 $L_t$ 个成年人，在一个时期之后成年人的数量等于 $L_{t+1}\equiv\sum_{i=1}^{L_t}n^i_t=\bar{n}_tL_t$，其中 $\bar{n}_t\equiv\sum_{i=1}^{L_t}n^i_t/L_t$ 为时间 $t$ 平均出生孩子的数量。因此，时间 $t$ 到 $t+1$ 的人口增长率等于 $\Delta L_{t+1}/L_t=\bar{n}_t-1$。

政府发行一期债券将会产生和实际资本积累相同的利率。总的政府预算等式为

$$B_{t+1}=(1+r_t)B_t+G_t-TAX_t, \tag{17.184}$$

其中 $B_t\equiv\sum_{i=1}^{L_t}b^i_t$ 为时间 $t$ 初期的总债务，$G_t$ 是总政府消费，$TAX_t\equiv\sum_{i=1}^{L_t}tax^i_t$ 是总税收，将等式两边同时除以 $L_t$ 我们得到每个成年人政府债务的进一步的表达式：

$$\bar{n}_tb_{t+1}=(1+r_t)b_t+g_t-tax_t, \tag{17.185}$$

其中 $b_t\equiv B_t/L_t$，$g_t\equiv G_t/L_t$，$tax_t\equiv TAX_t/L_t$，我们知道 $L_{t+1}/L_t=\bar{n}_t$。

在时间 $t$ 用于生产目的的总资本积累为 $K_t\equiv\sum_{i=1}^{L_t}k^i_t$ 且有 $L_t$ 个工作年龄（成年）的个体。产出为 $Y_t=F(K_t, L_t)$，其中产出方程有通常的性质［见式（17.10）］。在完全竞争厂商下，要素价格满足 $w_t=F_L(K_t, L_t)$ 和 $r_t+\delta=F_K(K_t, L_t)$。因此，在紧凑式下，式（17.14）～式（17.16）仍然有效：

$$y_t=f(k_t), \tag{17.186}$$

$$w_t=f(k_t)-k_tf'(k_t), \tag{17.187}$$

$$r_{t+1}+\delta=f'(k_{t+1}), \tag{17.188}$$

其中 $y_t\equiv Y_t/L_t$，$k_t\equiv K_t/L_t$ 以及 $f(k_t)\equiv F(k_t, 1)$。

**17.3.3.3　重申李嘉图等价**

在分析模型的一般形式前，我们简单地回顾李嘉图等价问题。如同 Lapan 和 Enders（1990，p. 231）所指出的，李嘉图等价定理在模型一个极其特殊的情形下成立，即下面的所有条件都满足：

（a）遗产链不被破坏，即对于所有 $\tau$ 和 $i$，$a^i_{t+\tau}>0$。这保证了每一个际代是无限存续的；

（b）生育并不是一个可选的变量但却是外生给定的，即 $n^i_{t+\tau}=n_0$，其中 $n_0$ 是外

生的（并且为了方便起见假设为恒定的）；

（c）政府并不参与际代间的再分配，即对于所有 $\tau$ 和 $i$，$tax^i_{t+\tau}=tax_{t+\tau}$，因此政府偿债条件满足（在个人和人均资本的水平）：

$$b^i_t=b_t=\sum_{\tau=0}^{\infty}n_0^{\tau}R_{t-1,\tau}[tax_{t+\tau}-g_{t+\tau}],\quad R_{t-1,\tau}\equiv\prod_{s=0}^{\tau}\frac{1}{1+r_{t+s}},\tag{17.189}$$

其中 $R_{t-1,\tau}$ 是包含了市场利率的累积贴现因子。在总人均资本形式下，政府偿债能力要求基本盈余的现值等于时间 $t$ 时已存在的债务。在际代财政处理相同的情况下，人均资本和个人债务吻合。

作为条件式（b）的结论，式（17.182）不再相关。个人行为完全由下式刻画：

$$\frac{U_c(c^i_{t+\tau+1},n_0)}{U_c(c^i_{t+\tau},n_0)}=\frac{n_0}{\alpha[1+r_{t+\tau+1}]},\tag{17.190}$$

$$(1+r_{t+\tau})a^i_{t+\tau}+w_{t+\tau}=c^i_{t+\tau}+tax_{t+\tau}+n_0[\bar{c}+a^i_{t+\tau+1}],\tag{17.191}$$

$$n_0b^i_{t+\tau+1}=(1+r_{t+\tau})b^i_{t+\tau}+g_{t+\tau}-tax_{t+\tau},\tag{17.192}$$

其中要素价格满足式（17.187）和式（17.188）。这些等式分别从式（17.181）、式（17.180）和式（17.185）得到。然而注意式（17.183），式（17.191）和式（17.192）可以合成一个表达式：

$$(1+r_{t+\tau})k^i_{t+\tau}+w_{t+\tau}=c^i_{t+\tau}+g_{t+\tau}+n_0[\bar{c}+k^i_{t+\tau+1}]。\tag{17.193}$$

税收的特殊时间路径与个体 $i$ 完全无关。显然，政府消费的时间路径的确影响个体的实际计划，但是在李嘉图减税实践中路径是恒定的。

内生生育条件式（b）没有被满足，因此债务不再是中立的。在技术表达式中，时间 $t$ 的个人水平的行为刻画为

$$\frac{U_c(c^i_{t+1},n^i_{t+1})}{U_c(c^i_t,n^i_t)}=\frac{n^i_t}{\alpha[1+r_{t+1}]},\tag{17.194}$$

$$\frac{U_n(c^i_t,n^i_t)}{U_c(c^i_t,n^i_t)}=\bar{c}+k^i_{t+1}+b_{t+1},\tag{17.195}$$

$$(1+r_{t+\tau})k^i_t+w_t=c^i_t+g_t+(n^i_t-\bar{n}_t)b_{t+1}+n^i_t[\bar{c}+k^i_{t+1}]。\tag{17.196}$$

前两个表达式分别从式（17.181）、式（17.182）和式（17.183）直接得到。第三个等式在已知式（17.183）和式（17.189）的情况下，将人均资本债务路径式（17.185）代入个人预算约束式（17.191）而得到。未来的债务在一阶条件的两个地方出现。第一，出现在式（17.195）的右边，因此影响子女的相对价格。第二，出现在预算约束式（17.196）的右边。如同 Lapan 和 Enders（1990，pp. 231－232）所指出的，存在一个“财政外部效应”，也就是说，经济意义上的人均生育 $\bar{n}_t$ 的增加会减少独立个体（视 $\bar{n}_t$ 为参数）的税收负担。其他人的生育子女的搭便车行为解释了在公共债务存在的情况下生育的子女数会减少（生育率会变得很低）。

#### 17.3.3.4 稳态均衡

在对称均衡中我们假设所有个体是相似的，因此我们可以去掉下标 $i$。在稳态中，我们同样有 $k_{t+1}=k_t=k$、$b_{t+1}=b_t=b$、$c_{t+1}=c_t=c$ 以及 $n_{t+1}=n_t=n$。因此宏观稳态均衡可以由下述一系列等式刻画：

$$n=\alpha[1+f'(k)-\delta], \tag{17.197}$$

$$\frac{U_n(c,n)}{U_c(c,n)}=\bar{c}+k+b, \tag{17.198}$$

$$f(k)+(1-\delta)k=c+g+n[\bar{c}+k], \tag{17.199}$$

我们利用了式（17.199）中 $f(k)=(r+\delta)k+w$ 的事实。通过利用有着非零替代弹性 $\sigma$ 的位似效用函数可以推导出 $n$、$k$ 和 $c$ 关于 $\bar{c}$、$b$ 和 $\alpha$ 的比较静态效应。然而，为了简化问题，我们利用单位弹性模型来刻画比较静态效应，即我们假设产出方程为柯布-道格拉斯形式的，$y_t=k_t^{1-\varepsilon_L}$ $(0<\varepsilon_L<1)$。单位弹性模型为

$$n=\alpha[1-\delta+(1-\varepsilon_L)k^{-\varepsilon_L}], \tag{17.200}$$

$$c=\frac{\varepsilon_C}{1-\varepsilon_C}n[\bar{c}+k+b], \tag{17.201}$$

$$c=k^{1-\varepsilon_L}+(1-\delta)k-n[\bar{c}+k]-g。 \tag{17.202}$$

图 17—9 表示（$n$，$k$）空间的稳态均衡。在图中，EC 线表示效率条件式（17.200）。其向下倾斜并且有水平渐近线 $n_0\equiv\alpha(1-\delta)>0$。向上倾斜的 BC 线表示预算约束。BC 线是通过将式（17.201）代入式（17.202）得到的：

$$k^{1-\varepsilon_L}+(1-\delta)k=\frac{n}{1-\varepsilon_C}[\bar{c}+k+\varepsilon_C b]+g。 \tag{17.203}$$

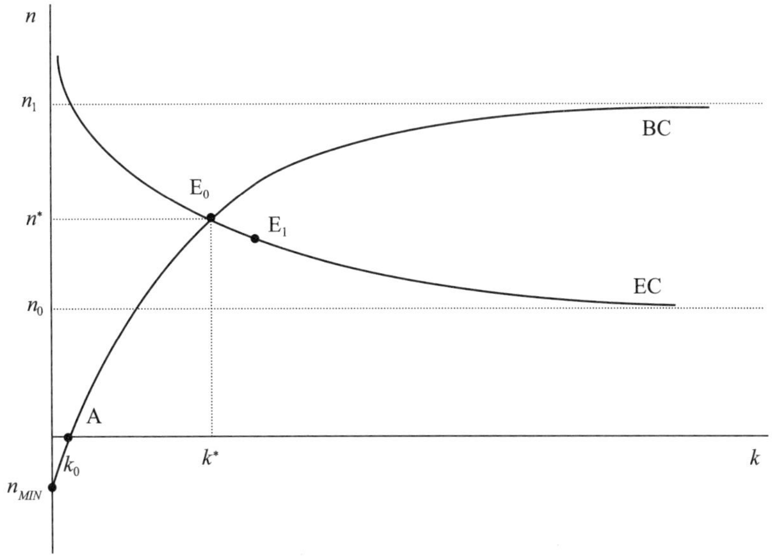


**图 17—9 稳态生育率和资本密度**

对于 $k=0$，$n$ 达到其最小值，$n_{MIN}\equiv-(1-\varepsilon_C)g/(\bar{c}+\varepsilon_C b)<0$ 且 $k=k_0$ 时 $n=0$，其中 $k_0$ 由 $g=k_0^{1-\varepsilon_L}+(1-\delta)k_0$ 定义。最后，BC 在 $n_1\equiv(1-\varepsilon_C)(1-\delta)$ 时达到水平渐近线。假设 $n_1$ 大于 $n_0(1-\varepsilon_C>\alpha)$，在点 $E_0$ 存在一个特别的均衡，即 BC 和 EC 的交点，$k=k^*, n=n^*$。

$\bar{c}$ 和 $b$ 的增加会使 BC 线绕着点 A 顺时针旋转且使均衡移向点 $E_1$。因此，$dn/d\bar{c}<0$，$dn/db<0$，$dk/d\bar{c}>0$ 且 $dk/db>0$。这些影响是显而易见的。养育每个子女花费的上升会减少生育子女的需求。类似地，债务的上升引致高税率，从而使生育率下降。（无用的）政府消费的上升会导致 BC 线下移并且使均衡再次移向点 $E_1$，即 $dn/dg<0$，$dk/dg>0$。由于税收的增加，个体将资产转移给子女。

## 17.4 小　结

在本章中我们研究了由戴蒙德和萨缪尔森开发的离散时间的世代交叠模型。与布兰查德-雅里模型（在前面一章研究过）一样，人口结构在戴蒙德和萨缪尔森模型中扮演了核心角色。这个模型的一大吸引人的特性在于它能够以一种易于分析的范式来考虑经济行为中的生命周期问题。由于它的灵活性和简洁性，这一模型在最近 40 年在诸多领域（例如宏观经济学、货币理论、公共财政、国际经济学和环境经济学）中扮演了重要角色。

我们通过构建一个以跨时可分偏好为特征的简化版的戴蒙德-萨缪尔森模型开始本章的讨论。在这一模型中，家庭存活两期，分别称为“年轻”和“老年”。他们在生命的两期都消费，但只在年轻时工作，同时无弹性地供给一单位劳动。年轻家庭将他们劳动收入的一部分用于储蓄，为他们年老时的消费提供资金（生命周期储蓄）。在基本模型中没有公共债务，家庭储蓄采取了资本形成的形式。这意味着在一期内年轻人的储蓄等于下一期可用于生产的资本存量。完全竞争厂商利用资本和劳动生产同质产品。如果相关的稳定性条件得到满足，这一模型有着定义清晰的稳态。显然，存在发生过度储蓄的可能。事实上，如果家庭相对有耐心，因此有着较低的时间偏好率，他们就很有可能为退休而储蓄过多，从而积累了过多资本，使稳态是动态无效率的。

我们接下来运用这一模型研究老年养老金对于宏观经济和福利的影响。两个典型的养老金系统得到了区分，即完全积累制和现收现付制。在一个完全积累制中，政府向年轻人征税，将税收收入投资于资本市场，在下一期以养老金的形式将本金加利息返还给老年人。完全积累制是中性的，不会影响消费、资本、要素价格或福利。从直观上来看，家庭知道他们年轻时的养老金缴费和他们自己的私人储蓄吸引了同样的回报率，因此家庭并不关心他们的储蓄其实有一部分被政府拿走了。

在现收现付制下，情况有所不同。在这样一个制度下，向年轻人征收的税收将用于为生活在同一期的老年人支付养老金而提供资金支持。这使得家庭从他们的养老金缴费上获取的收益并不等于市场利率（这是完全积累制下的情形），而是等于人口增长率。现收现付制不是中性的。事实上，这种制度的引进（或者对于已有制度的扩张）挤出了资本，降低了工资率，并且抬高了利率。如果经济是动态有效率（无效率）的，即如果利率大于（小于）人口增长率，那么稳态下的福利将会减少（增加）。从直觉上来看，在一个动态有效率（无效率）的经济中，对于资本的挤出减少（增加）了出生于新稳态下的福利。

现收现付制的其他两个方面得到了讨论。首先，一个现收现付制可以用一种特定种类的债务政策来重新解释。其次，在一个动态有效率的经济中，想以一种帕累托改进的方式废除一个已经存在的现收现付制（代之以完全积累制）是不可能的。从直觉上来看，在标准模型中，不可能在政策开始时补偿老年世代，同时不使至少一个其他（现在的或未来的）世代的状况变得更差。（然而，如果改革减少了事先存在的对于经济的扭曲，那么帕累托改进的改革是可能的。我们考虑这样一种特例，其中劳动力供给是内生的而养老金缴费是扭曲的。）

基本模型同样可以用来研究人口老龄化对于宏观经济的影响。一个可用于刻画人口对于经济的影响的有用测量是抚养比，它被定义为退休人群的数量除以工作年龄的人口数量。人口增长率的减小将提高抚养比。在现收现付制下，一个预期的生育率的降低减少了预期的养老金和终生收入，并且导致家庭增加储蓄。因此，长期的资本劳动比上升。

在本章的后半段，我们考虑了戴蒙德-萨缪尔森模型的一些扩展和进一步应用。在第一个扩展中，我们将人力资本引入模型并研究了经济增长的含义。年轻个体出生时带有当时的可用知识的平均存量，并且可以在年轻时花费时间来进行训练。如果训练技术具有足够的生产性，年轻人将选择积累人力资本。总体而言，这一机制提供了经济发展动力。

之后我们通过假设父母必须为他们的子孙选择训练水平而强化了这一人力资本模型。如果父母从子孙的人力资本获得效用，那么父母很有可能不会在他们子女的训练上花费社会最优数量的时间。从直觉上来看，投资不足的结果源于父母不能全面考虑他们的训练努力（对他们的子女和孙子女）的所有福利效应这一事实。在这种情况下，拥有一个强制的公共教育制度很有可能是社会最优的。

在第二个扩展中，我们说明了怎样将公共基础设施引入世代交叠模型。我们说明了公共投资如何影响宏观经济并导出了修正黄金律的表达式，它要求公共资本和私人资本的回报率等于社会计划者的时间偏好率。

最后，在第三个扩展中我们说明了际代家庭的生育决定如何内生化。李嘉图等价在这个模型下不成立。这里存在一种财政外部效应使得每个际代家庭对于其他家庭的子女生育进行搭便车。从社会角度看，结果就是，在公共债务存在的情形下生育率会变得很低。

## 延伸阅读

关于养老金的经典论文是 Samuelson（1975a，1975b）和 Feldstein（1974，1976，1985、1987）。近年来，关于养老金制度改革的文献大量涌现。参见 Diamond（1997，1999）、Feldstein（1997，1998）和 Sinn（2000）。关于老龄化的经济效应，参见 Bosworth 和 Burtless（1998）。

戴蒙德-萨缪尔森模型在一些方向上得到了推广。Barro（1974）研究了代际联系。Jones 和 Manuelli（1992）考虑了有限存活个体的增长效应。Tirole（1985）以及 O'Connell 和 Zeldes（1988）考虑了产生资产泡沫的可能性。Grandmont（1985）展示了一个带有内生经济周期的模型。Michel 和 de la Croix（2000）分别研究了缺乏远见和完美预期时的模型性质。Bierwag、Grove 和 Khang（1969）说明了依据年龄征税的一整套政策使得债务政策成为多余的。Abel（1986）和 Zilcha（1990，1991）将不确定性引入模型。关于代际风险分担，参见 Gordon 和 Varian（1988）。Barro 和 Becker（1989）展示了一个内生生育力模型。关于内生生育力模型的应用，参见 Wildasin（1990）、Zhang（1995）、Robinson 和 Srinivasan（1997），以及 Nerlove 和 Raut（1997）。Galor（1992）和 Nourry（2001）研究了戴蒙德-萨缪尔森模型的一个两部门版本。

对于内生生育力模型，请见 Becker 和 Lewis（1973），Razin 和 BenZion（1975），Eckstein 和 Wolpin（1985），Becker 和 Barro（1988），Barro 和 Becker（1989），Becker、Murphy 和 Tamura（1990），Wildasin（1990），Lapan 和 Enders（1990），Zhang（2003，2005）。此外还有 Nerlove 和 Raut（1997）所做的调查。

戴蒙德-萨缪尔森模型在许多领域得到了广泛应用。在公共财政中的应用，参见 Auerbach（1979a）、Kotlikoff 和 Summers（1979）以及 Ihori（1996）。对于教育经济学中的应用，参见 Loury（1981）、Glomm 和 Ravikumar（1992）、Zhang（1996）、Buiter 和 Kletzer（1993）以及 Kaganovich 和 Zilcha（1999）。在环境政策中的应用包括 Howarth（1991，1998）、Howarth 和 Norgaard（1990，1992）、John 和 Pecchenino（1994）、John et al.（1995）以及 Mourmouras（1993）。

对于意外继承，请见 Abel（1985），Kotlikoff 和 Sumeers（1981）、Kotlikoff 和 Spivak（1981），Eckstein、Eichenbaum 和 Peled（1985a，b）以及 Sheshinski 和 Weiss（1981）。对于内生劳动供给，参见 Reichlin（1986）、Nourry（2001）、Cazzavillan 和 Pintus（2004）、Nourry 和 Venditti（2006）以及 Nishimura 和 Venditti（2007）。文献的一般综述参见 de la Croix 和 Michel（2002）。对于人力资本和发展的文献，参见在《经济增长手册》中 Galor（2005）所做的调查。对于养老金和代际风险分担，参见 Gordon 和 Varian（1988）、Bohn（1998）、Demange（2002）、Ball 和 Mankiw（2007）以及 Bovenberg 和 Uhlig（2006）。

# 结　语

## □变　化

在过去的25年里，宏观经济学领域发生了巨大变化。我们在20世纪70年代中期上了第一堂宏观经济学课，那时的前沿教材是中级水平的Branson（1972）和作为这一系列研究终点的Turnovsky（1977）。这两本书都包含了IS-LM模型的扩展处理、变种和扩展。相反地，在新千年之初，尽管IS-LM模型在大多数中级教材中仍然占有一席之地，但它已经在高级教材中几乎完全消失。①

对于过去和现在的比较显示，曾经占据主导地位的强调经济中的需求方的IS-LM模型在近年来已经陷入困境。毫无疑问，20世纪70年代兴起的理性预期革命在弱化IS-LM模型的角色的过程中发挥了重要作用。在某种程度上由于这场革命，宏观经济学开始开发基于明显的微观经济学基础的动态模型并对经济中的供给方给予了更多关注。因此，现代研究生教材包含了对带有完美预期（或者理性预期）的代表性个体（家庭、厂商和政府）进行动态优化的扩展讨论。②

对门外汉而言，宏观经济学看起来是一个混乱的领域，两种相互竞争的方法的支持者都会奋力争夺IS-LM模型曾经占据的地位。根据这种观点，当前的宏观经济学有点像一场拳击比赛。在拳击场的蓝色角落，我们发现了强调价格和工资灵活调整、市场出清的"新古典学派"。在红色角落我们发现了喜欢使用带有黏性价格和工资并且愿意假设市场存在着不同程度的不完美的"新凯恩斯学派"。

---

① 大部分中级教材仍然使用IS-LM模型。例如，参见Mankiw（2007）和Blanchard（2000a）。大多数研究生教材很少提到IS-LM模型。参见Romer（2001）、Turnovsky（1997，2000）以及Ljungqvist和Sargent（2000）。

② 包含了优化方法的中级教材是Barro（1997）以及Auerbach和Kotlikoff（1998）。

即使宏观经济学如拳击比赛一样的这幅图景可能与从 20 世纪 70 年代晚期到 20 世纪 90 年代早期的情况有一些相似之处，我们也仍然同意 Goodfriend 和 King（1997）的关于在最后 10 年里主题已经朝着新综合派迈进这一观点。Goodfriend 和 King（1997，p. 255）指出了他们所说的新古典综合派（NNS）的关键方面：

- NNS 从新古典学派那里获取了这样的观点，宏观经济模型应该明确是动态的，并且应该结合理性预期和跨期优化。
- NNS 从新凯恩斯学派获取了不完全竞争和有成本的价格调整这两个假设。
- NNS 从 RBC 方法获取了对于经济波动的定量模型的坚实基础。

就像老的新古典综合派（见第 1 章）一样，NNS 囊括了新古典学派和新凯恩斯学派的共同要素。把当前知识分子在宏观经济学中的辩论描绘成一场探戈（而不是拳击比赛）可能更合适。在某种意义上而言，这是对的。例如，关于理性预期的假设不再有许多争论。类似地，所有经济学家通常都会在对经济个体的动态优化行为的基础上建模。从另一种意义上说，将宏观经济学隐喻成探戈是稍有缺陷的。

在关于 Goodfriend 和 King（1997）的评论中，Blanchard（1997）同意宏观经济学家需要使用三大因素来研究经济波动，即跨期优化、名义刚性和不完全竞争。他认为将这些因素放在一起并理解它们之间的相互作用，便构成了所有宏观经济学家的核心业务。[①] 他继续认为，区分我们宏观经济学家的正是人们对不同因素施加的相对权重，以及他所愿意走的捷径。

布兰查德提出考虑这些因素（以及它们的相互作用）的有用方法是通过三角形方法，如图 E—1 所示。在顶角，可以放置 Prescott（1986）的方法和它对于动态优化行为的强调。在左边的底角，可以放置 Fischer（1977）和 Taylor（1980）的方法，它强调了名义工资和名义价格黏性。最后，在右边的底角，可以考虑 Blanchard 和 Kiyotaki（1987）以及 Akerlof 和 Yellen（1985a），这些文献关注了产品市场和劳动力市场的不完全。

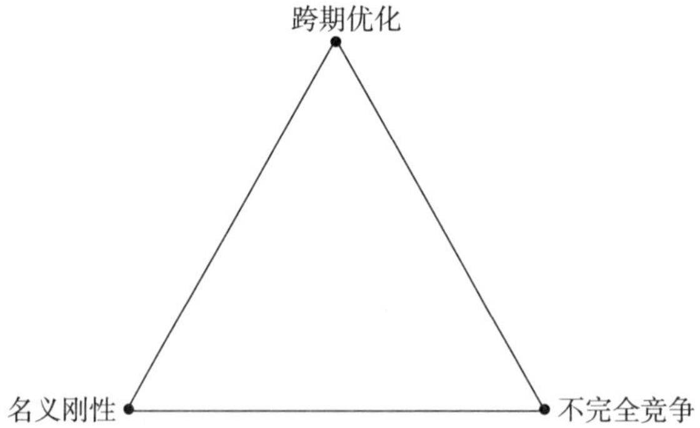


**图 E—1　宏观模型方面**

① Blanchard（1997，p. 290）认为这就是"老的"新古典综合派的全部："以一种相当精神分裂的方式，跨期优化被置于消费和投资形成的核心，不完全竞争成为加成定价制的潜在基本原理，而名义刚性被用于非利普斯曲线的一般性证明。因此，我们努力尝试改进这些不足。但目标是一样的。"

布兰查德认为大多数经济学家位于这个三角形的某个地方，但他发现，从综合派所制造的现象来看，这是一句大话。三角形并不小，多样化的观点可以与它的边界相对应。特别地，学习古典经济学知识的经济学家可能将他们自己置于三角形的上半部分，与此同时，他们的同行凯恩斯学者位于三角形的下半部分可能更合适。至于这些学派的综合，它指的主要是方法，而不是这些方法的特定应用。

## □趋 势

布兰查德三角形在说明本书中的主题如何串联到一起时非常有用。为了让学生明确在本书接下来的章节中所用到的动态框架，我们在第 2 章开始时研究了 IS－LM 模型内在的动态性。考虑到 IS－LM 模型仍然在中级教材中得到广泛应用（见前面）这一事实，选择它来扮演媒介的角色是非常自然的。第 2 章还首次以基于投资的调整成本概念的托宾 $q$ 理论的形式介绍了动态优化方法。这一投资理论在第 4 章中得到了扩展并应用于第 13 章、第 16 章和第 17 章。

第 3 章从逻辑上承继了第 2 章，并且在（对数线性化的）IS－LM 模型背景下说明了理性预期假设（REH）的关键含义。这一章和接下来的一章还提醒学生要注意到回溯性稳定和前瞻性稳定间的区别。我们在本书后面章节的动态最优化模型的背景下接触过这两种类型的稳定。

在第 5 章我们第一次为学生展示了跨期消费理论。这一章允许我们用一个相对简单的模型让学生熟悉一些重要概念（例如李嘉图等价定理和税收平滑的新古典理论）。另外，学生还第一次接触了消费的跨期替代概念。在本书后面的章节中跨期家庭模型得到了进一步的扩展。

在第 6～8 章我们介绍了关于总劳动力市场的不同理论。我们首先说明了如何运用竞争性模型来解释劳动力市场的不同特点。接下来我们说明了不完全竞争（以工会的形式）和其他种类的不完全（例如信息摩擦）是如何冲击这个市场的。

第 9 章介绍了动态不一致性的概念，特别是它应用到经济政策时。这一章在逻辑上是第 3 章的延续，却展示了 REH 的另外一个含义，即经济政策对于受其影响的个体来说并非是可信的。注意，信誉问题在 REH 之前的文献中并没有出现，原因是那时的个体典型地被假设为具有适应性预期，即并不将经济环境的结构考虑在内。在本章中，我们也说明了一个跨期信誉机制如何才可以解决动态不一致性的问题。

在第 10 章我们重新考虑了从第 1 章到第 10 章的某些不太精确的结果。首先我们通过说明标准的 IS－LM 模型如何纳入物品和金融资产的贸易来对第 1 章的分析进行扩展。接下来我们研究了在一个有着多种劳动力市场刚性（即实际工资刚性和名义工资刚性）的两国世界中，货币政策和财政政策的传递。最后，我们说明了在开放经济的 IS－LM 模型中引入理性预期（或者完美预期）对于价格、产出和汇率波动的含义。

在第 11 章我们讨论了一些基于家庭的跨期优化的有微观基础的货币模型。这一章还容许我们向学生介绍基于不确定性的一个简单的货币需求模型。最后，我们在一个简单的动态模型的背景下研究了货币的最优数量（和弗里德曼著名的完全流动性法则）。和第 5 章一起，本章为第 13～17 章出现的多期动态分析提供了基础。

在第 12 章我们讨论关于新凯恩斯学派的一些最近的文献。正如前面所指出的，新凯恩斯学派可以被放置于布兰查德三角形的下半部分，所以该章的主要工作在于对不完全竞争和价格黏性进行扩展讨论是丝毫不令人惊讶的。我们说明了产品市场的垄断竞争假设是如何为乘数提供微观基础的。我们还说明了，在一个关于厂商行为的显然的前瞻性理论的帮助下，价格调整成本是如何为短期价格黏性提供微观经济学基础的。

在第 13 章和第 14 章我们对过去 45 年里得到发展的主要的经济增长理论进行了简单综述。我们以索洛和斯旺基于凯恩斯的储蓄函数的古典分析开始。接下来我们以对一个无限存活的代表性家庭的消费—储蓄决策进行建模从而取代了储蓄函数的地位（因此该章结束了我们从第 5 章开始的关于消费的前瞻性理论的讨论）。向有微观基础的储蓄理论的这一转变并未对增长的性质造成影响。当前瞻性消费者理论得到发展后，要阐明内生的人力资本积累或专利积累（以及新产品的种类）如何引起所谓的内生增长就相对直观一些了。

在第 15 章我们对近来的 RBC 文献进行了简单综述。特别是这一方法的早期支持者绝对位于布兰查德三角形的上半部分。一些更近期的从事 RBC 方法的人开始探寻三角形的内部区域。在该章开始时，我们将产品消费和闲暇的联合决策加以考虑从而扩展了动态消费理论。在扩展的模型中家庭在不同时期替代闲暇，即在劳动力供给方面存在跨期替代效应。对于政府消费的确定性冲击（财政政策）和随机技术冲击，我们都给出了相应的跨期劳动力供给效应的宏观经济学含义。

在第 16～17 章，我们研究了在家庭方面放弃代表性个体框架对于宏观经济和福利理论的含义。在这两章中我们假设单个家庭的寿命有限，他们不会通过有效的遗赠而彼此发生联系。由此产生的世代交叠结构便意味着另外一种不完美，即市场不完全。在任一时间点，只有当前存在的世代活跃于市场中，但他们的行为却影响了未来世代所面临的条件。实质上世代交叠模型的这一性质说明，所有政策既影响了效率，也影响了代际资源分配。

## □ 观　点

对于敏锐的观察者而言，从对于主题的选择就可以清楚地看出我们自身位于布兰查德三角形的哪个位置——中间的某个地方。我们以宏观经济学的构成要素以及预期未来将会成为主要话题的一些意见为本书作结。

我们发现仅仅因为模型的微观基础难以获得或者不完善便将其抛弃的做法实在不可取。尽管我们知道有微观基础的模型在审美上更令人满意，但一个微观基础很弱的模型可能比一个有着错误的微观基础的模型能够更好地切中我们所生存的这个世界的关键点。例如，有充分的证据表明，名义价格和工资是刚性的［例如，参见 Blinder（1994）和 Bewley（1999）］，当前收入强烈地由消费决定（Mankiw，2000b），个体确实“经历”了货币幻觉（Shafir et al.，1997）。更进一步地，正如 Gali（1992）所说明的，特别是 IS－LM－AS 模型在拟合战后美国数据时表现得非常合适。看起来一个好的宏观模型似乎应当对这类证据给予关注。

对弱基础的模型持宽容态度的另一个理由是这种模型最后很有可能出现带可信的微观经济学基础的版本。在这种背景下人们可以考虑由 McCallum 和 Nelson (1999) 引领的对于 IS-LM 模型的引人注目的回归（像凤凰涅槃一样）。我们怀疑在未来，将微观计量经济学的结果和它们的宏观经济学含义联系起来将会取得巨大进步［参见 Browning et al. (1999) 在这个方向上的论证］。随着计算机硬件和软件的持续发展，通过给予异质性个体、市场不完全和名义刚性更多关注来强化可计算均衡模型中的经验主义内容将会更加可行。

我们认为，好的宏观经济学不是脱离实际的，而盲目追求简单的方法论也不会提出好的政策建议。宏观经济学不仅是一门科学，而且是一种艺术形式。本书仅仅关注了任何一位优秀的宏观经济学家都应该掌握的必要技能，即紧紧抓住了行业的技术工具。需要的另外一些技能是对于经验结果、实际制度以及历史，特别是伦理学和科学哲学的良好理解。一个优秀的宏观经济学家不应该对真实世界和《经济学家》《布鲁金斯经济活动论文集》《经济展望》等期刊视而不见，而学习《经济政策》应当成为宏观经济学课程的特色。

# 数学附录

## A.1 介　绍

在数学附录中，我们对于本书中用到的主要技巧做一个简短的综述。为了节省空间，对于大多数情形我们只是简单陈述结果，并引导感兴趣的读者查阅各种其他难易程度不同的资料，在这些资料中，这些结果的数学背景解释得更加详细。在A.6.1节和A.7.2节用到的变换方法得到了更加详细的介绍，原因是大多数经济学家对于它们都不太熟悉。Klein（1998）、Simon 和 Blume（1994）以及 Pemberton 和 Rau（2001）都是本书中用到的数学技巧的非常好的单一来源，不管是在覆盖范围还是在复杂水平上。Sydsæter et al.（2000）是描述经济学家所用技巧的很方便的一本参考书。

## A.2 矩阵代数

### A.2.1 基础知识

矩阵就是一些排成矩形数组的数 $a_{ij}$，其中 $i=1, 2, \cdots, m$ 是行标，而 $j=1, 2, \cdots, n$ 是列标。因此，一个维数为 $m\times n$ 阶的矩阵有 $m$ 行和 $n$ 列：

$$A_{m\times n}\equiv\begin{bmatrix}a_{11} & a_{12} & \cdots & a_{1n}\\ a_{21} & a_{22} & \cdots & a_{2n}\\ \vdots & \vdots & \ddots & \vdots\\ a_{m1} & a_{m2} & \cdots & a_{mn}\end{bmatrix}。\tag{A.1}$$

如果 $m=n=1$，那么 $A$ 是一个标量；如果 $m=1$ 而 $n>1$，那么它是行向量；如果 $n=1$ 而 $m>1$，那么它是列向量。如果 $m=n$，那么矩阵 $A$ 是方阵，我们称包含了元素 $a_{11}$，$a_{22}$，…，$a_{nn}$ 的对角线为主对角线。有一些特殊的矩阵。零矩阵只包含零元素（对于 $i=1$，2，…，$m$ 和 $j=1$，2，…，$n$，$a_{ij}=0$）。单位矩阵 $I_n$ 是 $n\times n$ 阶矩阵，它的主对角线元素是1，而在其他位置元素是0。

### □ A.2.2 加法、减法和乘法

矩阵 $A$ 和矩阵 $B$ 可以相加当且仅当它们有相同的维数。如果矩阵 $A$ 有元素 $[a_{ij}]$ 而矩阵 $B$ 有元素 $[b_{ij}]$，那么矩阵 $C\equiv A+B$ 通过对应元素相加得到：

$$A+B=C,\quad c_{ij}=a_{ij}+b_{ij},\tag{A.2}$$

$i=1$，2，…，$m$ 且 $j=1$，2，…，$n$。矩阵相减用同样的方式进行：

$$A-B=D,\quad d_{ij}=a_{ij}-b_{ij},\tag{A.3}$$

$i=1$，2，…，$m$ 且 $j=1$，2，…，$n$。

矩阵可以与标量 $k$ 相乘，只需让矩阵中的所有元素与该标量相乘即可，即 $B\equiv kA$，那么对于 $i=1$，2，…，$m$ 和 $j=1$，2，…，$n$ 有 $b_{ij}\equiv ka_{ij}$。有些法则和性质可以立即得出（$k$ 和 $l$ 都是标量）：

$$\begin{aligned}&kA=Ak,\\&k(A+B)=kA+kB,\\&(k+l)A=kA+lA,\\&(kl)A=k(lA),\\&(-1)A=-A,\\&A+(-1)B=A-B。\end{aligned}\tag{A.4}$$

如果两个矩阵适合相乘，那么它们可以进行这种运算。如果左边矩阵（矩阵 $A$）的列维数和右边矩阵（矩阵 $B$）的行维数相同，那么矩阵乘积 $AB$ 有定义。如果 $A$ 是 $m\times r$ 阶，$B$ 是 $r\times n$ 阶，那么根据这一法则，$AB$ 是 $m\times n$ 阶，定义如下：

$$AB=C,\quad c_{ij}=\sum_{k=1}^{r}a_{ik}b_{kj},\tag{A.5}$$

$i=1$，2，…，$m$ 且 $j=1$，2，…，$n$。除非 $m=n$，否则 $BA$ 没有定义。即便 $BA$ 有定义，它一般也不等于 $AB$。因此，用 $A$ 左乘 $B$（得到 $AB$）和用 $B$ 左乘 $A$（得到 $BA$）一般不会得出相同的结果。矩阵乘法的一些性质如下（$A$、$B$ 和 $C$ 是合适的矩阵，0 是零矩阵，$k$ 是标量）：

$$
\begin{aligned}
&A(B+C)=AB+AC\\
&(A+B)C=AC+BC\\
&A(BC)=(AB)C\\
&k(AB)=A(kB)\\
&A0=0A=0\\
&AI=IA=A
\end{aligned}
\tag{A. 6}
$$

### □ A. 2. 3 转　置

矩阵 $A$ 的转置记为 $A^T$（有时候也记为 $A'$）。它通过交换矩阵 $A$ 的行和列得到。所以，如果矩阵 $A$ 是 $m\times n$ 阶，而 $B\equiv A^T$，那么 $B$ 是 $n\times m$ 阶且 $b_{ij}\equiv a_{ji}$。转置的一些性质如下：

$$
\begin{aligned}
&(A^T)^T=A\\
&(kA)^T=kA^T\\
&(A+B)^T=A^T+B^T\\
&(AB)^T=B^TA^T
\end{aligned}
\tag{A. 7}
$$

### □ A. 2. 4 方　阵

在这一小节我们整理了方阵（行的维数和列的维数相等）的一些关键性质。$n\times n$ 阶矩阵 $A$ 的迹记为 $\mathrm{tr}(A)$，是它的主对角线上元素之和：

$$
\mathrm{tr}(A)\equiv\sum_{i=1}^{n}a_{ii}\text{。}\tag{A. 8}
$$

可以导出下列性质：

$$
\begin{aligned}
&\mathrm{tr}(I_n)=n\\
&\mathrm{tr}(0)=0\\
&\mathrm{tr}(A^T)=\mathrm{tr}(A)\\
&\mathrm{tr}(AA^T)=\mathrm{tr}(A^TA)=\textstyle\sum_{i=1}^{n}\sum_{j=1}^{n}a_{ij}^2\\
&\mathrm{tr}(kA)=k\,\mathrm{tr}(A)\\
&\mathrm{tr}(AB)=\mathrm{tr}(BA)
\end{aligned}
\tag{A. 9}
$$

方阵 $A$ 的行列式记为 $|A|$［有时也记为 $\det(A)$］，是唯一同这个矩阵相对应的标量。对于一个 2×2 阶矩阵而言，它的行列式是

$$
A\equiv\begin{bmatrix}a_{11}&a_{12}\\a_{21}&a_{22}\end{bmatrix},\quad |A|\equiv a_{11}a_{22}-a_{12}a_{21}\text{。}\tag{A. 10}
$$

对于一个 3×3 阶矩阵而言，它的行列式可以通过如下方式计算：

$$
|A|\equiv\begin{vmatrix}a_{11}&a_{12}&a_{13}\\a_{21}&a_{22}&a_{23}\\a_{31}&a_{32}&a_{33}\end{vmatrix}=a_{11}\begin{vmatrix}a_{22}&a_{23}\\a_{32}&a_{33}\end{vmatrix}-a_{12}\begin{vmatrix}a_{21}&a_{23}\\a_{31}&a_{33}\end{vmatrix}+a_{13}\begin{vmatrix}a_{21}&a_{22}\\a_{31}&a_{32}\end{vmatrix}
$$

$$=a_{11}[a_{22}a_{33}-a_{23}a_{32}]-a_{12}[a_{21}a_{33}-a_{23}a_{31}]+a_{13}[a_{21}a_{32}-a_{22}a_{31}]$$
$$=a_{11}a_{22}a_{33}-a_{11}a_{23}a_{32}-a_{12}a_{21}a_{33}+a_{12}a_{23}a_{31}+a_{13}a_{21}a_{32}-a_{13}a_{22}a_{31}。\qquad(A.11)$$

我们沿第 1 行展开$|A|$，发现每个 $2\times2$ 阶行列式与第 1 行的对应元素相联系。对于元素 $a_{11}$，我们发现相对应的 $2\times2$ 阶矩阵是删除 $a_{11}$所在的第 1 行和第 1 列后剩下的部分。得到的 $2\times2$ 阶行列式被称为元素 $a_{11}$的子式。以同样的方式，$a_{12}$的子式可以从原始行列式中删除第 1 行和第 2 列得到，$a_{13}$的子式可以从原始行列式中删除第 1 行和第 3 列得到。以$|M_{ij}|$表示元素 $a_{ij}$ 的子式，我们就可以定义这个元素的余子式是$|C_{ij}|=(-1)^{i+j}|M_{ij}|$。余子式就是子式前面带一个符号。这个符号按如下方式确定：如果行列指标之和（$i+j$）是偶数，那么符号就是正的，余子式等于子式。相反地，如果 $i+j$ 是奇数，那么余子式是子式的相反数。根据这些定义，我们现在可以看出，式（A.11）中的 $3\times3$ 阶矩阵的行列式可以写为$|A|\equiv a_{11}|C_{11}|+a_{12}|C_{12}|+a_{13}|C_{13}|=\sum_{j=1}^{3}a_{1j}|C_{1j}|$。当然，我们本可以通过第 2 行（$|A|=\sum_{j=1}^{3}a_{2j}|C_{2j}|$）或者第 3 行（$|A|=\sum_{j=1}^{3}a_{3j}|C_{3j}|$）来计算$|A|$，还可以通过原始矩阵的任意一列来计算（$|A|=\sum_{i=1}^{3}a_{ij}|C_{ij}|$，$j=1$，2，3）。不难证明，在每种情形下我们将得到相同的$|A|$的值。

我们刚刚遵循的计算$|A|$的过程被称为拉普拉斯展开。对于 $n\times n$ 阶矩阵的拉普拉斯展开由下式给出：

$$|A|=\sum_{i=1}^{n}a_{ij}|C_{ij}|,\quad j=1,\cdots,n,\quad（列扩展）\qquad(A.12)$$

$$=\sum_{j=1}^{n}a_{ij}|C_{ij}|,\quad i=1,\cdots,n,\quad（行扩展）\qquad(A.13)$$

行列式有一些有用的性质（$k$ 是标量）：

$$\begin{aligned}&|I|=1\\&|0|=0\\&|A|=|A^T|\\&|A|=(-1)^n|-A|=k^{-n}|kA|\\&|AB|=|BA|\end{aligned}\qquad(A.14)$$

- 如果 $A$ 的任意行（列）是其他行（列）的非平凡线性组合，那么$|A|=0$。
- 如果 $B$ 通过交换 $A$ 的某两行（列）得到，那么$|B|=-|A|$。
- 如果 $B$ 通过 $k$ 与 $A$ 的某行（列）相乘得到，那么$|B|=k|A|$。
- 一行加上（或减去）任意其他行的倍数，$|A|$不变。
- 一列加上（或减去）任意其他列的倍数，$|A|$不变。

矩阵 $A$ 的伴随矩阵记为 adj$A$。它定义为余子式矩阵的转置：

$$\text{adj}A=\begin{bmatrix}|C_{11}| & |C_{12}| & \cdots & |C_{1n}|\\ |C_{21}| & |C_{22}| & \cdots & |C_{2n}|\\ \vdots & \vdots & \ddots & \vdots\\ |C_{n1}| & |C_{n2}| & \cdots & |C_{nn}|\end{bmatrix}^T。\qquad(A.15)$$

如果$|A|\neq 0$，那么矩阵$A$是非奇异的，有唯一的逆，记为$A^{-1}$：

$$A^{-1}=\frac{1}{|A|}\mathrm{adj}A。\tag{A.16}$$

如果矩阵$A$可逆，那么有$A^{-1}A=AA^{-1}=I$。

**插叙 A.1**

## 矩阵的逆

例如，令$A$取：

$$A=\begin{bmatrix}1 & 2\\ 3 & 4\end{bmatrix},$$

那么我们发现运用法则有$|A|=4-6=-2$（非奇异矩阵），因此它的逆矩阵存在且等于：

$$A^{-1}=\frac{1}{-2}\begin{bmatrix}4 & -2\\ -3 & 1\end{bmatrix}=\begin{bmatrix}-2 & 1\\ \frac{3}{2} & -\frac{1}{2}\end{bmatrix}。$$

为了确保我们没有犯任何错误，我们计算$AA^{-1}$和$A^{-1}A$（都等于单位矩阵）。

$$\begin{aligned}AA^{-1}&=\begin{bmatrix}1 & 2\\ 3 & 4\end{bmatrix}\begin{bmatrix}-2 & 1\\ \frac{3}{2} & -\frac{1}{2}\end{bmatrix}\\&=\begin{bmatrix}1\cdot(-2)+2\cdot\frac{3}{2} & 1\cdot 1+2\cdot(-\frac{1}{2})\\ 3\cdot(-2)+4\cdot\frac{3}{2} & 3\cdot 1+4\cdot(-\frac{1}{2})\end{bmatrix}=\begin{bmatrix}1 & 0\\ 0 & 1\end{bmatrix},\end{aligned}$$

$$\begin{aligned}A^{-1}A&=\begin{bmatrix}-2 & 1\\ \frac{3}{2} & -\frac{1}{2}\end{bmatrix}\begin{bmatrix}1 & 2\\ 3 & 4\end{bmatrix}\\&=\begin{bmatrix}(-2)\cdot 1+1\cdot 3 & (-2)\cdot 2+1\cdot 4\\ \frac{3}{2}\cdot 1-\frac{1}{2}\cdot 3 & \frac{3}{2}\cdot 2-\frac{1}{2}\cdot 4\end{bmatrix}=\begin{bmatrix}1 & 0\\ 0 & 1\end{bmatrix}。\end{aligned}$$

假设涉及的逆矩阵存在（因此矩阵$A$和$B$是非奇异的），我们可以发现如下性质：

$$\begin{aligned}&I^{-1}=I\\&(A^{-1})^{-1}=A\\&(A^{T})^{-1}=(A^{-1})^{T}\\&(AB)^{-1}=B^{-1}A^{-1}\\&|A^{-1}|=|A|^{-1}\end{aligned}\tag{A.17}$$

### □ A.2.5 克莱姆法则

假设我们有如下 $n$ 个方程和 $n$ 个未知量的线性方程组：

$$\begin{aligned} a_{11}x_1+a_{12}x_2+\cdots+a_{1n}x_n&=b_1\\ a_{21}x_1+a_{22}x_2+\cdots+a_{2n}x_n&=b_2\\ \vdots\qquad\qquad&=\vdots\\ a_{n1}x_1+a_{n2}x_2+\cdots+a_{nn}x_n&=b_n \end{aligned} \tag{A.18}$$

其中，$a_{ij}$ 是系数，$b_i$ 是外生变量，$x_i$ 是内生变量。我们可以将这个方程组写成单一矩阵方程的形式：

$$Ax=b, \tag{A.19}$$

其中，$A$ 是一个 $n\times n$ 阶矩阵，而 $x$ 和 $b$ 是 $n\times 1$ 阶（列）向量：

$$A\equiv\begin{bmatrix} a_{11} & a_{12} & \cdots & a_{1n}\\ a_{21} & a_{22} & \cdots & a_{2n}\\ \vdots & \vdots & \ddots & \vdots\\ a_{n1} & a_{n2} & \cdots & a_{nn} \end{bmatrix},\quad x\equiv\begin{bmatrix} x_1\\ x_2\\ \vdots\\ x_n \end{bmatrix},\quad b\equiv\begin{bmatrix} b_1\\ b_2\\ \vdots\\ b_n \end{bmatrix}。 \tag{A.20}$$

假设系数矩阵 $A$ 是非奇异的（因此 $|A|\neq 0$），矩阵方程的解是

$$x=A^{-1}b。 \tag{A.21}$$

不需要求整个矩阵 $A$ 的逆，我们可以通过克莱姆法则（只与行列式相关）来求得单个变量的解：

$$x_j=\frac{|A_j|}{|A|},\quad j=1,2,\cdots,n, \tag{A.22}$$

其中，$|A_j|$ 是矩阵 $A_j$ 的行列式，该矩阵是将 $A$ 的第 $j$ 列用外生变量向量（比如 $A_1$）取代而得到的：

$$A_1\equiv\begin{bmatrix} b_1 & a_{12} & a_{13} & \cdots & a_{1n}\\ b_2 & a_{22} & a_{23} & \cdots & a_{2n}\\ \vdots & \vdots & \vdots & \ddots & \vdots\\ b_n & a_{n2} & a_{n3} & \cdots & a_{nn} \end{bmatrix}。 \tag{A.23}$$

如果向量 $b$ 完全由 0 组成，我们称这样的方程组是齐次的。如果 $|A|\neq 0$，那么矩阵方程的唯一解是平凡的：$x=A^{-1}b=0$。得到齐次方程的非平凡解的唯一办法是系数矩阵是奇异的，即 $|A|=0$。在那种情况下，克莱姆法则不再适用。然而，在那种情况下，存在着无数个解（包括平凡解）。例如，考虑如下齐次方程组：

$$\begin{bmatrix} 1 & 2\\ 2 & 4 \end{bmatrix}\begin{bmatrix} x_1\\ x_2 \end{bmatrix}=\begin{bmatrix} 0\\ 0 \end{bmatrix}。 \tag{A.24}$$

显然，$|A|=4-4=0$，因此方程组是奇异的（第2行是第1行的两倍）。然而，平凡解（$x_1=x_2=0$）和无数个非平凡解（使得 $x_1+2x_2=0$ 的任意组合）都存在。从直觉上来说，我们有无数个解，因为我们只有一个方程，却有两个未知数。

### □ A.2.6 特征根和特征向量

$n\times n$ 阶矩阵 $A$ 的特征向量是非零向量 $x$，当 $A$ 左乘该非零向量时得到了同一个向量的倍数：

$$Ax=\lambda x, \tag{A.25}$$

其中，$\lambda$ 被称为 $A$ 的特征根（或本征值）。改写式（A.25），我们发现：

$$(A-\lambda I)x=0, \tag{A.26}$$

它由有非平凡解的齐次线性方程组构成，如果它的系数矩阵 $A-\lambda I$ 的行列式是零：

$$\Phi(\lambda)\equiv|A-\lambda I|=0。 \tag{A.27}$$

注意，$\Phi$（$\lambda$）被称为 $A$ 的特征方程。对于一个 $2\times2$ 阶矩阵，特征方程可以被写为

$$\begin{aligned}\Phi(\lambda)\equiv|A-\lambda I|&=\begin{bmatrix}a_{11}-\lambda & a_{12}\\ a_{21} & a_{22}-\lambda\end{bmatrix}=(\lambda-a_{11})(\lambda-a_{22})-a_{12}a_{21}\\&=\lambda^2-(a_{11}+a_{22})\lambda+a_{11}a_{22}-a_{12}a_{21}\\&=\lambda^2-\text{tr}(A)\lambda+|A|=0,\end{aligned} \tag{A.28}$$

其中，$\text{tr}(A)$ 和 $|A|$ 分别是矩阵 $A$ 的迹和行列式。所以，对于这种矩阵，它的特征方程是 $\lambda$ 的二次式，因此有两个根：

$$\lambda_{1,2}=\frac{\text{tr}(A)\pm\sqrt{[\text{tr}(A)]^2-4|A|}}{2}。 \tag{A.29}$$

如果判别式 $[\text{tr}(A)]^2-4|A|$ 不等于0，两个根是不同的。如果判别式是正的（显然，这是 $|A|<0$ 的情形），这两个根是实根（而不是复根）。对于 $n\times n$ 阶矩阵而言，特征方程是 $n$ 阶多项式，它有 $n$ 个根，$\lambda_1$，$\lambda_2$，…，$\lambda_n$，它们可能不是相异的，也可能不是实的。特征根的一些性质是

$$\begin{aligned}&\textstyle\sum_{i=1}^{n}\lambda_i=\text{tr}(A),\\&\textstyle\prod_{i=1}^{n}\lambda_i=|A|\end{aligned}。 \tag{A.30}$$

与每个特征根相关的是特征向量（或本征向量），而且是唯一确定的常量。与 $\lambda_i$ 相关的特征向量 $x^{(i)}$ 是式（A.26）的解。如果一个矩阵有不同的特征根，那么它可以对角化为如下形式：

$$P^{-1}AP=\Lambda \quad\Leftrightarrow\quad A=P\Lambda P^{-1}, \tag{A.31}$$

其中，$P$ 是以特征向量 $x^{(i)}$ 为列的矩阵，而 $\Lambda$ 是主对角线元素为特征根 $\lambda_i$ 的对角矩阵。在微分方程和差分方程的背景下，对角化是有用的——见2.2节和下文。

## 特征值、特征向量和矩阵对角化

假设矩阵 $A$ 定义如下：

$$A=\begin{bmatrix}6 & 10\\ -2 & -3\end{bmatrix}。$$

特征方程是 $\lambda^2-3\lambda+2=(\lambda-1)(\lambda-2)=0$，因此特征根是 $\lambda_1=1$ 和 $\lambda_2=2$。注意，通过式（A.26），可以得到与 $\lambda_1$ 相关的特征向量：

$$(\lambda_1 I-A)x=0,$$

$$\left(\begin{bmatrix}1 & 0\\ 0 & 1\end{bmatrix}-\begin{bmatrix}6 & 10\\ -2 & -3\end{bmatrix}\right)\begin{bmatrix}x_1\\ x_2\end{bmatrix}=\begin{bmatrix}0\\ 0\end{bmatrix},$$

$$\begin{bmatrix}-5 & -10\\ 2 & 4\end{bmatrix}\begin{bmatrix}x_1\\ x_2\end{bmatrix}=\begin{bmatrix}0\\ 0\end{bmatrix}。$$

任何满足 $2x_1+4x_2=0$ 的解都是可以的。所以，令 $x_1=c$（一个非零常数），我们便得到了 $x_2=-c/2$，因此与 $\lambda_1$ 相关的特征向量是

$$x^{(1)}\equiv\begin{bmatrix}c\\ -c/2\end{bmatrix}。$$

类似地，对于 $\lambda_2=2$ 我们发现：

$$(\lambda_2 I-A)x=0,$$

$$\left(\begin{bmatrix}2 & 0\\ 0 & 2\end{bmatrix}-\begin{bmatrix}6 & 10\\ -2 & -3\end{bmatrix}\right)\begin{bmatrix}x_1\\ x_2\end{bmatrix}=\begin{bmatrix}0\\ 0\end{bmatrix},$$

$$\begin{bmatrix}-4 & -10\\ 2 & 5\end{bmatrix}\begin{bmatrix}x_1\\ x_2\end{bmatrix}=\begin{bmatrix}0\\ 0\end{bmatrix}。$$

任何满足 $2x_1+5x_2=0$ 的解都是可以的。所以，与 $\lambda_2$ 相关的特征向量是

$$x^{(2)}\equiv\begin{bmatrix}c\\ -2c/5\end{bmatrix}。$$

在列举的矩阵中我们有：

$$P\equiv\begin{bmatrix}c & c\\ -c/2 & -2c/5\end{bmatrix} \quad 和 \quad \Lambda\equiv\begin{bmatrix}1 & 0\\ 0 & 2\end{bmatrix},$$

从中我们可以证明如下结果：

$$\begin{aligned}P\Lambda P^{-1}&=\frac{10}{c^2}\begin{bmatrix}c & c\\ -c/2 & -2c/5\end{bmatrix}\begin{bmatrix}1 & 0\\ 0 & 2\end{bmatrix}\begin{bmatrix}-2c/5 & -c\\ c/2 & c\end{bmatrix}\\ &=10\begin{bmatrix}1 & 1\\ -1/2 & -2/5\end{bmatrix}\begin{bmatrix}1 & 0\\ 0 & 2\end{bmatrix}\begin{bmatrix}-2/5 & -1\\ 1/2 & 1\end{bmatrix}\end{aligned}$$

$$=10\begin{bmatrix}1 & 2\\ -1/2 & -4/5\end{bmatrix}\begin{bmatrix}-2/5 & -1\\ 1/2 & 1\end{bmatrix}=10\begin{bmatrix}3/5 & 1\\ -1/5 & -3/10\end{bmatrix}$$

$$=A,$$

命题得证！

### □ A.2.7 文 献

初级：Klein（1998，chs. 4－5）、Chiang（1984，chs. 4－5）、Sydsæter 和 Hammond（1995，chs. 12－14）。

中级：Intriligator（1971，appendix B）、Kreyszig（1999，chs. 6－7）以及 Strang（1988）。

高级：Ayres（1974）、Lancaster 和 Tismenetsky（1985）以及 Ortega（1987）。

## A.3 隐函数定理

### □ A.3.1 单个方程

本书中我们充分利用了隐函数这个技巧。例如，在第 1 章［式（1.4）］我们得到短期利润最大化的劳动力需求方程是劳动的边际产出等于实际工资率：

$$F_N(N,\bar{K})=w, \tag{A.32}$$

其中，$F(N,\bar{K})$ 是规模报酬不变的生产函数，$F_N(N,\bar{K})\equiv\partial F(N,\bar{K})/\partial N$ 是劳动的边际产出，$\bar{K}$ 是固定资本存量，$w$ 是实际工资率。从数学上来说，式（A.32）建立了 $N$、$\bar{K}$ 和 $w$ 之间的关系。所有方程都表明这三个变量彼此相关。然而经济学家会想知道，例如，劳动需求 $N$ 如何由 $w$ 和 $\bar{K}$ 决定。得到所需信息的方法（隐函数技巧的关键所在）就是对式（A.32）关于所有变量求全微分：

$$F_{NN}dN+F_{NK}d\bar{K}=dw。 \tag{A.33}$$

如果我们想知道 $w$ 如何决定 $N$，我们保持 $\bar{K}$ 恒定（$d\bar{K}=0$），然后改写式（A.33）为

$$F_{NN}\,\partial N=\partial w \quad\Leftrightarrow\quad \frac{\partial N}{\partial w}=\frac{1}{F_{NN}}, \tag{A.34}$$

我们利用 $\partial$代替 $d$ 是因为这是 $w$ 对 $N$ 的局部效应（由于 $\bar{K}$ 保持不变）。类似地，保证 $w$ 恒定（且令 $dw=0$），我们可以从式（A.33）得到 $\bar{K}$ 对 $N$ 的局部效应：

$$F_{NN}\,\partial N=-F_{NK}\,\partial\bar{K} \quad\Leftrightarrow\quad \frac{\partial N}{\partial\bar{K}}=-\frac{F_{NK}}{F_{NN}}。 \tag{A.35}$$

这个技巧非常好！它告诉我们式（A.32）定义了 $N$ 和（$w$，$\bar{K}$）之间的隐函数，其偏导数由式（A.34）和式（A.35）分别给出。显然，式（A.32）也暗含着 $\bar{K}$ 对（$w$，$N$）的隐函数以及 $w$ 对（$\bar{K}$，$N$）的隐函数，我们可以用同样的方法得到这些隐函数的偏导方程。但是在经济意义上，我们要寻找的是与劳动需求有关的 $w$ 和 $\bar{K}$ 之间的隐函数。我们现在将这个技巧推广一下。

假设我们有如下方程，使得内生利率变量 $y$ 与一个或多个外生变量 $x_i$ 相关：

$$F(y,x_1,x_2,\cdots,x_m)=0。\tag{A.36}$$

假设：(a) $F$ 有连续偏导（记为 $F_y\equiv\partial F/\partial y$，$F_j\equiv\partial F/\partial x_j$，$j=1$，2，…，$m$）；(b) 在满足式（A.36）的 $[y^0, x_j^0]$ 附近有 $F_y\neq 0$。那么根据隐函数定理，存在（$x_j^0$）的 $m$ 维领域，在该领域中，$y$ 表示为外生变量的隐函数：

$$y=f(x_1,x_2,\cdots,x_m)。\tag{A.37}$$

隐函数是连续的并且具有连续偏导数，记为 $f_j\equiv\partial f/\partial x_j$，可以通过如下方式计算：

$$\frac{\partial y}{\partial x_j}=f_j=-\frac{F_j}{F_y},\quad j=1,2,\cdots,m。\tag{A.38}$$

例如，可以考虑 $F(y, x)=y^2+x^2-9$。我们发现 $F_y=2y$ 且 $F_x=2x$，所以如果 $y\neq 0$，有 $\partial y/\partial x=-F_x/F_y=-x/y$。注意，$F(y, x)=0$ 定义了一个以原点为圆心、半径为 3 的圆。在圆上一个特殊点估计，例如 $y_0=1$，$x_0=+\sqrt{8}$，我们从隐函数规则可以得知在该点 $\partial y/\partial x=-F_x/F_y=-x_0/y_0=-\sqrt{8}$。

### □ A.3.2 方程组

接下来我们考虑含 $n$ 个方程的方程组，有 $n$ 个内生变量（$y_1$，$y_2$，…，$y_n$）：

$$\begin{aligned}F^1(y_1,y_2,\cdots,y_n;x_1,x_2,\cdots,x_m) &= 0\\ F^2(y_1,y_2,\cdots,y_n;x_1,x_2,\cdots,x_m) &= 0\\ \vdots &= \vdots\\ F^n(y_1,y_2,\cdots,y_n;x_1,x_2,\cdots,x_m) &= 0\end{aligned}\tag{A.39}$$

我们假设：(a) 函数 $F^i$ 对于所有 $y_i$ 和 $x_j$ 都有连续偏导数；(b) 在点 $[y_i^0; x_j^0]$，下面的（雅可比矩阵的）行列式非零：

$$|J|\equiv\begin{vmatrix}\partial F^1/\partial y_1 & \partial F^1/\partial y_2 & \cdots & \partial F^1/\partial y_n\\ \partial F^2/\partial y_1 & \partial F^2/\partial y_2 & \cdots & \partial F^2/\partial y_n\\ \vdots & \vdots & \ddots & \vdots\\ \partial F^n/\partial y_1 & \partial F^n/\partial y_2 & \cdots & \partial F^n/\partial y_n\end{vmatrix}\neq 0。\tag{A.40}$$

那么，根据广义隐函数定理，存在（$x_j^0$）的 $m$ 维领域，在该领域中，变量 $y_i$ 被定义为外生变量的隐函数：

$$\begin{aligned}y_1 &= f^1(x_1,x_2,\cdots,x_m)\\ y_2 &= f^2(x_1,x_2,\cdots,x_m)\\ \vdots &= \quad\vdots\\ y_n &= f^n(x_1,x_2,\cdots,x_m)\end{aligned}\tag{A.41}$$

这些隐函数是连续的并且有连续的偏导数，记为 $f_j^i \equiv \partial f^i / \partial x_j$，可以通过如下方式计算：

$$\frac{\partial y_i}{\partial x_j} = f_j^i = \frac{|J_j^i|}{|J|}, \quad i=1,2,\cdots,n, \tag{A.42}$$

其中，$J_j^i$ 是用下面的偏导数向量取代矩阵 $J$ 的第 $i$ 列所得到的：

$$\begin{bmatrix} -\partial F^1/\partial x_j \\ -\partial F^2/\partial x_j \\ \vdots \\ -\partial F^n/\partial x_j \end{bmatrix}。\tag{A.43}$$

**插叙 A.3☞**

**广义隐函数定理：一个宏观经济应用**

例如，考虑 IS-LM 模型：

$$Y=C(Y-T(Y))+I(R)+G_0,$$

$$M_0=L(R,Y),$$

其中，$Y$ 是产出，$C$ 是消费，$I$ 是投资，$r$ 是利率，$T$ 是税收。内生变量是 $R$ 和 $Y$，而外生变量是政府消费 $G_0$ 和货币供给 $M_0$。通过对 $G_0$ 求微分我们得到：

$$\begin{bmatrix} 1-C_{Y-T}(1-T_Y) & -I_R \\ L_Y & L_R \end{bmatrix}\begin{bmatrix} \partial Y/\partial G_0 \\ \partial R/\partial G_0 \end{bmatrix}=\begin{bmatrix} 1 \\ 0 \end{bmatrix}。$$

雅可比行列式是

$$|J| \equiv L_R[1-C_{Y-T}(1-T_Y)]+I_R L_Y<0,$$

其中，符号的确定源于以下事实：货币需求和投资都与利率负相关（$L_R<0$ 和 $I_R<0$），边际消费倾向和边际税率位于 0 和 1 之间［因此 $0<C_{Y-T}(1-T_Y)<1$］，而货币需求与产出正相关（$L_Y>0$）。依据克莱姆法则，我们得到偏导数

$$\frac{\partial Y}{\partial G_0}=\frac{1}{|J|}\begin{vmatrix} 1 & -I_R \\ 0 & L_R \end{vmatrix}=\frac{L_R}{L_R[1-C_{Y-T}(1-T_Y)]+I_R L_Y}>0$$

$$\frac{\partial R}{\partial G_0}=\frac{1}{|J|}\begin{vmatrix} 1-C_{Y-T}(1-T_Y) & 1 \\ L_Y & 0 \end{vmatrix}$$

$$=\frac{-L_Y}{L_R[1-C_{Y-T}(1-T_Y)]+I_R L_Y}>0。$$

这些表达式当然与直觉一致（见 1.2.3 节）。

### □ A.3.3 文献

初级：Klein（1998，pp. 239 - 245）、Chiang（1984，ch. 8）以及 Sydsæter 和

Hammond (1995, pp. 591 - 593)。

高级：De la Fuente (2000, ch. 5)。

## A.4 静态优化

### A.4.1 无约束优化

假设我们希望求下面函数的最优值（最大值或最小值）：

$$y=f(x), \tag{A.44}$$

其中，我们假设函数是连续的且具有连续偏导数。该函数在点 $x=x_0$ 处具有（相对）极值的必要条件是

$$f'(x_0)=0。 \tag{A.45}$$

为了检验 $f(x)$ 是否在 $x=x_0$ 处取到相对最大值或相对最小值，我们计算二阶条件。二阶充分条件是

$$\text{如果 } f''(x_0)\begin{Bmatrix}<\\>\end{Bmatrix}0,\quad f(x_0)\text{是相对}\begin{Bmatrix}\text{最大值}\\\text{最小值}\end{Bmatrix}。 \tag{A.46}$$

现在假设函数依赖于 $n$ 个参数（选择变量）：

$$y=f(x_1,x_2,\cdots,x_n), \tag{A.47}$$

其中，$f(\cdot)$ 是连续的且有连续偏导数。相对极值的一阶必要条件是

$$f_i=0,\quad i=1,2,\cdots,n, \tag{A.48}$$

其中，$f_i\equiv\partial f/\partial x_i$ 是 $f(\cdot)$ 对 $x_i$ 的偏导数。为了研究二阶充分条件，我们定义二阶导数的海塞（Hessian）矩阵 $H$ 为

$$\underset{n\times n}{H}\equiv\begin{bmatrix}f_{11} & f_{12} & \cdots & f_{1n}\\ f_{21} & f_{22} & \cdots & f_{2n}\\ \vdots & \vdots & \ddots & \vdots\\ f_{n1} & f_{n2} & \cdots & f_{nn}\end{bmatrix}, \tag{A.49}$$

其中，$f_{ii}\equiv\partial^2 f/\partial x_i^2$ 且 $f_{ij}\equiv\partial^2 f/\partial x_i\,\partial x_j$ 是二阶偏导数。根据杨氏定理，我们知道$f_{ij}=f_{ji}$，因此海塞矩阵是对称的。我们定义 $H$ 的如下顺序主子式集，即沿着主对角线的子行列式：

$$|H_1|\equiv f_{11},|H_2|\equiv\begin{vmatrix}f_{11} & f_{12}\\ f_{21} & f_{22}\end{vmatrix},\cdots,|H_n|\equiv\begin{vmatrix}f_{11} & f_{12} & \cdots & f_{1n}\\ f_{21} & f_{22} & \cdots & f_{2n}\\ \vdots & \vdots & \ddots & \vdots\\ f_{n1} & f_{n2} & \cdots & f_{nn}\end{vmatrix}。 \tag{A.50}$$

那么，如果一阶条件在点（$x_1^0$，$x_2^0$，…，$x_n^0$）处成立，那么 $f(x_i^0)$ 是相对最大值的二阶充分条件是

$$|H_1|<0,|H_2|>0,\cdots,(-1)^n|H_n|>0, \tag{A.51}$$

与此同时，关于相对最小值的二阶充分条件是

$$|H_1|,|H_2|,\cdots,|H_n|>0。 \tag{A.52}$$

参见 Chiang（1984，pp. 337－353）中 $f(\cdot)$ 的凹凸性和二阶条件的关系。

### □ A. 4. 2　等式约束

我们关注有多个选择变量和一个等式约束的情形。正如在无约束的情形下一样，目标函数由式（A. 47）给定。约束由下式给出：

$$g(x_1,x_2,\cdots,x_n)=c, \tag{A.53}$$

其中，$c$ 是常数。我们假设 $g(\cdot)$ 是连续的且具有连续偏导数。拉格朗日函数定义如下：

$$\mathcal{L}\equiv f(x_1,x_2,\cdots,x_n)+\lambda[c-g(x_1,x_2,\cdots,x_n)], \tag{A.54}$$

其中，$\lambda$ 是拉格朗日乘子。极值的一阶必要条件是

$$\begin{aligned}&\mathcal{L}_i=0,\quad i=1,2,\cdots,n,\\&\quad\mathcal{L}_\lambda=0,\end{aligned} \tag{A.55}$$

其中，$\mathcal{L}_i\equiv\partial\mathcal{L}/\partial x_i$ 和 $\mathcal{L}_\lambda\equiv\partial\mathcal{L}/\partial\lambda$ 分别是拉格朗日函数关于 $x_i$ 和 $\lambda$ 的偏导数。为了研究二阶条件，我们创立了由 $\overline{H}$ 表示的所谓的加边海塞矩阵：

$$\underset{(n+1)\times(n+1)}{\overline{H}}\equiv\begin{bmatrix}0&g_1&g_2&\cdots&g_n\\g_1&f_{11}&f_{12}&\cdots&f_{1n}\\g_2&f_{21}&f_{22}&\cdots&f_{2n}\\\vdots&\vdots&\vdots&\ddots&\vdots\\g_n&f_{n1}&f_{n2}&\cdots&f_{nn}\end{bmatrix}。 \tag{A.56}$$

加边海塞矩阵由普通海塞矩阵和边界上的约束函数（$g_i$）的偏导数组成。我们定义了 $\overline{H}$ 的如下主子式集：

$$|\overline{H}_2|\equiv\begin{vmatrix}0&g_1&g_2\\g_1&f_{11}&f_{12}\\g_2&f_{21}&f_{22}\end{vmatrix},\cdots,|H_n|=\begin{vmatrix}0&g_1&g_2&\cdots&g_n\\g_1&f_{11}&f_{12}&\cdots&f_{1n}\\g_2&f_{21}&f_{22}&\cdots&f_{2n}\\\vdots&\vdots&\vdots&\ddots&\vdots\\g_n&f_{n1}&f_{n2}&\cdots&f_{nn}\end{vmatrix}。 \tag{A.57}$$

那么，如果一阶条件在点（$x_1^0$，$x_2^0$，…，$x_n^0$）处成立，那么 $f(x_i^0)$ 是相对的有约束的最大值的二阶充分条件是

$$(-1)^k|\overline{H}_k|>0,\quad k=2,\cdots,n, \tag{A.58}$$

而相对的有约束的最小值的二阶条件是

$$|\bar{H}_k|<0, \quad k=2,\cdots,n。 \tag{A.59}$$

如果有多个约束，那么其他拉格朗日乘子要加进拉格朗日函数（一个约束对应一个乘子），而每个拉格朗日乘子 $\lambda_j$ 的一阶条件的形式是 $\mathcal{L}_{\lambda_j} \equiv \partial \mathcal{L}/\partial \lambda_j = 0$。参见 Chiang（1984，pp. 385－386）关于多个约束情形下的定义明确的加边海塞矩阵。

#### A. 4. 2. 1　对于拉格朗日乘子的解释

我们现在回到单个约束的情形，以解释最优化中的拉格朗日乘子。利用上标"0"表示最优值，我们可以将拉格朗日函数的最优值写为

$$\mathcal{L}^0 \equiv f(x_1^0, x_2^0, \cdots, x_n^0) + \lambda^0[c - g(x_1^0, x_2^0, \cdots, x_n^0)]。 \tag{A.60}$$

接下来，我们要问，如果约束在边际上改变了，将会发生什么情况。显然，如果 $c$ 变化了，那么 $\lambda^0$ 和 $x_i^0$ 都要发生变化。对式（A. 60）求微分，我们得到：

$$\frac{d\mathcal{L}^0}{dc} = \sum_{i=1}^{n} \mathcal{L}_i \cdot \frac{dx_i^0}{dc} + \mathcal{L}_\lambda \cdot \frac{d\lambda^0}{dc} + \lambda^0 \cdot \frac{dc}{dc} = \lambda^0, \tag{A.61}$$

其中，我们从第一个等号推导到第二个等号时用到了最优化的必要条件（对于 $i=1$，2，…，$n$，有 $\mathcal{L}_\lambda = \mathcal{L}_i = 0$）。回忆一下，约束的等号成立 $[c=g(\cdot)]$，因此，$\lambda^0$ 衡量了 $c$ 的微小改变对于目标函数 $f(\cdot)$ 的最优值的影响。例如，如果目标函数是效用而 $c$ 是收入，那么 $\lambda^0$ 就是收入的边际效用。

### □ A. 4. 3　不等式约束

我们现在简要地研究非线性规划的关键结果。我们首先看一下对于选择变量有非负约束的最简单情形。之后我们着手考虑一般的不等式这一更具挑战性的情形。我们将注意力集中于一阶条件，而忽略一些相关的棘手之处（例如约束规范和二阶条件）。

#### A. 4. 3. 1　非负约束

假设面对的问题是在只有非负约束 $x \geqslant 0$ 的条件下最大化函数 $y=f(x)$。有三种情况能产生这种问题。这些问题已经在从 Chiang（1984，p. 723）处引用的图 A—1中得到了说明。

图（a）说明了我们前面（A. 4. 1 节）详细研究过的情形。当 $x$ 严格取正值时，函数取最大值。我们称之为内点解，因为解完全位于可行区域的内部（而不是在边界上）。约束$x \geqslant 0$ 是松的，而一阶条件和前面一样：

$$f'(x_0)=0。\quad（内点解）$$

图（b）和图（c）处理了两种类型的边界解。在图（b）中函数在 $x=x_0=0$ 时取得最大值，即恰好在可行区域的边界上。因此，在图（b）中我们有：

$$f'(x_0)=0 \quad 和 \quad x_0=0。\quad（边界解）$$

最后，在图（c）中我们也有一个边界解，但是这个解中对于负的（不可行的）$x$

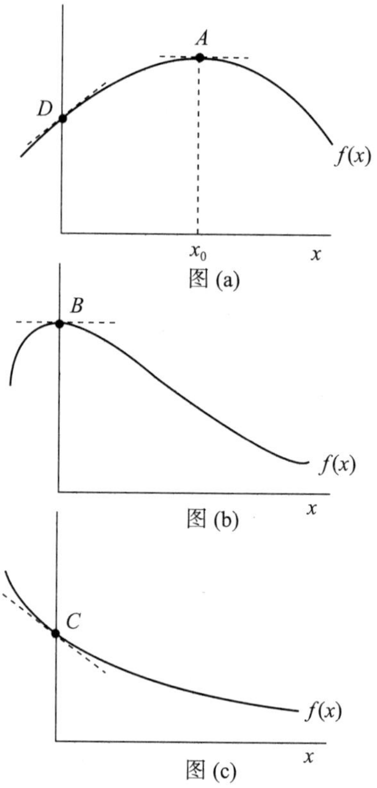


**图 A—1　非负约束**

值，$f(x)$ 仍然上升。因而，在该点我们有：

$$f'(x_0)<0 \quad 和 \quad x_0=0。\quad （边界解）$$

涵盖了内点解和两种边界解的这三大条件，能够合并成单一的表达式：

$$f'(x_0)\leqslant 0, \quad x_0\geqslant 0, \quad x_0 f'(x_0)=0。 \tag{A. 62}$$

注意到这一表述有两个关键点。首先，从图 A—1 显然可以看出，我们能非常有把握地将 $f'(x_0)>0$ 的情形排除出我们的考虑范围。如果 $f'(x_0)>0$，那么即使 $x_0=0$ 也不可能达到最大值，因为即使 $x$ 增加一点点也会使目标函数增加［见图（a）中的点 D］。第二个关键结果是关于式（A. 62）中的第三个条件的，即 $x_0$ 和 $f'(x_0)$ 中至少有一个为零。

当有 $n$ 个选择变量时，问题转变为在非负约束 $x_i\geqslant 0$（$i=1，2，\cdots，n$）下，选择 $x_i$（$i=1,2，\cdots，n$），以最大化 $f(x_1，x_2，\cdots，x_n)$。与这一问题相关的一阶条件是对于式（A. 62）的简单推广：

$$f_i\leqslant 0, \quad x_i\geqslant 0, \quad x_i f'(x_i)=0, \quad i=1,2,\cdots,n。 \tag{A. 63}$$

### A. 4. 3. 2　一般的不等式约束

假设目标函数由式（A. 47）给出，非负约束为 $x_i\geqslant 0$，而非线性约束由下式给出：

$$
\begin{aligned}
g^1(x_1,x_2,\cdots,x_n) &\leqslant c_1,\\
g^2(x_1,x_2,\cdots,x_n) &\leqslant c_2,\\
\vdots \quad &\leqslant \vdots\\
g^m(x_1,x_2,\cdots,x_n) &\leqslant c_m,
\end{aligned}
\tag{A. 64}
$$

其中，$c_j$ 是常数而函数 $g^j(\cdot)$ 是连续的且有连续偏导数（$j=1$，2，…，$m$）。与这个问题相关的拉格朗日函数是

$$
\mathcal{L} \equiv f(x_1,x_2,\cdots,x_n)+\sum_{j=1}^{m}\lambda_j[c_j-g^j(x_1,x_2,\cdots,x_n)],
\tag{A. 65}
$$

其中，$\lambda_j$ 是与不等式约束 $c_j \geqslant g^j(\cdot)$ 相关的拉格朗日乘子。对于一个受约束最大化问题，一阶条件是

$$
\begin{aligned}
&\mathcal{L}_i \leqslant 0 \quad x_i \geqslant 0 \quad x_i\mathcal{L}_i=0 \quad i=1,2,\cdots,n,\\
&\mathcal{L}_{\lambda_j} \geqslant 0 \quad \lambda_j \geqslant 0 \quad \lambda_j\mathcal{L}_{\lambda_j}=0 \quad j=1,2,\cdots,m,
\end{aligned}
\tag{A. 66}
$$

其中，$\mathcal{L}_i \equiv \partial\mathcal{L}/\partial x_i$ 且 $\mathcal{L}_{\lambda_j} \equiv \partial\mathcal{L}/\partial\lambda_j$。

对于一个最小化问题，拉格朗日函数和前面的相同，但是一阶条件变成

$$
\begin{aligned}
&\mathcal{L}_i \geqslant 0 \quad x_i \geqslant 0 \quad x_i\mathcal{L}_i=0 \quad i=1,2,\cdots,n,\\
&\mathcal{L}_{\lambda_j} \leqslant 0 \quad \lambda_j \geqslant 0 \quad \lambda_j\mathcal{L}_{\lambda_j}=0 \quad j=1,2,\cdots,m。
\end{aligned}
\tag{A. 67}
$$

我们建议读者参见 Chiang（1984，pp. 731－755）中关于二阶条件和对于约束函数的限制（所谓的约束规范条件）的详细讨论。

### □ A. 4. 4　文　献

初级：Klein（1998，chs 9－11）、Chiang（1984，chs 9－12，21）以及 Sydsæter 和 Hammond（1995，chs 17－18）。

中级：Dixit（1990，chs 2－8）和 Intriligator（1971，chs 2－4）。

高级：de la Fuente（2000，chs 7－8）。

## A. 5　单个微分方程

在本节中我们将说明如何解经常遇到的大多数微分方程。我们遵循经济学文献中的标准过程，利用牛顿的“点”记号来表示关于时间的导数，即 $\dot{y}(t)\equiv dy(t)/dt$ 和 $\ddot{y}(t)\equiv d^2y/dt^2$ 等。

### □ A. 5. 1　一阶（常系数）

#### A. 5. 1. 1　齐次

假设我们有如下的关于 $y(t)$ 的微分方程：

$$
\dot{y}(t)+ay(t)=0,
\tag{A. 68}
$$

其中，$a$ 是常数。这被称为齐次微分方程，因为方程右边的常数项是零。为了解这个方程，我们必须找到 $y(t)$ 的一条路径，使得 $y(t)$ 的指数增长速率是常数，即$\dot{y}(t)/y(t)=-a$。因为增长必须是指数型的，那么尝试指数类型的解便是符合逻辑的：

$$y(t)=Ae^{\alpha t}, \tag{A.69}$$

其中，$A\neq 0$ 且 $\alpha$ 是待定常数。显然试验解满足式（A.68）。这说明：

$$\alpha Ae^{\alpha t}+aAe^{\alpha t}=0,$$

$$(\alpha+a)Ae^{\alpha t}=0 \quad \Rightarrow \quad \alpha=-a, \tag{A.70}$$

其中，结果遵循了事实 $Ae^{\alpha t}\neq 0$。假设我们也为 $y(t)$ 给出了一个初始值，比如$y(0)=y_0$（一个常数）。那么根据我们的试验解，$y(t)=Ae^{-\alpha t}$ 而 $y(0)=A=y_0$（因为对 $t=0$有 $e^{-\alpha t}=1$），因此，这个齐次微分方程的完全解是

$$y(t)=y_0e^{-at}。 \tag{A.71}$$

#### A.5.1.2 非齐次

现在假设微分方程是非齐次的：

$$\dot{y}(t)+ay(t)=b, \quad y(t)\neq 0, \tag{A.72}$$

其中，$b\neq 0$。我们分两步来求解。首先，我们求出余函数 $y_C(t)$，它是解微分方程的齐次部分的 $y(t)$ 的路径。接下来，我们求对于一般方程的所谓的特解 $y_p(t)$。将余函数和特解加到一起我们便得到一般解。如果我们想添加初始条件，就可以将其放在求出一般解之后。

因为余函数满足微分方程的齐次部分，因此为它尝试 $y_C(t)=Ae^{-at}$是有意义的。特解是通过从最简单的情形开始的试错而找到的。尝试 $y_P(t)=k$（一个常数）并将其代入微分方程：

$$\dot{y}_P(t)+ay_P(t)=b,$$

$$0+ak=b \quad \Rightarrow \quad k=\frac{b}{a} \quad (a\neq 0)。 \tag{A.73}$$

因此，如果 $a\neq 0$，我们最简单的试验解是有效的，而一般解由下式给出：

$$y(t)[=y_C(t)+y_P(t)]=Ae^{-at}+\frac{b}{a} \quad (a\neq 0)。 \tag{A.74}$$

如果我们有初始条件 $y(0)=y_0$（和前面一样），那么我们发现 $A=y_0-b/a$。

如果 $a=0$ 又会怎样？在那种情况下，余函数是 $y_C(t)=Ae^{-0t}=A$（一个常数），所以假设特解也是一个常数完全没有意义。此外，我们猜测 $y_P(t)=kt$（时间趋势）。将其代入微分方程（A.68），我们便得到：

$$\dot{y}_P(t)+ay_P(t)=b \quad \Rightarrow \quad k=b \quad (a=0)。 \tag{A.75}$$

所以，试验解有效，一般解是

$$y(t)=A+b(t), \quad (a=0)。 \tag{A.76}$$

[令初始条件为 $y(0)=y_0$，我们得到 $A=y_0$。] 关于一般解要注意的是，我们本可以通过直接积分求出它。事实上，改写式（A.72）并令 $a=0$，我们得到了 $dy(t)=bdt$，求积分，得

$$\int dy(t)=\int bdt \quad \Rightarrow \quad y(t)=A+bt, \tag{A.77}$$

其中，$A$ 是积分中的常数项。当然，式（A.76）和式（A.77）是相同的，只是后者的推导不需要有灵感的猜想。

### □ A.5.2 一阶可变系数

假设微分方程有如下形式：

$$\dot{y}(t)+a(t)y(t)=b(t), \tag{A.78}$$

其中，$a$ 和 $b$ 都是时间的函数。虽然表达式没有常系数，但它关于未知函数 $y(t)$ 和它对时间的导数 $\dot{y}(t)$ 还是线性的。线性性质使得解相对直观。我们首先解 $b(t)\equiv 0$ 的齐次方程。假设 $a(t)$ 是连续的且 $y(t)\neq 0$，我们可以将式（A.78）改写为

$$\frac{dy(t)/dt}{y(t)}=-a(t), \tag{A.79}$$

从中我们可以得出这样的结论：

$$\ln|y(t)|=A-\int a(t)dt, \tag{A.80}$$

其中，我们利用了事实 $\int dy(t)/y(t)=\ln|y(t)|$，其中 $A$ 是积分常数。就像经济学中经常运用的那样，假设 $y(t)>0$，我们发现 $y(t)$ 的一般解是

$$y(t)=Ae^{-\int a(t)dt}。 \tag{A.81}$$

非齐次方程（A.78）也可以很容易地解出来，因为它具有一个积分因子 $e^{F(t)}$，其中 $F(t)$ 由下式给出：

$$F(t)\equiv\int a(t)dt。 \tag{A.82}$$

首先，我们注意到如下结果：

$$\frac{d}{dt}[e^{F(t)}y(t)]=e^{F(t)}\dot{y}(t)+y(t)e^{F(t)}\dot{F}(t)=e^{F(t)}[\dot{y}(t)+a(t)y(t)], \tag{A.83}$$

其中，我们利用了事实 $\dot{F}(t)=a(t)$。接下来，用积分因子 $e^{F(t)}$ 同时乘以式（A.78）的两边，并利用式（A.83），我们得到：

$$\frac{d}{dt}[e^{F(t)}y(t)]=b(t)e^{F(t)}。 \tag{A.84}$$

最后，对式（A.84）两边同时求积分，我们得到：

$$e^{F(t)}y(t)=A+\int b(t)e^{F(t)}dt \quad \Rightarrow$$

数学附录

$$y(t)=e^{-F(t)}\left[A+\int b(t)e^{F(t)}dt\right],\tag{A.85}$$

其中，$A$ 仍然是积分常数。

### □ A.5.3 莱布尼茨法则

在教材中，我们偶尔对积分号下的微分利用了莱布尼茨法则（Spiegel，1974，p. 163）。假设函数 $f(x)$ 定义如下：

$$f(x)\equiv\int_{u_1(x)}^{u_2(x)}g(t,x)dt,\quad a\leqslant x\leqslant b。\tag{A.86}$$

那么，如果（i）$g(t, x)$ 和 $\partial g/\partial x$ 对于 $t$ 和 $x$ 都是连续的（在包含 $u_1\leqslant t\leqslant u_2$ 和 $a\leqslant x\leqslant b$ 的某个区域内）且（ii）$u_1(x)$ 和 $u_2(x)$ 是连续的且有连续偏导数（$a\leqslant x\leqslant b$），那么 $df/dx$ 由下式给出：

$$\frac{df(x)}{dx}=\int_{u_1(x)}^{u_2(x)}\frac{\partial g(t,x)}{\partial x}dt+g(u_2,x)\frac{du_2}{dx}-g(u_1,x)\frac{du_1}{dx}。\tag{A.87}$$

$u_1$ 和 $u_2$ 经常是常数，因此式（A.87）右边的最后两项中的一个或者两个便消失了。也可参见 Sydsæter 和 Hammond（1995，pp. 547 - 549）为莱布尼茨法则所举的例子。

### □ A.5.4 文　献

初级：Klein（1998，ch. 14）、Chiang（1984，chs. 13 - 15）以及 Sydsæter 和 Hammond（1995，ch. 21）。

中级：Apostol（1967，ch. 8）、Kreyszig（1999，chs. 1 - 5）、Boyce 和 DiPrima（1992）以及 de la Fuente（2000，chs. 9 - 11）。

## A.6 微分方程组

本节的主要目的是说明拉普拉斯变换技巧对于（宏观）经济学家能够提供的帮助。同时，这一技巧并不比许多学生熟悉的比较静态方法难许多，它使得一个人能够非常彻底地以分析的形式来研究低维[①]动态模型（的性质）。

### □ A.6.1 拉普拉斯变换

拉普拉斯变换是工程背景下得到广泛应用的一个工具，而它的一个非常好的来

① “低维”的意思是方程组的雅可比矩阵的特征多项式必须在四阶及以下。对于这种多项式，根的闭式解才是有用的。对于更高阶的多项式，阿贝尔定理证明了对于根不存在有限代数公式。见 Turnbull（1988，pp. 114 - 115）关于这一话题的有趣的历史总结。

源是 Kreyszig（1999）的工程数学教材。拉普拉斯变换对于解微分方程（组）极为有用。从直观上来看，这一方法有三个步骤：(i) 将复杂问题转化为简单问题；(ii) 我们利用（矩阵）代数来解决简单问题；(iii) 我们将第 (ii) 步得到的解求逆（变换回去），以得到复杂问题的最终解。我们并不进行非常复杂的计算处理，而是对变换进行代数运算。这就是拉普拉斯变换技巧被称为算子演算的原因。

拉普拉斯变换技巧的主要优点在于它能够很方便地用来研究时变的冲击。在经济学领域这使得识别包含于经济模型中的增值机制变得非常简单。正如我们在第 15 章中所展示的，这非常重要，例如，在实际经济周期（RBC）传统的模型里。

假设 $f(t)$ 是对 $t\geqslant 0$ 定义的函数。那么我们可以如下定义这个函数的拉普拉斯变换①：

$$\mathcal{L}\{f,s\}\equiv\int_0^{\infty}e^{-st}f(t)dt。\tag{A.88}$$

在经济学领域中，$\mathcal{L}\{f, s\}$ 是函数 $f(t)$ 的贴现值，从现在到无限的未来，利用 $s$ 作为贴现率。显然，如果式（A.88）右边的积分存在，那么 $\mathcal{L}\{f, s\}$ 就有定义，可以被看作 $s$ 的函数。

这里是一些简单的示例。假设对于 $t\geqslant 0$ 有 $f(t)=1$，那么 $\mathcal{L}\{f, s\}$ 是多少？我们利用式（A.88）中的定义可得到，对于 $s>0$：

$$\mathcal{L}\{f,s\}=\mathcal{L}\{1,s\}=\int_0^{\infty}1\cdot e^{-st}dt=-\frac{1}{s}e^{-st}\Big|_0^{\infty}=\frac{1}{s}。$$

我们找到了第一个拉普拉斯变换，即 $\mathcal{L}\{1, s\}=1/s$。虽然它的推导非常容易，但 1 的变换 $\mathcal{L}\{1, s\}$ 也是极为有用的，值得记住。现在我们试着找一个更有挑战性的。假设对于 $t\geqslant 0$ 有 $f(t)=e^{at}$，那么 $\mathcal{L}\{f, s\}$ 是多少？我们再一次利用式（A.88）中的定义并得到：

$$\begin{aligned}\mathcal{L}\{f,s\}&=\mathcal{L}\{e^{at},s\}=\int_0^{\infty}e^{at}e^{-st}dt=\int_0^{\infty}e^{-(s-a)t}dt\\&=-\frac{1}{s-a}e^{-(s-a)t}\Big|_0^{\infty}=\frac{1}{s-a},\end{aligned}$$

其中，假设 $s>a$（否则积分不存在，拉普拉斯变换没有定义）。

所以我们找到了第二个拉普拉斯变换，事实上，我们已经得到了在经济学领域中使用得最多的两个变换。当然，已经有其他人对很多函数应用了变换技巧，它们的变换形式也为人们所知。在表 A—1 中，我们将常用的拉普拉斯变换列了出来。这张表当然是非常有用的，但更有用的是拉普拉斯变换的一般性质，它允许我们以代数方式对其进行处理。我们来看看一些主要性质。

① 有些作者更喜欢用 $F(s)$ 来表示 $f(t)$ 的拉普拉斯变换。有人和我们的想法相同，但他们丢开了自变量 $s$，将 $f(t)$ 的拉普拉斯变换写为 $\mathcal{L}\{f\}$。我们采用我们所详细描述的记法，因为后面我们需要求对于 $s$ 的特定值的变换。

表 A—1　　常用的拉普拉斯变换

| $f(t)$ | $\mathcal{L}\{f, s\}$ | 有效的条件 |
|---|---|---|
| $1$ | $\frac{1}{s}$ | $s>0$ |
| $t$ | $\frac{1}{s^2}$ | $s>0$ |
| $\frac{t^{n-1}}{(n-1)!}$ | $\frac{1}{s^n}$ | $n=1, 2, \cdots; s>0$ |
| $e^{at}$ | $\frac{1}{s-a}$ | $s>a$ |
| $te^{at}$ | $\frac{1}{(s-a)^2}$ | $s>a$ |
| $\frac{t^{n-1}e^{at}}{(n-1)!}$ | $\frac{1}{(s-a)^n}$ | $n=1, 2, \cdots; s>a$ |
| $\frac{e^{at}-e^{bt}}{a-b}$ | $\frac{1}{(s-a)(s-b)}$ | $s>a, s>b, a\neq b$ |
| $\frac{ae^{at}-be^{bt}}{a-b}$ | $\frac{s}{(s-a)(s-b)}$ | $s>a, s>b, a\neq b$ |
| $\mathcal{U}(t-a)\equiv\begin{cases}0 & 0\leqslant t<a\\ 1 & t>a\end{cases}$ | $\frac{e^{-as}}{s}$ | |

**性质 1　线性性质。**拉普拉斯变换是线性算子。因此，如果 $f(t)$ 和 $g(t)$ 的拉普拉斯变换都存在，那么对于任意常数 $a$ 和 $b$，我们有：

$$\mathcal{L}\{af+bg, s\}=a\mathcal{L}\{f, s\}+b\mathcal{L}\{g, s\}。\tag{P1}$$

证明过程显然成立。

性质（P1）的作用非常明显：它允许我们从简单的变换出发，演绎出更加复杂的变换。假设我们已知一个拉普拉斯变换并希望算出它在相关时域里的函数。假设 $\mathcal{L}\{f, s\}=\frac{1}{(s-a)(s-b)}$，$a\neq b$。$f(t)$ 是多少？我们利用部分分式方法将拉普拉斯变换分解：

$$\frac{1}{(s-a)(s-b)}=\frac{1}{a-b}\left[\frac{1}{s-a}-\frac{1}{s-b}\right]。\tag{A.89}$$

现在我们将性质（P1）用于式（A.89）——我们已知的形式——并推出：

$$\mathcal{L}\{f, s\}=\frac{1}{a-b}\left[\frac{1}{s-a}-\frac{1}{s-b}\right]=\frac{1}{a-b}\left[\mathcal{L}\{e^{at}, s\}-\mathcal{L}\{e^{bt}, s\}\right],\tag{A.90}$$

其中，我们在得到最终表达式时用到了表 A—1。但是式（A.90）现在可以逆推得到我们的答案：

$$f(t)=\frac{e^{at}-e^{bt}}{a-b}。\tag{A.91}$$

上式也可以在表 A—1 中找到。

但我们现在展示的只是一个尚未确定其正式有效性的算子（一个拉普拉斯变换

的逆)。显然，从式（A.91）到式（A.90）是正确的，那么是否允许从式（A.90）到式（A.91)，即拉普拉斯变换是否唯一？一般来说，答案是否定的，但对于所有感兴趣的情形，答案是肯定的。Kreyszig（1999，p.256）陈述了存在性的如下充分条件。

**性质 2　存在性。**令 $f(t)$ 是一个在范围 $t\geqslant 0$ 的每个有限区间上分段连续的函数，并且对于所有的 $t\geqslant 0$ 以及某些常数 $\gamma$ 和 $M$，满足：

$$|f(t)|\leqslant Me^{\gamma t},$$

那么对于所有 $s>\gamma$，拉普拉斯变换存在。

“分段连续”是说，在一个有限区间 $a\leqslant t\leqslant b$ 上，$f(t)$ 定义在该区间上，使得该区间能被分割为有限多个子区间，在每个子区间里，$f(t)$ 是连续的且有有限极限(Kreyszig，1999，p.255)。图 A—2 给出了分段连续函数的示例。性质表述中提到的要求是当 $t\to\infty$ 时，$f(t)$ 是指数阶 $\gamma$ 的。当 $t$ 变大时，指数阶函数在绝对值的增长上不会快于 $Me^{\gamma t}$。但由于 $\gamma$ 和 $M$ 可以任意大，这一要求其实没有太多限制（Spiegel，1965，p.2)。

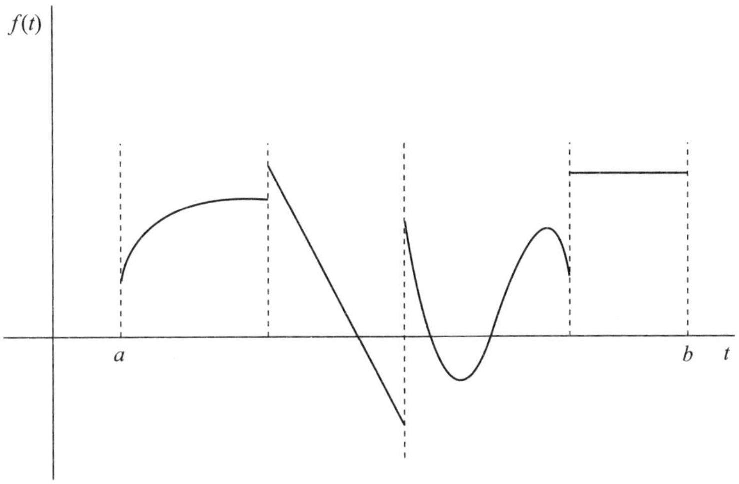


**图 A—2　分段连续函数**

有了这些结果，我们可以推导下面的性质。第一个性质说的是很大程度的贴现将使得任意指数阶函数的积分（进而拉普拉斯变换）被去掉。第二个性质讨论的是唯一性问题。

**性质 3**　如果 $\mathcal{L}\{f,s\}$ 是 $f(t)$ 的拉普拉斯变换，那么

$$\lim_{s\to\infty}\mathcal{L}\{f,s\}=0。\qquad (P3)$$

**性质 4　唯一逆［勒奇定理（Lerch’s theorem）］。**如果我们将注意力限定在函数 $f(t)$ 上，而它在每个有限区间 $0\leqslant t\leqslant N$ 上是分段连续的，并且对于 $t>N$ 是指数阶的，那么 $\mathcal{L}\{f,s\}$ 的逆拉普拉斯变换［记为 $\mathcal{L}^{-1}\{\mathcal{L}\{f,s\}\}=f(t)$］便

是唯一的。

现在我们开始研究更多性质，它们在后面会被证明非常有用。

**性质 5　导数的变换。**如果对于 $0\leqslant t\leqslant N$，$f(t)$ 是连续的并且对于 $t>N$ 是指数阶 $\gamma$ 的，对于 $0\leqslant t\leqslant N$，$f'(t)$ 是分段连续的，那么对于 $s>\gamma$，

$$\mathcal{L}\{\dot{f},s\}=s\mathcal{L}\{f,s\}-f(0)。\tag{P5}$$

**证明：**注意，我们表述并证明这一性质时，利用的是最简单的情形：对于 $t\geqslant 0$，$f(t)$是连续的。那么根据定义我们有：

$$\begin{aligned}\mathcal{L}\{\dot{f},s\}&=\int_0^{\infty}e^{-st}\dot{f}(t)dt\\&=e^{-st}f(t)\Big|_0^{\infty}+s\int_0^{\infty}e^{-st}f(t)dt\\&=\lim_{t\to\infty}e^{-st}f(t)-f(0)+s\mathcal{L}\{f,s\}。\end{aligned}$$

但是对于 $s>\gamma$，$s$ 的贴现比 $f(t)$ 的指数阶作用更大，因此 $\lim_{t\to\infty}e^{-st}f(t)=0$，从而可得结果。

当然，我们可以再一次利用性质（P5）。对于 $f(t)$求二阶和三阶时间导数，我们得到：

$$\begin{aligned}&\mathcal{L}\{\ddot{f},s\}=s\mathcal{L}\{\dot{f},s\}-\dot{f}(0)=s[s\mathcal{L}\{f,s\}-f(0)]-\dot{f}(0),\\&\mathcal{L}\{\dddot{f},s\}=s^3\mathcal{L}\{f,s\}-s^2f(0)-s\dot{f}(0)-\ddot{f}(0)。\end{aligned}\tag{P6}$$

我们现在可以阐明目前推导得到的性质的作用并通过下面的典型示例来介绍前面提到的三步过程。

## □ A.6.2　简单应用

假设我们有如下微分方程：

$$\ddot{y}(t)+4\dot{y}(t)+3y(t)=0,\tag{A.92}$$

它必须在如下初始条件的约束下求解：

$$y(0)=3,\quad \dot{y}(0)=1。\tag{A.93}$$

下面是三步过程。

**第 1 步：建立辅助方程。**对式（A.92）取拉普拉斯变换并注意到性质（P6），我们有：

$$\begin{aligned}&\mathcal{L}\{\ddot{y},s\}+4\mathcal{L}\{\dot{y},s\}+3\mathcal{L}\{y,s\}=0\quad\Leftrightarrow\\&[s^2\mathcal{L}\{y,s\}-sy(0)-\dot{y}(0)]+4[s\mathcal{L}\{y,s\}-y(0)]+3\mathcal{L}\{y,s\}=0\quad\Leftrightarrow\\&[s^2+4s+3]\mathcal{L}\{y,s\}=(s+4)y(0)+\dot{y}(0)。\end{aligned}\tag{A.94}$$

---

① 我们利用了分部积分，即 $\int udv=uv-\int vdu$，并令 $u=e^{-st}$ 和 $v=f(t)$。

将式（A. 93）代入式（A. 94）我们得到了包含初始条件的微分方程的辅助方程。

$$[s^2+4s+3]\mathcal{L}\{y,s\}=3s+13。\tag{A. 95}$$

**第 2 步：解辅助方程。**我们现在在 $s$ 空间内对式（A. 95）做简单的代数处理。我们注意到式（A. 95）等号左边的二次式可以写为 $s^2+4s+3=(s+1)(s+3)$，因此我们能非常简单地解出 $\mathcal{L}\{y,\ s\}$①：

$$\begin{aligned}\mathcal{L}\{y,s\}&=\frac{3s+13}{(s+1)(s+3)}=\frac{3(s+1)+10}{(s+1)(s+3)}\\&=\frac{3}{s+3}+\frac{10}{(s+1)(s+3)}\\&=\frac{3}{s+3}+\frac{10}{3-1}\left[\frac{1}{s+1}-\frac{1}{s+3}\right]\\&=\frac{5}{s+1}-\frac{2}{s+3}。\end{aligned}\tag{A. 96}$$

**第 3 步：逆变换以得到给定问题的解。**我们现在已经写出了用已知变换表示的（拉普拉斯变换的）解。式（A. 96）的逆非常直观，结果是：

$$y(t)=\mathcal{L}^{-1}\{\mathcal{L}\{y,s\}\}=5\mathcal{L}^{-1}\left\{\frac{1}{s+1}\right\}-2\mathcal{L}^{-1}\left\{\frac{1}{s+3}\right\}=5e^{-t}-2e^{-3t}。\tag{A. 97}$$

当然，我们本可以利用标准方法非常简单地得到这个解，因此对于这个简单的例子，拉普拉斯变换并不那么有用。它有许多新增价值，但并不多。必须注意，这一方法对许多更复杂的问题是无能为力的。我们现在来研究两种这样的情形。

假设微分方程（A. 92）由下式取代：

$$\ddot{y}(t)+4\dot{y}(t)+3y(t)=g(t),\tag{A. 98}$$

其中，$g(t)$ 是某些（分段连续的）强制函数，它是时依的并有唯一的拉普拉斯变换 $\mathcal{L}\ \{g,\ s\}$。初始条件仍然由式（A. 93）给出。利用和前面相同的过程我们得到了以拉普拉斯变换表示的辅助方程的解：

$$\underbrace{\mathcal{L}\{y,s\}}_{\text{输出}}=\underbrace{\frac{3s+13}{(s+1)(s+3)}}_{\text{初始条件}}+\underbrace{\frac{\mathcal{L}\{g,s\}}{(s+1)(s+3)}}_{\text{输入}}。\tag{A. 99}$$

等号右边的第一项和前面［见式（A. 96）］是相同的，原因在于问题的初始条件。等号右边第二项表示的是时变强制项的影响。此外，关于式（A. 99）还有两点需要注意。第一，这个表达式是完全一般化的。在逆变换后，整个冲击项都能用于式（A. 99）以解出 $y(t)$。第二，应该注意到，模型的所有动态性质都包含在分母部分出现的二次函数中了。事实上，$H(s)\equiv\frac{1}{(s+1)(s+3)}$在工程文献中经常被用作转换

① 为了展示在 $s$ 空间内的相关代数确实是平凡的，我们说明了求得最终结果的平凡步骤。一般来说，第 2 步中的相关工作总比直接在 $t$ 空间中处理这一问题简单。

函数，因为它将冲击（“输入”）转换为感兴趣的变量（“输出”）——例如见 Boyce 和 DiPrima（1992，p. 312）。由 $h(t)\equiv\mathcal{L}^{-1}\{H(s)\}$ 表示的 $H(s)$ 的逆，称为这个系统的脉冲响应函数。

### □ A.6.3 微分方程组

转换方法和微分方程组同样有价值。假设动态模型以下面的矩阵形式给出：

$$\begin{bmatrix}\dot{K}(t)\\ \dot{Q}(t)\end{bmatrix}=\Delta\begin{bmatrix}K(t)\\ Q(t)\end{bmatrix}+\begin{bmatrix}g_K(t)\\ g_Q(t)\end{bmatrix}, \tag{A.100}$$

其中，$\Delta$ 是典型元素为 $\delta_{ij}$ 的 $2\times2$ 阶雅可比矩阵，而 $g_i(t)$ 是冲击项（可能是时变的）。注意，在分析低维宏观模型时类似式（A.100）的方程组经常出现。

对式（A.100）取拉普拉斯变换，并注意到性质（P5），我们得到：

$$\begin{bmatrix}s\mathcal{L}\{K,s\}-K(0)\\ s\mathcal{L}\{Q,s\}-Q(0)\end{bmatrix}=\Delta\begin{bmatrix}\mathcal{L}\{K,s\}\\ \mathcal{L}\{Q,s\}\end{bmatrix}+\begin{bmatrix}\mathcal{L}\{g_K,s\}\\ \mathcal{L}\{g_Q,s\}\end{bmatrix}\quad\Leftrightarrow$$

$$\Lambda(s)\begin{bmatrix}\mathcal{L}\{K,s\}\\ \mathcal{L}\{Q,s\}\end{bmatrix}=\begin{bmatrix}K(0)+\mathcal{L}\{g_K,s\}\\ Q(0)+\mathcal{L}\{g_Q,s\}\end{bmatrix}, \tag{A.101}$$

其中，$\Lambda(s)\equiv sI-\Delta$ 是依赖于 $s$ 和 $\Delta$ 的元素的 $2\times2$ 阶矩阵。从矩阵代数的知识我们知道，该矩阵的逆 $\Lambda(s)^{-1}$ 可写为

$$\Lambda(s)^{-1}=\frac{1}{|\Lambda(s)|}\text{adj }\Lambda(s), \tag{A.102}$$

其中，adj $\Lambda(s)$ 是 $\Lambda(s)$ 的伴随矩阵（见 A.2.4 节），而 $|\Lambda(s)|$ 是 $\Lambda(s)$ 的行列式。对于简单的 $2\times2$ 模型，adj $\Lambda(s)$ 和 $|\Lambda(s)|$ 是

$$\text{adj }\Lambda(s)\equiv\begin{bmatrix}s-\delta_{22} & \delta_{12}\\ \delta_{21} & s-\delta_{11}\end{bmatrix}, \tag{A.103}$$

以及

$$\begin{aligned}|\Lambda(s)|&=(s-\delta_{11})(s-\delta_{22})-\delta_{12}\delta_{21}\\ &=s^2-(\delta_{11}+\delta_{22})s+\delta_{11}\delta_{22}-\delta_{12}\delta_{21}\\ &=s^2-s\ \text{tr}(\Delta)+|\Delta|,\end{aligned} \tag{A.104}$$

其中，$\text{tr}(\Delta)$ 和 $|\Delta|$ 分别是矩阵 $\Delta$ 的迹和行列式。式（A.104）中的二次方程可以进行如下分解：

$$|\Lambda(s)|=(s-\lambda_1)(s-\lambda_2), \tag{A.105}$$

其中，$\lambda_1$ 和 $\lambda_2$ 是矩阵 $\Delta$ 的特征根：

$$\lambda_{1,2}=\frac{\text{tr}(\Delta)\pm\sqrt{[\text{tr}(\Delta)]^2-4|\Delta|}}{2}。 \tag{A.106}$$

在继续讨论之前我们注意到——通过比较式（A. 104）和式（A. 105）——对于 2×2 的情形我们有：

$$\mathrm{tr}(\Delta)=\lambda_1+\lambda_2, \quad |\Delta|=\lambda_1\lambda_2, \tag{A. 107}$$

即特征根之和等于雅可比矩阵 Δ 的迹，并且这些根的乘积等于矩阵的行列式。这一性质在推断这些根的符号时经常用到。观察式（A. 106）会发现原因。我们注意到，如果 $[\mathrm{tr}(\Delta)]^2>(<)\ 4|\Delta|$，那么这些根是实（虚）的；如果 $[\mathrm{tr}(\Delta)]^2\neq 4|\Delta|$，这些根互不相同。还有，如果 $\mathrm{tr}(\Delta)>0$，至少有一个正根。最后，如果 $|\Delta|<0$，那么只有一个正（不稳定）的和一个负（稳定）的实特征根。[①]

现在我们考虑在经济学文献中遇到得最多的两种情形，它们的根是实的且互不相同，即 $[\mathrm{tr}(\Delta)]^2>4|\Delta|$。

#### A. 6. 3. 1 两个负根（$\lambda_1, \lambda_2<0$）

我们可以利用式（A. 101）、式（A. 102）和式（A. 105）来推导以拉普拉斯变换表示的下列表达式：

$$\begin{bmatrix}\mathcal{L}\{K,s\}\\ \mathcal{L}\{Q,s\}\end{bmatrix}=\frac{\mathrm{adj}\ \Lambda(s)\begin{bmatrix}K(0)+\mathcal{L}\{g_K,s\}\\ Q(0)+\mathcal{L}\{g_Q,s\}\end{bmatrix}}{(s-\lambda_1)(s-\lambda_2)}, \tag{A. 108}$$

它和式（A. 99）有相同的格式，由 $H(s)\equiv\mathrm{adj}\ \Lambda(s)/[(s-\lambda_1)(s-\lambda_2)]$ 扮演了转换函数的角色。对于特定冲击，为了解出该模型，重新表述变换函数是有益的。对于 2×2的情形，我们注意到 $\mathrm{adj}\ \Lambda(s)$ 有如下性质：

$$\mathrm{adj}\ \Lambda(s)=\mathrm{adj}\ \Lambda(\lambda_i)+(s-\lambda_i)I, \quad (i=1,2) \tag{A. 109}$$

$$I=\frac{\mathrm{adj}\ \Lambda(\lambda_1)-\mathrm{adj}\ \Lambda(\lambda_2)}{\lambda_1-\lambda_2},$$

其中，第二个结果来自第一个结果。我们现在可以进行变换矩阵的部分分式展开：

$$\begin{aligned}\frac{\mathrm{adj}\ \Lambda(s)}{(s-\lambda_1)(s-\lambda_2)}&=\frac{\mathrm{adj}\ \Lambda(s)}{\lambda_1-\lambda_2}\left[\frac{1}{s-\lambda_1}-\frac{1}{s-\lambda_2}\right]\\&=\frac{1}{\lambda_1-\lambda_2}\left[\frac{\mathrm{adj}\ \Lambda(s)}{s-\lambda_1}-\frac{\mathrm{adj}\ \Lambda(s)}{s-\lambda_2}\right]\\&=\frac{1}{\lambda_1-\lambda_2}\left[I+\frac{\mathrm{adj}\ \Lambda(\lambda_1)}{s-\lambda_1}-I-\frac{\mathrm{adj}\ \Lambda(\lambda_2)}{s-\lambda_2}\right]\\&=\frac{1}{\lambda_1-\lambda_2}\left[\frac{\mathrm{adj}\ \Lambda(\lambda_1)}{s-\lambda_1}-\frac{\mathrm{adj}\ \Lambda(\lambda_2)}{s-\lambda_2}\right]。\end{aligned} \tag{A. 110}$$

---

① 在微分方程（组）里，这些特征根将表现为指数函数 $e^{\lambda_i t}$ 的形式。如果当 $t\to\infty$ 时，根是正（负）的，$e^{\lambda_i t}\to\infty$（$\to 0$），那么正（负）根是不稳定（稳定）的。零根的刀锋情况也是稳定的，因为对于所有 $t$，有 $e^{0t}=1$。见后面的 A. 6. 4 节。

将式（A.110）代入式（A.108），我们得到了以拉普拉斯变换表达的如下一般表达式：

$$\begin{bmatrix}\mathcal{L}\{K,s\}\\ \mathcal{L}\{Q,s\}\end{bmatrix}=\frac{1}{\lambda_1-\lambda_2}\left[\frac{\operatorname{adj}\Lambda(\lambda_1)}{s-\lambda_1}-\frac{\operatorname{adj}\Lambda(\lambda_2)}{s-\lambda_2}\right]\begin{bmatrix}K(0)+\mathcal{L}\{g_K,s\}\\ Q(0)+\mathcal{L}\{g_Q,s\}\end{bmatrix}。\tag{A.111}$$

假设冲击是阶梯函数且满足对于 $i=K$，$Q$ 和 $t\geqslant 0$ 有 $g_i(t)=g_i$。该阶梯函数的拉普拉斯变换是 $\mathcal{L}\{g_i,\ s\}=g_i/s$，它可以被代入式（A.111）。经过一些步骤后，我们得到如下结果：

$$\begin{aligned}\begin{bmatrix}\mathcal{L}\{K,s\}\\ \mathcal{L}\{Q,s\}\end{bmatrix}&=\left[\frac{B}{s-\lambda_1}+\frac{I-B}{s-\lambda_2}\right]\begin{bmatrix}K(0)\\ Q(0)\end{bmatrix}\\ &\quad-\left[\frac{B}{\lambda_1}\cdot\frac{-\lambda_1}{s(s-\lambda_1)}+\frac{I-B}{\lambda_2}\cdot\frac{-\lambda_2}{s(s-\lambda_2)}\right]\begin{bmatrix}g_K\\ g_Q\end{bmatrix},\end{aligned}\tag{A.112}$$

其中，$B\equiv\operatorname{adj}\Lambda(\lambda_1)/(\lambda_1-\lambda_2)$ 和 $I-B\equiv-\operatorname{adj}\Lambda(\lambda_2)/(\lambda_1-\lambda_2)$ 是权重矩阵。[①] 表达式现在已经表示成已知的拉普拉斯变换的形式，因此求逆特别简单：

$$\begin{aligned}\begin{bmatrix}K(t)\\ Q(t)\end{bmatrix}&=\left[Be^{\lambda_1 t}+(I-B)e^{\lambda_2 t}\right]\begin{bmatrix}K(0)\\ Q(0)\end{bmatrix}\\ &\quad-\left[\frac{B}{\lambda_1}(1-e^{\lambda_1 t})+\frac{I-B}{\lambda_2}(1-e^{\lambda_2 t})\right]\begin{bmatrix}g_K\\ g_Q\end{bmatrix}。\end{aligned}\tag{A.113}$$

式（A.113）由问题的完全解组成。它产生了冲击的即时影响、过渡影响和长期结果。为了检验我们的正确性，我们证明了可以通过令 $t=0$ 重新得到式（A.113），令 $t\to\infty$ 得到长期稳态。第一个结果是显然的：对于 $t=0$ 我们有 $e^{\lambda_i t}=1$，因此 $K(t)=K(0)$ 且 $Q(t)=Q(0)$。类似地，对于 $t\to\infty$，$e^{\lambda_i t}\to 0$（因为两个根都是稳定的），我们从式（A.113）可以得到：

$$\begin{aligned}\begin{bmatrix}K(\infty)\\ Q(\infty)\end{bmatrix}&=-\left[\frac{B}{\lambda_1}+\frac{I-B}{\lambda_2}\right]\begin{bmatrix}g_K\\ g_Q\end{bmatrix}=\frac{-\operatorname{adj}\Lambda(0)}{-\lambda_1\lambda_2}\begin{bmatrix}g_K\\ g_Q\end{bmatrix}\\ &=\frac{\operatorname{adj}\Delta}{-|\Delta|}\begin{bmatrix}g_K\\ g_Q\end{bmatrix}=-\Delta^{-1}\begin{bmatrix}g_K\\ g_Q\end{bmatrix},\end{aligned}\tag{A.114}$$

这与我们将永久性冲击代入式（A.100）并用于稳态所得到的解是相同的。所以，至少初始效应和最终效应通过了检验！

我们还可以通过处理以拉格朗日变换表示的解［即一般的式（A.111）和对于特定冲击的式（A.112）］来验证结果。我们需要如下两个性质。

---

① 这些权重矩阵还满足：

$$\frac{B}{\lambda_1}+\frac{I-B}{\lambda_2}=\frac{\operatorname{adj}\Lambda(0)}{-\lambda_1\lambda_2}=\frac{\operatorname{adj}\Delta}{\lambda_1\lambda_2}=\Delta^{-1}。$$

这些结果将在后面用到。注意，我们利用了如下事实，即 $\operatorname{adj}\Lambda(0)=\operatorname{adj}(-\Delta)=(-1)^{n-1}\operatorname{adj}\Delta$，其中 $n$ 是 $\Delta$ 的阶（这里 $n=2$）。参见 Lancaster 和 Tismenetsky（1985，p.43）。

**性质 6** 如果下列极限存在，那么初值定理说的是：

$$\lim_{t\to 0} f(t)=\lim_{s\to\infty} s\mathcal{L}\{f,s\}, \tag{P7}$$

而终值定理说的是：

$$\lim_{t\to\infty} f(t)=\lim_{s\to 0} s\mathcal{L}\{f,s\}。 \tag{P8}$$

**证明**：参见 Spiegel（1965，p. 20）。

将性质（P7）直接应用于式（A. 112）我们得到：

$$\begin{aligned}\lim_{s\to\infty}\begin{bmatrix}s\mathcal{L}\{K,s\}\\ s\mathcal{L}\{Q,s\}\end{bmatrix}&=\left[B\underbrace{\lim_{s\to\infty}\frac{s}{s-\lambda_1}}_{=1}+(I-B)\underbrace{\lim_{s\to\infty}\frac{s}{s-\lambda_2}}_{=1}\right]\begin{bmatrix}K(0)\\ Q(0)\end{bmatrix}\\&\quad-\left[\frac{B}{\lambda_1}\underbrace{\lim_{s\to\infty}\frac{-\lambda_1 s}{s(s-\lambda_1)}}_{=0}+\frac{I-B}{\lambda_2}\underbrace{\lim_{s\to\infty}\frac{-\lambda_2 s}{s(s-\lambda_2)}}_{=0}\right]\begin{bmatrix}g_K\\ g_Q\end{bmatrix}\\&=[B+I-B]\begin{bmatrix}K(0)\\ Q(0)\end{bmatrix}=\begin{bmatrix}K(0)\\ Q(0)\end{bmatrix}。\end{aligned}$$

类似地，将性质（P8）运用于式（A. 112）我们得到：

$$\begin{aligned}\lim_{s\to 0}\begin{bmatrix}s\mathcal{L}\{K,s\}\\ s\mathcal{L}\{Q,s\}\end{bmatrix}&=\left[B\underbrace{\lim_{s\to 0}\frac{s}{s-\lambda_1}}_{=0}+(I-B)\underbrace{\lim_{s\to 0}\frac{s}{s-\lambda_2}}_{=0}\right]\begin{bmatrix}K(0)\\ Q(0)\end{bmatrix}\\&\quad-\left[\frac{B}{\lambda_1}\underbrace{\lim_{s\to 0}\frac{-\lambda_1 s}{s(s-\lambda_1)}}_{=1}+\frac{I-B}{\lambda_2}\underbrace{\lim_{s\to 0}\frac{-\lambda_2 s}{s(s-\lambda_2)}}_{=1}\right]\begin{bmatrix}g_K\\ g_Q\end{bmatrix}\\&=-\left[\frac{B}{\lambda_1}+\frac{I-B}{\lambda_2}\right]\begin{bmatrix}g_K\\ g_Q\end{bmatrix}=\begin{bmatrix}K(\infty)\\ Q(\infty)\end{bmatrix}。\end{aligned}$$

#### A. 6. 3. 2 两根异号（$\lambda_1<0<\lambda_2$）

在动态宏观模型中经常发生的一种情况是，式（A. 100）中的雅可比矩阵 Δ 有一个负（稳定的）根和一个正（不稳定的）根。检验这种鞍点稳定的情况需要通过式（A. 106）或式（A. 107）。从式（A. 106）我们观察到，如果 $|\Delta|<0$，那么我们必定有两个不同的实根，因为 $\sqrt{(\mathrm{tr}\Delta)^2-4|\Delta|}>0$。同样，因为 $|\Delta|<\lambda_1\lambda_2<0$，那么一定是 $\lambda_1<0<\lambda_2$ 的情形。当然我们也可以从式（A. 107）中直接看出来。

现在拉普拉斯变换之美在于式（A. 108）仍然是适当的，而且只需要直接解出来即可。我们试探性地来求这两个解，将式（A. 108）写为如下形式：

$$(s-\lambda_1)\begin{bmatrix}\mathcal{L}\{K,s\}\\ \mathcal{L}\{Q,s\}\end{bmatrix}=\frac{\operatorname{adj}\Lambda(s)\begin{bmatrix}K(0)+\mathcal{L}\{g_K,s\}\\ Q(0)+\mathcal{L}(g_Q,s)\end{bmatrix}}{s-\lambda_2}。 \tag{A. 115}$$

在一个 2×2 的鞍点稳定的方程组中，存在一个前定变量和一个非前定（或者说“跳跃”）变量，所以我们只需提供一个初始条件（而不是像以前那样提供两个初始条件）。我们假设 $K$ 是前定变量（它的值由过去决定，例如人口或物质资本、资产等的冲击），所以 $K(0)$ 是给定的。但 $Q$ 是非前定变量（例如，一个影子价格），因此我们必须以某种形式指出其初始值。[①] 从式（A.115）显然可以看出我们应当怎么做。

注意，不稳定性由不稳定根 $\lambda_2$ 引起。对于 $s=\lambda_2$，式（A.115）等号右边的分母部分为零。我们仍然能获得 $\mathcal{L}\{K, s\}$ 和 $\mathcal{L}\{Q, s\}$ 的边界（因此也是经济节约的）解的唯一办法是，如果对于 $s=\lambda_2$，式（A.115）等号右边的分子也为零，即如果

$$\operatorname{adj}\,\Lambda(\lambda_2)\begin{bmatrix}K(0)+\mathcal{L}\{g_K,\lambda_2\}\\ Q(0)+\mathcal{L}\{g_Q,\lambda_2\}\end{bmatrix}=\begin{bmatrix}0\\0\end{bmatrix}。\tag{A.116}$$

式（A.116）中的变量除了一个之外，其余全是前定的，因此 $Q(0)$ 一定使式（A.116）成立。乍看上去，好像式（A.116）是两个方程，一个未知量，但实际情况并非如此。矩阵代数里的一个定理说，因为 $\Lambda(\lambda_2)$ 的秩为1，所以，$\operatorname{adj}\,\Lambda(\lambda_2)$ 也一样。[②] 事实上，我们可以用式（A.116）的任意一行来计算 $Q(0)$：

$$\begin{bmatrix}0\\0\end{bmatrix}=\begin{bmatrix}\lambda_2-\delta_{22} & \delta_{12}\\ \delta_{21} & \lambda_2-\delta_{11}\end{bmatrix}\begin{bmatrix}K(0)+\mathcal{L}\{g_K,\lambda_2\}\\ Q(0)+\mathcal{L}(g_Q,\lambda_2)\end{bmatrix}\quad\Rightarrow$$

$$Q(0)=-\mathcal{L}\{g_Q,\lambda_2\}-\frac{\lambda_2-\delta_{22}}{\delta_{12}}\cdot[K(0)+\mathcal{L}\{g_K,\lambda_2\}]\tag{A.117}$$

$$=-\mathcal{L}\{g_Q,\lambda_2\}-\frac{\delta_{21}}{\lambda_2-\delta_{11}}\cdot[K(0)+\mathcal{L}\{g_K,\lambda_2\}]。\tag{A.118}$$

接下来我们利用式（A.109）、式（A.115）和式（A.116）得到：

$$(s-\lambda_1)\begin{bmatrix}\mathcal{L}\{K,s\}\\ \mathcal{L}\{Q,s\}\end{bmatrix}=\frac{\operatorname{adj}\,\Lambda(\lambda_2)\begin{bmatrix}K(0)+\mathcal{L}\{g_K,s\}\\ Q(0)+\mathcal{L}\{g_Q,s\}\end{bmatrix}}{s-\lambda_2}+\begin{bmatrix}K(0)+\mathcal{L}\{g_K,s\}\\ Q(0)+\mathcal{L}\{g_Q,s\}\end{bmatrix}$$

$$=\begin{bmatrix}K(0)+\mathcal{L}\{g_K,s\}\\ Q(0)+\mathcal{L}\{g_Q,s\}\end{bmatrix}+\operatorname{adj}\,\Lambda(\lambda_2)\begin{bmatrix}\dfrac{\mathcal{L}\{g_K,s\}-\mathcal{L}\{g_K,\lambda_2\}}{s-\lambda_2}\\ \dfrac{\mathcal{L}\{g_Q,s\}-\mathcal{L}\{g_Q,\lambda_2\}}{s-\lambda_2}\end{bmatrix},\tag{A.119}$$

其中，我们在最后一步用到了式（A.116）。注意，在式（A.119）中，不稳定根的所有影响都被合并到一起，只有稳态得到了保留（由包含 $s-\lambda_1$ 的项表示）。

---

① 当然，哪个变量是前定的以及哪个不是，是由经济理论决定的。

② 一般地，如果 $n$ 阶方阵 $\Delta$ 有互异的特征值，那么它的特征向量是线性无关的，而且 $\Lambda(\lambda_i)\equiv\lambda_i I-\Delta$ 的秩是 $n-1$（Ayres，1974，p. 150）。更进一步，对于任意秩为 $n-1$ 的 $n$ 阶方阵 $A$，$\operatorname{adj} A$ 的秩为1（Ayres，1974，p. 50）。

再一次假设冲击满足对于 $i=K$，$Q$ 和 $t\geqslant 0$ 有 $g_i(t)=g_i$，因此 $\mathcal{L}\{g_i, s\}=g_i/s$ 且

$$\frac{\mathcal{L}\{g_i,s\}-\mathcal{L}\{g_i,\lambda_2\}}{s-\lambda_2}=\frac{\frac{g_i}{s}-\frac{g_i}{\lambda_2}}{s-\lambda_2}=-\frac{g_i}{s\lambda_2}。$$

将这些结果代入式（A. 119），我们得到这一鞍点稳定模型的全部解：

$$(s-\lambda_1)\begin{bmatrix}\mathcal{L}\{K,s\}\\ \mathcal{L}\{Q,s\}\end{bmatrix}=\begin{bmatrix}K(0)\\ Q(0)\end{bmatrix}-\frac{1}{\lambda_2}[\text{adj }\Delta(\lambda_2)-\lambda_2 I]\begin{bmatrix}g_K\\ g_Q\end{bmatrix}\frac{1}{s}\quad\Leftrightarrow$$

$$\begin{aligned}\begin{bmatrix}\mathcal{L}\{K,s\}\\ \mathcal{L}\{Q,s\}\end{bmatrix}&=\begin{bmatrix}K(0)\\ Q(0)\end{bmatrix}\frac{1}{s-\lambda_1}-\frac{\text{adj }\Delta(0)}{-\lambda_1\lambda_2}\begin{bmatrix}g_K\\ g_Q\end{bmatrix}\frac{-\lambda_1}{s(s-\lambda_1)}\\ &=\begin{bmatrix}K(0)\\ Q(0)\end{bmatrix}\frac{1}{s-\lambda_1}+\begin{bmatrix}K(\infty)\\ Q(\infty)\end{bmatrix}\frac{-\lambda_1}{s(s-\lambda_1)},\end{aligned}\tag{A. 120}$$

其中，我们用到了式（A. 109）和第 632 页脚注中的结果，$Q(0)$ 是将冲击项代入式（A. 117）或式（A. 118）而得到的。对式（A. 120）求逆，我们得到了时间维度上的解。

$$\begin{bmatrix}K(t)\\ Q(t)\end{bmatrix}=\begin{bmatrix}K(0)\\ Q(0)\end{bmatrix}e^{\lambda_1 t}+\begin{bmatrix}K(\infty)\\ Q(\infty)\end{bmatrix}(1-e^{\lambda_1 t})。\tag{A. 121}$$

需要注意的关键是，稳定根决定了从即时影响到长期影响之间的过渡速度。

## □ A. 6. 4　滞后模型

我们现在考虑一系列具有滞后性质的模型。谈到滞后性我们的意思是一个系统的稳态不是给定的，而是游走的并且依赖于过去的经济路径。从数学上来说，这一性质意味着一个连续时间系统的雅可比矩阵不仅有一些“正则”（非零）的特征值，还有一个零特征值。① 在宏观经济学中滞后系统是重要的，因为它允许我们背离硬性的均衡、与历史无关的经济学框架。换句话说，在这样的系统中，历史是重要的。

在本节的剩余部分中，我们将说明前面研究过的拉普拉斯变换方法是如何轻松应用于低维的滞后模型的。我们将注意力集中于在经济学文献中最常碰到的两种情形，即两个非正根和两个非负根的二维模型。

### A. 6. 4. 1　非正根（$\lambda_1<0=\lambda_2$）

假设式（A. 100）中的矩阵 $\Delta$ 满足 $|\Delta|=\lambda_1\lambda_2=0$ 且 $\text{tr}(\Delta)=\lambda_1+\lambda_2<0$，因此系统有一个零根，是滞后的，即 $\lambda_1=\text{tr}(\Delta)<0$ 且 $\lambda_2=0$。显然，因为 $|\Delta|=0$，逆矩阵 $\Delta^{-1}$ 不存在，我们不能通过在式（A. 100）中运用稳态条件并求 $\Delta$ 的逆来计算一次冲击的长期影响。但是，即使 $\lambda_2=0$，从式（A. 108）到式（A. 111）的推导仍然是正

① 注意，在离散时间情形中，如果模型包含单位根，那么它表现出滞后性。Amable et al.（1994）认为，将零根（或单位根）动态和“真实的”滞后视为等价的是不合适的。在他们的观点中，强滞后是一个更一般的概念。他们认为，零根动态最多表示了这个概念的某些方面。

确的，即以拉普拉斯变换表示的一般解是

$$\begin{bmatrix}\mathcal{L}\{K,s\}\\ \mathcal{L}\{Q,s\}\end{bmatrix}=\left[\frac{B}{s-\lambda_1}+\frac{I-B}{s}\right]\begin{bmatrix}K(0)+\mathcal{L}\{g_K,s\}\\ Q(0)+\mathcal{L}\{g_Q,s\}\end{bmatrix},\tag{A. 122}$$

其中，$B\equiv\text{adj }\Lambda(\lambda_1)/\lambda_1$ 和 $I-B\equiv-\text{adj }\Lambda(0)/\lambda_1$ 是权重矩阵。现在假设有一个暂时冲击，即对于 $i=K$，$Q$，$\zeta_i>0$ 和 $t\geqslant 0$，有 $g_i(t)=g_i e^{-\zeta_i t}$。在一个非滞后模型中，这样的暂时冲击在长期内不会带来任何影响，因为系统会恰好回到初始的稳态，而这由冲击项的长期值唯一决定。

而完全相反的是，在一个滞后模型中，一个暂时冲击会产生永久影响。为了展示这一结果，我们首先将 $\mathcal{L}\{g_i,\ s\}=g_i/(s+\zeta_i)$ 代入式（A. 122）：

$$\begin{bmatrix}\mathcal{L}\{K,s\}\\ \mathcal{L}\{Q,s\}\end{bmatrix}=\left[\frac{B}{s-\lambda_1}+\frac{I-B}{s}\right]\begin{bmatrix}K(0)+g_K/(s+\zeta_K)\\ Q(0)+g_Q/(s+\zeta_Q)\end{bmatrix}。\tag{A. 123}$$

一旦（由历史决定的）初始条件被注入，那么式（A. 123）由 $K(t)$ 和 $Q(t)$ 的完全解构成。利用终值定理（P8），我们从式（A. 123）可以导出：

$$\begin{aligned}\lim_{s\to 0}\begin{bmatrix}s\mathcal{L}\{K,s\}\\ s\mathcal{L}\{Q,s\}\end{bmatrix}&=\Big[B\underbrace{\lim_{s\to 0}\frac{s}{s-\lambda_1}}_{=0}+(I-B)\underbrace{\lim_{s\to 0}\frac{s}{s}}_{=1}\Big]\begin{bmatrix}K(0)+\lim\limits_{s\to 0}\dfrac{g_K}{s+\zeta_K}\\ Q(0)+\lim\limits_{s\to 0}\dfrac{g_Q}{s+\zeta_Q}\end{bmatrix}\\ &=\frac{\text{adj }\Delta}{\lambda_1}\begin{bmatrix}K(0)+g_K/\zeta_K\\ Q(0)+g_Q/\zeta_Q\end{bmatrix}=\begin{bmatrix}K(\infty)\\ Q(\infty)\end{bmatrix},\end{aligned}\tag{A. 124}$$

其中从第一行到第二行时，我们利用了事实 $\text{adj }\Lambda(0)=-\text{adj }\Delta$。式（A. 124）说明了滞后系统并不会沿着暂时冲击回到它的初始状态。然而，它并非不稳定，因为它确实在一个新的“稳态”下 $[\dot{K}(\infty)=\dot{Q}(\infty)=0]$ 停顿下来，但这个新的稳态的位置取决于冲击项的整个路径，即我们例子中的 $\zeta_K$ 和 $\zeta_Q$。最终的稳态是依赖于路径的，这解释了为什么滞后的另一个名称是路径依赖。

**插叙 A. 4**

## 钉住名义利率

Giavazzi 和 Wyplosz（1985，p. 355）举出了一个滞后系统的简单例子。考虑下面这个简单的宏观经济模型：

$$m(t)-p(t)=ay(t)-bi_0,\quad \text{(LM)}$$

$$i_0=r(t)+\dot{p}(t),\quad \text{(费希尔)}$$

$$y(t)=y_0^D(t)-\eta r(t),\quad \text{(IS)}$$

$$\dot{y}(t)=\theta[\bar{y}_0-y(t)],\quad \text{(AS)}$$

其中，$m$、$y$、$\bar{y}$ 和 $p$ 分别是货币供给、实际产出、充分就业产出和价格水平（都是对数形式），$r$ 和 $i$ 分别是实际利率和名义利率，而 $y_0^D$ 表示总需求的外部因素。货币政策当局采用货币政策钉住名义利率［在 $i(t)=i_0$ 处］，所以剩下的 LM 曲线决定了货币供给。将费希尔关系和 IS 曲线联立，我们得到了 $\dot{p}(t)=(1/\eta)[y(t)-y_0^D(t)]+i_0$。对这一表达式和 AS 曲线求微分——保持其他外生变量不变——我们得到了以所要求的形式表达的系统：

$$\begin{bmatrix} d\dot{p}(t) \\ d\dot{y}(t) \end{bmatrix}=\begin{bmatrix} 0 & 1/\eta \\ 0 & -\theta \end{bmatrix}\begin{bmatrix} dp(t) \\ dy(t) \end{bmatrix}+\begin{bmatrix} -(1/\eta)dy_0^D(t) \\ 0 \end{bmatrix},$$

其中，雅可比矩阵有特征根 $\lambda_1=-\theta$ 和 $\lambda_2=0$，而我们假设 $p$ 和 $y$ 都是前定变量［因此 $dp(0)=dy(0)=0$］。现在考虑总需求临时膨胀的影响，即对于 $\zeta_D>0$ 和 $t\geqslant 0$，有 $dy_0^D(t)=e^{-\zeta_D t}$。利用本节所提出的方法，我们推导出：

$$\begin{bmatrix} \mathcal{L}\{dp,s\} \\ \mathcal{L}\{dy,s\} \end{bmatrix}=\begin{bmatrix} -1/(\eta\zeta_D) \\ 0 \end{bmatrix}\left(\frac{1}{s}-\frac{1}{s+\zeta_D}\right)。$$

尽管冲击完全是暂时的，但它对于价格水平却造成了永久性影响。

#### A.6.4.2 非负根 ($\lambda_1=0<\lambda_2$)

我们现在假设式（A.100）中的矩阵 $\Delta$ 满足 $|\Delta|=\lambda_1\lambda_2=0$ 且 $\text{tr}(\Delta)=\lambda_1+\lambda_2>0$，所以 $\lambda_1=0$ 且 $\lambda_2=\text{tr}(\Delta)>0$。对于这种滞后情形，A.6.3.2 小节中的分析是相关的。令式（A.119）中的 $\lambda_1=0$，以拉普拉斯变换表示的一般解是

$$s\begin{bmatrix} \mathcal{L}\{K,s\} \\ \mathcal{L}\{Q,s\} \end{bmatrix}=\begin{bmatrix} K(0)+\mathcal{L}\{g_K,s\} \\ Q(0)+\mathcal{L}\{g_Q,s\} \end{bmatrix}+\text{adj }\Lambda(\lambda_2)\begin{bmatrix} \dfrac{\mathcal{L}\{g_K,s\}-\mathcal{L}\{g_K,\lambda_2\}}{s-\lambda_2} \\ \dfrac{\mathcal{L}\{g_Q,s\}-\mathcal{L}\{g_Q,\lambda_2\}}{s-\lambda_2} \end{bmatrix}。\tag{A.125}$$

我们再次假设冲击是暂时的，并且对于 $i=K$，$Q$ 有拉普拉斯变换 $\mathcal{L}\{g_i,s\}=g_i/(s+\zeta_i)$，使得：

$$\frac{\mathcal{L}\{g_i,s\}-\mathcal{L}\{g_i,\lambda_2\}}{s-\lambda_2}=\frac{-g_i}{(\lambda_2+\zeta_i)(s+\zeta_i)}。\tag{A.126}$$

那么式（A.125）可以改写为

$$s\begin{bmatrix} \mathcal{L}\{K,s\} \\ \mathcal{L}\{Q,s\} \end{bmatrix}=\begin{bmatrix} K(0)+g_K/(s+\zeta_K) \\ Q(0)+g_Q/(s+\zeta_Q) \end{bmatrix}-\text{adj }\Lambda(\lambda_2)\begin{bmatrix} \dfrac{g_K}{(\lambda_2+\zeta_K)(s+\zeta_K)} \\ \dfrac{g_Q}{(\lambda_2+\zeta_Q)(s+\zeta_Q)} \end{bmatrix},\tag{A.127}$$

其中，$Q(0)$ 从式（A.117）或者式（A.118）得到。在式（A.127）中运用终值定

理（P8）我们推出了滞后结果①：

$$\lim_{s\to 0} s\begin{bmatrix}\mathcal{L}\{K,s\}\\ \mathcal{L}\{Q,s\}\end{bmatrix}=\begin{bmatrix}K(0)+g_K/\zeta_K\\ Q(0)+g_Q/\zeta_Q\end{bmatrix}-\text{adj }\Lambda(\lambda_2)\begin{bmatrix}\dfrac{g_K}{\zeta_K(\lambda_2+\zeta_K)}\\ \dfrac{g_Q}{\zeta_Q(\lambda_2+\zeta_Q)}\end{bmatrix}$$

$$=\frac{\text{adj }\Delta}{\lambda_2}\begin{bmatrix}K(0)+g_k/\zeta_K\\ Q(0)+g_Q/\zeta_Q\end{bmatrix}=\begin{bmatrix}K(\infty)\\ Q(\infty)\end{bmatrix}。\tag{A. 128}$$

与完全稳定的情形一样［见式（A. 124）］，冲击路径的参数决定了最终的长期结果。

插叙 A. 5

## 经常项目动态

考虑由 Blanchard（1985，p. 230）提出的小型开放经济的简单的代表性个体模型。没有资本，并且劳动力供给是外生固定的（等于 1），因此产出 $Y$ 以及工资率 $W=Y$ 也是外生的。模型是

$$\dot{C}(t)=[r(t)-\alpha]C(t),$$

$$\dot{F}(t)=r(t)F(t)+W(t)-C(t),$$

其中，$F$ 是净对外资产，$C$ 和 $r$ 分别是消费和外生利率。众所周知，仅当稳态利率等于时间偏好率，即 $r(t)=\alpha$ 时，模型才会存在稳态。在初始稳态附近对模型线性化后我们得到：

$$\begin{bmatrix}\dot{\tilde{F}}(t)\\ \dot{\tilde{C}}(t)\end{bmatrix}=\begin{bmatrix}\alpha & -\alpha(1+\omega_F)\\ 0 & 0\end{bmatrix}\begin{bmatrix}\tilde{F}(t)\\ \tilde{C}(t)\end{bmatrix}+\begin{bmatrix}\omega_F\\ 1\end{bmatrix}\alpha\tilde{r}(t),$$

其中，$\omega_F\equiv \partial F/Y=C/Y-1$ 是对外资产收入占总产出的份额，$\dot{\tilde{F}}(t)\equiv \alpha d\dot{F}/Y$ 且 $\tilde{F}(t)\equiv \alpha dF/Y$。等号右边的雅可比矩阵有特征根 $\lambda_1=0$ 和 $\lambda_2=\alpha$。假设 $F$ 是前定变量并且 $C$ 是跳跃变量。现在考虑世界利率的临时变化，对于 $\zeta_R>0$ 和 $t\geqslant 0$，有 $\tilde{r}(t)\equiv e^{-\zeta_R t}$。利用式（A. 117）并做显而易见的代入，我们得到了消费的跳跃：

$$\tilde{C}(0)=-\frac{\alpha}{(\alpha+\zeta_R)(1+\omega_F)}<0。$$

利用式（A. 128），长期效果可以以一种简单的方式得到：

$$\begin{bmatrix}\tilde{F}(\infty)\\ \tilde{C}(\infty)\end{bmatrix}=\begin{bmatrix}0 & 1+\omega_F\\ 0 & 1\end{bmatrix}\begin{bmatrix}\alpha\omega_F/\zeta_R\\ \tilde{C}(0)+\alpha/\zeta_R\end{bmatrix}$$

$$=\begin{bmatrix}1+\omega_F\\ 1\end{bmatrix}\left(\frac{\alpha[\alpha+\omega_F(\alpha+\zeta_R)]}{\zeta_R(\alpha+\zeta_R)(1+\omega_F)}\right)。$$

① 从第一行到第二行的推导过程中我们利用了式（A. 116），注意，式（A. 109）表示 $\lambda_2 I=\text{adj }\Lambda(\lambda_2)-\text{adj }\Lambda(0)$，并回忆一下，$\text{adj }\Lambda(0)=-\text{adj }\Delta$。

在短时间内，家庭削减了消费，以增加储蓄。在长期中，消费和对外净资产均比初始稳态时高［假设在初始稳态时，$\omega_F > -\alpha/(\alpha+\zeta_R)$］。

### □ A.6.5 文 献

最容易接触到拉普拉斯变换方法的中级来源可以在工程文献中找到。Kreyszig（1999，ch. 5）以及 Boyce 和 DiPrima（1992，ch. 6）特别做了阐释。拉普拉斯变换的高级而深邃的来源是 Spiegel（1965）。Judd（1982，1985，1987a，1987b）最先将这一方法运用于鞍点稳定的完美预期模型并注意到其与过渡路径中的福利评价的紧密联系。

## A.7 差分方程

虽然连续时间模型处理起来非常方便，但经济学家还是经常基于离散时间建模。大部分 RBC 模型落入 Samuelson（1958）和 Diamond（1965）传统之下的世代交叠模型的类别。在这一节我们简要介绍 $z$ 变换方法。这一方法在离散时间模型中扮演了与拉普拉斯变换方法在连续时间模型中相同的角色。为了避免不必要的重复，这里只介绍 $z$ 变换最基本的要素。阅读完这一节后，学生应当能将前面获得的观点转换到离散时间的设定之下。关于 $z$ 变换方法的最透彻的说明是 Ogata（1995）和 Elaydi（1996）。Meijdam 和 Verhoeven（1998）将这一技巧应用于经济学设定。

### □ A.7.1 基本方法

基本的一阶线性差分方程采取了如下形式：

$$y_{t+1}=ay_t=b, \tag{A.129}$$

其中，$a$ 和 $b$ 是常参数。如果 $b=0$（$\neq 0$），那么方程是齐次（非齐次）的。式（A.129）可以看作式（A.68）在离散时间时的版本。正如连续情形一样，我们可以在两步内解出差分方程。在第 1 步，我们解出辅助函数 $y_t^C$，它解出了式（A.129）的线性部分。在第 2 步，我们寻找特解 $y_t^P$。一般解由 $y_t=y_t^C+y_t^P$ 给出。

为了解差分方程的齐次部分，我们为 $y_{t+1}/y_t=-a$ 寻找辅助函数，这表明一个好的试验解是 $y_t^C=A\alpha^t$。将这一试验解代入式（A.129）并令 $b=0$，我们得到 $A\alpha^t[\alpha+a]=0$ 或者 $\alpha=-a$。所以，辅助函数是

$$y_t^C=A(-a)^t。 \tag{A.130}$$

为了求出特解，我们首先尝试最简单的猜想 $y_t^P=k$（一个常数）。将这个试验解代入式（A.129），我们发现 $(1+a)k=b$，如果 $a\neq -1$，可以解出 $k=b/(1+a)$。因此这个差分方程的一般解是

数学附录

$$y_t = A(-a)^t + \frac{b}{1+a} \quad (a \neq -1)。 \tag{A.131}$$

该表达式是式（A.74）的离散时间版本。

然而，在连续时间情形下，一个零系数需要为特解寻找另外一个不同的试验解。当系数是−1时，对于离散时间情形同样成立。如果 $a=-1$，我们利用试验解 $y_t^P = kt$，之后我们找到 $k=b$，使得一般解是

$$y_t = A + bt \quad (a=-1)。 \tag{A.132}$$

初始条件可以同连续情形下一样使用。假设 $y_0$ 是给定的常数，那么我们从式（A.131）得到 $A = y_0 - b/(1+a)$，从式（A.132）得到 $A = y_0$。

正如在连续时间情形下一样，存在一个解差分方程的非常方便的方法。我们现在简要介绍这个 $z$ 变换方法是如何使用的。

### □ A.7.2　$z$ 变换

假设我们有一个离散时间函数 $f_t$，它满足对于 $t=-1，-2，\cdots$，有 $f_t=0$。那么对于函数的（单向的）$z$ 变换定义如下[①]：

$$\mathcal{Z}\{f_t, z\} \equiv \sum_{t=0}^{\infty} f_t z^{-t}。 \tag{A.133}$$

如果等号右边的和收敛，$\mathcal{Z}\{f_t, z\}$ 就存在，而且可以看作 $z$ 的函数。收敛区域如下确定。假设 $f_t$ 满足：

$$\lim_{t\to\infty} \left| \frac{f_{t+1}}{f_t} \right| = R。 \tag{A.134}$$

如果

$$\lim_{t\to\infty} \left| \frac{f_{t+1} z^{-(t+1)}}{f_t z^{-t}} \right| < 1, \tag{A.135}$$

那么式（A.133）中的无限和收敛。而如果不等式反号，则无限和发散。在区域 $|z|>R$（“大贴现”），式（A.134）和式（A.135）共同决定式（A.133）收敛且 $\mathcal{Z}\{f_t, z\}$ 存在。另一方面，在区域 $|z|<R$，贴现就“轻”，$\mathcal{Z}\{f_t, z\}$ 不存在。$R$ 被认为是 $\mathcal{Z}\{f_t, z\}$ 的收敛半径。

这里是一些例子。假设对于 $t=0，1，2，\cdots$，有 $f_t=1$（在其他情况下 $f_t=0$）。如果 $|z|>1$，那么 $\mathcal{Z}\{f_t, z\}$ 是

$$\mathcal{Z}\{f_t, z\} \equiv \mathcal{Z}\{1, z\} = \sum_{t=0}^{\infty} (1 \times z^{-t}) = 1 + (1/z) + (1/z)^2 + \cdots$$

---

① 通过比较式（A.88）和式（A.133），我们不能获得什么帮助，但可以注意到存在于拉普拉斯变换和 $z$ 变换之间的紧密联系。事实上，假设式（A.88）中的 $f(t)$ 是连续的，我们可以离散化 $\mathcal{L}\{f, s\} = \sum_{t=0}^{\infty} e^{-st} f_t$。令 $z=e^s$ 我们得到了式（A.133）。也可参见 Elaydi（1996，p.254）。

$$=\frac{1}{1-1/z}=\frac{z}{z-1},$$

假设$|z|>1$［回忆当且仅当$|A|<1$时，$\sum_{t=0}^{\infty}a^t=1/(1-a)$］。现在是一个稍难一点的：假设对于$t=0$，1，2，…，$f_t=a^t$（在其他情况下$f_t=0$）。如果$|z|>|a|$，那么$\mathcal{Z}\{f_t, z\}$是

$$\mathcal{Z}\{f_t,z\}\equiv\mathcal{Z}\{a^t,z\}=\sum_{t=0}^{\infty}a^tz^{-t}=1+(a/z)+(a/z)^2+\cdots$$
$$=\frac{1}{1-a/z}=\frac{z}{z-a},$$

在表A—2中我们收集了一些常用的$z$变换。学生应当自行证明每种变换形式及其收敛半径的正确性。

**表 A—2　　常用的$z$变换**

| $f_t$ | $\mathcal{Z}\{f, z\}$ | 有效的条件 |
|---|---|---|
| $\mathcal{D}_t\equiv\begin{cases}1 & t=0\\0 & t=1,\ 2,\ \cdots\end{cases}$ | 1 | |
| 1 | $\frac{z}{z-1}$ | $\|z\|>1$ |
| $t$ | $\frac{z}{(z-1)^2}$ | $\|z\|>1$ |
| $a^t$ | $\frac{z}{z-a}$ | $\|z\|>\|A\|$ |
| $a^{t-1}$ | $\frac{1}{z-a}$ | $\|z\|>\|A\|$ |
| $ta^{t-1}$ | $\frac{z}{(z-a)^2}$ | $\|z\|>\|A\|$ |
| $\frac{a^t-b^t}{a-b}$ | $\frac{z}{(z-a)(z-b)}$ | $\|z\|>\|A\|$，$\|z\|>\|b\|$，$a\neq b$ |

$z$变换有一些性质，允许我们对其进行代数运算。最常用的性质如下。注意，在每种情况下我们都假设$f_t$有$z$变换且对于$t=-1$，$-2$，…，有$f_t=0$。

**性质7　与一个常数相乘。**如果$\mathcal{Z}\{f, s\}$是$f_t$的$z$变换，那么$\mathcal{Z}\{af, z\}=a\mathcal{Z}\{f, z\}$。

**性质8**　如果$f_t$和$g_t$都有$z$变换，那么对于任意常数$a$和$b$，我们有：

$$\mathcal{Z}\{af+bg,z\}=a\mathcal{Z}\{f,z\}+b\mathcal{Z}\{g,z\}。\tag{P9}$$

**性质9　左移。**

$$\mathcal{Z}\{f_{t+1},z\}=z\mathcal{Z}\{f_t,z\}-zf_0,\tag{P10}$$

$$\mathcal{Z}\{f_{t+2},z\}=z\mathcal{Z}\{f_{t+1},z\}-zf_1=z^2\mathcal{Z}\{f_t,z\}-z^2f_0-zf_1,\tag{P11}$$

…

$$\mathcal{Z}\{f_{t+k},z\}=z^k\mathcal{Z}\{f_t,z\}-\sum_{r=0}^{k-1}z^{k-r}f_r, \tag{P12}$$

**性质 10　初值定理和终值定理。**

$$\lim_{|z|\to\infty}\mathcal{Z}\{f_t,z\}=f_0, \tag{P13}$$

$$\lim_{z\to1}(z-1)\mathcal{Z}\{f_t,z\}=\lim_{t\to\infty}f_t。 \tag{P14}$$

### □ A. 7. 3　简单应用

假设我们希望解如下的差分方程：

$$x_{t+2}+3x_{t+1}+2x_t=0,\quad x_0=0,\quad x_1=1。 \tag{A. 136}$$

利用性质（P10）和（P11），我们在几步内便可求得辅助方程：

$$\begin{aligned}&0=[z^2\mathcal{Z}\{x_t,z\}-z^2x_0-zx_1]+3[z\mathcal{Z}\{x_t,z\}-zx_0]+2\mathcal{Z}\{x_t,z\}\quad\Leftrightarrow\\&(z^2+3z+2)\mathcal{Z}\{x_t,z\}=z^2x_0+zx_1+3zx_0=z\quad\Leftrightarrow\\&\mathcal{Z}\{x_t,z\}=\frac{z}{(z+1)(z+2)}=\frac{z}{z+1}-\frac{z}{z+2}。\end{aligned} \tag{A. 137}$$

求式（A. 137）的逆，得到在时域上的解：

$$x_t=(-1)^t-(-2)^t, \tag{A. 138}$$

$t=0$，1，2，…。

当然，这个例子除了提示我们差分方程的稳定性条件之外，并不令人激动。如果根在单位圆内部，那么可以得到差分方程（组）的渐近稳定性，即如果$|a|<1$ ($|a|>1$)，类似$\frac{z}{z+a}$这样的项是稳定的（不稳定的）。

### □ A. 7. 4　鞍路径模型

我们现在考虑下列差分方程组（类比于式（A. 100））：

$$\begin{bmatrix}K_{t+1}-K_t\\Q_{t+1}-Q_t\end{bmatrix}=\Delta\begin{bmatrix}K_t\\Q_t\end{bmatrix}+\begin{bmatrix}g_{K,t}\\g_{Q,t}\end{bmatrix}, \tag{A. 139}$$

其中，$g_{K,t}$和$g_{Q,t}$是冲击项（具有$z$变换），并且$\Delta$具有典型元素$\delta_{ij}$。对式（A. 139）取$z$变换得到：

$$\Lambda(z-1)\begin{bmatrix}\mathcal{Z}\{K_t,z\}\\\mathcal{Z}\{Q_t,z\}\end{bmatrix}=\begin{bmatrix}zK_0+\mathcal{Z}\{g_{K,t},z\}\\zQ_0+\mathcal{Z}\{g_{Q,t},z\}\end{bmatrix}, \tag{A. 140}$$

其中，$\Lambda(z-1)\equiv(z-1)I-\Delta$。我们假设 $\Delta$ 的特征根都是实的且 $-1<\lambda_1<0$，$\lambda_2>0$。[①] 和以前一样，$K_t$ 被认为是前定的（因此 $K_0$ 是给定的），同时 $Q_t$ 不是前定变量（因此 $Q_0$ 可以跳跃）。因为 $\Lambda(z-1)^{-1}=\text{adj}\ \Lambda(z-1)/[(z-(1-\lambda_1))(z-(1+\lambda_2))]$，我们可以改写式（A.140）为

$$[z-(1-\lambda_1)]\begin{bmatrix}\mathcal{Z}\{K_t,z\}\\ \mathcal{Z}\{Q_t,z\}\end{bmatrix}=\frac{\text{adj}\ \Lambda(z-1)\begin{bmatrix}zK_0+\mathcal{Z}\{g_{K,t},z\}\\ ZQ_0+\mathcal{Z}\{g_{Q,t},z\}\end{bmatrix}}{z-(1+\lambda_2)}。\tag{A.141}$$

为了确保鞍点稳定性，当 $z$ 趋于 $1+\lambda_2$ 时，式（A.141）等号右边的分子和分母必须同时趋于零。这为 $Q_0$ 提供了表达式：

$$\text{adj}\ \Lambda(\lambda_2)\begin{bmatrix}(1+\lambda_2)K_0+\mathcal{Z}\{g_{K,t},1+\lambda_2\}\\ (1+\lambda_2)Q_0+\mathcal{Z}\{g_{K,t},1+\lambda_2\}\end{bmatrix}=\begin{bmatrix}0\\ 0\end{bmatrix}。\tag{A.142}$$

改写式（A.142）我们最终得到：

$$Q_0=-\frac{\mathcal{Z}\{g_{Q,t},1+\lambda_2\}}{1+\lambda_2}-\left(\frac{\lambda_2-\delta_{22}}{\delta_{12}}\right)\left[K_0+\frac{\mathcal{Z}\{g_{K,t},1+\lambda_2\}}{1+\lambda_2}\right]\tag{A.143}$$

$$=-\frac{\mathcal{Z}\{g_{Q,t},1+\lambda_2\}}{1+\lambda_2}-\left(\frac{\delta_{21}}{\lambda_2-\delta_{11}}\right)\left[K_0+\frac{\mathcal{Z}\{g_{K,t},1+\lambda_2\}}{1+\lambda_2}\right]。\tag{A.144}$$

类似地，解的一般形式可以写为

$$[z-(1+\lambda_1)]\begin{bmatrix}\mathcal{Z}\{K_t,z\}\\ \mathcal{Z}\{Q_t,z\}\end{bmatrix}=\begin{bmatrix}zK_0+\mathcal{Z}\{g_{K,t},z\}\\ zQ_0+\mathcal{Z}\{g_{Q,t},z\}\end{bmatrix}\tag{A.145}$$
$$+\frac{\text{adj}\ \Lambda(\lambda_2)\begin{bmatrix}\mathcal{Z}\{g_{K,t},\ z\}-\left(\frac{z}{1+\lambda_2}\right)\mathcal{Z}\{g_{K,t},\ 1+\lambda_2\}\\ \mathcal{Z}\ \{g_{Q,t},\ z\}\ -\left(\frac{z}{1+\lambda_2}\right)\mathcal{Z}\{g_{Q,t},\ 1+\lambda_2\}\end{bmatrix}}{z-\ (1+\lambda_2)},$$

其中，与式（A.119）的类似之处是显而易见的。在第 15 章的附录中，式（A.143）～式（A.145）被用来解出单位弹性 RBC 模型对于技术冲击的脉冲响应函数。

### □ A.7.5 文　献

初级：Klein（1998，ch. 13）、Chiang（1984，chs. 16－17）、Sydsæter 和 Hammond（1995，ch. 20）。

中级：de la Fuente（2000，chs. 9－11）。

① 我们以强调了与式（A.100）的紧密联系的形式写出了这个方程组。当然，我们也可以重新表述式（A.139）如下：

$$\begin{bmatrix}K_{t+1}\\ Q_{t+1}\end{bmatrix}=\Delta^*\begin{bmatrix}K_t\\ Q_t\end{bmatrix}+\begin{bmatrix}g_{K,t}\\ g_{Q,t}\end{bmatrix},$$

其中，$\Delta^*\equiv I+\Delta$。$\Delta^*$ 和 $\Delta$ 的特征根有这样的关系：$\lambda_i^*=1+\lambda_i$。Azariadis（1993，p. 65）给出了鞍点稳定的条件。

高级：Azariadis（1993）、Elaydi（1996），以及 Ogata（1995）。

## A.8 动态优化

在本节我们将展示源于最优控制理论的一些重要结果，因为它们在本书中会被用到。我们一开始利用了 Intriligator（1971，pp.346－348）的观点建立了静态拉格朗日方法和动态最优准则之间的联系。我们主要关注连续时间的最大化问题而忽略了二阶条件。（显然，在正文所讨论的所有应用中，这些隐含的二阶条件都是满足的。）离散时间问题已经由本书前面附录中讨论过的拉格朗日方法得到解决。

### □ A.8.1 由拉格朗日得到的最优法则

我们先从最基本的动态最优化问题入手，此问题包含无限生存个体的最优选择以及储蓄计划。该个体服从如下效用函数：

$$\Lambda(t_0) \equiv \int_{t0}^{t1} U(C(t)) \cdot e^{\rho(t_0-t)} dt, \tag{A.146}$$

其中 $\Lambda(t_0)$ 为（剩余）终生效用，$t_0$ 是期望寿命，$t_1$ 是规划期限（也就是，个体的死亡时间），$U(\cdot)$ 为幸福函数，$C(t)$ 是时间 $t$ 的消费流量，$\rho$ 为纯时间偏好率。通常，幸福函数为正，但是消费的边际效用逐渐减少，即 $U'(\cdot)>0>U''(\cdot)$。

下面我们考察个体面临的约束。我们假设金融资产 $A(t)$ 随着时间的推移满足下列预算等式：

$$\dot{A}(t)=r(t)A(t)+W(t)-C(t), \tag{A.147}$$

其中 $\dot{A}(t)\equiv dA(t)/dt$，$r(t)$ 为利率，$W(t)$ 是工资收入。假设 $r(t)$ 和 $W(t)$ 都被个体已知，但是可能会随着时间的推移而变化。简而言之，式（A.147）表明任何未消费的收入都会增加金融资产（即储蓄）。个体面临的第二个约束为终止条件，也就是说，个体在死亡时金融资产为零：

$$A(t_1)=0。 \tag{A.148}$$

第三，存在一个初始条件，它规定规划期的资产等于在时间（$A_0$）个体所拥有的：

$$A(t_0)=A_0, \tag{A.149}$$

其中 $A_0$ 是时间 $t_0$ 的前定变量（过去的无法改变）。最后，没有借入约束，因此$A(t)$ 可能在某个时间 $t<t_1$ 时为负。

最优问题如下：个体必须在 $t_0\leqslant t\leqslant t_1$ 时为 $C(t)$ 和 $A(t)$ 选择一个时间路径，使得式（A.146）在满足约束式（A.148）和式（A.149）时最大化。我们先利用之前讨论过的拉格朗日方法来解决此问题。第一步，我们要定义拉格朗日等式：

$$\mathcal{L}(t_0) \equiv \int_{t0}^{t1} U(C(t)) \cdot e^{\rho(t_0-t)} dt + \int_{t0}^{t1} \lambda(t) \cdot [r(t)A(t) + W(t) - C(t) - \dot{A}(t)]dt, \tag{A. 150}$$

其中 $\lambda(t)$ 为时间 $t$ 的预算等式的拉格朗日乘子，我们注意到方括号中的项只是约束式（A. 147）的另一种写法。我们可以改写式（A. 150），得到：

$$\begin{aligned}\mathcal{L}(t_0) &\equiv \int_{t0}^{t1} [U(C(t)) \cdot e^{\rho(t_0-t)} + \lambda(t) \cdot [r(t)A(t) + W(t) - C(t)]]dt \\ &\quad - \int_{t0}^{t1} \lambda(t)\dot{A}(t)dt \\ &= \int_{t0}^{t1} \mathcal{H}(t, C(t), A(t), \lambda(t))dt - \int_{t0}^{t1} \lambda(t)\dot{A}(t)dt,\end{aligned} \tag{A. 151}$$

其中 $\mathcal{H}$（·）函数定义如下：

$$\mathcal{H}(t, C(t), A(t), \lambda(t)) \equiv U(C(t)) \cdot e^{\rho(t_0-t)} + \lambda(t) \cdot [r(t)A(t) + W(t) - C(t)]。 \tag{A. 152}$$

这仍然看起来不像是一个标准的（静态）拉格朗日问题，因为 $\dot{A}(t)$ 仍然在式（A. 152）的右边。利用分部积分，我们可以得出：

$$\begin{aligned}-\int_{t0}^{t1} \lambda(t)\dot{A}(t)dt &= -\lambda(t)A(t)\Big|_{t0}^{t1} + \int_{t0}^{t1} A(t)\dot{\lambda}(t)dt \\ &= \lambda(t_0)A(t_0) - \lambda(t_1)A(t_1) + \int_{t0}^{t1} A(t)\dot{\lambda}(t)dt。\end{aligned} \tag{A. 153}$$

将式（A. 153）代入式（A. 151），我们因此可以得到拉格朗日等式的不含 $\dot{A}(t)$ 的最佳表达：

$$\begin{aligned}\mathcal{L}(t_0) &\equiv \int_{t0}^{t1} [\mathcal{H}(t, C(t), A(t), \lambda(t)) + A(t)\dot{\lambda}(t)]dt \\ &\quad + \lambda(t_0)A(t_0) - \lambda(t_1)A(t_1),\end{aligned} \tag{A. 154}$$

我们已知 $A(t_1) = 0$。

在下一步我们考虑如下的可变实验。将最优效用最大化的 $C(t)$ 和 $A(t)$ 分别用 $\overline{C}(t)$ 和 $\overline{A}(t)$ 表示。考虑到 $C(t)$ 和 $A(t)$ 的邻近解可以写为

$$C(t) = \overline{C}(t) + \varepsilon z_1(t), \tag{A. 155}$$

$$A(t) = \overline{A}(t) + \varepsilon z_2(t), \tag{A. 156}$$

其中 $z_1(t)$（$\neq 0$）为 $C(t)$ 的扰动路径，$z_2(t)$ 是 $A(t)$ 相应的扰动路径。注意，后一个扰动路径是从（a）$C(t)$ 的扰动路径和（b）$A(t)$ 的动态路径［在式（A. 147）中表述］得来的。我们可以将式（A. 154）的邻近解改写为

$$\mathcal{L}(\varepsilon, t_0) \equiv \int_{t0}^{t1} \Big[ \mathcal{H}(t, \overline{C}(t) + \varepsilon z_1(t), \overline{A}(t) + \varepsilon z_2(t), \lambda(t))$$

$$+\dot{\lambda}(t)[\overline{A}(t)+\varepsilon z_2(t)]\Big]+\lambda(t_0)A(t_0)-\lambda(t_1)A(t_1),$$

(A. 157)

其中我们已考虑以下事实：$A(t)$ 的扰动路径与式（A. 148）和式（A. 149）是一致的，即 $\overline{A}(t_0)=A(t_0)$，所以 $z_2(t_0)=0$ 以及 $\overline{A}(t_1)=A(t_1)=0$，所以 $z_2(t_1)=0$。在时间 $t_0$ 和 $t_1$ 外，我们有 $z_2(t)\neq 0$。

正如我们所强调过的，如果 $\overline{C}(t)$ 和 $\overline{A}(t)$ 实际上为最佳解路径，那么必然存在当 $\varepsilon=0$ 时 $d\mathcal{L}(\varepsilon, t_0)/d\varepsilon=0$。通过求导，我们有：

$$\frac{d\mathcal{L}(\varepsilon,t_0)}{d\varepsilon}=\int_{t0}^{t1}\left[\frac{\partial\mathcal{H}(\cdot)}{\partial C(t)}z_t(t)+\left[\frac{\partial\mathcal{H}(\cdot)}{\partial A(t)}+\dot{\lambda}(t)\right]z_2(t)\right]dt。\qquad (A. 158)$$

$d\mathcal{L}(\varepsilon, t_0)/d\varepsilon=0$ 成立当且仅当对所有非零扰动路径式（A. 158）右边的所有项都为零，即最佳解必然满足：

$$\frac{\partial\mathcal{H}(t,C(t),A(t),\lambda(t))}{\partial C(t)}=0,\qquad (A. 159)$$

$$-\frac{\partial\mathcal{H}(t,C(t),A(t),\lambda(t))}{\partial A(t)}=\dot{\lambda}(t),\qquad (A. 160)$$

此外，显然，最初的约束式（A. 147）我们可以写为

$$\frac{\partial\mathcal{H}[t,C(t),A(t),\lambda(t)]}{\partial\lambda(t)}=\dot{A}(t)。\qquad (A. 161)$$

恭喜！如果你和我们一样完成了上述步骤，你现在就已经根据最优控制方法得到了一阶必要条件！为之后的讨论做准备，我们现在介绍一些来自最优控制文献的概念和命名方法：

- 式（A. 152）中定义的 $\mathcal{H}(\cdot)$ 函数叫作汉密尔顿方程，其与动态最优问题有关。
- 在任何时刻可以自由选择路径的变量叫作控制变量。在此处所讨论的问题里，$C(t)$ 为控制变量。
- 因为控制变量路径的变化而引起自身路径变化的变量叫作状态变量。在此处所讨论的问题中，$A(t)$ 是状态变量。刻画状态变量路径的方程叫作状态方程。这里，式（A. 147）是状态方程。在实践中找出状态变量的最佳方法是找出状态方程。
- 与状态变量结合在一起的拉格朗日乘子叫作共态变量。在此处所讨论的问题里，$\lambda(t)$ 为共态变量。

现在我们已经初步了解了最优控制方法，本小节剩余的部分讨论本书中所用的一些重要结论。从这里开始，我们主要关注规划期为无穷的例子，即 $t_1\rightarrow\infty$。我们首先分析对控制变量没有约束的情况。然后，我们简要介绍如何对控制变量加上（不）等式约束。

## □ A.8.2 无约束

经济学中遇到的典型无限寿命最优控制问题有如下形式。目标函数定义如下：

$$\Psi(t_0)=\int_{t0}^{\infty}\Phi(x(t),u(t),t)\cdot e^{\rho(t_0-t)}dt, \tag{A.162}$$

其中，$t_0$ 为规划期，$x(t)$ 是状态变量，$u(t)$ 是控制变量，$e^{\rho(t_0-t)}$是贴现因子，$t$ 是时间。状态变量和控制变量根据下面的状态方程而相关：

$$\dot{x}(t)=f(x(t),u(t),t)。 \tag{A.163}$$

因此，状态方程描述了状态变量的运动。状态变量的初始条件由下式给出：

$$x(0)=x_0, \tag{A.164}$$

其中，$x_0$ 是给定的常数（例如，某种资源的已有存量）。在正文中讨论的多数最优控制问题里，状态变量的终值可以随意选取，但是要满足一个最低限制。例如，一个家庭的持有资产或者一个公司的资本存量最低不能为负。因此我们将终值条件写为

$$\lim_{t\to\infty}x(t)\geqslant x_{\min}, \tag{A.165}$$

其中 $x_{\min}$为外生给定的对状态变量的最低限制（一般 $x_{\min}=0$）。目标是寻找控制变量的一条时间路径，对于 $t\in[t_0, \infty)$的 $u(t)$，给定状态方程（A.163）、初值条件式（A.164）以及终值条件式（A.165）时，最大化目标函数（A.162）。

为了解决这一问题，有人提出了汉密尔顿函数，它有如下形式：

$$\mathcal{H}\equiv\Phi(x(t),u(t),t)e^{\rho(t_0-t)}+\lambda(t)\cdot f(x(t),u(t),t), \tag{A.166}$$

其中，$\lambda(t)$ 是共态变量，它和我们在静态最优化问题中遇到的拉格朗日乘子扮演了相同的角色（见前述）。最大化原理提供了如下条件（对于 $t\in[t_0, \infty)$）：

$$\frac{\partial\mathcal{H}}{\partial u(t)}=0, \tag{A.167}$$

$$\dot{x}(t)=\frac{\partial\mathcal{H}}{\partial\lambda(t)},\quad x(0)=x_0,$$

$$\dot{\lambda}(t)=-\frac{\partial\mathcal{H}}{\partial x(t)}, \tag{A.169}$$

$$\lim_{t\to\infty}\lambda(t)\geqslant 0,\quad \lim_{t\to\infty}\lambda(t)\cdot[x(t)-x_{\min}]=0。 \tag{A.170}$$

第一个条件说的是应当选择合适的控制变量使得汉密尔顿函数最大化，第二个条件给出了状态变量的运动方程，与此同时，第三个等式给出了共态变量的运动方程。最后，式（A.170）里的表达式建立了横截面条件（Chiang，1992，p.241），其和互补松弛条件很像。回忆一下，$\lambda(t)$ 是状态变量 $x(t)$ 的影子价值。如果事实证明 $\lim_{t\to\infty}x(t)>x_{\min}$，那么式（A.170）里的第二个表达式意味着$\lim_{t\to\infty}\lambda(t)=0$。直观地

数学附录

看，如果状态变量至少严格超过其允许范围内的最小值，那么最终状态变量一定是无用的。反之亦然，如果事实证明$\lim_{t\to\infty}\lambda(t)>0$，那么必然存在$\lim_{t\to\infty}x(t)=x_{\min}$，即最终状态变量的值超过允许的最小值不是最佳选择。

求解同一个问题的等价方法是利用现值汉密尔顿函数，定义如下：

$$\mathcal{H}_C[\equiv\mathcal{H}e^{\rho(t-t_0)}]=\Phi(x(t),u(t),t)+\mu(t)\cdot f(x(t),u(t),t), \qquad (A.171)$$

其中，$\mu(t)\equiv\lambda(t)e^{\rho(t-t_0)}$是重新定义的共态变量。以现值汉密尔顿函数表示的一阶条件是

$$\frac{\partial\mathcal{H}_C}{\partial u(t)}=0, \qquad (A.172)$$

$$\dot{x}(t)=\frac{\partial\mathcal{H}_C}{\partial\mu(t)}, \qquad (A.173)$$

$$\dot{\mu}(t)-\rho\mu(t)=-\frac{\partial\mathcal{H}_C}{\partial x(t)}, \qquad (A.174)$$

$$\lim_{t\to\infty}e^{\rho(t_0-t)}\mu(t)\geqslant0,\quad \lim_{t\to\infty}e^{\rho(t_0-t)}\mu(t)\cdot[x(t)-x_{\min}]=0。 \qquad (A.175)$$

在很多最优控制的应用中（例如公司投资决策），式（A.162）的贴现项并不是$e^{\rho(t_0-t)}$而是$e^{-R(t_0,t)}$，其中$R(t_0,t)\equiv\int_{t_0}^{t}r(s)ds$。在这种情形下，我们定义$\mathcal{H}_C\equiv\mathcal{H}e^{R(t_0,t)}$，$\mu(t)\equiv\lambda(t)e^{R(t_0,t)}$并且式（A.174）改写为

$$\dot{\mu}(t)-r(t)\mu(t)=-\frac{\partial\mathcal{H}_C}{\partial x(t)}, \qquad (A.176)$$

我们利用了这样一个事实$dR(t_0,t)/dt=r(t)$。在式（A.175）中我们用$e^{-R(t_0,t)}$代替了$e^{\rho(t_0-t)}$。

如果有$n$个状态变量和$m$个控制变量，那么同样的方法仍然适用，只是$x(t)\equiv(x_1(t),\cdots,x_n(t))$和$u(t)\equiv(u_1(t),\cdots,u_m(t))$必须解释为向量，而且条件集适当扩展为

$$\frac{\partial\mathcal{H}_C}{\partial u_j(t)}=0, \qquad (A.177)$$

$$\dot{x}_i(t)=\frac{\partial\mathcal{H}_C}{\partial\mu_i(t)}, \qquad (A.178)$$

$$\dot{\mu}_i(t)-\rho\mu_i(t)=-\frac{\partial\mathcal{H}_C}{\partial x_i(t)}, \qquad (A.179)$$

$$\lim_{t\to\infty}e^{\rho(t_0-t)}\mu_i(t)\geqslant0,\quad \lim_{t\to\infty}e^{\rho(t_0-t)}\mu_i(t)\cdot[x_i(t)-x_{i,\min}]=0, \qquad (A.180)$$

其中，$\mu_i(t)$是与状态变量$x_i(t)$相对应的共态变量，$j=1,\cdots,m$且$i=1,\cdots,n$。

### □ A.8.3 （不）等式约束

假设问题和式（A.162）～式（A.165）一样，但是有一个额外的约束，表现为

如下形式：

$$g(x(t),u(t),t)\leqslant c, \tag{A.181}$$

其中，$c$ 是某个常数。进一步假设对于控制变量有非负限制，即要求 $u(t)\geqslant 0$（例如，消费和闲暇不可能为负）。处理这些不等式的方法是形成下面的现值拉格朗日函数：

$$\mathcal{L}_C=\Phi(x(t),u(t),t)+\mu(t)\cdot f(x(t),u(t),t)+\theta(t)\cdot[c-g(x(t),u(t),t)], \tag{A.182}$$

其中，$\theta(t)$ 是与不等式约束式（A.181）相关的拉格朗日乘子。一阶条件现在是

$$\frac{\partial\mathcal{L}_C}{\partial u(t)}\leqslant 0,\quad u(t)\geqslant 0,\quad u(t)\frac{\partial\mathcal{L}_C}{\partial u(t)}=0, \tag{A.183}$$

$$\frac{\partial\mathcal{L}_C}{\partial\theta(t)}\geqslant 0,\quad \theta(t)\geqslant 0,\quad \theta(t)\frac{\partial\mathcal{L}_C}{\partial\theta(t)}=0, \tag{A.184}$$

$$\dot{x}(t)=\frac{\partial\mathcal{L}_C}{\partial\mu(t)}, \tag{A.185}$$

$$\dot{\mu}(t)-\rho\mu(t)=-\frac{\partial\mathcal{L}_C}{\partial x(t)}。 \tag{A.186}$$

式（A.183）给出了与控制变量非负约束相关的库恩-塔克条件。第二个等式给出了不等式约束式（A.181）的库恩-塔克条件。最后，式（A.185）和式（A.186）分别给出了状态变量和共态变量的运动定律。横截面条件同样由式（A.175）给出。

### □ A.8.4　二阶条件

二阶必要条件由 Chiang（1992，p. 290）给出。

### □ A.8.5　文　献

初级：Klein（1998，ch. 15）和 Chiang（1992）。

中级：Dixit（1990，chs 10－11）、Intriligator（1971，chs 11－14）、Léonard 和 Long（1992）以及 de la Fuente（2000，chs 12－13）。

高级：Kamien 和 Schwartz（1991）、Seierstad 和 Sydsæter（1987）以及 Chow（1997）。

# 译后记

本书逻辑清晰，主线明确，涵盖面广，涉及目前宏观经济学的所有主流学派，客观、系统地阐述了当前主流的宏观经济学思想与方法。全书涉及多个独立的宏观经济学领域，涵盖了该领域的重要问题和处理问题的重要途径，为学生学习宏观经济思想提供了一个连贯的视角。

本书难度适中，通俗易懂，没有特别复杂的数学推导，对数学基础的要求不算太高，掌握了常微分和偏微分计算、矩阵运算知识的读者在阅读本书时基本不会有障碍。特别值得一提的是，本书推导完方程后通常会给出详细的解释说明。同时，书中包含大量阅读材料和经验数据，且每章均包含一个关键要点摘要和拓展学习阅读清单，有利于学生更加清晰地把握主干脉络，并加深对宏观经济理论的理解。

本书适合普通高等教育经济学专业的师生作为教材使用，也是从事经济学研究的学者和对宏观经济学感兴趣的广大读者不可不读的好书。中国人民大学出版社独具慧眼，及时将本书引入中国，并译成中文，本书定能为在经济学迷宫里游走的人指明方向，希望有更多的中国学生能够从中受益。

感谢中国人民大学出版社马学亮和高晓斐老师的盛意邀请，感谢杨晓莉老师、王美玲老师的帮助、协调和组织。感谢胡睿、袁子乾、徐晓莉、余经纬、纪尧等在本书翻译、校对等环节中付出的努力和汗水；感谢本书第一版的译者陈彦斌教授等人！

由于本版内容有较大更新，再加上自身水平和时间有限，译文难免存在不足之处，敬请各位读者批评指正。

王立勇

2017 年 12 月 1 日

**译者简介：**

王立勇，经济学博士，现任中央财经大学教授、博士生导师、博士后合作导师，国际经济与贸易学院副院长、国际经济大数据研究中心主任。国家社科基金重大项目首席专家，入选教育部新世纪优秀人才计划。兼任中国数量经济学会副理事长、中国数量经济学会经济计量与经济统计专业委员会主任、中国系统工程学会社会经济系统工程专业委员会副理事长；担任 SSCI、SCI、《中国社会科学》、《经济研究》、《世界经济》、《管理科学学报》等杂志匿名审稿人；在 SSCI、SCI、《经济研究》、《管理世界》、《世界经济》等期刊发表论文 90 余篇，出版个人专著 4 部、译著 2 部，主持国家社会科学基金重大项目、国家自然科学基金面上项目等 30 余项。2012 年赴美国康奈尔大学经济系进行了为期一年的学术访问。研究方向为计量经济学、经济统计、宏观经济与国际经济。

| 经济科学译丛 | | | | | | |
|---|---|---|---|---|---|---|
| 序号 | 书名 | 作者 | Author | 单价 | 出版年份 | ISBN |
| 1 | 高级宏观经济学基础(第二版) | 本·J. 海德拉 | Ben J. Heijdra | 88.00 | 2018 | 978-7-300-25147-9 |
| 2 | 税收经济学(第二版) | 伯纳德·萨拉尼耶 | Bernard Salanié | 42.00 | 2018 | 978-7-300-23866-1 |
| 3 | 公司治理(第五版) | 罗伯特·A.G. 蒙克斯 | Robert A. G. Monks | 69.80 | 2017 | 978-7-300-24972-8 |
| 4 | 国际经济学(第15版) | 罗伯特·J. 凯伯 | Robert J. Carbaugh | 78.00 | 2017 | 978-7-300-24844-8 |
| 5 | 经济理论和方法史(第五版) | 小罗伯特·B. 埃克伦德等 | Robert B. Ekelund. Jr. | 88.00 | 2017 | 978-7-300-22497-8 |
| 6 | 经济地理学 | 威廉·P. 安德森 | William P. Anderson | 59.80 | 2017 | 978-7-300-24544-7 |
| 7 | 博弈与信息:博弈论概论(第四版) | 艾里克·拉斯穆森 | Eric Rasmusen | 79.80 | 2017 | 978-7-300-24546-1 |
| 8 | MBA宏观经济学 | 莫里斯·A. 戴维斯 | Morris A. Davis | 38.00 | 2017 | 978-7-300-24268-2 |
| 9 | 经济学基础(第十六版) | 弗兰克·V. 马斯切纳 | Frank V. Mastrianna | 42.00 | 2017 | 978-7-300-22607-1 |
| 10 | 高级微观经济学:选择与竞争性市场 | 戴维·M. 克雷普斯 | David M. Kreps | 79.80 | 2017 | 978-7-300-23674-2 |
| 11 | 博弈论与机制设计 | Y. 内拉哈里 | Y. Narahari | 69.80 | 2017 | 978-7-300-24209-5 |
| 12 | 宏观经济学精要:理解新闻中的经济学(第三版) | 彼得·肯尼迪 | Peter Kennedy | 45.00 | 2017 | 978-7-300-21617-1 |
| 13 | 宏观经济学(第十二版) | 鲁迪格·多恩布什等 | Rudiger Dornbusch | 69.00 | 2017 | 978-7-300-23772-5 |
| 14 | 国际金融与开放宏观经济学:理论、历史与政策 | 亨德里克·范登伯格 | Hendrik Van den Berg | 68.00 | 2016 | 978-7-300-23380-2 |
| 15 | 经济学(微观部分) | 达龙·阿西莫格鲁等 | Daron Acemoglu | 59.00 | 2016 | 978-7-300-21786-4 |
| 16 | 经济学(宏观部分) | 达龙·阿西莫格鲁等 | Daron Acemoglu | 45.00 | 2016 | 978-7-300-21886-1 |
| 17 | 发展经济学 | 热若尔·罗兰 | Gérard Roland | 79.00 | 2016 | 978-7-300-23379-6 |
| 18 | 中级微观经济学——直觉思维与数理方法(上下册) | 托马斯·J·内契巴 | Thomas J. Nechyba | 128.00 | 2016 | 978-7-300-22363-6 |
| 19 | 环境与自然资源经济学(第十版) | 汤姆·蒂坦伯格等 | Tom Tietenberg | 72.00 | 2016 | 978-7-300-22900-3 |
| 20 | 劳动经济学基础(第二版) | 托马斯·海克拉克等 | Thomas Hyclak | 65.00 | 2016 | 978-7-300-23146-4 |
| 21 | 货币金融学(第十一版) | 弗雷德里克·S·米什金 | Frederic S. Mishkin | 85.00 | 2016 | 978-7-300-23001-6 |
| 22 | 动态优化——经济学和管理学中的变分法和最优控制(第二版) | 莫顿·I·凯曼等 | Morton I. Kamien | 48.00 | 2016 | 978-7-300-23167-9 |
| 23 | 用Excel学习中级微观经济学 | 温贝托·巴雷托 | Humberto Barreto | 65.00 | 2016 | 978-7-300-21628-7 |
| 24 | 宏观经济学(第九版) | N·格里高利·曼昆 | N. Gregory Mankiw | 72.00 | 2016 | 978-7-300-23038-2 |
| 25 | 国际经济学:理论与政策(第十版) | 保罗·R·克鲁格曼等 | Paul R. Krugman | 89.00 | 2016 | 978-7-300-22710-8 |
| 26 | 国际金融(第十版) | 保罗·R·克鲁格曼等 | Paul R. Krugman | 55.00 | 2016 | 978-7-300-22089-5 |
| 27 | 国际贸易(第十版) | 保罗·R·克鲁格曼等 | Paul R. Krugman | 42.00 | 2016 | 978-7-300-22088-8 |
| 28 | 经济学精要(第3版) | 斯坦利·L·布鲁伊等 | Stanley L. Brue | 58.00 | 2016 | 978-7-300-22301-8 |
| 29 | 经济分析史(第七版) | 英格里德·H·里马 | Ingrid H. Rima | 72.00 | 2016 | 978-7-300-22294-3 |
| 30 | 投资学精要(第九版) | 兹维·博迪等 | Zvi Bodie | 108.00 | 2016 | 978-7-300-22236-3 |
| 31 | 环境经济学(第二版) | 查尔斯·D·科尔斯塔德 | Charles D. Kolstad | 68.00 | 2016 | 978-7-300-22255-4 |
| 32 | MWG《微观经济理论》习题解答 | 原千晶等 | Chiaki Hara | 75.00 | 2016 | 978-7-300-22306-3 |
| 33 | 现代战略分析(第七版) | 罗伯特·M·格兰特 | Robert M. Grant | 68.00 | 2016 | 978-7-300-17123-4 |
| 34 | 横截面与面板数据的计量经济分析(第二版) | 杰弗里·M·伍德里奇 | Jeffrey M. Wooldridge | 128.00 | 2016 | 978-7-300-21938-7 |
| 35 | 宏观经济学(第十二版) | 罗伯特·J·戈登 | Robert J. Gordon | 75.00 | 2016 | 978-7-300-21978-3 |
| 36 | 动态最优化基础 | 蒋中一 | Alpha C. Chiang | 42.00 | 2015 | 978-7-300-22068-0 |
| 37 | 城市经济学 | 布伦丹·奥弗莱厄蒂 | Brendan O'Flaherty | 69.80 | 2015 | 978-7-300-22067-3 |
| 38 | 管理经济学:理论、应用与案例(第八版) | 布鲁斯·艾伦等 | Bruce Allen | 79.80 | 2015 | 978-7-300-21991-2 |
| 39 | 经济政策:理论与实践 | 阿格尼丝·贝纳西-奎里等 | Agnès Bénassy-Quéré | 79.80 | 2015 | 978-7-300-21921-9 |
| 40 | 微观经济分析(第三版) | 哈尔·R·范里安 | Hal R. Varian | 68.00 | 2015 | 978-7-300-21536-5 |
| 41 | 财政学(第十版) | 哈维·S·罗森等 | Harvey S. Rosen | 68.00 | 2015 | 978-7-300-21754-3 |
| 42 | 经济数学(第三版) | 迈克尔·霍伊等 | Michael Hoy | 88.00 | 2015 | 978-7-300-21674-4 |
| 43 | 发展经济学(第九版) | A.P. 瑟尔沃 | A. P. Thirlwall | 69.80 | 2015 | 978-7-300-21193-0 |
| 44 | 宏观经济学(第五版) | 斯蒂芬·D·威廉森 | Stephen D. Williamson | 69.00 | 2015 | 978-7-300-21169-5 |
| 45 | 资源经济学(第三版) | 约翰·C·伯格斯特罗姆等 | John C. Bergstrom | 58.00 | 2015 | 978-7-300-20742-1 |
| 46 | 应用中级宏观经济学 | 凯文·D·胡佛 | Kevin D. Hoover | 78.00 | 2015 | 978-7-300-21000-1 |
| 47 | 计量经济学导论:现代观点(第五版) | 杰弗里·M·伍德里奇 | Jeffrey M. Wooldridge | 99.00 | 2015 | 978-7-300-20815-2 |
| 48 | 现代时间序列分析导论(第二版) | 约根·沃特斯等 | Jürgen Wolters | 39.80 | 2015 | 978-7-300-20625-7 |
| 49 | 空间计量经济学——从横截面数据到空间面板 | J·保罗·埃尔霍斯特 | J. Paul Elhorst | 32.00 | 2015 | 978-7-300-21024-7 |
| 50 | 国际经济学原理 | 肯尼思·A·赖纳特 | Kenneth A. Reinert | 58.00 | 2015 | 978-7-300-20830-5 |
| 51 | 经济写作(第二版) | 迪尔德丽·N·麦克洛斯基 | Deirdre N. McCloskey | 39.80 | 2015 | 978-7-300-20914-2 |
| 52 | 计量经济学方法与应用(第五版) | 巴蒂·H·巴尔塔基 | Badi H. Baltagi | 58.00 | 2015 | 978-7-300-20584-7 |
| 53 | 战略经济学(第五版) | 戴维·贝赞可等 | David Besanko | 78.00 | 2015 | 978-7-300-20679-0 |

经济科学译丛

| 序号 | 书名 | 作者 | Author | 单价 | 出版年份 | ISBN |
| --- | --- | --- | --- | --- | --- | --- |
| 54 | 博弈论导论 | 史蒂文·泰迪里斯 | Steven Tadelis | 58.00 | 2015 | 978-7-300-19993-1 |
| 55 | 社会问题经济学(第二十版) | 安塞尔·M·夏普等 | Ansel M.Sharp | 49.00 | 2015 | 978-7-300-20279-2 |
| 56 | 博弈论:矛盾冲突分析 | 罗杰·B·迈尔森 | Roger B. Myerson | 58.00 | 2015 | 978-7-300-20212-9 |
| 57 | 时间序列分析 | 詹姆斯·D·汉密尔顿 | James D. Hamilton | 118.00 | 2015 | 978-7-300-20213-6 |
| 58 | 经济问题与政策(第五版) | 杰奎琳·默里·布鲁克斯 | Jacqueline Murray Brux | 58.00 | 2014 | 978-7-300-17799-1 |
| 59 | 微观经济理论 | 安德鲁·马斯-克莱尔等 | Andreu Mas-Collel | 148.00 | 2014 | 978-7-300-19986-3 |
| 60 | 产业组织:理论与实践(第四版) | 唐·E·瓦尔德曼等 | Don E. Waldman | 75.00 | 2014 | 978-7-300-19722-7 |
| 61 | 公司金融理论 | 让·梯若尔 | Jean Tirole | 128.00 | 2014 | 978-7-300-20178-8 |
| 62 | 经济学精要(第三版) | R·格伦·哈伯德等 | R. Glenn Hubbard | 85.00 | 2014 | 978-7-300-19362-5 |
| 63 | 公共部门经济学 | 理查德·W·特里西 | Richard W. Tresch | 49.00 | 2014 | 978-7-300-18442-5 |
| 64 | 计量经济学原理(第六版) | 彼得·肯尼迪 | Peter Kennedy | 69.80 | 2014 | 978-7-300-19342-7 |
| 65 | 统计学:在经济中的应用 | 玛格丽特·刘易斯 | Margaret Lewis | 45.00 | 2014 | 978-7-300-19082-2 |
| 66 | 产业组织:现代理论与实践(第四版) | 林恩·佩波尔等 | Lynne Pepall | 88.00 | 2014 | 978-7-300-19166-9 |
| 67 | 计量经济学导论(第三版) | 詹姆斯·H·斯托克等 | James H. Stock | 69.00 | 2014 | 978-7-300-18467-8 |
| 68 | 发展经济学导论(第四版) | 秋山裕 | 秋山裕 | 39.80 | 2014 | 978-7-300-19127-0 |
| 69 | 中级微观经济学(第六版) | 杰弗里·M·佩罗夫 | Jeffrey M. Perloff | 89.00 | 2014 | 978-7-300-18441-8 |
| 70 | 平狄克《微观经济学》(第八版)学习指导 | 乔纳森·汉密尔顿等 | Jonathan Hamilton | 32.00 | 2014 | 978-7-300-18970-3 |
| 71 | 微观经济学(第八版) | 罗伯特·S·平狄克等 | Robert S.Pindyck | 79.00 | 2013 | 978-7-300-17133-3 |
| 72 | 微观银行经济学(第二版) | 哈维尔·弗雷克斯等 | Xavier Freixas | 48.00 | 2014 | 978-7-300-18940-6 |
| 73 | 施米托夫论出口贸易——国际贸易法律与实务(第11版) | 克利夫·M·施米托夫等 | Clive M. Schmitthoff | 168.00 | 2014 | 978-7-300-18425-8 |
| 74 | 微观经济学思维 | 玛莎·L·奥尔尼 | Martha L. Olney | 29.80 | 2013 | 978-7-300-17280-4 |
| 75 | 宏观经济学思维 | 玛莎·L·奥尔尼 | Martha L. Olney | 39.80 | 2013 | 978-7-300-17279-8 |
| 76 | 计量经济学原理与实践 | 达摩达尔·N·古扎拉蒂 | Damodar N.Gujarati | 49.80 | 2013 | 978-7-300-18169-1 |
| 77 | 现代战略分析案例集 | 罗伯特·M·格兰特 | Robert M. Grant | 48.00 | 2013 | 978-7-300-16038-2 |
| 78 | 高级国际贸易:理论与实证 | 罗伯特·C·芬斯特拉 | Robert C. Feenstra | 59.00 | 2013 | 978-7-300-17157-9 |
| 79 | 经济学简史——处理沉闷科学的巧妙方法(第二版) | E·雷·坎特伯里 | E. Ray Canterbery | 58.00 | 2013 | 978-7-300-17571-3 |
| 80 | 管理经济学(第四版) | 方博亮等 | Ivan Png | 80.00 | 2013 | 978-7-300-17000-8 |
| 81 | 微观经济学原理(第五版) | 巴德、帕金 | Bade, Parkin | 65.00 | 2013 | 978-7-300-16930-9 |
| 82 | 宏观经济学原理(第五版) | 巴德、帕金 | Bade, Parkin | 63.00 | 2013 | 978-7-300-16929-3 |
| 83 | 环境经济学 | 彼得·伯克等 | Peter Berck | 55.00 | 2013 | 978-7-300-16538-7 |
| 84 | 高级微观经济理论 | 杰弗里·杰里 | Geoffrey A. Jehle | 69.00 | 2012 | 978-7-300-16613-1 |
| 85 | 多恩布什《宏观经济学(第十版)》学习指导 | 鲁迪格·多恩布什等 | Rudiger Dornbusch | 29.00 | 2012 | 978-7-300-16030-6 |
| 86 | 高级宏观经济学导论:增长与经济周期(第二版) | 彼得·伯奇·索伦森等 | Peter Birch Sørensen | 95.00 | 2012 | 978-7-300-15871-6 |
| 87 | 宏观经济学:政策与实践 | 弗雷德里克·S·米什金 | Frederic S. Mishkin | 69.00 | 2012 | 978-7-300-16443-4 |
| 88 | 宏观经济学(第二版) | 保罗·克鲁格曼 | Paul Krugman | 45.00 | 2012 | 978-7-300-15029-1 |
| 89 | 微观经济学(第二版) | 保罗·克鲁格曼 | Paul Krugman | 69.80 | 2012 | 978-7-300-14835-9 |
| 90 | 克鲁格曼《微观经济学(第二版)》学习手册 | 伊丽莎白·索耶·凯利 | Elizabeth Sawyer Kelly | 58.00 | 2013 | 978-7-300-17002-2 |
| 91 | 克鲁格曼《宏观经济学(第二版)》学习手册 | 伊丽莎白·索耶·凯利 | Elizabeth Sawyer Kelly | 36.00 | 2013 | 978-7-300-17024-4 |
| 92 | 微观经济学(第十一版) | 埃德温·曼斯费尔德 | Edwin Mansfield | 88.00 | 2012 | 978-7-300-15050-5 |
| 93 | 国际宏观经济学 | 罗伯特·C·芬斯特拉等 | Feenstra, Taylor | 64.00 | 2011 | 978-7-300-14795-6 |
| 94 | 卫生经济学(第六版) | 舍曼·富兰德等 | Sherman Folland | 79.00 | 2011 | 978-7-300-14645-4 |
| 95 | 宏观经济学(第七版) | 安德鲁·B·亚伯等 | Andrew B. Abel | 78.00 | 2011 | 978-7-300-14223-4 |
| 96 | 现代劳动经济学:理论与公共政策(第十版) | 罗纳德·G·伊兰伯格等 | Ronald G. Ehrenberg | 69.00 | 2011 | 978-7-300-14482-5 |
| 97 | 宏观经济学(第七版) | N·格里高利·曼昆 | N. Gregory Mankiw | 65.00 | 2011 | 978-7-300-14018-6 |
| 98 | 宏观经济学:理论与政策(第九版) | 理查德·T·弗罗恩 | Richard T. Froyen | 55.00 | 2011 | 978-7-300-14108-4 |
| 99 | 经济学原理(第四版) | 威廉·博伊斯等 | William Boyes | 59.00 | 2011 | 978-7-300-13518-2 |
| 100 | 计量经济学基础(第五版)(上下册) | 达摩达尔·N·古扎拉蒂 | Damodar N.Gujarati | 99.00 | 2011 | 978-7-300-13693-6 |
| 101 | 《计量经济学基础》(第五版)学生习题解答手册 | 达摩达尔·N·古扎拉蒂等 | Damodar N. Gujarati | 23.00 | 2012 | 978-7-300-15080-8 |
| 102 | 计量经济分析(第六版)(上下册) | 威廉·H·格林 | William H.Greene | 128.00 | 2011 | 978-7-300-12779-8 |
| 103 | 国际贸易 | 罗伯特·C·芬斯特拉等 | Robert C.Feenstra | 49.00 | 2011 | 978-7-300-13704-9 |

经济科学译丛

| 序号 | 书名 | 作者 | Author | 单价 | 出版年份 | ISBN |
|---|---|---|---|---|---|---|
| 104 | 经济增长(第二版) | 戴维·N·韦尔 | David N.Weil | 63.00 | 2011 | 978-7-300-12778-1 |
| 105 | 投资科学 | 戴维·G·卢恩伯格 | David G. Luenberger | 58.00 | 2011 | 978-7-300-14747-5 |
| 106 | 宏观经济学(第十版) | 鲁迪格·多恩布什等 | Rudiger Dornbusch | 60.00 | 2010 | 978-7-300-11528-3 |
| 107 | 金融学(第二版) | 兹维·博迪等 | Zvi Bodie | 59.00 | 2010 | 978-7-300-11134-6 |
| 108 | 博弈论 | 朱·弗登博格等 | Drew Fudenberg | 68.00 | 2010 | 978-7-300-11785-0 |

金融学译丛

| 序号 | 书名 | 作者 | Author | 单价 | 出版年份 | ISBN |
|---|---|---|---|---|---|---|
| 1 | 固定收益证券手册(第八版) | 弗兰克·J. 法博齐 | Frank J. Fabozzi | 228.00 | 2017 | 978-7-300-24227-9 |
| 2 | 金融市场与金融机构(第8版) | 弗雷德里克·S. 米什金等 | Frederic S. Mishkin | 86.00 | 2017 | 978-7-300-24731-1 |
| 3 | 兼并、收购和公司重组(第六版) | 帕特里克·A. 高根 | Patrick A. Gaughan | 79.00 | 2017 | 978-7-300-24231-6 |
| 4 | 债券市场:分析与策略(第九版) | 弗兰克·J·法博齐 | Frank J. Fabozzi | 98.00 | 2016 | 978-7-300-23495-3 |
| 5 | 财务报表分析(第四版) | 马丁·弗里德森 | Martin Fridson | 46.00 | 2016 | 978-7-300-23037-5 |
| 6 | 国际金融学 | 约瑟夫·P·丹尼尔斯等 | Joseph P. Daniels | 65.00 | 2016 | 978-7-300-23037-1 |
| 7 | 国际金融 | 阿德里安·巴克利 | Adrian Buckley | 88.00 | 2016 | 978-7-300-22668-2 |
| 8 | 个人理财(第六版) | 阿瑟·J·基翁 | Arthur J. Keown | 85.00 | 2016 | 978-7-300-22711-5 |
| 9 | 投资学基础(第三版) | 戈登·J·亚历山大等 | Gordon J. Alexander | 79.00 | 2015 | 978-7-300-20274-7 |
| 10 | 金融风险管理(第二版) | 彼德·F·克里斯托弗森 | Peter F. Christoffersen | 46.00 | 2015 | 978-7-300-21210-4 |
| 11 | 风险管理与保险管理(第十二版) | 乔治·E·瑞达等 | George E. Rejda | 95.00 | 2015 | 978-7-300-21486-3 |
| 12 | 个人理财(第五版) | 杰夫·马杜拉 | Jeff Madura | 69.00 | 2015 | 978-7-300-20583-0 |
| 13 | 企业价值评估 | 罗伯特·A·G·蒙克斯等 | Robert A. G. Monks | 58.00 | 2015 | 978-7-300-20582-3 |
| 14 | 基于Excel的金融学原理(第二版) | 西蒙·本尼卡 | Simon Benninga | 79.00 | 2014 | 978-7-300-18899-7 |
| 15 | 金融工程学原理(第二版) | 萨利赫·N·内夫特奇 | Salih N. Neftci | 88.00 | 2014 | 978-7-300-19348-9 |
| 16 | 投资学导论(第十版) | 赫伯特·B·梅奥 | Herbert B. Mayo | 69.00 | 2014 | 978-7-300-18971-0 |
| 17 | 国际金融市场导论(第六版) | 斯蒂芬·瓦尔德斯等 | Stephen Valdez | 59.80 | 2014 | 978-7-300-18896-6 |
| 18 | 金融数学:金融工程引论(第二版) | 马雷克·凯宾斯基等 | Marek Capinski | 42.00 | 2014 | 978-7-300-17650-5 |
| 19 | 财务管理(第二版) | 雷蒙德·布鲁克斯 | Raymond Brooks | 69.00 | 2014 | 978-7-300-19085-3 |
| 20 | 期货与期权市场导论(第七版) | 约翰·C·赫尔 | John C. Hull | 69.00 | 2014 | 978-7-300-18994-2 |
| 21 | 固定收益证券手册(第七版) | 弗兰克·J·法博齐 | Frank J. Fabozzi | 188.00 | 2014 | 978-7-300-17001-5 |
| 22 | 国际金融:理论与实务 | 皮特·塞尔居 | Piet Sercu | 88.00 | 2014 | 978-7-300-18413-5 |
| 23 | 金融市场与金融机构(第7版) | 弗雷德里克·S·米什金<br>斯坦利·G·埃金斯 | Frederic S. Mishkin<br>Stanley G. Eakins | 79.00 | 2013 | 978-7-300-18129-5 |
| 24 | 货币、银行和金融体系 | R·格伦·哈伯德等 | R.Glenn Hubbard | 75.00 | 2013 | 978-7-300-17856-1 |
| 25 | 并购创造价值(第二版) | 萨德·苏达斯纳 | Sudi Sudarsanam | 89.00 | 2013 | 978-7-300-17473-0 |
| 26 | 个人理财——理财技能培养方法(第三版) | 杰克·R·卡普尔等 | Jack R. Kapoor | 66.00 | 2013 | 978-7-300-16687-2 |
| 27 | 国际财务管理 | 吉尔特·贝克特 | Geert Bekaert | 95.00 | 2012 | 978-7-300-16031-3 |
| 28 | 金融理论与公司政策(第四版) | 托马斯·科普兰等 | Thomas Copeland | 69.00 | 2012 | 978-7-300-15822-8 |
| 29 | 应用公司财务(第三版) | 阿斯沃思·达摩达兰 | Aswath Damodaran | 88.00 | 2012 | 978-7-300-16034-4 |
| 30 | 资本市场:机构与工具(第四版) | 弗兰克·J·法博齐 | Frank J.Fabozzi | 85.00 | 2011 | 978-7-300-13828-2 |
| 31 | 衍生品市场(第二版) | 罗伯特·L·麦克唐纳 | Robert L. McDonald | 98.00 | 2011 | 978-7-300-13130-6 |
| 32 | 跨国金融原理(第三版) | 迈克尔·H·莫菲特等 | Michael H. Moffett | 78.00 | 2011 | 978-7-300-12781-1 |
| 33 | 统计与金融 | 戴维·鲁珀特 | David Ruppert | 48.00 | 2010 | 978-7-300-11547-4 |
| 34 | 国际投资(第六版) | 布鲁诺·索尔尼克等 | Bruno Solnik | 62.00 | 2010 | 978-7-300-11289-3 |

Foundations of Modern Macroeconomics, second edition by Ben J. Heijdra

9780199210695

**图书在版编目（CIP）数据**

高级宏观经济学基础/（　）本·J. 海德拉著；王立勇等译，—2 版．—北京：中国人民大学出版社，2018.1
（经济科学译丛）
ISBN 978-7-300-25147-9

Ⅰ.①高…　Ⅱ.①本…　②王…　Ⅲ.①宏观经济学—教材　Ⅳ.①F015

中国版本图书馆 CIP 数据核字（2017）第 286855 号

"十三五"国家重点出版物出版规划项目
经济科学译丛
**高级宏观经济学基础**（第二版）
本·J. 海德拉　著
王立勇　余经纬　王正炜　陈　强　石　颖　亓　欣　译
王立勇　校
Gaoji Hongguan Jingjixue Jichu

| | | | |
|---|---|---|---|
| **出版发行** | 中国人民大学出版社 | | |
| **社　　址** | 北京中关村大街 31 号 | **邮政编码** | 100080 |
| **电　　话** | 010－62511242（总编室） | | 010－62511770（质管部） |
| | 010－82501766（邮购部） | | 010－62514148（门市部） |
| | 010－62515195（发行公司） | | 010－62515275（盗版举报） |
| **网　　址** | http://www.crup.com.cn | | |
| | http://www.ttrnet.com(人大教研网) | | |
| **经　　销** | 新华书店 | | |
| **印　　刷** | 北京七色印务有限公司 | | |
| **规　　格** | 185 mm×260 mm　16 开本 | **版　　次** | 2018 年 1 月第 1 版 |
| **印　　张** | 42 插页 2 | **印　　次** | 2018 年 1 月第 1 次印刷 |
| **字　　数** | 906 000 | **定　　价** | 88.00 元 |